NORMANDIË

van reizigers voor reizigers

TRTTER

NORMANDIË

𝄢 | LANNOO

De wereld houdt niet op met draaien. Een wereldreiziger is de eerste om dat te beamen. Hoewel men geen inspanningen gespaard heeft om al de gegevens in deze gids uitgebreid te testen en te actualiseren, is het niet uitgesloten dat je ter plaatse vaststelt dat bepaalde gegevens in deze gids toch al opnieuw gewijzigd zijn. Veel adressen en suggesties in de Trotters zijn bovendien wat 'fragiel', juist omdat ze zo sympathiek en verrassend zijn. We zouden het daarom bijzonder op prijs stellen als je ons op de hoogte brengt van eventuele wijzigingen, zodat we de eerstvolgende herdruk op een correcte manier kunnen aanpassen. Dank bij voorbaat. Ons adres:

TROTTER
Uitgeverij Lannoo

Kasteelstraat 97
B-8700 Tielt

Lannoo Nederland
Postbus 614
6800 AP Arnhem

E-MAIL: TROTTER@LANNOO.BE
WWW.TROTTERCLUB.COM

De prijscategorieën die in de Trottergidsen worden gebruikt, zijn steeds afgestemd op het land. Als je in een goedkoop hotelletje ongeveer € 25 betaalt, behoort een hotel waar je € 75 neertelt uiteraard tot de dure prijsklasse. De uitgever kan niet aansprakelijk worden gesteld voor eventuele fouten of de gevolgen ervan.

VERTALING Mireille Peeters, Petra Van Caneghem, Bert Verpoest

REISINFO VLAANDEREN EN NEDERLAND WEGWIJZER, Brugge

OMSLAGONTWERP Studio Jan de Boer / Helga Bontinck

ONTWERP BINNENWERK Studio Lannoo

OMSLAGFOTO © Shutterstock / Jiri Papousek / Etretat

OORSPRONKELIJKE TITEL Le Guide du Routard – Normandie

OORSPRONKELIJKE UITGEVER Hachette, Paris

DIRECTEUR Philippe Gloaguen

STICHTERS Philippe Gloaguen en Michel Duval

HOOFDREDACTEUR Pierre Josse

ADJUNCTREDACTEUREN Benoît Lucchini en Amanda Keravel

REDACTEUREN Olivier Page, Véronique de Chardon, Isabelle Al Subaihi, Anne-Caroline Dumas, Carole Bordes, Bénédicte Bazaille, André Poncelet, Marie Burin des Roziers, Thierry Brouard, Géraldine Lemauf-Beauvois, Anne Poinsot, Mathilde de Boisgrollier, Gavin's Clemente-Ruïz, Alain Pallier en Fiona Debrabander

WWW.LANNOO.COM

D/2010/45/14 - ISBN 90 209 86495 – NUR 512

IN DE TROTTERREEKS VERSCHENEN

INHOUD

EURE

DE MANCHE

WAT JE ZEKER NIET MAG MISSEN

....

– In navolging van Arsène Lupin de kliffen van Étretat bewonderen en het mysterie van de *Aguille creuse* trachten op te helderen.

– Teruggaan in de tijd tijdens een adembenemend bezoek aan de bijna duizend jaar oude abdijen in de vallei van de Seine en beroerd worden door de klanken van de gregoriaanse gezangen.

– In Le Havre de moderne wijk van Auguste Perret ontdekken en je laten verrassen door al dat beton.

– In het Marais Vernier de prachtige Route des Chaumières volgen.

– In de lente de prachtige waterlelies bewonderen in de tuinen van Monet in Giverny.

– Spoken zoeken in de romantische abdij van Mortemer.

– Bij het krieken van de dag een dauwtocht maken in het coulisselandschap rond Cormeilles.

– In Deauville het festival van de Amerikaanse film bijwonen, al moet je daarvoor op een camping overnachten. Een bijzondere ervaring die niet zo veel hoeft te kosten.

– 's Ochtends vlak na opening gaan rondwandelen op de Pointe du Hoc om een idee te krijgen van hoe het daar toeging tijdens de landing op 6 juni 1944.

– Op de markt in Honfleur een heerlijk assortiment streekkazen kopen en die daarna op het strand verorberen met een lekkere droge cider.

– Zien hoe de befaamde livarotkaas wordt gemaakt op een kaasboerderij in ... Livarot.

– Genieten van de eenvoudige en oprecht hartelijke ontvangst door de *Manchots* of de *Manchois*.

– Jezelf trakteren op oesters van Saint-Vaast-la-Hougue om de zee niet enkel te zien, te horen en te ruiken, maar ook te proeven.

– Zeker eens gaan kijken naar de Cap de la Hague met z'n idyllische dorpjes en de haven van Goury ... bij voorkeur wanneer de weergoden hun woede ontketenen!

– Je laten betoveren door de zonsondergang op de kliffen van Champeaux, met uitzicht op de Mont-Saint-Michel.

– De Route des Manoirs du Perche volgen en één of meerdere nachten verblijven in een chic landhuis in de omgeving.

– In de omgeving van Rouvrou tot op de top van de Roche d'Oëtre klimmen en van meer dan 400 meter hoog neerkijken op de Rouvre die beneden vredig stroomt.

– Je dorst laven met het zuivere water van de abdij van La Trappe en de spirituele sfeer van de plek helemaal in je opnemen.

REIZEN NAAR NORMANDIË

MET DE WAGEN

Voor het uitstippelen van een reisroute kun je gebruikmaken van volgende routeplanners:
- **www.anwb.nl:** ANWB
- **www.viamichelin.com:** Michelin
- **www.touring.be:** Touring
- **www.vab.be:** VAB

Andere interessante websites:
- **www.bison-fute.equipement.gouv.fr:** Bison Futé
- **www.autoroutes.fr:** Association des Sociétés Françaises d'Autoroute - ASFA

Automobielclubs in België en Nederland
- **KACB Koninklijke Automobielclub van België:** *Aarlenstraat 53, bus 3, 1040 Brussel.* 📞 *02 287 09 11 Fax: 02 230 75 84* ● *www.racb.be*
- **Touring:** *Wetstraat 44, 1040 Brussel.* 📞 *02 233 22 02* ● *www.touring.be*
- **VTB-VAB:** *Pastoor Coplaun 100, 2070 Zwijndrecht.* 📞 *03 253 61 30 Fax: 03 253 61 42* ● *www.vab.be*
- **ANWB Contact Center:** *Postbus 93200, 2509 BA Den Haag.* 📞 *(088) 269 22 22* ● *www.anwb.nl*

Kostendelend reizen
- **Taxistop/Eurostop:** ● *www.taxistop.be*
- **Europese Liftcentrale:** ● *www.hitchhikers.org*

MET DE TREIN

Voor prijzen en uurregelingen van treinen kun je terecht in de grotere stations, bij de reisagent en op volgende websites:
- **Belgische Spoorwegen:** ● *www.b-rail.com*
- **Nederlandse Spoorwegen:** ● *www.ns.nl*
- **Thalys:** ● *www.thalys.com*
- **Franse Spoorwegen:** ● *www.sncf.fr*
- **TGV:** ● *www.tgv.com*

MET DE BUS

Eurolines legt bussen in vanuit België en Nederland naar diverse plaatsen in Normandië.
- **vanuit België: Eurolines Call Centre,** 📞 *02 274 13 50* ● *www.eurolines.be*
- **vanuit Nederland: Eurolines Call Centre,** 📞 *(020) 560 87 88* ● *www.eurolines.nl*

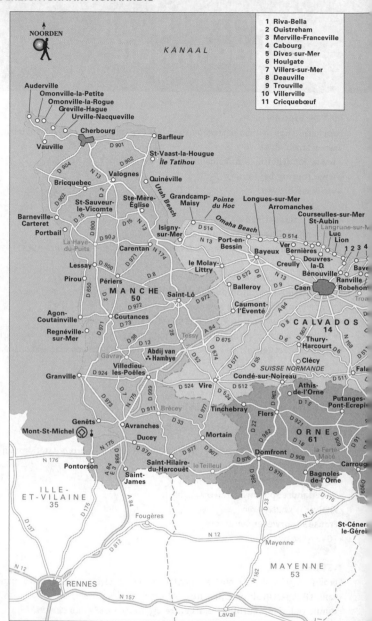

OVERZICHTSKAART NORMANDIË

NORMANDIË PRAKTISCH

BUDGET

Hieronder geven we aan welke schaalverdeling we gebruiken om de adressen die in deze gids zijn opgenomen, in categorieën onder te brengen.

Slapen

In de regel vermelden we het interval tussen de prijs van de goedkoopste tweepersoonskamer in het laagseizoen en die van de duurste in het hoogseizoen. Soms is dat verschil zeer groot, waardoor het hotel in sommige omstandigheden buiten de prijscategorie kan vallen waarin het is opgenomen. De classificatie geeft dus betrekking op het gros van de kamers en op hun prijs-kwaliteitverhouding.

Wanneer de logiezen de mogelijkheid bieden om (al dan niet draadloos) op internet te surfen, wordt dat vermeld.

– Voor **campings** geven we de prijs van een staanplaats voor twee personen met tent en wagen in het hoogseizoen (soms wordt ook de prijs in het laagseizoen gegeven). Campings worden als eerste vermeld in de rubriek 'Slapen'.

– **Jeugdherbergen** en **gîtes d'étape** hanteren doorgaans goedkope tarieven voor een nacht in een slaapzaal (met of zonder lakens). De vermelde prijs is die voor een bed in zo'n slaapzaal en/of voor een tweepersoonskamer of een gezinskamer als die er zijn.

– Wat **chambres d'hôtes** betreft, geven we de prijs voor een tweepersoonskamer met ontbijt. Wanneer het ontbijt niet in de prijs begrepen is, wordt dat expliciet vermeld. Meestal is het niet mogelijk om met een bankkaart te betalen. Is dat wel het geval, dan geven we dat aan.

– Voor **hotels** vermelden we de prijs voor een tweepersoonskamer voor één nacht (ontbijt niet inbegrepen). Wanneer er gezinskamers zijn, geven we ook daarvan de prijs.

– **Campings**
– **Goedkoop:** € 20 tot 40
– **Doorsneeprijs:** € 40 tot 70
– **Luxueus:** € 70 tot 100
– **Heel luxueus:** € 100 tot 180

Eten

Voor restaurants baseren we ons op de prijs van het goedkoopste menu dat 's avonds wordt geserveerd, drank niet inbegrepen. Het is echter best mogelijk dat een adres dat we als 'luxueus' bestempelen, bijvoorbeeld een lunchformule aanbiedt tegen een prijs die eigenlijk in een lagere categorie valt.

Door de geplande verlaging van de btw voor de horeca (van 19,6 naar 5,5%) zou het kunnen dat sommige restaurants hun prijzen in de nabije toekomst wat naar beneden aanpassen.

– **Heel goedkoop:** minder dan € 12
– **Goedkoop:** € 12 tot 20

– **Doorsneeprijs:** € 20 tot 35
– **Luxueus:** € 35 tot 50
– **Heel luxueus:** meer dan € 50

FORMALITEITEN
Reisdocumenten
Voor Belgen
Een identiteitskaart volstaat. Kinderen onder de twaalf jaar moeten in het bezit zijn van een eigen identiteitsbewijs met foto, verkrijgbaar bij de gemeentediensten van je woonplaats. Reist het kind met één van de ouders, dan is het wenselijk dat de ouder die het niet vergezelt een schriftelijke toestemming opmaakt (in het Frans) en die laat legaliseren door het gemeentebestuur.

Voor Nederlanders
Een Europese identiteitskaart of paspoort volstaat. Dat geldt ook voor kinderen. Reist het kind met één van de ouders, dan is het wenselijk dat de ouder die het niet vergezelt een schriftelijke toestemming opmaakt (in het Frans) en die laat legaliseren door het gemeentebestuur.

Heb je niet de Belgische of Nederlandse nationaliteit, neem dan contact op met de ambassade van Frankrijk in België of Nederland.

Het is geen slecht idee om van al je belangrijke documenten (identiteitskaart, rijbewijs, verzekeringspolis e.a.) een fotokopie mee te nemen op reis. Bewaar de fotokopies niet op dezelfde plaats als de originele documenten.

Internationale jeugdherbergenkaart
In België
– **Vlaamse Jeugdherbergen:** *Van Stralenstraat 40, 2060 Antwerpen.* ☎ *03 232 72 18 Fax: 03 231 81 26* ● *info@vjh.be* ● *www.vjh.be*

In Nederland
– **Stayokay informatieservice:** ☎ *(020) 551 31 55* ● *info@stayokay.com* ● *www.stayokay.com*

Internationale studentenkaart
In België
– **Connections:** Connections Travel Shops in Aalst, Antwerpen, Brasschaat, Brugge, Brussel Centrum, Brussel VUB, Brussel Schuman, Brussels Airport, Drogenbos, Gent, Gent Expo, Hasselt, Leuven, Mechelen, Mortsel, Nossegem, Oostende, Roeselare, Sint-Niklaas, Turnhout. *Call-Center:* ☎ *070 23 33 13* ● *www.connections.be.*

In Nederland
– **KILROY travels Netherlands:** *Singel 413, 1012 WP Amsterdam.* ☎ *0900 0400 636* ● *www.kilroytravels.nl. Er zijn ook kantoren in Utrecht en Groningen.*
– **JoHo:** *Stationsweg 2D, 2312 AV Leiden.* ☎ *(071) 513 13 57* ● *info@joho.nl* ● *www.joho.nl. Er zijn ook kantoren in Amsterdam, Rotterdam, Groningen en Utrecht.*

Verzekering

Als je bij een ziekenfonds of particuliere verzekeringsmaatschappij aangesloten bent, ben je verzekerd tegen ziekte en ongevallen. Het kan aangewezen zijn een bijkomende bijstands-, annulatie- of bagageverzekering af te sluiten.

HUISRUIL

In België

– **Huisruil International:** *Maria Hendrikaplein 65, 9000 Gent.* ☎ *070 22 22 92* ● *info@taxistop.be*
● *www.taxistop.be*
– **Intervac België:** *Lindenberglaan 26, 1933 Sterrebeek.* ☎ *02 305 52 02 (buiten kantooruren)*
● *decooman@intervac.be* ● *www.intervac.be*

In Nederland

– **Intervac Nederland:** *Paasberg 25, 6862 CB Oosterbeek.* ☎ *(026) 334 32 72 Fax: (026) 339 11 59*
● *eissen@intervac.nl* ● *www.intervac.nl*
– **Holiday Link:** *Postbus 7020, 9701 JA Groningen.* ☎ *(050) 313 24 24* ● *info@holidaylink.com*
● *www.holidaylink.com*

INTERNETADRESSEN

Hieronder een selectie van de adressen die wij de moeite waard vonden en waar je heel wat nuttige informatie kunt vinden om je vakantie voor te bereiden.

Algemeen

● **www.trotter.be** of **www.trotter.nl:** je hebt je Trotter op zak, maar zoekt meer informatie en ervaringen van andere reizigers ... Op onze website vind je alles om je reis online voor te bereiden.
● **www.franceguide.com:** site van het Maison de la France.
● **www.fransverkeersbureau.nl:** site van het Maison de la France in Nederland.

Specifiek over Normandië

● **www.normandy-tourism.org:** de officiële site van de regionale Dienst voor Toerisme van Normandië. Biedt ook tal van links naar andere websites over Normandië (hotels, restaurants, bezoekmogelijkheden, evenementen ...).
● **www.normandie-pays-com:** de *Fédération régionale des pays d'accueil touristiques* biedt tal van brochures aan om je verblijf te organiseren. Op de website vind je ook een agenda van evenementen, ideetjes voor een kort verblijf, wandelroutes en dergelijke meer.
● **www.info-cidre.com:** alles over het lekkere drankje op basis van appels dat niet enkel in Bretagne (en in Baskenland) wordt gemaakt, maar ook in Normandië.
● **www.action-cheval.com:** website over alles wat met paarden te maken heeft in Normandië. Waar kun je overnachten met je paard? Waar vind je een hoefsmid? Waar kun je paardrijden? Je vindt alle antwoorden op deze goed uitgedachte site;
● **www.fromages.org:** leuke site over Normandische kazen, hun geschiedenis, typische eigenschappen ...
● **www.paysdubessin.com:** heel goed in elkaar gestoken site over de Bessin. Een beetje geschiedenis en geografie in verband met de regio en tal van links naar andere websites en veel nuttige inlichtingen.
● **www.mondes-normands.caen.fr:** een overzicht van de geschiedenis van de Normandië en zijn inwoners.

● **www.cra-normandië.fr:** alles over landbouw in Normandië (website van de Regionale Kamer van Landbouw).

● **www.musees-haute-normandie.fr** en **www.musees-basse-normandie.fr:** overzicht van alle musea in de streek.

NOODNUMMERS - CARD STOP

In België

– **American Express Card:** 🖀 02 541 92 22 (Blue Card, Persoonlijke kaart, Gold Card, Business Card) en 🖀 02 676 28 88 (Platinum Card)

– **MasterCard:** 🖀 070 34 43 44 (Bank Card Company) en 🖀 02 416 16 16 (International Card Services)

– **Visa Card:** 🖀 070 34 43 44 (Bank Card Company) en 🖀 02 416 16 16 (International Card Services)

In Nederland

– **American Express Card:** 🖀 020 504 86 66

– **MasterCard:** diverse nummers, zie ● *www.mastercard.nl*

– **Visa Card:** diverse nummers, zie ● *www.visa.nl*

NUTTIGE ADRESSEN

In België

– **Atout France:** *Guldenvlieslaan 21, 1050 Brussel.* 🖀 0902 88 025 ● *info.be@franceguide.com* ● *www.franceguide.com*

– **Ambassade van Frankrijk:** *Hertogstraat 65, 1000 Brussel.* 🖀 02 548 87 11 Fax: 02 513 68 71 ● *www.ambafrance-be.org*

– **Alliance Française:** *Wetstraat 26, 1040 Brussel.* 🖀 02 502 46 49 Fax: 02 736 47 00 ● *info@alliancefr.be* ● *www.alliancefr.be*

– **Wegwijzer Reisinfo:** *Beenhouwersstraat 9, 8000 Brugge.* 🖀 050 337 588 ● *info@wegwijzer.be* ● *www.wegwijzer.be*. Onafhankelijk reisinformatiecentrum met leeszaal (reisgidsen, tijdschriften, kaarten, reisverslagen). Uitgever van het magazine Reiskrant. Organisator van Reismarkt en andere evenementen (reizigers informeren reizigers). Ledenorganisatie. Gratis toegang voor jongeren onder de 26 jaar.

In Nederland

– **Frans bureau voor toerisme:** 🖀 0900 112 2332 ● *info.nl@franceguide.com* ● *www.franceguide. com*. Het kantoor is gesloten voor het publiek. Je kunt brochures ophalen in Maison Descartes (zie hieronder).

– **Ambassade van Frankrijk:** *Smidsplein 1, 2514 BT Den Haag.* 🖀 070 312 58 00 Fax: 070 312 58 24 ● *info@ambafrance-nl.org* ● *www.ambafrance.nl*

– **Maison Descartes:** *Vijzelgracht 2A, 1017 HR Amsterdam.* 🖀 020 531 95 01 Fax: 020 531 95 15 ● *www.maisondescartes.com*. Centrum voor de Franse cultuur.

– **Alliance Française:** *Postbus 75736, 1070 AS Amsterdam.* ● *info@alliance-francaise.nl* ● *www.alliance-francaise.nl*

In Frankrijk

🔲 **Comité regional du tourisme de Normandie (regionale Dienst voor Toerisme):** *14, rue Charles-Corbeau, 27000 Évreux.* 🖀 02 32 33 94 00 Fax: 02 32 31 19 04 ● *www.normandy-tourism.org*.

▪ **Gîtes de France (vakantiehuisjes):** wil je de brochures bestellen, wend je dan tot *rue Saint-Lazare 59, 75009 Parijs.* ☎ 0149707575 ● *www.gitesdefrance.fr.* Voor reserveringen moet je aankloppen bij de departementale afdelingen van de Gîtes de France. Die adressen vind je in deze gids terug in de inleiding van elk departement.

REISLITERATUUR

Laten we beginnen met een van de beroemdste werken uit de Franse literatuur. **Madame Bovary** is en blijft het boek over Normandië bij uitstek, hoewel Flaubert het ook over Calvados had in zijn **Bouvard et Pécuchet** en in **Un coeur simple** (vertaald als *Een eenvoudige ziel*). Zijn geestelijke zoon en streekgenoot Guy de Maupassant, die een huis had in Étretat, beschreef zijn personages met de subtiele details van een Normandisch landschap (hoewel hij er toch ook een scheutje venijn aan toevoegde).

Talrijke passages uit **À la recherche du temps perdu** (vertaling: *Op zoek naar de verloren tijd*) van Marcel Proust spelen zich af in Normandië: Cambremer, Carquethuit, de zeegezichten van Elstir, Cabourg (waar Proust zich opsloot in het *Grand Hotel*) en het mondaine Balbec uit **À l'ombre des jeunes filles en fleurs** (*In de schaduw van de bloeiende meisjes*). De verhouding tussen Proust en Normandië wordt heel goed beschreven door een hedendaagse Franse schrijver, Dominique Bussillet. We refereren hier meer bepaald aan zijn werk **Marcel Proust du côté de Cabourg** (uitgeverij Cahiers du Temps, ● *www.cahiersdutemps.com*).

De badplaats Étretat kreeg naambekendheid dankzij de romans van Alphonse Karr. Ook de plot van **Le Mystère de l'Aiguille creuse** (uitgeverij Livre de Poche; het beste Arsène Lupin-boek van Maurice Leblanc) speelt zich daar af. De romans van de gravin van Ségur zijn doordrongen van het platteland van L'Aigle. En de boeken van Barbey d'Aurevilly geuren naar de Cotentin (**L'Ensorcelée ...**), terwijl André Maurois de industriële bourgeoisie van Elbeuf beschrijft in **Bernard Quesnay** (Gallimard). Jean de la Varende (**Nez-de-Cuir**) is de huzaar (avant la lettre!) van het Pays d'Ouche. Raymond Queneau plaatst **Un rude hiver** in het Le Havre van het begin van de 20ste eeuw. Martine Marie Muller (van de school van Brive) situeert haar verhalen in het Pays de Caux (uitgeverij Robert Laffont). Flaubert, Maupassant en Maurois hebben hun Normandië alle drie beschreven, herzien en verbeterd. Maar de gemeenste blijft ongetwijfeld Octave Mirbeau. In **Contes de ma chaumière** beschrijft hij de Perche als een ware hel! Als je **Malavita** (uitgeverij Gallimard) van Tonino Benacquista leest, zul je vast en zeker niet meer zo geneigd zijn om langs de wegen van de Eure te dwalen, meer bepaald in de omgeving van Cholong-sur-Avre (zoek goed op de kaart!). Als je oog in oog komt te staan met de familie Blake, kun je maar één ding doen: je zo snel mogelijk uit de voeten maken! Philippe Delerm beschildert 'zijn' Normandië in **La Première Gorgée de bière** (uitgeverij Folio). Hij heeft deze streek hoog in het vaandel staan en beschrijft in lyrische bewoordingen het plukken van de braambessen en het eind van de Normandische zomer. **Le Sang du Temps** van Maxime Chattam speelt zich af op de Mont-Saint-Michel. En dan is er Jérôme Garcin, de bekende Franse tv-presentator van de uitzending *Le Masque et la Plume*. Hij geeft een ontroerend portret van het sensuele Pays d'Auge met zijn vele paarden in zijn werken **La Chute de cheval** en **Théâtre intime**. In **Avec vue sur la mer** schrijft Didier Decoin met humor en tederheid over zijn toevluchtsoord in La Roche, een gehucht aan het einde van de wereld, dicht bij de haven van Goury op het schiereiland van La Hague. Die prachtige uithoek van de Cotentin is ook het decor voor de roman **Les déferlantes** van Claudie Gallay. Janine Montupet brengt voor ons het leven van de arbeiders in de Orne in de 19de eeuw opnieuw tot leven in een mooie saga: **La Dentellière d'Alençon**.

In **Sur les pas de Guillaume le Conquérant** ('In de voetsporen van Willem de Veroveraar') vertrekken we vanuit Normandië naar Engeland in 1066. De beroemde wandtapijt van Bayeux maakt het onderwerp uit van de boeken **1066: The Hidden History in the Bayeux Tapestry** van A. Bridgeford en **Intrigue à l'anglaise** van Adrien Goetz.

En dan maken we een reusachtige sprong in de tijd. Als je meer te weten wilt komen over de landing in Normandië en de daaropvolgende geallieerde offensieven, kunnen wij je de werken aanbevelen van de grote specialist ter zake: Eddy Florentin, die trouwens ook zijn medewerking verleende aan deze gids. Enkele bekende werken van deze grote auteur zijn **Stalingrad en Normandie** (uitgeverij Perrin) en bij uitgeverij Les Presses de la Cité **La Rückmarsch, Montgoméry franchit la Seine** en **Le Havre 44 à feu et à sang**. Een aanbevelenswaardig werk van een andere schrijver is **Les Plages du Débarquement** (van de hand van Yves Lecouturier; uitgeverij Ouest-France). Hierin wordt een panorama geschetst van de belangrijkste oorlogsplaatsen. Veel foto's uit het verleden en van nu. Heel handig om een goed beeld te krijgen van wat er gebeurd is.

En, last but not least, wat zou Normandië zijn zonder zijn rijke en inventieve gastronomie? In **Aimer la cuisine de Normandie** geven Michel Bruneau en Bernard Enjolras op een subtiele manier een nieuwe betekenis en een frisse smaak aan traditionele ingrediënten. Bruneau is bijvoorbeeld de uitvinder van een sorbet op basis van camembert! Je kunt ook het werk **La Cuisine des châteaux de Normandie** van Gilles du Pontavice ter hand nemen. Of opteren voor Brigitte Racines **Recettes secrètes des jardiniers de Normandie**. Je zult geheid smelten voor de gegratineerde peren of oliebollen op basis van courgettebloemen. Charles-Henri de Valbray ten slotte heeft de recepten die hij gebruikt voor zijn *table d'hôtes* in het Château de Saint-Paterne (in de Orne) gebundeld in het boek **80 Plats uniques et leurs desserts**.

– De vereniging **Pages et Paysages** *(rue Saint-Martin 80, Caen.* ☎ *02 31 79 92 73* ● *www.pages-paysages.org)* organiseert literaire wandelingen van een halve dag of een dag in La Manche (Mont-Saint-Michel, Granville, Coutances ...) en de Calvados (Caen, Honfleur ...), waarbij wordt voorgelezen uit het werk van grote Normandische schrijvers en plaatselijke legendes worden verteld. Je betaalt € 8 tot 15 per persoon. Leuk!

TELEFONEREN

– **Vanuit België/Nederland naar Frankrijk:** 00 + 33 + net- en abonneenummer.
- **Vanuit Frankrijk naar België:** 00 + 32 + net- en abonneenummer.
- **Vanuit Frankrijk naar Nederland:** 00 + 31 + net- en abonneenummer.
Opgepast: de 0 van het netnummer vervalt als je vanuit het buitenland belt.

TROTTERS MET EEN HANDICAP

Het teken 🦽 geeft aan dat een gelegenheid makkelijk toegankelijk is voor mindervaliden. Sommige adressen zijn perfect uitgerust volgens de modernste richtlijnen, andere zijn wat eenvoudiger of wat ouder en voldoen misschien niet aan de laatste normen, maar ontvangen wel graag mindervalide reizigers en hebben goed bereikbare kamers of eetruimtes. De ene handicap is de andere niet en wat voor de een toegankelijk is, is dat misschien voor een ander niet. Informeer dus eventjes van tevoren om te weten of de accommodatie geschikt is voor jouw mate van mobiliteit.

Ook in Frankrijk zetten talrijke stichtingen zich in voor de integratie van mindervaliden, maar deze ontwikkeling staat nog in de kinderschoenen. Het is aan ieder van ons om ons steentje bij te dragen en eventueel een handje toe te steken om ook mindervaliden een aangename vakantie te bezorgen.

MENS, MAATSCHAPPIJ NATUUR EN CULTUUR

Duizend jaar gelegen besloeg 'Frankrijk' niet meer dan Île-de-France en Normandië, waar Vikings woonden. Vandaag de dag is Normandië het platteland van Parijs. Een authentiek, goedmoedig platteland met fleurige huisjes, kunstige koeien, bovenste beste 'opkikkertjes' en tal van andere charmante details. En tevens een bijzonder beschaafd platteland, zo goed onderhouden dat het op een Engelse tuin begint te lijken. Zelfs de nevelsluiers, de witte omheiningen en de liefde voor paarden zijn aanwezig. De Parijzenaars weten sinds jaar en dag hoe goed het leven er kan zijn. Wie begint niet spontaan te watertanden bij de gedachte aan de heerlijke kazen? Wie droomt niet weg wanneer hij denkt aan die lange stranden met hoge kliffen, aan die groene weidegronden, die prachtige landhuizen en de schittering van de rivier waarin de boten sierlijk voorbijglijden, in nevel gehuld? Dat is Normandië. Dat alles, en nog veel meer.

Normandië is bijvoorbeeld ook een belangrijk landbouwgebied, waar het platteland – zoals in Vlaanderen en Nederland – ruimte heeft moeten maken voor industrie. Onder de groene deken met toetsen van bloeiende appelaars verbergt de streek haar verbetenheid en haar ondoorgrondelijke subtiliteiten. Wat valt er nog meer te ontdekken van deze oude bekende? Een stoet van kleine fabriekjes en olieverwerkende bedrijven, enorme melkveehouderijen en arbeiderswijken bieden een glimp van het levendige, intense en volwassen Normandië dat schuilt achter het gangbare nogal ouderwetse beeld van de streek. En er is nog meer: het dichte coulisselandschap, de heidevelden van de Cotentin die gebleekt zijn door het zilte water, het waargebeurde epos van de Scandinavische sagen, het eeuwige gebeuk van de golven ... Een heel ander Normandië waarboven in de verte het mystieke silhouet van de Mont-Saint-Michel uittorent.

Normandië is opgedeeld in twee administratieve regio's: Basse-Normandie ('Laag-Normandië'), met de departementen Calvados, Manche en Orne, en Haute-Normandie ('Hoog-Normandië'), dat de departementen Eure en Seine-Maritime omvat.

ARCHITECTUUR

Waar komt de term 'romaanse kunst' vandaan? In de 19de eeuw herontdekken de kunstenaars en intellectuelen –die willen breken met het classicisme van de vorige eeuw– de troeven van de middeleeuwen. Normandië, dat in de achtertuin van Parijs ligt, is met zijn schat aan middeleeuwse abdijen en kerken voor hen een echte tuin van Eden. Hier kunnen ze inspiratie opdoen! Théophile Gauthier bijvoorbeeld is helemaal ondersteboven van het kasteel van Tourlaville, dat dan wel uit de renaissance dateert, maar 'net genoeg tekenen van verval vertoont om pittoresk te zijn'! Maar welke naam moeten ze hun middeleeuwse kunststroming geven? De Engelse archeologen gebruiken de term 'normand'. In het Frans wordt dat vervormd tot 'roman'. De 'art normand' is dood, leve de 'art roman' ... en leve de 'romantiek'!

Dit linguïstische geknoei stoelt nochtans op een historische waarheid. Want nadat de *Northmen* (Vikingen) vanaf de jaren 840 heel het Neustrië van de Karolingers te vuur en te zwaard hebben verwoest en geplunderd en aldus heer en meester zijn geworden van het gebied, besluiten ze om er zich te vestigen. Ze bouwen kastelen zoals ze die kennen van thuis: logische en sobere gebouwen met donjons die vierkant (Falaise), veelhoekig (Gisors) of rond (Conches) kunnen zijn. De Noormannen spelen het spel slim. Ze haasten zich om de monniken terug te roepen en maken handig gebruik van de economische en spirituele macht van de geestelijken. De abdijen worden opnieuw opgebouwd volgens hetzelfde principe als dat van de Vikingburchten. Ze rijzen in heel Normandië als paddenstoelen uit de grond: Fécamp, Saint-Sauveur-le-Vicomte, Bernay, Cerisy-la-Foret, Jumièges, le Bec-Hellouiin, Lessay. Dit spirituele en architectonische elan bereikt zijn hoogtepunt onder de heerschappij van Willem de Veroveraar (1035-1087). De bouwkundige regels zijn heel eenvoudig: een strenge aanblik, een sober interieur, riante volumes en duidelijke lijnen, en een koor dat baadt in het zonlicht dat door de vieringtoren naar binnen komt (een van de vele Normandische uitvindingen!). De inname van Château-Gaillard door Filips II Augustus in 1204 betekent het doodvonnis voor het onafhankelijke Normandië en meteen ook het einde van de architectuur van de Noormannen.

Er zijn in Normandië ook enkele geslaagde gotische bouwwerken te vinden, in het bijzonder de kathedralen van Rouen en van Coutances. Ook de renaissance heeft haar sporen nagelaten. In geen enkele andere Franse streek vind je de combinatie van hout en steen terug in renaissancegebouwen. Het is bovendien in Normandië dat de renaissancestijl in Frankrijk voor het eerst tot uiting is gekomen.

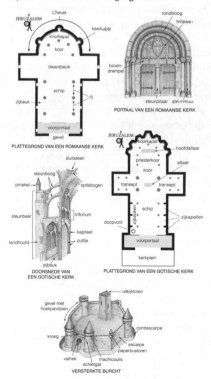

PORTAAL VAN EEN ROMAANSE KERK

PLATTEGROND VAN EEN ROMAANSE KERK

DOORSNEDE VAN EEN GOTISCHE KERK

PLATTEGROND VAN EEN GOTISCHE KERK

VERSTERKTE BURCHT

Bij zijn terugkeer van een verblijf in Italië in het gevolg van Frans I vestigt kardinaal Georges d'Amboise zich in Gaillon. Hij laat het lokale kasteel renoveren door Italiaanse artiesten. Na de dood van de kardinaal blijven de Italianen hangen in de streek, waar ze hun kennis en kunde verder verspreiden (kastelen van Fontaine-Henry en Ô). Al snel zit het hele land op dezelfde (bouwkundige) golflengte. Uit die tijd stammen enkele mooie landhuizen van lokale edellieden die met hun torens en donjons hun macht en rijkdom wilden tentoonspreiden. Voorbeelden daarvan vind je nog steeds in Perche en Calvados. Onder het bewind van Lodewijk XIV (de zonnekoning) maakt één architectonisch gedachtegoed furore. Eén model: Versailles. Eén man: de architect François Mansart, aan wie we onder meer Balleroy en de staatsstoeterij Haras du Pin te danken hebben. Daarna is het wachten tot het eind van de 19de eeuw en de bouw van de eerste villa's in de modieuze badplaatsen (zoals Villa Strassburger in Deauville) voor er weer een frisse architectonische wind door de streek waait.

BEKENDE NORMANDIËRS

– **Jehan Ango (1480-1551):** de Onassis van Dieppe! Hij bezat zeventig schepen en dat was in de renaissancetijd lang niet slecht. Hij financierde ontdekkingstochten, maar spijsde aan de andere kant zijn eigen spaarpot met piraterij. Hij betaalde het losgeld om Frans I vrij te kopen. Ze werden twee handen op een buik.

– **Sint-Anselmus (1033-1103):** deze geestelijke uit Aosta zette in de abdij van Bec-Hellouin de scholastiek op punt, het gevreesde wapen van de doctors in de godsdienstwetenschappen.

– **Barbey d'Aurevilly (1808-1889):** deze flamboyante schrijver uit de Cotentin, geboren in Saint-Sauveur-le-Vicomte, was sterk geboeid door verhalen over Chouans en tovenaars. D'Aurevilly was een dandy avant la lettre. Hij schreef onder meer *Chevalier des Touches* en *L'Ensorcelée* en had er niks op tegen dat men hem 'Connétable des lettres' (grootofficier der letteren) noemde.

– **Bourvil (1917-1970):** heette eigenlijk André Raimbourg. De meest getalenteerde Normandische eikel uit de Franse film ontleende zijn pseudoniem aan het dorp waar hij zijn kinderjaren doorbracht: Bourville (in Seine-Maritime). De grappige, overdreven Fransgezinde figuur uit *Elle vendait des crayons* deed het ook goed op de toneelplanken.

– **Charlotte Corday (1768-1793):** deze schoonheid uit de Orne beraamde op 24-jarige leeftijd, tijdens de hoogdagen van de Terreur (periode kort na de Franse Revolutie, toen velen onder het mes van de guillotine vielen), haar persoonlijke Vikingraid. Ze bracht Jean-Paul Marat, executeur bij uitstek (hij stuurde onder meer Louis XVI naar het schavot), een dodelijke messteek toe terwijl hij in bad zat. De scène is beroemd geworden dankzij het mooie antieke doek van David waarop de dode Marat staat afgebeeld.

– **Pierre Corneille (1606-1684):** werd geboren in Rouen. Illustre dramaturg en uitvinder van het 'corneliaanse' dilemma (waarbij je werkelijk niet weet wat je moet kiezen), een metathese van 'Zou ik of zou ik niet?'. Hij was advocaat aan de balie van Rouen, en zijn welbespraaktheid stelde hem in staat om prachtige replieken in alexandrijnen te gieten.

– **Philippe en Vincent Delerm:** Philippe, geboren in 1950, schrijft romans en is vader van Vincent (°1976), die zanger is. Beide zijn uithangborden voor een intiem en gelukkig Normandië: Deauville en de herinnering aan Trintignant, de Eure en Beaumont-le-Roger, zijn voetbalclub, het theater ...

– **Christian Dior (1905-1957):** de god van de 'New Look' die in 1947 de vrouwen opnieuw liet genieten van accessoires en sieraden nadat ze zich tijdens de oorlog als mannen hadden aangekleed. Hij hielp zijn land om de troon van de mode te heroveren. Hij was de zoon van een industrieel uit Granville en bevriend met Bérard en Cocteau. Het duurde een hele tijd eer hij doorbrak, en zijn modehuis was bevolkt met inwoners van de Cotentin. Een van zijn leerlingen was niemand minder dan de bekende Yves Saint Laurent.

– **Jules Dumont d'Urville (1790-1842):** het leven van deze zeevaarder is een heuse roman. De kasteelheer van Urville trouwde, tot groot ongenoegen van zijn familie, met een eenvoudige verkoopster van optische instrumenten. Hij ontdekte een stukje van Antarctica en doopte het *la terre Adélie* ('Adelieland') ... naar de naam van zijn geliefde vrouw. Hij is aan haar zijde gestorven in het eerste treinongeval uit de geschiedenis.

– **Annie Ernaux:** Frans romanschrijfster, geboren in 1940. In 1984 sleepte ze de Prix Renaudot in de wacht met haar boek *La Place*. In de meeste van haar werken gaat ze op zoek naar haar verleden, het café uit haar kindertijd vlak bij Yvetot (in Seine-Maritime).

– **Gustave Flaubert (1821-1880):** de beroemdste Normandiër van de Franse literatuur werd geboren in Rouen, waar zijn vader hoofdgeneesheer was in het godshuis. Normandië zou altijd een vast onderdeel blijven van zijn leven en zijn werk. Op de eerste plaats het strand van Trouville, waar hij als jongen van vijftien lentes de grote liefde uit zijn leven ontmoet (die in zijn werk verschijnt als madame Arnoux in *L'Éducation sentimentale* (vertaald als 'Leerschool der Liefde')). Vervolgens Rouen. Natuurlijk. Van die stad zet hij een schitterende beschrijving neer in *Madame Bovary*. En last but not least de Normandische landschappen en personages, zoals je ze leert kennen in *Bouvard et Pécuchet* of ook in *Un coeur simple* ('Een eenvoudige ziel'). Zijn personages zijn pretentieuze landjonkers, landbouwers, mensen uit het volk en vooral gegoede burgers, aan wie Flaubert een hartgrondige hekel had. Die afschuw voor de burgerij brengt de schrijver op meesterlijke wijze tot uiting in het personage van de apotheker Hornais in *Madame Bovary* (alweer!). Flaubert gaat zelfs zo ver dat hij aan de verfoeide en verafschuwde bourgeoisie een heel boek wijdt: *Dictionnaire des idées reçues* ('Woordenboek van pasklare ideeën'), een bloemlezing van het gedachtegoed en een meesterwerk van verfijning en humor.

– **Fontenelle (1657-1757):** dichter en filosoof, geboren in Rouen, net als z'n oom Corneille. Deze wegbereider van de Franse *Encyclopédie* was zeer welbespraakt. Hij ging prat op z'n vulgariserend wetenschappelijk werk *Entretiens sur la Pluralité des Mondes* en droomde ervan dat de wetenschap ooit alle materies zou samenbrengen in één enkele entiteit. Zijn motto was 'Neem het leven niet te serieus, want je komt er toch niet levend uit.' Iets om over na te denken ...

– **Jacques Gamblin:** Franse acteur, geboren in 1957 in Granville. Studeerde aan het Centre d'Art Dramatique (toneelschool) van Caen en groeide uit tot een van de grote namen van de toneelwereld. Hij speelde al samen met onder meer Lelouch, Blier, Jean Becker en Tavernier. Daarnaast heeft hij ook reeds verscheidene romans geschreven.

– **Valérie Lemercier:** actrice en humoriste, geboren in 1964 in Dieppe. Ze volgde les aan het conservatorium van Rouen en bewees haar talent in onder meer *Palace* en *Les Visiteurs*. Ook achter de camera kan ze haar mannetje staan *(Le Derrière, Palais Royal)*.

– **Lionel Lemonchois:** deze atypische zeevaarder, in 1960 geboren in Bayeux, is erin geslaagd om met een trimaran van 60 voet de Atlantische Oceaan over te steken in slechts 7 dagen, 17 uur, 19 minuten en 6 seconden. Een record!

– **Gaston Lenôtre:** de Willem de Veroveraar van de toetjes. Op zijn dertiende (in 1933) wordt hij patissier. Op zijn drieëntwintigste opent hij een zaak in het dorpje Pont-Audemer. De Parijzenaars die naar Deauville komen, maken graag een omweg om bij hem langs te gaan. Vol zelfvertrouwen vertrekt hij naar Auteuil. We schrijven 1957. Vandaag is zijn imperium vele miljoenen euro's waard.

– **François de Malherbe (1555-1628):** wie herinnert zich de gevleugelde woorden van Boileau: 'Eindelijk kwam Malherbe ...'? Deze libertijnse inwoner van Caen was de eerste dichter die 'gewoon' schreef. Hij hielp Richelieu om de Académie française te stichten.

– **Guy de Maupassant (1850-1893):** de beroemde schrijver zag het levenslicht op het kasteel van Mirosmesnil, vlak bij Dieppe. In zijn eerste roman *Une vie* (1883) beschrijft hij op meesterlijke wijze de Normandische samenleving in de 19de eeuw.

– **Octave Mirbeau (1848-1917):** de auteur van *Journal d'une femme de chambre* was aanvankelijk royalistisch, katholiek en antisemitisch gezind ... tot hij de kant van de verdrukten koos en een boegbeeld werd van het literaire anarchisme. Hij was tegelijk geboeid door tuinieren en was graag in de weer met hark en schoffel op zijn eigendom in Rémalard (Orne).

– **Michel Onfray:** deze esthetische filosoof, die in 1959 geboren werd in Argentan (in de Orne), creëert in 2002 de *Université populaire de Caen* (de volksuniversiteit van Caen, waarvan hij trouwens nog altijd de drijvende kracht is). Hij schreef (onder andere) een heel leuk amusant boek: de *Antimanuel de philosophie* ('Antihandboek voor de filosofie').

– **Eugène René Poubelle (1831-1907):** de prefect van het departement Seine (dat in 1968 werd opgesplitst) liet in 1884 vuilnisbakken plaatsen in de steden. De eerste stad waar het vuilnis dagelijks werd opgehaald, was Caen (waar Poubelle hoogleraar in de rechten was). Het Franse woord voor 'vuilnisbak' is nog steeds *une poubelle*.

– **Jacques Prévert (1900-1977):** de bekende dichter woonde in Omonville-la-Petite (in de Cotentin) in een groenende omgeving die perfect paste bij zijn naam ('Pré vert' = 'groen weiland').

– **Bruno Putzulu:** in 1967 geboren in Toutainville (Seine-Maritime). Hij krijgt de césar (Franse filmprijs) van de beste beloftes in 1999 en is in feite een vurige aanhanger van de Comédie-Française. Steelt de show op de scène en op het scherm (met Bertrand Tavernier en Kassovitz).

– **Bernardin de Saint-Pierre (1737-1814):** aan deze man hebben we *Paul et Virginie* te danken, de bestseller uit de beginjaren van de exotische romantiek.

– **Eric Satie (1866-1925):** deze buitengewone componist en muzikant, die erom bekend staat dat hij vaak humor verwerkte in zijn sobere partituren, werd geboren in Honfleur. In het museum dat de stad aan hem gewijd heeft, kom je meer te weten over zijn leven en werk.

– **Madeleine de Scudéry (1607-1701):** de sleutelroman *Le Grand Cyrus* bracht deze schrijfster uit Le Havre naar de top. Het is een soort geïdealiseerde kroniek van het hof van Lodewijk XIV (de zonnekoning), aangekleed als een bundel klassieke liefdesverhaaltjes. De betrokkenen droegen de schrijfster op handen. De koningin van de Tederheid, godin van de 'Précieuses' (een Parijs damesgezelschap dat de smaak en de taal wilde verbeteren) was echter niet zo belachelijk als Molière (auteur van *Les Précieuses Ridicules*) wilde laten geloven. Op datum van vandaag leest men haar werken in elk geval opnieuw heel graag.

– **Nicolas Vauquelin (1763-1829):** de Christoffel Columbus van het chroom. Een van de grote wetenschappers uit de 19de eeuw.

CULINAIRE HEERLIJKHEDEN

De Normandische koe is de voedster van Parijs. Uit haar legendarische uier komt het basisbestanddeel van de camembertkazen, de dubbele roomkwark (of roomwrongel), de scheproom en de boter van Isigny. De Normandische *crème* (room) is als een balsem tegen de melancholie van grijze dagen. Hij is van alle keukens thuis: vlees, zeevruchten, vis, desserts. Doe je er ook nog een klontje gesmolten lichtgezouten boter bij, dan krijgt de bereiding het affix *vallée d'Auge*. Net als voor *beurre* (boter) is het meest bekende roomlabel dat van het dorpje Isigny in Bessin, waar al sinds de 17de eeuw room wordt geproduceerd (en tegenwoordig kan bogen op een certificaat van herkomst).

Vleselijke zonden

Een Normandiër ontbreekt het nooit aan eiwitten. De zee zit vol platvis (tong, schar, schol en vooral de befaamde tarbot, de lieveling van de grote keukenchefs ...), *lisettes* (kleine makrelen uit Dieppe), schaaldieren (die zware concurrentie krijgen uit Bretagne ...), sint-jakobsschelpen (Normandië is de belangrijkste uitvoerder van deze culinaire lekkernij) en heel wat schelpdieren, waaronder de oesters uit de Cotentin (proef zeker de platte, die in Normandië *pieds-de-cheval* – 'paardenvoeten' – worden genoemd). Jodium wordt ook in het vlees erg op prijs gesteld. Men laat de schapen grazen in de zilte schorren (die geregeld overstromen bij vloed) van de westelijke Cotentin en van de baai van de Mont-Saint-Michel. Het resultaat is overheerlijk! Daarnaast is er het Normandische gevogelte. De ster van het hoenderhok is de *canard* (eend). Hij wordt op tal van verschillende manieren bereid: met cider, in een pastei, met ciderazijn, geflambeerd met calvados of op de wijze van Rouen (met een saus van eendenbloed).

Een andere plaatselijke specialiteit zijn de fameuze *tripes* (trijpen). In *tripes à la mode de Caen* (trijp op z'n Caens) zitten vijf soorten orgaanvlees van het rund. Het gerecht staat een vijftiental uren te pruttelen, tot het kookvocht helder wordt. De *Confrérie de la Tripière d'or* ('Broederschap van de gulden Trijppot') ziet erop toe dat die regel streng wordt nageleefd. *Tripes* eet je het best met *pommes de terre soufflées* (dubbel gefrituurde aardappelen).

Nadat je je te goed hebt gedaan aan de *jambon de la Manche* (ham uit de Manche), moet je koers zetten naar Vire om daar *andouille* (een soort worst op basis van varkensingewanden) te gaan proeven: een stevig, gezond en gerookt vleesgerecht dat je zal doen walgen van de valse *andouilles de Vire* die industriëlen in de rest van Frankrijk afroffelen. Ook de *boudin de Mortagne*, de *andouillette de Bernay* en de *quenelles de Neuf-Marché* (gepocheerde balletjes of rolletjes van gemalen vis of vlees) hebben hun strepen al verdiend. In Normandië hebben ze zelfs worteltjes met een *appellation contrôlée* (certificaat van herkomst): die van Créances in de Manche. De groente wordt er gekweekt in zandgronden die met zeewier worden bemest.

De magische uier

Dhr. de Cambremer, een personage uit het werk van Proust, beklaagde zich erover dat men z'n naam radbraakte tot 'Camembert'. Dat was nochtans een compliment. Samen met het stokbrood en de karaf wijn is de camembert een van de drie symbolen van Frankrijk.

De koning der zachte kazen werd naar verluidt in het begin van de 19de eeuw voor het eerst gemaakt in een dorp in de Orne, niet ver van Vimoutiers: het dorp Camembert. Ondertussen wordt de kaas in heel Normandië gemaakt. Kies een *camembert fermier* (van de boerderij), gemaakt van rauwe melk en verpakt in een houten doos. De korst moet sneeuwwit zijn, en de kaas moet in het midden even zacht zijn als aan de randen.

Naast de camembert heeft het Pays d'Auge nog twee andere lekkernijen voortgebracht. De eerste is de *livarot*, die ook de 'kolonel' wordt genoemd omdat hij met vijf galons is versierd. Het is een ambachtelijke kaas, niet heel vet, maar met een sterke smaak ... De tweede is de *pont-l'évêque*. Onder het oranjekleurige korstje gaat een soepele kaas schuil met een uitgesproken sterke geur. Andere schatten van de koe zijn de *bondon de Neufchâtel* (duizend jaar oud en heel romig), de *boursin* en zijn vader de *gournay* (een driedubbele roomkaas die 'schuimig' moet zijn), de *bricquebec*, de *brillat-savarin*, de *coeur de Bray* (zachte kaas), de *bouille*, de *pavé d'Auge* (waarop de *pont-l'évêque* en de *livarot* zijn geïnspireerd), de *demi-sel* en zelfs de *petit-suisse*, een verse kaas die verrijkt is met room, de nalatenschap van een boerin uit Gournay. Een van de kleinhandelaars die de verse roomkaas verkochten, maakte er fortuin mee: zijn naam was Charles Gervais. Vergeten we ook de originele creaties niet van meneer Pennec. Deze kaashandelaar, die vooral op de markten van de Côte Fleurie heel actief was, schonk ons met de medewerking van zijn opvolger dhr. Frohn kaassoorten met ronkende namen als *Le Cul Terreux* ('grauwe achterkant/grauwe kont') en *Le Puant-Normand* ('de stinkende Normandische kaas').

Tijd nu voor de desserts. Die zijn allemaal gemaakt met echte boter, veel boter zelfs. Gisors en Gournay zijn de hoofdplaatsen van de brioche (een zoet broodje). Yport pakt uit met *tarte au sucre* (appeltaart met suiker en zanddeeg), Asnelles maakt *sablés* (zandkoekjes), Rouen boogt op zijn *sucre de pomme* ('appelsuiker') en Honfleur zweert bij zijn *teurgoule* (rijstebrij die in de oven wordt gebakken, met een vleugje vanille, kaneel of karamel; wordt gegeten met een brioche met eieren en slagroom, de *falue*). In heel veel desserts worden appels verwerkt. In een kleedje van brooddeeg heet hij *douillon* of *bourdelot*. Gekookt in cider versiert hij Normandische taarten die elke restaurateur je met plezier zal voorschotelen als afsluiter van een overdadige maaltijd. En dan is er natuurlijk de *chausson aux pommes* (appelflap), die ook bij ons heel populair is.

DE LANDING
Vier jaar geheime voorbereiding

Op 23 juni 1940, terwijl de geallieerde legers overal worden teruggedreven, ontschepen de Engelsen aan de Normandische kust. Maar het is te laat. Of te vroeg, het hangt er maar van af hoe je het bekijkt. De Wehrmacht rukt op naar Bordeaux. Acht miljoen vluchtelingen zwerven langs de wegen. Tussen Boulogne en Berck zetten snelle motorbootjes van de Engelse Navy 115 man aan land op het strand van Merlimont, waar ze bij wijze van beleefde groet enkele goedgeplaatste granaten laten ontploffen in het gezicht van de Duitse heren in hun grijsgroene uniformen. Dan vertrekken ze weer zonder één man te verliezen.

Zijn ze gek, die Engelsen? Op 4 juni 1940 – bijna dag op dag vier jaar vóór de datum van de landing in Normandië – richt Sir Winston Churchill volgende korte mededeling aan de generale staf van het leger: 'Als het voor de Duitsers mogelijk is om ons te verdrijven, waarom zou het omgekeerde dan niet kunnen?' Diezelfde avond legt officier Dudley Clarke – die de geschiedenis zal ingaan als de vader van de commando's – de grote lijnen vast van de inval van kleine legereenheden op de vijandelijke kusten.

De raids die Dudley Clarke voorstaat, zijn op de eerste plaats bedoeld als oefeningen. Dat soort speldenprikken volgt elkaar snel op. In datzelfde jaar nog in het bezette Guernsey, meer bepaald op 14 juli 1940. En het daaropvolgende jaar in Zuid-Italië (10 februari 1941), de Noorse Lofoteneilanden (4 maart), Libië (april), Kreta (26 mei), Libanon (7 juni), Tobruk in Libië (18 juli) en de mijnen van Spitsberg, waar nieuwe ontschepingboten worden uitgetest (25 augustus). Admiraal Keynes zorgt voor een revolutie in dat soort raids door zijn 'gecombineerde acties', een strategie waarbij een infanteriesoldaat orders kan krijgen van een zeeman, de matroos van een vliegenier en de piloot van de landeenheden ... Maar op 27 oktober 1941 ruimt deze vindingrijke officier plaats voor een jonge kapitein, lord Louis Mountbatten (die later gouverneur-generaal van India zal worden), de neef van koning George VI. Zijn rol zal erin bestaan de 'grote contra-invasie van Europa voor te bereiden'.

Zes weken later wordt hij geholpen door een onverwachte gebeurtenis. De aanval op Pearl Harbor zorgt ervoor dat ook de Verenigde Staten zich versneld in de oorlog storten. Londen staat er niet meer alleen voor. Eind december roepen de hoofden van de legerstaf van beide landen een gemeenschappelijk orgaan in het leven: de *Combined Chiefs of Staff*. Dat orgaan moet bestuderen hoe een grote legeroperatie kan worden gelanceerd in Noordwest-Europa tegen 1942 ... Lord Louis Mountbatten laat de legerstaf brainstormen en gaat ondertussen onverminderd door met testraids in Noorwegen, in het Normandische Pays de Caux en uiteindelijk ook in Saint-Nazaire. De tijd dringt. De oorlog wordt nu vooral in Rusland uitgevochten en Stalin wordt ongedurig: 'Komt er nog wat in huis van dat tweede front?' Het antwoord van de Britten: 'Pas als de Duitse militaire macht zware klappen heeft gekregen.' Voor een project van dergelijke omvang moet een betonnen strategie worden uitgedokterd. Dus besluiten de Britten een laatste testoperatie uit te voeren. Een soort generale repetitie. Dat is de aanval op 19 augustus 1942 op Dieppe.

Lord Louis Mountbatten is tegelijk viceadmiraal, legergeneraal en luchtmaarschalk. Hij heeft dus alle touwtjes van deze zogenoemde 'gecombineerde actie' in handen. De raid op Dieppe vraagt een hoge tol (drieduizend gesneuvelden!), maar uit de operatie worden belangrijke lessen getrokken. Een van die lessen is dat er geen sprake kan zijn van een landing op het Europese continent zolang de belangrijke verkeerswegen en treinroutes niet zijn uitgeschakeld. Volgende les: men moet vermijden om een haven aan te vallen. Tegelijkertijd is het van het grootste belang dat de Duitsers overtuigd blijven van het tegendeel ... 'Eén ding is voor mij duidelijk,' zegt lord Louis Mountbatten later, 'we hebben de strijd om Normandië gewonnen op de stranden van Dieppe ...'.

Dat neemt niet weg dat deze bloedige nederlaag de geesten zwaar ontmoedigt. 'Als we niet in een haven kunnen ontschepen, hoe moet het dan wél?', vraagt een scepticus zich hardop af. Een ontstemde officier antwoordt: 'Wel, we nemen er eentje mee!'. Bij lord Louis Mountbatten doet die opmerking een lichtje branden. Het idee voor de artificiële haven van Arromanches is geboren.

De pioniersperiode van de prikacties loopt op haar eind. Het wordt nu tijd voor grootscheepse aanvallen. Op 8 november 1942 slaat operatie *Torch* een bres in Noord-Afrika. Op 9 juli 1943 wordt Sicilië heroverd door de geallieerden. Twee maanden later verovert het geallieerde offensief Italië. De definitieve beslissing voor een landing in Normandië wordt genomen op een vergadering tussen Roosevelt en Churchill in januari 1943 in Quebec. Twee maanden later bestudeert de opperste legercommandant van de geallieerden een plan dat *Fortitude* is gedoopt. Dit plan heeft tot doel de vijand te misleiden over de plaats en het tijdstip (zogezegd in 1943) van de landing. Tegelijkertijd wordt het schema voor een massale aanval op het continent uitgewerkt voor het geval de Duitse verdediging als een kaartenhuisje in elkaar zou storten. Je weet maar nooit ... En natuurlijk wordt ook de echte landingsoperatie verder uitgewerkt. Die moet in 1944 plaatsvinden. De uiterste datum wordt vastgelegd: 1 mei 1944. Op die grote dag zullen bij operatie *Overlord* drie divisies worden gelanceerd tussen Grandcamp en Ouistreham, plus een luchtlandingsdivisie boven Caen. Men overweegt een tweede landing in de Provence.

Maar dat is zonder Montgomery gerekend. Deze laatste verlaat het 'woestijnleger', dat nog steeds druk in de weer is in Italië, en komt in februari 1944 aan in Londen. Hij gooit met één potloodtrek de plannen van zijn voorgangers overhoop. Eisenhower zal dan wel de algemene leiding van de aanval op zich nemen, maar het is 'Monty' (Montgomery) die aan het hoofd zal staan van de landstrijdkrachten 'zodra die voet aan wal hebben gezet op de stranden'. De andere protagonisten moeten zich paraat houden. Admiraal Ramsay is verantwoordelijk voor de overtocht (operatie *Neptune*) en luchtmaarschalk Mallory neemt de luchtoperaties voor zijn rekening.

Intussen blijven de Amerikaanse 'zwarte' soldaten ver achter de frontlijn, waar ze allerlei vuile werkjes moeten opknappen. Het is wachten op een bevel van Truman aan het eind van de oorlog eer ook zij aan het oorloggebeuren zouden deelnemen.

Leve de misleiding

En operatie *Fortitude* begint. Alle middelen zijn goed om Duitsland in het ootje te nemen. Verzetsagenten worden opgeofferd voor de goede zaak. De 'revelaties' aan dubbelagenten gaan crescendo. Tips en informatie circuleren in alle richtingen. Pas-de-Calais wordt zwaar gebombardeerd. De Noordzee en de Baltische Zee worden herschapen in een mijnenveld. In de havens in het noordoosten van Engeland verzamelen oorlogsboten. Om spionagevliegtuigen te misleiden worden valse materieelparken aangelegd met rubberen tanks en jeeps en valse luchthavens met houten vliegtuigen. Een intense radioactiviteit 'verraadt' het bestaan van een fictieve derde legermacht, gebaseerd in Kent. Montgomery doet ook zijn duit in het zakje. Op de vooravond van 6 juni wordt een dubbelganger van Monty (niet slecht gezien!) opgedragen om een luidruchtige en ostentatieve inspectie van het garnizoen van Gibraltar te verwezenlijken. En Gibraltar ligt net binnen het bereik van de verrekijkers van de Duitse agenten in Algeciras ...

In de marge van die schijnmanoeuvres trainen de troepen zich voor de echte landing. In de lente van 1944 vinden tientallen oefenoperaties plaats. In de nacht van 28 op 29 april wordt een gevechtstraining georganiseerd met twee fictieve kampen: de 'ontschepers' en de 'verdedigers'. Britse motortorpedoboten spelen de rol van vijandelijke schepen. Ze zijn zogezegd Duitse verdedigingsboten in de ontschepingzone van het Europese continent. De manoeuvres gaan van start. De boten naderen de stranden en lossen hun soldaten. De aanval begint. Obussen, gele vuurpijlen, rode vuurpijlen ... overal kogels. Wat een realisme! Je zou denken dat het allemaal echt is! In werkelijkheid is het ook echt ... De vijandelijke motortorpedoboten blijken rasechte Duitsers te zijn (geen Britse!). Ze komen uit Boulogne en Cherbourg (louter toevallig!), en hun kogels zijn dodelijk. Paniek breekt uit in de gelederen. Als men zich realiseert wat er aan de hand is, is het al te laat. Zevenhonderd soldaten zijn gesneuveld.

Op 2 juni 1944 zendt Winston Churchill een bericht aan generaal de Gaulle in Algiers: 'Kom snel, het is dringend!'. Twee dagen later wordt de Gaulle naar Portsmouth overgebracht, waar het zenuwcentrum van operatie *Overlord* zich bevindt. Daar neemt Churchill hem in vertrouwen. Eisenhower wacht hen op in zijn hoofdkwartier behangen met landkaarten. 'De weersomstandigheden zijn bijzonder slecht,' zegt hij, 'zowel voor de overtocht als voor de ontscheping. Ik moet beslissen of we de operatie starten of uitstellen. Het definitieve bevel moet ten laatste morgen worden geven. Wat denkt u ervan, generaal?' Het antwoordt luidt: 'Ik keur uw beslissing van tevoren en zonder voorbehoud goed. In uw plaats echter zou ik de operatie niet uitstellen.'

Een regen van staal

Die dinsdag 6 juni 1944 regent het al vanaf 's ochtends. Een alledaags juniweertje voor een doordeweekse oorlogsdag. Om negen uur stemt iedereen die dat kan trouw af op de BBC. De dagelijkse boodschap is erg sober: 'Onder het bevel van generaal Eisenhower is de geallieerde zeemacht, gesteund door een krachtige luchtsteun, begonnen met de ontscheping van de geallieerde strijdkrachten aan de noordkust van Frankrijk.' Een misplaatste grap? Niemand durft het bericht geloven. Voor Frankrijk en voor heel Europa luidt deze radioboodschap eens te meer een episode van bloedvergieten en tranen in. Maar ook van hoop op bevrijding.

De Duitsers vermoeden natuurlijk al heel lang dat er een landing op komst is. Maar dan veel dichter bij de Engelse kust: in Pas-de-Calais. Enkel Hitler, die helderziend moet zijn geweest, is zeker dat de inval zal gebeuren tussen de Orne en de Vire. Zijn generaals volgen hem niet in die overtuiging, misleid als ze zijn door de talrijke afleidingsbombardementen. De reusachtige operatie *Overlord* is tot in de puntjes voorbereid en uitgewerkt. Het schema? Vijf divisies ontschepen op vijf stranden over een afstand van tachtig kilometer tussen Caen en Saint-Mère-Église. Drie parachute-eenheden worden al eerder gedropt. Ze moeten de Duitse versterkingen de weg versperren.

De landing is oorspronkelijk eigenlijk voor de dag ervoor gepland (5 juni 1944), maar omdat het die dag hondenweer is, heeft generaal Eisenhouwer de hele indrukwekkende oorlogsvloot, die al op zee is, terug moeten roepen. Voor de volgende dag zijn de weersvoorspellingen iets positiever.

Sinds de avond ervoor, even voor middernacht, worden de tien Duitse artillerie-eenheden langs de kustlijn zwaar onder vuur genomen. Tienduizend zware bommenwerpers bestoken hen onophoudelijk. Dat zijn duizend bommenwerpers per eenheid! In totaal goed voor zesduizend ton bommen! Ruimschoots voldoende om de Duitsers te verpletteren ... als de bombardementen iets preciezer waren uitgevoerd.

Enkele minuten later landen de parachutisten van de 101st Airborne Division tussen Saint-Mère-Église en de zee in de overstroomde weiden van de Cotentin. Hun opdracht bestaat erin de weg vrij te maken voor de Amerikaanse troepen van Utah Beach zodra deze naar het binnenland zullen optrekken. De bedoeling is het schiereiland te bezetten en volledig af te sluiten voor de vijand. Ondertussen is de 6th Airborne Division actief aan het andere uiteinde van het oorlogsfront. De opdracht van de bemanning is uiterst zwaar. Ze moeten de Orne en het kanaal in handen houden, de Duitse artillerie-eenheid in Merville uitschakelen en tot slot vier bruggen over de Dives (en haar bijrivier de Divette) vernietigen om die waterloop te gebruiken als natuurlijke verdedigingsgordel.

Hitler sliep!

Een van de grote zwakten van het Duitse leger bestond erin dat er geen eenheid van commando was. De verschillende generaals (Rommel, Von Rundstedt en andere) hadden elk hun eigen opvatting over de manier waarop de vijand moest worden teruggedreven. De enige die de knoop kon doorhakken, was Hitler zelf. Maar die sliep, en niemand durfde hem wakker te maken ...

Welk dorp in Frankrijk zal als eerste worden bevrijd? Het wordt Ranville. In het kasteel worden de graaf en de gravin van Rohan-Chabot gewekt door kolfslagen op de deur. Even later staan ze oog in oog met soldaten in camouflagepak en met zwartgeschminkte gezichten, hun helmen bedekt met takken. 'Alweer de moffen,' moppert de graaf binnensmonds, 'ze hebben hun nachtmanoeuvres beëindigd en ze praten Engels om ons in de val te lokken. Ze proberen te achterhalen aan wiens kant we werkelijk staan ...' Hij blijft op z'n hoede tot de dageraad aanbreekt. De gravin probeert hem tevergeefs te overtuigen van het feit dat het om echte Engelsen gaat. Ze wil er zelfs een eed op doen. Er komen trouwens steeds meer soldaten opduiken, véél meer zelfs. De zowat zesduizend mannen van de Pegasus Division zijn gedropt boven Ranville. Het is halfdrie in de ochtend ...

Die nacht behoort het luchtruim toe aan de geallieerden. Vijftienduizend vliegtuigen, tienduizend vluchten, twaalfduizend ton bommen. De Atlantikwall davert op zijn grondvesten. Voor het Normandische verzet (een tiental verzetsgroepen nemen aan de operatie deel) is dit de langste nacht uit hun carrière. Maar de drie opdrachten die moeten worden uitgevoerd, zijn goed voorbereid: de spoorwegen lamleggen, het telecommunicatienet onbruikbaar maken en de wegen naar de stranden blokkeren. Ver in het westen snellen andere Fransen te hulp. Het zijn de SAS (Special Air Service) van kolonel Bourgoin (bijgenaamd 'le Manchot', de eenarmige). In de vroege uurtjes zijn ze gedropt op de verloren heidegronden van de Morbihan en de Côtes-du-Nord (vandaag de Côtes-d'Armor genoemd).

De vloedgolf

Eindelijk wordt het dag boven de Normandische kust. De woelige zee biedt een ongelooflijk schouwspel. Een woud van ijzer en staal danst op de golven. In totaal zijn er zevenduizend boten, die van overal lijken te komen. De andere cijfers zijn al even duizelingwekkend. Meer dan honderdduizend manschappen besturen de schepen, meer dan honderdduizend anderen staan klaar om aan wal te komen. De mijnenvegers hebben een bres geslagen in de mijnenvelden, en om halfvier zetten de eerste schuiten koers naar Omaha Beach, de codenaam voor de stranden van Vierville, Colleville en Saint-Laurent. De mannen zijn niet bepaald fris als een hoentje. De pillen tegen zeeziekte die gul werden uitgedeeld, blijken een sterk verdovend middel te bevatten! Maar waar zitten de Normandiërs, nu deze massa van mannen en staal wordt uitgestort over hun stranden? De bezetter heeft ze tot op veertien kilometer van de kust geëvacueerd. Maar het voortdurende gebulder van de kanonnen laat de kustbevolking vermoeden dat pantserschepen, kruisers en torpedojagers de kustverdediging onder vuur nemen. En dat de kustgemeenten voor het eerst in vier jaar worden overvlogen door vliegtuigen met al hun lichten aan, blijft natuurlijk ook niet onopgemerkt. Bij gebrek aan echte radio's, die allemaal in beslag zijn genomen door de bezetter, drukken de mensen hun oren angstig en gespannen tegen een haastig in elkaar geknutselde kristalontvanger ...

Intussen is de hel losgebarsten. Even voor halfzes heeft de tactische luchtmacht de bombardementsvliegtuigen afgelost. De artillerie-eenheden van de Mont Canisy, Riva-Bella, de Pointe du Hoc, Maisy en Pernelle worden genadeloos bestookt. Een uur later treedt ook de infanterie in actie. Men heeft afgesproken dat de ontschepingen van west naar oost zullen worden gefaseerd, mee met het dalende getij. De eerste landing moet beginnen om halfzeven, aan de oostkust van de Cotentin.

Als de vijf vingers van een hand

–**Utah Beach, 6.30 u.** De vierde Amerikaanse infanteriedivisie treedt er in actie (dezelfde divisie die later Parijs zal binnenrukken met generaal Leclerc). Op minder dan drie kilometer van de kustlijn worden een dertigtal amfibiewagens uitgezet. Op één na bereiken ze allemaal het strand. In hun kielzog volgen de infanteristen. Op één dag zullen ze een bruggenhoofd van 3,6 km installeren! Nadat ze de hevigste haarden van verzet hebben geneutraliseerd en ze het strand van alle hindernissen hebben gezuiverd, doorkruisen ze de blank liggende weiden en dringen ze op sommige plaatsen tot negen kilometer diep het schiereiland in. Ze slagen erin contact te leggen met de 101st Airborne Division. Kortom: alles verloopt naar wens.

–**Omaha Beach, 6.45 u.** Hier verloopt de ontscheping oneindig veel moeilijker. De twee Amerikaanse gevechtsgroepen moeten zich tussen Vierville en Colleville meester maken van een klifformatie in de vorm van een maansikkel die bezaaid is met bunkers, kanonnen en mitrailleurs. Bovendien is de zee ruw, en onder het wateroppervlak stikt het van verborgen hindernissen. De Duitsers nemen de landingsschuiten en de amfibiewagens meteen onder vuur. De schrik slaat de geallieerde troepen om het hart. De voorbereidende bombardementen zijn niet goed uitgevoerd. Een van de vliegeniers, Conelius Ryan, zal zijn hele verdere leven getraumatiseerd blijven door dit falen. Vele jaren later voert hij onderzoek naar zijn wapenbroeders die aan de grond sneuvelden en schrijft hij op grond van die informatie *The Longest Day* ('De langste dag'), een boek dat in 1962 door Ken Annakin wordt verfilmd. Ondertussen vecht soldaat tweede klas Samuel Fuller op het strand gedurende 'drie volle uren in plaats van de geplande vijfentwintig minuten. De zee is rood van het bloed. Konten, kloten, ogen, hoofden, ingewanden, armen, vingers, monden, alleen maar een mond. Overal! Een nachtmerrie!' Hij vergeet geen enkel detail en zal in 1980 de film *The Big Red One* draaien.

Wat is er echt gebeurd op het bloederige slagveld van Omaha Beach? De zeemacht werd gehinderd door de vorm van de kliffen. Maar er is ook sprake van een navigatiefout. En vooral van een niet-gesignaleerde Duitse eenheid die daar toevallig op manoeuvre is. De vijandelijke eenheid wordt pas op het allerlaatste ogenblik opgemerkt door de geallieerden ... wanneer de boten van de legerstaf geen radiocontact meer mogen leggen. En aan doelwitten ontbreekt het de Duitsers niet! De stoottroepen van de geallieerden, verstoken van elke hulp, zijn makkelijke schietschijven voor de Duitse kanonnen en de mitrailleurs. De gesneuvelden van Omaha Beach maken 40% uit van alle verliezen van D-Day, en dat komt grotendeels door de vreselijke slachtpartij bij de Pointe du Hoc (zie het hoofdstuk 'Pointe du Hoc'). Rond de middag overweegt Bradley, de commandant van de sterk uitgedunde troepen, zelfs om de aftocht te blazen. Maar op die verschrikkelijke ochtend wordt deze Amerikaanse GI een levende legende. Vanuit zijn underdogpositie verovert hij de Duitse verdedigingswerken een voor een en klampt hij zich vast aan elke meter gewonnen grond. En zo gebeurt het dat bij het vallen van de nacht het duizend vijfhonderd meter lange bruggenhoofd uiteindelijk toch tot boven op de kliffen reikt.

– **Gold Beach, 7.25 u.** Ondanks een moeilijk begin verloopt de landing hier toch wat vlotter. Het Britse manoeuvre begint op de stranden van Le Hamel en La Rivière. Het doel is Bayeux. Maar het 41ste commando moet zich tegelijkertijd ook meester maken van Port-en-Bessin, een punt dat van vitaal belang is voor de aanvoer van versterkingen. Bovendien verwacht men van hen dat ze in het westen de verbinding leggen met de Amerikanen van Omaha Beach. De weergoden zijn de Britten echter allesbehalve gunstig gezind. Het is zwaarbewolkt, de zichtbaarheid is niet goed en optornen tegen windkracht 5 is ook al geen lachertje ... Het blijkt onmogelijk om de amfibiewagens die de infanterie moeten beschermen, te water te laten. Tot overmaat van ramp kapseizen heel wat landingsboten. De infanteristen die het strand bereiken, zijn uitgeput en zeeziek nog voor ze één geweerschot hebben gelost. De Duitsers halen hun hartje op. Ze mikken akelig juist. Maar de geallieerden winnen toch terrein, al verloopt de operatie heel ongelijkmatig. Het bombardement op La Rivière is zo doeltreffend geweest dat het dorpje op enkele minuten kan worden bevrijd. Omstreeks halftien wordt ook de brug van Meuvaines veroverd. In Le Hamel echter hebben de obussen van de zeemacht en de luchtbommen weinig effect. Voor dit dorp wordt de infanterie tot staan gebracht. Het zal tot halfvijf 's namiddags duren eer ze haar opmars kan voortzetten. De voorhoede bevindt zich dan al op de weg Caen-Bayeux. Bayeux valt de volgende dag bij dageraad.

– **Juno Beach, 7.35 u.** Onder leiding van majoor-generaal Keller ontscheept de Canadese derde infanteriedivisie op de stranden van Courseulles, Bernières en Saint-Aubin. Ze liggen wat achter op het tijdsschema. Er wordt nochtans van hen verwacht dat ze nog vóór de avond de kam bezetten tussen Putot-en-Bessin en het westen van Caen! De ontscheping loopt niet bepaald van een leien dakje. De rotsige ondergrond, de onstuimige golven en een veld vol Duitse vallen en mijnen zijn maar enkele van de hindernissen die ze moeten overwinnen ... De landingssloepen drijven af of komen onder intensief geweervuur te liggen. Veel mannen vallen terwijl ze tot aan hun oksels in het water staan, ploeterend om vooruit te komen. Het geniekorps levert een gevecht tegen de tijd, aangezien het opkomende tij de hindernissen onder het wateroppervlak aan het oog zal onttrekken. Heel wat Duitse bunkers blijken de inleidende bombardementen te hebben overleefd. De doortocht naar het binnenland verloopt dan ook bijzonder moeizaam. Bernières bijvoorbeeld wordt verdedigd door twee antitankkanonnen, twee zware mortieren en acht mitrailleurposten. Omstreeks halfnegen 's ochtends wordt het dorp bevrijd. Courseulles is nog beter verdedigd. Het vergt twee grote aanvallen en uitputtende straatgevechten, maar tegen tien uur is het dorp veroverd. Saint-Aubin, Langrune en Graye-sur-Mer zullen pas op 7 juni vallen.

– **Sword, 7.25 u.** De derde Britse infanteriedivisie is vast van plan nog diezelfde avond in Caen te dineren. Wanneer ze het strand van Colleville hebben bereikt, laten de Engelse boten zich echter beleefd inhalen door de 177 Bérets Verts (groene baretten; dit zijn de legionairs) van de Franse luitenant Philippe Kieffer. Een nette wederdienst voor het 'Messieurs les Anglais, tirez les premiers' (Mijne Engelse heren, schiet u maar als eerste), destijds uitgesproken door de legerleiding tijdens de slag van Fontenoy. De slag die de mannen hier moeten leveren is van een totaal ander gehalte dan het wapengekletter van 1745. De voorhoede van de derde Britse divisie moet snel een goede positie veroveren op de heuvel van Périers, die de toegangsweg vormt naar de stad Caen. De hele divisie (die ontscheept in Hermanville, Colleville en Ouistreham) moet de brug van Bénouville bereiken en contact leggen met de parachutisten die daar de nacht voordien zijn gedropt. En ondertussen moeten de commando's 'schoon schip maken' in westelijke richting, naar Juno Beach toe. Zullen ze dat scenario kunnen uitvoeren? De eerste aanvalstroepen landen stipt op tijd, ondanks de stevige deining. Twee bataljons met amfibietanks worden gelost op vier kilometer van het strand. De helft daarvan bereikt zijn doel. De mannen slaan een bres over het strand en door de versterkingen in de duinen. De tanks vorderen. Hermanville valt om halftien 's ochtends. In het kasteelpark laat een compagnie zich erop voorstaan de 'eerste thee te hebben gedronken die op 6 juni door een Britse compagnie werd gezet aan deze kant van het Kanaal'.

Allemaal strijdmakkers?
In 1944 was racisme eigen aan de Verenigde Staten. Zwarte soldaten vochten niet zij aan zij met hun blanke 'wapenbroeders'. Zelfs de zakjes met bloed voor zwarten werden apart gehouden van die voor blanken. De zwarten vochten trouwens niet in de eerste linie, maar kregen taken toegewezen die als minderwaardig werden beschouwd: magazijnknecht, chauffeur, mecanicien ... Doordat ze voornamelijk achter het front actief waren, lieten relatief weinig van hen het leven in de Tweede Wereldoorlog. Dat zou helemaal anders zijn in de Vietnamoorlog, wanneer de gelijkheid van alle rassen in de wet was ingeschreven ...

Een middag in Normandië
Een kleine vijftien kilometer verderop wordt Caen omstreeks twee uur 's nachts gewekt door dof kanongebulder in de verte. Omstreeks zes uur vallen enkele bommen in de buurt van het treinstation, maar de ochtend verloopt verder rustig. Vanuit een auto met een luidspreker worden de vijfendertigduizend inwoners aangemaand de stad te verlaten. Men haalt de schouders op. 'Waarom de straat opgaan en riskeren neergeschoten te worden? We herinneren ons nog te goed de exodus van juni 1940. Caen zal ongetwijfeld heel snel worden bevrijd ...'.
In de gevangenis van Maladrerie zitten honderdentien verzetsstrijders opgesloten die zijn opgepakt door de Gestapo. Bij het horen van het gebulder van de kanonnen worden ze 'overspoeld door een immens gevoel van hoop' (getuigenis van verzetslid Amélie Lechevalier). De gevangenen tellen glimlachend de minuten af. Ze proberen de afstand in te schatten die het oorlogslawaai scheidt van Caen. Plots weerklinken overal gutturale bevelen in de gevangenis. De gevangenen denken dat ze zullen worden geëvacueerd. Maar de Duitsers getroosten zich zelfs die moeite niet. Zevenentachtig gevangenen worden in koelen bloede doodgeschoten op de binnenplaatsen van de gevangenis.
Ondertussen is voor de geallieerden de weg naar Caen een heuse hel. Ze ploeteren ter plaatse en willen hun aanvalsplan wijzigen. Op de hellingen die van het strand omhooglopen naar de heuvelkam waarop de stad is gebouwd, hebben de Engelsen al tweehonderd manschappen verloren. Omstreeks tien uur ontscheept een ondersteuningsbrigade onder hevig vijandelijk vuur, dat de stranden schoonveegt en de toegang tot het binnenland belet. De vloed komt op en voertuigen en uitrusting verdwijnen in het zeewater. De Duitsers oordelen dat het moment gekomen is om de touwtjes weer in handen te nemen en het tij te doen keren. De 21ste Panzerdivision gaat in de tegenaanval en bereikt de zee in het verlengde van de weg naar Cresserons. Tevergeefs. Niemand steunt hen in de rug. De Britten

veroveren zelfs Biéville en Bénouville. Rond Caen ligt de frontlinie nu vast. En dat zal de volgende drieëndertig dagen zo blijven.

Voor de Normandiërs moet het ergste nog komen. Ze hebben de afgelopen maand al meer dan driehonderd bombardementen te verduren gekregen, maar de komende dagen en weken zullen hun steden zogoed als verpulverd worden. 'Bevriende' bommen vallen op Caen, Argentan, Agneaux, Valognes, Coutances, Falaise, Flers, Vire (dat in vijf minuten met de grond gelijk wordt gemaakt), Lisieux en Condé-sur-Noireau. Die massale bombardementen moeten verhinderen dat de vijand versterkingen laat aanrukken. Daarom vind je in deze streek nauwelijks nog huizen van vóór 1944.

Eindelijk valt de nacht als een sluier over het front. Een front met vele gaten. Niet één van de vooropgestelde doelen werd bereikt. De geallieerden hebben tienduizend manschappen verloren, waarvan een derde gesneuveld is. En dit is niet alles. Twee oorlogsboten, honderdzevenentwintig vliegtuigen en bijna driehonderd kleinere bootjes werden vernield. En dat is pas het begin. Want nu volgt een veldslag die honderd dagen zal duren en waarin twee miljoen mensen meevechten. De krachtmeting zal onverminderd aanhouden tot de val van Le Havre ... op 12 september 1944.

De slag om Normandië

Dan begint het grote offensief. Daarvoor zijn twaalfmaal zoveel mensen, twintigmaal zoveel voertuigen en drie miljoen ton materieel nodig. Er moeten dus havens komen, en niet het soort kunstmatige havens dat voor de ontscheping op de stranden werd aangelegd. Echte, solide havens. Voor begin juni hebben de geallieerden een oogje op Cherbourg. Tegen 10 juli hopen ze ook Saint-Nazaire te hebben heroverd. En dan Brest. En Lorient. En Quiberon, dat een Arromanches-bis zou kunnen worden. De slag om Normandië zal ook Bretagne niet ongemoeid laten. Verder zijn er loodsen en landingsbanen nodig voor de luchtvloot. De vlakten die zich daartoe lenen, liggen vlakbij: tussen Caen en Falaise.

Brest en Falaise zullen de twee obsessies van de slag om Normandië zijn. De rollen worden verdeeld. Bretagne is voor generaal Bradley, de aanvoerder van het 1ste Amerikaanse leger. Montgomery zal Falaise voor zijn rekening nemen met de twee Commonwealthlegers.

Het actieplan is weloverwogen en bezadigd. Men werkt met kleine stappen, met voorzichtige vooruitgang. Er is tijd nodig om alle manschappen bijeen te krijgen. Dat zijn in de eerste plaats de veertig divisies die een voor een ontschepen op de aanlegsteigers van Arromanches (en daarna ook op de stranden achter de golfbrekers) en in de kleine Normandische vissershavens. En daarna ook de zestien divisies die op 15 augustus voet aan Franse grond hebben gezet in de Provence (bij gebrek aan boten heeft men daar de voorziene landing van 6 juni 1944 moeten uitstellen) en nu langs de Rhônevallei noordwaarts marcheren. Deze uiterst voorzichtige strategie zal Churchill doen uitroepen (tegen Eisenhower): 'Bevrijd Parijs voor Kerstmis en niemand kan meer van je eisen!'

De geplande datum waarop de Slag om Normandië zou moeten gestreden zijn, is 6 september. Wat daarna komt, is heel onduidelijk. Zal men hier in de late herfst nog zitten? Wat zal er de komende winter gebeuren? Tussen de Seine en de Loire (tegenover de Loing en het kanaal van Briare) wordt de smalle zeeboulevard helemaal ingenomen door een immens militair kamp. Dan begint de brainstorming over de volgende fase: *Post-Overlord*. Dat is de naam van het plan dat nu nog in een la ligt te rijpen en dat maar één welomschreven doel heeft: de stormloop naar Duitsland.

'Wat is dit voor een verdomd plan waarin er alleen sprake is van het innemen van posities en nooit van het forceren van een doorbraak of het onderwerpen van de vijand?', foetert de flamboyante Amerikaanse generaal Patton, die op dat ogenblik in reserve wordt gehouden met een derde leger dat pas op 1 augustus operatief wordt.

De doorbraak zal er komen. Maar enkel om Bretagne binnen te halen. Ook de onderwerping komt er. Maar de legerstaf van de geallieerden zal daarvoor niets tussen zitten. Die 'eer' komt alleen Hitler toe, want de Führer, verblind door zijn eigen koppigheid, blijft zijn manschappen uitsturen als goedkoop kanonnenvlees. Het complot van 20 juli, waaraan de Führer maar ternauwernood ontsnapt, is het antwoord van de Duitse generaals op die situatie.

De Wehrmacht weet niet waar te beginnen. Het evenwichtsspelletje tussen Falaise en Bretagne verplicht de Duitse legerstaf om voortdurend te jongleren met eenheden die van het ene front naar het andere worden gestuurd naargelang van de meest dringende noden. De getalsterkte van de Duitse strijdkrachten is immers niet onbegrensd. Bovendien zitten de beste eenheden aan het oostfront. Op D-day beschikken de Duitsers over zowat driehonderd vliegtuigen (je mag dus zonder overdrijven zeggen dat de geallieerden heer en meester zijn van het luchtruim), achttien divisies tussen de Seine en de Loire en ongeveer evenveel divisies ten zuiden van de Loire en tussen de Seine en de Schelde. Deze laatste zijn echter reservemanschappen die men pas met mondjesmaat zal inzetten, want de chef-staf is er nog steeds van overtuigd dat de geallieerden in Pas-de-Calais zullen ontschepen. Het moreel van de troepen is niet bepaald goed. Tien dagen na de invasie, die in het hoofdkwartier van de Führer geen enkele reactie uitlokt in de vorm van een duidelijke strategie, betreurt generaal Warlimont, adjunct-chef bij de legerstaf, 'een steeds groter gebrek aan beslissingskracht in wezenlijke zaken en uren discussie over details'. En dat is precies wat de operatie *Fortitude*, die werd opgezet om verwarring te zaaien, wilde bereiken.

De as Normandië-Bretagne

Om vanuit Normandië in Bretagne te komen moet de Cotentin worden veiliggesteld. Op 18 juni 1944 is het schiereiland helemaal afgesneden. Op 26 juni valt Cherbourg. De oprukkende Amerikanen hebben sinds D-day zo'n vijfduizend manschappen verloren. Maar drie weken later gaan de eerste *liberty ships* voor anker onder aan het fort van Roule ...

Om Falaise te bereiken moet eerst Caen worden veroverd. Men dacht die klus al op 6 juni te klaren. Maar de stad valt pas op 9 juli, na heel wat bloedvergieten: zesentwintigduizend doden en vermisten bij de geallieerden. En het is nog maar een begin. Het plateau op de rechteroever, dat toegang geeft tot Falaise, is in handen van de Hitlerjugend, een elitepantserdivisie. Er zullen zevenendertig dagen en beken bloed voor nodig zijn om die hindernis te nemen.

In de Cotentin is de Bataille des Haies ('de slag van de hagen') al even moorddadig. Voor het leger van Bradley is het schiereiland een gevangenis. Aan beide kanten staat een hechte ketting van Duitse eenheden opgesteld, handig verschanst in en achter hagen, boomgaarden, bossen, moerassen, spleten, beekjes en rivieren. Ze houden de geweren en de raketwerpers in de aanslag. Elk lapje grond dat de Amerikanen veroveren, geeft aanleiding tot een zegebulletin. Maar kun je van een zege spreken als je weet dat de 83ste infanteriedivisie (om alleen die te vermelden) vijfduizend mannen verliest in amper twaalf dagen? Op 19 juli valt Saint-Lô eindelijk. Of beter, stort Saint-Lô in. De stad is helemaal met de grond gelijkgemaakt. Er staat geen huis meer rechtop. Saint-Lô houdt er een bijnaam aan over: 'het Cassino van het Noorden'. De oorlogskalender wordt ondertussen allang niet meer gerespecteerd: er is al dertig dagen vertraging.

Een Bretonse western

Nu is het tijd om op te rukken naar Avranches, de poort naar Bretagne. Deze operatie wordt *Cobra* gedoopt. Zowat tweeduizend bombardementsvliegtuigen hebben de lap grond van twaalf vierkante kilometer tussen Saint-Gilles, Marigny en Hébecrévon gul overgoten met een sausje van vijfduizend brandbommen per vierkante kilometer. Op 25 juli 1944 zetten vijf Amerikaanse divisies zich in beweging. Ze doorbreken het Duitse pantserschild, marcheren op 30 juli door Avranches, steken eerst de Sélune en dan de Couesnon over, dringen Bretagne binnen, bevrijden Rennes en Rostronen op 4 augustus en rukken op 7 augustus op naar Brest ... De baarlijke duivel is losgelaten uit zijn kooi; zijn naam is Patton. Zijn derde leger, fris als een hoentje, krijgt door de razendsnelle opmars de bijnaam *Third Galloping*. Patton zal zijn mannen tot in Pilsen in Centraal-Europa brengen. Daar roept de generale staf van de geallieerden hem een resoluut 'Halt!' toe. Anders zou Stalin weleens boos kunnen worden ...

Zo passeren de twaalf divisies de flessenhals van Avranches 'bumper aan bumper'. Ze zetten nu koers naar de Atlantische Oceaan, naar Angers en naar Le Mans. Patton zet een hoge borst op: 'Voor het eerst in de militaire geschiedenis valt een leger aan uit alle windrichtingen!'.

Het begin van het einde

Hitler denkt dat de geallieerden door die brede opstelling kwetsbaarder zijn geworden. Hij meent dat het ogenblik is gekomen om de slag van Duinkerken nog eens over te doen. Op 7 augustus gaat operatie *Lüttich* van start. Vier Duitse pantserdivisies rukken op naar het westen op de lijn Avranches-Mortain. Maar het Duitse leger is niet onuitputtelijk. Om zich op *Lüttich* te kunnen concentreren heeft Hitler de andere fronten verzwakt, misleid als hij is door valse geruchten over een Amerikaanse aftocht. Beeld je de vreugde in van Montgomery, die nog steeds op de loer ligt! Hij valt aan in zuidelijke richting. Patton van zijn kant is in Le Mans aangekomen. Hij keert zich nu naar het noorden en valt de Duitsers in de rug aan. Bradley is euforisch: 'Zo'n kans krijg je maar één keer in honderd jaar! Wij staan op het punt een heel leger te vernietigen!'.

Dat wist maarschalk von Kluge ook. Maar probeer maar eens de Führer tot rede te brengen! Trouwens, nu is het sowieso te laat. De twee kaken van de krijgsmuil van de geallieerden sluiten zich op 19 augustus in Chambois. Er volgt een vreselijk gevecht dat drie dagen duurt. Wat rest van de twee Duitse legers probeert te ontsnappen richting Seine of Pays de Caux om verderop de Siegfriedlinie te bereiken. De geallieerden bombarderen de Duitse colonnes zonder onderbreking. De slachting is onvoorstelbaar.

De slag om Normandië kun je samenvatten in enkele veelzeggende cijfers: meer dan tweehonderdduizend Duitse gesneuvelden en evenveel gevangenen. Toch nog een grappig detail in de marge van zoveel oorlogsgeweld. In nagenoeg alle films over de landing werd eenzelfde fout gemaakt. De Duitse gevangenen staken namelijk nooit hun handen omhoog. Zodra ze werden gevangengenomen, sneden de geallieerde soldaten hun broeksriem door opdat ze niet zouden gaan lopen.

Aan de kant van de geallieerden telt men drieënvijftigduizend doden, meer dan honderdvijftigduizend gewonden en zowat twintigduizend vermisten. Ook de burgers hebben een zware tol betaald: tussen vijftienduizend en vijfendertigduizend doden in de vijf Normandische departementen. Maar het resultaat is dat de weg nu openligt. Op 2 september bereiken de geallieerden de Schelde. Parijs wordt onverwachts snel bevrijd. Twintig dagen later vallen de grenzen van het Reich. Maar dat is een ander verhaal ...

ECONOMIE

Velden, bossen, een visrijke zee en welvarende havens, dit alles warm toegedekt onder een molton van graslanden ... Het lijkt een idylle. Parijs en zijn twaalf miljoen hongerige magen verlangen van Normandië niets anders dan dat het blijft boeren en vissen. De stereotiepe kleurenprenten van bebloemde weiden en bloeiende appelbomen zijn nog lang niet verbleekt! Nochtans mag je Normandië niet vereenzelvigen met het welvarende kustgebied Calvados, dat tot in de verste uithoeken wordt geëxploiteerd door zowat veertigduizend verspreid liggende boerderijen. Ver van de grote bevolkingsconcentraties in de Seinevallei (want: steden en fabrieken) bestaan er andere Normandiës, die even authentiek zijn. De departementen Manche en Orne zijn nog heel landelijk. De steden Rouen, Caen en Le Havre daarentegen huisvesten met z'n drieën de overgrote meerderheid van de Normandiërs, al zijn er tegenwoordig meer en meer werknemers die weer op het platteland gaan wonen.

De stoottroepen van de Normandische economie worden aangevoerd door de koe. De Normandische koe wordt beschouwd als de Rolls-Royce van de runderen. Haar vlees is doorregen, haar melk romig. Normandië telt ongeveer 630 000 melkkoeien, die elk gemiddeld 5500 liter melk per jaar geven ... Reken zelf maar uit!

Naast de koe heeft nog een andere raszuivere planteneter bijgedragen tot de rijkdom van deze streek: het paard. Meer dan de helft van de sport- en renpaarden die in Frankrijk worden gefokt, komen uit Normandische stoeterijen. In Deauville wordt elk jaar een grote verkoop georganiseerd van volbloedveulens (yearlings). De Franse draver is een Normandisch ras, net als de percheron.

Wat gewassen betreft, staat het vlas hoog op het lijstje. Normandië (en in het bijzonder het Pays de Caux) is goed voor meer dan de helft van de nationale productie. Ook andere gewassen doen het hier goed, zoals tarwe (ongeveer 10% van de nationale productie) allerlei groenten en bieten.

Natuurlijk kun je niet heel Normandië over dezelfde kam scheren. Vlak bij de groene weilanden van Bray ligt de lappendeken van tarwe, vlas, bieten en foerage rond Cauchon. Ook het departement Eure is erg gevarieerd. De graanvlakten van de Vexin contrasteren met de boerderijtjes van de Lieuvin, de schrale weiden van het Pays d'Ouche met de vette graslanden van het Marais Vernier. En tussen beide in ligt Neubourg met zijn gerst-, maïs- en luzerneteelt. Calvados grenst aan de zee. De rijke omgeving van Caen (granen, groenteteelt), de 'latifundia' van Bessin en de Côte Fleurie (bloemenkust) hebben niets gemeen met de kleigronden van het Pays d'Auge, met zijn stapels appelen en zijn volle melkkannen. In de Orne vind je naast runderen – voor melk en vlees – ook paarden en akkergrond. Het departement Manche is dan weer een mengeling van landbouwvelden in de buurt van Avranches, groenteteelt in de polders en runderen in het wallengebied.

De Newfoundlandvaarders bestaan niet meer, maar de visvangst is nog steeds een belangrijke economische activiteit (Normandië bekleedt de vijfde plaats in Frankrijk): sint-jakobsschelpen in Dieppe (de belangrijkste haven van Frankrijk voor dit product) en Port-en-Bessin, oesters in Isigny en Saint-Vaast, kleine schelpdieren op de uitgestrekte zandplaten in de baai van de Mont-Saint-Michel, wulken in Granville en mosselen zowat overal ... Daarnaast vangen de Normandische vissers ook nog steeds grote aantallen platvissen, zonnevis, koolvis, kabeljauw en andere vissoorten.

De goede fee van de Normandische industrie is de Seine. Lang voor de snelweg Parijs-Normandië werd aangelegd, verbond deze rivier de Franse hoofdstad met de wereld. Rouen was ooit de belangrijkste zeehaven van het rijk. Nu staat de haven op de vijfde plaats dankzij haar monopolie op de uitvoer van graan uit Brie. Le Havre is de op één na grootste petroleumhaven van Frankrijk (40% van de import van ruwe aardolie verloopt langs hier) en de belangrijkste haven van het land wat buitenlandse handel betreft (63% van de containertransit).

Het belang van de industrie zorgt voor een grote arbeiderspopulatie en een diepgeworteld vakbondsleven. Tal van linkse en zelfs extreem linkse voormannen zijn tijdens hun politieke loopbaan in Haute-Normandie gepasseerd. Basse-Normandie daarentegen is traditioneel in handen van de Franse gaullisten, hoewel die tegenwoordig niet goed weten van welk hout pijlen maken (bij de verkiezingen van 2004 bleek de regio Normandië tot ieders verbazing overwegend links te stemmen, en bij de presidents- en parlementsverkiezingen van 2007 behaalde links de overwinning in Caen, een stad die sinds 1970 een bastion van de rechterflank was geweest). Belangrijke scheepswerven zijn er niet meer, maar er kwamen gelukkig vervangende industrieën opdagen langs de benedenloop van de Seine: Renault, Lafarge, Esso, Shell, EDF. Die zijn goed voor een derde van de Franse petrochemie, een derde van de geraffineerde olie en twee vijfde van het krantenpapier dat in Frankrijk wordt verbruikt. In vergelijking met die giganten zijn de bedrijven in de kleine en middelgrote steden in de regio eerder bescheiden in omvang, met uitzondering van de industriële activiteiten die te maken hebben met kernenergie (de centrales van Paluel en Penly in Seine-Maritime en van Flamanville en La Hague in Manche).

FEESTEN EN FESTIVALS

In het kader van het festival worden er twaalf schilderijententoonstellingen op poten gezet. De voornaamste zijn:
– in het Musée des Beaux-Arts (Museum voor Schone Kunsten) in Rouen: 'Une ville pour l'Impressionnisme: Monet, Pissaro et Gauguin à Rouen' (van 4 juni tot 26 september 2010);
– in het Musée des Impressionnismes in Giverny: 'L'Impressionnisme au fil de la Seine' (april tot juli 2010);
– in het Musée Eugène Boudin in Honfleur een tentoonstelling over Boudin en Jongkind (van 3 juli tot 4 oktober 2010);
– in het Musée Malraux van Le Havre: 'Degas inédit – Les Degas de la donation Senn' (12 juni tot 19 september 2010).

Festival Normandie Impressionniste 2010

Normandië, de bakermat van het impressionisme, viert de opkomst van deze kunststroming van juni tot september 2010 met de eerste editie van het festival *Normandie Impressionniste 2010*. De regio's Haute- en Basse-Normandie, de vijf departementen en de gemeenten organiseren tal van culturele evenementen waarin alle vormen van kunstuitingen aan bod komen: schilderkunst, filmkunst, literatuur, fotografie, theater, hedendaagse kunst, muziek ... Verder is er ook allerlei randanimatie: bals, rondvaarten, kinderanimatie ... De aftrap wordt gegeven op 20 juni met een grote picknick. Meer informatie vind je op ● *www.normandieimpressionniste.fr*.

GEOGRAFIE

Het Normandische landschap is een muze die tal van artiesten heeft geïnspireerd, van Monet tot Proust ... en natuurlijk ook Boudin met zijn helverlichte, branderige lucht- en hemeltaferelen. Dat Normandië ook vandaag nog zoveel mensen verleidt, is te danken aan het feit dat deze streek op aardrijkskundig vlak bijzonder rijk en gevarieerd is. Het gebied ontstond niet van vandaag op morgen! Het kreeg vorm uit morfologische contacten tussen de aarde en de zee, tussen het bekken van Parijs en het Armoricaanse Massief. Het rust op een sokkel van rotsen, de resten van de Hercynische Bergketen (uit het paleozoïcum) die door erosie is afgeslepen, een beetje zoals het Centraal Massief.

De inbedding van de rivieren in de rotsen van het Armoricaanse Massief zorgt voor een gevarieerd reliëf met kloven en uitzichtpunten die vissers en wandelaars kunnen bekoren. Hoe overdreven sommige streeknamen ook mogen klinken – 'Suisse Normande' (Normandisch Zwitserland) of 'Alpes Mancelles' –, niemand zal ontkennen dat Normandië enkele indrukwekkende reliëfs in huis heeft. Het coulisselandschap dat zich uitstrekt van de heuvels van La Perche tot de Mont des Avaloirs (berg) en het Forêt d'Écouves (bos) (417 m) omvat de hoogste massieven van West-Frankrijk.

Houd je meer van de zee dan van de bergen, dan word je hier verwend. Normandië heeft maar liefst 500 km kustlijn met prachtige kreken en kliffen (zoals die van het Pays de Caux) of fijne zandstranden, het waarmerk van de Côte Fleurie en de Cotentin. Helemaal op het uiterste en het hoogste punt doen de rotsige kreken van het schiereiland van La Hague denken aan de kusten van Ierland.

Haute-Normandie neigt ontegensprekelijk naar het Île-de-France met z'n lage heuvels en korte valleien. Je vindt er minder bosrijke zones dan in de Basse-Normandie, maar de vlakten zijn uitgestrekter en de plateaus langs de zee zijn meer versneden. Wat het klimaat betreft, verklappen we geen geheim als we zeggen dat het beter zou kunnen ... Het aantal uren zonneschijn ligt nagenoeg nergens in Frankrijk lager (nauwelijks de helft van dat van Aix-en-Provence) en het regent veel en vaak (meer dan 150 regendagen per jaar).

Basse-Normandie daarentegen is een voorsmaakje van Bretagne. Het reliëf is opgebouwd volgens een as die van het zuidwesten naar het noordoosten loopt, met afwisselend lage heuvels, rustige valleien (die van de Sée, de Sienne ...) en de sedimentaire lagen van het Pays d'Auge. In het noorden van de Manche vind je naast coulisselandschappen ook moeraszones en kleine heidevlakten, wat eveneens aan Bretagne doet denken. In het oostelijk deel van Basse-Normandie regent het wat minder dan in het westen, maar het blijft toch een grillig oceaanklimaat.

En dan zijn er nog enkele troeven die Normandië niet kan verstoppen. Eerst en vooral de befaamde baai van de Mont-Saint-Michel, waar de zee zich soms zo ver terugtrekt dat je haar zelfs niet meer kunt zien. En daarnaast ook de niet minder beroemde kliffen van Étretat, een van de meest tot de verbeelding sprekende plekjes van heel Frankrijk. Ze zijn ontstaan uit de grillen van Moeder Natuur en het naarstige, onafgebroken werk dat erosie heet. Een landschap om bij weg te dromen ...

GESCHIEDENIS

De eerste veroveraars

Het verhaal doet de ronde dat Karel de Grote (742-814) huilde toen hij de eerste drakenboten zag ... De Vikings daarentegen waren behoorlijk in hun nopjes. 'Nog nooit, zegden ze, hadden ze vruchtbaarder grond en een laffer volk gezien.' Ze zaaiden terreur en paniek onder de Franken. Die hadden versterkingen gebouwd langs de Seine, maar omdat de Vikings toch onoverwinnelijk werden geacht, konden ze de rivier maar beter meteen prijsgeven en de verdediging aan de krijgers uit het hoge Noorden overlaten ... Karel de Eenvoudige (879-929) gaf niet alleen Normandië maar ook zijn eigen dochter cadeau aan Hrolf, later Rollo genoemd, de baas van de Deense zeevaarders. Dat was geen goed idee, zo zou later blijken, want de nakomelingen van dit echtpaar werden koningen van Engeland en zouden Frankrijk acht eeuwen lang met oorlogen bestoken! Rollo oftewel Robert, de eerste hertog van Normandië, liet de kerken heropbouwen, maar ging ondertussen rustig verder met het offeren van gevangenen aan de god Odin. Het jonge Normandië was in goede handen!

Anno domini 1066 was het hertogdom het best georganiseerde gebied van alle westerse staten. Terwijl hij zijn grenzen versterkte, lonkte Willem de Bastaard (de latere Willem de Veroveraar) naar Engeland. De Engelse koning had hem min of meer uitgekozen als troonopvolger, maar Harold de Saks had de kroon voor zijn neus weggekaapt. Willem was boos. Of liever: razend. Hij besloot om met zijn drakenboten op het Engelse eiland te ontschepen. Exit Harold! Het kleine Normandië slokte Engeland op.

De afkomst van Willem de Bastaard

Willem was de zoon van Robert, hertog van Normandië, en Arlette, de dochter van een leerlooier. Vandaar dat hij tot 1066 de weinig eervolle bijnaam 'de Bastaard' droeg.

De Noren bezaten Ierland en Schotland. De Zweden hadden Rusland. En in hun vrije tijd gaven al die mooie heren elkaar rendez-vous om Constantinopel te belegeren. Twee baronnen uit de Cotentin, de Hautevilles, hielden het thuis niet meer uit en trokken op veroveringstocht. Aldus eigenden ze zich een koninkrijk toe in Zuid-Italië. Het waren zware jongens, die twee Hautevilles. Nadat ze Apulië hadden geplunderd, pakten ze Sicilië af van de Arabieren. Dat was niet meer dan een opwarmertje, want nu volgde het echte werk: de eerste kruistocht. Ze hakten de Turken in de pan en riepen zichzelf uit tot prinsen van Antiochië en graven van Edessa.

De erfenis van Rollo

Sedert een eeuw gaan de Normandiërs op zoek naar hun roots. En wat ze te horen krijgen, heeft in grote mate met de Vikings te maken. Enkele voorbeelden illustreren ten voeten uit dat nalatenschap. De voorvader van de adellijke familie Harcourt was ene Ansketil (in modern Frans wordt dat Anquetil). Houlgate betekent 'holle weg', Dieppe 'diep' en Beuf 'schuilhok' of 'kot'. Van Honfleur zou een IJslands homoniem bestaan: Hornafjördhur, wat zoveel betekent als 'de puntige fjord' ... Detailkaarten van het Pays de Caux, de Seinevallei, de Côte Fleurie en de noordelijke Cotentin moet je bijna ontcijferen alsof het kaarten van Noorwegen zijn. In Bolbec herken je dan 'de beek bij de boerderij' en Caudebec is 'de koude beek'. Trouville is de stad van Thorolf ('de wolf van Thor'). Omonville is de stad van Asmund, Bierville en Besneville die van Björn en Rauville die van Hrolf of Rollo.

Normandië in het verre buitenland

Al sinds de eerste expedities van de IJslander Leiv Ericsson ('de Gelukkige') naar Amerika hadden de Vikings het reizen in het bloed. Kiev, de Kaspische Zee, Engeland, Sicilië, Syrië en Palestina ... Sommigen wilden helemaal niet meer terugkeren naar Normandië. In Saint-Barthélemy, een klein eiland van de Franse Antillen, dragen ze nu al drie eeuwen Normandische hoofddeksels om zich te beschermen tegen de tropische zon. Anderen (onder andere de inwoners van Mortagnais-au-Perche) gingen hun geluk zoeken in Quebec. Na de landing in Normandië anno 1944 waren de autochtone Normandiërs erg verrast toen ze die zo'n zuiver Frans hoorden spreken.

Enkele data

−56 v.Chr.: de Seine is een grens. Ten noorden ervan wonen de Belgen: de Veliocasses in de naar hen genoemde streek Vexin (rond Rotomagus ofte Rouen) en de Caleti in het Pays de Caux. Ten zuiden de echte Galliërs: de Eburonen (Évreux), de Lexovii (Lisieux) en de Bajocasses (Bayeux).

– **1ste eeuw n.Chr.**: er ontstaan 'nieuwe steden' met een Latijns kleedje: Augusta (Eu), Constantia (Coutances).

– **649**: een goede vriend van de brave koning Dagobert, bekeerd tot het monarchisme, zoekt een geschikte plek om z'n kloosterorde te vestigen. Het wordt een meander van de Seine. De abdij draagt de naam van haar stichter: Saint-Wandrille.

– **654**: de abdij van Jumièges wordt gesticht door Philibert. De goede man biedt onderdak aan de zonen van koning Clovis II wanneer die worden gevonden in een stuurloos ronddrijvende boot op de Seine. Blijkt dat hun vader als straf hun beenpezen heeft doorgesneden.

– **836**: in Scandinavië krijgen ze het behoorlijk koud, ijskoud zelfs. Wie genoeg geld heeft, koopt een boot om in zuidelijke richting te varen en handel te drijven. De 'koopvaarders' ontdekken vrij snel dat handelsrelaties veel vlotter verlopen als je ze wat kracht bijzet met een goedgerichte bijlslag! Stelen blijkt nog makkelijker. Al snel terroriseren ze heel Europa. Rouen, Jumièges en Saint-Wandrille delen in de klappen en in de brokken.

– **911**: Rollo voelt zich al goed thuis in Rouen. Nu krijgt hij van de koning der Franken ook nog heel Basse-Normandie cadeau. Geen grenslijn meer dus langs de Seine. Het gebied vormt nu één geheel.

– **10de eeuw**: gedaan met al dat wilde Vikinggedoe! De Thorvalds worden nu de Roberts en Normandië een hertogdom. De abdijen worden gerestaureerd met de opbrengst van de rooftochten. Op de straatmarkt van Rouen worden Ierse slaven verkocht aan Spaanse emirs ... Maar lijfeigenschap blijft onbekend.

– **10de-11de eeuw**: Normandië is de Franse provincie die het meeste steden telt met een naam die eindigt op '-ville' (in Seine-Maritime 30%, in Manche 23%). Dergelijke toponiemen zijn in de meeste gevallen van Scandinavische oorsprong. Die steden kregen dus een nieuwe naam in de tijd van de Vikinginvallen.

– **Kerstmis 1066**: Willem van Normandië (ofte Willem de Veroveraar) verovert Engeland.

– **12de eeuw**: nadat zijn vader de grenzen heeft versterkt, treedt hertog Hendrik Plantagenet in het huwelijk met Eleonora van Aquitanië, een vrouw met een grote bruidsschat, maar niet bepaald het type van het onschuldige jonge meisje! Normandië strekt zich nu uit van Schotland tot de Pyreneeën. Aan de Honderdjarige Oorlog (1337-1453) valt niet meer te ontkomen!

– **1183-1204**: op kruistocht gegaan, plaats vergaan! Jan zonder Land verdringt Richard Leeuwenhart. Filips Augustus wil Haute-Normandie. En dat komt goed uit ... want Jan zonder Land doet het hem maar al te graag cadeau. Maar Richard Leeuwenhart komt terug, verjaagt Jan zonder Land en verslaat Filips Augustus. Tot God Richard Leeuwenhart tot zich neemt en Normandië aan Filips Augustus teruggeeft ...

– **1340**: Filips VI wil Engeland veroveren. Dat blijkt niet zo'n goed idee. De matrozen uit Dieppe hebben nog maar net Southampton geplunderd, of de hele Franse vloot wordt voor Sluis gekelderd. En nu ontschepen de Engelsen! In Crécy brengen ze de Fransen een zware nederlaag toe.

– **14de eeuw**: Karel de Boze, graaf van Évreux, konkelt met de Engelse vijand. Om hem een handje te helpen nemen de Engelsen de Cotentin in en rukken ze op tot Verneuil. De Franse koning Jan de Goede reageert, maar zo goed blijkt hij nu ook weer niet te zijn. Bij Poitiers wordt hij verslagen en gevangengenomen. Wat een ramp!

– **1360**: vruchtbare inval van Normandische zeelui in Sussex.

– **1364**: de Franse legeraanvoerder Du Guesclin verslaat de troepen van Karel de Boze (die heult met de Engelsen) en laat hem enkel nog Cherbourg.

– **1410**: de Engelse koning Hendrik V verpulvert de Fransen in Azincourt. Normandië wordt ingenomen door de Engelsen. De inwoners van Rouen vinden de hertog van Bedford nog zo slecht niet. Maar aan het andere uiteinde van het Armoricaanse Massief, op de Mont-Saint-Michel, blijven onverzettelijke Fransen weerstand bieden ...

– **1431**: Jeanne d'Arc sterft in Rouen op de brandstapel na een proces dat opgezet is door bisschop Cauchon.

– **1450**: Normandië is eens en voor altijd Frans grondgebied.

– **1506**: het bouwjaar van de 'Tour de Beurre' (Botertoren) van Rouen. De architectuur bloeit op. Er wordt veel en mooi gebouwd.

– **1517**: de Franse koning Frans I sticht een marinebasis: Le Havre-de-Grâce.

– **16de eeuw**: de Normandiërs varen mee in het kielzog van de Grote Ontdekkingsreizen. Jean Nicot brengt de eerste tabak naar Frankrijk.

– **1603**: de Franse koning Hendrik IV ontmantelt Château-Gaillard.

– **1664**: de West-Indische Compagnie in Le Havre.

– **1692**: vernietiging van de vloot van de Franse viceadmiraal Tourville in La Hougue.

– **1793**: Charlotte Corday vermoordt Marat. Normandië is Girondijns en Chouangezind.

– **1821**: Turner schildert de haven van Dieppe.

– **1822**: bouw van een casino in Dieppe. De eerste badgasten nemen een duik in zee.

– **1854-1855**: de kunstenaars Boudin, Courbet en Isabey logeren bij moeder Toutain in Honfleur.

– **1862**: de hertog van Morny lanceert Deauville als badplaats.

– **1883**: Monet neemt zijn intrek in Giverny.

– **1937**: Moulinex, de uitvinder van de eerste elektrische koffiemolen, opent een eerste onderneming in Alençon.

– **1942**: onfortuinlijke ontscheping van de geallieerden in Dieppe.

– **6 juni 1944**: landing in Normandië van de geallieerden. Zie de rubriek 'De Landing'.

– **Juli 1944**: de geallieerden breken door.

– **Augustus 1944**: de Duitsers lopen in de val van Falaise.

– **1956**: Haute- en Basse-Normandie worden administratief gesplitst.

– **1959**: de Pont de Tancarville verbindt beide oevers van de Seinemonding.

– **1973**: sluiting van de scheepswerven van Rouen.

– **1988**: inhuldiging van het Mémorial van Caen.

– **1995**: inhuldiging van de Pont de Normandie.

– **1997**: polemiek en krachtmeting tussen Greenpeace en de kernfabriek COGEMA in verband met het storten van radioactief afval niet ver van La Hague.

– **1998**: stichting van het Parc Naturel du Perche (natuurpark).

– **2000**: een Italiaanse tanker geladen met chemische producten zinkt voor La Hague.

– **2001**: Moulinex doet de boeken dicht. Zowat drieduizend werknemers staan op straat.

– **2002**: inhuldiging van de Cité de la Mer (pedagogisch sealifecentrum) in Cherbourg.

– **6 juni 2004**: viering van de zestigste verjaardag van de Landing in Normandië. De Duitse kanselier Gerhard Schröder (en via hem de hele Duitse natie) wordt voor de eerste keer uitgenodigd om deel te nemen aan de herdenking van de overwinning van de geallieerden op nazi-Duitsland.

– **2005**: het moderne Le Havre, dat werd ontworpen door architect Auguste Perret, wordt opgenomen op de werelderfgoedlijst van Unesco.

– **Maart 2006**: inhuldiging van 'Port 2000', een aanzienlijke uitbreiding van de haven van Le Havre.

– **Juli 2008**: 71 jaar nadat de *Queen Mary* voor het eerste aangelegd heeft in Cherbourg, maakt de *Queen Mary II* er een tussenstop van een dag alvorens ze aan de overtocht van de Atlantische Oceaan begint.

–Juli 2008: vijfde editie van de Armada van Rouen, waarbij de grootste zeilboten in de haven van de stad verzamelen.

–2008: viering van de achttienhonderdste verjaardag van de stichting van de Mont-Saint-Michel.

–2009: vijfenzestigste verjaardag van de Landing.

–2010: in heel Normandië worden festiviteiten georganiseerd ter ere van het impressionisme.

MILIEU

Mooie Normandische koeien die vredig onder appelbomen staan te grazen, weilanden die door hagen worden beschermd, groene coulisselandschappen ... Lange tijd werd Normandië beperkt tot dit bucolische beeld. En het hoeft geen betoog dat ook cider en camembert telkens aan bod kwamen. Niet dat dat beeld ronduit verkeerd zou zijn, maar het is een cliché. Vandaag de dag vind je in Normandië landbouw, industrie, woongebieden én steden, en dat heeft onvermijdelijk een invloed op de kwaliteit van het milieu. Weidegronden worden omgeploegd, in het landschap duiken fabrieken en haveninstallaties op, en rond de steden worden wijken vol eengezinswoningen gebouwd. Maar gelukkig bestaat er ook nog steeds een Normandië van prachtig natuurschoon en natuurlijk erfgoed.

De nabijheid van de Parijse regio heeft het traditionele landelijke evenwicht in Normandië sinds lang grondig verstoord. De Seinevallei, die Le Havre met Parijs verbindt, is een van de grootste en belangrijkste gebieden op het vlak van energieopwekking, petrochemie en chemie in het algemeen. Het industriële Normandië huisvest risicohoudende fabrieken, olieraffinaderijen, kerncentrales en installaties voor het vervoer van chemische producten. De logistieke activiteiten (transport, stockbeheer) en de moderne havens (Le Havre, Rouen, Dieppe, Cherbourg) zijn van groot belang voor de ontwikkeling van de streek. Om alles vlot te doen verlopen worden in Normandië heel wat nieuwe wegen aangelegd. Door de week worden ze druk gebruikt door vrachtwagens, maar in het weekend zijn ze heel handig om snel af te zakken naar de 'groene longen' van de Perche en het Pays d'Auge of naar de stranden van Deauville en Saint-Vaast-la-Hougue.

De luchtkwaliteit, die in de jaren 1970-'80 bijzonder slecht was, is de laatste decennia grondig verbeterd. Ze is nog steeds middelmatig rond Rouen en Gravenchon en maar net goed genoeg in Le Havre (waar het soms zeer vreemd kan ruiken door de raffinaderijen), maar elders is ze goed tot uitstekend. De kwaliteit van het water loopt zeer sterk uiteen. De Seine is allang vervuild door de afvalberg van Parijs en de industriekernen langs het water (fosfaten, sulfaten en zware metalen). Met de andere rivieren in de streek is het beter gesteld, maar echt zuiver water vind je enkel dicht bij de bron. De meest vervuilde gebieden (waar het grondwater uit ondergrondse waterbekkens zelfs niet meer drinkbaar is!) zijn die waar het meest aan industriële landbouw wordt gedaan: het zuiden van het departement Eure en het Pays de Caux (Seine-Maritime). Trotters die graag in de zee gaan zwemmen, zullen graag horen dat de toestand ervan sinds een vijftiental jaar sterk is verbeterd. In Manche is het zeewater globaal genomen van goede kwaliteit. Voor het Pays de Caux en Calvados is er minder reden tot vreugde. Daar is de kwaliteit van het zwemwater doorgaans 'middelmatig'. Van de 32 stranden die in 2007 werden getest in het departement Calvados, waren er maar 5 waarvan het water het label 'goed' kreeg; overal elders was het 'middelmatig'.

Normandië telt vier regionale natuurparken: de moerassen van de Cotentin en de Bessin (Marais du Cotentin et du Bessin), de meanders van de Seine (Boucles de la Seine normande), de bossen en het coulisselandschap van de Maine en het coulisselandschap van de Perche. De Normandische kuststreek wordt steeds beter beschermd door het Conservatoire du Littoral en door de betrokken departementen. Ondanks de intensieve menselijke activiteit blijft de wilde fauna en flora in Normandië zeer rijk en gevarieerd. De flora is vooral uitzonderlijk vanwege de verschillende types van bossen op verschillende soorten bodem, zowel op duinen als op kalkformaties aan de kust. Daarnaast zie je er ook wilde graslanden die je eerder in het zuiden van Frankrijk zou verwachten en waarop in juni orchideeën bloeien. De rijke Normandische fauna is zeer in trek bij dierenliefhebbers: je kunt er tal van vogelsoorten observeren (zeker tijdens de vogeltrek), maar ook zeehonden in de baai van Veys, en in de bossen rond Rouen kun je luisteren naar het burlen van de herten.

Het Normandische landschap heeft vele gezichten: uitgestrekte bossen, intieme moerasgebieden vol wild en, uiteraard, tal van rivieren en riviertjes die wat statigheid betreft allemaal overschaduwd worden door die ene enorme, de Seine. Overal in deze regio stoot je op prachtige vergeten hoekjes, lieflijke dorpjes, opmerkelijke parken, holle wegen, weiden vol klaprozen en riante velden waarin kiekendieven leven. Bovendien ben je nooit ver verwijderd van de kust, waar je heerlijke wandelingen kunt maken op de kliffen, de kleine keienstranden onder aan de zwevende dalletjes, de weidse zandstranden die bloot komen te liggen bij laagwater of de prachtige eilandjes.

Internetsites specifiek over het milieu

- **www.haute-normandie.drire.gouv.fr:** toestand van het milieu geschetst door de Direction régionale de l'Industrie, de la Recherche et de l'Environnement de la Haute-Normandie (Seine-Maritime en Eure).
- **www.basse-normandie.drire.gouv.fr:** toestand van het milieu geschetst door de Direction régionale de l'Industrie, de la Recherche et de l'Environnement de la Basse-Normandie (Manche, Orne en Calvados).
- **www.arehn.asso.fr:** beschrijving van de toestand van het milieu in de Haute-Normandie, opgesteld en up-to-date gehouden door het Agence de l'Environnement. Degelijk en compleet.
- **www.airnormand.asso.fr:** observatorium van de kwaliteit van de lucht in de Haute-Normandie.

PLAATSEN OPGENOMEN OP DE UNESCO-WERELDERFGOEDLIJST

Om op de werelderfgoedlijst opgenomen te worden moeten de plaatsen een bijzondere universele waarde hebben en aan minstens een van de tien selectiecriteria voldoen. Ook de bescherming, het beheer, de authenticiteit en de integriteit van de erfgoedelementen worden in aanmerking genomen.

Het erfgoed is de erfenis van het verleden waar we nu van mogen genieten en die we moeten doorgeven aan de komende generaties. Ons cultureel en natuurlijk erfgoed zijn twee onvervangbare bronnen van leven en inspiratie. Deze monumenten behoren toe aan alle volkeren van de wereld, onafhankelijk van het grondgebied waarop ze zijn gelegen. Meer informatie vind je op ●*www.unesco.org*.

In Normandië gaat het om volgende plaatsen (tussen haakjes het jaar van opname op de werelderfgoedlijst): de Mont-Saint-Michel en de omliggende baai (1979); Le Havre, herbouwd door Auguste Perret (2005); de toren van het fort van La Hougue en de Vaubantoren op het eiland Tatihou (als deel van de vestingwerken van Vauban; 2008).

SCHILDERS EN SCHILDERIJEN

In 1858 ontmoet een onbekende inwoner van Honfleur in een winkel in Le Havre een adolescent die uit de losse pols karikaturen tekent van lokale notabelen. Hij nodigt de jongen uit om met hem te gaan schilderen in de natuur. Zo wekt Eugène Boudin, de man met de baard en de panamahoed, de roeping van de toekomstige meester uit het Normandische Giverny: Claude Monet, een rasechte Normandiër. Als één Franse provincie prat kan gaan op schildertalent van eigen bodem, dan is het wel Normandië. De allegorische Nicolas Poussin was afkomstig uit Les Andelys, maar schilderde Italië. Théodore Géricault, de gekwelde getuige van het empire, werd in Rouen geboren maar trok naar Parijs, waar opdrachten en faam hem wachtten. Dat gold later ook voor Jean-François Millet, Raoul Dufy, Francis Léger en Marcel Duchamp, allemaal streekgenoten van Boudin.

Van 1830 tot 1880 werden de rollen omgekeerd. Het was nu de beurt aan Normandië om artiesten aan te trekken. Aan het eind van de 18de eeuw moesten de klassieke inspiratiethema's (Italië, Vlaanderen ...) de duimen leggen voor meer romantische landschappen. Normandië, dat op dat ogenblik al in trek was bij tal van schrijvers (Stendhal, George Sand, Baudelaire, Zola ...), werd tevens een schildertuin. Dit tot grote vreugde van de landbouwers, die hun waar voor grof geld konden verkopen aan die 'nietsnutten'.

Vandaag de dag vind je tot in het kleinste Normandische museum sporen terug van die schilderactiviteit, met name dankzij schenkingen van lokale verzamelaars. Turner en Théodore Rousseau beten de spits af. Corot zette z'n schildersezel neer aan de Seine. Courbet vereeuwigde de 'tuin van moeder Toutain', de kamerverhuurster bij wie Boudin z'n collega's ontving. Hij was ook de eerste die een reeks schilderijen maakte van de golven in Étretat. Toen een van zijn vrienden, de Engelse schilder Whistler, naar de streek kwam, pikte Courbet prompt zijn model in. Ze staat afgebeeld op het schilderij 'Jo, la belle Irlandaise'. Manet schildert in Cherbourg. Bazille en Sisley schuimen de kust af. Ook de Nederlander Johan Barthold Jongkind, de tweede meester van Monet, voegt zich bij de groep. Renoir maakt portretten in de buurt van Dieppe. Pissarro nestelt zich in de buurt van Gisors. Ook Seurat en Signac snellen toe. En Monet betuigt zijn liefde voor de kathedraal van Rouen alvorens hij zich vestigt in Giverny. Samen met zijn waterlelies ontluikt de artistieke stijl van de volgende halve eeuw.

STREEKTALEN

Het Normandisch: een taal of niet? Sommige mensen hebben een zeer uitgesproken mening over de kwestie. Wie durft operen dat het toch niet om een echte 'taal' gaat, maar eerder om een volks patois, krijgt van specialisten onmiddellijk lik op stuk. Jacques Mauvoisin, universitair en specialist ter zake en voormalig voorzitter van de vereniging ter bescherming en bevordering van de langues d'oïl, zegt heel duidelijk 'Ja. Het Normandisch is een volwaardige taal en dat is bewezen.' Om dat aan te tonen refereert hij onder meer aan het bestaan van een zestigtal glossaria en woordenboeken, waarmee de rijkdom van de Normandische woordenschat meer dan voldoende wordt hardgemaakt. Meer zelfs, het gaat niet om één taal, maar om verscheidene Normandische talen (gesproken in de regio en op de eilanden Jersey en Guernsey), die in mindere of meerdere mate van elkaar verschillen.

Maar het Normandisch is ook een hele geschiedenis die de Franse grenzen overschrijdt. Het lijdt geen twijfel dat het Normandisch tal van Scandinavische invloeden rijk is, zeker wat de maritieme woordenschat betreft. De Oudnoorse taal (de Germaanse taal die werd gesproken door de voormalige Scandinavische volkeren en dus de voorganger is van de hedendaagse Scandinavische talen) werd in het hertogdom Normandië gedurende meer dan een eeuw gesproken (in de 11de eeuw was er in Bayeux zelfs een universiteit waar de langue norroise de voertaal was) en versmolt heel snel met de plaatselijke 'Romaanse' talen. Let eventjes op de namen van de Normandische steden. Je kunt er zo de sporen van het Oudnoors in herkennen, onder meer in tal van suffixen: -*tôt* (boerderij), -*thuit* (van kreupelhout gezuiverd terrein), -*bec* (beekje) ... Een vleugje Oudnoors en veel Romaans, dat is het recept van de Normandische taal!

Maar de geschiedenis gaat verder. Tot het midden van de 14de eeuw is het Oudnoors de officiële taal aan het Engelse hof. Als je je afvraagt waar woorden als *fork, candle* of *cat* vandaan komen, heb je hier het antwoord. De Normandische taal wordt zelfs uitgevoerd.

In Jersey wordt de taal door allerlei instellingen en specifieke media in stand gehouden en uitgedragen. Meer dan duizend leerlingen hebben zich er reeds op toegelegd.

WIJN EN ANDERE ALCOHOLISCHE DRANKEN

Als je maag het midden in een maaltijd niet meer ziet zitten, brengt de *trou normand* soelaas: een klein glaasje jonge calvados dat je in één teug achterovergiet of, in een meer gestileerde versie (voor de dames?), samen met een sorbet gemaakt van dezelfde sterkedrank. Calvados? Dat is gedistilleerde cider. En cider? Gefermenteerd appelsap. Er moeten niet altijd druiven in zitten! De Normandiërs zijn geen knoeiers. Hun kleine appeltjes zijn fantastisch. Hun cider dus ook. Hij is viskeuzer en zwaarder dan zijn Bretonse tegenhanger. De kunst bestaat erin de juiste keuze te maken uit de dertig appelvariëteiten: de roodbruine van Auge of de kortstammige, de rode of de zogenoemde *coqueret* ... De appelen worden uit de bomen geschud na Allerheiligen en vijftien dagen achtergelaten onder een laag stro, en dan zijn ze net goed. Scherpe en zoete worden gecombineerd – soms met toevoeging van enkele peren – tot een ideale moes waaruit de most zal worden gehaald. De appeldraf wordt aan de koeien gegeven, en de most fermenteert een maand lang in tonnen. Dan wordt hij geklaard (het liefst bij afnemende maan) en gefilterd. Het ligt voor de hand dat de cider uit de supermarkt geen vergelijk heeft met de échte boerderijcider. Die uit de supermarkt is enkel goed om in de keuken te gebruiken (voor taarten, kip en zelfs azijn: cider wordt gebruikt in alle mogelijke gerechten). Opteer je voor échte boerderijcider, dan kun je kiezen tussen *cidre sec* (minstens een jaar oud), *pur jus* (zonder toevoeging van water), *mousseux* (met natuurlijke gassen) of *bouché* (de gisting gaat verder in de fles, net als bij champagne). De beste cider komt uit het Pays d'Auge. Hij smaakt heerlijk bij vleeswaren, trijpen en kazen.

Vergeet ook het kleine broertje *poiré* niet. Deze 'droge perencider' ontstond in de buurt van Domfront. Hij wordt gemaakt op basis van kleine ruwe peren die door de vorst zacht zijn geworden. *Poiré* kan zich inzake verfijning meten met heel wat wijnen! Jammer dat hij zo zeldzaam is. Je vindt in Normandië ook *champoiré* (champagne op basis van peren). Deze drank geraakt opnieuw in dankzij Hervé de Mézerac van het kasteel van Mézidon-Canon. Verder is er nog de *halbi*, cider die half van peren en half van appelen wordt gemaakt. Allemaal vrij moeilijk te vinden. Couranter is de *pommeau*, appelsap verrijkt met cider en calvados. De Romeinen gaven cider de naam *sicera*, wat 'bedwelmende drank' betekent. De term bleef bewaard, maar het alcoholpercentage werd teruggebracht tot 3° voor zachte cider *(cidre doux)* en 5 tot maximaal 7° voor droge *(cidre brut)*.

Misschien is het om het beperkte alcoholgehalte van de cider te compenseren dat de Normandische calvados zo sterk is. Calvados, of *calva* zoals de sterkedrank hier kortweg wordt genoemd, is een vast bestanddeel van het dagelijkse leven van de traditionele Normandiër: nu eens een *canard* (in sterkedrank gedoopt suikerklontje), dan weer een borreltje ... Op enkele uren tijd zijn je wangen net rode appeltjes! De Normandische brandewijn op basis van *cider* (of van *poiré*) werd in 1553 uitgevonden door een gastronomische edelman, maar het zou tot het eind van de 19de eeuw duren eer het drankje de naam 'calvados' kreeg. Calvados was de hartversterker van de soldaten in de loopgraven van de Eerste Wereldoorlog. Later werd de *café-calvados* (koffie met een scheut calvados) het opkikkertje van het werkvolk. De calvados heeft het voorbeeld van zijn beroemde voorgangers de cognac en de armagnac gevolgd en kreeg na verloop van tijd het statuut van 'edele' sterkedrank. Alleen die van het Pays d'Auge mag het opschrift 'appellation contrôlée' (gecontroleerde herkomst) dragen. Dat houdt in: distillatie in kolven uit de Charentaisstreek bij maximaal 70°C (of eerder 65°C, om de aroma's beter te bewaren), rijping in eiken vaten en botteling met onderscheid van jaartallen en verschil in herkomst. Buiten het gebied van de A.O.C. *(appellation d'origine contrôlée)* zijn er nog negen andere *terroirs* (regio's) waar calvados mag worden gemaakt. Elders mag de naam calvados niet worden gebruikt, maar wat uit de distilleerkolven komt, kan toch van uitstekende kwaliteit zijn. Het lijdt geen twijfel dat oude calvados beter is dan jonge. Puristen raken hem niet aan voor hij minstens vijftien jaar oud is, maar niet iedereen kan zich zo'n oude godendrank veroorloven. Drie sterren of drie appelen betekent dat de calvados twee jaar heeft gerijpt. Staat er 'vieux' of 'réserve' op, dan heeft hij drie jaar gelegen. Na zes jaar wordt het 'Napoléon' of 'hors d'âge'. Het jaartal op de fles is dat van het jongste ingrediënt van de mengeling.

> **Bened-hik!-tine, een goddelijk drankje**
>
> De samenstelling van de benedictine, een Normandische specialiteit, blijft een goedbewaard geheim. De geneeskrachtige likeur werd in 1510 gecreëerd door een Venetiaanse benedictijn die verbleef in de abdij van Fécamp, maar verdween daarna weer een eeuw lang uit de circulatie. In 1863 vond een lokale handelaar het recept terug in een boek. Hij bracht het drankje, dat gemaakt wordt op basis van zevenentwintig soorten planten en kruiden die men laat trekken of die worden gedistilleerd, op de markt en doopte het 'benedictine'.

WOONVORMEN

Buitenhuisjes met een rieten dak in het Pays d'Auge, herenhuizen van rode baksteen in het Pays de Bray, granieten woningen in de Cotentin en de Orne, luxueuze villa's aan zee, landhuizen in de Perche: enige architectonische eenheid in de Normandische woningen is inderdaad ver zoek. Vanwaar die diversiteit en die rijkdom?

Trek op de kaart van Normandië een rechte lijn van Isigny tot het oosten van Alençon. Ten westen van die lijn vind je granietgronden en schiefer. Ten oosten liggen sedimentaire gronden. Bekijk je de zaak wat meer tot in de details, dan zul je zien dat er meer en grotere bossen zijn in het oosten, in de Haute-Normandie dus, en niet of nauwelijks in heel de Cotentin. Maar het is ook zo dat diezelfde Cotentin de enige leisteengroeven heeft van heel Normandië.

De Normandische woonvormen worden dus voor een groot deel bepaald door de bouwmaterialen die de mensen ter plaatse bij de hand hadden (of beter gezegd: onder hun voeten vonden): leisteen en schiefer voor de huizen in de Cotentin, kalksteen in de streek van de Bessin, in Falaise of in La Perche, graniet in Domfront of Alençon, hout en silex (vuursteen) in het Pays d'Auge en tot slot hout en riet in het Pays de Caux.

Het is nochtans niet zo simpel als het lijkt. Dat de vakwerkhuisjes met rieten daken zo talrijk zijn in het Pays d'Auge en in de Haute-Normandie, is niet alleen toe te schrijven aan het feit dat de landbouwers van de streek hout, klei en riet ter beschikking hadden, maar ook aan het feit dat ze gebruikmaakten van de kennis van de timmerlui van de vele scheepswerven die de kust en de Seinevallei toen rijk waren. Wie het karkas van een boot kon bouwen, durfde ook wel een vakwerkhuis aan! Vandaar dus de adembenemende dakgebinten die je er

WOONVORMEN | 51

vaak ziet. Wat de herenhuizen van rode baksteen betreft, verscholen tussen de appelbomen van het platteland in Seine-Maritime, die staan daar omdat in dat gebied klei in overvloed voorhanden was. Maar het bleef wachten tot de 19de eeuw en de industriële revolutie om steenovens en pannenbakkerijen als paddenstoelen uit de grond te zien rijzen. De bakstenen huizen, die aanvankelijk het voorrecht waren van de industriëlen, werden later ook gebouwd voor rijke landbouwers in het Pays de Caux. Die zagen hun inkomen op het eind van de 19de eeuw namelijk aanzienlijk stijgen. Uiteindelijk werd baksteen een 'democratisch' bouwmateriaal in de valleien en de industriële wijken van de voorsteden van Rouen, waarvan er sommige doen denken aan de mijnwerkersbuurten van Noord-Frankrijk.

En hoe ziet een arm plattelandshuis in het Pays de Caux eruit? Eigenlijk zie je enkel maar de brede, hoge berm met grote bomen. Dit talud omringt het huis helemaal en beschermt het tegen weer en wind. Bekijk ook het platteland rond La Hague of in Val-de-Saire (in de Cotentin). Met uitzondering van de boerderijen zelf zie je nergens geïsoleerde landbouwgebouwen in het landschap. Dat komt gewoonweg doordat de gebruikte materialen (graniet en schiefer) erg zwaar zijn, en dus moeilijk te vervoeren en te verwerken. De huizen zijn stevig – ze moeten immers bescherming bieden tegen barre weersomstandigheden – maar eenvoudig. De bouwheren zijn namelijk landbouwers, geen landmagnaten.

Daarnaast vind je in Normandië enkele extravagante bouwsels uit alle tijden. In Saint-Germain-de-Livet (in de Calvados) hebben metselaars uit Rouen en Lisieux hun kennis van klei en keramiek gebruikt om de veelkleurige stenen van het kasteel te bakken. In Varengenville, in het landhuis van Jehan Ango, werden de bakstenen in dambordvorm gelegd als in fijne Hongaarse kant. Andere tijden, andere stijlen! In Deauville, Trouville, Houlgate of Dieppe herinneren waanzinnige villa's en grote herenhuizen ons eraan dat de Normandische kust al bijna twee eeuwen lang goed in de markt ligt bij de jetset. Paleizen, chalets, Moorse villa's, huwelijken tussen de Elzas en Normandië, zelfs echte originele strandcabines ... Voor elk wat wils, maar niet voor ieders portemonnee!

Het loont de moeite om eens goed te kijken naar de nokbedekking van de armere plattelandshuisjes. Je ziet er prachtige topsieraden boven aan de daken. Sinds de 15de eeuw worden deze leuke verfraaiingen van gevernist terracotta gebruikt om de priemstijlen van het gebinte boven aan een grote of kleine toren, een dakvenster of een zolderraam te beschermen. Op de daken zie je dan vier of vijf paarden, serafijnen, dolfijnen ... die het gebouw opvrolijken. Mettertijd werden deze top- of noksieraden van aardewerk geëmailleerd, vooral in het Pays d'Auge. In de Cotentin bestaat hier een variante van: de *gaudion*. Deze is meer rudimentair dan zijn nobele equivalent in het Pays d'Auge. *Gaudions* worden bovendien doorgaans geplaatst op cafés en andere drankgelegenheden. De traditie ging in de loop van de 18de eeuw verloren, maar duikt vandaag beetje bij beetje opnieuw op.

Maar of je nu in Vire, Saint-Lô, Caen, Le Havre of op de Seinekaden in Rouen staat, je kunt niet naast de lange grijze gevels en de brede lijnrechte autowegen kijken die zo typisch zijn voor alle grote en kleine Normandische steden die getroffen werden door de bombardementen uit de Tweede Wereldoorlog. Op het eind van de zomer van 1944 werden tweehonderdduizend huizen en gebouwen vernield. De heropbouw moest snel en efficiënt verlopen, want tienduizenden Normandiërs waren dakloos. Er was geen tijd voor tierelantijntjes.

Vijftig jaar later staan de gebouwen in gewapend beton er nog. En misschien, als er nog wat meer tijd over gaat, leren we ze ook definitief aanvaarden ...

SEINE-MARITIME

Dit is het departement dat wellicht de meest typische clichés van het 'perfecte' Normandië in huis heeft: een rivier met luie bochten, hooghartige witte kliffen, kastelen met fiere donjons en een kroon van kantelen, duiventorens waar bakstenen en silex samen een sierlijke fries vormen, bijna duizend jaar oude abdijen die alle oorlogen hebben weerstaan, dichte beukenbossen waarin de koningen vroeger graag gingen jagen en een intens groen coulisselandschap vol weldoorvoede koeien. Daarnaast ook dichters en schrijvers die hun liefde voor deze streek bezingen, schilders die het Normandische licht achtervolgen in een nooit aflatende drang naar oneindigheid, een gulle keuken waar melk, room en boter synoniem zijn met het goede leven ... Aan de rand van deze wereld ligt de zee: het Kanaal, bronskleurig, zilverachtig, bijna wit, onderbreekt abrupt alle wegen die in noordwestelijke richting lopen.

En dan zijn er de geuren ... die van de kazen, krachtig en zacht; die van verse koemest, sterk en dampend; die van cider, zuur en gesuikerd; en, natuurlijk, altijd die van de zee, zwanger van jodium en zout.

Ver van de steden die tijdens de oorlog veranderden in een chaotische puinhoop, ver ook van de 'opgelegde circuits' en de 'bezienswaardigheden die je niet mag missen', volg je je eigen route langs secundaire wegen. Ze leiden je naar gehuchten zonder geschiedenis en naar vergeten valleien, naar indrukken van een lieflijke schoonheid en een grenzeloze rust.

IDENTITEITSKAART VAN SEINE-MARITIME
- **Oppervlakte**: 6728 km²
- **Prefectuur**: Rouen
- **Onderprefecturen**: Le Havre, Dieppe
- **Bevolking**: 1 245 000 inwoners
- Belangrijkste producent van vlas in Frankrijk met 25 000 ha (30 % van de totale productie).
- Seine-Maritime telt 1620 kilometer stromen en rivieren en 7228 vissers, of 225 meter waterloop per visser!
- In Seine-Maritime ligt ook het kleinste riviertje van Frankrijk: de Veules, minder dan 1 km lang.

NUTTIGE ADRESSEN
🛈 Comité départemental du tourisme de Seine-Maritime (regionale Dienst voor Toerisme): *6, rue Couronné, BP 60, 76420 Bihorel.* ☎ 02 35 12 10 10 ● *www.seine-maritime-tourisme.com. Geopend van maandag tot vrijdag van 8.30 tot 17.30 u.* Heel wat documentatie over de hele streek: kampeerterreinen, vakantiehuisjes, culturele en sportieve activiteiten enzovoort.

◼ Gîtes de France (vakantiehuisjes): ☎ 02 35 60 73 34 ● *www.gites-normandie-76.com.* Regio Seine-Maritime.

◼ Clévacances: *zelfde gegevens als de regionale Dienst voor Toerisme.* ● *www.clevacances.com.* Verhuur van vakantiewoningen (studio's, appartementen, vakantiehuisjes), maar ook van chambres d'hôtes. Meer dan tweehonderd adressen in Seine-Maritime, waaronder ongeveer 90 chambres d'hôtes, ingedeeld volgens het aantal 'sleutels' (één tot vier).

ANDERS REIZEN IN SEINE-MARITIME

Met de fiets

In het hele departement werden fietsroutes uitgestippeld: langs de kusten, door de valleien en coulisselandschappen en in de talrijke bosdomeinen. De routes volgen bij voorkeur kleine weggetjes met weinig verkeer, en onderweg valt er heel wat te zien.

L'Avenue Verte: een 40 km lang fietspad verbindt Saint-Aubin-le-Cauf (bij Dieppe) met Forges-les-Eaux. De route loopt langs de voormalige spoorlijn, midden tussen het groen, en biedt voor elk wat wils: coulisselandschappen en bossen, stopplaatsen voor lekkerbekken, culturele ommetjes ...

Comité départemental de cyclotourisme: dhr. Charles Brassart, rue Léon-Gambetta 86, 76320 Caudebec-lès-Elbeuf. ☎ 0614902896 (gsm).

Ligue cyclotourisme et VTT de Haute-Normandie: dhr. Patrice Legal, rue du Dr Voranger 6c, 76420 Bihorel. ☎ 0235597534.

Te voet

Door Seine-Maritime lopen enkele heel mooie GR-routes (sentiers de Grande Randonnée of Grote Routepaden, een net van langeafstandswandelpaden dat heel Europa doorkruist). De GR 21 leidt je langs de kliffen en de zwevende dalletjes van de kust. De wandelingen langs de kustlijn die wij suggereren, volgen in vele gevallen dit pad. Wil je verder trekken, dan vind je heel wat nuttige informatie in de wandelgidsen (met gedetailleerde plannetjes, adressen enzovoort) die gratis te verkrijgen zijn bij de diensten voor toerisme van de regio en van de verschillende gemeenten.

Parc naturel régional des Boucles de la Seine normande: dit regionaal natuurpark met zijn vele moerasgebieden strekt zich uit over het Pays de Caux, de vallei van de Seine, de Roumois, het Marais Vernier (moeras) en het laaggelegen deel van de vallei van de Risle. Het meer dan 80 000 ha grote park volgt de meanders van de Seine en omvat zowat het hele Fôret de Brotonne (zie verder in de rubriek gewijd aan de Eure). Wandelingen en trektochten bij de vleet! Inlichtingen: **Maison du Parc naturel régional des boucles de la Seine normande,** 76940 Notre-Dame-de-Bliquetuit. ☎ 0235372316 ● www.pnr-seine-normande.com.

Comité départemental de la randonnée pédestre: dhr. Wrobel ☎ 0235605222 of dhr. Delahalle ☎ 0235555790 ● cdrp76@netcourier.com ● cdrp76.free.fr.

Fédération française de randonnée – **Centre d'information:** rue du Dessous-des-berges 64, 75013 Parijs. ☎ 0144899393 ● www.ffrandonnee.fr ⓘ Bibliothèque-François-Mitterrand. Geopend van 10.00 tot 18.00 u, in het weekend gesloten.

Thematische rondritten

De regionale Dienst voor Toerisme van Seine-Maritime heeft tal van uitstekende brochures over de historische, culturele en gastronomische rijkdommen van de streek, zoals Itinéraires impressionnistes (over impressionistische schilders), La Route de l'Ivoire et des Épices (over ivoor en kruiden; verkrijgbaar bij de Dienst voor Toerisme van Fécamp) en La route des Abbayes normandes (langs verscheidene Normandische abdijen). Uiteraard kom je via de circuits in deze gids vroeg of laat op bijna alle plekjes die in de themabrochures worden beschreven, maar voor wie in het bijzonder geïnteresseerd is in een van de thema's, zijn het handige werkinstrumenten om een reisroute uit te stippelen.

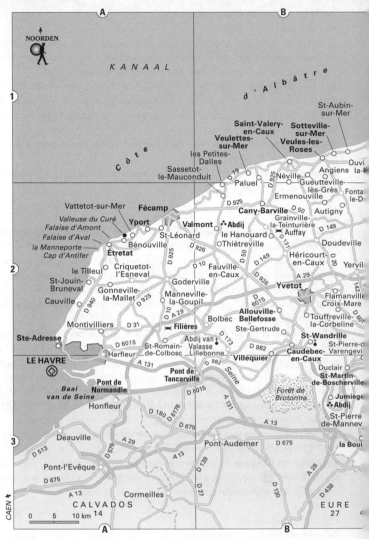

NOORDEN

KANAAL

Côte d'Albâtre

St-Aubin-sur-Mer

Saint-Valery-en-Caux **Sotteville-sur-Mer**
Veulettes-sur-Mer **Veules-les-Roses**

Ouvi la-

les Petites-Dalles Angiens

Sassetot-le-Mauconduit Néville Gueutteville-lès-Grès Fonta le-D

Paluel Ermenouville

Vattetot-sur-Mer **Fécamp** Grainville-la-Teinturière Autigny

Valleuse du Curé **Yport** **Cany-Barville** Auffay Doudeville

Falaise d'Amont **Valmont** **Abdij**

Falaise d'Aval St-Léonard le Hanouard Héricourt-en-Caux Yervil

la Manneporte Bénouville Thiétreville

Cap d'Antifer **Étretat** Fauville-en-Caux

le Tilleul Criquetot-l'Esneval Goderville **Yvetot**

St-Jouin-Bruneval Flamanville Croix-Mare

Cauville Gonneville-la-Mallet Manneville-la-Goupil Touffreville-la-Corbeline

Montivilliers **Allouville-Bellefosse**

Filières Bolbec Ste-Gertrude **St-Wandrille** St-Pierre-o Varengevi

Ste-Adresse St-Romain-de-Colbosc Abdij van Valasse Lillebonne **Caudebec-en-Caux**

LE HAVRE Harfleur **Villequier** Duclair **St-Martin-de-Boscherville**

Baai van de Seine **Pont de Normandie** **Pont de Tancarville** **Jumièg** **Abdij**

Honfleur Forêt de Brotonne St-Pierre-de-Mannev

Deauville Pont-Audemer la Boui

Pont-l'Evêque

CALVADOS 14 Cormeilles EURE 27

0 5 10 km

CAEN

ROUEN

76000 | 110 300 INWONERS

Onze vrienden Pierre Corneille en Gustave Flaubert zouden de stad van hun jeugd nog nauwelijks herkennen, zoveel is zeker! Maar ondanks de bombardementen en de branden die haar hebben verminkt, en ondanks de industriële ontwikkeling, blijft de oude binnenstad een van de mooiste van Frankrijk.

Rouen is de hoofdplaats van Haute-Normandie, de prefectuur van Seine-Maritime en een van de belangrijkste havens van Frankrijk. De stad heeft echter geleden onder de nabijheid

SEINE-MARITIME

van Parijs. Het is moeilijk om uit te blinken als je in de schaduw ligt van de lichtstad. Maar Rouen is geen Parijse banlieue! De 'stad met de honderd klokkentorens' (we hebben ze geteld en het is gelogen!), koestert zijn burgerlijke imago met zorg.

De stad heeft zwaar geleden onder de Duitse bezetting tijdens de Tweede Wereldoorlog, maar ze heeft de getuigen van haar roemrijke verleden trouw gerestaureerd. De industrie heeft zich vooral op de linkeroever ontwikkeld. Het oude Rouen geeft zich niet snel bloot. Je moet de boulevard langs de Seine en zijn betonconstructies (haastig opgetrokken in de naoorlogse periode) achter je laten om de torenspits van de ongelofelijke kathedraal, de discrete charme van de oude wijken en de eerbiedwaardige ziel van de tweeduizend vak-werkhuizen te ontdekken. Als één stad de titel 'Stad van Kunst en Geschiedenis' verdient, is het wel Rouen ...

EEN BEETJE GESCHIEDENIS

Rotumagos (of *Ratumacos*) wordt naar alle waarschijnlijkheid gesticht door de Galliërs. Het is bij het prille begin al een strategische plek, want het latere Rouen is gelegen op een kleine heuvel in een meander van de Seine. De stad wordt na verloop van tijd veroverd door de Romeinen en begint zich te ontwikkelen. In de 3de eeuw wordt Rouen gekerstend. Vanaf de 9de eeuw wordt de stad herhaaldelijk geplunderd door Noormannen. Een van de veroveraars uit het verre noorden, ene Rollo, krijgt van Karel III de Eenvoudige een deel van de regio cadeau via een gearrangeerd huwelijk. Hij wordt de eerste hertog van Normandië en maakt van Rouen zijn hoofdstad. Rollo laat de moerassen drooglegggen, laat kaden aanleggen en organiseert de ontwikkeling van de stad. Vanaf die periode zal Rouen een belangrijke rol gaan spelen, zowel op economisch (handel met Londen) en op administratief gebied als op religieus vlak, want tal van religieuze gemeenschappen komen zich er vestigen. Aan het begin van de 13de eeuw worden de stad en de regio ingelijfd bij het Franse koninkrijk. De kathedraal wordt opgetrokken als symbool van de macht van Rouen. De bloei van de stad (haven, lakennijverheid) trekt steeds meer volk aan. Rouen wordt de op één na grootste stad van Frankrijk! Maar aan alle mooie liedjes komt een einde, en dat is ook hier het geval. In de loop van de 14de eeuw wordt de bevolking sterk uitgedund door overstromingen en pestepidemieën. Daarna komen er opstanden, want de bewoners zijn niet talrijk genoeg meer om de zware fiscale lasten te dragen die het koninkrijk hen oplegt. Na de rellen van 1382 straft Karel VI de stad door haar statuut van zelfstandige gemeente in te trekken. Rouen heeft dus geen burgemeester meer ... en dat zal 310 jaar lang zo blijven! Een absurde toestand voor een stad van die omvang! En dan komt de Honderdjarige Oorlog. In 1419 wordt Rouen door de Engelsen belegerd. Na zes maanden beleg geven de stadsbewoners zich uitgehongerd over.

Het proces van de eeuw

Dertig jaar lang blijft de stad door de Engelsen bezet. In 1431 levert men Jeanne d'Arc aan de bezetter uit. Ze werd in Compiègne gevangengenomen door de Bourgondiërs en doorverkocht voor 10 000 Franse daalders! De Engelsen doen een handige politieke zet door tegen Jeanne een religieus proces in te spannen. Als de jonge vrouw wordt veroordeeld voor ketterij, verliest haar koning Karel VII meteen zijn goddelijke legitimiteit. En dan is de jonge Engelse koning Hendrik VI meteen de enige mogelijke kroonpretendent voor de Franse troon! De Maagd van Orléans wordt eerst opgesloten in een toren van het kasteel van Rouen. Dan moet ze voor de inquisitierechtbank verschijnen. Die wordt voorgezeten door een vazal van de Anglo-Bourgondiërs: de beruchte Pierre Cauchon, bisschop van Beauvais. Cauchon stelt een jury samen die helemaal naar zijn pijpen danst en staat zelfs niet toe dat de kleine Jeanne een advocaat neemt! In maart 1431 wordt ze beticht van hekserij en ... losbandigheid. Niet slecht voor een maagd! Maar gedurende de lange ondervragingen die volgen, blijft zij haar aanklagers het hoofd bieden. Ze houdt zelfs stand tijdens een martelsessie. Pas nadat ze openbaar is tentoongesteld op een schavot op de begraafplaats van de abdij van Saint-Ouen, wil ze haar mannenkleren inruilen voor een vrouwelijke tenue. De heldin wordt eerst veroordeeld tot levenslange gevangenisstraf, maar dat verdict is niet naar de zin van de Engelse autoriteiten, die van Cauchon een nieuw vonnis verlangen. De 29ste wordt ze veroordeeld voor ketterij, en dus ligt de weg naar de brandstapel open. De volgende dag al wordt ze levend verbrand op de Place du Vieux-Marché in Rouen. Om elke vorm van verering te vermijden, laten de Engelsen haar as in de rivier gooien …

In 1449, wanneer de bezetters uit de stad zijn verjaagd, beveelt Karel VII (die in Reims werd gekroond dankzij Jeanne) een nieuw proces. De kerk verlegt het geweer nu van schouder, en Jeanne wordt achtereenvolgens plechtig in eer hersteld (1456), zalig verklaard (1909) en heilig verklaard (1920).

Wederopbloei en verval van een burgerlijke stad

Je kunt in feite stellen dat Rouen herrijst uit de as van Jeanne d'Arc, want zodra de Engelsen vertrokken zijn, breekt voor de stad een eeuw van welvaart aan. Het is de tijd van de mooie huizen met kroonlijsten waar de stad ook nu nog mee pronkt, van de kerken in flamboyante stijl en van de openbare gebouwen zoals het schitterende justitiepaleis, dat in 1506 door koning Lodewijk XII wordt ingehuldigd. Aartsbisschop Georges d'Amboise, die ook landvoogd is van het hertogdom Milaan, introduceert de Italiaanse architectuur en maakt zo van Rouen een van de pionierssteden van de renaissance in Frankrijk.

Geldzorgen kent de stad niet. De haven, een verplichte halte op weg naar Parijs, brengt veel geld op dankzij de handel in zout, vis en wol. De zeelui van Rouen bevaren alle wereldzeeën en komen naar huis met goederen en handelswaar uit zowel de Oude als de Nieuwe Wereld. Maar de godsdiensttoorlogen (einde 16de eeuw) gooien roet in het eten, aangezien Rouen een groot aantal protestantse inwoners telt.

Vanaf de 17de eeuw kent Rouen een lange periode van terugval. De handel draait slecht door de oorlogen, de bevolking wordt uitgedund door epidemieën en de handwerksnijverheid bloedt dood door het gedwongen vertrek van de protestantse elite … De heraanleg van de oude stad valt stil … en daardoor kunnen we op vandaag nog genieten van de middeleeuwse charme waar Stendhal zo van hield! Het fiere Rouen zakt aan het begin van de 19de eeuw terug tot de vijfde plaats op de ranglijst van Franse steden. Toch brengen havenuitbreidingswerken vanaf 1848 vers geld in het laatje, ondanks een terugloop van de bevolking.

De tragedie van 1939-1945

In juni 1940 worden de Duitsers in Rouen verrast door een indrukwekkende serie ontploffingen. De haven en de bruggen worden opgeblazen. Maar dat belet de Duitse tanks niet om tot in alle hoeken van de stad door te dringen. In de oude stad woedt ondertussen een brand die zelfs haar mooiste symbool niet spaart: de kathedraal. De architecturale schade is onherstelbaar. Die dag worden tientallen vakwerkhuizen tot ruïnes herleid. Uiteindelijk is het Hitler in eigen persoon die alsnog het bevel geeft om de kathedraal te redden! En zo gebeurt het. Rond de kathedraal blijft het vuur tien dagen razen. 15 ha en 900 woningen gaan in vlammen op …

In 1941 en 1942 zijn het Engelse bommen die Rouen doen daveren. Honderden mensen worden gedood. Maar het meest rampzalige jaar is dat van de landing. In de nacht van 18 op 19 april 1944 vallen 345 bommen op de oude stad, wat leidt tot een nieuwe brand. Er worden 900 slachtoffers geteld, en meer dan 500 gebouwen zijn vernield, waaronder herenhuizen uit de 14de en 15de eeuw. Van het rijke justitiepaleis blijft alleen nog een zwartgeblakerde gevel overeind.

Slechts een maand na die verschrikkelijke nacht volgt een gruwelweek die elke verbeelding tart. Op 30 mei vernielen 160 bommen de wijken in de buurt van de Seine. Op 31 mei ontploffen 140 torpedo's. Op 1 juni verspreidt het vuur zich in de oude wijken en valt ook de kathedraal opnieuw ten prooi aan de vlammen. Het dak van de Saint-Romaintoren stort al in, met klokken en al, en het vuur bedreigt nu ook de torenspits, de trots van de stad. Een tiental jonge mannen, aangevoerd door een zekere Georges Lanfry, een toekomstige lokale held, bestrijden het vuur de hele nacht door met zand en water; de kathedraal wordt gered. Dat is niet het geval voor de Saint-Macloukerk, die twee dagen later door bombardementen wordt vernield. Ondanks de landing is de bezetter nog altijd niet vertrokken, en de geallieerden hebben het zelfs bepaald moeilijk om hem te verdrijven. De Duitse pantserwagens zitten hier als ratten in de val. Ze kunnen de Seine niet meer oversteken omdat de bruggen van Rouen niet werden hersteld. Op 25 augustus worden ze door de Engelse luchtmacht gebombardeerd. Op 26 en 27 augustus verjagen de bommen (met een tempo van vier per minuut!) de laatste vijanden. De Duitsers verlaten Rouen definitief op 30 augustus, maar eerst steken ze nog de haven in brand. Diezelfde dag nog trekken Canadese troepen de stad binnen. Op 1 september 1944 hijst Georges Lanfry, de man die de kathedraal van de vuurdood redde, een enorme Franse vlag op het puntje van de torenspits. Aan zijn voeten ligt de stad in puin. 3000 inwoners en bijna 10 000 huizen zijn in de oorlog gesneuveld.

NUTTIGE ADRESSEN EN PRAKTISCHE INFORMATIE

🛈 **Dienst voor Toerisme (plattegrond B3):** *place de la Cathédrale 25, BP 666.* ☎ *0232083240.* ● *www.rouentourisme.com. Van mei tot eind september van maandag tot zaterdag geopend van 9.00 tot 19.00 u; op zon- en feestdagen van 9.30 tot 12.30 u en van 14.00 tot 18.00 u. De rest van het jaar van maandag tot zaterdag geopend van 9.00 tot 12.30 u en van 13.30 tot 18.00 u; gesloten op zon- en feestdagen, tenzij er belangrijke evenementen plaatsvinden (dan geopend van 14.00 tot 18.00 u).* Ondergebracht in een schitterend huis uit de 16de eeuw. Veel documentatie en bekwaam personeel. Verkoop van kaartjes voor allerlei opvoeringen. Thematische stadsrondleidingen (€ 6,50) en verhuur van audiogidsen (€ 5). Met de kaart 'Rouen vallée de Seine en liberté' (€ 10) heb je gedurende een jaar recht op interessante kortingen in tal van restaurants, hotels, musea, bioscopen en winkels.

✉ **Hoofdpostkantoor (plattegrond B2):** *rue Jeanne-d'Arc 45 en rue de la Champmeslé 54 bis (vlak bij de kathedraal).*

🚆 **Treinstation (plattegrond C1):** *ten noorden van het stadscentrum, ongeveer een kwartiertje stappen van de kathedraal.* ☎ *3635 (€ 0,34 per minuut). Er is ook een* **SNCF-winkel** *op de hoek van de rue aux Juifs en de rue Eugène-Boudin (plattegrond B2, 1; geopend van maandag tot zaterdag van 10.00 tot 19.00 u).*

🚌 **Busstation (plattegrond A-B3):** *inlichtingen bij* **Allo Métrobus (plattegrond B3, 2)**, *rue Jeanne-d'Arc 9.* ☎ *0235525252* ● *www.tcar.fr.* Informatie- en verkoopcentrum voor het bus- en metronet van de agglomeratie Rouen. De bussen vertrekken vanaf de rechteroever. Heel wat lijnen in alle richtingen.

🚲 **Cy'clic:** meer dan 200 fietsen, verspreid over 17 posten in de stad, volgens het principe van de zelfbediening. ☎ *0800087800* ● *cyclic.rouen.fr.* Het eerste halfuur is gratis. Voor het volgende halfuur betaal je € 1, voor dat daarna € 2. Van dan af betaal je € 4 per extra halfuur. Abonnementen van een dag tot een jaar.

🚲 **Fietsenverhuur: Rouen Bike,** *rue Saint-Éloi 45.* ☎ *0235713430.* **Cycle 76,** *rue Alsace-Lorraine 11.* ☎ *0235715269.*

🚗 **Autoverhuur: Hertz,** *rue Jeanne-d'Arc 130, tegenover het treinstation.* ☎ *0235707071.* **Europcar,** *quai Pierre-Corneille 17.* ☎ *0232083909.* **France-Car,** *avenue Jean-Rondeaux 14.* ☎ *0235620622.*

@ **Cyber Net (plattegrond A2, 3):** *place du Vieux Marché 47.* ☎ *0235077302. Van maandag tot zaterdag geopend van 10.00 tot 20.00 u, op zondag van 14.00 tot 19.00 u.* Zo centraal als maar kan. Moderne en snelle computers met printer.

@ **Internet Rouen (plattegrond C3, 4):** *rue de la République 37. Dagelijks geopend van 14.30 tot 23.30 u.* Minder aangenaam dan het bovenstaande internetcafé, maar tot 's avonds laat geopend.

– **Markten:** *zondagochtend op de place Saint-Marc (plattegrond D3)*. Alle producenten uit de omgeving en heel veel volk. In de hallen van de place du Vieux-Marché (plattegrond A-B2) worden zuivel, gevogelte, groenten en fruit verkocht. *Dagelijks behalve op zondagmiddag en maandag.*

SLAPEN

CAMPINGS

▲ GEMEENTELIJKE CAMPING VAN DÉVILLE-LES-ROUEN: *rue Jules-Ferry.* ☎ 0235740759. *Fax: 0235763521. Ongeveer 400 meter voorbij het gemeentehuis van Déville (76250). Neem in Rouen de Teor (iets tussen een tram en een bus) lijn 2 (aan het Théâtre des Arts) tot de halte 'Mairie-de-Déville'. Gesloten van midden december tot half januari. In het hoogseizoen betaal je ongeveer € 11 voor twee personen en een tent.* Camping met een zeventigtal staanplaatsen in een stedelijke omgeving waar maar weinig schaduw te vinden is. Vooral interessant omdat het de dichtste bij Rouen is, ongeveer 5 km ten noordwesten van het centrum. Ga op voorhand na of je er terecht kunt, want wellicht sluit de camping in 2011-2012.

▲ CAMPING DE L'AUBETTE: *in Saint-Léger-du-Bourg-Denis (76160)., rue du Vert-Buisson 23.* ☎ en fax: 0235084769. *Zowat 5,5 km ten oosten van Rouen (er staan pijlen zodra je Saint-Léger-du-Bourg-Denis binnenrijdt). Met de bus neem je lijn 20 (aan de Square Verdrel of het Théâtre des Arts) tot de halte 'Mairie de Saint-Léger'. Het hele jaar door geopend. In het hoogseizoen betaal je ongeveer € 9,10 voor twee personen en een tent.* Stedelijke omgeving waar weinig schaduw te vinden is. Lijkt meer op een parking voor campers! Geen enkel comfort, en ook de ontvangst is niet altijd hartelijk. Enkel voor in noodgevallen dus.

GOEDKOOP TOT DOORSNEEPRIJS

🖼 HOTEL SISLEY (PLATTEGROND C2, 10): *rue Jean Lecanuet 51.* ☎ 0235711007 ● hotelsisley@gmail.com ● www.hotelsisley.fr. *Tweepersoonskamers voor € 46 tot 54 (€ 38 voor de laatste kamers die nog niet zijn opgeknapt). Draadloos internet.* Heel centraal gelegen hotelletje dat volledig gewijd is aan de impressionistische schilderkunst. De ondernemende jonge

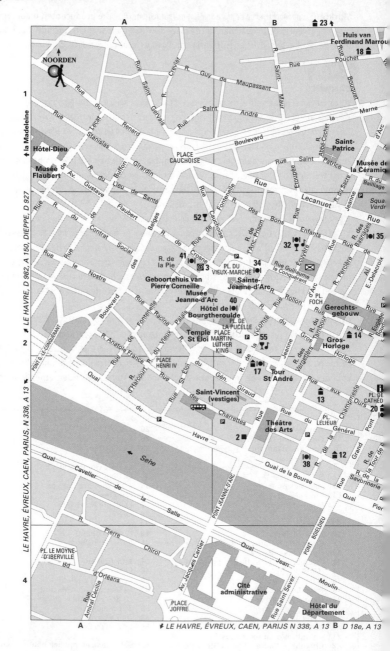

NOORDEN

↑ la Madeleine

↗ LE HAVRE, D 982, A 150, DIEPPE, D 927

PONT G. LE CONQUÉRANT

LE HAVRE, ÉVREUX, CAEN, PARIJS, N 338, A 13

Hôtel-Dieu

Musée Flaubert

PLACE CAUCHOISE

Saint-Patrice

Musée de la Céramiq

Squa Verdr

Lecanuet

52

32

35

41

3

34

PL. DU VIEUX-MARCHÉ

Rue Guillaume le Conquérant

Geboortehuis van Pierre Corneille

Musée Jeanne-d'Arc

Sainte-Jeanne-d'Arc

PL. FOCH

Gerechts-gebouw

40

Hôtel de Bourgtheroulde

PL. DE LA PUCELLE

14

Temple St Éloi

PLACE MARTIN LUTHER KING

55

Gros-Horloge

PLACE HENRI IV

17

Tour St André

13

Saint-Vincent (vestiges)

Charrettes

Théâtre des Arts

2

PL. LELIEUR

20

PL. DE CATHED

38

12

Seine

Quai de la Bourse

PL. LE MOYNE-D'IBERVILLE

Cité administrative

PLACE JOFFRE

Hôtel du Département

Huis van Ferdinand Marrou

18

23

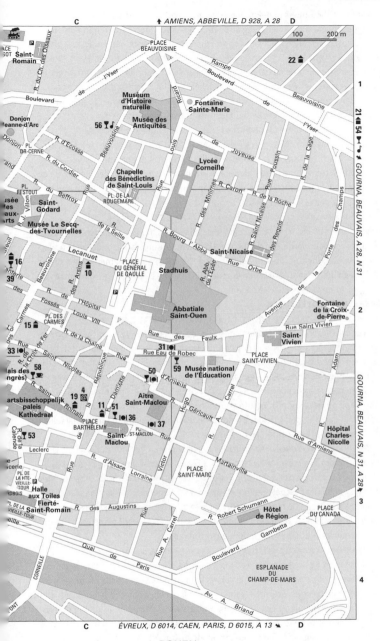

ÉVREUX, D 6014, CAEN, PARIS, D 6015, A 13

ROUEN

eigenaar heeft alle kamers opgeknapt en overal reproducties van bekende schilderijen omhooggehangen. Elke kamer kreeg de naam van een schilder, en de muren werden geverfd in de overheersende kleur van een van diens belangrijkste werken. *Toulouse Lautrec* is heel levendig van kleur, *Degas* en *Gauguin* (onze favorieten) zijn harmonieuzer. Ook in de gemeenschappelijke delen hangen tal van bekende schilderijen. Daarnaast zorgde de eigenaar ook voor nieuwe matrassen, donsdekens en flatscreen-tv's, en ook de badkamers werden vernieuwd. Het geheel is eenvoudig en de kamers zijn niet zo groot, maar je vindt er comfort voor een zeer betaalbare prijs. Hartelijke ontvangst.

HOTEL ARTS ET SEINE (PLATTEGROND B3, 12): *rue Saint-Étienne-des-Tonneliers 4-6.* ☎ 02 35 88 11 44 • *artsetseine@orange.fr* • *www.artsetseine.com. Tweepersoonskamers voor € 49 tot 59. Internet en wifi.* Achter de onopvallende gevel ligt een hotel dat onlangs onder handen is genomen. Nette, gerenoveerde kamers in vrolijke kleuren. Die onder het dak op de vierde verdieping (geen lift!) zijn kleiner maar ook goedkoper. Een adres dat een correcte prijs-kwaliteitverhouding biedt.

HOTEL BRISTOL (PLATTEGROND B2, 14): *rue aux Juifs 45.* ☎ 02 35 71 54 21. • *hotelbristol@dbmail.com. Tegenover het schitterende justitiepaleis. Tweepersoonskamers voor € 42,50 tot 52, naargelang van de grootte.* Een tiental weinig charmante en niet bijzonder goed onderhouden kamers. Nogal verouderd beddengoed. De goedkoopste kamers liggen onder het dak. Geen lift. Een adres voor een kort verblijf. Bar-brasserie op de gelijkvloerse verdieping (gesloten op zon- en feestdagen).

DOORSNEEPRIJS TOT LUXUEUS

HÔTEL DES CARMES (PLATTEGROND C2, 15): *place des Carmes 33.* ☎ 02 35 71 92 31 • *hcarmes@numericable.fr* • *www.hoteldescarmes.com. Je betaalt € 51 tot 69 voor een tweepersoonskamer, afhankelijk van het comfort en de verdieping. Draadloos internet.* Bijzonder mooi hotel, gelegen aan een levendig pleintje, waar de eigenaar je met een glimlach ontvangt. In de barokke hal hangen werken van de eigenares, die kunstschilderes is. Ook de gerenoveerde kamers zijn met smaak gedecoreerd (onze favorieten, nummers 21 en 32, hebben een trompe-l'oeil op het plafond). Ze zijn voorzien van een flatscreen-tv en een moderne badkamer, al dan niet met uitzicht op de kathedraal. Rijkelijk ontbijt met plaatselijke producten. Goede prijs-kwaliteitverhouding.

LE CARDINAL (PLATTEGROND B3, 20): *place de la Cathédrale 1.* ☎ 02 35 70 24 42 • *hotelcardinal.rouen@orange.fr* • *www.cardinal-hotel.fr. Jaarlijks verlof van 25 december tot 3 januari. Naargelang van het gewenste comfort betaal je € 66 tot 89 voor een tweepersoonskamer. Draadloos internet.* Zonder twijfel het best gelegen hotel van de stad. Nagenoeg alle kamers bieden uitzicht op de kathedraal! De meest comfortabele (nrs. 19 tot 22) beschikken over een terras, de andere over een balkon. Op mooie dagen kun je het ontbijt nemen aan de voet van het monumentale bouwwerk. Vriendelijke ontvangst.

HÔTEL LE VIEUX CARRÉ (PLATTEGROND C2, 16): *rue Ganterie, 34.* ☎ 02 35 71 67 70 • *www.vieux-carre.fr* 🛏 *Tweepersoonskamers voor € 58 tot 65, afhankelijk van het uitzicht. De installatie van draadloos internet staat op stapel.* Fraai vakwerkhuis in het oude stadscentrum, versierd met allerlei snuisterijtjes. Stijlvolle kamers, zij het vrij klein – het is dan ook een oud huis. Sommige kijken uit op een leuk binnenplaatsje met bloemen. Je kunt er op zonnige dagen thee drinken en een hapje eten (het huis is ook een tearoom en je kunt er lichte maaltijden krijgen). Lekkere keuken, en de prijzen zijn heel redelijk. Heel hartelijke ontvangst en ontspannen sfeer.

HÔTEL ANDERSEN (PLATTEGROND B1, 18): *rue Pouchet 4.* ☎ 02 35 71 88 51. • *hotelandersen@free.fr* • *www.hotelandersen.com. Dicht bij het treinstation. Tweepersoonskamers voor € 56 tot 63. Draadloos internet en kabeltelevisie.* Erg aardig hotel in een oud huis. Het interieur getuigt van veel smaak en de ontvangst is heel hartelijk. Het merendeel van de aangename en lichte kamers werd onlangs opgeknapt, met nieuw beddengoed en een piekfijne badkamer; de andere zijn ouderwetser en konden ons minder overtuigen. Er is geen receptie, wat een direct en hartelijk contact bevordert.

📧 CHAMBRES D'HÔTES LA MAISON QUI PENCHE (PLATTEGROND C3, 11): *place Barthélemy 4.* ☎ *0235159258. Je betaalt € 80 voor een tweepersoonskamer.* Dit overhellende vakwerkhuis tegenover de prachtige kerk van Saint-Maclou in het *Quartier des Antiquaires* (de wijk van de antiquairs) is werkelijk een plaatje! Op elke verdieping, bereikbaar via de authentieke statietrap, ligt een grote, elegante kamer met een tot in de puntjes verzorgde inrichting in barokke stijl. Vanuit sommige kamers kun je de engeltjes van de schitterende kerk nagenoeg aanraken. Allemaal beschikken ze over een pienter ontworpen designbadkamer. De warme en gastvrije ontvangst is de kers op de taart. Het enige minpuntje aan dit hotel is dat het plein voor de deur in het weekend ook 's avonds veel (luidruchtig) volk trekt.

📧 CHAMBRES D'HÔTES BIJ PHILIPPE AUNAY (PLATTEGROND B3, 13): *rue aux Ours 45.* ☎ *0235709968. Voor een tweepersoonskamer betaal je € 62. Verblijf je in het appartement (dat drie kamers telt), dan betaal je € 40 per bijkomende persoon.* Wanneer je de deur opentrekt bij Annick en Philippe, treed je binnen in een heel persoonlijke en met geschiedenis beladen wereld. In dit oude vakwerkhuis in het hart van de stad staat niets nog helemaal recht. Je komt er via een van de oudste steegjes van Rouen. Binnen leidt een plechtstatige trap naar de kamers, die een sfeer van langvervlogen tijden ademen. Eén ervan bevat een piano, de andere vormen samen een klein appartement met een open haard dat de hele derde verdieping beslaat. Het appartement is in de eerste plaats bestemd voor gezinnen, maar als het aantal gasten het toelaat, mogen ook koppels er hun intrek nemen voor de prijs van een tweepersoonskamer. Het ontbijt wordt geserveerd in de bibliotheek, waar heel wat ruimte wordt ingenomen door een bont allegaartje van souvenirs, religieuze beeldjes en schilderijen, een collectie van de gastheer. Die is niet alleen een verwoed verzamelaar, maar weet ook alles over de geschiedenis van Rouen. Een buitengewoon adres waar je allervriendelijkst wordt ontvangen.

📧 HÔTEL DE L'EUROPE (PLATTEGROND B3, 17): *rue aux Ours 87-89.* ☎ *0232761776* ● *europe-hotel@wanadoo.fr* ● *www.h-europe.fr. Je betaalt € 75 tot 95 voor een tweepersoonskamer, afhankelijk van het comfort (er loopt het hele jaar door een interessante promotieaanbieding). Internet en kabeltelevisie.* Recent hotel in het hart van de stad, vlak bij de place de la Pucelle, waar altijd wat te beleven valt. Kraaknette en goed uitgeruste kamers met alle modern comfort. Geen nare verrassingen, dit hotel is een vaste waarde! Vriendelijke en heel professionele ontvangst.

📧 HÔTEL DE LA CATHÉDRALE (PLATTEGROND C3, 19): *rue Saint-Romain 12.* ☎ *0235715795* ● *contact@hotel-de-la-cathedrale.fr* ● *www.hotel-de-la-cathedrale.fr. Tweepersoonskamers voor € 69 tot 96, naargelang van het comfort. Internet, wifi en kabel-tv.* Charmant hotelletje in een voetgangersstraat naast de kathedraal, rustig en zeer goed gelegen. De kamers liggen rond een aangename patio met bloemen waar een romantische sfeer hangt. Sommige zijn wel nogal kitsch en ouderwets, en de goedkoopste zijn ook niet bijzonder goed onderhouden. De badkamers zijn wel allemaal vernieuwd. Heel goede ontvangst. Heeft ook een theesalon.

LUXUEUS TOT HEEL LUXUEUS

📧 CHAMBRES D'HÔTES VILLA LA GLORIETTE (PLATTEGROND D1, 22): *rue des pleinschamps 7.* ☎ *0235073709* ● *contact@villalagloriette.com* ● *www.villalagloriette.com. Tweepersoonskamers voor € 120, gîte voor twee voor € 100 (€ 25 extra per bijkomende gast). Wifi en internet.* Stijlvolle villa uit de 19de eeuw, weg van de drukte van de grote boulevards, op de heuvels van de stad. Mooie bloementuin met een honderdjarige ceder, een romantisch prieel en het atelier van gastvrouw Claire, die ook kunstschilderes is. De twee bijzonder charmante gastenkamers zijn thematisch ingericht en dragen de namen *Monet* en *Bovary*. De eerste, een heel ruime suite met *toile de Jouy* en de geliefkoosde blauwtinten van de schilder, is helemaal ingericht met oog voor detail, tot de dvd over het impressionisme in de dvd-speler toe! De tweede kamer zou je 'vrouwelijker' kunnen noemen. Tal van elegante details, zoals de voetjes aan de badkuip, brengen hulde aan de heldin uit het beroemde boek van Flaubert. Bovendien beschikt deze kamer over een privaat terras. Het ontbijt wordt verzorgd door Christophe, een verfijnd gastronoom. Je geniet ervan bij de klanken van de piano in een zaal die uitzicht biedt op de tuin. In een bijgebouw is een mooie familiesuite ondergebracht die twee etages beslaat. Een verfijnd adres!

CHAMBRES D'HÔTES LE CLOS JOUVENET (BUITEN PLATTEGROND VIA D1, 21):
bij Catherine en Baudouin de Witte, rue Hyacinthe-Langlois 42. 02 35 89 80 66.
• *cdewitte@club-internet.fr* • *www.leclosjouvenet.com. Gesloten van midden december tot half januari. Tweepersoonskamers voor € 92 tot 98 (degressieve tarieven vanaf de tweede nacht). Fraai herenhuis dat dateert van 1846. De knusse, elegante en verfijnde kamers bieden een fluwelen comfort, ideaal voor een weekendje met z'n tweetjes. Leessalon, wintertuin en bomenrijk park met uitzicht op Rouen en zijn klokken ... Een charmant adres, heel rustig gelegen, op enkele minuten van het centrum.*

HÔTEL ERMITAGE BOUQUET (BUITEN PLATTEGROND VIA B1, 23): *rue Bouquet 58.*
02 32 12 30 40 • *contact@hotel-ermitagebouquet.com* • *www.hotel-ermitagebouquet.com. Dicht bij het station, omhoog richting St-Aignan. Je betaalt € 124 voor een tweepersoonskamer en € 160 voor een suite. Draadloos internet. Charmant hotel in een rustige residentiële wijk. Rode en gouden tegeltjes en binnenin veel houtwerk. Heel mooie, luxueuze en comfortabele kamers in warme kleuren. Piekfijne badkamers, sommige met hydrojetdouche, andere met bubbelbad. In de kamers en in de gemeenschappelijke delen worden originele kunstwerken tentoongesteld. De eigenaar is bezeten van schilderkunst!*

ETEN

GOEDKOOP TOT DOORSNEEPRIJS

BRASSERIE PAUL (PLATTEGROND C3, 30): *place de la Cathédrale 1.* 02 35 71 86 07
• *brasseriepaul@wanadoo.fr. Dagelijks geopend. Lunchformule voor € 14,90 en menu voor € 23. Tijdens het Festival wordt er een 'impressionistisch menu' geserveerd voor € 22.* Zoals op de menukaart te lezen staat, werd de brasserie gesticht in 1898. Claude Monet, Apollinaire, Marcel Duchamp en Simone de Beauvoir waren hier vaste klanten. Het interieur is sindsdien veranderd – al is de rococostijl behouden –, maar je geniet er nog steeds van copieuze salades, broodjes, kleine stoofschotels en andere heerlijkheden. Proef bij wijze van voorgerecht zeker de specialiteit van het huis: appelflappen met camembert en een sausje op basis van cider. Een lekkernij! Op zomeravonden kun je eten op het terras tegenover de verlichte kathedraal.

LE CAFÉ POULE (PLATTEGROND B3, 20): *place de la Cathédrale 5.* 02 35 07 11 68
• *cafepoule@wanadoo.fr* In het hoogseizoen dagelijks 's middags en 's avonds geopend, de rest van het jaar steeds 's middags maar alleen op zaterdag ook 's avonds. Formule voor € 12. Tijdens het Festival wordt er een 'impressionistisch menu' geserveerd voor € 17,50. Vlak naast *Brasserie Paul*, in hetzelfde gebouw. Heel moderne inrichting. Eenvoudige gerechten (omelet met camembert, galettes, pannenkoeken, slaatjes) op basis van verse ingrediënten (hoevekazen, ambachtelijk gemaakt ijs). Een leuk adresje!

⊠ **LE CAFÉ GOURMAND (PLATTEGROND C2, 33)**: *rue Saint-Nicolas 71*. ☎ *0235719761. Gesloten op zondag en maandag. Geopend tot 20.00 u. Formules voor € 9,90 tot 12,90. Tijdens het Festival wordt er een 'impressionistisch menu' geserveerd voor € 10.* Prima adres voor een goedkope, snelle en overvloedige lunch. Modern interieur, eetzalen op twee etages en een klein terrasje waar je kunt smullen van omvangrijke salades, enorme croque-monsieurs en vooral ei-eren in een cocotte met spek, paddenstoelen, spinazie, camembert ... In de namiddag kun je er terecht voor een thee- of koffiepauze. Prima ontvangst.

⊠ **LE P'TIT BEC (PLATTEGROND C-D2, 31)**: *rue Eau-de-Robec 182.* ☎ *0235076333. Gesloten op zon- en feestdagen en op maandagavond; in het laagseizoen ook op dinsdag- en woensdagavond. Maal-tijdformules voor € 13 en 15,50. A la carte betaal je ongeveer € 20.* Eerlijke een zeer geslaagde hui-selijke keuken. Specialiteit van gegratineerde gerechten en *oeufs cocotte* (eiergerecht uit de oven). Heldere zaal met gele muren met daarop affiches van allerlei evenementen. Prima bediening door glimlachende diensters die handig tussen de tafeltjes met de vele vaste klanten laveren. Bij zonnig weer staat aan de straatkant een klein terras, een van de mooiste van Rouen.

⊠ **AU TEMPS DES CERISES (PLATTEGROND B2, 35)**: *rue des Basnages 4-6.* ☎ *02358998 00. Ge-sloten op zondag. Op weekdagen lunchformule voor € 9,50, steeds menu's voor € 17,50 en 21.* Dit is het restaurant dat het meeste kaasgerechten serveert. Inrichting met snuisterijen die te maken hebben met het zuivelthema. Nogal kitscherig, maar wel leuk. Mis de *oeufs cocotte* niet en proef ook de gegratineerde camembert met morellen. Ook de Normandische fondue is een aanrader! Dit adres is in trek bij de lokale jeugd, zowel voor de originele eenvoud van de gerechten (voor zover het woord 'eenvoud' hier op z'n plaats is) als voor de heel aanvaardbare prijzen. Leuk terras en veranda.

⊠ **CHEZ NOUS (PLATTEGROND C3, 36)**: *rue Martainville 234.* ☎ *0235895002. Tegenover de Église Saint-Maclou. Gesloten op zondag en maandag. Lunchmenu voor € 13,60; 's avonds betaal je € 16,50 tot 20,50.* Rustieke inrichting met geeltinten. De dagsuggesties staan op het krijtbord. Stevige traditionele kost: *pastilla* met neufchâtelkaas, kabeljauwhaasje met frambozen en Normandische crumble. Heel aangenaam terras dat in de zomer erg in trek is.

⊠ **AU BOIS CHENU (PLATTEGROND B2, 40)**: *place de la Pucelle 23-25.* ☎ *0235711954. Gesloten op zondagavond, op dinsdagavond en op woensdag. Formules voor € 16 en 19; impressionistisch menu voor € 28 (het hele jaar door).* Restaurant met een nogal conventionele inrichting vlak bij de place du Vieux-Marché. Geef in de zomer de voorkeur aan het terras. Eugénie houdt de Nor-mandische traditie in ere en maakt lekkere gerechten op basis van verse producten. De kaart verandert met de seizoenen. Een van de menu's is gebaseerd op de receptenboek-jes van Claude Monet *himself* en bevat onder meer zeebaars. De naam van dit restaurant is die van de plek waar Jeanne d'Arc haar goddelijke roeping zou hebben gekregen.

⊠ **LE PETIT GOURMAND (PLATTEGROND B3, 17)**: *rue aux Ours 87-89.* ☎ *0232761776* ● *europe-hotel@wanadoo.fr. Gesloten op maandag. Op weekdagen is er een lunchmenu voor € 13,60. Ver-der menu's voor € 23 tot 33.* Dit is het restaurant van *Hôtel de l'Europe* (zie 'Slapen'). 's Avonds vind je er voornamelijk hotelgasten, zakenmensen en kunstenaars. Maar het restaurant is door de week ook 's middags geopend en biedt dan een verbazingwekkend *menu des petits gourmands* aan! Het menu wordt geregeld aangepast aan het aanbod op de markt, maar kan onder meer foie gras, kalfszwezerik en een verfijnd dessert bevatten. Zo'n prijs-kwaliteitverhouding vind je nergens anders! Alles wordt heerlijk bereid door de talent-rijke chef Didier Lehecq. Wedden dat je 's avonds wilt terugkomen?

DOORSNEEPRIJS TOT LUXUEUS

⊠ **LA PETITE AUBERGE (PLATTEGROND C3, 37)**: *rue Martainville 164.* ☎ *0235708018. Gesloten op maandag. Jaarlijks verlof tijdens de krokusvakantie en twee weken in juli. Menu's voor € 15,50 (niet in het* *weekend en op feestdagen) en voor € 19,50 tot 39,50.* In een van de mooiste straten van Rouen, met vakwerkgevels vol bloemen, ver van alle toeristen, ligt deze schitterende herberg. De lage eetzaal is versierd met impressionistische schilderijen. Traditionele keuken in de best mogelijke betekenis van het woord: hier kun je nog genieten van de voortreffelijke smaak van gerechten als kalfskop in ravigotesaus, niertjes met room en escargots op verschillende wijzen. Een culinaire traditie die aan de volgende generaties moet worden doorgegeven ... De klanten verlaten de tafel steevast met een welgemeend 'Dat was weer heerlijk, zoals gewoonlijk!'. Uitstekende en pretentieloze bediening.

⊠ **LE SIXIÈME SENS (PLATTEGROND A2, 41):** *rue Thomas-Corneille 2.* ☎ *02 35 88 43 97. Dagelijks geopend. Op weekdagen is er een lunchmenu voor € 19,50. Verder menu's voor € 24 tot 30.* Dit is het restaurant waarover iedereen spreekt! Verfijnde keuken in het buitengewone decor van de gewelven van het stadhuis uit de 18de eeuw, dat nooit werd afgewerkt. De sfeer is hedendaags en ontspannen, en het hele concept is gericht op de bevrediging en de verrassing van de zintuigen. Gekleurde lampen, muurschilderingen van planten, tafels overtrokken met leder, loungemuziek en gedurfde voorafjes met onder meer *Nesquik*-kroketjes! Elk gerecht verbaast, prikkelt en overtuigt onze smaakpapillen, die wat minder 'hipheid' gewend zijn. Probeer de *Qui l'eût cru*, de *Oozara à la nippone*, de tartaar of de lamsschenkel met munt en pistachenoten. Het dessert *palmitos régressifs en mille feuilles sur crème brûlée au basilic*, dat wordt geserveerd in een plastic glas, brengt je geheid in vervoering! Een gastronomische restaurant dat zichzelf niet te serieus neemt.

⊠ **16/9 (PLATTEGROND C2, 39):** *rue Socrate 30.* ☎ *02 35 70 63 33* ● *contact@169.fr. Gesloten op zondag en maandag. Door de week is er een lunchmenu voor € 15. Verder menu's voor € 25 tot 33. Tijdens het Festival wordt er een 'impressionistisch menu' aangeboden voor € 22.* Designrestaurant met een groot raam en een terras, gelegen tegenover de fontein op de mooie place du 14-avril-1944, achter het Parlement. Aan de ene kant vind je een oester- en champagnebar die lijkt op de impressionistische salons uit de 19de eeuw, aan de andere kant een moderne zaal met stoelen die met witte stof zijn overtrokken en lampen als karmijnrode wolken. In de zaal speelt jazzy loungemuziek. Op je bord krijg je moderne, inventieve gerechten in een stijl die ze hier '*tradi revisité*' ('herzien traditioneel') noemen. Op het impressionistisch menu prijkt het staartstuk van gebraden kalkoen met camembert en cider, een recept van de schilder Monet.

⊠ **LE H (PLATTEGROND B2, 32):** *rue Écuyère 97.* ☎ *02 35 70 80 60. Gesloten op zondag en maandag. Op weekdagen zijn er een lunchmenu's voor € 13 en 16. Verder menu's voor € 25 en 30. Tijdens het Festival wordt er een 'impressionistisch menu' aangeboden voor € 25.* Nog een restaurant met een heel verzorgde en hippe inrichting. Traditionele keuken, verrijkt met smaken van over de hele wereld. Het Thaise wokgerecht (met gamba's, sint-jakobsvruchten, eend, zeevruchten ...) heeft dit restaurant op de culinaire kaart gezet. Hartelijke ontvangst en een leuk terrasje, dat echter snel ingenomen wordt door de vaste klanten.

⊠ **LE BISTROT DE GILL (PLATTEGROND B2, 34):** *place du Marché 14.* ☎ *02 35 89 88 72* ● *media-restauration@wanadoo.fr. Dagelijks geopend. Menu's ('s middags en 's avonds) voor € 22 tot 30.* Dit restaurant op een van de befaamdste pleinen van Frankrijk, de plek waar Jeanne d'Arc werd verbrand, behoort toe aan de befaamde sterrenchef Gilles Tournadre, die zelf afkomstig is uit Rouen. Hier wil hij een antwoord bieden op de huidige malaise door een bistrokeuken te serveren die teruggrijpt naar de traditie van de hallen van de Vieux-Marché en het Fête du Ventre. Een zeer gemoedelijk adres waar het respect voor de producten én voor de klanten hoog in het vaandel wordt gedragen.

⊠ **LE 37 (PLATTEGROND B3, 38):** *rue Saint-Étienne-des-Tonneliers 37.* ☎ *02 35 70 56 65* ● *contact@le37.fr. Gesloten op zondag en op maandag. Reserveren aanbevolen. Jaarlijks verlof in augus-*

tus. Op weekdagen wordt er een lunchformule aangeboden voor €18. À la carte betaal je ongeveer €35. Ook deze bistro, met een designinrichting, wordt opengehouden door Gilles Tournadre, een van de meest inventieve chefs van Rouen, en zijn rechterhand en associé Sylvain Nouin. Hier geen stevige Normandische klassiekers, maar een moderne keuken vol smaken, nu eens braaf, dan weer gedurfd, variërend naargelang van de seizoenen en het humeur van de chef. Een adres dat zijn succes niet heeft gestolen.

IETS DRINKEN

Overdag

☕ **THÉ MAJUSCULE (PLATTEGROND C3, 53)**: *place de la Calende 8.* ☎ 02 35 71 15 66. *Dagelijks behalve op zon- en feestdagen geopend van 12.00 tot 18.30 u (de winkel van 10.00 tot 19.00 u).* Theesalon op de etage van een tweedehandsboekenwinkel. Moderne inrichting met hedendaagse schilderijen. Je neemt beneden enkele boeken en gaat er boven rustig in bladeren bij een kopje thee. Op mooie dagen kun je ook op het terras aan de kathedraal gaan zitten. Een leuke en originele plek voor een pauze.

☕ **DAME CAKES (PLATTEGROND B2, 58)**: *rue St-Romain 70.* ☎ 02 35 07 49 31. *Met uitzondering van zondag dagelijks geopend van 10.30 tot 18.30 u (op zaterdag tot 19.00 u).* Heel Engelse inrichting met overal naai- en borduurwerk. Een echt theesalon: een ruime keuze van bijzonder lekkere soorten thee, zoete en hartige cakes, gebak ... en chocolade! De hemel op aarde voor lekkerbekken! Op sommige dagen duurt het even voor er een tafeltje beschikbaar is, maar de subtiele geuren van het warme gebak maken het wachten aangenamer.

☕ **LE VIEUX CARRÉ (PLATTEGROND C2, 16)**: *rue Ganterie 34.* ☎ 02 35 71 67 70 🛏 *Geopend van 15.00 tot 18.30 u; op zondag gesloten.* Hier kun je in een aangename en ontspannende omgeving genieten van de vele thees van het huis. Zie ook onder 'Slapen'.

☕ **LE SON DU COR (PLATTEGROND D3, 59)**: *rue Eau-de-Bec 221.* ☎ 02 35 71 46 62. *Dagelijks geopend (terras tot 23.00 u, zaal tot 2.00 u).* In deze straat had Charles Bovary (de man van de beroemde mevrouw) zijn studentenkamer. Ook nu nog komen hier veel studenten, voornamelijk van de kunstschool die vlakbij ligt. Op het terras en in de moderne zaal wordt de wereld hervormd onder het genot van een glas campari, en in de schaduw van de kerselaar wordt petanque gespeeld. Een stukje Provence in Normandië!

☕ **LE BISTROT PARISIEN (PLATTEGROND C3, 50)**: *rue d'Amiens 77.* ☎ 02 35 70 55 65 ● lebistrotparisien@numericable.fr. *Gesloten op zon- en feestdagen en op maandag- en zaterdagavond. Jaarlijkse vakantie in augustus. Menu's voor €11 en 14,50.* Een tweede trefpunt van jonge intellectuelen die van dit adres houden voor het lijstwerk, de gebeeldhouwde bar, de verzameling reclameborden en de zachte muziek. Je kletst wat, ontspant en bladert achteloos door de tijdschriften die op de tafels liggen. Leuk.

's Avonds

☕ **LE BISTROT SAINT-MACLOU (PLATTEGROND C3, 51)**: *rue Martainville 246.* ☎ 02 35 71 76 70. *In principe van dinsdag tot zaterdag geopend van 18.00 tot 2.00 u.* Leuke bar waar altijd een feestelijke sfeer hangt, gehuisvest in een oud vakwerkhuis. Heel retro en bonte inrichting, onder meer een oude motorfiets en 45-toerenplaten uit de jaren 1960 aan de muren. De vaste gasten komen voor het aperitief ... en vertrekken pas wanneer de bar sluit! Een adres waar iedereen elkaar kent.

☕ **LA BOÎTE À BIÈRES (PLATTEGROND A2, 52)**: *rue Cauchoise 35.* ☎ 02 35 07 76 47 ● laboiteabieres@gmail.com. *Geopend van 17.00 tot 2.00 uur. Op zondag en maandag gesloten. Jaarlijkse vakantie van eind juli tot begin augustus.* Elke maand vindt er een optreden plaats, en om de twee weken is er op donderdag karaoke. Mooi vakwerkhuis met vier verdiepingen dat zich richt op jongeren die gebeten zijn door de hopcultuur (niet minder dan 130 soorten bier en 14 van het vat!). Rockmuziek, biljarttafel, darts, tv-hoek. De stijl doet sterk denken aan een Ierse pub. Een klassieker die al heel wat generaties studenten heeft zien voorbijkomen.

UITGAAN EN MUZIEK BELUISTEREN

Informatie over concerten, voorstellingen en alles wat er beweegt in Rouen staat te lezen op ● *www.le-hiboo.com* en op ● *www.le-viking.org*. In alle trendy bars vind je ook het gratis magazine *Mybook*.

Werp zeker ook eens een blik op het programma van EXO 7 (place des Chartreux 13 in Petit-Quevilly ☎ 0235033230 ● *www.exo7.net*), dat al meer dan twintig jaar lang goede optredens organiseert, voornamelijk poprock.

🎭🎵 LE VICOMTÉ (PLATTEGROND B2, 55): *rue de la Vicomté 70*. ☎ 0235712411. *Geopend van 18.00 tot 2.00 u. Op zondag gesloten.* Hét trefpunt van de jeugd van Rouen die graag een stapje in de wereld zet. Beslaat vier verdiepingen in een historisch gebouw: een terras voor een glas in stijl, een bar met bankjes en zetels en graffiti op de muren, een kelder waar dj-sets worden gehouden en een biljartzaal en een restaurant op de etages. Er wordt van alles georganiseerd, van *afterworkparties* over concerten tot spelletjesavonden. Voor ieders smaak en voor alle leeftijden.

🎭🎵 NASH CAFÉ (PLATTEGROND C1, 32): *rue Écuyère 97*. ☎ 0235982524. *Geopend van 18.30 tot 2.00 u. Op zondag gesloten. Tapa's voor ongeveer € 4.* Cocktail- en tapasbar naast restaurant *Le H*, dat door dezelfde eigenaar wordt gerund (zie 'Eten'). Leuk, trendy interieur met banken met zebrastrepen en een groot Boeddhahoofd. Kom hier aperitieven, ga dan naast de deur eten en kom daarna terug om je op de dansvloer te wagen. Nogal chique clientèle. Uitstekende ontvangst.

🎭🎵 LE BATEAU IVRE (BUITEN PLATTEGROND VIA D1, 54): *rue des Sapins 17*. ☎ 0235700905 ●*bateauivre.rouen.free.fr. Geopend van 22.00 tot 2.00 u (vaak zelfs tot 4.00 u!). Gesloten op zondag, maandag en dinsdag, en de hele maand augustus. Elke avond is er een optreden (op donderdag vrij podium). De toegangsprijs varieert van € 3 tot 5.* Leuke pub-cabaret-café-theater. Een klassieker in het nachtleven van Rouen. Veel concerten, stijl rock of rhythm-and-blues, maar ook Franse chansons in de stijl van Brel en Brassens. Bel even om te weten wat er op het programma staat, of raadpleeg de website.

🎭🎵 L'EMPORIUM GALORIUM (PLATTEGROND C1, 56): *rue Beauvoisine 151*. ☎ 0235717695 ● *www.emporium-galorium.com. Op dinsdag en woensdag geopend van 20.00 tot 2.00 u; op donderdag, vrijdag en zaterdag tot 3.00 u. Soms ook open op zondag en/of maandag. Jaarlijkse vakantie: de hele maand augustus.* Een van de bars die populair zijn bij nachtbrakers. Ondergebracht in een gebouw uit de 18de eeuw met heel mooi vakwerk. Er is nagenoeg altijd wat te doen: 'blind test musical'-avond op dinsdag, shooteravond op woensdag, studentenavond op donderdag, tal van concerten met uiteenlopende muziekstijlen (soms wordt er toegangsgeld gevraagd) en nog veel meer. Je vindt het programma op de website. Leuke bar waar een verhitte sfeer hangt!

WAT IS ER TE ZIEN?

Een uitzonderlijk mooie kathedraal, drie belangrijke musea en een oude wijk waar het heerlijk slenteren is.

De Botertoren

De Tour du Beurre dankt zijn naam aan het feit dat hij gebouwd werd met extra belastinggeld, afkomstig van mensen die tijdens de vasten boter wilden blijven eten. Maar de benaming duidt ook op de vele stabiliteitsproblemen!

◄◄◄ **De kathedraal** (plattegrond C3): 🚻 *In het hoogseizoen (april t.e.m. oktober) geopend op maandag van 14.00 tot 19.00 u, van dinsdag tot zaterdag van 7.30 tot 19.00 u en op zon- en feestdagen van 8.00 tot 18.00 u. De rest van het jaar van dinsdag tot zaterdag van 7.30 tot 12.00 u en van 14.00 tot 18.00 u en op zondag, maandag en feestdagen slechts van 14.00 tot 18.00 u. De kooromgang wordt al een halfuur voor sluitingstijd afgesloten. In de zomer zijn er op sommige dagen rondleidingen om 15.00 u.* Dit is een van de mooiste bouwwerken van de Franse gotiek, een kantwerk van steen, majesteitelijk en verfijnd tegelijk.

Aan de kathedraal werd meer dan drie eeuwen lang gebouwd. Het architecturale meesterwerk leed zwaar onder de oorlog en de vervuiling. Het gebouw lijkt altijd in de steigers te staan! De meest recente restauraties hebben een groot deel van de gevel z'n originele kleur teruggegeven. De verfijning van de bouwlijnen en van het beeldhouwwerk komt nu veel beter tot zijn recht.

– **De gevel,** die Monet zo sterk inspireerde, telt een serie opengewerkte torentjes die worden omlijst door twee grote **torens** in verschillende stijlen. Links staat de Tour Saint-Romain uit de 12de eeuw, een vroeggotisch bouwwerk dat vrij eenvoudig is van stijl, behalve dan het bovenste stuk, dat uit de 15de eeuw dateert. De toren is 82 meter hoog. Rechts rijst de 15de-eeuwse Tour de Beurre of Botertoren ten hemel, een 75 m hoog staaltje van zuivere flamboyante gotiek.

– Centraal bevinden zich drie **portalen,** stuk voor stuk sprookjesachtig mooie meesterwerken van beitelkunst. Ze illustreren alle stijlperiodes van de gotiek. De portalen van de heilige Johannes (links) en van de heilige Stefanus (rechts) dateren uit de 12de eeuw, hun timpanen uit de 13de eeuw. Het timpaan van het portaal van Stefanus stelt de steniging van de heilige voor. Dat van het portaal van Johannes verhaalt het feest van Herodes (let op de acrobaat) en de onthoofding van Johannes de Doper. Fraaie arabesken en acanthusmotieven als versiering. In het timpaan van het hoofdportaal (het middelste, het werkt aan het begin van de 16de eeuw) vind je een Boom van Jesse.

– **De centrale toren en de torenspits,** die heel verfijnd is, kun je goed zien vanuit de rue du Change. Het geheel is 151 m hoog, en is daarmee de hoogste toren van Frankrijk. Je moet wat afstand nemen om hem beter te kunnen bewonderen, omlijst door z'n drie hoektorentjes. Het vierde torentje is naar beneden gestort tijdens een storm op 26 december 1999. Daarbij raakte ook een deel van het dwarsschip beschadigd (het 'torentje' woog immers liefst 26 ton). In de kathedraal vind je foto's van die tragische gebeurtenis. De stenen vieringtoren werd tussen de 13de en de 16de eeuw gebouwd, maar de huidige torenspits is 19de-eeuws. Aan diezelfde rechterflank bevindt zich ook het *portail de la Calende,* een schitterend portaal dat uit de 14de eeuw stamt.

Als je aan de andere kant de rue Saint-Romain in loopt, tref je ter hoogte van de dwarsbeuk nog een stenen portaal in flamboyante gotiek, dat uitkomt op de *cour des Librairies.* Als je daar binnengaat, ontdek je helemaal achterin het *portail de Librairies,* dat inzake verfijning niet moet onderdoen voor de andere. Mooie opengewerkte frontons (soort puntdak boven het portaal en het roosvenster). Het timpaan draagt twee interessante friezen.

– **Het interieur:** na de verfijning van de buitenkant word je meteen getroffen door de soberheid van het interieur. Het bijzonder hoge, kale kerkschip in vroeggotische stijl wordt ondersteund door brede zuilen, die echter heel licht lijken dankzij de afslankende nerven. Kijk op het kruispunt met de dwarsbeuk even omhoog: het gewelf bevindt zich op 51 m hoogte! In de linkerdwarsbeuk staat een elegante trap die naar de bibliotheek leidt. Heel sober 13de-eeuws koor. Achter het koor volg je de kooromgang. Daar bevindt zich de *chapelle de la Vierge* (Mariakapel), een van de mooiste stukjes van de kathedraal. Ze bevat enkele opmerkelijke stukken. Rechts van het kapelaltaar zie je de graven van de kardinalen van Amboise (gebeeldhouwd in de 16de eeuw). Ook Georges I d'Amboise (aartsbisschop van Rouen en minister van Lodewijk XII) en zijn neef Georges II liggen hier begraven. Het geheel oogt bijzonder rijk. Op het voetstuk staan de deugden afgebeeld. In de kooromgang, links van de kapel, mag je de vier prachtige glas-in-loodramen uit de 13de eeuw niet missen. Let op de diepe kleuren.

Die dekselse Monet!

De beroemde kunstenaar maakte 28 schilderijen van de kathedraal van Rouen. Het grootste deel daarvan schilderde hij vanaf de etage van een lingeriewinkel (nu de Dienst voor Toerisme). Daar was een scherm gezet om ervoor te zorgen dat hij de ontblote dameslichamen niet te zien kreeg. Toen dat scherm jaren nadien werd teruggevonden, bleek dat er een gat in was gemaakt!

❦ ❦ **Église Saint-Maclou (plattegrond C3):** *Op maandag, vrijdag, zaterdag en zondag geopend van 10.00 tot 12.00 u en van 14.00 tot 18.00 u (van november t.e.m maart slechts tot 17.30 u). Gesloten op dinsdag, woensdag en donderdag en met Kerstmis en Nieuwjaar.* Schitterend gebouw uit het eind van de 15de eeuw in flamboyant gotische stijl. De kerk maakt een sierlijke, lichte indruk. Ze werd na de oorlog en de bombardementen volledig gerenoveerd. Groot kerkportaal met vijf arcaden met prachtige deurvleugels in renaissancestijl. De lichtjes afgeronde gevel draagt bij tot de homogeniteit van het gebouw. Het medaillon op de linkse deurvleugel stelt de Goede Herder voor die de dieven bij de schaapskooi wegjaagt. Op het middelste deurdeel tonen twee medaillons de besnijdenis en het doopsel van Christus. Binnen staat een prachtige orgeltribune van 1521, met subtiel renaissancehoutwerk (concerten tijdens de zomer). Ook een elegante bewerkte wenteltrap uit de 16de eeuw.

❦ ❦ ❦ **Aître Saint-Maclou (plattegrond C3):** *rue Martainville 186.* 🅰 *In de straat aan de linkerflank van de Saint-Macloukerk. Aan de achterzijde van de binnenplaats. Dagelijks geopend van 8.00 tot 20.00 u (van november t.e.m. maart slechts tot 19.00 u). Gratis toegang.* Bewonderenswaardig architecturaal geheel uit de 16de eeuw, bestaande uit vakwerkhuizen rond een grote binnenplaats met bomen. Dit was ooit een begraafplaats voor pestlijders. In die tijd lagen er rond de binnenplaats vier galerijen, die later werden dichtgemaakt. De zuilen die de galerijen ondersteunen, zijn versierd met macabere figuren die de functie van de plek aantonen. Het knekelhuis bevond zich op de verdieping. Alle balken dragen friezen met doodshoofden, gekruiste scheenbenen, schoppen om graven te delven, bijlen, kruisbeelden ... Verbazingwekkend. Werp zeker eens een blik op de gemummificeerde kat in de kleine glazen kast rechts van de ingang. Vandaag huist hier de École des Beaux-Arts (school voor plastische kunsten). Een inspirerende plek voor jonge kunstenaars! Als de deur openstaat, werp dan een blik in de galerij van de school, rechts van de ingang. Er worden geregeld interessante tentoonstellingen van hedendaagse kunst georganiseerd.

❦ **Musée national de l'Éducation (opvoedkundig museum; plattegrond D3):** *rue Eau-de-Robec 185.* ☎ *02 35 07 66 61.* ● *www.inrp.fr/musee* 🅰 *Op weekdagen geopend van 10.00 tot 12.30 u en van 13.30 tot 18.00 u; op zaterdag en zondag van 14.00 tot 18.00 u. Gesloten op dinsdag en op feestdagen. Toegangsprijs: € 3; korting mogelijk.* In deze mooie 15de-eeuwse woning zijn een heleboel voorwerpen samengebracht die te maken hebben met kinderen en hun opvoeding sedert de 16de eeuw (schilderijen, etsen, werkjes van schoolkinderen, oud schoolmeubilair). Het klaslokaal anno 1900 voert je naar de schooltijd van je overgrootvader.

❦ ❦ ❦ **Abbatiale Saint-Ouen (abdijkerk; plattegrond C-D2):** *van april tot en met oktober geopend van 10.00 tot 12.00 u en van 14.00 tot 18.00 u; buiten het seizoen tot 17.30 u. Steeds gesloten op maandag en vrijdag, alsook op kerstdag en nieuwjaarsdag.* Voormalige abdijkerk uit de 14de eeuw. Nog een juweeltje van Franse gotiek. Het toppunt van verfijning, met mooie steunbogen die het profiel hebben van regenbogen. Twee fraaie achthoekige torens met een stenen torenspits. Aan de basis van de grote torens staan tientallen kleinere torentjes, als eredames die zich rond hun koningin scharen. De centrale toren draagt een kroonlijst. Aan de rechterflank van de kerk geeft een hek toegang tot een tuintje. Het portaal van de dwarsbeuk, dat de *porche des Marmousets* wordt genoemd, bevat een mooie fries en merkwaardige hangende sluitstenen. Binnen vind je een rijzig kerkschip, ondersteund door een woud van fijne zuilen. Glas-in-loodramen uit de 16de eeuw, licht en luchtig, met zachte kleuren. In het koor, dat wordt afgesloten door een eenvoudig maar elegant hek uit de 18de eeuw, zie je een van de mooiste gehelen van 16de-eeuwse glas-in-loodramen van heel Frankrijk.

❧ **Musée Le Secq-des-Tournelles (plattegrond C2):** *in de Église Saint-Laurent, rue Jacques-Villon.* ☎ *0235884292* ● *www.rouen-musees.com* ♿ *(gedeeltelijk; ingang rue Deshays). Geopend van 10.00 tot 13.00 u en van 14.00 tot 18.00 u. Gesloten op dinsdag en op feestdagen. Toegangsprijs: € 2,30; kortingen mogelijk; gratis voor wie jonger is dan achttien. De eerste zondag van elke maand mag iedereen gratis binnen. Combiticket met het Museum voor Schone Kunsten en het Keramiekmuseum: € 5,35.* Dit museum, ondergebracht in een kerkgebouw uit de 16de eeuw, is gewijd aan kunstsmeedwerk van diverse herkomst en techniek. In 1920 kreeg de stad meer dan 12 000 stuks cadeau van een verzamelaar. Het museum draagt trouwens zijn naam. Romeinse sleutels, sloten uit alle tijden, dagelijkse gebruiksvoorwerpen, stalen juwelen uit de 18de eeuw, allerlei ambachtelijke werkinstrumenten en rookartikelen. Een unieke collectie in een originele omgeving.

❧❧❧ **Musée des Beaux-Arts (Museum voor Schone Kunsten; plattegrond C1-2):** *esplanade Marcel-Duchamp.* ☎ *0235712840* ● *www.rouen-musees.com* ♿ *(ingang rue Lecanuet 26bis) Geopend van 10.00 tot 18.00 u (de zuidelijke vleugel sluit al om 13.00 of 14.00 u). Gesloten op dinsdag en op feestdagen. Toegangsprijs: € 4; kortingen mogelijk; gratis voor wie jonger is dan achttien en voor mindervaliden. De eerste zondag van elke maand mag iedereen gratis binnen. Combiticket met het Keramiekmuseum en het Musée Le Secq-des-Tournelles: € 5,35.* Een must! Dit verbazingwekkende museum – groot, veel licht en goed ingericht – biedt een overzicht van de Europese schilderkunst van de 16de eeuw tot op vandaag. De impressionisten zijn natuurlijk goed vertegenwoordigd: Sisley, Renoir, Monet. Maar je vindt er ook werk van kunstenaars uit de 16de en 17de eeuw: Clouet, Veronese, Van Dyck, Rubens, Caravaggio (met een schitterende 'Geseling van Christus') en Velázquez. Verder ook fraaie Russische iconen en doeken van Corot, Géricault, Delacroix (voor de 19de eeuw) en Modigliani, Dufy en Duchamp (20ste eeuw). Een rariteit is het 17de-eeuwse vertekende doek van de 'Oprichting van het Kruis' van Rubens. Dit schilderij is alleen correct zichtbaar in de cilindrische spiegel waarin het gereflecteerd wordt! Ook de *Jardin des Sculptures* (beeldentuin) is de moeite waard.

Ter gelegenheid van het festival 'Normandie Impressionniste 2010' organiseert het museum een groots opgevatte tentoonstelling waarop een honderdtal meesterwerken van Monet, Gauguin, Pissarro, Sisley en andere grote kunstenaars van het einde van de 19de eeuw te bewonderen zullen zijn. Niet te missen!

❧❧❧ **Musée de la Céramique (keramiekmuseum; plattegrond B1):** *in het Hôtel d'Hocqueville, rue Faucon 1 of rue Jeanne-d'Arc 94.* ☎ *0235073174.* ● *www.rouen-musees.com. Geopend van 10.00 tot 13.00 u en van 14.00 tot 18.00 u. Gesloten op dinsdag en op feestdagen. Toegangsprijs: € 2,30; kortingen mogelijk; gratis voor wie jonger is dan achttien. De eerste zondag van elke maand mag iedereen gratis binnen. Combiticket met het Museum voor Schone Kunsten en het Musée Le Secq-des-Tournelles: € 5,35.* Nog een schitterend museum, dat zowel keramiekspecialisten als leken zal boeien. Aan de hand van bijna 900 voorwerpen en vaatwerkstukken word je ingewijd in de wereld van de keramiek. Je ziet zowel archeologische scherven, die in het museum gebruikt worden om de verschillende productiefasen van keramiek uit te leggen, als schitterend faiencewerk uit

Rouen, dat natuurlijk extra in de verf wordt gezet. In het midden van de 16de eeuw woonde in Rouen al een *émailleur en terre* (emailleerder): Masséot Abaquesne, die baanbrekend werk heeft verricht voor het Franse aardewerk. Lodewijk XIV gaf de ontwikkeling van deze ambachtstak een duwtje in de rug, net als Colbert. Op het eind van de 18de eeuw schoten de aardewerkfabrieken in Rouen als paddenstoelen uit de grond, maar de concurrentie uit Engeland en het succes van het porselein deden Rouen de das om.

De vitrinekasten van het museum bevatten tientallen zeldzame stukken, juweeltjes van verfijning en afwerking... Ook Delfts aardewerk en porselein uit China en Italië. Het museum beperkt zich niet tot de Franse landsgrenzen, maar toont de wisselwerking tussen Europa en het Oosten inzake de technieken en de vormen. Opmerkelijke stukken zijn twee wereldbollen, een viool en drie bustes van aardewerk uit de 18de eeuw, gemaakt in Rouen, zijn buitengewone stukken. Het museum is gehuisvest in een stijlvol herenhuis met veel licht en een mooie tuin. Een aanrader!

❦ De donjon of Jeanne-d'Arctoren (plattegrond C1): *rue Bouvreuil.* ☎ 0235981621. *Geopend van 10.00 tot 12.30 u en van 14.00 tot 18.00 u (17.00 u van oktober tot en met maart); op zondag geopend van 14.00 tot 18.30 u (17.30 u van oktober tot en met maart). Gesloten op dinsdag en op sommige feestdagen. Toegangsprijs: € 1,50; korting mogelijk; gratis voor wie jonger is dan achttien.* Dit is alles wat overblijft van het kasteel dat Filips August in de 13de eeuw liet bouwen nadat hij Normandië had veroverd. Binnen vind je een kleine tentoonstelling over de geschiedenis van de burcht. In tegenstelling tot wat de legende ons wil laten geloven, zat Jeanne d'Arc niet hier opgesloten, maar in een andere toren van de stadswallen (binnenplaats van nr. 102 in de rue Jeanne d'Arc). Maar het was wel in de benedenzaal van deze donjon dat ze in mei 1431 van nabij kennismaakte met de foltertuigen.

❦ ❦ ❦ Palais de justice (justitiepaleis, plattegrond B2): *place Foch.* Nog een meesterwerk van gotische architectuur, daterend uit het begin van de 16de eeuw. De gevel aan de *cour d'honneur* (het voorplein) vertoont bijzonder mooi beeldhouwwerk en een centraal torentje met afgestompte hoeken. Beneden sobere ramen met korfbogen. Op de eerste verdieping zijn de versieringen al rijker. Helemaal bovenaan vind je een orgie van torentjes, pinakels en steunbogen. Schitterend. Het justitiepaleis werd nagenoeg helemaal heropgebouwd na de Tweede Wereldoorlog.

Op het binnenplein, onder de oostelijke trap, werd in 1976 het **Maison Sublime** ontdekt, een Joods bouwwerk dat een Hebreeuwse universiteit uit de romaanse periode zou kunnen zijn. Deze ontdekking bewijst dat Rouen ten tijde van Willem de Veroveraar een van de belangrijkste culturele centra van Europa was. Op de restanten van het gebouw staan Hebreeuwse muuropschriften, waaronder één dat verwijst naar een vers uit het boek Koningen: 'Dat dit huis verheven weze'. Het is aan dit opschrift dat het bouwwerk zijn naam 'Verheven Huis' dankt. Het opmerkelijke monument is sinds kort ook opengesteld voor het publiek (uitsluitend na reservering en enkel van half april tot eind december op dinsdag om 15.00 u, ☎ 02 32 08 32 40).

❦ ❦ ❦ Gros-Horloge (De Grote Klok, plattegrond B2): *rue du Gros-Horloge.* ☎ 0232080190. *Van april tot en met oktober geopend van 10.00 tot 13.00 u (toegang tot 12.00 u) en van 14.00 tot 19.00 u (toegang tot 18.00 u); van november tot en met maart slechts van 14.00 tot 18.00 u (toegang tot 17.00 u). Steeds op maandag gesloten. Toegangsprijs: € 6; korting mogelijk; gratis voor kinderen jonger dan zes.* De absolute nummer één op de hitlijst van prentbriefkaarten uit Rouen! Prachtig renaissancegebouw dat bestaat uit een belfort en een bewerkte poortboog. Deze laatste overspant de straat en is aan beide kanten versierd met een pronkerige wijzerplaat. De grote klok van verguld goud bevond zich vroeger in het belfort (14de eeuw), tot men besliste ze aan de buitenwereld te tonen. De boog dateert uit het begin van de 16de eeuw. Werp een blik op de onderkant van de boogconstructie. Je ziet er een gebeeldhouwd tafereel van de Goede Herder met z'n schapen. Op de zijkant van de klok staat een mooie, elegante, romantische fontein uit de 18de eeuw, versierd met een nimf. Ernaast een schattige loggia in renaissancestijl.

Laten we even binnen een kijkje nemen ... Het monument, dat emblematisch is voor de stad Rouen, bleef vijftien jaar lang gesloten voor het publiek. Pas in december 2006 werden de deuren opnieuw geopend. Tijdens die lange sluitingsperiode werd het gewelf hersteld, werd er sierverlichting geïnstalleerd en werden de wijzerplaten van de klok gerestaureerd. Daarnaast werd er ook een museum ingericht waarin de geheimen van deze klok – een van de oudste van Europa – uit de doeken worden gedaan: de geschiedenis, de architectuur, de werking enzovoort. Je wordt ondergedompeld in de 16de eeuw en krijgt onder meer de woning van de huisbewaarder, de werkplaats van de horlogemaker, de zaal met de wijzerplaten en de klokkenkamer te zien. Van boven in het belfort heb je een buitengewoon uitzicht op de daken van Rouen.

🐒🐒🐒 **Rue du Gros-Horloge ('rue du Gros' voor de ingewijden; plattegrond B2-3):** de bekendste straat van de hele stad. Ter hoogte van de klok staat een mooi vakwerkhuis. De huizen die tegen het belfort zijn gebouwd, stralen allemaal de charme uit van een eeuwenoude geschiedenis. Door de vele winkels kun je er vaak over de koppen lopen, zeker in het weekend.

🐒🐒🐒 **De oude straten en de vakwerkhuizen:** veel van de huizen werden na de oorlog gerenoveerd. Onder het pleisterwerk bleek een mooie middeleeuwse architectuur schuil te gaan. Slenter door de smalle steegjes en ontdek de resten van een ver verleden. Enkele tips: naast de kathedraal, in de rue Saint-Romain, vind je op nr. 70 een elegante gevel met geciseleerd ijzerwerk. Op nr. 74 staat een gotisch huis met bewerkte kapitelen uit de 15de eeuw. Let erop hoe de woning steeds meer terrein wint op de straat naarmate je van verdieping tot verdieping klimt. De *faïencerie Augy* op nr. 26 maakt nog steeds aardewerk volgens de oude ambachtelijke technieken. Net ervoor zie je de smalle rue des Chanoines, met een aantal heel mooie huizen in vakwerkstijl. Helemaal achterin wordt het steegje merkwaardig smal, waarna het uitkomt op de rue Saint-Nicolas. Daar vind je op nr. 24 een ziekenhuis voor poppen *(Les Beaux-Jours)!* Steek de rue de la République over. Aan de Église Saint-Maclou, in de rue Martainville, staat een mooie rij vakwerkhuizen. Als je in de richting van Saint-Ouen loopt, kom je in de rue Damiette voorbij een serie leuke antiekwinkels. Verderop ligt de rue Eau-de-Robec, genoemd naar het beekje dat er ooit stroomde. De waterloop voorzag de ververs van water en deed ook dienst als open riool. Een artificieel beekje probeert dat beeld van vroeger terug op te roepen ... Voorbij het justitiepaleis verdienen de rue Beauvoisine, de rue Ganterie, de rue des Bons-Enfants en de rue Sainte-Croix-de-Pelletier een bezoekje. Zo kom je bij de place du Vieux-Marché. Houd in de rue Jeanne-d'Arce (de hoofdstraat) even halt bij het nummer 31, de *Caves Jeanne d'Arc,* een wijnwinkel in een overwelfde kelder van 400 m² groot. Verbazingwekkend!

Aan het andere einde van de stad moet je een kijkje gaan nemen in de quartier de la Croix-de-Pierre en in de rue Saint-Hilaire, een van de oudste buurten van Rouen. Er werden heel wat films gedraaid. De wijk is vandaag grondig aan het veranderen.

🐒🐒🐒 **Place du Vieux-Marché (plattegrond B2):** op dit plein werden tijdens de middeleeuwen alle terdoodveroordeelden terechtgesteld. Het is hier dat Jeanne d'Arc in 1431 levend werd verbrand. Hoewel het plein een betonkleedje heeft gekregen, blijft de plek toch een zekere charme uitstralen. Je vindt er een klein Musée du Souvenir (herdenkingsmuseum), gewijd aan de nationale heldin en aan de geschiedenis van het plein. Op het plein zelf staat een modern gebouw dat zowel de kerk als de overdekte markthal omvat.

– **Église Jeanne d'Arc:** *Dagelijks geopend van 10.00 tot 12.00 u en van 14.00 tot 18.00 u (van november tot en met maart slechts tot 17.30 u). Je kunt de kerk echter niet bezoeken op vrijdag, op zondagochtend en tijdens* *de diensten.* Fraaie glas-in-loodramen in renaissancestijl. Ze zijn afkomstig uit een kerk die in 1944 werd vernield. Het interieur is heel geslaagd. De ruimte is op een originele manier ingedeeld en het houten gebinte is zeer geslaagd. Maar over de buitenarchitectuur zijn de meningen verdeeld. Achter het kerkgebouw liggen de moderne hallen die de vroegere Baltardhallen vervangen. Net naast het plein vind je het Maison de Pierre Corneille (zie verder).

¶ Hôtel de Bourgtheroulde (plattegrond B2): *aan de place de la Pucelle.* Renaissancejuweeltje dat in de 16de eeuw werd gebouwd door Guillaume II Le Roux ('Rosse Willem'), raadslid in het parlement van Rouen. Tegenwoordig herbergt het een modern luxehotel.

¶ 🔝 Musée de Cire Jeanne-d'Arc (wassenbeeldenmuseum; plattegrond A-B2): *place du Vieux-Marché 33.* ☎ 02 35 88 02 70. ● *www.jeanne-darc.com* 🅰 *Van half april tot half september dagelijks geopend van 9.30 tot 19.00 u; van half september tot half april geopend van 10.00 tot 12.00 u en van 14.00 tot 18.30 u. Toegangsprijs: € 4; kortingen.* De grote lijnen van het leven van de Maagd van Orléans, samengevat in een vijftiental taferelen met wassen beelden. Ook een verzameling zegels. Schaalmodellen en documenten. Kinderen vinden het doorgaans heel leuk. Er ligt zelfs een pedagogische vragenlijst voor hen klaar.

¶ Het geboortehuis van Pierre Corneille (plattegrond A2): *rue de la Pie 4. Vlak bij de place du Vieux-Marché.* ☎ 02 35 71 28 82. *In juli en augustus geopend van woensdag tot zondag van 14.00 tot 18.00 u; de rest van het jaar uitsluitend in het weekend, ook van 14.00 tot 18.00 u. Gratis toegang.* In dit pand woonde de auteur van bij zijn geboorte (1606) tot in 1662. Hier schreef hij *Horace* en *Le Cid.* In feite valt er niet veel te zien, maar wie gepassioneerd is door het werk van deze toneelauteur, kan toch een beleefdheidsbezoekje brengen aan het huis. Wie nog tijd en zin heeft, kan ook het buitenhuis van de schrijver bezoeken in Petit-Couronne (zie 'In de omgeving van Rouen').

¶ Musée maritime, fluvial et portuaire (maritiem museum; buiten plattegrond via A2): *quai Émile-Duchemin, havenloods nr. 13.* ☎ 02 32 10 15 51 ● *musee-maritime-rouen.asso.fr* 🅰 *(gedeeltelijk). Neem de nationale weg richting Le Havre (avenue du Mont-Riboudet) en volg de pijlen. Door de week (behalve op dinsdag) geopend van 10.00 tot 12.30 u en van 14.00 tot 18.00 u (van november tot en met april slechts tot 17.00 u). In het weekend uitsluitend 's namiddags. Gesloten op sommige feestdagen. Toegangsprijs: € 4,50; kortingen.* Dit museum aan de oever van de Seine vertelt de geschiedenis van de haven van Rouen, de Noordpoolexpedities, de havenberoepen ... Tal van schaalmodellen van boten. In de 'Pompon Rouge', een gerestaureerd binnenvaartuig, is een museum ingericht over de rivierscheepvaart op de Seine.

¶ Musée Flaubert et de l'Histoire de la Médecine (plattegrond A1): *rue de Lecat 51. In het godshuis waar tegenwoordig de prefectuur in is gevestigd.* ☎ 02 35 15 59 95. *Geopend op dinsdag van 10.00 tot 18.00 u en van woensdag tot zaterdag van 10.00 tot 12.00 u en van 14.00 tot 18.00 u (toegang tot 17.30 u). Gesloten op zondag, maandag en feestdagen. Toegangsprijs: € 3; kortingen; gratis voor jongeren onder de achttien.* Klein museum ingericht in het geboortehuis van de schrijver, wiens vader chirurg was in het godshuis. Persoonlijke souvenirs en een fraaie collectie chirurgische instrumenten en oude apotheekpotjes van aardewerk van Rouen. Ook merkwaardige stukken zoals een ziekenhuisbed met zes plaatsen (op de eerste verdieping) of de pop van Mme du Coudray waarmee in de 18de eeuw 5000 vroedvrouwen werden opgeleid over heel Frankrijk (gelijkvloerse verdieping). Tuin met geneeskrachtige planten. Fans van Flaubert moeten ook een kijkje nemen bij het 'paviljoen' van Croisset (zie 'In de omgeving van Rouen').

¶ Het huis van Ferdinand Marrou (plattegrond B1): *rue Verte 29. Tegenover het treinstation. Herbergt het regionaal centrum voor documentatie over architectuur en erfgoed.* ☎ 02 32 08 19 80. *Geopend voor het publiek. Nu en dan worden er tentoonstellingen georganiseerd.* Ontdek de buitengewone gevel van het huis van deze meestersmid, die ook het onderstel van de torenspits van de kathedraal en de hekkens van de Église Saint-Ouen maakte. Houtsnijwerk, smeedijzer en lood in renaissancestijl. Verbazingwekkende balkons, hekken, boven- en kelderramen.

🔌⛄ **Muséum d'Histoire naturelle de Rouen (natuurhistorisch museum; platte-grond C1):** *rue Beauvoisine 198.* ☎ *0235714150* ● *www.rouen.fr/culture* 🔆 *Geopend van 14.00 tot 17.30 u. Gesloten op maandag en op feestdagen. Toegangsprijs: € 3; gratis voor wie jonger is dan achttien.* In dit voormalige klooster van de Zusters van de Visitatie (1640) heeft het Muséum de Rouen zijn collectie uit de 19de eeuw bewaard: eiken vitrinekasten, diorama's, rijen vol opgezette zoogdieren en vogels, anatomische wassen beelden, skeletten, primitieve beeldjes, fossie-len, insectendozen (kevers, vlinders ...) en dergelijke meer.

🔌 🔌 **Musée départemental des Antiquités (plattegrond C1):** *in het klooster Sainte-Marie, rue Beauvoisine 198.* ☎ *0235985510* 🔆 *(gedeeltelijk) Geopend van 10.00 tot 12.15 u en van 13.30 tot 17.30 u; op zondag van 14.00 tot 18.00 u. Gesloten op dinsdag en op bepaalde feestdagen. Toegangsprijs: € 3; gratis voor studenten en al wie jonger is dan achttien.* Ondergebracht in een kloostergebouw uit de 17de eeuw. Boeiend museum met getuigenissen over de geschiedenis van de stad en voorwerpen van de bronstijd tot de renaissance. De 15de en 16de eeuw komen sterk aan bod met een reeks prachtige glas-in-loodramen en kapitelen uit kerken uit de streek, beelden van polychroom hout en ivoor, vloertegels versierd met wapentekens, beschilderde en gebeeldhouwde reta-bels ... Een volledige galerij is gewijd aan houtsnijwerk dat vroeger de huizen en gebouwen van Rouen sierde (balken uit de 16de eeuw, gebeitelde panelen waarop verhaaltjes staan af-gebeeld, bewerkte deuren ...). Een mooie zaal met tapijtwerk. Je ziet er onder meer de *Cerfs ailés* ('Gevleugelde herten') en prachtige stukken uit de 16de eeuw. Neem ook een kijkje in de zaal met antieke mozaïeken die gevonden werden in de vallei van de Seine.

🔌 🔌 **Plantentuin (buiten plattegrond via B4):** *avenue des Martyrs de la Résistance.* ☎ *0232182130* 🔆 *Dagelijks geopend van 8.30 tot 19.30 u (in de winter slechts tot 17.15 u). Gratis toegang.* Deze tuin, die werd gecreëerd in 1691, heeft een stormachtige geschiedenis gekend. Lange tijd was hij privébezit van telkens andere rijke eigenaars die er somptueuze feesten in gaven, opgeleukt met vuurwerk en luchtballonnen. In 1811 werd de *jardin du Trianon*, zoals hij toen werd genoemd, gekocht door Napoleon I, die er een plantentuin met soorten van de vijf continenten van maakte. De tuin is zowel Engels als Frans, en is ook nu nog zonder twij-fel een van de mooiste openbare parken van Frankrijk. Op een oppervlakte van 8 ha bevin-den zich 5600 plantensoorten en tal van architecturale en decoratieve bezienswaardighe-den. Naast de serres die in 1839 werden gebouwd om er exotische plantensoorten in onder te brengen, staat er ook een 18de-eeuwse schuur in vakwerk (mét pers) en een muziekkiosk waar op mooie dagen fanfares en harmonies komen optreden. Het is heerlijk wandelen langs de volières met parkieten, papegaaien en goudfazanten of langs het met standbeel-den versierde waterbekken. Wie weet stoot je wel op de runensteen uit Noorwegen! Deze prachtige tuin, waar je maar weinig toeristen tegenkomt (de meeste wagen zich niet langs deze kant van de Seine) is een heerlijke groene oase die het hele jaar door in trek is bij gezin-nen en joggers.

🔌 **De haven van Rouen:** *van juni tot en met oktober op woensdag en zaterdag. Prijs: € 7; korting mogelijk. Inlichtingen bij de Dienst voor Toerisme.* Boottochtjes naar het eiland Lacroix en naar de Norman-dische scheepswerven in Grand-Quevilly.

– Denk erom dat de meeste musea op dinsdag en op feestdagen gesloten zijn.

WAT IS ER TE DOEN?

– **Schilderen en eten als Monet:** inwijding in de impressionistische schilderkunst tegen-over de kathedraal van Rouen, in het huis waar Monet zijn atelier had in 1892. Je hoeft niet te kunnen schilderen of tekenen. Een kunstenares leert elke deelnemer de techniek van de meester aan. In dezelfde geest kun je ook kooklessen volgen waarbij je gerechten maakt uit een receptenboekje van Claude Monet. *Inlichtingen bij de Dienst voor Toerisme (zie 'Nuttig adres').*

– **Wandeling in het spoor van de impressionisten:** een uitgestippelde wandeling in het spoor van Monet en Pissarro leidt je langs de plekken waar de beroemde schilders hun ezels opstelden. Op elk van die plekken geeft een bord wat meer uitleg. Maak een omweg naar de Côte Ste-Catherine in Bonsecours om het huidige panorama te vergelijken met het 'overzicht van Rouen' dat Monet schilderde in 1892.

FEESTEN EN EVENEMENTEN

– **Les 24 heures motonautiques de Rouen (24 uren van speedboten):** *twee dagen begin mei.* Indrukwekkende formule 1 voor snelheidsduivels op het water, onder de bruggen van de Seine.

– **Fêtes Jeanne d'Arc:** *het laatste weekend van mei.*

– **Eerste editie van het Festival International Normandie Impressioniste:** *van 4 juni tot 26 september 2010.*

– **Armada:** *de volgende editie vindt plaats van 4 tot 14 juli 2013.*

– **Rouen sur mer:** *eind juni tot eind augustus.* Concerten, toneel, openluchtbioscoop ... en van 1 tot 15 juli een strand op de linkeroever van de Seine.

– **Automne en Normandie (Herfst in Normandië):** *een maand lang, van eind oktober tot eind november.* ● *www.automne-en-normandie.com.* Tal van concerten, theatervoorstellingen en dergelijke meer.

– **Festival du Ventre et de la Gastronomie Normande (Festival van de Maag en de Normandische Gastronomie):** *één weekend half oktober.*

IN DE OMGEVING VAN ROUEN

❦ **Pavillon Flaubert:** *quai Gustave Flaubert 18, Dieppedalle-Croiset, 76380 Canteleu. 4 km ten westen van het centrum van Rouen.* ☎ *02 35 71 28 82. Neem de D982 tot Canteleu-Croisset en blijf dan de rivier volgen. Of neem bus 9 bij het busstation tot in Croisset. Tijdens het schooljaar geopend in het weekend van 14.00 tot 18.00 u; tijdens de zomervakantie van woensdag tot zondag van 14.00 tot 18.00 u. Gratis toegang.* Van het prachtige familielandgoed rest alleen dit kleine paviljoen en enkele bomen. De erfgenamen van Flaubert waren zo blut dat ze het terrein verkochten aan een zakenman, die er een distilleerderij op bouwde. De fans van de auteur van *Madame Bovary* vinden in dit kleine museum enkele herinneringen aan hun idool, onder meer kopieën van manuscripten, enkele oorspronkelijke meubelen, foto's, en voorwerpen en souvenirs uit Tunesië (die hem inspireerden voor *Salammbô*).

🏠 MANOIR DE CAPTOT: *route de Sahurs 42, 76380 Canteleu.* ☎ *02 35 36 00 04* ● *captot76@yahoo.fr* ● *www.captot.net. In het bos. Ga in het oude dorp links richting Sahurs. Het hele jaar door geopend. Blijf je slechts één nacht, dan betaal je € 85 voor een tweepersoonskamer met ontbijt. Vanaf twee nachten nog slechts € 75 per nacht.* Prachtig landhuis uit de 18de eeuw aan de rand van het Forêt de Roumare, maar toch vlak bij Rouen en het Pavillon Flaubert. Drie comfortabele kamers met oude meubels. Je verblijft er als een kasteelheer! Die op de tweede verdieping beschikt over een belendend kamertje waarin eventueel de kinderen kunnen slapen.

🏠 CHAMBRES D'HÔTES LE DOMAINE DE LA MUETTE: *bij Danièlle en Jacques Auffret. Rue des Bosquets 1057, 76230 Isneauville.* ☎ *02 35 60 57 69* ● *contact@charmance-lamuette.com* ● *www.charmance-lamuette.com. Tweepersoonskamers voor € 65 tot 80, afhankelijk van de grootte. Neem in het centrum van Isneauville de Route de la Muette en sla 1 km verderop links af (er staat een wegwijzer).* Deze Tuin van Eden van 1,5 ha, met winterharde planten, hortensia's, rododendrons, honderdjarige bomen en allerlei struiken, brengt je onmiddellijk in de zevende hemel! Je vindt er een rozentuin, een waterpartij, een boomgaard, een groentetuin en tal van heerlijke rustige hoekjes. De eigenaars zijn duidelijk gepassioneerd door tuinieren. De gasten logeren in een groot gebouw met vakwerk dat losstaat van hun huis. Op etages rond een leefruimte met keuken, salon, open haard en zelfs een biljarttafel ligt een handvol ruime, verfijnde kamers met een persoonlijke toets. Ze beschikken over een eigen badkamer en bieden allemaal uitzicht op de tuin. Het geheel is versierd met impressionistische schilderijen van Isabelle de Ganay.

≼≼ **Musée industriel de la Corderie Vallois (industrieel museum):** *route de Dieppe 185, in Notre-Dame-de-Bondeville.* ☎ *02 35 74 35 35* ♿ *6 km ten noorden van Rouen via de N27. Om er met het openbaar vervoer te raken, neem je Teor nr. 2 (aan Théâtre-des-Arts) tot de halte 'Mairie de Notre-Dame-de-Bonville'. Vanaf daar is het nog 800 meter stappen. Dagelijks geopend van 13.30 tot 18.00 u. Toegangsprijs: € 3. Kortingen. De machines worden in werking gesteld om 14.00, 15.00, 16.00 en 17.00 u.* Deze fabriek werd gebouwd in 1820. Het was aanvankelijk een spinnerij en later, van 1881 tot 1978, een industriële touwslagerij. Alle machines (waarvan de meeste dateren van 1880) zijn bewaard gebleven. Het schoepenrad dat de machines doet werken, wordt aangedreven door het water van de Cailly. Je wordt helemaal ondergedompeld in de sfeer van de 19de eeuw. Er worden ook tijdelijke tentoonstellingen over textiel georganiseerd.

≼≼ **Musée Pierre-Corneille:** *rue Pierre-Corneille 502, in Petit-Couronne.* ☎ *02 35 68 13 89.* ♿ *(gedeeltelijk). Ongeveer 8 km ten zuiden van Rouen. Neem de A13 richting Paris-Caen en verlaat de snelweg aan de afrit Petit-Couronne. Of neem bus 31 aan de quai de la Bourse. Geopend van 10.00 tot 12.30 u en van 14.00 tot 18.00 u (tot 17.30 u van oktober tot maart). Gesloten op dinsdag en op sommige feestdagen. Toegangsprijs: € 3. Gratis voor wie jonger is dan achttien en voor studenten.* Fraai eind-16de-eeuws vakwerkhuis, het buitenverblijf van het gezin Corneille. Knap gerestaureerd en ingericht met meubelen uit die tijd. Naast enkele herinneringen en documenten van de dichter krijg je ook interessante werken van hedendaagse kunstenaars te zien. In de aangename bloementuin en de groentetuin blijft de 17de eeuw eeuwig duren. Er worden groenten gekweekt die vandaag de dag worden miskend, zoals pastinaak en aardpeer. Een andere oorspronkelijke bezienswaardigheid is de broodoven met z'n rieten dak.

DE VALLEI VAN DE SEINE

Tussen haar aankomst in Normandië (in Vernon) en haar monding (in Le Havre) beschrijft de Seine tien grote, luie meanders. Zo baant ze zich een weg door de toch wel brede vallei (ongeveer 12 km), die regionaal natuurpark is geworden. De Seine ontrolt haar lange lint, dat nu eens zilver- of bronskleurig, dan weer grijs of blauw is, en ze doet dat heel langzaam, want in Vernon bedraagt het hoogteverschil tussen de rivier en de zeespiegel nog slechts 16 m! De waterloop knaagt aan de voet van de kliffen en overspoelt nu en dan vlakke gronden zoals het Marais Vernier, maar haar loop blijft nagenoeg dezelfde.

Abdijen en astronomie
De zeven abdijen in de vallei van de Seine zijn zo geplaatst dat ze samen het sterrenbeeld de Grote Beer vormen.

DE VEERPONTEN
De meest pittoreske manier om de Seine over te steken. En bovendien gratis! De meest toeristische zijn La Bouille/Sahurs, Duclair/Berville en Jumièges/Heurteauville. Ze zijn het hele jaar door actief (behalve op 1 mei), met een frequentie die varieert van tien minuten tot een

uur, afhankelijk van het seizoen en de oversteekplaats. De veerpont van La Bouille naar Sahurs werkt van 6.30 (in het weekend 7.00) tot 22.00 u. Op de laadkade staat een bord met de dienstregeling.

— Voor meer info kun je terecht bij de departementale dienst van de veerponten: rue du Bac, Z.I., BP 11, 76480 Yainville, 📞 *02 35 05 62 29.*

LA BOUILLE

76530 | 800 INWONERS

Gewezen zeehaven ongeveer vijftien kilometer stroomafwaarts van Rouen, op de linkeroever van de Seine, aan de voet van de kliffen die het plateau van Roumois afboorden. De bloei van La Bouille gaat terug tot de 15de eeuw. De haven was toen een tussenhalte tussen Rouen en de Beneden-Seine. Op dat moment van de geschiedenis heerste hier een drukte vanjewelste. Met de eerste stoomboten arriveerden de schilders en de zondagswandelaars. Hector Malot (auteur van *Alleen op de wereld*), die hier geboren werd, beschrijft in zijn werk hoe de mensen zich verdrongen op de terrassen van de herbergen. Ook vandaag is de plek nog altijd heel toeristisch, en dat zal niemand verbazen. La Bouille bezoeken is als een duik nemen in de middeleeuwen, een hap lucht uit een ver vervlogen tijd. Ga op zoek naar het meest tot de verbeelding sprekende vakwerkhuis, de indrukwekkendste uitbouw, de meest pittoreske puntgevels en het ... meest aanlokkelijke gastronomische menu. Ja, hoor! In La Bouille houden ze hun goede culinaire traditie al eeuwenlang in ere ...

SLAPEN EN ETEN

GOEDKOOP TOT HEEL LUXUEUS

🏨 **HÔTEL-RESTAURANT BELLEVUE:** *quai Hector-Malot 13.* 📞 *02 35 18 05 05.*
● *bellevuehotel@wanadoo.fr* ● *www.hotel-le-bellevue.com. Gelegen aan de oever van de Seine. Gesloten op vrijdag en zondagavond, tijdens de eindejaarsperiode en een week in augustus. Tweepersoonskamer voor € 60 of 64, afhankelijk van de oriëntatie.* Groot wit, stijlvol huis. Kraaknette kamers met ligbad en uitzicht op de Seine of met douche en uitzicht op het dorp. Geef de voorkeur aan de eerste categorie, al is die enkele euro's duurder.

🍴 **AU P'TIT BOUILLAIS:** *quai Hector-Malot 3.* 📞 *02 35 68 15 93. Gesloten op woensdag. Op weekdagen is er een lunchmenu voor € 9,90, anders betaal je € 14,50 voor een menu. Hoofdgerechten voor ongeveer € 10.* Restaurant in een rustig voetgangersstraatje dat uitkomt op de Seine. Aangenaam terras onder een luifel en een heel eenvoudige eetzaal. Een prima plek voor een eenvoudige maar goed bereide maaltijd tegen een zeer redelijke prijs. Uitstekende coq-au-vin en een rijkelijke salade met eendenfilet en foie gras.

🍴 **LA MAISON BLANCHE:** *quai Hector-Malot 1.* 📞 *02 35 18 01 90.* ● *la maisonblanche@yahoo.fr. Op zondag, maandag en dinsdag 's avonds gesloten op woensdag de hele dag. Menu's voor € 20 (op weekdagen en op zaterdagmiddag) of van € 29 tot 49.* Restaurant aan de oever van de Seine met een mooie eetruimte op de verdieping, vanwaar je de boten kunt gadeslaan. De beste tafeltjes zijn dus die dichtst bij de ramen! De jonge veelbelovende chef legt veel originaliteit en knowhow aan de dag. Hij werkt uitsluitend met verse producten van lokale producenten en kent ook de inhoud van het kruidenrek. Het resultaat is een geslaagd huwelijk tussen regionale gerechten met een moderne toets en invloeden uit noordelijk Afrika (de vrouw van de chef is uit die regionen afkomstig). Het eerste menu is al behoorlijk uitgebreid. Vlekkeloze bediening. Een uitstekend adres!

🍴 **LES GASTRONOMES:** *place du Bateau 1.* 📞 *02 35 18 02 07.* ● *lesgastronomes-labouille@orange.fr. Rechts naast de kerk. Gesloten op woensdag en op donderdag (behalve op feestdagen). Jaarlijkse vakantie van 15 februari tot 10 maart en van 1 tot 15 november. Lunchmenu voor € 19,50 (niet op zon- en feestdagen).*

Andere menu's van € 28 tot 45. Kleine chique bistro met lekkere seizoensgerechten die naar een hoger niveau worden getild dankzij de grote inzet en het gebruik van de beste producten. Specialiteiten zijn onder meer zeebaarsfilet met erwtenpuree en wafels van gerookte zalm.

🎥 LE SAINT-PIERRE: *place du Bateau 4.* ☎ 02 35 68 02 01. ● *blanchardlau@wanadoo.fr. In het centrum van het dorp, aan de oever van de Seine. Gesloten op maandag en dinsdag, en van september tot en met mei ook op zondagavond. Menu's van € 31 tot 65.* Ook dit restaurant ligt aan de oever van de Seine. In de elegante eetzaal geniet je van de kookkunsten van de jonge chef Laurent Blanchard, die geleerd heeft van de grootsten. Hij barst van moed en talent en biedt een kaart aan die wisselt met de seizoenen. De gerechten getuigen van grote creativiteit, en Blanchard deinst er niet voor terug om verrassende combinaties te maken die telkens weer overheerlijk blijken. Zijn vrouw Patricia, die de zaal voor haar rekening neemt, weet hoe ze haar gasten moet ontvangen!

WAT IS ER TE ZIEN?

🎥🎥 Slenter door de steegjes en geniet van de details en de verfijning van de **middeleeuwse architectuur.** Op de **place Saint-Michel** staat een mooi hoekhuis met een in één stuk gehouwen aartsengel. Bewonder het voormalige gemeentehuis in de rue du Grenier-à-Sel, met de klokkentorentjes op het dak. Alle oude woningen zijn opgefleurd met bloembakken. In vele gevallen hebben ze nog een katrol, die diende om het graan naar boven te hijsen, en pittoreske dakvensters.

🎥 In de **kerk** zie je mooie glas-in-loodramen en twee ex voto's van de zee, die twee boten voorstellen in volle storm.

WAAR KUN JE IMPRESSIONISTISCHE SCHILDERIJEN BEWONDEREN?

Tal van impressionistische schilders stellen hun werken tentoon aan de kaai en in de smalle straatjes van La Bouille. De tentoonstellingsruimtes zijn doorgaans enkel op zaterdag- en zondagnamiddag geopend, maar het festival *Normandie Impressionniste 2010* zou de kunstenaars ertoe moeten aanzetten om ook op andere momenten de deuren te openen. Aanraders zijn:

– **Jean-Pierre Dassonneville** *(rue du Dr. Magalon 11bis.* ☎ 02 35 69 10 36): een van de eerste kunstenaars van La Bouille die zijn passie voor het impressionisme en het postimpressionisme met de wereld deelde.

– **Patrick Grassin** *(Atelier du Vieux Puits, rue du Colonel Perrin 3.* ☎ 06 07 56 27 54 *(gsm))*: stelt zijn werken – voornamelijk schilderijen van de zee – tentoon in zijn mooie tuin vol bloemen.

– **Marie Vincens** *(place de la Libération 2.* ☎ 06 33 74 08 86 *(gsm))*: deze bijzondere kunstenares vindt inspiratie bij Renoir en Monet en schildert voornamelijk vrouwen en bloemen.

– **Jean Quéméré** en **Gérard Quesney** *(quai Hector Malot, respectievelijk nummer 5 en 9.*

☎ 02 35 67 11 65 en 02 35 18 07 30): deze galerieën aan de kade zijn een must voor wie geïnteresseerd is in schilderkunst.

– Vergeet ook zeker de mythische **Grenier-à-Sel** niet. Er worden bijzonder interessante tijdelijke tentoonstellingen georganiseerd.

DE ABDIJ VAN SAINT-GEORGES

Deze fraaie benedictijnenabdij werd in de 12de eeuw gebouwd door Guillaume de Tancarville, opperkamerheer van de hertog van Normandië, op de ruïnes van een voormalige collegiale kerk. In de 12de eeuw bood ze onderdak aan een dertigtal benedictijnen, die haar exploiteerden tot ze in 1791 door een decreet van de Nationale Conventie (de grondwetgevende vergadering na de Franse Revolutie) haar rechten verloor. In tegenstelling tot die van

Saint-Wandrille ontsnapte de abdij aan de vernielingen van de Franse Revolutie. Ze deed een tijdlang dienst als spinnerij, maar ze heeft haar overleving vooral te danken aan het instorten van de dorpskerk. Daarna werd de mis immers hier opgedragen, in het klooster.

Het is aangenaam wandelen in de kloostertuin, die opnieuw aangelegd werd volgens de plattegronden uit de 17de eeuw (groentetuin, medicinale en aromatische planten, boomgaarden, geurige bloementuin enzovoort). Vanaf de heuvel heb je een mooi uitzicht op de abdij en de Seinevallei.

Op deze unieke plek springt vooral de fraaie kerk in het oog. De architectuur en de proporties van het gebouw zijn heel harmonieus. De sobere, evenwichtig ingedeelde gevel heeft een opmerkelijk romaans portaal. Binnen zie je een heel harmonieus kerkschip met mooie, sobere, massieve en toch elegante pilaren. Ze zijn onderling verbonden door romaanse arcaden. Elke zijbeukarm wordt ondersteund door een massieve pijler waarvan het kapiteel versierd is met motieven van planten, dieren en mensen. Net boven de zuilen zie je aan elke kant een klein bas-reliëf. Links is het een bisschop die de zegen geeft, rechts een tweegevecht.

Links van de abdijkerk leidt een weg naar het voormalige kloostergebouw van de benedictijnen, waarin tegenwoordig een winkel is ondergebracht. Op de eerste verdieping worden tijdelijke tentoonstellingen opgezet. Je kunt ook de kapittelzaal uit de 12de eeuw en de kapel van de kamerheren (met een maquette van de abdij in de 17de eeuw) bezoeken.

✹ *De abdij ligt in het dorp Saint-Martin-de-Boscherville (76840).* ✆ *02 35 32 10 82 (het nummer van de toeristische dienst van de romaanse abdij).* ● *www.abbaye-saint-georges.com. Dagelijks geopend; van april tot eind oktober van 9.00 tot 18.30 u; de rest van het jaar van 14.00 tot 17.00 u. Gesloten op 25 december en 1 januari. Het bezoek aan de abdijkerk is gratis. Toegangsprijs voor de rest van de abdij: € 5; gratis voor kinderen jonger dan twaalf. Op zon- en feestdagen is er een rondleiding om 16.00 u (van november tot en met maart om 15.30 u). In de toegangsprijs is ook de huur van een audioguide begrepen.*

SLAPEN

DOORSNEEPRIJS

🏠 **CHAMBRES D'HÔTES LE JARDIN BRODÉ:** *bij Jacqueline en Guy Pelvillain, route du Brécy 29.* ✆ *02 35 34 51 79* ● *jacqueline.pelvillain@orange.fr* ● *lejardinbrode.overblog.com. Nauwelijks 200 meter van de abdij (er staat een wegwijzer). Je betaalt € 60 voor twee personen.* Deze tuin vol prachtige bloemen biedt elk seizoen een ander aanzicht, maar is steeds een oase van rust. Het mooie gastenverblijf is ondergebracht in een gebouw uit de 18de eeuw met een eigen ingang. Het is ruim, licht en aangenaam ingericht en omvat bovendien ook een klein salon en een privaat hoekje van de tuin, waar je kunt ontbijten in het gezelschap van de vele vogeltjes die verrukt zijn dat ze elke ochtend zo gemakkelijk aan eten komen. Trotters met groene vingers worden overstelpt met tips van het charmante gepensioneerde koppel dat heerst over deze bucolische plek.

WAT IS ER TE ZIEN IN DE OMGEVING?

✹ ✹ **Manoir de Villers (landhuis van Villers):** *route de Sahurs 30, op de rechteroever van de Seine, in Saint-Pierre-de-Manneville (76113), 7 km ten zuiden van Saint-Martin-de-Boscherville.* ✆ *02 35 32 07 02* ♿ *(met uitzondering van de eerste verdieping). Geopend van 1 april tot 31 oktober, uitsluitend op zaterdag van 14.30 tot 17.30 u en op zon- en feestdagen van 15.00 tot 18.30 u (gesloten met Pinksteren). Toegangsprijs (landhuis en park): € 7; kortingen. Van 1 mei tot 30 september is het park dagelijks (behalve op donderdag en op vrijdag) geopend van 14.30 tot 17.30 u. Toegangsprijs voor het park: € 5.* Een typisch normandisch landhuis uit de 16de eeuw. De neo-Normandische toevoegingen uit de 19de eeuw zijn opgenomen op de lijst van historische monumenten. Tijdens de bijzondere interessante rondleiding krijg je uitleg over de evolutie van de sierkunsten van de 16de tot de 19ste eeuw aan de hand van het familiale erfgoed. In het park vind je een mooie rozentuin en perken met winterharde planten, een romantische waterpartij, een bed met camelia's, een verborgen tuin, een openluchttheater met een ijskelder en een schitterend 'chalet' uit de 19de eeuw waarin nu en dan schilderijen worden tentoongesteld. Trotters die altijd al eens in een 17de-eeuws hemelbed hebben willen slapen, dit is jullie kans! Het landhuis biedt enkele gastenkamers aan die zijn ingericht met oude meubels en familiesouvenirs (€ 140 tot 170 voor een tweepersoonskamer).

DE ABDIJ VAN JUMIÈGES

76480 | 1730 INWONERS

4,5 km van Le Mesnil via de Route des Fruits (D65). Heel toeristische plek, en terecht. Dit is ongetwijfeld een van de fraaiste abdijen van heel Frankrijk. De gebouwen zijn zwaar beschadigd, maar het geheel blijft indrukwekkend en de omgeving is werkelijk prachtig.

ER WAS EENS ...

De benedictijnenabdij van Jumièges werd in de 7de eeuw gesticht door Saint-Philibert, in opdracht van koning Dagobert (neen, niet die van Disney). Ongeveer honderd monniken namen er hun intrek. Het was hun opdracht de Gallo-Romeinse bevolking te kerstenen. Al snel liep het aantal monniken op tot achthonderd. In 841 werd de abdij platgebrand door de Vikings. Ze bleef een tijdje in puin liggen, tot de Lombardische monnik Volpiano (die ook de abdij van Fécamp stichtte) het initiatief nam voor de heropbouw. In 1067 werd de abdij opnieuw ingezegend in aanwezigheid van Willem de Veroveraar. Ze werd steeds groter en welvarender, tot aan de Revolutie, toen de monnikengemeenschap uiteenviel. Er bleven slechts 17 monniken over, en de abdij werd onbelangrijk. Ze werd verkocht aan een koopman die haar van 1802 tot 1824 gebruikte als steengroeve. Een volgende eigenaar, die meer respect had voor dit historische erfgoed, besliste in 1852 de vernielingen stop te zetten en grondige restauratiewerken te beginnen ... En die duren tot op vandaag.

NUTTIG ADRES

🛈 **Dienst voor Toerisme:** *rue Guillaume-le-Conquérant (tegenover de abdij).* ☎ 02 35 37 28 97.
● *www.jumieges.fr. Het hele jaar door geopend van 10.00 tot 12.30 u en van 14.30 tot 18.00 u (in het laagseizoen tot 17.30 u).* In een fraai huis waar Maurice Leblanc (schrijver) zijn jeugd doorbracht. Er worden ook tijdelijke tentoonstellingen opgezet.

SLAPEN

CAMPINGS

🅰 CAMPING DE LA BASE DE LOISIRS: *buitensport- en vrijtijdscentrum van Jumièges.*
☎ 02 35 37 31 72 ● jumieges@uepa.asso.fr ● jumieges.ucpa.com. Geopend van half april tot midden oktober. Afhankelijk van het seizoen betaal je € 12,30 tot 14,20 voor twee personen met een tent en een wagen. Dit centrum ligt in het hart van het Parc Régional des boucles de la Seine normande, tussen de kliffen en de boomgaarden. 90 ha water en 30 ha terreinen bieden alle mogelijkheden voor uiteenlopende vormen van buitensport en ontspanning. De camping biedt schaduwrijke staanplaatsen, degelijk sanitair en een vriendelijke ontvangst, maar de vele feestvierende jongeren die er in de zomer hun tenten opslaan, kunnen je uit je slaap houden. Niet ideaal voor oudere mensen of gezinnen met jonge kinderen dus. Buiten het hoogseizoen is het er veel rustiger. Restaurant, clubhuis, verhuur van kano's en een golfterrein met 18 holes net ertegenover.

⚠ CAMPING DE LA FORÊT: *rue Mainberte.* ☎ *0235379343* ● *info@campinglaforet.com* ● *www. campinglaforet.com. Geopend van midden april tot half oktober. Zo'n 300 meter buiten het centrum van het dorp (er staan wegwijzers). Afhankelijk van het seizoen betaal je € 17,50 tot 20 voor twee personen met een tent en een wagen. De vakantiehuisjes en chalets met twee slaapkamers zijn te huur voor € 81 per nacht (in de zomer kun je ze uitsluitend per week huren).* Een comfortabele viersterrencamping in de heuvels rond Jumièges, midden in het bos. Verwarmd zwembad en pierenbad, tennisveld, tv-zaal, winkeltje, wasserette met droogautomaten en speelterreinen. Kraaknet sanitair. Rustig, goed onderhouden en zeer professioneel gerund door een ploeg vriendelijke mensen. Prima plek om te ontspannen tussen het groen.

DOORSNEEPRIJS TOT HEEL LUXUEUS

📧 CHAMBRES D'HÔTES LE RELAIS DE L'ABBAYE: *bij Brigitte en Patrick Chatel, rue du Quesnay 798.* ☎ *en fax: 0235372498. Volg de abdijmuur in zuidelijke richting. Staat goed aangegeven. Reken op € 45 voor twee personen. Heel rustig.* Normandisch boerderijtje met aardige kamers met een eigen ingang. Die op de dakverdieping leken ons het leukst. Mooie eetzaal met rustieke inrichting en een bistrohoekje. Grote, met bloemen versierde tuin waar je bij zonnig weer kunt ontbijten. De vriendelijke eigenaar runt deze chambres d'hôtes al 25 jaar lang! Hij geeft je graag informatie over de streek. Zijn inkomhal lijkt wel een dienst voor toerisme!

📧 CHAMBRES D'HÔTES AU FIL DE L'EAU: *bij meneer en mevrouw Héricher, route du Conihout 1351.* ☎ *0235370213* ● *patrice.hericher@orange.fr. 3 km van het dorp, aan de oever van de Seine. Volg de abdijmuur naar het zuiden en neem vervolgens rechts de weg naar Le Conihout (er staan pijlen). Je betaalt € 50 voor een tweepersoonskamer en € 25 per persoon voor table d'hôte.* In een oud Normandische huis aan de Seine. Eenvoudige maar aangename – zij het nogal kitscherige – kamers met een eigen ingang. In een bijgebouw in de tuin zijn nog een aantal gloednieuwe kamers ingericht die meer comfort bieden. Ontbijt met producten uit de streek (de eigenaars hebben ook een winkel in de stad). Je kunt hier fietsen huren om tochtjes te maken via het pad langs de Seien. Warme ontvangst.

📧 DOMAINE LE CLOS DES FONTAINES: *rue des Fontaines 191.* ☎ *0235339696* ● *hotel@leclosdefontaines.com* ● *www.leclosdefontaines.com* 🅿 *Achter het gemeentehuis rechts. Jaarlijkse vakantie: drie weken met Kerstmis. Afhankelijk van het seizoen betaal je € 90 tot 145 voor een tweepersoonskamer en € 155 tot 230 voor een suite. Er zijn ook appartementen te huur. Parkeerplaats en draadloos internet. Zeer rustig gelegen, buiten het dorp.* Stijlvolle kamers en charmante suites (suite *Claude Monet* is bijzonder mooi), ondergebracht in enkele traditionele gebouwen midden in het groen. Kleurrijke inrichting en alle comfort. Enige minpuntje is dat alles er misschien wat té gelikt uitziet. Hamam en verwarmd zwembad.

ETEN EN IETS DRINKEN

GOEDKOOP TOT HEEL LUXUEUS

❌🍴 AUBERGE DU BAC: *aan de oever van de Seine, bij het vertrekpunt van de pont.* ☎ *0235372416* 🅿 *Gesloten op maandag en dinsdag en van 11 november tot 1 december. Reserveren is ten zeerste aanbevolen. Op weekdagen is er al een menu voor € 13, daarbuiten betaal je € 18,60 tot 35.* Eerlijke streekgerechten in een rustieke eetzaal. Hier kom je echter vooral voor het mooie terras en het uitzicht op de veerpont; helaas wordt het vaak stormenderhand ingenomen door groepen toeristen.

❌ AUBERGE DES RUINES: *place de la Mairie 17.* ☎ *0235372405* ● *loic.henry9@wanadoo.fr* 🅿 *Gesloten op zondagavond, op dinsdagavond en op woensdag. Jaarlijkse vakantie: één week tijdens de krokusvakantie, twee weken midden augustus en ongeveer drie weken eind december. Op weekdagen lunchmenu's voor € 18 en 24, anders betaal je € 24 tot 70 voor een menu; een maaltijd à la carte kost je ongeveer € 50.* In de winter dicht bij het vuur, in de zomer onder het prieel, maar altijd aan de beste tafel van Jumièges! Moderne inrichting met hedendaagse schilderijen. Op het bord schittert vooral de vis, maar ook de ontbeende duif is niet te versmaden! Fijnproevers die het zich kunnen veroorloven, zullen niet ontgoocheld zijn.

SLAPEN EN ETEN IN DE OMGEVING

DOORSNEEPRIJS

📧 **CHAMBRES D'HÔTES BIJ MEVR. FRANÇOISE TAUPIN**: *le Haut de l'Ouraille 778, 76150 La Vaupalière.* ☎ *02 35 33 81 34. Dicht bij de Route des Abbayes. Ongeveer 10 km ten oosten van Duclair. Rijd tot in het dorp La Vaupalière. Je komt voorbij de kerk, die je links laat liggen. 1 km verderop sla je bij het stopteken links af (D267) en daarna onmiddellijk rechts. Volg verder gewoon de bewegwijzering. Het is helemaal aan het einde, aan de rechterkant. Je betaalt € 45 voor twee personen.* Grote bakstenen woning, een soort landhuis in feite, in een groen park met mooie appelbomen. De eigenaars zijn een aardig stel landbouwers. Twee kamers voor twee tot drie personen. Een heerlijk adres, rustig en landelijk. Je voelt je hier snel thuis.

LUXUEUS

📧 **CHÂTEAU DE BOURG-JOLY**: *bij Jacqueline en Patrice Robin. Route du Bourg-Joly 333, 76480 Saint-Pierre-de-Varengeville, 12 km ten noordoosten van Jumièges.* ☎ *02 35 37 52 41. Ga van Saint-Pierre-de-Varengeville richting Duclair. Neem voorbij de tabakswinkel ('bureau de tabac') de tweede straat rechts en sla 100 meter verder links af. Reken op € 80 per nacht voor twee personen, (rijkelijk) ontbijt inbegrepen.* Schitterend privékasteel uit de 18de eeuw. De eigenares is een aardige dame die je op een heel vriendschappelijke manier ontvangt. Groot park (4 ha) met een oude serre en een aangrenzend bos. De kamers liggen verspreid over het kasteel. Het interieur is tegelijk gezellig en verfijnd. Een bijzonder romantisch adres!

WAAR KUN JE LEKKERE PRODUCTEN KOPEN?

📦 **Producten van de boerderij**: *bij dhr. Deshayes, aan de weg naar Yainville.* ☎ *02 35 37 94 88.* Verse melk, room, eieren, kippen en konijnen. *Ook bij mevr. Douillet in la Mare au Coq, ten zuiden van de abdij, tegenover de abdijmuur.* ☎ *02 35 37 43 57.*

📦 **Fruit**: de bewoners van het schiereiland Jumièges zijn gewoon om hun oogst te verkopen aan de rand van de weg. Van juni tot Allerheiligen kun je hier elke zondag (en soms ook tijdens de week) je boodschappentas vullen met aardbeien, aalbessen, frambozen, kersen, appelen, peren en ander lekkers.

WAT IS ER TE ZIEN?

🍴🍴🍴 **De abdij**: ☎ *02 35 37 24 02* 🕐 *Van 15 april tot 15 september dagelijks geopend van 9.30 tot 18.30 u; de rest van het jaar dagelijks van 9.30 tot 13.00 u en van 14.30 tot 17.30 u. Gesloten op bepaalde feestdagen. Toegangsprijs: € 5; kortingen; gratis voor wie jonger is dan achttien. Van november tot en met maart mag iedereen gratis binnen op de eerste zondag van de maand. Rondleiding van een uur na aanvraag (inbegrepen bij de toegangsprijs). In juli en augustus zijn er in principe ook 'Nocturales', waarbij de abdij 's avonds kan worden bezocht. In de zalen uit de 19de eeuw vinden tentoonstellingen plaats die te maken hebben met de geschiedenis van de abdij of met moderne kunst. Het middenschip en de zijbeuken van de kerk worden grondig gerestaureerd. De werkzaamheden zullen tot 2012 duren. Om die reden is de toegang via de abdij vaak afgesloten.* Van de indrukwekkende Église Notre-Dame zijn de gevel, geflankeerd door twee torens (46 m hoog), en het grootste deel van het schip intact gebleven. De kerk met haar open dak maakt een overweldigende indruk. Van de centrale toren rest alleen een stuk muur en een deurboog. De romaanse stijl van het geheel is erg sober. De hoofdbeuk was 25 m hoog, wat proportioneel vergelijkbaar is met de kathedraal van Rouen. Hier en daar kun je gotische gewelven en kapellen vermoeden, die in de 14de eeuw aan het gebouw werden toegevoegd. Van het koor blijft nagenoeg niets meer over, behalve enkele resten van de kooromgang en van twee kapellen. Rechts van het koor bevindt zich de doorgang van Karel VII, die naar de ruïnes leidt van de Église Saint-Pierre. Dat gebouw dateert gedeeltelijk uit de 9de eeuw. Het hoofdportaal bevindt zich tussen twee deuren, waarachter trapjes schuilgingen die naar de torens en de galerijen leidden. Een van de galerijen gaf via tweelingvensters (met rondbogen) uit op de hoofdbeuk. Terug naar de gevel van de abdijkerk: op de rechterkant van de torens staan enkele gebeeldhouwde gezichten uit de 12de eeuw. De planten hebben het bouwwerk grotendeels overwoekerd. Bomen, kreupelhout en grasveld versmelten met de stenen. Je kunt mooie wandelingen maken in het 15 ha grote park in Engelse stijl (goed voor 2,5 km omheining).

🔍 Als je de tijd hebt, neem dan ook een kijkje in de **dorpskerk** op de heuvel. Haar vorm en architectuur doen wat vreemd aan. De hoofdbeuk is romaans (11de en 12de eeuw), het koor stamt uit de renaissancetijd. Er staat wat meubilair dat uit de abdij afkomstig is. Jammer genoeg is de kerk vaak gesloten.

DE ABDIJ VAN SAINT-WANDRILLE

76490 | 1180 INWONERS

Schitterend dorp op 3,5 km ten oosten van Caudebec, met een abdij die erg verschillend is van die van Jumièges, al was het maar omdat hier nog altijd zo'n vijftigtal monniken wonen. Een halte die je niet mag missen, zowel voor de gregoriaanse vroegmis als voor de rondleiding.

SLAPEN IN DE OMGEVING

DOORSNEEPRIJS

🏰 CHÂTEAU DU VERBOSC: *bij dhr. Allard, 76190 Touffreville-la-Corbeline.* ☎ *02 35 95 18 85* ● *verbosc@neuf.fr ● verbosc.neuf.fr. In Saint-Wandrille neem je de D33 en dan de D37. Daarna rijd je de D104 op, die van Touffreville in de richting van Mont-de-l'If (Duclair) loopt. De toegangsweg bevindt zich ongeveer 2,5 km verderop aan de linkerkant van de rijweg, verstopt tussen de boomgaarden (net voor de rand van het bos). Tweepersoonskamers voor € 48 tot 55.* Achter in een mooi park met appelbomen ligt dit kleine 17de-eeuwse kasteel van baksteen en natuursteen. Heel charmant gebouw dat is ingericht met meubelen van weleer en jachttrofeeën ... Een authentiek adres voor wie zich even kasteelheer of -vrouw wil wanen, en een zeldzame parel in deze prijsklasse.

WAT IS ER TE ZIEN?

🔍🔍🔍 **De abdij:** ☎ *02 35 96 23 11.* ● *www.st-wandrille.com. De toegang tot de ruïnes is gratis (gesloten tussen 13.00 en 14.00 u), maar er valt niet veel te zien. Om de abdij en de schitterende kloostergang te bezoeken, moet je je wenden tot de receptie links van het hoofdportaal. Rondleidingen van Pasen tot Allerheiligen op zon- en feestdagen om 11.30 u en om 15.30 u; op weekdagen alleen om 15.30 u. Geen rondleidingen op dinsdag. Gesloten met Kerstmis en Pasen. Toegangsprijs: € 3,50. De toegang tot de abdijkerk is gratis. Dagelijks gregoriaanse mis om 9.45 u (om 10.00 u op zon- en feestdagen) in de nieuwe abdijkerk, die in feite een oude herenschuur uit de 12de en de 15de eeuw is. Je kunt in de abdij ook in retraite gaan. Het volstaat om een schriftelijke aanvraag in te dienen bij de gastenpater (Le père hôtelier, Abbaye Saint-Wandrille, 76490 Saint-Wandrille; ● hotellerie@st-wandrille. com voor mannen en ● st-joseph@st-wandrille.com voor vrouwen en koppels).*

Deze abdij werd net als die van Jumièges in de 7de eeuw gesticht door de H. Wandrillus, die minister was onder koning Dagobert. Zij heette toen de abdij van Fontenelle, naar het riviertje dat door het domein loopt. De abdij kende ook zowat dezelfde geschiedenis als die van Jumièges. In de 9de eeuw werd ze door de Vikings vernield. In de 16de eeuw verloor ze veel van haar glorie. Pas in de twee volgende eeuwen werd de abdij gerestaureerd en uitge-breid. Tijdens de Franse Revolutie werd de kerk een steengroeve. De monniken kregen de abdij weer in hun bezit in 1894, maar namen er pas in 1931 opnieuw hun intrek. In de tus-sentijd, meer bepaald in de jaren 1910, huurde de actrice Georgette Leblanc (de jongste zus van Maurice, de geestelijke vader van Arsène Lupin) de abdij samen met haar minnaar Mau-rice Maeterlinck ... Zij ontvingen er Sarah Bernhardt, Réjane, Lucien Guitry en vele andere beroemdheden.

In 1969 kocht de orde na heel wat administratieve moeilijkheden een oude schuur in de on-middellijke omgeving. Dat zou hun nieuwe kerk worden. Het gebouw blinkt uit door zijn eenvoud en zijn juiste proporties. Let op het schitterende gebinte uit de 15de eeuw, dat he-lemaal gemonteerd is met houten pennen, zonder één enkele spijker. De vijftig monniken van Saint-Wandrille houden zich aan de regel van Benedictus: *Ora et labora* ('Bid en werk'). Maar de tijden veranderen. Tegenwoordig maken ze microfilms en digitaliseringen in een reprografisch atelier dat helemaal up-to-date is! Daarnaast houden ze zich ook bezig met de restauratie van schilderijen.

De rondleiding is erg boeiend en wordt gegeven door een monnik. Je komt voorbij de belang-rijkste bezienswaardigheden, waaronder de elegante kloostergang, die aan drie kanten is versierd met schitterend kantwerk van steen en half gotisch half renaissancistisch is. De vul-stenen bieden een steeds wisselend decor. Achterin staat een fraai standbeeld van Notre-Dame-de-Fontenelle uit de 14de eeuw. Ernaast een schitterend timpaan uit dezelfde tijd.

CAUDEBEC-EN-CAUX

76490 | 2380 INWONERS

Dit stadje werd tijdens de laatste oorlog met de grond gelijkgemaakt, en de heropbouw werd geen toonbeeld van inspiratie. Toch is dit een leuke plek dankzij de Seine, die bijzon-der nadrukkelijk aanwezig is. Bovendien valt hier toch wel een en ander te zien. Het woud van Brotonne bijvoorbeeld, dat je bereikt via de Pont de Brotonne, een sierlijke tuibrug van zowat 700 meter lang (gratis voor alle voertuigen). Caudebec is ook het vertrekpunt van tal van wandelingen en trektochten langs de Seine en door het bos.

> **Caudebec?**
>
> Een 'caudebec' is een hoed tegen de regen, gemaakt van lamswol over kamelenhaar. De versie in vilt was heel populair aan het koninklijk hof. Het was dankzij de vervaardiging van deze hoeden en van handschoenen dat Caudebec in de 17de eeuw een periode van grote bloei kende.

NUTTIGE ADRESSEN

🛈 Dienst voor Toerisme: *aan de oever van de Seine, place du Général-de-Gaulle.* ☎ 0232704632. • *www.tourismecauxseine.com. Geopend van dinsdag tot zaterdag van 10.00 tot 12.00 u en van 14.00 tot 18.00 u.* Biedt rondleidingen aan in het Pays de Caux en de vallei van de Seine.

🚲 Fietsenverhuur: Velhano, *rue de la Vicomté 10.* ☎ 0235962477. Ook in het **maison du Parc** in Notre-Dame-de-Bliquetuit kun je fietsen huren: ☎ 0235372316.

SLAPEN

DOORSNEEPRIJS

🛏 LE CHEVAL BLANC: *place René-Coty 4.* ☎ 0235962166 • *le-cheval-blanc-info@wanadoo.fr* • *www.le-cheval-blanc.fr. Gesloten op zondagavond, op vrijdag en op zaterdagmiddag. Jaarlijkse vakantie van 23 december tot en met 1 januari. € 59 voor een tweepersoonskamer. Afgesloten fietsenstalling.* Leuke, mooi gerenoveerde kamers (geen uitzicht op de Seine). Die op de tweede verdieping liggen onder het dak en zijn wat kleiner. Is ook een restaurant. Onberispelijke ontvangst.

LUXUEUS

🏨 LA MARINE: *quai Guilbaud 18.* ☎ *02 35 96 20 11* ● *contact@normotel-lamarine.fr*
● *www.normotel-lamarine.fr. Je betaalt € 64 of 66 voor een standaardtweepersoonskamer. De vernieuwde kamers met uitzicht op de rivier kosten je € 109 per nacht.* Indrukwekkend groot hotel tegenover de kade. Het restaurant kon ons niet overtuigen, maar de recent vernieuwde kamers zijn comfortabel en goed uitgerust en bieden een mooi uitzicht. De oudere kamers zijn niet om over naar huis te schrijven.

ETEN IN DE OMGEVING

DOORSNEEPRIJS

▨ LE RENDEZ-VOUS DES CHASSEURS: *route de Sainte-Gertrude 1040, 76490 Maulevrier-Sainte-Gertrude.* ☎ *02 35 96 20 30. Gesloten op maandag en woensdag. 3 km van Caudebec-en-Caux. Door de week is er een lunchmenu voor € 15, anders betaal je € 24 of 28 voor een menu.* Ondanks de ronkende naam vind je hier geen jagers! Maar een leuk restaurant is het wel. Het is gevestigd in een mooie, gerestaureerde boerderij, tegenover de kerk van het dorp en vlak bij de idyllische rivier. Het restaurant verrast zowel door de inrichting met Normandische meubelen en Afrikaanse schilderijen als door de kwaliteit van het eten. Parelhoen, forel, zeewolf-kaakjes ... Een lekkere traditionele keuken die we discreet aanbevelen om de aangename rust die er heerst, niet te verstoren. Op mooie dagen kun je in de tuin eten!

WAT IS ER TE ZIEN?

🎭🎭 **Église Notre-Dame:** mooie kerk in flamboyante gotiek vermengd met renaissance-elementen. Het gebouw werd opgetrokken in de 15de en 16de eeuw op de plaats waar vroeger een romaanse kerk stond. Het bleef als bij wonder gespaard tijdens alle vernielingen en branden die Caudebec teisterden, zelfs in 1940, toen 80% van het stadje werd verwoest. Henri IV noemde de Église Notre-Dame 'de mooiste kapel van het koninkrijk'. De kerk was erg belangrijk omdat hier in de 18de eeuw het Grand Bailliage (baljuwschap) van Caux zetelde, dat rechterlijke bevoegdheid had over drie vierde van het departement Seine-Maritime. Notabelen en administratieve en juridische instellingen waren in dit stadje gevestigd. Verbazingwekkende flamboyante gevel met een prachtig roosvenster. Drie portalen met gebeeldhouwde bogen die bedekt zijn met honderden figuren. Aan de zijkanten twee gotische torentjes. Aan de rechterflank staat een majesteitelijke toren van meer dan 50 m hoog. Binnen krijg je een indrukwekkend gotisch kerkschip te zien met elegante proporties en flamboyante ramen. In de kapel van Johannes-de-Doper, links vooraan, staan doopvonten van een uitzonderlijke kwaliteit. Op de houten panelen uit de 17de eeuw staan alle belangrijke taferelen uit het Oude en het Nieuwe Testament afgebeeld. In de zeshoekige kapel die zich achter het koor bevindt, moet je zeker de buitengewone hangende sluitsteen bekijken met z'n lengte van 4,50 m en een gewicht van 7 ton. De steen is uit één stuk gehouwen! Rechts van die kapel vind je de grafkapel met een stenen gotisch baldakijn, waaronder een liggende Christusfiguur rust. Tussen de glas-in-loodramen een piëta uit de 15de eeuw. Nog verder naar rechts bevindt zich de sacristie met het mooie houten portaal. Bekijk ook het fraaie orgel uit de 16de eeuw, in renaissancestijl. Het staat op een stenen gebeeldhouwde tribune. In veel van de kapellen valt het licht binnen via prachtige glas-in-loodramen van de Vlaamse school, die in de meeste gevallen dateren uit de 15de of de 16de eeuw.

Links naast de kerk staat een groepje oude vakwerkhuizen, samen met het huis van de tempeliers de enige overblijfselen uit de middeleeuwen.

De plaatselijke tsunami

De *mascaret* is een enorme golf die twee keer per jaar wordt veroorzaakt door de botsing van de stroming van de Seine en de opkomende vloed bij springtij. Vroeger kwam die golf de stroom op met de snelheid van een galopperend paard en bereikte ze haar volle kracht tussen Villequier en Caudebec. Daarna ging ze nog door tot in Rouen. Sinds de rivier is 'getemd' en uitgediept, heeft de *mascaret* echter zowat al zijn kracht verloren. De laatste echte vloedgolf werd waargenomen in 1963.

🔊 🔊 **⊞ Musée de la Marine-de-Seine:** *avenue Winston-Churchill.* ☎ *02 35 95 90 13. In juli en augustus dagelijks geopend van 14.00 tot 19.00 u, (in april, mei, juni en september tot 18.00 u, in oktober en maart tot 17.30 u). Toegangsprijs: € 3,50; korting mogelijk.* Bij wijze van inleiding krijg je een film over de geschiedenis van de Seine te zien. Daarna volgt een interessante weergave van het leven op en aan de Seine in een prachtige houten loods. In die loods staan een aantal indrukwekkende boten opgesteld. De *Gribane*, een zeilboot uit de 19de eeuw en een voorvader van de aak, vervoerde hout uit het woud van Brotonne. Voorts zie je er ook de *Maguy*, een mooie 'inbord' van het begin van de 19de eeuw, kleine bootjes uit de Seinevallei en een zeejol van mahoniehout. Via een voetgangersbrug kom je in een tiental zalen waar de menselijke en economische aspecten van de rivier worden bekeken: scheepswerven, het loodswezen, de handel ... Mis zeker ook de videofilm over het fenomeen van de *mascaret* (ook wel *barre* genoemd) niet.

🔊 **Maison des Templiers (tempeliershuis):** *rue Thomas-Bazin.* ☎ *02 35 96 95 91. In het centrum. De openingsuren variëren nogal. In principe van woensdag tot zondag geopend van 14.00 tot 18.00 u. Uitsluitend geopend tijdens het toeristische seizoen, tot het eerste weekend van oktober. Toegangsprijs: € 5; korting mogelijk; gratis voor wie jonger is dan zestien jaar.* Samen met de huizen bij de kerk is dit pand het enige wat ons rest van het middeleeuwse Caudebec. Mooi stenen gebouw dat bestaat uit twee huizen met puntgevels. Het zou toebehoord hebben aan de tempeliers. De 'vrienden van het oude Caudebec', een groep inwoners die gebeten zijn door de geschiedenis van het stadje, hebben hier allerhande voorwerpen samengebracht die het verleden opnieuw tot leven brengen. Je vindt onder meer een rijke verzameling haardplaten, muntstukken die dateren van de oudheid tot de 15de eeuw, een collectie Normandische kasten van de 18de, de 19de en de 20ste eeuw, enkele archeologische voorwerpen die in de omgeving werden gevonden en foto's van de resten van het oude Caudebec. Een bijzonder interessant stuk is een zeldzaam Vikingzwaard met een gedamasceerd heft. Op de etage worden er tijdelijke tentoonstellingen en allerhande activiteiten georganiseerd.

🔊 **Chapelle de Barre-y-Va:** *dezelfde openingsuren als het Musée de la Marine-de-Seine.* De kapel wordt zo genoemd omdat de *barre* (een andere naam voor de *mascaret*, de vloedgolf) vroeger tot hier kwam. Aan het plafond hangen ex voto's en maquettes van boten.

VILLEQUIER

76490 | 830 INWONERS

4,5 km van Caudebec, langs de Seine (in de richting van de monding). Een van de meest romantische beelden van Normandië. Een dorp dat zich lui uitrekt, deels op een heuvel en deels langs de oevers van de Seine. De incarnatie van het begrip 'dolce vita'. En aan de horizon ligt het prachtige woud van Brotonne.

Villequier zal nooit de tragedie van 4 september 1843 vergeten, die de verdrinkingsdood betekende van Léopoldine, de oudste dochter van Victor Hugo, en van haar echtgenoot Charles Vacquerie. De dichter, die op dat moment op reis was in Rochefort, vernam het nieuws pas vijf dagen later toen hij de krant *Le Siècle* doorbladerde ... Een hardnekkig verhaal wil dat dit drama werd veroorzaakt door de *mascaret*, de krachtige vloedgolf die ontstaat uit de botsing van het water van de rivier en het zeewater, maar dat klopt niet. Léopoldine en haar echtgenoot voeren met een nieuwe boot die niet correct geballast was en door een windstoot werd omvergeblazen. Vlak bij de plaats van het drama staat een standbeeld van Victor Hugo. Je vindt het in een nieuw aangelegde Engelse tuin aan de rand van het dorp wanneer je uit de richting van Caudebec komt. De schrijver was kapot van verdriet en kwam de rest van zijn leven vaak mijmeren op het graf op het kleine dorpskerkhof.

SLAPEN

CAMPING

⚠ CAMPING BARRE-Y-VA: *route de Villequier.* ☎ *en fax: 02 35 96 26 38*
● *campingbarreyva@orange.fr* ● *www.campingbarre-y-va.com. Geopend van april tot oktober. 500 meter van het centrum van het dorp (er staan pijlen). Afhankelijk van het seizoen betaal je € 13,50 tot 16,95 voor twee personen met een tent en een wagen. Er zijn ook stacaravans en chalets voor vier tot zes personen te huur. Die huur je voor € 112 tot 220 voor een weekend.* Kleine familiecamping tussen de Seine en het bos. Kalme en ontspannen sfeer, schaduwrijke staanplaatsen, bakkerij, winkeltje, snackbar en speelterrein. Wasmachine en droogautomaat. Prima vertrekpunt voor tal van wandelingen in de buurt en een ideale plek om naar de voorbijvarende Armada te kijken. Zwembad en tennisveld op 50 meter. Goede ontvangst.

SLAPEN IN DE OMGEVING

DOORSNEEPRIJS

🛏 CHAMBRES D'HÔTES DE LA MARE À BÂCHE: *bij Janine en Vincent Andrieu, in la Mare à Bâche in het gehucht Bébec.* ☎ *02 35 56 82 60* ● *vincent.andrieu@wanadoo.fr. Neem de weg die achter de kerk omhoogloopt en sla bij het kruispunt links af (richting Bébec). Vanaf daar staan er wegwijzers. Je betaalt € 50 voor een tweepersoonskamers met douche en wastafel (wc op de gang).* Twee gezellige dakkamers in een voormalige melkboerderij met bakstenen muren. Uitgebreid ontbijt met boerderijproducten inbegrepen. Charmante ontvangst. Vanuit de tuin, die tussen de stallen ligt, zie je de koeien staan. Landelijk en rustgevend.

WAT IS ER TE ZIEN EN TE DOEN?

🏛 **De kerk:** dateert uit de 15de en 16de eeuw, maar er werden meer dan eens veranderingswerken uitgevoerd. Grote hoektoren. Mooi kerkschip in de vorm van een omgekeerde scheepsromp en kleurrijke glas-in-loodramen uit de 16de eeuw, waaronder één waarop een interessante zeeslag staat uitgebeeld (links). Rechts van de kerk ligt de minuscule begraafplaats waar Adèle, de echtgenote van Victor Hugo, is begraven. Hier rust eveneens zijn tweede dochter, die ook Adèle heet. Achteraan liggen Charles Vacquerie en Léopoldine, zijn schoonzoon en zijn oudste dochter.

🏛🏛 **Musée Victor Hugo:** ☎ *02 35 56 78 31. Aan de oever van de Seine, in de gewezen familiewoning van de Vacqueries, achter in een mooie tuin. Van 1 april tot 30 september geopend van 10.00 tot 12.30 u en van 14.00 tot 18.00 u; van 1 oktober tot 31 maart slechts geopend tot 17.30 u. Gesloten op dinsdag, zondagochtend en sommige feestdagen. Toegangsprijs: € 3; korting mogelijk; gratis voor wie jonger is dan 18.* Souvenirs, geschriften, authentiek meubilair (waarvan echter maar een handvol stukken toebehoorden aan de familie Vacquerie), voorwerpen die verband houden met de Normandische periodes van de dichter en vooral een uitgebreide verzameling van z'n tekeningen. In een van de zalen wordt nader ingegaan op de dood van Léopoldine. Er zijn ook tijdelijke tentoonstellingen.

🏛 **Het kleine straatje langs de Seine** is erg leuk voor een korte wandeling na het eten. Als je de enorme vrachtschepen voorbij ziet varen, lijkt de rivier helemaal niet zo breed. Je kunt bijvoorbeeld het wandel- en fietspad langs de Seine volgen (over een afstand van ongeveer 12 km) en dan via de D28 teruggaan naar Petiville.

HET KASTEEL VAN FILIÈRES

❦ *In Gommerville, 76430. Om er te komen neem je in Saint-Romain-de-Colbosc de D10 over een afstand van 1 km en dan rechtsaf de D80 over een afstand van ongeveer 2 km. Het kasteel ligt aan je linkerkant.* ☎ *0235205330. In mei, juni en september uitsluitend geopend op zon- en feestdagen van 14.00 tot 18.00 u; in juli en augustus dagelijks geopend van 11.00 tot 18.00 u. Toegangsprijs: € 6, met een rondleiding van ongeveer een halfuur (om het uur van 14.30 tot 17.30 u); korting voor kinderen.* Geen grandioos kasteel, maar toch een gebouw met een zekere klasse dat een bezoek verdient. Het werd in 1599 gebouwd in opdracht van Hendrik IV. Als je de omheining van het kasteel binnengaat, zie je kleine slotgrachten en de resten van torens uit de 12de eeuw (nauwelijks zichtbaar, dat is waar). De gevel is asymmetrisch: links bevinden zich de resten van het kasteel in de stijl van Hendrik IV, rechts een klassieke, 18de-eeuwse constructie. Binnen familiemeubilair uit de 17de en 18de eeuw en souvenirs van reizen. Elke zomer wordt er een tijdelijke tentoonstelling opgezet.

DE PONT DE TANCARVILLE (BRUG)

Tussen Rouen en Le Havre bestond vroeger geen brug. Het zou tot 1959 duren eer dit lange betonnen lint dat boven het water hangt, de Seinemonding zou overspannen. Vóór de brug werd gebouwd, was de veerpont het enige verbindingsmiddel tussen de linker- en de rechteroever. De brug hangt (gemiddeld) 50 m boven de waterspiegel en verbindt de rechteroever met het Marais Vernier. Ze is 1410 m lang. Het centrale brugdek heeft een lengte van 608 m en wordt ondersteund door twee betonnen pijlers met een hoogte van 125 m! Voertuigen moeten betalen om over de brug te rijden (€ 2,30 voor een personenwagen).

De kleinere brug van Brotonne, die Caudebec-en-Caux verbindt met het woud van Brotonne, werd afgewerkt in 1977. Maar noch de brug van Tancarville, noch die van Brotonne kunnen tippen aan de nieuwe schitterende Pont de Normandie!

DE BAAI VAN DE SEINE

Vanaf de Pont de Normandie heb je een prachtig uitzicht op de baai van de Seine, die aan de noordelijke kant wordt afgezoomd door de kliffen van de Côte d'Albâtre en in het zuiden door de Côte Fleurie. In deze baai op de grens van Haute- en Basse-Normandie, die minder bekend is dan die van de Somme (in Picardië), liggen enkele bijzondere plaatsjes – die je in eender welk seizoen kunt ontdekken – in de schaduw van een stad die volop in verandering is: Le Havre.

DE PONT DE NORMANDIE (BRUG)

Dit is ongetwijfeld de mooiste overbrugging van de Seinemonding. De Pont de Normandie verbindt Le Havre met de omgeving van Honfleur. De brug heeft een totale lengte van 2141 m. Dat is bijna even lang als de Champs-Elysées in Parijs! Het centrale brugdek is 856 m lang. Het wordt vervolledigd door een noordelijk en een zuidelijk viaduct. Het besluit om de brug te bouwen werd genomen in 1985. De werken begonnen in 1988. Dit is een tuibrug, in tegenstelling met de Pont de Tancarville, die een hangbrug is. Elke pyloon heeft de vorm van een passer waarvan de twee benen in de top samenkomen. Het voordeel van een tuibrug, ten opzichte van een hangbrug, is dat een technisch probleem in een van de tuidraden niet noodzakelijk betekent dat de brug moet worden gesloten. Bovendien moet de kabelbevestiging van een hangbrug heel diep zijn verankerd in de oevers van de rivier die ze overspant.

De twee pylonen gaan tot 50 m diepte om daar steun te zoeken op een harde grondlaag die veel steviger is dan de bovenliggende klei-, zand- en kalklagen. De vorm van de brug werd uitgetest in een windtunnel. De brug moest bestand zijn tegen winden met de kracht van een tornado. Daarom kreeg de flank van het brugdek de vorm van een vliegtuigvleugel. Kortom: een knap staaltje van technisch vakmanschap, dat in 1995 in gebruik werd genomen.

— De brug is gratis voor voetgangers, fietsen en motorfietsen. Voertuigen moeten betalen, en zelfs behoorlijk veel: € 5 per rit. Op zon- en feestdagen (enkel dan!) kun je voor € 7,60 heen en terug.

LE HAVRE

Tot voor kort zouden we geaarzeld hebben om in een toeristische gids veel aandacht te besteden aan een stad als Le Havre! De op één na grootste haven van Frankrijk (en de vijfde van Europa) kreeg het tijdens de Tweede Wereldoorlog bijzonder zwaar te verduren. 85% van de stad werd met de grond gelijkgemaakt. Na de oorlog werd Le Havre in twintig jaar tijd heropgebouwd door een zekere Auguste Perret. De architectuur van de stad is daardoor op het eerste gezicht niet bepaald aantrekkelijk. Gelukkig heeft het urbanistische project, uiting van een periode in de geschiedenis en van een architecturale school, in de loop der jaren toch steeds meer mensen weten te boeien. De definitieve doorbraak kwam er in 2005, toen het stadscentrum door Unesco werd opgenomen op de lijst van werelderfgoed. Sindsdien komen elk jaar meer architecten in spe en nieuwsgierige toeristen Le Havre bezoeken.

Om de architectuur van de stad te begrijpen moet je steeds voor ogen houden dat in de periode na de Tweede Wereldoorlog alles moest worden heropgebouwd, en snel: een nieuwe en coherente woonstad, een industrieel centrum en een moderne haven, die vandaag de dag een van de meest actieve van Europa is.

Toeristen die van oude stenen houden, zullen zeker wat onthutst zijn bij hun eerste kennismaking met de stad. Perret werkte nu eenmaal graag met ruw beton. Daarom raden we ten zeerste aan om een beroep te doen op de heel competente gidsen van de dienst *Ville d'Art et d'Histoire*, die je alle nodige informatie zullen geven om de stad naar waarde te schatten.

Le Havre trekt ook moderne architecten en kunstenaars aan, die de stad beetje bij beetje weer meer kleur geven. In de oude pakhuizen ontstaat nieuw cultureel en commercieel leven (*Docks Océane, Docks Café*) en openen hippe restaurants de deuren (rond de nieuwe *Docks Vauban*). Maar ook op tal van andere plaatsen worden innovatieve ideeën in de praktijk gebracht. Plekken genoeg dus om je camera boven te halen ... of je schildersezel, zoals de impressionisten in hun tijd. Het Musée Malraux bezit een collectie impressionistische werken die in Frankrijk enkel voor het Musée d'Orsay in Parijs moet onderdoen. Het was trouwens hier, aan de ingang van de haven, dat een zekere Claude Monet in 1872 een doek schilderde dat hij naar Gaspard-Félix Tournachon (bijgenaamd 'Nadar') stuurde met de vraag om het tentoon te stellen op het befaamde Salon des Refusés. Toen die hem naar een titel vroeg, verzon Monet *Impression, soleil levant*. Het impressionisme was geboren. Le Havre was trouwens de eerste stad die twee werken van Monet in haar bezit had.

> **Een bakje troost**
>
> Wanneer je ergens in Frankrijk geniet van een kopje koffie, denk dan even aan Le Havre. Zowat alle koffie die in Frankrijk wordt ingevoerd, passeert immers via deze haven. We spreken over maar liefst 165 000 ton per jaar! De bonen worden hier op semiambachtelijke wijze gebrand alvorens ze overal in Frankrijk worden verkocht.

LE HAVRE-DE-GRÂCE

Le Havre is geen oude stad. Je vindt er geen Romeinse resten. De stad ontstond pas in het begin van de 16de eeuw, meer bepaald in 1517, toen Frans I besloot een nieuwe haven aan te leggen in dit uitgestrekte moerasgebied. De stad kreeg de naam Havre-de-Grâce. Als gouverneur van de stad liet Richelieu een citadel bouwen. Hij gaf ook opdracht de haven verder te ontwikkelen en nieuwe bekkens te graven. In de 18de eeuw verdiende La Havre goed geld dankzij de driehoekshandel. Het was de op twee na belangrijkste Franse haven voor de slavenhandel, na Nantes en Bordeaux (en de belangrijkste voor de walvisvaart!). In de 19de eeuw groeiden de stad en de haven razendsnel dankzij de industriële revolutie. De scheepswerven schoten als paddenstoelen uit de grond, en de handel draaide op volle toeren. In feite heeft Le Havre alles te danken aan zijn haven: dankzij de havenactiviteit werd de stad rijk en over de hele wereld bekend. Je mag ook niet vergeten dat Le Havre gedurende meer dan 120 jaar instond voor de trans-Atlantische verbindingen. De mooiste passagiersschepen hebben hier aangelegd.

LE HAVRE EN DE TWEEDE WERELDOORLOG

In juni 1940 sloeg de oorlog toe. De Duitsers vielen de stad aan en bombardeerden nauwgezet de olievoorraden en de schepen die voor anker lagen. In 1942 versterkten de bezetters de kusten, in afwachting van een nieuwe ontscheping. Le Havre werd een zwaarbewaakt militair kamp. Sommige wijken werden geëvacueerd, er werden mijnenvelden aangelegd, de vallei van de Lézarde werd onder water gezet ... Op 6 juni 1944 ontscheepten de geallieerden op de kusten van Calvados.

De geallieerde legers staken de Duitse grens over in de buurt van Aken. Le Havre, Boulogne en Calais waren echter nog steeds in Duitse handen. De stad Le Havre telde nog ongeveer 40 000 inwoners (tegenover 170 000 in 1940). Het Duitse garnizoen dat er gelegerd was, was 11 000 man sterk. Twee geallieerde divisies omsingelden de plek. Tussen 2 en 12 september, de datum van haar bevrijding, onderging de stad zeven bombardementsgolven van een onbeschrijfelijke hevigheid. Het centrum van Le Havre werd voor 85% met de grond gelijkgemaakt.

Op 12 september trokken de Britten de stad binnen. Zij werden ontvangen zonder vreugdeuitbarstingen en dolle omhelzingen. Le Havre was zelfs de enige stad in Frankrijk waar de vlaggen halfstok hingen na de bevrijding! Er was immers bitter weinig reden tot vreugde. Het centrum lag volledig in puin, meer dan 35 000 mensen stonden op straat en van 45 000 anderen was het huis zwaar beschadigd. Ook de haven was op sterven na dood, niet door de bombardementen van de geallieerden, maar door systematische vernietigingen door de Duitsers.

HET MODERNE LE HAVRE

Na de bevrijding namen zowat 3,5 miljoen Amerikaanse soldaten hun intrek in de befaamde 'cigarette camps', voorlopige militaire kampen (genoemd naar sigarettenmerken) in de driehoek Le Havre – Rouen – Saint Valéry. Dankzij hun steun werd het puin van Le Havre geruimd in twee jaar tijd, heel wat korter dan de vooropgestelde tien jaar. Ze hielpen ook bij de heropbouw en de herstellingen van de transportinfrastructuur. Uit de duizenden tonnen oorlogspuin werd een nieuwe stad geboren, ontworpen door de architect Auguste Perret, die door het ministerie van Wederopbouw en Urbanisme werd aangesteld tot het hoofd van de wederopbouw van Le Havre. Zijn bureau wordt bijgestaan door een honderdtal andere architecten. Perret, die een fervente betonfanaat was, stelde een drievoudig concept voor: soberheid, eenvoud en licht. Om tijd te besparen koos hij voor standaardisatie en prefab.

Natuurlijk is de stad somber en grijs. Maar Auguste Perret is er wel in geslaagd om kleine wooneenheden van enkele verdiepingen vrij harmonieus te combineren met uitgestrekte groene ruimtes, en (niet al te hoge) torens met pleinen waarop bomen groeien. Hij heeft ook geprobeerd om een nieuw stadscentrum uit de grond te stampen, iets wat maar al te vaak ontbreekt bij steden die uit het niets oprijzen. Dat centrum is gestructureerd rond de vele waterbekkens. Het stadhuis is een evenwichtig gebouw, indrukwekkend maar niet verpletterend.

Sinds ze door de Unesco zijn opgenomen op de werelderfgoedlijst, lokken de bouwsels van Perret veel toeristen naar de stad. Het strand van Le Havre werd bovendien helemaal opnieuw aangelegd door een andere grote naam inzake stedenbouw, de architect Chemetoff. De inwoners komen graag wandelen langs de nieuwe kustboulevard die naar Sainte-Adresse leidt. De stad heeft opnieuw kleur gekregen: naast het blauw van de zee en het groen van de parken zie je er zelfs wat roze en oker op de gerenoveerde gevels van Perret. Rond het Vaubanbekken rijst een nieuwe wijk uit de grond die een brug vormt tussen de stad en de haven, die lange tijd met de rug naar elkaar gekeerd leefden, zoals dat ook in Lissabon het geval is. De Jean Nouveltoren (Tour Jean Nouvel), waarin binnenkort *Odissey* 21 zal worden ondergebracht – 'een interpretatiecentrum gewijd aan de zee, de havenactiviteiten en de uitwisselingen over het water' – zal het symbool vormen van een uitgestrekte wijk die snel zal worden ingenomen door nieuw bloed ... Op het lijstje van het stadsbestuur staat verder ook een tweede plezierhaven in het Vaubanbekken, een tram die het centrum en het strand met de hogergelegen wijken moet verbinden en, tegen 2020, de heraanleg van de Quai de Southampton opdat grote cruiseschepen er kunnen aanleggen. Nog veel werk voor de boeg, dus!

> **De haven van Le Havre, dat is**
> – een haven van 27 km lang;
> – 17 000 arbeidskrachten;
> – 40% van de Franse olie-import en 63% van het containervervoer
> – schepen die elk 11 000 containers vervoeren (binnenkort zelfs 13 000!) – als je die allemaal achter elkaar zet, krijg je een rij van 80 km lang;
> – elk jaar twee tot drie miljoen containers die worden gelost (tegen 2015 zouden dat er zes miljoen zijn);
> – om de 75 seconden een container die wordt gelost door een portaalkraan (vier van die kranen wegen samen evenveel als de Eiffeltoren);
> – een sluis van 67 meter lang, twee keer zo groot als die op het Panamakanaal;
> – de grootste openbare werf van Frankrijk. Omwille van de uitbreiding van de haven werd zelfs een volledig vogelreservaat verlegd!

◎ In de buurt die heropgebouwd werd door Auguste Perret en opgenomen werd op de Unesco-werelderfgoedlijst, liggen onder meer het **Musée Malraux,** het **Maison de l'Armateur,** de **Cathédrale notre-Dame,** de **Église Saint-Joseph,** het **stadhuis** en de **Saint-Françoiswijk** (zie verder bij 'Wat is er te zien?'). De Dienst voor Toerisme heeft een wandeling uitgestippeld die je langs deze (en andere) bezienswaardigheden leidt. Je vindt een gedetailleerde plattegrond op ● *www.lehavretourisme.com.*

NUTTIGE ADRESSEN

🄸 **Dienst voor Toerisme (plattegrond A2):** *boulevard Clemenceau 186 (de kustboulevard).*

▨ *02 32 74 04 04* ● *www.lehavretourisme.com. Van begin april tot eind oktober van maandag tot zaterdag ge-*

opend van 9.00 tot 19.00 u en op zon- en feestdagen van 10.00 tot 12.30 u en van 14.30 tot 18.30 u; de rest van het jaar op weekdagen geopend van 9.00 tot 12.30 u en van 14.00 tot 18.15 u en op zon- en feestdagen van 10.00 tot 12.30 u en van 14.30 tot 17.00 u. Een handig mapje met negen wandelroutes (€ 3) laat je toe om alle facetten van de stad te ontdekken. Er wordt ook een kaart aangeboden met een wandeling door het deel van Le Havre dat op de werelderfgoedlijst prijkt. Organiseert van april tot oktober bezoeken aan de Japanse tuin en biedt rondritten aan in een toeristentreintje.

🛈 Ville d'Art et d'Histoire: ☎ 0235212733 • *www.lehavretourisme.com. De activiteiten en rondleidingen in het kader van het label 'Stad van Kunst en Geschiedenis' kosten doorgaans € 3 à 5.* Het hele jaar door worden verschillende thema's aangesneden: het impressionisme, de haven, de architectuur ... Je vindt het volledige aanbod op de website van de stad.

🚆 Treinstation (plattegrond D2): *cours de la République.* ☎ 3635 (€ 0,34 per minuut). Regelmatige verbindingen met Rouen (een rit van 45 minuten) en Parijs (2 uur sporen).

🚌 Busstation (plattegrond D2): *naast het treinstation.* ☎ 0235223400. Drie privémaatschappijen verdelen de koek:

– **Cars Périer:** *naar Étretat en Fécamp.* ☎ 0800 808703 *(gratis nummer)* 0235463777 *(Le Havre)* • *www.cars-perier.fr.*

– **Keolis:** *naar Rouen en de vallei van de Seine.* ☎ 0235281988.

– **Bus verts:** *naar Honfleur, Trouville, Deauville, Caen en heel Calvados.* ☎ 0810214214.

Maar we raden je eigenlijk niet aan om de streek per bus te bezoeken. Er rijden slechts weinig bussen en de verbindingen zijn slecht ... Informeer telefonisch als je beslist met de bus te reizen!

🅿 Parkeren: een van de enige plaatsen waar je gratis kunt parkeren, is het grote parkeerterrein tussen het skatepark en de restaurants aan het strand (plattegrond A1-2).

🚲 Fietsenverhuur: Vélocéane *heeft verscheidene verhuurpunten (Bus Océane) in de stad. Onder meer aan de Dienst voor Toerisme, aan het busstation (*☎ *0235223400), vlak bij het stadhuis (*☎ *0235223500), boven aan de kabeltram en in de zomer ook op het strand (Bains Maritimes).*

📚 Librairie La Galerne (plattegrond B2, 1): *rue Victor-Hugo 148.* ☎ 0235432252. *Dagelijks geopend van 10.00 tot 19.00 u, behalve op zondag.* Een ronkende naam in Le Havre. Prachtige boekhandel op twee verdiepingen. Je vindt er alles over de geschiedenis van de stad en de streek, Perret, de impressionisten en nog tal van andere onderwerpen ... Bovendien kun je er een kop thee drinken en iets kleins eten.

SCHEEPSVERBINDING MET ENGELAND

⚓ Naar Portsmouth, Newhaven en Ierland: *met de maatschappij* LD Lines. ☎ 0825304304 *(€ 0,15 per minuut).* • *www.ldlines.fr.* Vertrek aan de terminal van de Citadel (plattegrond C4). Er zijn twee ferry's per dag: een naar Portsmouth om 17.00 u en een naar Newhaven om 19.30 u. Duur van de overtocht: van 4 tot 4½ uur. In het weekend vaart een van de twee verder naar Ierland (daar doe je zo'n 20 uur over).

SLAPEN

GOEDKOOP

🛏 GÎTE DE LA PORTE OCÉANE (PLATTEGROND C2, 10): *vereniging Sans Détour, rue Georges-Heuillard 24.* ☎ 0276841000 • *sansdetour@wanadoo.fr* • *www.sansdetour.info* 🅿 *Je betaalt ongeveer € 12 per persoon per nacht. Draadloos internet.* Deze vereniging, die een vrijetijds- en vakantiecentrum beheert, biedt tijdens het academiejaar onderdak aan studenten. Tijdens de zomervakantie – en soms ook in september – staan de kamers dus leeg. Je moet wel op voorhand reserveren. Je logeert in een gerenoveerd herenhuis ietwat buiten het centrum dat dertien kamers telt (voor 1 tot 4 personen, samen goed voor 34 slaapplaatsen in stapelbedden). De kamers aan de voorzijde van het gebouw zijn het grootst en het lichtst. Er is één badkamer per twee slaapkamers. Voorts staan ook de keuken, het tv-salon, het binnenplaatsje en de terrassen ter beschikking van de logés. Leuk 'wintertuintje'. Wasmachine en droogautomaat (niet gratis). Vriendelijke ontvangst met wat wandeladvies voor wie wenst.

📧 LE SÉJOUR FLEURI (PLATTEGROND B3, 11): *rue Émile Zola 71*. ☎ 02 35 41 33 81
● *sejourfleuri@wanadoo.fr* ● *www.hotelsejourfleuri.fr. Gesloten tijdens de eindejaarsperiode. Afhankelijk van het gewenste comfort betaal je € 33 tot 43 voor een tweepersoonskamer. Draadloos internet.* Een buitenkansje voor minder gefortuneerde trotters. Alleen maar goeds over dit bescheiden hotelletje dat gerund wordt door een vrouw die van aanpakken weet (en er wellicht op zal wijzen dat haar hotel is ondergebracht in een gebouw dat ontworpen werd door Perret). De kamers zijn heel eenvoudig, wat logisch is voor deze prijs. Als je in de goedkoopste verblijft, moet je de gang op voor douche en toilet. De iets duurdere (of beter: minder goedkope) bieden een douche, de duurste zowel douche als toilet. De eigenares kan je heel wat wandelideeën aan de hand doen. Ze doet er alles voor om je met goede herinneringen aan Le Havre te laten vertrekken.

DOORSNEEPRIJS

📧 LE RICHELIEU (PLATTEGROND B3, 12): *rue de Paris 132*. ☎ 02 35 42 38 71 ● *hotel.lerichelieu@ wanadoo.fr* ● *www.hotel-lerichelieu-76.com. Tweepersoonskamers voor € 53 tot 62, naargelang van het comfort. Enkele familiekamers voor € 68. Gratis draadloos internet.* Wellicht een van de hotels met de beste prijs-kwaliteitverhouding in Le Havre. Dit onafhankelijke hotelletje is heel goed gelegen, vlak bij het stadhuis en de ferry's. Het biedt een twintigtal kamers met alle comfort. Bovendien zijn de kamers heel leuk gerenoveerd, wat niet altijd het geval is in de stad. Het hotel wordt met liefde gerund door de immer vriendelijke gastvrouw.

📧 LE PETIT VATEL (PLATTEGROND B2, 14): *rue Louis-Brindeau 86*. ☎ 02 35 41 72 07
● *hotel.vatel@orange.fr* ● *www.lepetitvatel.com. Gesloten tijdens de eindejaarsperiode. Tweepersoonskamers voor € 61 tot 74. Draadloos internet en pc ter beschikking.* Centraal gelegen hotel met nette kamers met veel licht en alle moderne comfort. De '*chambres confort*' zijn wat ruimer dan de andere. Er zijn ook enkele familiekamers. Goede ontvangst.

📧 HÔTEL LES GENS DE MER (PLATTEGROND B3, 13): *rue Voltaire 44*. ☎ 02 35 41 35 32
● *agismlehavre@wanadoo.fr* ● *www.lesgensdemer.fr. Tweepersoonskamers voor € 55 tot 67, naargelang van het comfort. Op weekdagen is er een lunchmenu voor € 12; voor de andere menu's betaal je € 17 tot 26.* Het gebouw zit er nogal mistroostig uit, maar dit hotel bevat een honderdtal vrij leuke kamers. Het behoort tot een keten die zich speciaal richt op zeelui die de nacht aan wal willen doorbrengen. Alles is dan ook ingericht opdat de zeebonken er zich thuis voelen. Er zijn verschillende types van kamers: *cabine matelot* (heel klein, zo zijn er maar twee), *cabine régate* (dubbelbed), *trimaran* (twee tweelingbedden), *cabine balnéo* (met een douche) en *transat* (met bad). Satteliet-tv (geen Canal + en telefoon). Er zijn ook enkele familiekamers, en er staan nog een twaalftal extra kamers op stapel. Het hotel heeft ook een restaurant. De prijs-kwaliteitverhouding is eerlijk, maar niet uitzonderlijk.

LUXUEUS TOT HEEL LUXUEUS

📧 HÔTEL VENT D'OUEST (PLATTEGROND B2, 15): *rue de Caligny 4*. ☎ 02 35 42 50 69.
● *contact@ventdouest.fr* ● *www.ventdouest.fr. Naast de Église Saint-Joseph. Tweepersoonskamer voor € 100 tot 130, afhankelijk van het comfort. Iets goedkoper in het weekend: van € 80 tot 110. Er zijn ook familiekamers, suites en appartementen voor ongeveer € 150 à 160. Voor het ontbijt betaal je € 12. Draadloos internet.* Klein luxehotel met een dertigtal heel gezellige kamers, elk met een eigen interieur. De eigenares heeft dan ook een interieurwinkel! Resultaat: overal sisal, meubels die al van bij de levering patine hebben en kleine details en de snuisterijen die meer

doen denken aan een logeerkamer dan aan een hotel. Naargelang van de prijscategorie van de kamers krijg je een douche of een bad en minder of meer ruimte. Alle kamers hebben een flatscreen-tv. Het lekkere ontbijt wordt geserveerd in een theesalon dat in dezelfde stijl is ingericht als de rest van het hotel. Op verzoek worden ook eenvoudige maaltijden bereid.

ART HOTEL (PLATTEGROND B2, 17): *rue Louis-Brindeau 147.* ☎ 0235226944
● *arthotel@free.fr* ● *www.bestwestern.fr/arthotel. Tweepersoonskamers voor € 91 tot 122. Voor het ontbijt betaal je € 13 extra. Soms zijn er internetpromoties waarbij het ontbijt in de prijs van de kamer begrepen is. Draadloos internet.* Zin om te overnachten in een van de laatste gebouwen die door Perret werden ontworpen, in een stadscentrum dat opgenomen is op de Unesco-werelderfgoedlijst? Voor één keer raden we je aan om de lift te nemen, zelfs al moet je maar naar de eerste verdieping. De kamers met terras op de bovenste verdieping (de zesde) kijken uit op het handelsdok en op de Espace culturel Oscar Niemeyer ('Le Volcan'). De kamers zijn licht en sober ingericht, met hedendaagse meubels. In sommige gevallen betaal je alles welbeschouwd wat te veel voor de ruimte en het comfort dat je krijgt. Het hotel biedt regelmatig onderdak aan tentoonstellingen van jonge kunstenaars uit Le Havre. Vriendelijke ontvangst en heel wat informatie over de stad ter beschikking van de gasten.

NOVOTEL LE HAVRE (PLATTEGROND D2, 16): *cours Lafayette — quai Colbert 20.*
☎ 0235192323 ● *H5650@accor.com* ● *www.novotel.com. Tweepersoonskamer voor € 89 tot 170, suites voor € 150 tot 200. Voor het ontbijt betaal je € 14.* Het is niet onze gewoonte om *Novotel*-hotels aan te raden, maar als alle hotels van de keten eruitzagen als dit, zouden we dat vaker doen. Dit exemplaar is ondergebracht in een elegant passagiersschip tegenover de plek waar de Tour Jean Nouvel wordt gebouwd, en werd ontworpen door de architect Jean-Paul Viguier. De comfortabele kamers liggen allemaal rond een lichtschacht. Mooi terras. Op de benedenverdieping ligt een leuk restaurant. Bijkomend voordeel is dat dit hotel vlak bij het treinstation ligt. Trotters die met de wagen op reis zijn, moeten die achterlaten in de ondergrondse parkeergarage, want je mag niet in de straat parkeren.

SLAPEN IN DE OMGEVING

Zie ook 'Slapen' in het deel over Sainte-Adresse.

CHAMBRES D'HÔTES LA MOINEAUDIÈRE: *bij Nicole en Marcel Ropers, rue de la Plaine 15, Saint-Jouin, 76930 Cauville-sur-Mer.* ☎ 0235203864 ● *nropers@wanadoo.fr* ● *www.lamoineaudiere. com. Ongeveer 12 km van Le Havre via de D940 (richting Étretat). Rijd Cauville 2 km voorbij in de richting van Étretat en sla vervolgens rechts af, richting Épaville. Aan het stopbord moet je naar rechts. Vanaf daar staan er pijlen. Gesloten van half november tot midden februari. Je betaalt € 43 voor een tweepersoonskamer. Table d'hôte met alles erop en eraan voor € 24.* Twee mooie gastenkamers in een aangenaam huis in een grote tuin. De eigenaars ontvangen je bijzonder hartelijk en staan je met raad en daad bij om je verblijf in de streek zo aangenaam mogelijk te maken. Uitstekende prijs-kwaliteitverhouding.

ETEN

In het centrum liggen de meeste pannenkoekenhuizen – en dat zal je niet verbazen – in de Bretonse wijk Saint-François, achter het Masion de l'Armateur. Ook rond de markthal en in de buurt van 'Le Volcan' vind je tal van restaurants (als je 's avonds na een voorstelling uitgehongerd buitenkomt uit de Espace culturel Oscar Niemeyer, kun je nog terecht in brasserie *Grignot* aan de overkant van de straat; de keuken is geopend tot middernacht, behalve op zon- en feestdagen). Aan het strand staan van april tot september (of tot oktober als het weer het toelaat) een twintigtal eethuisjes (plattegrond A2, 20).

Aanraders zijn *Les Frites à Victor* voor een bakje friet of een pannenkoek, *Les Galets* voor vis en zeevruchten, *Le Nutris'Co* voor een wokgerecht en *On dirait le Sud* voor couscous of tajine.

DOORSNEEPRIJS

⊠ **LA PETITE BROCANTE (PLATTEGROND B2, 23):** *rue Louis-Brindeau 75.* ☎ 02 35 21 42 20. *Gesloten op zondag en maandag. Jaarlijkse vakantie: de eerste week van mei, de eerste drie weken van augustus en de eindejaarsperiode. Lunchformule voor € 13, menu voor € 25. A la carte moet je rekenen op ongeveer € 50.* De grootste kwaliteit van deze bistro tegenover de centrale markthal, met z'n sierlijk gedeukte tapkast, smetteloze tafelkleedjes en kleurige schilderijen, is de vriendelijkheid waarmee je wordt ontvangen. Dan volgt de keuken. De kaart is een selectie van de beste recepten uit verschillende Franse regio's, van wijngaardslakken tot *andouillettes de poisson* (visandouillette). Ook dagverse oesters voor de liefhebbers. Een uitstekend adres in het hart van de stad.

⊠ **LA TAVERNE PAILLETTE (PLATTEGROND B2, 21):** *rue Georges-Braque 22.* ☎ 02 35 41 31 50. *Dagelijks geopend van 12.00 u tot middernacht. Lunchmenu voor € 15 (niet op zondag). Een duurder menu voor € 28,90, zuurkoolbereidingen voor € 11 tot 19 en zeevruchtenschotels voor € 20 tot 40 (of € 59 tot 82 voor twee personen).* Dit is het oudste bierhuis van de stad. Het werd gesticht in 1596 en in 1956 helemaal gerenoveerd door architect Wilfried Baker. Binnen veel hout en enkele vergulde versieringen. De naam komt van de brouwerij *Brasserie Paillette*, die aan de overkant van de straat stond maar in de jaren 1980 werd vernietigd. De achterste zaal, waar tal van foto's en souvenirs zijn uitgestald, was vroeger trouwens voorbehouden voor het leidinggevend personeel van de brouwerij. Tegenwoordig kun je er gezellig tussen de plaatselijke bevolking (denk erom te reserveren!) genieten van zuurkool of zeevruchten (ook om mee te nemen). Eten en drinken gaan vlot over de toonbank, en de sfeer is geanimeerd. Deze zaak draait duidelijk goed! Goed nieuws: sinds een kleine brouwer uit Saint-Arnoult er z'n schouders heeft onder gezet, kun je ook opnieuw het Paillettebier proeven.

⊠ **LE CAFÉ-RESTAURANT DES GRANDS BASSINS (BUITEN PLATTEGROND VIA D2-3, 24):** *boulevard Amiral-Mouchez 23.* ☎ 02 35 55 55 10 ● *grandsbassins@yahoo.fr* 🅿 *Gesloten op zon- en feestdagen, en buiten het hoogseizoen ook op zaterdagmiddag. Op weekdagen is er een lunchformule voor € 14,50. 's Avonds menu voor € 25. A la carte betaal je € 30 tot 40.* Dit café-restaurant ligt in de buurt van de oude pakhuizen, een wijk die volop in verandering is. Het is ondergebracht in een mooi 19de-eeuws gebouw tegenover de Cloche des Dockers. Van de oude bar waar de stamgasten hun koffie met calvados kwamen drinken, resten enkel nog de muren, de foto's, de mooie banken in rood fluweel en de nostalgische sfeer. De keuken is niet opmerkelijk, maar biedt een eerlijke prijs-kwaliteitverhouding als je je beperkt tot de lunchformule of het menu. Wie na het eten nog niet huiswaarts wil keren, kan net ernaast terecht in de *Hercule Poirot Club*, van dezelfde eigenaars (zie 'Iets drinken').

⊠ **LA PETITE AUBERGE (PLATTEGROND A1, 25):** *rue de Sainte-Adresse 32.* ☎ 02 35 46 27 32. *Gesloten op zondagavond, op maandag en op woensdagmiddag. Jaarlijkse vakantie: een week in februari en een week in augustus. We raden aan te reserveren. Op weekdagen is er een lunchformule voor € 18. Menu's voor € 23 (niet in het weekend of op feestdagen), 30 en 43.* Een vaste waarde in de gastronomie van Le Havre. Generaties lekkerbekken komen naar dit adres. De meeste mensen komen hier in familieverband genieten van fijne Normandische gerechten in een van de kleine eetzalen op de etage.

⊠ **A DEUX PAS D'ICI (PLATTEGROND C3, 26):** *rue Dauphine 69.* ☎ 02 35 43 44 81. *Gesloten op zaterdagmiddag, zondagavond en maandag. Jaarlijkse vakantie in augustus. Menu's voor € 16 ('s middags, behalve op zon- en feestdagen) en € 23 tot 30. A la carte betaal je € 30 tot 40.* Opvallend adresje tussen de pannenkoekenhuizen in de wijk Saint-François. Hier geen pannenkoeken, maar streekspecialiteiten op basis van cider en *pommeau*. Zeer redelijke prijzen. Wil je er 's avonds of in het weekend gaan eten, dan kun je beter reserveren.

▧ **LE LYONNAIS (PLATTEGROND C3, 22)**: *rue de Bretagne 7*. ☎ *0235220731*. *Gesloten op zaterdagmiddag, op zondag en op maandagavond. Lunchformule voor € 12,50 (glas wijn inbegrepen) en menu's van € 16 tot 25; à la carte betaal je ongeveer € 30.* En Lyonese bistro in de Bretonse wijk Saint-François is een beetje als een sinaasappelboom in Ierland: hij valt uit de toon. Maar verder niets dan goed over dit adresje met z'n nogal Britse inrichting met groene bakstenen. Lekkere specialiteiten voor een zeer redelijke prijs, en een heel vriendelijke ontvangst.

▧ **LE BISTROT DES HALLES (PLATTEGROND B2, 28)**: *place des Halles-Centrales 7*.

☎ *0235225052. Gesloten op zon- en feestdagen. Lunchformule voor € 14,70, menu voor € 31, 50. A la carte betaal je € 35 à 40.* Een bistro zoals we ze graag hebben, met een mooie tapkast, oude reclameborden en een efficiënte bediening. Ook dit is een Lyonees adres. Je vindt er dus uiteraard de specialiteiten van de regio Rhône-Alpes, maar ook tal van overvloedige klassiekers, zoals zalmpastei, foie gras en allerlei vleesgerechten.

▧ **LE WAB LOBBY LOUNGE (BUITEN PLATTEGROND VIA D2-3, 27)**: *rue d'Iéna 33*.

☎ *0235530391* • *françois@wablobbylounge.com. Gesloten op zaterdagmiddag, zondag, en maandag-, dinsdag- en woensdagavond. Jaarlijkse vakantie: de eerste drie weken van augustus. Lunchformules voor € 17 en 22. 's Avonds betaal je ongeveer € 30 à la carte.* Dit is een van de adressen die de oude pakhuizen nieuw leven inbliezen. Katoen en specerijen hebben plaats geruimd voor een hippe clientèle. Lekker vleesrestaurant op de eerste verdieping, en overal gezellige hoekjes om de avond te rekken ...

IETS DRINKEN, UITGAAN

Informatie over de plekken waar iets te beleven valt, vind je onder meer in het gratis magazine *Bazart*, dat wordt aangeboden in tal van bars. Ga ook op zoek naar het programma van de nieuwe adressen in oude pakhuizen, zoals *Docks Café* en *Docks Océane*, waar zeer geregeld optredens en voorstellingen worden georganiseerd.

▣ Intellectuelen en estheten raden we het THEESALON VAN DE LIBRAIRIE LA GALERNE aan (zie 'Nuttige adressen'; plattegrond B2, 1). Je vindt er allerlei boeken over kunst en over de streek. Idem voor de CAFETARIA VAN HET MUSÉE MALRAUX (PLATTEGROND B3, 33), waar je kunt nagenieten van een bezoek aan het museum met uitzicht op de zee.

▣ Aan de kust liggen enkele bars die op mooie dagen altijd barstensvol zitten. Een aanrader is L'ABRI CÔTIER (PLATTEGROND A2, 30): *rue Guillemard 35*. ☎ *0235425120* ▧ *Dagelijks geopend tot 1.45 u (buiten het hoogseizoen sluiten de deuren op zondag al om 21.00 u).* Leuke kroeg waar doorgaans veel studenten en jonge dertigers zitten. De aangename muziek wordt in de zomer weggeblazen door de wind die van over de zee komt. Eens per maand wordt er livemuziek gespeeld door wie zich geroepen voelt (waarom jij niet?).

▣ Je kunt ook iets gaan drinken in L'EAU TARIE (PLATTEGROND B2, 32): *rue Victor-Hugo 86, op de hoek met de rue Bernardin-de-Saint-Pierre*. ☎ *0235413983*. Geanimeerde studentenkroeg met een houten interieur. Heb je het liever iets chiquer, ga dan naar LA VILLA, het voormalige huis van de schrijver Salacrou, een grote villa met terras aan het strand. Opmerkelijk zijn de grotten in het bordes. Het is nu eigendom van de groep Partouche, die ook het lokale casino bezit. Niet goedkoop! Je betaalt ongeveer € 10 voor een cocktail. Trotters die meer van fluweel houden, kunnen terecht in de pianobar van de HERCULE POIROT CLUB, net naast het *Café-restaurant des Grands Bassins* (buiten plattegrond via D2-3, 24), in hetzelfde huis.

📱 **LE WAB LOBBY LOUNGE (BUITEN PLATTEGROND VIA D2-3, 27)**: *zie 'Eten'*. Een van de hippe adressen in de buurt van de pakhuizen, die in volle opmars is. Op donderdag-, vrijdag- en zaterdagavond vertonen dj's hun draaitafelkunsten.

📱 **LE CABARET ELECTRIC (PLATTEGROND B2, 31)**: *Espace Oscar Niemeyer (Le Volcan)*. ☎ 02 35 19 91 32 ● *www.cabaretelectric.fr*. Dé plek voor moderne muziek in Le Havre. Wellicht zal ze op korte termijn moeten verhuizen, gezien de nieuwe culturele projecten van de stad ... Vraag het even na.

EEN FRISSE DUIK NEMEN TUSSEN DE ARCHITECTURALE PRACHT

■ **Les Bains des Docks (plattegrond D3, 40)**: *quai de la Réunion*. ☎ 02 32 79 29 55 ● *www.lesbainsdesdocks.com* 🅿 *In de zomermaanden dagelijks geopend van 10.00 tot 20.00 u. In juni en september op maandag en woensdag van 9.00 tot 21.00 u, op dinsdag, donderdag en vrijdag van 12.00 tot 21.00 u en in het weekend en op feestdagen van 9.00 tot 19.00 u. In het laagseizoen bel je beter even om de precieze openingstijden te weten te komen. Toegangsprijs: € 5; € 12 voor de wellnessruimte (sauna, hamam) – die we ten zeerste aanraden – en het zwembad.* De koffiepakhuizen die hier vroeger stonden, hebben plaatsgemaakt voor een zwembad- en wellnesscomplex dat werd ontworpen door Jean Nouvel (laureaat van de Pritzkerprijs 2008). De opmerkelijke, sobere architectuur is geïnspireerd op de Romeinse thermen. De kubusvormen, het spel met de volumes, de monochromie en de gedimde verlichting zorgen voor een geschikte sfeer om heerlijk te ontspannen. Verhitte sportievelingen kunnen afkoelen in het buitenzwembad van 50 meter. Zwembadcomplex met glijbanen en warme en koude baden, sauna en pierenbad voor de kleinsten. Zelfs aan de akoestiek is gedacht! Sommige van de 32 miljoen mozaïektegeltjes van glaspasta zijn losgekomen, maar daar wordt aan gewerkt.

■ **Club Nautique Havrais (CNH; plattegrond A2, 41)**: *boulevard Clémenceau, aan de kustpromenade, tegenover de Dienst voor Toerisme en naast het skatepark.* ☎ 02 35 43 47 65. *Geopend van eind april tot eind september. Toegangsprijs voor de hele dag: € 10 (€ 25 voor het hele gezin). Je moet een identiteitsbewijs voorleggen.* Dit is de club waar ook Hugues Duboscq traint, de Franse zwemmer die twee olympische medailles behaalde in Peking. Als er niet getraind wordt, mag het grote publiek komen zwemmen in het grote openluchtzwembad dat gemaakt is van inox (omdat dit materiaal de warmte beter vasthoudt). Jacuzzi en fitnessruimte. Klein zwembad en pierenbad voor de kleinsten.

WAT IS ER TE ZIEN?

🎯🎯🎯◎ **Musée Malraux (Museum voor Schone Kunsten; plattegrond B3)**: *boulevard Clemenceau 2*. ☎ 02 35 19 62 62 ● *museemalraux@ville-lehavre.fr* 🅿 *Vanaf het treinstation kom je er met bus 9. Geopend van 11.00 tot 18.00 u op weekdagen, behalve op dinsdag. In het weekend geopend van 11.00 tot 19.00 u. Gesloten op sommige feestdagen. Toegangsprijs: € 5; gratis voor wie jonger is dan achttien. De eerste zaterdag van elke maand mag iedereen gratis binnen. Gratis audiogids. Eens per maand, op een donderdag om 12.00 u, wordt er een rondleiding gegeven waarbij in detail wordt ingegaan op één bepaald werk ('Musée à la carte').*

Dit gebouw was eerst een cultuurhuis, dat in 1961 werd ingewijd door André Malraux, maar werd in 1967 een museum. Dankzij verscheidene legaten, en vooral dankzij de Senn-Fouldsschenking, herbergt het tegenwoordig de op één na grootste collectie impressionistische kunst van Frankrijk, die enkel voor het Musée d'Orsay moet onderdoen. Er worden ook tijdelijke tentoonstellingen georganiseerd. Van juni tot september 2010 loopt *Les Degas de la donation Senn* (tentoonstelling van de werken van Degas uit de Senn-Fouldsschenking), en van oktober 2010 tot januari 2011 een tentoonstelling over het werk van Paul Signac.

De moderne architectuur met veel lichtinval, gebouwd met ijzer en glas, is op zich al de moeite waard. De ruimte geeft de gebruiker vrij spel. De tentoonstellingszalen kunnen worden aangepast en het binnenvallende licht wordt gefilterd en verdeeld door doorschijnende panelen. Op die manier krijgen de werken het licht waar ze recht op hebben. Dankzij de vele grote ramen worden ze opgenomen in het geheel van het landschap en de zee aan de andere kant van het glas.

Het gebouw werd ontworpen door dissidente leerlingen van Auguste Perre (ook toen al was niet iedereen opgezet met zijn ideeën!). Architect Huy Lagneau heeft zich in grote mate laten inspireren door Le Corbusier en de Bauhausbeweging. Het *paralume*, het geheel van aluminium cellen dat het licht dempt dat door het dak van het museum naar binnen valt, is van Jean Prouvé (maar het werkt niet meer!). Voor het museum zie je het kantoor van de havenmeester en het ritmische ballet van de schepen.

Eerste verdieping

Het bezoek begint chronologisch op de eerste verdieping, met een beperkt aantal werken uit de 17de eeuw, een 'voorproefje' alvorens je aan de impressionisten en de fauvisten begint. Classicisme en Contrareformatie zijn op het appel met *De roeping van Mattheus* van Terbrugghen, geïnspireerd door Caravaggio, *La consécration de la Vierge (De wijding van de Maagd)* van De La Fosse en *La chute de Simon le Magicien (De val van Simon de Tovenaar)* van Solimena, waarop te zien is hoe Petrus de duivels beveelt om de hoogmoedige tovenaar te laten vallen. Daarna volgen enkele klassieke landschappen van Huysmans, Dughet (de schoonzoon van Poussin), werken van Volaire en Robert (eind 18de eeuw) en een paar stillevens van Boudin, een van de voorlopers van het impressionisme. Werp ook een blik op zijn kopie van het klassieke schilderij *Storm bij de dijken van Holland* van Ruysdael. Een van de hoogtepunten van deze afdeling is zonder twijfel *La Vague (De Golf)* van Courbet, waarvan hij verschillende versies heeft geschilderd. De stijl van deze realistische en provocerende schilder – die ook het beroemde *L'Origine du Monde (De Oorsprong van de Wereld)* schilderde – staat ver af van het impressionisme, maar in de loop van zijn leven zou hij zich steeds meer interesseren voor landschappen, en in het bijzonder de Normandische (zo schilderde hij ook de kliffen van Étretat). Hij schilderde *La Vague* in een hutje aan het strand, ten prooi aan de weerselementen, en gebruikte daarbij enkel zijn paletmes. Op die manier opende hij de weg voor de impressionisten die 'naar de natuur' zouden gaan werken en hun schildersezel zouden gaan opstellen voor het panorama dat ze wilden schilderen. Na enkele doeken van de school van Barbizon, die dicht aanleunt bij Coubet (met schilders als Troyon en Daubigny) komen we terecht bij de eerste uitingen van het impressionisme, met een amusante reeks koeien van Eugène Boudin. Die werd in 1824 in Honfleur geboren en leefde lange tijd in Le Havre. Hij stierf in 1898 in Deauville. Door zijn baan als papiermaker kwam hij veel in contact met schilders (Millet, Courbet en anderen). Aan de hand van hun advies ontwikkelde hij ook zijn eigen schildertalent. Op zijn werken is te zien dat hij van Normandië niet enkel de koeien schilderde, maar ook de stranden, spelende kinderen in het water, wandelende gezinnen op de pier, gestrande bootjes bij laagtij en de prachtige luchten boven de zee. De vele kleine werkjes van zijn hand zijn vaak onafgewerkt en zijn soms veeleer ruwe schetsen. De eerste aanzet van het impressionisme is duidelijk merkbaar. De schilderijtjes die Boudin wel afwerkte, raakten vrij gemakkelijk verkocht, waardoor de schilder financieel het hoofd boven water kon houden. Sta even stil bij *L'aiguille creuse (De holle naald)* en *Les falaises et barques jaunes à Étretat (De kliffen en de gele bootjes in Étretat)*. In dat tweede werkje gebruikte hij trouwens de kleur zwart, wat de latere impressionisten nooit zouden doen. *L'entrée des jetées du Havre par gros temps (De ingang van de havenhoofden van Le Havre bij zwaar weer)* werd geschilderd in de nabijheid van het museum. Ook de schetsen van zonsondergangen verdienen je aandacht. De laatste schilderijen zijn niet helemaal afgewerkt, al valt dat niet erg op. Boudin maakte ze in Venetië, toen hij meer geld had en zich een reis buiten Frankrijk kon veroorloven. Het tweede deel van deze verdieping bevat de schitterende Senn-Foulsschenking. Die omvat 205 werken (schilderijen, tekeningen, pastellen, aquarellen en beelden), waaronder tal van doeken van de hand van de grootste pre-impressionistische, impressionistische en fauvistische meesters. De collectie werd in 2004 aan het museum geschonken door de kleindochter van Olivier Senn, een katoenhandelaar en kunstverzamelaar die lid was van de zeer avant-gardistische *Cercle de l'Art Moderne*. Senn begon zelf kunstwerken aan te kopen aan het einde van de 19de eeuw en was ook raadgever van de stad Le Havre wat kunstaankopen betrof. Een van de meest opmerkelijke werken is *Le Loing à Saint-Mammès (De Loing in Saint-Mammès)* van Sisley, een van de meest constante impressionistische schilders die de stroming zijn hele leven lang zal aanhangen, in tegenstelling tot veel van zijn collega's. Let op de kleine mauve toetsen die kenmerkend zijn voor zijn oeuvre. En natuurlijk is ook Monet aanwezig. Wanneer Claude vijf jaar oud is, verhuist hij met z'n familie naar Le Havre. Zijn tante staat hem toe het leger in Algerije te verlaten op voorwaarde dat hij lessen neemt aan de school voor schone kunsten. Zijn eerste successen zijn karikaturen van zijn leraars en van de notabelen van de stad. Daarna volgt de ontmoeting met Eugène Boudin, die de rest van zijn leven zal bepalen. Het beroemde *Impression, soleil levant (Impressie, opkomende zon)*, het werk dat Monet in Le Havre schilderde en dat het begin van het impressionisme zou inluiden, hangt in het Musée Marmottan in Parijs. Maar ook hier kun je het werk van de meester, de vader van het impressionisme, bewonderen met onder meer *La Seine à Vétheuil (De Seine in Vétheuil)*, waarin je het spel van het licht en de kleuren terugvindt dat zo eigen is aan de de impressionisten (vergelijk met *Soleil d'hiver à Lavacourt (Winterzon in Lavacourt)*, dat op de benedenverdieping hangt). Monet maakte het werk in 1878, tijdens een van zijn meest creatieve periodes, een jaar voor de dood van zijn vrouw Camille. Anders dan vaak wordt gedacht, werkte Monet zijn doeken vaak in z'n atelier af. Hij stond immers vaak onder tijdsdruk om te beantwoorden aan de eisen van de markt en van zijn verkoper Durand-Ruel. Tja, ook bij hem moest er brood op de plank komen natuurlijk. De stad Le Havre was de eerste die enkele van zijn doeken aankocht. Na Monet krijg je drie doeken te zien van Pissarro, *Carrefour à l'Hermitage Pontoise (Kruispunt bij L'Hermitage in Pontoise)*, dat nauw aanleunt bij de stijl van Cézanne, *Le quai du Pothuis (De kaai van Le Pothuis)*, waarin duidelijk de aantrekkingskracht van het pointillisme te merken is, en *Soleil levant à Éragny (Opkomende zon in Éragny)*, waarin Pissarro terugkeert naar het impressionisme, zonder echter alle liefde voor het pointillisme te verliezen. Interessant weetje: dat laatste werk heeft hij geschilderd in een huisje achter in zijn tuin omdat hij in de loop der jaren zoveel in het licht had gekeken, dat zijn ogen er niet meer tegen konden! Daarna volgt nog een van de paradepaardjes van het museum: het portret van *Nini Lopez* door Renoir. De schilder maakte het in 1876, wellicht om er financieel weer bovenop te komen na de beurskrach van 1875. De afgebeelde vrouw is een jong Parijs model, een favoriete van Renoir, die in haar tijd 'Nini Gueule de Raie' (vrij vertaald 'Lelijke Nini') werd genoemd. De rest van de collectie bevat nog enkele werken van Les Nabis (Hebreeuws voor 'de profeten'), een groep postimpressionistische Franse kunstschilders die veel met symbolen speelde. Sta even stil bij *La Valse (De Wals)* van Félix Vallotton (heel art nouveau, we schrijven 1893) en *Le berger Corydon (De herder Corydon)* van Sérusier, een van de stichters van de beweging. Ten slotte komen we bij de fauvisten, de erfgenamen van de impressionisten, met Marquet, wiens werken aantonen dat ook hij een groot liefhebber van havens was, Bonnard, met zijn *Intérieur au balcon (Tafereel op het balkon)*, waarbij de zee zich lijkt te verspreiden over het schilderij, en Vuillard met het heel verfijnde *Enfants lisant (Lezende kinderen)*, dat hij maakte op basis van een foto.

Gelijkvloerse verdieping

Hier vind je werken van enkele meesters die we al eerder bespraken, maar die los van de Senn-Fouldsschenking worden tentoongesteld, een *conditio sine qua non* voor de schenking. Opnieuw Monet dus, met een vierkante *Nymphéa (Waterlelie)* die door de stad werd aangekocht in 1911, *Les falaises de Varengeville (De kliffen van Varengeville)*, dat Monet hier in de omgeving schilderde lang na het hoogtepunt van het impressionisme, het befaamde *Fécamp, bord de mer (Fécamp, kust)* en ten slotte *Soleil d'hiver à Lavacourt (Winterzon in Lavacourt)*, impressionisme in z'n puurste vorm. Andere belangrijke werken zijn *Bateaux au soleil couchant (Boten bij ondergaande zon)* van Manet, twee uitzichten op de *Port du Havre (De Haven van Le Havre)* van Pissarro, *L'Excursionniste (De dagtoerist)* van Renoir, waarop je reeds merkt dat de kunstenaar afstand neemt van het impressionisme, en *La côte de Grâce à Honfleur (De Côte de Grâce in Honfleur)*, het enige tentoongestelde werk van Braque, waarop het impressionisme over lijkt en het kubisme nog niet in zicht. Verder ook enkele doeken van Sisley, een *Paysage de Te Vaa (Landschap van Te Vaa)* waarvan het niet zeker is of het van de hand van Gauguin is, *Quai de la Seine à Paris (Seinekaai in Parijs)* van Marquet en vervolgens *Barques de pêche à Saint-Tropez (Vissersboten in Saint-Tropez)* en *Paysage du midi (Landschap van het zuiden)*, waaruit de fauvistische stijl duidelijk blijkt.

Nu we het toch over het fauvisme hebben: ga zeker ook kijken naar de werken van Raoul Dufy, die in 1877 werd geboren in Le Havre. Deze veelzijdige schilder is in het museum goed vertegenwoordigd; je kunt de evolutie van zijn stijl goed volgen in de verschillende werken. Sta achtereenvolgens stil bij *Sorties de régates au Havre (Uitvaart van regatta's in Le Havre)*, waaruit de impressionistische invloed duidelijk blijkt, het prachtige *Jeanne dans les fleurs (Jeanne in de bloemen)* met een heel fauvistisch kleurenpalet, *Les gymnastes (De gymnasten)*, dat tegelijkertijd doet denken aan Cézanne en aan het kubisme, *Casino Marie-Christine*, met kubistische invloeden in de daken en de boten op het strand, en ten slotte het duidelijk kubistische *Pêcheurs aux haveneaux (Vissers met zaknetten)*. Na een mooie reeks van de fauvistische schilder Othon Friesz (werp ook een blik op zijn aardewerk, afkomstig uit een villa in Sainte-Adresse) en het opmerkelijke *Rochers rouges à Agay (Rode rotsen in Agay)* van Louis Valtat, een schilder uit Dieppe die als een van de eersten pure kleuren gebruikte, eindig je met de blauwe reeks van Dufy: het kubistische Baigneuse au Havre (Baadster in Le Havre), Les Sirènes (De Sirenen), met een tekst van Apollinaire of nog *La plage et l'estacade au Havre (Het strand en de pier in Le Havre)* voor het verzadigde blauw, het zwart dat duidt op de blindheid die optreedt wanneer je te lang in de zon kijkt, en de tegenstelling tussen de tekening en de kleur.

🖼🍽 Loop ook even binnen in de **cafetaria van het museum (plattegrond B3, 33)**, die is ondergebracht op een tussenverdieping. Je hebt er een mooi uitzicht op de haven, de zee en het museum zelf. De keuken is zeer behoorlijk. *Uitsluitend 's middags (in de namiddag wordt het een theesalon). Op dinsdag gesloten.* ☎ *02 35 19 62 75. We raden aan om te reserveren (er komen veel groepen). Dagschotel voor € 18, formules voor € 23 en 24 en menu's voor € 29 en 30. Ook lichtere maaltijden zoals slaatjes, broodjes en croque-monsieurs.*

🚶🚶🚶🏛 **Maison de l'Armateur (redershuis; plattegrond C3):** *quai de l'Île 3 (wijk Saint-François).* ☎ *02 35 19 09 85. Dagelijks geopend van 11.00 tot 18.00 u (op woensdag pas vanaf 14.00 u). Gesloten op donderdag. Toegangsprijs: € 3; gratis voor wie jonger is dan achttien. De eerste zaterdag van elke maand mag iedereen gratis binnen.* Een van de oudste huizen van Le Havre en een van de zeldzame overblijfselen uit de 18de eeuw. Geen wonder dat men er zo aan gehecht is! Het huis werd volledig gerestaureerd (werp een blik op de foto's van de restauratie). Het is vermaard vanwege de uitzonderlijke architectuur (gevel in Lodewijk XVI-stijl) en de opmerkelijke lichtkoker waarrond op vijf verdiepingen de cirkelvormige leefruimtes liggen. Het authentieke meubilair, de rariteitenkabinetten en de vele bijzondere voorwerpen die je in de verschillende ruimtes te zien krijgt, voeren je terug naar het leven in Le Havre tussen 1750 en 1870. Let op de mooie schroefvormige diensttrap, de afgeronde deuren (waarachter soms toiletten verstopt zaten), de Miquetpiano van 1/94 en de voorwerpen die verband houden met de zeevaart (tentoongesteld op de bovenste verdieping). Het bezoek is vooral uit architecturaal oogpunt heel interessant. Als je van dit deel van de stad houdt, kun je inkopen gaan doen op de vismarkt aan de overkant van de straat of iets gaan drinken in de *Au Retour de la Mer*, het kleine cafeetje naast de deur.

🎥🎬◎ **Cathédrale Notre-Dame (plattegrond B3):** *rue de Paris.* Een merkwaardig gebouw dat evenmin als de rest van het stadscentrum kon ontsnappen aan de bombardementen van de geallieerden, maar voortreffelijk werd gerestaureerd door één dappere arbeider die gedurende meer dan dertig jaar zijn vrije uren besteedde aan dit grootste opzet! Het contrasteert mooi met de moderne stad van Auguste Perret. Het was trouwens Perret zelf die het idee opperde om het plein voor de kathedraal te vergroten om het gebouw in al zijn glorie te laten zien. Er bleef immers zo weinig over van de oude stad! Het oorspronkelijke bouwwerk dateert van het einde van de 16de eeuw en heeft een gotische structuur, maar tal van elementen verraden een belangrijke renaissance-invloed. Let op de renaissancegevel met Ionische zuilen, geflankeerd door een grote vierkante toren. De gevel is geïnspireerd op de jezuïtische stijl van de 17de eeuw. Binnen een schitterende reconstructie van de orgelkast uit het midden van de 17de eeuw, een geschenk van Richelieu, die toen gouverneur was van Le Havre en wiens wapenschild je bovenaan ziet. De retabels werden betaald door Hendrik IV (inscriptie van 1605). Glas-in-loodramen met friezen. Op twee ramen uit de 19de eeuw staan de kerk en de wijk afgebeeld zoals ze eruitzagen aan het begin van de 17de eeuw. Opmerkelijk is de houten kruisweg. Hij is afkomstig uit de kapel van het passagiersschip *Normandie* (1935-1942). Achterin staan een Mariabeeld dat versierd is met zeemansattributen (touwwerk) en houten apostelen die gemaakt zijn door een fabrikant van boegbeelden.

🎥🎬◎ **Église Saint-Joseph (plattegrond B2):** *op de hoek van de rue de Caligny en de rue Louis-Brindau. Dagelijks geopend van 10.00 tot 18.00 u (behalve tijdens de vieringen). Er worden rondleidingen in de kerk georganiseerd door de dienst* Ville d'Art et d'Histoire. *Meer info krijg je bij de Dienst voor Toerisme.* Merkwaardige kerk die werd getekend door Auguste Perret, de vader van het moderne Le Havre. Hier heeft hij zijn architecturale principes toegepast op de religieuze bouwkunst. Dat blijkt het duidelijkst uit de 107 m hoge klokkentoren in ruw kistbeton die van overal in de stad te zien is.

De buitenkant van de kerk is niet bijster aantrekkelijk, maar je moet naar binnen gaan om de moderniteit van het gebouw te proeven. Let bijvoorbeeld op de overgang van de vorm van het grondvlak (een Grieks kruis) naar die van de toren (een achthoek) en op de trap die rechts van het orgel begint en tot helemaal boven in de toren loopt! Je vindt hier geen versiering en zelfs geen kruisweg. De priester staat midden in de kerk, en de gelovigen zitten rondom hem op stoelen die niet zouden misstaan in een theaterzaal. Het meest opmerkelijke zijn de 12 768 gekleurde ramen, ontworpen door Marguerite Huré, een glaskunstenares die samenwerkte met Auguste Perret. Als je de kerk op een zonnige dag bezoekt, kun je binnen het kleurrijke spel van het licht bewonderen. Liefhebbers beweren dat je meer dan vijftig verschillende tinten kunt tellen. De warmste kleuren vind je aan de zuid- en de westkant.

🎥📖 **Muséum d'Histoire naturelle (museum voor natuurgeschiedenis; plattegrond B3):** *place du Vieux-Marché, aan de achterkant van de Notre-Dame.* ☎ 02 35 41 37 28 📠 *(gelijkvloerse verdieping). Geopend van 9.30 tot 12.00 u en van 14.00 tot 18.00 u. Gesloten op maandag en op donderdagvoormiddag. Gratis toegang. Rondleidingen na afspraak (tegen betaling). Op woensdag en zondag worden van 14.00 tot 17.00 u workshops georganiseerd die verband houden met de tentoonstellingen.*

Dit museum is ondergebracht in het oude gerechtsgebouw uit de 18de eeuw. Let op de grote blok kalksteen aan de ingang. Charles-Alexandre Lesueur nam in 1801 deel aan een expeditie naar Australië, oorspronkelijk als assistent-kanonnier, maar vervolgens als wetenschappelijk tekenaar. Uiteindelijk mocht hij zelfs een zoöloog vervangen die tijdens de reis overleed. Hij werd naturalistisch schilder en werd in 1841 de eerste conservator van het museum. De observaties en aquarellen die hij maakte op z'n lange reizen door Australië en Amerika krijgen nog altijd veel wetenschappelijke belangstelling.

De uitgebreide exotische verzamelingen die door kapiteins op de grote vaart werden meegebracht, werden in 1944 vernield. Nu worden hier tal van tijdelijke tentoonstellingen opgezet op een ludieke en moderne manier die ook scholieren weet te boeien. De tekeningen die Lesueur maakte van de inboorlingen die hij op zijn reizen te zien kreeg, zijn bijzonder interessant. Informeer of je ze te zien krijgt. Er worden ook conferenties, activiteiten en excursies georganiseerd.

Het stadhuis en de rue de Paris (plattegrond B2): het stadhuis is klassiek en indrukwekkend, zonder pompeus te zijn. De strenge aanblik van het gebouw wordt verzacht door het grote plein met groene zones, speeltuigen en fonteinen. De rue de Paris, die loodrecht op het stadhuis staat, is duidelijk geïnspireerd op de rue de Rivoli in Parijs, al ziet ze er veel strenger uit. Onthoud dat in de stad van Perret de gulden snede 6,24 is. Alle afmetingen werden op basis van dat getal bepaald, want het was de optimale spanwijdte van een balk gewapend beton uit die tijd.

Appartement témoin Perret (plattegrond B2): *rue Robert-de-la-Villehervé 18. Te bezoeken via de dienst* Ville d'art et d'histoire (☎ 02 35 21 27 33). *Op woensdag, zaterdag en zondag vertrekt tussen 14.00 en 17.00 u elk uur een groep onder begeleiding van een gids vanaf de place de l'Hôtel de Ville (afspraak bij nummer 1). Prijs: € 3.* Na de Tweede Wereldoorlog vroeg de middenklasse van Le Havre om snel weer onderdak te krijgen in het centrum van de stad, waar ze voor de oorlog had gewoond. De nieuwe appartementen die daarop werden gebouwd door Perret, werden gekenmerkt door rationalisme en functionalisme en braken radicaal met de vroegere opvattingen. Dit appartement, dat in 1950 werd gebouwd voor een marineofficier, krijgt heel veel licht binnen dankzij een dubbele oriëntatie. De verwarming is gemeenschappelijk voor het hele gebouw en werkt met hete lucht, de salon is opgevat als een 'woonkamer', er is een echte badkamer en de keuken is afgestemd op een huismoeder die het hele huishouden regelt, met gootstenen in inox en tal van opbergkasten. Het meubilair van 1947, ontworpen door René Gabriel en Marcel Gascoin, bezit heel rechte lijnen en is slechts hier en daar wat afgerond. Het bureau werd gemaakt door Pierre Paulin.

Espace cultureel Oscar Niemeyer (Le Volcan; plattegrond B2-3): vlak bij het stadhuis, net voor het lange handelsdok. Het cultureel centrum van de stad werd ontworpen door de Braziliaanse architect Oscar Niemeyer. De man is intussen meer dan honderd maar leeft nog steeds. Hij is ook de ontwerper van Brasilia, de Brazliaanse hoofdstad die uit het niets werd opgetrokken. Vanwege zijn communistische sympathieën, waar hij nooit een geheim van heeft gemaakt, nam hij in de jaren 1960, toen in zijn land een militaire junta aan de macht kwam, de vlucht naar Frankrijk. Daar ontwierp hij naast dit gebouw in Le Havre, dat in die tijd een communistisch stadsbestuur had, ook het hoofdgebouw van de Franse communistische partij aan de place Colonel-Fabien in Parijs. Dit gebouw, dat door een van de voormalige directeurs 'Le Volcan' ('De Vulkaan') werd gedoopt, kan in twee woorden worden samengevat: bogen en asymmetrie. De grijsheid van het beton van Auguste Perret wordt hier beantwoord met stralend wit. Vooral wanneer er een mooie wolkenhemel is, is het effect heel mooi. Het grote waterbassin net voor het cultureel centrum wekt een beetje de indruk dat de twee schouwen op een mooie dag de trossen zullen losgooien ... Niet iedereen kan het gebouw smaken, maar we laten je je eigen mening vormen. In de Vulkaan vinden tal van culturele activiteiten plaats: theater, dans, muziek, cinema en tentoonstellingen. De stad heeft onlangs – met de toestemming van Niemeyer – een project uitgewerkt om het cultureel centrum opnieuw in te richten. Het zou kunnen dat de bioscoop en de *Cabaret Electric*, waar moderne muziek wordt opgevoerd, naar een andere locatie moeten verhuizen.

❦❦ **Salon des Navigateurs (plattegrond C3):** *rue du Petit-Croissant 1, op de hoek met de rue Jean-de-la-Fontaine.* 📞 *02 35 42 12 71. Achter de Église Saint-François. Van dinsdag tot zaterdag geopend van 9.30 tot 12.00 u en van 14.00 tot 18.30 u. In augustus drie weken gesloten. Gratis toegang, want dit is een echte kapperszaak.* In de wijk Saint-François runt Daniel Lecompte dit kleine kapsalon. Daniel was vroeger kapper op het passagiersschip *France* en knipt nog steeds in zijn zeemansuniform! Hij legde een indrukwekkende verzameling oud kappersmateriaal aan dat dateert uit de periode van na de Tweede Wereldoorlog tot de jaren 1960, en reconstrueerde twee kapsalons van de naoorlogse tijd. Naast krulspelden, verwarmingselementen voor watergolven en permanenten, wafelijzers en tondeuses krijg je ook mooie scheepsmaquettes te zien en souvenirs van het passagiersschip *France*, waarvan de naam hier nog steeds doet dromen. Nostalgie en een uitstekende ontvangst zijn gegarandeerd. Laat je verleiden tot een modieuze haarsnit voor € 20!

– Ga in de rue de Bretagne, net achter het kapsalon, even kijken naar het **Maison Dubocage de Bléville.** Dit mooie vakwerkhuis met z'n leiendak behoorde toe aan een handelsreder die leefde aan het einde van de 17de en het begin van de 18de eeuw.

❦❦ **De hangende tuinen (plattegrond A1):** *rue du Fort. Je raakt er met bus 4, halte 'Cochet' of 'Copieux'. Gratis toegang.* 🚌 *Van begin mei tot half juni op weekdagen geopend van 13.00 tot 20.00 u en in het weekend en op feestdagen van 10.30 tot 20.00 u. Van half juni tot september dagelijks van 10.30 tot 20.00 u. Van begin oktober tot eind april op weekdagen van 13.00 tot 17.00 u en in het weekend en op feestdagen van 10.30 tot 17.00 u. De serres (toegangsprijs: € 1, gratis voor kinderen jonger dan twaalf) zijn van half juni tot eind september dagelijks geopend van 10.30 tot 17.00 u; van oktober tot half juni uitsluitend in het weekend en op feestdagen van 10.30 tot 17.00 u.* Deze tuinen zijn aangelegd in een militair fort uit de 19de eeuw. Het uitzicht op de stad en de monding van de Seine is werkelijk prachtig. Op mooie dagen zie je zelfs Deauville, Trouville en het ziekenhuis van Caen liggen! Op het domein van 17 ha vind je de meest uiteenlopende en zeldzame planten en reis je naar de vier hoeken van de wereld, gesymboliseerd door de vier bastions. Die zijn gewijd aan de Verenigde Staten, Azië (voornamelijk China), de zuidelijke landen (Australië, Tasmanië, Chili, Peru …) en de grote ontdekkingsreizigers. Het is een mooi eerbetoon aan de botanisten die van hun verre reizen plantensoorten hebben meegebracht die in hun tijd onbekend waren, maar voor ons intussen heel gewoon zijn. Hier vind je geen kruisingen, enkel 'raszuivere' exemplaren. In de stedelijke serres groeien naast allerlei soorten cactussen, vetplanten en vleesetende planten ook de planten en bloemen die dienen om de stad op te fleuren.

Wandelingen en uitzichtpunten

❦❦ **Wandeling langs enkele typische huizen en gebouwen van Le Havre:** als je van de hangende tuinen te voet terug naar de stad gaat, wat we ten zeerste aanraden, moet je zeker even stilstaan bij het Maison des Gadelles en, aan de kust, bij het huis van de schrijver Armand Salacrou, waarin tegenwoordig een theesalon is gevestigd *(La Villa)*. Dat laatste is vooral origineel omdat in de constructie grotten zijn verwerkt. Aan de kust vind je ook het art-nouveausmeedwerk van het huis van de vader van Georges Braque, dat dateert van 1904. Wat verderop zie je enkele gebouwen die eruitzien als passagiersschepen. Ze zijn heel representatief voor de moderne architectuur in Le Havre.

❧ ❧ **Wandeling door het moderne Le Havre:** we raden je aan om deze wandeling van de stationswijk naar de haven via de oude pakhuizen te maken met een gids van de dienst *Ville d'Art et d'Histoire* (zie 'Nuttige adressen'). Als je een bezoek wilt brengen aan de Japanse tuin, een geschenk van de stad Osaka, moet je je wenden tot de dienst voor toerisme. Werp ook een blik op de elegante moderne architectuur van het *Novotel*, dat werd ontworpen door de architect Jean Viguier. Na de oorlog kon je vanaf deze plek de zee zien! Een volgende interessante halte is het originele gebouw van de Kamer van Koophandel (Chambre de Commerce et d'Industrie; CCI), een ontwerp van René Dottelonde en de gebroeders Duflo, dat 's nachts wordt verlicht. Ga een kijkje nemen in de buurt van de oude pakhuizen en groet in het voorbijgaan de passagiers van de boot *Viking River Cruises*, die in een week tijd de Seine opvaart tot in Parijs. Weet dat achter de ingenieursschool ISEL binnen enkele jaren de Tour Jean Nouvel zal oprijzen, de toren waarin *Odissey 21* zal worden ondergebracht, een interpretatiecentrum gewijd aan de zee, de havenactiviteiten en de maritieme uitwisselingen. Heb je intussen al nood aan afkoeling, ga dan een frisse duik nemen in de *Bains des Docks*, ontworpen door diezelfde Jean Nouvel (zie 'Een frisse duik nemen tussen de architecturale pracht'). Aan de quai de Saône staat een gedenkteken voor Jules Durand, een vakbondsman die ten onrechte van moord werd beschuldigd. Zijn verhaal werd in de wereld van de arbeiders beschouwd als een Dreyfusaffaire en werd door de schrijver Arman Salacrou, die zelf afkomstig was uit Le Havre, beschreven in *Boulevard Durand*. Als je nog jus in de benen hebt, maak dan ook nog een ommetje langs de haven, waar je kunt gaan kijken naar de Frans I-sluis (400 meter lang) en naar het onophoudelijke ballet van vrachtschepen en kranen die in een razend tempo containers lossen.

❧ ❧ **Panorama's van Le Havre en Saint-Adresse:** schitterende uitzichtpunten op de stad, de monding en de overkant van het water. Het eerste uitzichtpunt (met panoramawijzer) bevindt zich in de wijk Nice Havrais, boulevard Félix Faure, het tweede op de hoek van de rue Georges-Lafaurie en de rue du 329e. Daarna kun je afzakken naar Sainte-Adresse voor een aangename strandwandeling. Meer informatie over dat dorp vind je verder in deze gids.

WAT IS ER TE DOEN?

❧ **De haven:** niet toeristisch, maar wel heel actief (zie hoger). Het is een belangrijke haven voor het passagiersvervoer (meer dan 50 internationale passagiersboten leggen hier aan tussen mei en oktober) maar ook voor de visvangst, de pleziervaart en uiteraard de handel.
– Je kunt de haven op eigen houtje met de wagen bezoeken aan de hand van een cassette of cd die je (tegen borg) leent bij de Dienst voor Toerisme.
– Heb je geen auto, dan raden we je aan om een rondrit te maken in een bus van de dienst *Ville d'Art et d'Histoire* (☎ 02 35 21 27 33).

■ **Boottochtjes op zee:** *het hele jaar door, behalve in augustus (wanneer de boot rondvaart tussen Fécamp en Étretat); je betaalt ongeveer € 14,50 per persoon. Vertrek van de Olsendijk (Digue Olsen).* Met de motorboot *Ville de Fécamp* (63 passagiers) kun je een bezoek brengen aan de haven; reken op ongeveer 1½ uur. *Inlichtingen bij* Tourisme et Loisirs maritimes (☎ 02 35 28 99 53).

■ **Zeilinitiatie:** *inlichtingen bij* Point Plage, *naast de* Bains Maritimes. ☎ 02 35 41 49 76. *Van half juni tot midden september dagelijks om 10.00 en 14.00 u, of na reservatie. Reken op € 12. Capaciteit: 9 personen.* Met de zeilboot *Le Fillao*.

Een sigarettenkamp in het hart van de stad
Na de bevrijding van Le Havre besliste de Amerikaanse legerleiding tijdelijke kampen op te richten om de soldaten op krachten te laten komen. Deze kampen boden plaats aan 7000 tot 60 000 manschappen en bevatten tenten, hospitalen, bars, bioscoopzalen

en theaterzalen. Ze werden genoemd naar Amerikaanse sigarettenmerken: *Lucky Strike* in Saint-Valéry-en-Caux, *Twenty Grand* in de omgeving van Rouen, *Philipp Morris* in Gonfreville-l'Orcher, *Pall Mall* in Étretat en *Herbert Tareyton* in het woud van Montgeon, dicht bij Le Havre. Werden ze misschien gefinancierd door deze merken? Helemaal niet. De bedoeling was om de vijand te misleiden, maar ook het moreel van de troepen was een argument. Een sigarettennaam zorgde immers voor minder heimwee dan *Camp Dakota* of *Camp Alabama!*

🎿🎿 **Forêt de Montgeon (buiten plattegrond via D1):** de groene long van de stad strekt zich uit over een oppervlakte van 250 ha bos, joggingpaden, grote grasvelden, meren, bomentuinen, speelweiden ... Het klassieke zondagsuitstapje van de stadsmussen.
– Le Havre bezit zowat 700 ha groene ruimte en is daarmee een van de groenste steden van Frankrijk. Meer informatie over de belangrijkste parken en tuinen vind je bij de Dienst voor Toerisme.

🏖️ **Het strand (plattegrond A2):** *500 meter buiten het stadscentrum. Van midden juni tot half september zijn er elke dag redders aanwezig.* Twee kilometer keien- en zandstrand, mooi heraangelegd door de architect Chemetoff. In het hoogseizoen verschijnen telkens massa's strandhokjes. Op het strand valt dan van alles te beleven. Douches en een twintigtal seizoeneethuisjes. Groot skatepark. In de *Bains Maritimes* vind je douches, toiletten en vestiaires (tegen betaling).

FEESTEN EN FESTIVALS
– **Dixies Days:** *het weekend van Pinksteren.* Jazzfestival op de strandpromenade. Toffe sfeer.
– **Les Z'estivales:** zomerfestival op het strand, straattheater, circus, concerten ...
– **Biënnale van hedendaagse kunst:** *juni – september.* Volgende edities in 2010 en 2012.
– **Corsiflor:** *de eerste zondag na 15 augustus.* Bloemenstoet.
– **La Mer en fête:** *het eerste weekend van september.*
– **Transat Jacques Vabre:** *om de twee jaar, eind oktober – begin november, gedurende een tiental dagen.* De haven en de hele stad vieren feest om de zeevaarders op de lange vaart uit te wuiven die vertrekken naar Zuid-Amerika. Volgende editie in 2011, wanneer ze vertrekken naar Costa Rica.
– **Patrimoine en lumière:** *in principe elk jaar van juni tot en met september.* Op de gebouwen van Perret en de Vulkaan van Niemeyer worden kleuren en afbeeldingen geprojecteerd.

IN DE OMGEVING VAN LE HAVRE

🎿🎿🎿 **De abdij van Montivilliers en het interactieve circuit Cœur d'Abbaye:** *76290 Montivilliers.* ☎ *02 35 30 96 66* ● *www.ville-montivilliers.fr* ♿ *Je raakt er vanaf het treinstation van Le Havre met de LER (Lézarde Express Régiona). Het hele jaar door geopend, op weekdagen van 10.00 tot 18.00 u (17.00 u van oktober tot maart) en in het weekend van 14.00 tot 18.00 u. Van oktober tot maart gesloten op maandag. Toegangsprijs: € 5; korting mogelijk; familieticket (twee volwassenen en twee kinderen) voor € 14. In de prijs is de huur van een audioguide begrepen. Een andere audioguide, 'la promenade de l'abbaye' (' de wandeling van de abdij'), geeft meer uitleg over het leven van de nonnen en de bewoners in de 16de eeuw (45 minuten; € 2, korting mogelijk).* De abdij van Montivilliers werd in 684 gesticht en bood onderdak aan vrouwen. Het was een van de mooiste en meest prestigieuze abdijen van Normandië tot ze, net als de rest, ten onder ging tijdens de Franse Revolutie. De gebouwen, die dateren uit de romaanse en de gotische tijd, deden daarna een tijdje dienst als gevangenis en als garnizoen. Nog later werden ze door de dorpsbewoners gebruikt voor velerlei doeleinden: stapelplaats, spinnerij, raffinaderij, brouwerij, garage ... Vandaag de dag is de abdij gerestaureerd en toegankelijk voor het publiek. Er is een originele, interactieve, ludieke en boeiende tentoonstelling over de geschiedenis van Normandië in opgezet. Naast het circuit kun je ook de kloostergebouwen bezoeken, onder meer het logement van de abdissen dat dateert uit de 18de eeuw (je kunt enkel de gevel bekijken, in de ruimte is een bibliotheek ondergebracht), een 16de-eeuwse slaapzaal met een indrukwekkend plafond, de mooie kloostergang, de binnenplaats en de tuinen. In de gotische eetzaal worden tijdelijke tentoonstellingen en concerten georganiseerd (van mei tot november).

Église Saint-Sauveur: *in Montivilliers. Pal in het centrum.* Dit is de oude abdijkerk. De gevel is makkelijk herkenbaar aan de opvallende romaanse toren met zijn hoektorentjes en de gotische poort met zijn middendoor gesneden fronton. De hoofdingang is een fraai romaans portaal met gotische gewelven en een gotische fries. Het interieur is merkwaardig: links een gotische kerkbeuk, in het midden een romaanse met een typisch houten gewelf. De aanwezigheid van een dubbele hoofdbeuk kan worden verklaard door het feit dat hier vroeger twee kerken stonden, die later werden samengevoegd.

SAINTE-ADRESSE

76310 | 8220 INWONERS

De plaatselijke 'rots van Monaco', zoals dit stadje door sommigen wordt genoemd, ligt aan de rand van het strand van Le Havre. Je kunt er te voet heen vanuit de stad (20 minuten), maar op het einde gaat het flink omhoog. Het uitzicht vanaf de top maakt wel veel goed. Deze middeleeuwse vissershaven werd vanaf de 18de eeuw een vakantieoord voor de inwoners van Le Havre. Het was Alphonse Karr, de toenmalige directeur van de krant *Le Figaro*, die het vakantiestadje in 1841 echt lanceerde en van Sainte-Adresse het 'Nice van Le Havre' maakte. Vrij snel werd de plek ook kunstenaars bezocht: Sarah Bernhardt (haar villa met de initialen *SB* staat er nog steeds), Eugène Sue, Raoul Dufy, en natuurlijk de grote Claude Monet, die er het bekende werk *Terrasse de Sainte-Adresse* schilderde dat tegenwoordig in het Metropolitan Museum van New York prijkt. Vandaag heeft het vakantieplaatsje een duidelijke verjongingskuur ondergaan. Het is een van de beste plekken van Frankrijk om te funboarden.

Een Belgische exclave

Tijdens de Eerste Wereldoorlog vond de Belgische regering, die door de Duitsers was verjaagd, onderdak in Sainte-Adresse. Ze nam haar intrek in het gebouw Dufayel, genoemd naar een Parijse zakenman die er een luxueuze kuurinrichting in onderbracht die ook nu nog te zien is *(Le Nice Havrais)*. Tussen 1914 en 1918 verbleven in het stadje liefst 15 000 Belgen! Er was zelfs een eigen postkantoor dat Belgische postzegels gebruikte. Tot op vandaag wappert de Belgische vlag er naast de Franse achter het standbeeld van Albert I, en ook op het wapenschild van Sainte-Adresse prijkt de Belgische driekleur.

SLAPEN, ETEN

DOORSNEEPRIJS TOT LUXUEUS

HÔTEL DES PHARES (BUITEN PLATTEGROND VAN LE HAVRE VIA A1): *rue du Général-de-Gaulle 29.* 02 35 46 31 86 • *reservation@hoteldesphares.com* • *www.hoteldesphares.com. Tweepersoonskamers voor € 60 tot 90, naargelang het comfort.* Gerenoveerde 19de-eeuwse villa, gelegen onder de mooie hangende tuinen. Van dezelfde eigenaars als hotel *Les Voiles* (zie hieronder). De kamers zijn heel mooi opgeknapt. Die in de villa zelf zijn aangenamer dan die in het modernere gedeelte aan de binnenplaats. Leuke inrichting, mooie stoffen op de muren, oude meubels, tv (Canal Sat). Je neemt het ontbijt en het buffet in de authentieke gemeenschappelijke ruimtes. Internet. Parkeerterrein met zes plaatsen.

> 🏨 HÔTEL LES VOILES (BUITEN PLATTEGROND VAN LE HAVRE VIA A1): *place Clémenceau 3.*
> ☎ 02 35 54 68 90 • *info@hotel-lesvoiles.com* • *www.hotel-lesvoiles.com. Afhankelijk van het gewenste comfort betaal je € 135 tot 170 voor een tweepersoonskamer; in het laagseizoen liggen de prijzen lager, en er zijn vaak internetaanbiedingen. Het restaurant is gesloten op zondagavond en op maandag. Menu's voor € 25 tot 39, à la carte betaal je € 40 à 50. Draadloos internet.* Dit is het enige hotel in Sainte-Adresse (en in Le Havre) dat vlak aan de zee ligt. En daar betaal je voor, natuurlijk ... De – niet zo bijster grote – kamers dragen namen die ontleend zijn aan de marine: *cabine 1ère classe* (aan de straatkant, jammer genoeg), *cabine sous-officier* (zeezicht; met of zonder balkon) en *cabine officier* (zeezicht; met of zonder terras). Heel klassiek allemaal, maar alle comfort. Heeft een gastronomisch restaurant.

WAT IS ER TE ZIEN EN TE DOEN?

🔅 **Wandeling in het spoor van de impressionisten:** langs de strandpromenade, aan de kant van Le Havre, staan tal van borden met reproducties van bekende impressionistische kunstwerken, precies op de plaats waar die werken werden geschilderd. Je ziet onder meer *La plage de Sainte-Adresse* en *La terrasse de Sainte-Adresse*, die beide in 1867 werden geschilderd door de toen 26-jarige Claude Monet. Het eerste werk werd door Monet trouwens aangeboden aan een lijstenmaker aan wie hij geld verschuldigd was. Die weigerde het echter omdat hij vond dat het niet voldoende waard was! Tegenwoordig prijkt dit schilderij in het *Art Institute* in Chicago. Dat was trouwens niet de eerste keer dat er aan Monets talent werd getwijfeld. Enige tijd eerder hadden een aantal dokters die voor hem model wilden staan, beweerd dat *Le jardin de Sainte-Adresse* veel weg had van 'een spinazieveld'. Ook heel mooi is de reproductie van *L'estacade à Sainte-Adresse* (1901) van Raoul Dufy, geschilderd voor hij zich tot het fauvisme bekeerde. Hetzelfde thema vind je iets verderop ook terug in een schilderij van 1906 van zijn vriend Marquet. Aan het einde van de promenade kun je je dorst gaan lessen in café *Le Bout du Monde* (de openingstijden zijn wel nogal wisselvallig).

🔅 **Klimpartijtje naar de Pain de Sucre en Notre-Dame-des-Flots:** wandeling tot op het hoogste punt van Sainte-Adresse. Neem vanaf de strandboulevard de Sente Alphonse Karr (Alphonse Karrpad) die achter het voormalige restaurant *Les Trois Pics* loopt en vervolgens de Sente du Pain de Sucre die (stevig) omhoogloopt tot aan het vreemde witte, kegelvormige monument. Dit landmerk werd opgericht door de weduwe van generaal Desnoettes, een nicht van Napoleon, om de zeelui te gidsen (haar echtgenoot kwam in 1822 om het leven bij een schipbreuk op de Ierse kust, dat verklaart). Mooi uitzicht, maar toch nogal veel heggen en afrasteringen. Nu je helemaal naar boven bent gewandeld, moet je ook even gaan kijken naar het mooie kapelletje van Notre-Dame-des-Flots iets verderop. Er hangen tal van ex voto's van zeelieden (dagelijks geopend van 8.00 tot 18.00 u).

DE CÔTE D'ALBÂTRE

De Côte d'Albâtre dankt haar naam aan haar witte kliffen. Ze maakt deel uit van het Pays de Caux (van Le Havre tot Dieppe) en van Le Petit Caux (van Dieppe tot Le Tréport). Het landschap, 120 km lang, is uniek op de wereld. De kliffen worden slechts hier en daar onderbroken door een vallei die een uitweg vond naar zee. Het is een panorama waar je nooit genoeg van krijgt.

Slechts drie rivieren hadden genoeg kracht om grote bressen te slaan in de kliffen, groot genoeg om er een stad te bouwen: Fécamp heeft zich genesteld in de monding van de Valmont, Dieppe in die van de Arques en Le Tréport heeft zich in de smalle vallei van de Bresle gewurmd. De grote troef van deze kust is haar bereikbaarheid. Bijna over de hele kustlijn lopen kleine weggetjes langs de zee. Je ontdekt het ene schitterende uitzichtpunt na het andere. Het landschap is nu eens grandioos, dan weer intimistisch.

Wie van wandelen houdt, kan het befaamde langeafstandswandelpad GR 21 volgen, dat de kust volgt van Étretat tot Berneval-le-Grand, enkele kilometers ten noorden van Dieppe. Het voert je langs tal van prachtige plekken die ook kunstenaars van vroeger en nu wisten te bekoren ...

KLIFFEN, STRANDKEIEN, VALLEIEN EN DALLETJES

De kliffen vormen een 60 tot 120 m hoge kalkmuur die loodrecht uit de zee opstijgt. Door de witte rotsen lopen aders zwarte vuursteen. De zee knaagt van oudsher aan de kliffen en de nooit aflatende golven winnen gestaag terrein. Op sommige plaatsen trekt het klif zich jaarlijks een meter terug. Als de voet van de kliffen te veel is verzwakt, stort het bovenste deel in omdat het geen steun meer vindt. Het krijt van de kliffen lost op in het water, dat daardoor een melkachtig uitzicht heeft. De kleur van het water neigt, naargelang van de lichtinval, naar brons of zilver. Door de erosie van de krijtrots komen de harde stukken silex vrij. Ze blijven op het strand achter en worden door de golven in een eindeloze beweging heen en weer gerold. Door de erosie krijgen ze hun (soms nagenoeg volmaakte) ovale vorm. Maar de zee is niet de enige vijand van de kliffen. Ook de rivieren hebben de kalkrotsen uitgeschuurd. Zo ontstonden brede trechtermondingen waarin zich de steden Fécamp, Dieppe en Le Tréport hebben ontwikkeld. En dan zijn er nog de zogenaamde *valleuses*, zwevende dalletjes die typisch zijn voor Normandië: het zijn smalle, droge valleitjes waarin vroeger een beekje stroomde. Doordat de kliffen steeds verder terrein verliezen op de zee, gingen die kleine dalen bij wijze van spreken 'zweven'. Aan de voet ervan liggen geïsoleerde, lieflijke strandjes.

Niet zomaar stenen

De strandkeien uit deze streek worden gebruikt bij de vervaardiging van allerlei producten: porselein, beton, glaspapier, de verf waarmee witte strepen op de weg worden geschilderd en zelfs het bestanddeel van tandpasta dat je tanden witter maakt! Niets gaat verloren ... Strandkeien rapen was vroeger een beroep als een ander – zoals wordt geïllustreerd door het kitscherige standbeeld in Saint-Jouin-Bruneval –, maar is sinds 1985 verboden.

ÉTRETAT

76790 | 1640 INWONERS

Deze badplaats is bijna legendarisch geworden door haar krijtboog in de zee. Het is een van de meest gefotografeerde beelden van Normandië. Net erachter staat de al bijna even beroemde 'holle naald' (*l'aiguille creuse*). Étretat staat ook bekend om de gezonde lucht die je er inademt, en het keienstrand werd door heel wat kunstenaars bezongen of geschilderd. Maar met de artiesten zijn ook de toeristen gekomen ... Want pas wanneer je er zelf staat, begrijp je ten volle wat een schoonheid de brutale botsing tussen de zee en het land kan teweegbrengen. We raden je aan om Étretat te vermijden tijdens de drukke zomermaanden en zonnige weekends. In het laagseizoen is het er rustiger en goedkoper ... en de kliffen zijn eens zo romantisch als het regent! Wanneer je ook komt, denk erom tijdig je hotelkamer te reserveren.

EEN BEETJE GESCHIEDENIS

Al in het begin van de 19de eeuw praat men in mondaine kringen over dit kleine Normandische stadje. De faam van Étretat groeit nog als koningin Hortense en de hertogin van Berry hier de mode van de zeebaden lanceren. De Parijzenaars vinden de weg naar de kust. Ze hebben geld veil voor de landschapsschilders, die eveneens oog krijgen voor de kliffen. de eerste die zich hier installeert is de schilder Isabey, wellicht rond 1822. Dan volgt Le Poittevin, die vooral oog heeft voor vrouwelijk schoon, zowel voor de vrouwen die de was doen op de strandkeien als voor de elegante dames met hun hoepelrokken. Ook Boudin zal veel verf aan dit thema wijden. Courbet maakt in Étretat een twintigtal doeken van zijn befaamde reeks *La Vague*, waarbij hij enkel een paletmes gebruikt om motieven aan te brengen. Twee van de grootste namen die hier verblijven, zijn zonder twijfel Monet (zie kader) en zijn vriend Maupassant. Die laatste woont al in Étretat sinds zijn tiende levensjaar, toen zijn moeder van zijn vader scheidde. De toekomstige schrijver, die – in de woorden van zijn zus – leeft als 'een losgebroken veulen' en goed bevriend is met tal van kunstenaars (hij is trouwens de neef van Le Poittevin) zal later over hun werk schrijven in zijn roman *Fort comme la mort*. Hij heeft het ook regelmatig over de sociologische aspecten van het soms moeilijke 'samenleven' van de beau monde en de *péqueux* (zoals de vissers in het plaatselijke taaltje worden genoemd). De twee groepen leven eigenlijk niet samen, maar naast elkaar. De wasvrouwen blijven op het keienstrand terwijl de gegoede burgers aan het andere eind van het strand volledig gekleed in zee gaan! Étretat is immers niet alleen in zwang bij kunstenaars. In de tweede helft van de 19de eeuw is dit een van de meest gereputeerde stranden van Frankrijk. De villa's schieten als paddenstoelen uit de grond. De burgerij installeert zich hier, en met haar de hele Parijse beau monde: Offenbach (die in z'n villa waanzinnige feesten organiseert) en ook André Gide (die hier in 1895 met z'n nichtje trouwt). Vanaf dat moment gaat Étretat de wereld rond op ansichtkaarten, doeken van grote meesters en, dankzij Maurice Leblanc (de geestelijke vader van Arsène Lupin), ook in politieromans!

Monet in Étretat

Claude Monet woonde in Étretat van 1883 tot 1886. De schilder verkoos de winter boven de zomer en de vergezichten boven de mondaine milieus die zich wilden spiegelen aan Parijs. Na de dood van zijn vrouw Camille in 1879 verdwenen alle menselijke figuren van zijn schilderijen. Alleen de prachtige landschappen en de – vaak ontketende – elementen konden hem inspireren. Dankzij de uitvinding van de verftube kon hij zijn atelier verlaten en zijn ezel opstellen in de openlucht, aan het water of aan de rand van de afgrond. Monet was gefascineerd door de Porte d'Aval en de Manneporte en maakte er minstens een zestigtal schilderijen van – sommigen zeggen zelfs dat het er nog veel meer zijn!

AANKOMST EN VERTREK

Met de bus

– **Van en naar Fécamp/Le Havre:** bussen van de maatschappij *Cars Périer*, lijn 24.
☎ *0800 808 703 (gratis nummer)* ● *www.cars-perier.fr.*

Met de trein

– **Van en naar Parijs/Rouen/Le Havre:** *inlichtingen op* ☎ *3635 (€ 0,34 per minuut).* Lijn Rouen-Le Havre. Uitstappen (of opstappen) in Bréauté. In het hoogseizoen rijden er elke dag bussen van *Cars Périer* tussen Bréauté en Étretat.

NUTTIGE ADRESSEN

🏠 @ Dienst voor Toerisme: *place de la Mairie.* ☎ *02 35 27 05 21.* ● *www.etretat.net. Van half juni tot midden september dagelijks geopend van 9.30 tot 19.00 u; de rest van het jaar dagelijks van 10.00 tot 12.00 u en van 14.00 tot 18.00 u (gesloten op zondag van half november tot half maart, behalve tijdens de schoolvakanties).* Degelijk en hulpvaardig personeel. Veel documentatie over wandelroutes in de omgeving. In de zomer kun je de stad bezoeken met een gids. Verhuurt ook audiogidsen met thematische rondleidingen (natuur, zee en kust, geschiedenis, architectuur enz.). Je kunt er ook gratis op het internet surfen.

🚲 Verhuur van mountainbikes: Étretat Aventure, *kasteel van Bois-des-Loges.* ☎ *02 35 29 84 45* ● *www.etretat-aventure.fr. 5 km van Étretat in de richting van Fécamp via de D940. Geopend van februari tot midden november; in de zomermaanden dagelijks van 10.00 tot 20.00 u, buiten het seizoen van 13.00 tot 18.00 u.* Biedt ook een touwenparcours in de bossen en 'swinggolf' (iets tussen golf en minigolf) aan.

SLAPEN

CAMPING

⛺ CAMPING MUNICIPAL D'ÉTRETAT: *rue Guy-de-Maupassant 69.* ☎ *en fax: 02 35 27 07 67. Gemeentelijke camping aan de rand van het stadje, rechts langs de D39.* ☎ *02 35 27 07 67. Geopend van april tot midden oktober. Reken op € 11,10 voor twee personen met een tent en een wagen. Campers betalen € 5 per 24 uur.* Heel eenvoudig kampeerterrein op een vlakke groene ruimte, zonder veel schaduw en vlak bij de weg. Het sanitair (met warm water) is correct en er zijn wasmachines. Speelterrein en speelzaal. Het nieuwe parkeerterrein voor campers ligt er net naast. Tegen betaling kun je er drinkwater en elektriciteit aftappen.

⛺ CAMPING L'AGUILLE CREUSE: *6 km van de stad, aan de route de Fécamp (D940), 76790 Les Loges.* ☎ *02 35 29 52 10* ● *camping@aiguillecreuse.com* ● *www.campingaiguillecreuse.com. Geopend van april tot en met september. Je betaal € 14 tot 17 voor twee personen met een tent en een wagen, afhankelijk van het seizoen. Stacaravans voor vier personen te huur voor € 280 tot 485 per week.* Driesterrencamping op een groot vlak terrein. Tachtig plaatsen, al dan niet afgeboord met een haag. Er zijn nogal weinig bomen, maar de camping is goed uitgerust en goed onderhouden en bovendien zeer rustig (groepen worden geweigerd en er wordt geen animatie georganiseerd). Recent sanitair. Wasmachine, koelijs, winkeltje met brood en gebak. Je kunt ontbijt bestellen. Wat vermaak betreft, vind je er naast het zwembad (het enige openluchtzwembad in de omgeving; verwarmd tijdens het seizoen) ook een tennisveld, een speelterrein, een volleybalveld, petanquebanen en een pingpongtafel. Snackbar. Tip: maak een tochtje langs de *vélorail* die Les Loges met Étretat verbindt.

⛺ CAMPING LES TILLEULS: *impasse Dom Fillastre 2, 76790 Le Tilleul.* ☎ *en fax: 02 35 27 11 61. Ongeveer 3 km van Étretat via de weg naar Le Havre. Neem ter hoogte van hotel Saint-Christophe de straat links. Geopend van april tot eind september. € 10,35 voor twee personen en een tent; extra voor de douches. Verhuur van stacaravans, bungalows en chalets voor € 260 tot 464 per week; 10% korting buiten het seizoen.* Een kleine tweesterrencamping op het platteland, midden in de velden. Rustig gelegen. Veel bomen en dus heel wat schaduw. Verouderd maar proper sanitair. Wasmachine en droogautomaat.

GOEDKOOP TOT DOORSNEEPRIJS

🏨 DÉTECTIVE HOTEL: *avenue Georges-V 6.* ☎ *02 35 27 01 34* ● *contact@detectivehotel.com* ● *www.detectivehotel.com. Afhankelijk van het gewenste comfort betaal je € 39 tot 75 voor een tweepersoonskamer. Ontbijtbuffet voor € 8 (€ 4 voor kinderen tot dertien jaar).* Klein, thematisch hotelletje, eens iets anders dan de klassieke hotels in de stad. Het wordt gerund door een voormalige agent die werkte bij een wetenschappelijke eenheid van de politie. De vijftien kamers hebben elk een eigen naam, een eigen inrichting en eigen accessoires ... Verkies je de nostalgische *Miss Marple* en *Nestor Burma*, de zwoelere *Danny Wilde* of de koelere *Les Experts*? Probeer maar eens de badkamer te vinden in de kamers *Arsène Lupin* en *Sherlock Holmes*, wellicht de meest amusante kamers van allemaal! Geen nood, de douche en het toilet zullen niet verdwenen zijn wanneer je wakker wordt. Binnentuintje en kleine zithoek met tv, schaakbord en boeken. Voor groepen worden op verzoek *murder parties* georganiseerd ... Maar wie heeft Dr. Swart vermoord?

HÔTEL D'ANGLETERRE: *avenue Georges-V 35* . ☎ 02 35 28 84 97. ● *b.trezeux@wanadoo.fr*. *Tweepersoonskamers voor € 50 tot 80, afhankelijk van het comfort*. Mooi hotelletje in een aangenaam huis van 1850, gebouwd met baksteen en silex, dat wordt gerenoveerd door de sympathieke eigenares Bénédicte. De meest recente kamers zijn ingericht met sobere maar warme kleuren. De oudste hebben betere tijden gekend, maar zijn minder duur. Op mooie dagen wordt het ontbijt opgediend op het binnenplaatsje. Heel vriendelijke ontvangst. Een heel leuk adresje.

CHAMBRES D'HÔTES BIJ HET ECHTPAAR FISCHER: *Les Genêts 9, chemin de Saint-Clair*. ☎ 02 35 27 13 98 *of* 06 73 95 84 12 *(gsm)*. *Je betaalt € 55 of 60 voor een tweepersoonskamer, naargelang van het seizoen. Er is ook een vakantieverblijf voor twee tot vier personen, ter huur voor € 400 tot 420 per week. Je kunt niet met een bankkaart betalen.* In een traditioneel, vrijstaand huisje met een prachtig uitzicht op Étretat, de kliffen, de boog en de zee. Mooie kamers met oude meubels, eigen badkamer en private ingang. Een mooi, heel eenvoudig adres.

HÔTEL DES FALAISES: *boulevard René-Coty 1*. ☎ 02 35 27 02 77. *Fax: 02 35 28 87 59*. *Tweepersoonskamers voor € 29 tot 75, afhankelijk van het gewenste comfort en het seizoen. Bio-ontbijt voor € 7,50 (wordt opgediend in het tegenovergelegen hotel La Résidence). Tegen betaling kun je je wagen achterlaten in een parkeergarage op 800 meter van het hotel.* Klassiek hotel in het centrum van Étretat. Goed twintig nogal verouderde maar niet al te dure kamers. Er zijn er voor ieders beurs. Goede ontvangst.

CHAMBRE D'HÔTES BIJ HET ECHTPAAR BROCHEC: *rue Notre-Dame 21*. ☎ 06 82 18 70 65 *(gsm)*. *In een straat achter de Dienst voor Toerisme. Je betaalt € 55 voor een tweepersoonskamer met ontbijt.* Mooie kamer op de tweede verdieping van het aangename huis van meneer en mevrouw Brochec. Terras en toegang tot een douche in een erker. Warme inrichting met veel hout. Vriendelijke ontvangst.

HEEL LUXUEUS

CHAMBRES D'HÔTES LE JARDIN GORBEAU: *bij Jon Cooper, rue Adolphe-Boissaye 27*. ☎ 02 35 27 16 72 *of* 08 70 44 62 70 *(antwoordapparaat)* ● *info@gorbeau.com* ● *www.gorbeau.com*. *Gesloten in januari. Je betaalt € 130 voor een tweepersoonskamer en € 160 voor een suite voor maximaal vier personen. Ontbijt is in de prijs begrepen. Als je minstens zeven nachten verblijft, is de zevende overnachting gratis. Nu en dan zijn er interessante internetpromoties. Er is ook een vakantiehuisje te huur voor € 750 per week.* Mooi herenhuis van 1824 met een gevel in zwarte vuursteen en een ommuurde tuin, midden in Étretat. Jon, een Italiaanse Amerikaan (of was het een Amerikaanse Italiaan?) is schilder en jazzmuzikant. Hij heeft de bijzonder aangename kamers ingericht in een moderne stijl die heel goed past in het oude gebouw. Wij waren onder de indruk van de dakkamer *L'Aigle*. De kamers *Fantine* en *Cosette* delen een salon. Mooie badkamers. Salon met homecinema. Een uitstekend adres. De sfeer is lichtjes 'gay friendly', maar iedereen is welkom.

MAISON D'HÔTES 'VILLA SANS SOUCI': *bij Jocelyne en Jean-Pierre Milan, rue Guy-de-Maupassant 27ter*. ☎ 02 35 28 60 14 ● *villa-sans-souci@wanadoo.fr* ● *www.villa-sans-souci.fr*. *Het hele jaar door geopend. Tweepersoonskamers voor € 110 tot 150 met bad of douche. Er is ook een studio (voor twee à drie personen) te huur voor € 105 voor een weekend of € 400 voor een week. Je kunt niet met een bank-*

kaart betalen. Bijzonder charmante villa uit de 19de eeuw, midden in een groot park op 400 meter van de kliffen. Je waant je in de tijd van Maupassant en de impressionisten. De levendige eigenares verhuurt vijf ruime en comfortabele kamers (en een bijkamertje onder het dak). Elke kamer draagt de naam van een film en is ook in de stijl van die film ingericht. In kamer *Marilyn* krijg je uiteraard een badkamer waar een ster haar neus niet voor zou ophalen! Het grote terras met uitzicht op het park is ideaal voor een namiddagje luieren.

🏨 HÔTEL LA RÉSIDENCE: *manoir La Salamandre, boulevard René-Coty 4.* 📞 02 35 27 02 87. *Afhankelijk van het gewenste comfort en het seizoen betaal je € 36 tot 76 voor een tweepersoonskamer. Voor € 110 à 120 krijg je een kamer met bubbelbad of een suite. Bio-ontbijt voor € 7,50. Verhuurt ook vakantiehuisjes met zeezicht.* Van de buitenkant bekeken is dit een van de mooiste hotels van Normandië: een 14de-eeuwse woning die in Lisieux stond, maar in het begin van de 20ste eeuw werd afgebroken en heropgebouwd in Étretat. Binnen vind je een geslaagde mengeling van verschillende stijlen. De gerenoveerde kamers zijn allemaal anders, maar steevast smaakvol ingericht. Sommige hebben een hemelbed en/of een bubbelbad. Vriendelijke ontvangst. Ook restaurant (zie 'Eten').

🏨 DOMAINE DE SAINT-CLAIR - LE DONJON: *chemin de Saint-Clair.* 📞 02 35 27 08 23. • *info@hoteletretat.com* • *www.hoteletretat.com. Het hele jaar door geopend. Tweepersoonskamers en suites van € 90 tot 310, afhankelijk van de kamer en het seizoen. Voor het ontbijt betaal je € 14. Gratis draadloos internet.* Kasteeltje op een van de hoogste punten van Étretat. Het lijkt wel een stuk uit een schaakspel. Van in de tuin, de salons en enkele kamers kijk je uit over de zee, over l'Aiguille creuse en over Étretat. De kamers zijn origineel ingericht, op het randje van kitscherig. De goedkoopste zijn niet bijzonder goed onderhouden. De kamer *Claude Monet* daarentegen is helemaal gerenoveerd in moderne stijl en bevat zelfs een Turks stoombad! Gezellige sfeer, antieke meubels, aangename achtergrondmuziek. Mooie salons, met name salon *Claude Monet*, dat uitzicht biedt op het stadje en de zee. Het verwarmde buitenzwembad is aan een facelift toe. Chic restaurant ter plaatse.

SLAPEN IN DE OMGEVING

🏨 VILLAGE ÉQUESTRE D'ÉTRETAT – LE TILLEUL: *rue de La Sauvagère 248, 76790 Le Tilleul.* 📞 02 35 27 04 22 • *etretat-equitation@orange.fr* • *www.etretat-equitation.fr. 3 km van Étretat in de richting van Le Havre. Het staat goed aangegeven aan de rechterkant van de weg. Boven op de kliffen. Je betaalt € 42 voor een tweepersoonskamer en ongeveer € 100 voor een familiekamer.* Als je niets anders hebt gevonden, kan dit adres van pas komen. De tweepersoonskamers zijn functioneel en in de modernere familiekamers kunnen tot zes personen overnachten. Je kunt er ook eten. Zie ook 'Trektochten in de omgeving van Étretat'.

ETEN

Door de grote toeloop van toeristen is de kwaliteit van het eten in sommige (goedkopere) restaurants nogal wisselvallig. Goede en minder goede verrassingen kunnen dus voorvallen …

HEEL GOEDKOOP

🍴 CRÊPERIE DE LANN-BIHOUÉ: *rue Notre-Dame 45.* 📞 02 35 27 04 65 • *contact@lannbihoue.com. Vlak bij het centrum. Gesloten op woensdag en donderdag (behalve tijdens de schoolvakanties). Formule voor € 9 en menu voor € 15. Hartige en zoete pannenkoeken, salades en vleesgerechten voor ongeveer € 5 tot 12,50.* Lekkere pannenkoeken in alle smaken, voor een bescheiden prijs, zowel tussen de middag als 's avonds. Handig om een kleine honger te stillen. Sfeervol interieur en een terrasje op de binnenplaats. Hartelijke ontvangst.

DOORSNEEPRIJS

🍴 RESTAURANT DU GOLF: *aan de rand van het golfterrein.* ☎ 02 35 27 04 56. *Wanneer je Étretat buitenrijdt in de richting van Le Havre, volg je de pijlen naar het golfterrein; het restaurant ligt op het hoogste punt. Dagelijks geopend. Buiten het seizoen gesloten op zondag-, maandag-, dinsdag- en woensdagavond. We raden aan om te reserveren. Lunchformule of -menu voor € 23 of 29; 's avonds € 28-32.* Ook al houd je niet van golf, toch is dit restaurant de omweg waard. In de eerste plaats voor de omgeving en het prachtige uitzicht op de kliffen. De aangename eetzaal baadt in het licht. Elke dag wordt er een ander menu gesuggereerd, afhankelijk van wat er op de markt te vinden was. Slechts één constante: het is altijd overheerlijk! De sfeer is helemaal niet verwaand, maar de ontvangst is soms weinig hartelijk.

ETEN OF IETS DRINKEN IN DE OMGEVING

Je hoeft natuurlijk niet in Étretat te blijven om te eten. Buiten de stad zijn minder toeristische adressen te vinden.

🍴🏠 AUBERGE DU PUITS FLEURI: *in Vattetot-sur-Mer, 7 km naar het noorden via de kustweg naar Fécamp (D211).* ☎ 02 35 28 31 02. *In het hoogseizoen gesloten op zondagavond en op maandag, buiten het seizoen ook op dinsdag. Jaarlijkse vakantie: één week na de feestdagen, drie weken in februari–maart en nog eens drie eind september–begin oktober. Op weekdagen is er een lunchmenu met kaas en dessert voor € 14,50; andere menu's voor € 20 tot 27. A la carte betaal je € 30 tot 35.* Kleine plattelandsherberg in baksteen en vuursteen, tegenover het mooie gemeentehuis van Vattetot. Heel aangenaam, met een tuin, een met bloemen versierde waterput (vandaar dus de naam) en een veranda voor op mooie dagen. Lekkere regionale keuken. Ook het goedkoopste menu is heel lekker! Bij de iets duurdere menu's krijg je de keuze uit een schotel vol heerlijke kazen. Echt een goed adres.

🍴 LE TILLEULAIS: *route du Havre 759, 76790 Le Tilleul.* ☎ 02 35 27 10 48. *Zo'n 3 km van Étretat langs de weg naar Le Havre. Gesloten op maandag (in de winter ook op dinsdag). Jaarlijkse vakantie: drie weken voor of na Pasen. Lunchmenu voor € 11,50 (drank inbegrepen); verder menu's voor € 16 tot 26,80.* Het is waar, dit restaurant ligt aan de hoofdweg en de inrichting is niet om over naar huis te schrijven, maar je kunt er genieten van een lekkere huiselijke keuken, met liefde bereid door de Bretonse kok en met minstens evenveel liefde opgediend door de Normandische gastvrouw. Bovendien is het er helemaal niet duur – wat bewijst dat je dus wel tegen een zeer redelijke prijs kunt eten in de omgeving van Étretat.

☕🍴 SALON DE THÉ LA DAME AU CHAPEAU: *in Bénouville, goed 4 km van Étretat via de kustweg naar Fécamp (D211).* ☎ 06 76 82 49 99 (gsm) ● www.ladameauchapeau.com 🚲 *Het hele jaar door van donderdag tot zondag geopend van 12.00 tot 18.00 u. Je betaalt ongeveer € 9,50 voor een warme maaltijd.* Een leuk theesalon – eigenlijk meer dan dat – met een bonte inrichting aan de rand van het dorp Bénouville, gerund door een echte dame met een echte hoed! Je treft er toeristen van allerlei slag die te voet, met de fiets of met de wagen de streek verkennen. Een leuk adres om een glas te drinken of iets te eten: soep van de dag, broodjes, kaas- en vleesplanken, warme gerechten, lichte lunches en gebak (voor bij de thee uiteraard).

🍴🏠🏛 L'AUBERGE DES VIEUX PLATS: *in Gonneville-la-Mallet, 12 km ten zuiden van Étretat. Neem de D940 en daarna de D139. Uitsluitend geopend tijdens de markt op woensdagochtend en soms op zondag tussen de middag.* Een herberg uit vervlogen tijden, uitgebaat door een oude dame met een gestaald karakter. Het is een van de meest tot de verbeelding sprekende adressen in de omgeving. Vooreerst vanwege het opmerkelijke gebouw in vuursteen met het Christusbeeld in de gevel en de medaillons met daarrond sint-jakobsschelpen. En natuurlijk ook omdat de geschiedenis er nog tastbaar aanwezig is. Hier kwamen Boudin, Flaubert, Maupassant, Victor Hugo, Maurice Leblanc en tal van andere bekende Fransen eten en drinken en zich mengen onder het plebs. Sinds jaar en dag komen de *touilleux* (domino-spelers) van het dorp er samen. Verwacht niet veel meer dan een plek die beladen is met nostalgie, maar ga er eens iets drinken op de marktdag ...

🗵 LE BELVÉDÈRE: *in Saint-Jouin-Bruneval.* ☎ 02 35 20 13 76. *Gesloten op zondagavond, woensdag-avond en donderdag. Menu's voor € 21 (niet op zaterdagavond, zondag en feestdagen) en € 31 tot 39,50.* Dit chique restaurant ligt boven op de kliffen en biedt uitzicht op ... de petroleumhaven van Antifer! De inrichting is ietwat verouderd, maar de chef heeft zijn strepen al verdiend en maakt heel lekkere gerechten met vis en zeevruchten. In de zaal zwaait zijn charmante vrouw van Mexicaanse origine de scepter.

IETS DRINKEN

Tijdens de zomermaanden is café LES CALOGES – genoemd naar de traditionele vissers-hutten, een afgedankte boot met een strodak – aan de dijk een goed adres als je op zoek bent naar een eenvoudig plekje om te genieten van een wit wijntje en wat oesters of gar-nalen voor minder dan € 10. Een andere aanrader is LES ROCHES BLANCHES, aan de an-dere kant van de dijk, vooral vanwege zijn terras met uitzicht op de kliffen.

🗩 LA SALAMANDRE: *zie 'Eten'.* Prachtig café met veel hout op de benedenverdieping van het landhuis *La Salamandre.* Gezellige sfeer, vooral bij het haardvuur. Ideaal om 's avonds een glas te gaan drinken.

WAT IS ER TE ZIEN EN TE DOEN?

Een kleine waarschuwing: kom niet te dicht bij de afgrond! Dat ligt voor de hand natuur-lijk, maar er zijn nu eenmaal geen balustrades, dus je moet zelf het gevaar afwegen! Boven-dien worden de kliffen steeds verder afgevreten, waardoor de randen zeer bros zijn. Er ge-beuren vaak ongevallen. Probeer dus niet de Monet uit te hangen, want je zou met ezel en al naar beneden kunnen duikelen. Wandelen aan de voet van de kliffen is ronduit verboden. De belangrijkste oriëntatiepunten in Étretat zijn de Falaise d'Aval (links van het strand, stroomafwaarts) en de Falaise d'Amont (rechts, stroomopwaarts).

STROOMAFWAARTS

– **La Falaise d'Aval:** *een pad en een trap links van de dijk leiden naar de top (85 m).* Aan het eind van de 19de eeuw stond op het klif een merkwaardige toren (je kunt hem nog zien op prentbrief-kaarten van vroeger). Het was een fort dat in 1911 werd opgeblazen. Aan het uiteinde staat een oude bunker. Hier loopt ook de GR21, het wandelpad dat Le Havre verbindt met Le Tré-port. Dit stuk van de wandeling is een van de mooiste. Alle ruimte rond de klif wordt inge-nomen door een golfterrein. Mooi uitzicht om een balletje te slaan!

– **La Porte d'Aval:** dit juweeltje van Étretat wordt beschouwd als een van de wereldnatuur-wonderen. Het is een boogpoort van een ongelooflijke harmonie en verfijning. Anders dan je zou kunnen vermoeden, werd ze voornamelijk uitgeschuurd door een ondergrondse ri-vier. Uiteraard heeft de zee ook een handje geholpen ... En anders dan meestal wordt ver-teld, was het niet deze poort die Guy de Maupassant vergeleek met een olifant die z'n slurf in de zee steekt, maar wel de Porte d'Amont (zie verder).

– **L'Aiguille:** *wat verderop, achter de poort.* Je kunt de 'naald' zien vanaf het strand, maar om het fenomeen goed te bewonderen moet je op de Falaise d'Amont gaan staan. De *Aiguille* is 70 m hoog maar niet hol, in tegenstelling tot wat Arsène Lupin beweerde. De zee heeft deze rots door de eeuwen heen de vorm van een obelisk gegeven. Dankzij de hardheid van de kalk-steen is hij nog niet helemaal verzwolgen. Je kunt in de Aiguille creuse en de Porte d'Aval complementaire symbolen zien: volheid tegenover leegte, het mannelijke tegenover het vrouwelijke ... laat je fantasie de vrije loop!

– **Le Trou à l'Homme:** een grot aan de voet van de Falaise d'Aval die je enkel kunt bereiken bij laagwater (let op voor de opkomende zee!!). De witstenen vloer is begroeid met mos. De grot kreeg haar naam ('het gat met de man') toen hier op het eind van de 18de eeuw een schipbreukeling van een Scandinavische schoener levend werd teruggevonden. Er wordt ook verteld dat Marie-Antoinette hier oesters liet kweken ...

– **La Manneporte:** *links van de Falaise d'Aval, aan het uiteinde van de Valleuse de Jambourg. Een kwartiertje wandelen vanaf de dijk.* Een indrukwekkende boog. Minder rijzig dan de Porte d'Aval en vooral minder bekend omdat ze verder ligt. Maupassant beweerde in zijn tijd al dat een boot probleemloos door deze 'grote poort' kon varen (vandaar de naam, een afleiding van *Magna Porta*). De Manneporte was ook een van de geliefkoosde onderwerpen van Monet.

STROOMOPWAARTS

– **La Falaise d'Amont:** *om met de auto op de top te raken, neem je de avenue Nungesser-et-Coli (de weg naar Bénouville) en dan de avenue Damillaville. De dappersten beklimmen de kliffen via de trap uiterst rechts op het strand.* Op de top staat een kruisbeeld, een aardig kerkje (uitsluitend geopend op 15 augustus) en een witte pijl die naar de hemel is gericht, een monument ter nagedachtenis van de vliegeniers Nungesser en Coli. Die vertrokken op 8 mei 1927 om 5.22 u met hun tweedekker *L'Oiseau blanc*, die vijf ton woog (waarvan vier ton brandstof), van het vliegveld van Bourget in een poging om het noordelijke deel van de Atlantische Oceaan over te steken. Ze werden het laatst gezien boven de zee voor Étretat. Sommigen denken dat ze zijn neergestort in de buurt van Saint-Pierre-et-Miquelon, anderen vermoeden dat ze samen met hun vliegtuig in handen vielen van de Amerikaanse maffia (dit gebeurde in de periode van de drooglegging). Slechts twaalf dagen na de poging van de twee Fransen, op 20 mei 1927, slaagde Charles Lindbergh erin om met zijn *Spirit of Saint Louis* zonder tussenstop van New York naar Parijs te vliegen.

Vanaf de rand van de klif heb je een prachtig uitzicht op het stadje, de Falaise d'Aval, de boog en de naald.

Een slechte verliezer, die Hermann Göring

Tijdens de Eerste Wereldoorlog behaalt de Franse jachtpiloot Charles Nungesser de overwinning tijdens een tweegevecht met een zekere Hermann Göring. Jaren later, wanneer hij zijn overtocht van de noordelijke Atlantische Oceaan voorbereidt, loopt hij de Duitser opnieuw tegen het lijf. Omdat hij Göring bijzonder lomp vindt en hem niet kan luchten, geeft hij hem in het openbaar een kaakslag. Zoals iedereen weet, verdwijnt Nungesser kort daarop, samen met zijn kompaan Coli. Hermann Göring wordt maarschalk in het Derde Rijk. In die hoedanigheid brengt hij in 1942 een bezoek aan Étretat, waar hij het herdenkingsmonument voor de twee piloten aantreft. Daarop beveelt hij om het monument op te blazen, onder het voorwendsel dat het als oriëntatiepunt zou kunnen dienen voor de vijand!

– **La Porte d'Amont:** *zichtbaar vanaf de Falaise d'Amont.* Dit is de kalkstenen poort die door Maupassant werd vergeleken met een olifant die met z'n slurf uit de zee drinkt.

– **L'Aiguille de Belval:** *rechts van de Falaise d'Amont, aan het einde van het strand. Je komt er via de top van de Falaise d'Amont. Op het parkeerterrein neem je het langeafstandswandelpad GR 21. Staat goed aangegeven. Reken op een wandeling van 1 tot 1½ uur (heen en terug).* Deze 'naald' is minder bekend dan de Aiguille d'Aval, maar is toch een verbazingwekkend natuurfenomeen. Het lijkt wel een reusachtige menhir die aan de voet wordt aangevreten door de golven, of een enorme snijtand in de zee! Je verwacht dat hij ieder ogenblik zal omvallen ...

■**Natterra:** *route de la Plaine 29, 76280 La Poterie-Cap-d'Antifer.* ☎*0276390269 en 0682778755 (gsm)* ●*www.natterra.fr.* Organiseert wandelingen op en rond de kliffen onder begeleiding van een gids die je uitleg geeft over het ecosysteem (de vogels, het afkalven van de kliffen enzovoort).

WAT IS ER NOG TE ZIEN?

❧ ❧ **⚏ Le Clos Arsène Lupin:** *rue Guy-de-Maupassant 15.* ☎*0235105953.* ●*www.arsene-lupin.com* ♿ *Van 1 april tot 30 september dagelijks geopend van 10.00 tot 17.45 u; van 1 oktober tot 31 maart op zaterdag en zondag van 11.00 tot 16.45 u. Tijdens de schoolvakanties dagelijks geopend. Toegangsprijs: € 6,75; kortingen mogelijk.* Arsène Lupin is een van de grootste dieven aller tijden, maar hij is ook een gentleman, en hij heeft nu een eigen museum in Étretat, waar zijn geestelijke vader Maurice Leblanc enkele van zijn avonturen situeerde. Leblanc kwam hier gedurende twintig jaar elke zomer schrijven, voor hij tijdens de Tweede Wereldoorlog de vlucht moest nemen naar het zuiden van Frankrijk. Na vele jaren is de eigendom in handen gekomen van de enige kleindochter van Maurice Leblanc. Het bezoek duurt 45 minuten. Je krijgt een koptelefoon en een (Franstalige!) stem leidt je door de wereld van de literaire held Arsène Lupin.

❧ Aan de *perrey* (de plaatselijke naam voor de kustboulevard) en aan de gewezen strandhaven, links op het strand, lagen vroeger **caloges,** oude boten die buiten gebruik waren. Ze kregen een rieten dak en werden door de vissers gebruikt als 'schuurtjes'. Vandaag zijn het er nog maar twee. In de ene is een snackbar ondergebracht (*Les Caloges*, zie hoger 'Iets drinken'), de andere behoort toe aan de watersportclub die gehuisvest is aan het einde van de dijk. Langs die dijk vind je ook borden met informatie over het leven en werk van Claude Monet in Étretat.

❧ ❧ **De oude hallen:** *aan het einde van de boulevard René-Coty.* Een schitterend houten gebouw van 1926 waarin winkeltjes zijn ondergebracht.

❧ **Église Notre-Dame:** *route de Bénouville. Dagelijks geopend.* Dit voormalige bijgebouw van de abdij van Fécamp dateert uit de 11de en 13de eeuw en is dus romaans en gotisch van architectuur. Let op het kleine torentje op de zijkant van de klokkentoren en op het romaanse portaal, dat in de vorige eeuw vrij slecht werd gerestaureerd. In de kerk staat een geklasseerd orgel (van Cavaillé-Coll) uit de 19de eeuw.

❧ ❧ In en rond Étretat staan tal van **villa's** uit het eind van de 19de en het begin van de 20ste eeuw, de ene al mooier dan de andere. De meest bekende zijn *Villa Orphée* (route de Fécamp), gebouwd in opdracht van Offenbach; *Le Clos Arsène Lupin* (op het kruispunt van de rue Guy-de-Maupassant en de rue du Bec-Castel; zie hoger); *Villa La Guillette* (rue Guy-de-Maupassant), een stulpje dat Guy de Maupassant liet optrekken; *Villa La Chaufferette* (rue Notre-Dame), waar de schilder Eugène Le Poittevin woonde; het *huis van René Coty* en het *Château des Aygues*, waar een zekere keizerin Sissi verbleef ...

FEESTELIJKHEDEN

– **La bénédiction de la mer (zegening van de zee):** *op Hemelvaartsdag.* Religieuze ceremonie die teruggaat tot de middeleeuwen. Het is de herdenking van een heel oude legende. Die dag wordt in de Église Notre-Dame een speciale mis opgedragen en wordt er een kermis georganiseerd.

– **Les Galetjades:** *in juli-augustus.* Straattheater, tentoonstellingen, concerten, animatie ...

– **Les Arches du Vent:** het tweede weekend van september. Demonstraties met vliegers, surfen, zeilen, parapente, zeilwagenraces enz. Alles met een ecologische inslag. Zowel in Étretat als in Saint-Jouin en Bénouville.

Langs een mooi kronkelig wegje kom je in Yport, een pittoresk familiaal badplaatsje een tiental kilometer ten noordoosten van Étretat. Ook hier mooie kliffen en keienstranden met enkele kleurrijke bootjes, de befaamde dory's die werden gebruikt voor de kabeljauwvisserij bij Newfoundland. Mooie villa's, aardige vissershuisjes en een klein gerestaureerd kerkje met een houten dakgebinte en tal van ex voto's dragen bij tot de charme van dit stadje. De zeedijk is goed heraangelegd, maar de pier wordt ontsierd door een lelijk casino.

KUNSTENAARS EN IMPRESSIONISTEN IN YPORT

Boudin, Corot, Gide en vele anderen kwamen hier graag, net zoals Maupassant, die Yport en zijn visgeur beschrijft in zijn roman *Une vie* (en in twee van zijn novelles, *L'ivrogne* en *Le retour*). Als je van deze schrijver houdt, ga dan eens een blik werpen op de *Bordj El-Maboul*, een opmerkelijke witte villa uit de 19deeeuw met duidelijke Moorse invloeden (tegenover de gemeentelijke camping van Yport). Maupassant nam er vaak zijn intrek om te schrijven. In 1883 raakte een zekere Alfred Abraham Nunès, een neef van Pissarro die afkomstig was van de Antillen en een grote liefde had voor kunst, gepassioneerd door de landsschapsschilders, en in het bijzonder door de impressionisten – diezelfde Nunès zou in 1886 trouwens verkozen worden tot burgemeester van Yport. Hij vraagt Renoir om voor hem schilderijen te maken; geen landschappen, maar twee portretten: dat van zijn dochter Aline, die toen acht jaar oud was *(Jeune fille à l'ombrelle)* en dat van zijn tienjarige zoon Robert *(Jeune garçon sur la plage d'Yport)*. In datzelfde jaar schildert Renoir ook *Marée basse y Yport*, dat tegenwoordig in de Hermitage in Sint-Petersburg hangt.

> **Die goede vriend Schuff**
>
> Het werk *Les rochers à Yport*, dat te bewonderen is in het Musée des Terre-Neuvas in Fécamp, is van de hand van een zekere Claude Emile Schuffenecker (1851-1934). Het was deze man die Gauguin ertoe aanzette te beginnen schilderen, in de tijd toen ze allebei wisselagent waren. Hij liet hem tekenles nemen en nam hem mee naar musea. Het ging zelfs zo ver dat de 'goede vriend Schuff' Gauguin financieel onderhield. Het was ook hij die de schilder in contact bracht met Emile Bernard, met wie Gauguin later de school van Pont-Aven zou oprichten. Schuffenecker had echter nogal een kwalijke reputatie. Hij werd ervan verdacht echte Van Goghs te hebben bewerkt, en er werd zelfs gefluisterd dat hij er valse zou hebben geschilderd. Een van die valse werken (die dus echt bestonden) is trouwens enkele jaren geleden nog verkocht bij Christie's.

NUTTIG ADRES EN PRAKTISCHE INFORMATIE

🛈 Dienst voor Toerisme: *rue Alfred-Nunès.* ☎ *0235297731. Tijdens de zomermaanden dagelijks geopend van 9.30 tot 12.30 u en van 14.30 tot 18.30 u. Buiten het seizoen gesloten op zondag.* Gratis plattegrond van Yport en documentatie over wandelingen in de omgeving, ook over de GR21. Tijdelijke tentoonstellingen.

– Op woensdagochtend is er **markt.**

CAMPINGS

⛺📷 CAMPING, CHAMBRES D'HÔTES EN GÎTES LE RIVAGE: *rue Hottière.* ☎ *0235273378. Geopend van Pasen tot midden september. Reken op € 12,90 voor twee personen met een tent en een wagen, gebruik van de douches inbegrepen. Voor de chambres d'hôtes betaal je € 40 per nacht of € 222 per week, voor de vakantiehuisjes (voor twee tot zes personen) € 72 tot 135 per nacht of 430 tot 575 per week. In juli en augustus worden geen groepen toegelaten op de camping. Je kunt niet met een bankkaart betalen.* Groot kampeerterrein in terrassen, met een buitengewoon uitzicht over de kliffen, de zee, Yport en in de verte zelfs Fécamp. Een grandioze plek om te camperen! Er zijn negentig plaatsen, sommige met veel schaduw, andere zonder. Ook chambres d'hôtes en huisjes voor wandelaars. Goed onderhouden sanitair blok (chemische toiletten). Wasserette. Winkeltje waar je ontbijt, brood, ijsjes, drankjes en 's avonds ook pannenkoeken kunt krijgen. Petanque, pingpong, speelterrein. In vijf minuutjes sta je op het strand (de terugweg – omhoog – duurt wat langer). Via de GR21 sta je in 2½ uur in Étretat en in 1½ uur in Fécamp (je kunt terugkeren met de bus).

CAMPING MUNICIPAL LA CHÊNAIE: *rue Henri-Simon.* 0235273356 *Gemeentelijke camping even voor Yport, aan de D104. Neem de bus Fécamp-Le Havre en stap af in het centrum van Yport. Dan nog 800 meter stappen. Geopend van april tot en met oktober. Reken op € 7 à 7,50 voor twee personen en een tent. Voor de douches betaal je extra.* Camping met veel groen en bomen. Niet alle plaatsen krijgen schaduw. Goed onderhouden sanitair. Speelterrein. Rustig, tenzij wanneer de jongeren uit de omgeving het in hun hoofd krijgen om met quads of motorfietsen te gaan racen. Tegenover de ingang van het kampeerterrein staat een mooi wit huis uit de 19de eeuw, met Moorse invloeden. Guy de Maupassant kwam er vaak schrijven.

AIRE NATURELLE DE CAMPING LA PÂTURE: *aan de overkant.* 0235273004. *Zo'n 2 km van Yport. Richting Vattetot-sur-Mer, rechts van de kerk en dan steeds rechtdoor. Geopend van mei tot en met september. In het hoogseizoen betaal je € 11 voor twee personen met een tent; extra voor de douches.* Deze camping ligt op de kliffen, midden in de natuur, maar biedt geen spectaculair uitzicht. Het strand ligt op 500 meter. Vrij vlak terrein met hier en daar een steiler stuk. Rustig en groen. Verouderd maar proper sanitair. Honden mogen binnen op voorwaarde dat ze aan de leiband worden gehouden. Caravans met twee assen worden geweigerd.

DOORSNEEPRIJS

CHAMBRES D'HÔTES LE PETIT NAVIRE: *bij dhr. en mevr. Isaac, rue Emmanuel-Foy 26.* 0235280094 • *le-petit-navire@wanadoo.fr* • *www.lepetitnavire.com. Tweepersoonskamers voor € 55 en suites voor € 100 voor twee personen of € 120 voor vijf. Ontbijt is in de prijs begrepen. Je kunt niet met een bankkaart betalen.* In het voormalige atelier van een 'boeter' (iemand die visnetten herstelt) dat daarna het huis van een wijnhandelaar werd. Vier ruime kamers met parket, door gastvrouw Brigitte schitterend ingericht met enkele moderne toetsen. Ze bieden allemaal uitzicht op de zee. Vooral *La Marine* kon ons bekoren. Er is ook een suite (*La Gourmandine*) met beige tinten, veel hout, een bankbed en een kleine bijkamer. Uitstekende bedden. Gastheer Jean-François ontvangt je allerhartelijkst.

GEMEUBELDE STUDIO'S BELLES VUES: *bij mevr. Martine Grancher, rue Jean-Eugène Ebran 3.* 0235273151 en 0606722900 (gsm) • *belles.vues@gmail.com* • *www.normandie-yport-location-fr. Studio's voor twee personen voor € 55 per nacht of € 310 tot 400 per week (afhankelijk van het comfort en het seizoen).* Als welkomstgeschenk krijg je een mand met streekproducten. Twee studio's, heel goed gelegen aan de dijk van Yport. *Le Petit Baigneur* is de kleinste en de goedkoopste. Hij ligt onder het dak en biedt een tweepersoonskamer, een keuken, een houten gebinte en een veluxraam met uitzicht op het dorp, op de kliffen en zelfs op Fécamp. *L'Écume de mer* is ruimer en bevat ook nog een zithoek met een bankbed. Leuke, moderne inrichting met enkele oude meubels. Linnengoed en handdoeken worden voorzien. Gemeenschappelijke wasmachine. Tv en dvd-speler in beide studio's. Vriendelijke ontvangst.

LA SIRÈNE: *boulevard Alexandre-Dumont 7.* 0235273187. • *lasirene.yport@wanadoo.fr* • *www.hotel-sirene.com. Het hotel is geopend van Pasen tot en met september en ook tijdens de krokus- en* *de herfstvakantie (op maandag- en dinsdagmiddag kun je niet inchecken); buiten het seizoen uitsluitend op vrijdag, zaterdag en zondag. Jaarlijkse vakantie in december. Je betaalt € 65 voor een tweepersoonskamer. In het restaurant betaal je € 15 tot 20 voor een maaltijd. Zeevruchtenschotel voor twee personen voor € 60. Menu's voor € 19 tot 28.* Dit hotel werd opnieuw leven ingeblazen door de nieuwe eigenaar, een inwoner van het dorp die het al te spijtig vond dit charmante kleine hoteletje aan zee te zien teloorgaan. *La Sirène* werd van top tot teen gerenoveerd en is opnieuw een van de pronkstukken aan het strand van Yport. De kamers zijn heel proper, en de inrichting is geïnspireerd op het thema van de zee. In het restaurant op de etage kun je van het panoramische uitzicht genieten terwijl je smult van zorgvuldig uitgezochte zeevruchten en streekproducten. Kleine broer houdt een pub open op de benedenverdieping. Een adres dat erg gewaardeerd wordt door jonge tortelduifjes.

🔲 **LE NAUTIQUE:** *rue Alfred-Nunès 73.* ☎ *02 35 29 76 10. Tegenover de kerk en de Dienst voor Toerisme. Buiten de zomermaanden op woensdag gesloten. Mossels voor € 9 tot 11, schotel met lekkers uit de zee voor € 14. Er zijn menu's voor € 13 tot 22,50, en voor de kleinsten is er een kindermenu voor € 8,50.* Dorpsbistro met een houten toog en achteraan een binnenplaatsje met uitzicht op de kerk. Heel eenvoudig maar vaak barstensvol. Op de kaart staan mossels op allerlei wijzen (bijvoorbeeld met cider en appeltjes), vis, schaal- en schelpdieren en nog veel meer. Trotters die op zwart zaad zitten, kunnen zich beperken tot een broodje met beleg. Vriendelijke bediening, zelfs wanneer je nog net voor sluitingstijd binnenglipt. De plaatselijke bewoners komen er ook om een glas te drinken en met de kaarten te spelen, waardoor er altijd wat te beleven valt.

FEESTELIJKHEDEN

– **Vuurwerk en Fête de la Mer et de la Peinture:** *het weekend van 15 augustus.* Misdienst, zegening, processie met ex voto's en verkoop bij opbod van de schilderijen die in de loop van de dag werden gemaakt …

FÉCAMP

76400 | 20 000 INWONERS

Fécamp, genesteld in het dal van de Valmont, is een kleine industriestad met een haven waar vissersboten, vrachtschepen en plez[i]ervaartuigen broederlijk naast elkaar liggen. De stad kende een prestigieus verleden. De hertogen van Normandië hielden hier lange tijd residentie. Fécamp, met zijn rijke industrie- en zeevaartgeschiedenis, verleidt de bezoeker vooral door zijn sterke persoonlijkheid, ook al is de kust naar onze smaak wat te veel gebetonneerd. De stad heeft tal van bezienswaardigheden en interessante musea te bieden, die een omweg meer dan waard zijn. Bovendien staat voor de nabije toekomst een groot project op stapel: het Musée des Terre-Neuvas (Museum van de Newfoundlandvaarders) verhuist in 2011 naar het nieuwe Musée des Pêcheries. Daarbij zal de tentoongestelde collectie ook gevoelig worden uitgebreid. Dankzij haar rijke verleden en haar unieke patrimonium kreeg de stad het label 'Stad van Kunst en Geschiedenis'. Sinds 2005 prijken op de kliffen boven Fécamp vijf windmolens, die zeer toepasselijk genoemd werden naar vijf soorten winden: Brise, Mistral, Alizé, Zéphyr en Tourbillon.

FECAMP EN DE KUST

Al in 1849 is Delacroix wild enthousiast over 'de weidse zee, die lange lijn van een niet te omschrijven kleur, blauw, groen, roze …'. Jules Noël, voorloper van het impressionisme, schildert er in 1870 *Crinolines sur la plage*, een werk dat nu te bewonderen valt in het Musée des Terre-Neuvas. Hij besteedt bijzondere aandacht aan het spel van het licht. De hyperactieve Claude

Monet waagt zich in 1881 aan het schilderen van de kliffen. Het resultaat is *Fécamp, bord de mer*, dat in het Musée Malraux in Le Havre hangt, en nog een twintigtal andere werken die werden geschilderd op de kliffen van Grainval en Cap Fagnet. In die tijd kon Monet zich een hotel veroorloven en verbleef hij in een zeemansherberg aan de Grand Quai, mogelijk op de plek waar nu het *Café de la Boucane* staat.

EEN VROUW BIJ DE IMPRESSIONISTEN

Wat een verademing om tussen al die mannen toch nog een vrouw aan te treffen! Berthe Morisot, een achterachternicht van Fragonard, studeert samen met Corot en leert het vak door meesterwerken na te schilderen in het Louvre. Daar ontmoet ze Fantin-Latour, die haar voorstelt aan Edouard Manet, van wie ze het favoriete model zal worden. In 1874 stelt ze zelf haar werken tentoon bij Nadar, in het vermaarde Salon des Refusés. Zo treedt ze binnen in de kring van de impressionisten. In datzelfde jaar verblijft ze in Fécamp bij haar tante Boursier, die een groot huis heeft op de kliffen. Ze trouwt met de broer van Edouard Manet, Eugène. De twee krijgen een dochter, Julie. Wanneer Berthe in 1895 op haar sterfbed ligt als gevolg van een zware longontsteking, vertrouwt ze de hoede over haar dochter toe aan Mallarmé en Renoir. Haar werken laat ze na aan bevriende kunstenaars, onder wie Monet en Degas. Vreemd genoeg vermeldt haar overlijdensakte 'zonder beroep'. In haar schilderijen besteedt Berthe Morisot vooral aandacht aan familietaferelen, vrouwen en kinderen. Voorbeelden zijn *Le berceau* en *Jeune femme en toilette de bal*, die beide te zien zijn in het Musée d'Orsay in Parijs. Ze gaat vaak schilderen in Les Petites Dalles en in Saint-Pierre-en-Port. Haar stijl is heel vrij en vloeiend. Het was ook Morisot die Manet overtuigde om in de openlucht te gaan schilderen en naar de natuur te werken.

FÉCAMP EN DE VISVANGST

'Fécamp, een vissershaven die dat wil blijven'. Deze zin van generaal de Gaulle is nog altijd actueel. Hier wordt niet gelachen met de zee. Van een ambachtelijke bezigheid is de visserij in de loop der eeuwen geëvolueerd tot een industrie. In de 16de eeuw al wordt de vis van Fécamp over het hele land verhandeld. In die periode steken de vissers uit Fécamp voor het eerst de Atlantische Oceaan over om op kabeljauw te vissen daar waar de vis in grote hoeveelheden aanwezig is: in Newfoundland. In de 17de eeuw komen er nog meer scheepswerven en zeilmakerijen. De haven raakt georganiseerd.

Van de tweede helft van de 19de eeuw tot de jaren 1970 is de stad de belangrijkste Franse kabeljauwhaven en de op drie na belangrijkste vissershaven van het land. En dan gaat de situatie langzaam maar zeker achteruit. De oliecrisis van 1974 en de stijging van de olieprijzen, de vermindering van de kabeljauwbestanden door de opkomst van de industriële visvangst en de uitbreiding van de IJslandse en de Canadese visgronden betekenen de dood van de kabeljauwvangst in Fécamp. De vissers van Fécamp bekeren zich noodgedwongen tot de zee- en kustvisserij, een activiteit waar ze vroeger als Newfoundlandvaarders op neerkeken, en op het pekelen en roken van haring (tegenwoordig vervangen door zalm). Daardoor kunnen enkele lokale visrokerijen blijven draaien. Vandaag de dag tracht de handelshaven actief te blijven, ondanks het kleine aantal vrachtschepen. Maar het zijn vooral de import en export van hout uit Scandinavië, de pleziervaart en de watersport die nu de rijkdom van Fécamp waarborgen. Meer informatie over het zeevaartverleden van de stad vind je op
● *www.fecamp-terre-neuve.fr.*

AANKOMST EN VERTREK

Met de bus

– **Van en naar Étretat/Yport/Le Havre:** dagelijks bussen van Cars Périer. ☎ *0800 808 703 (gratis nummer)* ● *www.cars-perier.fr.*

– **Van en naar Saint-Valéry-en-Caux/Dieppe:** bussen van *Degardins.* ☎ *02 35 57 29 82.* Voor de lijn Fécamp-Dieppe moet je overstappen in Saint-Valéry-en-Caux.

– **Van en naar Goderville/Le Havre:** dagelijks bussen van *Cars Périer,* ☎ *0800 808 703 (gratis nummer)* ● *www.cars-perier.fr* en *Cars Fauvillais,* ☎ *02 35 95 98 50* ● *www.cars-fauvillais.com.*

– **Van en naar Bolbec:** bussen van *Cars Périer* en *Fauvillais (gegevens hierboven).*

– **Van en naar Yvetot:** bussen van *Kéolis,* ☎ *02 35 28 19 88.*

Met de trein

– **Van en naar Parijs/Le Havre:** *inlichtingen op* ☎ *3635 (€ 0,34 per minuut).* Lijn Parijs–Le Havre. Overstappen in Bréauté-Beuzeville. Daar neem je de trein of de bus. Ongeveer tien verbindingen per dag.

NUTTIGE ADRESSEN EN PRAKTISCHE INFORMATIE

🛈 **Intergemeentelijke Dienst voor Toerisme (plattegrond B2, 1):** *quai Sadi-Carnot, aan de haven.* ☎ *02 35 28 51 01.* ● *www.fecamptourisme.com. Januari–maart en september–december geopend van maandag tot vrijdag van 9.00 tot 18.00 u, op zaterdag van 9.30 tot 12.30 u en van 14.00 tot 18.00 u en op de zondagen tijdens de schoolvakanties van 9.30 tot 12.30 u; van april tot en met juni geopend van maandag tot vrijdag van 9.00 tot 18.00 u en op zaterdag, zon- en feestdagen van 10.00 tot 18.00 u; in juli en augustus dagelijks geopend van 9.00 tot 18.30 u.* Een dynamische en competente dienst.

🛈 **Informatiepunten:** *aan zee (uitsluitend geopend in het hoogseizoen; plattegrond A1, 2) en in het voormalige Hôtel du Grand-Cerf, rue des Forts 10 (plattegrond B2, 3), vlak bij de Abbatiale de la Trinité (van maandag tot zaterdagochtend).*

🛈 **Maison du Patrimoine (plattegrond B2, 3):** *rue des Forts 10, in het voormalige Hôtel du Grand-Cerf.* ☎ *02 35 28 84 39.* Voor alle evenementen en bezoeken die worden georganiseerd in het kader van het label *Ville d'Art et d'Histoire* ('Stad van Kunst en Geschiedenis').

@ **EAJ, Le Pagnol (plattegrond B1):** *avenue Jean-Lorrain 254.* ☎ *02 35 29 20 01. Geopend van maandag tot vrijdag (buiten de schoolvakanties gesloten op maandagvoormiddag). Je betaalt € 2 per uur.* Le Pagnol *(plattegrond B2), place Charles-de-Gaulle 10.* ☎ *02 35 29 40 81.* Gratis internettoegang als je iets drinkt. Hetzelfde principe wordt gehanteerd in verscheidene andere bars in de stad, onder meer *Les Arcades* (place du Général-de-Gaulle), *La Flibuste* (boulevard Albert Ier) en *La Frégate,* de bistro van het *Hôtel de la Mer.*

🚲 **Fietsenverhuur: Boutique Rosalie,** *rue du Casino 42, net achter café* Le Drakkar, *aan het strand.* ☎ *02 35 10 73 39.* Ook bij **Intersport,** *place du Carreau 10 (in het stadscentrum, achter het postkantoor,* ☎ *02 35 28 28 78) en rue Eugène-Marchand 5 (* ☎ *02 35 29 99 74).*

■ **Club hôtelier du pays des Hautes Falaises:** ☎ *02 35 29 29 79* ● *www.hotels-en-normandie.com.* Een vereniging die dag en nacht telefonisch inlichtingen geeft over de beschikbare kamers bij haar leden in Fécamp en omgeving.

– **Markt:** *de hele zaterdag, op en rond de place du Général-de-Gaulle.*

SLAPEN

CAMPING

🏕 **CAMPING VAN RENEVILLE (PLATTEGROND A2, 10):** *gemeentelijke camping. Chemin de Nesmond.* ☎ *02 35 28 20 97* ● *camping-de-renneville@aliceadsl.fr* ● *www.campingderenneville.com. 2 km van het treinstation. Ga richting Étretat; er staat een wegwijzer aan de rechterkant van de weg. Je kunt niet*

reserveren (behalve voor de huisjes en de stacaravans). Wil je er kamperen, dan moet je 's ochtends aanklop-
pen. Geopend van april tot half november. Afhankelijk van het seizoen betaal je € 11,50 tot 14,50 voor twee
personen met een tent; voor een caravan of een camper wordt een forfait van € 14 tot 17 gevraagd. Verhuur
van stacaravans en vakantiehuisjes voor vier tot zes personen voor € 240 tot 620 per week of € 130 tot 195
voor het weekend (drie nachten). Fraaie camping, schitterend gelegen met uitzicht op de pier
en de zee. Zeventig plaatsen, sommige met veel schaduw, andere zonder. Verhuurt ook
houten chalets en stacaravans. Het sanitair wordt onlangs gerenoveerd. Wasmachine,
droogautomaat en een winkeltje waar je ook brood en ontbijtkoeken kunt krijgen. Petanquebaan en pingpongtafel. Via een kort pad sta je zo aan de zee.

– Trotters die met de **camper** op reis gaan, kunnen terecht op het parkeerterrein langs
de dijk aan de Dienst voor Toerisme.

DOORSNEEPRIJS TOT LUXUEUS

📷 HÔTEL DE LA PLAGE (PLATTEGROND A2, 11): *rue de la Plage 87.* ☎ 02 35 29 76 51
● *hoteldelaplage@wanadoo.fr* ● *www.hoteldelaplage-fecamp.com. Tweepersoonskamers voor € 41 tot 70,*
afhankelijk van het comfort en het seizoen. Achter de weinig charmante gevel vlak bij het strand
schuilt een bescheiden maar correct hotelletje. De kamers zijn van hetzelfde niveau als
de rest van het hotel. De goedkoopste drie hebben wel elk een eigen douche, maar delen
een toilet op de gang. Vanuit sommige kamers zie je een stukje zee. Het hotel werd onlangs overgekocht, maar de vriendelijke onderhoudsdame is op post gebleven.

📷 HÔTEL NORMANDY (PLATTEGROND B2, 12): *avenue Gambetta 4.* ☎ 02 35 29 55 11.
● *info@normandy-fecamp.com* ● *www.normandy-fecamp.com. In het centrum. Het restaurant is geslo-*
ten op zon- en feestdagen. Afhankelijk van het seizoen betaal je € 58 tot 63 voor een tweepersoonskamer.
Afgesloten parkeerterrein (extra te betalen). Gratis draadloos internet. Wat verouderd, maar zeker
niet onaangenaam. Voldoende ver verwijderd van de drukte van het strand. De gevel is
niet bijzonder uitnodigend, de gangen lijken wat mistroostig en de kamers zijn eenvoudig, maar proper en niet te duur. Sommige zijn zelfs uitzonderlijk ruim. Het hotel heeft
een eigen restaurant, *Le Maupassant.* Vriendelijke ontvangst.

📷 HÔTEL DE LA MER (PLATTEGROND A2, 13): *boulevard Albert-Ier 89.* ☎ 02 35 28 24 64
● *pannier.georges@wanadoo.fr* ● *www.hotel-dela-mer.com. Gesloten met Kerstmis, Nieuwjaar en drie*
weken in januari. Tweepersoonskamers voor € 45 tot 64, afhankelijk van het comfort en het seizoen. Dit
moderne gele gebouw naast het casino blijkt een goed adres te zijn. Het is bovendien
een van de weinige hotels van Fécamp die aan het strand liggen. De acht kamers zijn
mooi opgeknapt en goed onderhouden. Sommige hebben een balkon en uitzicht op
zee. De goedkoopste hebben het sanitair op de gang.

📷 HÔTEL D'ANGLETERRE (PLATTEGROND A2, 14): *rue de la Plage 91-93.* ☎ 02 35 28 01 60
● *hotel-d-angleterre@wanadoo.fr* ● *www.hotelangleterre.com. Twee weken gesloten met Kerstmis. Buiten*
het seizoen is het restaurant uitsluitend 's avonds geopend en op zondag gesloten; tijdens de zomermaanden
kun je er elke middag en avond terecht, met uitzondering van zondagavond. Afhankelijk van het gewenste
comfort en het seizoen betaal je € 60 tot 88 voor een tweepersoonskamer en € 95 tot 120 voor een familieka-
mer of een suite. Voor een parkeerplaats moet je extra betalen. Draadloos internet. Dit hotel ligt vlak bij
het strand. De kleine kamertjes zijn leuk ingericht met vrolijke kleuren. De badkamertjes zijn bezwaarlijk groot te noemen (je kunt naar het toilet gaan én douchen tegelijk).
Satelliet-tv en uitzicht op zee. Zoals vaak het geval is in oude gebouwen, laat de geluidsisolatie te wensen over. Het hotel heeft een eigen pannenkoekenhuis en een bar. Goede
ontvangst.

📷 HÔTEL DE LA FERME DE LA CHAPELLE (PLATTEGROND A1, 15): *route du Phare.*
☎ 02 35 10 12 12 ● *fermedelachapelle@wanadoo.fr* ● *www.fermedelachapelle.fr* ♿ *Op de Falaise*
d'Amont. Neem in het centrum de weg naar de kapel van Notre-Dame-de-Salut. Jaarlijkse vakantie: drie

weken in januari. Het restaurant is gesloten op maandagmiddag (buiten het seizoen ook op zondagavond). Naargelang van het seizoen kost een tweepersoonskamer je € 85 tot 95. Studio's en appartementen (voor twee tot vijf personen) voor € 118 tot 220, afhankelijk van de grootte en het seizoen. Formule voor € 18 en menu's voor € 27 tot 34. Draadloos internet. De kamers zijn 10% goedkoper tussen half oktober en 1 maart.

Dit hotel is ondergebracht in een oude boerderij die grondig werd gerestaureerd. Ze is gebouwd tegen de kapel en de ruïnes van een priorij uit de 16de eeuw. De gebouwen liggen rond een gesloten binnenplein, wat typisch is voor het Pays de Caux. De ligging op de hoogte boven Fécamp is ronduit indrukwekkend. Neem een van de kamers op de gelijkvloerse verdieping die uitkomen op de binnenhof. Die zijn modern ingericht en hebben meer stijl dan de wat verouderde kamers op de etage – hoewel deze dan weer uitzicht bieden op de mooie tuin van de pastoor ... Het leven stelt je soms voor moeilijke

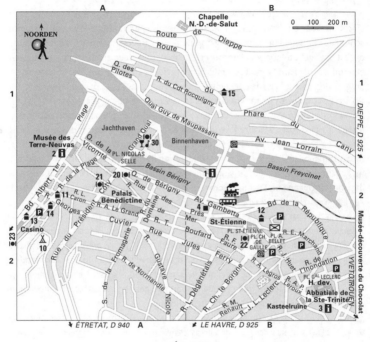

FÉCAMP

keuzes! Spijtig genoeg biedt geen van de kamers uitzicht op de zee. Op de binnenplaats ligt een groot zwembad. Binnenkort zou trouwens de GR21 hier langskomen. De keuken serveert lokale klassiekers zoals tong in botersaus of zonnevisfilet met champagnesaus. Hoffelijke maar terughoudende ontvangst.

ETEN

De meeste restaurants en brasseries liggen aan de haven, in de oude wijk 'le Bout-Menteux'. Je kunt ook de stad verlaten en gaan eten in de plattelandsherberg *Auberge du Puits Fleuri* in Vattetot-sur-Mer, 13 km ten zuiden van Fécamp via de kustweg naar Étretat (D211): zie 'Eten in de omgeving' in het hoofdstuk over Étretat.

GOEDKOOP TOT DOORSNEEPRIJS

❌ **CHEZ NOUNOUTE (PLATTEGROND A2, 20)**: *place Nicolas-Selle 3.* ☎ 02 35 29 38 08 ♿ *Aan de haven, in de wijk Le Bout-Menteux. Steeds gesloten op dinsdagavond en in het laagseizoen ook op woensdag. Jaarlijkse vakantie: de hele maand september en ongeveer tien dagen tijdens de eindejaarsperiode. Menu's voor € 14 tot 28.* Nounoute is niet alleen de naam van het restaurant, maar ook van de vriendelijke gastvrouw ... Ze ontvangt je met moederlijke spontaneïteit en stelt je meteen op je gemak. Als omgeschoolde visvrouw schotelt ze je het beste van de visvangst van Fécamp voor. Laat je verwennen met makreel, gerookte haring, verse kabeljauw en ander lekkers. Goedlachsheid en gezelligheid staan sowieso op het menu. In de zomer kun je op het terras eten.

❌ **LE VICOMTÉ (PLATTEGROND A2, 21)**: *rue du Président-Coty 4.* ☎ 02 35 28 47 63. *Gesloten op woensdag, zondag en feestdagen. Jaarlijkse vakantie: een week begin april, twee weken eind augustus en twee weken eind december. Grotemensenmenu voor € 18 en kindermenu voor € 7,10.* Kleine, heel gastvrije en originele bistro. Geruite tafelkleedjes, affiches van *Le Petit Journal* en een hartelijke baas met een snor die luistert naar de naam Jean-Paul (de baas, niet de snor). In deze heel verfrissende retrosfeer wordt dagelijks een ander menu geserveerd. Streekgerechten op basis van verse producten, bereid door kok Dominique. Je mag kiezen uit twee voorgerechten en twee hoofdgerechten en krijgt nog een assortiment kaas en een dessert toe. Uitstekende prijs-kwaliteitverhouding en onberispelijke bediening. Hier zijn al heel veel trotters voldaan buitengestapt.

DOORSNEEPRIJS TOT LUXUEUS

❌ **LE GARDE-MANGER (PLATTEGROND B2, 22)**: *place Charles-de Gaulle 15.* ☎ 02 35 29 36 39. *Gesloten op zondag, maandagavond en dinsdagavond. Lunchformule en -menu voor € 17 en 22. 's Avonds is er één menu voor € 29. Opgelet, je kunt niet met een bankkaart betalen.* Restaurant in een prachtig oud pand met een trap midden in de zaal, wijnrekken, naakte muren, overal meubelstukken, snuisterijtjes die verzameld zijn op rommelmarkten in de wijde omgeving en een veranda met enkele kleine tafeltjes. Verse en soms behoorlijk inventieve keuken, stijl tournedos van ham met een gepocheerd ei, sardines met tapenade, sint-jakobspannetje enzovoort. Alles wordt bereid met lokale producten. Kleine minpuntjes: de desserts zijn niet om over naar huis te schrijven en de gasten worden soms nogal als kinderen behandeld.

❌ **LES TERRE-NEUVAS (BUITEN PLATTEGROND VIA A2, 23)**: *boulevard Albert Ier 63.* ☎ 02 35 29 22 92. *Gesloten op zondagavond en maandag. Menu's voor € 24 tot 56.* Enorme eetzaal op de etage met witte en beige tinten en grote ramen die uitzicht bieden op de zee. De keuken wil doorgaan voor dé gastronomische referentie van de wijde omgeving, en lijkt daar behoorlijk in te lukken. Het eten is niet altijd verrassend, maar bevat toch originele accenten. Afhankelijk van wat er op de markt te vinden is, biedt de kaart bijvoorbeeld citroen-kokosnootsoep, zeetong met chorizoroom of kalfszwezerik met esdoornsiroop.

Spijtig genoeg verloopt de –verder heel vriendelijke– bediening nogal traag en is de wijn per glas vrij prijzig (terwijl het water van de kraan niet lekker smaakt).

IETS DRINKEN, EEN HAPJE ETEN EN MUZIEK BELUISTEREN

◼◼◼ CAFÉ DE LA BOUCANE (PLATTEGROND A1, 30): *Grand Quai 12.* ☏ *02 35 10 50 50. Van dinsdag tot donderdag geopend van 9.30 u tot middernacht, op vrijdag en zaterdag van 9.30 tot 3.30 u en op zondag van 9.30 tot 20.00 u. Formules voor € 10 tot 22; op vrijdagmiddag zalmmenu voor € 10; op vrijdagavond cocktail + fijne vleeswaren voor € 7; op zondag brunch voor € 12.* Dit pand naast het toekomstige Musée des Pêcheries kent een lange geschiedenis. Oorspronkelijk was het een haringrokerij, maar daarna werd het een zeemansherberg waar ook Claude Monet wellicht nog heeft verbleven. Tegenwoordig is het een van de leukste uitgaansplekken van Fécamp, met concertjes op vrijdag en zaterdag (dan zijn de drankjes iets duurder), een aangenaam terras voor de oude roze gevel en een restaurant dat op vrijdagmiddag een zalmmenu en op zondag een brunch serveert. Tof, maar de bediening laat nogal op zich wachten.

EEN AVONDJE UIT

◼ THÉÂTRE LE PASSAGE: *rue Jules-Ferry 54.* ☏ *02 35 29 22 81* ● *www.theatrelepassage.fr. Zitjes kosten tussen € 10 en 16; € 4 voor kindervoorstellingen; tal van kortingen.* Het kleine theater van Fécamp is een broeinest van artistiek talent en geniet een uitstekende reputatie. Poppenspel, toneel, cabaret, dans, muziek, circus, kindertheater ... Voor ieders smaak, leeftijd en beurs.

WAT IS ER TE ZIEN?

Als je tussen half maart en midden november in Fécamp verblijft, moet je je zeker een gratis **Carte d'hôte** aanschaffen. Daarmee krijg je korting op de toegangsprijs voor de musea en op de deelnameprijs voor tal van activiteiten in de regio.

◼ **Circuits du patrimoine historique (historische erfgoedroutes)**: uitgestippelde wandelingen brengen je langs de monumenten en bezienswaardigheden van de stad. Aan elke halte vind je een bord met uitleg.

◼ ◼ ◼ **Abbatiale de la Sainte-Trinité (plattegrond B2)**: *in juli en augustus rondleiding in de abdijkerk en het hertogelijk paleis op donderdag en op zondag, telkens om 15.00 u; de rest van het jaar bezoek na afspraak.* Boven op de resten van een gebouw dat werd opgetrokken in de 7de eeuw en vervolgens werd verlaten vanwege de komst van de Vikings, hebben zich eeuwen architectuur opgestapeld. Eenvormigheid moet je dus niet verwachten, wel een schitterende stenen constructie met een lange geschiedenis. In de 12de eeuw namen de hertogen van Normandië (de latere koningen van Engeland) na een grote brand het initiatief voor de wederopbouw De abdijkerk werd een van de belangrijkste centra van de hervorming van de monastieke instellingen.

De buitenkant is sober en streng, stijlkenmerken die eigen zijn aan de vroege gotiek. Aan de zuidflank een gotisch portaal met timpaan. De gevel daarentegen werd in de 18de eeuw herbouwd in jezuïetenstijl.

Als je de enkele trapjes naar de abdijkerk afdaalt, word je getroffen door de omvang van het kerkschip: 127 m lang en 23 m hoog. Het interieur is de moeite waard. Vooral het koor en de kapellen in de kooromgang bevatten enkele zeldzame stukken. In de rechterdwarsbeuk zie je een opmerkelijke, heel realistische *Dood van Maria* uit de 16de eeuw. Rechts daarvan een amusant beeldhouwwerk in de vorm van een stenen torentje met daarin de 'Pas de l'Ange', waarvan wordt beweerd dat het de voetafdruk van een engel zou zijn. Het koor is versierd met een mooie vieringtoren, heel typisch voor de Normandische klokkentorens. In het priesterkoor staat een fraai, met bladgoud bewerkt houten baldakijn dat rust op vier marmeren zuilen. Het was een geschenk van Lodewijk XV.

De kapellen van de kooromgang hebben een 16de-eeuwse stenen omheining met motieven van bloemen en fabeldieren. De Chapelle de la Vierge (in de kooromgang, in het verlengde van het koor) is het orgelpunt van dit bezoek. Deze zijkapel in coherente flamboyant gotische stijl werd helemaal gebouwd in de 15de eeuw. Ze heeft een houten lambrisering. Tegenover de kapel staat een renaissancetabernakel dat het 'Précieux Sang' bevat, het bloed van Christus, dat gevonden zou zijn in de stam van een vijgenboom die in Fécamp is aangespoeld. Verder nog twee romaanse kapellen, waarvan eentje met een mooie flamboyante deur. In de linkerdwarsbeuk moet je even omhoogkijken: een interessante 17de-eeuwse klok geeft de getijden (zwarte en groene schijven) en de maanstanden aan.

Tegenover de abdijkerk bevinden zich de restanten van het paleis van de hertogen van Normandië (12de eeuw). Ze zijn enkel toegankelijk onder begeleiding van een gids.

De abt en de meisjes van de koning

In de abtenzaal van het Bénédictinemuseum staat het beeld van kardinaal Jean Balue. De man bezat een buitengewoon charisma en maakte razendsnel carrière: eerst abt van Fécamp, dan kardinaal en vervolgens aartsbisschop en zelfs staatssecretaris van Lodewijk XI. Maar hij gebruikte zijn charmes ook om vrouwelijk schoon te veroveren, en in 1468 werd hij ontmaskerd als samenzweerder in een complot tegen de koning, georganiseerd door Karel de Stoute. Louis XI liet Balue opsluiten dicht bij Blois. Daar bracht de arme man elf jaar door in een kleine ijzeren kooi, vastgeketend aan zware kettingen die 'fillettes du roi' ('meisjes van de koning') werden genoemd. Tijd genoeg om zich te bezinnen over zijn liefde voor de meisjes en zijn gehechtheid aan de koning!

❦ ❦ ❦ **Paleis, museum en distilleerderij Bénédictine (plattegrond A2):** *rue Alexandre-le-Grand 110.* ☎ *02 35 10 26 10.* ● *www.benedictine.fr.* 🅰 *(gedeeltelijk). Van februari tot eind maart en van half oktober tot eind december dagelijks geopend van 10.30 tot 12.45 u en van 14.00 tot 18.00 u; van april tot begin juli en van begin september tot midden oktober geopend van 10.00 tot 13.00 u en van 14.00 tot 18.30 u; in juli en augustus van 10.00 tot 19.00 u (het loket sluit om 18.00 u). Gesloten van begin januari tot begin februari, op 1 mei en op 25 december. Duur van de rondleiding: anderhalf uur. Toegangsprijs: € 6,50; korting mogelijk. Er is óók een gezinstarief: € 14 voor ouders met hun kinderen, ongeacht het aantal! In de zalen op de benedenverdieping worden tijdelijke tentoonstellingen georganiseerd met moderne schilder- en beeldhouwwerken van bekende en minder bekende, vaak jonge kunstenaars. Gratis toegang. Weet dat hier jaarlijks ongeveer 150 000 bezoekers langskomen. Het is een van de drie drukstbezochte plekken van Normandië!*

In 1863 vond ene Alexandre Le Grand (die niets te maken heeft met zijn veel grotere naamgenoot) de formule terug van een elixir dat in de 16de eeuw op punt was gesteld door een benedictijnenmonnik van de abdij van Fécamp, maar tijdens de Franse Revolutie zoek was geraakt. De monnik, Dom Bernardo Vincelli, had zijn gezondheidselixir gemaakt op basis van drie planten van het Pays de Caux (melisse, engelwortel en hysop), gemengd met oosterse kruiden. De likeur, die in totaal 27 planten en kruiden bevatte, werd 'Bénédictine' genoemd, een naam die niet onbekend in de oren klinkt bij wie van digestiefjes houdt ... Le Grand maakte fortuin met het drankje en liet dit 'romantische' paleis bouwen, dat doorspekt is met neogotiek en neorenaissance. Hij verzamelde een rijke collectie artistieke schatten, die je nu in het museum kunt bewonderen.

– **Het museum van Schone Kunsten:** honderden religieuze en heidense voorwerpen moeten het verband leggen tussen het monnikenbestaan en de drank. De meeste tentoongestelde voorwerpen dateren uit de 15de en 16de eeuw. Je komt binnen in een gotische zaal met een merkwaardig gebinte. Deze omgekeerde bootromp is het werk van de timmerlui uit de haven. Enkele van de wonderen die je hier te zien krijgt, zijn: Romeinse lampen, een heel mooi 14de-eeuws stenen hoofd van de H. Jakob, een verzameling verluchte getijdenboeken, een ivoren Christusbeeld, een monumentaal boek met religieuze gezangen uit de 16de eeuw met een 19de-eeuwse boekenlegger die uit één blok eikenhout is gebeiteld, brandschilderwerk uit Limoges en polychrome beelden uit de 15de tot de 18de eeuw. In de koepelzaal (salle du Dôme) moet je een blik werpen op het grappige glasraam waarop de stichter van de distilleerderij een flesje benedictine overhandigt aan Fama, de godin van de roem. Hij houdt zijn hand op een wereldbol, in de hoop dat hij het drankje over de hele wereld zal kunnen uitvoeren. In de renaissancezaal zie je een uitzonderlijke verzameling Frans siersmeedwerk, afkomstig uit verscheidene kastelen van de Loire. Let op de 16de-eeuwse bruidskoffers met hun vernuftige systeem van grendels! Vervolgens kom je in het oratorium, waar het plafond van het oksaal van de abdijkerk van Fécamp is gereconstrueerd. Het is gebouwd in een bijzonder flamboyante gotische stijl. Interessant zijn de loden 13de-eeuwse doopkelder en de 16de-eeuwse afbeelding van Christus' Geboorte van wit marmer. Het bezoek eindigt in het schilderijenkabinet met tal van doeken uit de 16de eeuw. Opmerkelijk zijn onder meer een veelluik van de school van Keulen, een werk van de Vlaamse school dat aan weerszijden beschilderd is (Les bons riches distribuant du pain aux pauvres aan de ene kant en Le mauvais riche rejetant Lazare aan de andere) en een tondo (een rond schilderij) uit Firenze met daarop de Maagd die het kind Jezus zoogt. Verder hangen er verschillende versies van de Aanbidding der wijzen uit elk van de voornoemde scholen. In de abtenzaal (salle des Abbés) staan standbeelden van de zestien belangrijkste abten van de abdij van Fécamp, waaronder de befaamde Jean Balue (zie kader hierboven). Let ook op het glasraam waarop wordt afgebeeld hoe Frans I in 1534 werd ontvangen.

– Het tweede deel van het bezoek is gewijd aan de geschiedenis en de vervaardiging van het drankje benedictine. Vandaag wordt 95% van de productie geëxporteerd, vooral naar de Verenigde Staten. De Amerikanen zijn er gek op ... ze drinken het met cognac! Je krijgt onder meer de maquette te zien die in 1900 op de wereldtentoonstelling in Parijs werd tentoongesteld. Verder ook karikaturen van bekende personen die reclame maken voor benedictine, gebrandschilderde ramen en affiches, de eerste advertentie in een tijdschrift (La Lune van 1866), en de bescherming van het handelsmerk (geïllustreerd met een merkwaardige piramide van 538 namaakbenedictines van over de hele wereld). De tentoonstelling 'Parcours d'Essences' toont de 27 planten en kruiden die gebruikt worden om de likeur te bereiden, waaronder kaneel, muskaatnoot, saffraan, vanille, peper en allerlei bessen. In de videozaal wordt een korte film vertoond over de geschiedenis en de productie van benedictine. Daarna kom je in de distilleerderij, met distilleerkolven uit gehamerd koper en kelders met vaten van eeuwenoude eik waarin de drank rijpt. Je krijgt uitleg ver de dubbele distillatie die wordt toegepast. Aan het einde van het bezoek word je uiteraard uitgenodigd om te proeven. En vandaar gaat het naar de winkel, waar je benedictine kunt inslaan voor thuis.

🎣 🎣 🎣 **Musée des Terre-Neuvas et de la Pêche (museum van de Newfoundlandvaarders en de visvangst; plattegrond A1):** boulevard Albert-Ier 27. ☎ 02 35 28 31 99 ● www.ville-fecamp.fr 🚾 Aan de kustboulevard. In juli en augustus dagelijks geopend van 10.00 tot 19.00 u; de rest van het jaar van 10.00 tot 12.00 u en van 14.00 tot 17.30 u. Gesloten op dinsdag en op sommige feestdagen. In de zomer zijn er rondleidingen, en ook tijdens de rest van het jaar worden af en toe thematische rondleidingen aangeboden (informeer). Toegangsprijs: € 3; kortingen; gratis voor wie jonger is dan achttien. Zoals eerder gezegd, wordt dit museum in 2011 ondergebracht in een nieuw gebouw dat de naam 'Les Pêcheries' zal dragen (genoemd naar een voormalige kabeljauwdrogerij aan de Grand Quai die nu wordt gerenoveerd). In dat nieuwe museum zal er ook voldoende plaats zijn om meer voorwerpen tentoon te stellen. Maar laat dat je niet tegenhouden om nu al een bezoek te brengen aan dit opmerkelijke museum, waarin de geschiedenis en de ziel van Fécamp uit de doeken worden gedaan. We raden je ten zeerste aan om een rondleiding te volgen. Aan de hand van smakelijke en tragische anekdotes wekt de gids het bijzondere patrimonium tot leven.

Van de 16de eeuw tot in 1972 gingen schepen uit Fécamp kabeljauw vangen voor de kusten van Canada. Ze kregen de naam 'terre-neuvas' (Newfoundlandvaarders). In dit museum kom je alles te weten over de zeilschepen en de trawlers, het leven aan boord, de scheepsbouw, de haringvangst, het roken van de vis enzovoort. Het leven van de vissers was beslist geen pretje. Stel je voor! Ten eerste moest je al in Newfoundland geraken. Dat ligt niet bij de deur, en het klimaat is er weinig uitnodigend (het was daar dat de Titanic tegen een ijsberg voer). En dan begon het pas. Elke avond moesten de vissers per twee plaatsnemen in dory's, kleine open roeiboten van driehonderd kilo die aan de driemaster waren vastgemaakt, en lijnen te water laten van vier kilometer lang, waaraan om de meter een haak was bevestigd (reken zelf maar uit). Dan konden ze even rusten – kwestie van de vissen de tijd te geven om te bijten –, waarna het weer alle hens aan dek geblazen was om de vangst binnen te halen, schoon te maken en te zouten. Dan nog snel wat wulken vangen als aas voor de volgende ronde ... De mannen werden betaald per kabeljauw! De 'zouter' verdiende het meest, want het succes van de onderneming hing in grote mate van hem af: te veel zout en de vissen verbranden, te weinig en het hele boeltje begint te rotten. En na dat alles moest de bemanning nog veilig thuis geraken ook!

Het bezoek

Aan de ingang van het museum staat een schitterend schaalmodel van de Vikingboot die werd teruggevonden in het slib van de haven van Oseberg in Noorwegen. Hij roept beelden op van de invallen van deze krijgers aan het eind van het eerste millennium. Ernaast liggen twee opmerkelijke gouden *torques* (Gallische halssnoeren) die in de jaren 1990 op verschillende momenten werden opgevist door dezelfde dory, die zijn naam *L'Incroyable* niet gestolen had. Kwamen ze in zee terecht door een schipbreuk of door de rituele begrafenis op zee van een Gallische leider? Niemand weet het ... Achter in de zaal zie je twee prachtige wereldbollen uit de 17de eeuw (ze doen denken aan de schilderijen van Vermeer *L'Astronome* en *Le Géographe*). Werp ook een blik op de bel waarop 'La Liberté 1896 Fécamp' gegraveerd staat. Er is een vrij tragische anekdote aan verbonden. De driemaster *La Liberté*, die naar Newfoundland voer, werd in 1915 gepraaid door een Duitse onderzeeboot. In die tijd schreef de Franse staat voor dat elke boot, ook vissersboten, een kanon aan boord moest hebben. Vandaar dus dat *La Liberté* werd gestopt door de Duitsers. De bemanning werd verplicht om aan boord te gaan van de dory's en toe te kijken hoe haar eigen boot werd getorpedeerd. Gelukkig viel het weer mee en slaagden de mannen erin om heelhuids de Ierse kust te bereiken. De scheepsbel werd in 2004 opgevist door een Bretonse visser en aan het museum geschonken. In het museum hangen ook tal van schilderijen, onder meer een mooie verzameling zeegezichten van Eugène Grandin, die in de streek bekendstond voor zijn 'portretten van boten' (er hangen ook werken van hem in de kapel van Notre-Dame-de-Salut; zie verder). Ook *La mauvaise nouvelle* (1885), een werk van Pierre-Marie Beyle dat een beeld schetst van de sociale realiteit van die tijd, en de pre-impressionistische werken van Jules Noël: *Crinolines sur la Plage* en *Fécamp, le port*, die opmerkelijk zijn vanwege de aandacht die werd besteed aan de hemel en de zee en aan het spel van het licht. Verder *La criée* (1909) van Damien, een schilderij dat deels in het atelier werd gemaakt (toevoeging van de vrouw die de borst geeft) en duidelijk blijk geeft van impressionistische invloeden (let op het licht op de heuvels). Ga ook even kijken naar de kaïk *Notre-Dame-de-Bonsecours*. Het vaartuig werd in 1948 vervaardigd zoals de Vikings dat deden, en niet op de Latijnse manier, zoals dat nu gebeurt. Andere interessante stukken zijn een karaf van Engels aardewerk met de wapens van de vrijmetselaars en maquettes van *La Belle Poule* en van de schoener *L'Étoile*. Op de etage krijg je nog meer scheepsmaquettes te zien. Ook worden er tijdelijke tentoonstellingen georganiseerd. Kortom, een boeiend museum dat in 2011 enorm in omvang zal toenemen (van 400 naar 5000 m² tentoonstellingsruimte!). Er is ook een boekenwinkel en een leeshoek voor de kinderen.

> **Werk naar loon**
>
> Om Onze-Lieve-Vrouw des Heils te bedanken voor haar barmhartigheid bestelden zeevaarders die een schipbreuk overleefd hadden vaak een schilderij bij gespecialiseerde schilders. De bekendste onder hen was Eugène Grandin. De aandacht die de schilder aan het werk besteedde, was echter recht evenredig met de som die hij ervoor kreeg. Dat verklaart het verschil in kwaliteit tussen de votiefschilderijen in de kapel!

⚲ ⚲ Chapelle Notre-Dame-de-Salut en het uitzicht over Cap Fagnet (plattegrond A1): *op de noordelijke klif.* Zelfs als hier helemaal geen kapel stond, zou de klim de moeite waard zijn. Het panorama over Fécamp, Cap Fagnet en de kliffen die zich uitstrekken in zuidelijke richting is weergaloos. Je kunt natuurlijk ook tot hier tijden en je auto achterlaten op het parkeerterrein tegenover het nieuwe windmolenpark, maar het is veel leuker om aan de quai Guy-de-Maupassant (tussen nummer 64 en 66) het matrozenpad *(Sente aux Matelots)* te nemen. De kapel werd in de 11de eeuw gebouwd in opdracht van Robert de Duivel, hertog van Normandië. Die overleefde een schipbreuk en zwoer daarop dat hij drie kapellen zou bouwen in de omgeving. Nummer twee en drie zijn die van La Délivrande in Caen en die van Notre-Dame-de-Grâce in Honfleur. Sinds die tijd is de kapel verscheidene keren herbouwd, en in 1790 werd ze zelfs gestut met scheepsmasten. Haar symboliek is belangrijker dan haar architectuur, die nogal zwaar en massief aandoet. Van oudsher komen matrozen hier een schietgebedje prevelen voor ze afvaren. Bovendien doet ze ook dienst als herkenningspunt voor de zeevaarders.

Aan de muren hangt een reeks votiefschilderijen. Veel ervan zijn van de hand van Eugène Grandin (zie ook het Musée des Terre-Neuvas). De afgebeelde taferelen tonen schepen die ongelofelijke stormen moeten trotseren. Andere schilderijen werden gemaakt door zeelui zelf. Het zijn hartstochtelijke, naïeve werkjes. Meestal staan er tragedies met Newfoundlandvaarders op afgebeeld die zich afspeelden aan het eind van de 19de of het begin van de 20ste eeuw.

⚲ 🏛 Musée-découverte du Chocolat (buiten plattegrond via B2): *route de Valmont 851.*
☎ 02 35 27 62 02 🚲 *Ongeveer 3 km van het stadscentrum. Geopend van 9.00 tot 12.00 u en van 14.00 tot 18.30 u. Op zondag gesloten. Toegangsprijs: € 3; € 2 voor kinderen.* Klein museum dat gewijd is aan de geschiedenis en de vervaardiging van chocolade, ondergebracht in de ateliers van het huis Hautot, een zeer befaamde chocolatier uit Fécamp. Film en borden met uitleg. Hoek voor de kinderen. Aan het eind van het bezoek mag je chocolade proeven. We genieten er nog van na!

WAT IS ER TE DOEN?

— **Wandeling op de pieren:** aan het uiteinde van de dijk staan prachtige, houten pieren vanwaar je Étretat kunt zien. Mooi uitzicht op de haven en het strand.

— **Wandelingen en fietstochten in Fécamp en omgeving:** er zijn een tiental bewegwijzerde wandelingen en acht fietsroutes voor mountainbikes of stadsfietsen. *Inlichtingen en folder bij de Dienst voor Toerisme.*

–**Centre aquatique La Piscine:** *rue Gustave-Couturier 67.* ☎ *02 35 27 54 00. Toegangsprijs: € 4,50; kortingen.* Wellnessruimte, Turks stoombad, een zwembad voor wie baantjes wil trekken en eentje voor de speelvogels (met een reuzenglijbaan).

🐟 **De versterkingen van de Atlantikwall:** een uitgestippelde route '39-45' leidt je langs tal van bunkers en een opmerkelijk Duits hospitaal dat werd uitgehouwen in de krijtrotsen. *De versterkingen worden elke zaterdag om 15.00 u opengesteld voor het publiek. In juli en augustus zijn er ook rondleidingen.*

FEESTELIJKHEDEN

–**La Saint-Pierre des Marins:** *de eerste zondag van februari.* Feest van de H. Petrus, patroonheilige van de zeelui.

–**Estivoiles:** *in juni, het weekend voor het Fête de la Musique.* Feest van de zee en de muziek met tentoonstellingen, concerten, vertellers, straattheater, activiteiten op het water, boottochten en nog veel meer.

–**Salon nautique de Normandie:** *begin september.* Botensalon.

–**Trophée du port de Fécamp:** *een weekend midden september.* Zeilwedstrijd van drie dagen in de baai voor catamarans van vijftig voet.

– **Foire aux Harengs:** *het laatste weekend van november.* Haringenverkoop rond de vismijn, op het schiereiland van de Grand Quai, waar de oude visrokerijen – die nu worden gerestaureerd – binnen afzienbare tijd opnieuw de deuren zouden moeten openen.... Opgeleukt met het gezang van visserliederen.

– **Le Rivage Musical:** *het hele jaar door elke maand een concert (niet gratis).* Klassieke muziek, jazz, wereldmuziek en andere stijlen.

IN DE OMGEVING VAN FÉCAMP

🐟 🐟 **Les Petites-Dalles:** *ongeveer 20 km van Fécamp via de D925 (richting Saint-Valéry) en vervolgens de D17 (richting Sassetot-le-Mauconduit).* Wij houden van dit dorpje, genesteld in een smalle vallei, vanwege zijn vredige rust en zijn leuke buitenhuizen van het begin van de 20ste eeuw. We zijn trouwens niet de eersten: ook Boudin, Monet, Berthe Morisot, Pissarro en vele anderen kwamen hier graag. Je vindt er een beknopte samenvatting van alles wat de Côte d'Albâtre te bieden heeft. Buiten het seizoen is het er heerlijk rustig. Krijg je honger of dorst, ga dan langs bij Irène.

🅿🍴 CHEZ IRÈNE: *in het dorp.* ☎ *02 35 27 42 77. Van begin februari tot eind september dagelijks geopend met uitzondering van maandag (behalve na reservering) en de schoolvakanties; in de winter uitsluitend geopend in het weekend en na reservering. Slechts één menu. Je betaalt € 10.* De dynamische Irène, die de zeventig al even voorbij is, kan nog goed haar mannetje staan, zowel in de keuken als daarbuiten. Ze bereidt heel lekkere, huiselijke gerechten. Geld kan haar geen moer schelen, ze kookt gewoon graag voor haar gasten en vertelt haar leven aan wie het horen wil. Iedereen doet zich te goed, ontspant, keuvelt en lacht. Een aanrader, al is het maar om een kop koffie te drinken om de dag goed te beginnen!

DE ABDIJ VAN VALMONT

76540 | 1025 INWONERS

Ongeveer 11 km ten oosten van Fécamp ligt Valmont, het prototype van een groot dorp in Seine-Maritime. Valmont heeft wortels die diep verankerd zijn in de geschiedenis van deze streek. Het dorp kende in de 12de eeuw een zekere bloei dankzij het geslacht d'Estouteville, afstammelingen van de Vikings. Uit dat verleden resten ons een kasteel in perfecte staat en het gerestaureerde koor van een benedictijnenabdij waar Delacroix ooit verbleef. Ook vandaag nog komen de gelovigen er op zondag de gregoriaanse mis bijwonen. We geven enkele goede adresjes waar je kunt verblijven en/of iets kunt eten.

SLAPEN EN ETEN IN DE OMGEVING

CAMPING

🔺 CAMPING LES 3 PLAGES: *Le Hêtre, 76540 Sassetot-le-Mauconduit.* ☎ *02 35 27 40 11.*
Fax: 02 35 28 23 20. Aan de route de Sassetot-le-Mauconduit, 6 km van Valmont en 13 km van Veulettes-sur-Mer. Neem in Valmont de D17, kruis de D925 en neem dan een klein wegje links (er staan borden). Geopend van begin april tot eind oktober. Je betaalt € 13,70 voor twee personen met een tent en een wagen. Een kleine tweesterrencamping, in het groen maar zonder noemenswaardig uitzicht. De drie stranden waarnaar de naam verwijst (Petites Dalles, Grandes Dalles en Saint-Pierre-en-Port) bevinden zich slechts op een paar kilometer afstand. Gezellig en rustig. Terrein van 4 ha. De 65 grote staanplaatsen zijn vlak en met gras begroeid. Ze worden van elkaar gescheiden door hagen, en grote bomen zorgen voor voldoende schaduw. Wasmachine, winkeltje, spelletjes voor de kinderen en pingpongtafel. Een van de alternatieve routes van de GR21 passeert vlakbij.

DOORSNEEPRIJS TOT IETS LUXEUZER

📧 CHAMBRES D'HÔTES BIJ MEVR. NATHALIE TIENNOT: *in het minuscule dorpje Thiétreville, 2 km van Valmont. Rue de la Forge 11.* ☎ *02 35 29 63 31* ● *naditiennot@wanadoo.fr* ● *www.leclosdesifs. com. Neem aan het monument voor de doden links de rue Emile-Bens en volg de pijlen van Gîtes de France. Voor € 55 krijg je een tweepersoonskamer met ontbijt.* Groot, heel mooi ingericht herenhuis uit de 19de eeuw. Er zijn drie gastenkamers voor twee personen (er kan eventueel een derde bed worden bij gezet), met badkamer en wc. Ze zijn sober maar elegant ingericht. Onder het dak ligt een suite die verhuurd wordt aan dezelfde prijs als de kamers. Leesruimte, tv, theehoek en tuin. Het ontbijt wordt geserveerd in een mooie ruimte met een monumentale open haard en een piano. Hoffelijke ontvangst.

📧 CHAMBRES D'HÔTES ET GÎTE DU DOMAINE DE L'ORVAL: *route du Bec de Mortagne 20, in het gehucht Orval, 76540 Thiergeville.* ☎ *02 35 28 54 81* ● *domainedelorval@wanadoo.fr* ● *www.domaine-delorval.com* 🛗 *Je betaalt € 55 voor een tweepersoonskamer met ontbijt en € 660 tot 950 per week voor het vakantiehuis (je kunt het ook voor een weekend huren). Op dinsdag, donderdag en zaterdag table d'hôte voor € 22, alles inbegrepen. Je moet contant betalen.* Vier gastenkamers in een groot huis van 1850 met een erf van baksteen en silex en een grote ommuurde tuin. Drie ervan liggen op de gelijkvloerse verdieping, de vierde op de etage. Ze zijn ruim, heel comfortabel en mooi ingericht met vrolijke kleuren. De eigenaars hebben alles zelf gerenoveerd. De gasten mogen gebruikmaken van de keuken en het barbecuestel. Het vakantiehuis voor twaalf gasten heeft een terras, een grote tafel, een keuken met alles erop en eraan, een ontstemde piano, een salon met een kachel, een mezzanine, een mooie kamer onder het dak, een tweede kamer met houten balken en een derde voor twee koppels. Er zijn twee badkamers, waaronder één heel grote met een bad, en twee toiletten. Als je aanschuift aan de table d'hôte, krijg je traditionele streekgerechten voorgeschoteld. Het eten wordt bereid door de gastheer, die maar wat trots is op zijn professionele keuken met grote rode koelkasten en een prachtig kookfornuis. Ontspannen sfeer.

📧✖ LE BEC AU CAUCHOIS: *rue André-Fiquet 22 (de voormalige route de Fécamp), 76540 Valmont.* ☎ *02 35 29 77 56* ● *lebecaucauchois@orange.fr* ● *www.lebecaucauchois.com. 1,5 km van Valmont via de D150, richting Fécamp. Het restaurant is steeds gesloten op dinsdag, en van oktober tot en met mei ook op woensdag. Jaarlijkse vakantie: drie weken in januari en drie in oktober, plus 24, 25 en 26 december. Op weekdagen is er een lunchmenu voor € 17,50. Andere menu's voor € 27 tot 56. A la carte betaal je € 45 à 50.*

Een tweepersoonskamer kost je € 75 per nacht. Verkies je halfpension, dan betaal je € 70 per persoon (in een tweepersoonskamer). We weten niet goed waar te beginnen, zo overdonderd waren we. Chef-kok Pierre Caillet heeft het vak geleerd van verschillende sterrenchefs, onder meer in *Le Bec Fin* in Dole, in *Château de Coudrée* in Sciez-sur-Leman en bij Jean-Paul Jeunet in Arbois. Uiteindelijk is hij zelf een zaak gestart in dit gerestaureerde gebouw uit de 19de eeuw met een vijver en een bucolische tuin, waarin hij kruiden kweekt die hij in z'n gerechten verwerkt. Dit is niet meteen een plek waar je een gastronomisch toprestaurant zou verwachten, maar schijn bedriegt. Het goedkoopste menu bevat bijvoorbeeld een mousse van grijze garnalen met wasabi en artisjok van Bretagne. Kies je voor een duurder menu, dan krijg je onder meer een fijn taartje van sint-jakobsvruchten met *piment d'Espelette*. Lokale klassiekers zijn bijvoorbeeld de op vel gebakken kabeljauw met een *brandade* van zachte kruiden en een mousse van look (bij uitstek een gerecht van Fécamp) en de ingemaakte ganzenlever met appeltjes, een gelei van *pommeau* (een lokale sterkedrank) en een geroosterde *fallue* (typisch Normandisch gebak). Proef zeker ook van de camembert met paardenbloemen, door de chef zelf bereid. Die eet je met brood met nigellezaad (veel gebruikt in India) en boter met zout van Maldonne! Als dessert namen we de overheerlijke quenelle van witte chocolade ... De hele maaltijd was een feest voor alle zintuigen! Voor wie na zo een ervaring niet meer naar huis wil, zijn er vijf mooie gastenkamers, genoemd naar bloemen. Ze liggen vrij dicht bij de weg, maar beschikken over dubbelglas en kijken uit over de vijver en de tuin.

WAT IS ER TE ZIEN?

¶¶ De abdij van Valmont: *rue Raoul-Auvray 12.* 📷 *02 35 27 34 92. Geopend van 14.30 tot 17.00 u. Op dinsdag gesloten. Van Pasen tot eind september worden er (in principe) rondleidingen gegeven; groepen moeten op voorhand reserveren. Een kleine gift is welkom. De winkel is na aanvraag geopend van 15.00 tot 17.00 u. Missen om 9.45 u op weekdagen en om 10.00 u op zondag.*

De abdij van Valmont werd in de 12de eeuw gesticht door een lid van het geslacht d'Estouteville, verwoest in de 13de eeuw en in gotische stijl heropgebouwd aan het eind van de 15de eeuw. De werken liepen vertraging op tijdens de Honderdjarige Oorlog, en tegen het eind van de bouw slopen al de eerste renaissance-elementen binnen. In de 17de eeuw werd een groot deel van het gebouw vernield door brand, en in de daaropvolgende eeuw werd het rieten dak weggeveegd door een windhoos. In 1793 werden de bewoners verdreven door de revolutie. Dit betekende het tijdelijke einde van alle monastieke activiteit in de abdij. In 1830 werden de gebouwen gekocht door een zekere meneer Bataille, en vervolgens door een meneer Bornot. Beide heren waren neven van Delacroix. De schilder maakte de glasramen van het rozetvenster (1832) en schilderde hier tal van doeken en aquarellen, tot in 1850. Spijtig genoeg zijn de muurschilderingen van zijn hand niet meer aanwezig in de abdij. Ten tijde van de bezetting werd al het lood van de daken van de noordelijke kapellen weggehaald door de Duitsers, waardoor de gewelven instortten. Pas toen in 1994 een gemeenschap van vijfentwintig benedictinessen van Lisieux haar intrek nam in de gebouwen, kon de kerk gerestaureerd worden en werd de abdij van Valmont opnieuw een plaats van gebed en gemeenschapsleven.

Van het hele gebouw is alleen de Chapelle de la Vierge (Mariakapel) volledig intact gebleven. Haar verfijnde glas-in-loodramen uit de 16de eeuw vertellen het leven van Maria. Een opmerkelijk stenen retabel in renaissancestijl toont de verkondiging van de blijde boodschap. De glas-in-loodramen in het roosvenster werden – zoals gezegd – in 1832 getekend door Delacroix, die hier vaak zijn neven kwam opzoeken. Elegant gewelf in bloemvorm.

VEULETTES-SUR-MER

12 km ten westen van Saint-Valéry-en-Caux ligt nog een kustplaatsje aan de voet van de klif. Veel valt er niet te beleven: uitgestrekte weiden waarop dikke koeien grazen, een lange pier, een casino en, verspreid op de groene hellingen, enkele woningen van het begin van de 20ste eeuw. De enkele huizen aan de dijk zijn in feite gewezen badhokjes, die nu bewoond zijn.

SLAPEN EN ETEN

CAMPING

⚑ MAISON DU CAMPEUR, CAMPING MUNICIPAL: *gemeentelijke camping vlak bij het centrum, vijf minuten lopen van het strand. Rue de Greenock 8.* ☎ 02 35 97 53 44 • *campingmunicipal-veulettes-sur-mer@orange.fr* ♿ *Geopend van 1 april tot 31 oktober. Reken in het hoogseizoen op € 9,50 voor twee personen met tent.* Een kampeerterrein dat voor één keer niet op de top van de kliffen ligt, maar in de vallei, 200 meter van de zee. 116 vlakke plaatsen, omzoomd met hagen. Niet al te veel schaduw. Wasmachine en droogautomaat. Campers kunnen er hun tanks leegmaken. Spelletjes voor de kinderen. Huisdieren toegelaten. Al bij al een vrij banale, maar goedkope camping.

GOEDKOOP TOT DOORSNEEPRIJS

⊟⊠ HÔTEL-RESTAURANT LES FRÉGATES: *digue Jean-Corruble 3.* ☎ 02 35 97 51 22 • *les.fregates@wanadoo.fr.* • *www.les-fregates.com. € 59 voor een tweepersoons-, € 69 voor een driepersoons- en € 79 voor een vierpersoonskamer. Menu's voor € 18 tot 45.* Groot wit gebouw aan zee. Vooral de gerenoveerde kamers zijn interessant. Sommige kijken uit over het water (die met twee bedden en de familiekamer niet!). Heeft een eigen restaurant. Vriendelijke en vrolijke ontvangst.

⊠ RESTAURANT DE LA MER: *digue Jean-Corruble 13.* ☎ *en fax: 02 35 97 96 28* • *restaurantdelamer76@orange.fr. Traditionele menu's voor € 24 tot 40 met mosselen.* De mooie eetzaal ligt op de eerste verdieping en kijkt uit over zee. Op de kaart prijken zeevruchten en vis, met name zeebaars en zeetong, vers gevangen door de lokale vissers.

SLAPEN EN ETEN IN DE OMGEVING

CAMPING

⚑ CAMPING MUNICIPAL LES MOUETTES: *gemeentelijke camping in Saint-Martin-aux-Buneaux (76450), 7 km ten zuiden van Veulettes via de D79 en de D68.* ☎ 02 35 97 96 16. *Geopend van april tot en met september. Je betaalt € 10 tot 12,75 voor twee personen met een tent en een wagen, afhankelijk van het seizoen. Bankkaarten worden niet aanvaard.* Kleine tweesterrencamping in het dorp. De 63 staanplaatsen zijn vlak en met gras begroeid en zijn van elkaar gescheiden door middel van hagen. Twee sanitaire blokken, twee barbecues en een wasmachine. Speelzaal, tennisveld (gratis) en pingpongtafel. Er is een kruidenier in het dorp. Eenvoudige maar heel vriendelijke ontvangst.

DOORSNEEPRIJS TOT LUXUEUS

⚑ DOMAINE DE BERTHEAUVILLE: *het Château de Bertheauville, route du Bout-Fleury 561, 76540 Paluel.* ☎ 06 08 36 15 21 *(gsm)* • *chateaudebertheauville@live.fr* • *chambre.e-monsite.com. 3 km ten zuidoosten van Veulettes-sur-Mer via de D10. Je betaalt € 65 tot 90 voor een tweepersoonskamer en € 150 voor een suite. Opgelet, je kunt enkel contant betalen!* Zin om in een prachtig renaissancekasteel in een park van 39 ha te slapen? Dit kasteel was oorspronkelijk een 18de-eeuwse herenwoning, maar werd aan het einde van de 19de eeuw verbouwd door Alphonse Thouroud. De renaissancegevel werd ontworpen door zijn schoonzoon, die ook in Rome hoge ogen gooide met zijn architecturale ontwerpen. De ruime kamers zijn ingericht met prachtig houtwerk en mooie oude meubels, met name de suite Guy de Maupassant, die zeer in trek is bij pasgetrouwde koppels uit de streek. Gebiedt je budget je om het iets bescheidener te houden, dan kun je terecht in je hoofdgebouw van de boerderij van het kasteel. Daar vind je mooie, moderne kamers en een gemeenschappelijke keuken en eetzaal die ter beschikking staan van de gasten. Groot overdekt en verwarmd zwembad (28°C) met bubbelbad. In het kasteelpark ligt restaurant L'*Assiette gourmande* (zie hieronder). Je wordt bijzonder vriendelijk ontvangen door gastheer Laurent. Trotters die hier hun huwelijksreis willen doorbrengen, kunnen landen op het nabijgelegen vliegveld.

🗷 L'ASSIETTE GOURMANDE: *in het kasteelpark van het Château de Bertheauville, route du Bout-Fleury 561, 76450 Paluel.* ☎ *02 35 97 18 84* 🚫 *Gesloten op maandag, op woensdagavond en op zondagavond. Jaarlijkse vakantie: een tiental dagen in februari en twee weken in augustus. Menu's voor € 26 tot 39. A la carte moet je rekenen op zo'n € 40. 's Avonds zijn er pizza's voor € 9 tot 14. Chic restaurant met een elegant interieur en een mooie veranda met uitzicht op het kasteelpark. Lekkere en verfijnde traditionele keuken die kan bogen op een trouwe lokale clientèle. Pizza's voor wie weinig honger of weinig geld heeft. Op mooie dagen kun je op het terras eten.*

WAT IS ER TE DOEN?

– **Centre nautique de la Côte d'Albâtre:** *digue Jean-Corruble 39, aan de zee.* ☎ *02 35 57 97 00* ● *www.cote-albatre.fr/centre-nautique. Geopend van maart tot en met november.* Kajakken op zee, zeilen (catamarans, verschillende types van zeilboten, optimisten voor de kinderen), surfen enzovoort. Animatie voor de jongsten.

DE VALLEI VAN DE DURDENT

Laten we doen zoals de zalmen en de Durdent stroomopwaarts volgen tot in Héricourt-en-Caux. Voor ze in Veulettes-sur-Mer uitkomt in het Kanaal, stroomt deze kleine rivier door een lieflijke vallei die op sommige plaatsen nauwelijks een meter breed is. Het is een verleidelijk landschap met veel bomen en frisse groene weilanden.

CANY-BARVILLE

76450 | 3420 INWONERS

Groot dorp zonder opvallende kenmerken, vrij leuk maar ook weer niet waanzinnig charmant. Mooie hallen met een interessante architectuur. Cany Barville is de historische hoofdplaats van het Normandische vlas. Tot in de 19de eeuw kwamen handelaars uit België om de lokale productie, die bekendstond om haar hoge kwaliteit, op te kopen. Nu vind je hier geen sporen meer terug van dat verleden. Cany heeft wel een mooi kasteel dat een omweg waard is.

NUTTIG ADRES

ℹ️ **Dienst voor Toerisme:** *place Robert-Gabel.* ☎ *02 35 57 17 70* ● *tourismecanybarville@wanadoo.fr. In het hoogseizoen geopend van 10.00 tot 12.30 u en van 14.30 tot 18.30 u, met uitzondering van zondagmiddag en maandag. Buiten het seizoen op maandag geopend van 10.00 tot 12.30 u, op woensdag van 14.30 tot 18.00 u, en op donderdag, vrijdag en zaterdag van 10.00 tot 12.30 u en van 14.30 tot 18.00 u.* Organiseert van april tot en met september elke donderdag om 10.00 en 15.00 u een rondleiding in de stad ('Au fil de l'eau' of 'Langs het water').

WAT IS ER TE ZIEN EN TE DOEN?

🌾🌾🌾 **Het kasteel van Cany-Barville:** ☎ *02 35 97 87 36. Van 1 juli tot 31 augustus dagelijks (behalve op vrijdag) geopend van 10.00 tot 12.00 u en van 15.00 tot 18.00 u. Heel interessante rondleiding in het kas-*

teel die ongeveer 35 minuten duurt. Toegangsprijs: € 7; kortingen. Heel mooi Lodewijk XIII-kasteel dat in 1640 werd gebouwd volgens plannen die aan Mansart worden toegeschreven. De werken duurden zes jaar. Aan beide kanten van het kasteel staan twee lange bijgebouwen: de stallen en de garages. De kasteelgrachten worden gevoed door de Durdent, en aan twee uiteinden werden grote vierkante symmetrische paviljoenen opgetrokken, het ene een kapel, het andere een charterkamer. Dit is echt een typevoorbeeld van een uit de kluiten gewassen Lodewijk XIII-kasteel, gelegen midden in een gigantisch park van 50 ha. Het bezoek is bijzonder boeiend, want al het meubilair en het houtwerk is nog authentiek. Het kasteel wist immers wonderwel te ontsnappen aan de verwoestingen van de oorlogen en van de Franse Revolutie.

Je komt in tal van salons, slaapkamers en ook in de eetruimte, stuk voor stuk rijk ingericht met heel mooi meubilair. Let op de prachtige houten vloeren (Lodewijk XIII en Lodewijk XIV) en de fraaie hemelbedden met geborduurde spreien. In het tweede salon moet je, naast de commodes, ook de triktraktafel bekijken. Mis in de prachtige eetruimte de wildtafel (Lodewijk XIV) niet! Erboven hangt een wandtapijt met de wapens van de Montmorency-Luxembourgs, de voorvaderen van dit geslacht. De vele vertrekken op de twee verdiepingen wedijveren in schoonheid. In het ene staat een prachtig alkoofbed, elders is de houten vloer dan weer uitzonderlijk, verderop een zeldzame klok uit de 18de eeuw, een régencekast ... Het bezoek wordt afgerond met een bezoek aan de keukens. Je ziet een lange eiken tafel, koperen ketels waarin de wapens van het familiegeslacht staan gegraveerd en een ongelooflijk 19de-eeuws menu.

🎯 Base de Loisirs de Caniel (recreatiezone): *aan de oevers van het meer van Caniel. Informatie:* ☎ 02 35 97 40 55. *Het hele jaar door geopend; in juli en augustus dagelijks vanaf 11.00 u. Geen sportactiviteiten van half oktober tot begin april.* Ideaal voor een middag uit met het hele gezin. Je vindt hier natuur, zuivere lucht, maar vooral heel wat sportactiviteiten voor jong en oud (tegen betaling): waterskiën, sleeën, bootje varen, kanoën, bowlen, fietsen ... Sommige dingen zijn gratis: een zwempartijtje in het meer (tijdens de zomer met toezicht), het natuurpad, het rollerskatepark, de speeltuin voor de kleinsten ... Leuk restaurant aan de oever van het meer.

HET PAYS DE CAUX

Het Pays de Caux is de grootste subregio van Seine-Maritime. Het gebied wordt van het zuiden van Rouen tot in Le Havre begrensd door de Seinevallei. In het noorden vormen de kliffen van de Côte d'Albâtre (tot in Dieppe) een natuurlijke grens. Daar buigt de grenslijn dan af naar het zuiden, om zich rond de noord-zuidas tussen Dieppe en Rouen te slingeren. Dit grote vruchtbare plateau, een van de juweeltjes van de Franse landbouw, houdt de stereotiepe beelden in ere van een milde natuur, een vredige rust en een landelijke levensstijl: vette koeien met volle uiers, historische landhuizen van baksteen en natuursteen, schitterende duiventorens, abdijen en ruïnes overwoekerd door plantengroei, lemen boerderijen met een rieten dak, golvende heuvellandschappen onder een groen tapijt, gouden korenvelden en vlascultuur ...

Dit regelmatige weefsel van gehuchten, dorpen en stadjes dankt zijn vruchtbaarheid aan de ondergrond van kalk, bedekt met klei en slib. Het regent hier vaak en veel, en daarom oogt dit gebied het hele jaar door fris en groen. Zelfs al laat de zon zich hier minder vaak zien dan elders, zomerse hittegolven zijn echt niet uitzonderlijk! De koude vochtige winters hebben de landbouwers geleerd zich te beschermen tegen de zeewinden: langs de boerderijen staan lange rijen fiere beuken op aarden wallen.

De veefokkerij, de vlasteelt, de weefindustrie en de grote jaarmarkten ritmeren vandaag nog net als vroeger het economische leven van het Pays de Caux. In sommige gemeenten wordt het eind van de oogst nog uitbundig gevierd. Trotters die geïnteresseerd zijn in de vlascultuur, raden we aan om een kijkje te gaan nemen op het Feest van het Vlas (*Fête du Lin*), dat in de loop van de maand juni wordt gevierd in Doudeville, de hoofdstad van het vlas.

ALLOUVILLE-BELLEFOSSE

76190 | 1010 INWONERS

15 km ten noorden van Caudebec ligt dit dorp, dat bekendstaat om zijn enorme duizendjarige eik. Voor de kerk liggen, tegenover elkaar, twee leuke oude kroegen.

NUTTIG ADRES

🛈 **Informatiekantoortje:** *place Paul Levieux.* ☎ *02 35 95 08 26. Geopend van juni tot en met september.*

WAT IS ER TE ZIEN?

🌳🌳 **De oude eik:** deze indrukwekkende boom zou de oudste zijn van heel Europa (12 eeuwen!). Hij is 18 meter hoog en heeft een omtrek van 15 meter. In de stam groef de plaatselijke pastoor in de 17de eeuw twee kapelletjes uit. Je kunt erbij langs een houten trap die zich rond de boom wentelt. Aan het eind van de vorige eeuw was de eik op sterven na dood. Hij moest ondersteund worden met enorme stutten. Het gemeentebestuur heeft daarop belangrijke werken uitgevoerd om de boom te redden. Zo werden houten latten rond de stam aangebracht om hem te beschermen.

🌳 **De kerk:** net naast de eik. Interessante oude beelden en enkele mooie glas-in-loodramen.

🌳🖼 **Musée de la Nature (natuurmuseum):** *in het* Centre d'hébergement et d'étude sur la nature et l'environnement (CHENE), *1,8 km van het centrum. Het staat goed aangegeven.* ☎ *02 35 96 06 54.*

● *www.chene.asso.fr. In juli en augustus dagelijks van 10.00 tot 12.00 u en van 14.00 tot 19.00 u; daarbuiten, alsook op woensdag, in het weekend, tijdens schoolvakanties en op feestdagen, van 14.00 tot 18.00 u. Toegangsprijs: € 3,50; voor kinderen slechts € 2,50.*

Dit museum geeft uitleg over de fauna van Normandië – van het goudhaantje tot de walvis – aan de hand van opgezette dieren, korte filmpjes en beeldmateriaal van het werk van de 'dierenkliniek'. Van juli tot en met september worden er camera's gericht op de volières en op het zwembad waarin *Peter Pan* leeft, een zeehond die door de vereniging werd opgevangen.

YVETOT

76190 | 11 400 INWONERS

Middelgrote stad zonder al te veel charme, maar door z'n ligging midden in het Pays de Caux kun je er niet omheen. Yvetot was ooit een koninkrijk met een eigen munt, dat bovendien vrijgesteld was van belastingen aan de Franse koning. De stad ontwikkelde zich in de loop der eeuwen dankzij de grote markten, waar alle landbouwers uit de wijde omtrek op afkwamen, en dankzij de weefindustrie.

NUTTIG ADRES

🛈 **Dienst voor Toerisme:** *place du Maréchal-Joffre 8.* ☎ *02 35 95 08 40.* ● *www.tourisme-yvetot.fr. In de vroegere handelsrechtbank, een knap gerestaureerd gebouw in het centrum van de stad. Van april tot en met september geopend van 9.15 tot 12.45 u en van 13.30 tot 18.30 u, maar gesloten op zondag en maandagvoormiddag; van oktober tot en met maart geopend van dinsdag tot zaterdag 9.15 tot 12.30 u en van 14.00 tot 17.30 u. Herbergt ook het kleine Ivoormuseum (zie verder bij 'Wat is er te zien?') en enkele tentoonstellingszalen. Fietsen te huur.*

ETEN

GOEDKOOP TOT DOORSNEEPRIJS

LA FONTAINE GOURMANDE: *rue Bellanger 70.* 🕿 *02 35 96 11 01. Gesloten op zondag en maandag. Jaarlijkse vakantie: de eerste twee weken van augustus. We raden aan om te reserveren. Formules voor € 10 en 12 (dagschotel, een kwart liter wijn en koffie toe), behalve op zaterdagavond. Menu's voor € 23 en 26.* Alleraardigst restaurantje, verscholen in een klein straatje achter het gemeentehuis. Alles is typisch voor de streek, zowel de gerechten als het interieur. Maar er is ook plaats voor moderniteit en gezelligheid. Boterham met varkenspoot, bladerdeeggebak met livarotkaas of velouté van kastanjes en sint-jakobsvruchten, naargelang van het seizoen ... en een heerlijk chocoladedessert! Mooi gepresenteerde, lekkere gerechten. Ons geliefkoosde adres in Yvetot, maar vele anderen denken daar net zo over. Reserveren is dus de boodschap!

SLAPEN EN ETEN IN DE OMGEVING

DOORSNEEPRIJS TOT HEEL LUXUEUS

CHAMBRES D'HÔTES DE LA FERME DE LA RUE VERTE: *bij meneer en mevrouw Quévilly, in het centrum van het dorp Flamanville (76190), 6 km ten oosten van Yvetot.* 🕿 *02 35 96 81 27. Neem de N15 richting Rouen en sla op de tweede rotonde voorbij Sainte-Marie-des-Champs links af. Volg dan de pijlen naar Flamanville. Tweepersoonskamers voor € 48.* Een rustig huis, al ligt het midden in een kampeerterrein. Het pand dateert uit de 16de eeuw en is opgetrokken in baksteen en natuursteen, heel typisch voor de streek. Je wordt hartelijk ontvangen door een gepensioneerd koppel. De kamers onder het dak zijn erg aardig. Enkele kamers voor drie personen. Kleine minpuntjes: om de kamers te bereiken moet je door de keuken, en soms wordt gevraagd dat je rond 22.30 à 23.00 u binnen bent.

AUBERGE DU VAL AU CESNE: *76190 Croix-Mare.* 🕿 *02 35 56 63 06 • valaucesne@hotmail. com • www.valaucesne.fr* 🚗 *Ongeveer 4,5 km ten zuidoosten van Yvetot. Neem de straat rechts van het gemeentehuis en rijd altijd rechtdoor (richting Duclair). Het restaurant is gesloten op maandag en dinsdag en op sommige feestdagen. Jaarlijkse vakantie: de laatste drie weken van januari en twee weken eind augustus – begin september. Kamers met badkamer en tv voor € 90. Voor het ontbijt betaal je € 9 extra. Menu's voor € 28 tot 60; à la carte moet je toch rekenen op € 50.* Internet. Oud Normandisch huis midden in de natuur. Rond het huis ravotten de dieren: mandarijneenden, zwarte schapen, dwergkippen, duiven ... Vijf schitterende, romantische kamers, al kunnen de badkamers een facelift gebruiken. Het restaurant biedt een uitstekende regionale keuken en een uniek interieur; beide helpen om de rekening te verteren. In de zomer zit je buiten en komen de kippen de kruimeltjes oppikken. Er heerst een ontspannen sfeer.

AUBERGE DE LA MÈRE DUVAL: *place Daniel-Boucour, 76890 Val-de-Saâne.* 🕿 *02 35 32 20 13 • auberge.mereduval@orange.fr. Ongeveer 15 km naar het noordoosten via de N29 (richting Yerville) en de D23. Gesloten op dinsdagavond en woensdag. Menu's voor € 19 (op weekdagen) en € 24 tot 34.* Deze grote herberg rijkt heerlijk naar het land en de keuken van het Pays de Caux. Jean-Claude Humbert, die hier al meer dan veertig jaar de plak zwaait, maakt heerlijke eend, Normandische pannenkoeken met zalm om duimen en vingers van af te likken en bijzonder smakelijke *diplomates* (een soort gebak) met kirsch. Bovendien zijn de ontvangst en de bediening van een zeldzame vriendelijkheid.

WAT IS ER TE ZIEN?

🎭🎭 **Église Saint-Pierre:** een kerk met een moderne architectuur die typisch is voor de jaren 1950. Ze is gebouwd als een grote arena van roze beton met een vrijstaande klokkentoren. De buitenkant brengt je wellicht niet meteen in vervoering, maar neem toch een kijkje binnen. De 1000 m² glas-in-loodramen van Max Ingrand zijn kleurrijk, geometrisch en onbeschaamd modern. De hele religieuze geschiedenis van Normandië staat afgebeeld op dit fantastische glazen doek. De ronde vorm van het geheel, tot de banken toe, draagt bij tot de originaliteit van dit ongewone bouwwerk. Je kunt een audiogids krijgen bij de Dienst voor Toerisme.

❧ **Musée municipal des Ivoires (gemeentelijk Ivoormuseum):** *place du Maréchal-Joffre 8.* ☎ *02 35 95 08 40. In de lokalen van de Dienst voor Toerisme. Zelfde openingstijden. Toegangsprijs: € 2,30; korting mogelijk; gratis voor kinderen jonger dan tien. In die prijs is ook de huur van een audioguide begrepen.* Meer dan tweehonderd ivoren voorwerpen: beeldjes van historische figuren (Hendrik II, Maria de' Medici, Napoleon Bonaparte), reliekhouders en gebruiksvoorwerpen (juwelen, doosjes, tabaksraspen ...). Bijzonder opmerkelijk zijn de oude biljartballen en de beeldjes van de Polletais (de voormalige vissers van Dieppe). Niet alle tentoongestelde voorwerpen zijn van ivoor. Je ziet er ook terracotta (onder meer van de beroemde kunstenaar Pierre-Adrien Graillon), aardewerken voorwerpen en een boek van 1572 dat toebehoorde aan Martin du Bellay, de laatste koning van Yvetot.

VAN SAINT-VALÉRY-EN-CAUX NAAR DIEPPE

Tussen Saint-Valéry-en-Caux en Dieppe is de kustweg heel pittoresk en behoorlijk geaccidenteerd. Je rijdt door leuke *valleuses* (zwevende dalletjes) die naar zee lopen. Minuscule riviertjes doorkruisen het krijtplateau, en je moet soms niveauverschillen van 100 m overbruggen. De ingebedde *valleuses* bieden altijd een uniek en gevarieerd schouwspel. Langs deze prachtige weg gaan de huizen en geleidelijk anders uitzien. Hier en daar nog vakwerk en rieten daken, maar steeds meer baksteen. De *brique du Nord* maakt op een bescheiden manier z'n opwachting.

SAINT-VALÉRY-EN-CAUX

76460 | 4600 INWONERS

In de 7de eeuw sticht de H. Valéry hier een klooster, waar in 990 een groep benedictijnen hun intrek nemen. In de 17de eeuw kent het dorp een aanzienlijke bevolkingsaangroei. Saint-Valéry wordt in twee gesplitst door z'n haven, die meer dan 800 m in het land dringt. Stroomafwaarts liggen de resten van het oude Saint-Valéry. Stroomopwaarts het nieuwe stadje, dat na de oorlog werd gebouwd. Er staan vooral grijze wooncomplexen in de stijl van Le Havre. De kustboulevard oogt evenmin bekoorlijk. Maar vanaf het strand en het casino (ja, ook hier is er eentje!) heb je wel een schitterend uitzicht op de hoge fiere kliffen die zich uitstrekken zover het oog reikt. Het strand zelf is ontsierd door betonnen dijken. Naar verluidt dient dat beton om het stadje te beschermen tegen de ziedende zee. Mooi is anders! Ondanks dit alles is Saint-Valéry een heel populaire, drukke badplaats. Er staan enkele aardige huizen en in de zomermaanden brengt de fraaie vissers- en jachthaven leven in de brouwerij.

DE SLAG OM SAINT-VALÉRY

De slag om Saint-Valéry begint op 7 juni 1940 (in 2010 zal dus de zeventigste verjaardag worden gevierd). Die dag slaat een nog onbekende Duitse generaal, Erwin Rommel, een bres in de vijandelijke linies. Hij trekt door het hele departement om bij Les Petites-Dalles de kust te bereiken. De vloot krijgt de opdracht om op Saint-Valéry en Veules-les-Roses af te sturen om daar de troepen van de 51ste Highlandersdivisie op te pikken. Maar op 11 juni heeft Rommel het plateau boven het stadje al ingenomen. Een hevig bombardement zet een deel van de plaats in vuur en vlam. De evacuatie wordt steeds moeilijker. Ondanks alles kunnen nog 3200 soldaten worden geëvacueerd. De Schotse Highlanders zijn echter afgesneden van de buitenwereld en dus van alle bevoorrading. Het wordt onmogelijk om nog verder strijd te leveren. Op 12 juni in de ochtend hijsen ze de witte vlag op de kerktoren. De slag is ten einde, Saint-Valéry is voor 70% vernield. En dan begint de lange bezetting. Maar de Highlanders hebben hun laatste woord nog niet gesproken.

De revanche volgt bijna dag op dag vier jaar later, wanneer de 51ste Highlandersdivisie voet aan wal zet in Normandië. De soldaten vechten eerst in Caen en Falaise, en richten hun aandacht dan op het Seinegebied. Op 2 september rukken ze Saint-Valéry-en-Caux binnen zonder ook maar één enkel geweerschot te lossen. Het regiment krijgt een *wonderful welcome* van de Fransen, die zich de donkere dagen van juni 1940 nog maar al te goed herinneren.

JONGKIND, VOORLOPER VAN HET IMPRESSIONISME

Wanneer je een bezoek brengt aan het kasteel van Le Nesnil-Geoffroy in Ermenouville, moet je zeker een blik werpen op de aquareltekening op blauw papier van Johan Barthold Jongkind, getiteld *Les bateaux au large de Saint-Valéry-en-Caux*. De schilder maakte de tekening in 1862 naar aanleiding van een doorslaggevende ontmoeting met Boudin en Monet aan de Normandische kust. Jongkind (1819-1891), een Nederlandse postromantische landschapsschilder, trok naar Frankrijk op vraag van schilder Eugène Isabey en werd verliefd op de stad Parijs. Later, vanaf 1850, richtte hij zijn aandacht op de Normandische kust. Die verandering is ook duidelijk merkbaar in zijn werk. Vanaf dat moment trachtte hij op zijn schilderijen het licht te ontleden. Hij werkte steeds vaker met kleine penseelstreken en stapte af van de donkere, dreigende hemels van zijn eerdere werken. Monet, die een leerling van Jongkind was, zou later zeggen dat hij aan hem 'de definitieve ontwikkeling van zijn oog' te danken had. Zijn vriend Manet, Baudelaire en Zola bewierookten de voorloper van het impressionisme, die de aquarel – die oorspronkelijk slechts een eerste versie was van een schilderij dat later in het atelier werd afgewerkt – de status bezorgde van een volwaardig kunstwerk. Na de oorlog van 1870 leefde Jongkind in ballingschap in de Dauphiné, samen met zijn vrouw Joséphine Fesser, een Nederlandse kunstschilderes. Ondanks haar inspanningen om haar man te helpen om zijn psychische problemen te boven te komen sterft Jongkind in 1891, uitgeput door overmatig alcoholgebruik en paranoia. Nochtans werd zijn werk ten tijde van het Salon des Refusés van 1879 al zozeer gewaardeerd dat valse Jongkinds als zoete broodjes werden verkocht!

NUTTIGE ADRESSEN EN PRAKTISCHE INFORMATIE

🛈 **Dienst voor Toerisme:** *quai d'Aval; in het schitterende Henri IV-huis. Het zou echter kunnen dat de dienst binnenkort verhuist naar de gelijkvloerse verdieping van het gemeentehuis, op de kade aan de overkant.* ☎ *02 35 97 00 63* ● *www.plateaudecauxmaritime.com. Het hele jaar door geopend; in het hoogseizoen van 10.00 tot 13.00 u en van 15.00 (in juli en augustus vanaf 14.00 u) tot 19.00 u; buiten het seizoen van 10.00 tot 12.30 u en van 14.30 tot 18.30 u. Heel vriendelijk en hulpvaardig personeel.*

🚲 **Fietsenverhuur: Cycles Prieur,** *quai du Havre.* ☎ *02 35 97 10 08. Dicht bij de Dienst voor Toerisme.*

🔲 **Boutique SNCF:** ☎ *3635 (€ 0,34 per minuut). In het voormalige treinstation* (Espace public du Littoral). Verkoop van treinkaartjes.

🚌 **Bus:** bussen naar Fécamp van *Cars Degardins* (☎ *02 35 57 29 82*). Bus naar Dieppe van *Veolia* (VTNI; ☎ *0825 076 027 (€ 0,15 per minuut)* ● *www.mobiregion.net*). Naar Yvetot met *Cars Hangard* (☎ *02 35 95 99 99*). Daar kun je de trein nemen naar Le Havre, Rouen en Parijs.

– **Markt:** *steeds op vrijdagochtend, van juni tot en met september ook op zondagochtend.* Rond de kapel op de place du Marché, zoals het hoort.

SLAPEN

CAMPINGS

🅰 **CAMPING MUNICIPAL DE LA FALAISE D'AMONT**: *gemeentelijke camping in de rue Traversière, op de Falaise d'Amont, uitkijkend over het stadje.* ☎ *02 35 97 05 07 • servicetourisme@ville-saint-valery-en-caux.fr* ♿ *Geopend van half maart tot midden november. € 6,90 voor twee personen met tent en wagen.* Deze camping is werkelijk schitterend gelegen, op de klif boven de stad. Spijtig genoeg moet hij misschien binnenkort plaats ruimen voor een nieuwbouwproject, dat ongetwijfeld veel meer geld zal opbrengen. Laten we hopen dat het gemeentebestuur alsnog van het plan afziet! De 52 plaatsen liggen op terrassen tegen de helling! Het sanitaire blok bevindt zich helemaal onderaan. Meer dan een speeltuin is er niet. Ontvangst, dienstverlening en onderhoud zijn zeer minimalistisch.

🅰 **CAMPING MUNICIPAL D'ETENNEMARE**: *in het gehucht Etennemare, dichter tegen het bos (er staan wegwijzers in het centrum). Inlichtingen bij de Dienst voor Toerisme,* ☎ *02 35 97 00 63. Je betaalt € 14,50 voor twee personen met een tent en een wagen. Er zijn ook enkele vakantiehuisjes en stacaravans te huur.* De tweede gemeentelijke camping van Saint-Valéry, uiteraard veel minder mooi gelegen dan de eerste. Hij heeft wel vier sterren, maar de ligging in een woonwijk doet veel af van de charme. 51 behoorlijk schaduwrijke plaatsen, afgescheiden door hagen. Correct sanitair. Winkeltje dat uitsluitend geopend is in het hoogseizoen. De ontvangst is nogal wisselvallig.

– Trotters die met de **camper** op reis zijn, kunnen terecht op het parkeerterrein aan de voet van de Falaise d'Aval.

DOORSNEEPRIJS

🏨 **HÔTEL HENRI IV**: *rue du Havre 16.* ☎ *02 35 97 19 62 • hotelhenri.4@orange.fr • www.hotelhenri4.fr. Ga van het centrum richting Fécamp en Cany-Barville; het hotel bevindt zich iets buiten het centrum aan de linkerkant van de weg. Je betaalt € 45 voor een tweepersoonskamer met een douche, € 55 voor eentje met een bad.* Groot bakstenen huis dat met klimop is bedekt. De kamers aan de achterkant zijn de rustigste en de goedkoopste, maar hebben wat minder karakter dan de andere. Sommige kamers bieden een mooi uitzicht op de plezierhaven of op het kasteelpark. Zoals in alle oude huizen laat de geluidsisolatie te wensen over. De eigenaars, een koppel dat het hotel nog maar onlangs heeft overgekocht, zijn bijzonder aangename mensen en zorgen ervoor dat het hun gasten aan niets ontbreekt. Een adresje dat we warm aanbevelen.

🏨 **CHAMBRES D'HÔTES LES COURLIS**: *bij Christophe Guichard, route du Havre 27.* ☎ *02 35 97 12 79 en 06 09 96 54 36 (gsm) • lescourlisguichard@aliceadsl.fr. Tegenover Hôtel Henri IV. € 65 voor een tweepersoonskamer met ontbijt.* Je verblijft in een herenhuis uit 1830 met een mooie tuin en een ronde groentetuin in het midden van de binnenplaats. Drie kamers en een suite, met mooi authentiek meubilair en uitzicht op de zee of op de boten in de haven. Heel vriendelijke ontvangst.

IETS LUXUEUZER

🏨 **HÔTEL LA MAISON DES GALETS**: *cour Le Perry 22.* ☎ *02 35 97 11 22 • contact@lamaisondesgalets.fr • www.lamaisondesgalets.fr. Aan de dijk. Afhankelijk van het seizoen en het uitzicht betaal je € 65 tot 80 voor een tweepersoonskamer.* De gevel en de dijk zien er niet bijzonder aantrekkelijk uit, maar dit hotel werd helemaal gerenoveerd. Het bevat veertien smaakvol ingerichte en comfortabele, zij het niet bijster grote kamers. Vooral de salon en de ontbijtzaal wisten ons te bekoren. Hier kun je hele namiddagen vanuit je luie zetel naar de zee turen. Ook als je er niet verblijft, kun je er trouwens terecht om iets te drinken. Een vis- en zeevruchtenrestaurant staat op stapel. Vraag ernaar. Hoffelijke ontvangst.

HÔTEL DU CASINO: *avenue Clemenceau 14.* ☎ *02 35 57 88 00* ● *contact@hotel-casino-saintvalery.com* ● *www.hotel-casino-saintvalery.com* 🛏 *Tweepersoonskamers voor € 86 tot 97, naargelang van het uitzicht. Lunchformule voor € 18, menu's voor € 22 tot 40. Draadloos internet.* Anders dan de naam doet vermoeden ligt dit hotel niet in de onmiddellijke omgeving van het casino, maar wel helemaal achteraan in de haven, 800 meter van de kust. Het is een plomp, modern gebouw met zowat tachtig kamers. Een prima adres voor wie houdt van veel ruimte, een minimalistische inrichting en moderne lijnen. De duurste kamers bieden een prachtig uitzicht op de plezierboten in de haven. Heeft een eigen restaurant. Uitgebreid ontbijtbuffet. Luxueus comfort en professionele ontvangst.

ETEN

CRÊPERIE LA GOUANIÈRE: *rue Jacques-Angot 5.* ☎ *02 35 57 01 38. Buiten het seizoen gesloten op dinsdag en woensdag. Zoete en hartige pannenkoeken voor € 6 à 7, voor een volledige maaltijd betaal je € 15 tot 20.* We raden je ten zeerste aan om te reserveren (het is maar een zakdoek groot)! In een doodlopend straatje naast de kapel ligt een piepklein pannenkoekenhuisje waar je allerhartelijkst wordt ontvangen. Zowel de boekweitpannenkoeken als hun zoetere broertjes zijn overheerlijk. Tip voor wie de streek wil proeven: neem eerst een *galette du pays d'Auge* en dan een geflambeerde Normandische pannenkoek. Mjammie!

LE RESTAURANT DU PORT: *quai d'Amont 18.* ☎ *02 35 97 08 93. Gesloten op zondagavond, op maandag en op donderdagavond. Menu's voor € 24,50 tot 45.* Zoals de naam het zegt, ligt dit restaurant aan de haven. Specialiteiten van het huis zijn dan ook vis en zeevruchten (zoals oesters met dragon of rog in botersaus). Verstokte vleeseters hoeven echter niet te wanhopen. Zij kunnen bijvoorbeeld opteren voor varkenspoten of voor kalfskop met een saus met kruiden, kappertjes, stukjes hardgekookt ei en augurken (*sauce gribiche*). Verfijnd burgerlijk interieur, zonder opzichtig te zijn. Een adres met klasse. En dat voel je aan de rekening. Het goedkoopste menu is erg klassiek, maar het iets duurdere biedt meer verfijning. Onberispelijke bediening. Als je bij de grote ramen gaat zitten, heb je een mooi uitzicht op de haven. Het enige gemis: er is geen terras voor het aperitief...

LA PASSERELLE: *aan het strand.* ☎ *02 35 57 84 11* ● *casisaintval@aol.com* 🛏 *Het hele jaar door geopend. Lunchformule voor € 18, menu's voor € 23 tot 38. A la carte betaal je ongeveer € 35 tot 40.* Dit is het restaurant van het casino. Hedendaagse en chique inrichting, met een groot raam dat uitkijkt op de zee. De gerechten variëren van klassiek naar origineler. Ze worden mooi gepresenteerd en bevatten smaken die ons meenemen naar de andere kant van de oceanen (vanille, gember, kruiden). Uiteraard ligt de klemtoon op vis en zeevruchten, maar ook vleeseters komen aan hun trekken. Er zijn maar weinig tafeltjes, dus je kunt beter reserveren.

IN LUXE SLAPEN IN DE OMGEVING

CHAMBRES D'HÔTES NATURE ET LIN: *bij Gladys en Philippe Lendormy, rue de la Bergerie 9, 76460 Néville.* ☎ *02 35 57 07 66* ● *accueil@nature-lin.com* ● *www.nature-lin.com. 6 km ten zuiden van Saint-Valéry via de D53 of de D925, richting Saint-Riquier-ès-Plains. Neem vervolgens links de D69, kruis de spoorweg en volg de borden. Je betaalt € 130 voor een tweepersoonskamer en € 150 voor een suite met jacuzzi, ontbijt inbegrepen. De gîte kost € 170 per nacht voor twee volwassenen en een kind.* Dit mooie domein behoort toe aan vlasproducenten. Als je de blauwe velden vol bloeiend vlas wilt zien, moet je begin juni komen. Gladys en Philippe verhuren vier ruime gastenkamers met alle comfort, antiek meubilair en een moderne inrichting. Natuurlijk hangt hier en daar ook wat vlas. De gasten mogen vrij gebruikmaken van de tv-salon. Bij het ontbijt krijg je eigengemaakte broodjes, Normandische boter en fruit uit de boomgaard. Er is ook een suite met jacuzzi en een vrijstaand vakantiehuisje *(La Maison des Écureuils)* met een slaapkamer, een keuken en een mooie salon. Je kunt een mooie wandeling maken op het domein, en bij je terugkeer een frisse duik nemen in het overdekte zwembad. De eigenaars hebben ook een winkeltje waar ze naast allerlei producten op basis van vlas ook werken van de schilder Nourry verkopen.

⊞✕**CHAMBRES D'HÔTES DU CHÂTEAU DU MESNIL-GEOFFROY:** *bij het echtpaar Kayali in Ermenouville (76740).* ☎ *0235571277* ● *contact@chateau-mesnil-geoffroy.com* ● *www.chateau-mesnil-geoffroy.com. 8 km ten zuiden van Saint-Valéry via de D20 en de D70. Goed bewegwijzerd. Tweepersoonskamers met badkamer voor € 85 tot 120. Voor het ontbijt betaal je € 11 extra.* Dit kasteel wordt tijdens het hoogseizoen ook opengesteld voor bezoekers (zie 'Wat is er te zien?'), maar daar heb je als gast nagenoeg geen last van. De twee suites en drie kamers zijn heel smaakvol ingericht in verschillende stijlen. De kamers *La Baronne*, *La Marquise* en *Chambre du Conseiller* bevatten zelfs een hemelbed. Doordat ze aan de oostkant van het gebouw liggen, schijnt 's ochtends de zon binnen. De ontvangst is hartelijk en attent. Mevrouw Kayali heeft een zwak voor tafelkunst. Ze maakt heerlijke vruchtengeleien klaar op basis van familierecepten uit de 18de eeuw. En zoals dat hoort bij een kasteel, is er een rozentuin die van juni tot september in bloei staat.

IETS DRINKEN

Spijtig genoeg verkoopt het enige etablissement aan de Quai d'Amont geen drank, maar vis. Zelfs *Restaurant du Port* heeft geen bar. Ook in de buurt valt het lelijk tegen, met uitzondering van het gezellige **theesalon van La Maison des Galets** en het **restaurant van het casino**, maar dan moet je binnen gaan zitten. Als je liever wat van de zon geniet, zit er niets anders op dan plaats te nemen op het **terras van het Hôtel de la Poste** op het marktplein.

WAT IS ER TE ZIEN EN TE DOEN?

🏖 Bij laagtij kun je een wandeling maken op het grote **strand**. Spijtig genoeg is de dijk uit architecturaal oogpunt niet bijster aantrekkelijk. Kijk dus de andere kant op, naar de zee.

🌟🌟 **Het huis Henri IV en het Musée Guillaume-Ladiré:** *quai d'Aval.* ☎ *0235571413* ♿ *(uitsluitend op de benedenverdieping; fiches met uitleg voor slechtzienden). Van juni tot en met september geopend van 10.30 tot 13.00 u en van 15.00 tot 19.00 u, maar gesloten op maandag en dinsdag (behalve in juli en augustus). Buiten het seizoen uitsluitend in het weekend, op feestdagen en tijdens de schoolvakanties geopend, van 11.00 tot 13.00 u en van 14.30 tot 18.00 u. In juli en augustus is er elke woensdag om 11.00 u een rondleiding. Toegangsprijs: € 2 (of € 3 met rondleiding); gratis voor kinderen jonger dan tien. De tijdelijke tentoonstellingen kun je gratis bezoeken.* Dit is het mooiste pand van Saint-Valéry-en-Caux. We weten zeker dat het in 1540 – ten tijde van Frans I – werd gebouwd in opdracht van de reder Ladiré: de datum en de naam staan gebeiteld in de steen boven de deur. Ook is bekend dat Hendrik II hier in 1550 heeft verbleven, en bij die gelegenheid de zoutbelasting heeft ingevoerd. Maar de vraag wanneer Hendrik IV hier precies is voorbijgekomen, blijft onbeantwoord ... Er wordt gezegd dat het in 1593 was, maar niemand weet het zeker.

De prachtige eiken gevel is het gevolg van de handel met Brazilië, dat toen 'Antarctisch Frankrijk' werd genoemd. Het Braziliaanse hout vond in Europa gretig aftrek. Nagenoeg alle beelden die je te zien krijgt, zijn authentiek. Op de benedenverdieping zijn het vooral katholieke heiligen, op de etage gemaskerde beeldjes, aapachtige hoofden en Zuid-Amerikaanse figuren. Boven staan onder meer een boot met gehesen zeilen, een houthakker die Braziliaans hout kapt, Zuid-Amerikaanse dansers en een beeld van een figuur die in extase raakt door de zon (wellicht het mooiste van allemaal). Verder ook friezen met bloemenmotieven en beeldjes van sirenen en krijgers. Het huis rust op twee soorten stutten: schuin geplaatste houten balken en sint-andrieskruisen. Het museum is gewijd aan het verleden van het stadje en de streek. Er wordt uiteraard ingegaan op de zeevaart en het impressionisme, maar er is ook een zaal gewijd aan slag om Saint-Valéry-en-Caux. In 2010, wanneer de zeventigste verjaardag van het uitbreken van de oorlog wordt herdacht, zal in die zaal een bijzondere tentoonstelling worden opgezet.

🎥🎥 **De buurt rond de Quai d'Aval:** dit is de enige wijk van Saint-Valéry die in de Tweede Wereldoorlog niet door de bombardementen werd vernietigd. Ga eens kijken op de binnenplaats van het *Couvent des Pénitents* (klooster van de broeders penitenten) dat in de 17de werd gesticht door de orde van de Broeders Penitenten van de H. Franciscus van Assisi. Het is niet altijd voor het publiek geopend omdat onverlaten er nu en dan beschadigingen aanbrengen. Het klooster deed na de Franse Revolutie even dienst als clubhuis van de jakobijnen, vervolgens als kazerne en daarna als militaire gevangenis. Eén koppige broeder heeft al die tijd echter geweigerd om zijn functie als tuinman op te geven en heeft het klooster nooit verlaten tot aan zijn dood in 1816.

🎥🎥 **Falaise d'Aval:** *je komt er via de Quai d'Aval en de Sente des Douaniers (douanierspad).* Mooie wandeling en schitterend uitzicht op een groot deel van de kust. Bij zonnig weer zie je Veules en Sotteville en zelfs de kliffen van Le Tréport. 's Nachts kun je de vuurtoren van Varengeville zien oplichten.

🎥 **Falaise d'Amont:** *bereikbaar via de Sente des Douaniers en de GR21.* Uitzicht over Saint-Valéry. Maar nog mooier dan het uitzicht vanaf de klif, is de aanblik van de klif zelf vanaf het casino op het strand.

WAT IS ER TE ZIEN IN DE OMGEVING?

🎥 **Het kasteel van Mesnil-Geoffroy:** *bij het echtpaar Kayali in Ermenouville (76740).*
☎ 0235571277● *contact@chateau-mesnil-geoffroy.com* ● *www.chateau-mesnil-geoffroy.com.* *8 km ten zuiden van saint-valéry via de D20 en de D70. Goed bewegwijzerd. Van 1 mei tot eind september op vrijdag, zaterdag, zondag rondleidingen van 14.30 tot 18.00 u. Toegangsprijs: € 6; gratis voor kinderen jonger dan vijftien jaar.* Dit 18de-eeuwse kasteel was ooit de residentie van de prins van Montmorency. Ook Victor Hugo en Antoine de Saint-Exupéry hebben er verbleven. Let in de ontvangstruimtes op het bijzonder verfijnde houtwerk. In dit kasteel hangt ook de aquarel *Les bateaux au large de Saint-Valéry-en-Caux* van Jongkind, een van de voorlopers van het impressionisme. Het kasteelpark werd ontworpen door Colinet, de eerste tuinarchitect van Le Nôtre. Het bevat onder meer de grootste private rozentuin van Normandië, met 2500 rozenstruiken en meer dan 2000 verschillende soorten die tussen juni en september heerlijke geuren verspreiden.

FEESTELIJKHEDEN

– **Fêtes traditionnelles de Blosseville:** *7 km ten oosten van Saint-Valéry. In juli en augustus.* Oogstmis, vogelverschrikkerwedstrijd, artistieke evenementen. Het is echter niet zeker of deze feesten in 2010 zullen plaatsvinden ...

– **Fête du Maquereau (Makreelfeest):** *één dag in juli.*

– **Fête de la Mer (Feest van de Zee):** *drie dagen in augustus.*

– **Festival de l'Image (Festival van het Beeld):** *in oktober.*

– **Fête du Hareng et du Cidre (Haring- en Ciderfeest):** *één dag in november.*

VEULES-LES-ROSES

76980 | 600 INWONERS

Klein, heel aardig vakantieplaatsje in een groene vallei waar je zeker even halt moet houden. Aan het begin van de 20ste eeuw leefde hier een kolonie van Russische schilders. Hun schilderijen van het Pays de Caux en van typisch Normandische boerderijen hangen nu in de Hermitage in Sint-Petersburg! Hoewel Veules zwaar geleden heeft onder de oorlog, heeft de sfeer die er heerst, niets aan verleidelijkheid ingeboet. Er is natuurlijk een strand, maar dat is lang niet alles. Midden in het dorp stroomt de Veules, de kortste rivier van Frankrijk. Het grondwater borrelt op uit een ondergronds bekken en stroomt iets meer dan een kilometer verder alweer in zee. Nog opmerkelijker zijn de waterkersbedden die al sinds de 14de eeuw aan de bron van de Veules worden gekweekt. Van oktober tot maart wordt de waterkers elke woensdagochtend verkocht op de lokale markt. Ga ook eens kijken naar de vakwerkhuisjes van zandsteen en silex met hun rieten daken. Je vindt er in de buurt van de waterkersbedden en rond de drinkplaats van het dorp.

NUTTIG ADRES

ℹ Dienst voor Toerisme: *rue Victor-Hugo 27.* ☎ *02 35 97 63 05* ● *www.veules-les-roses.fr. In juli en augustus dagelijks geopend van 10.00 tot 13.00 u en van 14.30 tot 19.00 u; in april en juni eveneens, op voorwaarde dat er voldoende personeel is; de rest van het jaar geopend van woensdag tot zaterdag en tijdens de schoolvakanties ook op zondagnamiddag.* Gratis plattegrond van het dorp en documentatie over wandelingen in Veules en omgeving (voor de wandelkaarten moet je betalen).

SLAPEN

CAMPING

🏕 CAMPING LES MOUETTES: *avenue Jean-Moulin.* ☎ *02 35 97 61 98* ●*camping-les-mouettes@wanadoo.fr* 🚿 *(sanitair). Geopend van begin maart tot half november. Afhankelijk van het seizoen betaal je € 15,10 tot 17,80 voor twee personen met een tent en een wagen. Verhuurt ook joerten en stacaravans voor vier tot zes personen voor € 320 tot 660 per week, afhankelijk van het comfort en het seizoen; je kunt ze ook per nacht huren (minimaal twee nachten).* Driesterrencamping op een terrein van 9 ha. De 154 plaatsen zijn vlak, bieden redelijk wat schaduw en zijn van elkaar gescheiden door middel van hagen. Origineel aan deze camping is dat je er ook een Mongoolse joert kunt huren. Deze grote tenten voor vier personen bevatten twee bankbedden (beddengoed wordt niet voorzien), een keukenhoek en een eetplaats. Je krijgt er een terras met tuinmeubelen bovenop. Het is eens wat anders! Er zijn ook stacaravans te huur. Twee verwarmde sanitaire blokken met alle voorzieningen voor baby's.Winkeltje, wasmachine en droogautomaat, speeltuin, petanquebaan, pingpongtafel, internet ... Vlakbij liggen het gemeentelijke sportterrein (voetbal en volleybal), een keienstrand (op 300 meter), een speeltuin, een gratis plonsbad en een watersportclub. Vriendelijke ontvangst.

SLAPEN IN DE OMGEVING

📧 LE CLOS DE SILLERON: *rue de la Plaine 255, in het gehucht Silleron, 76740 Angiens.* ☎ *06 08 02 64 38 (gsm)* ● *christophe.resse@numericable.com. 5 km ten zuiden van Veules-les-Roses via de D142 richting Fontaine-le-Dun en Angiens. In Iclon (kruispunt van de D4 met de D75) neem je de C5 naar Silleron. Iets verderop sla je links af ter hoogte van de bushalte. Aan het einde van de geasfalteerde weg neem je links een aardewegje. Het is het eerste huis dat je tegenkomt. Het hele jaar door geopend. Capaciteit: tien tot twaalf personen (ongeveer 250 m²). Je betaalt ongeveer € 400 voor een weekend (twee nachten) en € 700 voor een week. € 150 extra voor elke bijkomende nacht. Als je zelf niet wilt schoonmaken bij je vertrek, betaal je € 60.* Een leuk adres voor gezinnen of vriendengroepen die samen een weekend of een vakantie willen doorbrengen. Dit grote huis leent zich uitstekend voor zomerse taferelen met kinderen die ravotten in de grote tuin en ouders die urenlang aperitieven. De eigenaar woont in Parijs, maar brengt zijn weekends door in het huis aan de overkant. De zee is dichtbij, de omgeving is prachtig en het traditionele Normandische huis van 1750 is behoorlijk authentiek. Beddengoed en handdoeken zijn voorzien. Ingerichte keuken, wasmachine, open haard voor de kille herfstdagen en smeedijzeren tuinmeubelen voor in de zomer. Er zijn vier kamers en nog eens twee bedden op een overloop. Sobere inrichting.

ETEN EN THEE DRINKEN

ℹ️ ✖️ UN JOUR D'ÉTÉ: *rue Victor-Hugo 25.* ☎ 0235972317. *Links van de Dienst voor Toerisme. In de zomer dagelijks geopend van 11.00 tot 19.00 u, de rest van het jaar uitsluitend in het weekend en tijdens de schoolvakanties (zelfde openingstijden). Gerechten voor € 8 à 10. Je kunt enkel contant betalen.* Op het fleurige binnenpleintje van een soort Zwitserse chalet staan enkele tafeltjes om thee te drinken en te ontspannen. Voor minder mooie dagen is er een mooi ingericht zaaltje. Broodjes en salades om de inwendige mens te versterken. In de namiddag is er thee en gebak.

✖️ LES GALETS: *rue Victor-Hugo 3.* ☎ 0235976133 ● *restaurantlesgalets-veuleslesroses@orange.fr. Gesloten op dinsdag en woensdag. Op weekdagen is er een lunchformule voor € 30. Menu's voor € 36 tot 80.* Dit is het gastronomische restaurant van Veules-les-Roses. Nogal pompeuze inrichting met bordeaux, bruin en grijs. Chef-kok Frédéric Cauchye heeft een uitstekende reputatie. Hij werkt vooral met foie gras, truffels, rauwe vis en uiteraard de vangst van de dag. De lunchformule, die niet echt goedkoop is, omvat een klein voorafje, een hoofdgerecht, een glas wijn en een koffie. Wil je nog kaas en dessert, dan moet je € 9 bijbetalen! Niet voor ieders beurs weggelegd.

SOTTEVILLE-SUR-MER

Een minuscuul dorpje ten oosten van Veules-les-Roses met huizen die verspreid liggen op de kliffen. Perfecte rust. Aan de kerk staat een wegwijzer naar het strand, 1 km verderop. Vanaf het parkeerterrein brengen 232 traptreden je naar een keienstrandje aan de voet van de kliffen.

SLAPEN EN ETEN

CAMPING

🏕️ CAMPING LES POMMIERS: rue Jean-Antheaume. ☎ 0235976212 ● *jean-luc.fricot@orange.fr* ♿ *Geopend van 1 april tot 30 oktober. € 13,50 tot 15 voor twee personen met tent en wagen, afhankelijk van het seizoen. Stacaravans voor twee tot vier personen voor € 35 tot 60 per nacht en € 210 tot 350 per week, afhankelijk van het seizoen en het aantal personen.* Kleine gezinscamping met één ster. Snel overbevolkt, maar eenvoudig en oké. 65 plaatsen, vlak en groen en met redelijk wat schaduw. Gemeenschappelijke zaal, speelterrein en speelzaal. Een snackbar staat op stapel. Goede ontvangst, maar ook hier heel eenvoudig.

DOORSNEEPRIJS

🏨 HÔTEL DES ROCHERS: *naast de kerk.* ☎ 0235970706. *Fax: 0235977173.* ♿ *Gesloten van begin januari tot half maart. Tweepersoonskamers met douche of bad en toilet voor € 45 tot 49.* Dit grote herenhuis was vroeger een pastorie. Het bevat acht rustige en mooi ingerichte kamers. Gezellige tuin omringd door een hoge muur. Het grasperk wordt niet te vaak gemaaid om 'de madeliefjes te laten groeien'. Bijzonder charmant maar heel eenvoudig adres. Eigenlijk meer een *chambres d'hôtes* dan een hotel.

⊠ RESTAURANT LES EMBRUNS: *place de la Libération 4.* ☎ 0235977799 ⬧ *Naast de kerk. Gesloten op zondagavond en maandag, en buiten het seizoen ook op dinsdag. Jaarlijkse vakantie: eind januari – begin februari en eind september – begin oktober. Op weekdagen is er een lunchmenu voor €20. Verder menu's voor €27 tot 49.* Een gewezen *bar-tabac* die werd omgevormd tot restaurant. Je kiest een hoofdgerecht en de rest (voorgerecht, kaas en dessert) is bij de prijs inbegrepen. De specialiteiten van het huis beperken zich niet tot de regionale keuken: stoofpotje van Sotteville en ingemaakte eendenbouten.

SLAPEN IN DE OMGEVING

⊠ CHAMBRES D'HÔTES EN GÎTE LE CHAT CHEZ QUI J'HABITE: *bij Marie-Odile Hocquigny, hameau de La Saline 67, 76740 Saint-Aubin-sur-Mer.* ☎ 0235844326 en 0662486736 *(gsm)* ● *info@lechatchezquijhabite.com* ● *www.lechatchezquijhabite.com. 5km ten oosten van Veules, tussen Soteville en Varengeville. Het huis ligt aan de kruising van de D75 en de D237, aan de rand van Saint-Aubin richting Ramouville. Jaarlijkse vakantie: twee weken in januari. Je betaalt €85 voor een tweepersoonskamer met ontbijt; €75 vanaf de tweede nacht. Vakantiehuisje voor €350 tot 600 per week.* Een opmerkelijke kunstenaarswoning. Gastvrouw Marie-Odile, een kunstschilderes die tentoonstelt in een galerie in Veules-les-Roses, heeft haar vijf gastenkamers helemaal zelf ingericht. Het lijken wel sprookjeskamers voor jonge meisjes, versierd met heel veel kleurtjes en met afbeeldingen van prinsesjes of van de befaamde kat waarnaar het huis is genoemd, een leidmotief in het werk van Marie-Odile. Werp maar eens een blik in de kamer *Lily Kitch* of de *Princesse aux Petits Pois!* Het huis ligt vlak bij twee departementale wegen, maar daar hoor je helemaal niets van. De gasten mogen vrij gebruikmaken van een keuken, een veranda, twee tennisvelden en een klein park. Er is ook een vakantiehuisje met drie slaapkamers en een keuken, ingericht in dezelfde stijl als de rest. Trotters die hun eigen huis ook zo willen inrichten, kunnen bij Marie-Odile schilderles volgen.

VARENGEVILLE-SUR-MER

76119 | 1179 INWONERS

8 km van Dieppe. Aardig dorp dat zich uitstrekt langs de weg en langs de Valleuse de Vastérival. Dit is ongetwijfeld de kustplaats met de mooiste kleine troeven en leuke verrassingen. De sfeer is landelijk en tegelijk burgerlijk door de prachtige woningen uit het begin van de 20ste eeuw die goed verborgen liggen achter een scherm van bomen. Doordat de grond zuurder is dan in de omgeving, vind je hier heel wat zeldzame planten. Ga zeker eens kijken naar de reuzenrododendrons in het Parc du Bois-des-Moutiers en naar de 'Collection Shamrock', de grootste verzameling hortensia's van de hele wereld. Bovendien heeft Varengeville-sur-Mer ook een van de mooiste zeemanskerkhoven van de streek. Onder meer Georges Braque ligt er begraven, naast de kerk waarvan hij de glasramen heeft ontworpen.

EEN KUNSTENAARSMAGNEET

De lijst van kunstenaars die in Varengeville hebben verbleven en gewerkt (sommige liggen er zelfs begraven) is behoorlijk indrukwekkend: schrijvers als Dorgelès, Saint-John Perse, Prévert, Proust, Breton, Cocteau, Gide en Virginia Woolf, musici als Debussy, Ravel, Satie en Albert Roussel (die op het zeemanskerkhof begraven ligt), en uiteraard ook tal van schilders, zoals Isabey, Corot, Monet (die er meer dan honderd doeken heeft geschilderd, onder meer *La maison du douanier à Varengeville*), Renoir, Pissarro, de portretschilder Jacques-Émile Blanche, Degas, Picasso, Léger, Turner, Whistler en Sickert. Miró verbleef in het dorp van 1937 tot 1940. Hij was gefascineerd door de sterrenhemels en vond hier inspiratie voor zijn *Constellatie*-reeks en voor de werken *Varengeville 1* en *Varengeville 2*. Braque, de enige schilder die nog tijdens zijn leven een tentoonstelling kreeg in het Louvre, had hier zelfs zijn atelier. Hij ontwierp ook het glasraam van de boom van Jesse dat te zien is in de plaatselijke kerk, naast het zeemanskerkhof waar de schilder begraven ligt. De belangrijkste hedendaagse kunstenaar die in het dorp woont en werkt, is Michel Ciry, schilder van de *Christus de Verlosser* die in de kerk te bewonderen is.

SLAPEN EN ETEN

DOORSNEEPRIJS TOT LUXUEUS

🛏️✗ HÔTEL-RESTAURANT LA TERRASSE: *route de Vastérival*. ☎ 0235851254.
● *françois.delafontaine@wanadoo.fr*. ● *www.hotel-restaurant-la-terrasse.com. Gesloten van half oktober tot half maart. Reserveren aanbevolen. Uitsluitend halfpension, van € 52 tot 58 per persoon in een tweepersoonskamer. Op weekdagen is er 's middags en 's avonds een formule voor € 17. Menu's van € 23 tot 35. Draadloos internet.* Dit familieadres tussen de dennenbomen houdt het midden tussen Normandië (voor de keuken) en Devonshire (voor het gezellige interieur). De ligging boven op de kliffen is uitzonderlijk. De kamers zijn aardig, maar spijtig genoeg minder gezellig dan de gemeenschappelijke delen (en niet bijster goed onderhouden). De keuken is behoorlijk, maar niet hoogstaand.

✗ ☕ LA MAISON DE JULES: *place des Canadiens.* ☎ 0235842897. *Tegenover de winkel Lin et L'Autre. Geopend van 10.00 tot ongeveer 21.00 u (hangt ervan af hoeveel volk er is; 's avonds kun je beter even bellen). Buiten het seizoen gesloten op dinsdag. Schotels voor € 5 tot 10.* Dit theesalon annex wijnbar, ondergebracht in een lang bakstenen huis met een kapel uit vuursteen en een kunstgalerie, biedt ook eenvoudige maaltijden aan. Handig in een dorp waar verder weinig eetgelegenheden zijn. Schotels met fijne vleeswaren en kazen, ingemaakte vis of groenten, foie gras en ander lekkers. De taart is zelf gemaakt, net zoals ongeveer alles hier trouwens. Uitgebreide wijnkaart, van de Coteaux du Layon tot Corsica via een bescheiden lokale wijn ... Je wordt hartelijk ontvangen door gastvrouw Béatrice.

SLAPEN EN ETEN IN DE OMGEVING

Raadpleeg ook onze adressen in de rubriek 'Slapen en eten in de omgeving van Dieppe'.
🛏️ LE MANOIR DE TESSY: *bij Marie-Agnès en Pascal Fritsch, Le Tessy, 76860 Ouville-la-Rivière.* ☎ 0232063444 ● *reservations@lemanoirdetessy.com* ● *lemanoirdetessy.com* ♿ *(één kamer). Via de D123 richt Ambrumesnil. Je betaalt € 60 voor een tweepersoons-, € 80 voor een driepersoons- en € 100 voor een vierpersoonskamer, ontbijt inbegrepen. 's Avonds wordt er table d'hôte aangeboden voor € 19; voor kinderen slechts € 9 (je moet op voorhand reserveren).* Vijf ruime gastenkamers in een gerestaureerd landhuis uit de 16de eeuw met een prima bewaarde duiventoren, een ciderkelder, bijgebouwen uit natuursteen en baksteen en een grote tuin. De kamer naast het huis is toegankelijk voor trotters met beperkte mobiliteit. Alle kamers zijn behoorlijk modern ingericht en bieden alle comfort. Er staan fietsen ter beschikking voor wie een tochtje wil maken in de omgeving. Gastvrouw Marie-Agnès kookt 's avonds een lekker maal dat wordt opgediend met aangepaste wijnen uit de kelder van haar man Pascal.

WAT IS ER TE ZIEN EN TE DOEN?

🌷🌷🌷🏛️ **Parc du Bois-des-Moutiers** (plantentuin): *aan de D27 in de richting van de zee. Een antwoordapparaat vertelt je welke bloemen en planten in bloei staan:* ☎ 0235851002 ● *www.boisdesmoutiers.com. Van 15 maart tot 15 november geopend van 10.00 tot 12.00 u en van 14.00 tot 18.00 u. Een bezoek aan het park kost € 8. Na afspraak kun je een rondleiding krijgen in het park en het huis (minimaal tien personen). In juli en augustus zijn er sowieso vijf rondleidingen per dag.* Let op, want dit architecturale, culturele, florale en zelfs esoterische juweeltje staat te koop op de Engelse markt. Informeer op voorhand of het nog steeds toegankelijk is. Toch trekt Le Bois des Moutiers elk jaar zo'n vijftigduizend bezoekers. Daarmee is het een van de drie meest bezochte tuinen van Frankrijk. Het park met bloemen en bomen uit China, Noord-Amerika, Chili en Japan werd aan het eind van de 19de eeuw ontworpen voor Guillaume Mallet, de eigenaar van het terrein. Het heeft een oppervlakte van 12 ha en ligt in een aardige vallei die uitkomt op de zee (het was trouwens aan de voet van deze vallei dat Monet *La maison du douanier à Varengeville* schilderde). Het project werd geleid door twee jonge Engelse creatievelingen: architect Edwin Lutyens en tuinarchitecte Gertrude Jekyll (wier naam door Robert Louis Stevenson werd gebruikt voor zijn befaamde personage). Zo werd in 1898 midden in Normandië een meesterwerk aangelegd van de stijlrichting *Arts & Crafts*, het Engelse equivalent van de art nouveau. Het is trouwens het enige voorbeeld buiten Engeland in heel West-Europa. De Engelse beweging werd sterk geïnspireerd door de middeleeuwen. In de architectuur vind je dan ook de massieve en enigszins strenge lijnen van de burchten terug, hoewel het gaat om een woning in resolute avant-gardestijl. Zo is er bijvoorbeeld geen diensttrap. Ga zeker eens kijken in de monumentale salon. Je ziet er onder meer de piano waarop de grootvader van de huidige eigenaar elke dag vijf uur speelde. Let op de gekleurde gipsvlakken en op de talloze details in het siersmeedwerk en het meubelwerk: ingenieuze meesterwerken! Vroeger kwamen hier heel wat artiesten over de vloer: Rodin, Picasso, Miró, Cocteau ... De rondleiding in deze prachtige woning, getuige van een passie, is een absolute aanrader.

En dan de tuin. Volg de paadjes die zigzaggen tussen fantastische bloemperken met schitterende kleuren. Bewegwijzerde circuits helpen je om het beste pad te kiezen, afhankelijk van de datum van je bezoek. Maar er valt meer te zien dan enkel de bloemen. Het is ook een bomentuin waaruit het meesterschap van de tuinarchitecte blijkt. Van half maart tot midden november staan er altijd bloemen en planten in bloei. Het park is echter op z'n mooist van half mei tot half juni, wanneer de reuzenrododendrons bloeien. Maar ook de herfst heeft zijn aantrekkingskracht. Dan is de rust in het park weergekeerd en tooien de bomen zich met prachtige oranjerode kleuren. Trek minimaal een uur uit voor dit bezoek (3 km bewegwijzerde wandelpaden).Het netwerk van paden is heel goed ontworpen. Ze leiden van de ene open plek naar de andere, en ze hebben allemaal een eigen thema: nu eens de geur, dan weer het heerlijke lied van een beekje of de kleur van het gebladerte.

Krishnamurti in het trappenhuis

De grootouders van de huidige eigenaar van het Parc du Bois-des-Moutiers waren aanhangers van de theosofie, een gedachtegoed dat stamt van Plato en vandaag de dag door allerlei stromingen wordt gerecycleerd, onder meer door de newagebeweging. Het is een syncretisme van allerlei ideeën, zoals het ene en universele bewustzijn, de reïncarnatie, de onsterfelijkheid van de ziel, het karma etc. In de theosofie wordt 7 beschouwd als een symbolisch getal. Dat komt tot uiting in de zeven niveaus van evolutie van de mens en in de zeven niveaus in de tuin van Le Bois-des-Moutiers. Krishnamurti (1895-1986), de spirituele leraar van de theosofie, is hier verscheidene keren langsgekomen. Doorgaans nam hij plaats voor de drie (ook een symbolisch getal!) ramen van het trappenhuis, vanwaar hij zijn volgelingen toesprak.

🌾 🌾 **De kerk en het zeemanskerkhof:** *volg de weg die voor het Parc du Bois-des-Moutiers passeert.* Je komt uit op een kerkje uit de 12de eeuw. Het uitzicht is adembenemend. Binnen zie je een merkwaardige dubbele hoofdbeuk: links een traditionele vorm en rechts een omgekeerde scheepsromp. Twee mooie zuilen symboliseren de scheepswanten. Ze zijn versierd met sint-jakobsschelpen, een sirene en hoofden van matrozen. Achteraan rechts van de beuk een glas-in-loodraam dat een boom van Jesse toont, een werk van Braque. Ook het emaillen tabernakel is van Braque. Werp ook een blik op de *Christus de Verlosser* van Michel Ciry, een mystiek schilder die in Varengeville woont en werkt.

Het lieflijke zeemanskerkhof dat rond de kerk ligt, werd in 1920 vereeuwigd in een gedicht van Paul Valéry en deed dienst als decor voor heel wat filmscènes. Oplettende trotters zullen er het graf van Braque en dat van Albert Roussel vinden. Sta ook even stil bij het graf van de soldaat uit het Empire ... die belastingontvanger werd (merkwaardig opschrift).

🏃🏃 **Collection Shamrock:** *route du manoir d'Ango (het staat goed aangegeven).* ☎ *02 35 85 14 64* ● *www.hortensias-hydrangea.com* ♿ *Van 15 juni tot 15 september dagelijks geopend (behalve op dinsdag) van 10.00 tot 12.00 u en van 14.30 tot 18.00 u; de laatste twee weken van september uitsluitend 's namiddags geopend. Toegangsprijs: tussen half juni en eind augustus € 7, buiten de zomermaanden € 6; kortingen; gratis voor kinderen jonger dan vijftien.* Met meer dan duizend planten is dit de grootste verzameling hortensia's ter wereld, hier samengebracht door Robert en Corinne Mallet. Deze enthousiaste specialisten hebben de wereld rond gereisd op zoek naar zeldzame soorten die in Normandië zouden kunnen aarden. De wieg van de hortensia staat in Azië, maar een deel van de collectie is afkomstig uit Amerika. We raden je aan om de collectie in volle bloeitijd te gaan bekijken (tussen half juli en eind augustus), maar als je aan het eind van het seizoen gaat, zijn de vervalende kleuren ook heel bijzonder.

🏃🏃 **Manoir d'Ango (landhuis):** *route du manoir d'Ango.* ☎ *02 35 83 61 56 en 06 72 09 08 67 (gsm)* ● *www.manoirdango.fr. Van half april tot eind september dagelijks geopend van 10.00 tot 12.00 u en van 14.30 tot 18.00 u. Van 1 oktober tot Allerheiligen uitsluitend geopend in het weekend. Toegangsprijs: € 5; kortingen; gratis voor wie jonger is dan twaalf. Er worden rondleidingen gegeven voor groepen van minimaal tien personen (reserveren verplicht).* Na een grondige restauratie die vier jaar duurde, heeft dit landhuis opnieuw zijn deuren geopend. Het werd in brand gestoken tijdens de Franse Revolutie, diende daarna een tijdlang als boerderij (en zelfs als uitspanning!) en viel vervolgens ten prooi aan plundering en vernieling. Gelukkig werd het gebouw op tijd gered door Prosper Mérimée, die het in 1862 op de lijst van historische monumten zette waarop reeds het Louvre en de Notre-Dame van Parijs prijkten. In 1927 schreef André Breton hier aan zijn *Najda* in het gezelschap van Aragon, die zijn *Traité de style* aan het schrijven was. Een jaar later, in 1928, werd het landhuis gekocht door een rijke familie van textielhandelaars uit het noorden van Frankrijk, de Hugots. Die hadden geld veil voor de restauratie, een onderneming die nu in handen is van de kleinkinderen van de oorspronkelijke kopers. Tegenwoordig is het landhuis van de befaamde Jehan Ango dus opnieuw open voor het publiek. Ango, een reder uit Dieppe die dikke maatjes was met Frans I, stuurde zijn zeilschepen uit op alle wereldzeeën.

Het ging zelfs zo ver dat hij kapers die belust waren op de schepen van keizer Karel en de Engelse kroon, van de noodzakelijke uitrusting voorzag.

De 'dei Medici van Dieppe' – zoals hij ook werd genoemd – liet deze zomerresidentie tussen 1530 en 1544 bouwen met gebruik van lokale materialen, zoals zandsteen, silex en baksteen. De grote rechthoek, die oorspronkelijk prijkte op een domein van liefst 5000 ha (tegen een magere 28 vandaag), is ontworpen volgens het model van de Italiaanse renaissance, wat heel zeldzaam is in Normandië. In het zuiden, rond het binnenplein, liggen de vertrekken van de heer; in het noorden de gemeenschappelijke ruimtes. Let op de medaillons boven de toegangsbogen van de oostelijke vleugel en op de zuidelijke gevel. Ze bevatten de afbeeldingen van Frans I, Ango zelf en hun respectieve echtgenotes. Op de muur van de westelijke vleugel zie je de salamander, het embleem van Frans I. In principe zou de wenteltrap in de toren gerestaureerd moeten zijn. Naar het schijnt kon Ango vanaf de oostelijke toren het komen en gaan van zijn schepen in de haven van Dieppe volgen! In de (niet-gemeubileerde) zalen op de benedenverdieping zouden binnenkort borden moeten worden geplaatst met uitleg over de grote ontdekkingen van de reder. Let op de renaissanceschoorstenen – in het bijzonder die in de zaal van de wachters –, het kleine badkamertje van 1900 (dat nogal uit de toon valt) en de loggia met uitzicht op het binnenplein. Het hoogtepunt van het bezoek is echter zonder twijfel de duiventoren, in de tijd van Jehan de grootste van Frankrijk. Hij bood plaats aan liefst 1600 koppels duiven. Als je weet dat in die tijd enkel de adel het recht had om duiven te houden, krijg je al een idee van de rijkdom en de macht van Ango! Ook vanuit architecturaal oogpunt is het een bijzonder interessant gebouw. Let op het Byzantijnse dak, het houten geraamte en de veelkleurige geometrische motieven. Om af te sluiten kun je een wandeling maken in de 6 ha grote tuin met twee waterpartijen.

Poets wederom poets

In 1522 rooft Cortes de befaamde schat van Montezuma, de laatste heerser van de Azteken. Hij vult drie karvelen en stuurt die naar keizer Karel. Maar de schepen worden op volle zee gekaapt door de grote reder Jehan Ango, een persoonlijke vriend van Frans I. Naast tonnen goud, de grootste vangst uit de geschiedenis van de zeevaart, worden ook Spaanse kaarten buitgemaakt waarop de locatie van de Antillen aangeduid staat. Daarop trekken de Fransen, gewapend met deze kaarten, eropuit om Martinique en Guadeloupe te veroveren ...

WINKELEN

🔲 **Lin et l'autre:** *place des Canadiens.* ☎ *0235049337. Tegenover* La Maison de Jules. *Van april tot en met oktober op weekdagen geopend van 10.00 tot 13.00 u en van 14.00 tot 19.00 u en op zaterdag en zondag van 10.00 tot 19.00 u. Buiten het seizoen van maandag tot en met donderdag geopend van 14.00 tot 18.00 u en op zaterdag en zondag van 10.00 tot 13.00 u en van 14.00 tot 18.00 u.* Een winkel met producten op basis van vlas. Uiteraard wordt enkel vlas uit de streek gebruikt! Kleren, sjaals, stoffen en zelfs gordijen op bestelling! Weet dat vlas bloeit tijdens de eerste twee weken van juni; niet eerder, niet later. De mooie bloem sterft elke nacht af en kent de volgende dag een wedergeboorte. Als je meer wilt weten, zet dan koers naar Doudeville, de hoofdstad van het vlas.

DIEPPE

76200 | 35 700 INWONERS

Dieppe is een van de meest actieve havens van Normandië en mag bovendien bogen op het strand dat het dichtst bij Parijs ligt ('slechts' 180 km)! De stad werd grotendeels vernield door de bombardementen en is op het eerste gezicht niet bijster aantrekkelijk. Maar wie enigszins in geschiedenis is geïnteresseerd, vindt hier enkele pareltjes. En bovendien is het klimaat hier, net zoals overal aan de Normandische kust, nooit monotoon. Zelfs al is het niet echt gezellig kuieren in Dieppe, toch verdient de stad een bezoekje voor de mooie kerk, het interessant kasteelmuseum en het lange strand. De stad kreeg het label *Ville d'Art et d'Histoire* ('Stad van Kunst en Geschiedenis') en stopt heel wat energie in de restauratie van haar gebouwen, het opwaarderen van het erfgoed en allerlei culturele evenementen. Bovendien heeft Dieppe een unieke kust die al door de Vikings naar waarde werd geschat. Zij noemden de diepe trechtermonding *djepp* ('diep'), wat later werd verbasterd tot Dieppe. Tussen het strand en de gebouwen langs de kustlijn liggen 8 ha uitgestrekte grasvelden. Het is een verbazingwekkend rustige zone met enkele snackbars en restaurantjes waar je in de zomer iets kunt eten met uitzicht op de zee.

EEN BEETJE GESCHIEDENIS

Lang geleden al waren de koningen zich bewust van het strategische belang van deze haven. In 1066, wanneer hij het hertogdom Normandië heeft ingelijfd bij het Engelse koninkrijk, kiest Willem de Veroveraar Dieppe als uitvalsbasis voor zijn relaties met Engeland. Aan het eind van de 12de eeuw laat de Franse koning Filips II de stad in brand steken, precies omdat ze onder controle staat van de hertog van Normandië, en dus van Engeland. In 1204 wordt Normandië op de Engelsen heroverd. Tijdens de Honderdjarige Oorlog verandert Dieppe meer dan eens van hand en van kamp. De Engelsen veroveren de stad in 1420, maar verliezen haar definitief in 1443. Al die tijd blijven de kapers uit Dieppe, met de steun van Lodewijk XI, raids uitvoeren op de Engelse posities ... Na de definitieve Franse herovering bouwen de inwoners het trotse kasteel dat nog altijd de stad domineert. Onder Frans I kunnen de haven en de commerciële belangen van Dieppe zich ontwikkelen. De haringvangst zal de stad eeuwenlang rijkdom en aanzien bezorgen.

Kapers en ontdekkers van allerlei slag

Dieppe is dus van oudsher een stad van zeelui. Ook de grootste cartografische school van Europa zag hier het licht. Het zal dan ook niemand verbazen dat de stad onder haar inwoners heel wat befaamde zeevaarders en reders telt. De beroemdste van hen is Jehan Ango, (zie kader). Al in 1488 was Jean Cousin, een inwoner van Dieppe, wellicht de eerste zeevaarder die rond de zuidelijke punt van Afrika voer en de Indische Oceaan bedwong. In 1508 reedde vader Ango een schip voor een zekere Thomas Aubert, die ermee naar Newfoundland voer en terugkwam met de eerste indianen die ooit voet aan wal zetten in Normandië. In de 16de eeuw kregen de kapers uit Dieppe concurrentie uit Spanje en Portugal. De meest vermaarde onder hen, Jean Fleury, zou tal van Spaanse galjoenen buitmaken alvorens hij in 1527 ter dood werd gebracht op bevel van keizer Karel. Andere inwoners van Dieppe trokken eropuit om eilanden te veroveren, zoals de zeevaarder d'Esnambuc of de befaamde piraat Pierre Legrand. Jehan Ango leverde ook de schepen voor de gebroeders Verrazzano, die de baai van New York ontdekten (misschien zitten er nog keien uit Dieppe verwerkt in de Verrazzano-Narrows Bridge in New York!), evenals de kusten van Canada, een gebied dat ze 'Nieuw-Frankrijk' doopten. En ook de gebroeders Parmentier, die in Sumatra en Madagaskar aan land gingen, maakten gebruik van schepen uit de stal van Ango.

De lotgevallen van Jehan Ango

Ango krijgt de toestemming om de schepen van Frans I te reden voor de oorlog, en helpt de koning zo in zijn strijd tegen keizer Karel en tegen Engeland. Wanneer de koning in 1525 gevangen wordt genomen in het Italiaanse Pavia, betaalt Ango een deel van het losgeld. Als dank maakt Frans hem gouverneur van Dieppe. Ango bouwt de havens van de regio verder uit en stuurt zijn 'formule 1-schepen' (voor die tijd dan toch) de zee op, richting Brazilië, Newfoundland, Afrika en de Antillen. In 1549 valt hij echter in ongenade bij de koning en wordt hij opgesloten. Maar wanneer er het jaar daarop hulp nodig is voor het maritieme beleg van Boulogne, mag hij de gevangenis alweer verlaten ... Maar de gloriedagen van Jehan Ango zijn over. Hij sterft in Dieppe in 1551, diep in de schulden en beroofd van de koninklijke steun.

Van de Ivoorkust tot Nieuw-Frankrijk

In de 16de eeuw brengen de zeevaarders uit Dieppe ivoor en kruiden mee uit Guinee. Het werk van de ivoorbewerkers in Dieppe is zo hoogwaardig dat de stad een befaamdheid krijgt die tot ver over de Franse grenzen reikt. Kunstenaars uit alle windhoeken stromen toe. De stad verrijkt en ontwikkelt zich, de handel bloeit. Dieppe staat aan het hoogtepunt van zijn welvaart, een bloei die zal duren tot aan het einde van de 17de eeuw. In die tijd is de stad ook een van de belangrijkste havens voor de handel met Nieuw-Frankrijk. De belangrijkste producten die worden verhandeld zijn vis en beverhuiden. Ook nu nog wonen in Quebec heel wat mensen met een achternaam die typisch is voor Dieppe, zoals Hébert, Bonhomme, Carpentier of Lemoyne ...

Maar in 1668 breekt een verschrikkelijke pestepidemie uit, die de bevolking sterk uitdunt. Bovendien is de bijzonder grote ijver van de kapers uit Dieppe een doorn in het oog van de Engelsen en de Nederlanders. In 1694 wordt de stad aangevallen door de Engels-Hollandse vloot en nagenoeg met de grond gelijkgemaakt. Het zal twintig jaar duren eer ze die aanval enigszins te boven komt. Lodewijk XIV doet een beroep op Vauban om Dieppe herop te bouwen, maar de stad zal nooit meer de graad van welvaart bereiken van de voorgaande eeuw. Tijdens de zwanenzang van Dieppe steken nog enkele kapers hun neus aan het venster, onder meer de jonge Gabriel de Clieu, die koffieplantages aanlegt in de Antillen, een gebied waarvan hij later zelf gouverneur wordt.

De eerste Engelsen en de eerste zeebaden

Nadat in 1815 de vrede met Engeland is teruggekeerd, wordt de oversteek van het Kanaal tussen Dieppe en Newhaven (dicht bij Brighton) een belangrijke economische troef voor de stad. Voor 1848 duurde de reis van Londen naar Parijs liefst 32 uur! Maar vanaf dat moment kunnen reizigers uit Engeland de stoomboot nemen naar Dieppe en daar overstappen op de trein naar Parijs. Die treinlijn wordt trouwens aangelegd op initiatief van de Engelsen, en wanneer de werkzaamheden zijn voltooid, blijft een deel van de Britse arbeiders in de streek wonen. Dieppe wordt vanaf nu dus overspoeld door golven Engelsen. Die brengen niet alleen hun voorliefde voor golf en paardenrennen mee, maar laten in de stad ook tal van gebouwen optrekken, zoals de paardenrenbaan, verscheidene hotels (zoals het *Castel Royal*) en een aantal kerken. De Engelsen liggen ook aan de basis van de regatta's, die steeds tot tienduizend toeschouwers aantrekken.

Hoewel Dieppe vandaag niet meer op de erelijst van badplaatsen prijkt (Étretat, Cabourg, Deauville en andere kustplaatsen hebben de palm afgesnoept), was het toch de stad waar het gebruik van het baden in de zee ingang vond. Terwijl de Engelsen vooral om medische redenen het water in gingen, werd het idee van ontspanning aan en in zee gelanceerd door de hertogin van Berry, dochter van Karel X, die vanaf 1824 elke zomer haar achterwerk kwam onderdompelen in het Kanaal. Zo ontstond de eerste 'toeristische boom' uit de geschiedenis. Burgers, politici, kunstenaars en aristocraten uit de hoofdstad namen snel de gewoonte aan om hier hun weekends door te brengen. Na verloop van tijd raakte Dieppe echter een beetje uit de mode en namen Le Tréport, Trouville en Deauville de rol van publiekstrekkers over ... De grote grasvelden bij het strand hebben we te danken aan keizerin Eugénie, die ze ontwierp in 1853.

Tal van schilders, impressionistische en andere, kwamen naar Dieppe om het vluchtige licht van de omliggende landschappen op doek vast te leggen. In zijn landhuis van Le Bas Fort Blanc, aan een uiteinde van de dijk, ontving de portretschilder Jacques-Émile Blanche grote meesters als Monet, Degas en Renoir, die in het kasteel van Derchigny-Graincourt de portretten van de familie Bérard kwam schilderen. Pissarro, wiens zoon graveerder was in Londen, huurde er een appartement en schilderde er *L'avant-port de Dieppe*, een werk dat hij vervolgens aan de stad schonk. Boudin, die in die tijd al kanker had, maakte hier *Les falaises du Pollet*. Beide werken zijn te bewonderen in het kasteelmuseum van de stad.

19 augustus 1942, operatie Jubilee

De Engelstalige Canadezen noemden het operatie *Jubilee*. In Frankrijk sprak men over 'd. grootste van de kleine ontschepingen'. Het was inderdaad de grootste militaire operatie vóór de 'echte' landing. Bij de 6000 officieren en soldaten die op het zand en de keien voor Dieppe ontscheepten, waren 4963 Canadezen, 250 Britse commando's, een groep vrije Fransen en een afdeling Amerikaanse rangers. De troepen kwamen op 19 augustus in de vroege ochtend aan land op de stranden en bleven er gedurende negen lange uren.

De slag van Dieppe was een van de bloedigste en kortste van de laatste oorlog. Het doel was de 'echte' landing voor te bereiden door de zwakke en sterke punten van de tactiek uit te testen. Volgens sommigen wogen de verliezen niet op tegen de resultaten. Anderen beweren dan weer dat de landing van juni 1944 nooit zou zijn geslaagd zonder de lessen die men in Dieppe had getrokken.

De overlevenden van deze operatie voegden zich bij de derde Canadese infanteriedivisie, die op 7 juli 1944 op de stranden van Juno Beach ontscheepte, en namen deel aan de operaties ten noordoosten van Caen en in het Pays de Caux. De legerhiërarchie liet de mannen revanche nemen door hun de bevrijding toe te vertrouwen van Dieppe, waar ze twee jaar daarvoor waren verdreven.

DIEPPE, EEN STAD VAN ZEEVAARDERS

De havenactiviteit is doorheen de geschiedenis altijd belangrijk geweest voor Dieppe. Vandaag zit Dieppe in een moeilijk economisch parket, maar de inwoners van de stad blijven ervan overtuigd dat een algemeen herstel alleen mogelijk is door een heropleving van de haven. De vis uit Dieppe staat sinds jaar en dag hoog aangeschreven in Parijs. De hoofdstad werd door snelle vierspannen vanuit Dieppe bevoorraad met verse tarbot, tong en sint-jakobsschelpen. In de *Lettres* (brieven) van Mme de Sévigné komt het tragische einde van de befaamde kok Vatel ter sprake. De man pleegde zelfmoord omdat een levering uit Dieppe vertraging opliep ...

De kabeljauwvangst in Newfoundland en de handel in bananen zijn intussen verleden tijd, maar Dieppe blijft de belangrijkste Franse haven voor sint-jakobsschelpen, en de Kanaalverbinding is ook nu nog van groot economisch belang voor de stad.

AANKOMST EN VERTREK

Met de bus

📟 *Het busstation bevindt zich naast het treinstation (plattegrond C4).*

– **Van en naar Saint-Valéry-en-Caux en Fécamp:** bussen van *Veolia (VTNI)*. ☎ *0825 076 027* (€ 0,15 per minuut) ● *www.mobiregion.net.*

– **Van en naar Fécamp:** bussen van *Degardins.* ☎ *02 35 57 29 82.*

– **Van en naar Eu en Le Tréport:** met *Cars Denis.* ☎ *02 35 06 86 86* ● *www.voyagesdenis.com.*

Met de trein

– **Van en naar Parijs/Rouen:** ☎ *3635 (€ 0,34 per minuut).* Er zijn zowel rechtstreekse treinen als treinen met een overstap in Rouen. Een tiental verbindingen per dag.

– **Van en naar Marseille:** één trein op weekdagen, twee op zaterdag en zondag. Overstappen in Rouen.

– **Van en naar Lyon:** één trein op weekdagen, ongeveer vijf op zaterdag. Overstappen in Rouen.

Met de boot

🛳 *Aanlegsteiger aan de quai Gaston-Lalite (plattegrond D1).*

– **Van en naar Newhaven:** met de maatschappij *L.D. Transmanche Ferries.* ☎ *0800 650 100 (gratis nummer als je belt met een vast toestel)* ● *www.transmancheferries.com.* Twee of drie afvaarten per dag, het hele jaar door. Duur: 4 uur

NUTTIGE ADRESSEN EN PRAKTISCHE INFORMATIE

ℹ **Dienst voor Toerisme (plattegrond C3):** *pont Jehan-Ango, quai du Carénage.* ☎ *02 32 14 40 60* ● *www.dieppetourisme.com. Het hele jaar door geopend; in juli en augustus van maandag tot zaterdag van 9.00 tot 19.00 u, op zondag van 10.00 tot 13.00 u en van 15.00 tot 18.00 u.* Uitstekende informatie, competent en vriendelijk personeel. Veel culturele documentatie, verzorgd door de dienst *Ville d'art et d'histoire* van de stad (zie hieronder). Wandeling met audiogids en wandeling speciaal voor kinderen. Links naast het kantoor kun je het landschap dat Pissarro op het doek *L'avant-port de Dieppe* vastlegde, vergelijken met hoe het er tegenwoordig uitziet. Wat een verschil!

ℹ **Ville d'Art et d'Histoire:** *place Louis-Vitet.* ☎ *02 35 06 62 79.* Hier kun je terecht voor alle inlichtingen over activiteiten en rondleidingen in het kader van dit label ('Stad van Kunst en Geschiedenis').

🚲 **Fietsenverhuur: Le Buscyclette,** *aan de pont Ango.* ☎ *06 24 56 06 27 (gsm).* Ondergebracht in een blauwe bus. Heel redelijke prijzen.

– **Le grand marché (markt; plattegrond B3):** *op zaterdag.* Een van de grootste markten van het departement (zie ook 'Wat is er te zien en te doen?').

SLAPEN

CAMPING

🏕 CAMPING VITAMIN' (BUITEN PLATTEGROND VIA B4, 10): *chemin des Vertues 865, 76550 Saint-Aubin-sur-Scie, ten zuiden van Dieppe.* ☎ *02 35 82 11 11* ● *camping.vitamin@wanadoo.fr* ● *www.camping-vitamin.com* 🅿 *In het centrum van Dieppe neem je de rue Gambetta, die verderop de avenue des Canadiens wordt (richting Rouen). Vanaf daar staat het kampeerterrein goed aangeduid. Je kunt ook bus 2 nemen richting Val-Druel en afstappen aan de halte 'Vasarely'. Gesloten van begin april tot half oktober. Afhankelijk van het seizoen en het gewenste comfort betaal je € 14,40 tot 19,90 voor twee personen met een tent en een auto en gebruik van elektriciteit. Verhuurt ook caravans, stacaravans en chalets voor € 266 tot 432 per week. Draadloos internet tegen betaling.* Goede voorzieningen, maar de ligging en de omgeving zijn niet geweldig. 181 vlakke, met gras begroeide staanplaatsen, afgescheiden door middel van hagen. Wasmachines en droogautomaten. Bar-brasserie in het hoogseizoen. Speelterrein en speelzaal, sportvelden, petanquebaan. Klein zwembad (dat op termijn wordt vergroot). In de zomer wordt er animatie georganiseerd. In de onmiddellijke omgeving is er een groot zwembad en een omnisporthal.

GOEDKOOP

🛏 TOURIST HOTEL (PLATTEGROND B3, 11): *rue de la Halle-au-Blé 14-16.* ☎ *02 35 06 10 10* ● *tourist-hotel@club-internet.fr* ● *www.tourist-hotel-dieppe.fr. Afhankelijk van het seizoen en de dag van de week betaal je € 39 tot 48 voor twee personen en € 65 tot 80 voor zes, ontbijt al dan niet inbegrepen.* Heel basic hotelletje. Elementair comfort en een sobere inrichting, maar uitstekend gelegen in het centrum van de stad. Ideaal voor gezinnen of vriendengroepen met een krap budget. Houd het wel kalm, want luidruchtige feestneuzen komen er niet in! Het interessantst zijn de kamers voor drie, vier, vijf of zes personen met douche en toilet. Alle kamers zijn verschillend, en hetzelfde geldt voor de prijzen, die ook nog eens afhangen van het seizoen en de dag van de week! Denk erom te reserveren, want het is vaak volzet. Ook de ontvangst is soms nogal elementair.

Nuttige adressen
- Dienst voor Toerisme
- Postkantoor
- Treinstation
- Busstation

Slapen
- 10 Camping Vitamin'
- 11 Tourist Hotel
- 12 Chambres d'hôtes bij Monique en Etienne Lagnel
- 13 Au Grand Duquesne
- 14 Les Arcades
- 15 Hôtel Mercure – La Présidence

Eten
- 20 Bistrot Le Jehan Ango
- 21 Le Calvados
- 22 Divernet
- 23 Le Bistrot du Pollet
- 24 Toeristische restaurants aan de Quai Henri IV
- 25 A la Marmite Dieppoise
- 26 L'Ankara

Iets drinken, uitgaan
- 30 Le Bar O Mètre
- 31 Le Café des Tribunaux
- 32 Café Solo
- 33 L'Epsom

Een frisse duik nemen en heerlijk ontspannen
- 40 Les Bains

NOORDEN

0   100   200 m

ST-VALERY-EN-CAUX, D 925, ROUEN, D 927 10

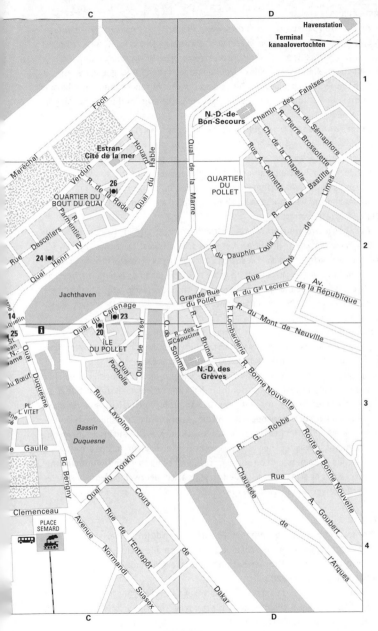

DIEPPE

DOORSNEEPRIJS

AU GRAND DUQUESNE (PLATTEGROND B3, 13): *place Saint-Jacques 15.* 023214 6110. *Fax: 0235 84 28 83. In het stadscentrum, in de straat tegenover de ingang van de Église Saint-Jacques. Tweepersoonskamers voor € 64 tot 70, naargelang ze een douche of een bad bevatten. Ontbijt is in de prijs begrepen.* Klein hotelletje dat smaakvol werd gemoderniseerd. Heel goed gelegen, net naast de mooie Église Saint-Jacques. De kamers zijn niet bijzonder ruim, maar bieden alle comfort. Goed en niet te duur restaurant. De beste prijs-kwaliteitverhouding in deze categorie.

CHAMBRES D'HÔTES BIJ MONIQUE EN ETIENNE LAGNEL (PLATTEGROND B3, 12): *boulevard du Général-de-Gaulle 40.* 0232 90 99 62 *en* 06 42 05 43 62 *(gsm)* ● *elagnel@orange.fr. Je betaalt € 45 tot 48 voor een tweepersoonskamer met ontbijt.* In hun karaktervolle huis uit de 19de eeuw, dat goed gelegen is in het centrum van de stad, bieden meneer en mevrouw Lagnel een kleine tweepersoonskamer met een massagedouche aan, alsook een grote kamer voor twee volwassenen en twee kinderen met een eigen badkamer. Sober en smaakvol interieur. Vriendelijke ontvangst.

LES ARCADES (PLATTEGROND C2, 14): *arcades de la Bourse 1-3.* 0235 84 14 12 ● *contact@ lesarcades.fr ● www.lesarcades.fr. Het hele jaar door geopend (het restaurant is gesloten op zondagavond). Afhankelijk van de periode, het comfort en de oriëntatie betaal je € 63 tot 73 voor een tweepersoonskamer (de duurste bieden uitzicht op de jachthaven).* De grote troef van dit adres is het uitzicht op de haven. Verder is het vrij banaal, eigenlijk zelfs een tikkeltje mistroostig. Comfortabele kamers zonder meer. Ook het restaurant is heel alledaags.

LUXUEUS

HÔTEL MERCURE-LA PRÉSIDENCE (PLATTEGROND A3, 15): *boulevard de Verdun 1.* 0235 84 31 31 ● *h7014@accor.com ● www.mercure.com. Tweepersoonskamers voor € 107 tot 182 en suites voor € 187 tot 282, naargelang van het seizoen en het uitzicht. Voor het ontbijt betaal je € 14. Draadloos internet.* De gevel aan het strand is weinig uitnodigend, maar de binnenkant van het hotel werd volledig gerenoveerd. Onthoud dus dat schijn bedriegt, en stap binnen in de mooie designhal met snoepjesroze zeteltjes. De kamers bieden uitzicht op de zee of op de stad. Ze zijn ingericht in een moderne stijl die tegenwoordig de standaard is geworden in de betere hotels. Het bed staat midden in de kamer, zodat je errond kunt lopen, en de badkamer is bewust opengemaakt. De overheersende kleuren zijn roze en grijs. Uiteraard bieden de kamers alle comfort. Het restaurant en de bar zijn van hetzelfde niveau. Je hoeft maar de straat over te steken en je staat aan het zwembadencomplex (*Les Bains*, zie verder) of op het keienstrand.

ETEN

Mosselen met friet associeer je onmiddellijk met België en de Noordzee, maar het is ook een typisch Normandisch gerecht. Zeker in Dieppe, waar alle toeristische bistro's aan de haven, van de quai Henri-IV tot aan het einde van de zeedijk, 'moules-frites' serveren.

GOEDKOOP TOT DOORSNEEPRIJS

BISTROT LE JEHAN ANGO (PLATTEGROND C2-3, 20): *Île du Pollet.* 0235 84 14 18. *Tussen de twee bruggen, tegenover de quai Henri IV. In het hoogseizoen zowel 's middags als 's avonds geopend, van november tot de krokusvakantie uitsluitend 's middags. Steeds op zondag gesloten. Gesloten tijdens de krokus- en de herfstvakantie. Lunchformule voor € 15. Verder formules voor € 17,50 tot 18,90 en menu's voor € 24,90 tot 28,90.* Deze bistro tegenover de quai Henri IV is een authentiek adres, in tegenstelling tot veel van de toeristenrestaurants in deze buurt. Leuk interieur met bankjes, oude affiches, een piano en een verzameling snelkookpannen. Eenvoudige, huiselijke sfeer zonder plichtplegingen. De eigenaars, die in de Verenigde Staten en op de Antillen hebben rondgezworven, serveren een stevige keuken met een goede prijs-kwaliteitver-houding. De suggesties van de dag staan op het krijtbord, en op de kaart vind je alle klas-siekers (vis van de dag, kalfsniertjes, eendenfilet, tarte titin ...).

❌ LE CALVADOS (PLATTEGROND B3, 21): *rue Lemoyne 17-19.* ☎ *02 35 84 20 11. Uisluitend 's mid-dags geopend. Gesloten op zondag. Dagschotel voor € 8,50, formule voor € 10,50, salades en gerechten voor € 6 tot 14.* Klein buurtrestaurantje met een eenvoudige inrichting maar een hartelijke sfeer. Heel eerlijke keuken. Zit vaak barstensvol. Op mooie dagen kun je op het terras eten. Ontvangst en bediening verlopen heel vriendelijk.

❌ DIVERNET (PLATTEGROND B3, 22): *Grande-Rue 134-138. Op de eerste verdieping van pâtisserie-cho-colaterie Divernet.* ☎ *02 35 84 13 87* ● *info@divernet-traiteur.com. Uitsluitend 's middags geopend. Buiten het seizoen gesloten op maandag. Dagschotel voor € 9,50, formule voor € 13 en menu voor € 20.* Dit adres is be-hoorlijk veranderd sinds het nog de naam *brasserie Grish* droeg en Oscar Wilde, die in balling-schap was, hier geregeld kwam eten. Tegenwoordig is het een chic theesalon annex brasse-rie in art-decostijl. Je treft er vooral kantoorbedienden en zakenmensen die afkomen op de voordelige expresformule. Je krijgt ontegensprekelijk waar voor je geld. In de zomer wor-den stoelen en tafeltjes uitgezet aan de rand van de drukke winkel-wandelstraat.

❌ L'ANKARA (PLATTEGROND C2, 26): *rue de la Rade 18-20.* ☎ *02 35 84 58 33* ● *ali.keskin@wana-doo.fr. Gesloten op woensdag. Menu's voor € 14 tot 22; à la carte betaal je € 20 à 25.* Als je aan het einde van de quai Henri IV de trappen op loopt en de rue de la Rade naar omhoog volgt, kom je in de wijk 'Le Bout de la Quai', waar vroeger vooral zeelieden en immigranten woon-den. Dit restaurant, waar Ali achter het fornuis staat, is een stukje Turkije in Norman-dië. Neem als smaakmaker de *karisik salata*, een selectie voorgerechten, zodat je van alles wat kunt proeven. Daarna heb je de keuze uit tal van heerlijke en gevarieerde gerechten: Turkse pizza, brochettes *(elnazik, bagdat)* of vleesgerechten met yoghurt *(yogurtlu kebap)*. Ook aan de vegetariërs is gedacht. Leuke achtergrondmuziek en een boekenrek voor wie al droomt van een reis naar Istanbul.

DOORSNEEPRIJS TOT LUXUEUS

❌ LE BISTROT DU POLLET (PLATTEGROND C2, 23): *rue Tête-de-Bœuf 23, op het île du Pollet.* ☎ *02 35 84 68 57. Aan de haven, tussen de pont Ango en de pont Colbert, tegenover het postkantoor. Ge-sloten op zondag en op maandag. Jaarlijkse vakantie: eind april, de laatste week van augustus en de eerste week van september. Op weekdagen is er een lunchmenu voor € 15,40. A la carte moet je rekenen op € 30. We raden aan om te reserveren.* Klein restaurant met een heel gezellig interieur, bistrotafeltjes, gele muren en tijdelijke kunsttentoonstellingen. Een beetje uit het centrum, maar je kunt toch maar beter reserveren, want het adres heeft veel vaste klanten, zeker op het middaguur. De keuken werkt vooral met vis en zeevruchten (wat hier weinig opmerke-lijk is): gegrilde vis (zeebaars, dorade, tarbot ...), pijlinktvis met look, zeeduivellever en, in het seizoen, sint-jakobsvruchten. Wat desserts betreft, kunnen we de *baba au rhum* en de soufflé met calvados aanraden. 's Avonds kun je enkel à la carte eten. Niet goedkoop, maar wel overheerlijk.

❌ A LA MARMITE DIEPPOISE (PLATTEGROND C3, 25): *rue Saint-Jean 8.* ☎ *02 35 84 24 26. In het centrum. Gesloten op maandag, op donderdagavond en op de avonden van zon- en feestdagen. De jaar-lijkse sluitingsperiode varieert nogal. Op weekdagen is er een lunchmenu voor € 20. Verder menu's voor € 30 tot 45.* Dit restaurant met z'n stevige natuurstenen muren is een klassieker in het culi-naire Dieppe. Hier staat de cultus van het lekkere eten al vele jaren centraal. Veel vis met roomsausjes, maar de echte specialiteit van het huis is de *marmite dieppoise*, een geurig ge-recht met vier vissoorten, mosselen en langoustines, in één steelpan bereid. Om dui-men en vingers van af te likken! De prijzen liggen vrij hoog, maar wat je op je bord krijgt, is supervers en overheerlijk.

⊠Aan de quai Henri IV (plattegrond C2, 24) liggen tal van **toeristische restaurants** Trotters die je voorgingen, waren zeer te spreken over LE RESTAURANT DU PORT, CHEZ LE GROS, LE GALION en LE NEW HAVEN. Doorgaans serveren ze eten uit de zee. De prijs van een menu 's avonds varieert van zo'n € 15 tot ongeveer € 40. Veel van deze restaurantjes zijn ook geopend op zondagavond. Handig!

SLAPEN EN ETEN IN DE OMGEVING

CAMPINGS

◪CAMPING MUNICIPAL DU COLOMBIER: *parc du Colombier, 76550 Offranville.* ☎ *0235 85 21 14. Fax: 0235 85 21 14.* ⬦ *8 km ten zuiden van Dieppe. Geopend van april tot half oktober. € 15,30 voor twee personen met tent en wagen.* Driesterrencamping in het mooie decor van het Parc du Colombier, dat een gedeelte beslaat van het 8 ha grote kasteeldomein Fournier. Een honderd-tal ruime, vlakke en met gras begroeide plaatsen, afgeschermd door hoge hagen. Heel groen en heel rustig. Er is echter geen wasmachine. Met de hand wassen is dus de bood-schap, zoals in de oude tijd! In de omgeving vind je alle ingrediënten voor een geslaagde vakantie: een speelweide, een minigolfbaan, drie tennisvelden, een manege, een bloe-mentuin en het museum Jacques-Émile Blanche voor wie zin heeft in wat cultuur. Onze favoriete camping in de streek.

◪CAMPING LE MARQUEVAL: *in Pourville-sur-Mer, 76550 Hautot-sur-Mer.* ☎ *0235 82 66 46* ● *www.campinglemarqueval.com. Neem in het centrum van Pourville de D153 richting Petit-Appeville. Af-hankelijk van het seizoen betaal je ongeveer € 14 tot 19 voor twee personen met een tent en een wagen. Ver-huurt ook stacaravans voor twee tot zes personen voor € 265 tot 540, afhankelijk van de grootte, het seizoen en het comfort.* Grote tweesterrencamping op 1,2 km van het strand van Pourville. Vlakke en groene staanplaatsen, maar nogal weinig schaduw. Groene omgeving met een rivier en vijvers waarin je kunt vissen. Correct sanitair, wasserette, winkeltje, snackbar, speel-zaal, pingpongtafel. Het zwembad wordt in het toeristische seizoen verwarmd.

◪CAMPING RELAIS MOTARD: *rue de la Mer 1015, in Pourville-sur-Mer, 76550 Hautot-sur-Mer.* ☎ *0235 83 92 49* ● *jean-luc.jue@wanadoo.fr* ● *www.relais-motard.com. Tegenover de bovenstaande camping. Geopend van april tot en met oktober. Motorrijders betalen een forfait van € 11, andere trotters € 13 voor twee personen met een tent en een wagen. Verhuurt ook stacaravans en chalets voor twee tot vier perso-nen voor € 28 tot 42 per nacht of € 180 tot 280 per week.* Deze camping richt zich in de eerste plaats op motorrijders. Hij is maar een zakdoek groot: slechts een twintigtal plaatsen. Over-dekt parkeerterrein voor de stalen rossen. Het gebruik van de warme douches is in de prijs begrepen. Tafels, stoelen en parasols staan ter beschikking van de gasten. Kleine snackbar annex frietkraam met meeneemmaaltijden. Pingpongtafels. Verhuurt ook chalets en stacaravans (beddengoed wordt niet voorzien!), maar daar mag je trouwe viervoeter niet binnen.

DOORSNEEPRIJS TOT LUXUEUS

▨CHAMBRES D'HÔTES BIJ COLETTE MARCHAND: *allée Jean-Marchand, Pourville-sur-Mer, 76550 Hautot-sur-Mer.* ☎ *0235 84 14 29* ● *colette.marchand@wanadoo.fr* ● *www.gite-pourville.com. 5 km ten westen van Dieppe, vlak bij het uitzichtpunt. Tweepersoonskamers voor € 50 of 55, afhankelijk van de grootte. Je moet contant betalen.* Schitterende architectenwoning, ingebed in het klif en helemaal op de zee gericht. Heel modern, maar ook heel gezellig, want het huis is ge-bouwd met hout en leisteen. Drie gastenkamers, even modern als de rest en heel com-fortabel, met vloeren van leisteen en overal schilderijen (de gastheer is schilder). Het huis beschikt op de koop toe over een prachtig overdekt en verwarmd zwembad. Ontbij-ten doe je uiteraard met uitzicht op de zee.

CHAMBRES D'HÔTES BIJ EMMANUEL CANNESANT: *impasse Claude-Monet 21, Pourville-sur-Mer, 76550 Hautot-sur-Mer.* 02 35 04 95 82 *en* 06 85 02 24 85 *(gsm)* ● *e.cannesant@orange.fr* ● *www.chambres-pourville.com. Het huis ligt in het doodlopende straatje tegenover de weg die naar Petit-Appeville leidt, net voorbij gîte La Dunette. Je betaalt € 65 voor een tweepersoonskamer; minder vanaf de tweede nacht.* Twee mooi ingerichte kamers, één voor twee personen en één voor vier, allebei met eigen badkamer. De tweepersoonskamer beschikt bovendien over een balkon. Mooi uitzicht op de zee en de kliffen. Er staat altijd thee en koffie klaar voor de gasten. Emmanuel ontvangt je heel vriendelijk.

LE MANOIR DE GRAINCOURT: *bij Anne-Lise en Philippe Baron, place Ludovic-Panel, 76370 Derchigny-Graincourt.* 02 35 84 12 88 *en* 06 12 23 69 11 *(gsm)* ● *contact@manoir-de-graincourt.fr* ● *www.manoir-de-graincourt.fr. 8 km ten oosten van Dieppe via de D925; naast de kerk van Graincourt. Tweepersoonskamers voor € 95 tot 135 en een vierpersoonssuite voor € 155. Ontbijt is in de prijs begrepen. Vakantiehuisje voor vier tot zes personen voor € 420 tot 775 per week, afhankelijk van het seizoen. Table d'hôte voor € 37. Afgesloten parkeerterrein. Internet.* Het was op een steenworp hiervandaan, in het kasteel van Wargemont, dat Renoir verbleef op vraag van Paul Bérard, diplomaat, bankier en mecenas. De schilder maakte tal van portretten van het gezin en nam zijn verblijf te baat om ook andere schilderijen te maken, onder meer van de rozenstruiken van Wargemont en van het strand van Berneval. In het gemeentehuis van Derchigny vind je borden met meer uitleg over Renoir en zijn werk. Het was Marguerite, een van de dochters van Bérard die zo vaak op doek werden vastgelegd, die de opdracht gaf voor de bouw van het 19de-eeuwse gedeelte van het landhuis van Graincourt. Dit mooie Normandische vakwerkhuis herbergt vijf mooi gerenoveerde gastenkamers die hun oude cachet hebben behouden. Ze bieden uitzicht op een aangenaam park dat onderverdeeld is in kleine tuinen die beschut liggen tegen de wind. De voormalige paardenstallen werden gerenoveerd en omgeturnd tot een vakantiehuis. De eigenaars ontvangen je heel hartelijk en kunnen je tips geven over mooie wandelingen in de omgeving. Een speelzaal (met pingpongtafel en tafelvoetbalspel), een biljart en een leessalon staan ter beschikking van de gasten. Je kunt hier ook fietsen huren. Huisdieren worden niet toegelaten.

L'HUÎTRIÈRE: *rue du 19-Août 1942 477, Pourville-sur-Mer, 76550 Hautot-sur-Mer.* 02 35 84 23 620. *Zo'n 5 km ten westen van Dieppe via de weg langs de kliffen. Van Pasen tot eind september dagelijks geopend van 10.00 tot ongeveer 20.00 u (in de zomer langer als er veel volk zit). De rest van het jaar gesloten. De winkel is het hele jaar door geopend. Je betaalt € 13,50 voor twaalf middelgrote oesters. Formule met twaalf middelgrote oesters, een glas witte wijn en een pannenkoek toe voor € 20. Je moet contant betalen.* Boven de winkelruimte kun je plaatsnemen in een grote, nogal kitscherige eetzaal met uitzicht op de zee om de schaaldieren te proeven die net uit het water zijn gehaald. Oesters, strandgapers, kreukels, steenmossels, wulken ... Hier komen tal van restauranthouders uit Dieppe hun inkopen doen. Op mooie dagen kun je buiten eten op een groot terras. Jammer genoeg worden sommige schaaldieren te duur verkocht.

LE COLOMBIER: *parc du Colombier, 76550 Offranville.* 02 35 85 48 50 ● *lecourski@wanadoo.fr. 8 km ten zuiden van Dieppe. Steeds gesloten op de avonden van feestdagen, zondagavond en woensdag; buiten de zomermaanden (juli en augustus) ook op dinsdagavond. Jaarlijkse vakantie: krokus- en herfstvakantie. We raden aan om te reserveren, zeker in het weekend. Op weekdagen is er steeds een lunchmenu voor € 18,50. Verder menu's van € 24,50 tot 70. Er is geen kaart.* Dit huis brengt alle liefhebbers van Normandische vakwerkhuizen in de zevende hemel. Het is de voormalige woning van de boerderij en dateert uit de 16de eeuw. De restauratie is bijzonder elegant en verfijnd gedaan. De keuken rijmt traditie met moderniteit en produceert kraakverse gerechten. Dit adres heeft dan ook snel een stevige reputatie opgebouwd in de streek. In het park kun je een bezoek brengen aan de rozentuin en aan het museum dat gewijd is aan Jacques-Émile Blanche (zie 'Wat is er te zien in de omgeving?').

IETS DRINKEN, UITGAAN

🔲 LE BAR O MÈTRE (PLATTEGROND A3, 30): *aan restaurant* Le Bas Fort Blanc, *aan het einde van de boulevard du Maréchal-Foch.* ☎ 02 35 82 10 89. *Uitsluitend geopend van april tot en met september, dagelijks van 9.00 tot 21.00 u.* Een kleine bar aan het uiteinde van de dijk, aan de voet van het restaurant *Le Bas Fort Blanc* (en zeggen dat de impressionisten hier vroeger kwamen schilderen!). De ideale plek om naar de zee te komen turen die aan de voet van de kliffen uiteenspat (het strand zelf is verboden terrein wegens afbrokkelende stenen). Kom 's avonds om de zonsondergang te bewonderen. Muziek en sfeer zijn nogal rock. Het bier is niet echt goedkoop, maar de eigenaars moeten dan ook op vijf maanden hun brood verdienen voor het hele jaar.

🔲 🗊 LE CAFÉ DES TRIBUNAUX (PLATTEGROND B3, 31): *place du Puits-Salé.* ☎ 02 32 14 44 65. *Dagelijks geopend van 8.00 (op zondag vanaf 9.00 u) tot 20.00 u.* Dit is het café in het centrum dat kan bogen op de meest bewogen geschiedenis. Hier kwamen vroeger de schepenen van de stad samen en hier werd Oscar Wilde ooit buitengezet omdat hij eens te meer te veel amok maakte. Mooi terras voor de oude gevel. Als je even omhoogkijkt, zie je de grote klok van het voormalige stadhuis uit de 18de eeuw. Binnenin is de inrichting – die dateert uit de jaren dertig – minder bekoorlijk. Is ook een brasserie (lekkere keuken).

🔲 CAFÉ SOLO (PLATTEGROND A3, 32): *rue de Sygogne 19.* ☎ 02 35 86 43 46. *Geopend van 18.00 tot 0.30 u. Gesloten op maandag.* Een kleine bar annex restaurant waar je een gezellige avond kunt beleven. De maaltijden en de tapa's zijn van goede kwaliteit.

🔲 L'EPSOM (PLATTEGROND B2, 33): *boulevard de Verdun 11.* ☎ 02 35 84 12 27. *Geopend vanaf 12.00 u. Gesloten op op woensdag.* Vrij banaal ingerichte brasserie aan de enorme kustboulevard van Dieppe. Bekend voor zijn cocktails, zijn bruschette, zijn zondagse brunch, zijn concertjes op vrijdag en zijn literaire avonden. Bediening met ups en downs.

EEN FRISSE DUIK NEMEN EN HEERLIJK ONTSPANNEN

◼ LES BAINS (PLATTEGROND A3, 40): *boulevard de Verdun 101.* ☎ 02 35 82 80 90 ● www.lesbains-dieppe.com. *De openingstijden variëren sterk naargelang van het seizoen. Informeer op voorhand. Toegangsprijs (enkel voor het zwembadencomplex):* € 5,60; *goedkoper voor kinderen en ouderen.* Een groot zwembadencomplex vlak bij de zee met een verwarmd buitenzwembad met zeewater, binnenzwembaden met golfslag, een pierenbad met speeltuigen, een jacuzzi en een glijbaan. Wellness- en thalassoruimtes.

WAT IS ER TE ZIEN EN TE DOEN?

🏛 🏛 🏛 **Église Saint-Jacques (plattegrond B3):** *vlak bij de quai Duquesne.* Deze kerk werd gebouwd tussen de 12de en 16de eeuw en heeft de afmetingen van een kathedraal. Het is een mooi voorbeeld van de overgang van gotiek naar renaissance. Bewonder het majesteitelijke roosvenster en de fijnbewerkte torentjes op de 14de-eeuwse gevel in flamboyante gotiek. De toren rechts werd aan de kerk toegevoegd in de 15de eeuw, maar breekt de harmonie van het gebouw niet. Let op de elegante opengewerkte steunberen en op de massieve vierkante vieringtoren die zo typisch is voor Normandië.

In het koor zie je tal van renaissance-elementen. Mooi 14de-eeuws kerkschip met zuilen in de vorm van bloembladen en opmerkelijke gewelven.

– *Le mur du Trésor ('de muur van de Schat'):* in de linkerbeuk, ter hoogte van het altaar. Deze muur (en vooral de deur) geven toegang tot de sacristie. Hij is volledig gebeeldhouwd in een mengstijl van gotische en renaissance-elementen. Bovenaan (breng je ladder mee!) toont een lange fries het leven van de oorspronkelijke bewoners van Amerika, Afrika en de Indische Oceaan. Dieppe telde immers een aantal befaamde reders en zeevaarders die belangrijke informatie meebrachten over de indianen. Dit werk is daar een bewijs van.

❧ **Église Saint-Rémy (plattegrond B3)**: *ten westen van het centrum, vlak bij het strand. Van half juni tot het derde weekend van september vrij te bezichtigen van woensdag tot zondag van 15.00 tot 18.30 u. Informatie over rondleidingen kun je krijgen bij* Dieppe Ville d'Art et d'Histoire *(zie 'Nuttige adressen')*. De bouw van deze kerk ving aan in de 16de eeuw. De voorgevel en het schip zijn geïnspireerd op de Romeinse barok en getuigen van de invloed van de Contrareformatie. Als de restauratiewerken afgerond zijn, kun je misschien een blik werpen op het mooie koor in flamboyante gotische stijl. In de kerk vind je ook een schitterende collectie van het werk van de meester-glazeniers uit de 19de eeuw en een monumentaal Parisotorgel (gratis concerten in de zomer).

Als je in de richting van de zee loopt via de rue des Bains, let dan aan de zeedijk op de *porte des Tourelles*. Het is de enige overblijvende poort van de 16de-eeuwse stadswallen. Er staan nog twee massieve torens van zandsteen en silex met een cilindervormig dak.

❧❧❧ **Château-Musée (kasteelmuseum, plattegrond A3)**: ☎ *02 35 06 61 99*.
● *www.musees-haute-normandie.fr. Op de westelijke klif. Ga te voet via een goed aangegeven pad over lange trappen of neem de auto en blijft op de weg naar Veules-les-Roses. Van 1 juni tot 30 september dagelijks geopend van 10.00 tot 12.00 u en van 14.00 tot 18.00 u (de kassa sluit een halfuurtje vroeger); van 1 oktober tot 31 mei dezelfde openingsuren, maar in de week gesloten om 17.00 u (18.00 u op zondag) en gesloten op dinsdag en op bepaalde feestdagen. Toegangsprijs: € 3,50; kortingen; gratis voor kinderen jonger dan twaalf.* Vanaf het parkeerterrein heb je een buitengewoon uitzicht op de kustlijn en de grasvelden.

Een eerste versterkte burcht op deze plek, wellicht gebouwd in de 12de eeuw, werd door Filips II vernietigd. Om de stad tijdens de Honderdjarige Oorlog te verdedigen tegen de Engelsen werd in de 15de eeuw een kasteel gebouwd. In dat gebouw werd ook een 14de-eeuwse toren opgenomen. Het omvat eveneens de resten van de eerste kerk van Saint-Rémy, die je aan de ingang ziet. De bolle hoektorentjes en de cilindervormige daken geven wat pit aan dit grote gebouw van zandsteen en silex. De bestemming van het kasteel veranderde voortdurend: kazerne, gouverneurswoning, gevangenis (tijdens de Franse Revolutie) en uiteindelijk, sinds 1923, museum voor de gemeentelijke collecties. Het was vroeger trouwens verbonden met de vestingmuren rond de stad.

Het museum herbergt een **buitengewone verzameling ivoren voorwerpen.** Toen de zeevaarders uit Dieppe de Afrikaanse kust afschuimden, brachten ze ook ivoor mee. Zo ontstond in het Dieppe van de 16de eeuw een traditie van ivoorbewerking die zou blijven bestaan tot aan het begin van de 20ste eeuw. De kwaliteit van het werk van de kunstenaars uit deze stad werd al snel algemeen bekend. Op het hoogtepunt van de ivoornijverheid waren er in Dieppe enkele honderden ivoorbewerkers, maar in de loop der jaren liep dat aantal steeds sneller terug. Aan het begin van de 20ste eeuw waren er nog twaalf, en vandaag zijn er nog maar twee (allebei in de rue Ango).

−*Op de benedenverdieping*: schitterende ivoren schaalmodellen van boten. Zelfs de zeilen, de wanten, de trossen en de figuurtjes zijn van ivoor. Fijnbewerkte medaillons die de havens Dieppe en Nantes voorstellen in de 18de eeuw. Kompassen van ivoor uit de 16de en de 17de eeuw, beeldjes van ivoor en terracotta die inwoners van Le Pollet voorstellen, de visserswijk van Dieppe. De stad herbergde tot halverwege de 17de eeuw ook een van de belangrijkste cartografische scholen van Europa. Tussen de vele zeekaarten springt er één in het oog waarop 'Ie Petit Dieppe' in Ivoorkust wordt gesitueerd! Er is ook een zaal gewijd aan Abraham Duquesne, een lokale beroemdheid die zich in de grote veldslagen op Sicilië heeft onderscheiden voor hij persona non grata werd vanwege zijn protestantse geloof (in 2010 krijgt hij een speciale tentoonstelling naar aanleiding van zijn vierhonderdste verjaardag). Wat schilderkunst betreft, zullen de liefhebbers van impressionisme niet ontgoocheld zijn! Het museum bezit onder meer *Portrait de Mme Paul Bérard* en *Chaumières aux environs de Berneval* van Renoir, alsook werken van Pissarro, Boudin, Sisley en Eva Gonzalès. Een bordje op het parkeerterrein herinnert de bezoeker eraan dat deze kunstschilderes, leerling en model van Manet – en meer dan dat, wat blijkt uit het feit dat de twee een kind kregen –, hier *La plage de Dieppe, vue de la falaise ouest* schilderde, een doek dat in het museum te bewonderen is. Opvallend is dat op dat schilderij het casino dat er in die tijd stond, is weggelaten!

– Op de etage: een bonte verzameling van zeegezichten en zwempakken uit het begin van de 20ste eeuw ... en nog meer vitrinekasten met schitterend ivoor. Opmerkelijk is de 'ivoren toren' met vierhonderd stukken uit de 16de eeuw, onder meer enkele bijzondere tabaksraspen met ontuchtige of religieuze illustraties, maar ook voorwerpen die door de douane in beslag werden genomen, onbewerkt ivoor van olifanten en mammoeten, en kleine Christusbeeldjes die in serie werden gemaakt. Verder ook gebruiksvoorwerpen uit de 19de eeuw die gemaakt zijn van schelpen (doosjes, inktpotten enz.). Daarna volgen zalen met schilderijen uit verschillende scholen, onder meer de impressionistische. De aanzet van deze beweging is al merkbaar in de werken van Vollon (*Vapeur au large de Dieppe*, *L'avant-port de Dieppe*) en in *Falaises au soleil couchant* van Daubigny (oplichtende kliffen, dikke lagen verf). Vergelijk ze met de typisch impressionistische doeken van Guérard, de echtgenoot van Eva Gonzalès, en van Sickert, die het impressionisme uitvoerde naar Engeland (hij maakte een reeks schilderijen van de Église Saint-Jacques van Dieppe, zoals Monet van de kathedraal van Rouen). Uit een iets latere periode dateren *Portrait de Paul Ansout* van Courbet en *L'enfant couchée* van Jacques-Emile Blanche, in een stijl die heel nauw aanleunt bij die van Renoir. Werp zeker ook een blik op *L'écuyère* van Van Dongen (1920), een van de pronkstukken van het museum, en op de werken van Dufy en de vele gegraveerde prenten van Braque in de laatste zaal. Eén zaaltje is gewijd aan de nagedachtenis van Camille Saint-Saëns. Er staan een heleboel voorwerpen, waaronder zijn eerste piano, die de musicus aan het museum schonk. In het zaaltje daarachter zijn werken tentoongesteld van Pierre-Adrien Graillon, een schilder-beeldhouwer uit de 19de eeuw die geboren werd in Le Pollet. De beeldjes zijn gemaakt van walvisbeen, klei of terracotta, naargelang van het materiaal waarop de kunstenaar de hand kon leggen. Anders dan de norm van die tijd het wilde, maakte Graillon – die zelf van armoedige afkomst was – afbeeldingen van het andere gezicht van Dieppe, dat mijlenver af stond van de burgerij: dat van de arbeiders, de vissers en de bedelaars. Let op de droefenis en de harde trekken in het gezicht van de afgebeelde figuren. Jammer dat zijn afstammelingen later zijn stijl hebben gebanaliseerd om commerciële redenen. Bewonder ook het opmerkelijke matrozenhoofd dat uitgesneden is in een potvistand. Het houten uithangbord van een apothekerij, waarin basreliëfs van alchemistische symbolen zijn uitgesneden, is een zeldzaam stuk van het begin van de 18de eeuw. Het werd in 2005 aan het museum nagelaten. Vroeger hing het boven de ingang van een van de oudste apothekerijen van de stad, waarvan het rariteitenkabinet nog door Voltaire zelve zou bezocht zijn. Er zijn ook altijd enkele tijdelijke tentoonstellingen.

◀ De wijk 'Le Bout du Quai' ('het einde van de kade') (plattegrond C1-2): *ten westen van de havengeul. Ga aan het einde van de quai Henri IV de trappen op naar de ruelle Beauregard.* In de 17de eeuw werd de loop van de vaargeul gewijzigd door een hevige storm. Op deze plek lag nog slechts een bank van strandkeien ... Het deel voorbij de rue de la Rade werd 'le Petit Veules' genoemd omdat de inwoners van Veules zich hier kwamen vestigen nadat hun dorp door een brand in de as was gelegd. In deze wijk woonden ook veel Nederlanders. Ga eens kijken op de lieflijke place Louise-Michel, op de place du Moulin-à-Vent of in de rue du Petit-Enfer.

◄ ◄ ❶ **L'Estran – La Cité de la Mer (plattegrond C1-2):** *rue de l'Asile-Thomas 37.* ✆ 02 35 06 93 20 ● *estrancitedelamer.free.fr* 📧 *In de wijk 'Le Bout du Quai', tussen de vaargeul en het strand, waar de zeelui zich vroeger ophielden. Dagelijks geopend van 10.00 tot 12.00 u en van 14.00 tot 18.00 u. Gesloten met Kerstmis en op nieuwjaarsdag. Toegangsprijs: € 5,80 voor een vrij bezoek; korting mogelijk. Er worden ook rondleidingen gegeven (je moet reserveren).* De estran is het stukje kustlijn dat tussen hoogtij en laagtij ligt, het natte strand dus. Het ambitieuze project *Estran-Cité de la Mer*, opgestart door een voormalige visser, gaat zowel in op de vistechnieken als op de scheepsbouw, de geologie van de kliffen en de zeebiologie. Het is de perfecte aanvulling op het *Musée des Terre-Neuvas et de la Pêche* van Fécamp (dat in de nabije toekomst het *Musée des Pêcheries* wordt).

Een hele ruimte is gewijd aan de scheepsbouw en aan de evolutie van de technieken. Alle aandrijfsystemen passeren de revue, van de roeispaan tot de dieselmotor. De reconstructie van een commandobrug toont twee types boordinstrumenten, oude en moderne ...

Ook vistechnieken komen aan bod: lijnen, beugen, rechte netten, sleepnetten enzovoort. Ook een afdeling over industriële visvangst, het invriezen, de distributie ... Er wordt een film vertoond over Dieppe (de visvangst, het ivoor, de sint-jakobsschelpen) en er is een maquette van de stad. Je krijgt ook een model te zien van een oven waarin haring en kabeljauw werd gedroogd.

Daarnaast is er een zaal gewijd aan de verschillende kliftypes, hun erosie, hun fauna en flora en hun industrieel belang. Er wordt ook aandacht besteed aan de vervuiling en de maatregelen die daartegen worden genomen. Het bezoek eindigt met een aantal aquariums waarin exemplaren van de lokale zeefauna rondzwemmen.

– Ook de moeite waard is de aangrijpende tentoonstelling over de eerste vrouwelijke oceanograaf Anita Conti, die meter is van het museum.

◄ ◄ **De buurt van Le Pollet en de kapel Notre-Dame-du-Bon-Secours (plattegrond D1-2):** *ten oosten van de vaargeul.* In de 14de eeuw was deze wijk het centrum van de handel in kruiden en ivoor. Later namen de vissers bezit van de buurt. Ze bleven er tot aan de Eerste Wereldoorlog. Daarna verloor de buurt haar eigenheid, maar tegenwoordig wordt ze weer in ere hersteld. Ga even kijken naar de pont Colbert, die dateert uit het einde van de 19de eeuw. Het is een van de twee laatste draaibruggen met een hydraulisch systeem in Europa. Vanuit deze wijk kun je via de kliffen bij de kapel van Notre-Dame-du-Bon-Secours komen. Laat je wagen achter in Le Pollet en ga de trappen op. Boven word je beloond met een adembenemend uitzicht op de stad. In de verte zie je zelfs de vuurtoren van Ailly. Binnen in de kapel vind je een muur met ex voto's. Je kunt de bijzonder romantische wandeling naar de kapel nog wat verlengen door langs de kliffen te blijven lopen (let op met kinderen) via het Douanierspad. Uiteindelijk kom je op het strand van Puys, dat beroemd werd dankzij George Sand en Alexandre Dumas (die er een huis had).

◄ ◄ **Markten:** de zaterdagmarkt in het centrum (plattegrond B3) is een van de meest pittoreske evenementen in Dieppe. Het is een levendig en gezellig gebeuren waar de inwoners van de stad – onder wie veel Engelsen – wekelijks met enthousiasme aan deelnemen. De markt heeft haar landelijke kleur bewaard. Er is ook dagelijks (behalve op zondag en maandag) een kleine vismarkt voor het kantoor van de Dienst voor Toerisme

– Tijdens de zomermaanden wordt er elke week een **wandeling langs de kust onder begeleiding van een gids** georganiseerd. *Deelname is gratis. Meer informatie kun je krijgen bij L'Estran – La Cité de la mer (zie hoger).*

– ❶ **L'Avenue verte:** een oude spoorlijn werd omgeturnd tot een fietspad van 40 km tussen Saint-Aubin-le-Cauf (9 km ten zuidoosten van Dieppe) en Forges-les-Eaux.

WAT IS ER TE ZIEN IN DE OMGEVING?

✦ ✦ **Musée Jacques-Émile Blanche:** *parc du Colombier, 76550 Offranville.* ☎ *0235854042. Zo'n 8 km ten zuiden van Dieppe. Van Pasen tot eind september op zon- en feestdagen geopend van 14.30 tot 18.00 u of na afspraak (vast te leggen in het stadhuis). Toegangsprijs: € 2; gratis voor kinderen tot twaalf jaar.* Dit gemeentelijk complex omvat een camping, een restaurant, een manege, een minigolfterrein, een rozentuin en dit museum, allemaal ondergebracht in het 8 ha grote park en de bijgebouwen van het voormalige kasteel van het Domaine Fournier (16de-19de eeuw). Ga zeker even kijken naar de negen gerestaureerde duiventorens (in het bijzonder die van 1702), waarin tijdelijke tentoonstellingen worden georganiseerd, en naar het oude houten mechanisme van de molen van het einde van de 18de eeuw. Het museum is ondergebracht in de oude karrenmakerij, die dateert van 1773.

Jacques-Émile Blanche werd in 1861 geboren in Parijs. Voor zijn dood in 1942 leefde hij gedurende veertig jaar in Offranville. Zijn vader Émile Blanche, die een vermaard psychiater was, behandelde in zijn kliniek onder meer Maupassant, die daar trouwens overleed. Jacques-Émile, die te vroeg ter wereld kwam, werd vertroeteld door zijn moeder, die daarvoor al verscheidene kinderen was verloren. Reeds in zijn jeugd gaf hij blijk van een grote melancholie. Naar het schijnt dreef hij vaak wreed de spot met anderen. Jacques-Émile wist al van de leeftijd van achttien jaar dat hij schilder zou worden, en werd later niet enkel de portretschilder, maar ook de vriend van tal van beroemdheden. In het Museum voor Schone Kunsten van Rouen vind je een twintigtal van zijn portretten, maar hier lopen de thema's uiteen: stillevens, zeegezichten, binnenhuisjes ... Als laattijdig impressionist schilderde hij tussen 1920 en 1934 onder meer *La plage de Dieppe, Dieppe, la plage matin orageux* en *Dieppe, la place du Puis Salé. Les roses à Offranville* is het resultaat van een kortstondige fauvistische fase in 1931. Blanche was ook de schilder van het bekende portret van Proust, waarvan het origineel in het Musée d'Orsay in Parijs hangt. Maar het schilderij dat zijn leven en de familiale context waarin hij leefde wellicht het best samenvat, is het grote portret van Mme Lemoinne en haar drie dochters: in het midden zien we de schoonmoeder van Blanche met haar strenge blik; naast haar staat Rose, Blanches vrouw, die altijd aardig lijkt te kijken; rechts Catherine, de alleenstaande schoonzus die het niet te nauw nam met de goede zeden; en links ten slotte, in de schaduw, Marie of 'Yoyo', de andere schoonzus, een oude vrijster aan wie Jacques-Émile een bloedhekel had. Blanche was maar een middelmatig romanschrijver, maar publiceerde enkele goede essays over schilderkunst (met name over Manet, een vriend van zijn vader). Ook zijn briefwisseling met Gide, Mauriac en Cocteau zou later worden uitgegeven.

✦ ✦ **Musée de l'Horlogerie:** *rue Edouard-Cannevel 48, 76510 Saint-Nicolas-d'Aliermont.* ☎ *0235045398 ● www.musee-horlogerie-aliermont.fr* 🚗 *13 km ten zuidoosten van Dieppe via de D1 en de D56. Van juni tot en met september dagelijks behalve maandag geopend van 10.00 tot 12.00 u en van 14.00 tot 18.00 u; de rest van het jaar van woensdag tot zondag geopend van 14.30 tot 18.00 u. Gesloten van januari tot en met maart en op bepaalde feestdagen. Toegangsprijs: € 3,50; kortingen; gratis voor kinderen jonger dan veertien.* Dit moderne museum herbergt een prachtige verzameling oude klokken. Het brengt hulde aan het bijzondere vakmanschap van de klokkenmakers van Saint-Nicolas-d'Aliermont. Het was immers hier dat aan het begin van de 18de eeuw de eerste klok met een korte slinger werd vervaardigd. Het vlakke mechanisme bestaat uit twee messingen platen en een eenvoudig en robuust slagmechanisme. De constante aandrijfkracht en het lagere gewicht (2,5 kg, tegenover 4 kg voor de comtoiseklok) zorgen ervoor dat de slinger minder energie nodig heeft om zijn befaamde beweging uit te voeren. Dit type klok was in de 18de eeuw sterk in trek in de streek. In 1807 werd de activiteit – in het kader van de strijd tegen de werkloosheid (toen al!) – nieuw leven ingeblazen door Honoré Pons, een jonge meester-horlogemaker uit Parijs, die naar hier kwam afgezakt op verzoek van een zekere Champagny, die toen 'minister van Klokken en Pendules' was!

Naast de collectie klokken krijg je in het museum ook reispenduletjes van het einde van de 18de eeuw te zien, alsook een prachtige reeks wekkers, waaronder stukken van Bayard uit de 19de en de 20ste eeuw. Tot slot breng je een bezoek aan het atelier waar de museumstukken worden onderhouden.

WAT VALT ER TE BELEVEN?

– Festival international de Cerfs-volants ('Internationaal vliegerfestival'): *uitsluitend in even jaren, tien dagen in de tweede en de derde week van september.* Het grootste vliegerfestival ter wereld, een schitterend evenement op de grote weiden aan zee waarbij tientallen vliegers (van 35 delegaties uit de hele wereld) sierlijk buitelen. Het is het feest van de droom, met adembenemende demonstraties van schoonheid en technisch vernuft. Sommigen zijn pas tevreden wanneer ze het koord van hun concurrenten met hun vlieger hebben doorgesneden!

– Foie aux Harengs et à la Coquille Saint-Jacques ('Feest van de haring en de sint-jakobsschelpen'): *tegenover de plezierhaven, quai Henri-IV. Het weekend dat volgt op 11 november.* Traditioneel feest waarop steeds veel volk afkomt.

HET KASTEEL VAN MIROMESNIL

🏹 🏹 🏹 *In* **Tourville-sur-Arques** *(76550), 8 km ten zuiden van Dieppe, via de N27 en dan linksaf via de D70.* 📞 *0235850280.* ● *www.chateaumiromesnil.com* 🏠 *Kasteel, kapel, park en tuinen zijn van Pasen tot Allerheiligen dagelijks geopend van 14.00 tot 18.00 u. Je moet verplicht een rondleiding volgen als je het kasteel en de kapel wilt bezoeken. Prijs: € 7,50; kortingen. Het park en de tuinen kunnen dagelijks vrij worden bezocht tussen 14.00 en 18.00 u, en in juli en augustus ook tussen 10.00 en 12.00 u. Toegangsprijs: € 5.*

Deze fraaie 17de-eeuwse woning is de geboorteplek van Guy de Maupassant. Het kasteel werd gebouwd op de plek waar ooit een versterkte burcht stond. Het was lange tijd in handen van het geslacht de Miromesnil, waarvan een van de telgen voorzitter van het Normandische parlement en grootzegelbewaarder was onder Lodewijk XVI.

De rondleiding is een omweg waard. Dit mooie elegante gebouw heeft een van de puurste Lodewijk XIII-gevels van de hele streek, opgetrokken uit rode baksteen uit Varengeville. De gevel is versierd met bloemslingers, maskers, pilasters en vazen. In de hal zijn herinneringen aan de schrijver bijeengebracht, die hier woonde tot hij drie jaar oud was. Je bezoekt verscheidene salons en een werkkabinet van de markies de Miromesnil. In het kokette werkkabinet zie je een brevier (geschonken door Lodewijk XVI) en poëzieboeken. Aan de achterkant ontdek je de sobere zuidelijke gevel en het gezellige park met z'n gigantische Libanese ceder.

In de fraaie groentetuin in Engelse stijl staan behalve groenten ook fruitbomen en bloemen. Indrukwekkende verzameling clematissen. Via het majesteitelijke beukenbos kom je bij een 16de-eeuwse kapel. De buitenkant is sober, maar binnen val je van de ene verbazing in de andere: prachtig houtwerk, glas-in-loodramen, een houten gewelf en een elegant smeedijzeren hek.

– Nathalie, de jonge kasteelvrouw, organiseert nu en dan ludieke evenementen, zoals kooklessen. Daarbij ga je zelf groenten oogsten in de groentetuin, waarna je je onder begeleiding van een chef gerechten bereidt die wisselen met de seizoenen (reken op € 65 per persoon).

DE PETIT CAUX

De kleinste subregio van Seine-Maritime, die vaak bij het Pays de Caux wordt gerekend, heeft langs drie kanten duidelijke grenzen: de kustlijn Dieppe – Le Tréport (in het westen) en de rivieren de Béthune (in het zuiden) en de Bresle (in het noorden). Deze laatste vormt trouwens ook de grens tussen Normandië en de Somme. Het is een harmonieus plateau dat wordt doorkruist door de vallei van de Bresle. In de Petit Caux ligt ook het mooie Forêt d'Eu, een bos dat uit drie delen bestaat.

DE BENEDENLOOP VAN DE BRESLE

De Breslevallei klaagt vaak dat men haar vergeet. Haar geografische ligging op de grens tussen Normandië en Picardië is daar misschien een verklaring voor. Le Tréport, een stadje van vissers en arbeiders, heeft zeker niet de charme van Honfleur, maar is authentieker en ademt nog steeds de sfeer van weleer, toen het gewone volk z'n eerste betaald verlof kreeg. Dankzij de uitgestrekte bossen, die het noodzakelijke hout leverden, is de Breslevallei ook een belangrijk ambachtelijk en industrieel centrum (glasnijverheid), en dat al sinds de 15de eeuw. Haar fabrieken leverden glasramen voor heel wat kathedralen en kerken. Tegenwoordig is deze streek goed voor 80% van de wereldproductie van parfumflesjes.

AANKOMST EN VERTREK
Met de bus
– **Van en naar Dieppe:** dagelijks (behalve op zon- en feestdagen) rijden er bussen tussen Le Tréport, Eu en Dieppe. *Cars Denis,* ☎ *0235 06 86 86* ● *www.voyagesdenis.com.*

Met de trein
– **Van en naar Parijs:** *inlichtingen op* ☎ *3635 (€ 0,34 per minuut).* Een tiental verbindingen per dag met Le Tréport. In sommige gevallen moet je overstappen in Abbeville of Beauvais.
– **Van en naar Rouen:** ongeveer drie verbindingen per dag, met overstap in Abancourt.

LE TRÉPORT

76470 | 6000 INWONERS

Samen met Dieppe is Le Tréport de badplaats die het dichtst bij Parijs ligt. Het is echter niet de mooiste. Le Tréport is een vissersstadje, een beetje ruw en niet echt aantrekkelijk, en toch ga je er snel van houden. Dat overkwam ook sommige kunstenaars, zoals Antoine Vollon, een voorloper van het impressionisme die er tal van schilderijen maakte, en Turner, die werd ontvangen door Lodewijk Filips. Tegenwoordig trekt Le Tréport elke zomer duizenden bezoekers die graag de oorspronkelijkheid van de kleine haven opzoeken of slenteren door de straatjes waar niet lang geleden nog beugvissers woonden (die vissen met een lange lijn waaraan op bepaalde afstanden haken zijn vastgemaakt). Vanaf de hoge kliffen rond het stadje heb je een schitterend uitzicht. Je raakt er zonder inspanning met de (gratis) kabellift.

EEN BEETJE GESCHIEDENIS
Le Tréport ontwikkelde zich dankzij zijn haven. Het plaatsje werd meer dan eens vernield door de Engelsen, en ook de protestanten uit Dieppe hielden hier in de 16de eeuw lelijk huis. Het stadje bereikte nooit de omvang van Dieppe, maar kende zijn hoogtepunt in de 19de eeuw, toen Lodewijk Filips, de Burgerkoning, hier een villa liet bouwen en koningin Victoria er twee keer verbleef (in 1843 en 1845), waarvan één keer in het gezelschap van de schilder Turner. Le Tréport was daarna een tijdlang in de mode, maar raakte dan weer in

de vergetelheid tot de eerste bezoekers met betaald verlof opnieuw leven in de brouwerij brachten.

NUTTIG ADRES

ℹ Dienst voor Toerisme: *quai Sadi-Carnot, tegenover de jachthaven.* ☎ *0235860569.* ● *www.ville-le-treport.fr. Het hele jaar door geopend; in juli en augustus van 9.30 tot 19.00 u (een tweede informatiekiosk aan de strandesplanade is dan geopend in het weekend, en een derde dagelijks van 10.00 tot 12.30 u en van 14.00 tot 18.00 u).* Inlichtingen over de vele activiteiten die in Le Tréport worden georganiseerd, zoals wandelingen, visuitjes op zee en rondleidingen in de haven en in het stadje.

SLAPEN

Zodra de zomerzon zich laat zien, zakken de toeristen af naar de kliffenkust. Een goede raad: reserveer tijdig!

CAMPING

🅰 CAMPING MUNICIPAL LES BOUCANIERS: *rue Pierre-Mendès-France.* ☎ *0235863547* ● *camping@ville-le-treport.fr* ● *www.ville-le-treport.fr/camping* ♿ *1 km buiten het centrum, aan de weg naar Mers-les-Bains, dicht bij het stadion (goed bewegwijzerd). Geopend van april tot eind september (de bungalows zijn het hele jaar door beschikbaar). Reken in het hoogseizoen op € 13 voor twee personen met tent en auto. Draadloos internet.* Grote tweesterrencamping. Niet bijzonder goed gelegen en geen uitzicht, maar wel in een groene omgeving. 120 vlakke en met gras begroeide plaatsen, van elkaar gescheiden door hagen. Goed onderhouden. Enkele bomen, maar in zijn geheel genomen weinig schaduw. Wasmachine en droogautomaat. Speelweide, pingpongtafel en petanquebaan. In de zomer wordt er animatie georganiseerd. Bakkerijtje voor 's ochtends, frietkraam en snackbar met eenvoudige gerechten. Huisdieren toegelaten (tegen betaling).

DOORSNEEPRIJS TOT LUXUEUS

🏨 HÔTEL DE CALAIS: *rue de Paris 1.* ☎ *0227280909* ● *info@hoteldecalais.com* ● *www.hoteldecalais.com. Tweepersoonskamers voor € 47 tot 80, afhankelijk van het comfort. Draadloos internet.* Voormalige postherberg hoog boven de haven. In de afgelopen twee eeuwen kwam hier heel wat volk over de vloer: van Victor Hugo tot de GI's bij de landing, zonder de eerste vakantiegangers met betaald verlof te vergeten. Het hotel heeft wat aan sfeer ingeboet bij de laatste renovatie, maar die was nu eenmaal nodig. De kamers zijn opgeknapt in levendige kleuren. Sommige hebben satelliettelevisie, en de meeste kijken uit over de haven. Let op, want na de geplande opknapbeurt zouden de goedkoopste iets minder goedkoop kunnen worden. Hartelijke sfeer en vriendelijke ontvangst. Verhuurt ook gemeubileerde appartementen.

🏨 HÔTEL-RESTAURANT LA VILLA MARINE: *place Pierre-Semard 1.* ☎ *0235860222* ● *www.hotel-lavillamarine.com. Tweepersoonskamers voor € 62 tot 95. Opgelet, in het weekend wordt gevraagd dat je twee nachten in halfpension verblijft. Buiten het hoogseizoen is het restaurant gesloten op zaterdagmiddag, zondagavond en maandagmiddag. Op weekdagen is er al een lunchformule voor € 9,50. Menu's van € 27,50 tot 35.* Mooi gerenoveerd hotelletje aan het station. Relatief hip interieur (kamerbreed tapijt met keienmotieven, inrichting gebaseerd op het thema van de zee). Goed comfort. Aangenaam restaurant met uitzicht op Le Tréport waar een heel eerlijke hotelkeuken wordt geserveerd.

🏨 HÔTEL LE SAINT-YVES: *place Pierre-Semard.* ☎ *0235863466* ● *www.hotellesaintyves.com* ♿ *(één kamer). Gesloten van 25 tot 31 december. Je betaalt € 69 voor een tweepersoonskamer en € 80 voor een grotere kamer voor drie of vier personen. Ook kleine suites van € 75 voor twee tot € 115 voor vier personen. Kinderen jonger dan tien krijgen gratis ontbijt. Draadloos internet.* Dit burgerlijke 19de-eeuwse hotel aan het station biedt gezellige kamers met tv (Canal+). Sommige kijken uit op de haven. De prijs-kwaliteitverhouding is heel redelijk.

ETEN EN LEKKER ETEN KOPEN

Wat zeevruchten betreft, ben je in Le Tréport aan het juiste adres. Schotels met oesters, langoesten, noordzeekrab, wulken ... vind je in bijna alle restaurants aan de haven. Keuze te over dus, en doorgaans is de kwaliteit zeer goed.

GOEDKOOP TOT DOORSNEEPRIJS

☐ GEMEENTELIJKE VISWINKEL VAN LE TRÉPORT: *in de haven.* In dit bakstenen gebouwtje kun je in het seizoen elke dag verse vis en zeevruchten krijgen.

✕ MON P'TIT BAR: *rue de la Rade 3-5.* ☎ 0235862878. *Doorlopend geopend van 11.00 tot 22.00 u. Tijdens de eindejaarsperiode 's avonds gesloten. Formule voor € 10,50, menu's voor € 11,90 tot 17,90.* Een authentiek adres zonder overbodig gedoe, en daar houden we van. In feite is dit meer een bar dan een restaurant, een kroeg zelfs. Maar je kunt er ook eten, de hele dag door en tot laat 's avonds. Het interieur doet er niet toe. Eerlijke gerechten, bescheiden prijzen en vriendelijke ontvangst.

✕ LA PILE D'ASSIETTES: *rue Gambetta 1-3.* ☎ 0235846561 ● *lapilledassiettes@free.fr. Steeds gesloten op woensdag, in het laagseizoen ook op zondagavond en dinsdagavond. Gesloten in de herfst- en de kerstvakantie. Op weekdagen is er een lunchformule voor € 10,50; à la carte betaal je € 25 à 30.* Kleurrijk restaurantje. De Martinikaanse chef geeft de streekgerechten een originele toets, met wat toevoeging van zoet en zout en een knipoog naar de Antillen. Hij werkt graag met groenten van de markt en met groenten die in de vergetelheid zijn geraakt. Afhankelijk van het seizoen zijn er zeebaars, sardines of zalm met citrusvruchten, maar ook vleesgerechten zoals rundvlees met Spaanse peper of eend met abrikozen.

GOEDKOOP SLAPEN EN ETEN IN DE OMGEVING

GOEDKOOP

☒✕ GEMEENTELIJKE HERBERG CHÂTEAU DE CHANTEREINE: *rue de Chantereine, 76910 Criel-sur-Mer.* ☎ 0235501846 ● *chantereine.criel@wanadoo.fr* ♿ *8 km ten zuidwesten van Le Tréport. Wordt bediend door de buslijn Dieppe – Le Tréport. We raden aan om te reserveren. Gesloten van Kerstmis tot en met nieuwjaarsdag. Je betaalt € 15,50 tot 19 per persoon, afhankelijk van het gewenste comfort. Ontbijt, maaltijd en picknick op verzoek.* Een gemeentelijke jeugdherberg in een kasteel uit de 18de eeuw! Alles is wel gerenoveerd in een weinig charmante 'moderne' stijl, maar het is proper en praktisch. Ongeveer zestig kamers en slaapzalen voor twee tot tien personen, al dan niet met eigen badkamer. Toiletten op de gang. Lakens en dekens worden voorzien. Heel goed onderhouden. Leuk en niet duur. Je hoeft geen jeugdherbergenkaart te hebben! Sportterreinen in de onmiddellijke omgeving (park, voetbalveld, sporthal). Dit adres is bovendien uitstekend gelegen om de omgeving te verkennen. Een gouden tip voor trotters met een krap budget!

WAT IS ER TE ZIEN EN TE DOEN?

✕✕ **De vroegere wijk van de beugvissers:** *de wijk achter de restaurants.* Je vindt er nog mooie huizen met erkers en smeedijzeren balkons. Als je in de richting van de Église Saint-Jacques loopt, kom je bij het vroegere gemeentehuis met een 16de-eeuws gewelf en een torentje uit de 13de eeuw. Aan het pleintje aan de voet van dat gebouw beginnen de trappen die naar de kliffen leiden. Let ook op het grote fresco waarop de geschiedenis van Le Tréport afgebeeld staat.

🔍 **Musée du vieux Tréport:** *ondergehracht in de vroegere gevangenis, aan de voet van het voormalige gemeentehuis.* 📞 *0235861336. Van Pasen tot eind september geopend in het weekend en op feestdagen van 10.00 tot 12.00 u en van 15.00 tot 18.00 u. Toegangsprijs: € 2; kortingen.* Voormalig vissersmateriaal, schaalmodellen, touwwerk, knopen ... en het hele historische en maritieme erfgoed van Le Tréport: het leven van de zeelui, de zeebaden, traditionele activiteiten enzovoort. Vergeet niet dat in de 18de eeuw de overgrote meerderheid van de mensen hier van de visvangst leefde. De tentoonstelling wijzigt om de twee jaar.

🔍🔍 📱 **Le Monde de Blandine:** *rue de Penthièvre 8-10.* 📞 *0235825907. In juli en augustus dagelijks geopend van 10.00 tot 19.00 u. De rest van het jaar op weekdagen (behalve maandag) van 14.00 tot 18.00 u en in het weekend van 10.30 tot 19.00 u. Toegangsprijs: € 3; goedkoper voor kinderen.* Klein museum waarin ongeveer vierhonderd poppen uit de hele wereld tentoongesteld worden, zowel oude als hedendaagse. Sommige dragen kleren die werden ontworpen door befaamde couturiers. Een uniek concept! Het museum heeft het plan opgevat om ook stages te organiseren waarbij de deelnemers wordt aangeleerd hoe ze poppen moeten maken. Vraag ernaar als je geïnteresseerd bent.

🔍 **Église Saint-Jacques:** *bereikbaar vanaf de kade via een helling en een trap op de hoek van het* Hôtel de Calais. Mooi bouwwerk uit de 16de eeuw. Gevel met een schaakbordmotief van zandsteen en silex. Het voorportiek (gebouwd onder Lodewijk Filips) beschermt een vrij zwaar beschadigd renaissanceportaal waarvan alle beelden zijn verdwenen. Let binnen op de schitterende sluitstenen. Aan de ingang staat een polychrome Maagd uit de 16de eeuw. Het waren de pelgrims van Santiago de Compostela die de sint-jakobsschelp tot hun embleem verkozen, en zo het lekkere schelpdier zijn naam gaven (en niet omgekeerd!). Daarom zie je de schelp vaak in religieuze versieringen.

📱 **Gegidste excursies op zee:** *in juli en augustus dagelijks, de rest van het jaar in het weekend en na reservatie.* 📞 *0235503887 of 0235868262. Prijs: € 7,50 tot 13, afhankelijk van de duur (½ tot 1 uur); goedkoper voor kinderen jonger dan twaalf. Vertrek van de place de la Poissonnerie.*

📱 **Het toeristentreintje van Le Tréport:** *inlichtingen bij de Dienst voor Toerisme. Het treintje vertrek voor het kantoor. Van Pasen tot eind september rijdt het uit in het weekend en op feestdagen, in juli en augustus zelfs dagelijks. Duur van de rit: 35 minuten. Prijs: € 6; korting; gratis voor kinderen jonger dan tien.* Rondrit in de stad met uitleg.

FEESTELIJKHEDEN

– **Fête du nautisme (Feest van de watersport):** *één weekend half mei.* Animatie op het water in het handelsdok, tochtjes met een jol, touwtrekken in dory's, viswedstrijden enzovoort.

– **Foire aux moules (Mosselfestijn):** *het weekend van Pinksteren.* Mossels eten in een volkse en goedlachse sfeer.

– **La Petite Armada (De kleine armada):** *het voorlaatste weekend van juni.* Tal van maquettes van boten worden tentoongesteld of te water gelaten. Ook zeilinitiaties en workshops voor kinderen.

– **Fête de la Mer (Feest van de zee):** *één zondag in juli of augustus (uitsluitend in de even jaren).* Processie in traditionele klederdracht en zegening van de boten, die per tien te water worden gelaten.

– **Marché de Noël (Kerstmarkt):** *in december, aan de kabellift.* Kerstmarkt mét ijsbaan!

IN DE OMGEVING VAN LE TRÉPORT

🔍🔍 **De kliffen:** vanaf de Calvaire des Marins in het gehucht Les Terrasses heb je een prachtig uitzicht op het stadje en de omgeving (met panoramawijzer). Met de auto moet je richting Dieppe rijden via Flocques en Mesnil-Sorel. De dapperen onder de trotters nemen de trappen (meer dan 350 treden!) vanaf het plein bij het gemeentehuis. Maar wij raden een derde optie aan: de (gratis) kabellift die door de krijtrotsen loopt. Bij aankomst kun je iets drinken in de bar van *Hôtel Trianon*. Je vindt er een magnifiek terras met een schitterend uitzicht op de monding van de Bresle en de drie zustersteden. Onder en boven aan de kabellift bevinden zich winkeltjes en restaurants.

◀◀ **Mers-les-Bains (80350):** de aanleg van de spoorlijn in 1872 heeft de geschiedenis en het lot van Mers-les-Bains in grote mate bepaald. Door die verbinding werd het dorpje vlak bij Le Tréport de badplaats die het snelst te bereiken was vanuit Parijs. De trein bracht een menigte vakantiegangers op zoek naar een aangenaam vakantieoord. Vandaag is Mers eerder een gezinsstrand, beschut tegen de wind door een krijtrots die minder indrukwekkend is dan die van Étretat, maar toch wel een honderdtal meter boven de zee uitsteekt. Het fraaie keienstrand is 4,5 km lang. Mers kan vooral bogen op een intacte kustboulevard (een rariteit!) met tientallen keurig in het gelid geplaatste art-nouveauvilla's, de ene nog fraaier dan de andere. Ga even kijken naar *La Fée des Mers*, het huis op de hoek van de kustboulevard. Het werd gebouwd door de befaamde Gustave Eiffel (ja, die van de toren). Bouwpromotoren moeten Mers links laten liggen, want de gevels staan op de monumentenlijst of zijn beschermd. Ze geven het strand de luxesfeer en de luister van weleer.

EU

76260 | 8330 INWONERS

Eu ligt 4 km van Le Tréport en is ongetwijfeld een van de mooiste stadjes van Normandië. In het westen ligt de zee, in het oosten het bos. De plaats heeft ook cultureel een en ander te bieden. Het Forêt d'Eu, een voormalig koninklijk beukenwoud van 10 000 ha, en de valleien van de Bresle en de Yères zijn prachtig en verdienen, samen met het kasteel, een verblijf van minstens een weekend. Dat vond ook de schilder Turner, die in 1845 door Lodewijk Filips uitgenodigd werd voor een banket op het kasteel en de gelegenheid te baat nam om een reeks aquarellen te maken. Als je hier bent in de periode rond Allerheiligen, moet je zeker eens proeven van een lokale specialiteit: paté met peren van Fisée, een soort hartige bladerdeegtaart waarin ingemaakte peren zijn verwerkt.

EEN BEETJE GESCHIEDENIS

Het was in Eu dat Willem de Veroveraar in het huwelijk trad met Mathilde van Vlaanderen. De dame stelde zich eerst erg weigerachtig op, maar stemde uiteindelijk toch toe in een huwelijk met de beroemde bastaard. Hier werd ook de 'Entente Cordiale' ondertekend, waardoor Engeland en Frankrijk een verbond aangingen onder de monarchie van Lodewijk Filips. Om die goede verstandhouding te benadrukken, nodigde de Franse koning de Engelse koningin Victoria twee keer uit in zijn kasteel, in 1843 en in 1845.

NUTTIGE ADRESSEN

🅸 **Dienst voor Toerisme:** place *Guillaume-le-Conquérant (aan de kapittelkerk)*. ☎ 02 35 86 04 68 ● *otsi.eu@wanadoo.fr. Het hele jaar door geopend; in het seizoen van maandag tot zaterdag van 9.30 tot 18.30 u en op zon- en feestdagen van 10.00 tot 13.00 u.* Heel volledige brochures met wandelingen en excursies in de stad en in de naburige valleien, meer bepaald 'Le circuit du Patrimoine' (de erfgoedroute). Dynamische en enthousiaste ploeg. Tijdens de schoolvakanties worden thematische rondleidingen en activiteiten georganiseerd (zoals rondritten in een koets of kooklessen). In de brochures 'J'EUdois', 'Tourisme & Découvertes' en 'Carnets Pratiques' vind je meer uitleg.

🚲 **Fietsenverhuur: Joostens-Cycles,** *rue Charles-Morin 1.* ☎ *02 35 86 22 24. Gesloten op zondag en maandag.* Mountainbikes en stadsfietsen.

SLAPEN EN ETEN

CAMPING

⛺ CAMPING MUNICIPAL DU PARC DU CHÂTEAU: ☎ *en fax: 02 35 86 20 04. Je komt er langs de rue des Fontaines, die langs de rechterkant van het kasteel loopt. Blijf rechtdoor gaan. De camping ligt ongeveer een kilometer verderop. Geopend van april tot en met oktober. In het hoogseizoen betaal je € 8,50 voor twee personen met een tent en een wagen.* Deze driesterrencamping in het kasteelpark is zonder twijfel een van de rustigste en best gelegen kampeerterreinen in de wijde omgeving. Op een steenworp afstand liggen het kasteel, de serres en een rivier. De mooie staanplaatsen liggen op terrassen tussen schitterende bomen. Ze zijn goed onderhouden en van elkaar gescheiden door middel van hagen. Kraaknet sanitair. Wasmachine en droogautomaat. Basketbalveld en speelweide.

GOEDKOOP TOT DOORSNEEPRIJS

🛏 AUBERGE DE JEUNESSE, CENTRE DES FONTAINES (JEUGDHERBERG): *rue des Fontaines 1.*

☎ *02 35 86 05 03* ● *centre-des-fontaines@wanadoo.fr* ● *www.centre-des-fontaines.fr. Een tiental minuutjes wandelen van het station van Eu. Gesloten tijdens de laatste week van december en de eerste week van januari. Je betaalt € 12,80 per persoon (huur van de lakens inbegrepen). Jeugdherbergenkaart verplicht (ter plaatse te koop). Alleen voor groepen wordt er gekookt (€ 26 per persoon in halfpension). Draadloos internet.* Deze jeugdherberg is ondergebracht in de koninklijke keukens van het naburige kasteel, onder de bakstenen gewelven. Je kunt ook na sluitingstijd (21.00 u) binnen wanneer je wilt, want je krijgt een sleutel. Op de benedenverdieping liggen drie grote slaapzalen (elf tot dertien bedden) met douche en wastafel (wc op de etage). Op de etage vijf kamers met elk vijf bedden, met of zonder eigen douche (wc steeds op de gang). Tv-salon en zalen voor de groepen. Twee piano's voor wie graag een deuntje speelt.

🛏 LE CLOS SAINTE-ANNE: *bij Evelyne Duminil, rue Sainte-Anne 6.* ☎ *02 35 50 75 56 en 06 82 94 95 36 (gsm)* ● *evelyne.duminil@aol.com. Tweepersoonskamers met ontbijt voor € 60, table d'hôte voor € 20.* Heel charmant en toch niet zo duur adres in het hart van het historische Eu. Achter de strenge bakstenen gevel ligt een typisch huis uit de 17de eeuw met een met vuursteen geplaveid binnenpleintje en een lieflijke tuin waarin vaak een witte merel zit. Evelyne ontvangt je warm en begeleidt je naar een van haar drie gastenkamers die bijzonder smaakvol en sober ingericht zijn. Eén ervan, onze favoriet, heeft een dikke houten steunbalk midden in de ruimte en een eigen terras, maar ook de twee andere kamers zijn prachtig. Een adresje om verliefd op te worden.

🛏🍴 HÔTEL-RESTAURANT L'ÉTOILE: *boulevard Thiers 37.* ☎ *02 35 86 14 89 of 0938* ● *hotel.letoile@wanadoo.fr. Het restaurant is steeds op zondag gesloten, en buiten het seizoen ook op zaterdagavond. Je betaalt € 34 tot 45 voor een tweepersoonskamer, afhankelijk van het comfort. Menu's voor € 14 en 16.* Leuk bistrootje met een lange geschiedenis. Gisèle en Philippe bieden gerechten aan op basis van wat er die dag op de markt te vinden was. Klassiekers zijn escargots, mossels, filet van zeebarbeel en varkenspoten met *graval* (een soort kaas die nogal lijkt op neufchâtel). Het hotel is niet van hetzelfde niveau als het restaurant. Bovendien ligt het aan een drukke verkeersader. De goedkoopste kamers delen de toiletten op de gang. Geef de voorkeur aan een van de gerenoveerde kamers.

🍴 RESTAURANT DE LA POSTE: *rue de la Poste 5.* ☎ *02 35 86 10 78* ♿ *Tegenover de post, zoals de naam al deed vermoeden. Dagelijks (behalve maandag) 's middags geopend, op zaterdag ook 's avonds. Jaarlijkse vakantie in juli. Door de week is er een lunchmenu voor € 11. Verder menu's voor € 17 tot 26.* Eenvoudige, maar lekkere keuken (eendenterrine, gevogeltelevertjes met fijngehakte peterselie) in een aangenaam interieur. Terughoudende ontvangst.

▓ LE BRAGANCE: *allées des Guises*. ☎ 02 35 83 47 70. *Aan het eind van de beukendreef die langs het kasteel loopt. Gesloten op zaterdagmiddag en op zondag (behalve tijdens feestelijkheden, op feestdagen en in juli en augustus). Op weekdagen lunchformule voor € 15. Menu's voor € 21 tot 27,50. A la carte betaal je € 40 à 45.* Hier kom je op de eerste plaats voor het originele decor, want dit restaurant is ondergebracht in de voormalige ijskelder van het kasteel. Hier werd eertijds ijs opgeslagen dat met boten uit Noorwegen werd overgebracht! De kwaliteit van het eten is nogal wisselvallig. Er zijn wel enkele lekkere gerechtjes, zoals gevulde aardappel met *andouille* (worst van ingewandsvlees) en *maroilles* (een soort kaas). In de grote open haard wordt vlees geroosterd. Op mooie dagen kun je plaatsnemen op het terras om te genieten van de zon en het uitzicht op de kasteeltuin.

DOORSNEEPRIJS

✉ CHAMBRES D'HÔTES BIJ MEVROUW DEMARQUET: *Manoir de Beaumont*. ☎ 02 35 50 91 91 ● *catherine@demarquet.eu* ● *www.demarquet.eu. Aan de rand van Eu, vóór de D49 naar Ponts en Marais, neem je de weg naar Beaumont (rechts). Volg de bordjes. Tweepersoonskamers voor € 48 tot 56, naargelang van de grootte. Vakantiehuisjes voor vijf personen voor € 100 per nacht.* Gewezen jachtherberg midden in een groot park met een schitterend uitzicht achter in de tuin, vanwaar de wandelpaden door het bos vertrekken! Drie gerestaureerde, ruime en comfortabele gastenkamers met een statig interieur. Salon met open haard waar je in alle rust een boek kunt lezen. In de tuin staan twee vakantiehuisjes. Wij gaven de voorkeur aan het grootste, dat heel mooi is opgeknapt. Het kleinere is wat eenvoudiger. De eigenaars zijn attent en vriendelijk. Ze weten veel over de streek en vertellen honderduit over de bezienswaardigheden en de geschiedenis.

WAT IS ER TE ZIEN?

🗻 **Château d'EU – Musée Louis-Philippe:** *in het centrum van het stadje.* ☎ 02 35 86 44 00 *(gemeentehuis). Geopend van half maart tot Allerheiligen van 10.00 tot 12.00 u en van 14.00 tot 18.00 u, behalve op dinsdag en vrijdagochtend. Toegangsprijs: € 4; korting. In het hoogseizoen worden er thematische rondleidingen en kooklessen georganiseerd!* Dit kasteel werd gebouwd onder Hendrik de Guise en Catherina van Nevers en in 1665 afgewerkt door de nicht van Lodewijk XIV, die toen 'la Grande Mademoiselle' ('de grote juffrouw') werd genoemd. In de 19de eeuw ontving Lodewijk Filips, die van dit kasteel zijn zomerresidentie maakte, hier tweemaal de Engelse koningin Victoria. In een van die gevallen was ook de Engelse schilder Turner aanwezig, die bij die gelegenheid enkele van zijn beroemde aquarellen maakte. Tegenwoordig is in het (gemeubileerde) kasteel een museum ondergebracht dat ten dele is gewijd aan Lodewijk Filips en aan de Julimonarchie. In enkele zalen zijn nog restauratiewerken aan de gang, maar het grootste gedeelte is te bezichtigen. Je komt er meer te weten over het dagelijkse leven van de opeenvolgende eigenaars, van de familie de Guise tot het geslacht d'Orléans, en krijgt onder meer *Galerie des Guise* (waar tal van portretten hangen), de statietrap, de eetzaal, de badkamer en de vergulde kamer van de Grande Mademoiselle te zien. De gebrandschilderde ramen in het portiek op de benedenverdieping werden getekend door Viollet-le-Duc. Mooie houten vloeren uit de 19de eeuw. In het park staat het standbeeld van Ferdinand, hertog van Orléans en zoon van Lodewijk Filips. Hij stierf aan de gevolgen van een verkeersongeval met zijn koets. Ga zeker ook eens kijken de naar 'de Guisard', een imposante beuk die naar het schijnt de oudste van Frankrijk zou zijn. Hij werd geplant rond 1588.

Van Willem de Veroveraar tot Lawrence van...

Het meest aangrijpende element in de kapitt... ...n Notre-Dame-et-Saint-Laurent is wellicht de 12de-eeuwse crypte, het laatste ...el van de abdij die hier stond toen Willem de Veroveraar inscheepte voor zijn ...k naar Engeland. Ze bevat de stoffe- lijke resten van een hele reeks belangrijke ...n, onder meer van de patroonheilige van de stad, de H. Laurentius O'Toole, aa...hop van Dublin, die hier op 14 novem- ber 1180 stierf. Een beroemd afstamme...n de H. Laurentius is Peter O'Toole, die Lawrence van Arabië speelde in de gelijk...ge film!

🎭🎬 **De kapittelkerk van Notre-Dam...aint-Laurent:** *place Guillaume-le-Conquérant. Infor- meer naar de openingstijden bij de Die...st voor...*me. Massief, indrukwekkend gebouw in primitief gotische stijl. De kerk werd ge...ouw...de 12de en 13de eeuw, maar in de 19de eeuw grondig onder handen genomen do...arch...ct Viollet-le-Duc. Het interieur is de moeite waard. Het kerkschip is heel helder en...zig. D...psisen de rijkbemeubelde straalkapellen verdienen je aandacht. Mooie flambo...nte ko...omgang en een 18de-eeuwse kansel. Ga zeker ook eens kijken in de crypte (zie k...er her...oven).

🎭 **Klein Italiaans thea...ter:** ...n dinsdag tot vrijdag geopend van 14.00 tot 18.00 u. Inlichtingen bij de Dienst voor Toerisme of rechtstreeks bij het theater: ☎ 02 35 50 20 97. Gratis toegang. 19de-eeuws theater waar nog een heel typische s...ee hangt. Er worden voorstellingen en concerten gehouden.

🎭 **De kapel van het Jezu...eten...ollege:** rue du Collège, in een mooi historische wijk. Van Pasen tot Aller- heiligen dagelijks geopend van 10.30 tot 12.00 u en van 14.00 tot 18.00 u. Deze kapel heeft veel weg van de Gesù kerk in Rome, de mo...der van de Romeinse barok, maar onderging ook duidelijke in- vloeden van de renaissance en de Lodewijk XIII-stijl. De gevel is minder dynamisch dan die van haar illustere voorbeeld. Het gebruik van baksteen is daar niet vreemd aan. Het gebouw herbergt de grafmonumenten van Hendrik de Guise en zijn vrouw Catharina van Nevers. Het was trouwens zij die de kapel liet bouwen, nadat haar echtgenoot was vermoord door Hendrik III. De twee mausolea van zwart en wit marmer liggen tegenover elkaar. Er vinden ook tijdelijke tentoonstellingen plaats (in dat geval is de kapel op zondag geopend van 15.00 tot 18.00 u).

🎭🎬 **Musée des Traditions verrières (Museum van de glasblaastraditie):** *rue Sémichon, naast de M.-Audiardzaal.* ☎ 02 35 86 21 91 ● www.traditions-verrieres.com ♿ In de voormalige paardenstal- len uit de 19de eeuw. Van Pasen tot Allerheiligen op dinsdag, zaterdag, zondag en feestdagen geopend van 14.30 tot 18.00 u; in juli, augustus en september ook op woensdag. De rest van het jaar kun je je wenden tot de Dienst voor Toerisme. Toegangsprijs: €3; gratis voor wie jonger is dan twaalf. In dit museum wordt meer dan zesduizend jaar geschiedenis van de glasblazerij uit de doeken gedaan. Je leert onder meer dat de mens al heel lang geleden wist hoe hij glas moest maken (zand en natrium verhitten op een temperatuur van 1400 tot 1600°C). Ook al zijn de technieken voortdurend geëvolu- eerd, het principe is hetzelfde gebleven, van de eerste Egyptische ovens tot de 21de-eeuwse automatisering. Het museum wordt met liefde gerund door professionele glasblazers. Be- doeling is niet alleen om bezoekers wat bij te leren, maar ook om misschien nieuwe gega- digden te vinden om de traditie verder te zetten. Vriendelijke ontvangst en een heel leuk bezoek. Nu en dan worden er demonstraties gegeven (inlichtingen bij de Dienst voor Toe- risme). Het museum bezit ook een rijke verzameling videomateriaal.

WAT IS ER TE ZIEN EN TE DOEN IN DE OMGEVING?

Bij de Dienst voor Toerisme van Eu kun je heel wat informatie krijgen over de wandelmoge- lijkheden in het Forêt d'Eu en in de valleien van de Bresle en de Yères. Tijdens een wandeling in die laatste vallei kun je ook een park en een tuin bezoeken:

– **Les prés:** *bij Suzanne Tailleux, rue de Cha..., 76910 Criel-sur-Mer.* ☎ 02 35 86 78 54. *Van begin april tot en met 11 november op vrijdag, zaten..., maandag en feestdagen geopend van 14.00 tot 19.00 u. Gratis bezoek én gratis proeverij van cid...ag, ...lewijn op basis van cider. Een domein van 10 ha, doorsneden door de rivier de Yères, met g... ...uinen, boomgaarden en thematische tuinen, gelegen rond een landhuis dat dateert... ...begin van de 20ste eeuw.*

– **Le jardin des Sources:** *bij Pascal Dumont, i... ...ucht Dragueville, 76260 Saint-Martin-le-Gaillard.* ☎ 02 35 50 93 44 ♿ *Geopend van 9.30 tot 12.0... ...n 14.30 tot 18.30 u. Gesloten op maandag. Gratis toegang. Mooie wandeling langs thematische ... ...n op een domein van 2 ha. Er is ook een boomgaard waar de befaamde peren van Fisée w... ...gekweekt. Die zijn overheerlijk wanneer ze gekonfijt worden verwerkt in de lokale pa...*

FEESTELIJKHEDEN

– **Le feu de la Saint-Jean (sint-jansvuur):** *bij de z...merzor, ...wende...*
– **Musiques au Jardin:** *in de zomer om de andere don...rdag...af 19.00 u.* Kleine concertjes in de Franse tuinen. Heel uiteenlopende stijlen, van klassie...k tot techno! Kost twee keer niks, en bovendien mag je de toegangsprijs aftrekken van de prijs van een maaltijd in een van de deelnemende restaurants!
– **L'Automne sur tous les tons:** *tijdens de herfstvakantie.* De ...deren mogen hun ouders bij de hand nemen om samen het lokale erfgoed te gaan verken...
– Het hele jaar door wordt er van alles georganiseerd om ...architecturale, natuurlijke en culinaire troeven van Eu in de verf te zetten.

HET PAYS DE BRAY

Het Pays de Bray, gelegen in het noordoosten van het departement, omvat de valleien van de Béthune, de Andelle en de Epte. De belangrijkste plaatsen zijn Neufchâtel-en-Bray, Forges-les-Eaux en Gournay-en-Bray.

De streek ligt op het grondgebied van twee departementen (Seine-Maritime en Oise) en biedt een bijzonder grote verscheidenheid aan landschappen: lieflijke valleien, steile hellingen, vredige wallenlandschappen en dichte groepjes bomen die uit het niets lijken op te duiken. De verscheidenheid wordt nog in de hand gewerkt door de eigenaardige samenstelling van de bodem. De Normandische koe gedijt hier bijzonder goed en geeft een romige melk die de lokale boter beroemd heeft gemaakt. De regio kan ook prat gaan op twee befaamde kazen: de neufchâtel en de petit-suisse.

Langs de kleine weggetjes ontdek je een levend erfgoed dat met fierheid in stand wordt gehouden. De dorpen leven: een kermis hier, een feest daar. Het fenomeen van de landelijke herberg die ook dienstdoet als kruidenier, krantenwinkel en restaurant bestaat hier nog. En de markten zijn nog zo druk en kleurrijk als vroeger.

NEUFCHÂTEL-EN-BRAY

76270 | 5360 INWONERS

Aardig groot dorp met een reeks vakwerkhuizen en kleine flatgebouwen van na de oorlog, snel gebouwd na de bombardementen van 1940. Niet echt opwindend, al mogen de kerk en het leuke gemeentemuseum er best zijn ... En natuurlijk is er de kaas die ervoor heeft gezorgd dat de naam Neufchâtel ook in het buitenland een belletje doet rinkelen.

DE KAAS VAN NEUFCHÂTEL

De geschiedenis van de oudste van alle Normandische kazen gaat terug tot het begin van de 11de eeuw. Net als goede wijn (en andere kwaliteitskazen zoals livarot, camembert en pont-l'évêque) heeft neufchâtel een *appellation d'origine contrôlée* (herkomstbenaming). Dat betekent dat de kaas alleen in een straal van ongeveer 30 km rond Neufchâtel mag worden geproduceerd. De kaas is gemaakt van gestremde koemelk die men laat klonteren. Het resultaat is een wrongel *(caillé)* die men laat uitlekken en vervolgens twaalf uur lang perst. Aan de wrongel wordt oudere kaas toegevoegd, de zogenoemde *vaccination*, omdat die reeds de gewenste schimmelcultuur bezit. Vervolgens wordt de kaas in de gewenste vorm gedaan en gepekeld. Na twaalf dagen is de kaas jong, na drie weken halfrijp en tussen een en drie maanden later is hij helemaal rijp *(affiné)*. Meer informatie vind je op ● *www.neufchatel-aoc.org.* Smakelijk!

AANKOMST EN VERTREK
Met de bus
– **Van en naar Rouen:** *Veolia (VTNI;* ☎ *0825 076 027* ● *www.mobiregion.net)* verzorgt de verbindingen tussen Rouen en de belangrijkste steden in het Pays de Bray (waaronder Neufchâtel-en-Bray).

Met de trein
– **Van en naar Parijs/Dieppe:** *inlichtingen op* ☎ *3635 (€ 0,34 per minuut).* Een bus van de SCNF rijdt tussen Neufchâtel en het station van Gisors.

NUTTIG ADRES EN PRAKTISCHE INFORMATIE
ℹ Dienst voor Toerisme: *place Notre-Dame 6.* ☎ *02 35 93 22 96* ● *www.ot-pays-neufchatelois.fr. Tegenover de ingang van de kerk. Het hele jaar door geopend: in juli en augustus door de week van 9.00 u (op maandag pas vanaf 15.00 u) tot 18.30 u, op zon- en feestdagen van 10.00 tot 13.00 u en van 14.00 tot 17.00 u. Van half april tot eind juni en van september tot midden oktober van dinsdag tot vrijdag van 10.00 tot 12.30 u en van 14.00 tot 18.00 u, en op zaterdag van 9.30 tot 12.30 u en van 14.00 tot 18.00 u. Van midden oktober tot half april van dinsdag tot vrijdag van 14.00 tot 17.00 u en op zaterdag van 9.30 tot 12.30 u en van 14.00 tot 17.00 u.* Informatie over wandelingen en fietsroutes waarbij je nu en dan halt kunt houden bij kleine producenten.
– **Markt:** *op zaterdagochtend. Landbouwproducten in de* halle au beurre *(boterhallen). Doorgaans veemarkt op woensdagochtend (vroeg komen is de boodschap, vanaf 7.00 u).*

SLAPEN EN ETEN

DOORSNEEPRIJS TOT LUXEUS
🛏 CHAMBRES D'HÔTES LE CELLIER DU VAL BOURY: ☎ *02 35 93 26 95* ● *xavier.lefrancois@wanadoo.fr* ● *www.cellier-val-boury.com. Bovenaan in de hoofdstraat (er staan pijlen). Tweepersoonskamers voor € 48 tot 60 en driepersoonskamers voor € 60 tot 75. Er is ook een vakantiehuisje voor twee personen te huur voor € 130 tot 260 voor een weekend, afhankelijk van het seizoen.* Een oude boerderij uit de 17de eeuw, vlak bij het centrum. Het erf is versierd met bloemen en planten. Vijf heel comfortabele, smaakvol ingerichte gastenkamers met houten balken. De gasten mogen gebruikmaken van de salon met keukenhoek. Rust gegarandeerd. Prima adres voor een vakantie op het platteland.

🛏 CHAMBRES D'HÔTES LE CHARDON BLEU: *Grande-Rue-Fausse-Porte 20.* ☎ *02 35 93 26 64* ● *gaudry.famille@wanadoo.fr* ● *wwwlechardonbleu.blogspot.com (geen punt tussen 'www' en de rest van het adres!). Gesloten op zondagavond. Ook gesloten in de herfst- en de krokusvakantie. Tweepersoonskamers voor € 70 tot 85. Er zijn ook twee gezinskamers voor € 130. Privaat parkeerterrein.* Sober en modern ingerichte kamers in een imposant gebouw in het centrum, sommige met aangrenzende kinderkamer en balkon. De kamer *Teddy*, waarin een hemelbed staat, is een aanrader. Alle kamers hebben parket en een moderne badkamer met een massagedouche of een ligbad en bieden uitzicht op de tuin. Gemeenschappelijke salon met biljarttafel. Een pareltje.

📧✖ LES AIRELLES: *passage Michu 2, aan de place Notre-Dame.* ☎ *02 35 93 14 60* ● *les-airelles-sarl@wanadoo.fr* ● *www.les-airelles-neufchatel.com. Het restaurant in gesloten van zondagavond tot dinsdagmiddag, behalve in juli en augustus. Gesloten tijdens de herfst- en de krokusvakantie. Afhankelijk van het gewenste comfort betaal je € 47 tot 66 voor een tweepersoonskamer. Menu's van € 16,50 (uitsluitend door de week) tot 42. Reken op € 50 als je à la carte eet. Draadloos internet.* Achter de elegante gevel schuilen nette kamers die onlangs werden opgeknapt. Het restaurant serveert een heel degelijke traditionele keuken in een verzorgd interieur met kleurrijke fresco's. Er wordt vooral met streekproducten gewerkt (gerechten met neufchatelkaas, ingemaakt lamsvlees), maar de kaart bevat ook culinaire verrassingen, zoals Vietnamese loempia's met chocolade! Op mooie dagen kun je plaatsnemen op het terras. De ontvangst verloopt echter niet bijzonder hartelijk.

📧✖ HOSTELLERIE DU GRAND CERF: *Grande-Rue-Fausse-Porte 9.* ☎ *02 35 93 00 02* ● *grand-cerf.hotel@wanadoo.fr* ● *www.grandcerf-hotel.com. In de hoofdstraat. Het restaurant is gesloten op vrijdagavond. Jaarlijkse vakantie van half december tot half januari. Tweepersoonskamers voor € 55. Menu's voor € 12 (uitsluitend op weekdagen) en € 21 tot 31. Draadloos internet.* Een klassiek maar goed gerund hotel. Het valt onmiddellijk op dat de zorg voor de gasten hier hoog in het vaandel wordt gedragen. Overal liggen tijdschriften ter beschikking. Alle kamers werden opgeknapt en beschikken over een eigen badkamer. Neem bij voorkeur een kamer aan de achterkant, die zijn rustiger. Traditionele Normandische keuken. Hartelijke ontvangst.

WAT IS ER TE ZIEN?

🔥🔥 **Église Notre-Dame:** deze kerk werd grotendeels vernield tijdens de oorlog en daarna volledig gerestaureerd. Je komt binnen via een torenportaal in flamboyant gotische stijl. Kerkschip uit de 16de eeuw, dat vooral de moeite waard is voor de renaissancekapitelen van de pilaren in de linkerzijbeuk. Het koor is ouder (13de eeuw). In de rechterarm van de dwarsbeuk zie je een gebeeldhouwde polychrome stenen graflegging uit de 15de eeuw (onder een renaissancebaldakijn).

🔥🔥 **Gemeentelijk museum Mathon-Durand:** *in de rue Saint-Pierre.* ☎ *02 35 93 06 55. Vlak bij de kerk via de Grande-Rue-Fausse-Porte. Van april tot oktober geopend op zondag van 15.00 tot 18.00 u; van 15 juni tot 15 september dagelijks geopend (behalve op maandag) van 15.00 tot 18.00 u. De rest van het jaar na afspraak. Toegangsprijs: € 3; goedkoper voor kinderen.* In een oud 16de-eeuws herenhuis met vakwerk is een verzameling voorwerpen tentoongesteld die verband houden met het Normandische landleven vanaf het eind van de middeleeuwen tot het begin van de 20ste eeuw. De tentoonstelling is opgebouwd volgens thema's: meubilair, smeedijzer, het atelier van een kuiper, dat van een klompenmaker, landbouwwerktuigen, aardewerk uit Martincamp en faience uit Forges-les-Eaux. Dankzij de mooie witte klei was deze streek in de 17de eeuw befaamd voor haar aardewerk. Uiteraard werd er ook een zaal gewijd aan de neufchatelkaas. Buiten staat een appelpers.

FEESTELIJKHEDEN

– **Fêtes médiévales (middeleeuwse feesten):** *in april.*
– **Guinguette au plan d'eau (dansfeest aan het water):** *in juli.*
– **Fête du fromage (feest van de kaas):** *in september, tijdens de Journées du Patrimoine (erfgoeddagen).*
– **Foire Saint-Martin (Sint-Maartenmarkt):** *half november.*

FORGES-LES-EAUX

Forges-les-Eaux geniet een bekendheid die het in feite niet verdient. Dat is te danken aan het casino, dat na dat van Enghien het dichtst bij Parijs ligt. De plaats is ook bekend om haar bronnen. Verscheidene rivieren, waaronder de Epte en de Andelle, ontspringen hier.

Op historisch vlak moeten we de ijzerwinning en -bewerking vermelden, een belangrijke economische activiteit in de 15de en de 16de eeuw (vandaar de naam 'Forges', 'smederij'). Ook het aardewerk uit dit stadje was tot in de 19de eeuw befaamd. Later, toen de lagen ijzererts uitgeput waren, groeide de interesse voor de ijzerhoudende waterbronnen. De kuurmode trok beroemde klanten zoals Mme de Sévigné, Anna van Oostenrijk, Mme de Staël en koning Lodewijk Filips.

HOE KOM JE ER?

Met de trein

– 📞 3635 (€ 0,34 per minuut). Lijn Parijs – Gisors – Dieppe of Rouen – Amiens. Afstappen in Serqueux (2 km van Forges).

NUTTIGE ADRESSEN EN PRAKTISCHE INFORMATIE

ℹ️ **Dienst voor Toerisme:** *rue Albert-Bochet, naast het stadhuis.* 📞 *0235905210* ● *www.forgesleseaux-tourisme.fr. Van mei tot en met september van maandag tot zaterdag geopend van 9.30 tot 12.30 u en van 13.30 tot 18.00 u, op zon- en feestdagen van 10.00 tot 13.00 u; van oktober tot en met april van maandag tot zaterdag van 9.00 tot 12.30 u en van 14.00 tot 17.00 u.* Tal van brochures: wandelingen, fietstochten, ontspanningsmogelijkheden, overnachtingsmogelijkheden, cultuur, streekproducten, evenementen ... Van maart tot en met september worden er tijdelijke tentoonstellingen georganiseerd. Computer met internet (niet gratis).

🚲 **Fietsenverhuur:** *bij* **Vauquet Cycles,** *rue de la Libération 23.* 📞 *02 32 89 02 64. Ook* **Le Relais du Chasse-Marée,** *place de l'Ancienne-Gare-Thermale.* 📞 *0235 09 68 37.*

– **Markt:** *op donderdag en zondag. Veemarkt op donderdag (vanaf 7.00 u).*

– **Boerenmarkt:** *op maandag in Buchy (15 km van Forges via de D919), in de prachtige middeleeuwse markthal.*

SLAPEN EN ETEN

DOORSNEEPRIJS TOT IETS LUXUEUZER

🛏️🍴 HÔTEL-RESTAURANT LA PAIX: *rue de Neufchâtel 15.* 📞 *0235905122* ● *contact@hotellapaix.fr* ● *www.hotellapaix.fr* 🔳 *Het restaurant is het hele jaar door gesloten op maandagmiddag, en buiten het seizoen ook op zondagavond. Jaarlijkse vakantie van half december tot midden januari. Tweepersoonskamers met badkamer voor € 57. Doordeweekse lunchformule voor € 14. Menu's voor € 19,90 tot 35,20.* Het hotel heeft weinig charme, maar de keuken mag er zijn. Hartelijke sfeer, stemmig licht, bakstenen muren ... Een adres dat kwaliteit hoog in het vaandel heeft staan. Vooral vis en streekproducten.

🛏️ HÔTEL CONTINENTAL: *avenue des Sources 110 (tegenover het casino).* 📞 *02 32 89 50 50* ● *continental@casinoforges.net* ● *www.domainedeforges.com. Het hele jaar door geopend. Tweepersoonskamers voor € 69 tot 77, afhankelijk van de dag van de week. Draadloos internet.* Indrukwekkend vakwerkhuis dat helemaal is gerenoveerd. De kamers zijn niet bijzonder charmant, maar heel correct. Die aan de voorkant hebben een balkon. De wat ouderwetse sfeer doet denken aan de oude casinohotels. Ruime hal en amusante kitschschilderijen in de gemeenschappelijke delen. Goede ontvangst.

⊠ AUBERGE DU BEAU LIEU: *route du Montadet 2.* ☎ *02 35 90 50 36* ● *aubeaulieu@aol.com. Aan de rand van de stad, langs de D915 uit de richting van Gournay-en-Bray, 2 km van het centrum. Het restaurant is gesloten op maandag en dinsdag. Jaarlijkse vakantie van half januari tot midden februari. Op weekdagen is er een lunchformule voor € 18. Menu's voor € 28 tot 58.* Dit okergele restaurant langs de kant van de weg ziet er niet meteen uitnodigend uit, maar het is hier dat Patrick Ramelet meer dan vijftien jaar geleden zijn intrek nam met de uitdrukkelijke bedoeling om het gastronomische erfgoed van het Pays de Bray in ere te houden: warme foie gras met ingemaakte appels, gesmoorde kalfszwezeriken met morieljes, neufchatelkaas in bladerdeeggebak, kip van Gournay met wijn uit de Jura ... Een oprechte, bijzonder smakelijke keuken. Zodra je hebt plaatsgenomen in het rustieke eetzaaltje of in de Engelse tuin, vergeet je de weinig aantrekkelijke ligging van dit adres en heb je enkel nog aandacht voor het lekkers dat je voorgeschoteld krijgt.

SLAPEN EN ETEN IN DE OMGEVING

DOORSNEEPRIJS TOT LUXUEUS

📧 CHAMBRES D'HÔTES LA FERME DE BRAY: *bij Liliane en Patrice Perrier in Sommery (76440).* ☎ *02 35 90 57 27* ● *fermedebray@orange.fr* ● *ferme.de.bray.free.fr. 6 km van Forges via de weg naar Dieppe (D915); de boerderij ligt aan de linkerkant, 2 km voor Sommery. Je betaalt € 48 voor een tweepersoonskamer en € 60 voor een kamer voor drie.* Dertig jaar lang al restaureert Patrice met liefde de boerderij van zijn voorouders, die hier al wonen sinds de 15de eeuw! Het is een schitterend geheel van eeuwenoude gebouwen. Er zijn vijf kamers, de ene nog charmanter dan de andere: oude terracottategels, lijstwerk, prachtige open haarden, authentiek meubilair ... De boerderij is overdag toegankelijk voor het publiek, maar vanaf 18.00 u is het er heel rustig. 's Ochtends kun je zelfs forel vissen in de vijver.

📧 CHAMBRES D'HÔTES LE CLOS DU QUESNAY: *bij Sabine en Jean-François Morisse, route de Rouen 651, Le grand Quesnay, 76440 Mauquenchy.* ☎ *02 35 90 00 97* ● *info@leclosduquesnay.fr* ● *www.leclosduquesnay.fr. 6 km van Forges aan de weg naar Rouen (D919)* 🛗 *(één kamer). Tweepersoonskamers voor € 60.* In een prachtig gerestaureerde oude boerderij uit de 19de eeuw met rode tegels. In de aangelegde tuin van liefst 4 ha staan tal van appelbomen. Bijzonder klassevolle kamers die allemaal genoemd zijn naar een appelsoort! Private salon en eetkamer voor de gasten. Wat eten betreft, kun je kiezen tussen table d'hôte of een schotel met Normandische specialiteiten. Het huis ligt aan een doorgangsweg, maar de kamers zijn goed geïsoleerd.

📧⊠ AU SOUPER FIN: *route de Clères 1, 76690 Frichemesnil.* ☎ *02 35 33 33 88* ● *info@souperfin.com* ● *www.souperfin.com. Een dertigtal kilometer van Forges. Tweepersoonskamers voor € 65. Gesloten op zondagavond, woensdag en donderdag. Op weekdagen is er een menu voor € 32 (niet op vrijdagavond). Daarnaast menu's voor € 45 tot 54.* Deze mooie, met klimop begroeide herberg ligt wat buiten de toeristische gebieden, maar is een omweg meer dan waard. In de elegante eetzaal of op het mooie terras met uitzicht op de tuin kun je genieten van een gastronomische pauze. De chef verwent zijn gasten met verfijnde gerechten die hem al jarenlang een uitstekende reputatie bezorgen. Zijn brochette van reuzengarnalen met krabsnippers, gevolgd door het gebraden duifje met poivradesaus met peperkoek, heeft al menig culinair criticaster de mond gesnoerd. De kaart wordt geregeld aangepast, en elk seizoen opnieuw komen gastronomen uit de wijde omgeving de nieuwe ideeën van de chef en het verrassingsmenu ontdekken. Je kunt er ook blijven slapen in een van de rustige gastenkamers.

⊠ AUBERGE DE LA VARENNE: *route de la Libération 2, 76680 Saint-Martin-Osmonville.* ☎ *02 35 34 13 80* ● *santus.restauration@orange.fr. Een twintigtal kilometer ten westen van Forges. Gesloten op zondagavond, op maandag en op woensdagavond. Op weekdagen is er al een menu voor € 14. Voor de andere menu's betaal je € 23 tot 37.* Aardig adres met gerechten die geïnspireerd zijn op lokale tradities, zoals runderwang met cider. Naargelang van het seizoen kun je genieten van het terras of van de open haard.

WAT IS ER TE ZIEN EN TE DOEN?

❧ **Musée des Maquettes hippomobiles Jean Guillot:** *in het park van het stadhuis.*
☎ *02 35 90 52 10 (Dienst voor Toerisme)* 🖰 *Geopend van 14.00 tot 17.00 u; op zondag van 14.30 tot 18.00 u. Gesloten op maandag en dinsdag en van midden oktober tot half april. Toegangsprijs: € 2,50; kortingen.* Bescheiden museum met ongeveer honderd schaalmodellen van voertuigen die door paarden werden voortgetrokken, van landbouwmachines tot transportmiddelen uit het eind van de 19de eeuw, opgesteld in een decor van landschappen uit het Pays de Bray. Alles werd gemaakt door een gepensioneerd koppel. Petje af! Een tafereel met historische poppen toont het bezoek van Lodewijk XIII aan Forges-les-Eaux in 1633.

❧ In het park van het stadhuis zie je, nadat je onder het gewelf door bent gepasseerd, de overblijfselen van de **bidkapel van Anna van Oostenrijk.** Ertegenover ligt het huis van haar lijfwachten. Anna van Oostenrijk kwam hier kuren met haar echtgenoot Lodewijk XIII.

❧ Op de hoek van de rue de la République en de rue Rebours-Mutel zie je een originele **gevel van houten panelen en baksteen.**

❧ ❧ **Musée de la Résistance et de la Déportation (museum van het verzet en de deportatie):** *rue du Maréchal-Leclerc.* ☎ *02 35 90 64 07* 🖰 *(de benedenverdieping). Geopend van 14.00 tot 17.00 u, op zondag van 14.30 tot 18.00 u. Op maandag en woensdag gesloten. Slechts geopend van midden april tot half oktober. Toegangsprijs: € 5; kortingen.* Tal van voorwerpen en documenten die te maken hebben met de Tweede Wereldoorlog, het verzet en de deportatie: wapens, kostuums, kristalontvangers, sabotagemateriaal en beeldmateriaal. In een zaal worden films en documentaires vertoond. Let op, sommige beelden kunnen zeer aangrijpend zijn, in het bijzonder voor kinderen.

❧ **Verzameling aardewerk uit Forges:** ☎ *02 35 90 52 10. In de trouwzaal van het stadhuis. Te bezichtigen na afspraak met de Dienst voor Toerisme (niet in het weekend of op maandag). Toegangsprijs: € 2,50; kortingen.* Het was Georges Wood, een man van Engelse afkomst, die in 1797 in Forges de eerste aardewerkfabriek opende. Hier vind je een mooie verzameling van zo'n 250 stukken uit de 18de en de 19de eeuw. Sommige zijn gemaakt met witte klei (*faïence fine* of 'fijn aardewerk'), andere met rode (*faïence épaisse* of 'dik aardewerk'). Voer voor kenners.

🚲 **L'Avenue verte:** fietspad van 40 km langs een oude spoorlijn, tussen Forges-les-Eaux en Arques-la-Bataille (7 km ten zuidoosten van Dieppe).

FEESTELIJKHEDEN IN FORGES EN OMGEVING

– **Festival des magiciens (goochelaarsfestival):** *in maart, georganiseerd door het casino.*
– **Juillet en fête:** *in de maand juli.* Straattoneel en historische animatie.
– **Festival de marionnettes (marionettenfestival):** *de eerste week van juli.*
– **Fête du cheval (feest van het paard):** *het laatste weekend van juli.*
– **Foire aux melons (meloenenfestival):** *in augustus, in Beaubec-la-Rosière.*
– **Fête Brévière:** *in oktober.* De grote jaarlijkse kermis van Forges.
– **Marché de Noël (kerstmarkt):** *het tweede weekend van december, in de* halle Baltard.

IN DE OMGEVING VAN FORGES-LES-EAUX

❧ ❧ 🚲 **La Ferme de Bray:** in **Sommery.** ☎ *02 35 90 57 27* ● *ferme.de.bray.free.fr. 6 km van Forges via de weg naar Dieppe (D915); de boerderij ligt aan de linkerkant, 2 km voor Sommery. Van Pasen tot en met november in het weekend en op feestdagen geopend van 14.00 tot 18.00 u; in juli en augustus dagelijks van 14.00 tot*

19.00 u. Toegangsprijs: € 5; *gratis voor kinderen jonger dan twaalf. Biedt ook gastenkamers aan (zie 'Slapen').* Voormalig landbouwdomein dat op een schitterende manier is gerestaureerd. Rond het landhuis uit de 16de eeuw staat een prachtig geheel van gebouwen. Aan de watermolen vertrekt een klein, oorspronkelijk kasseistraatje. De eigenaar heeft de melkstal, het washok en de keuken van de molenaar heringericht. Binnen zie je merkwaardige voorwerpen en toestellen, zoals de wasmachine van 1930 die op houtskool werkt, en enkele oude landbouwwerktuigen. Een van de hoogtepunten is het ciderpershuis uit de 17de eeuw met een appelpers die nog steeds werkt, een bewaarkelder en een informatiezaal waar je leert hoe het drankje wordt gemaakt, van de vermaling tot de gisting. Ga ook even kijken naar de oude kippenhokken en de duiventoren. De kinderen kunnen ook gekweekte forel vissen in een van de vijvers (€ 6,50 voor drie vissen, huur van de lijn inbegrepen).

🅺 🅺 **Brouwerij La Chapelle:** *in* **La Chapelle-Saint-Ouen,** *15 km van Forges-les-Eaux.*
☎ 02 35 09 21 54 ● *ww.northmaen.com. Achter het gemeentehuis* 🅱 *Gratis bezoek en proeverij op zaterdag om 15.30 u. Duur: 45 minuten. Je kunt er uiteraard de hele week terecht om bier te kopen. Organiseert tijdens een weekend halverwege juni het feest van de Vikings, waarop meer dan tweeduizend mensen afkomen (zwaardgevechten, concerten en smulpartijen met everzwijn en bier!), en eind september dat van de druïden.* Een brouwer die Normandisch bier maakt volgens een aloud Vikingrecept: brouwen met infusie, fermentatie in open vaten, filtratie op takken ... Hij kweekt zelf zijn gerst en maakt bijna 4200 liter bier per dag! Hier kom je alles te weten over de bruintjes, de blondjes, de rode, de amberkleurige ... en zelfs over brandnetelbier! Naast bier maakt de man ook een lekkere whisky die de naam 'Thor Boyo' draagt.

🅺 🅺 **Le jardin du Bois-Guilbert:** *in* **Bois-Guilbert,** *15 km van Forges-les-Eaux.* ☎ 02 35 34 86 56 ● *jardinsdeboisguilbert.overblog.com. Van april tot en met juni en van september tot half november in het weekend en op feestdagen geopend van 14.00 tot 18.00 u, tijdens de week uitsluitend na afspraak. In juli en augustus op donderdag, vrijdag, zaterdag en zondag geopend van 14.00 tot 19.00 u. Toegangsprijs: € 5; kortingen. Lessen en rondleidingen na afspraak.* In dit park van 7 ha rond een mooi 18de-eeuws kasteel heeft beeldhouwer en tuinarchitect Jean-Marc de Pas zijn verbeelding en zijn creativiteit de vrije loop gelaten. Resultaat is dat de tuin, die vroeger vaak werd bezocht door illustere figuren als Pierre Corneille, een omgeving is geworden voor contemplatie en meditatie, een loflied voor de natuur en de kunst. Er staan meer dan zeventig hedendaagse beelden. Het domein is opgedeeld in symbolische zones: de vijver en het eiland, de kloostergang van de vier seizoenen, de doolhof van buxus, het paviljoen en de kapel ... Het is een plek die voortdurend evolueert, een echt levenswerk.

GOURNAY-EN-BRAY

76220 | 6380 INWONERS

Gournay, gelegen aan de Epte, is de grootste stad van het Pays de Bray wat inwonersaantal betreft. Net als haar buren kreeg de stad het hard te verduren tijdens de bombardementen van 1940. Ook hier krijg je dus maar weinig oude gebouwen te zien.

De geschiedenis van de petit-suisse

Vlak bij Gournay-en-Bray, in Villers-sur-Auchy, kwam een inventieve boerin in het midden van de 19de eeuw op het idee om room toe te voegen aan de wrongel. Charles Gervais besloot deze kaas op industriële schaal te produceren. Hij schakelde daarbij Zwitserse kaasmakers in. De *petit-suisse* was geboren en begon aan zijn succesverhaal.

NUTTIG ADRES EN PRAKTISCHE INFORMATIE

ℹ **Dienst voor Toerisme:** *place d'Armes 9.* ☎ *02 35 90 28 34* ● *www.ot-gournay-en-bray.fr. Het hele jaar door geopend; in de zomer van dinsdag tot zaterdag van 10.00 tot 12.00 u en van 14.00 tot 17.30 u.*
– **Markt:** *op dinsdag (de grootste), vrijdag en zondag (de kleinste).*

ETEN

🗶 LE BISTROT D'GOURMAY: *rue Barbacane 6.* ☎ *02 35 09 16 35* ♿ *In een klein voetgangersstraatje tegenover het postkantoor. Gesloten op zondagavond en maandag. Jaarlijkse vakantie: twee weken in augustus. Dagmenu voor € 12,10, andere menu's voor € 17,30 tot 28,80.* Leuk restaurant dat wat weg heeft van een bistro. Lekkere streekgerechten op basis van seizoensproducten (foie gras, neufchatelkaas ...). In de zomer kun je op het terras zitten.

SLAPEN IN DE OMGEVING

🛏 CHÂTEAU DU LANDEL: *76220 Bézancourt.* ☎ *02 35 90 16 01* ● *contact@chateau-du-landel.fr* ● *www.chateau-du-landel.fr. 6 km van Gournay-en-Bray via de N31 richting Rouen. Neem links de D40 en volg die over een afstand van 3 km. Ga dan links van de kerk van Bézancourt. Het kasteel ligt 2 km verderop. Geopend van half maart tot midden november. Tweepersoonskamers voor € 89 tot 185, naargelang van het comfort. 's Avonds kun je er ook eten.* Dit 18de-eeuwse gebouw, dat vroeger logement bood aan pelgrims op weg naar Compostela, was tot 1870 in handen van de Maîtres Verriers (de genootschap van de meester-glasblazers). Tegenwoordig vind je er 17 elegante kamers met alle modern comfort. Het is een heerlijk ontspannende plek in het groen met een verwarmd zwembad, een tennisveld en een biljarttafel. Heel chic!

WAT IS ER TE ZIEN?

🔪 **Église Saint-Hildevert:** dit was oorspronkelijk een romaanse kerk uit de 12de eeuw. In de loop der eeuwen werd ze verscheidene malen grondig verbouwd, vaak na oorlogsschade. Het interessantste onderdeel van het interieur zijn de gebeeldhouwde kapitelen boven aan de grote rustieke pilaren, versierd met bloemmotieven en menselijke hoofden. In de romaanse periode moeten het zowat de eerste in dit genre zijn geweest. Andere zuilen zijn versierd met lofwerk en vogels. Verder vind je er een 18de-eeuwse preekstoel en een renaissanceorgel.

TUSSEN HET PAYS DE BRAY EN HET PAYS DE CAUX

RY

76116 | 620 INWONERS

In dit mooie dorpje zou zich het avontuur hebben afgespeeld dat door Gustave Flaubert werd vereeuwigd in *Madame Bovary* (in het boek heet het Yonville-l'Abbaye). De auteur liet zich inspireren door het waargebeurde verhaal van Delphine Couturier, geboren in 1822. Ze trouwde als meisje van zeventien met een zielige geneesheer, maar ze droomde van Parijs en van de liefde. Ze nam een minnaar en begon enorm veel geld uit te geven. Toen ze begreep dat ze haar man had geruïneerd, besloot ze zelfmoord te plegen. Ze was toen zevenentwintig. Het drama speelde zich af in het huis waarin nu de dorpsapotheek is ondergebracht. De *pharmacie Jouanne* (op de nummers 39 en 41), die in de roman de *pharmacie Homais* wordt genoemd, is nu een winkel van speelgoed en galanterieën. De hoofdstraat van Ry stemt helemaal overeen met die van Yonville, met haar fraaie Normandische huizen. Vanaf de weg naar Elbeuf-sur-Andelle heb je een mooi uitzicht op de vallei van de Crevon en op het dorp.

De oorsprong van Bovary

Volgens de inwoners van dit dorp zou de naam 'Bovary' een samenstelling zijn van 'bovin' ('rund') en 'Ry'.

NUTTIG ADRES

i Dienst voor Toerisme: ☎ 02 35 23 19 90 ● *www.ot-ry-troisvallees.com. Tegenover* Galerie Bovary. *Van Pasen tot eind september dagelijks (behalve op zondagochtend) geopend van 10.00 tot 12.00 u en van 14.00 tot 18.00 u; de rest van het jaar uitsluitend op weekdagen, tot 17.00 u.* Brochures met mooie wandelingen in het dorp en in de romantische valleien in de omgeving, onder meer de thematische wandeling 'sur les traces d'Emma Bovary' ('in het spoor van Emma Bovary'). Er vinden ook tijdelijke tentoonstellingen plaats.

ETEN

✗ LE BOVARY – LA TABLE D'OSCAR: *rue de l'Église 14.* ☎ 02 35 23 61 46 ● *le-bovary.la-table-doscar@wanadoo.fr* 🚗 *Dagelijks geopend. Op weekdagen lunchmenu's voor € 9,50 tot 13,50 (niet op feestdagen). Voor de andere menu's betaal je € 18 tot 35.* Eerbiedwaardig vakwerkhuis dat verdwaalde reizigers hartelijk ontvangt in een veelkleurig kader dat tegelijk rustiek en modern is. Chef Jean-Pierre Elie is vooral befaamd vanwege zijn eend met bloedsaus en zijn foie gras met rozijnen en aalbessen, maar toont dat hij ook raad weet met andere streekproducten zoals kalfszwezerik, kalfskop en kalfsniertjes. In de zomer staat er een klein terrasje aan de straatkant.

SLAPEN EN ETEN IN DE OMGEVING

DOORSNEEPRIJS

🏠 CHAMBRES D'HÔTES LE JARDIN DE L'ANCIENNE ABBAYE: *bij meneer en mevrouw Mille, rue de l'Ancienne Abbaye 707, in het gehucht Salmonville, 76116 Servaville-Salmonville.* ☎ 02 35 34 07 62 ● *patrick.mille5@wanadoo.fr* ● *www.jardin.abbaye.free.fr. 6 km ten westen van Ry (er staan borden). Tweepersoonskamers voor € 50, kamers voor drie of vier personen voor € 62 tot 75.* Twee recente gastenkamers in een vakwerkhuis dat losstaat van het huis van de eigenaars. Rond de gebouwen ligt een prachtig park met bloemen dat werd aangelegd door meneer en mevrouw Mille, die beiden tuinarchitect zijn. Stijlvol meubilair, moderne badkamers, een gemeenschappelijke uitgeruste keuken en een familiesuite die zich uitstrekt over twee verdiepingen met een tv-kamer voor de kinderen. Mooi terras om op te ontbijten. Een deel van de tuin is voorbehouden voor de gasten. Je voelt je er meteen thuis. Warm onthaal.

🏠 CHAMBRES D'HÔTES LA GENTILHOMMIÈRE: *rue Vaussier 396, 76116 Auzouville-sur-Ry.* ☎ 02 35 23 40 74 ● *ginette.cousin@wanadoo.fr* ● *pagesperso-orange.fr/gentilhommiere. 5 km ten zuiden van Ry. Tweepersoonskamers voor € 40, driepersoonskamers voor € 50.* Mevr. Cousin, een aardige oma, en haar echtgenoot ontvangen je in hun 17de-eeuwse woning vol souvenirs en liefde, met houten steunbalken, houten vloeren en gepatineerde houten trappen. Op de etage bevinden zich twee heel mooie kamers met familiemeubelen, waarvan eentje voor drie personen (de derde persoon slaapt in een kleine afgescheiden alkoof). Landelijke omgeving met uitzicht op de koeien. Ideaal voor een wandelvakantie of een weekendje op het platteland. Wees er als de kippen bij, want de bejaarde eigenaars doen wellicht in 2011 de boeken toe.

RESTAURANT DE LA VALLÉE DE L'ANDELLE: *76780 Morville-sur-Andelle.* ☎ *0235908414. Van dinsdag tot zondag 's middags geopend. Ook op vrijdag- en zaterdagavond en op feestdagen (tenzij die op een maandag vallen). Jaarlijkse vakantie: twee weken begin januari en drie weken in augustus. Van dinsdag tot zaterdag wordt er een lunchmenu aangeboden voor € 12,50. Op zaterdagavond en zondagmiddag kost het menu € 21.* Een echte oude plattelandsherberg zoals je die tegenwoordig nog maar zelden vindt, met een hoekje waar voedingswaren, kranten en rookwaren worden verkocht. Het lunchmenu is onklopbaar goedkoop, lekker en heel overvloedig: aperitief, voorgerecht, hoofdgerecht (naar keuze), salade, kaas en dessert. Bovendien zijn koffie en wijn in de prijs begrepen! Op zaterdagavond en op zondag kost het menu wat meer, maar dan krijg je twee voorgerechten. Wil je er in het weekend gaan eten, dan moet je reserveren. In de ouderwetse gelagzaal (kitscherige landschapsposter, bloemengordijntjes ...) zitten steeds veel vaste klanten. De verschillende gangen worden zonder dralen opgediend door een bekoorlijk dametje dat zich uit de naad werkt voor haar gasten. Een warme en aandoenlijke plek. Als je op voorhand reserveert, kun je hier ook op weekdagen 's avonds eten.

WAT IS ER TE ZIEN?

Église Saint-Sulpice: de bouw van deze kerk duurde van de 12de tot de 16de eeuw. Ze bezit een uniek stuk: een renaissanceportaal van gebeiteld hout, het mooiste van Normandië, dat schitterend is gerestaureerd. Balken en panelen zijn versierd met gebeeldhouwde arabesken. Let in het portaal op het schitterende gebinte in de vorm van een omgekeerde scheepsromp, versierd met engelen en de emblemen van de evangelisten. Binnen in de kerk staan veel oude beelden. Je vindt er ook een preekstoel en een altaar uit de 18de eeuw met gebeeldhouwde panelen.

Galerie Bovary – Musée d'Automates: *place G. Flaubert.* ☎ *0235236144* ♿ *(gedeeltelijk). Van mei tot en met oktober geopend op zaterdag, zondag en feestdagen van 14.30 tot 18.00 u; in juli en augustus dagelijks (behalve op maandag), eveneens van 14.30 tot 18.00 u. Toegangsprijs: € 5; kortingen.* Dit museum is gevestigd in een voormalig pershuis uit de 18de eeuw, naast de brug over de Crevon. Het werd opgericht door een liefhebber – en maker – van bewegende taferelen. Er zijn er bijna vijfhonderd, waarvan er driehonderd betrekking hebben op het leven van Madame Bovary. Alles is tot in de kleinste details afgewerkt: kostuums, decors ... Je ziet het bal in het kasteel van Vaubyessard, de beroemde landbouwersbeurs, de ontmoetingen onder het prieel, de wandeling langs de Seine ... Op de verdieping vind je bewegende taferelen uit de hele wereld.

WAT IS ER TE ZIEN IN DE OMGEVING?

Le Jardin Plume: *in Azouville-sur-Ry, 5 km ten zuiden van Ry. Aan de rand van het dorp, aan de D43 richting Perruel.* ☎ *0235230001. Van half mei tot en met oktober geopend op woensdag, zaterdag en feestdagen, van 10.00 tot 12.00 u en van 14.00 tot 18.00 u. Toegangsprijs: € 7.* Prachtige tuin met een grote verscheidenheid van winterharde en aromatische planten, hortensia's, grassen, clematissen en vergeten groenten. Een bijzonder romantische plek. Het laatste weekend van juni blazen de tuinbouwspecialisten er verzamelen.

BLAINVILLE-CREVON

76116 | 1130 INWONERS

Een ander interessant dorp, 6 km van Ry. Er staat een fraaie kerk in flamboyant gotische stijl, een gewezen kapittelkerk die in 1488 werd gebouwd. Poortportaal met roosvenster. Aan de zijkant mooie ramen met middenstijlen en nog een klein portaal in flamboyante stijl. Binnen een groot houten standbeeld van de aartsengel Michaël die de draak vloert en zo'n veertig koorstoelen in houtsnijwerk uit de 15de eeuw. In de koorafsluiting enkele heel oude glasramen. Hier trouwde in 1839 de echte Emma Bovary (die eigenlijk Delphine Couturier heette).

Boven het dorp liggen de resten van een middeleeuws kasteel uit de 11de eeuw. Oorspronkelijk was het een militair fort, maar daarna werd het de residentie van tal van edele heren. De laatste bewoners verlieten het kasteel ten tijde van de Franse Revolutie. Gedurende twee eeuwen stond het te verkommeren, tot vrijwilligers er archeologisch onderzoek begonnen te doen. Nu staan op het kasteeldomein borden met uitleg over de geschiedenis van het bouwwerk. Af en toe worden er middeleeuwse feesten georganiseerd. Vanaf deze plek heb je een mooi uitzicht op de vallei van de Crevon. *Inlichtingen en gratis bezoek (een gift is steeds welkom):* ☎ 02 35 34 00 53.

FESTIVAL

—**Archéo-jazz:** *eind juni, op het middeleeuwse kasteeldomein.* Dit prestigieuze jazzfestival bestaat al meer dan dertig jaar en ontving in die tijd bekende gasten als Claude Bolling, Dee Dee Bridgewater, Johnny Clegg, Menu Dibango, Cesaria Evora, Stéphane Grapelli, Dizzy Gillespie, Claude Nougaro, Michel Petrucciani en Archie Steep. *Meer informatie vind je op* ● *www.archeojazz.com.*

HET KASTEEL VAN MARTAINVILLE

💃 💃 💃 *3,5 km van Ry, aan de weg naar Rouen.* Het kasteel werd in 1485 opgetrokken als tweede woning voor Jacques Le Pelletier, een reder uit Rouen die zijn plaats op de sociale ladder wilde verhogen. Door z'n bescheiden afmetingen en zijn ligging op een met gebouwen omzoomd plein, naast een opmerkelijke duiventoren uit de 16de eeuw, heeft het een onmiskenbare charme. De bouwstijl, die duidelijk is beïnvloed door het middeleeuwse model van de versterkte burcht met hoektorens, houdt het midden tussen Vlaamse stijl (baksteen, versiering van het portaal, schoorstenen aan de buitenkant van het gebouw) en renaissance (plattegrond, oog voor comfort). Ondanks de vele oorlogen en wisselende modes bleef het kasteel vrij goed bewaard in zijn oorspronkelijke staat. Dankzij een grondige restauratie heeft de gevel zijn frisheid van vijfhonderd jaar geleden terug.

—**Musée des Traditions et Arts Normands (Museum van de Normandische tradities en kunst):** *in het kasteel.* ☎ 02 35 23 44 70 ● www.musees-haute-normandie.fr. *Geopend van 10.00 tot 12.30 u en van 14.00 tot 18.00 u (van oktober tot en met maart slechts tot 17.00 u). Gesloten op zondagochtend, op dinsdag en op sommige feestdagen. Toegangsprijs: € 3; gratis voor studenten en kinderen. In die prijs is ook de huur van een audiogids begrepen.* Op de benedenverdieping en op de eerste verdieping zie je, op je weg door de weelderige gerenoveerde ruimtes (keuken, eetzaal, melkstal, kloostercel), de evolutie van het Normandische meubilair tussen de 15de en de 19de eeuw: veel prachtige kasten, koffers, buffetten, dressoirs en slingeruurwerken. De tweede verdieping is gewijd aan het interieur van boerderijen, geordend per streek: aardewerk uit Martincamp, kostuums, glaswerk uit de Breslevallei, faience uit Forges-les-Eaux ... Op de derde verdieping vind je tentoonstellingszalen over Normandische klederdracht, de geschiedenis van de textielindustrie en lokale muziekinstrumenten (met een verzameling van 160 miniatuurstrijkinstrumenten!). Er worden ook tijdelijke tentoonstellingen georganiseerd, en er is een zaal waar films en documentaires worden vertoond. Er hangt een bijzondere sfeer, vermengd met de geur van was ... Niet te missen!

SLAPEN

DOORSNEEPRIJS

⌂ CHAMBRES D'HÔTES SWEET HOME: *bij meneer en mevrouw Aucreterre, rue des Marronniers 534, in het gehucht Épreville, 76116 Martainville-Épreville.* ☎ 02 35 23 76 05 ● *jean-yves.aucreterre@liberty surf.fr* ● *jy.aucreterre.free.fr. 2 km van Martainville. Neem op de rotonde voorbij het kasteeel links de D13 en sla vervolgens rechts af (er staat een pijl). Naargelang van de kamer betaal je € 50 tot 90 voor twee. Table d'hôte op verzoek, voor € 16 tot 32 per persoon.* Mooi recent huis met een grote tuin, gelegen in een vredig gehuchtje. Vier ruime , lichte en comfortabele gastenkamers. Die zijn allemaal elegant gemeubileerd en beschikken over uitstekende bedden (sommige met een bedhemel met bloemetjes, andere met een baldakijn) en een moderne badkamer met massagedouche of bubbelbad. De table d'hôte is à la carte en wordt verzorgd door traiteur *Marée Dieppoise.* Je hebt een ruime keuze, van fijne vleeswaren tot schotels met zeevruchten. Gastheer en gastvrouw stellen alles in het werk om het hun gasten zo aangenaam mogelijk te maken. Soms op het randje af van overdreven, maar altijd heel aangenaam.

EURE

Als we je zeggen dat de Eure ons bevallen is, zul je misschien niet meteen weten waar dat departement ligt. Of toch niet precies. Maar als we je daarentegen uitnodigen om mee te gaan naar de tuin van Monet in Giverny of naar de ruïnes van Château-Gaillard, om de Seine te bevaren of te dromen onder de boomgewelven van het Forêt de Lyons, om te slenteren in de straten van Évreux, van Verneuil-sur-Avre of van Pont-Audemer ... dan moet er toch wel een belletje gaan rinkelen. De Eure krijgt vorm, de streek krijgt de kleuren van een opgewekt, rijk en weelderig Normandië.

Het departement werd kunstmatig gesticht na de Franse Revolutie. Het bestaat uit een tiental verschillende streken en is ongetwijfeld het meest gevarieerde deel van Normandië. In het oosten ligt de Eurevallei, de Normandische Vexin en het schattige, geklasseerde dorpje Lyons-la-Forêt. In het centrum, rond Évreux, strekt zich een groot graanplateau uit waar de wind vrij spel heeft. Dit is Beauce in het klein. In het zuiden ligt het Pays d'Ouche, dat de schrijver La Varende na aan het hart lag. Het platteland is hier intiemer, met mysterieuze bossen en vochtige weiden. Meer naar het noorden toe, voorbij Bernay en de prestigieuze abdij van Bec-Hellouin, kom je in het Pays de Lieuvin, een groen wallenlandschap dat een voorbode is van het Pays d'Auge (Calvados). Voorts ook nog Pont-Audemer, het 'kleine Venetië van Normandië', en de vrijpostige vallei van de Risle, die zich in de armen gooit van de Seine. En dan nog ergens in een vergeten meander stuit je op het Marais Vernier, het grootste veen van Frankrijk dat een wereld op zich vormt, versneden door een dicht netwerk van fraai ogende waterwegen.

In dit land van water en valleien vind je natuurlijk ook de meest verrassende route van Normandië: hier stroomt de historische en economische ruggengraat van de regio, de eeuwenoude waterweg, de moederlijke rivier ... de Seine. Het is in de Eure dat de rivier haar meest charmante meanders beschrijft, met groene eilandjes en langs de stille oevers romantische huizen en poëtische molens.

De Eure is het sterkst bebost departement van Normandië. De bossen bedekken bijna een vijfde van het hele grondgebied (Lyons, Montfort, Bord-Louviers). De betoverende valleien (van de Eure, de Risle, de Charentonne, de Avre en de Iton), de weelderige begroeiing en de rist kastelen en kleine adellijke landgoederen nemen je mee naar een ver verleden. En dan nog de onvolprezen natuur, de tuinen in Engelse stijl, de weggetjes tussen het struikgewas. Maar de Eure is veel meer dan een toevluchtsoord voor vermoeide stedelingen. Het is op de eerste plaats een volwaardig landbouwgebied. Een kleine anekdote: wist je dat bijna een vijfde van de landbouwers in deze streek van Belgische origine is? Op het eind van de 18de eeuw introduceerden de eerste textielhandelaars in Europa (en dat waren Belgen) de industriële vlasteelt op het plateau van Évreux (de Eure is de nummer 2 van de Europese vlasteelt). Velen van hen bleven hier hangen, wat verklaart waarom heel wat familienamen zo Vlaams in de oren klinken. Sla er maar eens een telefoongids op na!

IDENTITEITSKAART VAN DE EURE
- **Oppervlakte:** 6040 km²
- **Prefectuur:** Évreux
- **Onderprefectuur:** Les Andelys, Bernay
- **Bevolking:** 550.000 inwoners

DE 'CHARITONS' VAN DE EURE

Er bestaan tegenwoordig in de Eure zowat 120 dergelijke broederschappen van elk 10 tot 15 leden. Ze belichamen het gevoel van samenhorigheid in de dorpen. Sommige broederschappen zijn zelfs heel dynamisch. Ze ijveren voor het behoud van de culturele en menselijke identiteit van de landbouwgebieden. Buiten de Eure vind je ook enkele charitons in de Calvados en in de streek van Béthune (in het noorden van Frankrijk). Om de vijf jaar blazen de charitons in de Eure verzamelen op een congres. Bij die gelegenheid wordt nog eens extra verbroederd. Zij nemen ook deel aan pelgrimstochten, zoals die naar de kerk Notre-Dame-de-la-Couture in Bernay (met Pinksteren).

Een ongewone lijkstoet

In kleine dorpen, waar de begraafplaats niet zo ver buiten het centrum ligt, mag de broederschap van de charitons ook instaan voor het vervoer van de overledenen. En dan zie je volgend vreemd tafereel: aan het hoofd van de begrafenisstoet loopt iemand die een bel laat rinkelen, zoals ten tijde van de pest (om de mensen op afstand te houden). Achter hem lopen twee 'broeders', die het processiekruis dragen en dan komt de pastoor, gevolgd door de kist. Deze kist wordt gedragen en is bedekt met een geborduurd kleed. Tot slot zijn er nog de kandelaars en de vaandels met het portret van de patroonheilige van de parochie ... Een traditie die haar oorsprong vindt in de middeleeuwen.

NUTTIGE ADRESSEN

🄸 Comité départemental du tourisme de l'Eure (regionale Dienst voor Toerisme): *Rue du Commandant-Letellier 3, BP 367, 27003 Évreux Cedex.* ☎ *02 32 62 04 27.* ● *www.cdt-eure.fr. Maandag tot vrijdag geopend van 9.00 tot 12.30 u (op vrijdag tot 13.00 u) en van 13.30 tot 18.00 u.* Heel veel brochures: toeristische kaart, patrimonium, actieve ontspanningsmogelijkheden, magazine *Détente et Séjours de caractère*, adressen om te overnachten, verhuring *Clévacances, Club des Chefs de l'Eure,* groene wegen, evenementen, rondreizen en verblijfsmogelijkheden voor groepen.

- **Gîtes de France de l'Eure:** *Rue de la Petite-Cité 9, BP 882, 27008 Évreux Cedex.* ☎ *02 32 39 53 38.* ● *www.gites-de-france-eure.com.* Chambres d'hôte, vakantiehuizen, boerderijherbergen, trekkershutten, gezinshuisjes en gîtes. De Gîtes de France van Normandië en van het departement Eure zijn zeer vernieuwend. Ze hebben onlangs een eigen label op de markt gebracht: de *Gîtes au jardin.* Hierin worden alle gastenkamers en gîtes gegroepeerd die in een uitzonderlijke omgeving liggen. De eigenaars zijn stuk voor stuk mensen die graag in de tuin actief zijn. Ze zullen je heel graag al hun geheimen onthullen. Ook een formule die in de smaak valt: de *forfait détente* of ontspanning voor een vast bedrag, van vrijdag 18.00 u tot zondag 18.00 u. Bij aankomst opgemaakte bedden, een zakje onderhoudsproducten en wat kruidenierswaren, ook hout voor de open haard als het weer er zich toe leent; de schoonmaak bij het vertrek is eveneens inbegrepen!

- **Voies vertes:** het departement telt er vier. Routes voor wandelaars, fietsers en rollers. Évreux-Pont-Authou, Bernay-Broglie, Incarville-Poses, Gisors-Gasny. ● cdt-eure.fr.

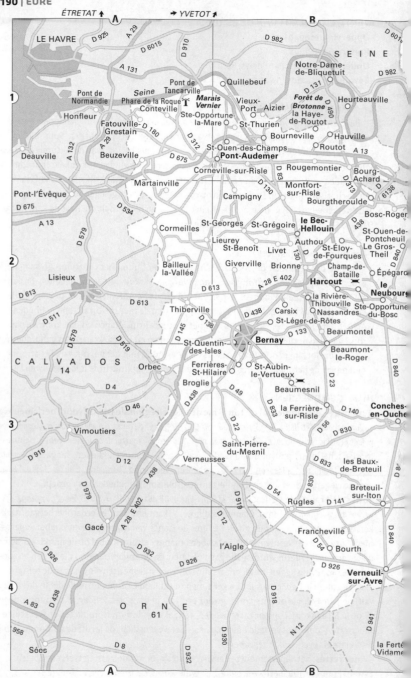

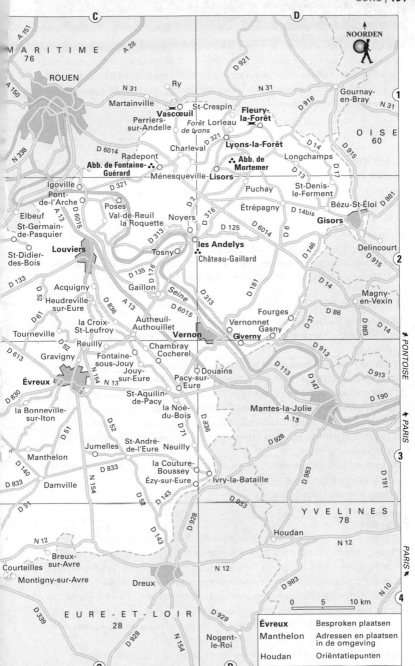

EURE

DE SEINEVALLEI

Deze kronkelige diepe vallei met hoge kalkkliffen biedt de mooiste panorama's van heel Normandië. Hier vind je de eerste echt aangename, landelijke steden ten westen van Parijs. In feite liggen deze helemaal niet zo ver verwijderd van de hoofdstedelijke voorsteden: Vernon, Giverny (waar het werk van Claude Monet openbloeide) en Les Andelys, waarboven het Château-Gaillard hoog uittorent.

VERNON

27200 | 25.000 INWONERS

Nauwelijks 80 km van Parijs. Vernon werd in de 9de eeuw op Gallo-Romeinse grondvesten gebouwd door Rollo, de Viking die gefascineerd was door Normandië en die de eerste Normandische koning zou worden. Later viel de stad bijzonder in de smaak bij Lodewijk IX (Lodewijk de Heilige), die zich hier te goed kwam doen aan waterkers, de lokale teelt bij uitstek (op het wapenschild van de stad staan trouwens drie bossen waterkers). Vernon werd in de 15de eeuw bezet door de Engelsen en leed onder de bombardementen tijdens de Tweede Wereldoorlog. De stad verloor op tal van plaatsen haar pittoreske aanblik. Zo werd het stadscentrum herbouwd en is dit nu nieuw en modern. Gelukkig zijn er enkele interessante overblijfselen van het oude Vernon bewaard gebleven.

NUTTIGE ADRESSEN

ℹ️ Dienst voor Toerisme (plattegrond B1): *Rue Carnot 36.* 📞 *02 32 51 39 60.* ● *cape-tourisme.fr. Naast de collegiale kerk. Van mei tot september gesloten op zondagmiddag. Van oktober tot april gesloten op zondag en maandag.*

@ Pelik@n Telecom (plattegrond B2, 1): *Passage Pasteur (toegang via de Rue des Tanneurs).* 📞 *02 32 71 18 62. Van dinsdag tot zondag geopend van 9.00 tot 21.00 u (zondag vanaf 11.00 u).*

🚲 Fietsenverhuur: *in de brasserie Les Amis de Monet (plattegrond A2, 3), Rue Émile-Steiner 39 (aan de overkant van het station).* 📞 *02 32 54 04 03. Dagelijks geopend van 6.30 tot 1.00 u.*

🚉 Treinstation (plattegrond A2): *Rue de la Gare.* 📞 *36 35 (€ 0,34 per minuut).* Vanuit Parijs (station Saint-Lazare), richting Rouen-Le Havre. Dagelijks een twintigtal verbindingen. De reis duurt ongeveer 45 minuten.

🚌 Bussen: *van het treinstation van Vernon kun je met de bus (TVS) naar Giverny. Van april tot eind oktober: dagelijks 6 tot 8 verbindingen heen en weer.* 📞 *08 25 07 60 27.*

- Markt: *op woensdag- en zaterdagochtend.*

SLAPEN

🛏️ Chambres d'hôte Villa Géraldine (plattegrond B1, 12): *Rue du Pont 5-7.* 📞 *02 02 32 71 14 77.* ● *noelle.pariel@free.fr* ● *villageraldine.com. Tegenover het museum van Vernon. Tweepersoonskamer voor € 65; € 95 voor 4 personen. Een gebouw uit de tijd van Napoleon III. Mooi en rustig gelegen in een tuin die omsloten is door bomen die wel honderd jaar oud zijn. Aangename kamers met bedden in de stijl van de restauratie en moderne badkamer. Het rijkelijke ontbijt wordt opgediend in de zeer ruime wintertuin. Een goed adresje om midden in het historische centrum van de stad ongestoord te kunnen genieten. Vriendelijke ontvangst.*

🛏️ Hôtel d'Évreux – Le Relais Normand (plattegrond B2, 10): *Place d'Évreux 11.* 📞 *02 32 21 16 12.* ● *contact@hoteldevreux.fr* ● *hoteldevreux.fr. In het hartje van de stad. Restaurant gesloten op zondag. Tweepersoonskamers voor € 38 tot 63, afhankelijk van het comfort. Menu's voor € 21 tot 30. Reken op ongeveer € 50 à la carte. Gratis parkeerplaats en wifi. Hotel uit de 17de eeuw. Kamers*

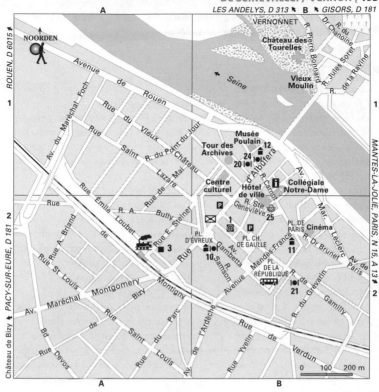

VERNON

	Nuttige adressen			**Eten**
	Dienst voor Toerisme		**10**	Le Relais Normand
	Treinstation		**20**	Parcelle 73
	Busstation		**21**	La Halle aux Grains
1	Pelik@n Telecom		**22**	Restaurant de la Poste
3	Les Amis de Monet (fietsenverhuur)		**23**	Restaurant Le Havre
			24	Les Fleurs
	Slapen			
10	Hôtel d'Évreux – Le Relais Normand			**Waar kun je lekkere**
11	Hôtel Le Normandy			**producten kopen?**
12	Chambres d'hôtes Villa Géraldine		**25**	Patrick Floc'h

---

met de charme van weleer, een beetje uit grootmoeders tijd, deftig en tegelijk rustiek. Verzorgde keuken. Hier staat traditie hoog in het vaandel. Geen onaangename verrassingen. Binnenterras, ideaal bij zonnig weer.

🛏 HÔTEL LE NORMANDY (PLATTEGROND B2, 11): *Avenue Pierre-Mendès-France 1.*

📞 *02 32 51 97 97. ● normandye.hotel@wanadoo.fr ● www.le-normandy.net.* 🛏 *Het hele jaar geopend. Tweepersoonskamers voor € 78; voor 3 personen € 95 en voor 4 personen € 125. Eigen parkeerterrein en wifi; niet gratis.* Groot modern hotel met een klassieke gevel. De eigenaars bieden een veertigtal kamers aan met het standaardcomfort van een driesterrenlogement (satelliettelevisie, haardroger enz.). Aangenaam. We bevelen je deze plaats warm aan. Uitkijken geblazen: vanaf de lente is het moeilijk om in het weekend in deze erg toeristische regio onderdak te vinden.

ETEN

DOORSNEEPRIJS TOT LUXUEUS

🍴 PARCELLE 73 (PLATTEGROND B1, 20): *Rue Carnot 73.* ☎ 02 32 21 29 19.
● *bistro.parcelle@wanadoo.fr. Gesloten op zondag en maandag, 10 dagen in maart en 3 weken in augustus. Formule voor ongeveer € 18. Reken op € 23 à la carte.* Heel aangename omgeving. Doet denken aan een klein, hartelijk en rustiek restaurant-cafeetje, ook al staan de tafels nogal vrij dicht opeen en je dus niet heel veel privacy hebt. Eenvoudige, maar wel lekkere gerechten en goede wijnen. Jong en opgewekt personeel.

🍴 LA HALLE AUX GRAINS (PLATTEGROND B2, 21): *Rue de Gamilly 31.* ☎ 02 32 21 31 99.
● *lahalleauxgrains@wanadoo.fr ● lahalleauxgrains.com.* 🚻 *Gesloten op zondagavond en op maandag. 's Middags formule voor € 13,90 (op weekdagen). Reken op gemiddeld € 28 voor een maaltijd.* Hartelijke ontvangst. De inrichting doet denken aan een brasserie. Snelle bediening en verse producten. Ruim aanbod van pizza's en gegrild vlees van topkwaliteit. Terras in de zomer. Drie sleutelwoorden voor dit adres: voorkomendheid, versheid en kwaliteit.

🍴 LE RELAIS NORMAND (PLATTEGROND B2, 10): zie in de rubriek 'Slapen'.

🍴 LES FLEURS (PLATTEGROND A1, 24): *Rue Carnot 71.* ☎ 02 32 51 16 80.
● *les_fleurs@bbox.fr. Gesloten op zondagavond en op maandag- en dinsdagmiddag. Menu's voor € 27 tot 53; € 48 à la carte.* Gevestigd in een van de mooiste huizen van Vernon, evenwel met discrete voorgevel. Bernard Lefebvre kookt vernieuwend op basis van verse producten en de inspiratie van het moment. Hij heeft ook een eigen interpretatie van de streekgerechten. Moderne en originele inrichting. De doorzichtige borden waarop de gerechten worden geserveerd, lijken van de hand van een impressionistisch schilder. Zeer lekker!

WAAR KUN JE LEKKERE PRODUCTEN KOPEN?

🏬 **Patrick Floc'h (plattegrond B2, 25):** *Rue Sainte-Geneviève 2.* ☎ 02 32 21 50 16.
● *patrick-floch.com. Gesloten op zondagmiddag, op maandag en twee weken in augustus.* Kruidenierswinkel die een heuse grot van Ali Baba blijkt te zijn voor mensen die op zoek zijn naar lekkere streekproducten: wijn, sterkedrank, cidergelei, pommeau, calvados uit het Pays d'Auge (je vindt er zelfs die twintig jaar oud is), appellikeur en een hele rits andere bijzondere producten ...

WAT IS ER TE ZIEN?

- **Toeristisch circuit in de binnenstad:** je kunt de brochure afhalen bij de Dienst voor Toerisme. Duur: 45 minuten tot 1 uur. Vertrek aan de Église Collégiale Notre-Dame. Dit is vlak naast de Dienst voor Toerisme *(plattegrond B1)*, die zich trouwens bevindt in een heel mooi huisje uit de 15de eeuw met de ronkende naam *Le Temps Jadis*. Je loopt het best eerst rechts om de kerk om een blik te werpen op de oude vakwerkhuizen en om door de geplaveide steegjes te slenteren (Rue du Chapitre, Rue Saint-Sauveur, Rue Bourbon-Penthièvre). Dan keer je op je stappen terug en neem je de nodige tijd om het stadhuis *(plattegrond B1-2)* te bewonderen. Belangrijk hierbij is het moderne glas-in-loodraam waarop het bezoek van Lodewijk IX aan Vernon afgebeeld staat. Ook het plafond van de trouwzaal is een ommetje waard. Dit wordt opgevrolijkt met twee Normandische vrouwen: de ene onder appelbomen, de andere te midden van wijnranken. Ik hoor je al vragen: wijn in Normandië? Achter het stadhuis staat een interessante fontein anno 1899, opgedragen aan Défontaine (een gewezen schepen

Rechts kom je via de Rue Sainte-Geneviève en de Rue Riquier bij het cultureel centrum Philippe-Auguste waar tijdelijke tentoonstellingen te bezichtigen zijn. Loop links om dat gebouw heen. Je neemt eerst de Avenue Victor-Hugo en dan rechts de Rue des Écuries-des-Gardes, vanwaar je de Tour des Archives *(plattegrond B1)* kunt zien. Deze donjon werd gebouwd in de 12de eeuw onder Filips August. Hij is 22 m hoog en is alles wat overblijft van het voormalige kasteel. De Tour des Archives is omringd door prachtige huisjes in vakwerkstijl. Nu loop je tot in de Rue d'Albuféra (de hoofdstraat). Je neemt links en vervolgens nog een keertje links. Dit is de Rue Potard (bekende familie in Vernon). Let in deze straat op de mooie gevels met houtwerk. Helemaal aan het einde van de straat, op de hoek met de Place Chantereine, staat het Hôtel du Grand Cerf, dat je een traditioneel beeld geeft van hoe de landelijke hotels er in de 18de eeuw uitzagen. Neem rechts de Rue Sadi-Carnit om op nummer 110 de mooiste gevel met gebeeldhouwde figuren van Vernon te bewonderen. Op een steenworp afstand bevindt zich het Musée municipal Poulain (zie verder).

🏃🏃🏃 **Église collégiale Notre-Dame (plattegrond B1-2):** *Rue Carnot, naast de Dienst voor Toerisme.* De collegiale kerk Notre-Dame dateert uit de 12de eeuw, maar werd voortdurend verbouwd. Op de 15de-eeuwse gevel zie je een flamboyant roosvenster tussen twee galerijen. Gewoonweg schitterend. De centrale toren is 13de-eeuws. Binnen is het rijzige kerkschip omgord door een triforium (smalle zuilengalerij in romaanse en gotische kerken). Achterin, in het koor, ontwaar je een serie romaanse arcaden die een verdieping uit de 16de eeuw ondersteunen. Vermeldenswaardig zijn ook de mooie orgelkast met dertien uitgebeitelde houten panelen en het schitterende hoofdaltaar uit het kartuizerklooster van Gaillon. De glas-in-loodramen uit de 16de eeuw in een van de kapellen aan de rechterkant maken het plaatje compleet.

🏃🏃 **Musée municipal Alphonse-Georges-Poulain (plattegrond B1):** *Rue du Pont 12. Gemeentelijk museum.* ☎ 02 32 21 28 09. ● *vernon27.fr/musee.* 🎫 *Van april tot september van dinsdag tot vrijdag geopend van 10.30 tot 12.30 u en van 14.00 tot 18.00 u, op zaterdag en zondag van 14.00 tot 18.00 u. De rest van het jaar van dinsdag tot zondag geopend van 14.00 tot 17.30 u. Toegangsprijs: € 3. Gratis voor kinderen, studenten en gehandicapten. De eerste zondag van de maand gratis voor iedereen.* In een mooi herenhuis dat dateert uit de periode van de 16de tot de 18de eeuw. Op de benedenverdieping is er een zaal met lokale archeologische vondsten van het neolithicum tot de middeleeuwen. Op de eerste verdieping ontdek je een zaal waar de plaatselijke geschiedenis uit de doeken wordt gedaan. Voorts is er ook een tentoonstelling van impressionistische landschapsschilderijen uit de school van Giverny en ook van Amerikaanse kunstenaars zoals Mary Fairchild en Frederick William MacMonnies, Low Will Hickok of ook nog Theodore Earl Butler. Het hoogtepunt van dit bezoek is ongetwijfeld de *Falaise à Pourville* (de rotsen van Pourville) en een kleine kring waterlelies (1908) van de hand van Monet zelf. De werken van Monets schoondochter Blanche Hoschede-Monet zijn eveneens de moeite, net zoals de werken van een paar vrienden van de meester (Bonnard, Vuillard, Maurice Denis, Vallotton ...). Je kunt er ook interessante tekeningen zien. De laatste verdieping is voorbehouden aan dierlijke schilder- en beeldhouwkunst (uniek in Normandië). Tot slot vermelden we nog dat er ook jaarlijks 3 à 4 tijdelijke tentoonstellingen zijn. Zo loopt er van juni tot september 2010 'La Seine au fil des peintres: de Boudin à Vollotton'.

🏃🏃🏃 **Vieux Moulin:** als je de hoofdbrug oversteekt, zie je beneden de Vieux Moulin *(plattegrond B1).* Dit is een oud uitkragend huis dat op de eerste twee bogen van de ondertussen afgebroken 12de-eeuwse brug rust en dat de wetten van de zwaartekracht lijkt te tarten. Een schilderij op zich!

GIVERNY

27620 | 540 INWONERS

Aardig dorp op een zachte helling aan de Seine. De schilder Monet woonde hier van 1883 tot aan zijn overlijden in 1926 en heeft dit dorp wijd en zijd beroemd gemaakt. De kunstenaar ligt trouwens begraven op het parochiekerkhof. In het kielzog van Monet kwamen heel wat andere artiesten (onder andere veel Amerikanen) naar Giverny. Vandaag kun je hier, naast het huis en de tuinen van de schilder, ook schitterende tijdelijke tentoonstellingen bezoeken, georganiseerd door het Musée des Impressionismes-Giverny (het voormalige Musée d'Art américain).

MONET IN GIVERNY

Giverny mag Monet heel dankbaar zijn, maar het omgekeerde is veel minder waar. De schilder werd niet geaccepteerd door de plaatselijke bevolking. Hij had met andere woorden weinig contact met de dorpsbewoners. Ze lieten hem zelfs veel geld betalen voor de hooimijten die hij op het doek wilde vastleggen! Hij had de natuur nodig om te kunnen werken, het licht dat op elk uur van de dag anders is, en vooral het ochtendlicht. Monet was een van de allereerste kunstenaars die, op aanraden van Boudin, zijn atelier verliet om op locatie te gaan schilderen. Hij symboliseerde de beelden zoveel mogelijk om ze te herleiden tot een impressie, een lichteffect. De manier van schilderen was belangrijker dan het onderwerp zelf. *Impression, soleil levant* (impressie van de opgaande zon) is het doek dat aan de basis lag van het impressionisme. Boudin slaagde er al vrij goed in om het natuurlijke licht weer te geven, maar de echte meester was toch Monet. In de tuin die hij helemaal zelf aanlegde, maakte Monet enkele van zijn mooiste doeken, meer bepaald de reeks van de *Nymphéas* (waterlelies).

Monet woonde in Giverny in een langgerekt, roze huis met groene luiken. Hij stond op bij het krieken van de dag, nam een uitgebreid ontbijt en haastte zich om het ochtendlicht te bestuderen voor het hem ontglipte. Hij werkte vaak aan meerdere schilderijen tegelijk en probeerde om hetzelfde onderwerp op verschillende tijdstippen van de dag vast te leggen. In zijn kielzog kwamen heel wat andere Franse en Amerikaanse artiesten naar Giverny. Een aantal van hen logeerde in het *Hôtel Baudy*, dat nu een eethuis-museum in bistrostijl geworden is (zie verder).

> ### De schaduw en het licht
> Vanaf 1926 nam het gezichtsvermogen van Monet geleidelijk af. Zijn ogen vertroebelden door cataract. Hij die zo met licht had gespeeld, kon nauwelijks nog kleuren onderscheiden. Op het einde van zijn leven liet hij zich leiden door de etiketten op zijn verfbussen en de volgorde waarin hij deze zeer nauwgezet rangschikte om de juiste kleur te vinden. Zijn vriend Clemenceau kon hem overhalen zich te laten opereren (maar slechts aan één oog!).

NUTTIGE ADRESSEN

❖ Infopunt: *op het parkeerterrein van Le Clos-Morin, tussen de hoofdstraat en het Musée des Impressionismes-Giverny. Geen telefoon. Van april tot oktober dagelijks geopend (behalve op maandag) van 9.30 tot 12.30 u en van 13.30 tot 17.30 u.*

- **Voor informatie over de stad:** ● giverny.fr.
- **Pendeldienst:** wie geen auto heeft, kan gebruik maken van de pendeldienst van het treinstation van Vernon (zie bij Vernon onder 'Nuttige adressen').

SLAPEN

DOORSNEEPRIJS TOT LUXUEUS

CHAMBRES D'HÔTE AU BON MARÉCHAL: *bij mevrouw Boscher, Rue du Colombier 1.*

0232513970. boscher.marieclaire@organge.fr. Op de hoek van de Rue Claude-Monet, niet ver van het restaurant van Hôtel Baudy. Best reserveren. Tweepersoonskamers voor € 65 tot 75. Afgesloten parkeerterrein. In een groot dorpshuis dat ten tijde van Monet een café was. Op de eerste verdieping ruime, smaakvol ingerichte en comfortabele kamers. Een van deze kamers beschikt over een balkon met uitzicht op de mooie tuin. Vanuit de andere kamer kun je het huis van Monet zien. Daar waar vroeger brood werd gebakken, tegenover het zwembad, vind je nu een luxeuze gezinskamer.

HÔTEL LA MUSARDIÈRE: *Rue Claude-Monet 123. 0232210318.*

hotelmusardieregiverny@wanadoo.fr lamusardiere.fr. Restaurant gesloten op maandagmiddag en van november tot maart. Reserveren aanbevolen. Tweepersoonskamers voor € 77 tot 89, een suite voor € 115. Menu's voor € 26 tot 36. Gratis parkeerterrein. Groot herenhuis met terras en veranda, midden in een schaduwrijke tuin dankzij lindebomen die de tand des tijds goed hebben doorstaan. Niet ver van het huis van de vermaarde schilder. Rust gegarandeerd: bussen en toeristen komen hier niet. Ruime, eenvoudige kamers die volop gerenoveerd worden. In het restaurant kun je terecht voor een snelle hap, een pannenkoek of een slaatje. Warme ontvangst.

LUXUEUS TOT HEEL LUXUEUS

CHAMBRES D'HÔTE LA PLUIE DE ROSES: *bij mijnheer en mevrouw Chauveau, Rue Claude Monet 14. 0232511067. lapluiederoses@giverny.fr giverny.fr/la-pluie-de-roses.html. Vooraan in de Rue Claude-Monet. Reserveren aanbevolen. Tweepersoonskamers voor € 110 tot 125; € 40 extra voor een bijkomend bed; ontbijt inbegrepen. Wifi.* Een indrukwekkend gebouw vol met rariteiten, in een prachtig park van 6000 m² met verschillende soorten bomen en rozen van weleer. Er is ook een schildersatelier om je creativiteit te botvieren. Salon met grote glasramen die een fantastisch uitzicht bieden. Romantisch ingerichte kamers met veelbetekende namen: *Bonheur du jour, Heure exquise* of *Arlequinade* voor het luxeuze eenkamerappartement dat uitkomt op de tuin. Een charmant adresje dat voortreffelijk gerund wordt door Elisabeth, een beroepszangeres.

CHAMBRES D'HÔTE LES JARDINS D'HÉLÈNE: *bij mijnheer Lombard-Dufeu, Rue Claude Monet 12. 0232213068. lesjardinsdhelene@free.fr giverny-lesjardinsdhelene.com. Vooraan in de Rue Claude-Monet als je uit de richting van Vernon komt. Best reserveren. Tweepersoonskamers voor € 75 tot 95, een gezinssuite voor € 145 (4 personen). Wifi.* In een mooie Engelse tuin met salonhoekje in het prieel. De eigenaar van het gebouw, dat dateert uit het begin van de 20ste eeuw, is een musicus, voormalig artistiek directeur van heel wat vermaarde zangers. Een handvol kamers op verschillende niveaus, elk met een eigen stijl gaande van klassiek met Toile de Jouy-stof tot rococo met hemelbed. Er is ook een modernere gezinskamer die baadt in heldere lentetinten. Een ruim, gemeenschappelijk salon en een gezellige eetzaal met aan de muren allerhande werken van lokale kunstenaars. Warme ontvangst door Gilles en Claire die zelfs kaartjes verkopen voor het huis van Monet en je zo een lange wachtrij besparen.

CHAMBRES D'HÔTE LA RÉSERVE: *bij mijnheer en mevrouw Brune. 0232219909.*

mlreserve@gmail.com giverny-lareserve.com. Vanuit de Rue du Colombier ga je rechtdoor naar het hogergelegen deel van Giverny. Ongeveer 1 km verderop, net voor de heuveltop, neem je links het kleine weggetje. Wat verder is het rechtsaf aan de tweesprong. Reserveren verplicht. Tweepersoonskamers voor € 100 tot 160. Gratis parkeerplaatsen. In een groot herenhuis midden in een prachtig park, omgeven door boomgaarden en een bos, hebben de eigenaars zes gastenkamers met een persoonlijke touch en geraffineerd ingericht (parket, antieke meubels, Japanse motieven waarvan Monet erg hield ...). Optimaal comfort en 100% kwaliteit.

SLAPEN IN DE OMGEVING

🛏 CHAMBRES D'HÔTE LE MOULIN DE VILLEZ: *in Limetz-Villez.* ☎ 06 20 79 83 59 *(gsm).*
●*givernyhome.net. Ongeveer 2 km van Giverny, aan de andere kant van de Epte. Verlaat Giverny en sla na de brug viermaal links af. Reserveren verplicht. Tweepersoonskamers voor € 90 tot 120.* Een uitgestrekt park waardoor de Epte stroomt en waar je tegenover het scheprap (in werking) van de molen uit de 18de eeuw een frisse duik kunt nemen. De romantisch ingerichte kamers hebben namen van bloemen en zijn uitermate comfortabel. Ze zijn allemaal uitgerust met een moderne badkamer en hebben uitzicht op dit kleine stukje paradijs. Je kunt ook op de molenverdieping zelf slapen, waar je indommelt op het ritme van het schoepen-rad dat het hele gebouw van elektriciteit voorziet. Een uniek adresje om 'impressionis-tisch' weg te dromen. Dit mag je niet missen!

ETEN

🍴 RESTAURANT VAN HÔTEL BAUDY: *Rue Claude-Monet 81.* ☎ 02 32 21 10 03.
●*restaurantbaudy@yahoo.fr. Van april tot 1 november dagelijks geopend. Gesloten op maandagavond in het hoogseizoen. Je kunt bestellen tot 21.30 u. Menu voor € 22,50. Reken op ongeveer € 25 à la carte. Bank-kaarten worden niet aanvaard.* Zoals de naam al laat vermoeden, is dit restaurant met bistro-allures gelegen in het voormalige Hôtel Baudy (zie bij de rubriek 'Wat is er te zien en te doen?'). Aan de tafeltjes met geruite tafelkleden kun je voor een redelijke prijs genieten van een eenvoudige keuken. Aangenaam, schaduwrijk terras. Sympathieke ontvangst, ook al kan het er heel druk zijn.

🍴📶 L'ESQUISSE GOURMANDE: *Rue Claude-Monet 73bis.* ☎ 02 32 51 86 95.
●*contact@lesquissegourmande.fr. Gesloten op dinsdagavond. Formule met slaatje voor € 14; menu's voor € 19,50 tot 22,50.* Dit vrij nieuwe restaurant ligt een beetje verwijderd van het toeristisch centrum en valt op door zijn moderne fluogroene inrichting. Prachtig terras. Bij Ca-therine, de sympathieke en dynamische eigenares, kun je op elk moment van de dag te-recht voor een originele salade of een meer klassieke schotel. Ook leuk om hier gewoon een thee te komen drinken en te genieten van de impressionistische tentoonstellingen.

🍴 RESTAURANT VAN HÔTEL LA MUSARDIÈRE: zie bij de rubriek 'Slapen'.

🍴 TERRA CAFÉ: *het restaurant met cafetaria van het Musée des Impressionismes-Giverny.*
☎ 02 32 51 94 61.
🛏 *Van april tot oktober dagelijks geopend tot 18.00 u. Formule vanaf € 14,50. Reken op ongeveer € 25 à la carte.* Pretentieloze en correcte keuken (salades, gebakjes, quiche, grillspecialiteiten ...). Handig adres. Bovendien kun je op het heerlijke terras van de zon genieten.

ETEN IN DE OMGEVING

DOORSNEEPRIJS TOT LUXUEUS

🍴 AUBERGE DU PRIEURÉ NORMAND: *Place de la République 1, 27620 Gasny.* ☎ 02 32 52 10 01.
●*prieure.normand@wanadoo.fr* ●*aubergeduprieurenormand.com. Naast de kerk. Gesloten op dinsdag-avond, op woensdag en tussen Kerstmis en Nieuwjaar. Lunchmenu op weekdagen voor € 17 of voor € 26; andere menu's voor € 35 tot 41.* Gastronomische tussenstop, ideaal gelegen tussen La Ro-che-Guyon en Giverny. Het is niet zozeer de verzorgde en klassieke inrichting die onze aandacht trok, maar wel de uitstekende keuken met gerechten die hun kwaliteit in de loop der jaren hebben weten te behouden.

🔲 LE MOULIN DE FOURGES: *Rue du Moulin 38, 27630 Fourges.* ☎ 02 32 52 12 12.
● *contact@moulindefourges.com.* ♿ *Op de oever van de Epte. Goed bewegwijzerd vanuit Fourges, een dorp dat ongeveer 10 km van Vernon ligt. Gesloten op zondagavond en op maandag. Jaarlijks verlof van november tot eind maart. Formule voor € 16,50; menu's voor € 19 tot 35.* Schitterende molen, de ontmoetingsplaats van kunstenaars in het algemeen en impressionisten in het bijzonder. Door het raam zie je de Epte voorbijstromen in een ongelooflijk romantisch landschap. De streekkeuken is heel lekker. Je kunt er terecht voor traditionele gerechten en aardige vondsten die getuigen van de creativiteit van de chef-kok. Op zaterdag en zondag vaak heel erg druk. Van april tot oktober ook concerten in bepaalde weekends.

WAT IS ER TE ZIEN EN TE DOEN?

◀ ◀ ◀ **Fondation Claude-Monet (Maison de Monet):** *Rue Claude-Monet 84.* ☎ 02 32 51 28 21.
● *www.fondation-monet.com.* ♿ *(enkel de tuinen). Van april tot oktober dagelijks geopend (maandag onder voorbehoud). Het huis en de tuinen kun je bezoeken van 9.30 tot 18.00 u (het loket sluit om 17.30 u). Dieren niet toegelaten. Toegangsprijs: € 6 ; kortingen. Probeer de zaterdagen en zondagen te vermijden: veel te druk. De beste tijdstippen om deze bezienswaardigheid te bezoeken zijn: bij de opening of zelfs een kwartiertje vroeger (op zondag), zodat je als eerste aan het loket staat; van 12.00 tot 14.00 u, als iedereen in het restaurant zit (dan is het iets rustiger) of 's middags omstreeks 16.30 u (niet later want dan heb je niet meer genoeg tijd om alles te bekijken).* Een ware duik in de verbeeldingswereld van Monet: het huis en de tuinen zijn nog steeds in hun oorspronkelijke staat en je verwacht elk moment Monet zelf te zien. Maar je moet wel weten dat hier geen originele doeken van de meester hangen. Je komt gewoon de fantastische bloementuinen bewonderen. Deze tuinen bestaan uit twee totaal verschillende delen: de oosterse watertuin waar de kunstenaar de *Nymphéas* schilderde (als de waterlelies bloeien is de emotie des te sterker) en, dichter bij het huis, de *Clos Normand* (Normandisch woonerf). Zonder de kleurenpracht van de tuin zou dit bezoek veel van z'n glans verliezen. De vijver met de waterlelies ligt aan de andere kant van de weg. Je komt er via een ondergrondse passage achter in de tuin. Toen Monet hier woonde, was de plek nog veel romantischer want tussen de tuin en de beroemde vijver liepen alleen een aardeweggetje en een kleine spoorweg (en de treinen waren toen zeldzaam). Let in het huis zelf op de mooie, vrolijke gele eetkamer en de keukens met azulejo's. Monet was een echte lekkerbek en hield er ook van om zelf te koken voor zijn gasten. Zijn specialiteit was ijs met banaan ... De kookboeken die hij samen met zijn gezellin Alice Hoschédé schreef, getuigen van zijn voorliefde voor lekkere dingen. Als ze op restaurant iets lekker vonden, vroegen ze onmiddellijk het recept aan de chef. Behalve de meubels zie je schitterende Japanse gravures uit de persoonlijke collectie van Monet. Werkelijk prachtig! Interessant om te weten: Monet is nooit in Japan geweest. Hij ontdekte de innige schoonheid van de gravures tijdens een reis in Nederland. In het atelier is de winkel van de stichting ondergebracht.

◀ ◀ 🔳 **Musée des Impressionnistes - Giverny:** Rue *Claude-Monet 99.*
☎ 02 32 51 94 65. ♿ *Van april tot oktober dagelijks geopend van 10.00 tot 18.00 u. Toegangsprijs: € 6,50. Gratis voor kinderen tot 12 jaar en voor iedereen op de eerste zondag van de maand. Kortingen. Met dit kaartje krijg je korting op de toegangsprijs van het kasteel van La Roche-Guyon als je het op dezelfde dag bezoekt. Restaurant-tearoom Le Terra Café met een aangenaam terras om iets te drinken of te eten (zie ook bij de rubriek 'Eten').* Noodzakelijke aanvulling van het bezoek aan de Fondation Monet. Hier vind je alleen maar tijdelijke tentoonstellingen. Dit museum wil in de eerste plaats de impressionistische kunststroming en haar diversiteit onder de aandacht brengen. Ter gelegenheid van het festival *Normandie Impressionniste 2010* biedt het museum onderdak aan een indrukwekkende tentoonstelling met als titel *L'Impressionniste au fil de la Seine* (april-juli). Het gaat hier om een chronologisch parcours langs een zestigtal werken die uitsluitend op de oevers van de Seine

geschilderd zijn. De thema' zijn: het voorbijgaan van de seizoenen, het leven op de rivieren en in de havens, de artiesten in hun vrije tijd en op vakantie. De tentoonstelling start met pre-impressionistische werken van Corot, Jongkind, Boudin en Lépine en gaat verder met Manet, Renoir, Sisley, Pissarro, Monet, Cézanne, Caillebotte en Guillaumin. Er is ook een afdeling postimpressionisme met Gauguin, Van Gogh, Seurat, Signac, Bonnard, Vuillard en Maurice Denis. Ten slotte nog een paar kunsschilders van het fauvisme: Derain, Vlaminck, Matisse en Marquet. Volkomen nieuwe confrontaties en wat een aanzien!

Buiten liggen er mooie tuinen die je gratis kunt bezoeken. Er is ook een beschermd stuk met klaprozen waar plaats voorzien is om je schildersezel neer te zetten.

🎨🎨 **Voormalig Hôtel Baudy:** *Rue Claude-Monet 81.* ☎ *02 32 21 10 03.*
•*giverny.fr.* ♿ *Dinsdag tot zaterdag geopend van 10.00 tot 21.30 u; zondag en maandag van 10.00 tot 18.00 u.*
Het gewezen hotel waar veel Amerikaanse artiesten verbleven, is nu volledig gerestaureerd. Achter het gebouw werd de grote (7000 m²), hellende tuin helemaal opnieuw aangelegd zoals vroeger. Het was in 1886 dat de eerste Amerikaanse schilder hier een kamer zocht. Hij heette Metcalf. Anderen volgden, velen zelfs. Ze kwamen elk weekend terug met de trein. Het Hôtel Baudy werd een ontmoetingsplaats voor artiesten: Robinson, Butler, Mary Cassatt, MacMonnies, Sargent en veel anderen verbleven hier. Daarna kwamen ook Renoir, Rodin, Sisley en Pissaro. Monet en Clemenceau hebben heel wat uren gespendeerd in het park. Het hotel heeft een mooi, ietwat verwilderd rosarium en schitterende tuinen. Je kunt ook een klein, schattig atelier bezichtigen dat in de tuin ligt en handig is gereconstrueerd.

🎨 **Het graf van Monet:** *halfweg in de Rue Claude-Monet.* Als je Monet postuum wilt huldigen, moet je beslist een bezoek brengen aan zijn graf. Je vindt het op het gemeentelijk kerkhof, achter de kerk. Wit marmer met heel veel bloemen, een beetje zoals Monets tuin.

- **Een tiental galerijen met werk van impressionistische kunstenaars:** *in de Rue Claude-Monet en de Rue Blanche-Hoschedé-Monet.* De Galerie Letoliacha *(Rue Claude Monet 69; van oktober tot april dagelijks geopend van 11.00 tot 18.00 u, behalve op maandag)* wist ons in het bijzonder te bekoren door haar omkadering (in een frisse, gewelfde kelder), haar prijzen en de vrolijkheid van haar exposant André Faveri.

- **Cursus impressionistisch schilderen:** *Association Arts et Astuces, Rue de la Falaise 1bis.*
☎ *06 84 67 34 24 (gsm).* •*patriciadodin.com.* De sympathieke Patricia Dodin, kunstschilder, organiseert workshops en stages voor beginnelingen en gevorderden.

EVENEMENTEN

- **Festival de Musique de chambre:** *festival van kamermuziek, de laatste twee weken van augustus.*
Inlichtingen: ☎ *02 32 71 02 99 (vanaf april).* •*musicagiverny.com.* Een reeks concerten rond een gastcomponist waarbij musici uit de hele wereld samengebracht worden. In Giverny zelf en ook in de omgeving. Je kunt ook naar de repetities gaan kijken ...

- **Festival de Giverny :** *een week eind september. Inlichtingen:* ☎ *06 86 97 18 03 (gsm).*
•*festivaldegiverny.org.* Een betoverende (en intieme) sfeer in een oude schuur. Een festival met allerhande schrijvers-componisten-uitvoerders van het nieuwe Franse chanson (rock, pop, jazz, blues). Ook theater.

LES ANDELYS

Een van de mooiste plaatsen in de Seinevallei, 92 km van Parijs. Bekend om zijn versterkte burcht die boven de kronkelende rivier uittorent. Bij het kasteel heb je een schitterend uitzicht op de met bossen begroeide krijtrotsen, de groene oevers en de oude daken van het dorp. Beneden stroomt de Seine lui door haar meander. Balzac, Hugo, Ingres, Monet, Signac en Léger kwamen hier vaak inspiratie zoeken.

Waarom 'Les' Andelys? Gewoon omdat het dorp in tweeën is gesplitst: Le Petit-Andely aan de oever van de Seine, veruit het charmantst, beschermd door de ruïnes van het Château-Gaillard en Le Grand-Andely, 1 km landinwaarts, waar een bezoek aan de Église Notre-Dame en het kleine museum de moeite loont.

NUTTIGE ADRESSEN

🛈 **Dienst voor Toerisme:** *Rue Philippe-August 24, BP 242, 27702 Les Andelys Cedex, Le Petit-Andely.* ☎ *02 32 54 41 93.* ● *office-tourisme.ville-andelys.fr. Van april tot september geopend van maandag tot zaterdag van 10.00 tot 12.00 u en van 14.00 tot 18.00 u; op zondag tot 17.00 u (in april en mei gesloten op zondagmiddag). De rest van het jaar geopend van maandag tot vrijdag van 14.00 tot 18.00 u; op zaterdag van 10.00 tot 13.00 u en van 14.00 tot 17.00 u (van november tot februari alleen 's ochtends). Gesloten op zondag.*

- **Openluchtzwembad:** *aan de Seine, 200 m voorbij de Dienst voor Toerisme aan je rechterkant. Uitsluitend geopend in de zomer. Heel leuk. Ook tennisbaan.*

SLAPEN EN ETEN

CAMPING

🏕 Camping de l'Île des Trois Rois: *Rue Gilles-Nicolle 1, aan de oever van de Seine, bijna aan de voet van de brug over de rivier.*

☎ *02 32 54 23 79.* ● *campingtroisrois@aol.com* ● *camping-troisrois.com.* ♿ *Geopend van half maart tot half november. Reken op € 17 voor twee personen met auto en tent. Mobilhomes: € 270 tot 590 per week in juli en augustus.* Goed gelegen en goed uitgerust, met aan de ene kant een grote vijver en aan de andere kant de Seine. Jammer dat er niet veel schaduw is. Twee verwarmde zwembaden, speeltuin en fietsenverhuur.

DOORSNEEPRIJS TOT LUXUEUS

🅿🍴 Hôtel Le Normandie: *Rue Grande 1, Le Petit-Andely.* ☎ *02 32 54 10 52.* ● *hotelnormandie-andelys.com. Gesloten op woensdagavond en op donderdag (behalve op feestdagen). Tweepersoonskamers voor € 39 (wc op de overloop) of € 62 tot 68, afhankelijk van het comfort. Avondmaal verplicht te nemen in het restaurant (à la carte of menu). Op weekdagen menu voor € 18,50. Andere menu's voor € 28,50 tot 45.* Oud Normandisch gebouw met een met wilde wingerd begroeide gevel en een kleine tuin. Op een boogscheut van de Seine. Jammer dat sommige kamers vrij ouderwets zijn. En we betreuren ook dat de geluidsisolatie wat te wensen overlaat. In het restaurant wordt typisch Normandische kost geserveerd: kalfszwezeriken uit de Augevallei, ragout van zeeduivel met pommeau enz. Een goed adres in een landelijke omgeving.

🍴 Le Bistro d'Oscar: *Rue Marcel-Lefèvre 74, Le Grand-Andely.* ☎ *02 32 54 20 34.* ● *bistrot.doscar27@orange.fr. Gesloten op zondagavond en op maandag. Doordeweekse lunch voor € 11,50. Andere menu's voor € 20 tot 28.* Heel moderne, kleurrijke en hartelijke inrichting. Restaurant met de allures van een bistro. De tijd is hier duidelijk niet blijven stilstaan. Gerechten op basis van verse marktproducten. Veel afwisseling. Enkele geslaagde specialiteiten: kip in een sausje van camembert, knapperige varkenspootjes, heerlijke *appeldouillon* (mooie appel gevuld met een mengsel van boter, suiker en kaneel, ingepakt in een deeglaag met suiker en bereid in de oven). Bediening met de glimlach. In de zomer kun je zitten op het rustgevende terras achteraan. Een veelbelovend adres.

HEEL LUXUEUS

☒☒ Hôtel de la Chaîne d'Or: *Rue Grande 27, Le Petit-Andely.* ☎ 02 32 54 00 31. ●*chaineor@wanadoo.fr* ●*hotel-lachainedor.com. Tegenover de Église Saint-Sauveur. Restaurant gesloten op zondagavond, maandag en dinsdag buiten het seizoen; op maandag- en dinsdagmiddag in het seizoen. Jaarlijks verlof: een week bij Allerheiligen, tien dagen bij Kerstmis. Voor een verblijf op zaterdag of zondag best reserveren. Tweepersoonskamers voor € 85 tot 135. Lunchmenu op weekdagen voor € 21 tot 29; andere menu's voor € 45,50 tot 88. Gratis parkeerterrein.* Lang massief gebouw met een volmaakt rustige ligging aan de rivier. Het hotel werd opgericht in 1751. De naam komt van de ketting die werd getrokken van de oever naar het buureiland. Dit was de grens van de toenmalige tolzone op de Seine. De heffing bracht zoveel geld op dat men sprak van de Chaîne d'Or (de gouden ketting). Dit is met andere woorden een luxeadres, ook al zijn de gemeenschappelijke ruimtes aan een opknapbeurt toe. Sommige kamers hebben uitzicht op de Seine en zijn met veel smaak ingericht. Prachtige eetkamer met open haard. Je kijkt hier neer op de lagergelegen rivier en de voorbijvarende aken. Bediening met stijl en Normandische gastronomische specialiteiten.

WAT IS ER TE ZIEN?

ꕤ ꕤ ꕤ Château-Gaillard: ☎ 02 32 54 04 16 (gemeentehuis).

Te voet kom je er via de Rue Richard-Coeur-de-Lion, langs een weg die vertrekt in het centrum van Le Petit-Andely, vlak bij de Dienst voor Toerisme. Met de auto moet je een omweg maken langs Le Grand-Andely en de heuvels in de omgeving. Goed bewegwijzerd. Dagelijks geopend van 15 maart tot 15 november (behalve op dinsdag en op 1 mei) van 10.00 tot 13.00 u en van 14.00 tot 18.00 u. Toegangsprijs: ongeveer € 3,15. Kortingen (bijvoorbeeld combinatie met een toegangskaartje voor het Musée Nicolas-Poussin: € 4,15). Gratis voor kinderen jonger dan tien. Rondleiding om 11.00, 15.00 en 16.30 u (€ 5,20). In feite kun je het hele jaar gemakkelijk tussen de ruïnes wandelen zonder een toegangskaartje te kopen. Dit heb je enkel nodig als je de iets beter bewaarde donjon wilt bezoeken en biedt je dan ook de mogelijkheid om een rondleiding te volgen. Versterkte burcht die werd gebouwd door Richard Leeuwenhart, hertog van Normandië en koning van Engeland, om zich te verdedigen tegen de aanvallen van Filips August, koning van Frankrijk. Het kasteel is nu een ruïne, maar toch nog steeds een van de meest tot de verbeelding sprekende plaatjes van de hele Seinevallei. Toen dit kasteel werd gebouwd, wisten de bouwers nog van aanpakken: de klus duurde precies een jaar. De plek werd uitgekozen vanwege de steile helling en de strategische troeven van de omgeving. Toen de burcht was afgewerkt, zou Richard Leeuwenhart het volgende hebben uitgeroepen: 'Que voilà un château gaillard!' ('Als dit geen sterke burcht is!'), en de naam van het kasteel was geboren. De sluwe Filips August wachtte tot Richard Leeuwenhart dood was om de burcht aan te vallen (in 1203). Na een belegering van verscheidene maanden werd het slot in maart 1204 bestormd. Gezien de dikte van de muren en het uitstekende verdedigingsmechanisme van het kasteel zou de onderneming onherroepelijk zijn mislukt als enkele moedige soldaten geen gaatje in de ommuring hadden gevonden. Ze drongen de burcht binnen via de lage ramen onder de kapel. De val van Château-Gaillard werd gevolgd door die van Rouen en Filips August heroverde Normandië.

Ondanks de ontmanteling door Hendrik IV bevat dit militaire verdedigingswerk nog prachtige overblijfselen die ons een idee geven van de toenmalige machtspositie van het kasteel. Zo kun je nog stukken van de buitenste vestingmuur herkennen. De binnenste vestingmuur is goed bewaard. Hij bestaat uit een serie tegen elkaar geplaatste, uitkragende ronde muurdelen die de grote donjon (met een binnendiameter van 8 m) omgeven. De muren van de toren zijn onderaan 4,5 m dik! De donjon telde oorspronkelijk drie verdiepingen en was geniaal van concept: aan de voet van de toren bevond zich een hellend vlak dat heel precies was berekend opdat de projectielen die door de machicoulis naar beneden werden gegooid, zouden stuiten en opspringen in de richting van de vijand, zodat hun baan op voorhand zou kunnen worden ingeschat.

De gevangenen van het kasteel

In 1314 deed het Château-Gaillard dienst als gevangenis voor de schoondochters van Filips de Schone, Margaretha en Blanca van Bourgondië, die werden beschuldigd van overspel. Blanca sleet hier 7 jaar en eindigde haar dagen in een klooster. Margaretha werd in het kasteel gewurgd op bevel van haar echtgenoot Lodewijk X, bijgenaamd de Twister, en dan nog wel met haar eigen, lange haren. Gelukkig streken hier nadien de verlichting en het feminisme neer!

◆ ◆ **Église Saint-Sauveur:** *in Le Petit-Andely.* Kleine kerk in de vorm van een Grieks kruis, gebouwd op het einde van de 13de eeuw in gotische stijl. De klokkentoren, die tijdens een zwaar onweer in 1973 instortte, is volledig heropgebouwd. Let op de eenvoud van de lijnen van het koor. Het 17de-eeuwse orgel is een van de oudste van Frankrijk dat nog wordt bespeeld.

◆ ◆ **Église Notre-Dame:** *in Le Grand-Andely.* Gevel met drie portalen geflankeerd door twee torens. Het kerkschip en het koor werden gebouwd in de 13de eeuw in gotische stijl. Hun proporties zijn heel harmonieus. Het transept en de kapellen aan de rechterkant zijn gebouwd in flamboyante gotische stijl. Deze aan de linkerkant vertonen renaissancekenmerken. De tegenstelling zie je het best in de dwarsbeuken. Rechts vind je bijvoorbeeld een roosvenster en een elegante balustrade, links zijn geometrie en classicisme troef. De centrale toren dateert uit de 15de eeuw. Binnen is er een prachtige, uitgewerkte eiken orgelkast in renaissancestijl, waarvan de panelen de christelijke waarden, de vrije kunsten, de wetenschappen en de mythologische godheden voorstellen. De kapel onmiddellijk rechts van de ingang geeft onderdak aan een mooie *Graflegging* uit de 16de eeuw en een *vastgebonden Christus* uit de 15de of 16de eeuw (niemand kan die precies dateren).

◆ **Musée Nicolas-Poussin:** *Rue Saine-Clothilde in Le Grand-Andely, achter het gemeentehuis.* ☎ 0232543178. *Dagelijks geopend (behalve op dinsdag, op 1 mei, het weekend van de Foire-à-tout die half september plaatsvindt en tijdens de eindejaarsfeesten) van 14.00 tot 18.00 u. Toegangsprijs: € 2,60. Kortingen (ook een combinatiekaartje voor het bezoek aan het Château-Gaillard, zie eerder).* Klein museum, opgebouwd rond herinneringen aan de 'Franse Raphaël', die werd geboren in Villers, een gehucht enkele kilometers verder dan Andelys. In dit museum hangt een van zijn meest beroemde doeken: *Coriolan.* Verder ook nog een verzameling schilderijen van hedendaagse Normandische schilders (Eugène Clary en nog een paar fauvisten), meubels in regency- en Lodewijk XVI-stijl.

◆ ◆ **Mémorial Normandie-Niemen:** *Rue Raymond-Phelip.* ☎ 0232544976. ● *normandieniemen.free.fr.* ♿ *(benedenverdieping). Van juni tot half september geopend van 10.00 tot 12.00 u en van 14.00 tot 18.00 u; de rest van het jaar van 14.00 tot 18.00 u. Gesloten op dinsdag, op sommige feestdagen en het weekend van de Foire-à-tout (tweede weekend van september). Toegangsprijs: € 3,50 en € 1 voor kinderen van 7 tot 12 jaar.* Dit museum illustreert buitengewoon goed het fantastische palmares van het jachtsquadron van generaal de Gaulle in 1942 aan het oostfront. Mooie verzameling documenten, foto's en diverse objecten. Vertoning van een documentaire. Op het voorplein een echte Mirage F1 en een reproductie van een Yak 9, een Russisch gevechtsvliegtuig.

WAT VALT ER TE BELEVEN?

- **Fête Sainte-Clotilde:** *enkele dagen begin juni.* Concerten van klassieke muziek.
- **Les journées médiévales:** *middeleeuwse dagen, het voorlaatste weekend van juni.* Artiesten en ambachtslui, optochten, steekspelen, valkeniers, spektakels en andere attracties. Toernooi voor boogschutters. Grote feestopvoering op zaterdagavond.
- **Foire-à-tout:** *doorgaans het tweede weekend van september.* Alle antiekverkopers en handelaars in curiosa van de streek zijn hier aanwezig.
- **Fête de l'automne:** *Place Saint-Sauveur. Herfstfeesten. Op een zondag eind oktober.* Normandische markt met straattoneel.

IN DE OMGEVING VAN LES ANDELYS

WAT IS ER TE ZIEN EN WAT IS ER DOEN?

🔹🔹 **La Roquette:** in dit dorp heb je een mooi uitzicht op de Seine.

🔹🔹 **Musée de la Batellerie (museum van de binnenvaart):** 27740 **Poses.** 📞 0232590844.
Van mei tot september zijn er rondleidingen op zon- en feestdagen van 14.30 tot 18.00 u. Duur: anderhalf uur. Toegangsprijs: € 4. Kortingen. De binnenscheepvaart op de Seine in de tijd van de riviersleepvaart. Bezoek aan de *Fauvette* en aan de aak *Midway II.* Na een bezoek aan het museum van de binnenvaart moet je beslist een wandelingetje maken op het jaagpad langs de Seine. Maak van de gelegenheid gebruik om halt te houden bij nummer 12: **atelier-galerij van Michèle Ratel**, een kunstenares en schilderes die zich inspireert op de landschappen uit de omgeving. 📞 0232593854. ● *mratel.fr. In het weekend en op feestdagen geopend van 9.00 tot 19.00 u.*

- Als je met de fiets bent, kun je vanuit Poses naar Incarville rijden (13 km) via de *voie verte,* het groene pad langs de oevers van de Seine en de Eure.

🔹🔹🔹 **De abdij van Bonport:** 27430 *Pont-de-l'Arche.* 📞 0235232762.
● *abbayedebonport.com. Aan de rand van Pont-de-l'Arche, richting Elbeuf. Afrit 20 van de snelweg (Pont-de-l'Arche). In juli en augustus dagelijks (behalve op zaterdag) rondleidingen of vrij bezoek van 14.00 tot 18.30 u; van april tot juni en in september uitsluitend op zon- en feestdagen (dezelfde openingsuren). Toegangsprijs: € 4. Kortingen.* Prachtig gelegen in een groot park. Het bezoek aan de cisterciënzerabdij duurt ongeveer een uur. De abdijgebouwen dateren gedeeltelijk uit de middeleeuwen: de kapittelzaal, de werkzaal, de kelder, de keukens en de magnifieke gewelfde refter uit de 13de eeuw. Heel mooi. Een zeldzaamheid in Frankrijk.

🔹 **Brasserie Duplessi:** *Rue aux Moines 13, 27700 Tosny.* 📞 0232515575.
🚲 *4 km van Les Andelys. Goed bewegwijzerd. Dagelijks geopend, maar voor een (gratis) bezoek moet je wel een afspraak maken.* In deze brouwerij wordt Richard Coeur-de-Lion (Richard Leeuwenhart) gebrouwen: een bruin, blond of amberkleurig ambachtelijk bier (en dus geen camembert!). Gratis proeverij op het einde van het bezoek.

- **Croisières-repas sur la Seine:** *cruises met maaltijd op de Seine, vertrek in Poses, Rue Scheurer-Kestner 72, 76320 Caudebec-les-Elbeuf.*
📞 0235783170. ● *rives-seine-croisieres.fr.* 🚲 *Alleen in juli en augustus. Op zondag vanaf 11.00 u: € 64 per persoon (boottocht van 4 uur, maaltijd en drank inbegrepen) of vanaf 15.30 u: € 20 voor een boottocht van 2 uur. Kortingen voor kinderen.* De maatschappij Rives de Seine-Croisières organiseert vanuit Poses boottochten op de *Guillaume-le-Conquérant (Willem de Veroveraar),* met haltes in Les Andelys en Vernon.

🔹 **Base de loisirs de Léry-Poses (recreatiepark):** *Route de Savoie, 27740 Poses.*
📞 0232591313. ● *basedeloisirs-lery-poses.fr.* 🚲 *Via de A13, afrit 19, Incarville. Richting Val-de-Reuil of Pont-de-l'Arche (14 km van Louviers). Dagelijks geopend van 8.00 tot 20.00 u. Toegangsprijs: € 4 per auto.* In een groene rustige omgeving, vlak bij het Lac des Deux-Amants. Diverse activiteiten: kajak-

ken, mountainbiken (geen verhuring ter plaatse), waterskiën, minigolf ... De watersporten zijn mogelijk van april tot september.

🏕 **Camping Les Étangs des Deux Amants:** *Route de Saint-Pierre, 27740 Poses.*

☎ *02 32 59 11 86. 1,5 km van het centrum van Poses. Gesloten van november tot maart. Staanplaats voor twee personen: ongeveer € 12,50, met tent en auto.* Een rustige camping langs de rivier. Zeer eenvoudig. Restaurant.

🍴 **Restaurant de l'Ondine:** *niet ver van de camping, bij het meer van Mesnil.*

☎ *02 32 59 13 13. In juli en augustus dagelijks geopend, 's middags en 's avonds. Ook altijd op verzoek voor groepen. Ongeveer € 8.* Zelfbedieningsrestaurant waar de sportievelingen onder ons kunnen genieten van een goede maaltijd.

🔎 5 km van het recreatiepark Base de loisirs de Léry-Poses bevindt zich een **ornithologisch reservaat**. Echte vogelliefhebbers moeten hier gewoon naartoe om onze gevederde vriendjes een bezoek te brengen. Diverse observatiehutten. *Inlichtingen:* ☎ *02 35 71 86 94.*

VEXIN IN NORMANDIË

De Vexin is een krijtplateau dat zich uitstrekt over de Eure en de Val d'Oise. In het zuidwesten wordt het plateau begrensd door de Seine. De evenwel luie rivier heeft hier mooie, hoge witte kliffen uitgesneden die het landschap erg pittoresk maken. In het noorden ligt het prachtige Forêt de Lyons, met z'n kastelen en abdijen in de omgeving. En dan is er nog Gisors, de 'hoofdplaats' van de Vexin. Over het hele groene plateau dat met leem is bedekt, heeft zich een intensieve landbouw ontwikkeld en daaraan dankt dit stukje Normandië zijn economische rijkdom. Neem je tijd om de Vexin te ontdekken op het ritme van de stroom of van de talrijke riviertjes die het landschap omtoveren in een aantrekkelijk tafereel.

DE VALLEI VAN DE EPTE

Een zachtjes klimmende en dalende weg brengt je achtereenvolgens naar Aveny (brug uit de 15de eeuw), Berthenonville (beschermde kerk uit de 16de eeuw en oude molen uit de 18de eeuw), Château-sur-Epte (met ruïnes van het kasteel dat werd gebouwd door de tweede zoon van Willem de Veroveraar), Dangu (kerk versierd met houtsnijwerk uit de 18de eeuw en beschilderde panelen; schilderachtige vijver), Neaufles-Saint-Martin (indrukwekkende donjon) en ten slotte Gisors (zie verder). Op de terugweg kun je een alternatieve route uitproberen die langs mooie typische dorpen uit de Vexin leidt: Fours-en-Vexin, het hunebed van Dampmesnil, Bus-Saint-Rémy, Fourges.

GISORS

27140 | 11.115 INWONERS

Hoewel de oude hoofdplaats van de Vexin in Normandië veel van haar charme heeft ingeboet tijdens de Tweede Wereldoorlog, blijft dit een aangename plek. Je kunt de kerk en de kasteelruïnes bezoeken.

NUTTIGE ADRESSEN

ℹ **Dienst voor Toerisme:** *Rue du Général-de-Gaulle 4.* ☎ *02 32 27 60 63.* ● *tourisme-gisors.fr. Het hele jaar door van maandag tot zaterdag geopend van 9.00 tot 12.00 u en van 14.00 tot 18.00 u; van april tot septem-*

ber ook geopend op zondag van 10.00 tot 12.00 u en van 14.00 tot 16.00 u. Gesloten op feestdagen. Interactieve informatiepaal op de hoek: dag en nacht informatie beschikbaar.

☎ Treinstation: *Place de la Gare. Inlichtingen bij de Franse spoorwegmaatschappij SNCF:* ☎ 3635 (€ 0,34 *per minuut*). Vanuit Parijs vertrekken een tiental treinen per dag (op zondag slechts 6). De rit duurt ongeveer 1 uur en 15 minuten.

- **Markten:** *op maandag de hele dag en op vrijdagochtend.*

SLAPEN IN DE OMGEVING

Zie ook onze adressen in Saint-Denis-le-Ferment.

☒ CHAMBRES D'HÔTE: *4 km van Gisors (richting Cergy), in het prachtige dorp Delincourt (60240), net tegenover de kerk en op de eerste verdieping van het gemeentehuis. Reserveren via mevrouw Morin, die de gastenkamers in het gemeentehuis runt: op weekdagen van 11.00 tot 12.00 u (*☎ *03 44 49 03 58; fax 03 44 49 29 34). Tweepersoonskamers voor ongeveer € 35.* Twee gastenkamers voor een miniprijsje: eenvoud en netjes, de ene met een groot tweepersoonsbed, de andere met twee eenpersoonsbedden. Gemeenschappelijke wc en douche. Geen ontbijt, maar wel een koelkast, een koffiezetapparaat en een magnetronoven ter beschikking van de gasten.

☒ CHAMBRES D'HÔTE DOMAINE DES PRÈS DU HOM: *bij Caroline en Éric Erhart, Route de Gisors 73, 27660 Bézu-Saint-Éloi.*

☎ *02 32 55 61 19.* ● *erhart.eric@wanadoo.fr* ● *presduhom.com. 7 km van Gisors. Tweepersoonskamers voor € 65 tot 95. Table d'hôte voor € 35, drank inbegrepen. Wifi.* Je hebt de keuze uit twee kamers die smaakvol ingericht werden in de bijgebouwen van een fraai herenhuis uit de 19de eeuw, met uitzicht op een groene tuin. Licht, ruimte, elegantie, charme ... Uitstekende ontvangst. Overvloedig ontbijt. Je kunt ook introductielessen volgen in de schilderkunst. Voor de sportievelingen: pingpong en verhuur van mountainbikes. En voor onze tortelduifjes zijn er huwelijksspecials met etherische oliën voor massage, champagne, kortom alles erop en eraan. Je kunt hier op beide oren slapen. Dit is een adres waar we ons hart aan verpand hebben!

ETEN

☒ RESTAURANT LE CAPPEVILLE: *Rue Cappeville 17.* ☎ *02 32 55 11 08.*

● *sppotel@organge.fr. Gesloten op woensdag en op donderdag, tien dagen begin januari en tien dagen in augustus. Menu's voor € 24 tot 50. Reken op € 50 à la carte.* Uitstekend adres voor een traditionele maaltijd van goede kwaliteit. Het mag gezegd worden dat de chef-kok van dit restaurant bij de 'groten der aarde' heeft gewerkt. Verfijnd interieur, net zoals de keuken en vriendelijke ontvangst.

UITGAAN

☒ LA BROCHE: *in het gehucht La Broche, als je Étrépagny binnenkomt uit de richting van Gisors, 500 m aan de rechterkant.*

☎ *02 32 55 77 10.* ☒ *Het hele jaar geopend op vrijdag en zaterdag en ook op de vooravond van feestdagen van 23.00 tot 5.00 u. Toegangsprijs: € 10 tot 15, naargelang het aantal drankjes. Gratis voor middernacht en de hele vrijdagnacht.* Deze nachtclub ligt in een groot kasteelpark, met overdekt zwembad en twee dansvloeren. De voltallige jeugd van Pontoise tot Rouen komt op deze supergrote dansvloer de benen strekken. De leeftijd van de klanten varieert van zaal tot zaal (ook verschillende muziekgenres).

WAT IS ER TE ZIEN?

🕯 🕯 **Château fort:** *de versterkte burcht ligt in een vredig park.* ☎ 02 32 55 59 36. *Het park is vrij toeganke-lijk voor het publiek van 8.00 tot 19.30 u (van oktober tot maart tot 17.00 u).* In het kasteel zijn er van april tot september dagelijks rondleidingen (behalve op dinsdag) om 10.00, 11.00, 14.00, 15.30 en 17.00 u. In oktober, november, februari en maart in het weekend om 10.30, 14.30 en 16.00 u. Jaarlijkse sluiting (van het kasteel, niet van het park) in december en januari. Duur van de rondleiding: 1 uur. Toegangsprijs (voor het kasteel): € 5. Kortingen. Combikaartje voor het kasteel en de Église Saint-Gervais: € 9 (€ 12 met stadsbezoek). Klank-en-lichtspel binnen de ommuring van het kasteel 's avonds op de derde zaterdag van mei, elk jaar rond een ander thema. Toegangsprijs: € 9. Kortingen. Inlichtingen bij de Dienst voor Toerisme. Van mei tot september ook avondbezoeken, 1 tot 3 per week (reserveren verplicht): 'Gisors, la romantique' met verhalen en legendes over het kasteel en na-dien een middeleeuwse kruidenwijn! Toegangsprijs: € 6. Gratis voor kinderen tot 6 jaar. Inlichtingen bij de Dienst voor Erfgoed: ☎ 02 32 55 59 36. De 12de-eeuwse militaire vesting van de Plantagenets is nu een ruïne, maar je ziet nog de schitterende donjon, de wachttoren, de Tour du Gouverneur, de Tour du Prisonnier, de kelders en een interessante ommuring met torens uit de 12de eeuw. Je kunt enkel de donjon en de kelders bezoeken (rondleiding verplicht). Klim naar de top van de donjon en bewonder het schitterende panorama.

Het kasteel werd gebouwd tussen 1096 en 1184. Het was de zoon van Willem de Veroveraar, hertog van Normandië, die met de werken begon, maar de burcht werd afgewerkt door Hendrik II Plantagenet, koning van Engeland. Daarna viel de vesting in handen van Filips August, die de Tour du Prisonnier liet bouwen toen Richard Leeuwenhart gevangenzat in Duitsland.

🕯 🕯 **Église Saint-Gervais-et-Saint-Protais:** *de toegang is gratis. Voor een rondleiding moet je reser-veren (duur: ongeveer 45 minuten): van februari tot november dagelijks (behalve op dinsdag).* ☎ 02 32 55 59 36. Toegangsprijs: € 5. Kortingen. Combiticket voor de kerk en het kasteel: € 9 (€ 12 met ook nog een stadsbezoek). Hoewel de hele buurt in 1940 volledig plat werd gebombardeerd, kon de kerk (ondanks zware beschadigingen) op miraculeuze wijze worden gerestaureerd.

Met de bouw van de kerk werd begonnen in de 13de eeuw. Ze werd afgewerkt in de loop van de 15de en 16de eeuw. Heel mooie renaissancegevel, geflankeerd door twee torens: aan de linkerkant flamboyante gotische stijl, aan de rechterkant een renaissancetoren. Aan de noordkant van de kerk zie je een merkwaardig gebeiteld portaal (1520) in gotische stijl. Bin-nen contrasteert de zuivere stijl van het koor uit 1240 met de flamboyante stijl van het kerk-schip. De kapellen aan de zuidelijke kant hebben heel mooie gebeeldhouwde pilaren. De kapel met de meeste versieringen is van de hand van de leerlooiers van de stad. Het beeld-houwwerk beschrijft de verschillende activiteiten van deze gilde.

Neem ook een kijkje in de kapellen zelf. De eerste biedt onderdak aan een mooie boom van Jesse van het eind van de 16de eeuw. Jesse zelf dient de boom tot wortel, de uiteinden van de takken begroeten de apostelen en de top van de boomkruin ontvangt het kind Jezus. In een andere kapel vind je een merkwaardige liggende figuur. Het schrale lichaam is ontroerend realistisch. In nog een andere kapel ontdek je een fresco uit de 16de eeuw. In de kapel Saint-Claude is er een mooi glas-in-loodraam van de school van Beauvais. Tot slot vermelden we nog het merkwaardige glas-in-loodraam (grauw-goudkleurig) rechts van de sacristie.

🕯 In de hoofdstraat, de Rue de Vienne, staan nog enkele mooie **middeleeuwse huizen in vakwerkstijl**. Aan het uiteinde van de straat, bijna op de hoek met de Rue des Argilières, be-vindt zich een voormalig washuis met een houten gebint uit de 15de eeuw. De lijn van het ge-bouw volgt de bocht van de rivier.

HET FORÊT DE LYONS

Een van de mooiste plekjes in de buurt van Parijs. Het is een 'helder' bos. Dit betekent dat de eeuwentorsende beuken met hun hoge kruinen het zonlicht goed doorlaten. Het licht onder dat bomendak is uniek. Dit vind je nergens anders in Frankrijk. Bovendien zijn er on-uitputtelijke wandelmogelijkheden op kleine verlaten weggetjes. Achter elke bocht wacht je een nieuwe verrassing. Schitterende uitzichtpunten op schattige dorpjes waar Norman-dische kerken en duiventorens elkaar het luchtruim betwisten.

HOE KOM JE ER?

Met de auto
- **Van/naar Rouen:** volg eerst de N31 en dan de E49 tot in La Feuillie, rijd dan verder op de D921.
- **Van/naar Évreux:** volg de N154 en dan de D316 tot in Andelys, daarna verder op de D1.
- **Van/naar Parijs:** volg eerst de D14 en dan de D6014 tot in Écouis en rijd daarna verder op de D2. Andere mogelijkheid: neem de snelweg (Autoroute de l'Ouest) en sla af in Gaillonk, volg dan de borden richting Les Andelys en Écouis.

Met de trein
- **Inlichtingen bij de Franse spoorwegmaatschappijn SNCF:** ☎ 36 35 (€ 0,34 per minuut). Vanuit Parijs naar Rouen sporen en dan bus 500 nemen. Slechts 1 bus per dag (op zondag geen enkele). Inlichtingen: ☎ 0825 076 027 (€ 0,15 per minuut). Vrij ingewikkeld, dus alleen als je veel tijd hebt.

LYONS-LA-FORÊT

27480 | 810 INWONERS

In het hart van het Forêt de Lyons, de hoofdplaats 'op poppenhuisschaal'. Dit is een van de weinige dorpen van het departement dat opgenomen is in de lijst van mooiste dorpen van Frankrijk. De meeste huizen hebben hun Normandische karakter bewaard, met prachtige gevels in vakwerkstijl, soms ook nog eens verfraaid met houtsnijwerk. Er zijn ook veel oude bakstenen huizen. Het lijkt hier en daar wel of je in een operettedecor rondloopt! Ravel wist deze rustige lieflijke sfeer naar waarde te schatten en installeerde zich in de jaren 1920 in Lyons-la-Forêt om er te werken. En Claude Chabrol vond hier het ideale decor om *Madame Bovary* te draaien.

EEN BEETJE GESCHIEDENIS

Reeds in de 11de eeuw hadden de hertogen van Normandië hier een residentie. Willem de Veroveraar ondertekende in Lyons-la-Forêt meerdere charters en zijn zoon liet er een ver-sterkt kasteel bouwen dat Filips August weer liet ontmantelen. Karel IX kwam hier jagen. In de 17de en 18de eeuw zetelden in dit dorpje belangrijke instellingen: baljuwschap, kiescol-lege, bestuur van wateren en bossen …

NUTTIGE ADRESSEN

🛈 Dienst voor Toerisme: *Rue de l'Hôtel-de-Ville 20.* ☎ 02 32 49 31 65. ● *lyons.tourisme.free.fr. Het hele jaar door geopend. Van Pasen tot half oktober geopend van dinsdag tot zaterdag van 9.30 tot 12.15 u en van 14.00 tot 17.30 u; op zondag van 10.00 tot 12.00 u en van 14.00 tot 16.30 u. Gesloten op maandag. De rest van het jaar geopend van dinsdag tot zaterdag van 10.00 tot 12.00 u en van 14.00 tot 17.00 u; gesloten op zondag*

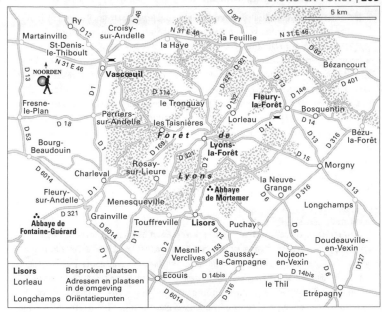

FORÊT DE LYONS

en maandag. Organiseert wandelingen in Lyons (€ 3) en ook in het Forêt de Lyons met natuur-gids (€ 3). Vooraf inschrijven is noodzakelijk. Vergeet je stapschoenen niet!

Fietsenverhuur: *Librairie Armand, Place Benserade 30.* ☎ *02 32 49 90 73. Dagelijks geopend (behalve op zondag- en woensdagmiddag) van 7.15 tot 12.30 u en van 14.30 tot 19.15 u. Je kunt ook fietsen huren op de gemeentelijke camping Saint-Paul.* ☎ *02 32 49 42 02. Geopend van april tot oktober.*

SLAPEN, ETEN EN IETS DRINKEN

GOEDKOOP

CAFÉ DU COMMERCE: *Place Benserade 19.* ☎ *02 32 49 49 92.*
Gesloten op maandag en drie weken in januari. Menu voor € 12 ('s middags, niet op zondag) of € 17 en 22. Café-restaurant op de Place Benserade, waarover de schrijver Philippe Delerm het heeft. Ideaal om een pilsje te drinken op een van de bestgelegen terrasjes van Lyons. Je kunt er ook iets eten. In het seizoen zijn er af en toe concerten.

DOORSNEEPRIJS TOT LUXUEUS

LES LIONS DE BEAUCLERC: *Rue de l'Hôtel-de-Ville 7.* ☎ *02 32 49 18 90.*
● *leslionsdebeauclerc@free.fr* ● *lionsdebeauclerc.com.* *Restaurant gesloten op dinsdag; tearoom geopend op zaterdag en zondag en ook op feestdagen, telkens tot 18.00 u. Reserveren aangeraden. Tweepersoonskamers voor € 59 tot 94, naargelang het comfort (douche en wc of bad); € 5 voor een overnachting op zaterdag. Formule voor € 12. Menu's voor € 15 tot 28. Gratis wifi.* Een eersteklas adres in het hartje van het dorp! Zes heel comfortabele, kokette en romantisch ingerichte kamers. Je leeft hier in perfecte harmonie met de aangename sfeer die het Pays de Lyons uitstraalt. In de kamers mooie commodes, fauteuils, schilderijen ... die bovendien te koop zijn! De eigenaars hebben inderdaad een tweede passie: antiquiteiten verzamelen en verkopen. In de elegante eetruimte van het restaurant of in het kleine tuintje achteraan worden en-

kele Normandische gerechten geserveerd. En je kunt je vooral te goed doen aan de overheerlijke koeken en pannenkoeken. Een adres waar niets op aan te merken valt!

📧✖ HOSTELLERIE DU DOMAINE SAINT-PAUL: *Route des Taisnières 7.* ☎ 0232496057.
● domaine-saint-paul@aliceadsl.fr ● domaine-saint-paul.fr. *In de richting van Forges-les-Eaux, 1 km van het dorpscentrum, aan de D321. Geopend van begin april tot 1 november. Reserveren aangeraden. Tweepersoonskamers voor € 56 tot 82, naargelang het comfort. Van mei tot september halfpension gewenst: € 60 tot 73 per persoon. Menu voor € 24 ('s middags op weekdagen). Andere menu's voor € 23 tot 42.* Groot herenhuis met bijgebouwen in een gigantisch rustig park met veel bloemen. Aangenaam openluchtzwembad. Je kunt kiezen voor een verblijf in een bungalow of in het hoofdgebouw. De meeste kamers hebben hun vroegere inrichting behouden, andere hebben een welverdiende opknapbeurt gekregen. In het restaurant enkele culinaire specialiteiten: kroketten van camembert, ragout van eend met cider en pommeau. Uitstekende ontvangst. In de buurt kun je tennissen en paardrijden.

SLAPEN IN DE OMGEVING

📧 CHAMBRES D'HÔTE LE PRÉ AUX BICHES: *Rue de l'Essart-Mador 11, 27480 Les Taisnières.*
☎ 0232498552. ● natlanglois@wanadoo.fr. *5 km ten noorden van Lyons. Neem de Route des Taisnières naar de rand van het dorp en sla links af in de Rue de l'Essart-Mador: ongeveer 200 m verder aan je linkerkant. Reserveren absoluut noodzakelijk voor het weekend. Tweepersoonskamers voor € 62.* In een mooie woning met slechts een verdieping, verborgen in het groen. Twee kamers (waarvan een suite voor 4 personen), heel eenvoudig maar wel gezellig ingericht in retrostijl met maritieme invloeden. Knappe badkamer. Verhuring van mountainbikes. Hartelijke ontvangst.

📧 CHAMBRES D'HÔTE OP DE BOERDERIJ, BIJ MIJNHEER EN MEVROUW PARIS: *Hameau de Saint-Crespin 3 (bewegwijzering volgen), 27480 Lorleau.*
☎ 0232496222. ● jeanmichelparis@wanadoo.fr. *Ten noorden van Lyons-la-Forêt (4 km), te bereiken via de D132. Het hele jaar geopend. Tweepersoonskamers voor € 48 (met alle comfort).* In een groene, heuvelachtige streek waar je helemaal tot rust komt. Uitgelezen plek om van het leven te genieten. Twee dakkamers ingericht in een apart gebouw dat vroeger een stalling was. Je zit midden in de melkproductie! We hebben een voorkeur voor de kamer met het grote raam. Uitgebreid ontbijt met melk, yoghurt en kaas van de boerderij. De gasten mogen gebruik maken van het keukentje (ongeveer € 5 extra). Vriendelijke ontvangst.

📧 Vergeet ook niet om eens tot bij het CHÂTEAU DE FLEURY-LA-FORÊT (zie verder) te gaan. Je vindt er ook heel aardige gastenkamers.

WAAR KUN JE LEKKERE PRODUCTEN KOPEN?

🏠 **Les Quatre Fermières:** *Rue de l'Hôtel-de-Ville 22bis.* ☎ 0232491973.
In de zomer geopend op maandag van 10.00 tot 12.00 u; anders van donderdag tot zaterdag van 9.30 tot 12.30 u en van 14.30 tot 18.30 u (op zaterdag tot 19.00 u) en op zondag van 10.00 tot 12.00 u. Gesloten de laatste drie weken van januari. Vier vriendinnen (boerinnen) hebben op een bepaalde dag besloten om zich te associëren. Ze staan om de beurt in de winkel. Ze verkopen er wat ze zelf produceren en tal van andere boerderij- en ambachtelijke producten: gevogelte, fruit, groenten, jam, kaas, room, boter … Niet echt goedkoop, maar toch heel sympathiek. Verrukkelijke winkel!

WAT IS ER TE ZIEN?

🎎 🎎 **Vieilles halles:** deze oude hallen werden twee eeuwen geleden gebouwd.
🎎 🎎 🎎 Let op de tot de verbeelding sprekende **huizen**, zoals dat van de dichter Isaac de Benserade. Werkelijk een schitterend voorbeeld van een Normandisch herenhuis uit de

17de eeuw. In de Rue de l'Hôtel-de-Ville staat ... wat had je wel gedacht? Het **gemeente-huis** natuurlijk. Dit is een bakstenen gebouw dat op vraag van de hertog van Penthièvre omstreeks 1780 werd gerestaureerd. Je kunt de Salle du Tribunal (gerechtszaal of baljuw-schapzaal) en de gevangenis bezoeken voor € 1 (te betalen bij de Dienst voor Toerisme). De gerechtszaal dateert uit de 18de eeuw. In het trappenhuis moet je vooral letten op de steen die afkomstig is van de Bastille en ... de Bastille voorstelt. In de Rue d'Enfer bevindt zich het prachtige eigendom waar Ravel werkte aan de orkestratie van de *Schilderijen van een tentoonstelling* van Moussorgski (niet toegankelijk voor het publiek).

❦ **De kerk:** *een beetje buiten het dorp. Enkel geopend tijdens de eucharistievieringen (in het weekend bellen bij de pastorie die er vlak naast ligt).* Werd in de 12de eeuw gebouwd met silex, het materiaal bij uit-stek in deze streek. De uitbreidingen zijn het resultaat van werkzaamheden in de 15de en 16de eeuw. Het drievoudige dak en de flanken van de klokkentoren zijn van leisteen. Ver-meldenswaardig is de stenen *Maagd met Kind* boven het kerkportaal. Binnen is er een mooi houten beeld van de H. Christoffel uit de 16de eeuw.

❦ Schitterend uitzicht op Lyons van de **Église Notre-Dame-de-la-Paix**: *1,5 km van het centrum van Lyons. Neem de weg naar Vascoeuil via Les Tainières en les Hogues.*

LISORS EN DE ABDIJ VAN MORTEMER

27440 | 360 INWONERS

Klein dorp met bakstenen of volledig witte huizen dat zich uitstrekt langs de Fouillebroc. Het dorp toont zich van z'n charmantste kant als je vanuit Mesnil-Verclives komt. Let op de schattige kerk (15de eeuw) die een beetje apart ligt. Door de afwisseling van bouwmateria-len (silex en kalksteen) krijg je een leuk regelmatig patroon. Klokkentoren van hout en lei-steen. Binnen bevindt zich een mooie stenen maagd uit de 14de eeuw.

De spoken van de abdij

Wist je dat er in de muren van de abdij van Mortemer tientallen spoken zitten? Tijdens de revolutie hebben de sansculotten de vier laatste monniken tussen de wijntonnen gekeeld. Er wordt nu beweerd dat de geesten van deze religieuzen tot in de eeuwigheid zullen blijven heen en weer zweven tussen de wijnkelder en de duiventil. Maar het be-kendste spook van de streek is vast en zeker Mathilde, beter gekend onder de naam 'Dame Blanche' (de witte dame). Ze was de grootmoeder van Richard Leeuwenhart. Af en toe verschijnt ze 's nachts bij vollemaan. Door de bank is het beter om ze niet tegen te komen, tenzij ze nu witte handschoenen zou dragen, een teken dat ze gehuwd is ...

❦ ❦ ❦ **1** **Abbaye de Mortemer:** *ongeveer 2 km van het dorpje Lisors.* ☎ 02 32 49 54 34 of 37.
Het hele jaar geopend. Van juni tot augustus is het park dagelijks toegankelijk van 11.00 tot 18.00 u (vanaf 13.00 u buiten het seizoen). Het museum is van Pasen tot augustus dagelijks geopend van 14.00 tot 18.00 u; de rest van het jaar enkel op zon- en feestdagen van 14.00 tot 17.30 u. Toegangsprijs (park, museum, trein): € 9. Korting voor kinderen. Reken op € 6 als je enkel het park wilt bezichtigen. Ook hier zijn er kortingen. Rondlei-dingen enkel als het museum geopend is. Laatste vertrek: een uur voor sluitingstijd van de abdij (meestal). Duur: ongeveer 45 minuten. En reken nog eens op 15 minuten als je een rit met het treintje maakt. Groot middeleeuws festival voor de 15de augustus en van juli tot eind september. Er zijn dan tal van activiteiten: spektakels op zon-dagmiddag met meer dan 150 gekostumeerde figuranten ... Toegangsprijs: € 12. Korting voor kinderen. Vrijge-zellenfeest ter gelegenheid van de heilige Catharina, op Sint-Valentijn en in april. Aan elk feest nemen ongeveer 75 meisjes en 75 jongens deel. En geloof het gerust, ze zijn allemaal héél gemotiveerd! Het is absoluut noodzake-lijk om op voorhand te reserveren. Je weet het dus en een gewaarschuwde trotter telt voor twee! Mocht je geïnte-resseerd zijn ...

- De **ruïnes** van de voormalige cisterciënzerabdij liggen in een uitzonderlijke omgeving, weggedoken in een lieflijke vallei, achter een bocht van de smalle weg. Een op-en-top romantische sfeer, een oord dat uitnodigt tot een bijna mystieke wandeling. De naam van de abdij verwijst naar de moerassen die hier vroeger lagen (*mer morte* betekent 'dode zee'). De abdij deed na de Franse Revolutie dienst als steengroeve en met die stenen werd het dorpje Lisors gebouwd. Van de kerk uit de 12de eeuw (gebouwd door Hendrik I, de vierde zoon van Willem de Veroveraar) resten enkel nog een paar muurstukken. Later kocht een rijke drukker de gebouwen op en maakte hij er een kasteeltje van. In dat pand bevindt zich nu het museum.

- **Het museum:** gehuisvest in een gebouw uit de 17de eeuw. In de kelders krijg je tijdens een audiovisuele voorstelling scènes te zien uit het leven van de monniken. Werktuigen, de broodoven, een monnikencel ... Vergeet vooral de kleine fontein Sainte-Cathérine niet, de fontein van de vrijgezellen. Naar verluidt volstaat het om een muntje in de fontein te gooien om een geliefde te vinden. Op de muur staan tal van berichtjes van jongelui die een partner vonden na hun bezoek aan de fontein. Ontroerend! Verderop staat een prachtige gebeeldhouwde Maagd uit de 16de eeuw. Ze geeft de borst, zit neer en is gekroond, wat zeldzaam is bij dit soort beelden. Meerdere kamers werden op ingenieuze wijze ingericht met licht- en geluidseffecten die de legendes en verhalen over de abdij of de streek in beeld brengen. Het zit heel goed in elkaar en het valt erg in de smaak bij kinderen.

De voormalige refter op de verdieping telt vier kamers die door de verschillende eigenaars ingericht werden. Het meubilair zelf heeft natuurlijk niets te maken met de abdij. Let op het schitterende antifonarium (boek met liturgische gezangen) uit de 15de eeuw, een mooie haard en een maquette van de abdij.

- **Het park:** blijf even hangen bij de duiventil uit de 15de eeuw die in de 17de eeuw aangepast werd. Een opmerkelijk houten gebint van kastanjehout (dat spinnen afstoot). De daklantaarn is 17de-eeuws. 937 lemen hokjes dienden als onderkomen voor de duiven, die in sommige gevallen op het bord van de reizigers uit die tijd belandden. Let ook op de draailadder die toeliet om de vetste duiven op het nest te gaan vangen. Achter in het park ligt een vijver en zie je heel wat vogels en damherten. Er rijdt een treintje langs de vijver (getrokken door een tractor).

DE ABDIJ VAN FONTAINE-GUÉRARD

🥐🥐🥐 **Abbaye de Fontaine-Guérard:** *in Radepont, 2 km ten westen van het dorp.* ☎ *02 32 49 03 82. Van april tot oktober dagelijks (behalve op maandag) geopend van 14.00 tot 18.00 u; in juli en augustus dagelijks van 10.30 tot 18.30 u. Toegangsprijs: € 4,50. Kortingen.* Deze cisterciënzerabdij voor slotzusters werd gesticht in de 12de eeuw, gebouwd in de 13de eeuw en in 1937 beschermd als historisch gebouw. De abdij werd opgetrokken op de plaats van een rijke bron (vandaar de naam), in een landelijke en groene omgeving. Niet ver van de abdij ligt (tegen een heuvel aan) de kapel Saint-Michel (15de eeuw), net boven de kelders waar de religieuzen hun wijn bewaarden. Van de abdijkerk uit de 13de eeuw is het gewelf vernield, maar de zijmuren staan nog recht. Rechts van de kerk bevindt zich een elegante en smalle kapittelzaal met drie beuken in een typisch Anglo-Normandische gotische stijl. Links van die kapittelzaal leidt een trap naar de slaapzaal van de zusters waarvan de vloer werd gerestaureerd; let op het prachtige gebinte. Ten oosten van de zaal van de zusters ligt de medische plantentuin van de verpleegzaal. Je vindt er tal van eenvoudige medische planten. Het geheel ademt rust en vrede.

400 m van de abdij ligt de prachtige ruïne van de *Filature Levasseur*. Deze spinnerij werd in 1861 gebouwd in een Engelse(!), neogotische stijl. Het gebouw heeft amper dienst gedaan. Het werd in 1874 vernield door een brand. Wat overblijft, zou je kunnen omschrijven als een in-

dustriële kathedraal, geflankeerd door torens op de vier hoeken. Verbazingwekkend en mooi.

Elke eerste en derde zondag van de maand is de C92, die van de abdij vertrekt en langs de *Filature Levasseur* loopt, voorbehouden aan fietsers en voetgangers.

HET KASTEEL VAN FLEURY-LA-FORÊT

27480

🕯 🕯 ⚡ **Château de Fleury-la-Forêt:** *7 km ten noordoosten van Lyons-la-Forêt.* ☎ *02 32 49 63 91.*
● *chateau-fleury-la-foret. Van half maart tot half november geopend; in juli en augustus dagelijks van 14.00 tot 18.00 u (rondleidingen); de rest van het jaar uitsluitend geopend op zon- en feestdagen van 14.00 tot 18.00 u. Toegangsprijs: € 7 of 6 (voor kinderen van 4 tot 16 jaar). In de prijs van het kaartje zit het bezoek aan het kasteel, het park (met de ezels, de schapen, de ganzen ...), het washuis, de kapel, het Musée des Poupées en ook de kelders (enkel in juli en augustus).* In dit klassieke kasteel met z'n sobere gevel van silex en rode baksteen bezoek je een twaalftal kamers die in verschillende stijlen zijn bemeubeld, maar grotendeels uit de 17de eeuw dateren. Lodewijk XV-bureau, empirekamer, opmerkelijke 19de-eeuwse keuken met een prachtige verzameling aardewerk, tal van porseleinen voorwerpen en meer dan 140 collectiestukken van koper.

Het kasteel geeft ook onderdak aan het *Musée des Poupées* (poppenmuseum). Dit is de grote passie van de kasteelvrouw. Er staan honderden poppen tentoongesteld, sommige van onschatbare waarde. Alle eeuwen, landen en levenstaferelen komen aan bod. In juli en augustus wordt er in de kelders van dit gebouw een klein ludiek circuit ingericht voor kinderen. Elk jaar word je met iets nieuws verrast. Op de binnenplaats van het kasteel zie je het goed gerestaureerde washuis en tot slot is er nog de kapel.

🛏 **Het kasteel heeft ook vier prachtige chambres d'hôte:** *het telefoonnummer is hetzelfde als dat van het kasteel.* ● *info@chateau-fleury-la-foret.com. Reserveren aangeraden. Reken op € 78 voor een tweepersoonskamer, ontbijt inbegrepen (opgediend in de magnifieke keukenruimtes). Er is ook een suite voor 4 personen.* Ideaal om je eens kasteelheer te voelen. De charmante ontvangst krijg je er gratis bij.

HET KASTEEL VAN VASCOEUIL

27910

Om te beginnen moet je deze naam uitspreken als 'Vacoeuil' (slik de 's' in). Anders kijken ze je aan alsof je uit de lucht komt gevallen. Dit dorp ten noordwesten van het Forêt de Lyons geeft onderdak aan een van de meest actieve kunst- en geschiedeniscentra van Normandië. Het centrum voor kunst en geschiedenis in en rond dit kleine, merkwaardig goed gerestaureerde kasteeltje heeft verscheidene boeiende dingen in huis. Het ligt bovendien vrolijk midden in een park met kleine watervallen, bloemperken en een vijftigtal beeldhouwwerken uit de 20ste eeuw.

ETEN

GOEDKOOP TOT DOORSNEEPRIJS

🍴 SALON DE THÉ LA CASCADE: *tearoom in het park van het kasteel, langs de rivier.*
☎ *02 35 23 62 35. Speciaal voorbehouden aan de bezoekers. In juli en augustus dagelijks geopend; buiten het seizoen enkel in het weekend en op feestdagen. Salades en pannenkoeken vanaf € 7,50; dagschotel voor € 9 tot 12.* Ideaal gelegen aan een kleine waterval. Je kunt in de vrolijk gekleurde zaal of op het terras genieten van salades, gebak, pannenkoeken en ijs voor een redelijke prijs. Een aanrader om ook de innerlijke mens te versterken nadat je je dagelijkse portie cultuur hebt verorberd!

WAT IS ER TE ZIEN?

♀ ♀ ♀ **Het kasteel:** ☎ 02 35 23 62 35.

• *chateauvascoeuil.com*. 🅰 *(gedeeltelijk). Van april tot november dagelijks (behalve op maandag en dinsdag) van 14.30 tot 18.00 u; in juli en augustus dagelijks van 11.00 tot 18.30 u. Toegangsprijs: € 8. Kortingen. Gratis voor kinderen jonger dan tien. Gratis parkeerterrein.* Gebouw met bescheiden proporties, maar wel heel charmant en elegant. Het werd gebouwd tussen de 15de en de 17de eeuw en ontvangt tijdelijke tentoonstellingen van hedendaagse kunstenaars met wereldfaam (Dalí, Vasarely, Léger, Delvaux, Braque ...). Hun werken worden getoond in schitterende zalen met veel licht. Boven in de achthoekige kasteeltoren (12de eeuw) kun je een getrouwe reconstructie van het werkkabinet van Jules Michelet bewonderen (1798-1874). Er is ook een bibliotheek-winkel.

- **Het park en de Franse tuin (geklasseerd; historische monumenten):** park en tuin werden omgevormd tot een beeldhouwgalerij in de open lucht. Je ziet er een vijftigtal kunstwerken van brons, marmer en keramiek. Voorts zijn er ook nog mozaïekwerken uit de 20ste eeuw en meesterwerken van de hand van kunstenaars zoals Braque, Dalí, Volti, Vasarely, Chemiakin, Folon, Szekely ...

- **De duiventoren:** dateert uit de 17de eeuw. Massief en niet heel hoog, maar toch vrij elegant. Binnen zijn er tijdelijke tentoonstellingen. Let op de schitterende draailadder die de hoogste duivennesten bereikbaar maakte. Deze werden beschadigd tijdens de Franse Revolutie.

- **Musée Michelet:** het enige museum van Frankrijk dat is gewijd aan de beroemde historicus. Het is in dit kasteel dat Michelet over een periode van 20 jaar een groot deel van zijn werken realiseerde. Je vindt er souvenirs, diploma's, karikaturen, voorwerpen, boeken ...

DE VALLEI VAN DE EURE

ÉVREUX

27000 | 54.100 INWONERS

Wist je dat achter de eindeloos lange handels- en industriezone van Évreux een provinciaal stadje schuilgaat dat de zetel is van een van de oudste en belangrijkste bisdommen van Frankrijk? Dat de inwoners van de stad *Ébroïciens* worden genoemd? Dat dit een stad is die doordrongen is van geschiedenis? Hiervan getuigen het schitterende museum van het voormalige bisschoppelijke paleis en de overblijfselen uit de Gallo-Romeinse tijd.

Zo goed als de helft van de stad werd tussen 1940 en 1944 vernield. Évreux ligt te dicht bij Parijs om typisch Normandisch te zijn, maar voelt zich te Normandisch om tot het Île-de-France te behoren. Het is een stad die je te voet moet ontdekken, het liefst op een marktdag. Of beter nog, de dag van de Foire Saint-Nicolas (Sint-Niklaasfeest begin december).

NUTTIGE ADRESSEN

🅸 **Dienst voor Toerisme (plattegrond C2, 1):** Place du Général-de-Gaulle (Place de la Mairie) 1ter. ☎ 02 32 24 04 43. • *ot-pays-evreux.fr*. 🅲 *Van maandag tot zaterdag geopend van 9.30 tot 18.15 u (op zaterdag tot 18.00 u met een pauze van 13.00 tot 14.00 u). Van half juni tot half september ook geopend op zon- en feestdagen van 10.00 tot 12.30 u.* Organiseert een zaterdag per maand ongewone rondleidingen rond de thema's erfgoed, lekker eten en natuur (deelnameprijs: € 4,50; kortingen). In de zomer thematische rondleidingen op woensdag. Ook tijdelijke tentoonstellingen.

🅸 **Comité départemental du tourisme de l'Eure (plattegrond D2, 2):** Rue du Commandant-Letellier 3, BP 367, 27003 Évreux Cedex. ☎ 02 32 62 04 27. • *cdt-eure.fr*.

🚆**Treinstation (plattegrond C4):** *in het zuiden van de stad, naast het busstation, 15 minuten te voet van de kathedraal. Inlichtingen:* 📞*3635 (€ 0,34 per minuut).* Lijn Parijs-Cherbourg of Parijs-Caen. Dagelijks verschillende verbindingen.

🚌**Busstation (plattegrond C4):** *Boulevard Gambetta.* 📞*02 32 39 40 60.* •*transports.cg27.fr.* Busverbindingen naar Rouen, Alençon, Honfleur, Vernon, Louviers ...

✉️**Postkantoor (plattegrond C2):** *Rue du Docteur-Oursel 25.*

🚲**Fietsenverhuur:** *Cycles Chasserez (plattegrond C1, 4): Rue Isambard 63.* 📞*02 32 33 32 17. Van dinsdag tot zaterdag geopend van 9.00 tot 12.00 u en van 14.00 tot 19.00 u. Degri & Bike:* 📞*02 32 39 66 22. Inlichtingen bij de balie van de Golf, aan het vertrekpunt van de voie verte.*

- **Markten:** *woensdag- en zaterdagochtend op de Place du Marché; donderdagochtend op de Placette des Fontaines. Leuke en drukke sfeer.*

SLAPEN

GOEDKOOP

🛏️GREEN CAFÉ (PLATTEGROND C3, 10): *Rue Franklin-Roosevelt 1.* 📞*02 32 39 05 46.*

Tweepersoonskamers met wastafel en wc voor € 25; met douche, wc en tv voor € 35. Boven de brasserie hebben de vriendelijke eigenaars een tiental kamers ingericht in de stijl van een familie-hotelletje. Voor die prijs mag je niet de hemel op aarde verwachten, maar alles is netjes en goed onderhouden.

DOORSNEEPRIJS TOT HEEL LUXUEUS

🛏️GRAND HÔTEL DE LA GARE (PLATTEGROND C4, 11): *Boulevard Gambetta 61.*

📞*02 32 38 67 45. Fax 02 32 67 25 61. Recht tegenover het treinstation, maar dat had je al vermoed bij het lezen van de naam van het hotel. Tweepersoonskamers voor € 57 tot 74, naargelang het comfort en de grootte van de kamer. Gratis parkeerterrein.* Dit hotel werd volledig in een nieuw jasje gestoken. De eigenaars bieden een twintigtal gerieflijke en aangename kamers aan. Ze zijn op-en-top in orde en keurig verfraaid met gele en rode tinten. Doeltreffende dubbele beglazing, maar geef toch de voorkeur aan de kamers aan de achterkant want het kan in de boulevard erg druk zijn op het spitsuur ... Een eerder praktisch dan charmant adresje, maar wel een hartelijke ontvangst.

🛏️NORMANDY HÔTEL (PLATTEGROND C2, 12): *Rue Édouard-Feray 37.* 📞*02 32 33 14 40.*

•*normandyhotel.eu. Tegenover het politiekantoor. Jaarlijks verlof: de drie eerste weken van augustus. Tweepersoonskamers voor € 76 tot 115, naargelang het comfort en de grootte. Parkeerterrein (niet gratis). Internet.* Twintig kamers in een groot vakwerkhuis in rustiek Normandische stijl met een oud slingeruurwerk en bloemetjesgordijnen. Gezellige, klassieke inrichting. De helft van de kamers is opgeknapt: modern en kleurrijk (onze favorieten: de nummers 16, 17, 27 en 29). Je kunt er ook eten.

⬛ **Nuttige adressen**	🍽️ **Eten**
🚩1 Dienst voor Toerisme	20 Restaurant La Croix d'Or
🚩2 Comité départemental du tourisme de l'Eure	21 La Gazette
	22 La Vieille Gabelle
✉️ Postkantoor	
🚉 Treinstation SNCF	🍷 **Iets drinken**
🚌 Busstation	25 le Hastings
@ Forum - Espace Culture	
4 Cycles Chasserez	🛍️ **Waar kun je lekkere producten kopen?**
	23 Chocolatier Auzou
🛏️ **Slapen**	
10 Green Café	🎭 **Wat is er te zien?**
11 Grand Hôtel de la Gare	31 Musée d'Evreux
12 Normandy Hotel	

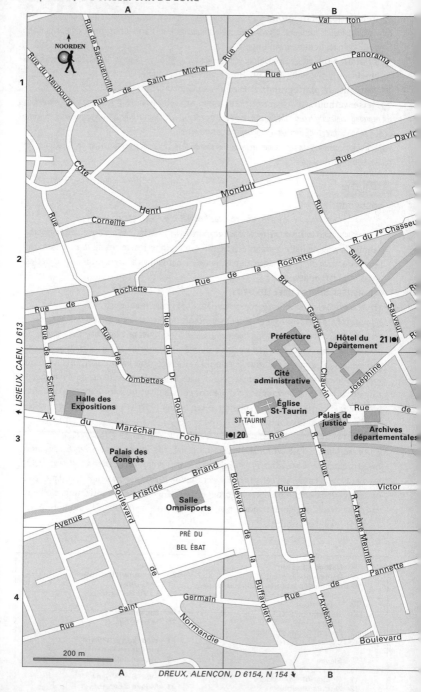

NOORDEN

A

Rue de Sacquenville

Rue du Neubourg

Rue de Saint Michel

Rue du

Val Iton

Rue du Panorama

B

Côte

Rue Davic

Henri

Corneille

Monduit

Rue

Rue

R. du 7e Chasseur

Rue de la Rochette

Rue de la Rochette

Bd de la Rochette

Saint

Sauveur

Rue

Rue de la Scierie

Rue des Tombettes

Rue du Dr Roux

Georges

Chauvin

Préfecture

Hôtel du Département

21

Josephine

Cité administrative

Halle des Expositions

Av. du Maréchal Foch

PL. ST-TAURIN

Église St-Taurin

20

Rue

Rue

Palais de justice

Rue de

Archives départementales

Palais des Congrès

Briand

Aristide

Boulevard

Salle Omnisports

Boulevard de la

Rue

R. Pet Huet

Rue

R. Arsène Meunier

Victor

PRÉ DU BEL ÉBAT

Avenue

de

Germain

Saint

Rue

Normandie

Buffardière

Rue

r'Ardèche

de

Pannette

Boulevard

200 m

← LISIEUX, CAEN, D 613

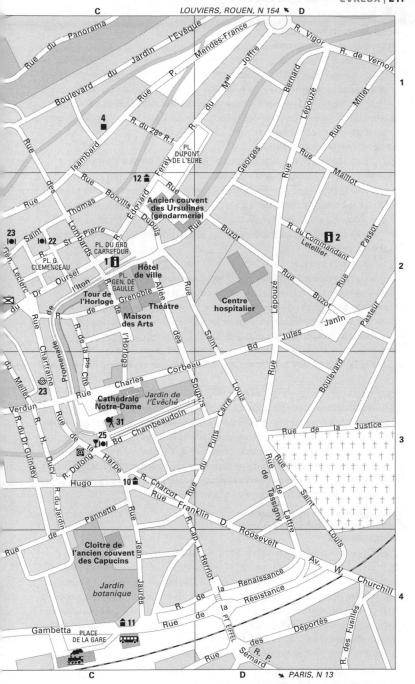

ÉVREUX

ETEN

DOORSNEEPRIJS TOT LUXUEUS

⊠ Restaurant La Croix d'Or (plattegrond B3, 20): *Rue Joséphine 3.* ☎ 02 32 33 06 07.

♿ *Dagelijks geopend. Doordeweekse lunch voor € 12,90. Andere menu's voor € 16,80 tot 32.* Restaurant in een chique omgeving, maar toch met een ontspannen sfeer. Dit etablissement is wijd en zijd bekend voor zijn schaal- en schelpdieren. Ook veel visgerechten die doorgaans van veel vindingrijkheid getuigen. De specialiteit bij uitstek van het huis is de 'grande bouillabaise' (vissoep). Klassieke vleesgerechten en desserts. Een handig adres, vooral op zondagavond als de andere restaurants van de stad gesloten zijn.

DOORSNEEPRIJS TOT LUXUEUS

⊠ La Vieille Gabelle (plattegrond C2, 22): *Rue de la Vieille-Gabelle 3.* ☎ 02 32 39 77 13.

♿ *Gesloten op zaterdagmiddag, zondagavond en maandag. Jaarlijks verlof: de eerste drie weken van augustus en van 23 tot 31 december. Lunchmenu op weekdagen voor € 19. Andere menu's voor € 22 tot 29.* Een lange vakwerkgevel met bloemen, een terracottavloer, een gezellige balkenzoldering en Normandische meubelen die lekker naar boenwas ruiken. Tot zover het interieur. Seizoensgebonden traditionele gerechten waarvan de kwaliteit in de loop der jaren constant is gebleven.

⊠ La Gazette (plattegrond B2, 21): *Rue Saint-Sauveur 7.* ☎ 02 32 33 43 40.

● xavier.buzieux@wanadoo.fr. ♿ *Gesloten op zaterdagmiddag en op zon- en feestdagen. Jaarlijks verlof: drie weken in augustus. Formule voor € 17 een weekmenu voor € 21; andere menu's voor € 39 tot 47.* Op de benedenverdieping van een mooi vakwerkhuis, in een aangenaam gerenoveerd interieur waar je kunt smullen van heerlijke gerechten op basis van verse streekproducten. Dit is iets helemaal anders dan de traditionele lokale specialiteiten. Veel originaliteit, een snufje persoonlijkheid, een vleugje vindingrijkheid, een gezonde dosis vriendelijkheid en de klus is geklaard. Je hebt hier een adres waar we ons hart aan verpand hebben. Dit is een van de beste tafels van Évreux.

⊠ Restaurant van het Hôtel de France (plattegrond C2, 23): *Rue Saint-Thomas 29.* ☎ 02 32 34 18 22. *Dagelijks geopend. Lunchmenu op weekdagen voor € 18; andere menu's voor € 25 tot 38.* Moderne eetzaal met houtwerk die uitkomt op een beekje. Aan de andere kant is er een schaduwrijk terras. Op je bord een creatief en bekoorlijk pallet van traditionele gerechten die aangepast zijn aan de nieuwste kooktrends. Ganzenlever van de chef, gepocheerd met madiranwijn of kalfsniertjes met pommeau en een mooi stukje brasem met paprikacoulis ... Aan de kamers waren ze nog aan het werken. Laten we hopen dat ze van dezelfde kwaliteit zijn als het restaurant!

SLAPEN EN ETEN IN DE OMGEVING

DOORSNEEPRIJS

⊠ Chambres d'hôte La Passée d'Août: *Rue du Stade 1, 27930 Miserey.*

☎ 02 32 67 06 24. ● passeedaout@wanadoo.fr ● perso.wanadoo.fr/passe-d-aout. *Verlaat Évreux in de richting van Pacy-sur-Eure via de N13 en sla 9 km verder links af naar Miserey. Tweepersoonskamers voor € 55, met alle comfort. Table d'hôte 's avonds voor € 20 (reserveren).* Vier comfortabele, landelijke en met bloemen verfraaide kamers op een graanboerderij die nog steeds in volle activiteit is. Een van de kamers kan gebruikt worden voor een gezin met drie of vier kinderen (babybedje en luiertafel ter beschikking van de gasten). Het ontbijt is origineel, met ongewone jamsoorten op basis van met munt geparfumeerde pruimen, appelgelei met calvados ... Hartelijke ontvangst. Een weetje: met 'passée d'août' wordt hier de maaltijd op het einde van de oogst bedoeld.

📧 CHAMBRES D'HÔTE CLAIR MATIN: *bij Amaïa en Jean-Pierre Trevisani, Rue de l'Église 19, 27930 Reuilly.* ☎ *0232347147.* ● *bienvenue@clair-matin.com* ● *clair-matin.com. 10 km ten noordoosten van Évreux, in een dorp links van de weg naar Gaillon, aan de noordelijke rand van het dorp in de richting van La Croix-Saint-Leuffroy. Tweepersoonskamers voor € 60 met douche of wc. Een suite voor € 75 en een vakantie-huisje voor € 180 tot 300 per week. Wifi (niet gratis).* Een ommuurde bloementuin, een Norman-dische boerderij uit de 18de eeuw en een charmant stel dat drie kamers met eigen badka-mer verhuurt, waaronder een suite voor twee personen en een kamer voor vier. Kortom, dit is een heel sympathiek adres.

LUXUEUS

📧 RESTAURANT LE SAINT-NICOLAS: *Rue Aristide-Briand 38 ter, 27930 Gravigny.* ☎ *0232383515.* ● *claude.sauvant766@orange.fr.* 🚻 *Ongeveer 2 km ten noorden van Évreux, aan de rechterkant van de D155 in de richting van Louviers. Gesloten op zondag-, maandag- en woensdagavond en ook 's avonds op feestdagen. Formule op weekdagen voor € 17; menu's voor € 28 tot 39. Gratis wifi.* Achter de discrete gevel langs de departementale weg verbergen zich prachtige eetkamertjes met een sober en verfijnd interieur, intiem of iets ruimer voor vrolijke groepen. Aange-naam terras met uitzicht op de tuin in de zomer. Je gaat er graag aan tafel zitten. De chef-kok maakt er een punt van eer van om enkel producten van de beste kwaliteit te gebrui-ken. Alles wordt op de markt gekocht. Zijn keuken is lekker, persoonlijk en varieert met de seizoenen. Heel mooie wijnkaart.

IETS DRINKEN

🔲📧 LE HASTINGS (PLATTEGROND C3, 25): *Rue de la Harpe 17.* ☎ *0232390622. Geopend van 11.00 tot 1.00 u. Gesloten op zondag.* Kleine kroeg in pubstijl. Ruime keuze aan bier-soorten. De muren hangen vol met reclame voor bier en met vergeelde bankbiljetten. Best wel gezellig. Je kunt er ook eten: grilladen, gemengde salades.

WAAR KUN JE LEKKERE GEBAKJES KOPEN?

📧 **Chocolatier Auzou (plattegrond C3, 23):** *Rue Chartraine 34.* ☎ *0232332805.* 🚻 *Gesloten op zondagmiddag en op maandag.* Enkele specialiteiten van weleer die je beslist niet mag missen (ze zijn bovendien superlekker): de 'pomme au Calvados' (appel met calvados), de 'macarons de grand-mère Auzou' (amandelkoekjes op grootmoeders wijze) of ook nog de 'zouzous' (krokante pralines, ondergedompeld in chocolade) ...

WAT IS ER TE ZIEN?

Je kunt bij de Dienst voor Toerisme een audiogids huren (bezoek aan het historische cen-trum van de stad of aan het cultureel erfgoed: € 3 tot 5 voor anderhalf tot twee uur).

🐦 🐦 **Cathédrale Notre-Dame (plattegrond C3):** *de kathedraal is geopend van 8.30 tot 19.00 u; op zondag van 9.00 tot 17.30 u.* 🚻 *(je kunt vragen om een vleugel van het noordpotaal te openen).* Je kunt de kathedraal Notre-Dame onmogelijk niet zien. Het is het historische epicentrum van de stad. De kerk torent hoog uit boven de wijken die na de Tweede Wereldoorlog werden heropgebouwd. Het schitterende monument heeft alle beproevingen van de geschiede-nis doorstaan: verscheidene branden, de bombardementen van juni 1940, stormen ... Al-tijd weer is de kathedraal als een feniks uit haar as herrezen. Voor je deze bijbel van glas en steen binnenstapt, moet je de 'zilveren klokkentoren' bewonderen die 73 m hoog is. Doe hetzelfde voor het uitzonderlijk mooie noordelijke portaal, een werk van de hand van Jean Cossart. Zijn portaal wordt beschouwd als een van de meesterwerken van de flam-boyante gotiek.

Binnen springen het gotische koor en de lantaarnkoepel onmiddellijk in het oog. De kathedraal is wijd en zijd bekend om de kwaliteit en de zeldzaamheid van haar glas-in-loodramen (het geel van Évreux) en haar glazen koepels. Je vindt er een van de kostbaarste collecties uit de 14de eeuw. Ook de kapellen in de zijbeuken en de kooromgang zijn een bezoekje waard voor hun mooie en erg gevarieerde glasramen. Het grote moderne orgel werd in september 2007 ingewijd. Gewoon schitterend. Voor meer informatie kun je terecht op de website van *Amorce* (Association des amis des orgues de la cathédrale d'Évreux): ●orgues.evreux. free.fr.

- Aan de zuidelijke kant van de kathedraal staat een klein 16de-eeuws klooster.

🏃🏃 **Ancien palais épiscopal:** het vroegere bisschoppelijke paleis bevindt zich naast de kathedraal en werd gebouwd in het begin van de 16de eeuw op de resten van een Gallo-Romeinse vestingmuur die de stad in de 3de eeuw n. Chr. omringde. Het paleis werd tot aan de Franse Revolutie (1789) bewoond door de bisschoppen van Évreux. Vandaag heeft het plaatselijke museum hier onderdak gevonden.

🏃🏃🏃 **Musée de l'ancien évêché (plattegrond C3, 31):** *Rue Charles-Corbeau 6.* ☎ 02 32 31 81 90. ♿ *Geopend van 10.00 tot 12.00 u en van 14.00 tot 18.00 u. Gesloten op maandag en op sommige feestdagen. Gratis toegang.* Dit museum bevindt zich in het gewezen bisschoppelijke paleis. Het is een schitterend gebouw uit het einde van de 15de eeuw dat steunt op een Gallo-Romeinse vestingmuur uit de 3de eeuw. In de kelderverdieping is zowat 30 m van die meer dan 1700 jaar oude vestingmuur bewaard gebleven, getuige van het luisterrijke Gallo-Romeinse verleden van Évreux, dat in die tijd *Mediolanum Aulercorum* werd genoemd. Deze schitterende, ondergrondse zaal, die heel goed is verlicht, is gewijd aan de prehistorie, de Gallo-Romeinse en de Merovingische tijd. De belangrijkste museumstukken zijn een bronzen Jupiter uit de 1ste eeuw en een Apollo uit de 3de eeuw, die beide in 1840 werden gevonden op een opgravingsplaats in het historische stadsgedeelte. Op de benedenverdieping wordt de lokale geschiedenis uit de doeken gedaan. Daarna volgt de kapittelzaal met religieuze kunstcollecties van de middeleeuwen tot aan de renaissance (tapijtwerk van Aubusson). Op de eerste verdieping vind je meubilair, keramiek, kunstvoorwerpen en schilderijen uit de 17de en 18de eeuw; op de tweede verdieping kunst uit de 19de (Rodin, Boudin) en de 20ste eeuw (Soulages, Degottex) en ook tijdelijke tentoonstellingen.

In het kader van het festival *Normandie Impressionniste 2010* loopt hier van mei tot september een tentoonstelling gewijd aan de pre- en postimpressionisten met werken van leerlingen van de school van Barbizon (Flers, Chauvel, Dupré, Lambinet...), doeken van Eugène Boudin zoals *Le Bassin de l'Eure au Havre* (Het bekken van de Eure in Le Havre), van K. Daubigny *Ferme Saint-Siméon à Honfleur* (Boerderij van de heilige Simeon in Honfleur) en ook van J.B. Jongkind die de aanzet geven voor de volgende stroming. Eveneens een paar uitzonderlijke werken, zoals een van de zeldzame uitzichten op Évreux geschilderd door L.A. Knight, een sneeuwlandschap van A. Lebourg en een schilderij van J. Mitchell, een originele benadering van de weerslag van het impressionisme in de abstracte kunst. Je kunt gelijktijdig ook genieten van een fototentoonstelling over de Eure ten tijde van het impressionisme, met negatieven van Sidrot, bijgenaamd Berthaud, van 1860.

🏃 **Maison des Arts (plattegrond C2):** *Place du Général-de-Gaulle.* ☎ 02 32 78 85 40. ♿ *Gratis toegang. Geopend van 10.00 tot 12.00 u en van 14.00 tot 18.00 u; op woensdag en zaterdag doorlopend. Gesloten op zondag en maandag.* Tentoonstellingen van hedendaagse kunst.

🏃🏃 **Église Saint-Taurin (plattegrond B3):** *vooraan in de Rue Joséphine, voorbij het justitiepaleis. Dagelijks geopend van 9.00 tot 18.00 u (in de zomer tot 18.30 u).* Deze kerk maakte deel uit van een grote abdij die in de 10de eeuw werd gesticht. Voor je binnengaat, moet je het zuidelijke portaal even bekijken. Spijtig dat het erg beschadigd is. Binnen: grote romaanse arcaden en vooral het beroemde reliekschrijn van de heilige Taurin, de evangelist en eerste bisschop van Évreux (omstreeks de 5de eeuw). Een juweeltje van zilversmeedwerk uit de 13de eeuw, in de vorm van een heilige kapel, met een breedte van 1 m en een hoogte van 1,20 m! Van verguld zilver, versierd met brandschilderwerk. De bas-reliëfs vertellen het leven van de heilige.

- **De botanische tuin (plattegrond C4):** aangename rustpauze in het groen. Exotische serres en speeltuin.

- **Kapucijnerkloostergang:** grenst aan de botanische tuin. De gebouwen van het oude klooster werden op het einde van de 17de eeuw heropgebouwd. Je vindt hier momenteel de *École nationale de Musique et d'Art dramatique* (nationaal instituut voor muziek en toneel). Zeer mooie kloostergang die je kunt bezoeken.

WAT IS ER TE DOEN?

- **Fiets- en wandeltochten:** de Dienst voor Toerisme en het CDT (zie boven onder 'Nuttige adressen') stellen verschillende tochten voor met gedetailleerde technische fiches. De *Ligne Verte* is een wandel- en fietsroute van 2,7 km die het Forêt de la Madeleine (bos) met de golfbaan verbindt. Dit laat je toe om de stad op een aangename manier te ontdekken. Voorts is er ook een *Voie Verte*. Die werd aangelegd langs de vroegere spoorweg tussen Évreux en Honfleur en die nu Évreux verbindt met Pont-Authou (43 km).

- **Wandeling langs de Iton (rivier) (plattegrond C2-3):** een halfuur. Loop voorbij het belfort (mooie toren met klok uit de 15de eeuw) tegenover het stadhuis, vlak bij de Dienst voor Toerisme. Langs de rivier loopt een voetgangersdreef met veel schaduw en bloemen. Hier en daar staan zitbanken. Steek de Rue de Grenoble over. Een leuke opeenvolging van bruggetjes langs de promenade Robert de Flocques en de groene waterweg, afgezoomd door een schaduwrijke bomenrij. Steek de Rue Charles-Corbeau over (aan de voet van de kathedraal). Geniet even van het uitzichtpunt dat door de architecten die belast waren met de heropbouw 'Miroir d'eau' genoemd werd: de plaats waar de kathedraal en het bisschoppelijke paleis zich in de Iton weerspiegelen. Daal de trappen af links voor de *Droguerie Binette* (drogisterij). Vanaf deze plek kun je de oude Gallo-Romeinse muur zien. Beklim vervolgens de trap die naar de achterkant van het museum leidt. Neem rechts de Rue de la Harpe en dan de Rue Chartraine (op nummer 34 huist *chocolatier Auzoux*) en de Rue du Docteur-Oursel. De cirkel is rond!

WAT VALT ER TE BELEVEN?

- **Le Rock dans tous ses états:** *rock in alle mogelijke vormen en kleuren. Laatste weekend van juni.* • lerock.org. Rockfestival dat zowat twintigduizend mensen samenbrengt. Concerten met bekende zangers en lokale groepen.

- **Bijeenkomst van Harley-Davidsons:** *in september, ter gelegenheid van de 'Journée du patrimoine' (open monumentendag).* Honderden Harleys brommen door de straten van de stad.

- **Fête de la Pomme:** *appelfeest de eerste zaterdag van november. Op de Place de l'Hôtel-de-Ville.* Ideale gelegenheid om tal van plaatselijke ambachtslui en producenten te ontmoeten. Een dag waar veel volk naartoe gaat.

DE ZUIDELIJKE ROUTE: VAN PACY-SUR-EURE NAAR ÉZY-SUR-EURE

Charmante route, maar toch niet ons favoriete deel van vallei want langs de Eure worden steeds meer karakterloze huizen en andere woonpanden neergepoot (vooral in de buurt van Ivry-la-Bataille). Bovendien werden tal van wei- en wetlanden omgeploegd, wat het landschap ook niet ten goede komt. De afstand tussen Pacy-sur-Eure en Ézy-sur-Eure bedraagt ongeveer 20 km. Met de auto rijd je via de D71 van Pacy-sur-Eure naar Ivry-la-Bataille.

ÉZY-SUR-EURE   27530

Klein dorpje met als bezienswaardigheid de kammenverzameling in het **Manufacture-Musée du Peigne**. Het atelier-museum is volledig gewijd aan dit alledaags gebruiksvoorwerp. ☎02 37 64 64 69. 🕐 *Geopend op woensdag van 14.00 tot 18.00 u en op zaterdag, zon- en feestdagen van 10.00 tot 12.00 u en van 14.00 tot 18.00 u. Gesloten van half december tot half februari. Toegangsprijs: € 5,50. Kortingen. Gratis voor kinderen jonger dan tien jaar.* Je ziet er kammen van de 17de tot de 20ste eeuw, met heel bijzondere exemplaren zoals de wimperkammen, snorrenkammen (sic!) en zelfs luizenkammen. Er zijn ook sieraden uit de 19de eeuw. Je kunt eveneens een bezoek brengen aan de gewezen kammenfabriek waar houten, hoornen, ivoren en schildpadden kammen werden gemaakt. De geschiedenis van de kam doorheen de eeuwen wordt hier ook uit de doeken gedaan.

IVRY-LA-BATAILLE   27540

Mooi dorpje dat hier en daar door de Eure wordt opgevrolijkt. De naam verwijst naar de slag van Hendrik IV in 1590. Hij versloeg toen hertog de Mayenne, zijn belangrijkste tegenstander in de godsdiensttoorlogen. Aan de ingang van de kerk Saint-Martin hangt een klok van 1,5 ton die gegoten werd in 1538: het was deze klok die luidde bij de overwinning van Hendrik IV en het einde aankondigde van de Katholieke Liga.

SLAPEN IN DE OMGEVING

🏠 **Chambres d'hôte La Huguenoterie**: *Route de Saint-André 50, 27220 Jumelles.* ☎02 32 37 50 06. ● *jpoitrineau@hotmail.com* ● *chez.com/huguenoterie.* In Ivry-la-Bataille neem je de D833 in westelijke richting. In Saint-André de D52 naar het noordwesten en dan links de D32. Gastenkamers aan de rand van Jumelles, in het gehuchtje La Huguenoterie, langs de weg naar Saint-André. *Tweepersoonskamers voor € 55 tot 58.* In een gewezen schaapskooi van 1843 hebben de eigenaars vijf heel rustige kamers met veel comfort en een verfijnd interieur ingericht. Salon met open haard toegankelijk voor de gasten. Leuk terras waar je kunt ontbijten. Verkoop van jam, honing, calvados, pommeau ... Vriendelijke ontvangst.

ETEN

🍴 **Le Moulin d'Ivry**: *Rue Henri-IV 10 (de hoofdstraat).* ☎02 32 36 40 51. 🕐 *Gesloten op maandag en op dinsdag (behalve op feestdagen). Reserveren noodzakelijk. Menu's voor € 30 tot 49.* Groot en voornaam huis (een gewezen molen, maar dat vermoedde je waarschijnlijk al), ideaal gelegen tussen twee rivierarmen van de Eure. Romantisch interieur. De kok mikt hoog! Voor dergelijke prijzen mag je als klant ook wat veeleisender zijn, vinden we. Maar wat je op je bord krijgt, is wel degelijk van uitstekende kwaliteit en heel vers. Recepten van het huis (ganzenlever ...). Op zonnige dagen valt het terras boven de rivier erg in de smaak van de gasten. Voorname ontvangst en professionele bediening. Een adres dat we warm aanbevelen aan verliefde tortelduifjes ... of om je schoonmoeder naar je hand te zetten.

WAT IS ER TE ZIEN?

🎋 **De kerk:** dateert uit het einde van de 15de eeuw en het begin van de 16de eeuw. Diane de Poitiers liet hier als eerste een gebouw optrekken: een koor met een driedelige apsis, twee zijbeuken en een kerkschip in een flamboyant gotische stijl, dit alles opgedragen aan de heilige Maarten. De torenspits en de gewelven werden in 1664 getroffen door de bliksem en anno Domini 1688 deed een storm een groot deel van het dak instorten. De funderingen van de klokkentoren werden in de 19de eeuw versterkt, maar hij staat toch scheef. Binnen ontdek je een reeks grote rondbogen die veel ruimte en volume scheppen. Aardig houten gebinte in de vorm van een omgekeerde scheepsromp.

🎋 **De kasteelruïnes:** *achter de kerk.* Je kunt wandelen tot aan de resten van het kasteel uit de 10de eeuw, gebouwd door Lanfred op bevel van Alberede, gravin van Bayeux. Mooi panoramisch uitzicht op de vallei.

WAT IS ER TE ZIEN IN DE OMGEVING?

🎋 **Musée des Instruments à vent:** *blaasinstrumentenmuseum in La Couture-Boussey (27750).*
☎ *0232362880.* ● *lacoutureboussey.com.* 🚗 *In Ivry neem je de D833 in de richting van Saint-André-de-l'Eure (6 km). Tegenover de kerk. Geopend van dinsdag tot zondag van 14.00 tot 18.00 u. Gesloten op maandag, op 1 mei en van 20 december tot 10 januari. Toegangsprijs: € 4 (muzikale audiogids inbegrepen). Kortingen.* Unieke verzameling blaasinstrumenten van de 18de eeuw tot vandaag. Dit kleine museum schetst de geschiedenis van La Couture-Boussey en van de fabricatie van zijn vermaarde fluiten, hobo's en klarinetten (er zijn in het dorp nog steeds drie ateliers). Je kunt een rondleiding aanvragen. Er worden elk jaar concerten en andere evenementen georganiseerd (inlichtingen in het museum), van klassieke muziek tot jazz.

🎋 **Brasserie Hotteterre:** *Rue Hotteterre 12, 27750* **La Couture-Boussey.**
☎ *0232367606.* ● *brasserie-hotteterre.com. Vlak bij de kerk. Bezoek enkel mogelijk na afspraak. Toegangsprijs: ongeveer € 3 (bezoek aan de brasserie-tentoonstelling en proeverij).* Deze familiale microbrasserie, uit de grond gestampt door een boer die zijn eigen gerst verbouwde, maakt je deelgenoot in de geheimen en geneugten van het bier. Jaarlijks worden hier zowat 35.000 liter blond, rood en bruin bier geproduceerd. In de winkel kun je bier en lokale producten kopen.

DE NOORDELIJKE ROUTE: VAN PACY-SUR-EURE NAAR LOUVIERS

De luie Eure die helemaal onder in de vallei door een groene tunnel glijdt, het Normandische plateau dat plaats maakt voor lieflijke en beboste hellingen, geïsoleerde huizen die verscholen liggen in een overweldigende natuur, dorpjes die dicht bij de klokkentoren liggen te soezen en her en der kleine, discrete kasteeltjes. Dit is een van de charmantste delen van de vallei van de Eure! Denk maar aan dorpen zoals Cocherel, Autheuil-Aythouillet, La Croix-Saint-Leufroy en Acquigny (prachtig renaissancekasteel).

🚩 Deze prachtige streek met schitterende landschappen ontdek je het best op het vredige ritme van een **toeristisch treintje.** ☎ *0232360463.* ● *cfve.org . Vertrekt aan het treinstation van Pacy-sur-Eure, Route de Paris (D141) en gaat zo naar het handelscentrum. In juli en augustus rijdt het toeristische treintje op woensdag en op zon- en feestdagen; in mei, juni en september enkel op zon- en feestdagen. Het rijdt ook een paar keer per jaar uit voor speciale gelegenheden. Best eerst even telefoneren. Prijs voor een ritje: € 8,50. Kortingen. Gratis voor kinderen jonger dan vier jaar. Er zijn drie circuits met gids (naar Breuilpont, naar Cocherel en naar Chambray). Duur van de rit: 1 uur en 15 minuten tot tweeënhalf uur.*

CHAMBRES D'HÔTE L'AULNAIE: *Rue de l'Aulnaie 29, 27120 Fontaine-sous-Jouy.*

0232368905. *emi.philippe@worldonline.fr* *chambre-fontaine.chez-alice.fr. 1,5 km van het dorpscentrum, in de richting van Saint-Vigor (ga over de kleine brug naast de wasserij). Tweepersoonskamers voor € 75.* Deze gerenoveerde boerderij staat in een aardig dorp met vakwerkhuisjes en strooien daken. Twee kamers met alle comfort in een grote en mooie tuin.

CHÂTEAU DE BRÉCOURT: *Route de Vernon, 27120 Douains.* 0232524050.

brecourt@leshotelsparticuliers.com *chateaudebrecourt.com. Verlaat Pacy-sur-Eure via de D181. Neem op de rotonde net voor de snelweg A13 (afrit 16) de D75 in de richting van Douains. Het kasteel bevindt zich 1,5 km verder aan je rechterkant. Gesloten van 15 oktober tot 2 mei. Voor een verblijf op zaterdag of zondag best reserveren. Tweepersoonskamer vanaf € 150. Wifi en internet.* Een schitterend viersterrenhotel dat ondergebracht is in een kasteel stijl Lodewijk XIII, omgeven door een slotgracht en een wondermooi park van 20 ha. Klein overdekt zwembad en tennisplein. Wat een luxe om hier te overnachten in een van de dertig kamers en suites en je even een echte kasteelheer of -vrouw te voelen. Zeer chic!

CAFÉ DE LA PAIX: *Rue Isambard 75bis, 27120 Pacy-sur-Eure.* 0232361164.

Langs de hoofdstraat van het dorp, in het centrum. Geopend van maandag tot zaterdag van 11.30 tot 14.00 u en ook op vrijdag- en zaterdagavond. Jaarlijks verlof: drie weken in augustus. Menu's voor € 11,80 tot 27. Dit grote café-restaurant (dateert al van 1895!) biedt de betere brasseriegerechten. Uitgebreide kaart. Professionele bediening zowel op het terras (op de binnenplaats of op de stoep) als in de aangename, klassiek ingericht zalen. Erg in trek bij de plaatselijke bevolking, vooral voor de lunch.

LOUVIERS

27400 | 18.940 INWONERS

Deze langgerekte stad ligt in het onderste deel van de Eurevallei. Zij ontsnapte niet aan de bombardementen van juni 1940 en werd heropgebouwd in naoorlogse stijl. Maar het historische centrum heeft gelukkig zijn landelijk cachet niet verloren. Ongeveer twintig (natuurlijke en kunstmatige) rivierarmen doorkruisen de stad en dragen bij tot haar charme. Dit komt vooral tot uiting in de wijk rond de kathedraal, waar tal van oude huizen in vakwerkstijl staan. Ooit werden zij bewoond door industriëlen. Louviers was toen een belangrijk centrum van de textielindustrie en wijd en zijd bekend om de fabricatie van wollen lakenstof.

NUTTIG ADRES

Dienst voor Toerisme: *Rue du Maréchal-Foch 10.* 0232400441. *tourisme-seine-eure.com. In juli en augustus dagelijks geopend; in juni en september gesloten op zondagmiddag en van oktober tot mei de hele zondag gesloten.* De Dienst voor Toerisme is ondergebracht in het *Maison du Fou du Roy*. Het pand werd in de 16de eeuw inderdaad bewoond door Guillaume Marchand, de nar van koning Hendrik IV.

DOORSNEEPRIJS TOT LUXUEUS

HÔTEL MANOIR LA HAYE-LE-COMTE: *Route de La Haye-le-Comte 4.*

0232400040. *hotel-la-haye-le-comte@wanadoo.fr* *manoir-louviers.com.* (kamers op de benedenverdieping van het bijgebouw). 3 km ten zuiden van het centrum van Louviers. Restaurant gesloten op zondag en op maandagmiddag. Jaarlijks verlof: van Kerstmis tot eind januari. Tweepersoonskamers voor € 88. Menu's voor € 18 tot 31. Halfpension mogelijk. Klein landhuis uit de 16de eeuw, in het midden van een park van 5 ha. Charmant hotel met eenvoudige maar comfortabele kamers. In het stijlvolle restaurant kun je genieten van heerlijke gerechten op basis van verse producten. Specialiteiten zijn ganzenlever 'au torchon' (dit betekent dat de ganzenlever tijdens het koken in een handdoek werd gewikkeld) of ook nog eendenpaté. Tennis, verhuur van mountainbikes en ook pingpong om aan je conditie te werken. Heel redelijke prijs-kwaliteitverhouding. Hartelijke ontvangst.

⊠ LE JARDIN DE BIGARD: *Rue du Quai 39-41.* ☎ *02 32 40 02 45.*

Niet ver van de kathedraal, op de hoek met de Rue du Coq. Gesloten op zondag, van september tot april ook op woensdagavond en van mei tot eind augustus eveneens op zaterdagavond. Jaarlijks verlof: twee weken in februari en de tweede helft van augustus. Lunchmenu op weekdagen voor € 10; andere menu's voor € 11,80 tot 25. Centraal gelegen adres, zonder tierelantijntjes of pretentie en niet te duur. Heldere en mooi heringerichte eetruimte waar eenvoudige verzorgde gerechten worden opgediend (forel met camembert, gevogelteragout met cider, maar ook hartige pannenkoeken en flensjes).

<h2>SLAPEN EN ETEN IN DE OMGEVING</h2>

DOORSNEEPRIJS

▦⊠ CHAMBRES D'HÔTE LE VIEUX LOGIS: *Place de l'Église 1, 27370 Saint-Didier-des-Bois.*

☎ *02 32 50 60 93. • levieuxlogis.fr. Tegenover de kerk. Tweepersoonskamers voor € 48. Table d'hôte (na reservering) voor € 17. Internet.* In een charmant vakwerkhuis uit de 16de eeuw. Zes mooi ingerichte kamers. Je ziet onmiddellijk dat de eigenaar (dit huis is al zeven generaties in handen van dezelfde familie) vroeger antiekhandelaar was. Zeer aangename tuin en hartelijke ontvangst.

▦ HÔTEL DE LA TOUR: *Quai Maréchal-Foch 41, 27340 Pont-de-l'Arche.*

☎ *02 35 23 00 99. • hotel-de-la-tour@orange.fr • hoteldelatour.org. Twee weken gesloten midden augustus. Tweepersoonskamers voor € 68. Gratis wifi.* De gevels van deze twee landelijke huizen (met elkaar verbonden door een sluis) zijn goed bewaard. Ze vormen een prachtig geheel samen met die van de naburige huizen langs de kade. Het interieur is helemaal vernieuwd. De kleuren, de binnenhuisinrichting en de kleine details die het verblijf aangenaam maken, geven dit adres een prijs-kwaliteitverhouding die je zelden aantreft in deze categorie. Onberispelijke bedden. Of je kamer nu een uitzicht biedt op de vestingmuren en de kerk of op de groene oevers van de Eure, de rust is overal even volmaakt. Kleine tuin en terras aan de achterkant.

⊠ AUBERGE DU PRESSOIR: *RN15, 'Le Fort', 27460 Igoville.* ☎ *02 35 23 27 77.*

• aubergepressoir@aol.com • auberge-du-pressoir.com. 🚗 *Als je vanuit Pont-de-l'Arche komt, steek je eerst de brug over en sla je vervolgens rechts af net voorbij de verkeerslichten. Gesloten op zondagavond en op maandag; in het seizoen ook op woensdag. Menu's voor € 18,25 (niet op zaterdag, zon- en feestdagen). Andere menu's voor € 24,20 tot 34,95.* Traditionele keuken op basis van streekproducten. Kwaliteitsgerechten voor chique klanten. De rustieke inrichting van de eetruimte heeft ons daarentegen minder bekoord. Maar ja … ieder zijn smaak. Daarover valt niet te twisten. Bovendien is er niets dat je belet om op het terras plaats te nemen als het weer het toelaat.

WAT IS ER TE ZIEN?

❧ ❧ **Église Notre-Dame:** de buitenkant van deze kerk is interessanter dan het interieur. De oudste delen dateren uit de 13de eeuw, de meest recente uit de 16de eeuw. Je oog valt meteen op het prachtige zuidelijke portaal in flamboyant gotische stijl en op de belforttoren, een mooi voorbeeld van militair-religieuze architectuur. Soms gesloten voor restauratie-werken aan het gewelf.

> ### Soep!
>
> In de kerk Notre-Dame staat een allegorisch beeldhouwwerk uit de 16de eeuw: de Bon-homme-Louviers of zoals hij hier wordt genoemd de *Maqueux d'soupe*. Dit beeld zou ge-maakt zijn om de spot te drijven met de inwoners van Louviers die hun stad verloren ter-wijl ze soep aan het eten waren! Maar misschien is het ook wel een verwijzing naar de bijnaam van de mensen hier, namelijk de soepeters. Ze hadden het goed en konden dus meerdere keren per dag eten. Wat een bofkonten!

🎥 **Musée municipal:** *Place Ernest-Thorel.* ☎ 02 32 09 58 55.

♿ *Gemeentelijke museum in het stadscentrum, aan de Rue Pierre-Mendès-France, een gewezen burgemeester van de stad. Gesloten op dinsdag, op 1 januari, op 25 december en tussen twee tijdelijke tentoonstellingen. Gratis toegang van 14.00 tot 18.00 u. De eerste zondag van de maand gratis rondleiding.* De stad Louviers dankt haar reputatie voor een deel aan de wollen lakenstof die hier werd gemaakt. De schrijver Balzac, die van mooie dingen hield, droeg een blauwe herenjas van fijn laken uit Louviers. Het museum geeft een duidelijk economisch en artistiek beeld van de streek. Er staan onder meer mechanische apparaten die verband houden met de textielnijverheid: weefgetou-wen, wolkammachines, scheermachines ... Bij de tijdelijke tentoonstellingen komen om beurt de collecties Schone Kunsten van het museum (faience, schilderijen), meubilair van de 16de tot de 19de eeuw, de lokale geschiedenis en werken van een aantal neo-impressio-nisten van de school van Rouen en hedendaagse kunstenaars (foto's, schilderijen) aan bod.

In het kader van het festival *Normandie Impressionniste 2010* (van 4 juni tot 26 september) loopt hier een tentoonstelling met meer dan vijftig werken van Blanche Hoschédé-Monet. Als vurig bewonderaarster van Claude Monet sinds haar elfde levensjaar was zij de enige die de meester bij zich toeliet wanneer hij schilderde. Aanvankelijk duwde ze alleen maar de krui-wagen met de schildersezel en de doeken van de grote schilder, maar nadien had ze haar eigen ezel en ontwikkelde ze een eigen techniek en een bijna pure impressionistische stijl, helemaal anders dan de lessen van de meester, die trouwens altijd geweigerd heeft om haar op te leiden. Ze huwde in 1897 met Jean, de zoon van Claude Monet en ging sterk aan-leunen bij de Amerikaans kolonie van Giverny (Theodore Earl Butler huwde met haar zus).

🎥🎥 **Cloître des Pénitents:** *Rue Ternaux, tussen het postkantoor en het justitiepaleis.*
Prachtige ruïnes uit de 17de eeuw. Het enige penitentenklooster in Europa dat, naar ver-luidt, op het water is gebouwd.

🎥🎥 **Rue Ternaux:** *in de historische wijk van de manufacturen, tegenover het penitentenklooster, op een ei-land.* Verscheidene huizen van industriëlen en leerlooiers uit verschillende eeuwen. Let op het houtwerk en de zolders waar het laken werd opgeslagen. Aan het einde van de straat een leuke tuin (andere ingang in de Rue du Quai) met charmante brugjes.

HET PAYS D'AVRE EN ITON

Dit is het meest zuidelijke deel van het departement Eure, met twee tot de verbeelding sprekende rivieren: de Avre en de Iton, die door het platteland langs leuke en rustige dorpen stromen.

BRETEUIL-SUR-ITON

27160

Charmant, klein en commercieel plaatsje. Vermeldenswaardig is de Église Saint-Sulpice. Het is daar dat Adèle, de dochter van Willem de Veroveraar, in de 16de eeuw trouwde met de graaf van Blois. Ook Lodewijk VIII, Filips de Schone, Filips VI van Valois en Lodewijk de Heilige kwamen er over de vloer, deze laatste tot vier keer toe.

SLAPEN EN ETEN IN DE OMGEVING

☒☒ LE GARANCE: *Rue Clemenceau 66, Breteuil-sur-Iton.* ☎ 02 32 29 81 09.
● *legarance@aol.com. Het restaurant is 's middags en op zondagavond gesloten. Jaarlijks verlof: twee weken eind augustus begin september. Tweepersoonskamers voor € 40 tot 60, met douche of bad. Menu's voor € 17,80 tot 38. Halfpension mogelijk.* Dit oude poststation ligt aan de rand van het dorp. Het werd gebouwd in 1833 en ondertussen volledig gerenoveerd. Tien gezellige, vrij grote en netjes ingerichte kamers, allemaal verschillend van stijl. Soms een beetje kitscherig. Beneden een gastronomisch restaurant waar nieuw en oud hand in hand gaan. Beslist de moeite waard voor de goedkope formules. Professionele ontvangst.

☒☒ CHAMBRES D'HÔTE BIJ MARIE NOËL: *La Bourganière, 27160 Les Baux-de-Breteuil.*
☎ 02 32 30 68 18. ● *la-bourganiere.com. 1 km buiten het dorp, aan je linkerkant als je vanuit Breteuil komt. Tweepersoonskamers voor € 50, met douche of bad; € 75 voor drie personen. Table d'hôte voor € 20. Wifi en internet.* Grote en heel nette boerderij midden in de graanvelden, niet ver van de rand van het bos. Kamers met kokette inrichting, wel een beetje kitscherig. Hartelijke ontvangst.

☒ LE GRAIN DE SEL: *Place Laffitte 76, Breteuil-sur-Iton.* ☎ 02 32 29 70 61.
Tegenover het gemeentehuis. Gesloten op maandag en op dinsdag-, woensdag- en zondagavond. Lunchformule op weekdagen voor € 13; menu's voor € 18 tot 39,50. In een intiem en gezellig interieur kun je genieten van traditionele gerechten die uitstekend van kwaliteit zijn en bovendien redelijk van prijs.

WAT IS ER TE ZIEN?

- Midden in het dorp, op de Place Lafitte, kun je gewoon niet naast het **Hôtel de ville** kijken. Het stadhuis is een verrassend en origineel bouwwerk dat lijkt op een gotische kapel.

⚜ **Église Saint-Sulpice:** kerk met een lang kerkschip en zijbeuken, in de vorm van een kruis. Werd opgetrokken in 'grison du pays d'Ouche', een mooie steensoort die het gebouw een origineel uitzicht geeft. Het gebint is van versierd polychroom hout en oogt gewoonweg prachtig. Jammer dat de stenen van de kooromgang schuilgaan onder een laagje pleister. Alleen de pilaren en de bogen werden vrijgemaakt. De kruisweg is eveneens een zeldzaamheid. Groot origineel orgel uit de 16de eeuw.

Scheiding van kerk en staat?

Boven de ingang van wat sterk op een gotische kapel lijkt, in het centrum van Breteuil-sur-Iton, staat duidelijk geschreven 'Stadhuis' en kun je ook de republikeinse leus 'Vrijheid, gelijkheid en broederschap' lezen. Een stadhuis in een kerk? Is dat wel zo katholiek? Wat je ook mag denken, het is geen inbreuk op de wet van 1905. Het was gewoon de architect die zich in 1860 bij de bouw van dit raadhuis liet inspireren door de gotische stijl. Het gebouw zelf is nooit voor religieuze doeleinden gebruikt!

WAT IS ER TE ZIEN IN DE OMGEVING?

✷ 🖬 **Chocolatrium – Initiation au Chocolat:** *Avenue de Conches, 27240 Damville.*
🖀 *0232352075. • cluizel.com. Geopend van dinsdag tot zaterdag van 10.00 tot 18.00 u, behalve op feestdagen (laatste bezoek om 16.45 u). De winkel is het hele jaar geopend van maandag tot zaterdag van 10.00 tot 18.00 u. Toegangsprijs: € 5 (met cadeautje op het einde van het bezoek). Kortingen.* Deze plek is volledig gewijd aan chocolade. Het gebouw bevindt zich trouwens pal naast de fabriek van de wijd en zijd bekende chocolatier Michel Cluizel. Je kunt je kennis over dit heerlijke goedje hier bijschaven met een tentoonstelling die in de vorm van een pedagogisch stripverhaal alle verschillende etappes van het vervaardigingsprocédé weergeeft, van de cacaoboon aan de cacaoboom tot de eigenlijke chocoladereep. Een video onthult de geheimen van een toch wel moeilijke teelt en van het belang van een goede combinatie bonen. Ter afronding van het bezoek aan dit chocoladeparadijs mag je een blik werpen in het laboratorium, de plaats waar de chocolatiers aan de geraffineerdheid van deze lekkere hapjes de allerlaatste hand leggen. Proeverij op het einde van de rondleiding.

VERNEUIL-SUR-AVRE

27130 | 7000 INWONERS

Deze versterkte stad, die dateert van 1120, ligt in het zuidwesten van de Eure, in het grensgebied tussen Normandië en de Eure-et-Loir. Een klein plaatsje dat nog omringd is door eeuwenoude grachten en (discrete) vestingmuren. Het is de toegangspoort tot het Pays d'Ouche. Schitterende kerktoren, oude houten woningen, deftige herenhuizen uit de renaissance en een serene en vredige abdij die de plek lijkt te beschermen tegen het kabaal van de buitenwereld.

NUTTIGE ADRESSEN

🛈 **Dienst voor Toerisme:** *Place de la Madeleine, naast de kerk.* 🖀 *0232321717. • tourisme-avre-eureiton.fr. Dagelijks geopend.*
🚉 **Treinstation:** *op het einde van de Avenue Victor-Hugo. Inlichtingen SNCF:* 🖀 *3635 (€ 0,34 per minuut). Vijf minuten lopen van het centrum.* Op de lijn Parijs-Granville. Ongeveer vijf verbindingen per dag uit het station Montparnasse.
- **Markt:** *zaterdagochtend op de Place de la Madeleine.*

SLAPEN EN ETEN

GOEDKOOP TOT DOORSNEEPRIJS

🛏🍴 HÔTEL-RESTAURANT LE PICHET: *Rue du Docteur-Fabre 236.* 🖀 *0232320598.*
• lepichet.verneuil@orange.fr. 100 m van het stadscentrum. Gesloten op zaterdag en zondag en in augustus. Tweepersoonskamers voor € 26, met wastafel of douche. Menu voor € 10. In een rustige straat. Klein en eenvoudig huis met een bloemrijk balkon. Heel zachte prijzen voor gerechten zonder tierelantijntjes, met 's middags een kompleet arbeidersmenu. 's Avonds wordt er alleen eten gemaakt voor de logés. Kamers zonder veel comfort, maar netjes. Douche en wc op de gang.
🛏🍴 HÔTEL DU SAUMON: *Place de la Madeleine 89.* 🖀 *0232320236.*
• hotel.saumon@wanadoo.fr • hoteldusaumon.fr. Midden in het centrum, aan het kerkplein. Gesloten op zondagavond van november tot eind maart en in de kerstvakantie. Tweepersoonskamers voor € 48 tot 57, met douche of bad. Menu op weekdagen voor € 10,60; andere menu's voor € 16,50 tot 31. Landelijk eta-

blissement dat heel goed wordt onderhouden. Comfortabele kamers. Deze aan de kant van het kerkplein zijn mooier, groter en nieuwer (ook duurder), maar je moet wel weten dat hier de klokken van de kerk voortluiden in je dromen. De kamers die uitkomen op de binnenplaats zijn minder vrolijk, maar wel rustiger. Het Hôtel du Saumon is ook een goed restaurant. Op het menu: zalm (natuurlijk!), kalfszwezeriken ...

⬛ LE MADELEINE: *Rue de la Madeleine 206.* ☎ 0232379181.

● *lemadeleine@orange.fr.* ♿ *Gesloten op woensdag. Jaarlijks verlof: van 24 december tot 10 januari. Weekmenu voor € 15; andere menu's voor € 25 tot 39.* Hier probeert niemand je te overdonderen met ronkende namen of een gekunstelde stijl. En ook geen gepeperde rekening op het einde van de rit! Enkel en alleen de liefde voor het vak. Aardige, kleine zaak. Eenvoudige en authentieke ontvangst. Gerechten op basis van streekproducten, maar wel steeds met persoonlijke inbreng.

SLAPEN EN ETEN IN DE OMGEVING

DOORSNEEPRIJS TOT HEEL LUXUEUS

🏠 CHAMBRES D'HÔTE CHÂTEAU DE LA PUISAYE: *La Puisaye, 27130 Verneuil-sur-Avre.*

☎ 0232586535. ● *info@chateaudelapuisaye.com* ● *chateaudelapuisaye.com. Ongeveer 3 km van het centrum van Verneuil. Neem de D839 in de richting van Chartres en dan rechts de D56 richting Beauche. Sla na 1,5 km rechts af op de C19: het kasteel bevindt zich 500 m verder links. Tweepersoonskamers voor € 95 tot 125, naargelang van de grootte. Ook een vakantiehuisje in het jachtpaviljoen (voor 8 personen): € 350 tot 450 voor een weekend of € 400 tot 800 voor een week, afhankelijk van het seizoen. Avondmaal voor de gasten (alleen na reservatie): € 15 tot 35 of 50. Internet.* Een charmant Frans-Engels koppel heeft dit mooie kasteel uit de 19de eeuw netjes gerestaureerd. Op de verdiepingen vijf grote, goed verlichte en smaakvol ingerichte kamers (antieke meubels, haard, moderne badkamer). Een park van 19 ha. Sauna, pingpong en mountainbikes ter beschikking van de gasten. Heerlijk ontbijt met zelfgemaakte jam.

🏠 CHAMBRES D'HÔTE BIJ MIJNHEER EN MEVROUW LEROY: *La Troudière, 27570 Breux-sur-Avre.*

☎ 0232325079. ● *brunolry@aol.com* ● *latroudiere.free.fr. Niet gemakkelijk te vinden: neem de N12 naar Breux en volg in Breux zelf de borden van La Troudière. Het is een boerderij in het dorp. Tweepersoonskamers voor € 45. Er is ook een vakantiehuis voor zes personen: € 250 tot 320 per week.* Toffe sfeer en goede ontvangst in deze boerderij in volle bedrijvigheid, waar twee comfortabele kamers worden verhuurd. Uitstekende prijs-kwaliteitverhouding.

⬛ AUBERGE CHANTECLER: *Place de l'Église 6, 27580 Bourth.* ☎ 0232326145.

Gesloten op zondagavond en op maandag (behalve op feestdagen). Lunchmenu op weekdagen voor € 16, andere menu's voor € 27 tot 44. De leuke gevel is helemaal bedekt met geraniums en petunia's en boezemt onmiddellijk vertrouwen in ... en je wordt zeker niet ontgoocheld! Zowel traditioneel als creatief. Er is voor elke smaakpapil wat wils. Terras in de zomer.

UITGAAN

🍸 LE GALLOWAY: *Rue des Maronniers 96.* ☎ 0232321718.

Tegenover de Rue Saint-Michel. Aan de Place de la Madeleine neem je de Rue des Moulettes. Geopend op vrijdag en zaterdag van 23.00 tot 5.00 u. Establissement in een mooi en oud vakwerkhuis. Een gezellig adres dat het midden houdt tussen een pub en een nachtclub. Kleine dansvloer waarop vooral twintigers en dertigers gewillig heupwiegen.

WAT IS ER TE ZIEN EN TE DOEN?

Église de la Madeleine: *je kunt in de toren klimmen, wel vooraf inschrijven bij de Dienst voor Toerisme (ongeveer € 1; kortingen).* Vooral de toren van de kerk is indrukwekkend: een meesterwerk van flamboyante gotiek dat dateert uit het eind van de 15de eeuw. Deze toren is fijn bewerkt en op de steunberen versierd met een dertigtal beelden. Ook het interieur is een bezoekje waard voor de glas-in-loodramen uit de 15de en 16de eeuw. Let op de mooie 18de-eeuwse orgelkast, een van de grootste van Normandië.

❧ ❧ De (heel) mooie **huizen** in de Rue de la Madeleine. Op de hoek van de Rue du Canon (op een steenworp afstand van de koorafsluiting van de Église de la Madeleine) staat een schitterende woning met een torentje. Hier bevindt zich nu de gemeentelijke bibliotheek. Let op de interessante dambordgevel van silex, baksteen en kalksteen. Aanpalende panden zijn het *Hôtel de Bournonville* (herenhuis uit de 18de eeuw), het *Hôtel de Gensac* (met vakwerk, uit de 16de eeuw) en het *Hôtel de la Rousserie* (uit de 18de eeuw) waar Karel X op 5 augustus 1830 de nacht doorbracht toen hij in ballingschap vertrok.

❧ Als je de Rue du Canon neemt, moet je beslist even stoppen ter hoogte van nummer 14, het uiterst fraaie *Maison du Boulanger* (vakwerkstijl, houten panden, gerestaureerde gevel). Iets verder, op de Place Saint-Laurent, ontwaar je de voormalige *Église Saint-Laurent*. Deze kerk dateert uit de 16de eeuw en wordt gebruikt voor tijdelijke tentoonstellingen (van april tot eind september geopend van woensdag tot zondag van 14.00 tot 18.00 u; gratis toegang).

❧ **Tour Grise:** *grijze toren, 150 m van de Église Saint-Laurent.* In feite is de toren veeleer bruin van kleur. Het is een van de mooiste cilindrische donjons uit de 13de eeuw, gebouwd op vraag van Filips August. Let op de dikke muren (3,85 m) en de 'pierre de grison', die zo typisch is voor het Pays d'Ouche.

❧ ❧ **Église Notre-Dame:** *een beetje buiten het centrum, niet ver van de Abbaye Saint-Nicolas (abdij).* Deze kerk werd gebouwd en verbouwd tussen de 12de en de 19de eeuw. Heel rijk interieur met een opmerkelijke collectie houten en stenen beelden (13de tot 16de eeuw).

❧ **Voormalige Abbaye Saint-Nicolas:** *ligt een honderdtal meters van de Église Notre-Dame.* Deze abdij werd gebouwd in 1627 en bood onderdak aan een gemeenschap van benedictijnenzusters. Sinds het vertrek van deze zusters in 2001 kun je enkel nog de kerk bezoeken. Je ziet er mooie glas-in-loodramen.

HET PAYS D'OUCHE

Neem een graanplateau met koude winters, zachte lentes en zwoele zomers. Bezaai het met bosjes, hagen en veel vet groen gras. Doorkerf het plateau vervolgens met enkele valleien met suggestieve namen: de Risle, de Charentonne, de Iton ... Voeg daar water aan toe om het groen lieflijker te maken. Kruid het geheel met een rist tot de verbeelding sprekende landhuizen, kleine kasteeltjes, kerken met puntige klokkentorens, vakwerkhuizen en dambordgevels van silex en baksteen. Vergeet zeker de *pierre de grison* niet, de typische bruine steen. Plaats het plateau rond een groot, bijna ononderbroken bosmassief (Forêt de Conches, Forêt de Breteuil en Forêt de Beaumont-le-Roger, alle drie privédomeinen) met everzwijnen en reeën. Ziehier het recept voor het Pays d'Ouche.

CONCHES-EN-OUCHE

27190 | 5000 INWONERS

De kleine hoofdplaats van het Pays d'Ouche domineert de streek vanaf haar heuveltop. Het is leuk wandelen in de straten met vakwerkhuizen of in de schaduwrijke dreven van het park. De ondergrond van Conches is een echte gruyèrekaas, met ontelbaar veel grotten, onderaardse gewelven en obscure doorgangen. Conches was ooit een belangrijke halte langs de weg naar Santiago de Compostella.

NUTTIG ADRES

Dienst voor Toerisme: *Place Aristide-Briand, in het Maison des Arts.*
☎02 32 30 76 42. ● *conches-en-ouche. fr. Niet ver van de donjon. Van dinsdag tot zaterdag geopend van 10.00 tot 12.30 u en van 14.00 tot 17.30 u; in juli en augustus ook geopend op zondagochtend van 10.00 tot 12.00 u. Gesloten op maandag.* De Dienst voor Toerisme stelt gratis routebeschrijvingen ter beschikking voor trektochten te voet of met de fiets in de omgeving (100 km bewegwijzerde paden). Charmante ontvangst. Tijdelijke tentoonstellingen op de verdieping. Gratis.
- **Markt:** *donderdag- en zondagochtend.*

HOTEL-RESTAURANT LE CYGNE: *Rue Paul-Guilbaud 2 in Conches.* ☎ 02 32 30 20 60. ● *mario-mathoux@wanadoo.fr* ● *lecygne.fr. Loop in de Rue Saint-Foy naar beneden. Het etablissement bevindt zich helemaal op het einde van de straat aan je linkerkant. Restaurant gesloten op zondagavond, op maandag en op vrijdagmiddag. Jaarlijks verlof tijdens de schoolvakantie in februari en in oktober. Tweepersoonskamers voor €45 tot 52, afhankelijk van het comfort. Menu's voor €14 tot 35. Gratis parkeerterrein en wifi.* Eenvoudige kamers die zeker volstaan voor een kleine tussenstop. Wat het restaurant betreft, werden we bijzonder aangenaam verrast. Hier heerst een rustieke, aangename en vrij klassieke sfeer. Bovendien wordt er een verfijnde Normandische keuken geserveerd, waaronder ganzenlever in alle mogelijke variaties. Alles wordt bereid op basis van verse producten. Snelle service. Goede prijs-kwaliteitverhouding. Vriendelijke ontvangst.

CHAMBRES D'HÔTE BIJ MÉLINA EN GAËL GARNIER: *Ferme du Nuisement, 27240 Manthelon.* ☎02 32 30 96 90. ● *gael.garnier@neuf.fr. Iets meer dan 8 km van Conches, aan de weg naar Damville. Aan de rotonde waar de D140 en de D55 elkaar kruisen, rijd je in de richting van Manthelon. De boerderij bevindt zich aan je linkerkant, 100 m verderop. Tweepersoonskamers voor €47.* Heel grote boerderij in vakwerkstijl. Koket en goed onderhouden door een jong en sympathiek koppel landbouwers. Je vindt er vier kamers die heel kleurig zijn ingericht. Meubilering die getuigt van veel goede smaak. Twee kamers met bubbelbad en twee met massagedouche. Grote comfortabele salon. Biljart.

WAT IS ER TE ZIEN EN TE DOEN?

🌂🌂 **Donjon:** *recht tegenover de Dienst voor Toerisme.* De donjon dateert uit de 11de eeuw en is nog steeds bijzonder indrukwekkend. De muren zijn niet minder dan 2,60 m dik. Jammer dat je die niet kunt bezoeken.

🌂🌂🌂 **Église Sainte-Foy:** *dagelijks geopend van 9.00 tot 19.00 u.* Deze kerk draagt een 52 m hoge spits en werd volledig heropgebouwd op het einde van de 15de eeuw. Opmerkelijke glas-in-loodramen uit de 16de eeuw (gedetailleerde informatie ter plaatse beschikbaar of verkrijgbaar bij de Dienst voor Toerisme). 'De christelijke luxe bereikt in Conches haar uiterste grens. Het oog geeft zich over aan de betovering van de glas-in-loodramen', roept Edouard Herriot (Frans staatsman) uit in *La Forêt normande*. Goed gezien, Édouard!

🌂🌂 **Musée du Verre et de la Pierre:** *route de Sainte-Marguerite.* ☎02 32 90 90 41. ♿ *Van juni tot september van woensdag tot zaterdag geopend van 10.00 tot 12.00 u en van 14.00 tot 17.30 u; op zondag van 15.00 tot 18.00 u. Van maart tot mei en in oktober en november geopend van woensdag tot zaterdag van 14.00 tot 17.30 u. Toegangsprijs: €3. Gratis voor kinderen jonger dan zestien. Dit kaartje geeft ook toegang tot het Musée du Terroir normand.* Geblazen, gegoten, geslepen ... hier is elk glas een kunstwerk. Dit museum is gewijd aan internationaal bekende meesterglazeniers: François Décorchemont, Antoine en Étienne Lepertier, Jean-Claude Novaro, Érich Schamschula, Marisa en

Alain Bégou ... Sommigen zijn uit de streek afkomstig. Elk jaar nieuwe collecties. Tot slot is er ook een rijke verzameling stenen en fossielen uit het paleolithicum en het neolithicum.

◀ 🔒 **Musée du Terroir normand:** *Rue Paul-Guilbaud.* ☎ 02 32 37 92 16.

Van juni tot september van woensdag tot zaterdag geopend van 10.00 tot 12.00 u en van 14.00 tot 17.30 u; op zon- en feestdagen van 15.00 tot 18.00 u. Toegangsprijs: € 3 (voor 2 musea). Gratis voor kinderen jonger dan zestien. Dit museum bevindt zich in een gebouw met de typische architectuur van deze streek en vormt dus het ideale kader voor het samenstellen van een interieur om die vroegere sfeer opnieuw op te roepen aan de hand van huishoudelijke gebruiksvoorwerpen, meubilering en kostuums. Je ontdekt er de knowhow van de Normandische ambachtslui en landbouwers. Er worden in totaal een tiental verschillende beroepen uitgebeeld (bijenhouders, schoenmakers, leerbewerkers ...). Buiten zie je een pers en een bakhuis (in het weekend vaak verlicht). Ook heel interessant is het arboretum.

- **Lac de la Noë:** *La Bonneville (9 km van Conches).* ☎ 02 32 37 61 97 of 06 08 88 48 52 (gsm).

In Conches neem je de D830 in de richting van Évreux. Van mei tot eind augustus geopend van 10.00 tot 19.00 (in juli en augustus dagelijks, anders alleen op zaterdag en zondag). Toegangsprijs: € 2. Kortingen. Gezellig en schilderachtig meer in een groene omgeving. Je kunt er zwemmen, kajakken of kanovaren en ook vissen.

RONDRIT IN HET PAYS D'OUCHE

Grote bossen (Conches, Breteuil), groene weiden met appelbomen en hagen, een naakt plateau met velden waar de wind vrij spel heeft en met hier en daar bosjes, een riante vallei (die van de Risle) waar voormalige kasteeltjes verborgen liggen ... Zo werd deze streek beschreven door Jean de la Varende, de lokale dichter.

Neem in Conches-en-Ouche de weg naar Bernay. Trek een middag uit om deze rondrit te maken.

LA FERRIÈRE-SUR-RISLE   27760

14 km ten westen van Conches, in de mooie vallei van de Risle met haar beboste hellingen. Niet erg toeristisch en dus nog echt authentiek. Een schitterende hal uit de 14de eeuw, een romaanse kerk (13de eeuw) met een leuk ogende klokkentoren en de rustige sfeer van een afgelegen dorp. Elke derde zondag van de maand is er een alleraardigst marktje met streekproducten ('s ochtends) en antiquiteiten ('s middags).

SLAPEN EN ETEN

🛏🍴 Auberge du Vieux Marché: *Rue Grande 17.* ☎ 02 32 30 25 93.

Naast de hal, niet ver van de kerk. Van dinsdag tot zondag geopend, alleen 's middags. Tweepersoonskamers voor € 35. Dagschotel voor € 11. De eenvoud zelf, maar het is netjes en goedkoop en je wordt er vriendelijk ontvangen.

HET KASTEEL VAN BEAUMESNIL

◀ ◀ ◀ **'Het Versailles van Normandië':** *21 km ten noordwesten van Conches-en-Ouche, aan de weg naar Bernay.*

☎ 02 32 44 40 09. ● chateaubeaumesnil.com. *Het kasteel is van Pasen tot eind juni op maandag, vrijdag, zaterdag, zon- en feestdagen geopend van 14.00 tot 18.00 u; in juli en augustus dagelijks van 11.00 tot 18.00 u en in september van 14.00 tot 18.00, behalve op dinsdag. Het park kun je van Pasen tot eind september dagelijks (behalve op dinsdag) bezoeken van 10.00 tot 12.00 u en van 14.00 tot 18.00 u; in juli en augustus dagelijks van 11.00 tot 18.00 u. Toegangsprijs: ongeveer € 7 (voor het kasteel en het park), € 3 (enkel voor het park). Gratis voor kinderen jonger dan twaalf. Kortingen.* Dit is het mooiste kasteel dat in Normandië werd gebouwd onder het bewind van Lodewijk XIII (meer bepaald tussen 1633 en 1640). Het ligt in een park van meer dan 60 ha. De gevel van het kasteel is van baksteen en natuursteen. Voorts wijzen we op de rijke en weelderige versieringen, de barokke overdaad van de gebeeldhouwde hoofden boven de ramen, het merkwaardige buksbomenlabyrint aan je rechterhand en de weerspiegeling van dit alles in het water van de bassins. Al deze troeven zorgen voor een sterke, bijna verbluffende esthetische indruk. Binnen in dit geslaagde optrekje, dat La Varende 'le Mesnil Royal' noemde (in *Nez-de-Cuir*), zie je een verbazingwekkende hangende trap tussen twee verdiepingen in, een heel mooie bibliotheek en een *Musée de la Reliure* (museum van de boekbinderij), met stukken uit alle eeuwen en uit verschillende landen. Het kasteel is gemeubileerd. Het behoorde toe aan wijlen Jean Furstenberg, die de *Fondation Furstenberg-Beaumesnil* (stichting) oprichtte nadat hij zijn leven had gewijd aan de restauratie van dit prachtige pand.

DE VALLEI VAN DE RISLE EN VAN DE CHARENTONNE

LE BEC-HELLOUIN

27800 | 420 INWONERS

Schattig dorpje met vakwerkhuizen omgeven door een groen tapijt van bomen en planten. Heerlijk genesteld in de vredige vallei van de Becquet, een riviertje van nauwelijks 10 km lang met water dat door de monniken werd gekanaliseerd. 's Zomers is dit een van de meest toeristische plekjes van de streek. Le Bec-Hellouin staat op de lijst van de mooiste dorpen van Frankrijk.

ETEN

⚔ RESTAURANT LE CANTERBURY: *Rue de Canterbury 3, op een steenworp afstand van de abdij.* ☎ 02 32 44 14 59. •*lecanterbury@orange.fr. Gesloten op zondag- en dinsdagavond (buiten het seizoen ook op woensdag). Menu's voor € 19 op weekdagen; andere menu's voor € 24 tot 44.* Goed adres met Normandische specialiteiten die een beetje gemoderniseerd werden. In de zomer kun je terecht op het gezellige terras achteraan. Sympathieke ontvangst.

SLAPEN EN ETEN IN DE OMGEVING

DOORSNEEPRIJS TOT LUXUEUS

🛏 CHAMBRES D'HÔTE LE MANOIR D'HERMOS: *bij Béatrice en Patrice Noël-Windsor, 27800 Saint-Éloi-de-Fourques.* ☎ 02 32 35 51 32. • *contact@hermos.fr* • *hermos.fr.* 🏠 *(vakantiehuis). Aan de D92, ongeveer 2 km van de D438, ten noorden van Saint-Éloi en 7 km van Le Bec-Hellouin. Tweepersoonskamers voor € 59 en 75. Gratis wifi.* Een lange majesteitelijke bosdreef leidt naar dit sobere elegante landhuis uit de 16de eeuw. Hendrik IV gebruikte het gebouw als jachtpaviljoen. Twee kamers. De 'Chambre aux Pivoines' (pioenkamer, voor vier personen) kijkt uit over de vijver en het bos en de 'Chambre aux Hortensias' (hortensiakamer, voor drie personen) over de boomgaard en de velden. Het ontbijt met zelfgemaakte jam wordt opgediend bij de haard of onder de eeuwenoude lindebomen. In het park van 10 ha kun je naar hartenlust wandelen of fietsen (verhuur van mountainbikes). Een goede raad: reserveer tijdig! De eigenaars verwittigen je als er op de dag dat je er naartoe zou willen gaan een receptie of een trouwfeest plaatsvindt in het landhuis, want dan is er kans op nachtlawaai. Ruiters welkom. Tot slot is er ook een vakantiehuis (met een logeercapaciteit van niet minder dan 38 personen!).

📧🔀 LA CORNE D'ABONDANCE: *Route de Rouen/Place de la Mairie 6, 27520 Bourgtheroulde.*
📞 *02 35 78 68 01.* ● *contact@lacornedabondance.fr* ● *lacornedabondance.fr. Neem in Le Bec-Hellouin de D438 (16 km); naast de kerk. Het restaurant is gesloten op zondagavond en maandagmiddag. Jaarlijks verlof drie weken in augustus en tijdens de schoolvakantie van december. Reserveren aangeraden. Tweepersoonskamers voor € 58 tot 68, afhankelijk van het comfort. Menu's voor € 19,50 tot 38. Gratis parkeerterrein en wifi.* Moderne en comfortabele kamers die elk in een andere kleur zijn ingericht. In het restaurant kun je genieten van een 'jonge' keuken op basis van streekproducten.

WAT IS ER TE ZIEN?

🏇🏇🏇 **De abdij:** *in het dorp.* 📞 *02 32 43 72 60.*
● *abbayedubec.com. Dagelijks geopend. Vrije toegang van 7.00 tot 19.00 u. Rondleidingen in de week (behalve op dinsdag) om 10.30, 15.00 en 16.00 u (minder in de winter); op zon- en feestdagen om 12.00, 15.00 en 16.00 u. Toegangsprijs: € 5. Kortingen. Gratis tot 25 jaar.* Als je moet wachten totdat de rondleiding begint, kun je even in het park wandelen. Gezongen diensten in het gregoriaans en in het Frans. Op zon- en feestdagen doen de slotzusters van Sainte-Françoise-Romaine ook mee.

De abdij werd gesticht in 1034 door vader Herluinus (ook Hellouin genoemd) en werd al snel een van de belangrijkste centra van het westerse denken. De abdij was bijzonder rijk en had een enorme invloed op de hele streek. Tijdens de Honderdjarige Oorlog leed het gebouw zware schade. Tijdens de Franse Revolutie deed de abdij dienst als kazerne en daarna werd ze door keizer Napoleon I verkocht. Hij liet ook de kerk afbreken. Van de oorspronkelijke abdijkerk zie je enkel nog het onderste deel van de pilaren en enkele gotische arcaden op het grote grasveld. Een nieuwe kerk werd ingericht in de vroegere refter. Prachtige zaal met gewelven. Centraal in het koor staat de stenen sarcofaag met het lichaam van de stichter van de abdij. In de ramen zitten nog enkele oude vensterruiten.

Het klooster heeft een mooie gotische poort en een monumentale trap. In een winkeltje worden leuk handgeschilderd aardewerk en litho's verkocht, stuk voor stuk werken uit het atelier van de monniken van deze abdij.

WAAR KUN JE PAARDRIJDEN?

🏇 **Centre équestre du Bec-Hellouin:** 📞 *02 32 44 86 31.*
● *f-barbot@orange.fr. 500 m buiten het dorp, aan de rechterkant van de weg naar Brionne. Een dag op voorhand telefonisch reserveren.* Wandelingen van een uur of een dag. Stages van een enkele dag of een hele week. Pony's voor kinderen van vijf tot tien jaar.

HARCOURT

27800 | 920 INWONERS

Klein Normandisch dorp met een zekere charme en een alom bekend kasteel. Aardig marktplein met een oude hal omringd door fleurige huizen in vakwerkstijl of van decoratieve baksteen. In de kerk bevinden zich doopvonten uit de 13de eeuw en een mooie 17de-eeuwse lutrijn (koorlessenaar).

WAT IS ER TE ZIEN?

🏇🏇🏇 **Domaine d'Harcourt:** 📞 *02 32 46 29 70.*
Van half juni tot half september dagelijks geopend van 10.30 tot 18.30 u; van maart tot half juni en van half september tot half november dagelijks (behalve op dinsdag) geopend van 14.00 tot 18.00 u. Toegangsprijs: onge-

veer € 4. Kortingen. Versterkte burcht gebouwd in de 12de en 14de eeuw, met een militaire architectuur die karakteristiek is voor Normandië. De vestingmuren worden beschermd door diepe grachten. Ze hebben nog twee verdedigingstorens. Op de binnenplaats bevindt zich een 14de-eeuwse waterput met rad. Binnen is er een tentoonstelling over de geschiedenis van het kasteel. In de prachtige zalen wordt de architectuur van dit gebouw uitvoerig besproken. Bijzonder boeiend en interessant. In het uitgestrekte bos rond de burcht ligt een heel mooi arboretum (bomentuin), dat wordt beschouwd als het oudste van Frankrijk. Er staan 400 verschillende boomsoorten, waaronder sequoia's en schitterende cederbomen uit het begin van de 19de eeuw. Ook beuken met spiraalvormige en in elkaar gegroeide takken, kale cipressen ... Het is leuk wandelen onder deze vreemdsoortige bomen die zich uitstekend aan ons klimaat hebben aangepast. Er is ook een uitgestippelde wandelroute. In de zomer middeleeuwse festiviteiten.

LE NEUBOURG

27110 | 4120 INWONERS

Hoofdplaats van een van de rijkste landbouwgebieden van Normandië. Enkele bezienswaardigheden: de resten van het voormalige kasteel (niet toegankelijk voor het publiek), de Place Aristide-Briand, de kerk en het Musée d'Anatomie. Maar de parel aan de kroon is wel het Château du Champ-de-Bataille, dat hier vlakbij ligt.

NUTTIGE ADRESSEN

ℹ Dienst voor Toerisme: *in het oude station van Le Neubourg.* ☎ 02 32 35 40 57. ● *le-neubourg.fr.* ♿
Een beetje buiten het centrum, maar wel goed aangeduid. Van Pasen tot eind september dagelijks geopend; de rest van het jaar op maandagmiddag, woensdagochtend en zaterdag. Heel wat interessante en gedetailleerde informatie. Organiseert ook eenmaal per maand thematische rondleidingen (zowat € 2); in juli en augustus elke woensdag.
- **Marché au foie gras:** *in april, oktober, november en december (telkens één zaterdag) kun je hier terecht voor ganzenlever.*

SLAPEN IN DE OMGEVING

🏠 CHAMBRES D'HÔTE LA PAYSANNE: *bij mevrouw en mijnheer Lucas, Rue de l'Église 8, 27110 Épégard.*
☎ 02 32 35 08 95. ● *lmauricelucas@club-internet.fr.* ♿ *Minder dan 5 km ten noorden van Le Neubourg. Rijd in de richting van het Château du Champ-de-Bataille via de D39: aan de rechterkant, naast de kerk. Tweepersoonskamers voor € 40, met douche en wc.* In een grote Normandische boerderij uit de 17de eeuw, omgeven door een leuk grasveld. Vijf aangename en kraaknette kamers met alle comfort. Gemeenschappelijke woonkamer met keukentje dat ter beschikking staat van de gasten. Uitgebreid en lekker ontbijt. Goede ontvangst.

WAT IS ER TE ZIEN?

🎭🎭 **Église Saint-Paul:** uit de 15de eeuw. Vrij ongewone, driehoekige apsis. Interessant zuidelijk portaal in korfboogvorm met een flamboyante accoladeboog. De vleugels dateren uit de 16de eeuw. Rijkelijk gemeubileerd: achttien koorstoelen, zijaltaren en koorlessenaar uit de 17de eeuw. Mooie *Johannes de Doper* van polychrome steen uit de 15de eeuw. Vlak bij het baptisterium (doopkapel) ontdek je een ontroerende 15de-eeuwse houten Sint-Paulus. Hij is helemaal verweerd (hij stond enkele eeuwen buiten!).

🎭🎭 **Musée d'Anatomie de Neubourg:** *Avenue de la Libération 54.* ☎ 02 32 35 93 95.

🚻 *Van woensdag tot zondag en op feestdagen geopend van 14.00 tot 18.00 u. Gesloten van 15 december tot 1 februari. Toegangsprijs: € 4,50 (audiogids inbegrepen). Gratis voor kinderen tot tien jaar. Kortingen.* Als dit geen vreemd museum is! Het menselijke lichaam van alle kanten bekeken: spieren, aders, organen ... Een 'kunstmatig menselijk' lichaam, dat was de uitvinding van dokter Auzoux in het begin van de 19de eeuw. De tentoongestelde stukken komen uit de fabriek die dokter Auzoux opstartte. Een videofilm geeft een overzicht van de geschiedenis van de geniale dokter en zijn fabricatiemethodes die ook nu nog worden gebruikt. Het is vrij ongelooflijk dat iemand in die tijd (en dan nog midden op het platteland!) zo'n perfectie kon benaderen. Al zijn kartonnen onderdelen hadden maar een enkel doel voor ogen: de menselijke anatomie voor iedereen toegankelijk maken. Vulgariseren, maar zonder hiervoor lijken te moeten opensnijden. Tot slot ook nog wat fauna en flora met specimens van een tseetseevlieg, een bij, een varen ...

IN DE OMGEVING VAN LE NEUBOURG

WAT IS ER TE ZIEN?

🎭🎭🎭 **Château du Champ-de-Bataille:** *5 km ten noordwesten van Le Neubourg, te bereiken via de D39. Bevindt zich in Sainte-Opportune-du-Bosc, Le Neubourg.* ☎ 02 32 34 84 34.

● *chateauduchampdebataille.com.* 🚻 *(de tuinen voor 80%). Geopend van Pasen tot Allerheiligen. Bezoek aan de tuinen: van mei tot september dagelijks van 14.00 tot 18.00 u (in juli en augustus van 10.00 tot 18.00 u); de rest van het jaar alleen in het weekend en op feestdagen. Bezoek aan het kasteel: in het weekend en op feestdagen van 15.30 tot 17.30 u (in juli en augustus dagelijks). We raden je hoe dan ook aan om op voorhand te informeren want de openingsuren kunnen veranderen. Toegangsprijs: € 12 (tuin); € 24 (met bezoek aan het kasteel). Gratis voor kinderen tot zes jaar. Kortingen. Er worden geen bankkaarten aanvaard.* Schitterend hertogelijk slot uit de 17de eeuw, prachtig gelegen midden in een park van 40 ha. Het is een van de meest luxueuze verblijven van Normandië. Het kasteel is nog steeds bewoond en toegankelijk voor het publiek. Het werd in 1992 overgekocht door de beroemde binnenhuisarchitect Jacques Garcia. Binnen vind je een weelderig interieur en rijk meubilair dat een precies beeld geeft van hoe de rijke adel in de 18de eeuw leefde. Om eerlijk te zijn, we staan nog altijd als aan de grond genageld van bewondering voor de nieuwe tuinen in Franse stijl. Dit is een droomplaats die zich in de overtreffende trap onthult. Een vleugje waanzin, verbeten passie, krachtige poëzie, innige verbeeldingskracht en realiteit zijn samengesmolten om een 'hedendaags oeuvre' te vormen. Uniek in Normandië. Probeer niet naar sporen van de voormalige tuinen te zoeken. Ze zijn bijna allemaal verdwenen. Enkel de buksboompartijen werden gerenoveerd volgens de plattegronden van Le Nôtre (Frans tuin- en landschapsarchitect). Alles is hier pure creatie en symboliek in de zuiverste zin van het woord. Eerst treed je de minerale wereld binnen. Dan bereik je achtereenvolgens het universum van de planten, de dieren, de mensheid, de bewustwording en de verlichting (het licht!). Je overstijgt jezelf en komt beetje bij beetje terecht in het immateriële universum (de wereld van de geest!). Bloemen en planten komen tot leven in opmerkelijke perspectieven. Hier zie je deze in de vorm van reptielen, wat verder verdwaal je in een labyrint. Je keert steeds weer op je stappen terug en voelt je precies een mier in een mierenkolonie. Italiaanse tuin en in juni openluchtopera. Klein minpuntje is de *Temple du Trésor de Léda* (tempel van de schat van Léda). Die is naar onze zin toch ietwat kitscherig. Het geheel is en blijft weliswaar een van de belangrijkste bezienswaardigheden van de Eure.

🎭 **Saint-Germain-de-Pasquier:** *6 km ten zuiden van Elbeuf.* Minuscuul dorpje dat ligt te dommelen in de groene vallei van de Oison. Het dorp graat prat op zijn gemeentehuis, het kleinste van Frankrijk (3 m op 2,80 m!). In de omgeving kun je leuk wandelen.

🎭🎭🚻 **Le Moulin Amour (Écomusée de la Meunerie):** *27370 Saint-Ouen-de-Pontcheuil.*

☎ 02 32 35 80 27. • *avpn.asso.fr.* ♿ *Vanuit Le Neubourg neem je de D840 in de richting van Elbeuf. Je volgt die over een afstand van 7 km. Dan sla je links af en neem je de D86 (parkeergelegenheid). Van mei tot oktober op zon- en feestdagen geopend van 14.30 tot 18.30 u; van half juli tot eind augustus dagelijks geopend (dezelfde openingstijden), behalve op maandag. Toegangsprijs: ongeveer € 4. Kortingen. Gratis voor kinderen tot zestien jaar (vergezeld van hun ouders). Rondleiding op zondag na reservering (om 15.30 en 17.00 u) en zonder bijbetaling. Duur van de rondleiding: 1 uur.* Dit is de laatste van de zeventien watermolens van de vallei van de Oison, gelegen midden in een bucolisch landschap. Je ziet met je eigen ogen hoe hier meel wordt gemalen. In de molen met deze mooie naam (die van de vroegere molenaar) worden ook regelmatig tentoonstellingen en andere activiteiten georganiseerd. Je kunt een leuke wandeling maken langs het water en in de botanische tuin. Het voor iedereen toegankelijke natuurpad van 1 km toont de biodiversiteit van deze plek (gratis boekje aan het onthaal). Er is ook een kruidentuin, een pedagogische groentetuin en een klein pannenkoekenhuis.

BERNAY

27300 | 11.620 INWONERS

Aardig stadje ten westen van Évreux. Het ontsnapte op miraculeuze wijze aan de vernielzucht van de Tweede Wereldoorlog. Bernay is ook een heel druk commercieel centrum, echt een minihoofdplaats. Schitterend museum en aangenaam festival van historische woningen.

NUTTIGE ADRESSEN

🛈 **Dienst voor Toerisme (plattegrond A1):** *Rue Thiers 29, BP 313.* ☎ 02 32 43 32 08. • *ville-bernay27.fr. Van half juni tot half september dagelijks geopend. Buiten het seizoen geopend van maandag tot zaterdag.* Uitgebreide documentatie over Bernay en omgeving. Stelt ook een wandeling door het stadje voor onder de naam 'L'eau, la pierre et le bois' (Water, steen en hout). Informatie over de 'voies vertes' (de groene wegen; bijvoorbeeld 13 km Bernay-Broglie).

🚆 **Treinstation (plattegrond A2):** *Boulevard Dubus.* ☎ 36 35 (€ 0,34 per minuut). Langs de lijn Parijs-Caen-Cherbourg. Dagelijks een tiental verbindingen (iets minder op zondag). Duur van de reis: ongeveer anderhalf uur. Er zijn ook een achttal treinverbindingen per dag (5 in het weekend) naar Rouen en Caen. Duur van de reis: ongeveer 45 minuten.

- **Markt:** *zaterdagochtend.* Dit is de boeiendste markt van de hele streek. In het stadje worden overal bloemen, groenten, gevogelte en ambachtswerk verkocht.

- **Salon des vieux papiers de collection:** *het derde weekend van februari, in de feestzaal.* De plaats bij uitstek voor de liefhebbers van oude postkaarten en andere papieren documenten van weleer.

SLAPEN, ETEN EN IETS DRINKEN

CAMPING

⛺ CAMPING MUNICIPAL (BUITEN PLATTEGROND VIA A2, 10): *Rue des Canadiens. Gemeentelijke camping.*
☎ 02 32 43 30 47. • *camping@bernay27.fr* • *ville-bernay27.fr.* ♿ *3 km van het station, richting Broglie. Volg de bewegwijzering. Geopend van mei tot half oktober. Reken op € 12,40 voor twee personen met tent en auto in het hoogseizoen. Er worden geen bankkaarten aanvaard.* Driesterrencamping aan de rand van het stadje. Je vindt er vijftig schaduwrijke staanplaatsen. Goed onderhouden. Speelweide. Zwembad en tennisveld op ongeveer 500 m.

GOEDKOOP TOT DOORSNEEPRIJS

🏨 LE LION D'OR (PLATTEGROND A2, 13): *Rue du Général-de-Gaulle 48.*
☎ 02 32 43 12 06. • *hotelliondor@wanadoo.fr* • *hotel-liondor-bernay.com. Het hele jaar geopend. Twee-*

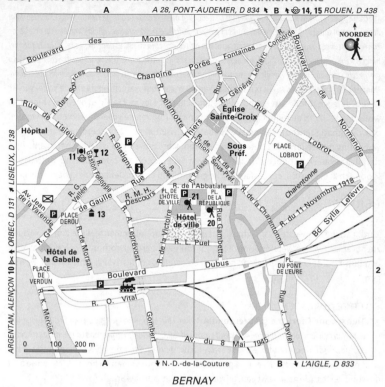

BERNAY

■ **Nuttige adressen**
🄸 Dienst voor Toerisme
🄱 Treinstation

🄳 **Slapen, Eten en Iets drinken**
10 Gemeentelijke camping
11 Le Bistrot
12 Le Brin d'Zinc
13 Le Lion d'Or

🄳 **Waar kun je lekkere streekproducten kopen?**
11 Wijnkelder van J.-P. Bernais
14 Ferme de La Bretterie
15 Ferme de Julien

🄳 **Wat is er te zien?**
20 Gemeentelijk museum
21 Abdijkerk

persoonskamers voor € 55. Gratis parkeerterrein. Dit poststation uit de 18de eeuw met zijn groot portaal waarlangs de postkoetsen binnenreden, herbergt een twintigtal vernieuwe kamers. Goed gelegen.

🄳 LE BISTROT (PLATTEGROND A1, 11): *Rue Gaston-Folloppe 21.*

☎ 02 32 46 23 60. *Gesloten op zondag en op maandag, een week in februari en in augustus. Best reserveren. Lunchmenu op weekdagen voor € 10; andere menu's voor € 16 tot 35.* Een jong team runt dit leuke restaurantje dat op middeleeuwse wijze is ingericht en prat mag gaan op een indrukwekkende open haard. Tal van gerechten op basis van kaas en ganzenlever. Traditionele recepten. Verwacht hier geen ingewikkelde bereidingen, maar geniet des te meer van de sympathieke omkadering, vooral als het pleintje vol staat met tafels en de zon van de partij is.

▣ LE BRIN D'ZINC (PLATTEGROND A1, 12): *Rue Gaston-Folloppe 32.*

☎ 02 32 43 68 00. *Van dinsdag tot zaterdag geopend van 16.00 tot 01.00 u; op zaterdag vanaf 10.30 u.* Sympathieke en gezellige kroeg waar de jongeren uit de buurt met elkaar afspreken. Aangename sfeer. In het hoogseizoen ook concerten.

SLAPEN EN ETEN IN DE OMGEVING

DOORSNEEPRIJS TOT LUXUEUS

▣ LA CALÈCHE: *Rue Saint-Nicolas 54, 21170 Beaumont-le-Roger.*

☎ 02 32 45 25 99. ●lacaleche27@wanadoo.fr. *17 km ten oosten van Bernay, te bereiken via de D133. Gesloten op dinsdag en op woensdag; van oktober tot Pasen ook nog op zondagavond. Jaarlijks verlof: twee weken in januari en drie weken in juli. Lunchmenu op weekdagen voor €15; andere menu's voor €20 tot 32.* Een restaurant met een vrij klassieke inrichting maar een kok die geenszins klassiek kookt: terrine La Calèche met uienconfituur , visspecialiteiten, verrukkelijke nagerechten ... Ontvangst met de glimlach. Gemoedelijke en hartelijke sfeer.

▣▣ HOSTELLERIE DU MOULIN FOURET: *Route du Moulin-Fouret 2, 27300 Saint-Aubin-le-Vertueux.* ☎ 02 32 43 19 95. ● lemoulinfouret@wanadoo.fr ●moulin.foret@com. *3 km ten zuiden van Bernay. Dagelijks geopend van juni tot augustus. Gesloten op zondagavond en op maandag, behalve op feestdagen. Gratis parkeerterrein. Tweepersoonskamers voor €60 tot 65. Lunchmenu op weekdagen voor €28; andere menu's voor €41 tot 56. 60. Als je à la carte wilt eten, moet je rekenen op ongeveer €65.* Oude molen met waterrad uit de 16de eeuw, knus genesteld in een rustieke vallei, met een schitterend interieur en intiem schemerlicht. Prachtige open haard. De keuken is tegelijk eenvoudig en verfijnd. De kelder brengt hulde aan de zorgvuldig door de chef uitgekozen wijnhuizen. Uitmuntende bediening. Gezellig terras met uitzicht op het prachtige park op de oever van de Charentonne. Ideaal bij zonnig weer. De eenvoudige en niet al te grote kamers (maar wel voorzien van alle comfort) zijn op de eerste plaats voor de gasten van het restaurant. Charmante ontvangst.

▣▣ HÔTEL LE SOLORO EN RESTAURANT LE SO'CAFÉ: *Chaussée du Roy 1, 27550 La Rivière-Thibouville.* ☎ 02 32 45 00 08. ● solorohotel@live.fr ● domainedusoleildor.com. ▣ *Een tiental kilometer van Bernay. Neem eerst de D133 in de richting van Beaumont-le-Roger en vervolgens de D46 richting Nassandres. Restaurant gesloten op vrijdagavond, zaterdagmiddag en zondagavond. Tweepersoonskamers voor €59. Menu's voor €15 tot 25. Je kunt ook à la carte eten: ongeveer €30. Gratis parkeerterrein en wifi.* Aangename en gerieflijke kamers; kleurig ingericht. Het restaurant is modern, met sobere lijnen en loungemuziek. Dit is eens iets totaal anders dan de goede oude Normandische herberg! Klassieke en wereldkeuken. Jonge en sympathieke bediening. In het weekend worden er concerten georganiseerd (blues, jazz ...). Een goede prijs-kwaliteitverhouding.

▣ LA POMMERAIE: *RD438, 27270 Saint-Quentin-des-Isles.*

☎ 02 32 45 28 88. ●sebastien-rodrigue@orange.fr. ▣ *Ongeveer 3 km ten zuidwesten van Bernay, te bereiken via de D438 (in de richting van Broglie). Gesloten op zondagavond en op maandag. Jaarlijks verlof: de laatste week van juli. Weekmenu's voor €14,10 tot 22; andere menu's voor €30 tot 60.* Het restaurant ligt langs de rijksweg en is omringd door een tuin. Keurig ingericht; een beetje kitscherig. De riante eetruimte is helder, oogt fris en biedt een aardig uitzicht op de tuin en de vijver waarin eenden vrolijk kwetteren. Vredig en rustig adres. Streekgerechten (allerlei bereidingen op basis van ganzenlever) met enkele exotische accenten (bijvoorbeeld kreeft op een bedje van groen met mango's).

IETS DRINKEN EN UITGAAN IN DE OMGEVING

🏠 ☒ LE BOUCHE À OREILLE: *Rue Jules-Ferry 3, 27170 Beaumont-le-Roger.*
☎ 02 32 45 57 27. ● *le-bouche-a-oreille@orange.fr* ● *lebouche.com.* 🚲 *Ter hoogte van het gemeentehuis rijd je in de richting van het treinstation. 100 m verderop sla je de eerste straat rechts in. Het restaurant is alle avonden geopend, de bar en de antiekwinkel telkens vanaf 17.00 u. Formules voor € 20 tot 24.* Wat zou je ervan vinden om een leuk avondje door te brengen in een voormalige kerk? Je belandt in een vrolijke en kleurrijke rommelboel. Een soort antiekwinkeltje, uitdragerij, kunstgalerij, bar-restaurant en lounge, café-concertplaats. Geen wijwater, maar lekkere cocktails; geen hosties, wel belegde boterhammen, tapasbar, gerechten om tot het laatste stukje op te peuzelen … Hier gebeurt van alles en nog wat: concerten, toneel … Heb je zin om je laatste cd met anderen te delen? Breng 'm mee en bezorg 'm aan de chef. Hij zal die met plezier aan eenieder laten horen. Fantastische sfeer! Een gezellige boel, waar je steevast eindigt met een babbeltje met je buur!

WAAR KUN JE LEKKERE STREEKPRODUCTEN KOPEN?

🍷 **Cave à vins de J.P. Bernais (plattegrond A1, 11):** *Wijnkelder, Rue Gaston-Follope 23.*
☎ 02 32 43 25 34. *Geopend van 9.00 tot 12.30 u en van 14.00 tot 19.30 u (doorlopend op zaterdag). Gesloten op zondag en op maandag. Van april tot december ook geopend op zondagochtend van 10.00 tot 12.30 u.* Beslist een bezoekje waard, niet alleen voor de mooie kelders (met een indrukwekkende hoeveelheid wijn), maar ook voor de vijftig calvados- en de honderd whiskymerken! Verkoop van Normandisch handwerk.

🍷 **Ferme de la Bretterie (buiten plattegrond via B1, 14):** *Rue Alaume 2, Le Bret, 27300 Carsix.*
☎ 02 32 46 16 25. 🚲 *In Bernay neem je de D438. Volg die over een afstand van 9 km en neem vervolgens de D31 aan je rechterkant. Rijd door Carsix en volg de bordjes 'La Bretterie' (1 km). Het hele jaar door geopend (na afspraak) van 9.00 tot 12.00 u en van 14.00 tot 19.00 u. Rondleiding met proeverij: € 4.* In de 18de eeuw telde de gemeente 80.000 appelbomen. Nu zijn dat er nog maar 1500. Het brengt niet meer genoeg op … Nochtans is de plaatselijke halfdroge cider (Cru de la Bretterie) een befaamde lekkernij die een beetje op champagne lijkt. Echt waar! Je kunt de kelder en de ongelooflijk grote pers uit de 17de eeuw bezoeken. Proeverij en verkoop ter plaatse (cider, pommeau, calvados, appelsap en cidergelei). Vriendelijke ontvangst.

🍷 **Ferme de Julien (buiten plattegrond via B1, 15):** *in Saint-Léger-de-Rostes (27300).*
☎ 02 32 46 81 86 *of 02 32 43 25 87 (vrijdag en zaterdag). Verlaat Bernay in noordoostelijke richting (D438) en rijd naar Brionne. Volg de bordjes (na 3 km aan de rechterkant). Geopend op vrijdag en zaterdag van 9.30 tot 12.30 u en van 13.30 tot 18.30 u.* Een groepje landbouwers runt hier een kleine winkel met vlees van de boerderij, gevogelte, plaatselijke vleeswaren, groenten … Ze hebben ook iets verder, aan de D13 ter hoogte van Boissy-Lamberville (rotonde van Bretagne), een **Maison des producteurs** geopend waar je streekproducten kunt kopen (cider, lokaal bier, vlees, gebak). *De winkel is open van woensdag tot zondag van 9.30 tot 12.30 u en van 13.30 tot 19.00 u (op zondag van 10.00 tot 13.00 u). Je kunt deze producten bovendien ter plaatse proeven: ze worden opgediend in het kleine restaurant van het Maison (van maandag tot zondag 's middags en ook van woensdag tot zaterdag 's avonds; menu voor € 11).*

WAT IS ER TE ZIEN?

🎭 🎭 **Musée municipal (plattegrond B2, 20):** *Place Guillaume-de-Volpiano.* ☎ 02 32 46 63 23.
Van half juni tot half september geopend van dinsdag tot zondag van 11.00 tot 18.00 u; de rest van het jaar enkel 's middags geopend tot 17.30 u. Gesloten op 1 januari, 1 mei en 25 december. Toegangsprijs: € 3,70. Kortingen. Gratis voor kinderen jonger dan zestien. Gratis voor iedereen op woensdag en de eerste zondag van elke maand. In de prijs van het kaartje zit ook het bezoek aan de abdijkerk. Gemeentelijk museum dat magnifiek gele-

gen is in de vroegere woonvertrekken van de abdijkerk. Rijke collecties schilderijen en meubilair. De kunstwerken veranderen vaak van plaats door de vele tijdelijke tentoonstellingen.
- **Kelderverdieping:** je ziet hier tal van vitrines die gewijd zijn aan de archeologie. Diverse voorwerpen worden tentoongesteld: kostuums, aardewerk belegd met email ... Je kunt ook kopieën bewonderen van de mooiste en belangrijkste stukken van de wijd en zijd bekende schat van Berthouville. Deze dateert uit de Gallo-Romeinse periode en werd in 1830 ontdekt door een landbouwer die zijn land aan het omploegen was. De originele vondsten van die schat bevinden zich in de Bibliothèque Nationale.
- **Benedenverdieping:** deze verdieping is hoofdzakelijk gewijd aan de schilderkunst van het einde van de 19de en het begin van de 20ste eeuw en aan de schilders van de groep van Puteaux. *La Lecture* van Louis Valtat, doeken van Diaz de la Peña (van de school van Barbizon) en van de Engelse impressionist Constable. De lieflijke sfeer van een Normandisch interieur straalt uit het doek van Jean-Paul Aube (1837-1916) met de titel *Portrait de Mathilde* (de gouvernante van het gezin van de schilder). Dit zijn de meesterwerken van de collectie van het museum (zijn niet altijd tentoongesteld).
- **Eerste verdieping:** opmerkelijke zaal waar vooral een 19de-eeuwse sfeer heerst. Mooie bewerkte renaissancekoffers. *Portret van de procurator van de heilige Marcus* (toegeschreven aan Tintoretto), doeken van de 17de-eeuwse Vlaamse school (straatscènes en cabarettaferelen), de *Gekwetste hand* van Gerard Dou, de vrolijk aangeschoten monniken en religieuzen van Richard Brakenburg (17de-eeuwse Hollandse school), exotische schilderijen van de oriëntalisten, doeken van de Franse school ... Een galerij met nog meer schitterende faiences uit Rouen en een vitrinekast met kasseien uit de 16de eeuw (waar zijn die van mei 1968?). Vermeldenswaardig dambord (enig in zijn soort).

🐦 🐦 🐦 **Église abbatiale (plattegrond A-B2, 21):** *abdijkerk.* ☎ 02 32 46 63 23.
Toegang inbegrepen in het kaartje van het museum. Dezelfde openingstijden als het museum. Gratis op woensdag en op de eerste zondag van elke maand. Rondleidingen voor groepen (informeren bij de Dienst voor Toerisme of in het museum zelf). In de zomer worden hier schilderijen geëxposeerd. Deze abdijkerk is de oudste van de grote romaanse kerken in Normandië. Beter nog: het is zowaar de bakermat van de romaanse kunst in deze streek. Hier werd geëxperimenteerd met talrijke architectonische technieken. De abdij werd gesticht omstreeks 1013 en de kerk werd gebouwd anno Domini 1060. Nu geven de 17de-eeuwse abdijgebouwen die de Revolutie hebben overleefd onderdak aan het gemeentebestuur en aan de rechtbank. De rechtbank zetelt bijvoorbeeld in de vroegere refter (de gotische kapittelzaal). De abdijkerk zelf werd bijna volledig met de grond gelijkgemaakt. Ze werd zwaar beschadigd en deed lang dienst als stapelplaats, zolder ... Vandaag is ze als een feniks uit haar as verrezen. Bewonder het grote kerkschip, de brede arcaden op de Korinthische zuilen, de paarsgewijze raamopeningen, de hoge vensters die veel licht binnenlaten. Interessante zuidelijke zijbeuk met trompenkoepels (vooruitstekende randgewelven). Sommige kapitelen zijn versierd met figuratief beeldhouwwerk of plantenmotieven.

🐦 🐦 **Église Sainte-Croix (plattegrond B1):** kerk uit de 14de eeuw. Gevel en fraaie toren uit de 17de eeuw. Flamboyante stijl met lantaarnkoepel. Binnen ontdek je schitterende grafstenen van de abten van Bec-Hellouin. Grafsteen van Guillaume d'Auvilliers (daterend van 1418) in de rechterkruisbeuk. Polychroom beeld van 1833. Hoofdaltaar van 1683 met baldakijn. Bovenaan zie je standbeelden van de apostelen en van evangelisten uit de 14de eeuw.

De heilige Napoleon en Sainte-Croix

In 1808 werd er een beeld van Lodewijk de Heilige gemaakt met de gelaatstrekken van keizer Napoleon (staat links van het koor in de Sainte-Croix). Cambacérès werd dan weer voorgesteld als Johannes de Doper. Na de val van het keizerrijk werd ervoor gekozen om deze illustere beelden die niet echt in een geur van heiligheid waren gehuld, aan de kant te doen ...

- **De oude stad:** een wandeling op zoek naar de opvallendste huizen. Toeristisch circuit van anderhalf tot twee uur. Raadpleeg de handige folder van de Dienst voor Toerisme: L'eau, la pierre, le bois (Water, steen en hout). Volg op de grond de symbooltjes die een koning voorstellen. Aarzel niet om deuren te openen (toegangsrecht voor de historische monumenten).

Eerst de **Rue Thiers:** mooie binnenplaatsen, bewerkte uitspringende gedeeltes en artistiek vulwerk tussen het houten vakwerk. Nummer 31 (tegenover het parkeerterrein naast de Dienst voor Toerisme) is de woning van de vroegere *engagiste du roi* (de beheerder van de koninklijke bezittingen). Noksieraad van faience uit de 18de eeuw. Nummer 9 was vroeger het gemeentehuis (ga de glazen deur gerust binnen). Op de nummers 4 en 6 zie je consoles met gezichten en bewerkte bustes. Vroeger werden de gevelbalken van huizen vaak versierd met het portret van hun eigenaar.

Neem nu de **Rue Gaston-Folloppe**: een mooie rij middeleeuwse en pittoreske vakwerkhuizen maken hun opwachting. De meeste hebben slechts één enkele verdieping. Ze staan allemaal scheef. Veel antiekzaken en uitdragerijen.

Rue du Général-de-Gaulle: even voor de Place de Verdun. Hier staat het fraai ogende *Hôtel de la Gabelle*, van baksteen en natuursteen. Dit gebouw dateert uit de 18de eeuw en biedt momenteel onderdak aan de muziekschool.

Als je uit de Dienst voor Toerisme komt en het plein op stapt, ga je in de richting van de rivier Cosnier. Je komt bij de oude muur van het vroegere godshuis. Hier was vroeger een bruggetje (Rue de la Geôle) waarlangs de zusters ongezien naar de tuin konden gaan.

🔑 **Basilique Notre-Dame-de-Couture (buiten plattegrond via A2):** *1 km van het centrum, in de Quartier de Couture (wijk)*. Werd in de 14de eeuw gebouwd en in de 15de eeuw uitgebreid op een hellend terrein (daarom moet je een trap afdalen om bij de kerk te komen). Leuke en spitse klokkentoren. De kleine torentjes versterken nog het rijzige effect. Helaas kun je de kerk met prachtige glas-in-loodramen alleen bezoeken als je een eucharistieviering bijwoont.

Hier vertrekt elk jaar op tweede pinksterdag de pittoreske processie van de liefdadigheidsbroederschappen van de Eure.

HET PAYS D'AUGE EN DE LIEUVIN

Deze aantrekkelijke streek ligt ten zuiden van Pont-Audemer, tussen de Calvados en de Risle. Cormeilles en omgeving sluiten nog aan bij het Pays d'Auge. Het gebied, dat je de 'Eure augeronne' zou kunnen noemen, wordt doorsneden door tal van kleine waterlopen (de *doults* of *douets*) die naar de Calonne vloeien. Deze laatste is de enige rivier die weigert zich in de Seine te storten. Een regio met heel wat kleine pittoreske valleien die netjes in het landschap ingebed zijn en waardoor enorm veel mooie wegen kronkelen. Let op! Voor twee auto's is hier hoegenaamd geen plaats. In de meeste gevallen is één auto al breder dan het wegdek zelf! Holle wegen en hoge houtwallen wachten geduldig op de wandelaars. Dit rustige en ongerepte gebied is in zekere zin de 'Far West' van de Eure. Kalmte en rust troef ...

HET REGIONAAL NATUURPARK VAN DE MEANDERS VAN DE NORMANDISCHE SEINE

Het regionaal natuurpark van de meanders of lussen van de Normandische Seine strekt zich uit tussen Rouen en de zee en groepeert tweeënzeventig gemeentes van de Eure en de Seine-Maritime. In dit gebied worden drie grote domaniale bossen door het Office national des Forêts (nationale dienst der bossen) beheerd: ten eerste het Forêt de Brotonne, dat in een lus van de Seine (recht tegenover Caudebec) gelegen is (zie in het hoofdstuk gewijd aan de Seine-Maritime), vervolgens het Forêt du Trait-Maulévrier en tot slot het Forêt de Roumare (beide ten noorden van de stroom, aan de kant van de Seine-Maritime). Verschillende wandel- en fietswegen maken het mogelijk om deze landschappen van de Seinevallei te ontdekken. En we mogen vanzelfsprekend niet vergeten om de uiterst schilderachtige Route des Chaumières (route van de rieten daken) te vermelden. Deze kronkelt door het park vanaf het Maison du Parc (zie onder) tot aan het Marais Vernier (moeras). En ook de Route des Fruits (fruitroute) die gaat tot Duclair (Seine-Maritime). Er zijn tal van plaatsen, dorpen en ecomusea te bezoeken.

NUTTIG ADRES

- **La maison du Parc:** *76940 Notre-Dame-de-Bliquetuit.* ☎ *02 35 37 23 16.* ● *pnr-seine-normande.com.* ♿ *Aan de noordelijke rand van het dorp. Van januari tot juni en van september tot december geopend van maandag tot vrijdag van 9.00 tot 18.00 u (van april tot juni en in september ook geopend in het weekend en op feestdagen van 12.00 tot 18.00 u). In juli en augustus geopend van maandag tot vrijdag van 9.00 tot 18.30 u en in het weekend en op feestdagen van 10.00 tot 18.30 u.* Inlichtingen en documentatie over alle activiteiten in het park (musea, thematische excursies, wandeltochten, traditionele dorpsfeesten ...). Er zijn ook tijdelijke tentoonstellingen. Fietsenverhuur (het hele jaar). Hier vertrekt ook de Route des Fruits (fruitroute) en de Route des Chaumières (route van de rieten daken).

PONT-AUDEMER

Klein, maar levendig stadje dankzij de vele winkels in de hoofdstraat. De talrijke kleine waterlopen gaven Pont-Audemer de bijnaam van 'het Venetië van Normandië', maar dat is toch wel wat overdreven. De Dienst voor Toerisme heeft een wandelparcours uitgewerkt om het stadje en zijn geschiedenis te leren kennen. We raden je ook aan om eens te proeven van de heerlijke *mirliton*, een soort sigaret gevuld met gepralineerde mousse en aan de uiteinden bedekt met een laagje chocolade. Mmm!

NUTTIGE ADRESSEN

🚹 **Dienst voor Toerisme (plattegrond B1):** *Place Maubert.* ☎ *02 32 41 08 21.* ● *ville-pont-audemer. fr. Van juni tot september dagelijks geopend, behalve op zondagmiddag. De rest van het jaar geopend van maandag tot zaterdag.* In juli en augustus zijn er rondleidingen door het stadje (minimum 15 personen; ongeveer € 2,50 per persoon) en ook avondbezoeken met theateropvoeringen (tweemaal per week). Reserveren is absoluut noodzakelijk!

🚌 **Busstation (plattegrond B2):** *Place Gallieni.* ☎ *0825 076 027 (€ 0,15 per minuut).* ● *transports. cg27.fr.* Langs de spoorwegverbinding Parijs-Caen-Cherbourg, halte Bernay. Dan een bus tot Pont-Audemer (zowat drie bussen per dag, op zondag slechts een verbinding; de reis duurt

35 minuten). Andere busverbindingen: met Rouen (een viertal per dag en op zondag eentje; de reis duurt 1 uur), Lisieux (een drietal per dag, geen enkele op zondag; de reis duurt 1 uur), Honfleur (een drietal per dag, geen enkele op zondag; de reis duurt 45 minuten) en Évreux (drie per dag, op zondag slechts een bus; de reis duurt anderhalf uur).

@**Netcité (plattegrond B1, 1):** *Rue de la Brasserie.* 📞*02 32 41 08 15. Achter het parkeerterrein van het gemeentehuis. Op maandag en donderdag geopend van 13.00 tot 18.00 u, op woensdag vanaf 15.00 u. Gratis toegang.*

- **Markten:** *op maandag- en vrijdagochtend.*

SLAPEN EN ETEN IN PONT-AUDEMER EN IN DE OMGEVING

CAMPING

▲ RISLE-SEINE – LES ÉTANGS: *Route des Étangs 19, Toutainville, 27500 Pont-Audemer.*
📞*02 32 42 46 65.* ● *camping@ville-pont-audemer.fr* ● *ville-pont-audemer.fr.* ♿ *Geopend van half maart tot half november (de bungalows het hele jaar). In het hoogseizoen moet je rekenen op ongeveer € 12,10 voor twee personen met tent en auto. Bungalows (tot 6 personen) voor € 500 per week (in de zomer).* Aardig kampeerterrein. Niet zo groot, maar wel goed uitgerust. Ongeveer 1,5 km van Pont-Audemer. Belangrijk is dat je hier midden in de groene natuur zit, op een boog-scheut van de Risle en het jaagpad. De staanplaatsen worden van elkaar gescheiden door een haagje. Ook een paar gloednieuwe houten vakantiehuisjes op palen. Fietsen-verhuur. Kinderzwembad, pingpong en biljart. Vlak bij een watersportclub (zeilen, ka-jakken ...). Alleen jammer van het storende lawaai van de nabijgelegen autoweg.

GOEDKOOP TOT DOORSNEEPRIJS

🛏🍴 HÔTEL-CAFÉ DE L'AGRICULTURE (PLATTEGROND B1, 10): *Rue de la République 84.*
📞*02 32 41 01 23. Restaurant 's avonds gesloten en ook op zondag. Tweepersoonskamers voor € 36 tot 44, afhankelijk van de grootte. Reken op ongeveer € 12,30 voor een maaltijd. Gratis wifi.* Aan de oever van de Risle, pal in het stadscentrum. Hotelletje met een enkele ster dat er niet zo aantrek-kelijk uitziet, maar de tien kamers zijn toch netjes ... ook al zijn sommige aan een op-knapbeurt toe. Voor die prijs altijd goed in noodgevallen! Let op: geen dubbele be-glazing. Sympathieke ontvangst door de jonge eigenaar. We vermelden graag dat de dagschotel heel uitgebreid is.

DOORSNEEPRIJS TOT HEEL LUXUEUS

🛏🍴 HÔTEL LE PETIT COQ AUX CHAMPS, RESTAURANT L'ANDRIEN: *la Pommeraie Sud, 27500 Campigny.* 📞*02 32 41 04 19.* ● *info@lepetitcoqauxchamps* ● *lepetitcoqauxchamps.fr. Ongeveer 6 km van Pont-Audemer. Neem de D810 in de richting van Bernay en sla na 2 km links af (D29) naar Campigny, volg daarna de pijlen. Van november tot maart gesloten op zondagavond en op maandag. Jaarlijks verlof in ja-nuari. Tweepersoonskamers voor € 139 tot 159. Halfpension mogelijk. Lunchmenu op weekdagen voor € 29; andere menu's voor € 39 tot 68 (€ 44 met bijpassende wijnen). Gratis parkeerterrein.* Midden op het Normandische platteland bevindt zich een prachtig buitenhuis met rieten dak en een heerlijk restaurant. Hier zijn gastvrijheid, ontspannen sfeer en raffinement troef. De chef blinkt uit door inventiviteit. Het resultaat mag gezien worden. Dit is genieten in de zuiverste zin van het woord, zowel met de ogen als met de smaakpapillen. De kaart verandert volgens de seizoenen. Engelse tuin en park van een hectare. Verwarmd zwem-bad. In het hotel zijn er twaalf vrij kleine kamers: eenvoudig, maar comfortabel met sa-telliettelevisie. De kamers op de verdieping (onder het dak) hebben een klein terras.

🍴 AU JARDIN D'ÉDEN : *Route de Condé-sur-Risle, 27500 Pont-Audemer.*
📞*02 32 57 01 52.* ● *aujardindeden@wanadoo.fr* ● *aujardindeden.fr.* ♿ *Ongeveer 3 km van Pont-Au-demer, in de richting van Rouen, via de N175 (goed aangeduid). Gesloten op zondagavond en op maandag, behalve in juli en augustus (buiten het seizoen ook op dinsdagavond). Jaarlijks verlof: van 11 januari tot*

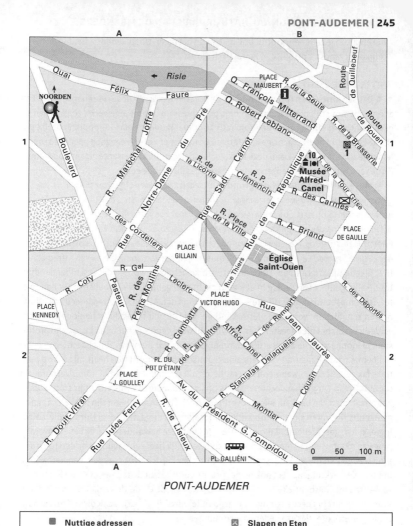

PONT-AUDEMER

Nuttige adressen		Slapen en Eten	
■	**Nuttige adressen**	⚁	**Slapen en Eten**
ⓘ	Dienst voor Toerisme	10	Hôtel-café de l'Agriculture
	Busstation		
1	Netcité		

1 februari en van 27 september tot 4 oktober. Lunchformule op weekdagen voor € 15; lunchmenu's op weekdagen voor € 27, andere menu's voor € 35 tot 58. Dit gastronomische restaurant ligt als het ware op een schiereiland midden in een kunstmatig aangelegd meer van 30 ha (oude grindgroeve). Hier krijgt de traditionele keuken een nieuwe invulling door de sublieme combinatie van streekproducten en creativiteit. Zeker niet goedkoop, maar je krijgt er heerlijke dingen op je bord. Ruime porties en mooi gedresseerd. Je kunt plaatsnemen in het oude, gerestaureerde gebouw uit de 18de eeuw waar een gezellige sfeer heerst of in het moderne gedeelte, minder intiem maar met grote ramen die uitkomen op het meer. Na

het eten kun je zelfs een boottochtje maken op het meer. Uitstekende bediening en hartelijke ontvangst. Kortom, een fantastisch adres!

WAT IS ER TE ZIEN?

🦆🦆 **Église Saint-Ouen (plattegrond B1-2):** *Rue de la République.* Uit de 11de en 15de eeuw. Een allegaartje van stijlen, maar daarom niet oninteressant. Nooit afgewerkt, zoals je aan de gevel kunt zien. Binnen zie je een romaans koor met moderne glas-in-loodramen. Het gotische kerkschip heeft prachtige kerkramen. Bordjes met uitleg (zeer goed opgesteld) begeleiden je tijdens je bezoek aan deze kerk. Je vindt er vooral interessante glas-in-loodramen (in de verschillende kapellen) en andere juweeltjes uit de 16de eeuw.

🦆🦆 **Musée Alfred-Canel (plattegrond B1):** *Rue de la République 64.* 📞 02 32 56 84 81.

🎫 *Van mei tot september geopend op maandag, woensdag en donderdag van 14.00 tot 17.30 u; op vrijdag en in het weekend van 10.00 tot 13.00 u en van 15.00 tot 17.30 u. Van oktober tot april geopend van vrijdag tot zondag van 10.00 tot 13.00 u en van 15.00 tot 17.00 u. Toegangsprijs: € 3,20 (kan wijzigen). Kortingen. Gratis voor wie jonger is dan achttien. Op de eerste zondag van elke maand gratis voor iedereen. Het museum stelt diverse culturele activiteiten voor.* Een klein, maar leuk museum in het voormalige huis van Alfred Canel. Hier lijkt de tijd stil te staan. Door de natuurlijke lichtinval worden de verschillende ruimtes op elk ogenblik van de dag in een ander schijnsel gehuld. In de hoeken is het halfduister. Deze museumkundige ruimte is een eerbetoon aan Alfred Canel, 19de-eeuwse humanist en republikein, vermaarde letterkundige, wijd en zijd bekende archeoloog en vurige verdediger van het niet-geestelijk onderwijs. Hij werd geboren in 1803 en begon zijn professionele loopbaan in de advocatuur. Jammer genoeg voor hem was zijn gedachtegoed veel te liberaal naar de mening van bepaalde tegenstanders. Bovendien heeft hij zich op politiek vlak gekant tegen Napoleon III, wat hem zuur opbrak. Hij werd hierdoor veroordeeld tot huisarrest. Dit gaf hem echter de kans om zich volledig te wijden aan zijn enige passie: het verzamelen van boeken. Bij zijn overlijden liet hij de totaliteit van zijn boeken na aan de gemeente. Dit waren circa 25.000 werken (niet allemaal uitgestald) over Normandië, sociologie, kunst, geschiedenis, dekolonisatie ... Je kunt deze bewonderen op de benedenverdieping van het museum. Sommige boeken zijn werkelijk heel zeldzaam. Op de eerste verdieping is er een kleine zaal met schilderijen en archeologische voorwerpen, een herbarium, industriële werktuigen ... Let ook op het prachtige buffet uit de 16de eeuw en op het bureau van Alfred met authentieke stembiljetten. Op de tweede en derde verdieping van het museum verandert het decor op nogal aangrijpende wijze: tijdelijke geschiedkundige tentoonstellingen en exposties van hedendaagse kunstenaars.

- **Wandeling in het stadscentrum:** ondanks de bombardementen tijdens de Tweede Wereldoorlog bleef het centrum vrij goed bewaard. Je kunt dus op zoek naar fraai ogende vakwerkhuizen. De bewegwijzerde route (met bordjes met uitleg) duurt anderhalf tot twee uur en is heel boeiend. Gratis folder bij de Dienst voor Toerisme. De route vertrekt trouwens vlak voor de Dienst voor Toerisme.

RONDRIT IN HET FORÊT DE BROTONNE

Belangrijk om te weten is dat Aizier en Vieux-Port op een bewegwijzerde route liggen, meer bepaald de 'Route des Chaumières' (route van de rieten daken).

VIEUX-PORT   27680

1,5 km van Aizier. Schattig dorpje met overal rieten daken. Ongetwijfeld het mooiste plekje langs de Route des Chaumières. Beslist een bezoek waard!

BOURNEVILLE   **27500**

SLAPEN EN ETEN

DOORSNEEPRIJS

🛏CHAMBRES D'HÔTE LA GRANGE: *bij mijnheer en mevrouw Brown, Chemin du Manoir/Route d'Aizier, La Grange, 27500 Bourneville.*

☎ *02 32 57 11 43. Aan de rand van het dorp aan je linkerkant. Gesloten van november tot maart. Tweepersoonskamers voor € 50.* In een mooi bakstenen huis uit het begin van de 19de eeuw heeft een gepensioneerd koppel twee kokette en knusse kamers ingericht. Dit is een plaats waar je graag verblijft.

🍴RESTAURANT RISLE-SEINE: *Place de la Mairie 5.* ☎ *02 32 42 30 22.*

● *risle.seine@free.fr. Gesloten op dinsdagavond en op woensdag. Jaarlijks verlof: een week bij Allerheiligen en een week in de winter. In het weekend best reserveren. Expresmenu voor € 11,80 ('s middags op weekdagen). Andere menu's voor € 17,50 tot 29,50.* We waren die dag toevallig in de buurt en onze magen knorden er lustig op los. We wisten echt niet waarnaartoe om iets lekkers achter de kiezen te slaan. Toen werd onze aandacht getrokken door een fraaie gele gevel en we zijn binnengegaan. We hadden niet beter kunnen vallen! Op de kaart stond 'cuisine de tradition aux accents du terroir normand': een traditionele keuken op basis van Normandische streekproducten. En we bevestigen dit! Discrete en attente bediening. Een goede prijs-kwaliteitverhouding.

LA HAYE-DE-ROUTOT   **27350**

In dit dorp ontstond de *Confrérie des amis de l'ortie* (de broederschap van de brandnetelvrienden ● web.mac.com/lahayederoutot). De grote keukenchefs hebben recepten uitgewerkt op basis van deze prikkende plant met heilzame werking. Moet je proeven! Je kunt ook het boek *Les Secrets de l'ortie* van Bernard Bertrand raadplegen (beschikbaar in het Musée du Sabot). Aardige wandeling in het dorp.

WAT IS ER TE ZIEN?

🍴 **Four à pain:** *bakhuis.* ☎ *02 32 57 07 99 (in het seizoen) of 02 32 57 35 74.*

♿ *Van half juli tot eind augustus dagelijks geopend van 14.00 tot 18.00 u; van maart tot half juli en van september tot november geopend op zondag van 14.00 tot 18.00 u. Toegangsprijs: € 1,80; € 3,50 voor een kaartje waarin een bezoek aan het Musée du Sabot (zie hierna) inbegrepen is en € 6 als je ook nog het Maison du lin et du moulin à vent (zie hierna) wilt bezoeken. Kortingen.* Deze oven van 1845 werd opnieuw in werking gesteld om brood te bakken volgens de traditionele regels van de kunst. Je kunt je inschrijven voor een stage van een dag (in kleine groepjes) en dan leer je alle knepen van het vak: kneden, bakken en proeven wat je klaargemaakt hebt. De aardige en heel bekwame ovenmeester staat je bij met raad en daad. Warme sfeer, in alle betekenissen van het woord ... Elke zondagmiddag (in de periode dat het bakhuis open is) demonstratie broodbakken.

🍴 **Musée du Sabot:** *klompenmuseum.* ☎ *02 32 57 59 67 of 35 74.*

Tegenover het bakhuis, ook dezelfde openingstijden. Toegangsprijs: € 2. Je kunt ook een kaartje kopen waarin een bezoek aan de Four à pain begrepen is (€ 3,50; zie boven) en ook een bezoek aan het Maison du lin et du moulin à vent (€ 6; zie hierboven). Voor de kinderen: € 1,80. Ondergebracht in een traditionele 17de-eeuwse woning uit de Roumois met een rieten dak. Een pittoreske verzameling klompen en reconstructie van het atelier van een klompenmaker. Jammer dat je niet zelf klompen kunt maken! Je kunt er zelfs niet zien hoe ze gemaakt werden, want het beroep is hier volledig uitgestorven.

✖ Op het kerkhof groeien twee **taxusbomen** van zowat 1500 jaar oud en met een omtrek van vijftien meter! Ze geven onderdak aan een kapel en een bidbankje. Om jezelf te doordringen van de kracht van de bomen moet je je handpalmen op de stam leggen ... aldus de traditie. Je kunt het altijd proberen!

WAT VALT ER TE BELEVEN?

- **Orties Folies & Z'Orties:** *een weekend eind maart. Je betaalt voor elk van deze festiviteiten zowat € 4 (tijdens dit weekend is in deze prijs de toegang tot de twee musea begrepen); gratis voor kinderen.* Het festival van de brandnetel, Orties Folies, vindt plaats in de oneven jaren: proeverijen, verkoop, rondleidingen door een plantkundige ... In de even jaren is het tijd voor Z'Orties: het festival van de brandnetel en de wilde planten.
- **Grand feu de Saint-Clair:** *op 16 juli.* Als je op die dag in de buurt bent, mag je deze ceremonie voor geen goud ter wereld missen. Het vreugdevuur wordt aangestoken voor de onthoofde Normandische martelaar Saint-Clair.

Een vreugdevuur, of toch niet?

Op dit feest wordt omstreeks 23.00 u een houten piramide in brand gestoken. Volgens de overlevering wordt het een moeilijk jaar als het kruis op de top van de meer dan 15 m hoge brandstapel opbrandt. Blijft het kruis daarentegen ongedeerd, dan volgt er een vredevol jaar. In beide gevallen mag je een stukje verkoold hout meenemen om thuis op de schoorsteen te leggen. Dit zal je beschermen tegen bliksleminslag.

HAUVILLE   27350

✖ ✖ 👤 Anderhalve kilometer van het dorp staat een **gerestaureerde windmolen en een molenaarshuis**, beide uit de 13de eeuw. ☎ 02 32 56 57 32. *In juli en augustus dagelijks geopend van 14.30 tot 18.30 u; in mei en juni en tijdens de eerste twee weken van september enkel geopend op zondag (dezelfde openingstijden). Toegangsprijs: € 2,50 en € 1,50 voor kinderen. Een combikaartje voor een bezoek aan het Musée du Sabot en aan de Four à pain (zie hierboven) plus aan het Maison du lin (zie hieronder) kost € 6.* Dit gebouw was ooit eigendom van de abdij van Jumièges, die je kunt bereiken met de veerboot van Port-Jumièges. Dit is ongetwijfeld de oudste nog draaiende molen van Frankrijk. Als er genoeg wind staat, wordt er voor de bezoekers meel gemalen. Naast de molen zijn oude graangewassen aangeplant. In het molenaarshuis zie je een presentatie van wind- en watermolens in Normandië.

HEURTEAUVILLE   76940

We maken nu een kleine omweg via de Seine-Maritime, ten westen van Jumièges. De moerassen die dit plaatsje in de 19de eeuw omringden, zorgden voor een handel in ... bloedzuigers! Wandel door dit mooie, langs de Seine uitgestrekte dorp en stop even bij de volledig gerestaureerde *grange dîmière* (achter het gemeentehuis als je naar het noorden gaat). Deze tiendschuur uit de 13de eeuw is van steen en heeft een rieten dak. Vroeger maakte zij deel uit van de abdij. Nu verkoopt een landbouwer er (in het seizoen) sterkedrank op basis van kersen, pruimen, kleine rode vruchten en appels (onder meer de Bénédictine die voor het eerst door een monnik van de abdij van Jumièges gebrouwen zou zijn). Er is ook brandewijn van Normandische cider (niet te verwarren met calvados). In Heurteauville ligt altijd een veerboot klaar om de Seine over te steken.

ROUTOT

🍴 🍴 **La Maison du lin:** *op de benedenverdieping van het gemeentehuis.* ☎ 02 32 56 21 76.

♿ *In juli en augustus dagelijks geopend van 14.00 tot 18.30 u; in april, mei, juni en september dagelijks (behalve op dinsdag) geopend van 14.00 tot 18.00 u; in de eerste helft van oktober geopend op zondag van 14.00 tot 18.00 u. Toegangsprijs: € 2,30. Kortingen. Een combikaartje voor het Maison du lin, het Musée du Sabot, de Four à pain en de Moulin à vent (zie hierboven) kost € 6.* De Haute-Normandie is nog altijd de belangrijkste vlasproducent in Europa. Vlas is een vezel die de Egyptenaren ons hebben leren kennen. Diverse tentoonstellingszalen en een audiovisuele voorstelling over de geschiedenis, de cultuur en alle ambachtelijke en industriële toepassingen van de vlasvezel. Let in het bijzonder op het bandspanraam dat door Leonardo da Vinci werd uitgevonden. Aardig klein winkeltje waar de liefhebbers van tafelkleedjes en ander linnengoed van vlas hun hart kunnen ophalen. Er zijn ook tijdelijke tentoonstellingen.

- **Festival du Lin:** *vlasfestival op de tweede zondag van juni.* Modeshows, verkoop van stoffen per meter en handwerk, workshops, wandelingen met een plantenkundige ...
- **Markt:** *op woensdagochtend.*

LE MARAIS VERNIER

Een van de meest pittoreske streken van de Haute-Normandie. Dit toch wel bijzondere landschap strekt zich uit van de Pont de Tancarville in het zuiden tot Pont-Audemer in het noorden. Vele eeuwen geleden vertrouwde Hendrik IV de drooglegging van deze moerassen in de laatste Seinebocht toe aan de Hollanders. Die bouwden er een dijk die het traject van de D103 volgt. Deze weg vormt de grens van een perfect groen amfitheater omgeven door heuvels. Deze kom van zowat 4500 ha dankt haar naam aan de 'verne', een Franse benaming voor de elzenboom die uitstekend gedijt in vochtige gronden. Je ontdekt hier een heel ander Normandië. Een gebied buiten de platgetreden paden, dat niet heel bekend is en een bijna 'marginaal' leven leidt. De charmes van het plattelandsleven zijn hier nagenoeg ongerept gebleven. Waarschijnlijk vind je hier de mooiste boerderijen en landhuizen van de hele streek. Sommige zien er al eeuwenlang net eender uit. Hun uitzicht en de gebruikte materialen zijn uitingen van een bouwstijl zonder tierelantijntjes, heel concreet en heel praktisch. Toch zijn er geen twee panden die op elkaar lijken. Neem je tijd om alles goed te bekijken, te voet of met de fiets. De originaliteit van de boerderijen in het Marais Vernier ligt in duizend details: het hout dat langs de woonvertrekken of onder het dak ligt opgestapeld of de binnenplaatsen waar dieren, oldtimers en kapotte konijnenhokken een heel poëtische wanorde scheppen. Op het dak van de huizen groeien bosjes irissen als bescherming tegen vocht. Ze klampen zich met hun knoestige wortels vast aan de nokbalken.

Tot slot weilanden die keurig worden afgebakend door rijen afgeknotte wilgen en prachtige boomgaarden die de ene bloemrijke hoeve met de andere verbinden. Het ideale jaargetijde om het Marais Vernier te bezoeken is ongetwijfeld de lente (april, mei en juni). Dan bloeien de irissen. In april staan ook de appel- en andere fruitbomen in bloei. Een aanrader: fietsen langs de Route des Chaumières (route van de rieten daken). Gewoon prachtig!

HOE KOM JE ER?
Met de auto
- **Vanuit Honfleur:** neem de D180. Ongeveer 1 km voor Saint-Maclou links afslaan naar de Pont de Tancarville. Het Marais Vernier begint in Saint-Samson-de-la-Roque (21 km van Honfleur).
- **Vanuit Parijs:** neem de A13, afrit Pont de Tancarville en Le Havre. Het Marais Vernier begint in Sainte-Opportune-la-Mare.

SLAPEN EN ETEN

CAMPING

▲ AIRE NATURELLE DE CAMPING LES MARRONNIERS: *Chemin de la Buquetterie, 27680 Sainte-Opportune-la-Mare.*
☎ 02 32 56 69 51. • *campingmarronniers@free.fr* • *campinglesmarronniers.com. Er staan pijlen vanaf de kerk van Sainte-Opportune-la-Mare (2 km van het dorp). Ligt in ieder geval vlak bij Saint-Thurien. Het hele jaar geopend. De forfaitaire prijs voor twee personen met tent en auto bedraagt € 21,50 in het hoog-seizoen. Verhuring van mobilhomes en chalets (2 tot 6 personen) vanaf € 425 per week.* Een veertigtal staanplaatsen midden in de natuur, vlak bij de bossen van het park. Afgelegen en rus-tig, maar niet echt schaduwrijk. Je kunt niet eten ter plaatse en er is ook geen winkeltje. Verwarmd zwembad, pingpong, petanque, fietsenverhuur. In de buurt ook tal van acti-viteiten.

GOEDKOOP TOT DOORSNEEPRIJS

▣ ✗ CHAMBRES D'HÔTE LA VALLÉE: *bij mijnheer en mevrouw Étienne Blondel, Quai de la Forge 1731, 27680 Sainte-Opportune-la-Mare.*
☎ 02 32 42 12 52 of 06 70 98 59 03 (gsm). • *ejblondel@free.fr. 2,5 km van Sainte-Opportune-la-Mare. Neem de weg naar beneden, bijna recht tegenover de kerk. Sla vervolgens links af en volg de pijlen. Twee-persoonskamers voor € 45. Je telt € 42 neer vanaf twee overnachtingen. Table d'hôte (met producten van de boerderij) voor € 23. Hiervoor moet je wel reserveren.* Drie aardige mansardekamers (waarvan een geschikt is voor drie personen) in een huis met een rieten dak dat de eigenaars balk voor balk hebben heropgebouwd. Vrij klassieke inrichting, maar comfortabel. Vriendelijke ontvangst. De gasten kunnen gebruik maken van de koelkast en de magnetronoven. In deze 'gîte panda' (label voor vakantiehuizen in een natuurgebied) krijg je een tasje met een verrekijker in bruikleen. Fraai gazon met ligstoelen die je uitnodigen tot luieren. Prachtig uitzicht op het vogelreservaat Grande Mare.

▣ ✗ AUBERGE DE L'ÉTAMPAGE: *in het dorp Marais-Vernier (27680), recht tegenover de kerk.*
☎ 02 32 57 61 51. • *etampage.blaize@wanadoo.fr. Gesloten op woensdag en op zondagavond. Jaarlijks verlof: van 23 december tot 1 februari. Tweepersoonskamers voor € 39. Lunchmenu op weekdagen voor € 17,90; andere menu's voor € 28,40 tot 28,90.* Drie zeer eenvoudige kamers (wel met douche, wc en tv) waarvan een uitkomt op het Marais Vernier. Gezellig ingerichte eetzaal met een terras dat uitsteekt over het moeras. Fietsenverhuur.

▣ CHAMBRES D'HÔTE LE VIVIER: *la Vallée, 27680 Saint-Ouen-des-Champs.*
☎ 02 32 42 17 25. *8 km ten noorden van Pont-Audemer. Neem de D810 en sla links af op het kruispunt 'les trois cornets' (5,5 km van Pont-Audemer). Je rijdt nu op de D90 in de richting van Bouquelon. Sla vervolgens de eerste straat rechts in. In de vallei van het Marais Vernier sla je links af (in de richting van Le Marais-Ver-nier – Pont de Tancarville). Het huis bevindt zich 150 m verderop aan je linkerkant (aan een visvijver). Twee-persoonskamers voor € 36.* Drie kamers met antieke meubelen op de eerste verdieping van een aardig huis in vakwerkstijl. Eenvoudig, maar ook heel goedkoop! Een rustig adresje midden in het moeras.

WAT IS ER TE ZIEN EN TE DOEN?

✿ Het panoramisch uitzicht vanaf het Point de vue de Bouquelon zal je beslist bekoren. *Dit uitzichtpunt bevindt zich in feite net voor het dorp Le Marais-Vernier, op de D103, 2 km van het centrum van Bouquelon, aan je rechterkant als je van Pont-Audemer komt.* Je vindt er een oriëntatietafel en bordjes met uitleg over het menselijke en natuurlijke erfgoed van het moeras.

✿ ✿ Phare de la Roque: *deze vuurtoren ligt helemaal in het westen, ongeveer 1,5 km van het dorpje Saint-Samson-de-la-Roque (goed aangeduid).* De 50 m hoge klif domineert de Seinevallei en haar brug-gen. Oriëntatietafel en in de verte de Pont de Normandie.

❧ **Maison de la pomme:** *in Sainte-Opportune-la-Mare.* ☎ 02 32 20 27 11.
In juli en augustus dagelijks geopend van 13.30 tot 18.30 u; in april, mei, juni en september op zaterdag, zon-
en feestdagen en tijdens de schoolvakanties geopend van 14.00 tot 18.30 u; in maart en oktober op zondag van
14.00 tot 18.00 u; de rest van het jaar enkel op de eerste zondag van elke maand van 10.00 tot 18.00 u. Toegangs-
prijs (met proeverij): € 2. Kortingen. Van oktober tot april: appelmarkt op de eerste zondag van de maand. Klein
museum dat in de voormalige pastorie van het dorp onderdak heeft gevonden en volledig
gewijd is aan de appel en vanzelfsprekend in het bijzonder aan de productie van cider en calvados. Prachtige distilleerkolf (alambiek) uit de 19de eeuw. Ook een boomgaard met meer
dan vijftig regionale appelvariëteiten (jammer genoeg niet toegankelijk voor het publiek).
Winkeltje met streekproducten.

🔟 **Wandeling in het natuurreservaat van Mannevilles:** *een bezoek aan het natuurreservaat van*
Mannevilles is alleen mogelijk met een gids en dan nog wel enkel in juli en augustus en op zondag. Je moet re-
serveren in het Maison du Parc, 76940 Notre-Dame-de-Bliquetuit ☎ 02 35 37 23 16. *Deelnameprijs: ongeveer*
€ 3; gratis voor kinderen jonger dan zestien jaar. Wandeling van 4 km in volle natuur. Reken op ongeveer 3 ½ uur.
Geschikt voor kinderen vanaf tien jaar. Voorzie laarzen bij vochtig weer. Je krijgt heel interessante uitleg
over de vorming en oorsprong van het moeras, je ontdekt de flora en de fauna en je schaaft
je algemene kennis bij in verband met de ecologische belangen van het behoud en de bescherming van natuurlijke ecosystemen. Misschien heb je geluk en zie je naast de Schotse
highlandkoeien ook witte camarguepaarden. Ze zijn licht en sterk en kunnen perfect tegen
alle weersomstandigheden. Bovendien zakken ze niet weg in de vochtige grond, wat wel
het geval zou zijn bij trekpaarden (bijvoorbeeld percheron trekpaarden). Deze veestapel
van zowat tachtig dieren die hier meer dan dertig jaar geleden uitgezet werd, zorgt voor voldoende afgrazing van het moeras en staat borg voor het behoud van het natuurlijke milieu.

❧ **La Côte:** het is best een goed idee om ten zuiden van het Marais Vernier de weg even te
verlaten ter hoogte van La Côte en het voetpad te volgen door het woongebied van de
'Courtils' (het habitat van de veenmollen). Slenter langs de waterloopjes en geniet van de
bloemenpracht in het seizoen.

❧ **Quillebeuf:** wat een contrast tussen dit kleine vissershaventje (een gewezen viking-
dorp) en de petroleuminstallaties en de chemische nijverheid van Port-Jérôme aan de overkant van de rivier. De hoofdstraat heeft nog altijd een zeker cachet met de vele historische
huizen (waaronder het beroemde Maison Henri IV). Er loopt een wandelweg langs het historisch patrimonium van dit plaatsje. Aan sommige panden hangen borden met wat historische uitleg. Breng zeker ook een bezoek aan de mooie Église Notre-Dame-du-Bon-Port.
Deze heeft een interessant romaans portaal, een schitterende klokkentoren en een fraai
hoektorentje. Aan de binnenkant van de kerk zijn de muren versierd met tekeningen en er
staan ook maquettes die een overzicht geven van de geschiedenis van de scheepvaart op de
Seine in de 18de en de 19de eeuw. Aan de andere kant van de kerk, bij het binnenkomen van
het dorp, zie je een traditionele veerboot liggen die nog steeds voertuigen over de Seine zet,
ook al werd ondertussen de brug van Tancarville gebouwd.

> **Een koninklijk voorrecht**
> Om de inwoners van Quillebeuf te bedanken voor hun hulp aan Frankrijk tijdens de
> Honderdjarige Oorlog gaf de koning hun het privilege van de loodsdiensten op de
> Seine. Als je loods wou worden, moest je dus in Quillebeuf geboren en met water van de
> Seine gedoopt zijn. Er werd toen gezegd: 'Op honderd loodsen worden er negenenne-
> gentig in dit dorp geboren. De honderdste, dat is God!'.

- Je kunt ook op je eentje gaan wandelen in het Marais Vernier. Reken op anderhalf uur heen en weer, zonder pauzes. Volg de bordjes van de 'Route des Chaumières' (route van de rieten daken). *Inlichtingen te bekomen bij het Maison du Parc, 76940 Notre-Dame-de-Bliquetuit.* ☎ 02 35 37 23 16. *Je kunt ter plaatse routebeschrijvingen krijgen van wandeltochten in het park. Je kunt hier ook de IGN-kaart 1/25.000, nummer 1811 OT kopen. Maar let wel, zonder gids mag je niet in het natuurreservaat Mannevilles. In juli en augustus rondleidingen op zondagmiddag (zowat € 3).*

CALVADOS

Een naam die heel wat beelden oproept... Om te beginnen appelen, symbool van het departement. Zonder appelen geen calvados, geen cider en geen pommeau! En onder de appelbomen grazen koeien met bruine en witte vlekken, onafscheidelijk verbonden met het diepe groen van de Normandische weiden. Wie koe zegt, zegt ook room (een product waar je hier niet omheen kunt) en kaas: pont-l'évêque, livarot, camembert... Overal, langs de *douets* (waterloopjes) en in de valleien, langs bossen of in de vruchtbare vlaktes zie je vakwerkhuizen, versterkte hoeven, lachende kapelletjes en dorpen uit een andere eeuw... En dan is er natuurlijk ook de kustlijn, de Côte Fleurie of de Côte de Nacre, met haar ongelofelijk uitgestrekte stranden, haar badplaatsen, haar romantische vissershavens en haar krijtkliffen. Een ongebruikelijke toeristische trekpleister, uniek op de wereld in feite, zorgt ervoor dat dit departement een van de meest bezochte is van heel Frankrijk: het circuit van de landing in Normandië.

IDENTITEITSKAART VAN CALVADOS

- **Oppervlakte:** 5548 km²
- **Prefectuur:** Caen
- **Onderprefecturen:** Bayeux, Lisieux, Vire
- **Bevolking:** 661.000 inwoners
- Het grootste aantal **historische monumenten** van heel Frankrijk: meer dan 900!
- Een **kustlijn** van 120 km.
- Er groeien zowat een miljoen **appelbomen** in de Calvados, dat is anderhalve boom per inwoner.
- Eén **paardenfokkerij** om de 4 km² en acht renbanen.
- Eén **camembert** op vijf wordt gefabriceerd in de Calvados.

NUTTIGE ADRESSEN

🛈 **Comité départemental du tourisme (CDT) - Calvados Tourisme (buiten plattegrond van Caen via Λ1, 2):** *Rue Renoir 8, 14054 Caen Cedex 4.* ☎ *0231279030.* ● *calvados-tourisme. com. Volg de Avenue de Creully helemaal tot het einde, tot aan de Boulevard Richemont. Steek deze over en neem de eerste straat rechts. Het hele jaar geopend van maandag tot vrijdag.* Alles over logementen, vrije tijd, bezienswaardigheden, festiviteiten, wandelingen en toeristische routes. Je vindt er een kleine catalogus met alle 'Escapades nature' (natuuruitstappen) die plaatsvinden van half mei tot half oktober, een brochure met een overzicht van alle toeristische routes in de Calvados, een lijst met alle watersportactiviteiten en wandelingen en ook een gids voor korte verblijven. Ga beslist eens kijken op de website of raadpleeg de brochures voor ideeën en speciale aanbiedingen voor korte verblijven.

- **Gîtes de France (vakantiehuisjes):** *Promenade Madame-de-Sévigné 6, 14050 Caen Cedex 4.* ● *0231827165.* ● *gites-de-france-calvados.fr.* Informatie en reserveringen.

🚌 **Interlokaal vervoer:** de groene bussen verbinden alle steden van het departement, met aansluiting op de treinen en in de stadscentra. In Caen stopt de bus aan het station, aan de renbaan en aan de Place Courtonne. Speciaal tarief (*Pop*) voor wie jonger is dan 26 jaar en verscheidene forfaits. Met de *Liberté*-kaart kun je gedurende 1, 3 of 7 opeenvolgende dagen

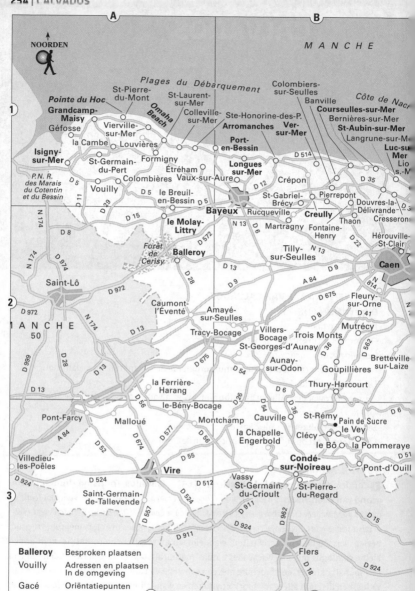

NOORDEN

MANCHE

Plages du Débarquement

St-Pierre-du-Mont
Pointe du Hoc
Grandcamp-Maisy
Géfosse
Vierville-sur-Mer
la Cambe
Louvières
Isigny-sur-Mer
St-Germain-du-Pert
Colombières
Vouilly
Omaha Beach
St-Laurent-sur-Mer
Colleville-sur-Mer
Ste-Honorine-des-P.
Arromanches
Formigny
Étréham
Vaux-sur-Aure
le Breuil-en-Bessin

Colombiers-sur-Seulles
Banville
Côte de Nacr
Courseulles-sur-Mer
Bernières-sur-Mer
St-Aubin-sur-Mer
Langrune-sur-M
Ver-sur-Mer
Port-en-Bessin
Longues-sur-Mer
Crépon
St-Gabriel-Brécy
Pierrepont
Creully
Rucqueville
Thaon
Fontaine-Henry

Luc-su Mer
Lio s.-M
Douvres-la-Délivrande
Cresseron

P.N.R. des Marais du Cotentin et du Bessin

le Molay-Littry
Bayeux
Martragny

Balleroy
Forêt de Cerisy

Saint-Lô

Caumont-l'Éventé
Amayé-sur-Seulles
Tracy-Bocage

Tilly-sur-Seulles

Villers-Bocage
St-Georges-d'Aunay
Trois Monts
Aunay-sur-Odon

la Ferrière-Harang
le-Bény-Bocage

Pont-Farcy
Malloué
Montchamp
la Chapelle-Engerbold

Villedieu-les-Poêles

Vire

Saint-Germain-de-Tallevende

Vassy
St-Germain-du-Crioult

MANCHE 50

Caen

Hérouville-St-Clair

Fleury-sur-Orne
Mutrécy
Goupillières
Bretteville-sur-Laize
Thury-Harcourt

Cauville
St-Rémy
Pain de Sucre
le Vey
Clécy
le Bô
la Pommeraye
Condé-sur-Noireau
Pont-d'Ouill
St-Pierre-du-Regard

Flers

Balleroy	Besproken plaatsen
Vouilly	Adressen en plaatsen In de omgeving
Gacé	Oriëntatiepunten

CALVADOS

vrij gebruik maken van alle groene bussen. *Inlichtingen voor reizigers:* ☎ *0810 214 214 (tarief van een lokaal gesprek).* ● *busverts.fr.*

- **Normandie Pass:** ● *normandiememoire.com. Prijs: € 1.* Je kunt deze kaart kopen in alle deelnemende musea. Ze geeft recht op kortingen in 26 musea van de 'Espace historique de la bataille de Normandie' (musea over de Sla g om Normandië).

CAEN

14000 | 117.200 INWONERS

'Rejoignez notre Caen!' luidt een gemeentelijke slogan. Kom naar Caen … en inderdaad om deze stad kun je niet heen. De hoofdplaats van Basse-Normandie, prefectuur van de Calvados, met haar rijke geschiedenis, is in feite een must voor al wie deze streek bezoekt. De stad speelde een martelaarsrol in de bloederige slag om Normandië, maar toch staan hier en daar nog getuigen overeind uit een roemrijk verleden, zelfs uit de tijd van Willem de Veroveraar. En ten slotte raak je gewend aan deze naoorlogse architectuur die in allerijl werd opgebouwd. Als je de tijd neemt om door de overgebleven middeleeuwse straatjes te slenteren, of voor een wandeling langs de kaden van de mooie haven (pal in het stadscentrum), zul je het met ons eens zijn dat dit een heel aangename en zelfs charmante stad is.

De nabijheid van de stranden en van de wallen lijkt het humeur van de stedelingen gunstig te beïnvloeden. Het leven is er rustig, de inwoners zijn vriendelijk en de gerechten … romig. Bovendien (en dat ligt ons wel) is de jeugd hier goed vertegenwoordigd dankzij de grote universiteit met zowat 25.000 studenten. Ondanks de gezellige sfeer die hier heerst, vergeet de stad haar verleden niet. Het ongelofelijke Mémorial van Caen herinnert ons eraan dat we de oorlog het best kunnen vermijden door de vrede te versterken …

EEN BEETJE GESCHIEDENIS

De Calvados werd in de oudheid *Cadomus* genoemd, een naam die is afgeleid van een woord dat 'slagveld' betekent. Caen was blijkbaar voorbestemd om het decor te zijn van geweldddadige conflicten. In de loop der geschiedenis zijn hier inderdaad nogal wat mensen gesneuveld … De stad bloeit op in de 11de eeuw onder impuls van Willem de Bastaard, die later het meer vleiende pseudoniem Willem de Veroveraar zou aannemen. Als hertog van Normandië vestigt hij zijn residentie in Caen, en omdat hij zo langzamerhand genoeg krijgt van kamperen, geeft hij de opdracht voor hem een kasteel te bouwen. Hij trouwt met Mathilde, een verre nicht van hem en stelt zich daarmee bloot aan de pauselijke ban. Om hun zondige schuld af te kopen, stichten de incestueuze tortelduifjes respectievelijk de Abbaye aux Hommes (mannenabdij) en de Abbaye aux Dames (vrouwenabdij). De paus laat hen daarna met rust. Zo zie je maar weer: ook toen moesten taboes zwichten voor nederige offergaven. Caen is in de 14de eeuw een rijke stad en die welvaart wakkert de bezitsdrang van de Engelsen aan. De troepen van koning Edward III veroveren en plunderen de stad in 1346, en die van Hendrik V herhalen dat spelletje nog eens in 1417. Caen komt pas in 1450 terug in Franse handen. Frans en … republikeins! De Franse Revolutie vindt in Caen een stad die op voorhand is gewonnen voor de 'goede zaak'. In 1793 is de stad het toevluchtsoord van de girondijnen die de Conventie aanvechten (afschaffing van het koningschap). Caen is ook het vertrekpunt van de escapade van Charlotte Corday, die eindigt in een bloedbad (dat van Marat).

De slag om Caen

De dag na de landing van de geallieerden in Normandië staat Caen in vuur en vlam. Er ontstaan hevige gevechten tussen geallieerden en Duitse bezetters. De geallieerden willen zich tot elke prijs meester maken van dit belangrijke, strategische kruispunt. De Duitsers verdedigen de stad met hand en tand, tot ze zich uiteindelijk toch terugtrekken. Ondanks de bevrijding van de stad door de Canadezen op 20 juli blijven de gevechten (en de bombardementen) ook na deze datum nog voortduren. 10.000 van de 55.000 mensen die hier voor de oorlog woonden, worden bedolven onder het puin van een verschrikkelijke veldslag.

Schuilen in de steengroeven

Na de landing en de bombardering van Caen staat het stadscentrum in lichterlaaie. De inwoners vluchten naar de Abbaye aux Hommes (de mannenabdij) die was omgevormd tot ziekenhuis, maar vooral naar de steengroeven van Fleury die een paar kilometer verderop liggen. Ze blijven er meer dan een maand, wachtend op de bevrijding van hun stad door de Canadezen op 9 juli 1944. En dan kunnen ze terug naar hun vertrouwd plekje, dat wel voor 80% vernield is.

NUTTIGE ADRESSEN

🛈 **Dienst voor Toerisme (plattegrond B2, 1):** *Place Saint-Pierre (tegenover de kerk).*

☎ *02 31 27 14 14.* ● *tourisme.caen.fr* ● *Dagelijks geopend, behalve op zondag; in juli en augustus wel open op zondag.* Veel documentatie en heel vriendelijke ontvangst. De dienst geeft een praktische, kleine stadsgids (gratis) uit met een plattegrond. Hier kun je de uitstekende theatrale rondleidingen boeken. Zie verder bij de info in het begin van de rubriek 'Wat is er te zien?'. Je kunt hier ook de *Pass Tourisme* kopen: een boekje met kortingen bij verschillende winkels, restaurants ... Hiermee kun je ook voor de helft van de prijs parkeren op het Vinci-parkeerterrein van het kasteel (€ 4 voor 24 uur).

- **Centre Information Jeunesse (plattegrond C2, 3):** *Rue Neuve-Saint-Jean.* ☎ *02 31 27 80 80.* ● *crij-bn.org. Geopend van maandag tot vrijdag.* Je kunt hier onder meer internationale studentenkaarten en jeugdherbergkaarten kopen.

✉ **Centraal postkantoor (plattegrond B2):** *Place Gambetta. Ander kantoor aan de Quai Vendeuvre, op de hoek van de Rue des Carmes (plattegrond C2).*

🚆 **Treinstation (buiten plattegrond via C3):** *ten zuiden van het stadscentrum.* ☎ *36 35 (€ 0,34 per minuut).* Dagelijks een tiental verbindingen naar Parijs. De reis duurt zowat 1 uur en 45 minuten tot 2 ½ uur.

🚌 **Busstation (buiten plattegrond via C3):** *naast het treinstation.* ☎ *0810 214 214 (tarief van een lokaal gesprek met een vast toestel).* ● *busverts.fr.* De maatschappij Bus Verts van de Calvados zorgt voor verbindingen met talrijke plaatsen in de regio, met de Côte Fleurie en de Côte Nacre en met de stranden van de ontscheping. Er is ook een rondrit 'Plages du Débarquement' (stranden van de ontscheping) van een dag (zie verder bij de informatie over dit thema).

- **Tramway:** *een enkele lijn (met twee vertakkingen: A en B) die Caen doorkruist van noord naar zuid. De tramway vertrekt in Hérouville en rijdt tot Ifs (ongeveer 15 km). In totaal 29 stopplaatsen.* ☎ *02 31 15 55 55.* ● *twisto. fr.*

✈ **Luchthaven van Caen-Carpiquet (buiten plattegrond via A2):** *Route de Caumont, 14650 Carpiquet. Ten westen van de stad.* ☎ *02 31 71 20 10.* ● *caen.aeroport.fr.* Veel verbindingen met steden in Frankrijk en de rest van Europa.

🚗 **Taxi's:** ☎ *02 31 94 15 15 of 02 31 52 17 89.*

🚲 **Fietsenverhuur:** de stad heeft onlangs 350 fietsen aangekocht die ze ter beschikking stelt in een veertigtal stations. Met de 'Formule Liberté', inschrijving via internet vereist. ● *veol.caen.fr.* Als je parkeert op een Vinci-parkeerterrein kun je ook gratis een fiets lenen. De Dienst voor Toerisme stelt ook drie 'circuits vélo' (fietstochten) voor: € 1.

ARROMANCHES 2 • COURSEULLES ↑ D 79

■ **Nuttige adressen**
1 Dienst voor Toerisme
2 Comité départemental du tourisme
- Calvados Tourisme
✉ Postkantoor
🚉 Treinstation
🚍 Busstation
@ Systenium
3 Centre Information Jeunesse

🛏 **Slapen**
10 Auberge de jeunesse
11 Hôtel Saint-Étienne
12 Central Hôtel
13 Hôtel du Havre
14 Hôtel des Cordeliers
15 Hôtel Bernières
16 Hôtel des Quatrans
17 Hôtel Bristol
18 Hôtel Moderne
19 Le Dauphin
20 Le Clos Saint-Martin

🍴 **Iets eten**
16 L'Archidona
30 La Cuillère Jaune
31 Le Marigny
32 La Buona Tavola
33 Café Bois Charbon
34 L'Assiette sans Frontière
35 La Courtine
36 À Table
37 L'Embroche
38 Pain et Beurre
39 Dolly's
40 Les Canotiers
41 Le Bouchon du Vaugueux
43 Au Double Blanc
44 La Part du Colibri

☕ **Thee drinken, even pauzeren**
60 Memoranda

🍷 **Iets drinken, naar muziek luisteren**
50 El Che Guevara
51 O'Donnell's Irish Pub
53 La Garsouille
54 L'Écume des Nuits

↙ AVRANCHES, VIRE, A 84, D 675   **A**

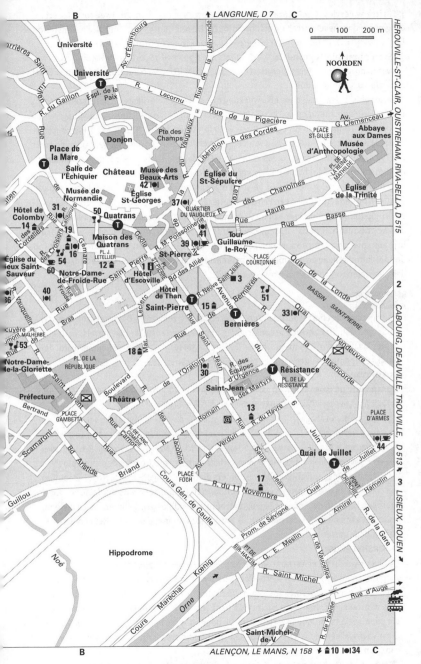

↑ LANGRUNE, D 7

HÉROUVILLE-ST-CLAIR, OUISTREHAM, RIVA-BELLA, D 515

0   100   200 m

NOORDEN

Université
Université

R. d'Edimbourg

R. L. Lecornu

Rue de la Délivrande

Rue de la Pigacière

Av. G. Clemenceau

PLACE ST-GILLES

Abbaye aux Dames

Musée d'Anthropologie

PL. DE LA REINE MATHILDE

Église de la Trinité

Donjon

Pte des Champs

Libération   R. des Cordes

Place de la Mare

Salle de l'Échiquier

Château

Musée de Normandie

Musée des Beaux-Arts

42

Église St-Georges

Église du St-Sépulcre

37

QUARTIER DU VAUGUEUX

R. des Chanoines

Rue   Haute   Rue   Basse

Hôtel de Colomby

14

31

50   Quatrans

19

Maison des Quatrans

16   54

Église du vieux Saint-Sauveur

36   40   60

Notre-Dame-de-Froide-Rue

PL. J. LETELLIER

12

Hôtel d'Escoville

St-Pierre

41

39

Tour Guillaume-le-Roy

PLACE COURTONNE

Quai de la Londe

BASSIN SAINT-PIERRE

1

Hôtel de Than

Saint-Pierre

15

3

Bernières

51

33   Quai

R. Neuve Saint Jean

Avenue   de   Bernières

de   la   Misericorde

Vendeuvre

18

Bras

PL. DE LA RÉPUBLIQUE

Boulevard

30

Saint-Jean

R. de l'Oratoire

R. des Équipes d'Urgence

R. des Martyrs

Résistance

PL. DE LA RÉSISTANCE

PLACE D'ARMES

Notre-Dame-de-la-Gloriette

53

Préfecture

Théâtre

PLACE GAMBETTA

Bertrand

R. D. Huet

Carnot

R. des

Jacobins

PL. DE L'ANC. COMÉDIE

Av. de Verdun

Romain

13

R. du Havre

@

Saint   Jean

Juin

Quai   de   Juillet

Quai de Juillet

44

PONT CHURCHILL

R. Hamelin

Scamaroni

Bd   Aristide   Briand

Cours Gén. de Gaulle

PLACE FOCH

17

R. du 11 Novembre

Prom. de Sévigné

PTE DE BIR-HAKEIM

Q. E. Meslin

R. de Vaucelles

R. de la Gare

LISIEUX, ROUEN

Guillou

Hippodrome

Noé

Cours   Maréchal   Kœnig

Orne

R. Saint Michel

Rue d'Auge

R. de Falaise

Saint-Michel-de-V

CABOURG, DEAUVILLE, TROUVILLE, D 513

🔺**Brittany Ferries:** ☎ *0825 828 828 (€ 0,15 per minuut).* • *brittany-ferries.fr.* Twee tot drie verbindingen per dag met Ouistreham en Portsmouth. De reis duurt 5 tot 6 uur. Het havenstation bevindt zich in Ouistreham, waar je hierover dan ook meer informatie kunt krijgen.

@ **Systenium (plattegrond C2):** *Rue Saint-Jean 130.* ☎ *02 31 86 78 06. Geopend van maandag tot vrijdag van 10.00 tot 19.00 u. Reken op ongeveer € 3 per uur.* Een vijftiental computers om comfortabel en in alle rust je ding te doen.

- **Markt:** er is in deze stad bijna elke weekdag markt. De belangrijkste en meest centrale zijn deze op vrijdagochtend op de Place Saint-Sauveur en in de Fossés Saint-Julien *(plattegrond A2)* en deze op zondagochtend op de Place Courtonne en in het Bassin Saint-Pierre *(plattegrond C2).* De eerste en ook oudste van de stad wordt in een mooie wijk gehouden en trekt heel wat kleine producenten uit de streek aan. De plaatselijke bevolking, gepensioneerden en studenten slaan hier hun voorraad verse producten in. Op de zondagsmarkt, die echt wel groot is, vind je eerder mensen die gewoon maar komen kijken en hun bezoek aan de markt eindigen op een terrasje van een van de cafeetjes in de omgeving. De liefhebbers van schaal- en schelpdieren kunnen hier aan de vele kraampjes met mosselen en oesters voor een redelijke prijs hun hart ophalen. Gemotoriseerde trotters, opletten geblazen: zorg ervoor dat je je auto niet op de Place Saint-Sauveur of in de Fossés Saint-Julien parkeert in de nacht van donderdag op vrijdag en ook niet op de parkeerterreinen van de haven van zaterdag op zondag ... je stalen ros wordt sowieso weggesleept!

SLAPEN

De zogenaamde charmeadresjes zijn in deze stad erg zeldzaam. De hotels zijn meestal ondergebracht in naoorlogse constructies met weinig aantrekkelijke gevels. Toch kun je hier kwaliteitsvol logement vinden. De lijst van de nog beschikbare kamers wordt dagelijks geüpdatet en ligt ter inzage bij de Dienst voor Toerisme.

GOEDKOOP

🛏️**AUBERGE DE JEUNESSE (BUITEN PLATTEGROND VIA C3, 10):** *de jeugdherberg bevindt zich in de Foyer des jeunes travailleurs Robert-Rème, Rue Eustache-Restout 68.*

☎ *02 31 52 19 96.* • *auberge.frr@orange.fr* • *fuaj.org. In de wijk Grâce-de-Dieu, 2 km ten zuidwesten van het station. Tram B richting 'Grâce-de-Dieu'. Halte 'Lycée Fresnel', 100 m van de jeugdherberg. Geopend van juni tot september. Receptie geopend van 17.00 tot 20.00 u. Jeugdherbergkaart verplicht. Reken op zowat € 12 per nacht per persoon. € 2,50 voor de huur van beddenlakens. Wifi.* De benedenverdieping van de Foyer de jeunes travailleurs doet 's zomers dienst als jeugdherberg. Nogal ver buiten het centrum, in een betonnen gebouw zonder ziel. Telefoneer even voordat je helemaal hierheen komt: in de zomer is de jeugdherberg vaak volgeboekt. Kamers met 4 bedden, voorzien van een douche en een wandkast. Slaapzalen met 6 bedden. Keuken beschikbaar voor de gasten.

DOORSNEEPRIJS

🛏️**CENTRAL HÔTEL (PLATTEGROND B2, 12):** *Place J.-Letellier 23.* ☎ *02 31 86 18 52.* • *accueil@centralhotel-caen.com* • *centralhotel-caen.com. Vlak bij het kasteel, midden in het stadscentrum. Tweepersoonskamers voor € 36 tot 49, naargelang het comfort. Wifi.* Het gebouw zelf is geenszins aantrekkelijk, maar het pleintje is heel rustig. Eenvoudige, aangename kamers die allemaal verschillend ingericht zijn. De goedkoopste hebben geen wc op de kamer, maar vaak wel een klein balkon. Voor de kleine budgetten is dit een van de beste hotels van Caen.

🛏️**HÔTEL SAINT-ÉTIENNE (PLATTEGROND A2, 11):** *Rue de l'Académie 2.* ☎ *02 31 86 35 82.* • *contact@hotel-saint-etienne.com* • *hotel-saint-etienne.com. Reserveren aangeraden. Tweepersoonskamers voor € 28 tot 32 met wastafel (gemeenschappelijke douche) en voor € 39 tot 47 met badkamer. Gezins-*

kamers voor € 62. *Wifi*. Dit vrij smalle pand dateert van voor de Franse Revolutie en ligt in een rustige straat. Het hotel heeft allure en zelfs charme: mooie trap, oude stenen en goed bewaard houtwerk. Eenvoudige kamers met basiscomfort die een vaste clientèle aantrekken. In nummer 8 heb je een mooi uitzicht op de Abbaye aux Hommes. Zeer beperkt ontbijt, zelfs voor deze prijs. Op donderdagavond is het moeilijk parkeren in deze wijk.

🏨 Hôtel du Havre (plattegrond C2, 13): *Rue du Havre 11*. 📞 02 31 86 19 80.

● resa@hotelduhavre.com ● hotelduhavre.com. *Jaarlijks verlof: twee weken rond de eindejaarsfeesten. Tweepersoonskamers voor* € 48 *tot* 58, *naargelang het comfort. Gratis parkeerterrein. Wifi*. Klein, proper hotel met een goede geluidsisolatie. Rustig dus, zelfs aan de straatkant. Klassieke inrichting. Leuke en comfortabele kamers (wc op de overloop, voor twee kamers). Hier mag je niet roken!

🏨 Hôtel des Cordeliers (plattegrond B1-2, 14): *Rue des Cordeliers 4*.

📞 02 31 86 3/ 15. *Fax* 02 31 39 56 51. *In een rustig en verkeersvrij straatje (je mag wel even parkeren om je bagage uit te laden). Tweepersoonskamers voor* € 35 *tot* 50, *naargelang het comfort*. De kamers in dit oude gebouw zijn klein, maar proper en kleurrijk ingericht. In sommige heb je een mooi uitzicht op de daken en de torens van de kerk, in andere moet je naar de wc op de overloop. Ook zeven kamers op de benedenverdieping. Deze komen uit op de achterplaats en op een klein terrasje. Heel rustig, maar hier laat de badkamer wel te wensen over.

🏨 Hôtel Bernières (plattegrond C2, 15): *Rue de Bernières 50*. 📞 02 31 86 01 26.

●hotelbernieres@wanadoo.fr ●www.hotelbernieres.com. *Tweepersoonskamers voor zowat* € 47. Een somber gebouw in een drukke straat. Gelukkig is er dubbele beglazing! Kleine, maar knusse kamers en een lekker ontbijt. Onder het dak ook twee gezinskamers. Minpunt voor de kuise trotters onder ons: in sommige kamers bestaat de scheiding tussen douche en kamer slechts uit een gordijn. Vaarwel intimiteit!

LUXUEUS

🏨 Hôtel des Quatrans (plattegrond B2, 16): *Rue Gémare 17*. 📞 02 31 86 25 57.

●contact@hotel-des-quatrans.com ●hotel-des-quatrans.com. *Tweepersoonskamers voor* € 55 *tot* 80, *afhankelijk van het seizoen. Internet en wifi*. Achter deze gevel zonder charme gaan mooie, comfortabele en goed uitgeruste kamers schuil. De warme kleuren zorgen voor rust. Attent personeel, lekker ontbijt … kortom een zeer goed adres.

🏨 Hôtel Bristol (plattegrond C3, 17): *Rue du 11-Novembre 31*. 📞 02 31 84 59 76.

●hotelbristol@wanadoo.fr ●hotel-bristol-caen.com. *Het hele jaar geopend. Tweepersoonskamers voor* € 70 *tot* 90, *naargelang het comfort*. Dit onberispelijke hotel ligt een beetje buiten het centrum. Je wordt er hartelijk en met de glimlach ontvangen. Een goed adres, ondanks de toch wel wat hoge prijzen.

HEEL LUXUEUS

🏨 Le Clos Saint-Martin (plattegrond A2, 20): *Place Saint-Martin 18bis*.

📞 02 31 50 08 71.●closaintmartin@free.fr ●leclosaintmartin.com. *Op nummer 18, je moet door het portaal. Het hotel ligt helemaal achteraan. Jaarlijks verlof: van 23 december tot 3 januari. Reken op* € 105 *tot* 135 *voor twee personen, op* € 155 *voor vier personen. Wifi*. In een groot en oud gebouw dat prachtig gerestaureerd is. Deze gastenkamers liggen in een van de mooiste wijken van de stad, midden in het centrum, maar toch rustig. Gun jezelf de luxe van één of twee nachten in een zeer ruime, stijlvol ingerichte en elegante kamer. Een verfijnde en tegelijk hartelijke sfeer. Dit karaktervol adres heeft alvast ons hart gestolen!

🏨 Hôtel Moderne (plattegrond B2, 18): *Boulevard du Maréchal-Leclerc 116*.

📞 02 31 86 04 23. ●info@hotel-caen.com ●hotel-caen.com. ♿ *In het stadscentrum. Het hele jaar geopend. Tweepersoonskamers voor* € 110 *tot* 170, *afhankelijk van het comfort en het seizoen. Uitgebreid ont-*

bijt voor € 15. Parkeerterrein (niet gratis). Internet en wifi. Zeer luxueuze, uitstekend uitgeruste en doorgaans erg ruime kamers. Chic en stijlvol!

▣ LE DAUPHIN (PLATTEGROND B2, 19): *Rue Gémare 29.* ☎ 02 31 86 22 26.

●*dauphin.caen@wanadoo.fr* ●*le-dauphin-normandie.com.* ⓖ *(één kamer) Jaarlijks verlof: eind okto-ber-begin november. Tweepersoonskamers voor € 95 tot 190, afhankelijk van het comfort. Rijkelijk ontbijt-buffet voor € 12. Gratis afgesloten parkeerterrein op de binnenplaats van het hotel.* Charmant driester-renhotel in een voormalige priorij. Sommige kamers zijn heel charmant, andere vooral comfortabel, zonder meer. De suite (kamer 11) met zithoek en antieke balken lijkt ideaal voor verliefde stelletjes (met een groot budget). De eetruimte op de benedenverdieping is elegant, maar de sfeer is iets te vormelijk. Het restaurant wordt beschouwd als een van de beste van de stad. De ontvangst is niet altijd even hartelijk.

ETEN

Je kunt in Caen lekker eten. Aan adressen geen gebrek! De meeste restaurants bevinden zich in de heel toeristische wijk Le Vaugueux. Alle genres en kwaliteiten zijn vertegenwoordigd, van het allerslechtste (de meerderheid) tot het allerbeste (enkele uitschieters).

GOEDKOOP

▣ AU DOUBLE BLANC (PLATTEGROND A2, 43): *Rue Caponière 7.* ☎ 02 31 86 29 74.

Alleen 's middags geopend en op weekdagen. Formule voor € 12 en menu voor € 14,50. Het is moeilijk om niet te vallen voor dit buurtrestaurant waar de inrichting, hoe onwaarschijnlijk ook, dienst kan doen als decor voor een oude aflevering van Maigret. Ook de prijzen zijn uit langvervlogen tijden ... echt authentiek dus! Eenvoudige, maar degelijke keuken. Alles wordt zelf klaargemaakt: varkenspastei, paté, trijp (ingewanden), ragout ... Een uitstekende halte na je bezoek aan de Abbaye aux Hommes.

▣ LA PART DU COLIBRI (PLATTEGROND C3, 44): *Quai de Juillet 51.* ☎ 02 31 34 35 59.

●*lapartducolibri@yahoo.fr. Van maandag tot vrijdag 's middags geopend; op donderdag en vrijdag ook 's avonds. Lunchformules voor € 8 en 11; 's avonds € 15 tot 20.* Een biorestaurant-tearoom dat ons heeft weten te bekoren door de kwaliteit van de keuken en door het concept: naast de vaak fantasierijke, smaakvolle en gezonde gerechten voor een zacht prijsje (ook al morren goede eters dat hun buikje blijft knorren) kun je hier op dinsdagavond ook komen luisteren naar debatten (over biolandbouw, ecologisch bouwen, immigratie, internationale solidariteit ...) of op vrijdag deelnemen aan een culinaire thema-avond. Zo wordt je een goed ecologisch burger! Bovendien werd de kleine en vrije onaangename ruimte door een feeënhand omgetoverd in een gezellig, groen-paarsgekleurd zaaltje.

▣ LE MARIGNY (PLATTEGROND B1, 31): *Rue Gémare 26.* ☎ 02 31 86 15 21.

Gesloten op zaterdag, op zon- en feestdagen en de eerste twee weken van augustus. Alleen 's middags ge-opend: formule voor € 10,50 en menu voor € 13,50. Wie had kunnen vermoeden dat deze aan de buitenkant weinig aantrekkelijke bar-tabac 's middags lekker eten voorschotelt? Kwaliteit gegarandeerd met een menukaart die dagelijks aan het marktaanbod wordt aangepast. Kleine, min of meer traditionele gerechten, vers en met zorg bereid: vlees, vis, salades ... voor elk wat wils, ook al is de keuze beperkt. De zelfgemaakte taart is eveneens een voltreffer! Bij mooi weer staan er een paar tafeltjes op het terras naast de straat.

▣ DOLLY'S (PLATTEGROND B-C2, 39): *Avenue de la Libération 16-18.* ☎ 02 31 94 03 29.

Op maandag geopend van 11.00 tot 18.00 u, op dinsdag van 10.00 tot 19.00 u en van woensdag tot zon-dag van 10.00 tot 22.30 u. Jaarlijks verlof: twee weken in februari en in juli. Lunchformule voor € 9 tot 15; 's avonds formule voor € 18 en menu voor € 23. Op dit adres kun je terecht voor het ontbijt, de brunch (zeldzaam in Caen en hiervoor ideaal gelegen, vlak bij de zondagsmarkt), de lunch, de thee en in het weekend ook voor de avondmaaltijd. Hier geen Normandische keuken, maar wel alle klassiekers van over het water, zoals heerlijke *fish & chips* die je gezellig binnen of buiten op het terras (dat hangt over een erg drukke straat) kunt oppeuzelen.

🍴 LES CANOTIERS (PLATTEGROND B2, 40): *Rue Demolombe 20.* 📞 02 31 50 35 66.

Van dinsdag tot zaterdag geopend van 12.00 tot 14.30 u. Gesloten van half juli tot half augustus. Formules voor € 10,50 tot 15. Je kunt kiezen uit soep, pannenkoeken, salades, taartjes, crumbles, nagerechtjes en verse fruitsappen. Alles wordt hier natuurlijk zelf klaargemaakt en de smaken variëren naargelang het seizoen. De kleine, leuke eetzaal met bruisende kleuren kan nauwelijks de menigte aan die zich hier elke dag verdringt om te kunnen genieten van de frisheid van de omgeving en de versheid van de producten. Als je gehaast bent of binnen geen plaats vindt, niet getreurd: je kunt hier ook heerlijke soep afhalen.

🍴 CAFÉ BOIS CHARBON (PLATTEGROND C2, 33): *Quai Vendeuvre 30.* 📞 02 31 86 36 82.

●*cbc.caen@wanadoo.fr.* ♿ *Dagelijks geopend, behalve op zondag in de periode van 15 oktober tot 30 maart. Formule voor € 12,80 ('s middags, niet op feestdagen), menu's voor € 15,80 tot 20,80. Je kunt à la carte eten voor € 21-43,50.* 'Keuken op grootmoeders wijze' (en dat zeggen niet wij, maar zij zelf!). Niet echt licht verteerbaar en ook niet echt verfijnd, maar wel goed en voedzaam. Je komt hier in de eerste plaats voor de sfeer die in deze stad vrij uniek is. Niet iedereen houdt hiervan en de liefhebbers van een intiem etentje bij kaarslicht blijven best weg, maar wie zich eens wil laten gaan in een ietwat overdreven Fransgezinde sfeer, gemoedelijk en luidruchtig, is hier aan het goede adres … ook al is de keuken wisselend van kwaliteit.

🍴 L'ASSIETTE SANS FRONTIÈRE (BUITEN PLATTEGROND VIA C3, 34): *Place de la Justice 17.*

📞 02 31 72 88 05. ♿ *Bereikbaar met tram B, stopplaats 'Liberté'; je kunt het restaurant zien vanaf de stopplaats. Met de wagen: volg de Rue de Falaise tot boven, sla links af in de Boulevard Poincaré, draai vervolgens naar rechts onmiddellijk na Darty en neem dan de derde straat aan je rechterkant; het restaurant bevindt zich achter het kinderdagverblijf. Jaarlijks verlof: twee weken in augustus en tijdens de eindejaarsfeesten. Geopend van maandag tot zaterdag van 12.00 tot 14.00 u. Menu's en à la carte voor ongeveer € 12.* Dit restaurant dat ondergebracht is in een klein, houten bijgebouw van een groter pand ligt in een 'moeilijke' wijk. In het leven geroepen door een vereniging die strijdt tegen uitsluiting probeert dit etablissement de wederopname in de maatschappij te combineren met simpele genoegens zoals lekker eten. En dit lukt aardig! Een frisse en originele keuken voor een zeer zacht prijsje (ook al moet je voor veel gerechten een supplement betalen). De inrichting twijfelt tussen functioneel en gezellig, maar de ontvangst is altijd hartelijk.

🍴 LA CUILLÈRE JAUNE (PLATTEGROND C2, 30): *Rue de l'Oratoire 17.* 📞 02 31 50 19 94.

Gesloten op zaterdagavond en op zondag. Jaarlijks verlof: drie weken in augustus. Menu's en à la carte voor € 14,50. Eenvoudig en perfect voor een lichte lunch. Aardig adres dat vooral gekend is bij de mensen die in de buurt werken. Frisse, heldere eetruimte en een leuk terras aan de achterkant.

🍴 A TABLE (PLATTEGROND B2, 36): *Rue Saint-Sauveur 43.* 📞 02 31 86 57 75.

Gesloten op zondag. Jaarlijks verlof: een week in de winter en drie weken in juli-augustus. Formule voor € 14,90 en menu voor € 20. Als je de sombere voorgevel ziet, ben je niet onmiddellijk geneigd om naar binnen te gaan, en dat is dan wel jammer want je wordt er echt wel warm onthaald! De inrichting leent zich zowel voor een zakenlunch als voor een intiem etentje. Licht verteerbare gerechten (maar wel goedgevulde borden) die durven afwijken van het klassieke repertorium en waarvan je de smaken met plezier in je opneemt. Een goede prijs-kwaliteitverhouding.

DOORSNEEPRIJS TOT LUXUEUS

⊠ CAFÉ MANCEL: *in het Musée des Beaux-Arts (zie bij de rubriek 'Wat is er te zien?'), in het kasteel (plattegrond B1, 42).* ☎ *02 31 86 63 64.* ● *cafe.mancel@wanadoo.fr. Gesloten op zondagavond, op maandag en tijdens de schoolvakantie in februari. Broodjes voor € 7,40; formule voor € 15 en menu voor € 21. Je kunt er à la carte eten voor € 24 tot 43,50. Menu 'jazz' voor € 33.* Het 'cafetaria' van het museum blijkt in werkelijkheid een vrij chic adres te zijn, waar zakenmensen, kunstliefhebbers, maar ook gewone stervelingen elkaar ontmoeten en komen genieten van een zeer goede prijs-kwaliteitverhouding. Net zoals in het museum een geslaagde omkadering met grote ramen die zorgen voor een aangename sfeer. 's Avonds wordt het met kaarslicht veel intiemer. In de zomer zit iedereen natuurlijk op het mooie terras. Zeer lekkere seizoenskeuken: modern, creatief, smaakvol en op basis van de beste producten uit Normandië en de rest van de wereld. Voor een licht tussendoortje kun je hier elke dag kiezen uit drie broodjes: op zijn Italiaans, op zijn Normandisch ... Vier tot vijf avonden per maand (van september tot december) jazzoptredens.

⊠ LE BOUCHON DU VAUGUEUX (PLATTEGROND C1-2, 41): *Rue Graindorge 12.* ☎ *02 31 44 26 26. Gesloten op zondag en op maandag, twee weken in januari en in augustus. Reserveren absoluut nodig. 's Middags formules voor € 13,50 tot 19,50, menu's voor € 18 tot 26.* Een vijftiental tafeltjes in een minuscuul klein zaaltje dat ingericht is als een bistro. De suggesties van de dag staan op een griffel, allemaal even smakelijk. Een keuken die er niet voor terugdeinst om traditionele recepten op vernieuwende wijze naar voren te brengen. En met succes! Hier komen vooral dertigers die houden van lekker eten, maar die soms ook wel wat lawaaierig zijn. Professionele en sympathieke bediening.

⊠ L'EMBROCHE (PLATTEGROND B1, 37): *Rue Porte-au-Berger 17.* ☎ *02 31 93 71 31.*
Gesloten op zaterdagmiddag, op zondag en op maandag; in het hoogseizoen alleen op zondag- en maandagmiddag. Jaarlijks verlof: de tweede helft van september en tijdens de eindejaarsfeesten. Lunchformule voor € 17,50; menu's en à la carte voor € 23. Aardige, kleine eetruimte met vensters waardoor je de werkzaamheden in de keuken in de gaten kunt houden. Charmant en doelmatig personeel. Op de griffel staan verse daggerechten vol verbeelding, maar zonder tierelantijntjes: smaak komt hier op de eerste plaats! Blini's van worst en lichte room met cider, brick van camembert met calvados. Beperkte, maar aantrekkelijke wijnkaart.

⊠ L'ARCHIDONA (PLATTEGROND B2, 16): *Rue Gémare 9.* ☎ *02 31 85 30 30.*
● *contact@archidona.fr.* ♿ *Gesloten op zondag en maandag. Op weekdagen 's middags (of voor 20.00 u): formule voor € 14 en menu voor € 18. 's Avonds: formule voor € 19 en menu's voor € 25 tot 46.* Mediterraan getinte gerechten die met veel liefde worden klaargemaakt. Subtiel en creatief. De verse kwaliteitsproducten worden prachtig gecombineerd met kruiden en specerijen. Een waar genot voor de smaakpapillen!

⊠ PAIN ET BEURRE (PLATTEGROND A2, 38): *Rue Guillaume-le-Conquérant 46.*
☎ *02 31 86 04 57. Gesloten op zaterdagmiddag, op zondagavond en op maandag. Lunchmenu voor € 19,50; menu en à la carte voor € 29,50.* De eigenaar van Le Pressoir heeft een bijhuis geopend. Maar dit is geen kopie van Le Pressoir! Pain et Beurre heeft een eigen fabrieksmerk, een eigen identiteit en heeft dus de navelstreng doorgeknipt. Wat de inrichting betreft, is deze plaats gezwicht voor de moderne tendensen: roomkleurige en chocoladebruine tinten, eenvoudig gedekte tafels, gestileerde borden, in het zwart gekleed personeel, jong en ongedwongen ... De gerechten geven blijk van inventiviteit, maar zonder hierbij al te avontuurlijk te worden. Gewoonweg goed. En de prijzen zijn ook nog aanvaardbaar. De gezellige salons op de verdiepingen van dit smalle en hoge gebouw vallen erg in de smaak.

⊠ La Courtine (plattegrond A2, 35): *Rue Caponière 16.* ☎ 02 31 79 19 16.

Gesloten op zondag en op maandag, op donderdagavond en op feestdagen. Jaarlijks verlof: drie weken in juli-augustus en tijdens de kerstvakantie. Formule voor € 19 en menu voor € 22. Je kunt hier à la carte eten voor ongeveer € 30. Reserveren aanbevolen. Een dagformule of een licht verteerbaar, hartig en smaakvol taartje met bijbehorende salade ... eenvoudig, vers en creatief. Je krijgt eerst informatie over de bereiding en pas dan wordt je bestelling genoteerd. De keuze is niet heel uitgebreid, maar varieert regelmatig naargelang het marktaanbod en het seizoen. In dit lang uitgerekte zaaltje met slechts een tiental tafels heerst een ontspannen en rustgevende sfeer; reserveren dus want hier komen heel wat vaste klanten.

IETS ETEN IN DE OMGEVING

⊠ L'Espérance : *Rue Abbé Alix 512, 14200 Hérouville-Saint-Clair.* ☎ 02 31 44 97 10.

● *delesperance@orange.fr. Verlaat Caen via de Rue Basse en rijd zowat 500 m langs het kanaal na 'Petit Lourdes'. Of neem op de ringweg afrit 'Porte d'Angleterre' in de richting van Ouistreham en vervolgens de derde afrit 'Colombelles'. Ga dan onderaan naar rechts, voor de draaibrug, richting 'Petit Lourdes'. Gesloten op zondagavond en op maandag. 's Middags: formule voor € 15 en menu voor € 20. Ander menu voor € 34. Je kunt à la carte eten voor € 50. Reserveren aanbevolen.* De ideale plaats voor een lunch, langs het kanaal en het jaagpad, op een paar honderd meter van het stadscentrum. Hier vind je zakenmensen die houden van lekker eten en vaste klanten die de chef gekend hebben in Deauville. Maar goed nieuws verspreidt zich snel en dus zakken steeds meer liefhebbers van een degelijk stuk vlees af naar dit adres, zelfs deze met een beperkt budget. De chef maakt er een erezaak van om zijn klanten het beste van het beste voor te zetten en dit voor de best mogelijke prijs. In zijn open keuken bereidt hij streekgerechten in de meest edele zin van het woord. De schotels die elke dag, elke week of elke maand worden aangepast, afhankelijk van het marktaanbod en de fantasie van de chef-kok, worden op lieflijke wijze voorgesteld door mevrouw. En het is echt moeilijk om een keuze te maken! Heerlijke en eerlijke gastronomie. Een mooi adresje ...

⊠ L'Ile Enchantée: *Rue Saint-André 1, 14123 Fleury-sur-Orne.* ☎ 02 31 52 15 52.

● *auberge-ile-enchantee@wanadoo.fr. Ongeveer 5 km van Caen. Fleury wordt aangeduid vanaf 'Prairie'; in Fleury staan er pijlen naar het restaurant zelf. Gesloten op zondagavond, op maandag en op woensdagavond; buiten het seizoen ook op dinsdagavond. Formule voor € 15, menu voor € 18,50 (behalve in het weekend). Andere menu's voor € 23 tot 42.* Dit mooie plattelandsrestaurant laat zich niet in de kaart kijken. De met bloemen en planten versierde voorgevel is schitterend, de inrichting daarentegen is een beetje verouderd en weinig authentiek. Wat echt telt, is de keuken van de chef en deze staat in schril contrast met het interieur. De borden zijn uitermate verzorgd en de combinaties gedurfd. Met een kleine exotische kwinkslag brengt de kok streekgerechten op een heel erg vernieuwende manier. De vaste klanten zijn talrijk: 's zondags komen ze hier met het hele gezin genieten van een overheerlijke lunch. De grote vensters komen uit op een vijver en zo krijg je echt zin om te gaan wandelen of een siësta te houden. Een landelijk tafereel dat een impressionistisch schilderij waardig is!

THEE OF KOFFIE DRINKEN EN EVEN PAUZEREN

▣ Memoranda (plattegrond B2, 60): *Rue des Croisiers 19 (op de hoek van de Rue Froide).* ☎ 02 31 86 51 28. ● *memoranda@memoranda.fr. Jaarlijks verlof: de eerste week van juni en een week in augustus. Van dinsdag tot zaterdag geopend van 10.30 tot 13.00 u en van 14.30 tot 19.00 u (op zaterdag alleen 's middags).* Voor een kleine smul- en leespauze in een café-boekwinkel. Muren vol met tweedehandsboeken en op de verdieping een paar tafels waar je taart en gebak kunt eten en koffie en thee kunt drinken. Echt gezellig (ook al is het er erg smal en val je haast over de hopen boeken!).

🔲 LA PART DU COLIBRI EN DOLLY'S: zie bij 'Eten'.

IETS DRINKEN EN LUISTEREN NAAR MUZIEK

🔲 🔲 In Caen vindt het nachtleven plaats in twee grote zones (als het ware twee gescheiden territoria want de aanhangers van de ene zone laten zich nauwelijks zien in de andere!). Voor een meer losse en avontuurlijke sfeer moet je in de RUE SAINT-PIERRE en de RUE ÉCUYÈRE (PLATTEGROND A-B2) zijn: twee voetgangersstraten met een hele rits cafeetjes en terrassen. Iets verder, maar in dezelfde geest: LA GARSOUILLE (RUE ARCISSE-DE-CAUMONT 11; PLATTEGROND B2, 53). Nog iets verder: de nachtclub L'ÉCUME DES NUITS (RUE DES CROISIERS 11; PLATTEGROND B2, 54). Of EL CHE GUEVARA (RUE GEÔLE 53; PLATTEGROND B1, 50): een goed verborgen cocktailbar (duur!), de ontmoetingsplaats bij uitstek voor dertigers en salsadansers. Daarnaast heb je de QUAI VENDEUVRE, OOK DE HAVEN OF BASSIN SAINT-PIERRE GENOEMD (PLATTEGROND C2) met tal van trendy bars en een aantal clubs waar concerten worden gehouden, zoals de O'DONNELL'S IRISH PUB (QUAI VENDEUVRE 20; PLATTEGROND C2, 51).

Tijdens het jaar zoeken de studenten tussen twee lesuren of voor het aperitief hun heil in de bars van de RUE DU GAILLON (PLATTEGROND B1), net naast de campus.

WAT IS ER TE ZIEN?

In tegenstelling tot wat veel mensen denken, zijn er in Caen heel wat toeristische bezienswaardigheden bewaard gebleven, ondanks de vernielende bombardementen van 1944. De meeste liggen in het stadscentrum. Alleen de twee belangrijkste historische gebouwen, de Abbaye aux Hommes en de Abbaye aux Femmes, bevinden zich elk aan een andere kant van het eigenlijke centrum. Als je niet te veel treuzelt, volstaat een dag om alles te bezoeken. Het fameuze Mémorial is daarentegen op z'n eentje minstens een halve dag waard (en misschien wel een hele!).

- **Vertelwandelingen:** voor we beginnen eerst iets over de uitstekende rondleidingen. *Ze vinden plaats van half juli tot eind augustus. Reserveren bij de Dienst voor Toerisme. Prijs: ongeveer € 13. Vertrek om 21.00 u aan het Hôtel d'Escoville (op de binnenplaats net naast de Dienst voor Toerisme). Duur: ruim twee uur.* Een ernstige avondwandeling in het historische centrum ... die lichtjes verstoord wordt door een aantal toneelspelers. Leuk!

- **Rondleidingen in het historische centrum:** *info en reservering bij de Dienst voor Toerisme. In juli en augustus van maandag tot zaterdag om 14.00 u. Prijs: ongeveer € 6.*

- **Rondleidingen in het kasteel:** *info bij de Dienst voor Toerisme. In juli en augustus van dinsdag tot zaterdag om 14.30 en 16.30 u. Afspraak in het kasteel, aan de poort Saint-Pierre. Prijs: ongeveer € 5.*

- **Découvrir ma ville:** themabezoeken om de verschillende aspecten van Caen te leren kennen: Caen met de stroom mee, Caen anders bekeken, de steen van Caen. *Van oktober tot juni minstens een bezoek per week. Het programma is beschikbaar bij de Dienst voor Toerisme en je moet ook daar zijn om te reserveren. Prijs: € 6,50.*

🔲 **Découvre Caen en t'amusant:** *je kunt bij de Dienst voor Toerisme een boekje kopen met wegbeschrijving en vragen (€ 1).* De kinderen leren spelenderwijze het stadscentrum en het kasteel kennen. Na verbetering van de antwoorden door de Dienst voor Toerisme krijgen de beste leerlingen een verrassing. Bestemd voor kinderen van 8 tot 11 jaar.

- **Caen de la tête aux pieds :** *info bij de Dienst voor Toerisme. Prijs: € 3.* Vier trajecten om de geschiedenis en het architecturaal erfgoed van de stad op een originele manier te ontdekken. Caen van top tot teen met behulp van raadsels en woordspelletjes.

In den beginne was er de steen …

Voor de restauratie van de monumenten in Caen (het kasteel, de weergang …) werden stenen gebruikt die 'vergelijkbaar' waren met deze van de historische constructies, maar die niet uit dezelfde steengroeve kwamen. Jammer genoeg verouderden deze 'vervangingsstenen' niet op dezelfde manier en niet in hetzelfde tempo als het originele bouwmateriaal. Dit zorgde mettertijd voor ernstige beschadigingen. Voor een perfecte overeenkomst met het DNA van de historische bouwstenen moest dus de steengroeve van Cintheau, die ten zuiden van de stad ligt en waaruit de oorspronkelijke stenen afkomstig waren, in 1995 heropend worden.

Het kasteel (plattegrond B1): *voetgangersingang tegenover de Église Saint-Pierre; er is ook een ingang voor auto's aan de kant van de universiteit. Het kasteelpark is geopend van dinsdag tot zaterdag van 8.00 tot 21.00 en op maandag en zondag van 6.00 tot 21.30 (in de winter tot 19.30 u). Gratis toegang voor het park. Rondleidingen in juli en augustus (info bij de Dienst voor Toerisme). Prijs: € 5. Kortingen. Vrije toegang tot de gerestaureerde noordwestelijke vestingmuur. Observatiespelletjes voor gezinnen beschikbaar aan de ingang (gratis, maar je moet er wel naar vragen).* Het kasteel werd in de 11de eeuw gebouwd in opdracht van Willem de Veroveraar, hertog van Normandië. Zijn opvolgers lieten steeds meer versterkingen bouwen. Zo werd het een echte vesting die verscheidene bezettingen doorstond tijdens de Honderdjarige Oorlog (1337-1457). Het bouwwerk moest in de 15de eeuw door de Engelsen vernield worden, maar uit schuldgevoel hebben ze het laten staan. En ook tijdens de Franse Revolutie bleef het kasteel overeind. Het deed immers uitstekend dienst als gevangenis voor contrarevolutionnairen! Later werd het slot een beetje aan z'n lot overgelaten, maar vandaag lijkt de burcht opnieuw uitgegroeid te zijn tot het paradepaardje van het stadscentrum. Let wel, binnen de dikke muren is echter nog maar weinig bewaard gebleven van het eigenlijke middeleeuwse kasteel. De lege ruimte werd ingevuld door een groot park en, spijtig genoeg, een parkeerterrein. We zijn echter wel blij met de bouw van het schitterende Musée des Beaux-Arts en het Musée de Normandie (zie verder). De weergang (de trap links voorbij de fraaie ophaalbrug aan de poort Saint-Pierre) biedt een prachtig uitzicht op de stad en de geleidelijk gerestaureerde walmuren.

Musée de Normandie (plattegrond B1): *binnen de ommuring van het kasteel, in het Logis des Gouverneurs, links van de ingang via de ophaalbrug aan de poort Saint-Pierre.*

☎ 02 31 30 47 60. ●musée-de-normandie.eu. *Dagelijks geopend (behalve op dinsdag in de periode november-mei en op sommige feestdagen) van 9.30 tot 18.00 u. De toegang tot het museum is gratis, maar je moet vaak wel betalen voor tijdelijke tentoonstellingen in de kerk Saint-Georges en het nieuwe gebouw.* Dit sobere gebouw, dat deels uit de 17de eeuw dateert, is gewijd aan het historische, archeologische en etnografische erfgoed van de streek. De verzamelingen brengen de culturele evolutie van de bewoners in beeld, van de prehistorie tot vandaag. In heel wat zalen worden de landschappen en de verschillende soorten boerderijen of bedrijven die je bij het doorkruisen van deze streek tegenkomt, op een interessante wijze benaderd. Mooie, kleine zaal met Normandisch kantwerk (Blonde de Caen, Chantilly de Bayeux) en traditionele klederdracht. Verbazingwekkende zaal gewijd aan het beroep van waswerker. Je merkt dat we in de buurt van Lisieux komen! Er werd een nieuw gebouw geopend: de zalen van de vestingmuur waar tijdelijke tentoonstellingen plaatsvinden en waarin ook een documentatiecentrum en een conferentiezaal zijn ondergebracht. De werken hiervoor hebben 7 jaar geduurd (restauratie van de noordelijke walmuur, inrichting van de vredesesplanade). Je ziet er overblijfselen van het oude kasteel, zoals een smidse, een middeleeuwse woning …

Église Saint-Georges (plattegrond B1): *tegenover het Musée de Normandie. Enkel geopend bij tijdelijke tentoonstellingen (hiervoor moet je meestal ook betalen).* Aardige kerk die oorspronkelijk in romaanse stijl werd gebouwd voor de inwoners van de kasteelparochie. Haar huidige uitzicht dateert uit de 15de en 16de eeuw. Flamboyant portaal en dito koor.

🎬 **La Salle de L'Échiquier (plattegrond B1):** *achterin, voorbij het Musée de Normandie. Enkel geopend bij tijdelijke tentoonstellingen (meestal betalend).* Fraai stenen gebouw uit de 12de eeuw. Een zeldzaam voorbeeld van niet-religieuze romaanse architectuur. Het is ook het enige overblijfsel van het hertogelijk paleis. Hier werd niet samengekomen om te schaken (jouer aux échecs), in tegenstelling tot wat de naam misschien laat vermoeden. Neen, hier zetelde het gerechtshof van het hertogdom en dat heette toen Échiquier. In deze zaal zou binnenkort een grote permanente tentoonstelling komen over de Anglo-Normandische wereld.

🎬 🎬 🎬 **Musée des Beaux-Arts (plattegrond B1):** *nog altijd binnen de kasteelmuren, rechts voorbij de voetgangersingang.*

📞 02 31 30 47 70. ●*ville-caen/mba.* 🎫 *Dagelijks geopend, behalve op dinsdag en op sommige feestdagen, van 9.30 tot 18.00 u. Toegangsprijs: de toegang voor de permanente tentoonstelling is gratis, maar voor de tijdelijke exposities moet je wel betalen (€ 3 tot 5; kortingen; gratis voor wie jonger is dan 18 jaar).* Midden in het park, in een duidelijk hedendaags gebouw dat toch niet vloekt met de omgeving. Gewijd aan schilderijen en gravures van de 15de tot de 20ste eeuw. Het museum gaat prat op een van de mooiste collecties Europese werken uit de 16de en de 17de eeuw. Een uitstekende gelegenheid om je basiskennis van de klassiekers op te frissen! Hier volgen enkele namen die we, vrij willekeurig, bij elkaar hebben gesprokkeld. Let wel, bij grote tijdelijke tentoonstellingen is het best mogelijk dat een aantal van de vermelde werken niet in het museum hangen.

- Bij de Vlaamse primitieven hangt een *Sint-Jacobus* van Cosmè Tura, een *Maagd met Kind* van Van der Weyden, en het *Huwelijk van de Maagd* van Perugino (het belangrijkste werk!).
- In de zalen gewijd aan de 16de eeuw enkele niet te missen werken van Tintoretto (een aangrijpende *Kruisafneming*) en Veronese (een weelderige *Bekoring van Sint-Antonius*).
- En dan komen we in de 17de eeuw, met op een rijtje: Rubens, Ruysdael, Van Goyen en Van Dyck voor wat de Vlamingen en de Hollanders betreft; Poussin (een ontroerende *Venus beweent Adonis*), Charles Le Brun, Mignard en Philippe de Champaigne voor de Fransen.
- In de 18de-eeuwse zalen hangen vooral bijbel- en mythologische taferelen, landschappen en stillevens, en ook een schitterende Tiepolo (*Ecce Homo*).
- De 19de en 20ste eeuw moeten niet onderdoen voor de rest met onder andere Géricault, Courbet, Delacroix, Isabey, Corot, Daubigny en de school van Barbizon. De Normandische landschappen waren een onuitputtelijke bron van inspiratie voor enkele grote schilders (Boudin, Moret, Monet en Dufy).
- Bij de hedendaagse kunstenaars (benedenverdieping) citeren we Metzinger, Soulages, Dubuffet, de *David en Goliath* (die Ernest Pignon-Ernest leende van Da Caravaggio), Pincemin, Vieira da Silva, Joan Mitchell of Rebeyrolle …
- Vergeet ook het uitgebreide *cabinet des estampes* (prentenkabinet) niet, enkel te bezichtigen tijdens thematische of monografische tentoonstellingen, met werk van Dürer, Rembrandt, Van Dyck en, natuurlijk, Jacques Callot. Je vindt hier een van de belangrijkste collecties ter wereld.
- Je kunt binnen de vestingmuren ook nog even wandelen in het park met modern beeldhouwwerk van Rodin, Bourdelle en Giacometti. Er staan ook 2 hedendaagse beelden van Huang Yong Ping en Damien Cabanes.

> 🍴 Bij het verlaten van het museum kun je een hapje eten in **Café Mancel**, genoemd naar een boekhandelaar uit Caen die in 1872 een aantal werken naliet aan het museum (zie in de rubriek 'Eten').

🎭 **Maison des Quatrans (plattegrond B2):** *Rue de Geôle 31. Aan de voet van het kasteel.* Het pand springt onmiddellijk in het oog. Het is een van de fraaiste vakwerkhuizen van de hele stad. Schitterende voorgevel. Het huis werd gebouwd op het begin van de 14de eeuw en onderging veranderingswerken in de 15de eeuw. Na de bombardementen van de Tweede Wereldoorlog werd het volledig gerestaureerd. Momenteel zitten hier de culturele verenigingen van de stad.

🎭🎭 **Rue Froide (plattegrond B2):** een van de oudste straten van Caen. Vroeger was dit de straat van de drukkers. Er komen minder toeristen dan in de Rue du Vaugueux, maar ze is toch ook behoorlijk druk. Beide straten zijn voorbehouden aan voetgangers. De Rue Froide ontsnapte aan de bombardementen, dus vind je er nog knappe staaltjes oorspronkelijke architectuur: typische stenen gevels, binnenplaatsen en trappen. Duw gerust een deur open om binnen een kijkje te nemen. Op nummer 49 vind je achter de deur naast de kapperszaak (rechts) een smalle stenen trap in een huis uit de 17de eeuw (achter in de gang). Op nummer 41 een schattige binnenplaats met een waterput, een wenteltrap uit de 18de eeuw, een hoektorentje en een gerestaureerde gevel. En op de binnenplaats van nummer 10 vind je ten slotte een aantal 17de-eeuwse huizen (waaronder een fraai vakwerkhuis).

🎭 **Église Notre-Dame-de-Froide-Rue (plattegrond B2):** *op de hoek van de Rue Froide en de Rue Saint-Pierre.* De kerk zou al bestaan sinds de 7de eeuw, maar van de oorspronkelijke gebouwen blijft niets meer over. Het pand werd heropgebouwd tussen de 14de en de 15de eeuw. Deze kerk wordt ook de Église Saint-Sauveur genoemd. Let op de ingangspoort in de Rue Froide (momenteel gesloten) met een fraai 15de-eeuws portaal en de merkwaardige spiraalvormige trap (rechts van het portaal) die nergens heen leidt. Schitterende toren uit de 14de eeuw die eindigt op een piramide van klavers en rozetten. Binnen twee parallelle, maar niet symmetrische kerkbeuken met houten gewelven in de vorm van omgekeerde scheepsrompen. De ongelijkheid maakt het geheel aantrekkelijk.

🎭🎭 **Rue Écuyère (plattegrond A-B2):** deze straat is minder goed bewaard gebleven dan de Rue Froide, maar je vindt er toch enkele merkwaardige souvenirs uit het verleden. De schrijver Barbey d'Aurevilly verbleef hier. Er hangt een leuke sfeer tussen de antiekhandels, de trendy bars en de oude herenhuizen. Blijf even stilstaan bij nummer 9: een merkwaardig huis met zuilen, balkons en raampjes. Op nummer 32 een serie binnenplaatsen verbonden door een smalle doorgang. Mooi torentje op de eerste binnenplaats. Op nummer 42 staat het *Hôtel des Écuyers,* dat uit het einde van de 15de eeuw dateert. Op de gezellige binnenplaats (de poort is overdag open) zie je een waterput en gotische ramen.

🎭 **Église du Vieux Saint-Sauveur (plattegrond A-B2):** *in de Rue Écuyère neem je de pittoreske Rue aux Fromages (mooie rij oude huizen, vooral nummer 11) tot aan de Rue Saint-Sauveur.* De kerk werd helemaal vernield tijdens de bombardementen, maar nu wordt met man en macht gewerkt aan haar 'redding'. Romaanse dwarsbeuk en toren, 15de-eeuws koor. De koorafsluiting heeft eindelijk terug de kleur van haar blonde stenen.

🎭 **Place Saint-Sauveur (plattegrond A2):** hier stond vroeger de schandpaal. Het plein werd in de 18de eeuw heraangelegd en geeft blijk van een mooie homogeniteit. Luxueuze herenhuizen zoals nummer 20, het *Hôtel Fouet,* dat omstreeks 1740 in klassieke stijl werd gebouwd, met een elegant balkon van smeedijzer. Stop ook even bij nummer 19: het *Hôtel Canteil-de-Condé.* Veel volk op vrijdagochtend voor de markt, een traditie die teruggaat tot in de 11de eeuw!

🎭 **De buurt van de Belle Époque (plattegrond A1):** *enkele straten rond de Place du Canada.* Hier lag het oude station waar de eerste badtoeristen de trein namen naar de Côte de Nacre. De villa's en andere gebouwen in de buurt geven trouwens een architecturaal voorsmaakje van de badplaatsen. Op de hoek van de Rue Isodore-Pierre en de Rue Saint-Gabriel staat een magnifiek gebouw met een typische art-nouveaugevel.

🌿🏛 De plantentuin (plattegrond A1): *Place Blot 5. Dagelijks geopend vanaf 8.00 u (vanaf 10.00 u op zon- en feestdagen). De serre is geopend van 14.00 tot 17.00 u. Het sluitingsuur verandert volgens het seizoen. Gratis.* De tuin werd aangelegd in de 18de eeuw en groepeert meer dan 5000 soorten op een oppervlakte van 5 ha. Tropische serre, Normandische flora, oranjerie en enkele spectaculaire bomen.

🌿🌿🌿Abbaye aux Hommes (plattegrond A2): *ingang van de kloostergebouwen aan de Esplanade Jean-Marie-Louvel, via de ingang van het stadhuis.* Zoals we al hebben uitgelegd, liet Willem de Veroveraar deze abdij omstreeks 1060 bouwen om tot verzoening met de Heilige Stoel te komen. Het geheel (kerk en kloostergebouwen) vormt samen met de Abbaye aux Dames de belangrijkste bezienswaardigheid van de stad. Mooie architecturale eenheid, zelfs al zijn de kloostergebouwen, die in de 18de eeuw werden heropgebouwd, klassieker van stijl.

De abdijkerk Saint-Étienne (plattegrond A2): *dagelijks geopend van 9.30 tot 12.30 u en van 14.00 tot 18.30 u (behalve op zondagochtend en tijdens de diensten). Het bezoek aan de abdijkerk maakt ook deel uit van de rondleidingen om 9.30, 14.30 en 16.00 u (als er geen kerkdienst is).* De kerk werd voor die tijd vrij snel gebouwd (tussen 1063 en 1077) en dat verklaart waarom ze zo homogeen is van stijl. Zij staat symbool voor de bloeitijd van de romaanse kunst in Normandië, maar ze is door haar omvang natuurlijk ook een bewijs van de macht van haar bouwheer, hertog Willem. De stoffelijke resten van de man worden trouwens bewaard in het koor van de kerk. Let op de soberheid van de voorgevel. De majesteitelijkheid van de natuursteen komt goed tot uiting, net als de verfijning van de torens en van de mooie gotische bogen, die model stonden voor heel wat andere kerken in Normandië. Datzelfde streven naar harmonie vind je overal terug in de buitenarchitectuur van het gebouw. De abdij is heel sierlijk en lijkt nooit imposant, en dat maakt haar net zo geslaagd.

Ook het interieur van de kerk is heel eenvoudig: grootsheid in soberheid. Enkele zeldzame tekenen van rijkdom: de mooie gebeeldhouwde preekstoel (17de eeuw) rechts in de hoofdbeuk, of het marmer van het hoofdaltaar en het brons van zijn bas-reliëf. Bewonder ook de smeedijzeren koorlessenaar en het enorme statief waarop de paaskaars staat. Op de grond een Latijnse inscriptie die meldt dat de bouwheer hier ligt begraven. Even vertalen voor wie geen Latijn kent: 'De onoverwinnelijke Willem de Veroveraar, hertog van Normandië, koning van Engeland en stichter van dit huis, gestorven in 1087'. Het gotische koor is een van de oudste van heel Normandië.

Links een merkwaardige vergulde klok uit de 18de eeuw, tussen twee binnenramen met kleine ruitjes en fraai bewerkt houtwerk. Ook een monumentaal Cavaillé-orgel uit de 19de eeuw met meer dan 3400 pijpen! Ze worden ondersteund door een enorm buffet waarvan de atlanten kopieën zijn van de werken van Puget.

De kloostergebouwen van de abdij (het huidige stadhuis): ☎ 02 31 30 42 81.

♿ *(de beide circuits zijn bijna volledig toegankelijk voor mindervaliden). Uitsluitend rondleidingen, dagelijks (behalve op 1 januari, 1 mei en 25 december) om 9.30, 11.00, 14.30 en 16.00 u; in juli en augustus extra rondleidingen om 10.15, 15.15 en 17.15 u. Let op: het pershuis en de zaal van de wachters uit de 14de eeuw zie je alleen tijdens de rondleiding van 11.00 u, maar die laat dan weer de abdijkerk links liggen. Duur: 75 minuten tot anderhalf uur. Prijs: € 2,20. Kortingen. Gratis voor wie jonger is dan achttien. Voor iedereen gratis op zondag.* Van de gebouwen in romaanse stijl blijft niets meer over. Wel enkele resten uit de gotische tijd, waaronder de zaal van de wachters uit de 14de eeuw (de huidige gemeenteraadszaal). Het geheel werd herbouwd in het begin van de 18de eeuw door een monnik die ook architect was. De geestelijken werden tijdens de Franse Revolutie aan de deur gezet en Napoleon I maakte van de abdij een lyceum. In 1965 werd het stadsbestuur eigenaar van de gebouwen. Een van de mooiste stadhuizen van het land (nog mooier bij het vallen van de nacht).

De majestueuze hoofdgevel (van natuursteen uit Caen) is 105 m lang. Binnen vind je weelderig versierde zalen die allemaal verschillend zijn en een elegante eretrap waarvan de leuning een meesterwerk van smeedijzerkunst is. De grote zaal van de monniken beslaat een deel van de linkervleugel (tijdelijke tentoonstellingen). Kijk even naar de maquette van de abdij voordat je binnengaat in de trouwzaal (de vroegere kapittelzaal), die je beslist niet mag missen vanwege het prachtige houtsnijwerk. Nog meer fraai houtsnijwerk en ook grote schilderijen in de sacristie. Een beetje verder tref je een merkwaardig wassen beeld van Willem de Veroveraar (probeer eens te raden naar wiens gelijkenis dit gemaakt is?).

De rondleiding doet ook de *escalier des matines* (de trap van de metten) en de kloostergang aan, waar je in een hoek het prachtige *tableau des offices* (overzicht van de kerkdiensten) aantreft. Daarna kom je in de spreekkamer (waar alles weergalmt) en de grote refter met een doek van Willem de Veroveraar als Romeins keizer (grootheidswaanzin ... alweer!).

Het stadhuis geeft ook onderdak aan een klein **Musée d'Initiation à la Nature**: ☎ 02 31 30 43 27. ♿ *Van de paasvakantie tot de allerheiligenvakantie van maandag tot vrijdag geopend van 14.00 tot 18.00 u; de rest van het jaar enkel geopend op woensdagmiddag. Gratis*. Dit museum voor natuurinitiatie is gewijd aan de fauna en de flora van Normandië.

Aan de andere kant van de Esplanade Jean-Marie-Louvel staat de **Église Saint-Étienne-le-Vieux (plattegrond A2)**: een aangrijpend aandenken aan de obusaanvallen van de Tweede Wereldoorlog. De oorspronkelijk romaanse en later gotische kerk is een getuige van de offers die de stad toen bracht. Een stuk van de hoofdbeuk, enkele steunberen en bogen staan nog fier rechtop. Niet open voor het publiek.

Het rode kruis en de bombardementen

Honderden gezinnen hielden zich tussen 6 juni en 9 juli 1944 schuil in de Abbaye aux Hommes en wachtten er op de bevrijding van de stad door de Canadezen. Om een bloedbad te vermijden tijdens de bombardementen door de geallieerden werd op het dak een groot rood kruis geschilderd. Zo konden de vliegeniers zien dat er in de abdij een ziekenhuis ingericht was. Hierdoor werden niet alleen de vluchtelingen zelf maar ook de abdij gespaard.

❧ **Rue Saint-Pierre (plattegrond B2)**: ook hier een mooie aaneenschakeling van typische woningen uit Caen. Op nummer 52 twee prachtige vakwerkhuizen waarin tot voor kort het *Musée de la Poste et des Techniques de communication* gehuisvest was (nu gesloten) en die echt wel een opknapbeurt kunnen gebruiken. Iets verder de mooie, geklasseerde gevel van de *Librairie Générale du Calvados* (boekenwinkel over de Calvados).

❧ ❧ **Hôtel d'Escoville (plattegrond B2)**: *Place Saint-Pierre, biedt momenteel onderdak aan de Dienst voor Toerisme en aan de artotheek (uitleendienst voor kunstwerken)*. Het herenhuis werd gebouwd in de eerste helft van de 16de eeuw door 'le seigneur le plus opulent de la ville' (de rijkste heer van de stad). Deze adellijke woning is een van de beste voorbeelden van de renaissancebouwkunst in Normandië. De rechtergevel is versierd met talrijke beelden van mythologische en bijbelse figuren. Let op de gebeeldhouwde raampjes. Als je de schoonheid van het gebouw vandaag ziet, kun je je nog maar moeilijk voorstellen hoe groot de vernielingen waren die de Tweede Wereldoorlog hier heeft aangericht. Het werk van de restaurateurs verdient een grote pluim!

❧ **Hôtel de Than (plattegrond B2)**: *Boulevard du Maréchal-Leclerc. Niet toegankelijk voor het publiek*. Werd wat vroeger gebouwd dan het Hôtel d'Escoville. Het gebouw is kenmerkend voor de overgangsstijl tussen de flamboyante gotiek en de renaissance. De raampjes zijn versierd met krullen en bas-reliëfs. Anekdote: de respectievelijke eigenaars van beide deftige herenhuizen, het Hôtel d'Escoville en het Hôtel de Than, konden elkaar niet uitstaan. Daarom liet de eigenaar van het Hôtel de Than op z'n gevel een beeld houwen dat zijn billen toont aan die van het Hôtel d'Escoville!

❦❦ **Église Saint-Pierre (plattegrond B2):** *ingang via de Place Saint-Pierre. Gesloten op zondagmiddag.* De kerk werd gebouwd van de 13de tot 16de eeuw en speelt dus met verschillende stijlen: hoge en flamboyante gotiek en daarna renaissance. Schitterende klokkentoren uit de 14de eeuw met een hoogte van bijna 80 m. De toren werd vernield tijdens de oorlog (foto's in een van de kapellen aan de rechterkant), maar hij kon worden gerestaureerd met de opbrengst van de verkoop van de scheepswrakken van de landing in Normandië! Als je rond de kerk loopt, springt de verfijning van de hoofdgevel in het oog, maar ook de rijke versiering van de koorafsluiting die op pijlers staat en dateert uit de 16de eeuw (zeer beladen renaissancestijl). Ook het interieur is mooi. Als je even omhoogkijkt, kom je pas echter onder de indruk van het overvloedige beeldhouwwerk. Een heel mooi fries (net kantwerk) langs het koor. De kapellen rond het koor onderscheiden zich van de rest van de kerk: renaissancegewelven met hangende en sterk uitgewerkte sluitstenen. Sommige kapitelen zijn best wel interessant, zoals de derde pijler (linkerzijbeuk) met heel wat ongewone taferelen: een personage dat wordt bereden door een vrouw die een zweep vasthoudt, een andere figuur die door een meisje in een mand wordt gegooid ...

❦ **Quartier du Vaugueux (plattegrond B-C1):** *aan de Place Saint-Pierre neem je de Rue Montoir-Poissonnerie en dan links de Rue du Vaugueux.* Deze oude volksbuurt (de grootouders van Edith Piaf hadden hier een bistro!), verborgen aan de voet van het kasteel, werd onlangs volledig gerenoveerd. Het is een voetgangerseilandje geworden waar toeristen graag komen slenteren. Er staan veel fraaie huizen, waaronder een pand uit de 16de eeuw met houten panelen en verscheidene kleine 18de-eeuwse woningen van natuursteen. Op sommige avonden is het hier een dolle boel (veel restaurants met in de zomer aangename terrasjes). In deze straat bevindt zich een beroemde taverne (La Poterne) in een huis gedeeltelijk in vakwerkstijl en gedeeltelijk afgewerkt met steen van Caen.

❦❦❦ **Abbaye aux Dames (plattegrond C1):** *Place de la Reine-Mathilde.* Het alter ego van de Abbaye aux Hommes: de abdij werd een paar jaar vóór de Abbaye aux Hommes gebouwd met hetzelfde doel in opdracht van Mathilde, de vrouw van Willem de Veroveraar. Deze abdij biedt echter een totaal ander beeld dan de Abbaye aux Hommes, zelfs al zijn de kloostergebouwen die later gebouwd werden (19de eeuw) het werk van dezelfde architect.

Église de la Trinité: werd voor het grootste deel in de 11de eeuw gebouwd, net als haar 'mannelijke' tegenhanger, maar deze kerk onderging grote veranderingswerken in de 19de eeuw. Ze is massiever dan de kerk van Saint-Étienne, maar het blijft toch een puik voorbeeld van Normandische architectuur. Ze was vroeger bijna helemaal bedekt met fresco's. Groot, quasi wit romaans kerkschip met een opvallend gewelf. Je merkt dat de hoofdbeuk lichtjes afloopt naar het koor. Dit is te wijten aan het feit dat de crypte langzaam verzakt. De kapitelen hebben bloemversieringen die je bijna 'kubistisch' kunt noemen. Koningin Mathilde (overleden in 1083) vond een laatste rustplaats in haar kerk: haar stoffelijk overschot ligt onder een mooie steen van zwart marmer in het koor. Het prachtigste onderdeel van de kerk is ongetwijfeld de crypte: elegante zuilenrijen met fijnbewerkte kapitelen. Let op het eerste kapiteel als je binnenkomt. Het is versierd met heel eenvoudige, suggestieve personages met een heel expressieve symboliek.

De kloostergebouwen van de abdij: *ingang via de binnenplaats van het Conseil Régional de Basse-Normandie, daarna bewegwijzerd.* ☎ 02 31 06 98 98. ♿ *Uitsluitend rondleidingen (uitstekende gids). Dagelijks (behalve op 1 januari, 1 mei en 25 december) om 14.30 en om 16.00 u. Gratis. Duur: ongeveer 45 minuten.* De kloostergebouwen werden heropgebouwd in de 18de eeuw. Zij geven nu onderdak aan de Conseil Régional de Basse-Normandie. Veel gebouwen die van een grote soberheid getuigen, allemaal van natuursteen (uit Caen natuurlijk!). Schitterend! Vanuit de elegante Franse tuin op het voorplein krijg je een goed beeld van de gevels. Tijdens de Franse Revolutie werden de gebouwen als het ware geruïneerd. Toren na toren werd omgevormd tot kazerne, opvangcentrum of ziekenhuis. Ook tijdens de oorlog vonden veel mensen hier onderdak. Bij de rondleiding loop je langs de kloostergang, het waslokaal (merkwaardige wastafels van zwart marmer in de vorm van grote schelpen waar je je handen in kon wassen voor je naar de refter ging), de grote trap met twee heel interessante bijbelse schilderijen, de abdijkerk en haar crypte …

❧ **Bassin Saint-Pierre (plattegrond C2):** een van de vijf havenbekkens van Caen, die allemaal langs een kanaal liggen dat de stad met de zee verbindt. In dit bekken met alleen maar plezierboten waan je je echt aan zee, zeker als er zowat honderd zeilboten liggen aangemeerd. Het is leuk wandelen langs de kaden. Op zondag is er een gezellige rommelmarkt.

❧ **Église Saint-Jean (plattegrond C2):** *Rue des Martyrs. Gewoonlijk overdag geopend.* 15de-eeuws gebouw in een flamboyant gotische stijl. Binnen een schitterend kerkschip en een merkwaardige lantaarntoren met bewerkte muren in renaissancestijl, die in schril contrast staan met de eenvoud van de hoofdbeuk zelf. De kerk staat helemaal scheef (zie kader)! Dit fenomeen is goed zichtbaar buiten aan de voorgevel en binnen als je achter het koor gaat staan. In de kooromgang lijkt het wel alsof de hoofdbeuk zich letterlijk opent. De klokkentoren met het portaal helt lichtjes over en de bogen van de dwarsbeuk zijn helemaal vervormd. De klokkentoren heeft geen punt of torenspits.

Een scheve kerk!

Het verbazingwekkende uitzicht van de kerk Saint-Jean is niet het gevolg van de bombardementen (al werd de kerk wel zwaar getroffen). De verklaring ligt bij de moerassige grond waarop het gebouw staat. Voor de Tweede Wereldoorlog werd de kerk gestut door eiken heipalen die in de modder werden gedreven tot ze vaste grond raakten. Maar ook toen 'schommelde' de kerk al. Na de oorlog werden deze houten palen vervangen door beton. Tevergeefs echter want het gebouw beweegt nog steeds …

❧ **La Prairie (plattegrond A-B3):** *naast de hippodroom.* Nog zoiets ongewoons in het midden van de stad: een grote natuurweide met wilde planten, die hier al ligt sinds de middeleeuwen. En daarvoor zijn twee redenen: het gras diende vroeger als voedsel voor de paarden en de weide werd vanaf de 11de eeuw ook gebruikt om tenten op te slaan tijdens grote kermissen. De paarden zijn gebleven (hippodroom) en de kermis (beurs) vindt nog altijd plaats, zij het nu ernaast. Bovendien is de plek nu ook beschermd als historisch monument! Het is leuk wandelen langs het kanaal van de Orne (aan het verste uiteinde van de weide, in oostelijke richting), tussen de bomen. Als je de kleine brug over de Orne oversteekt, kom je in de Rue de l'Arquette, een dorpsstraatje met aan beide zijden mooie huizen.

VERDER NAAR HET NOORDEN

❧ ❧ ❧ 🅱 **Het Mémorial van Caen (het vredesmuseum):** *Esplanade Général-Eisenhower.* 📞 *02 31 06 06 44.* ●*memorial-caen.fr.* 🚗 *Met de auto: via de noordelijke ringweg (afrit 7); heel goed bewegwijzerd vanaf het stadscentrum. Tramway vanaf het treinstation tot aan de halte Tour-Leroy, daarna bus 2. Van maart tot oktober dagelijks geopend van 9.00 tot 19.00 u; van november tot februari dagelijks geopend (behalve op maandag) van 9.30 tot 18.00 u. Gesloten in januari en op 25 december. Toegangsprijs: € 17,50 of 17. Kortingen. Gezinskaartje (2 volwassenen en 2 of meer kinderen): € 45. Opgelet: er zijn speciale tarieven als gevolg van de werken die nog duren tot mei 2010. De kassa gaat dicht 75 minuten voor sluitingstijd. Audiogidsen. Er bestaan* *bovendien verscheidene formules voor een bezoek aan het Mémorial en een rondleiding op de landingsstranden. Zo betaal je bijvoorbeeld € 75 voor een halve dag in het Mémorial (de toegang tot het museum is inbegrepen) en een halve dag rondleiding op de stranden (gunsttarief: € 59). Speciaal voor de kinderen: gratis opvang in het museum voor kinderen jonger dan 10 jaar. Tijdens de schoolvakanties zijn er rondleidingen met audiogids (€ 5).* Het Mémorial werd op 6 juni 1988 (een symbolische datum) geopend door de Franse president François Mitterrand. Het is een must voor al wie Normandië bezoekt. Het is niet echt een museum, maar eerder een pedagogisch centrum waar je tot nadenken wordt aangezet over de menselijke waanzin en over de manier waarop we kunnen vermijden dat deze waanzin zich vertaalt in oorlogen. Het is tegelijkertijd een cultureel centrum (museum, bioscoop, tentoonstellingen ...), een ideeënforum, een informatiebank (documentatie, gespecialiseerde boekhandel, onderzoeksbureau), een 'vredesmonument' (galerij van Nobelprijswinnaars), een verzamelplaats (conferenties, internationale pleitwedstrijd, concerten ...) en een wandelpark (in de Canadese en Amerikaanse tuinen).

Soberheid, heldere uiteenzettingen, een intelligente opstelling en een strenge selectie van de documenten maken van dit Mémorial een originele, bijzonder verrijkende en heel boeiende plaats. Er zijn twee grote delen: het eerste gedeelte gaat over de Tweede Wereldoorlog, het tweede over de naoorlogse tijd (de Koude Oorlog, de relaties tussen Oost en West ...). In totaal werden meer dan 4500 m² gewijd aan de 20ste en 21ste eeuw (vanaf 1918).

Het lijkt het meest voor de hand liggend om de twee delen in chronologische volgorde te bezoeken. Als je 's ochtends komt, kun je misschien wel best met het tweede deel beginnen om de drukte te vermijden. De nieuwe museumgeschiedenis en de opening van nieuwe ruimtes (gepland voor 2010) zouden enigszins de inrichting van de zalen kunnen wijzigen.

Het gebouw zelf staat op de resten van een Duitse bunker. Het is een massieve constructie van natuursteen van Caen. De grote centrale breuk staat symbool voor de bres die de geallieerden sloegen in de Atlantikwall.

Deel 1 geeft een beeld van de economische en sociale situatie van Europa, de verslechtering van de internationale betrekkingen tussen 1918 en 1939 (het faillliet van de vrede) en het conflict zelf (Frankrijk tijdens de zwarte jaren; Wereldoorlog/Totale oorlog). Het geheel steunt op een zeer geslaagde museumgeschiedenis met aangrijpende archiefdocumenten (persberichten, foto's, briefwisseling, films), maquettes, voertuigen en militaire uniformen. Kijk ook beslist naar de geprojecteerde films. *Le Jour J (D-day),* waar je op een groot scherm parallel de gebeurtenissen bij de Duitsers en bij de geallieerden kunt volgen en dan in een draaiend decor *La Bataille de Normandie (De slag om Normandië).*

Het tweede deel handelt over de wereld tijdens de Koude Oorlog (met een nieuw parcours over Berlijn als centrum van de Koude Oorlog). Persoonlijk vonden wij de vormgeving van dit gedeelte minder briljant en ook minder duidelijk, misschien iets te schools. Niettemin een bezoek waard! Je gaat er door de *galerij van vernielde steden*: overgangsruimte tussen het einde van de oorlog en de naoorlogse tijd. Je wordt er geconfronteerd met de *Koude Oorlog* en met het *evenwicht van de terreur* (voorstelling van de wapens van de Koude Oorlog).

En nu is het tijd voor wat frisse lucht of voor de documentaire van acteur Jacques Perrin, *Espérance,* met een opeenvolging van moedige en ontmoedigende momenten uit de oorlogsactualiteit van de Bevrijding van Parijs tot nu.

Er lopen ook jaarlijks verscheidene tijdelijke tentoonstellingen.

Vergeet ook niet een bezoek te brengen aan de **galerij van Nobelprijswinnaars**: je verlaat het hoofdgebouw en neemt de trap of de lift naar het lagergelegen platform. Dit is het eerste museum ter wereld dat plaats vrijmaakt voor deze weldoeners van de mensheid.

- Na het bezoek kun je wat ontspannen in de tuinen aan de achterkant van het gebouw. Heel rustgevend.

WAT IS ER TE DOEN?

- Caen heeft een heel rijk cultureel leven. Deze stad behoort zelfs tot de hoofdsteden van de barok in Frankrijk dankzij de aanwezigheid van William Christie en zijn 'Arts Florissants'. Om alles te weten te komen over de culturele agenda raadpleeg je het best de gratis maandelijkse gidsen *Mois à Caen* of *Aux Arts*.

- **Het jaagpad (of GR 36):** mooie wandeling langs het kanaal van de Orne, van de poort van Caen tot in Ouistreham (15 km). Ook leuk met de fiets. Onderweg kom je de beroemde Pegasus Bridge en Café Gondrée tegen (zie bij 'Bénouville').

EVENEMENTEN

- **Internationale pleitwedstrijd:** *een weekend eind januari, in het Mémorial.* Internationale advocaten en ploegen van middelbare scholen komen in het openbaar pleiten voor de mensenrechten. Zij kiezen een concreet thema uit de actualiteit. Gratis.

- **Aspects des musiques d'aujourd'hui:** *in maart, in het Conservatoire national de Région.* Inlichtingen: ☎ 02 31 30 46 86. Festival van hedendaagse muziek, opgebouwd rond het werk van een bepaalde componist.

- **Caen soirs d'été:** *gratis evenementen in juli en augustus op donderdag en vrijdag in de vooravond en 's avonds. In het hertogelijk paleis.* Theater, muziek, film, circus, feestjes, optochten ... Heel erg leuk!

- **Fête du Port:** *om de twee jaar (even jaartallen), het tweede weekend van september.* Concerten op de Place Courtonne, zeedorp, watersportactiviteiten in het Bassin Saint-Pierre, tentoonstelling van oude boten. Inlichtingen bij de Dienst voor Toerisme.

- **Rencontres internationales pour la prévention des conflits:** *tweeënhalf dagen in oktober (donderdag, vrijdag en zaterdagochtend), in het Mémorial.* Leidende figuren uit Frankrijk en de rest van de wereld komen hier debatteren over een geopolitiek vraagstuk.

- **Les Boréales:** *in november.* ●*crl.basse-normandie.com.* Een festival dat bijna volledig gewijd is aan de Scandinavische literatuur en cultuur.

- **Nordik Impakt:** *in november. Inlichtingen:* ☎ 02 31 86 79 31 *of* ● *nordik.org.* Het festival van de elektronische cultuur.

- **Sol Océane:** *23 oktober 2011.* Een zeilwedstrijd rond de wereld. De deelnemers varen helemaal alleen en hebben allemaal hetzelfde zeilschip. Vertrek in Caen en aankomst in Cherbourg.

RANVILLE

14860 | 1910 INWONERS

Ongeveer 10 km ten noorden van Caen, een beetje van de weg naar Cabourg af. Ranville ligt vlak bij een belangrijk strategisch punt (het kanaal van de Orne) en speelde een cruciale rol tijdens de landing: het was het eerste dorp van Frankrijk dat werd bevrijd! Op 6 juni, kort na het droppen van de Britse para's, om 1.00 uur om precies te zijn ... De verkenners van het 6th Airborne werden door ongeveer dertig vliegtuigen gelost langs de weg Ranville-Bréville. Zij waren uitgerust met radiobakens en signalisatielichten en moesten de droppingzones afbakenen waar een half uurtje later nog eens 2000 para's zouden worden gedropt door 110 vliegtuigen van de Royal Air Force. Het 13de bataljon parachutisten nam snel stelling in rond het dorp en bleef Ranville verdedigen tot bij de bevrijding van Caen.

Ter nagedachtenis van de bevrijders liggen aan de voet van de 16de-eeuwse dorpskerk de lichamen van meer dan 2000 Britse soldaten begraven.

SLAPEN IN DE OMGEVING

🔲🔏 **Chambres d'hôte La Rivaudière:** Rue du Lavoir 1, 14860 Bavent. ☎ 02 31 78 16 06. ● larivaudiere@lagarde.ws ● larivaudiere.free.fr. 6 km van Ranville, in het centrum van Bavent, tegenover het postkantoor. Jaarlijks verlof: tijdens de herfstvakantie. Reken op € 54 voor twee personen (en € 20 per kind). Ook table d'hôte (reserveren): € 26 per maaltijd. Wifi. Vlak naast een wasplaats waar de eenden in alle rust ronddartelen. Dit typisch Normandische stenen vakwerkhuis is omgeven door bomen. Eenvoudig maar warm ingerichte kamers (vooral de gele kleuren vielen bij ons in de smaak). Zeer netjes. Kleine zitruimte met tv. Hartelijke ontvangst.

WAT IS ER TE ZIEN IN RANVILLE EN IN DE OMGEVING?

🔏 🔏 **Mémorial-Pegasus:** Avenue du Major-Howard. ☎ 02 31 78 19 44.
● normandy1944.com. 🔏 Dit museum bevindt zich eigenlijk op de rand van Bénouville, vlak naast de Pegasus Bridge. Van april tot september geopend van 9.30 tot 18.30 u; buiten het seizoen van 10.00 tot 13.00 u en van 14.00 tot 17.00 u. Gesloten in december en januari. Toegangsprijs: € 6. Kortingen, bijvoorbeeld op vertoon van de Normandie Pass. Rondleiding in de prijs begrepen. Museum gewijd aan de 6de Britse luchtdivisie, de eerste soldaten die hier in de nacht van 5 op 6 juni 1944 landden. Verzameling voorwerpen en originele documenten. Zeer geslaagde, kleine museografie. Een grote maquette om de interventiezones van de 6de divisie te visualiseren. In het museumpark vind je de 'echte' Pegasus Bridge, een baileybrug (een tijdelijke brug), en een reproductie op ware grootte van het zweefvliegtuig Horsa (uniek in de wereld). Tijdelijke tentoonstelling in een van de barakken.

🔏 🔏 **Batterie de Merville:** 14810 Merville-Franceville. ☎ 02 31 91 47 53.
● batterie-merville.com. 🔏 In Merville-Franceville, een kleine badplaats tussen de trechtermonding van de Orne (jachthaven en vogelreservaat) en Cabourg. Ten zuiden van het dorp. Van 15 maart tot 15 november dagelijks geopend van 9.30 tot 18.30 u. Toegangsprijs: € 5. Kortingen, bijvoorbeeld op vertoon van de Normandie Pass.
Deze legereenheid was een van de indrukwekkendste van de Atlantikwall: een gebied van 16 ha beschermd door prikkeldraad, mijnen en antitankmijnen. De batterij was uitgerust met vier kanonnen van 100 mm en moest de hele omgeving bewaken. Het is dus geenszins verrassend dat dit een van de belangrijkste doelwitten van de Britten was voor de eigenlijke ontscheping op de Swordstranden...
Even een opfrissing: in de nacht van 5 op 6 juni 1944 werd de Normandische kust gebombardeerd door 109 Lancaster-vliegtuigen die meer dan 1000 bommen loslieten boven de legereenheid van Merville. Om 4.30 u werden de parachutisten gedropt. Deze nacht was grotendeels bepalend voor het welslagen van de landing op Sword Beach. De batterij van Merville, uitgerust met kanonnen die verder konden reiken dan 10 km, was voor de Duitsers erg belangrijk omdat ze hiermee Ouistreham en de stranden van Hermanville en Lion-sur-Mer konden verdedigen. Ze werd op heldhaftige wijze ingenomen door de 150 para's van het 9th Airborne van kolonel Otway. De route die je vandaag kunt volgen, loopt langs deze legerplaats. Je vindt er borden met gedetailleerde informatie over wat er zich hier heeft afgespeeld. Hier staat ook een Amerikaans legervliegtuig: de Dakota, een van de laatste overlevenden van de landing. Na 64 jaar van rondzwermen opnieuw in Normandië dankzij een groep enthousiastelingen die het toestel gered hebben van een noodlottig einde in Sarajevo.
Een van de bunkers (beschermd met 2 m gewapend beton) is omgevormd tot een gedenkteken voor het 9de bataljon van de Britse parachutisten. De aanval op de batterij van Merville wordt met een kort klank-en-lichtspel op erg realistische wijze overgedaan, met rook en oorverdovend geluid (kleine kinderen zijn niet toegelaten). Er zijn foto's en documenten tentoongesteld in de klein ruimtes van de bunker. Reconstructie van een slaapzaal. Uitstalkasten met wapens (onder meer een kanon), foto's en militaire souvenirs.

🦆 **La Maison de la nature et de l'estuaire:** *in Sallenelles (14121), aan de monding van de Orne. Met pijlen aangeduid op de D514 (en op de route van de GR223).* 📞 0231787106.

● *cpievdo.fr. In juli en augustus dagelijks geopend van 10.00 tot 18.30 u. In mei, juni en september dagelijks (behalve maandag) geopend van 10.00 tot 12.30 u en van 14.00 tot 18.00 u. Van oktober tot april dagelijks (behalve maandag) geopend van 14.00 tot 17.30 u. Gesloten van half december tot eind januari. Toegangsprijs: € 2. Gratis voor kinderen jonger dan 6 jaar. In de zomer meermaals per week wandelingen met gids doorheen het natuurgebied van de trechtermonding. Verschillende thema's: vogels observeren, eetbare planten, de trechtermonding ... Prijs: € 5. Kortingen.* Dit huis aan de monding van de Orne geeft een overzicht van de fauna en de flora van de trechtermonding en van de menselijke activiteiten in de loop van de jaren. Maquette van de trechtermonding, verklaring van de getijden en van de trek van de vogels ... Korte videofilms waarin vakkundigen hun ervaringen vertellen (ornitholoog, jager, opziener ...). Het bezoek gaat buiten verder, waar je informatie vindt over de planten en de dieren in de duinen en het moeras.

Zelfs als je niet deelneemt aan een wandeling met gids, kun je nog altijd een kijkje nemen in de omgeving van dit huis. De GR 223 komt hier voorbij en er zijn ook nog andere routes om het moeras te ontdekken. Voor het huis staat een bord met de mogelijke circuits. Je kunt eveneens een deel afleggen met de fiets (je kunt vanuit Caen hiernaartoe fietsen via het vroegere jaagpad).

BÉNOUVILLE

14870 | 1770 INWONERS

Halfweg tussen Caen en Ouistreham ligt een charmant stadje aan de Orne, beroemd om zijn brug, de *Pegasus Bridge.* De brug werd zo genoemd als eerbetoon aan de 6th Airborne, de Britse luchtdivisie die de brug bevrijdde. Haar embleem was een gevleugeld paard. De historische brug met haar metalen gebinte werd jammer genoeg gedemonteerd en vervangen door een bijna identieke kopie. Zeer tot ongenoegen van de inwoners van Bénouville, maar ook van de overlevende rode baretten die hun leven riskeerden om de brug te verdedigen. Volgens de autoriteiten was de vervanging van de brug noodzakelijk om de steeds grotere boten op het kanaal doorgang te verlenen. Maar niet getreurd, je kunt de 'echte' Pegasus Bridge gaan bewonderen in het Mémorial-Pegasus in Ranville.

EEN BEETJE GESCHIEDENIS

De herovering van deze plaats die de geschiedenis inging onder de naam Pegasus Bridge, werd toevertrouwd aan de Britse legereenheid van majoor John Howard (vereeuwigd in de film The Longest day (De langste dag, 1962)). Tijdens de eerste minuten van 6 juni landen hier zes zweefvliegtuigen, dus drie per brug, tussen de Orne en het kanaal van de Orne. In 10 minuten tijd worden de bruggen veroverd, volledig intact. Het 7de bataljon parachutisten, dat werd gedropt boven Ranville, snelt te hulp. Zij steken de brug van Bénouville over en bezetten de linkeroever van het kanaal tot de verbinding zal worden gelegd met de commando's die in Colleville zijn ontscheept. Dat zou rond de middag moeten gebeuren.

Voor de geallieerden is deze herovering heel belangrijk voor de bescherming van de oostelijke flank van de landingsoperatie ...

SLAPEN EN ETEN

📶🍴 **HÔTEL-RESTAURANT LA GLYCINE:** *Place du Commando-N° 4, 11.* 📞 0231446194.

● *la-glycine.com.* 🛏 *In het dorpscentrum, tegenover de kerk. Gesloten op zondag buiten het seizoen. Jaarlijks verlof van 20 december tot 10 januari. Tweepersoonskamers voor € 68. Weekmenu voor € 19,50; andere menu's voor € 28 tot 55. Parkeerterrein. Wifi.* Volledig gerenoveerd hotel-restaurant in een fraai stenen gebouw bedekt met blauweregen (glycine). Hedendaagse functionele kamers. Sommige bevinden zich in het bijgebouw aan de andere kant, andere liggen op de benedenverdieping. De prijzen in het restaurant zijn aan de hoge kant, maar aanvaardbaar. De jonge chef is ongeëvenaard in de bereiding van kreeft met koraalsaus en gegratineerde schaal- en schelpdieren.

WAT IS ER TE ZIEN?

❧ 🏠 **Café Gondrée:** *in het dorp, ter hoogte van de brug.* ☎ *02 31 44 62 25.*
Geopend van 12 maart tot 11 november. Gratis toegang, maar je kunt er natuurlijk altijd iets blijven drinken. Je mag er geen foto's maken. Het eerste huis dat na de landing werd bevrijd! De Engelsen zetten in het pand onmiddellijk een veldhospitaal op. Een legendarische plek, bijna een museum want de muren zijn bedekt met herinneringen aan toen: foto's van soldaten, emblemen, een vlag met de afbeelding van het gevleugelde paard ... Dit is de ontmoetingsplaats van de veteranen. Fantastische sfeer op elke verjaardag van D-day!

Drinken op de overwinning!
Om de bevrijding van het dorp te vieren liet de eigenaar van Café Gondrée 3000 flessen champagne aanrukken, die hij had begraven om ze te verbergen voor de Duitsers. Voor de Engelse troepen zal deze 'echt Franse' verwelkoming in elk geval een verrassing geweest zijn!

❧ **Château de Bénouville:** *een beetje buiten het dorp, aan de oevers van het kanaal.* ☎ *02 31 95 53 23.*
Eigendom van de overheid. Toegankelijk tijdens tentoonstellingen, van begin juli tot eind september. Toegangsprijs: € 1,50. Indrukwekkende constructie uit de 18de eeuw, het werk van de beroemde Claude-Nicolas Ledoux, de vervloekte architect (de meeste van zijn werken werden vernield, met uitzondering van de beroemde zoutziederij van Arc-et-Senans in Franche-Comté en het tolhuis in Denfert-Rochereau). Monumentale poort met zuilen, typisch voor het neoclassicisme. Je ziet de salons, de immense eretrap, de kapel en natuurlijk ook het park.

DE CÔTE FLEURIE (BLOEMENKUST)

Achter deze poëtische naam gaat een uiteenlopende waaier van badplaatsen schuil: van de meest gerenommeerde Normandische badsteden zoals Deauville en Cabourg tot de ouderwetse charme van bijvoorbeeld Houlgate of Trouville; van het vriendelijke volkse karakter van Blonville en Villers-sur-Mer tot de haast ontroerende bescheidenheid van minder bekende plaatsen zoals Villerville en Criquebœuf ... En we mogen zeker niet de gratie vergeten van het schattige haventje Honfleur, het paradijs van de impressionistische schilders. Je loopt in de voetsporen van Proust en van Baudelaire. Soms kun je hier nog het subtiele parfum van de belle époque opsnuiven. La Côte Fleurie lijkt beschermd door twee natuurlijke vestingmuren: de zee en het platteland (het mooie Pays d'Auge). Achter de appelbomen vind je ... het strand!

Dit stuk van de kust is vooral voorbehouden aan het toerisme (in tegenstelling tot de Côte de Nacre, ten westen van Caen, die wel populairder is maar dan vooral bij de Normandiers zelf). Voor de meeste van de hierboven vernoemde badsteden verklaart dit duidelijk het verschil tussen enerzijds het hoogseizoen en de weekends, boordevol leven en animatie, en anderzijds de rest van het jaar wanneer deze steden er verlaten bij liggen en je de indruk krijgt dat hier op halve kracht wordt geleefd (voor sommigen zelfs volledige ademstilstand!). Ook de prijzenpolitiek die langs heel deze kustlijn wordt gevoerd, is hierdoor verklaarbaar: de prijzen van het hoogseizoen worden meestal ook toegepast in de weekends, ongeacht de tijd van het jaar. Trouwens als je hier een weekend wilt doorbrengen, raden we je aan te reserveren want zodra de zon haar neus laat zien, loop je vaak op tegen het bord 'volgeboekt'.

CABOURG

14390 | 4011 INWONERS

In het midden van de 19de eeuw kreeg een advocaat uit Parijs, die onder de indruk was van het mooie strand van Cabourg, het idee om hier een badplaats neer te zetten. Bouwen op zand is niet bepaald gemakkelijk, maar het project werd tot een goed einde gebracht en Cabourg is sinds het begin van de 20ste eeuw een mondaine kuststad. Marcel Proust beschreef het stadje onder de naam Balbec in *À l'ombre des jeunes filles en fleurs* (In de schaduw van de bloeiende meisjes). Het centrum met de prachtige villa's is nagenoeg intact gebleven. De licht decadente charme van dit bourgeois stadje wordt nog benadrukt door de bloemperken, de promenade Marcel-Proust (langs de kust; voorbehouden aan voetgangers) en het prachtige strand. Toch heeft Cabourg ook trekjes van een volkse badplaats.

NUTTIGE ADRESSEN

ℹ Dienst voor Toerisme: *in de tuinen van het stadhuis.* ☎ *02 31 06 20 00.* ●*cabourg.net. Het hele jaar dagelijks geopend.* Organiseert in juli en augustus historische wandelingen (niet gratis). Reserveren absoluut nodig.

🚆 Treinstation Dives-Cabourg: *aan de rand van Dives als je van Cabourg komt.* ☎ *36 35 (€ 0,34 per minuut).* In het weekend een paar treinen naar Parijs (je moet overstappen in Trouville-Deauville). Ook in de week een paar verbindingen. In het seizoen rijden er dagelijks treinen.

🚌 Bussen (Bus Verts): ☎ *0810 214 214 (tarief van een lokaal gesprek).* ●*busverts.fr.* Op weekdagen rijdt bus 20 heel regelmatig (minder verbindingen op zondag) tussen Caen, Cabourg, Houlgate, Deauville en Honfleur. Verscheidene stopplaatsen in Cabourg, voor het centrum stap je best af vlak bij het stadhuis (halte Pasteur).

🚲 Fietsenverhuur: *BMT 4x4.* ☎ *06 60 94 25 41 (gsm).*

DOORSNEEPRIJS TOT ZEER LUXUEUS

🏨 **Hôtel du Parc:** *Avenue du Général-Leclerc 31-33.* ☎ *02 31 91 00 82.*
●*info@hotelduparc-cabourg.com* ●*hotelduparc-cabourg.com. Vlak bij het centrum, dicht bij de kerk. Tweepersoonskamers voor € 56 tot 68; gezinskamers voor € 68 tot 79. Voordelige prijzen in het weekend als je boekt via internet.* Een leuk vakantiehotel, tegenover de Dienst voor Toerisme. Eenvoudige, maar recent vernieuwde kamers. Zeer comfortabel voor deze prijs. Vriendelijke ontvangst.

🏨 **Hôtel Castel Fleuri:** *Avenue Alfred-Piat 4.* ☎ *02 31 91 27 57.*
●*info@castel-fleuri.com* ●*castel-fleuri.com. Gesloten in januari. Tweepersoonskamers voor € 74 tot 85, afhankelijk van het comfort, ontbijt inbegrepen. Suite voor € 157. Wifi.* 200 m van het strand in een fraaie woning (vroeger een familiepension) te midden van een leuke tuin waar je 's ochtends bij de eerste zonnestralen heerlijk kunt ontbijten en waar je je ook kunt nestelen in een gemakkelijke ligstoel, in de schaduw van de bloeiende bomen. Kleine kamers (vooral de badkamer), maar heel proper, comfortabel en aangenaam. Een fris, rustig en stijlvol ingericht hotel.

⊞ HÔTEL LE COTTAGE: *Avenue du Général-Leclerc 24.* ☎ 02 31 91 65 61.

● *le-cottage14390@cabourg.fr* ● *hotel-cottage-cabourg.com. Tegenover de kerk. Jaarlijks verlof: van 8 tot 31 januari. Tweepersoonskamers voor € 59 tot 89. Wifi.* Veertien, leuk vernieuwde kamers met alle comfort. De duurste hebben zelfs een bubbelbad. Typisch Normandisch huis vlak langs de weg, maar de kamers zijn rustig (leve de dubbele beglazing!). In het hoogseizoen kun je even verpozen in een mooie bloementuin.

⊞ HÔTEL DE PARIS: *Avenue de la Mer 39.* ☎ 02 31 91 31 34.

● *hotel-de-paris-cabourg.fr. Midden in het stadscentrum, aan de hoofdstraat, in een imposant vakwerkhuis op de hoek. Gesloten in januari. Tweepersoonskamers voor € 57 tot 68, afhankelijk van het seizoen. Parkeerterrein (niet gratis).* Gastvrij hotel met niet al te grote, maar wel functionele kamers die fleurig en helder ingericht zijn. Mooi gerenoveerd. Op de benedenverdieping is er een leuk café. Doorgaans prima bediening en hartelijke ontvangst.

⊞ RÉSIDENCE MONTAIGU: *Avenue de la Marne.* ☎ 02 31 28 10 70

● *montaigu@odalys-vacances.com. Reken op € 255 tot 820 voor 4 personen per week, afhankelijk van het seizoen. Een overnachting voor € 74 per appartement, naargelang de beschikbaarheid. Gesloten van half januari tot eind februari.* Ideaal gelegen in het stadscentrum, tegenover het marktplein, vlak bij het strand en de hoofdstraat. De appartementen van deze residentie zijn volledig uitgerust en hebben ook een balkon of een terras. Wie graag uitslaapt, vraagt best een appartement aan de tuinkant (veel rustiger).

⊞ L'ARGENTINE: *Jardins du Casino 3.* ☎ 02 31 91 14 25.

● *argentinecabourg@aol.com* ● *argentinecabourg.com. Reken op € 55 tot 147, naargelang het comfort en het seizoen; € 102 tot 167 voor 3 tot 4 personen.* In een prachtige villa tegenover het Grand Hôtel (alle kamers komen erop uit). Deze woning heeft al wat meegemaakt en is beslist niet zo schitterend en fonkelend als haar beroemde buur, maar ze is zeker niet minder proustiaans! Alle kamers zijn ruim (behalve eentje), helder en netjes, ook al geven ze een ietwat verouderde indruk. Voor de romantische zielen is er zelfs een kamer met eigen balkon. De gemeenschappelijke ruimtes zijn niet zo luxueus en lijken er wat slordig bij te liggen, maar er heerst wel een gemoedelijke sfeer en je kunt altijd terecht in de kleine tearoom om je 's winters bij de haard te verwarmen of op het terras om te genieten van de zonnewarmte. Mooi aanbod van thee, ook pannenkoeken, ijs en soms taart van de dag.

ETEN

Wat moeten we hierover zeggen? Niet echt een verheugende keuze (en volgens ons te duur!), maar toch een paar mooie uitzonderingen ...

GOEDKOOP TOT EEN BEETJE LUXUEUZER

⊠ LE BALIGAN: *Avenue Alfred-Piat 8.* ☎ 02 31 24 10 92.

● *info@lebaligan.fr. Volg de Avenue de La Mer die vertrekt bij de Dienst voor Toerisme en neem vervolgens de tweede straat rechts. Gesloten op woensdag. Jaarlijks verlof: van half december tot half januari. Lunchmenu's voor € 14,90; andere menu's voor € 26,50 tot 50.* Een establisement van de groep Bougnat (zie 'Eten' bij Dives-sur-Mer), waar de producten van de zee met liefde en vakmanschap worden verwerkt. De beste prijs-kwaliteitverhouding voor visgerechten in de stad, zelfs voor het goedkoopste menu. De liefhebbers kunnen hier kiezen uit de grote tenen mand die aan tafel wordt gebracht ... de vangst van de dag: zonnevis, zeetong, rog ... De vis wordt volgens de wensen van de klant klaargemaakt en je betaalt per gewicht. Chique eetzaal met sepiafresco van de aarde en de zee. Verse producten, professionele bereiding, goedlachse bediening. Wat wil je nog meer?

⚅ LE BEAU SITE: *Avenue Foch 30.* ☎ *02 31 24 42 88.*
● *gary.lebeausite@orange.fr. Komt uit op de promenade Marcel-Proust. Gesloten op maandag en dinsdag. Jaarlijks verlof in december. Menu's voor € 16 ('s middags en buiten het seizoen); andere menu's voor € 28 tot 37. Reken op € 40 à la carte.* Ideale ligging, tegenover de zee. Eetruimte met grote ramen en een vrij chic, maar verouderd interieur. Iets te klassieke zeekeuken, niet echt verheven.

WAAR MOET JE ZIJN VOOR HET BESTE VAN CABOURG?

⊡⚅⛶ GRAND HÔTEL DE CABOURG: *Promenade Marcel-Proust.* ☎ *02 31 91 01 79.*
● *H1282@accor.com* ● *mercure.com. Tweepersoonskamers voor € 150 tot 360, afhankelijk van het comfort, het uitzicht, het seizoen en de aanbieding. Ontbijt voor € 19, brunch voor € 55.* Dit paleis dankt zijn mythische sfeer aan Marcel Proust die er vaak kwam en er ook een eigen kamer had. Vier sterren, met uitzicht op de zee ... dus vanzelfsprekend erg duur, maar als je toch eens uitzinnig wilt doen, houd je best de website in het oog want daar staan vaak mooie aanbiedingen op. In sommige winterweekends valt de prijs echt mee. De rest van het jaar kun je van deze ouderwetse luxesfeer genieten tijdens de zondagsbrunch (duur maar onvergetelijk, met onder andere een buffet van schaal- en schelpdieren waar je zoveel mag van eten als je op kunt!), of bij het consumeren van een madeleinecakeje, net genoeg tijd voor een 'proustiaanse proeverij'! En als de beruchte kamer vrij is, mag je deze misschien wel even inkijken ...

IETS ETEN IN DE OMGEVING

⚅ AU PIED DES MARAIS: *Avenue du Président-René-Coty 26, Le Home Panorama (14390 Cabourg). Als je Cabourg via het westen verlaat, aan de D514.* ☎ *02 31 91 27 55. Gesloten op dinsdag en woensdag (in het seizoen wel 's avonds geopend). Lunchmenu op weekdagen voor € 18; andere menu's voor € 31 tot 51. Reken op € 42 tot 67 à la carte.* Als je buiten staat, denk je dat dit een klein wegrestaurant is. Duw de deur open en ontdek het zelf! De chef is goedmoedig, net zoals zijn keuken. Hij kiest zijn producten en zijn recepten zo uit dat hij zijn klant het beste van het beste kan voorzetten. De liefde voor het vak spreekt ook uit de mooie presentatie van de gerechten. En dit alles voor een heel aanvaardbare prijs. Ook wild en schaal- en schelpdieren. Netjes, maar zeker niet opzichtig ingerichte eetzaal. Het belangrijkste ligt immers op je bord!

WAT IS ER TE DOEN?

Zoals het een badplaats van dit niveau betaamt, biedt Cabourg het hele jaar lang allerhande activiteiten aan: casino, discotheken, zwembad, watersport (onder andere strandzeilen en kitesurfen), golf, tennis, paardrijden ...

EVENEMENTEN

- **Festival du Théâtre universitaire et des grandes écoles:** *in april.* Theaterfestival van de universiteiten en de hogescholen.
- **Festival du film de Cabourg 'Journées Romantiques, Journées européennes':** *een weekend in juni (van donderdag tot zondag). Inlichtingen bij de Dienst voor Toerisme.* Vrijdag- en zaterdagavond kun je op een reusachtig scherm aan de voet van het Grand Hôtel genieten van de grote romantische successen van het voorbije jaar. Niet gratis.
- **Balbec Normand:** *het laatste weekend van juni.* Twee dagen die volledig gewijd zijn aan Marcel Proust, met lezingen, debatten, rondleidingen ...
- **Salon du Livre:** *in augustus.* Boekenfeest.

- **Épona:** *een weekend in oktober.* Internationale wedstrijd van actualiteitenfilms (voor de televisie), gewijd aan het paard.

DIVES-SUR-MER

14160 | 6040 INWONERS

Dives ligt tussen Houlgate en Cabourg, achteraan in de trechtermonding van de Dives. Als je dit dorpje niet echt op je planning zet, ben je er voorbij voordat je het weet. Dus houd even halt en ontdek het schattige centrum dat slechts uit een paar straten bestaat, maar dat toch ongetwijfeld wel de meest gevulde geschiedenis achter zich heeft van alle steden aan de Côte Fleurie, want het was ooit een drukke zeehaven.

> **Dives-'presque'-sur-Mer**
> Willem de Veroveraar zette vanuit Dives koers naar Engeland met 55.000 soldaten en meer dan 700 boten. Een mooie vloot! Maar waar is de zee ondertussen naartoe? Zoals voor vele naburige steden het geval is, heeft de zee zich ook in Dives meer dan 2 km teruggetrokken. Niettemin werd het nu wel wat misleidende suffix in de naam van de stad behouden.

NUTTIGE ADRESSEN

🛈 **Dienst voor Toerisme:** *in het dorp Guillaume-le-Conquérant.* ☎ 02 31 28 12 50 *(gemeentehuis) of 02 31 91 24 66 (in de zomer).* 🛈 *Dagelijks geopend in de paasvakantie en van 15 juni tot 15 september, ook tijdens de drukke lenteweekends.*

🚉 **Station van Dives-Cabourg:** *aan de rand van Dives, als je van Cabourg komt.* ☎ 3635 *(€ 0,34 per minuut).* In het weekend rijden er een paar treinen naar Parijs (je moet overstappen in Trouville-Deauville). In het seizoen zijn er dagelijks verbindingen.

🚲 **Fietsenverhuur:** *Dives performance, Rue du Général-de-Gaulle 84.* ☎ 02 31 91 78 08. *Aan de rand van Dives, als je van Cabourg komt. Van dinsdag tot zaterdag geopend van 9.15 tot 12.30 u en van 14.30 tot 19.15 u.* Winkel en hersteldienst; verhuurt mountainbikes, alleterreinfietsen en gewone fietsen (vanaf € 12 per dag). In het hoogseizoen moet je wel even aanschuiven om te zien of er nog een stalen ros voor jou over is.

- **Markt:** *het hele jaar op zaterdagochtend en in het seizoen ook op dinsdagochtend. In de zomer is er ook op maandagochtend markt in Port-Guillaume.*

SLAPEN EN ETEN

CAMPING

🏕 **CAMPING DU GOLF:** *Route de Lisieux.* ☎ 02 31 24 73 09. ● *campingdugolf@wanadoo.fr* ● *campingdugolf.com.* 🛈 *Ongeveer 2 km van Dives-sur-Mer, langs de weg naar Lisieux (je bent dus best gemotoriseerd). De camping ligt aan het einde van een klein, bebost straatje. Geopend van april tot september. Voor 2 personen in het hoogseizoen, met tent en auto, betaal je € 17. Verhuur van mobilhomes (€ 149-549 per week) en zelfs tipi's. Je moet betalen om te douchen.* Deze camping ligt helemaal verborgen in een mooi stukje natuur. Klein, maar netjes onderhouden staanplaatsen. Veel bloemen en veel groen. Ook goede informatie over de streek.

DOORSNEEPRIJS TOT ZEER LUXUEUS

🍴 **CHEZ LE BOUGNAT:** *Rue Gaston-Manneville 27.* ☎ 02 31 91 06 13. ● *chezlebougnat@orange.fr. In het centrum. 's Avonds gesloten (behalve op donderdag, vrijdag en zaterdag). Jaarlijks verlof: van half december tot half januari. Lunchmenu op weekdagen voor € 14,90; andere menu's voor € 27,50. Reken op € 30 tot 35 à la carte.* In dit ongelofelijke rommelkasteel (over twee verdiepingen van een gewezen ijzerhandel) staan de snuisterijen al jaren op exact dezelfde plaats. Keuken met traditionele gerechten. Voor wie geen vlees lust, is er nog altijd de 'vis van de dag'.

🅇 Hostellerie Guillaume le Conquérant: *Rue d'Hastings 2.* ☎ 02 31 91 07 26.

●*restaurantguillaumeleconquerant@orange.fr. In het centrum. Gesloten op zondagavond, op maandag en op woensdagavond, behalve in juli en augustus. Jaarlijks verlof: een week in juni en een paar dagen eind november. Formule voor € 15 en weekmenu voor € 17; andere menu's voor € 28 tot 54.* Voormalig poststation met een rijke geschiedenis. In deze typische herberg uit de 16de eeuw was op het einde van de 17de eeuw Madame de Sévigné te gast. Later werd dit een luxehotel waar heel wat personaliteiten verbleven: Boudin, Alexandre Dumas, Poincaré, Churchill ... Luxueus restaurant met een verfijnd antiek interieur en aanlokkelijke specialiteiten. Aangenaam terras in het hart van het Village Guillaume-le-Conquérant (zie bij 'Wat is er te zien?').

SLAPEN EN ETEN IN DE OMGEVING

🛏🅇 Maison & table d'hôte 'Les Collines de la Mer': *14160 Périers-en-Auge.*

☎ 02 31 28 99 51. *Ongeveer 3 km van Dives-sur-Mer en 5 km van Cabourg. Neem in Dives richting Dozulé en volg de A13 tot aan de rotonde. Daarna is Périers-en-Auge aangeduid. Reken op € 59 voor twee personen; een maaltijd kost € 27, dranken inbegrepen.* Slechts 2 kamers in deze stevige Normandische woning van 1850. Ruim, gezellig en in zachte kleuren gehuld. Mooie, wilde tuin achteraan met uitzicht op de omliggende heuvels. De chef kookt heel lekker: *confiture de lait* (melk gekookt met suiker en een vanillestok), vistaartjes ... echt om je vingers af te likken!

WAAR KUN JE LEKKERE PRODUCTEN KOPEN?

🍴 La Cave de l'Abbaye: *Place de la République.* ☎ 02 31 28 04 37.

Net naast de oude hallen. In het seizoen dagelijks (behalve op zondagmiddag) geopend van 10.00 tot 12.30 u en van 15.00 tot 19.30 u. In de kelders van de vroegere woning van de havenluitenant. Verkoop en proeverij van calvados uit het Pays d'Auge. Uitleg over de fabricatie van calvados en pommeau.

WAT IS ER TE ZIEN?

🔻🔻🔻 **Village Guillaume-le-Conquérant:** *tussen de Rue d'Hastings en de Rue de la Baronnie, vlak bij de hallen.* Een opeenvolging van kleine winkeltjes, restaurants, antiekzaken en ambachtslui met een leuk middeleeuws sfeertje. De gebouwen werden in zuiver Normandische stijl gerestaureerd en kijken uit over vier binnenplaatsen, waarvan eentje in Lodewijk XIV-stijl (subliem!). Veel beeldhouwwerk en enkele prachtig versierde oude gevels: bewerkte balken, bakstenen galerij, kleine klokkentoren, kunstig bewerkte vensters, bloembakken, smeedijzeren hekken ... Op een van de binnenplaatsen staat een monumentale granieten Tafel van Apollo.

🔻🔻 **Église Notre-Dame:** *Rue Hélène-Boucher. Neem in de hoofdstraat (Rue Général-de-Gaulle) de Rue Gaston-Manneville. Gesloten van 12.00 tot 14.00 u.* Heel aardig gebouw uit de 11de eeuw. In een van de transepten vind je een Christus uit de 17de eeuw, een reproductie (het origineel werd door de protestanten verbrand) van een beeld dat in de 11de eeuw in de zee werd gevonden. Dit Christusbeeld werd ondergebracht in een kapel en lokte al snel een aanzienlijk aantal pelgrims. Deze kerk moest worden gebouwd om al deze mensen te ontvangen. Dit gebeurde met de financiële steun van Willem de Veroveraar. Het gebouw werd nadien vernield en in de 15de eeuw heropgebouwd. Je ziet er nog altijd een lijst (24 m lang) met de belangrijkste 'sponsors' van de heropbouw, gegraveerd aan de binnenkant van de kerk, net boven de ingang. De flamboyant gotische stijl domineert. Binnen word je getroffen door het licht dat door de verfijnde glas-in-loodramen valt. Een stenen trap leidt naar een galerij waar je een mooi uitzicht hebt op het kerkschip. In de muur van de eerste koorrij zit een opening. Die werd in de 14de eeuw uitgehouwen in de steen opdat de melaatsen de kerkdiensten zouden kunnen volgen zonder iemand te besmetten. Rijk meubilair: schilderijen, polychroom Mariabeeld, 18de-eeuws oksaal van verguld hout ...

¶ ¶ **De hallen:** *als je de kerk verlaat, neem je de Rue Gaston-Manneville en dan de Rue Paul-Canta.* De hallen van Dives zijn indrukwekkend door de afmetingen van hun dak en door hun schitterende gebinte. Zij werden gebouwd in de 14de en 15de eeuw en zijn vandaag nog altijd in gebruik. Je vindt er houten stands en enkele oude uithangborden van smeedijzer: een varken, een paard, een haan ... Het hele jaar door markt op zaterdag en in het hoogseizoen ook op dinsdagochtend.

EVENEMENTEN
- **Festival de la Marionnette:** *half juli.* Meer dan twintig marionettenvoorstellingen op een week tijd.

HOULGATE

14510 | 1910 INWONERS

Aantrekkelijke badplaats die werd gebouwd op het einde van de 19de eeuw, langs een fijn zandstrand. Door zijn ligging tussen de trechtermonding van de Dives en de kliffen *Les Vaches Noires* wist dit stadje te ontsnappen aan de bouwwoede van de projectontwikkelaars. Houlgate heeft een van de mooiste assortimenten villa's van de hele Normandische kust en natuurlijk ook een fraai strand. Langs de zee en op de heuvels in de buurt liggen eigenzinnige chalets, landhuizen uit het einde van de 19de eeuw en luxueuze hotels die getuigen van het prestigieuze verleden van de stad, in de tijd dat bankiers en gekroonde hoofden hier frisse zeelucht kwamen opsnuiven. Napoleon III, Debussy, Saint-Saëns, Sacha Guitry en de hele Europese aristocratie gaven elkaar in deze badplaats rendez-vous. Zola maakte in Houlgate koetstochtjes en Proust kwam er bloemen kopen! Vandaag is Houlgate een meer bescheiden badplaats die in het laagseizoen zachtjes insluimert. Toch blijft het een heel leuke plaats.

NUTTIGE ADRESSEN
🛈 **Dienst voor Toerisme:** *Boulevard des Belges 10.* ☎ 02 31 24 34 79. ● *ville-houlgate.fr. Naast het gemeentehuis. Van Pasen tot Allerheiligen dagelijks geopend; de rest van het jaar van maandag tot zaterdag.* Het hele jaar door worden er rondleidingen georganiseerd rond drie thema's: 'Houlgate au temps de la belle époque' (Houlgate ten tijde van de belle époque), 'Villas et Jardins' (Villa's en tuinen) en 'Illustres Villégiateurs' (Beroemde vakantiegangers). Deze rondleidingen duren telkens anderhalf uur. Reserveren verplicht. Prijs: ongeveer € 5 per persoon.

🚌 **Bussen (Bus Verts):** ☎ 0810 214 214 *(tarief van een lokaal gesprek).* ● *busverts.fr.* Regelmatige busverbindingen tot 20.00 u (op zondag veel minder). Bus 20 rijdt tussen Caen, Cabourg, Houlgate, Deauville en Honfleur. Drie haltes in Houlgate, waarvan een aan de Dienst voor Toerisme en een aan het strand.

🚉 **Treinstation:** *Avenue de la Gare.* ☎ 36 35 *(€ 0,34 per minuut).* In het weekend altijd een tot drie treinen naar Parijs met aansluiting in Deauville-Trouville; in de zomer ook op weekdagen. Het station zelf is gesloten, je moet dus een kaartje nemen op de trein of in het station van Dives-sur-Mer (zie 'Nuttige adressen' bij Dives).

SLAPEN EN ETEN

In Houlgate vind je vooral gezinswoningen die overgegaan zijn van generatie op generatie, wat misschien het beperkte aanbod van eet- en slaapgelegenheden in deze stad verklaart. Je kunt natuurlijk altijd buiten de stad gaan zoeken of in de naburige steden. De onderlinge afstand is immers te verwaarlozen.

CAMPINGS

▲ CAMPING DE LA PLAGE: *Rue Henri-Dobert 59.* ☎ 02 31 28 73 07.

●*campingdelaplagehoulgate@orange.fr* ●*camping-houlgate.com. Geopend van 1 april tot 31 oktober. Reken op € 16 per nacht voor twee personen (in het hoogseizoen). Verhuur van volledig uitgeruste chalets en mobilhomes, met terras en uitzicht op de zee (€ 150 tot 650 per week). Origineel: verhuur van tipi's en woonwagens. Ook fietsenverhuur (€ 8 per dag).* Kampeerterrein met rechtstreekse toegang tot het strand. Een ander voordeel, vooral voor niet-gemotoriseerde trotters: midden in het centrum (maar toch in het groen) met alle diensten binnen handbereik. Niet meer dan zestig staanplaatsen voor tenten; langs de kustlijn is er plaats voor kampeerauto's. Beperkte voorzieningen, maar het sanitair is in heel goede staat. Wasmachines en kleine bar. Achteraan heb je een mooi uitzicht op de kliffen *Les Vaches Noires.*

▲ CAMPING DE LA VALLÉE: *Rue de la Vallée 88.* ☎ 02 31 24 40 69.

●*camping.lavallee@wanadoo.fr* ●*campinglavallee.com. Achter het CREPS (Centre Régional d'Éducation Populaire et de Sport). Geopend van 1 april tot 11 oktober (de verhuringen tot 1 november). Reken op € 30 voor twee personen met auto en tent (in het hoogseizoen). Verhuur van mobilhomes en bungalows (€ 300 tot 720 per week, afhankelijk van het seizoen).* Grote viersterrencamping met verwarmd zwembad, kruidenier, tennis ... Midden in het groen en omgeven door de bosrijke heuvels van de stad. Zeer proper en heel goed georganiseerd.

DOORSNEEPRIJS TOT LUXUEUS

🏨 HOTEL SANTA CECILIA: *Avenue des Alliés 25.* ☎ 02 31 28 71 71.

●*hotel.santa.cecilia@wanadoo.fr* ●*hotel-santa-cecilia.com. Tussen de Rue des Bains en de Boulevard des Belges. In een straat die haaks staat op de hoofdstraat. 100 m van het strand. Tweepersoonskamers voor € 57 tot 74. Wifi.* Op de houten trap van deze pittoreske kustvilla van 1880 lijkt het alsof je elk ogenblik heren met gestreepte zwempakken en snorren als fietssturen zou kunnen kruisen. De salon, waar het ontbijt wordt opgediend, is in dezelfde stijl, met veel houtwerk en namaaktapijten. Een van de kamers, ingericht in de voormalige rokerij, heeft nog het geschilderde plafond van vroeger.

🍴🛏 AUBERGE DES AULNETTES: *Route de la Corniche.* ☎ 02 31 28 00 28.

●*marcelle.robert4@wunadoo.fr.* 🍴 *(restaurant). Ongeveer 2,5 km van Houlgate, rechts aan de weg naar Villers. Dagelijks geopend van half februari tot half november. De rest van het jaar geopend in het weekend en tijdens de schoolvakanties. Gesloten van 10 tot 26 december en van 5 tot 10 januari. Tweepersoonskamers voor € 44 tot 64, afhankelijk van het comfort; gezinskamers voor € 74 tot 84. Halfpension verplicht van begin april tot eind september: € 61 per persoon. Lunchformule voor € 15 en menu's voor € 18 tot 44.* Traditionele Normandische herberg die heel leuk oogt dankzij de tuin en de groene luiken. De keuken is in orde, maar de kamers zijn een beetje verouderd. Mooie, neorustieke eetruimte en streekkeuken: gevogelte van de boerderij, Normandische camembert, gebakken zeetong met gekonfijte tomaten ... Bij mooi weer kun je in de tuin eten.

🛏 SALON DE THÉ DUTEIL: *Rue des Bains 33.* ☎ 02 31 24 82 12.

Buiten het seizoen alleen geopend in het weekend (behalve tijdens de schoolvakanties); in het seizoen dagelijks geopend, behalve op maandag en dinsdag. Pannenkoekenhuis-ijssalon-tearoom met verrukkelijke ijscoupes.

⊠ **L'Éden**: *Rue Henri-Fouchard 7.* ☎ 02 31 24 84 37.

● *info@eden-houlgate.com. Gesloten op maandag en dinsdag, behalve tussen 10 juli en 30 augustus. Jaarlijks verlof: van 2 januari tot 6 februari en een week in oktober. Menu's voor € 21 tot 43.* Bekend om zijn vis en zijn schaal- en schelpdieren. Kleine eetruimte (en verwarmde tuin!) met een halfklassiek, halflandelijk interieur. Een sympathiek adresje.

SLAPEN IN DE OMGEVING

▣ **Chambres d'hôte 'La Ferme des Glycines'**: *Carrefour Malherbe, 14510 Gonneville-sur-Mer.* ☎ 02 31 28 01 15. *Neem in Houlgate de D24 in de richting van de golf en het CREPS. Rijd voorbij de golf en de spoorwegbrug en sla op het eerste kruispunt links af (D142). Deze gastenkamers bevinden zich 50 m verder, aan de linkerkant (aangeduid met borden van 'Gîtes de France'). Opgelet: aan de weg kun je de kleine groep huizen niet zien. Geopend van Pasen tot Allerheiligen. Reserveren noodzakelijk. Reken op € 56 voor twee personen.* Prachtige gastenkamers omgeven door velden en fruitbomen. In een huisje dat een beetje apart staat, zijn drie grote kamers ondergebracht, waarvan twee met mezzanine voor gezinnen. Wat moeten we nog meer zeggen? Fris en koket ... zodra je je reistas hebt neergezet, wil je er de hele vakantie blijven!

WAT IS ER TE ZIEN?

▣ **Het strand:** een mooie zandvlakte, begrensd door de promenade Roland-Garros. Aan het einde ligt een leuk casino. Erachter staat het gewezen *Grand Hôtel*, dat in 1870 werd gebouwd en werd beschouwd als het eerste luxehotel aan de kust. Het pand is nu opgedeeld in luxeappartementen, maar de eigenaardige architectuur met baksteen en natuursteen is bewaard gebleven. Het gebouw heeft een grote ronde toren en doet een beetje denken aan een kasteel.

🌂🌂🌂 **De villa's:** een van de belangrijkste aantrekkingspunten van deze badplaats. De gebouwen zijn heel uiteenlopend van stijl, zelfs al werden ze in een relatief korte tijdspanne gebouwd (tussen 1860 en 1914). In Houlgate staan zowat 300 opmerkelijke villa's. Maak een wandelingetje door de Rue Henri-Dobert (parallel aan het strand) en ontdek op nummer 26 het mooie geheel van de zogenaamde 'Amerikaanse' villa's (*Tacoma, Juniata Minnehama, Merrimac, Columbia*). Aan de overkant, op de nummers 15 en 13, staan de merkwaardige tweelingvilla's *Sirènes* en *Courlis* ... Aan de Avenue du Sporting, die naar de in 1906 opgerichte tennisclub leidt, staat op nummer 32 de schitterende villa *Le Castel*, met vakwerk en torentjes. In de Route de la Vallée, even verderop, mag je de *Manoir Beuzeval* en de hoge *Villa Madeleine* niet missen, grotendeels bedekt met klimop. Ook de fabelachtige *Moulin Landry*, die een beetje verloren ligt langs de schattige en al een beetje landelijke Chemin de la Cascade moet je gezien hebben. Deze oude molen werd in 1850 vergroot om als woning te dienen en werd nadien nog vervolledigd met een hele reeks neo-Normandische bijgebouwen ...

Eclectisch

Tijdens het tweede deel van de 19de eeuw draaide de architectuur op een laag pitje. De gegoede burgers die op dat moment hun nieuwe rijkdom wilden tentoonspreiden door zich een optrekje aan zee te verschaffen, gingen te rade bij de bouwstijlen uit het verleden: Engelse cottages, gotische landhuizen, rococokastelen, Zwitserse chalets, middeleeuwse of Moorse minipaleizen ... Dit gebrek aan architecturale creativiteit kreeg een naam: eclecticisme! Een welvoeglijke manier om een stijl te benoemen die eigenlijk geen stijl was.

🪶🪶 Mooi **panorama** langs de Corniche, in de richting van Villers-sur-Mer (zie de rubriek 'In de omgeving van Villers-sur-Mer'), maar ook bij het kasteel van Caumont, meer naar het westen toe. Vanuit de Rue des Bains, richting Dives, sla je links de Rue de Neufville in en dan rechts de Rue de Caumont tot aan de Avenue Foucher-de-Careil. Ga rechtdoor. Het kasteel is privébezit, maar op de heuvel heb je een schitterend uitzicht.

WAT IS ER TE DOEN?

De klassieke activiteiten: casino (met een neokoloniaal ingerichte bar, de Tanka, die geopend is vanaf 18.00 u; in de zomer thema-avonden of concerten vanaf 22.00 u), watersport (onder andere zeilen, kitesurfen), tennis, paardrijden, zwembad, golf ...

EVENEMENTEN

- **Plein Vent:** *in de lente. Gratis.* Festival met allerhande activiteiten in het teken van de wind: vliegeren, kitsurfen, strandzeilen, deltavliegen ... Demonstraties en initiatie.
- **Les Kiosqueries estivales:** *van begin juni tot eind augustus.* Elke week op vrijdag een gratis concert in de muziektent, midden in het park, vlak bij het station. Verschillende muziekstijlen.
- **L'Été musical:** *in juli en augustus. Niet gratis.* Klassieke concerten.
- **FestiJazz:** *het derde weekend van augustus (van donderdag tot zaterdag), driemaal per dag.* Gratis New Orleans jazzconcerten een beetje overal in de stad.
- **Festival du Film européen:** *vijf dagen in de herfst.* Voorvertoning (niet gratis) van een selectie Europese films in het casino en in de bioscoop. Ook een programma voor kinderen.

VILLERS-SUR-MER

14640 | 2560 INWONERS

Sympathieke badplaats waar het in de zomer heel druk is. Immens strand met een promenade van bijna 2 km. Bij mooi weer staat het centrum van het stadje vol bloemen. Je ziet er ook veel oude villa's die gelukkig ontsnapt zijn aan de projectontwikkelaars. Deze laatste hebben zich vooral geconcentreerd op het oostelijk deel van de stad (het deel dat 'Villers 2000' wordt genoemd). De meridiaan van Greenwich doorkruist Villers ter hoogte van de merkpaal op de zeedijk. Je kunt bij laagtij prachtige wandelingen maken langs de indrukwekkende *Falaises des Vaches Noires* of je kunt in het moeras vogels gaan observeren. En dan is er natuurlijk ook nog het molenpad dat de loop volgt van een betoverende beekje ...

NUTTIG ADRESSEN

🅘 **Dienst voor Toerisme:** *Place Jean-Mermoz, aan het strand.* ☎ 02 31 87 01 18. ● villers-sur-mer.fr. *Dagelijks geopend, behalve op zondagmiddag van half november tot half december en in januari.* Vrij volledige brochure over het stadje en jaarkalender van de evenementen. Organiseert thematische rondleidingen waarbij je de sporen van de impressionisten volgt of meer te weten komt over de vele kustvilla's. Ook natuurwandelingen: 'Villers, terre de géologie' (Villers, geologische stad). Je kunt bij de Dienst voor Toerisme zelf of bij de eerstehulppost op de dijk fietsen huren (€ 3 voor een halve dag en € 5 voor een hele dag). Verkooppunt van de *Pass Privilège* die recht geeft op kortingen en gratis aanbiedingen bij de deelnemende partners.

🚲 **Fietsenverhuur:** *bij mijnheer Laffers, aan de promenade.* ☎ 06 76 85 52 49 *(gsm).*

- **Markt:** *Place du marché.* In het seizoen dagelijks en buiten het seizoen op dinsdag- en vrijdagochtend.

CAMPING

CAMPING LE BELLEVUE: *Route de Dives.* ☎ 02 31 87 05 21.

● camping-bellevue@wanadoo.fr ● camping-bellevue.com. *Ongeveer 1,5 km van het stadscentrum, op de heuvels van Villers, in de richting van Houlgate. Geopend van april tot oktober. Reken op € 20 voor 2 personen met tent of caravan en auto (in het hoogseizoen). Verhuur van mobilhomes (€ 250 tot 680 per week).* Heel propere en goed uitgeruste driesterrencamping (zwembad, wasmachines, speeltuin ...). De staanplaatsen op het licht heuvelachtige terrein (met misschien iets te veel mobilhomes) baden in het groen en bieden de kampeerders voldoende privacy.

DOORSNEEPRIJS TOT IETS LUXUEUZER

HÔTEL DES FALAISES: *Rue Maréchal Foch 15.* ☎ 02 31 88 15 15.

● hoteldesfalaises@orange.fr ● hoteldesfalaises.com. *Tweepersoonskamers voor € 55 tot 66, afhankelijk van het seizoen; gezinskamers voor € 75 tot 86.* Een schattig hotelletje aan zee (maar zonder uitzicht op het ruime sop) dat door de nieuwe eigenaars volledig gerenoveerd werd. Tien knappe en fleurig ingerichte kamers in een retrogebouw. Goede prijs-kwaliteitverhouding in alle seizoenen.

CHAMBRES D'HÔTE LES CHAMPS RABAT: *bij Stéphanie en Nicolas Simar, Route de Beaumont.* ☎ 02 31 87 10 47. ● contact@fermeleschampsrabats.com ● fermeleschampsrabats.com. *Neem in Villers de D118 die via Beaumont-en-Auge naar Pont-l'Évêque gaat. Reken op € 55 voor twee personen.* Charmante boerderij met nog echte boeren. Vier mooie kamers (waaronder ook gezinskamers). Ze dragen allemaal namen van vogels: Mésange (mees), Rossignol (nachtegaal) ... Comfortabele bedden en stijlvolle meubels. In de eetkamer kun je door de grote ramen van op een hoogte de zee en Villers bewonderen. Uitermate vriendelijke ontvangst door de jonge eigenaars. Sympathiek adres, heel rustig gelegen en toch slechts enkele minuutjes van de stad.

CHAMBRES D'HÔTE, VILLA LE MONTIVERT: *bij mijnheer en mevrouw Bidart, Chemin du Château. Als je ernaartoe wilt, bel je best even de eigenaars.* ☎ 02 31 87 14 84 of 06 87 22 58 73 (gsm). ● cebi@club-internet.fr ● lemontivert.com. *Reken op € 90 tot 130 voor twee personen, € 155 voor 3 tot 4 personen.* Dit karaktervol kasteeltje ligt op de heuvels van Villers en kijkt uit op een prachtig gazon dat in de verte lijkt over te gaan in de zee. Vijf kamers met elk de naam van een grootmoeder uit deze familie: Manédith en Victorine in de nieuwe vleugel, Madeleine op de benedenverdieping en ten slotte Pascaline en Augustine op de verdieping! In sommige kamers heb je een prachtig uitzicht op de zee. Overal zachte en warme kleuren (blauwgroen, terrasiena, lichtgroen ...) en antieke meubels. Volledige rust gegarandeerd. Hartelijke ontvangst.

CHAMBRES D'HÔTE, LA PETITE CHAUMIÈRE: *Avenue de la Brigade-Piron 91-93bis.* ☎ 02 31 87 22 89 of 06 78 52 56 71 (gsm). *Reken op € 55 voor twee personen en € 75 tot 110 voor 3 tot 4 personen.* Ghislaine straalt, net zoals haar kleine vakwerkhuis en haar minuscuul tuintje. Slechts een paar 'poppenkamers', landelijk en charmant. Je voelt je er thuis.

AUBERGE LES FRAIS OMBRAGES: *Avenue de la Brigade Piron 38.* ☎ 02 31 14 01 10. *Menu's voor € 15 tot 23. Reken op € 25 à la carte.* Traditionele Normandische keuken met room, champignons, mosterdsaus en kaas op basis van rauwe melk. Stuk voor stuk kwaliteitsproducten. Grote eetzaal met veel licht en tafels waaraan je je uitgebreid kunt installeren. Op de tafels stoffen servetten. Kleine tuin waarin de kroost naar hartenlust kan ravotten terwijl mama geniet van de warme appeltaart.

LE MERMOZ: *Place Jean-Mermoz.* ☎ 02 31 87 01 68. *Van oktober tot maart gesloten op dinsdag, behalve in de schoolvakanties. Jaarlijks verlof: van half december tot half januari. Menu's voor € 12,80 tot 23; € 60 voor het kreeftenmenu.* Uitgebreide en originele kaart, met als uitblinkers de vis en de schaal- en schelpdieren. Elegante eetruimte met veel licht en grote ramen die uitkijken over de zee. Leuk terras in de zomer.

🏠 La Digue de Villers: *Avenue de la République, aan de oostelijke dijk, ongeveer 1,5 km van het centrum.* ☎ 02 31 88 61 47. ● *info@la-digue-de-villers.com.* 🍴 *Formules voor € 16,90 (mosselen) en 20,40; menu's voor € 26 tot 49 (het duurste menu is met kreeft). Reken op € 29-72 à la carte.* Een terras aan het strand, beschermd tegen stuifwater en wind. Je komt hier in de eerste plaats voor de schotel met schaal- en scheldieren: overvloedig, vers en gevarieerd. Jammer van de routinematige bediening.

HEEL LUXUEUS

📧 Hôtel & tearoom Outre-Mer: *Rue du Maréchal-Leclerc 1.* ☎ 02 31 87 04 64.
● *infos@hoteloutremer.com* ● *hoteloutremer.com. Aan zee en vlak bij het centrum. De tearoom is uitsluitend op zaterdag geopend (behalve in bepaalde schoolvakanties). Tweepersoonskamers voor € 98 tot 145, afhankelijk van het comfort, het uitzicht en het seizoen. Ontbijt voor € 13,90 met supplementen (wordt door de chef zelf bereid; om misverstanden te voorkomen best even bij aankomst melden dat je geen ontbijt wenst). 's Avonds kun je een 'cocooning'-schotel reserveren (€ 20). Wifi.* Het hotel ziet er aan de buitenkant heel klassiek uit. Maar zodra je binnenstapt, val je voor de charme van de gedurfde kleuren (roze, groen ...) en de voorwerpen in het interieur die met zorg uitgekozen werden en elk een eigen plaatsje kregen (tenen stoelen ...). De kleurrijke droom gaat verder in de kamers. Ze zijn allemaal verschillend en heel geslaagd! Sommige hebben zelfs een balkon met uitzicht op de zee. Ook tearoom (zelfgemaakte taarten, verschillende thee- en koffiesoorten). In de zomer kun je hier ook alleen komen ontbijten.

📧🏠 Domaine de Villers: *Chemin du Belvédère.* ☎ 02 31 81 80 80.
● *info@domainedevillers.com* ● *domainedevillers.com. Tweepersoonskamers en suites voor €122 tot 247, afhankelijk van het comfort, het seizoen en eventueel promoties.* Sierlijk gebouw aan de rand van Villers. Vrijwel onbetaalbaar tijdens het seizoen, maar buiten het seizoen interessante aanbiedingen. Dit is ook het beste moment om in alle rust van deze luxeuze omgeving te genieten: een verwarmd binnenzwembad, een haardvuur en gezellige kamers waar volledige stilte heerst. Ideaal om even te 'ontspannen'. Uitstekende en creatieve streekkeuken.

WAT IS ER TE ZIEN?

🔌 **Église Saint-Martin:** *de kerk staat in het centrum van Villers.* Indrukwekkend gebouw met een neogotische klokkentoren. Binnen heel mooie glas-in-loodramen uit de 19de eeuw.

🔌 **Mooie villa's op de heuvels van Villers:** typische kustarchitectuur. Villa Durenne (1854), de oudste van de stad, geeft onderdak aan de Dienst voor Toerisme en het paleontologische museum. Ook de houten pastorie uit de 18de eeuw is de moeite waard, net zoals het stadscentrum met zijn voetgangerszone en zijn markt.

🔌🔌 **Les Vaches Noires:** *bij laagtij kun je ernaartoe wandelen via het strand van Villers.* Verbazingwekkende kliffen van krijt en grijze mergelaarde met een hoogte van ongeveer 100 m. Aan hun voet liggen de rotsblokken waaraan deze plek haar naam dankt: met veel goede wil lijken de met algen begroeide kalksteenrotsen op een kudde koeien. Deze kliffen zijn 90 tot 155 miljoen jaar oud en bevatten een schat aan fossielen (in de hele wereld bekend). De Dienst voor Toerisme heeft een eigen collectie fossielen en binnenkort kun je ook terecht in het geologische museum 'L'Odyssée' (Paléospace, Villers). Dit museum gaat open in 2011.

🔌 **Marais de Villers:** een moerasachtig gebied van zowat 30 ha waar het zoete water afkomstig van de plateaus van het Pays d'Auge werd tegengehouden door een rij duinen die momenteel vervangen is door een dijk. De mens heeft dit natuurgebied aangepast voor de jacht, de landbouw en de zoutwinning. Waterpartij met vogeleiland (witte zwanen, waterhoenen, zwarte meerkoeten, eenden ...).

WAT IS ER TE DOEN?

- **Villers Pass' Tourisme:** voor slechts € 10 kun je met het hele gezin deelnemen aan 10 activiteiten (strandclub, minigolf, fietsenverhuur, manege, kajakvaren op zee, groepsspelen ...). Te koop bij de Dienst voor Toerisme.

- En je kunt ook nog naar het casino gaan of gaan zeilen, paardrijden ...

EVENEMENTEN

Volledig programma van de evenementen beschikbaar bij de Dienst voor Toerisme.

- **Fête de la Tulipe:** *feest van de tulp in april.* Massaal tulpen plukken in de stad. Gastronomische en ambachtelijke markt. Allerhande feestelijkheden met heel veel kleur.

- **Sable Show - Musique sur le Méridien:** *elke dinsdag en vrijdag van juli en augustus, om 21.00 u.* Openluchtconcerten met wereldmuziek. Gratis.

- **Luchtshow:** *in juli.* Een spectaculaire show van zowat tweeënhalf uur boven de zee. Demonstraties van verschillende Franse en buitenlandse escadrilles.

- **Festival des Nouveaux Talents:** *een weekje in augustus.* Dagelijks concerten met kamermuziek door jonge musici, laureaten van de prijs van het Nationaal Conservatorium van Parijs of van internationale wedstrijden.

- **Fête de la Coquille Saint-Jacques:** *het laatste weekend van oktober.* Folkloristische stoet door de straten en proeverij van sint-jakobsschelpen (gemiddeld 10 ton!) en andere streekproducten. Er komt heel wat volk op af.

IN DE OMGEVING VAN VILLERS-SUR-MER

🍴🍴 **La Corniche:** een mooie weg met zeepanorama's. Neem de D513 naar Houlgate en daarna de D163 ter hoogte van Auberville. Voordat je in Houlgate aankomt, neem je net achter de bocht de weg die naar een oriëntatietafel leidt. Je ziet (behalve het schitterende strand van Houlgate) Le Havre en Arromanches liggen. En Engeland aan de overkant ...

DEAUVILLE

14800 | 4520 INWONERS

De chique badplaats bij uitstek, die al van in het prille begin een indrukwekkende plejade van artiesten en vedettes heeft aangetrokken. Deauville werd op het witte doek vereeuwigd door Lelouch in *Un homme et une femme.* De troeven van de badplaats zijn onder andere het twee kilometer lange schitterende fijne zandstrand dat wordt afgezoomd door het beroemde plankier, het koninklijke casino, de luxehotels, de villa's en de renbaan. Sommige mensen zweren bij Deauville. Ze zouden hun zielenheil prijsgeven voor een weekendje in de *Normandy,* om de gala's te kunnen bijwonen en voor grof geld te kunnen spelen in het casino. Er zijn er ook die bij het horen van de naam alleen al geërgerd reageren. Want Deauville is een voorstad van Parijs geworden, een luxueuze catwalk in een Normandisch operettedecor, een badplaats waar de rijken graag gaan paraderen en te koop lopen met hun luxe.

EEN BEETJE GESCHIEDENIS

De badplaats ontstaat pas in 1860 op een moerassig terrein in de buurt van een klein landbouwdorpje. De operatie wordt geleid door een triumviraat van visionaire bouwpromotoren, onder wie een zekere hertog van Morny, de halfbroer van Napoleon III en de kleinzoon van Talleyrand. Ze leggen de moerassen droog en bouwen de renbaan van La Touques. Deauville is gelanceerd, kent een snelle opgang en ... begint daarna aan een roemloos verval, samen met het keizerrijk van Napoleon III. De zee trekt zich verscheidene honderden meters terug en laat een vies en vuil strand achter!

De badplaats leeft weer op in het begin van de 20ste eeuw dankzij de bouw van een casino en twee immense luxehotels: de *Normandy* en de *Royal*. Deze hotels worden tijdens de Eerste Wereldoorlog opgeëist door het leger en gebruikt als ziekenhuis. Na een tweede periode van achteruitgang explodeert Deauville tijdens de Dolle Jaren.

Het is moeilijk om je het succes van deze badplaats tijdens de jaren 1920 voor te stellen. Alle werelddelen geven elkaar rendez-vous aan de Normandische kust! Slavische prinsessen, Indische maharadja's, Amerikaanse industriemagnaten, gangsters met stijl en centen, sportmensen van diverse pluimage, filmsterren, Don Juans in pure operettestijl, gigolo's, parasieten en verstokte gokkers ontmoeten elkaar in Deauville. Het gokspel doet het stadje herleven.

Les Planches, de Champs-Elysées van Normandië, worden aangelegd in 1923. In 1931 geeft het vliegveld het stadje een internationaal imago dat nog wordt versterkt door de aanleg van de spoorweg en de uitbreiding van de jachthaven. Sinds die datum heeft Deauville een onafgebroken aantrekkingskracht uitgeoefend op de groten der wereld, zelfs in tijden van zware financiële crisis. Volgende beroemdheden kwamen hier pootjebaden: de Begum, koning Faroek, de sjah van Iran, Aga Khan, Elisabeth II en Churchill, de impressionistische schilders, Rostropovitch en Rubinstein, Flaubert, Colette en Aristide Briand, Boussac en de Rothschilds. Om er maar enkelen te noemen!

Sinds 1975 heeft Deauville een eigen Amerikaans filmfestival en gaat door als het Cannes van Normandië. De stad ontvangt de helden van het witte doek met open armen: Robert de Niro, Elizabeth Taylor, Kirk Douglas, Clint Eastwood, Steven Spielberg, Roger Moore, Harrison Ford, George Clooney ... Deauville heeft bovendien een internationaal centrum (het CID), een soort festivalpaleis waar allerhande professionele beurzen plaatsvinden, maar dat ook is uitgerust met een zaal voor optredens.

Ook het geluk is alleen weggelegd voor de rijken ...

Op een avond in augustus van het jaar 1930 wint André Citroën een fortuin aan de baccarattafel van het casino van Deauville. Op een uurtje tijd heeft hij verscheidene speelfiches van 100.000 Franse frank voor zich liggen! De autofabrikant toont zich bijzonder gul. Hij doet meteen een 10 CV cadeau aan de spelleiders en een 5 CV aan de croupiers. De rest van zijn winst verdeelt hij onder de landlopers, de geestelijken en, last but not least, onder de hoeren in de stationsbuurt. Later begint hij echter roekeloos te spelen, meer uit passie voor het spel dan uit geldzucht. Op zekere dag zet hij zelfs glimlachend zijn fabrieken in Javel In ... Hij zal alles verliezen.

NUTTIGE ADRESSEN

🚹 **Dienst voor Toerisme (plattegrond A2):** *Place de la Mairie.* ☎0231144000. ●*deauville.org. Het hele jaar geopend*. Vraag naar de evenementenkalender. Hier valt altijd wel iets te beleven! Organiseert in het seizoen ook rondleidingen in de stad die aan de Dienst voor Toerisme zelf vertrekken. Andere thematische rondleidingen voor €5: 'Le circuit des villas' (De route van de villa's), 'Le circuit découverte du monde du cheval' (Op ontdekking in de wereld van het paard) of 'Deauville l'Inspiratrice' (Deauville, de muze).

🚉**Treinstation van Deauville-Trouville (plattegrond B2):** *even voor de Pont des Belges (die beide stations verbindt).* ☎3635 (€ 0,34 per minuut). Mooi stationnetje met vakwerk dat uit een ander tijdperk lijkt te komen. Bagagedepot voor enkele rugzakken. Een tiental treinen naar Parijs, rechtstreeks of met overstap in Lisieux (de rit duurt minstens 2 uur).

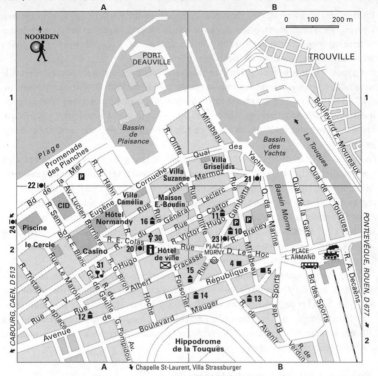

DEAUVILLE

	Nuttige adressen		15	Hôtel Le Chantilly
	Dienst voor Toerisme		16	Hélios Hôtel
	Postkantoor			
	Station Deauville-Trouville			**Iets eten**
	Busstation		20	Le Drakkar en Chez Miocque
4	Cycles Lucas		21	Le Comptoir et la Table
5	Cycles Jamme		22	Bar du Soleil
			23	Le Kraal
	Slapen		24	Les 3 Mages
10	Hôtel Les Sports			
11	L'Espérance			**Een lekker ijsje eten**
12	Le Patio		30	Martine Lambert
13	Hôtel du Polo			
14	Hôtel de la Côte Fleurie			**Iets drinken, muziek beluisteren**
			31	Brok Café

Busstation (plattegrond B2): *net naast het treinstation. Maatschappij 'Bus Verts'.* ☎ *0810 214 214 (tarief van een lokaal gesprek).* ● *busverts.fr. Verbindingen met alle badplaatsen van de Côte Fleurie, met Caen, Pont-l'Éveque en Lisieux.*

Taxi's: *Place de la Gare.* ☎ *02 31 88 35 33. Ook Central Taxis:* ☎ *02 31 87 11 11.*

Fietsenverhuur: *Cycles Lucas (plattegrond B2, 4), Avenue de la République 92.* ☎ *02 31 88 53 55. Cycles Jamme (plattegrond B2, 5), Avenue de la République 11bis.* ☎ *02 31 88 40 22. Reken in beide gevallen op €13 tot 16 per dag en €40 per week.*

- **Strandhulpdienst:** ☎ *02 31 88 31 70 (enkel in juli en augustus).*

- **Markt:** *Place Morny. Zie de rubriek 'Waar kun je lekkere producten kopen?'.*

SLAPEN

Vergeet niet dat je ruim van tevoren reserveert voor de weekends en de schoolvakanties.

DOORSNEEPRIJS TOT LUXUEUS

📧 HÔTEL LES SPORTS (PLATTEGROND B2, 10): *Rue Gambetta 27.*

📞 02 31 88 22 67. ●*blin.remy@wanadoo.fr. Achter de vishallen. Gesloten op zondag buiten het seizoen. Ook gesloten in maart, in november en een week in juni. Tweepersoonskamers voor € 57 tot 66 met badkamer. Lunchformule voor € 12,50. Reken op € 14 à la carte.* Negen kamers (waarvan twee met balkon) boven een volkscafé. Comfortabel hotel.

📧 L'ESPÉRANCE (PLATTEGROND B2, 11): *Rue Victor-Hugo 32.*

📞 02 31 88 26 88. Fax 02 31 88 33 29. *In het centrum, achter de markt. Jaarlijks verlof: twee weken eind juni, begin juli. Tweepersoonskamers voor € 37 tot 74, afhankelijk van het comfort en het seizoen (bij de goedkoopste is de douche en de wc op de overloop). Halfpension verplicht in juli en augustus: € 43 tot 59,50. Voor het restaurant moet je reserveren. Lunchformule op weekdagen voor € 16; andere menu's voor € 23 tot 34.* Rustig en aangenaam huis. Eenvoudige kamers voor een aantrekkelijke prijs. Traditionele keuken.

📧 LE PATIO (PLATTEGROND A2, 12): *Avenue de la République 180.*

📞 02 31 88 25 07. ●*contact@hotel-lepatio.fr* ● *hotel-lepatio.fr. Jaarlijks verlof in februari. Tweepersoonskamers voor € 40 tot 86, afhankelijk van het comfort en het seizoen; gezinskamers voor € 90 tot 120. Bij de goedkoopste kamer is de wc op de overloop. Internet.* Comfortabel hotel in een groot wit gebouw. Uitzicht op een schaduw- en bloemrijke patio (vandaar de naam!) die zorgt voor een aangename koelte. Een eenvoudig adres met redelijke prijzen (voor Deauville toch).

📧 HÔTEL DU POLO (PLATTEGROND B2, 13): *Boulevard Mauger 33.*

📞 02 31 98 16 02. ●*hotelpolo@free.fr* ● *hotelpolo.free.fr. Tweepersoonskamers voor € 45 tot 79, afhankelijk van het comfort en het seizoen.* Vrij ver van zee, maar in een rustige buurt. Klein hotel dat nieuw leven werd ingeblazen door een jong, aardig en gastvrij stel. Een paar leuke kamers (bijvoorbeeld deze rond de kleine patio) en ook een iets kleinere met wc op de overloop.

LUXUEUS

📧 HÔTEL DE LA CÔTE FLEURIE (PLATTEGROND B2, 14): *Avenue de la République 55.*

📞 02 31 98 47 47. ●*info@hoteldelacotefleurie.com* ● *hoteldelacotefleurie.com. Gesloten in januari. Tweepersoonskamers voor € 65 tot 79, afhankelijk van het seizoen. Internet en wifi.* Aardige, heldere en pas vernieuwde kamers in een mooi huis met een heel eigen interieur. Een van de kamers komt uit op het prachtig tuintje dat vol bloemen staat en waar je je in alle rust even kunt ontspannen. Deze kamer is wel iets duurder. Een geweldig adresje. Het lijkt alsof je thuis bent in plaats van op hotel.

📧 HÔTEL LE CHANTILLY (PLATTEGROND A-B2, 15): *Avenue de la République 120.*

📞 02 31 88 79 75. ●*hchantilly@orange.fr* ● *123france.com/chantilly. Gesloten in januari. Tweepersoonskamers voor € 65 tot 95, afhankelijk van het seizoen; driepersoonskamer voor € 85 tot 115. Wifi.* Comfortabele en zeer fleurige kamers (in tegenstelling tot de vrij sombere receptie).

📧 HÉLIOS HÔTEL (PLATTEGROND A2, 16): *Rue Robert-Fossorier 10.*

📞 02 31 14 46 46. ●*hotelhelios@wanadoo.fr* ● *hotelheliosdeauville.com.* 🔧 *In januari twee weken gesloten. Tweepersoonskamers voor € 78 tot 82 (met badkamer), afhankelijk van de standing en het seizoen. Ook gezinskamers met mezzanine. Wifi.* Modern tweesterrenhotel, maar wel met een zogenaamde 'neo-Normandische' gevel. Ideaal gelegen, vlak bij de haven en het stadscentrum. Standaardkamers die vrij onpersoonlijk overkomen, maar die wel voorzien zijn van alle comfort en die onberispelijk proper zijn. Klein zwembad (verwarmd van half juni tot half september) in de patio.

ETEN

Aan goede keukens ontbreekt het niet, maar de rekening is vaak bijzonder gepeperd. Gelukkig zijn de betaalbare restaurants van Trouville niet veraf ...

DOORSNEEPRIJS

☒ LE DRAKKAR (PLATTEGROND A2, 20): *Rue Eugène-Colas 77.*

☎ 02 31 88 71 24. ●*central-hotel@wanadoo.fr.* ♿ *Gesloten op 24 en 25 december. Menu voor € 29. Reken op € 55 à la carte.* Heel bekend restaurant in Deauville. Luxueus interieur, gedistingeerd publiek. Verwarmd terras. Hier kom je vooral voor de vis en de schaal- en schelpdieren. Constante kwaliteit, maar vrij duur. Je kunt er goedkoper van afkomen als je een (copieuze) salade of een klein gerecht bestelt.

☒ BAR DU SOLEIL (PLATTEGROND A1-2, 22): *Boulevard de la Mer.*

☎ 02 31 88 04 74. ●*elecamus@lucienbarriere.com.* ♿ *Aan het plankier. Dagelijks geopend, maar alleen 's middags (bediening van 12.00 tot 15.00 u, in het weekend tot 16.00 u); van half juli tot half augustus wel 's avonds geopend. Van 1 november tot 30 maart (behalve in de schoolvakanties en op feestdagen) geopend van vrijdag tot maandag. Reken op ongeveer € 31 tot 63 à la carte (in feite zijn er ook schotels voor aanvaardbare prijzen).* Mooi aanbod van salades en een mediterraan getinte keuken. Immens terras met elegante parasols. Professionele bediening. Ook een leuke plek om gewoon een glaasje te drinken.

LUXUEUS

☒ LE COMPTOIR ET LA TABLE (PLATTEGROND B1, 21): *Quai de la Marine 1.*

☎ 02 31 88 92 51. *Gesloten op woensdag. Lunchformule voor € 15 en menu voor € 20; 's avonds menu voor € 30 of à la carte voor € 46 tot 63.* Een leuke zeemanskroeg waar een volkse maar toch chique sfeer heerst, met aan de tapkast heel wat vaste gasten. Het terras komt uit op de haven. Je kunt hier 's middags lekker en eenvoudig eten, wat in Deauville niet altijd vanzelfsprekend is. Als je hier 's avonds of in het weekend komt of als je à la carte eet, kan de rekening flink oplopen. Maar je moet toegeven dat de porties ruim zijn en er wordt bovendien alleen gewerkt met kwaliteitsproducten.

☒ LE KRAAL (PLATTEGROND B2, 23): *Place Morny.* ☎ 02 31 88 30 58.

●*sogeda@wanadoo.fr. Formule voor € 19,80; menu voor € 27,50.* Ideaal gelegen aan een fraai pleintje waar op mooie dagen een terras staat. Je komt hier voor de 'snelle' kwaliteitsgerechten, die je zelfs mee naar huis kunt nemen (oesters, gevulde schelpen, eendenfilet met appel ...). Als dessert: warme appeltaart. Gewoon verrukkelijk!

☒ CHEZ MIOCQUE (PLATTEGROND A2, 20): *Rue Eugène-Colas 81.* ☎ 02 31 88 09 52.

Buiten het seizoen gesloten op dinsdag en woensdag; in de schoolvakanties altijd geopend. Jaarlijks verlof: van begin januari tot begin februari. In het hoogseizoen is reserveren noodzakelijk, ook 's avonds en in het weekend. Schotels voor € 18 tot 30. Reken op € 40 tot 60 à la carte. Gereputeerde brasserie, erg geliefd bij de sterren. Fraaie eetruimte met een typisch Parijs interieur. Aan de muren hangen portretten van beroemdheden die hier hebben getafeld. Enkele tafeltjes buiten. Uitgebreide kaart, met onder meer lekkere mosselen in roomsaus of kabeljauw gebakken in olijfolie. Niet goedkoop!

☒ LES 3 MAGES (BUITEN PLATTEGROND VIA A2, 24): *Avenue des Terrasses 1, Deauville-Tourgéville.*

☎ 02 31 88 55 00. ●*les3eric@wanadoo.fr. Volg 'Les Planches' in de richting van Blonville. Buiten het seizoen gesloten op dinsdag en woensdag. Van april tot oktober dagelijks geopend. Menu voor € 28. Reken op ongeveer € 50 à la carte.* Aan de buitenkant een oude Normandische boerderij, binnen een trendy restaurant met een oosters interieur: rode wandbekleding, kussentjes, uitgewerkte houten schermen, gedempt licht en zachte muziek. Strategische ligging aan de zee en helemaal op het einde van het strand van Deauville. Verwarmd terras. Keuken met allerlei invloeden. Uitstekende bediening en vriendelijke ontvangst. Soms zie je er paparazzi om de sterren te fotograferen.

ORIGINEEL ETEN IN DE OMGEVING

🔀 LA GALERIE DE TOURGÉVILLE: *14800 Tourgéville.* ☎ *0231873111.*
● *galerie.de.tourgeville@wanadoo.fr.* 🚆 *Neem in Deauville de D27 richting Pont-l'Évêque. Gesloten op dinsdag en woensdag; in het seizoen op deze dagen alleen 's middags gesloten. Menu voor € 28. Reken op ongeveer € 30 à la carte.* Bij de ingang van deze voormalige kaasmakerij vind je een kunstgalerij met werken van hedendaagse beeldhouwers en schilders. Er is goed nagedacht over het interieur van het restaurant: een oranje-blauwe vis boven de bar, affiches tot aan het plafond ... De gerechten zijn eenvoudig, maar altijd met een originele toets. Op mooie dagen kun je buiten eten. Sympathieke ontvangst. Ideaal voor een lichte maaltijd in een rustige omgeving.

EEN LEKKER IJSJE ETEN

🍦 MARTINE LAMBERT (PLATTEGROND A2, 30): *Rue Eugène Colas 76bis.* ☎ *0231889404.*
Een vijftigtal smaken ijs en sorbet, zonder de seizoensspecialiteiten! Van heel erg klassiek tot gedurfd creatief en origineel. Gemaakt op basis van kwaliteitsvolle boerderijproducten (melk, eieren, room), vers fruit (soms zelfs met de hand geplukt) en natuurlijke aroma's. Probeer de lekkerbek in jezelf toch een beetje te beheersen want anders wordt het echt wel duur!

IETS DRINKEN EN LUISTEREN NAAR MUZIEK

🍹🎵 BROK CAFÉ (PLATTEGROND A2, 31): *Avenue du Général-de-Gaulle 14.* ☎ *0231813081.*
Havanna in Normandië, met margarita's en mojito's (waarvan één met champagne, oh, wat chic!) bij wijze van pommeau en calvados. Latijns-Amerikaanse muziek, wat had je anders gedacht? Leuke bar waar in het weekend heel wat volk over de vloer komt.

UITGAAN EN DANSEN IN DE OMGEVING

🎭 **Les Planches:** *14910 Blonville-sur-Mer.* ☎ *0231875809.*
Ongeveer 6 km van Deauville, in het achterland. Neem de weg naar Blonville, sla links af aan de verkeerslichten (beneden aan de helling) en rijd gedurende 3 km rechtdoor tot aan een kruispunt waar je rechtsaf gaat. Goed bewegwijzerd. In de schoolvakanties dagelijks geopend en buiten het seizoen alleen in het weekend. Toegangsprijs: vanaf € 16 (één drankje inbegrepen), afhankelijk van de naamsbekendheid van de van dienst zijnde dj. Een discotheek die heel bekend is bij de betere Parijse jeugd. Immens gebouw met een verwarmd zwembad, een Cubaanse bar ... Het publiek komt zelden opdagen voor middernacht. In het weekend is het er ongelofelijk druk. House en techno.

WAAR KUN JE LEKKERE PRODUCTEN KOPEN?

🏪 **Markt van Deauville (plattegrond B2):** *Place Morny. In de zomervakantie dagelijks; buiten het seizoen op dinsdag, vrijdag en zaterdag.* Lekkere streekproducten, onder andere de *coup de pied au cul* (letterlijk: 'een trap onder je kont'; kaas met calvados), de *miteux* (die een jaar in de kelder gelegen heeft!), de *cul terreux*, de *vierge folle* met peper en whisky van meesterkaasmaker Henry Pennec. De vismarkt bevindt zich achter de passage.

WAT IS ER TE ZIEN?

🏖 **Het strand (plattegrond A1):** ontegensprekelijk een van de mooiste van Normandië. De fotogenieke veelkleurige parasols zijn het symbool van de badplaats geworden. *Les Plan-*

ches, nog zo'n symbool, lopen langs het oostelijk deel van het strand over een lengte van iets meer dan 1 km. Het plankier heeft een nieuw verlengstuk gekregen van 600 m lang om de in de zomer bijzonder drukke 'boulevard' wat te ontlasten. Let ook op de bloemrijke patio van de openbare badinrichting, de schitterende *Bains pompéiens* (Pompejaanse baden) ...

Op zijn Hollywoods!

Om de Hollywoodstars te bedanken voor hun aanwezigheid in deze badplaats tijdens het Festival van de Amerikaanse Film heeft Deauville, in navolging van Los Angeles, ervoor gekozen om de strandcabines langs Les Planches naar hen te vernoemen. Minder klasse dan de Sunset Boulevard, maar ja ... Bette Davis, Liz Taylor, Rock Hudson, Clint Eastwood en Kirk Douglas werden op deze wijze gehuldigd. Bij de jongere generatie: Michael Douglas (zoon van), John Travolta, Pierce Brosnan en zelfs Matt Damon. Maar zouden zij zich ook echt omgekleed hebben in de cabine met hun naam?

Het casino (plattegrond A2): *Boulevard Eugène-Cornuché.* Immens luxueus gebouw in Lodewijk XV-stijl, waarvan de bouw gestart is in 1912. Het casino werd feestelijk geopend met de Russische balletten, Nijinsky en Chaliapine en heeft sindsdien al heel wat chic volk zien voorbijkomen. Bij voorkeur 's avonds bekijken als de elektrische guirlandes de gevel verlichten. Het heeft toch meer klasse dan de Amerikaanse casino's! Ondanks de democratisering van deze instelling door de aankoop van 360 gokmachines (op de eerste verdieping, inzet vanaf € 0,05) kun je nog altijd mensen tegenkomen in smoking en avondkledij.

De luxehotels (plattegrond A2): aan beide kanten van het casino bevinden zich de meest prestigieuze juwelen van de keten Lucien Barrière, met name de *Royal Barrière* en de *Normandy Barrière*. Het eerste pand is weelderig versierd en heeft z'n naam niet gestolen. Maar wij geven de voorkeur aan de architectuur van het tweede, dat typischer is dankzij het vakwerk. Onlangs gerenoveerd in de oorspronkelijke kleuren, namelijk groen en wit. De suites hebben mythische namen zoals Jane Russell, Robert de Niro ... In de gangen circuleren nogal wat geruchten over de grillen van die beroemde klanten. Kim Basinger zou tijdens een slapeloze nacht dringend een paard hebben besteld om op het strand te galopperen, maar ze roddel zegt er niet bij of ze, net als Lady Godiva, haar strijdros naakt bereed ...

Het stadhuis (plattegrond A2): *Rue Robert-Fossorier 20, op het kruispunt van de Rue Eugène-Colas met de Rue Victor-Hugo.* Aan een aardig pleintje met bloemen en appelbomen. Charmant Normandisch gebouw met een torentje en vakwerk opgevuld met bakstenen.

De kustvilla's: je ziet ze overal, origineel of heel rijkelijk versierd (300 werden geïnventariseerd, geschat en beschermd). De meeste staan langs de *Boulevard Eugène-Cornuché (plattegrond A1-2).* De meest opmerkelijke zijn villa Griselidis op nummer 7, villa Suzanne met bas-reliëfs op de gevel in de Rue Olliffe (nummer 2) en villa Camelia in de Rue Robert Fossorier nummer 2 (mooi gerenoveerd, heel aardig met de witte en rode bakstenen). En de allermooiste is ongetwijfeld de Villa Strassburger (zie verder)

Maison Eugène-Boudin (plattegrond A-B2): *Rue Olliffe 8.* Fraaie woning met houten panelen en een portaal, gebouwd in opdracht van Eugène Boudin. De schilder stierf hier in 1898. Je kunt het huis niet bezoeken.

Villa Strassburger (buiten plattegrond via A2): *springt een beetje in langs de Avenue Strassburger, voorbij de hippodroom. Enkel toegankelijk in augustus op woensdag en donderdag om 15.00 u, behalve als er recepties zijn. Je moet altijd wel eerst bellen voor een afspraak:* ☎ 02 31 88 20 44. *Toegangsprijs: € 3. Gratis voor wie jonger is dan achttien.* Een van de mooiste villa's van Deauville, in Normandische stijl en met klokkentorentjes. Werd in 1907 gebouwd voor de Rothschilds, op de plaats waar voordien een boerderij stond die eigendom was van Flaubert. Het pand werd later overgekocht door Ralph Strassburger: een rijke, Amerikaanse zakenman die getrouwd was met de erfgename van het naaimachine-imperium Singer. Nog later werd de woning geschonken aan het stadsbestuur, die er een receptielokaal van maakte. In een van de salons kun je werken (schilderijen en beelden) van Enrico Campagnola bewonderen.

❧ **De pier:** gebombardeerd maar identiek heropgebouwd na de oorlog. Dit was een van de lievelingsplekjes van Eugène Boudin. Hij kwam hier graag schilderen, genietend van de steeds wisselende lichtinval en het in- en uitvaren van de boten. De grootste pier is 550 m lang en bevindt zich aan de kant van Deauville; de kleinste ligt in Trouville.

WAT IS ER TE DOEN?

Deauville zou Deauville niet zijn zonder het grote zeewaterzwembad, de tennisclub, het watersportcentrum (windsurfen, strandzeilen, catamaran, kajakken, kitesurfen ...), de rijschool, de ponyclub en ... het casino!

EVENEMENTEN

Ontelbaar veel: de stad leeft het hele jaar door. Een volledig overzicht (per maand) vind je bij de Dienst voor Toerisme. Volgende evenementen behoren tot de belangrijkste:

- **Festival du Cinéma asiatique (Aziatisch filmfestival):** *in maart. Inlichtingen:* ●*deauvilleasian. com.* Treedt dit nieuwe festival in de voetsporen van zijn grote broer, gewijd aan de Amerikaanse film? Toegankelijk voor het publiek; vaste dagprijzen.
- **Festival de Pâques:** *in april.* Klassieke muziek. Concerten in de zaal Élie-de-Brignac (niet gratis).
- **Salon du livre Livres & Musiques:** *een weekend in mei.* Groot boekenfeest met signeersessies, beroemde personen en uitreiking van de Prix de la ville de Deauville.
- **Jump'In:** *een weekend in juni (van vrijdag tot zondag).* Groot nationaal springconcours.
- **Deauville International Week:** *begin juni.* Wedstrijd met circa 500 regattazeilers.
- **Swing'in Deauville:** *in juli.* Jazzfestival. Concerten in het casino en in het Centre international van Deauville (niet gratis).
- **Août musical:** *in augustus.* Concerten in de zaal Élie-de-Brignac (niet gratis). Festival van klassieke muziek met jonge solisten die onder de bescherming zijn van de musici van het Festival de Pâques
- **De paardenrennen:** zij maakten deze badplaats beroemd. Deauville heeft twee renbanen: La Touques en Clairefontaine. Het seizoen begint in juli en eindigt normaal gezien in oktober, maar met de nieuwe zandpiste loopt het nu zelfs 's winters door. Er komt heel wat volk op af, vooral eind augustus, als de grote verkoop van jaarlingen plaatsvindt. Volbloeden en dravers veranderen hier voor topprijzen van eigenaar.
- **Het internationaal polokampioenschap:** *in de hippodroom La Touques, in augustus.* Altijd leuk om te zien, zeker als je weet dat Deauville al sinds 1950 het belangrijkste polocentrum van Frankrijk is.
- **Festival du Cinéma américain (festival van de Amerikaanse film):** *jaarlijks, begin september.* ●*festival-deauville.com.* Algemeen bekend. Er worden ongeveer dertig films gedraaid, waarvan enkele in wereldpremière. In tegenstelling tot Cannes kan iedereen hier naar de voorstellingen. Altijd veel volk (en sterren). Let op: in die periode is het behoorlijk moeilijk om een kamer te vinden!
- **Rally Parijs-Deauville voor collectieauto's:** *in oktober, al sinds 1967.* Soto's, Talbots, Dodges en Bugatti's met blinkende carrosserieën, afkomstig uit heel Europa.
- **Equi'days:** *twee weken half oktober.* ☎ *02 31 86 53 30.* ●*equidays.com.* Allerhande evenementen die te maken hebben met paarden. In Deauville en andere steden in de Calvados: rennen, ten-

toonstellingen, verkoop, wedstrijden, wandelingen, open dagen in stoeterijen, internationale menwedstrijden ...

- **Noël au balcon:** *het laatste weekend van december.* Straattoneel. Gratis spektakel met acteurs,
musici, clowns, dansers ...

TROUVILLE

14360 | 5550 INWONERS

Trouville wordt altijd in één adem uitgesproken met Deauville want de twee steden worden
enkel gescheiden door een rivier (de Touques). Toch heeft Trouville wel degelijk een eigen
identiteit. Het gewezen vissersdorp veranderde in een vakantieoord dankzij het grote strand
met fijn zand. De badplaats kende een grote bloei op het eind van de 19de eeuw, lang voor
Deauville. Hier namen de toeristen hun eerste duik in zee en ontdekten ze de geneugten van
de casino's (en ook de kwalijke gevolgen ervan). Chalets en villa's rezen uit de grond. Tegelijkertijd kwamen de eerste artiesten hier pootjebaden of inspiratie zoeken. Aan de spits
Alexandre Dumas, iets later gevolgd door Flaubert en in hun kielzog de impressionisten,
Maupassant en Marguerite Duras. Nog steeds beschouwen heel wat beroemdheden Trouville
als hun favoriete verblijfplaats: de Franse acteurs en televisiepersonaliteiten Gérard Depar-
dieu, Antoine de Caunes en Karl Zéro hebben hier een vaste stek, naast vele anderen.

Trouville leed jarenlang onder de zware concurrentie van Deauville, maar lijkt nu een
tweede jeugd te hebben gevonden. De charme van de vissershaven en de familiale sfeer in
deze badplaats lijken steeds meer in trek bij een zekere klasse van de burgerij die op zoek
is naar eenvoud. Trouville heeft blijkbaar het subtiele evenwicht gevonden tussen toerisme
en traditie.

NUTTIGE ADRESSEN

1 Dienst voor Toerisme (plattegrond B3): *Boulevard Fernand-Moureaux 32.* ☎ 02 31 14 60 70.
•*trouvillesurmer.org. Het hele jaar dagelijks geopend.* De Dienst voor Toerisme organiseert tijdens
het seizoen voordrachten, bezoeken aan het 19de-eeuwse erfgoed van de badplaats en literaire wandelingen (niet gratis). Ook twee thematische rondleidingen waarbij we enerzijds in de voetstappen van de bekende affichetekenaar Savignac treden en anderzijds de
schrijver Marcel Proust op de voet volgen ('Sur les pas de Savignac' en 'Sur les pas de Marcel
Proust'). Je kunt de werken van Savignac trouwens bewonderen in een bijgebouw van het
museum van Trouville (toegang gratis). De stad doet ook mee aan de actie 'Formule Mouette': van maart tot oktober kun je op deze wijze van heel wat kortingen genieten op logement en culturele of sportieve activiteiten.

Trein- en busstation (plattegrond A-B3): *tussen Trouville en Deauville, voorbij de Pont des
Belges.* ☎ 36 35 *(€ 0,34 per minuut).*

Bus Verts: *aan het station.* ☎ 0810 214 214 *(tarief van een lokaal gesprek).* •*busverts.fr.* Bus 20, Le
Havre-Caen.

- **Markt (plattegrond A2):** *Boulevard F.-Moureaux. Dagelijks vismarkt in de hallen (tijdelijk als gevolg van
een brand in 2006). Grote markt op woensdag- en zondagochtend.* Zie verder in de rubriek 'Waar kun je
Normandische lekkernijen kopen?'.

SLAPEN

DOORSNEEPRIJS TOT LUXUEUS

La Maison Normande (plattegrond A-B2, 7): *Place de Lattre-de-Tassigny 4.*
☎ 02 31 88 12 25. •*halle.philippe@wanadoo.fr* •*maisonnormande.com. Centraal gelegen en toch rustig. Het hele jaar geopend. Tweepersoonskamers voor € 40 tot 68, afhankelijk van het comfort en het sei-*

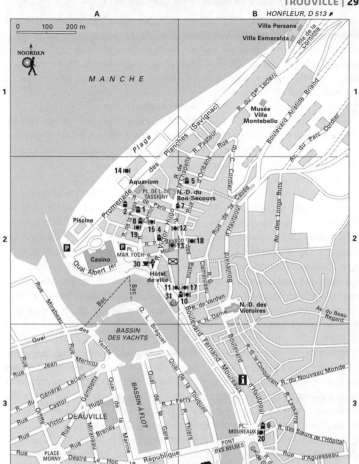

TROUVILLE

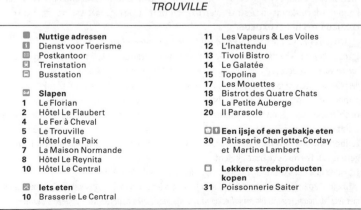

	Nuttige adressen		11	Les Vapeurs & Les Voiles
	Dienst voor Toerisme		12	L'Inattendu
	Postkantoor		13	Tivoli Bistro
	Treinstation		14	Le Galatée
	Busstation		15	Topolina
			17	Les Mouettes
	Slapen		18	Bistrot des Quatre Chats
1	Le Florian		19	La Petite Auberge
2	Hôtel Le Flaubert		20	Il Parasole
4	Le Fer à Cheval			
5	Le Trouville			**Een ijsje of een gebakje eten**
6	Hôtel de la Paix		30	Pâtisserie Charlotte-Corday
7	La Maison Normande			et Martine Lambert
8	Hôtel Le Reynita			
10	Hôtel Le Central			**Lekkere streekproducten**
				kopen
	Iets eten		31	Poissonnerie Saiter
10	Brasserie Le Central			

zoen. *De goedkoopste kamers hebben geen eigen wc. Wifi.* Normandisch vakwerkhuis (bekijk de bewerkte zuilen aan de buitenkant). Je voelt de charme van het huis zodra je over de drempel stapt. De inkomhal is het resultaat van de samensmelting van twee voormalige winkeltjes. De trap en de gang komen somber over, maar de kamers zijn zeer mooi gerenoveerd zonder de sfeer van het pand te verknoeien. Bijna Britse stijl met een ietwat ouderwets interieur.

📧 LE TROUVILLE (PLATTEGROND B2, 5): *Rue Thiers 1.* 📞 *02 31 98 45 48.*

●*info@hotelletrouville.com* ● *hotelletrouville.com. In het centrum. Tweepersoonskamers voor € 55 tot 85. Wifi.* Een tweesterrenadresje zonder veel charme, maar wel met heldere, propere en comfortabele kamers. Sommige zijn zelfs groot genoeg voor een heel gezin. In de 'rokerskamers' hangt een hardnekkige geur van tabak.

📧 HÔTEL DE LA PAIX (PLATTEGROND B3, 6): *Place Fernand-Moureaux 4.*

📞 *02 31 88 35 15.* ● *hoteldelapaix@hotmail.com. Tegenover de brug naar Deauville. Jaarlijks verlof: twee weken eind januari. Tweepersoonskamers voor € 45 tot 73, afhankelijk van het comfort en het seizoen.* Gastvrij en heel goed onderhouden hotel. Eenvoudige, maar aangename kamers met geluidsisolatie. De grootste hebben uitzicht op de haven en zijn logischerwijze ook de duurste. Garage voor motoren.

📧 LE FLORIAN (PLATTEGROND A2, 1): *Rue de la Plage 30.*

📞 *02 31 88 17 40. Fax 02 31 81 05 22. Vlak bij het casino en het strand. Tweepersoonskamers voor € 45 tot 61, afhankelijk van het comfort en het seizoen.* Hotelletje met twaalf nogal kleine, maar nette en comfortabele kamers met tv (sommige met douche op de overloop). In de meeste kamers (de nummers 4 tot 12) heb je uitzicht op zee.

📧 HÔTEL LE REYNITA (PLATTEGROND A2, 8): *Rue Carnot 29.*

📞 *02 31 88 15 13.* ● *info@hotelreynita.com* ● *hotelreynita.com. Het hele jaar geopend. Tweepersoonskamers voor € 57 tot 98, afhankelijk van het seizoen. 'Formule Mouette': 50 % korting vanaf de tweede nacht in de periode van oktober tot maart (niet in de schoolvakanties en ook niet op feestdagen).* Slechts 50 m van het strand, in een rustige straat. Vrij typische architectuur uit het begin van de 20ste eeuw. Aangename en propere kamers en badkamers (de prijs neemt toe met het volume). Gezellige sfeer en zeer professionele ontvangst.

📧 LE FER À CHEVAL (PLATTEGROND A2, 4): *Rue Victor-Hugo 11.*

📞 *02 31 98 30 20.* ● *info@hotel-trouville.com* ● *hotel-trouville.com.* 🛁 *Tweepersoonskamer voors € 75 tot 99, afhankelijk van het seizoen.* Een mooie woning uit het begin van de 20ste eeuw. De gevel is gedeeltelijk van baksteen en is verfraaid met bloemrijke balkons. Gezellige kamers met veel licht en een eerder klassieke inrichting. Sommige hebben zelfs een balkonnetje dat uitkomt op de straat. Verrukkelijk ontbijt (de eigenaar was vroeger bakker).

LUXEUS TOT HEEL LUXUEUS

📧 HÔTEL LE FLAUBERT (PLATTEGROND A2, 2): *Rue Gustave-Flaubert.*

📞 *02 31 88 37 23.* ● *hotel@flaubert.fr.* 🛁 *Geopend van half februari tot half november. Tweepersoonskamers voor € 80 tot 160, afhankelijk van de verdieping, het comfort en het uitzicht (aanbiedingen buiten het seizoen). Klein parkeerterrein (gratis). Wifi.* Dit hotel ligt zo goed als op het plankier en domineert dan ook de zeedijk. Je zit bijna met je voeten in het zeewater! Voor een romantisch weekendje raden we je kamer 14 aan: heel leuk en op de hoek van het gebouw. Je krijgt hier niet genoeg van het uitzicht op de pier en van het onvermoeibare ballet van zeilboten die de haven in- en uitvaren. Ook de andere kamers zijn prachtig en stijlvol ingericht. Liefde op het eerste gezicht!

📧 HÔTEL LE CENTRAL (PLATTEGROND A-B2, 10): *Rue des Bains 5-7.*

📞 *02 31 88 80 84.* ● *central-hotel@wanadoo.fr* ● *central-trouville.com.* 🛁 *Boven het café-restaurant met dezelfde naam. Je gaat binnen via het kleine straatje aan de zijkant; de receptie is op de eerste verdieping.*

Tweepersoonskamers voor € 83 tot 125, afhankelijk van het comfort en het seizoen. Soms halfpension ver- plicht. Parkeerterrein (niet gratis). Wifi. Heldere, comfortabele en stijlvol ingerichte kamers. Ook een paar suites. De mooiste kamers zijn die met uitzicht op de haven, maar deze die achteraan liggen (en veel rustiger zijn), hebben ook hun charme. De kamers op de bovenste verdieping zijn dakkamers. Heel goede ontvangst.

ETEN

Trouville heeft meer betaalbare restaurants dan Deauville. Trouwe bezoekers van deze badplaats zweren bij twee 'absolute musts' aan de haven: Les Vapeurs en Le Central. Gezellig druk tijdens het weekend.

DOORSNEEPRIJS

⊠ BRASSERIE LE CENTRAL (PLATTEGROND A-B2, 10): *Rue des Bains 5-7, ingang via de Boulevard Fernand-Moureaux 158.*

☎ *02 31 88 13 68.* ● *central-hotel@wanadoo.fr.* ♿ *Het hele jaar geopend behalve de avond voor Kerstmis en met Kerstmis zelf. Menu's voor € 18,50 (tot 22.00 u) tot 27,70. Reken op € 25 tot 30 à la carte.* Grote typisch Parijse gelagzaal en terras aan de haven. Het interieur is eenvoudiger en minder kitscherig dan in *Les Vapeurs* (zie verder). Het personeel werkt snel en doelmatig, het publiek is uiteenlopend en de kaart heel uitgebreid. Je kunt hier voor een heel redelijk bedrag eten. De porties zijn groot en dus kan één gerecht volstaan. Tip: bestel krokant gefrituurde spieringvisjes die je eet met je vingers, vergezeld van een glas sancerre. Zalig!

⊠ LES VAPEURS & LES VOILES (PLATTEGROND A2, 11): *Boulevard Fernand-Moureaux 160-162.*

☎ *02 31 88 45 85.* ● *jmeslin@lesvoiles.fr.* ♿ *Net naast brasserie Le Central. Gesloten op 25 december; alle andere dagen doorlopende bediening van 12.00 tot 1.00 u 's ochtends. Reken op € 20 tot 60 à la carte.* Les Vapeurs is ongetwijfeld de bekendste brasserie van Trouville. Gesticht in 1927. Les Voiles is een bijgebouw. Alle Amerikaanse filmacteurs die in het filmfestival van Deauville te gast zijn, komen hier over de vloer. De eetruimte is nooit leeg. Je moet absoluut de specialiteiten van het huis proeven: Normandische mosselen met room en gekookte garnalen. Altijd verse producten. Hoe kan het ook anders! De visserssloepen liggen slechts 10 m verderop. Ook de trijp is de moeite waard, zeker als je er een glaasje saumur bij drinkt. In het weekend is reserveren absoluut noodzakelijk, tenzij je al om 11.00 u 's ochtends hier enkele oesters komt verorberen, nippend van een glaasje muscadet ... de manier om de dag goed in te zetten!

⊠ LES MOUETTES (PLATTEGROND B2, 17): *Rue des Bains 11.*

☎ *02 31 98 06 97.* ● *central-hotel@wanadoo.fr . Net achter Les Vapeurs. Bediening tot 23.00 u. Menu voor € 13,40. Reken op € 28 à la carte.* Een meer intiem filiaal van de brasserie Le Central. Gemoedelijke ontvangst, het interieur van een Parijse bistro en op mooie dagen een leuk terras in een voetgangersstraat. Ook veel zeeproducten. Marguerite Duras kwam hier graag.

⊠ L'INATTENDU (PLATTEGROND AB-2, 12): *Rue des Bains 87.*

☎ *02 31 88 74 04.* ● *l.inattendu@wanadoo.fr. Gesloten op dinsdag en woensdag. Menu en à la carte voor € 25.* Een prachtig terras in een aangenaam voetgangersstraatje ... als de zon schijnt en met wat verbeelding is het net alsof je in de Provence bent. De gerechten zijn echter open-top Normandisch, met veel room! Er zijn natuurlijk wel een paar 'lichtere' schotels, maar het zou zonde zijn om niet te proeven van de verrukkelijke gebakken aardappelen. De eetzaal heeft een heel nieuwe look gekregen en is best gezellig met zijn combinatie van retro en curiosa.

⊠ IL PARASOLE (PLATTEGROND B3, 20): *Place Fernand-Moureaux 2.*

☎ *02 31 87 33 87.* ● *il.parasole@wanadoo.fr.* ♿ *Tegenover de Pont des Belges die naar Deauville leidt. Dagelijks geopend. Formule voor € 16,50 en menu voor € 19,50.* Italiaans restaurant met een leuk, op de zee geïnspireerd interieur. Frisse aangename kleuren, zowel in de gelagzaal als op je bord. Driekleurige *bruschetta*, *piccata* uit Piemonte, *fritto misto* en enkele pizza's en pasta-gerechten: in totaal een twintigtal.

🗙 TOPOLINA (PLATTEGROND A2, 15): *Rue du Dr-Couturier 22*.

☎ *06 24 55 14 32 (gsm)*. ●*topo.lina@hotmail.fr. Alleen 's avonds geopend. Reserveren verplicht. Een enkel menu voor € 25.* Het is alsof dit adresje niet past in het geheel, een soort vlek op het mooie, gladde wateroppervlak van Trouville. Een grote, artistieke loft met bakstenen muren en een mezzanine. Eclectisch interieur met voorwerpen uit verschillende tijdperken en van verschillende stijlen. Uitermate charmant! De sympathieke en vriendelijke ei-genares-kokkin-serveerster Isabelle zorgt voor ongelooflijk veel kleur. Ze kookt zonder tierelantijntjes maar met heel veel smaak. De sfeer maakt het compleet. Voor of na het eten kun je een glaasje drinken bij de kachel, aan de toog of naast de piano, waar melo-mane gasten ook regelmatig de vingers losspelen.

🗙 TIVOLI BISTRO (PLATTEGROND A2, 13): *Rue Charles-Mozin 27*.

☎ *02 31 98 43 44. Gesloten op woensdag en donderdag. Jaarlijks verlof: drie weken in juni en drie weken van half november tot begin december. Menu voor € 26. Reken op € 30 à la carte.* Leuke kleine bistro met een vrij bont interieur (veel hout). Specialiteit: zelfgerookte vis. Proef ook de gegra-tineerde visschotel, de clafoutis met seizoensfruit ...

LUXUEUS TOT HEEL LUXUEUS

🗙 BISTROT DES QUATRE CHATS (PLATTEGROND B2, 18): *Rue d'Orléans 8*.

☎ *02 31 88 94 94.* 🚲 *Buiten de schoolvakanties gesloten op maandag- en donderdagmiddag en op dins-dag en woensdag de hele dag. Jaarlijks verlof: van 1 tot 26 december. Reken op € 30 tot 57 à la carte.* Dit adres scoort altijd! De oudroze eetruimte staat, hangt en ligt vol boeken, postkaarten, foto's en kranten ... Klassieke gerechten waaraan de chef een of twee persoonlijke ver-rassende toetsen heeft toegevoegd. Mooie tussenverdieping en pianobar.

🗙 LA PETITE AUBERGE (PLATTEGROND A2, 19): *Rue Carnot 7*.

☎ *02 31 88 11 07.* ●*lapetiteauberge.trouville@wanadoo.fr . Gesloten op dinsdag en woensdag (in juli al-leen gesloten op woensdag en in augustus dagelijks geopend). Lunchformule op weekdagen voor € 22; me-nu's voor € 33 tot 52. Reken op € 65 à la carte.* Aangenaam en rustgevend kader. De menu's ver-anderen maandelijks en hebben steeds een ander thema: vis, rundvlees, zeetong, schapenvlees. Heel redelijke prijzen gezien de kwaliteit. Verfijnde bediening en ont-vangst, zoals het in dit soort etablissementen hoort!

🗙 LE GALATÉE (PLATTEGROND A2, 14): *Promenade Savignac (Les Planches)*.

☎ *02 31 88 15 04. Dagelijks geopend. Jaarlijks verlof in januari. Formule mosselen-friet voor € 15; me-nu's voor € 19 tot 67. In het weekend is reserveren aanbevolen.* Restaurant 'met de voeten in het water' (zowel letterlijk als figuurlijk: drie of vier keer per jaar komt het water de tenen van de klanten in de gelagzaal kriebelen!). Specialiteit van het huis ... vis en schaal-dieren natuurlijk! Bij zonnig weer kun je op het terras het stuifwater opsnuiven. Als het druk is, moet het soms wel wat snel gaan, maar de bediening gebeurt altijd met de glimlach.

ETEN IN DE OMGEVING

🗙 LES LANDIERS: *Rue Louvel et Brière 90, 14800 Touques*. ☎ *02 31 87 41 08*.
●*info@restaurant-deauville.com. 2,6 km van Trouville. Gesloten op zondagavond en op dinsdag en woens-dag. Formule voor € 22 (behalve op feestdagen); gewoon menu voor € 41; degustatiemenu voor € 50.* Dit traditionele eethuis gelegen in een pittoresk dorpje aan de rand van Trouville heeft zijn goede naam beslist niet gestolen. Je kunt hier genieten van een lekkere Franse burger-keuken, klaargemaakt volgens de regels van de kunst: slakken, niertjes, zeetong ... En als

je denkt Slavische invloeden te bemerken in de inrichting en ja zelfs in de keuken, dan is dit het werk van de charmante echtgenote van de chef. Zij komt immers uit Oekraïne.

EEN IJSJE OF EEN GEBAKJE ETEN

PÂTISSERIE CHARLOTTE-CORDAY (PLATTEGROND A2, 30): *Boulevard Fernand-Moureaux 175.* ☎ 02 31 88 11 76. Hier vind je de fameuze karamelbonbons met gezouten boter. Ook heerlijk gebak met abrikozen en pistache. Het huis bestaat al sinds 1930. Hartelijke ontvangst.

MARTINE LAMBERT: *juist ernaast, uitsluitend geopend in het seizoen.* De beste ijsjes uit de hele buurt (zie ook bij Deauville).

WAAR KUN JE NORMANDISCHE LEKKERNIJEN KOPEN?

Poissonnerie Saiter (plattegrond A2, 31): *een vishandel in de tijdelijke hallen, Boulevard Fernand-Moureaux.* ☎ 02 31 88 02 10.
Kenners komen hier de heerlijke *fraîche du jour* kopen, dagverse vissoep in een plastic fles. Lekker om op te drinken aan de haven …
- **Markt (plattegrond A2):** *Boulevard Fernand-Moureaux (tijdelijke hallen).* Een van de leukste van de kuststreek met veel schaaldieren en verse vis. Ook andere streekproducten. Enig in zijn soort!

WAT IS ER TE ZIEN?

Om de stad te bezoeken kun je bij de Dienst voor Toerisme twee kleine brochures kopen (€ 3,50). Ze zitten goed in elkaar en zijn mooi geïllustreerd: Trouville 'de vissershaven' en Trouville 'de badplaats'. Fervente wandelaars kunnen nog twee andere brochures kopen (€ 0,50) met telkens een beschrijving van een wandeling op de heuvels rond de stad (7 en 11 km). Ter herinnering: de Dienst voor Toerisme organiseert in juli en augustus eenmaal per week een rondleiding. Inschrijving verplicht (€ 4).

Musée de Trouville (plattegrond B1): *Villa Montebello, Rue du Général-Leclerc 64.*
☎ 02 31 88 16 26. *Vlak bij het strand. Van april tot september dagelijks geopend (behalve op dinsdag) van 14.00 tot 17.30 u; in het weekend ook van 11.00 tot 13.00 u. Toegangsprijs: € 2. Kortingen. Gratis op woensdag.* In een bakstenen landhuis uit het keizerrijk van Napoleon III, typisch voor de Normandische kust. De collecties van het museum (schilderijen, affiches, tekeningen …) worden bij toerbeurt tentoongesteld. Zo krijgen we ongeveer 4 tijdelijke tentoonstellingen per seizoen die de geschiedenis van Trouville in beeld brengen. De permanente tentoonstelling van werken van Savignac is verhuisd naar de Dienst voor Toerisme.

Natur'Aquarium de Trouville (plattegrond A2): ☎ 02 31 88 46 04.
● *natur-aquarium.com.* 🚸 *Aan het strand, niet ver van het casino. Dagelijks geopend. Van Pasen tot juni en van september tot Allerheiligen van 10.00 tot 12.00 u en van 14.00 tot 18.30 u; in juli en augustus van 10.00 tot 19.00 u; van november tot Pasen van 14.00 tot 18.00 u. Toegangsprijs: € 7,50; € 5,50 voor kinderen. Kortingen.* Lokale en tropische waterfauna verdeeld over 70 aquariums en vivariums. Kleurrijke vissen uit de koraalzeeën, haaien … In de vivariums gedijen reptielen en spinnen uit het tropisch regenwoud. De mascotte van het aquarium is 'Atlas', een 6 m lange python. Pedagogische spelletjes.

De villa's (plattegrond A2-B1): Trouville heeft in 1989 het goede idee gehad om vanaf dan het architecturaal erfgoed als badplaats te beschermen. Hier vind je dus nog typisch 19de-eeuwse villa's en grote hotels die getuigen van de luxe van toen. Langs de Promenade des Planches (omgedoopt tot Promenade Savignac) staan enkele mooie voorbeelden, te beginnen bij het extravagante maar charmante casino. De heel eclectische *Villa Sidonia* dateert van 1868; de gevel is versierd met medaillons met menselijke figuren. Iets verderop staat de *Manoir Normand*, met het dambordmotief op de benedenverdieping. Aan het einde van de Promenade Savignac staan nog de *Villa Esmeralda* (met vakwerk), de *Villa Persane* (in oosterse stijl) en de *Tour Malakoff*, die tegen een gotisch huis aanleunt dat voor de schilder Mozin werd gebouwd. Als je enkele treden hoger klimt, ontdek je *Les Roches Noires*, een prestigieus paleis dat nu dienst doet als (luxueus) woonverblijf. Marguerite Duras verbleef hier 30 jaar lang en schreef er heel wat romans.

🔎🔎 **Het historische centrum:** wordt niet druk bezocht, behalve misschien enkele straatjes rond de haven. Toch is het hier leuk wandelen. Let op, Trouville ligt op een heuvel, je moet dus af en toe flink klimmen! Aardige steegjes zoals de *Rue des Rosiers* met pastelkleurige vissershuisjes; veel trappen (onder meer de leuke *Escalier du Serpent*, ook wel de trap met de honderd treden genoemd, waar je fraaie uitzichtpunten ontdekt op de stad en de zee); oude arbeidersbuurten zoals de *Rue Berthier* of de *Rue Mogador* ...

- **La Corniche:** leuke weg die langs de heuvels naar Honfleur loopt. Mooie uitzichten op Trouville en de zee.

WAT IS ER TE DOEN?

🏖**Het strand:** lang en breed. In de 19de eeuw stond dit strand in de kranten beschreven als het mooiste van Frankrijk met zacht, fijn zand. Het werd zelfs vergeleken met een parketvloer die dagelijks door de zee wordt schoongeveegd. Ook hier ligt langs het strand een plankier om het wandelen te vergemakkelijken (sinds 1867).

- **Het casino Barrière (plattegrond A2):** *Place du Maréchal-Foch.* ☎02 31 87 75 00. ●*casino-trouville.com. Aan het begin van het strand. Dagelijks geopend van 10.00 tot 2.00 u (3.00 u op vrijdag en 4.00 u op zaterdag). Deftige kledij verplicht na 21.00 u.* Architectuur in de stijl van Lodewijk XVI. Het gebouw werd enkele jaren geleden gerenoveerd en kreeg bij die gelegenheid een slagroomlaagje dat doet denken aan de casino's van Louisiana. Gek interieur, met twee reusachtige schoepenraderen aan de ingang. 200 gokautomaten. De minimale inzet bedraagt € 0,10! Vijf speeltafels en ook blackjack en roulette in een zaal in koloniale stijl.

- Verder ook nog: zwembad, tennis, paardrijden, zeilen ...

- **Boottochten:** *met de motorboot van mijnheer Perchey.* ☎06 07 47 14 12. Een tochtje van een half-uur langs de kustlijn, tussen Trouville en Deauville. De boot vertrekt vlak achter het casino (afhankelijk van de getijden; niet bij slecht weer). Prijs: € 7. Kortingen.

EVENEMENTEN

- **Salon du Livre:** *boekenfeest in juni (een weekend).* De zondag is helemaal gewijd aan jeugdliteratuur.
- **Fête de la Mer et du Maquereau:** *in juli, afhankelijk van de getijden.* Zegening van de vissersboten die voor deze gelegenheid helemaal versierd zijn. 's Avonds zeemansliederen, volksbal en makreel proeven.
- **Café-Trouville:** *in juli en augustus.* Gratis concerten in de stad.
- **Course d'ânes:** *ezelrennen op het strand begin augustus. Gratis.* Een zestal koersen waarbij de ruiters (bekende namen uit de paardenkoers en andere 'sterren') achterstevoren op een ezel zitten. Elke koers wordt gesponsord door een etablissement in Trouville en de opbrengst gaat naar de Association européenne contre les leucodystrophies (ELA ●ela-asso.com; ziektes met degeneratie van de witte hersenstof).
- **Festival Off-Courts:** *begin september, tegelijk met het Festival van de Amerikaanse Film in Deauville.*

☎ 0231143905. ●off-courts.com. Soort 'off' dat niet hetzelfde publiek trekt en dat niet 'cine-matografisch correct' wil zijn. Kortfilms uit heel de wereld. Gratis vertoningen in de Salle des Congrès van Trouville.

- **Hommage Marguerite Duras:** in oktober. Lezingen, vertoningen ...

VILLERVILLE-SUR-MER

14113 | 755 INWONERS

Bescheiden badplaats die allicht heeft geleden onder het succes van haar prestigieuze buren (Honfleur en Trouville) en onder het feit dat haar strand heel smal is. Het is inderdaad zo dat dit strand bij vloed bijna helemaal verdwijnt. Dit gezegd zijnde, lijkt het erop dat de tendens aan het keren is: steeds meer 'sterren' zoeken hier hun toevlucht en maken van Villerville-sur-Mer opnieuw een voorname badplaats. Je kunt immers moeilijk de ouderwetse sfeer van dit dorpje met z'n oude straten en kleurige (vakwerk)huizen weerstaan. De toren van de mooie stenen kerk (gedeeltelijk uit de 12de eeuw) heeft een zadeldak.

NUTTIG ADRES

🛈 **Dienst voor Toerisme:** Rue du Général-Leclerc 40. ☎ 0231872149. ●villerville.fr. In juli en augustus dagelijks geopend; de rest van het jaar alleen op dinsdag, woensdag, vrijdag en zaterdag. Je vindt hier een lijst van alle activiteiten, logementen en verhuringen. Verkoopt ook een gidsje met wandelingen in Villerville en omgeving.

SLAPEN EN ETEN

🛏🍴 LE BELLEVUE: Rue Clemenceau 7 (Route de Honfleur). ☎ 0231872022.
●resa@bellevue-hotel.fr ●bellevue-hotel.fr. ♿ Gesloten op dinsdag-, woensdag- en donderdagmiddag en in januari. Tweepersoonskamers voor € 95 tot 165, afhankelijk van de grootte, het uitzicht en het seizoen. Menu's voor € 26 tot 46. Reken op € 40 tot 45 à la carte. Internet en wifi. Deze grote villa die vlak bij het strand ligt, was vroeger eigendom van de directeur van de Opéra Comique (komische opera, genre waaruit later de operette gegroeid is). Uit deze vervlogen tijd rest ons nu nog een heerlijke ouderwetse sfeer die vooral merkbaar is in de gemeenschappelijke ruimtes. De kamers daarentegen zijn voorzien van alle modern comfort, vooral deze in het nieuwe bijgebouw. De meeste kijken uit over de zee. Kleine, panoramische tuin. In het restaurant kun je genieten van een goede streekkeuken, liefdevol bereid door een discipel van de grote Franse chef-kok Escoffier.

🍴 LE CABARET NORMAND: Rue Daubigny (Carrefour du Singe en Hiver). ☎ 0231872057.
In de zomer dagelijks geopend; de rest van het jaar alleen 's middags open op donderdag, vrijdag, zaterdag, zondag en maandag. Lunchformule voor € 16. Reken op € 36 à la carte. Een verplichte stopplaats voor alle fans van Audiart, een beroemd Frans regisseur, die hier een van zijn films opnam. Voor de rest een gewoon adresje met een hedendaagse keuken.

WAT IS ER TE ZIEN EN TE DOEN?

🐟 **La Maison de l'Eau:** Route de la Côte. ☎ 0231811381.
●association-de-micro-aquaculture.com. Langs de D513 aan de rand van het dorp, richting Honfleur. Van Pasen tot oktober dagelijks geopend van 14.00 tot 18.00 u (deze openingstijden gelden vooral voor juli en augustus; anders best eerst even bellen). Toegangsprijs: € 4,50. Kortingen. Grote verzameling (meer dan 2000 stuks) schelpen, zowel zeldzame als heel gewone. Een paar aquariums om de ecologie van de zoete wateren uit te leggen. Dit klein privémuseum wordt opengehouden door een organisatie die gespecialiseerd is in de analyse van zoet water (vijvers, rivieren) en die het resultaat bestudeert van de inbrenging van bepaalde planten- of diersoorten in dit milieu. Kortom,

mensen die het ter harte nemen om ons te infomeren over wat er met Moeder Natuur gaat gebeuren, over het kwaad dat wij haar aandoen, over het waarom en het hoe.

🔲 **Parc des Graves:** langs de weg, aan de rand van Villerville. Dit kleine, schaduwrijke park met speeltuin loopt af naar de zee. Een mooie plek voor een koele pauze!

CRICQUEBOEUF

14113 | 190 INWONERS

Schattig kustdorpje tussen de bomen met een piepklein stenen kerkje uit de 12de eeuw, bedekt met klimop. Achter de kerk ligt een minivijvertje met kwetterende eenden. Rondom zie je boomgaarden met appelbomen en weiden waar een handvol koeien grazen. Een geweldig mooi Normandische hoekje! In het dorp vertrekken bewegwijzerde wandelroutes.

HONFLEUR

14600 | 8500 INWONERS

Het aardigste, dolste en leukste van alle Normandische haventjes ... om niet te schrijven van heel Frankrijk. Sinds de 19de eeuw is Honfleur de lievelingsstek van schrijvers (Baudelaire, Flaubert ...), musici (Satie werd hier geboren) en schilders (de 'autochtoon' Boudin, maar ook Monet, Dufy ...). Stuk voor stuk bekoord door het steeds veranderende licht van de Seinemonding en het groene platteland van het Pays d'Auge. Honfleur is inderdaad een stadje met twee gezichten: een rustige vissershaven tijdens de week, een drukke toeristenkolonie tijdens de weekends en de vakanties. Maar er is meer dan de zee, de rivier, het achterland en de lage heuvels rond de haven (die de vastgoedmakelaars als bij wonder nog ongerept hebben gelaten) ... In Honfleur proef je de hechte sfeer van een klein stadje, al wordt het nog zo druk bezocht. Bovendien geniet je van het unieke cachet van de havenbekkens, de oude scheepstuigen, de grote visserssloepen, de historische huizen met hun leien schubben, de operettetoren, de scheve straatjes ...

HOE KOM JE ER?

Met de trein + aansluiting met de Bus Verts

- **Vanuit Parijs:** trein naar Lisieux en daarna aansluiting met de bus naar Honfleur, lijn 50. Trein naar Deauville (een beetje langer) en aansluiting naar Honfleur met bus 20. Inlichtingen: ☎ 0810 214 214 (tarief van een lokaal gesprek). ● busverts.fr.

Met de auto

- **Vanuit Parijs, Rouen of Caen:** autosnelweg A13 (of A14 en daarna A13) en dan de A29 (voorbij de tol van Beuzeville), afrit Honfleur – La Rivière-Saint-Sauveur (vóór de Pont de Normandie).
- **Vanuit België/Nederland of Nord-Pas-de-Calais:** autosnelweg A29, afrit Honfleur – La Rivière-Saint-Sauveur (voorbij de Pont de Normandie).

Met de boot

- **CroisiEurope:** Boulevard Montparnasse 147, 75006 Parijs. ☎ 01 44 32 06 60. ● croisieurope.com. Vanaf € 456 per persoon voor vijf dagen (4 nachten). Een andere manier om de Normandische kust te ontdekken. Je vertrekt in Honfleur en vaart de Seine op tot in Parijs, met stopplaatsen in Rouen, Vernon, Giverny en Conflans-Sainte-Honorine. Andere trajecten mogelijk.

NUTTIGE ADRESSEN

ℹ **Dienst voor Toerisme (plattegrond B3):** *Quai Lepaulmier.* ☎ *0231892330.* ● *ot-honfleur.fr. Het hele jaar geopend van maandag tot zaterdag; in de schoolvakanties ook op zon- en feestdagen.* Bevindt zich in hetzelfde gebouw als de mediatheek. Sympathieke en geroutineerde ploeg. Kleine, maar zeer complete brochure over de stad. De dienst organiseert veel activiteiten waaronder boeiende nachtelijke rondleidingen met stormlampen ('Histoire et Légendes').

🚌 **Bus Verts (plattegrond C3):** *Rue des Vases.* ☎ *0810 214 214 (prijs van een lokaal gesprek).* De Côte Fleurie wordt het hele jaar door aangedaan door de Bus Verts van de Calvados. Bus 20 rijdt van Caen naar Honfleur via Cabourg, Houlgate, Villers, Blonville, Deauville, Trouville... Bus 50 verbindt Lisieux met Honfleur, via Pont-l'Évêque. Gemiddeld een bus per uur. Verbinding met de treinstations van Caen, Deauville en Lisieux.

- **Markt:** *elke zaterdag op de Place Sainte-Catherine en de Cours des Fossés (plattegrond B2). 's Woensdags is er op de Place Sainte-Catherine ook een biomarkt en van donderdag tot zondag (afhankelijk van de aanvoer) eveneens een vismarkt op de transitpier (plattegrond C2).* Zie verder in de rubriek 'Waar kun je lekkere Normandische producten kopen?'

SLAPEN

Zoek in Honfleur niet naar een goedkoop logement want dat is vergeefse moeite. En houd er rekening mee dat alle hotels in het havenstadje (en in de wijde omgeving) in de zomer en in de weekends snel zijn volgeboekt.

Campings

🅰 CAMPING DOMAINE CATINIÈRE (BUITEN PLATTEGROND VIA C3, 1): *27210 Fiquefleur-Équainville.* ☎ *0232576351.* ● *info@camping-catiniere.com* ● *camping-catiniere.com.* 🚆 *Ongeveer 5 km van Honfleur. Volg de D580 en daarna de D22 in de richting van Beuzeville-Pont-Audemer. Als je langer dan een week wilt blijven, kun je best reserveren. Reken op € 22 voor twee personen met een tent (in het hoogseizoen). Ook caravans, verhuur van mobilhomes en een leuk vakantiehuisje (2 tot 6 personen).* Rustige en intieme driesterrencamping met 130 staanplaatsen in een groene vallei langs een rivier. Jonge en sympathieke ontvangst. Verwarmd zwembad (geopend in juli en augustus) en spelletjes voor de kinderen.

🅰 CAMPING LA BRIQUERIE (BUITEN PLATTEGROND VIA A3, 2): *14600 Équemauville.* ☎ *0231892832.* ● *info@campinglabriquerie.com* ● *campinglabriquerie.com.* 🚆 *Ongeveer 2,5 km ten zuiden van Honfleur (te bereiken met de bussen 20 en 50). Geopend van april tot eind september. Reken op € 20 voor twee personen met tent (in het hoogseizoen; douches inbegrepen). Verhuur van chalets en mobilhomes (€ 320 tot 540 per week).* Deze aangename viersterrencamping ligt een beetje verwijderd van de zee en is heel goed uitgerust: (verwarmde) zwembaden en (mits je bijbetaalt) sauna, jacuzzi, speelzalen, fitness, bar, restaurant, kruidenier... Manege en tennisbanen vlakbij.

Appartementen en studio's

🏠 RÉSIDENCE DU VIEUX BASSIN (PLATTEGROND B3, 3): *Rue de la République 1.* ☎ *0680422825.* ● *domin.et.fils@wanadoo.fr* ● *locationdecharme.com. Het hele jaar geopend. In het historisch centrum van het stadje, vlak bij de oude haven (leuk!). Zes appartementen, waaronder twee studio's voor twee personen: € 48 tot 104 per nacht. Vooraf informeren als je per week wilt huren. Belangrijk: voor één nacht kun je enkel op de dag zelf reserveren; voor het weekend vijf dagen vóór de gewenste datum. Wifi.* De ideale aanlegplaats: iedereen aan boord ... Elk appartement heeft een eigen stijl en een eigen naam: 'Le Carré', ons lievelingsverblijf, is ingericht met oud tuigage. Een heel tof adres.

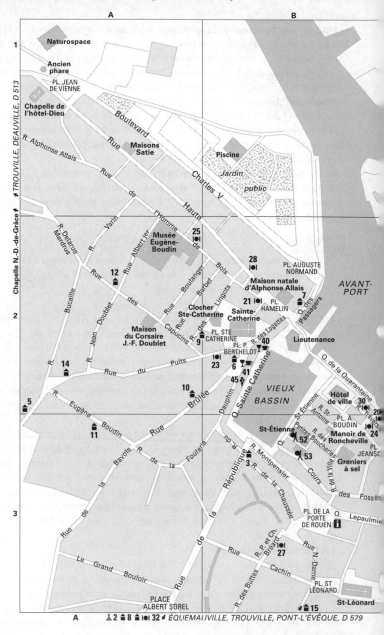

Naturospace

Ancien phare

PL. JEAN DE VIENNE

Chapelle de l'hôtel-Dieu

R. Alphonse Allais

TROUVILLE, DEAUVILLE, D 513

Chapelle N.-D.-de-Grâce

Boulevard Rue

Maisons Satie

Charles V

Jardin public

Piscine

Rue de Haute l'Homme

R. Varin

R. Delarue Mardrus

Rue Albert 1er

Rue de Bucaille

R. Jean Doublet

Rue des

Boulanger

Barbel

Rue des Lingots

Rue des Capucins

25

Musée Eugène-Boudin

28

Maison natale d'Alphonse Allais

PL. AUGUSTE NORMAND

AVANT-PORT

21

7

PL. HAMELIN

Q. des Passagers

12

Clocher Ste-Catherine

Sainte-Catherine

PL. STE CATHERINE

9

PL. P. BERTHELOT

R. des Logettes

40

Lieutenance

Maison du Corsaire J.-F. Doublet

23

6

41

45

Rue du Puits

14

Rue Eugène Boudin

Rue Brûlée

10

Q. Sainte-Catherine

Dauphin

Q. de la Quarantaine

VIEUX BASSIN

5

11

R. de la Bavole

R. de la Fouterie

R. np-r

R. de la République

3

R. Montpensier

R. de la Chaussée

Cours

St-Étienne

52

53

Hôtel de ville

30

R. St-Étienne

R. St-Antoine

R. des Petites Boucheries

PL. A. BOUDIN

20

R. des Travers

Manoir de Roncheville

24

PL. JEANSO

Greniers à sel

R. de la ville np. des Fossés

PL. DE LA PORTE DE ROUEN

Q. Lepaulmie

27

R. P. et Ch. Bréard

R. des Buttes

Rue Cachin

Rue N.-Dame

PL. ST LÉONARD

St-Léonard

15

Le Grand Bouloir

Rue de

PLACE ALBERT SOREL

A

2 8 32 ÉQUEMAUVILLE, TROUVILLE, PONT-L'ÉVÊQUE, D 579

<table>
</table>

Nuttige adressen
- Dienst voor Toerisme
- Busstation – Bus Verts

Slapen
1 Camping Domaine Catinière
2 Camping La Briquerie
3 Résidence du Vieux Bassin
5 Motel Monet
6 Hôtel du Dauphin
7 Hôtel du Cheval Blanc
8 Le Castel Albertine
9 Les Maisons de Léa
10 Hôtel des Loges
11 L'Écrin
12 La Maison de Lucie
14 Maison d'hôtes,
   La Cour Sainte-Catherine
15 Maison d'hôtes, Le Clos Bourdet

Eten
20 La Grenouille
21 La Cidrerie
23 Le Bréard
24 Le Bouillon Normand
25 La Tortue
27 L'Endroit
28 Au P'tit Mareyeur
30 L'Absinthe
32 Ex-Voto

Een snack of een ijsje eten en iets drinken
40 Bar L'Albatros
41 Le Perroquet Vert
45 Pom' Cannelle

Wat is er te zien?
52 Musée de la Marine
53 Musée d'Ethnographie

HONFLEUR

Hotels

DOORSNEEPRIJS TOT LUXUEUS

🏨 MOTEL MONET (PLATTEGROND A2, 5): *Charrière du Puits.* ☎ 02 31 89 00 90.

● contact@hotel-monet.fr ● hotel-monet.fr. *In een groene omgeving op een heuvel rond Honfleur, tussen de Côte de Grâce en Mont-Joli. Tweepersoonskamers voor € 62 tot 85, afhankelijk van het seizoen. Gezinskamers voor € 75 tot 105. Privéparkeerterrein of garage. Wifi.* Dit kleine familiehotel biedt een tiental vrijstaande en comfortabele kamers met privéterras. Goed onderhouden. Een leuke, romantische halte!

LUXUEUS TOT HEEL LUXUEUS

🏨 HÔTEL DU DAUPHIN (PLATTEGROND B2, 6): *Place Pierre-Berthelot 10.*

☎ 02 31 89 15 53. ● info@hoteldudauphin.com ● hoteldudauphin.com. *Naast de kerk Sainte-Catherine. Het hele jaar geopend. Tweepersoonskamers voor € 69 tot 165, met douche of bad en tv (satelliet). Wifi.* Klein hotel in een typisch 17de-eeuws huis met een vakwerkgevel. De meeste kamers zijn vernieuwd en ogen erg modern (sommige zelfs met bubbelbad), net zoals de ontbijtzaal en de receptie. Er zijn wel nog een paar verouderde kamers die niet zo fris zijn, maar die wel heel redelijk geprijsd zijn voor deze stad. Ze hebben allemaal de naam van een persoon die onlosmakelijk verbonden is met de geschiedenis van Honfleur: Alphonse Allais, Michel Serrault, Erik Satie, Eugène Boudin ...

🏨 HÔTEL DU CHEVAL BLANC (PLATTEGROND B2, 7): *Quai des Passagers 2.*

☎ 02 31 81 65 00. ● info@hotel-honfleur.com ● hotel-honfleur.com. *Jaarlijks verlof: tweede en derde week van januari. Tweepersoonskamers voor € 70 tot 160, afhankelijk van het comfort, het uitzicht en het seizoen. Gezinskamers voor € 135 tot 225. Parkeerterrein vlakbij (niet gratis). Internet en wifi.* Driesterrenhotel met een schitterende ligging aan de oude haven, tegenover het havenkantoor. Het huis dateert uit de 15de eeuw. De meeste kamers zijn volledig vernieuwd en kijken uit over de haven. Uitstekend comfort (met balneodouche en jacuzzi).

🏨 LE CASTEL ALBERTINE (BUITEN PLATTEGROND VIA A3, 8): *Cours Albert-Manuel 19.*

☎ 02 31 98 85 56. ● info@honfleurhotels.com ● honfleurhotels.com. 🚶 *400 m van de oude haven. Gesloten in januari. Tweepersoonskamers voor € 75 tot 95, met douche of bad, wc en tv (satelliet). Ontbijt voor € 10. Parkeerterrein (niet gratis).* Fraaie 19de-eeuwse woning buiten het centrum. Het interieur is licht en kleurrijk. Aangename fleurige kamers in pasteltinten. Goed comfort. Sommige kamers hebben uitzicht op het bekoorlijke park met eeuwenoude bomen. Sauna.

🏨 LES MAISONS DE LÉA (PLATTEGROND A-B2, 9): *Place Sainte-Catherine.*

☎ 02 31 14 49 49. ● contact@lesmaisonsdelea.com ● lesmaisonsdelea.com. *Tweepersoonskamers voor € 120 tot 200, afhankelijk van het comfort en het seizoen. Suites voor € 215 tot 400. Ontbijt voor € 15. Wifi en internet.* Prachtig stenen huis (vroeger waren dit vier huisjes, vandaar de naam!) bedekt met wilde wingerd. Elk huisje is ingericht in een eigen stijl, wel altijd gezellig en smaakvol. Heel attente ontvangst.

🏨 HÔTEL DES LOGES (PLATTEGROND A2, 10): *Rue Brûlée 18.*

☎ 02 31 89 38 26. ● info@hoteldesloges.com ● hoteldesloges.com. *In een pittoresk steegje niet ver van de kerk Sainte-Catherine. Gesloten in januari. Tweepersoonskamers voor € 110 tot 135, afhankelijk van het comfort. Ontbijt met streekproducten voor € 12. Babysitdienst. Wifi en internet.* De ideale plaats voor verliefde stelletjes! Na een eerste carrière in de filmwereld laat Catherine haar gasten graag meegenieten van haar passie voor interieur. Een niet te klasseren stijl? Inderdaad, maar wel heel mooi ... De stijl wijkt af van alle moderne standaardnormen. Beperkte gemeenschappelijke ruimte en een ontvangst die soms wat routineus overkomt.

🏨 L'ÉCRIN (PLATTEGROND A3, 11): *Rue Eugène-Boudin 19.*

☎ 02 31 14 43 45. ● hotel.ecrin@honfleur.com ● honfleur.com. *Tweepersoonskamers voor € 100 tot 250, afhankelijk van het seizoen. Ontbijt voor € 12 tot 16. Gratis privéparkeerterrein.* Landelijke villa, verscholen in het groen. De eigenares heeft van haar hotel een soort museum van de luxe gemaakt: antiek meubilair, dito tapijten, massieve luchters, wandtapijten, vazen, lampen, schilderijen ... Schitterende kamers. Ook een bijgebouw, maar dat is niet in de stijl van het hoofdhuis. Cinefielen zullen graag horen dat de Franse cineast Truffaut hier *La Chambre verte* heeft gedraaid. Sauna en zwembad.

📷 LA MAISON DE LUCIE (PLATTEGROND A2, 12): *Rue des Capucins 44.*

☎ *02 31 14 40 40.* ● *info@lamaisondelucie.com* ● *lamaisondelucie.com.* 🅗 *Vanaf de Place Sainte-Catherine volg je richting Côte de Grâce. Gesloten van eind november tot eind december en van 4 tot 18 januari. Tweepersoonskamers voor € 150, twee suites voor € 315. Rijkelijk ontbijt voor € 18.* Dit schitterend gerenoveerde huis hoorde ooit toe aan de dichteres Lucie Delarue-Mardrus. Een waar juweeltje op de heuvels rond Honfleur. De charme van de plek wordt nog extra in de verf gezet door de gordijnen, de aardewerken tegeltjes, de kroonluchters met belegsel, het parket en de kranen uit de jaren 1930. En dan hebben we het nog niet gehad over de heerlijke bedden! En ook niet over de licht oosterse toets: genieten van een kopje muntthee in de schaduw van de palmboom of onder de ventilatoren in een van de salons, wegdromen in de jacuzzi met de allures van een Marokkaans dampbad.

Chambres d'hôte - gastenkamers

📷 MAISON D'HÔTE, LA COUR SAINTE-CATHERINE (PLATTEGROND A2, 14): *Rue du Puits 74.*

☎ *02 31 89 42 40.* ● *coursaintecatherine@orange.fr* ● *coursaintecatherine.com. Het hele jaar geopend. Reken op € 75 tot 95 voor twee personen (€ 25 per extra persoon).* Een uitstekend adres, heel rustig gelegen en toch in het centrum van de oude stad. De charmante kamers liggen rondom een kleine binnenplaats. Ze zijn heel gezellig ingericht, met hier en daar wat zeemansspullen. In de ontbijtzaal staat een oude pers met sympathieke toog. Je kunt er ook lekker wegzakken in een van de clubfauteuils. Op de groene binnenplaats is het aangenaam vertoeven: er staan tafeltjes en zelfs een paar ligstoelen. Ga naar de markt, koop er lekkere streekproducten en kom hier picknicken! Eenvoudig en o zo leuk. Ook nog twee andere huisjes die volledig ingericht zijn en die plaats bieden aan 5 tot 6 personen. Goede ontvangst.

📷 MAISON D'HÔTE, LE CLOS BOURDET (BUITEN PLATTEGROND VIA B3, 15): *Rue Bourdet 50.*

☎ *06 07 48 99 67 (gsm).* ● *leclosbourdet@orange.fr* ● *leclosbourdet.com. Jaarlijks verlof: van 5 tot 28 januari. Reken op € 145 tot 190 voor twee personen; € 35 per extra persoon (tot 4 personen). Internet.* Dit trotse herenhuis ligt iets hoger dan de stad zelf, maar is toch nog vlak bij het centrum. Rust en charme gegarandeerd. Een mooi gazon voor het huis en erachter een licht aflopend grasperk met houten terras en een paar perfect gesnoeide appelbomen. Er is goed nagedacht over de inrichting, zowel in de gemeenschappelijke ruimtes als in de kamers. Overal warme kleuren en materialen. Het lijkt wel op een plaatje uit een tijdschrift, maar dan met heel wat eigen inbreng, van het beddenlinnen tot de deurknoppen, van de tafeltjes in de salon tot de foto's in de gang (de gastheer is fotograaf!). Alle nodige comfort: mooie badkamer, dvd-speler ... Kortom: een goed en leuk adres.

ETEN

Restaurants genoeg in dit toeristische centrum. Maar de prijs-kwaliteitverhouding is niet altijd optimaal, zeker niet in de buurt van de haven ... Gelukkig zijn er ook wel goede adressen!

GOEDKOOP TOT DOORSNEEPRIJS

📷 LA CIDRERIE (PLATTEGROND B2, 21): *Place Hamelin 26.*

☎ *02 31 89 59 85.* 🅗 *Doorlopende bediening vanaf 's middags. Gesloten op dinsdag en woensdag (behalve in de schoolvakanties). Jaarlijks verlof: van 10 januari tot 10 februari. Galettes (typische hartige pannenkoe-*

ken) voor € 8. Een ouderwetse gelagzaal waar je alles kunt drinken wat gemaakt is op basis van appelen (en peren). Specialiteit: de *galichot*, een soort pannenkoek van tarwemeel en rogge.

[X] [≈] Ex-Voto (BUITEN PLATTEGROND VIA A3, 32): *Place Albert-Sorel 8.*

[☎] *02 31 89 19 69. Tegenover het postkantoor. Gesloten op zondagavond en op woensdag (behalve in de zomer); ook gesloten met Allerheiligen en Kerstmis. Twee eenvoudige kamers voor € 50. Dagschotel voor € 7,50. Er worden geen bankkaarten aanvaard.* Authentieke kleine bistro met zitbanken van imitatieleer. De eigenares, geboren en getogen in de streek, kookt met heel veel liefde. Ze werkt altijd met verse marktproducten: stoofpot, goulash, andouille (soort worst)... Ook een paar omeletten en seizoenssalades. Heel veel vaste gasten en een gemoedelijke sfeer. Een tip: kom vroeg want de eetzaal is niet echt groot. Klein terras in de zomer.

DOORSNEEPRIJS TOT LUXUEUS

[X] L'Endroit (PLATTEGROND B3, 27): *Rue Bréard 3.*

[☎] *02 31 88 08 43 of 06 66 63 06 34 (gsm). Geopend van woensdagavond tot zondagavond. Lunchformule voor € 18 en menu voor € 22. Reken op € 35 tot 40 à la carte.* De sfeer van een loft, vintage meubels uit de jaren 1970, een hedendaagse keuken en weldoordachte prijzen: een uitstekend adres waar de grote massa nog niet is binnengevallen! In zijn grote, open keuken bereidt de chef op zijn eigen manier heerlijke, alledaagse gerechtjes. De charme van Normandië met een vleugje olijfolie!

[X] Le Bouillon Normand (PLATTEGROND B3, 24): *Rue de la Ville 7.*

[☎] *02 31 89 02 41. Aan de Place Arthur-Boudin, achter de Quai Saint-Étienne. Gesloten op woensdag en zondag (behalve op feestdagen). Jaarlijks verlof: een week einde juni en van 23 december tot 15 januari. Menu's voor € 18 tot 26.* Terras en gezellig ingerichte eetruimte in een voormalige bistro. Veel hout en veel geel. De chef verwent je met gerookte ganzenlever, knapperige camembert... Kinderen die niet graag lang tafelen, kunnen een spelletje spelen of een strip lezen. Een goed adresje, soms wel wat luidruchtig.

[X] La Grenouille (PLATTEGROND B-C 2-3, 20): *Quai de la Quarantaine 16.*

[☎] *02 31 89 04 24. • reservation@absinthe.fr. Gesloten van 15 november tot 15 december. Formule voor € 13; menu's voor € 18 tot 32. Reken op € 24 tot 50 à la carte.* Vlak bij L'Absinthe... (dezelfde eigenaar; zie verder). Moderne bistro met een terras dat uitkijkt over de haven. Alle klassiekers van een brasserie, maar ook lekkere schaal- en schelpdieren en alledaagse schotels. Smaakvol en vertrouwd: stoofpot, zelfgemaakte trijp, niertjes met calvados, kalfskop, kikkerbilletjes en rijstpap op grootmoeders wijze.

[X] La Tortue (PLATTEGROND A2, 25): *Rue de l'Homme-de-Bois 36.*

[☎] *02 31 81 24 60. • lesterressafran@orange.fr. Lunchformule op weekdagen voor € 13; menu's voor € 19 tot 34.* Dit smaakvol ingerichte restaurant ligt in een van de drukste straten van het historische centrum en biedt een traditionele keuken, bijvoorbeeld gepocheerde ganzenlever met maurywijn. Opgelet: heel veel volk tijdens het weekend.

[X] Le Bréard (PLATTEGROND B2, 23): *Rue du Puits 7.*

[☎] *02 31 89 53 40. • lebreard@wanadoo.fr. Gesloten op maandag, dinsdag en woensdagmiddag (in het seizoen alleen gesloten op maandag-, dinsdag- en woensdagmiddag). Jaarlijks verlof: van 23 november tot 23 december en een week in maart. Lunchformule op weekdagen voor € 20; menu's voor € 28 tot 38. Reken op € 60 à la carte.* Fabrice Sébire is al geruime tijd terug in het land, maar toont nog steeds wat hij geleerd heeft in de befaamde Parijse restaurants Grand Véfour, Tour d'Argent en Lucas-Carton. Wat zou je zeggen van tonijn op drie wijzen (heerlijk!) of een variatie op het thema chocolade (overheerlijk!)? Fabrice heeft van zijn vele reizen heel wat kruiden en nieuwe smaken meegebracht. Fantasierijk en inventief, altijd vernieuwend en creatief. De gerechten worden steeds kunstig gepresenteerd, de bediening gebeurt altijd met de glimlach en de prijs-kwaliteitverhouding is niet te verslaan. Kortom: we zijn blij dat Fabrice Sébire terug in Normandië is!

🗡 Au P'tit Mareyer (plattegrond B2, 28): Rue Haute 4.

☎ 02 31 98 84 23. ● auptitmareyeur@free.fr. Gesloten op maandag en dinsdag. Jaarlijks verlof: van 5 januari tot 4 februari. Reserveren nodig in het hoogseizoen. Menu en à la carte voor € 27,50 tot 56. Een lekkere, fijne en verzorgde keuken. Inderdaad, de chef-kok maakt er een erezaak van om zijn schotels tot in de puntjes te bereiden en te presenteren. Een voltreffer: vissoep van Honfleur. De kaart wordt regelmatig vernieuwd. Wel opletten voor eventuele supplementen! Het interieur is elegant en stijlvol zonder pompeus te zijn. Snelle en vriendelijke bediening.

EEN BEETJE LUXUEUZER TOT HEEL LUXUEUS

🗡 L'Absinthe (plattegrond B2, 30): Quai de la Quarantaine 10.

☎ 02 31 89 39 00. ● reservation@absinthe.fr. 🅶 Jaarlijks verlof: van half november tot half december. Formule voor € 26 (niet in het weekend) en menu's voor € 33 tot 70. Reken op € 64 tot 96 à la carte. Een heel stijlvol adres tegenover de haven. Het ligt een beetje achterin. De creatieve keuken brengt ode aan de Normandische streekproducten en aan de artiesten die de geschiedenis van Honfleur hebben gekleurd. Het goedkoopste menu biedt een uitstekende prijs-kwaliteitverhouding en toont ook hoeveel lef de chef-kok heeft. Wie niet zo houdt van een gastronomisch avontuur, is hier ook perfect op zijn plaats want er staan op de kaart ook heel wat 'brave' gerechten. Kunstig geschikte borden, met bloemen en muzieknoten. De gele kip met ciderazijn is een lust voor de smaakpapillen, maar het water loopt je pas echt goed uit de mond bij de gekristalliseerde aubergine, absint en basilicum ... Voortreffelijke kaasschotel.

EEN SNACK OF EEN IJSJE ETEN EN IETS DRINKEN

🍺🍴 Bar L'Albatros (plattegrond B2, 40): Quai Sainte-Catherine 32.

☎ 02 31 89 25 30. ● martignyr@wanadoo.fr. Dagelijks geopend. Ontbijt voor € 5 tot 13. Wifi. Deze jonge en sympathieke matrozenbar in de oude havenkom is de ontmoetingsplaats bij uitstek voor liefhebbers van goede muziek en andere filosofen die vanuit hun luie stoel de wereld gaan veranderen, nippend aan een 'eau chaude' (letterlijk 'warm water'; plaatselijke specialiteit: originele en 'softy' manier om calva te leren drinken). Er staan ook een paar tafels buiten, vlak tegenover de boten. Geweldig om hier 's ochtends van het zonnetje te genieten. Snelbuffet voor wie trek heeft in een tussendoortje.

🍺🍴 Le Perroquet Vert (plattegrond B2, 41): Quai Sainte-Catherine 52.

☎ 02 31 89 14 19. ● perroquet-vert@wanadoo.fr. 🅶 Dagelijks geopend. Wifi. Aan stuurboord van L'Albatros. Deze bar waar de sfeer van een taverne heerst, wordt opengehouden door een oude zeebonk. Je kunt er een honderdtal uitstekende biertjes proeven met rockmuziek op de achtergrond. In het weekend en na zeilwedstrijden zit het er eivol. Op het einde van de middag, na een vermoeiende trektocht door de betoverende steegjes, kun je hier komen uitblazen op het terras en genieten van het steeds weerkerende botenballet. Snelbuffet 's middags.

🍴 Pom' Cannelle (plattegrond B2, 45): Quai Sainte-Catherine 60.

☎ 02 31 89 55 25. Buiten het seizoen gesloten op woensdag. Jaarlijks verlof: december-januari. Een van de beste ijsbereiders uit de streek. Hier moet je gewoon een wafel of een ijsje komen eten! Festival van smaken.

SLAPEN EN ETEN IN DE OMGEVING

DOORSNEEPRIJS TOT HEEL LUXUEUS

La Fraîchette: *Chemin de Crémanville, 14600 La Rivière-Saint-Sauveur.*

0231893736.• *info@lafraichette.com* • *lafraichette.com.* 4 km ten zuidoosten van Honfleur via de D580. Goed aangeduid vanuit het dorp. Gesloten op donderdag en woensdagavond, behalve in juli en augustus. Jaarlijks verlof in januari. Tweepersoonskamers voor € 50 tot 77. Lunchformule voor € 13; menu's en à la carte voor € 18,90 tot 22,90. Wifi. Helemaal verborgen in het groen! Je voelt je hier kilometers ver van de drukte van Honfleur. Charmante ontvangst. De eetruimte is aardig ingericht. In de winter zit je bij het haardvuur, in de zomer op het terras. Goede, alledaagse keuken: rundvlees met twee soorten olijven, kip en kalfsvlees met cider. Als dessert moet je zeker de crumble met seizoensfruit proeven! De porties zijn soms wel wat klein. 's Middags tearoom. Er zijn ook tien kamers in de stijl van het huis: ruim en aangenaam. Sommige hebben een eigen terras.

Auberge de la Source: *Chemin du Moulin, 14600 Barneville-La-Bertran.*

0231892502. • *contact@auberge-de-la-source.fr* • *auberge-de-la-source.fr.* Ongeveer 6,5 km van Honfleur, via de D279. Tweepersoonskamers voor € 84 tot 180, afhankelijk van het comfort en het seizoen; suites voor € 168 tot 220. Wifi. Het is moeilijk om je een charmanter, lieflijker en impressionistischer adresje voor te stellen! Dit vredige oord ligt op een paar lengtes van de kust, midden in de Normandische bossen. De boerderij in vakwerkstijl en de woning van rode baksteen liggen rondom een bloemrijke tuin en een visrijke vijver. Het geheel zou beslist in de smaak gevallen zijn van Monet! De vrij ruime kamers combineren op voortreffelijke wijze modern comfort en rustieke charme. Je kunt ter plaatse eten: slechts één menu, op basis van verse seizoens- en streekproducten. Fietsen ter beschikking van de gasten.

Chambres d'hôte & gîte La cour de Bas: *bij Serge Bunel, Chemin de la Moulière, 14600 Barneville-La-Bertran.* 0231890364. • *cour2bas2000@yahoo.fr* • *cour2bas.com.* 4,5 km ten zuidwesten van Honfleur, via de D579. Gesloten in januari en februari. Reken op € 75 tot 100 voor twee personen. Ook een vakantiehuisje dat je kunt huren per week (€ 500 tot 550 voor 2 tot 4 personen) of voor een weekend (€ 200, ontbijt inbegrepen). In een gerenoveerde perserij waar natuursteen, baksteen en vakwerk harmonieus worden gecombineerd. Drie exotisch ingericht kamers. In de 'Touareg' voel je je echt aan het andere einde van de wereld. Ook geslaagd: de 'Zen' met balneobad. Mooie tuin met veel bloemen: de ideale plaats om bij zonnig weer te ontbijten (bio!). Waterbron die voor verfrissing zorgt bij grote hitte, GR-wandelpaden en vlak bij het bos. Rust verzekerd. Gastvrije ontvangst.

In Gonneville-sur-Honfleur 14600

4 km van Honfleur via de D144. Charmant typisch dorp in het Pays d'Auge. Ideaal om te genieten van het Normandische platteland en toch dicht bij zee. Tip om je te oriënteren: het dorp is verdeeld in wijken, waarvan sommige zich aan de andere kant van de autoweg bevinden.

DOORSNEEPRIJS

Gîte rural de la ferme de Prêtreville: *bij Colette Groult.*

0231890005. Aan de andere kant van de D144 als je uit het dorpscentrum komt, richting Prêtreville en dan Mont-Bouy. Reken op € 45 per nacht voor twee personen. Er is ook een tweede huisje dat je kunt huren per week en dat plaats biedt aan zes personen: € 330 tot 540, afhankelijk van het seizoen. Een formidabel adres, niet alleen door de hartelijkheid van Colette, maar ook door de prachtige boerderij zelf. Twee keuzemogelijkheden: een klein huisje met een keukenhoek en een Noorse kachel, dat per nacht wordt verhuurd, of een gemeubileerd vakantiehuis met rieten dak dat je per week kunt huren. Alles werd met veel smaak ingericht. Veel spelletjes voor de kinderen, fietsen voor alle leeftijden ter beschikking van de gasten en uiteraard een heleboel dieren!

📧 **Chambres d'hôte de la chaumière de Beauchamps:** *bij Andrée en Daniel Michel.*

☎ *02 31 89 19 93. Volg de D144 in de richting van Pont-L'Évêque (na Gonneville) en neem na 800 m het eerste doodlopende straatje rechts. Gesloten met Kerstmis. Reken op € 48 voor twee personen.* De boerderij is nog altijd actief, maar de graanzolder heeft een nieuwe functie gekregen. Hij is nu ingedeeld in comfortabele gastenkamers. Trap met eigen ingang. De melk bij het ontbijt komt recht uit de uier van de koe! De eigenaars zijn heel gastvrij.

DOORSNEEPRIJS TOT LUXUEUS

📧 **Le Val Marin:** *bij Corinne en Philippe Flambard, in een wijk van Prêtreville.*

☎ *02 31 89 23 63 of 06 79 98 44 50 (gsm).* ●*reservation@levalmarin-honfleur.com* ●*levalmarin-honfleur.com. Neem in Gonneville de D144a in de richting van Prêtreville en sla na de brug onmiddellijk rechts af. Volg dan de pijlen. Reken op € 59 tot 72 voor twee personen; € 89 tot 99 voor vier personen.* Als je zin hebt in een verkwikkende siësta onder de appelbomen, laat je hart dan spreken en verwen jezelf met een halte in dit sierlijke buitenhuis waar steen en hout de boventoon voeren. Een vredig oord te midden van de groene weilanden!

✖ **Crêperie La Recré:** *Place du Commerce, Le Bourg. Vlak achter het gemeentehuis.*

☎ *02 31 98 15 52. Gesloten op zondag en maandag; in het seizoen alleen op zondag. Reken op € 6 tot 11 voor een hartige pannenkoek.* Als je het leuk vindt, steek dan even je hoofd binnen en neem samen met de heer des huizes die pannenkoekenbakker geworden is, plaats op de banken van dit oude kleuterschooltje dat sinds een paar jaar zijn eigendom is. Deze plaats die stijlvol opgesmukt is met voorwerpen van vroeger (op de hoek van een van de tafeltjes liggen zelfs oude schoolboeken), doet je onmiddellijk terugdenken aan je eigen jeugd. En ook de pannenkoeken zorgen ervoor dat je je weer kind voelt: de 'Marelle' (hinkelspel), de 'Bonnet d'âne' (muts met ezelsoren) en de 'Bagarre' (knokpartijtje) voor de echte deugnieten! De chef biedt ook een aantal salades en vleesschotels aan. Attente en snelle bediening. De oude speelplaats is nu een aangenaam en groen terras geworden.

WAAR KUN JE LEKKERE NORMANDISCHE PRODUCTEN KOPEN?

🏠 **De markt van Honfleur (plattegrond B2):** *op de Place Sainte-Catherine.* Elke zaterdag vind je hier de producten van meesterkaasmaker Pennec die ondertussen zijn kennis heeft doorgegeven aan mijnheer Frohn. Als je deze kaasboer in Honfleur zou missen, kun je hem tijdens de schoolvakanties dagelijks vinden in Deauville (de rest van het jaar niet op maandag, woensdag en donderdag) en op woensdag en zondag op de markt van Trouville. Een sympathieke man en een prachtige kraam. Op de kaart geweldige namen: coup de pied au cul (letterlijk: 'een trap voor je kont', kaas met calvados), cul terreux ('modderkont'), vierge folle ('dolle maagd'), puant normand ('stinkende Normandiër'), extase deauvillaise ('extase uit Deauville'), vache en feu ('hete koe'), fine goule ('fijnbek'; kaas met cider) ... Zonder de onvermijdelijke 'claquos au calvados' te vergeten. Al deze producten zijn ook te koop in de boerderij van **Saint-Benoût-d'Hébertot** *(aan de N175, tussen Beuzeville en Pont-l'Évêque).* ☎ *02 31 64 39 49. De winkel is dagelijks geopend van 9.30 tot 19.30 u.* Meer dan honderd verschillende kazen. Ook cider, jam, seizoensproducten ...

🏠 **Biomarkt (plattegrond B2):** *naast de traditionele markt op zaterdag is er op woensdagochtend een biomarkt op de Place Sainte-Catherine.*

🏠 **Gribouille:** *Rue de l'Homme-de-Bois 14.* ☎ *02 31 89 29 54.*

Dagelijks geopend van 9.30 tot 13.00 u en van 14.00 tot 19.00 u. Mooie winkel waar de eigenaar al sinds 1973 al het lekkers van Normandische bodem verkoopt: ambachtelijke cider, pommeau, calvados (een indrukwekkende keuze!), perencider, trijp in bokalen, jam en andere heerlijkheden.

🏠 **Les Marianik's:** *Rue du Dauphin 35.* ☎ *02 31 89 98 00.*

● *marianiks.com. Dagelijks geopend.* Ambachtelijke chocolatier. Hier kun je de vermaarde 'camembert d'Alphonse Allais' (witte chocolade bedekt met amandelen en op smaak gebracht met anijs) kopen.

🏠❌ **Picknick onder de appelbomen van Manoir d'Apreval:** *14600 Pennedepie.*

☎ *02 31 14 88 24. 5,5 km ten westen van Honfleur, via de D513.* Deze producent van appelsap, cider en calvados is met het schitterende idee gekomen om picknickmanden met streekproducten van het Pays d'Auge te verkopen (€ 15 per volwassene en € 9 per kind). Alles is voorzien, zelfs het geblokte tafelkleed! Een paar passen en je kunt je in de schaduw van de appelbomen neervlijen ... Een ontbijt op het gras dat de naam 'Manet' waardig is!

WAT IS ER TE ZIEN?

Je kunt bij de Dienst voor Toerisme een 'pass' kopen die toegang geeft tot de 4 stadsmusea: € 9,30 voor een volwassene en € 6,30 voor een kind. Een voordelige oplossing, ook al bezoek je maar twee musea (behalve wanneer je het etnografische museum en het scheepvaartmuseum wilt bezoeken: combikaartje voor € 4,60).

🍴 **Greniers à sel (plattegrond B3):** *Rue de la Ville.* De zoutzolders: schitterende opslagruimtes (er kon tot 10.000 ton zout in opgeslagen worden) uit de 17de eeuw met een opmerkelijk gebinte en dikke muren die werden opgetrokken met afbraakstenen van de vroegere omwalling. Ooit waren er drie, maar na een brand in 1892 bleven er nog maar twee over. Je kunt deze zolders bezoeken tijdens de (interessante) tentoonstellingen of tijdens de door de Dienst voor Toerisme georganiseerde stadsrondleidingen.

🍴 **Musée de la Marine (plattegrond B3, 52):** *Quai Saint-Étienne.* ☎ *02 31 89 14 12.*

🚶 *Van half februari tot eind maart en van 1 oktober tot half november geopend van 14.30 tot 17.30 u op weekdagen (gesloten op maandag) en van 10.00 tot 12.00 u en van 14.00 tot 17.30 u in het weekend; van april tot september van dinsdag tot zondag geopend van 10.00 tot 12.00 u en van 14.00 tot 18.30 u. Toegangsprijs: € 3,40. Kortingen.* Scheepvaartmuseum in de mooie kleine kerk Saint-Étienne, aan de oude haven. Documenten en objecten over de rol van zeelui uit Honfleur bij de ontdekking en de kolonisatie van de Nieuwe Wereld: kabeljauw- en walvisvangst, handel in negerslaven ... Schaalmodellen van schepen, kanonnen, een boegbeeld, scheepskoffers, een schitterend duikerpak ...

🍴 **Musée d'Ethnographie (plattegrond B3, 53):** *Rue de la Prison. Bij het verlaten van het scheepvaartmuseum sla je onmiddellijk links af. Hetzelfde telefoonnummer, dezelfde openingstijden en dezelfde prijzen.* Museum voor volkskunst met negen kamers waarin Normandische interieurs zijn gereconstrueerd: oude meubelen, kostuums en aardewerk. Het bezoek eindigt in het winkeltje van de garen-en-bandverkoopster, een heus 19de-eeuws boetiekje in een 16de-eeuws pand. Op de binnenplaats, begrensd door de voormalige stadswallen, bevindt zich een merkwaardige waterput met wiel en houten gebint. Je kunt ook de gevangenis met de cellen zien. Een mooi museum, maar toch dringend aan vernieuwing toe.

🍴🍴🍴 **Le vieux bassin (plattegrond B2-3):** de bekendste plaats van het stadje, eerste op de ranglijst van foto's voor postkalenders. Dit havenbekken werd aangelegd onder Lodewijk XIV in opdracht van Colbert en heeft zijn typische cachet weten te bewaren. Langs de Quai Sainte-Catherine staan dicht opeengepakt hoge en smalle huizen met vooruitspringende bovenverdiepingen, bedekt met leisteen. Elk huis heeft twee ingangen: eentje aan de kant van de haven en een andere op de derde verdieping, die uitkomt op de Rue du Dauphin of de Rue des Logettes. Sommige panden hebben zeven verdiepingen met slechts twee ramen in de gevel. Tegenover de Quai Sainte-Catherine ligt de Quai Saint-Étienne. In 1832 deed Frédéric Sauvage (Frans ingenieur) hier zijn eerste experimenten met schroefboten.

🥂🥂 **Lieutenance (plattegrond B2):** verbazingwekkend gebouw met hoektorentjes, gelegen aan de oude haven. Dit havenkantoor is wat nog rest van een 16de-eeuws kasteel dat ooit onderdak gaf aan de luitenant van de koning. De Porte de Caen, de vroegere toegangspoort tot het stadje, zit in het kasteel verwerkt. Tegen de muur aan de zeekant hangt een herdenkingsplaat voor Samuel de Champlain, die in 1608 naar Canada vertrok en aan de wieg stond van de staat Quebec.

🥂🥂🥂 **Église Sainte-Catherine (plattegrond B2):** *de kerk is geopend van 8.30 tot 18.00 u (in de zomer tot 19.00 u). Hetzelfde toegangskaartje als voor de klokkentoren van het Musée Eugène-Boudin.* Ongetwijfeld het meest originele monument van Honfleur. De buitengevel is bekleed met dakspanen (houten pannen). De vroegere klokkentoren is heel pittoresk. Tussen de kerk en de toren ligt een klein pleintje. Volgens sommige inwoners van Honfleur is deze scheiding tussen kerk en toren te wijten aan het feit dat de kerk vond dat de klok te hard luidde ... De werkelijke reden is dat de klokkentoren te zwaar was voor het houten gebint van het dak van de kerk. En omdat de constructie van hout was, kon op deze wijze ook vermeden worden dat een eventuele brand zou uitslaan. De vorm doet denken aan sommige Noorse kerken. Sainte-Catherine werd dus herbouwd op het begin van de 15de eeuw. Op het einde van deze zelfde eeuw was de kerk al te klein geworden en moest er een tweede beuk bijgebouwd worden. Het geheel werd gerestaureerd door Viollet-le-Duc en op het begin van de 20ste eeuw ook nog lichtjes aangepast. Binnen zijn er kerkelijke objecten en kostuums te zien. De klokkentoren (in feite een bijgebouw van het Musée Boudin) heeft dezelfde openingstijden als het museum.

> **Een tijdelijke toestand die blijft aanhouden!**
> Na het vertrek van de Engelse troepen bleven er van de kerk alleen ruïnes over. Om het religieuze gebouw zonder al te grote kosten uit zijn as te doen herrijzen, werd hout uit de streek gebruikt. De timmerlui van de scheepswerven deden de rest. Daarom doet het interieur van de kerk je meteen denken aan een reusachtige omgekeerde boot. Dit inderhaast opgetrokken bouwwerk dat eigenlijk maar tijdelijk was, houdt nu al meer dan zes eeuwen stand!

🥂🥂 **Rue des Lingots (plattegrond A-B2):** *achter de klokkentoren.* Een van de meest typische straten van de oude stad. Er liggen nog kasseien en de meeste houten huizen zijn echt heel oud. Nummer 30 verschafte in 1802 eventjes onderdak aan generaal Bonaparte, toen nog Eerste Consul.

🥂🥂🥂 **Musée Eugène-Boudin (plattegrond A2):** *Place Erik-Satie.*
📞 02 31 89 54 00. 🎫 *Van 15 maart tot 30 september dagelijks geopend (behalve op dinsdag) van 10.00 tot 12.00 u en van 14.00 tot 18.00 u; van begin oktober tot half maart op weekdagen (behalve op dinsdag) van 14.30 tot 17.00 u, op zaterdag en zondag van 10.00 tot 12.00 u en van 14.30 tot 17.00 u. Gesloten van 1 januari tot 6 februari. Toegangsprijs: € 5,60 in de zomer en € 4,90 de rest van het jaar. Kortingen. Audiogids: € 2. Dit kaartje geeft ook toegang tot de klokkentoren van de kerk Sainte-Catherine.* Het museum is uiteraard gewijd aan de lokale kunstenaar Boudin, maar ook aan alle andere artiesten die samen 'Les rencontres de Saint-Simeon' vormden, een groep voorlopers van de impressionisten. Boudin ontmoette zijn vrienden (zoals bijvoorbeeld Courbet) in een leuke herberg in de omgeving (vandaag een luxueus logement van het label Relais et Châteaux). Baudelaire sloot zich in 1859 bij de groep aan. Het is trouwens in Honfleur dat hij zijn bekende werk *Invitation au Voyage* (Uitnodiging tot de reis) schreef.

- **Op de eerste verdieping** van het museum vind je in de zaal Désiré-Louveau een etnografische verzameling over Normandië: traditionele klederdrachten, kapsels, kindermutsen (sommige uit de 18de eeuw), antiek vaatwerk, kant en 19de-eeuwse poppen van huid en porselein.
- **Op de tweede verdieping:** de schilderijen. Die van Boudin hangen achterin. 98 werken (doeken en tekeningen) van Honfleur en het Pays d'Auge. Ook een Courbet: *Rivage de Normandie près de Honfleur* (Oeverlandschap van Normandië vlak bij Honfleur). Verder twee doeken van Monet die Étretat en Honfleur voorstellen. Uit de pasteltekeningen van Boudin blijkt duidelijk zijn rol als voorloper van de impressionistische beweging (lucht, wolken, de zon die ondergaat, de maan die opkomt ...), net zoals uit een kleine olieverfschilderij van 1880 met de naam *Personnages à la lisière d'un bois ; côte de Grâce* (Mensen aan de bosrand; Côte de Grâce) of uit het schitterende *Mme Pecrus dans son jardin* (Mevrouw Pecrus in haar tuin) van 1870. In de kapel worden er tijdelijke tentoonstellingen georganiseerd. Indien dit niet het geval is, zie je er werken die tot de reserve van het museum behoren: speelgoed, affiches, schilderijen ...
- **Op de derde verdieping:** Normandische kunstenaars uit de 20ste eeuw. Tekeningen en gravures. Een honderdtal werken.

❧ **Jardin des personnalités:** *op de pier. Gratis toegang.* Openluchtmuseum in een pedagogisch park van 10 ha met een uitzonderlijk uitzicht op de trechtermonding van de Seine. Je vindt er een twaalftal 'boottuinen' met in elke tuin de buste van een beroemde persoon die in Honfleur geboren en getogen is (Monet, Baudelaire ...). Bij elk personage werden bloemen en planten gebruikt die hun karakter, leven en werk symboliseren.

❧❧❧ **Les Maisons Satie (plattegrond A1):** *Rue Haute 88.* ☎ *02 31 89 11 11.*
Dagelijks geopend (behalve op dinsdag) van 10.00 tot 19.00 u in het seizoen en van 11.00 tot 18.00 u buiten het seizoen. Gesloten van 31 december tot half februari. Toegangsprijs: € 5,50. Kortingen. Gratis voor wie jonger is dan tien jaar. Trek ongeveer 1 uur uit voor het bezoek. Erik Satie, de musicus bij wie alle avant-gardeartiesten (tot en met de techno!) nog altijd in het krijt staan, werd in 1866 in Honfleur geboren. Een ongelofelijk parcours leidt de bezoeker door de persoonlijke en artistieke wereld van de musicus, voorloper van het dadaïsme en het surrealisme. Alles begint met de muziek (elke bezoeker draagt een infrarode geluidshelm): van de beroemde *Gymnopédies* en andere *Gnossiennes* voor piano tot de *Musiques d'ameublement*, heel het oeuvre van Satie passeert de revue. Tegelijkertijd wandel je van kamer tot kamer. Onderweg ontmoet je een gigantische peer die klapwiekend wegvliegt. Je ontdekt 100.000 voetsporen op de vloer van een kamertje, peddelt op een bizarre carrousel en maakt op een bankje een woelige voorstelling mee van de opera *Parade* ... Een museum dat je meer ondergaat dan bezoekt. Bij het buitengaan blijven de aforismen en gedachten van Satie (voorgelezen door Michael Lonsdale) nog lang door je hoofd spoken. Geniaal! Sinds kort is de collectie uitgebreid met een nieuw huis met originele werken van Satie en artiesten die met hem hebben samengewerkt: Cocteau, Derain ...

WAT IS ER TE DOEN?

🏖 **De stranden:** *het strand van Honfleur is bereikbaar langs de kustweg en de pier.* Het Plage du Butin ligt 2 km van het centrum, aan de voet van de vuurtoren met dezelfde naam. Het Plage de Vasouy ligt enkele kilometers verderop in de richting van Deauville en is bijgevolg minder druk.
- **Boottochten op zee:** *met de motorboten L'Évasion III en Cap Christian, Quai des Passagers.*
☎ *02 31 89 41 80. Prijs: € 8 voor volwassenen. Kortingen. Of ook nog met Jolie France (aan de andere kant van de haven). Prijs: € 9 voor volwassenen. Kortingen.*

- **Abeille Parachutisme:** ☎ 02 31 89 77 66 of 06 11 62 40 06 *(gsm)*. Luchtdoop en tandemsprong in vrije val. Klaar ? Springen maar!
- Er is ook nog een zwembad en je kunt er paardrijden, tennissen ...

EVENEMENTEN

- **Fête des Marins:** *elk jaar tijdens het pinksterweekend.* Op zondag wordt bij hoogtij de zee gezegend, tegenover de haven. Vissersboten en plezierjachten zijn versierd met papieren rozen. Samen vormen ze een cirkel in de trechtermonding. Uit een vliegtuig wordt een krans geworpen voor de mensen die op zee zijn verdronken. De volgende dag om 9.00 u klimt een processie van bij het gemeentehuis tot aan de Chapelle de la Côte de Grâce. De kinderen van de zeelui dragen op hun schouders schaalmodellen van boten (die het hele weekend worden tentoongesteld in de zoutzolders).
- **Chroniques nomades:** *eind mei, begin juni. Info:* ☎ 02 31 89 23 30. *Gratis toegang. Op de zoutzolders.* Een tiental fototentoonstellingen rond de thema's reizen en avontuur.
- **Jazz aux greniers:** *half augustus. Info:* ☎ 02 31 89 23 30. Echte jazzliefhebbers mogen dit jaarlijkse evenement beslist niet missen!
- **Estuaire d'en rire:** *in september.* Komisch festival.
- **Fête de la Crevette:** *een weekend eind september of begin oktober. Info:* ☎ 02 31 81 88 00 *of 02 31 89 23 30. Aan de oude haven.* Viering van een van de traditionele visserijtakken in Honfleur: de garnalenvangst. We keren terug naar de tijd van de zeilschepen, die hier bij die gelegenheid verzamelen. Demonstratie van oud tuigage en technieken van weleer. Concerten met zeemansliederen. En natuurlijk proeverij van garnalen en pelwedstrijd.
- **Festival du cinéma russe:** *Russisch filmfestival, 4 dagen eind november.* Zowat tien nieuwe films en een aantal klassiekers. Je kunt een badge kopen voor € 17 (gratis voor wie jonger is dan zestien jaar) waarmee je toegang krijgt tot alle voorstellingen van het festival.

HET PAYS D'AUGE

Betoverend stukje Normandië dat helemaal beantwoordt aan het geïdealiseerde beeld van het Franse platteland: rieten daken, vette koeien, appelbomen die in bloei staan, diepgroene weiden, schattige boerderijtjes met vakwerk, lieflijke dorpjes, gerechten met veel room en brandewijn van de bovenste plank.

De trouwe gasten van de Côte Fleurie kennen het achterland goed. Het Pays d'Auge verenigt in zich alle ingrediënten voor een geslaagd weekend: schitterende landhuizen, ongerepte waterloopjes, weggetjes die wel gemaakt lijken om te gaan mountainbiken of paardrijden, fleurige kapelletjes, ongelofelijk aantrekkelijke vakantiehuisjes en vredige schortgrote gehuchten die uit gravures van de vorige eeuw lijken te zijn gestapt. En dan zijn er nog de kazen, die samen met de cider en de calvados de trots van deze streek uitmaken. Hun dorpen (Livarot, Pont-l'Évêque ...) hebben een naambekendheid die tot ver buiten de Franse landsgrenzen reikt! Kortom: kazen, prachtige landschappen en vakwerkhuizen bij de vleet ...

EVENEMENTEN

- **Muzikale wandelingen in het Pays d'Auge:** *van half juli tot eind augustus. Info:* ☎ 02 31 31 06 00. ● *pays-auge-culture.org.* Concertwandelingen langs de trekpleisters van het lokale erfgoed (kastelen, stoeterijen, tuinen, kapellen).

PONT-L'ÉVÊQUE

De historische hoofdplaats van het Pays d'Auge is erin geslaagd een zeker dynamisme te bewaren en de nabijheid van de snelweg heeft voor de ontsluiting van dit stadje gezorgd. Als je de moeite neemt om het centrum grondig te verkennen, blijkt Pont-l'Évêque enkele leuke verrassingen in petto te hebben. De wijk Vaucelles bijvoorbeeld, met vakwerkhuizen en de aardige middeleeuwse tuin van het Couvent des Dames Dominicaines. De wijk La Touques, bij de kerk Saint-Michel en de rivier, is ook leuk. Bovendien vind je in de omgeving van Pont-l'Évêque talloze leuke plekjes en charmante adressen waar je nooit meer weg wilt. Maar Pont-l'Évêque staat ook voor smeuïge kaas op basis van melk die hoofdzakelijk van Normandische koeien komt. Kaasliefhebbers beginnen al te watertanden! De kaas kan terugblikken op een meer dan 700 jaar lange geschiedenis. Er werd al over deze lekkernij gesproken in het middeleeuwse gedicht *Roman de la Rose* en hij draagt het officiële Franse kwaliteitsmerk voor landbouwproducten (A.O.C.). Jammer dat de A.O.C.-mensen sinds kort gepasteuriseerde in plaats van rauwe melk toelaten. Hierdoor wordt de eigenheid van de kaas zelf aan de kaak gesteld.

NUTTIGE ADRESSEN

🛈 Dienst voor Toerisme van Blangy-Pont-L'Évêque: *Place Jean-Bureau 16bis.* ☎ 02 31 64 12 77. ● *blangy-pontleveque.com. Het hele jaar geopend van maandag tot zaterdag; in juli en augustus ook op zondag. In het centrum.* Organiseert van april tot oktober 'Les Balades du jeudi' (Donderdagwandelingen) die doorgaans eindigen met een kleine proeverij (niet gratis). In deze periode kun je ook elke woensdag om 15.00 gratis deelnemen aan 'Découvrir et déguster' (Ontdekken en proeven). Internet (betalend). Goede ontvangst. Er ligt hier ook een lijst van de producenten van het Pays d'Auge (cider, kaas ...).

🚆 Treinstation: *ietsje buiten het centrum, in het zuidoosten. Vanuit het centrum richting Rouen; in de Rue Hamelin neem je de Rue de la Gare (logisch toch!).* ☎ 36 35 (€ 0,34 per minuut).

🚌 Bussen (Bus Verts): ☎ 0810 214 214 *(tarief van een lokaal gesprek).* Bus 36 rijdt tussen Pont-l'Évêque en Caen; bus 50 zorgt voor de verbinding tussen Lisieux en Honfleur. Buskaartjes (4 ritten) te koop bij de Dienst voor Toerisme.

🚲 Fietsverhuur: *Cycles Jocelyn, Place Robert-de-Flers.* ☎ 02 31 65 14 27.

- Paardrijden: *Domaine équestre de l'Ormerie, Route de Saint-Hymer (D101).* ☎ 02 31 65 14 25.

- Markt: *op maandagochtend op de Place Foch.* Heel wat kaasproducenten.

- Boerenmarkt zoals vroeger: *Place des Dominicaines, op paas- en pinksterzondag en elke zondag in juli en augustus van 10.00 tot 13.00 u.* Streekproducten (kaas, cider, pommeau, calvados), verkopers in traditionele klederdracht, folkloristische dansen, demonstratie van oude beroepen ...

SLAPEN IN DE OMGEVING

CAMPINGS

🔺 Camping du Stade: *Route de Beaumont-en-Auge.* ☎ 02 31 64 15 03. *Volg de Rue de Vaucelles (de grote straat die het dorp doorkruist) en sla 500 m verder rechts af in de richting van Beaumont-en-Auge. Geopend van 21 maart tot 31 oktober. Reken op ongeveer € 10,80 voor twee personen met een tent (in het hoogseizoen).* Zestig staanplaatsen op een grote, groene open plek. Niet ver van het centrum (10 minuten wandelen). Goed uitgerust. Redelijk rustig. In de buurt van het stadion.

🔺 Camping du Lac: *ten zuiden van Pont-l'Évêque. In de richting van Lisieux, via de D48. Twintig minuten te voet van het centrum.* ☎ 02 31 65 29 21. *Geopend van half maart tot begin november. Reken op € 17,90 voor twee personen met een tent (in het hoogseizoen).* Dicht bij het meer (kijk uit voor muggen!). 280 staanplaatsen op een groen terrein met veel bomen. Wel spijtig van de bungalows die als paddenstoelen uit de grond schieten. Mooie omgeving, maar toch een beetje krap. Zandstrand. Lawaaierig als er feest is in het restaurant naast de camping. Rechtstreekse toegang tot het meer en de activiteiten van het recreatiepark en het watersportcentrum.

GOEDKOOP TOT DOORSNEEPRIJS

▣ HÔTEL DE FRANCE: *Rue de Geôle 1*. ☎ 02 31 64 30 44.

● *info@hotel-pontleveque.fr* ● *hotel-pontleveque.fr. In een rustig straatje dat haaks staat op de hoofdstraat. Twee weken gesloten in februari. Tweepersoonskamers voor € 39 tot 50, afhankelijk van het comfort; gezinskamers voor € 65. Het ontbijt kost € 5. Er zijn geen dieren toegelaten. Wifi.* Een klein, proper en gastvrij hotel. De kamers (met of zonder badkamer) zijn heel fris ingericht. Sommige kijken zelfs uit over de groene Normandische weiden en hun onafscheidelijke koeien. Uitstekende ontvangst.

LUXUEUS

▣ CHAMBRES D'HÔTE LE PRIEURÉ BOUTEFOL: *Route de Rouen, 14130 Surville.*

☎ 02 31 64 39 70. ● *info@prieureboutefol.com* ● *prieureboutefol.com. Verlaat Pont-l'Évêque in de richting van Rouen. Het is ongeveer 800 m voorbij de Intermarché, aan de linkerkant. Reserveren verplicht. Reken op € 72 voor twee personen. Ook gezinskamers.* In een prachtige groene omgeving van 3 ha werden een priorij en de bijbehorende stallen omgevormd tot een karaktervol huis. Heel vredig. Laetitia Colin, de gelukkige eigenares, biedt vier kamers aan. Deze hebben de naam van een seizoen en zijn allemaal uniek en met veel zorg ingericht. Het behang past vrolijk bij de balken en de muren die geschilderd zijn in de kleuren van de zee en het platteland of die versierd zijn met bloemmotieven. Sofa's en badkuipen van weleer, heerlijke bedden en een uitzicht op het park waar de trekvogels kwinkeleren ... het maakt allemaal deel uit van de charme van de plaats. Alle comfort. En dan hebben we het nog niet gehad over de uitstekende ontvangst! Bovendien zullen liefhebbers van oldtimers hier zeker hun hart kunnen ophalen. Een van onze lievelingsadressen!

ETEN

DOORSNEEPRIJS TOT LUXUEUS

▤ LE VAUCELLES: *Rue de Vaucelles 39.* ☎ 02 31 65 29 22.

● *restaurant.le.vaucelles@orange.fr. Gesloten op maandagavond en op dinsdag; van juli tot half september dagelijks geopend. Jaarlijks verlof. van half januari tot begin februari. Menu's voor € 13 tot 25.* Aardige streekgerechtjes (in wijn gestoofd rundvlees, andouilletaart met een speciaal sausje, kip gegratineerd met camembert) in een gezellige Normandische bistro met een interieur in warme tinten. Lekkere wijntjes zoals de saint-pourçain. Reizigers of vaste klanten, op dit verrassende adres is er altijd volk. Je komt hier niet in het minst voor de leuke sfeer en de spontane glimlach van de jonge eigenaar.

▤ AUBERGE DE LA TOUQUES: *Place de l'Église.* ☎ 02 31 64 01 69.

Gesloten op maandag en dinsdag, behalve in juli en augustus. Jaarlijks verlof: van 5 januari tot 10 februari. Lunchformule voor € 17; menu's voor € 21,50 tot 39. Aan de voet van de dorpskerk en langs de oevers van de Touques (aha, vandaar de naam!). Fraai, typisch Normandisch huis uit de 18de eeuw. Een uitstekend adres om kennis te maken met de klassiekers van de Normandische gastronomie. Gezellige sfeer en verzorgde bediening. Bij mooi weer ook een heel leuk terras.

ETEN IN DE OMGEVING

⊠ **Auberge Saint-Martin**: *Route de Rouen, 14130 Surville.*

☎ 02 31 64 03 77. ● *info@aubergesaintmartin.com. Volg richting Rouen bij het buitenrijden van Pont-l'Évêque. 900 m voorbij de Intermarché, aan de rechterkant. Gesloten op zondag en buiten het seizoen ook op dinsdagavond en op woensdag. Lunchmenu op weekdagen voor € 10,15; andere menu's voor € 28 tot 38.* Kleine, pretentieloze herberg langs de weg waar vooral 's middags veel volk een hapje komt eten. Streek- en seizoensgerechten, opgediend in een frisse en aangename eetzaal.

⊠ **Les Fleurs**: *Route de Lisieux, 14130 Manneville-la-Pipard.*

☎ 02 31 64 09 00. *Zowat 4 km naar het zuidoosten, via de D579a. Tegenover de kerk. Alleen 's middags geopend. Gesloten op zaterdag en bij de jaarwisseling. Menu op weekdagen voor € 12 en op zondag voor € 18. Reken op ongeveer € 30 à la carte.* Nog een plattelandsherberg, maar helemaal niet toeristisch. Kleine, typische eetzaal met vakwerk en geblokte tafelkleedjes, boven een bistro. Stevige gerechten op basis van verse producten, ergens halfweg tussen traditionele en streekkeuken. In het weekend kun je hier kalfsrib op Normandische wijze en escargots uit Pré d'Auge eten. Goede prijs-kwaliteitverhouding en ruime porties. Bediening met de glimlach.

WAT IS ER TE ZIEN?

🎍🎍 **Église Saint-Michel**: gebouwd op het einde van de 15de eeuw. Merkwaardige vierkante toren bedekt met leisteen. Gotische gevel en hoog kerkschip. Binnen moderne glas-inloodramen die sterk contrasteren met de rest.

🎍 **Place du Tribunal**: aan dit plein staan oude vakwerkhuizen en tot de verbeelding sprekende gebouwen uit de 16de eeuw. Bewonder ook de mooie fontein die helemaal is gerestaureerd en weer echt werkt.

🎍 **Couvent des Dames dominicaines**: *voormalig dominicanenklooster, naast het gerechtsgebouw.*

☎ 02 31 64 89 33. *Van oktober tot maart geopend van 14.30 tot 18.00 u; van april tot juni en in september geopend van 10.30 tot 12.30 u en van 14.30 tot 18.00 u (in deze periode gesloten op maandag en dinsdag); in juli en augustus dagelijks geopend van 10.30 tot 18.30 u. Toegangsprijs: € 3. Kortingen (bijvoorbeeld op vertoon van je kaartje voor Les Chais du Père Magloire).* Het klooster werd grotendeels vernield tijdens de Franse Revolutie. Er staat echter nog een fraai vakwerkgebouw in renaissancestijl overeind, met een balustrade en een stenen trap. Het pand is helemaal gerestaureerd en doet nu dienst als culturele ruimte. Kleine, ludieke tentoonstelling over de geschiedenis van het stadje. Je komt er bijvoorbeeld de oorsprong van de naam van de stad te weten, maar die verklappen we je lekker niet. Tijdelijke tentoonstellingen op de benedenverdieping. Biedt ook onderdak aan de artotheek (kunstuitleen).

🎍 **Jardin du Couvent**: *achter het klooster. In de zomer rondleidingen van dinsdag tot zaterdag van 11.00 tot 12.00 u (€ 3,50 per persoon).* Tuin met geneeskrachtige kruiden, aangelegd zoals dit gedaan werd in de 17de en de 18de eeuw. De planten staan rond een denkbeeldig menselijk lichaam. Je krijgt ook telkens een woordje uitleg over de therapeutische waarde ervan. Zo ontdek je bijvoorbeeld dat de 'vrouwenziektes' in vroegere tijden verzorgd werden met witte dovenetel, kamille, erwtjes, alsem en bonen!

🎍 **La joyeuse prison**: *je kunt deze gevangenis alleen na afspraak bezoeken. Reservatie: Couvent des Dames dominicaines (cultureel centrum). Prijs: € 4.* Een mooie getuige van de gevangenisarchitectuur uit de 19de eeuw. Het gebouw kreeg deze bijnaam doordat de vroegere chef-gevangenbewaarder te zachtmoedig omging met zijn gevangenen en hun overdag alle vrijheid gaf!

🎍 **Hôtel Montpensier**: *ter hoogte van nummer 38 in de Rue Saint-Michel.* Anne-Marie Louise d'Orléans, hertogin van Montpensier en nichtje van Lodewijk XIII, beter bekend onder haar bijnaam *La Grande Mademoiselle*, zette hier nooit een voet binnen! Maar het hotel heeft een fraaie 17de-eeuwse gevel van roze baksteen en witte natuursteen, waarachter de stedelijke bibliotheek schuilgaat. Ook het gemeentehuis is ondergebracht in een elegant statig herenhuis: het **Hôtel de Brilly.**

🍴🍴 **Les Chais du Père Magloire:** *Route de Trouville.* ☎ 02 31 64 30 31.

● *calvados-pere-magloire.com.* 🚲 *(alleen op het parcours van de rondleiding). Geopend van april tot Allerheiligen. Dagelijks rondleidingen van april tot oktober om 11.00, 14.30, 15.30 en 16.30 u. Van mei tot september rondleidingen om 10.30, 11.30, 14.30, 15.30, 16.30 en 17.30 u. Toegangsprijs: € 2,50. Gratis voor wie jonger is dan achttien. Korting op vertoon van je toegangskaartje voor het Couvent des Dames dominicaines.* Het museum van de calvados en de oude beroepen. Hier vind je persen, oude werktuigen en vooral een indrukwekkende verzameling vaten: 2000 eiken okshoofden waarvan 300 heel grote wijnvaten (sommige konden tot 30.000 liter bevatten!). Het bezoek eindigt met een filmpje over de appel en de brandewijn die hiervan wordt gemaakt. Tot slot is er een gratis proeverij.

EVENEMENTEN

- **Fête du Fromage:** *kaasfeest in mei.* Wedstrijd voor de beste pont-l'évêque, proeverij en verkoop van streekproducten.
- **Festival de musique d'Automne:** *3 dagen in oktober.* Allerhande concerten.
- **Foire aux Arbres:** *in november.* Bomen- en plantenbeurs.

BEAUMONT-EN-AUGE

14950 | 510 INWONERS

6 km ten westen van Pont-l'Évêque. Dit schattige dorp met fraaie oude huizen werd gebouwd op een heuvel zodat je een mooi uitzicht hebt op de vallei van de Touques. Bij mooi weer loopt hier nogal wat volk rond. Begrijpelijk want we zijn vlak bij Deauville en andere drukke badsteden.

ETEN

🍴 AUBERGE DE L'ABBAYE: *Rue de la Libération 2.* ☎ 02 31 64 82 31.

● *auberge-de-labbaye@wanadoo.fr. Gesloten op maandagavond (maart tot april), op dinsdag (niet in juli en augustus) en op woensdag. Jaarlijks verlof: januari en een week begin oktober. Menu's voor € 33 tot 56. Reken op € 55 tot 60 à la carte.* Mooie, ouderwetse herberg. Rustiek interieur, vrij chic maar toch aardig. Leuk terras op zonnige dagen. Lekkere klassieke keuken op basis van verse producten. Organiseert ook regelmatig themamaaltijden rond onder andere ganzenlever, fruit en groenten ... Niet goedkoop, maar echt wel een vaste waarde.

ETEN IN DE OMGEVING

🍴 LA HAIE TONDUE: *in het gehucht met dezelfde naam, 14130 Drubec.*

☎ 02 31 64 85 00. ● *la-haie-tondue@wanadoo.fr. Ongeveer 2 km ten zuiden van Beaumont-en-Auge, aan het kruispunt van de D675 met de D58; bij de rotonde. Van oktober tot einde maart gesloten op maandag en dinsdag. Jaarlijks verlof: twee weken in januari, een week eind juni en een week in oktober. Menu's voor € 25,50 tot 41,50.* Mooi, oud huis bedekt met wilde wingerd. Traditioneel, maar smaakvol ingericht. Heel lekkere keuken (gegratineerde escargots, eendenfilet ...) en democratische prijzen. Ook een uitstekende wijnkelder. Aangename sfeer en een onberispelijke bediening. Ons zijn vooral de nagerechtjes bevallen ...

WAT IS ER TE ZIEN?

🔑 **De kerk:** de belangrijkste bezienswaardigheid van het dorp, samen met de huizen erom-heen. De helft van het gebouw is verdwenen, zodat het interieur er nogal merkwaardig uit-ziet (er is bijvoorbeeld geen koor). De funderingen van deze voormalige priorij zouden uit de 11de eeuw dateren. Mooi gewelfd plafond van steen. Houten stèles, bewerkte kapitelen en moderne glas-in-loodramen met lichte kleuren. Let ook op de klokkentoren.

PIERREFITTE-EN-AUGE

14130 | 120 INWONERS

Werkelijk schitterend. Dit dorpje werd gebouwd tegen een heuvelrug in een glooiend en bosrijk gebied. Een tiental woningen kijken uit over de vallei van de Touques. Midden in het dorp staat een kerk uit de 13de eeuw. De balken die het gewelf ondersteunen, werden in de 17de eeuw beschilderd.

SLAPEN EN ETEN

📧 CHAMBRES D'HÔTE FERME DE LA POMME: *bij Isabelle Richet, 14590 Le Pin.*
📞 *02 31 61 96 09.* •*contact@fermedelapomme.com* •*fermedelapomme.com. Volg vanuit Pierrefitte (12 km) de D51 tot in Blangy-le-Château en neem dan richting Le Pin. Rijd het dorp helemaal door. Tweeper-soonskamers voor € 58, ontbijt inbegrepen. Ook een woonwagen met alle comfort voor € 70 (2 personen).* Drie knusse kamers (waaronder een suite voor vier personen) in een oude boerderij uit de 17de eeuw, vlak tegenover de paardenfokkerij. Frisse en kleurrijke inrichting. Een tuin vol bloemen en ligstoelen en ook met zomerkeuken. Je kunt hier eveneens eten.

🍴 AUBERGE DES DEUX TONNEAUX: *vlak bij de kerk.* 📞 *02 31 64 09 31.*
•*brettetwells@wanadoo.fr. Gesloten op maandagavond en op dinsdag. Reken op € 26 tot 50 à la carte.* Klein 17de-eeuws huis met een rieten dak, waarvan je je afvraagt hoe het nog overeind blijft. Als de zon schijnt, kun je terecht op het aardige terras onder de appelbomen. Het interieur is al even pittoresk: grote open haard (waar 's winters de soep staat te prutte-len), veel koper aan de muur en geruite tafelkleedjes. Streekgerechten zoals trijp, pen-sen of varkenswangetjes. Landelijke herberg die erg in trek is bij de Parijzenaars.

IN DE OMGEVING VAN PIERREFITTE-EN-AUGE

🔑 **Saint-Hymer en zijn kerk:** nog zo'n aardig dorp, genesteld in het diepste punt van de vallei en gebouwd rondom een grote kerk. Tegenover het kerkgebouw staan een wasbek-ken en huizen in vakwerkstijl. Rond het dorp niets dan bossen. De kerk zelf is een opvallend rijk gebouw voor zo'n klein dorp. Koor uit de 14de eeuw in hooggotische stijl. Langwerpig kerkschip (maar niet helemaal recht en aan het plafond golvend). 18de-eeuws altaar en glas-in-loodramen uit de 15de eeuw. Polychrome beelden uit de 18de eeuw. Ook twee doeken uit de 18de eeuw en, ertegenover, nog een schilderij (*La Cène, het laatste avondmaal*) waarvan het origineel in het Louvre hangt. Prachtig bewerkte koorstoelen in het koor en in een toren-tje eveneens een mooi naakt. Je begrijpt beter de rijkdom van deze kerk als je weet dat Saint-Hymer een glorietijd heeft gekend als actief centrum van de jansenistische doctrine.

🔑 **Mesnil-sur-Blangy:** *5 km ten oosten van Pierrefitte.* Minuscuul geïsoleerd dorp waar je naartoe rijdt langs een klein groen weggetje. Enkele charmante huizen met een rieten dak zorgen voor de pittoreske toets op deze vredige plek. Je moet beslist even gaan kijken in de heel mooie romaanse stenen kerk met een klokkentoren van baksteen en lei. Het interi-eur is verbazingwekkend, zelfs al is het er een beetje duister. Volledig houten plafond met bogen. Het gewelf werd in de 19de eeuw beschilderd en is befaamd in deze streek. De bal-ken zijn versierd met groene en rode drakenkoppen! Hun opengesperde muilen maken niet meteen een vriendelijke indruk. Je ziet er ook een altaar met fraai verguldsel, glas-in-lood-ramen met bekoorlijke kleuren en vensters met gotische zuilengalerijen.

LISIEUX

14100 | 24.100 INWONERS

De huidige 'hoofdplaats' van het Pays d'Auge. Deze oude stad leefde lange tijd van de handel in landbouwproducten. Omdat de stad door de bombardementen van de Tweede Wereld-oorlog met de grond werd gelijkgemaakt, kun je jammer genoeg niet veel meer zien van dat verleden. Er prijken overal nieuwe gebouwen, zoals de mediatheek met het opmerkelijke dak dat een groene golf voorstelt. In de kelder van deze mediatheek zie je nog de overblijfse-len van de oude Romeinse weg die door Lisieux liep (toegang gratis).

Lisieux kreeg een nieuwe toekomst dankzij het religieuze toerisme en de lokale ster There-sia. En zelfs al doet Lisieux inspanningen om niet gereduceerd te worden tot 'de stad van de heilige Theresia', is een wandeling door de straten ruim voldoende voor de niet-gelovigen onder ons. De anderen kunnen altijd om een stukje (gewijd) brood gaan!

EEN BEETJE GESCHIEDENIS

Al in ver vervlogen tijden leek Lisieux te zijn geboren onder twee tekens: dat van de oorlog en dat van de godsdienst. Lisieux werd tijdens de bevrijding dertien keer gebombardeerd en alles ging in vlammen op ... maar de basiliek bleef ongedeerd. Sommigen spraken van een echt mirakel! Ook de Cathédrale Saint-Pierre stond nog overeind. God moet toch wel heel veel van Lisieux houden!

De stad was altijd al een lievelingsstek van de katholieke kerk. De fameuze bisschoppen van Lisieux waren rijk en machtig. Zij genoten aanzien in heel Normandië. De religieuze machtsdragers lieten in de middeleeuwen zelfs hun eigen wijk versterken, nog voor de stad zelf wallen had om zich te beschermen tegen oorlogen en epidemieën.

DE HEILIGE THERESIA VAN LISIEUX

Een versterkt kamp van een andere aard is het karmelietenklooster, gesticht in 1838. Een halve eeuw later, in 1888, neemt de meest beroemde van alle kloostergasten hier haar in-trek: de vrouw die dan nog Thérèse Martin heet. Op vierjarige leeftijd verliest de kleine The-resia haar moeder en verhuist met haar vader van Alençon (haar geboortestad) naar Lisieux. Als ze tien is, wordt ze ernstig ziek en krijgt ze visioenen van de Heilige Maagd die glimla-chend voor haar verschijnt. Eenmaal ze genezen is, koestert ze nog maar één wens: in het klooster treden. Ondanks haar jonge leeftijd (vijftien jaar) krijgt ze daarvoor de toestem-ming van de bisschop van Bayeux in eigen persoon. Ze wordt een grote mystica en blijft negen jaar opgesloten in het karmelietenklooster. Het zijn jaren van gebed, vasten en zelf-kastijding, zoals de regels van deze orde het willen.

De film van Alain Cavalier, *Thérèse* (prijs van de jury op het festival van Cannes in 1986), ver-telt haar verhaal op schitterende wijze. Als ze 24 is, sterft Theresia van het Kindje Jezus aan tuberculose. Ze wordt in de hele wereld beschouwd als de grootste heilige van de moderne tijd (dixit Pius X). Lisieux ontvangt zo'n 800.000 pelgrims per jaar. Theresia wordt in 1923 zalig en twee jaar later heilig verklaard. Voor haar wordt in 1929 hier in Lisieux de basiliek gebouwd. Op 19 oktober 1997 krijgt ze de titel van kerklerares, wat in de gelovige wereld een heel hoge onderscheiding is. Haar ouders, Louis en Zélie Martin, werden in oktober 2008 zalig verklaard.

Reis rond de wereld

Zowat 2000 kerken, kapellen en religieuze instituten zijn aan de heilige Theresia gewijd. Opdat iedereen hulde zou kunnen brengen aan deze heilige, reist een deel van de relikwieën van Theresia sinds 1994 de wereld rond. Deze puzzelstukjes brachten reeds in 35 landen verspreid over de vijf continenten grote menigten op de been.

NUTTIGE ADRESSEN

⒤ Dienst voor Toerisme (plattegrond A-B2): *Rue d'Alençon 11.* ☎ *02 31 48 18 10.* ● *lisieux-tourisme.com. Het hele jaar geopend van maandag tot zaterdag; in de zomer ook op zondag. Ook een tweede kantoor (bij de informatie van de Bus Verts, vlak bij de kathedraal): geopend van half juni tot einde september.* Heel volledige documentatie over alles wat je kunt zien en doen in Lisieux en omgeving. Organiseert in het hoogseizoen ook veel bezoeken in Lisieux en het Pays d'Auge, waaronder originele rondleidingen met toneel of rond een bepaald thema (niet gratis). Ook wandelingen

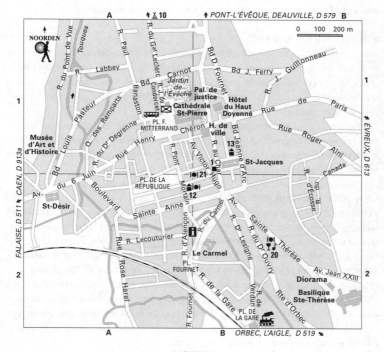

LISIEUX

▣	**Nuttige adressen**	⊠	**Eten**
⒤	Dienst voor Toerisme	20	L'Atelier
⊟	Treinstation	21	Aux Acacias
⊟	Busstation – Bus Verts		
1	Cycles Billette (fietsenverhuur)	⬤	**Iets drinken**
		20	L'Atelier
◰	**Slapen**		
10	Camping municipal de La Vallée		
12	La Coupe d'Or		
13	Hôtel Saint Louis		

'Les Petits secrets' (zie verder onder de rubriek 'Wat is er te zien en te doen?'). Je kunt voor deze wandelingen een audiogids huren: € 5 per toestel (twee personen per toestel). Duur: ongeveer 2 uur als je het volledige parcours wilt afleggen. Brochure met plattegrond; een dertigtal bezienswaardigheden in het stadscentrum.

🚌 **Bussen (Bus Verts; plattegrond A1):** *Place François-Mitterrand.* ☎ *0810 214 214 (tarief van een lokaal gesprek). Kantoor vlak naast de kathedraal.* Er rijden het hele jaar regelmatig bussen van Lisieux naar Pont-l'Évêque-Honfleur-Le Havre (lijn 50), naar Orbec (lijn 56) en naar Livarot-Vimoutiers (lijn 53). Met Crèvecoeur, Saint-Pierre-sur-Dives en de andere kleine gemeenten in de omgeving van Lisieux zijn er alleen tijdens het schooljaar busverbindingen.

🚉 **Treinstation (plattegrond B2):** ☎ *3635 (€ 0,34 per minuut).* Er rijden treinen naar Caen, Parijs en Deauville-Trouville.

🚲 **Fietsenverhuur:** *Cycles Billette (plattegrond B1, 1), Rue au Char 20.* ☎ *02 31 31 45 00.*

- **Markt met streekproducten (plattegrond A1-2):** *Place de la République, op zaterdagochtend. In de zomer ook de hele woensdag op Place F.-Mitterrand (gevolg door een gratis concert om 21.00 u).*

SLAPEN

CAMPING

🏕 **Camping municipal de La Vallée (buiten plattegrond via A1, 10):** *gemeentelijke camping in het gehucht La Vallée, 2 km ten oosten van de stad.*
☎ *02 31 62 00 40 of 02 31 48 18 10 (buiten het seizoen).* ● *lisieux-tourisme.com.* Neem aan de Place François-Mitterrand de Rue du Général-Leclerc en daarna de Rue Paul-Cornu. Ter hoogte van de Renaultgarage. Er is ook een bus van de Place François-Mitterrand, afstappen aan de halte 'Lycée-Paul-Cornu'. 20 minuten te voet van het centrum. Geopend van Pasen tot september. Reken op zowat € 10 voor twee personen met een tent in het hoogseizoen. Verhuur van mobilhomes (€ 220 tot 360 per week, afhankelijk van het seizoen). Helemaal niet duur, maar ook vrij beperkte voorzieningen. Veel schaduw, vlak terrein. Nogal dicht bij de weg.

GOEDKOOP TOT DOORSNEEPRIJS

🍴🏠 **La Coupe d'Or (plattegrond A-B2, 12):** *Rue Pont-Mortain 49.*
☎ *02 31 31 16 84.* ● *lacoupedor@wanadoo.fr.* Restaurant gesloten op zondagavond en op vrijdag. Jaarlijks verlof: tijdens de vakantie in februari en 1 week rond Kerstmis. Tweepersoonskamer met badkamer voor € 55 tot 60, afhankelijk van het seizoen. Halfpension mogelijk: € 99. Lunchmenu's voor € 12; andere menu's voor € 18,50 tot 30,50. Goed onderhouden en gastvrij hotel in het hartje van de pelgrimsstad. Nette, comfortabele kamers met een klassiek en eenvoudig interieur. Vrij traditionele keuken met vis- en streekmenu's.

🍴 **Hôtel Saint Louis (plattegrond B1, 13):** *Rue Saint Jacques 4.*
☎ *02 31 62 06 50.* ● *hotelsaintlouis-lisieux.com.* Tweepersoonskamers voor € 25 tot 57, afhankelijk van het comfort; driepersoonskamers voor € 43 tot 61. De jonge eigenares is volop bezig met het renoveren van dit naoorlogse hotel en probeert charme en cachet te brengen voor een zacht prijsje. Resultaat: 17 kamers verdeeld over drie verdiepingen (met lift) met een moderne en persoonlijke inrichting. De goedkoopste hebben geen eigen badkamer; ook de wc is soms op de gang. Een adresje dat zich resoluut onderscheidt van de andere lokale hotels en daardoor erg in trek is bij de trotters.

SLAPEN IN DE OMGEVING

🏠🍴 **Cerza Safari Lodge:** *14100 Cerza Herminal-les-Vaux.* ☎ *02 31 31 82 30.*
● *info@cerzasafarilodge.com* ● *cerzasafarilodge.com. 6 km ten noordoosten van Lisieux, via de D510.* Geopend van begin maart tot begin november (de joerts van april tot september). Lodges: € 330 tot 480 voor een weekend en € 560 tot 860 voor een week, afhankelijk van het seizoen (als je wilt uitkijken over het reser-

vaat moet je € 15 extra per nacht betalen; duidelijk vermelden bij de reservatie). Joerts: € 80 tot 120 per nacht voor 2 tot 5 personen. Een onvergetelijk verblijf! De prachtige dierentuin van Cerza biedt gezinnen de mogelijkheid om op een heel originele manier hun vakantie door te brengen. Stel je even over : 26 lodges uitgerust voor 4 tot 6 personen en omgeven door 'wilde' dieren die vrolijk staan te dansen en te springen (apen, pelikanen, kangoeroes ...). Alleen de duurste lodges hebben rechtstreeks uitzicht op het reservaat, op de apen en de neushoorns. Een minpunt is wel het alledaagse comfort en het gebrek aan cachet van deze lodges; een Afrikaanse toets was welkom geweest! In het park zelf staan zes Mongoolse joerts die zeer rudimentair zijn uitgerust (sanitair buiten en dus niet verwarmd, ook niets voorzien om te koken) en uiteindelijk ook niet echt aangepast zijn aan het Normandische klimaat. 's Avonds geen eetmogelijkheden ter plaatse.

📧 CHAMBRES D'HÔTE LE MANOIR: *bij Paul Delort, 14340 La Boissière.*

📞 02 31 32 20 81. *7 km ten westen van Lisieux via de D613 en dan de D103 (1 km richting Les Monceaux). Gesloten van 31 oktober tot 1 maart. Reken op € 53 voor twee personen.* Ondergebracht in een echt meesterwerkje van Normandische architectuur: een vakwerkhuis uit de 14de en 15de eeuw met een kleine klokkentoren op het dak. Eenvoudige, maar karaktervolle kamers. Rustig gelegen en een grote tuin.

ETEN

DOORSNEEPRIJS TOT LUXUEUS

🍴 L'ATELIER (PLATTEGROND B2, 20): *Avenue Sainte-Thérèse 20bis.*

📞 02 31 32 93 82. *Doorlopende bediening van 11.00 tot 23.00 u. Gesloten op zaterdagmiddag. Lunchformule op weekdagen voor € 12,50. Reken op € 20 tot 30 à la carte.* Dit is een bar, ja zelfs een soort nachtclub, maar in de zaal achteraan (met een groot venster dat uitkijkt over het platteland) kun je ook eten. Een gevarieerde, alledaagse keuken die heel wat volk aantrekt, vooral voor de onklopbare lunchformule. Jong personeel, vriendelijke bediening.

🍴 AUX ACACIAS (PLATTEGROND A-B1-2, 21): *Rue de la Résistance 13.*

📞 02 31 62 10 95. *Gesloten op zondagavond en op maandag (behalve op feestdagen). Menu's op weekdagen voor € 17; andere menu's voor € 24,50 tot 46.* Een goed adres in het centrum van Lisieux. Heel landelijk, bijna Engels interieur dat door zijn frisse kleuren in schril contrast staat met het grijs dat in het stadsbeeld domineert. De menu's bieden een goede prijs-kwaliteitverhouding en laten je proeven van een eerlijke (en iets lichtere) streekkeuken.

IETS DRINKEN

▶🎵 L'ATELIER (PLATTEGROND B2, 20): in het restaurant met dezelfde naam (zie bij 'Eten') vind je ook een zeer sympathieke nachtclub, waar regelmatig thema-avonden worden georganiseerd.

WAT IS ER TE DOEN?

- **Wandelingen door de stad:** twee wandelingen ontsluieren alle geheimen van de stad. Haal de brochure 'Les Petits Secrets' bij de Dienst voor Toerisme en volg de borden met een gele pijl. Op die manier kom je meer te weten over de lokale belangrijke personages en de markante gebeurtenissen van de geschiedenis van de stad.

🕯🕯 **Cathédrale Saint-Pierre (plattegrond A-B1):** *Place François-Mitterrand.*

♿ *(zuidelijke ingang). Dagelijks geopend van 9.30 (op zondag van 10.00 u) tot 18.45 u.* Gebouwd van de 12de tot de 16de eeuw. Voornamelijk gotische stijl, zoals de gevel en het koor (beide uit de 13de eeuw) duidelijk laten zien. Groot en hoog kerkschip. Grondplan in kruisvorm met elegante verhoudingen. De kerk zou een zekere rol hebben gespeeld in de religieuze geschiedenis. Er wordt verteld dat Hendrik II en Eleonora hier zijn getrouwd. In elk geval ligt de fameuze Pierre Cauchon (de man die het proces tegen Jeanne d'Arc leidde) in dit gebouw begraven. De kleine Theresia kwam hier graag bidden voor zij een heilige werd. Het hoofdaltaar werd trouwens geschonken door haar vader. De kerk heeft een vrij rijk interieur: veel schilderijen uit de 18de eeuw, bas-reliëfs uit de 15de eeuw, enkele glas-in-loodramen uit de 13de eeuw en beelden uit de 17de eeuw in de kapellen. Achter de kathedraal ligt de mooie Jardin de l'Évêché (zie verder bij de tekst over het justitiepaleis).

❦ **Hôtel du Haut Doyenné (plattegrond B1):** *Rue Henri-Chéron, achter de kathedraal.* Werd gebouwd in de 18de eeuw als logement voor de tweede man in rang van het episcopaat. Dit edele gebouw van baksteen en natuursteen getuigt van een luxe die moeilijk te rijmen valt met de geloften van armoede ... Je kunt het gebouw niet bezoeken, tenzij je je inschrijft voor een cursus muziek of in de zomer naar een concert van de Académie de musique ancienne gaat luisteren.

❦ **Palais de justice (plattegrond A-B1):** *het justitiepaleis ligt aan de Cour Matignon, tussen het postkantoor en de kathedraal. Geopend tijdens de kantooruren.* De poort geeft toegang tot een mooie vierkante binnenplaats. Dit is in feite het oude bisschoppelijk paleis uit de 17de eeuw. Net erachter ligt de grote Jardin de l'Évêché, een tuin in Franse stijl die zou zijn ontworpen door Le Nôtre (een Franse tuin- en landschapsarchitect). Een leuke plek met grasvelden en waterpartijen die bij de eerste zonnestralen als magneten werken op de schoolgaande jeugd van Lisieux.

❦ **Musée d'Art et d'Histoire (plattegrond A1):** *Boulevard Pasteur 38.*
☎ 02 31 62 07 70. *Dagelijks geopend (behalve op dinsdag) van 14.00 tot 18.00 u. Toegangsprijs: € 3,50. Kortingen. Gratis voor wie jonger is dan achttien jaar.* In een schitterend vakwerkhuis (met prachtige trappen) worden talrijke herinneringen aan de oude stad tentoongesteld. Je vindt er archeologische verzamelingen, religieuze kunst, Normandisch porselein, ambachtswerk uit de streek zoals de fraaie tegels van Lisieux in fleurig en kleurrijk aardewerk ... Dit museum bevat ook de mooiste, publieke collectie van werken van Léon Riesner, kleinzoon van de favoriete meubelmaker van Marie-Antoinette. Als landschapschilder was hij de voorloper van het impressionisme, maar hij werd ook door andere kunstenaars beïnvloed (Berthe Morisot, Mary Cassatt, Fantin-Latour ...).

HET PELGRIMSPARCOURS

De bewonderaars van de heilige Theresia komen regelmatig naar Lisieux om de belangrijkste fases van haar roeping opnieuw te beleven. *Inlichtingen over de te bezoeken plaatsen:* ☎ 02 31 48 55 08. • *therese-de-lisieux.com.*

❦ **Les Buissonnets (buiten plattegrond via B1):** *Chemin des Buissonnets, Boulevard Herbet-Fournet. In het seizoen dagelijks geopend van 9.00 tot 12.00 u en van 14.00 tot 18.00 u; buiten het seizoen geopend van 10.00 tot 12.00 u en van 14.00 tot 16.00 u (of tot 17.00 u). Gesloten van half november tot half december. Gratis.* In dit paviljoen uit de 19de eeuw bracht de heilige een groot deel van haar jeugd door. Alle voorwerpen uit die tijd worden hier eerbiedig bewaard: haar bed, haar speelgoed, haar communiejurk ...

❦ ❦ **Carmel (plattegrond B2):** *Rue du Carmel 37. Dagelijks geopend tot 18.30 u. Gratis.* Het karmelietenklooster uit de tijd van Theresia heeft grondige restauratiewerken ondergaan. Je kunt nu naast de kapel met de graftombe van de heilige Theresia ook terecht in een gloednieuwe bezoekersruimte waar met tal van audiovisuele hulpmiddelen voorwerpen opgeroepen worden die rechtstreeks verband houden met de heilige Theresia. Je leert er ook heel wat bij over het leven van de karmelieten van toen en nu.

❦ ❦ ❦ **Basilique Sainte-Thérèse (plattegrond B2):** *buiten het centrum, achter het treinstation.* • *therese-de-lisieux.cef.fr.* 🏛 *Van mei tot september geopend van 9.00 tot 19.00 u (in juli en augustus tot 19.30 u); de rest van het jaar van 9.00 tot 17.30 u. Gratis. Houd toch € 1,50 klaar als je de koepel wilt beklim-*

men (enkel in juli en augustus van 14.00 tot 18.00 u) en € 2 voor een film over het leven van de heilige Theresia (drie voorstellingen per dag). Ook de moeite: het diorama, het wassenbeeldenmuseum dat in elf taferelen het leven van Theresia weergeeft. Bezoek met audiogids in zes talen. Van Pasen tot oktober dagelijks van 11.00 tot 13.00 u en van 14.00 tot 18.00 u. Prijs: € 3. Kortingen. Je kunt de basiliek echt niet mislopen! Het gebouw heeft veel weg van de Sacré Cœur in Parijs! Gebouwd vanaf 1929 in een romaans-Byzantijnse stijl, maar met moderne materialen (steen en beton, vandaar het evidente gebrek aan charme!). De basiliek is een van de meest monumentale katholieke kerken uit de 20ste eeuw. Het enorme (en erg pretentieuze) gebouw beklemtoont door zijn omvang nog de luister en de grootsheid van de cultus die hier een nieuw elan vond door het bezoek van Johannes Paulus II in 1980. Binnen indrukwekkende mozaïeken. De koepel is bijna 100 m hoog (voor de sportievelingen: 300 treden). In de kathedraal staat rechts van de hoofdbeuk een reliekschrijn (een cadeau van Pius XI) omringd door bloemen en duizenden kaarsen. In het schrijn bevinden zich de beenderen van de rechterarm van Theresia! Mis de crypte met de prachtige veelkleurige mozaïeken niet (naar buiten gaan en dan rechts de trappen nemen). 's Nachts hult de basiliek zich in een vreemd blauw licht.

WAT IS ER TE ZIEN IN DE OMGEVING?

Domaine Saint-Hippolyte: in Saint-Martin-de-la-Lieue, Route de Livarot (D579), 4 km ten zuiden van Lisieux. ☎ 02 31 31 30 68. Van mei tot september dagelijks geopend van 10.00 tot 18.00 u; buiten het seizoen gesloten in het weekend. Rondleidingen om 11.00, 14.00 en 16.00 u. Toegangsprijs: € 5,50 (vrij duur). Kortingen. In de vallei waar de Touques kronkelt, kun je een pedagogische boerderij in werking bezoeken en je kennis over het Normandische patrimonium bijschaven. Je krijgt er uitleg over het productieproces van het gras tot de kaas, natuurlijk via de onvermijdelijke Normandische koeien, of over de manier waarop de plaatselijke boomgaarden worden beheerd. Mooie omgeving: appelbomen en gebouwen uit de 16de eeuw. Het parcours ligt bezaaid met existentiele vragen van het type 'Waarom dragen de koeien oorringen?' of 'Waarom is de melk wit?' De antwoorden komen geleidelijk. Na de intellectuele inspanning worden de smaakpapillen verwend met een gratis proeverij van streekproducten. Toch maar doen!

WAT IS ER TE DOEN?

Le Nautile: Rue Joseph Guillonneau. ☎ 02 31 48 66 67. Watercomplex met een glijbaan van 50 m, plonsbaden, competitiezwembad, bubbelbaden, een bad met tegenstroom, cardioruimte, sauna, hammam. Het meest bezochte waterpretpark van de Calvados!

FEESTEN EN EVENEMENTEN

- **Foire aux Arbres:** begin maart. Een beurs die 1000 jaar oud is! Boomkwekers en tuinarchitecten exposeren hier drie dagen lang.
- **Concerts de l'Académie de musique ancienne:** begin juli in het Hôtel du Haut Doyenné.
- **Critérium du Tour de France:** de dinsdag na de aankomst van de Ronde van Frankrijk. Alle bekende namen van de ronde komen hier even hun benen strekken.
- **Les mercredis de l'Été:** op woensdagmiddag in juli en augustus. Kunstenaars, ambachtslui en professionals uit de horecawereld presenteren hun werk in het stadscentrum. 's Avonds worden er concertmaaltijden georganiseerd.
- **Foire aux Picots:** de eerste zondag van augustus. Nog een volkse en traditionele markt rond de 'picots' (kalkoenen) en ander gevogelte.
- **Jazzitude:** eind augustus. Cursussen en concerten in heel de stad.
- **Grandes fêtes thérésiennes:** in september. Colloquia, retraites, processies, kerkdiensten in de basiliek …

DE LANDHUIZEN VAN HET PAYS D'AUGE

Tussen Lisieux en Livarot liggen heel wat kastelen en boerderijen of landhuizen, doorgaans in vakwerkstijl, wat heel typisch is voor de Normandische architectuur. Wie van deze bouwstijl houdt, zal in de wolken zijn (zelfs al kun je ze niet allemaal bezoeken). De uitzonderlijk mooie kastelen van Vendeuvre en Mézidon-Canon worden gewoonlijk bij dit circuit gerekend. Je vindt ze in dit boek terug bij de dorpen in hun omgeving.

SAINT-GERMAIN-DE-LIVET

14100 | 590 INWONERS

6 km ten zuiden van Lisieux. Minuscuul dorpje dat vooral bekend is om zijn kasteel, een van de elegantste van Normandië en ongetwijfeld het meest verbazingwekkende. Om een goed beeld te krijgen van het schitterende geheel mag je niet vergeten na het bezoek de kleine weg links in te slaan naar de heuvelruggen (richting Le Mesnil-Germain en daarna Saint-Germain-Mairie). Je ontdekt een betoverend landschap met heuvels, boerderijen en velden. Het kasteel ligt daar middenin, met z'n grachten en z'n tuinen, net zoals de grote boerderij en de schattige dorpskerk.

SLAPEN

▣ CHAMBRES D'HÔTE LE PRESSOIR: *bij Marie-José Decommer.* ☏ 02 31 62 05 03. *100 m van het kasteel, aan de rand van het dorp. Reserveren is zeker geen overbodige luxe! Reken op € 60 tot 65 voor twee personen. Vanaf de derde nacht wordt het goedkoper.* Een B&B in een prachtige omgeving. Rust gegarandeerd. Drie kamers in een schitterend en heel goed onderhouden vakwerkhuis. Twee van de drie kamers met gemeenschappelijke badkamer en wc; de derde heeft eigen sanitair. Antiek interieur, op de verdieping zelfs een beetje verouderd, maar wel één en al charme. Sommige kamers hebben een mooi uitzicht op de tuin.

WAT IS ER TE ZIEN?

▲ ▲ ▲ **Het kasteel:** ☏ 02 31 62 07 70. *Gesloten in december en januari, de eerste twee weken van oktober en op 1 mei. Alleen rondleidingen: dagelijks (behalve op dinsdag) van 11.00 tot 18.00 u. Het bezoek duurt 1 uur. Er vertrekt geen rondleiding om 13.00 u en de laatste vertrekt om 17.00 u. Toegangsprijs: € 6,75. Kortingen. Gratis voor wie jonger is dan achttien; op de eerste zondag van de maand gratis voor iedereen. Gratis toegang tot de tuin.* Dit historische pand dat in de 14de eeuw aan de familie Tournebu toebehoorde, is nu eigendom van de stad Lisieux. Het werd gebouwd in twee fases. Het landhuis met vakwerk dateert uit de 15de eeuw en het eigenlijke kasteel werd een eeuw later gebouwd. De architectuur van het slot mag op z'n minst origineel worden genoemd: enerzijds door de afmetingen (er wordt vaak gesproken over het 'miniatuurkasteel'), maar ook en vooral door de dambordgevel van geverniste baksteen en natuursteen van het Pays d'Auge (in rood en groen!). Je kunt bijna van edelsmeedkunst spreken.

Binnen kun je de open haarden bewonderen in de zaal van de wachters en in de eetkamer, fresco's uit de 16de eeuw, fraai Louis XV- en Louis XVI-meubilair ... (het huis behoorde toe aan een afstammeling van Riesener, de vermaarde meubelmaker van Marie-Antoinette). In een van de kamers werden herinneringen bijeengebracht aan de schilder Delacroix. Maak ook even een wandeling in de mooie Franse tuin, waar een lieflijk riviertje stroomt en waar ook kunstwerken zijn tentoongesteld.

▲ ▲ Recht tegenover het kasteel in een kerkhof langs de rivier ligt de **Jardin de l'abbé Marie**. De bordjes in de tuin van de abt laten je kennismaken met de zeden en gewoontes van het Pays d'Auge en het gebruik van bloemen en planten voor de lokale religieuze feesten.

ORBEC

Charmant plaatsje dat een beetje slaperig lijkt, maar heel wat historische resten verbergt. Als je je de moeite getroost om de auto aan de kant te zetten en door de oude straten te slenteren, ontdek je heel wat prachtige vakwerkhuizen en voorname burgerwoningen. Een charme die inspirerend werkte op Debussy, want de toondichter schreef hier verscheidene muziekstukken.

EEN BEETJE GESCHIEDENIS

Het gewezen graafschap van Orbec was eigendom van belangrijke Anglo-Normandische families tot het bij Frankrijk werd ingelijfd. Het kasteel, verdedigd door Karel de Slechte (!), werd in de 14de eeuw ontmanteld. In de 16de eeuw was de jurisdictie van deze plaats de meest uitgebreide van heel Normandië. Orbec werd rijk dankzij de textielindustrie die zich hier ontwikkelde. Op datum van vandaag is het dorp vooral bekend om zijn kaasmerk Lanquetot.

NUTTIG ADRES

🛈 **Dienst voor Toerisme:** *Rue Grande 6.* ☎ *0231325668.* ● *ot@tourisme-normandie.fr. Het hele jaar geopend van maandag tot zaterdag; in juli en augustus ook op zondag.* Informatie over wandelingen in de omgeving van Orbec. In de zomer stadsbezoeken (duur: ongeveer een uur en een kwartier; prijs: € 2). Van mei tot september ook talrijke wandelingen met gids.

SLAPEN

CAMPING

🏕 **CAMPING LES CAPUCINS:** *Avenue du Bois.* ☎ *0231327622. Ten noorden van het dorp. Geopend van eind mei tot september. Reken op € 7 voor twee personen met een voertuig (in het hoogseizoen).* Zowat veertig staanplaatsen voor tenten en caravans, vlak bij het bos. Kleine, eenvoudige camping, maar heel erg proper. De staanplaatsen zijn gescheiden door een haag. Ligt vlak naast het gemeentelijke stadion. Tennis en paardrijden in de buurt.

LUXUEUS

🛏 **CHAMBRES D'HÔTE CÔTÉ JARDIN:** *Rue Grande 62.* ☎ *0231327799.* ● *georges.lorette@wanadoo.fr* ● *cotejardin-france.be. Het hele jaar geopend. Reken op € 75 voor twee personen. Voor de table d'hôte moet je reserveren: € 20. Afgesloten garage: € 5.* Leuke verrassing midden in het centrum. Achter de zware poort van deze 19de-eeuwse burgerwoning schuilt een aardige Engelse tuin waardoor een beekje stroomt. In totaal vijf kamers (voor 3 tot 4 personen) verdeeld over verscheidene kleine bijgebouwen, allemaal met eigen sanitair en minikoelkast. Themakamers (de marine, Afrika ...) die vrij persoonlijk en origineel ingericht zijn. De prijs is misschien net iets te hoog.

🛏 **CHAMBRES D'HÔTE LE MANOIR DE L'ENGAGISTE:** *Rue de Geôle 14 of Rue Saint-Rémy.* ☎ *0231325722.* ● *engagiste@wanadoo.fr* ● *engagiste.com.* ♿ *In een straat die haaks staat op de hoofdstraat (bewegwijzerd). Reken op € 82 voor twee personen.* Christian en Annick Dubois hebben het huis gekocht waarvan iedereen wel droomt: een landhuis uit de 16de en 17de eeuw. Vakwerk, witte muren, een koetspoort ... niets ontbreekt. Binnen vind je een zitkamer met tussenverdieping rond de schoorsteen, rotanmeubelen en boven zelfs een biljart. De inrichting is een combinatie van oud en nieuw: echt wel geslaagd! Vijf kamers, waarvan eentje voor vier personen, ingericht met zorg en zin voor detail. Alle comfort.

ETEN

🗙 L'Orbecquoise: *Rue Grande 60.* ☎ 02 31 62 44 99.

● *lorbecquoise@wanadoo.fr.* ♿ *Gesloten op woensdag en donderdag (in het hoogseizoen wel open op woensdagmiddag). Lunchformule op weekdagen voor € 11; menu's voor € 18 tot 32. Reken op € 45 à la carte.* Normandisch vakwerkhuis uit de 17de eeuw, goed verborgen achter de lichte witte gordijnen en de twee melkkannen. Alles getuigt van een fijne smaak: zalmkleurige tafelkleedjes met hier en daar wat bloemen, het rustgevende getik van grootmoeders klok ... Zorgvuldige bediening, altijd met de glimlach. Rijkelijke streekgerechten met heel veel smaak. Heerlijke kazen en desserts die onze nochtans al goed gevulde maag niet kon weerstaan. De omgekeerde appeltaart is verrukkelijk!

WAT IS ER TE ZIEN?

❧ **Le Vieux Manoir:** *Rue Grande 107.* ☎ 02 31 32 58 89.
In april geopend in het weekend; van mei tot einde september geopend van woensdag tot zondag van 10.00 tot 12.30 u en van 15.00 tot 18.00 u. Toegangsprijs: € 1,50; gratis voor wie jonger is dan achttien. Op de hoek met de Rue Guillonière. Je kunt er niet naast kijken: het is een schitterend vakwerkhuis dat helemaal scheef staat. Dit verbazingwekkende landhuis werd gebouwd in de 16de eeuw en valt op door zijn bewerkte balken, kleine bakstenen en driehoekige stenen. Het gemeentelijke museum (ambachtswerk en lokale geschiedenis) is in dit pand ondergebracht. Tweemaal per jaar tijdelijke tentoonstellingen.

❧ Wat verderop staat het **Hôtel-Dieu Saint-Rémy** (gesticht in 1290) en zijn kapel uit de 15de eeuw, goed herkenbaar dankzij de bakstenen klokkentoren.

❧ **Hôtel de L'Équerre:** *op nummer 19, nog altijd in de Rue Grande, voorbij het kruispunt met de Rue Pellerin, aan de rechterkant.* Oude herberg uit de 16de eeuw met fraai vooruitspringend vakwerk.

❧ **Hôtel de Croissy:** *wat verderop.* Je ziet eigenlijk alleen maar de ommuring ... Jammer voor de elegante gevel uit de 17de eeuw en de Franse tuin. Debussy logeerde hier bij een vriendin en schreef er *Jardins sous la pluie* (Tuinen in de regen)!

❧ ❧ **Église Notre-Dame:** *aan het einde van de Rue Grande.* Hoge renaissancetoren. De kerk werd gebouwd in de 15de en 16de eeuw. Neem zeker een kijkje binnen, het interieur is de moeite waard. Fiere stenen zuilen ondersteunen het gewelf van beschilderd hout. Let op de geschilderde drakenkoppen aan de uiteinden van de balken. Fraaie renaissancistische glas-in-loodramen en rijk meubilair. Er wordt verteld dat de bourdon van de kerk zelfs Debussy zou geïnspireerd hebben, het bekende slaapliedje *Dodo, l'enfant do...* (slaap kindje, slaap). Het was nu wel zo dat zijn verhouding met de mooie Gaby schandaal gaf. Zij kwam vaak haar zus bezoeken in Orbec, maar haar geliefde was niet welkom bij de familie en moest dus noodgedwongen als een gekwelde ziel door de straten van de stad dwalen.

❧ ❧ Waag ook een zijsprongetje in enkele **aardige steegjes** die haaks staan op de hoofdstraat. Je vindt er veel binnenplaatsen en geplaveide doorgangen, zoals in de Rue des Osiers bijvoorbeeld of de Rue des Religieuses waar het voormalige klooster van de augustijnen staat (nu een cultureel centrum) en ook het baljuwhuis uit de 15de eeuw. Slenter ook eens door de Rue de Geôle, langs het oude kasteel en vergeet de Rue de la Rigole niet, heel origineel met haar vijver.

LIVAROT

Dit plaatsje is in de hele wereld bekend om zijn kaas. De fabriek Graindorge (gratis reclame!) alleen al maakt dagelijks bijna 80.000 exemplaren! Stel je voor dat er vijf liter melk nodig is om één kaas te maken. De bereiding is heel ingewikkeld en het duurt meer dan drie maanden voor de kaas precies goed is.

Tot uw orders kolonel!

De livarot, een van de drie pijlers van de Normandische kaasindustrie (samen met de camembert en de pont-l'évêque), wordt ook wel de 'kolonel' genoemd omdat hij versierd is met vijf bandjes gedroogde lisdodde die doen denken aan de galonnen van het uniform van een kolonel.

NUTTIG ADRES

ℹ️ **Dienst voor Toerisme:** *Place Georges-Bisson 1.* ☎️ *0231634739.* ●*livarot-tourisme.com. Gesloten op zondag en maandagochtend.* Vriendelijk personeel. Je vindt er informatie over wandelingen in de omgeving van Livarot. Ze kunnen je ook helpen bij het zoeken naar een overnachtingsplaats (lijst met vrije kamers en telefoonnummers).

SLAPEN EN ETEN IN DE OMGEVING

DOORSNEEPRIJS

🏠 CHAMBRES D'HÔTE LA BOURSAIE: *bij Anja en Peter Davies, 14140 Tortisambert.* ☎️*0231631420.* ●*laboursaie@gmail.com* ●*laboursaie.com. 6 km van Livarot. Volg de D4 richting Saint-Pierre-sur-Dives over een afstand van 1 km en dan de D38 naar Heurtevent. Sla na 1,5 km links af (daar waar 'La Boursaie' staat geschilderd op het kleine vakwerkhuis dat de hoek vormt) en ga dan na 600 m naar rechts. Nu nog 500 m door het bos en je staat pal voor de deur. Het hele jaar geopend. Reken op €58 tot 76 voor twee personen, afhankelijk van het seizoen. Ook vijf vakantiehuisjes voor 2 tot 7 personen: €460 tot 980. Voor de table d'hôte moet je reserveren: €28 tot 38.* Gewezen ciderfabriek uit de 16de eeuw gelegen midden in de weiden van een prachtige vallei. Logement in de stijl van een Engelse cottage. De vakantiehuisjes zijn meestal uitgerust met een prachtig haardvuur, dat bovendien ook nog werkt. Wij hebben een zwak voor 'Le Pressoir', het grootste verblijf. Ook het allerkleinste voor 2 personen is een aanrader.

🏠 CHAMBRES D'HÔTE LE MOULIN: *14140 Sainte-Marguerite-des-Loges.* ☎️*0231631314.* ●*moulin.de.charme@orange.fr* ●*moulindecharme.com. Langs de D149 tussen Livarot en Orbec, aan de linkerkant. Goed bewegwijzerd. Reken op €56 voor twee personen.* Een B&B zoals we het graag zien: schattige kamers met een mooi interieur die uitkomen op een fleurige tuin. Aardig terras in vakwerk dat uitkijkt over de rivier. Charmante gastvrouw. Nogal dicht bij de weg, maar die is gelukkig niet druk.

🍴 LE TOURNE-BROCHE: *14140 Notre-Dame-de-Courson.* ☎️*0231323165.* *11 km ten zuidoosten van Livarot via de D4. In het centrum van het dorp. Gesloten op dinsdagavond en op woensdag. Jaarlijks verlof: in februari en tien dagen eind september. Menu's voor €16 tot 27.* Goede plattelandsherberg in een dorp dat buiten de toeristische routes ligt. Hartelijke ontvangst, traditionele bediening en klassieke gerechten die bij iedereen in de smaak vallen: trijp op de wijze van Caen, gebakken ham uit het Pays d'Auge en als dessert de fameuze *teurgoule* (rijst met melk, suiker en kaneel, gebakken in de oven).

WAT IS ER TE ZIEN?

🥂🥂 **Village Fromager – Fromagerie E. Graindorge:** *route de Vimoutiers.*
📠☎️0231482010. ●*graindorge.fr. Het hele jaar geopend van maandag tot zaterdag van 9.30 tot 13.00 u en van 14.00 tot 17.30 u (in de winter van 10.00 tot 12.00 u en van 14.00 tot 17.00 u). Gesloten op zaterdagmiddag (in de zomer ook geopend op zaterdagmiddag en zondag). Gratis.* Met allerlei audiovisuele middelen wordt hier het productieproces van de livarot A.O.C. aanschouwelijk gemaakt. Proeverij om het bezoek af te sluiten. Je kunt hier ook kaas kopen. Jammer dat Graindorge, net zoals veel andere kaasmakers, de rauwe melk heeft vervangen door gepasteuriseerde, zowel voor de livarot als de pont-l'évêque.

EVENEMENTEN

- **Foire aux Fromages:** *het eerste weekend van augustus.* Livarot viert zijn kaas (met onder meer een wedstrijd voor wie het meeste livarotkaas kan eten en voor wie het best een varken kan imiteren ...), maar ook alle andere Normandische en Franse kazen (plus de bijbehorende wijnen!). Meer dan honderd exposanten.
- **Salon du Livre et de la Gastronomie en Pays d'Auge:** *het derde weekend van oktober.* Alles over boeken en de gastronomie van het Pays d'Auge. Met workshops, voordrachten, proeverijen (koken met brandnetels, guichelkruid en andere planten die je langs de weg vindt).

SAINT-PIERRE-SUR-DIVES

14170 | 4020 INWONERS

Met z'n huizen van natuursteen valt Saint-Pierre-sur-Dives een beetje uit de toon in het Pays d'Auge, dat zweert bij vakwerk. Toch heeft dit dynamische en commerciële plaatsje een onmiskenbare charme. Saint-Pierre was ooit een belangrijk religieus centrum. Daarvan getuigt de mooie abdij die vroeger een van de meest welvarende was van heel Normandië. In de omgeving staan veel luxueuze kastelen.

NUTTIGE ADRESSEN

🛈 **Dienst voor Toerisme:** *Rue Saint-Benoist 12.* 📠0231209790. ●*mairie-saint-pierre-sur-dives.fr. Ondergebracht in de schitterende kloostergebouwen van de abdij. Achter de abdijkerk. Dagelijks geopend behalve op zondag (van half oktober tot half april ook gesloten op zaterdag).* Informatie over gastenkamers en vakantiehuisjes en tips over leuke wandelingen langs de moerassen en de kastelen in de buurt. De dienst organiseert rondleidingen in het kasteel en de hallen.
- **Markt:** *op maandagochtend In de hallen en op het marktplein.*
- **Antiek- en vlooienmarkt:** *elke eerste zondag van de maand, altijd in de hallen.*

SLAPEN EN ETEN

GOEDKOOP TOT DOORSNEEPRIJS

🛏️🍴 **Hôtel Les Agriculteurs:** *Rue de Falaise 118.* 📠0231207278. ●*info@lesagrivculteurs.com* ●*lesagriculteurs.com. Aan de rand van het stadje, in de richting van Falaise. Restaurant gesloten op zondagavond (buiten het seizoen ook op vrijdagavond en op zaterdagmiddag). Tweepersoonskamers voor € 39 tot 45. Lunchformule op weekdagen voor € 11; andere menu's voor € 17,50 tot 26.* Aardig plattelandshotelletje waar je vriendelijk ontvangen wordt. Eenvoudige, maar aangename kamers en een eerlijke keuken met veel streekgerechten.

LUXUEUS TOT HEEL LUXUEUS

🛏️ **La Ferme de l'Oudon:** *bij Patrick en Dany Vesque, Route d'Écots 12, 14170 Berville-l'Oudon.* 📠0231207796. ●*contact@fermedeloudon.com* ●*fermedeloudon.com. Gesloten in januari. Reken op € 150 tot 180 voor twee personen, afhankelijk van het comfort (of eerder de luxe!). Ook drie vakantiehuis-*

jes voor 2 tot 8 personen, alle comfort: € 590 tot 1100 per week. Drie heel erg mooie kamers in een prachtig gerestaureerde boerderij. De eigenaars hebben oud en modern op sublieme wijze gecombineerd. De keuken is een en al licht en komt bovendien rechtstreeks uit op de groentetuin. De kat des huizes zorgt voor de ontvangst: zij springt in de armen van de gasten en spint van tevredenheid. Op mooie dagen krijg je ook nog een gratis concert van de kikkers in de vijver. De ruime vakantiehuisjes zijn smaakvol ingericht. Hammam, spa en verwarmd binnenzwembad om het plaatje compleet te maken!

ETEN IN DE OMGEVING

⊠ La Levrette: *Rue de Lisieux 48, 14140 Saint-Julien-le-Faucon.* ☎ 02 31 63 81 20.
Tussen Saint-Pierre-sur-Dives en Lisieux. Vlak bij het hoofdplein. Gesloten op maandag en dinsdag (behalve op feestdagen). Jaarlijks verlof: de week van Kerstmis, een week in maart en een week in november. Menu's en à la carte voor € 18 tot 32. Een van de lekkerste Normandische tafels waar versheid, ontvangst en een fraai interieur hand in hand gaan. Streekgerechten, maar wel iets minder zwaar klaargemaakt, en menu's die variëren met de seizoenen. De maaltijd in dit rustieke burgerlijke interieur van een plattelandsherberg zul je echt niet snel vergeten!

WAT IS ER TE ZIEN?

🎭🎭 **De hallen:** *in het centrum. Dagelijks geopend van 9.00 tot 19.00 u (behalve bij speciale gelegenheden).* Schitterend stenen gebouw uit de 11de eeuw met een zekere architecturale originaliteit. Indrukwekkend gebinte dat na de oorlog werd vernieuwd. Op maandag wordt hier een pittoreske markt gehouden. Iets verderop vind je de veemarkt waar kalveren, varkens en schapen worden verhandeld zoals weleer. Befaamd in de hele streek! Elke eerste zondag van de maand is er ook een antiekmarkt in de hallen.

🎭🎭 **De abdijkerk:** *dagelijks geopend van 9.30 tot 18.00 u (niet tijdens de kerkdiensten).* Deze kerk werd gebouwd in het begin van de 11de eeuw en heropgebouwd in de 12de en de 13de eeuw. Veel elementen uit die periode zijn bewaard gebleven ondanks veranderingswerken in de 16de eeuw. De mooie witte stenen en de hoge typisch Normandische torens geven de kerk veel allure. Binnen bewerkte koorstoelen in renaissancestijl, een verguld hoofdaltaar (17de eeuw) en fresco's op de muren van een van de kapellen (helemaal achterin).

🎭🎭 **De kloostergebouwen van de abdij:** *ingang via de Rue Saint-Benoist (achter de kerk).* Zeker zien: de kapittelzaal uit de 13de eeuw. In een deel van de historische gebouwen is de Dienst voor Toerisme gehuisvest. Op de binnenplaats zie je de mooie romaanse kloostergang.

🎭🎭🎭 **Le jardin conservatoire:** *Rue Saint-Benoist, op de plaats waar vroeger de tuinen van de abdij lagen. Van mei tot september dagelijks geopend (behalve op zondag) van 10.00 tot 12.00 u en van 14.00 tot 17.00 u. Rondleidingen: elke dinsdag en elke eerste zondag van de maand om 15.00 u. Toegangsprijs: € 1,50 voor een bezoek zonder gids, € 2,50 met gids.* Een groentetuin vol vergeten gewassen die geplant werden volgens hun gebruik in de keuken. Ook veel bloemen: reseda, oude variëteiten van de sleutelbloem, stokrozen die vroeger de gevels van de huizen in het Pays d'Auge opfleurden ... In totaal meer dan 450 soorten bloemen en groenten die van oudsher in deze streek thuishoren.

LANDHUIZEN EN KASTELEN IN DE OMGEVING VAN SAINT-PIERRE-SUR-DIVES

🎭🎭🎭 **Château de Vendeuvre:** ☎ 02 31 40 93 83.
●*vendeuvre.com.* 🏛 *(museum en tuin). 6 km ten zuiden van Saint-Pierre-sur-Dives, via de D511 naar Falaise. Aan de rechterkant. Goed bewegwijzerd. Van mei tot september dagelijks geopend van 11.00 tot 18.00 u (in juli en augustus tot 18.30 u); in april dagelijks van 14.00 tot 18.00 u, net zoals ook in de schoolvakanties met Al-*

lerheiligen en met Pasen. Toegangsprijs: € 8,90. Een bezoek aan de tuin kost € 6,90. Kortingen. Elegant gebouw uit de 18de eeuw in een mooi park met tuinen in Franse stijl. Verrassende waterstralen die uit de bek van duiven of uit de mond van schildpadden komen, een grot van schelpen, prachtige buxussen, een Chinees bruggetje, een psychologische tuin waar de mensen in de 18de eeuw in de doolhof verdwaalden om hun zorgen te vergeten. Beter dan een therapiesessie! Kinderen kunnen zelfs op zoek gaan naar een verborgen konijn. Ook nog een exotische tuin met meer dan 150 tropische planten uit Zuid-Afrika, Australië en China (vooral mooi in juli en augustus). Niet te missen: het tulpenfestival dat hier in de maand april wordt gehouden met tal van festiviteiten.

- In het kasteel zelf: luxueuze salons met meubilair uit ver vervlogen tijden. Het leven van een aristocratische familie in de 18de eeuw wordt gereconstrueerd aan de hand van poppen. Bekijk zeker de kroonluchter van de *Salle des pastels* (pastelzaal) met het goudvisje! In de kelder zie je nog de vroegere keuken.

- Maar de plek is vooral bekend om haar collectie hondenhokken en het *Musée des Meubles miniatures* (museum van miniatuurmeubelen) in de oranjerie van het kasteel. Een unicum in dit genre: meer dan 700 meesterwerken in miniatuurformaat uit de hele wereld, gemaakt van dezelfde materialen als hun modellen op ware grootte. De meeste schaalmodellen dateren uit de 16de en de 19de eeuw, want de leerling-meubelmakers moesten toen nog een 'meesterwerk' maken.

🎭 🎭 🏛 **Château de Canon:** *in Mézidon-Canon.* ☎ 02 31 20 71 50.

● *chateaudecanon.com.* 🚗 *10 km ten noordwesten van Saint-Pierre-sur-Dives, via de D40 richting Caen tot in Vieux-Fumé en Cauvigny. Van april tot eind mei geopend op zaterdag, zon- en feestdagen van 14.00 tot 18.00 u; van juni tot september dagelijks behalve op dinsdag van 14.00 tot 18.00 u. Toegangsprijs: € 6. Gratis voor wie jonger is dan tien. Dit toegangskaartje geeft recht op een korting bij een bezoek aan het kasteel van Crêvecoeur.* Dit fraaie typisch 18de-eeuwse eigendom dat beschermd is als historisch monument, werd ontworpen voor een vriend van Voltaire, de advocaat Jean-Baptiste-Élie de Beaumont. Die man wilde de economische theorieën van de fysiocraten (de aarde als voornaamste bron van rijkdom) naar de letter toepassen. Schitterend park met waterspiegel, tempels, een Chinese kiosk, zogenaamde *chartreuses* (een serie omheinde bloementuinen), prieeltjes, lanen, boomgaarden en beelden.

- Hervé de Mézerac heeft in een van de bijgebouwen van het kasteel een 'kelder' geopend voor bezoekers. *Rechts tegenover het hoofdhekken van het kasteel. Proeverij en bezoek na telefonische afspraak op* ☎ 06 15 41 85 90. Streekproducten en de fameuze 'halbi', cider van zowel appelen als peren. Proef ook de 'champoiré', een champagne van peren! Biologische producten. Ook nog een soort kinderboerderij om het geheel volledig te maken. *Dezelfde openingstijden als het kasteel (na afspraak:* ☎ 06 15 41 85 90). *Toegangsprijs: € 2.*

- Je kunt in het park van het kasteel ook overnachten in de top van de platanen. De hoogste gastenkamer bevindt zich 16 m boven een waterval. Echt de moeite!

🎭 🎭 **Manoir de Coupesarte:** *8 km ten noordoosten van Saint-Pierre-sur-Dives, via de D511 (richting Lisieux) tot in Saint-Julien-le-Faucon (vanaf daar is het bewegwijzerd). Het interieur is niet opengesteld voor het publiek, maar de bewoners laten toe dat je tot 21.00 u de buitenkant bekijkt. Gratis.* Coupesarte is het meest typische, het meest romantische en ongetwijfeld ook het meest bekoorlijke landhuis van het Pays d'Auge. De charme van deze prachtige woning met vakwerk van kleine onderling gekruiste baksteenen ligt in de onvolkomenheden: scheve muren, een onregelmatig patroon, misvormde balken ... Langs de grachten aan de linkerkant van het gebouw loopt een pad dat je tot bij een kleine sluis brengt waar je de weerspiegeling van het landhuis in het water kunt bewonderen. Schattige vooruitspringende torentjes ondersteund door pijlers. Dit landhuis heeft zijn hoevefunctie niet verloren. Het heeft nog steeds bijgebouwen en stallingen. Op de binnenplaats en langs de lanen stoeien eenden, ganzen en paarden! Ook het charolaisrund, een essentieel element van de boerderij, ontbreekt niet.

🎋🎋 **Manoir de Grandchamp:** *van Coupesarte keer je op je stappen terug naar Saint-Julien-le-Faucon. Dan ga je verder langs de D269 tot in het dorp Grandchamp en daar draai je rechts af. Je kunt het landhuis niet bezoeken, maar je ziet het goed vanaf de weg.* Het is eigenlijk meer een kasteel dan een landhuis. In de 17de eeuw werd het hoge middeleeuwse vakwerkhuis met z'n puntige dak en z'n twee vreemde torens met koepels die doen denken aan de klokkentorens van sommige kerken, uitgebreid met een gebouw van natuur- en baksteen.

CRÈVECOEUR-EN-AUGE

14340 | 510 INWONERS

Charmant dorp bekend om zijn kasteel. Je bent hier in het hartje van het Pays d'Auge, half-weg tussen Caen en Lisieux. Ideale uitvalsbasis in een heuvelachtige streek met kleine droomweggetjes. En de ciderroute passeert vlakbij!

🛏️🍴 Auberge du Cheval Blanc: *Rue Saint-Pierre 44.* ☎ 02 31 63 03 28.
● achevalblanc@neuf.fr ● achevalblanc.com. *In het dorp Crèvecoeur zelf, aan de weg naar Saint-Pierre-sur-Dives. Gesloten op maandag en op dinsdagmiddag. Jaarlijks verlof: van half januari tot half februari. Twee-persoonskamers voor € 63. Lunchmenu's op weekdagen voor € 14,50; andere menu's voor € 22,50 tot 45.* Een minihotel in een traditioneel huis. Vijf kamers die gezien hun gebrek aan charme en smaak iets te duur zijn. Het restaurant staat goed aangeschreven bij handelsvertegenwoordigers die in deze streek werkzaam zijn. Hartelijk interieur. Klassieke keuken, niet te duur en op basis van verse kwaliteitsproducten. Sommige gerechten worden gegrild in de open haard. Professionele bediening, maar met de reserveringen wil het wel eens fout lopen.

WAAR KUN JE LEKKERE BOERDERIJPRODUCTEN KOPEN?

🏠 **Domaine de Saint-Loup:** *Chapelle Fribois, 14340 Saint-Loup-de-Fribois.*
☎ 02 31 63 04 04. *Volg in Crèvecoeur de weg richting Saint-Pierre-sur-Dives (het domein bevindt zich links, goed aangeduid). Geopend van maandag tot vrijdag van 8.30 tot 12.00 u en van 14.00 tot 17.00 u.* Hier kun je heerlijke camembert kopen. Verse pont-l'évêque en livarot op maandag en donderdag.

WAT IS ER TE ZIEN?

🎋🎋🎋 **Château de Crèvecoeur:** *bewegwijzerd vanuit het dorp.* ☎ 02 31 63 02 45.
● chateau-de-crevecoeur.com. ♿ *(gedeeltelijk). Van Pasen tot september dagelijks geopend van 11.00 tot 18.00 u (in juli en augustus tot 19.00 u); in oktober alleen geopend op zondag van 14.00 tot 18.00 u. Toegangsprijs: € 6; kinderen vanaf tien jaar betalen € 4. Dit toegangskaartje geeft recht op een korting bij een bezoek aan het kasteel van Canon en omgekeerd. Uitleg op mp3 (die je kunt downloaden op je eigen toestel).* Dit beschermde monument, waarvan de eerste sporen teruggaan tot in de 11de eeuw, werd geduldig gerestaureerd en opgeknapt door de familie Schlumberger om er een actief cultureel centrum van te maken. Het originele grondplan in twee gedeeltes werd behouden: rond het eigenlijke kasteel (een kleine versterkte stenen burcht omringd door grachten) liggen de bijgebouwen in een cirkel. Elk gebouw is gewijd aan een bepaald thema.
- Een grote 15de-eeuwse boerderij met enorme balken en een monumentale schouw waarin een tentoonstelling opgezet is over vakwerkarchitectuur.
- Ernaast staat een vierkante duiventoren uit de 15de eeuw, met een merkwaardig dak. Er kunnen tot 1500 duivenkoppels nestelen! Het dubbele dak had twee functies: het hout en

het leem beschermen tegen de regen, maar ook de duiveneieren beschermen tegen knaagdieren!

- In een 16de-eeuwse schuur wordt het avontuur van de gebroeders Schlumberger aanschouwelijk gemaakt.
- Aan de voet van het kasteel staat een charmante stenen kapel uit de 12de eeuw. Romaans portaal en booggewelf dat doet denken aan een scheepsromp. Tijdelijke tentoonstelling.
- En dan het kasteel zelf dat op een heuveltje staat. De omwalling ligt gedeeltelijk in puin. In het hoofdgebouw uit de 15de eeuw loopt een tentoonstelling over de geschiedenis van Crèvecœur en het alledaagse leven in de middeleeuwen.
- In de boomgaard staan 36 variëteiten appelbomen die typisch zijn voor het Pays d'Auge en op de binnenplaats kun je gaan kijken naar een reconstructie van een schaapskooi, een pottenbakkersoven en een broodoven.

De museumstichting organiseert het hele jaar activiteiten, zoals het eierfeest rond Pasen of de folkloristische feesten in het derde weekend van september. Maar ook *Les Médiévales*, begin augustus. Dan kun je je een hele week lang onderdompelen in een middeleeuwse sfeer.

DE ROUTE DU CIDRE (CIDERROUTE)

Dit veelgeprezen circuit behoort tot de meest aantrekkelijke routes van Normandië. Je kunt bij de Dienst voor Toerisme een folder halen met de toeristische routes van de Calvados. Het traject is zowat 40 km lang en bezaaid met schattige dorpjes (Beuvron, Cambremer), kleine kerkjes, kastelen (Victot, La Roque-Baignard) en goede restaurants. Bij sommige boerderijen staat een bordje 'cru de Cambremer'. Dat betekent dat je er cider (natuurlijk), calvados, pommeau en andere streekproducten kunt kopen.

WAT JE MOET WETEN OVER CIDER

Cider wordt gemaakt van verscheidene appelvariëteiten, gemengd op een zo harmonieus mogelijke manier. Het fruit wordt geplukt als het helemaal rijp is en dan gesorteerd, gewassen, gemengd en geperst. 100 kg appelen geeft ongeveer 70 l sap. De fermentatie gebeurt in koele kelders waar de suiker wordt omgezet in alcohol. Als die gisting wordt stopgezet bij een alcoholgehalte van 3° krijg je de zogenaamde *cidre doux* (zoete cider). Laat je de fermentatie wat langer duren, dan wordt de cider *demi sec* (halfdroog) of *brut* (droog). Er bestaan twee soorten cider: industriële cider die door pasteurisatie koolzuurhoudend word gemaakt en die ongeveer 90% van de productie vertegenwoordigt en de ambachtelijke cider die je rechtstreeks bij de producent koopt en die aanspraak kan maken op een A.O.C.-label en de vermelding 'cidre de Cambremer'.

BEUVRON-EN-AUGE

14430 | 240 INWONERS

Ongetwijfeld het mooiste dorp langs deze route (en daardoor ook het meest toeristische!). Het marktplein met de hallen is zo typisch dat het wel een filmdecor lijkt. De huizen rond het plein zijn prachtig gerestaureerd en met bloemen opgefleurd. Het bekendste is de *Vieux Manoir*, opgesmukt met gebeeldhouwde balken (15de eeuw). Drink een bol cider in het *Café du Coiffeur*. Net erachter loopt een weggetje langs de rivier, richting platteland. Wie van wandelen houdt, kan van Beuvron tot bij de kapel van Clermont-en-Auge klimmen om daar te genieten van het schitterende uitzicht op de omliggende valleien.

Een niet-historisch monument!

De hallen van Beuvron, hoe mooi ze ook zijn, zien er toch vreemd uit. En dat heeft een reden! De oorspronkelijke hallen die dateren uit de 18de eeuw werden in 1958 afgebroken voor de aanleg van een parkeerterrein op het dorpsplein ... Een paar mandaten later maakte de nieuwe burgemeester zich druk over deze zaak. Hij profiteerde van het feit dat het tracé van de gloednieuwe autoweg niet ver van zijn dorp voorbijkwam om de stratenmakers te benaderen en zo oud materiaal afkomstig van de vele gebouwen, huizen en schuren die door de bulldozers waren gesloopt, te recuperen. En zo zagen in 1975 de nieuwe hallen het levenslicht.

NUTTIG ADRES

ℹ Informatiepunt: *in de hallen.* ☎ 02 31 39 59 14. *In juli en augustus dagelijks geopend; de rest van het jaar alleen geopend op vrijdagmiddag en zaterdag.* Als dit informatiepunt gesloten is, kun je je altijd wenden tot de Dienst voor Toerisme van Cambremer.

SLAPEN

📧 Chambres d'hôte bij mevrouw en mijnheer Hamelin: *aan het marktplein (bordje 'Gîtes de France').* ☎ 02 31 39 00 62. ●*hamelinmonique@wanadoo.fr. Jaarlijks verlof: van 15 tot 30 januari. Zo vroeg mogelijk reserveren. Reken op € 62 voor twee personen.* Prachtig gerestaureerde voormalige boerderij met vakwerk. Van de straat gescheiden door een hoge stenen muur. Schitterende binnentuin. Heel vriendelijke ontvangst. Onze krasse 'papy' (een schatje) is zowaar het levende geheugen van het dorp. De knusse kamers bevinden zich in de vroegere wijnkelder en de stokerij. Een van de kamers heeft zelfs een keukenhoek. Een aanrader!

SLAPEN IN DE OMGEVING

DOORSNEEPRIJS

📧 Chambres d'hôte en gîte Les Vignes: *bij mevrouw Gallot, Les Vignes, 14430 Hotot-en-Auge.* ☎ 02 31 79 22 89. *Ga vanuit Beuvron richting Le Ham. De boerderij bevindt zich 1 km voor Le Ham, aan de D78. Reken op € 45 tot 50 voor twee personen, afhankelijk van het comfort. Vakantiehuisje voor 3 personen: € 255 tot 365 per week, naargelang het seizoen; € 155 voor een weekend.* Twee kamers hebben een eigen badkamer; in de derde kamer staat wel een douche, maar de wc bevindt zich op de overloop. Echt wel leuk om enkele dagen door te brengen op deze boerderij in volle activiteit, die wordt gerund door de zoon des huizes. Je kunt er genieten van de vriendelijkheid en de gastvrijheid van Marie Gallot.

ETEN

✖ Le Pavé d'Auge: ☎ 02 31 79 26 71. ●*info@lepavedauge.com. Gesloten op maandag en dinsdag (in juli en augustus alleen 's middags). Menu's voor € 35 tot 55.* Een van de beste restaurants van het departement. Een voortreffelijke prijs-kwaliteitverhouding! De chef zweert bij de Normandische streekkeuken en maakt van het meest alledaagse product een echte delicatesse. Het 'kleine' menu met een hele reeks hapjes en lekkernijen is verrukkelijk. Gezellige omgeving, maar de sfeer is iets te deftig en te stijf. Toch een aanrader! Ook vier mooie gastenkamers bij het binnenkomen van het dorp: *Le Pavé d'Hôtes (*☎ 02 31 39 39 10).

WAAR KUN JE LEKKERE STREEKPRODUCTEN KOPEN?

Er liggen heel wat leuke winkeltjes aan het dorpsplein: streekproducten, curiosa, decoratie ... heel erg toeristisch!

🏠 **Boulangerie Au Bon Pain de Beuvron:** ☎ 02 31 79 23 16. *Gesloten op maandag.*

Heerlijk brood met cider en appelen. Je kunt er ook terecht voor de zeer lekkere *teurgoule* (een soort rijstpudding), de *falue* (een brioche met verse room) of de *beuvron* (taart met calvados).

EVENEMENTEN

- **Foire aux Géraniums:** *bloemenmarkt (vooral geraniums) , begin mei.*
- **Fête du Cidre et Grand Marché:** *in oktober.* Een markt uit grootmoeders tijd. Demonstraties van de bereiding van cider.
- **Festival de Boogie-Woogie:** *muziekfestival in de stoeterij, bepaalde dagen in mei en oktober.*

CAMBREMER

14340 | 1120 INWONERS

15 km ten oosten van Beuvron-en-Auge. De hoofdplaats van de cider en de calvados is een rustig en vriendelijk dorp met een zekere charme. Massieve kerk met een fraaie romaanse toren. Net zoals Beuvron is Cambremer een goede uitvalsbasis om de streek te verkennen.

NUTTIGE ADRESSEN

ℹ️ **Dienst voor Toerisme (Office du tourisme de la communauté de communes de Cambremer):** *Rue Pasteur.* ☎ 02 31 63 08 87. ● *office-tourisme-cambremer.fr. Tegenover de kerk. In juli en augustus geopend van dinsdag tot zondagmiddag; van april tot juni en in september geopend van woensdag tot zaterdag; van oktober tot maart alleen geopend op vrijdag en zaterdagochtend.* Organiseert in het seizoen ontdekkingstochten langs plaatsen die normaal niet voor het publiek toegankelijk zijn.
- **Markt:** *op vrijdagochtend.*
- **Ambachtelijke markt:** *met Pasen, de eerste zondag van mei, met Pinksteren en in juli en augustus elke zondagochtend vanaf 10.00 u.*

SLAPEN EN ETEN

GOEDKOOP TOT DOORSNEEPRIJS

🏕️🏠 CAMPING & CHAMBRES D'HÔTE LE MESNIL: *bij Georgette Camus, Le Mesnil, 14340 Cambremer.* ☎ 02 31 63 00 28. *1 km buiten Cambremer, in de richting van Rumesnil (aan de linkerkant). Het hele jaar geopend (de camping van half juni tot half oktober). Reken op € 7 voor een staanplaats (je moet betalen om te douchen). Ook twee tweepersoonskamers met gemeenschappelijke badkamer voor € 45.* Gezellig klein kampeerterrein met sanitaire blokken en minikitchenette, enkel voor tenten. De kamers bevinden zich in een groot huis met klimop, midden in een leuke tuin met bomen.

DOORSNEEPRIJS

🏠 CHAMBRES D'HÔTE & GÎTES LES MARRONNIERS: *bij Christine en Vincent Delannoy, 14340 Cambremer.* ☎ 02 31 63 08 28. ● *marronnierscambremer@yahoo.fr* ● *les-marronniers.com. Neem vanuit Cambremer de D85 in de richting van Dozulé en Rumesnil; sla na ongeveer 3,5 km links af aan het stopbord en volg dan de borden Les Marronniers. Jaarlijks verlof: februari. Reken op € 60 tot 70 voor twee personen. Ook een mooi vakantiehuis voor 5 personen: € 480 tot 600 per week, afhankelijk van het seizoen. Wifi.* In de voormalige stallen van een 17de-eeuws landhuis werden vijf charmante kamers (waarvan twee gezinskamers) ingericht. Vanuit de kamer met de naam 'Honfleur' heb je een mooi uitzicht op de vallei van de Dives. Bij heel helder weer kun je in de verte zelfs een stukje zee zien (echt waar!). Rustig adres in het hartje van het Normandische platteland. Charmante ontvangst.

CHAMBRES D'HÔTE LA VIGNERIE: *bij Marie-France Huet, 14340 Saint-Laurent-du-Mont.*

02 31 63 08 65. •mfhuet@club-internet.fr •lavignerie.free.fr. Anderhalve kilometer ten zuiden van Cambremer. In Saint-Laurent neem je de D50 naar Caen en na 700 m sla je rechts af. Het is 500 m verderop, midden op het platteland. Van Allerheiligen tot Pasen enkel geopend in het weekend. Reken op € 47 voor twee personen. Goedkoper vanaf de derde nacht. Drie sobere en karakterloze kamers in een toch wel mooi pershuis uit de 17de eeuw. Bijna meer gîte dan chambres d'hôte. Zeer goede ontvangst.

AU PETIT NORMAND: *Place de l'Église.* 02 31 32 03 20.

•restaurant-petitnormand@orange.fr. Gesloten op maandag en buiten het seizoen ook op zondagavond. Jaarlijks verlof: van 10 januari tot 10 februari. Lunchformule op weekdagen voor € 16; menu voor € 25. Reken op € 38 à la carte. In het centrum van Cambremer. Klein leuk restaurantje in mosterdkleur en blauwtinten met heerlijke Normandische gerechten. Ruime porties. Een specialiteit: entrecote met camembertsaus die mama klaarmaakt, terwijl dochterlief opdient.

HEEL LUXUEUS

CHÂTEAU LES BRUYÈRES: *Route du Cadran.* 02 31 32 22 45.

•contact@chateaulesbruyeres.com •chateaulesbruyeres.com. Het hotel is gesloten van 4 tot 31 januari; het restaurant is van midden september tot eind april gesloten op maandag en dinsdag. Tweepersoonskamers voor € 160 tot 225, afhankelijk van het comfort en het seizoen. Ontbijt voor € 18. Formules en menu's voor € 42 tot 80. Welkom bij de burggravin van Cambremer! Proust hield van dit plekje en we begrijpen waarom. Een aanrader voor een romantisch weekendje, ver weg van de opzichtige en alledaagse 'luxe' van de kust, in een kasteel dat elegantie en goede smaak uitstraalt. Helemaal niet pompeus ... Je voelt je echt thuis in dit herenhuis waar elk meubelstuk herinneringen oproept aan verre reizen. Verrukkelijke keuken: groenten uit eigen tuin, streekproducten en tal van geheime bereidingen! Het prijskaartje liegt er natuurlijk niet om, maar je zit hier wel op een uitzonderlijk adres. Bewijs hiervan: de perfecte harmonie tussen gerechten en cider of het overheerlijke ontbijt met producten uit de streek. Park en mooi verwarmd zwembad om je verblijf compleet te maken. Ook fietsen ter beschikking van de gasten.

CHAMBRES D'HÔTE LE MANOIR: *bij mijnheer Paul Delort, 14340 La Boissière.*

02 31 32 20 81. Als je van Caen komt via de N13, rijd je 7 km voor Lisieux door La Boissière. Sla vervolgens 1 km verder rechts af naar de D103 en volg deze ook 1 km. Geopend van maart tot eind september. Tweepersoonskamers voor € 53, ontbijt inbegrepen. Dit vakwerkhuis uit de 14de en 15de eeuw met boven op het dak een torentje is een echt meesterwerk van Normandische architectuur. Eenvoudige, maar wel karaktervolle en rustige kamers (het huis ligt van de weg af). Grote tuin.

CHAMBRES D'HÔTE DU MANOIR DU CHAMP-VERSANT: *bij mevrouw en mijnheer Letrésor, 14340 Bonnebosq.* 02 31 65 11 07. *8 km ten noordwesten van Cambremer. Reserveren. Tweepersoonskamers voor € 60 tot 64, ontbijt inbegrepen.* Een droomadres in een prachtig Normandisch landhuis uit de 16de eeuw. Slechts twee kamers, en je bent echt niet de enige die hier graag zou overnachten!

WAAR KUN JE LEKKERE BOERDERIJPRODUCTEN KOPEN?

Fromages de chèvre: *op de boerderij van Mimarnel, aan de D50.* 02 31 63 00 50.

Altijd eerst even bellen. Vanaf 18.00 u is er meestal wel iemand want dan moet er worden gemolken. Geen kaas in januari en februari (rustperiode voor de geitjes). De rest van het jaar gesloten op donderdag. Heel lekkere producten.

WAT IS ER DOEN, WAT IS ER TE ZIEN?

🎋 🎋 **Les jardins du Pays d'Auge:** *Route des Trois-Rois.* ☎ 02 31 63 01 81.
Van begin mei tot eind september dagelijks geopend van 10.00 tot 18.30 u (laatste toegang); van oktober tot half november enkel geopend op weekdagen van 10.00 tot 17.00 u. *Toegangsprijs:* € 7,40. De eigenaars zijn boomkwekers en hebben deze mooie tuin in 1994 aangelegd op een weiland van zowat 3 ha. Ze schuimen de streek ook af op zoek naar verwaarloosde, traditionele gebouwen die ze dan 'recupereren' en overbrengen naar hun tuin, waar deze worden gerestaureerd. Je kunt vrij rondlopen in het park. Gewoon de pijlen volgen en de uitleg lezen in het boekje dat je bij de ingang krijgt. De wandeling duurt ongeveer anderhalf uur. Er is overal wel wat te zien en je leert ook heel wat bij over de planten. Als je van al dat wandelen honger hebt gekregen, kun je terecht in het pannenkoekenhuis dat wordt gerund door de kinderen van de eigenaars.

EVENEMENTEN

- **Le festival des AOC de Normandie:** *begin mei.* Ciderwedstrijd van het Pays d'Auge. Bezoeken aan kelders, proeverijen ... Zes producten van het Pays d'Auge AOC (Appellation d'Origine Contrôlée) worden in de kijker gezet: calvados, cider, pommeau, camembert, pont-l'évêque en livarot. 'Drie producten met appelen, drie met melk, niet slecht voor één enkele regio!'
- **Les Peintres dans la rue:** *half augustus.* Kunst op straat.
- **Wandeltochten:** *elke eerste zaterdag van de maand.*

DE CÔTE DE NACRE (PAARLEMOERKUST) EN DE STRANDEN VAN DE ONTSCHEPING

De Côte de Nacre of Paarlemoerkust strekt zich uit tussen Ouistreham en Courseulles-sur-Mer. Deze laatste gemeente telt negen kleine badplaatsen, die minder glamour hebben dan deze van de Côte Fleurie, maar die ook veel populairder en gezelliger zijn. Het strand is hier wel minder vlak.

Sommige van deze badplaatsjes charmeren door hun kokette zeeboulevard met oude en mooie villa's (de stijl is erg verschillend van deze aan de Côte Fleurie), maar vergeet niet dat de meeste erg veel schade geleden hebben bij de landing. En dat kun je nog overal zien ...

DE STRANDEN VAN DE ONTSCHEPING

Iedereen kent het beeld van de kilometerslange uitgestrekte, lichte zandstranden, hier en daar onderbroken door indrukwekkende krijtkliffen. Droomstranden in een ongerepte omgeving die de Duitse bezetter (zonder de minste ecologische overweging) probeerde te betonneren. Deze schitterende landschappen worden nu geassocieerd met honderden bunkers en kazematten ...

Hier speelden zich genadeloze gevechten af, met de bevrijding van Europa als inzet. Heroïsche gebeurtenissen die niet zouden misstaan in een middeleeuws heldenepos, onder meer de beruchte herovering van de Pointe du Hoc. Ongelofelijke technische exploten zoals de constructie van de artificiële haven van Arromanches. Militaire catastrofen, zoals de afslachting van de Amerikaanse soldaten bij Omaha Beach.

De stranden van de Côte de Nacre dragen meer dan 60 jaar na de landing nog altijd littekens: bomkraters, blokken gewapend beton, onneembare ondergrondse schuilplaatsen ... Tankwagens van de geallieerden werden uit het water getrokken en omgevormd tot trotse monumenten. Nog sprekender zijn de graven van tienduizenden slachtoffers in beide kampen.

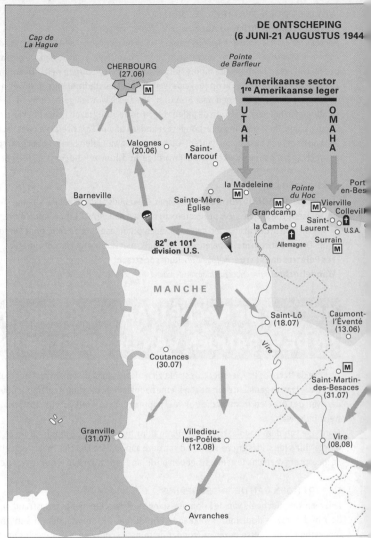

Het schoongemaakte zand van de slagvelden, de als musea gerecycleerde bunkers en de heropgebouwde steden hebben niet veel uitstaans meer met die verschrikkelijke dagen uit onze geschiedenis. Maar de begraafplaatsen herinneren ons aan de essentie: hier hebben mensen, de ene niet meer of minder onschuldig dan de andere, hun leven verloren omdat een handvol fanatici had besloten de wereld te veroveren.

D-DAY HERBELEVEN

Om historisch nauwkeurig te zijn, moeten we de chronologische volgorde van de landing respecteren. Deze verliep van west naar oost. Maar de traditionele route verloopt net an-

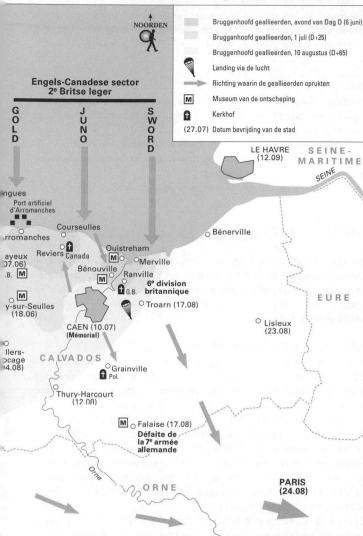

NOORDEN

Bruggenhoofd geallieerden, avond van Dag D (6 juni)

Bruggenhoofd geallieerden, 1 juli (D+25)

Bruggenhoofd geallieerden, 10 augustus (D+65)

Landing via de lucht

Richting waarin de geallieerden oprukten

M Museum van de ontscheping

Kerkhof

(27.07) Datum bevrijding van de stad

**Engels-Canadese sector
2e Britse leger**

G O L D   J U N O   S W O R D

LE HAVRE
(12.09)

SEINE-
MARITIME

SEINE

ngues

Port artificiel
d'Arromanches

Courseulles

Bénerville

rromanches

Reviers   Canada

Ouistreham M

ayeux
07.06)
.B. M

Bénouville

Merville

Ranville

6e division
britannique

EURE

M

G.B.

y-sur-Seulles
(18.06)

Troarn (17.08)

CAEN (10.07)
(Mémorial)

Lisieux
(23.08)

llers-
ocage
4.08)

CALVADOS

Grainville
Pol.

Thury-Harcourt
(12.08)

M Falaise (17.08)
**Défaite de
la 7e armée
allemande**

Orne

ORNE

PARIS
(24.08)

STRANDEN VAN DE ONTSCHEPING

dersom, van Ouistreham naar Sainte-Mère-Église via Arromanches, Bayeux, Colleville en de Pointe du Hoc. Het territorium van de vijf stranden met codenamen (Sword, Juno, Gold, Omaha en Utah) ligt verspreid over verscheidene gemeenten. Alles bezoeken is misschien wat te veel gevraagd van de doorsneebezoeker, die het tenslotte allemaal niet zelf heeft meegemaakt. Maar de belangrijkste haltes langs de route zijn echt een bezoek waard: enkele musea, de haven van Arromanches, de Pointe du Hoc en de voornaamste Amerikaanse, Britse, Canadese en Duitse kerkhoven. Het blijven heel aangrijpende plaatsen.

Wij raden je aan om het bezoek aan de landingsplaatsen te beginnen bij het onvermijdelijke Mémorial van Caen. Volg de trechtermonding van de Orne tot in Ouistreham, via Ranville en Bénouville, en rijd dan langs de kust verder naar Longues-sur-Mer, waar je een verplichte zijsprong maakt naar Bayeux, om daarna terug te keren naar de kust. De rest wordt behandeld in ons hoofdstuk 'Bessin' enerzijds en in het hoofdstuk over het departement Manche anderzijds.

HOE KOM JE ER?

- Vergeet niet dat je met de 'Liberté'-kaart onbeperkt gebruik kunt maken van de *Bus Verts* gedurende 1, 3 of 7 opeenvolgende dagen. Dit kan handig zijn om de verschillende landingsplaatsen te bezoeken, vooral in de Calvados.
- **Inlichtingen voor reizigers:** ☎ 0810 214 214 *(tarief van een lokaal gesprek).* ● *busverts.fr.*
Informatie, dienstregeling en plattegrond van het busnet bij de receptie in de busterminals van Caen, Lisieux, Bayeux, Deauville en Honfleur.
- Vanuit het Mémorial van Caen zijn er ook excursies mogelijk (zie de bespreking van dit museum).

OUISTREHAM, RIVA-BELLA

14150 | 9210 INWONERS

Ouistreham, een historisch dorp en een haven; Riva-Bella, een badplaats. Door de nabijheid van Caen en de zeehaven is er het hele jaar leven in dit kleine stadje. Vooral het grote zandstrand zonder algen (wat niet gezegd kan worden van de andere stukken strand aan deze kust) valt in de smaak. Het is ook een van de poorten naar Engeland, met regelmatige bootverbindingen naar Portsmouth.

EEN BEETJE GESCHIEDENIS: DE OPERATIE SWORD

Op 6 juni zijn de gevechten voor de herovering van de stranden van Hermanville, Colleville en Riva-Bella bijzonder hevig! Die drie stranden, bekend onder de codenaam Sword Beach, zijn de meest oostelijke van de operatie Overlord. De geallieerde strijdkrachten ontschepen hier precies om 7.25 u. De commando-eenheid van Lord Lovat telt onder meer 177 Fransen, de groene baretten van commandant Philippe Kieffer, die uit beleefdheid worden uitgenodigd om als eerste aan wal te gaan, kwestie van hun nationale trots niet nodeloos te kwetsen. De mannen springen ter hoogte van Colleville uit hun schuiten om via het binnenland de 60 betonnen verdedigingswerken van Ouistreham (langs de boulevard Aristide-Briand) te omcirkelen. Hoofddoel: de bunkers aanvallen die de plaats van het casino hebben ingenomen. Als het stadje is schoongeveegd, slaagt de groep erin om tegen 13.30 u de 'brug te slaan' met de para's die wachten bij Pegasus Bridge ...
In Colleville zelf verliest het 2nd East Yorkshire bijna 200 mannen tijdens de eerste minuten van de ontscheping. Amfibiewagens staan in vuur en vlam zodra ze op het strand komen. De houten hindernissen versterkt met mijnen (volgens de 'aspergemethode' uitgewerkt door Rommel) belemmeren de opmars van de geallieerden naar Riva-Bella. De zee komt opzetten en weldra staan de voertuigen onder water. Het aanvalsplan loopt in het honderd en de bevrijding van Caen hangt de volgende 33 dagen aan een zijden draadje. In Hermanville ontscheept op hetzelfde ogenblik het 1st South Lancashire (de eenheid die in juni 1940 als laatste Duinkerken verliet), zeeziek en doorweekt. De mannen dringen door tot in de huidige Rue du Havre, gesteund door vlammenwerpers en mortieren. Via de eerste geneutraliseerde vaargeul bereiken ze om 9.30 u Hermanville.

NUTTIGE ADRESSEN

ℹ️ **Dienst voor Toerisme:** *Jardins du Casino, Esplanade Lofi.* 📞 *02 31 97 18 63.* ●*ville-ouistreham.fr.* In *Riva-Bella, naast het casino en de grote parking voor de strandgangers. Gesloten op zondagochtend en buiten het seizoen ook op feestdagen. Ook nog een kantoor aan de haven (geen vaste openingstijden).* Heel wat informatie. Veel activiteiten (paardrijden, minigolf en zeilen, uiteraard want de badplaats kreeg het label Station Nautique). Organiseert van april tot half september één keer per week een rondleiding in de stad (niet gratis). Er zijn vier thema's: de stad, de haven, het strand en Sword Beach. Je vindt hier ook het programma van de natuurwandelingen (van mei tot half september; niet gratis).

🚌 **Bussen** (**Bus Verts**): 📞*0810 214 214 (tarief van een lokaal gesprek).* ●*busverts.fr.* Verscheidene stopplaatsen in de stad (vlak bij de kerk), aan de haven en langs het strand. Vanuit Caen vertrekt er op weekdagen elk uur een bus (lijn 1) tussen 8.00 en 21.30 u en op zon- en feestdagen om de twee uren tussen 9.30 en 19.30 u.

⛴️ **Bootterminal:** *Rue des Dunes, aan het einde van de haven.* Je vindt er een informatiebureau van de Dienst voor Toerisme, een wisselkantoor en een stand van Brittany Ferries.

⛴️ **Brittany Ferries:** *bij de bootterminal.* 📞*0825 828 828 (€ 0,15 per minuut).* ●*brittany-ferries.fr.* Twee tot drie veerboten per dag van en naar Ouistreham en Portsmouth. De overtocht duurt 5 tot 6 uur. Van maart tot november vaart er ook een expresboot die de overtocht doet in drieënhalf uur.

🚲 **Fietsenverhuur:** *Riva Loisirs, Avenue Foch 77.* 📞*02 31 97 19 04.* Verhuur van stadsfietsen. *Cyclorama, Boulevard Maritime.* 📞*02 31 96 47 47 (gsm).* Van april tot oktober verhuur van mountainbikes, stads- en familiefietsen.

- **Vismarkt:** *elke ochtend in de hallen aan de haven.*

- **Markt:** *woensdag en zaterdag in de stad, Place de la Grange-aux-Dîmes; in juli en augustus van woensdag tot zondag in Riva-Bella, Place du Marché (buiten het seizoen op vrijdag).*

- **Avondmarkt:** *in juli en augustus op woensdagavond aan het strand.*

SLAPEN EN ETEN

GOEDKOOP

🍴 **Les Cabines:** *Route de Lion 19.* 📞*02 31 97 17 93.*
Van dinsdag tot zondag 's middags geopend en van woensdag tot zaterdag ook 's avonds. Reken op € 12 tot 20 voor een maaltijd. Groot aanbod van pannenkoeken (zoete en hartige), maar ook broodjes en salades. Je eet in een zaal die de allure heeft van een huiselijk salon, met een grote spiegel, een piano en een boekenkast. Een elegant geheel dat baadt in zacht en rustgevend licht.

DOORSNEEPRIJS TOT LUXUEUS

🏨 **Hôtel de la Plage:** *Avenue Pasteur 39-41.* 📞*02 31 96 85 16.*
●*info@hotel-ouistreham.com* ●*hotel-ouistreham.com.* In *Riva-Bella, 100 m van het strand. Afgesloten parkeerterrein (niet gratis in het hoogseizoen en in het weekend). Als je bij de Dienst voor Toerisme staat, zoek dan naar het museum N°4 Commando (Avenue Pasteur) dat er vlak naast begint. Jaarlijks verlof: februari. Tweepersoonskamers voor € 64 tot 77, afhankelijk van het seizoen en het comfort. Wifi.* In een voormalige 19de-eeuwse kustvilla met een gevel vol geraniums. En dat geeft het hotel een zekere charme. Heldere kamers, discreet maar wel chic ingericht. Vier gezinskamers. Op zonnige dagen wordt het ontbijt op het terras geserveerd.

🏨 **Le Normandie:** *Avenue Michel-Cabieu 71.* 📞*02 31 97 19 57.*
●*hotel@lenormandie.com* ●*lenormandie.com.* In *de straat tegenover het grote parkeerterrein tussen het kanaal en de haven. Jaarlijks verlof: van 1 januari tot 10 februari. Tweepersoonskamers voor € 68. Internet*

en wifi. Parkeerterrein. Traditioneel hotel met 22 kamers. Klassiek ingericht en goed uitgerust.

⊠ La Mare ô Poissons: *Rue Émile Herbline 68.* ☏ *02 31 37 53 05.*

●*info@lamareopoissons.fr. Als je Ouistreham binnenkomt, op de rotonde aan de D84, niet ver van de Grange aux Dîmes (zie verder). Gesloten op zondagavond en maandag (behalve in juli en augustus). 's Middags op weekdagen formule voor € 15 en menu voor € 20; andere menu's voor € 25 tot 35. Schaal- en schelpdieren naar keuze: reken op ongeveer € 79 tot 111 voor twee personen.* In de huidige invloedssfeer van de bistronomie is dit een mooi adresje dat zijn gasten trakteert op anticrisisprijzen. De keuken combineert streekproducten met smaken van elders en surft mee met de stromingen: zacht varken, groenten uit grootmoeders tijd, op de graat gebakken vis, correct gedoseerde kruiden. De erg jonge chef heeft talent, maar blijft met beide voeten op de grond. Ontspannen sfeer en designinrichting met veel licht. Een klein minpuntje in verband met de bediening: vriendelijk en hartelijk, maar ook erg nonchalant. Dit doet echter niets af aan het feestgebeuren! In de loop van 2010 ook opening van een hotel met 30 kamers.

WAT IS ER TE ZIEN?

🔾 🔾 **Grand Bunker - Musée du Mur-de-l'Atlantique (Museum van de Atlantikwall):** *Avenue du 6-Juin.*

☏ *02 31 97 28 69. In de grote bunker aan de avenue. Van begin februari tot eind maart en van begin oktober tot eind januari dagelijks geopend van 10.00 tot 18.00 u; van begin april tot eind september van 9.00 tot 19.00 u. Gesloten van begin januari (na de kerstvakantie) tot begin februari. Toegangsprijs: € 7. Kortingen, onder meer met de Normandie Pass.* Over vijf verdiepingen, in een indrukwekkende bunkertoren die de Duitsers gebruikten als schietcommandopost. Je bezoekt de zaal met de antigasfilters, de commandopost en de ziekenboeg (talrijke souvenirs uit het dagelijkse leven van de soldaten). Er wordt een volledige ruimte ingenomen door een tentoonstelling over de Atlantikwall, die bestond uit ongeveer 2000 versterkingswerken, goed voor 13 miljard kubieke meter beton. Er werkten 300.000 mensen aan. Na een inspectiebezoek aan de muur liet Rommel nog beter uitgekiende valstrikken installeren, onder meer de beruchte Tsjechische egels, de 'dinosaurustanden' (om tanks te stoppen) en de grappige 'asperges van Rommel', die zweefvliegtuigen ervan moesten weerhouden op de stranden te landen ... Gelukkig had niemand tijd om Rommels plan uit te voeren! In de radiokamer is er een tentoonstelling over de landing van de geallieerden en de bevrijding van Ouistreham. Op de laatste verdieping: de observatiepost met zijn gigantische afstandmeter. Van hieruit kun je je wat beter voorstellen wat de Duitsers moeten hebben gevoeld toen ze duizenden geallieerde schepen zagen naderen. Voor het museum staat een landingsvaartuig dat werd gerestaureerd voor de film 'Saving Private Ryan'.

🔾 **Musée N°4 Commando:** *Place Alfred-Thomas.* ☏ *02 31 96 63 10.*

▥ *Tegenover het casino, op de benedenverdieping van een woongebouw. Van half maart tot eind oktober dagelijks geopend van 10.30 tot 18.00 u. Toegangsprijs: € 4,50. Kortingen, onder meer met de Normandie Pass.* De vierde commando-eenheid bestond uit verscheidene internationale troepen, waaronder de 177 soldaten van commandant Kieffer, de enige Fransen die deelnamen aan de 'eerste golf' van de landing. Zij legden de verbinding met de parachutetroepen die met zweefvliegtuigen werden neergelaten in de buurt van Pegasus Bridge. In dit museum vind je een rijke wapencollectie, uniformen en allerhande documenten over deze historische dag.

🔾 🔾 **Église Saint-Samson:** *Place Lemarignier. In het centrum van Ouistreham.* Mooi groot gebouw dat in de 12de en 13de eeuw werd opgetrokken in opdracht van de Normandische heren en dat toont hoe rijk de stad in die tijd was. Massieve klokkentoren, typisch voor de vroege gotiek in deze streek. De hoogte en de steunberen (een zeldzaamheid in kleine steden) gaven het gebouw het uitzicht van een versterkte kerk. De verklaring voor die grootse aanpak is dat het religieuze gebouw de zeelui veilig aan land moest gidsen en ze tegelijk bescherming moest bieden. De kerk getuigt eveneens van de welvarendheid van het stadje tijdens de middeleeuwen (dankzij het verschepen van natuursteen uit Caen). Opmerkelijke gevel, vooral door de rijen indrukwekkende pilaren bekroond met kapitelen en gewelven die gedeeltelijk van hout zijn. Origineel is ook de binnengalerij die in de muur is uitgegraven. In het romaanse koor kun je sierboogjes zien. Prachtig triforium met gaanderij.

🔥🔥 **Grange aux dîmes (tiendenschuur):** *in de stad. Enkel bij festiviteiten toegankelijk voor het publiek.* Vormt samen met de kerk een prachtig geheel van kloostergebouwen. Grote schuur uit de 15de en 16de eeuw, omgeven door steunberen. Fraai portaal.

WAT IS ER TE DOEN?

- **Chemin de halage (jaagpad, GR 36):** schitterend fiets- of wandelparcours langs het kanaal van de Orne, van de haven tot in Caen (15 km).
- **Minicruise op het kanaal Caen-Ouistreham:** *met de maatschappij Vedettes de Normandie.*
  ☎02 31 06 10 02. *Van Pasen tot november. Vertrekt in de haven van Saint-Pierre en vaart naar Caen of Ouistreham (voor de laatste bestemming moet je reserveren). Prijs voor een retourtje: € 12 voor volwassenen. Kortingen.* Ook tochten op zee.

🔥🔥 **La Pointe du Siège:** ten oosten van de jachthaven, een serie vooruitgeschoven zandbanken langs de trechtermonding van de Orne, waar zout en zoet water elkaar ontmoeten. De plaats is beschermd als natuurreservaat en er huizen heel wat vogels. Je kunt er een prachtige wandeling maken (reken op 2 uur). Met een beetje geluk zie je steltlopers (waaronder kluten met een heel smalle bek), eenden (meer bepaald gekleurde bergeenden), trekvogels en kokmeeuwen (ja, zoals bij Guust Flater). Ook de flora is de moeite waard. Dankzij het hoge zoutgehalte van de bodem gedijen hier aardbeibomen en zeekraal. Dit laatste is bij de plaatselijke bevolking beter bekend als 'cornichon de la mer' (zeeaugurk). Ook enkele vissershuisjes. Op de observatietoren heb je een uitzonderlijk uitzicht op de trechtermonding. Je kunt dit bezoek aanvullen met een wandeling in de andere natuurgebieden van de trechtermonding, in Merville-Franceville en in Sallenelles (*Maison de la Nature et de l'Estuaire,* ☎02 31 78 71 06, *zie bij Ranville*).
- En je kunt er ook nog zeilen, paardrijden, naar het casino gaan ...

LUC-SUR-MER

14530 | 3242 INWONERS

Aangenaam kuuroord dat bekend is om de zuiverheid van zijn jodiumlucht. Luc heeft zich ontwikkeld rond een thalassocentrum en een casino. De badplaats heeft een mooi zandstrand, waar in 1885 de grootste in Europa gevonden walvis aanspoelde. Het skelet van dit dier kun je nu bekijken in het gemeentelijke park.

> **Een vraag voor echte kenners ...**
> Weet jij hoe ze de inwoners van Luc-sur-Mer noemen? De Lutins (dwergen)!

EEN BEETJE GESCHIEDENIS

Op 6 juni 1944 bevindt het stadje zich net tussen twee zones waar de geallieerden aanvallen: Sword (in het oosten) en Juno (in het westen). De Duitse tanks van de 21ste pantserdivisie maken van deze bres handig gebruik om op de avond van die zesde juni op te rukken. Maar er komen geen versterkingen opdagen en ze moeten noodgedwongen rechtsomkeert maken. Op de avond van 7 juni dan wordt Luc bevrijd door een Brits commando dat die ochtend in Saint-Aubin is ontscheept. De Britten krijgen af te rekenen met weerstand van de weermacht ter hoogte van het gehucht Petit-Enfer, een gehucht dat zijn naam niet heeft gestolen ('kleine hel'). Maar de Duitsers moeten het onderspit delven. De geallieerden maken een zestigtal krijgsgevangenen, maar verliezen zelf geen manschappen.

Nadien wordt deze badplaats een rust- en kuuroord voor verlofgangers en gewonde soldaten. Geen slechte plek om even te bekomen van de verschrikkingen aan het front!

NUTTIG ADRES

[i] [@] Dienst voor Toerisme: ☎ 02 31 97 33 25. ● *luc-sur-mer.fr. Aan de zeedijk. Gesloten op maandagmiddag en in het laagseizoen ook op woensdagmiddag en donderdag.* Naast de klassieke informatie ook gratis wifi.

SLAPEN EN ETEN

CAMPING

[▲] Camping La Capricieuse: *Rue Brummel 2.* ☎ 02 31 97 34 43.
● *info@campinglacapricieuse.com* ● *campinglacapricieuse.com.* [🚿] *In het dorp (aangeduid). Geopend van april tot september. Reken op € 14,40 voor twee personen en een voertuig in het hoogseizoen. Verhuur van bungalows en mobilhomes: € 290 tot 675 per week.* Aan de ene kant van deze camping liggen huizen, aan de andere kant velden. Wij geven de voorkeur aan het achterste deel waar je meer privacy en meer schaduw hebt en waar de sfeer ook iets 'landelijker' is. Praktisch en proper sanitair. Twee tennisbanen en een zwembad.

DOORSNEEPRIJS TOT LUXUEUS

[✗] L'Accordéon: *Rue de la Mer 26.* ☎ 02 31 36 00 88.
Het hele jaar 's middags geopend en van Pasen tot eind oktober ook van donderdag- tot zondagavond. Jaarlijks verlof: eind oktober, begin november. Lunchformule voor € 12; andere menu's en à la carte voor € 21. Lekkere alledaagse keuken, smaakvol bereid door de waardin. Nostalgisch interieur met geruite tafelkleedjes, oude vinylplaten en accordeons. Heel eenvoudig en niet te duur.

[✗] Hôtel Beau Rivage: *Rue du Docteur-Charcot 1.* ☎ 02 31 96 49 51.
● *mlefevre24@club-internet.fr* ● *hotelouistreham.com.* [🚿] *Aan de zeedijk. Het restaurant is gesloten van 15 december tot 15 januari; het hotel is het hele jaar geopend. Tweepersoonskamers voor € 50 tot 80, afhankelijk van het uitzicht en het seizoen. Menu's voor € 17 tot 45. Parkeerterrein beneden aan het hotel.* Sommige kamers kijken uit over de zee. Dit hotel-restaurant is ideaal gelegen, aan de rand van het water.

SLAPEN EN ETEN IN DE OMGEVING

[▲] Camping Oasis: *Boulevard National, 14780 Lion-sur-Mer.*
☎ 02 31 97 21 36. *Geopend van april tot september. Als je van Ouistreham komt, moet je door het dorp rijden. Reken op € 17 voor twee personen in het hoogseizoen.* Grote camping, gelegen langs beide zijden van de straat die Lion doorkruist. Voornaamste troef: rechtstreekse toegang tot de strandboulevard waarover een van beide delen beschikt (volgens ons het aangenaamste deel, ook als is er meer lawaai). Zwembad.

[✗] La Valise Gourmande: *Route de Lion-sur-Mer 7, 14440 Cresserons.*
☎ 02 31 37 39 10. ● *contact@lavalisegourmande-caen.com.* [🚗] *3 km ten zuiden van Luc-sur-Mer. Gesloten op zondagavond, op maandag en op dinsdagmiddag. Weekmenu's voor € 25; andere menu's voor € 35 tot 54 (kreeft). Reken op € 42 tot 67 à la carte.* In een fraai 18de-eeuws huis met tuin en terras. Geraffineerde keuken en een chic publiek. De chef bereidt, met een zeker brio, vis en schaal-

dieren en geeft een nieuwe interpretatie aan de Normandische streekkeuken. Een heel goed adres.

WAT IS ER TE ZIEN?

❧ Parc de l'Hôtel-de-ville: *Rue de la Mer 45. Van april tot september geopend van 8.00 tot 19.00 u; de rest van het jaar tot 18.00 u. Gratis toegang.* Een leuk, klein park met veel schaduw en veel bloemen. Voor de kinderen een speeltuintje en voor de verliefde koppeltjes heel wat banken. Er zijn ook een paar dieren, zoals pauwen (lopen er vrij rond), kippen en geitjes. Hier staat ook het skelet van de walvis die in 1885 in Luc strandde.

⬛ **La Maison de la baleine:** *in het park.* ☎ 02 31 97 55 93.

●maisondelabaleine.com. ♿ *In juli en augustus dagelijks geopend van 10.00 tot 12.00 u en van 14.00 tot 19.00 u; van april tot juni en in september geopend op zaterdag en op zondag, op feestdagen en in de schoolvakanties van 14.30 tot 18.00 u. Toegangsprijs: € 3; kinderen: € 1,50.* In het huis is een aardig museumpje ondergebracht over de wereld van de walvisachtigen. Het lijkt alsof je via de ingangstunnel in de buikholte van een walvis belandt ... Legendes en anekdotes over walvissen, informatie over de walvisjacht en de maatregelen die de soort moeten beschermen.

WAT IS ER TE ZIEN IN DE OMGEVING?

❧❧ Lion-sur-Mer: *3,5 km ten oosten van Luc. Een van de oudste badplaatsen van Normandië.* Hier kom je voor het lang uitgestrekte strand en de jodiumrijke lucht. Leuke wandeling op de voetgangersdijk, omzoomd door mooie villa's (5 km).

❧ Douvres-la-Délivrande en de basiliek Notre-Dame: *3 km van Luc-sur-Mer, landinwaarts.* Kleine stad die in de Calvados wijd en zijd bekendstaat als bedevaartsoord. Ook de basiliek Notre-Dame is vermaard. Deze vrij grote kerk werd in de tweede helft van de 19de eeuw gebouwd en herbergt een gebeeldhouwde Zwarte Maagd van 1580. De kleuren van de glas-inloodramen van het harmonieus geproportioneerde kerkschip zijn heel speciaal. Aan de overkant bevindt zich een goede banketbakker (dit heeft hier niets mee te maken, maar we geven het je toch even mee) en 30 m verder, in de Rue du Général-de-Gaulle, moet je even halt houden voor de buitengewone art-nouveaugevel van de apotheek. Mooi ingesneden boogvensters, kunstig uitgewerkte tralies en beschilderde leisteen, alles in knalgroen. Dit valt hier echt wel op ... Wat nog meer opvalt, is de *Chapelle Notre-Dame-de-Fidélité* met prachtige ramen van zuiver gesinterd glas. Typisch René Lalique, een Franse edelsmid en glaskunstenaar wiens werk tot de jugendstil en art deco wordt gerekend. De zusters zijn heel trots op het geschenk dat deze kunstenaar aan hun gemeenschap heeft geschonken en zullen dan ook met veel plezier de deuren van de kapel openen.

SAINT-AUBIN-SUR-MER

14750 | 1820 INWONERS

Gewezen vissersdorp dat geëvolueerd is tot een onmiskenbaar charmante en gezellige badplaats. Een wirwar van smalle steegjes waar vroeger de visnetten werden uitgespreid en een mooie promenade langs het grote strand en de villa's. Je vindt hier alles wat een vakantieganger nodig heeft: hotels, camping, winkels, een casino, tennisbanen ...

D-DAY IN SAINT-AUBIN

Dit is het meest oostelijke strand dat onder de codenaam Juno werd toevertrouwd aan de eenheden van de 3de Canadese DI (niet te verwarren met de 3de Britse DI). Majoor-generaal Keller moet al de avond van 6 juni een dominante positie innemen in Putot-en-Bessin (tussen Caen en Bayeux). Het North Shore Regiment ontscheept om 7.40 u en valt de betonnen bunker aan die je nog kunt zien liggen aan het westelijke uiteinde van het strand. De plek is om 11.30 u 'schoongemaakt', maar de schermutselingen blijven tot het einde van de dag aanhouden.

NUTTIG ADRES

ℹ **Dienst voor Toerisme:** *aan de Favreaudijk.* ☎ *0231973041.* ● *tourisme-saintaubinsurmer.fr. In een leuk paviljoentje aan zee. Buiten het seizoen op maandag gesloten (van oktober tot maart ook dinsdag); in de schoolvakanties dagelijks geopend.* Gastvrije ontvangst.

SLAPEN EN ETEN

ZEER GOEDKOOP

🗙🛏 CôTé SABLE: *Rue Pasteur 20. Vooraan op de promenade, tegenover de Dienst voor Toerisme.* ☎ *0231975559. Buiten het seizoen gesloten op maandag en dinsdag. Jaarlijks verlof: van 7 januari tot 7 februari en van 15 november tot 15 december. Reken op € 9 tot 12 voor een maaltijd.* Een leuk, modern adresje waar je in een zandkleurig interieur kunt genieten van een goede pannenkoek of een lekker slaatje. 's Middags ook tearoom. Overdekt terras met uitzicht op zee.

DOORSNEEPRIJS TOT HEEL LUXUEUS

🛏🗙 LE CLOS NORMAND: *Rue Pasteur 89.* ☎ *0231973047.* ● *clos-normand@wanadoo.fr* ● *closnormandhotel.com. Gesloten van januari tot half maart. Tweeper- soonskamers voor € 62 tot 93, afhankelijk van het uitzicht en het seizoen. Lunchmenu op weekdagen voor € 16,80; menu's voor € 23,90 tot 42, ja zelfs tot 67 (degustatiemenu).* Groot L-vormig gebouw aan het strand, er alleen van gescheiden door zijn terras en een voetgangerspromenade. Ka- mers met een interieur dat is geïnspireerd op de zee en de zeevaart, licht en aangenaam. Vraag er eentje met uitzicht op zee. Gastronomische keuken. Een adres met weinig de- mocratische prijzen, maar o zo lekker. Als je hier wilt boeken voor een intiem weekend met je geliefde kun je best van tevoren informeren: buiten het seizoen logeren hier vaak groepen.

🛏🗙 LE SAINT-AUBIN: *Rue de Verdun 26.* ☎ *0231973039.* ● *hotelsaintaubin@wanadoo.fr* ● *hotelsaintaubin.com. Helemaal op het einde van de promenade, aan het strand. Gesloten in januari. Tweepersoonskamers voor € 49 tot 105, afhankelijk van het comfort, het uit- zicht en het seizoen. Lunchmenu voor € 15; andere menu's voor € 25 tot 55. Wifi.* Onaantrekkelijk ku- busvormig gebouw, maar wel vlak bij de zee. Klassieke kamers, niet slecht eigenlijk, functioneel en comfortabel. De helft ervan kijkt uit over de zee. Leuke restaurantruimte in blauwe en zachtgele tinten. Lekkere traditionele zeegerechten. Attente bediening.

🛏 LA DIGUE DU LIGHTHOUSE: *aan de dijk Léon-Favreau.* ☎ *0231977240.* ● *info@lighthouse.com* ● *lighthouse.com. Jaarlijks verlof van half november tot half december. Tweeper- soonskamers voor € 54 tot 65, afhankelijk van het seizoen. Internet.* Klein en rustig hotel, waarvan de meeste kamers uitzicht hebben op de zee. Netjes en functioneel. De fleurige eetzaal op de benedenverdieping kijkt ook uit over de zee, net zoals het terras.

COURSEULLES-SUR-MER

14470 | 3920 INWONERS

Belangrijke badplaats die bekendstaat om haar haven, haar strand ... en haar oesters! Het stadje heeft bijzonder goede toeristische voorzieningen, maar er ligt wel wat veel beton. Je vindt er toch een paar leuke adresjes en als je plots trek krijgt in mosselen-friet, heb je hier het hele seizoen het meeste kans om je gading te vinden. Bovendien kunnen de liefhebbers van schaal- en schelpdieren in de zomer elke dag terecht op de vismarkt aan de haven (de rest van het jaar op zaterdag, zon- en feestdagen).

Als je Courseulles-sur-Mer verlaat, verlaat je ook de Côte de Nacre en ben je zo in Bessin waar je op de ongerepte stranden kunt gaan uitwaaien.

JUNI 1944: EEN KLEIN STADJE MIDDEN IN HET OORLOGSRUMOER

De inwoners van Courseulles zullen die junimaand niet snel vergeten. Ze hebben iedereen zien defileren, van de meest bescheiden soldaat tot de groten van deze aarde! Het begint op 6 juni in de ochtend. De haven, die wordt beschermd door 26 zwaarbewapende betonconstructies, wordt twee keer aangevallen. Na uitputtende straatgevechten geven de Duitsers zich omstreeks 10.00 u over. Maar de menselijke verliezen zijn zwaar. Een van de legercompagnies telt alleen nog een kapitein en een handjevol mannen.

Zolang de haven van Arromanches niet klaar is, gebeurt de ontscheping van mannen en materieel via deze van Courseulles.

Who's who

In een paar dagen tijd maakt de neerslachtigheid van de inwoners van Courseulles plaats voor hoop. Stel je even voor: op 12 juni 1944 komt Winston Churchill himself hier aan om de eerste resultaten van de landing (die hij heeft georganiseerd) met eigen ogen te inspecteren. Twee dagen later is het de beurt aan generaal de Gaulle (die in Bayeux moet gaan speechen) om in Courseulles voet aan wal te zetten op (gedeeltelijk) bevrijde grond. En op 16 juni volgt de apotheose: zijne majesteit de koning van Engeland, George VI in hoogsteigen persoon, ontscheept op dit strand en komt zijn mannen feliciteren. Wat een week!

NUTTIGE ADRESSEN

ℹ️ Dienst voor Toerisme: *Rue du 11-Novembre 5.* ☎ *02 31 37 46 80.* ●*tourisme.courseulles@wanadoo.fr.*
♿ *Het hele jaar geopend; beperkte openingstijden in het laagseizoen.*

📠 Info Bus Verts: ☎*0810 214 214 (prijs van een lokaal gesprek).* ●*busverts.fr.* Bus 3 van het net (Caen-Courseulles) en bus 74 (naar Arromanches en Bayeux).

- **Vismarkt:** *aan de haven. In het hoogseizoen dagelijks en de rest van het jaar in het weekend en op feestdagen.* Vis, mosselen, oesters, kreeft ...

- **Gewone markt:** *op dinsdag en vrijdag op de Place du Marché (of wat had je anders gedacht?).* Een grote markt waar het tijdens het seizoen heel druk is.

- **Ambachtelijke markt:** *op zondagochtend in de haven.*

SLAPEN EN ETEN

CAMPING

🏕️ CAMPING DU CHAMP DE COURSE: *Avenue de la Libération.* ☎ *02 31 37 99 26.*
●*camping.courseulles@wanadoo.fr* ●*courseulles-sur-mer.com.* ♿ *Geopend van Pasen tot september. Reken op € 14 voor een staanplaats voor twee personen en een voertuig (in het hoogseizoen). Verhuur van bungalows (€ 164 tot 614 per week).* Groot en vlak terrein, zonder veel charme, maar wel voorzien van alle comfort. De staanplaatsen zijn afgescheiden door een haag. Proper sanitair en rechtstreekse toegang tot de zee.

DOORSNEEPRIJS

🛏️❌ LES ALIZÉS: *Quai Ouest 4.* ☎ *02 31 36 14 14.*
●*les-alizes.net.* ♿ *Aan de haven. Jaarlijks verlof: van 5 januari tot 7 februari. Reserveren. Tweepersoonskamers voor € 39 tot 54, afhankelijk van het comfort, het uitzicht en het seizoen. Menu's voor € 13 tot 26. Lunchformule op weekdagen voor € 12. Elke vrijdag- en zaterdagavond 'zeebuffet' met kaas en dessert voor € 26. Wifi.* Propere en functionele kamers, allemaal een ietsje anders ingericht: een succesvolle po-

ging om er toch een persoonlijke touch aan te geven. Streekkeuken met voornamelijk vis en schaal- en schelpdieren. Terras aan de straatkant en met uitzicht op de haven.

LUXUEUS

🔲❌ LA PÊCHERIE: *Place du 6-Juin 7.* 📞 02 31 37 45 84.
● pecherie@wanadoo.fr ● la-pecherie.com. *Tweepersoonskamers voor € 65 tot 90, afhankelijk van het seizoen. In het hoogseizoen is halfpension gewenst: € 65 tot 84 per persoon. Mosselen en dagschotel voor € 12; formules voor € 22,50 tot 36; menu voor € 28. Reken op € 34 tot 67 à la carte. Aanbiedingen op internet.* Een vrij chic hotel, modern gerestaureerd en met een inrichting die geïnspireerd is op deze van een scheepshut. In de eetzaal een reeks slingeruurwerken (deze werken niet meer) en aan het onthaal een aantal oude radio's. Slechts zes kamers. Proper en origineel geheel. In het restaurant kun je kiezen uit verscheidene formules en menu's.

SLAPEN IN DE OMGEVING

📖 CHAMBRES D'HÔTE DE LA FERME LE PETIT VAL: *Rue du Camp-Romain 24, 14480 Banville.*
📞 02 31 37 92 18. ● fermelepetitval@wanadoo.fr ● ferme-le-petitval.com. *4 km van Courseulles via de D12; in het dorp. Reken op € 53 tot 60 voor twee personen.* In een mooi 18de-eeuws huis van natuursteen uit Caen, dat deel uitmaakt van een landbouwbedrijf. Vijf kokette kamers: drie in een bijgebouw en twee in het huis van de eigenaars (ons is vooral de kamer Camomille ('kamille') bevallen). Verzorgde tuin met picknickplaats en barbecue. Fietsen ter beschikking van de gasten.

WAT IS ER TE ZIEN EN WAT IS ER TE DOEN?

🚶🚶🏛️ **Centre Juno Beach**: *Voie des Français-Libres.* 📞 02 31 37 32 17.
● junobeach.org. 📷 *In november, december en februari dagelijks geopend van 10.00 tot 13.00 u en van 14.00 tot 17.00 u; van maart tot oktober geopend van 10.00 tot 18.00 u; in het hoogseizoen van 9.30 tot 19.00 u. Van april tot oktober dagelijks rondleidingen op het strand om 11.00 en 15.00 u (vaker in het hoogseizoen). Gesloten in januari. Toegangsprijs: € 6,50 (€ 10 met rondleiding op het strand). Kortingen, onder meer met de Normandie Pass.* Canadees museum dat vrij bekend is en dat grotendeels met Canadese privéfondsen wordt gefinancierd. Je wordt er ook ontvangen door jongelui met een zangerig accent. Het gaat eigenlijk om een gedenkteken dat opgericht werd ter nagedachtenis van de 45.000 Canadese soldaten die hier tijdens de Tweede Wereldoorlog het leven lieten (als je alle namen wilt lezen, heb je meer dan een halve dag nodig). Mooie voorstelling van Canada in de 20ste eeuw, de deelname van het land aan de oorlog samen met de geallieerden, zijn standpunt, zijn acties en de invloed van deze oorlog op de Canadese samenleving. Stel je even voor: in 1939 telde het Canadese leger nauwelijks 8000 manschappen! Na de oorlogsverklaring engageerden zich duizenden jongeren en in 1945 hadden zowat 1 miljoen mannen en vrouwen een legeruniform aan. De kinderen kunnen samen met Peter en Madeleine dit erg interessante en leerzame museum ontdekken. Tijdelijke tentoonstellingen. Er loopt trouwens ook een aangename wandeling (met informatieborden) langs het museum.

🚶 **Gedenkteken van het 1st Hussard:** *Place Charles-de-Gaulle.* Een Sherman-amfibiewagen die op de bodem van de zee is teruggevonden. Opgedragen aan de Canadese soldaten.

🚶 **Gedenkteken van Juno Beach:** *een grafzuil op het strand van Graye-sur-Mer, ten westen van Courseulles, voorbij een mooie molen. Verderop bevindt zich een Duitse kazemat van beton.*

🚶 **Canadees militair kerkhof:** *in Reviers (4 km ten zuiden van Courseulles).*

🚶 **Kruis van Lotharingen:** ter herdenking van de terugkeer van generaal de Gaulle op 14 juni 1944.

🚶 **De oesterbanken van het Île de Plaisance:** *Route d'Arromanches, net voorbij de kleine brug aan de rand van de stad, richting Graye-sur-Mer (en dus niet in de richting van de haven). Verkoop van oesters en*

schaal- en schelpdieren om mee te nemen (ook volledige schotels met schaal- en schelpdieren op bestelling): da-
gelijks van 9.00 tot 12.30 u en van 14.30 tot 19.00 u. De oesterbanken, die zich vroeger over 10 ha uit-
strekten, vormden in de 19de eeuw een echt pretpark met schommels en houten paarden.
Ze werden door de bombardementen vernield en in de jaren 1950 nieuw leven ingeblazen.

❧ **Musée de Courseulles:** *cultureel centrum, Rue Amiral-Robert 17.* ☎ 02 31 37 70 00.
In het bovenste deel van de stad. Van juni tot september op weekdagen (behalve dinsdag) geopend van 14.00 tot
18.00 u en op zaterdag en zondag van 10.00 tot 12.00 u en van 14.00 tot 18.00 u. Tijdelijke tentoonstellingen over de plaatselijke geschiedenis.

- Ook een mooi aanbod van sportactiviteiten in Courseulles: verwarmd zwembad met zeewater (van mei tot september), zeilschool, tennis, paardrijden ...

BESSIN

De Bessin is het gebied dat zich uitstrekt ten westen van de vlakte van Caen en ten noorden
van het Normandische wallenlandschap. De streek is niet zo homogeen als het Pays d'Auge
en vertoont zowel kenmerken van een kustgebied als van een landbouwzone. De Bessin kan
daarom prat gaan op een uiteenlopende waaier producten van eigen bodem, waaronder
boter en room (Isigny), schaal-en schelpdieren (Port-en-Bessin) en varkensvlees (het varken van Bayeux). Net zoals het Pays d'Auge heeft de Bessin een eigen ciderproductie. Je vindt
er weinig steden, behalve Bayeux natuurlijk, maar wel een hele rits charmante badplaatsen,
bossen en uiteraard veel weiden (93% in de buurt van Isigny!).
De troeven van de Bessin: de stranden van de ontscheping, de ongerepte kliffen (Pointe du
Hoc), een verbazingwekkend kasteel (Balleroy), veel versterkte hoeven en schattige dorpjes, een stukje wallenlandschap en een landbouwvlakte waar de tradities nog in ere worden
gehouden.

De ster van Bayeux!

Met zijn zwarte vlekken en zijn krulstaartje is hij een van de grote sterren van het land-
bouwsalon! En toch was het varken van Bayeux, net zoals veel andere rassen van weleer,
bijna verdwenen. 20 jaar geleden waren er nog maar een twintigtal exemplaren. En ook
vandaag zijn ze nog steeds niet talrijk en worden ze slechts door een paar enthousiastelingen gekweekt. Het vlees van dit varken dat in volle vrijheid opgroeit en dat zich voedt
met granen (maar ook kastanjes, appelen en kersen) smelt in de mond. Helaas kan de
kweek maar moeilijk gestandaardiseerd worden en blijft de distributie een zeer vertrou-
welijke zaak. Dit varken is evenwel de omweg en zelfs de reis waard!

BAYEUX

14400 | 15.400 INWONERS

Een verwende stad! Om te beginnen heeft Bayeux niet te lijden gehad onder het oorlogsgeweld, wat in Normandië een zeldzaam staaltje van geluk mag worden genoemd. De oude
stad is dus nog helemaal intact! Je waant je bijna in de 19de eeuw. Bovendien trekt de hoofdstad van de Bessin veel toeristen, al was het maar voor de beroemde tapisserie en de rijke kathedraal. Beperk je echter niet tot die twee schatten: het stadscentrum telt een aanzienlijk
aantal oude huizen en schitterende burgerwoningen, naast een heel boeiend museum over
de slag om Normandië. De verschillende plaatsen die gewijd zijn aan de landing en de bevrijding zijn nu gegroepeerd onder de naam 'Liberty Alley'.

EEN BEETJE GESCHIEDENIS

'Hier Londen ...'. Neen, de oproep van 18 juni kwam niet uit Bayeux! Maar de hoofdstad van de Bessin blijft voor historici verbonden met een van de meest beroemde redevoeringen van generaal de Gaulle ... en met Engeland. De stad is Gallisch van oorsprong. In het prille begin woonden hier de *Bajocasses*, een naam die nog altijd wordt gebruikt voor de huidige inwoners van Bayeux. In de 10de eeuw gingen ook de Vikingen zich voor deze plek interesseren.

Maar wat heeft dat allemaal te maken met Engeland? Bayeux is de stad van bisschop Odon, een halfbroer van Willem de Veroveraar, die (zoals je al weet) het trouweloze Engeland in 1066 verovert. De stad is tijdens de Honderdjarige Oorlog in handen van de Engelsen en zal pas in 1450 weer Frans worden. Hierop volgt een bloeiperiode die duurt tot in de 18de eeuw, de tijd van het classicisme, de tijd waarin de adellijken luxueuze herenhuizen van natuursteen lieten bouwen. Engeland speelt voor de tweede keer een belangrijke rol in de geschiedenis van deze stad op 7 juni 1944 als de Britse troepen Bayeux komen bevrijden.

En de Gaulle dan? Die ontscheept hier op 14 juni (...vanuit Engeland). De aanvoerder van strijdbaar Frankrijk spreekt in Bayeux zijn eerste redevoering uit op bevrijde Franse grond, omringd door een jubelende, sterk bewogen menigte. Deze symbolische stad doet in 1946 nog een keer dienst als decor van een beroemde speech van de Gaulle. Ditmaal heeft hij het (voor het eerst) over de fundamenten van de Vijfde Republiek, die pas 12 jaar later het licht zal zien! Maar voor de *Bajocasses* is dit een bewijs van de sterke band van de man met hun stad ...

HET GROOTSTE STRIPVERHAAL TER WERELD

De naam van de stad Bayeux is sinds lange tijd verbonden met de beroemde *Tapisserie de la Reine Mathilde*. In tegenstelling tot wat vaak gedacht wordt, hebben we volgens historici dit pronkstuk niet te danken aan koningin Mathilde (de echtgenote van Willem de Veroveraar), maar wel aan bisschop Odon. Hij bestelde het doek in 1066 bij een Engels atelier om er zijn kathedraal mee op te smukken! Het kleinood is zo maar eventjes 70 m lang (en 50 cm hoog)! Het is een linnen doek met borduursel van woldraad, een ongelofelijk fresco dat de verovering van Engeland door Willem de Veroveraar vertelt. Het meesterwerk werd gemaakt na diens troonbestijging en werd ingewijd in 1077 (op 14 juli!), samen met de kathedraal zelf.

Even de feiten samenvatten zoals ze in de *Telle du Conquest* (een andere naam voor het borduurwerk) 'uit de doeken' worden gedaan'. De oude koning van Engeland, Eduard de Belijder, moet een opvolger aanduiden. Omdat hij zelf Normandisch bloed heeft, denkt hij aan Willem de Veroveraar, de Normandische bastaard. Hij stuurt dus een boodschapper uit om de man te ontbieden. Een zekere Harold, de lieveling van het hof, wordt aangeduid om deze gevaarlijke missie te volbrengen. De boot van Harold geraakt echter uit koers en strandt op de Picardische kust. Een plaatselijke landsheer neemt de boodschapper gevangen en vraagt losgeld. Willem verneemt dat de bode van Eduard in de handen van zijn buur is gevallen en slaagt erin hem te bevrijden. Hij neemt Harold vervolgens mee naar de Mont-Saint-Michel (Normandië) en Bretagne (je kunt de Dol-de-Bretagne, Dinan en Rennes herkennen op het borduurwerk) om er oorlog te voeren (toen een heel populair tijdverdrijf). De Normandiërs nemen Dinan en Rennes in. Om hulde te brengen aan de moed van Harold op het slagveld slaat Willem hem tot ridder. En als dank belooft Harold Willem te helpen koning van Engeland te worden. Harold keert terug naar Engeland om verslag uit te brengen bij de oude koning, die kort nadien overlijdt. Maar dan gebeurt er iets vreemds. Het hof schuift Harold himself naar voren als koning! En de schurk aanvaardt het voorstel! Na zijn kroning stuurt de hemel hem echter een slecht voorteken: de komeet Halley (je ziet de ster passeren op het borduurwerk)! De verraden Willem laat het hier niet bij. Hij laat 450 oorlogsschepen bouwen en brengt een leger van 8000 man op de been, met wie hij het Kanaal oversteekt. Ze slaan hun kamp op in Hastings en de gevechten beginnen. De Normandische ruiters krijgen al snel de bovenhand op de Engelse infanteristen (op het tapijt herkenbaar aan hun lange haren). Harold, de verrader, sterft nadat een pijl zijn oog doorboort ... En Willem wint!

Naailes

Er moet iets rechtgezet worden. Het meesterwerk van Bayeux dat gewoonlijk 'tapisserie' wordt genoemd, is eigenlijk geen wandtapijt want het is niet geweven, maar wel geborduurd op een linnen doek. Toch zullen we maar doen zoals iedereen en het een wandtapijt noemen.

NUTTIGE ADRESSEN

Dienst voor Toerisme (plattegrond B2): Pont Saint-Jean. ☎ 02 31 51 28 28. ● bessin-normandie. com. In juli en augustus dagelijks geopend van 9.00 tot 19.00 u (op zon- en feestdagen van 9.00 tot 13.00 u en van 14.00 tot 18.00 u); van april tot juni en in september en oktober dagelijks geopend van 9.30 tot 12.30 u en van 14.00 tot 18.00 u; van november tot maart dagelijks geopend (behalve op zondag) van 9.30 tot 12.30 u en van 14.00 tot 17.30 u. Vraag een plattegrond van Bayeux. Er hoort een wandeling bij in de oude stad. Naast de gewone brochures en informatie ook een gedetailleerd programma van alle zomeractiviteiten, zoals de muzikale wandelingen in het oude Bayeux.

Treinstation (plattegrond B3): Boulevard Sadi-Carnot. ☎ 36 35 (€ 0,34 per minuut). Regelmatige verbindingen met Caen; reken ongeveer op een kwartier tot een halfuur.

Postkantoor (plattegrond B2): Rue Larcher 14. ☎ 02 31 51 24 90.

Fietsenverhuur: Vergers de l'Aure (plattegrond B2, 1): Rue Larcher 5. ☎ 02 31 92 89 16. Prijs per dag: € 15.

- **Markten:** in de Rue Saint-Jean op woensdagochtend en op de Place Saint-Patrice op zaterdagochtend. Er is een speciale stand voor het 'Cochon de Bayeux' (het varken van Bayeux). Ook heel veel streekproducten.

SLAPEN

CAMPING

Camping Municipal (plattegrond B1, 10): gemeentelijke camping, Boulevard d'Eindhoven. ☎ 02 31 92 08 43. ● campingmunicipal@mairie-bayeux.fr. Geopend van mei tot september. Reken op € 10,80 voor twee personen en een tent (in het hoogseizoen). Een eenvoudige, propere en goedkope camping. Schaduwrijk terrein, maar iets te dicht bij de weg. Gratis warme douches. Net naast het zwembad.

DOORSNEEPRIJS TOT LUXUEUS

Hôtel Mogador (plattegrond A1, 11): Rue Alain-Chartier 20, Place Saint-Patrice. ☎ 02 31 92 24 58. ● hotel.mogador@wanadoo.fr. Gesloten in de kerst- en krokusvakantie. Tweepersoonskamers voor € 51 tot 56, afhankelijk van het comfort; gezinskamers voor € 77. Discreet hotelletje net buiten de drukte van het toeristische centrum. Comfortabele kamers waarvan een aantal uitkomt op een rustig binnenplaatsje. We werden verrast door de ongedwongen en sympathieke ontvangst van de eigenaar.

Chambres d'hôte Le Petit Matin (plattegrond A2, 12): Rue Quincangrogne 2bis. ☎ 02 31 10 09 27. ● lepetitmatin@hotmail.fr ● lepetitmatin.com. Reken op € 65 voor twee personen. Ook table d'hôte: € 20. In een van de steegjes in het oude stadscentrum staat een mooi huis met

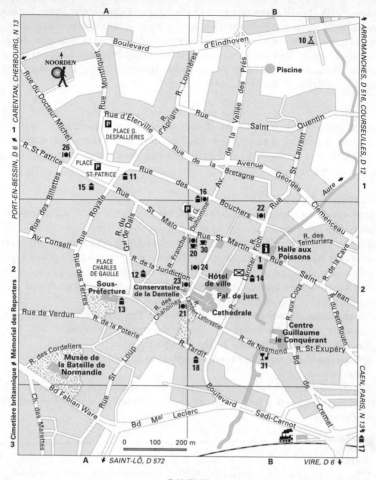

BAYEUX

	Nuttige adressen			**Eten**
	Dienst voor Toerisme		20	Café Inn'
	Postkantoor		21	L'Assiette Normande
	Treinstation		22	La Colline d'Enzo
1	Vergers de l'Aure (fietsenverhuur)		23	Le P'tit Resto
			24	Le Pommier
	Slapen		26	Le Bistrot de Paris
10	Gemeentelijke camping			
11	Hôtel Mogador			**Een gebakje eten**
12	Chambres d'hôtes Le Petit Matin		20	Café Inn'
13	Logis Les Remparts		30	Salon de thé La Reine Mathilde
14	Hôtel de la Reine Mathilde			
15	Hôtel d'Argouges			**Iets drinken en luisteren naar**
16	Grand Hôtel du Luxembourg			**muziek**
17	Château de Bellefontaine		31	Lewis Pub
18	Hôtel Le Bayeux			

drie romantisch en stijlvol ingerichte kamers. Als je de grote blauwe poort openduwt, kom je op een leuk binnenplaatsje. Vriendelijke en verzorgde ontvangst.

🛏 LOGIS LES REMPARTS (PLATTEGROND A2, 13): *Rue Bourbesneur 4.* ☎ 02 31 92 50 40.

● *info@lecornu.fr* ● *lecornu.fr. Reken op € 60 tot 75 voor twee personen.* Christèle en François Lecornu ontvangen je in hun 18de-eeuwse huis in het hartje van het historische centrum van Bayeux. Drie kamers (waaronder een gezinskamer) met een verzorgd interieur. Onze voorkeur gaat uit naar de gezellige dakkamer, maar ook de heel grote kamer met hemelbed is een aanrader. Ernaast vind je de kelder-winkel van de jonge eigenaars die cider en calvados produceren.

🛏 HÔTEL DE LA REINE MATHILDE (PLATTEGROND B2, 14): *Rue Larcher 23.* ☎ 02 31 92 08 13.

● *hotel.reinemathilde@wanadoo.fr* ● *hotel-reinemathilde.com. Tweepersoonskamers voor € 55 tot 60, afhankelijk van het seizoen; gezinskamers (3 tot 4 personen) voor € 68 tot 85. Wifi.* Dit hotel ligt vlak bij de kathedraal en de Tapisserie. Standaardkamers, maar wel comfortabel. Ze hebben allemaal de naam van een Angelsaksische koning of koningin. Er is ook een restaurant. Terras.

🛏 HÔTEL LE BAYEUX (PLATTEGROND B2, 18): *Rue Tardif 9.* ☎ 02 31 92 70 08.

● *lebayeux@gmail.com* ● *lebayeux.com. Jaarlijks verlof: december-januari. Tweepersoonskamers voor € 40 tot 120, afhankelijk van het comfort, de grootte en het seizoen. Veel gezinskamers (3 tot 6 personen) voor € 60 tot 200. Parkeerterrein (niet gratis). Wifi.* Eenvoudig, proper en functioneel met prijzen die best kunnen concurreren, voorals als je hier komt logeren met een groep vrienden (stapelbedden in de grote kamers) of een groot gezin. In het historische stadscentrum. Uitermate gedienstig personeel.

LUXUEUS TOT HEEL LUXUEUS

🛏 HÔTEL D'ARGOUGES (PLATTEGROND A1, 15): *Rue Saint-Patrice 21.* ☎ 02 31 92 88 86.

● *hotel.dargouges@gmail.com* ● *hotel-dargouges.com. Tweepersoonskamers voor € 68 tot 118, afhankelijk van de grootte, het comfort en het seizoen. Gezinskamers (3 tot 5 personen) voor € 98 tot 280. Ontbijt voor € 10 tot 13. Parkeerterrein (niet gratis). Internet.* Voormalig herenhuis uit de 18de eeuw, pal in het centrum maar toch rustig gelegen. Ruime, geplaveide binnenplaats. In het bijgebouw zijn een tiental zogenaamde standaardkamers ingericht. En deze keer is het geen lelijk betonnen bouwwerk, maar een oude en mooie woning die volledig onder de klimop zit. Luxueuze eetruimte, maar bij warm weer kun je ook ontbijten in de tuin onder de bomen, en dat is nog veel leuker!

🛏 ✕ GRAND HÔTEL DU LUXEMBOURG (PLATTEGROND B1-2, 16): *Rue des Bouchers 25.* ☎ 02 31 92 00 04. ● *hotel.luxembourg@wanadoo.fr* ● *hotel-buyeux-14.com.* 🍴 *(restaurant). Tweepersoonskamers met badkamer voor € 70 tot 150. Menu's voor € 18 tot 50. Wifi.* Heel aardig adres voor wie van comfort houdt. Fris ingerichte 'standaardkamers' met Toile de Jouy-motieven. De prijzen zijn niet echt in overeenkomst met dat wat je ervoor in de plaats krijgt (het ontbijt is bijvoorbeeld maar heel gewoontjes). Heel goed restaurant (Les Quatre Saisons): kleurrijke, lekkere streekgerechten met accenten uit de hele wereld.

🛏 CHÂTEAU DE BELLEFONTAINE (BUITEN PLATTEGROND VIA B3, 17): *Rue de Bellefontaine 49.* ☎ 02 31 22 00 10. ● *info@hotel-bellefontaine.com* ● *hotel-bellefontaine.com.* 🚶 *800 m ten zuidoosten van het stadscentrum, een beetje verwijderd van de weg naar Caen (N13). Gesloten in januari. Tweepersoonskamers voor € 75 tot 170, afhankelijk van het comfort en het seizoen; gezinskamers voor € 160 tot 250. Internet en wifi.* 18de-eeuws pand in een mooi park van 2 ha waardoor een kanaal stroomt. Klassieke, stijlvol ingerichte kamers. Sommige zijn iets groter, hebben een open haard en kijken uit over het park. In de oude stallen zijn er ook kamers met twee verdiepingen voor vier personen (ruim en modern). Vriendelijke ontvangst. Tennis, fietsenverhuur en boottochtjes. Heel rustig. Een aanrader (voor wie het zich kan veroorloven) ...

SLAPEN IN DE OMGEVING

DOORSNEEPRIJS

CHAMBRES D'HÔTE L'ANCIEN PRESBYTÈRE: *bij Josiane en Jacques Danjou, in het gehucht Le Hutrel, 14400 Vaux-sur-Aure.*

02 31 92 13 51. • *jacquesdanjou@orange.fr* • *lehutrel.com. Sla in Vaux-sur-Aure rechts af na de brug (dus niet richting Longues-sur-Mer). Reken op € 50 voor twee personen. Wifi. Drie kamers in totaal:* eentje in de voormalige pastorie, waar ook de eigenaars wonen, en twee (voor vier personen) in een bijgebouw achteraan. Overal veel licht, leuke kleurtjes en smaakvolle inrichting. Het is hier goed leven in dit mooi gerestaureerde gebouw, vooral als je zo charmant ontvangen wordt. Aangename tuin. Klein, maar handige keuken die door de gasten gebruikt mag worden.

CHAMBRES D'HÔTE & GÎTES RURAUX CÔTÉ CAMPAGNE: *bij Marie-Christine Teillant, Le Lieu Aubin, 14400 Vaux-sur-Aure.*

02 31 92 53 56. • *cote.campagne@wanadoo.fr* • *campagne-en-normandie.com. 5 km van Bayeux via de D6 richting Port-en-Bessin; in Maisons sla je rechts af, de boerderij ligt 2 km verderop aan de linkerkant. Reken op € 40 tot 50 voor twee personen.* Vijf eenvoudige, maar comfortabele gastenkamers rond de fraaie afgesloten binnenplaats van een boerderij, midden op het platteland. Het ontbijt wordt opgediend in een gezellige serre, waar je met je neus echt in het groen zit.

CAMPING & CHAMBRES D'HÔTE MANOIR DE L'ABBAYE: *bij Yvette en Maurice Godfroy, Route de Creully, 14740 Martragny.*

02 31 80 25 95. • *yvette.godfroy@libertysurf.fr* • *perso.wanadoo.fr/godfroy.* 9 km van Bayeux via de N13 in de richting van Caen. Het hele jaar geopend. Voor een staanplaats moet je rekenen op € 16 voor twee personen in het hoogseizoen (in de zomer ook best reserveren). Tweepersoonskamers voor € 46 tot 50. Internet en wifi. Leuk kampeerterrein te midden van de fruitbomen met een sanitaire blok, een keukenhoek en een wasmachine. Drie eenvoudige kamers (waaronder een gezinskamer). Een heel eenvoudig adres in een fraaie boerderij die een omweg waard is vanwege de vriendelijkheid van de eigenaars die trouwens heel wat weten over de vele wandelpaden in de buurt.

ETEN

GOEDKOOP

CAFÉ INN' (PLATTEGROND B2, 20): *Rue Saint-Martin 67.* 02 31 21 11 37.
Geopend van 9.00 tot 19.00 u; gesloten op zon- en feestdagen. Menu voor € 10,50. Bij het menu krijg je een frisse salade, een hartig taartje en een nagerecht, alles zelf klaargemaakt. Er zijn ook omeletten, broodjes en heerlijk gebak (clafoutis, cake, appeltaart of tarte tatin). Lilliputterterrasje aan de straatkant. Je kunt hier 's morgens ook terecht voor een ontbijt; 's middags wordt het een tearoom. Eenvoudig en piepklein, maar een rustgevend plekje. Ideaal om even uit te blazen.

DOORSNEEPRIJS TOT LUXUEUS

L'ASSIETTE NORMANDE (PLATTEGROND B2, 21): *Rue des Chanoines 3.* 02 31 22 04 61.
Gesloten op zondag en maandag. Lunchformule voor € 11 tot 12 en menu's voor € 15 tot 33. Een traditioneel eethuis aan de voet van de kathedraal. Pretentieloze en eenvoudige streekkeuken. Vermeldenswaardig: twee menu's die de 'andouille' van Vire en het varken van Bayeux huldigen. Erg in trek bij de plaatselijke bevolking, dus vaak heel druk. Groepen kunnen terecht op de verdieping. Soms een beetje te snelle bediening, maar wel altijd met de glimlach.

LA COLINE D'ENZO (PLATTEGROND B2, 22): *Rue des Bouchers 2-4.* 02 31 92 03 01.
• *colinedenzo@orange.fr. Gesloten op zondag en maandag en op zaterdagmiddag. Lunchformule voor € 14*

en menu's voor € 24 tot 34. Verfijnde keuken, geïnspireerd en inspirerend! Stijlvol ingericht. Heel veel licht door de talrijke vensters die uitkomen op de straat. Een aangenaam adres om in een vreedzame sfeer iets achter de kiezen te steken ...

⊠ LE P'TIT RESTO (PLATTEGROND A-B2, 23): *Rue du Bienvenu 2.* ☎ 02 31 51 85 40.

● *lepetitrestobayeux@orange.fr. Naast de kathedraal. Gesloten op zondag en buiten het seizoen ook op maandagmiddag. Formules voor € 15 's middags en € 20 's avonds. Menu's en à la carte voor € 25.* Een leuke kleine bistro die overgenomen is door een jong koppel dat zich volledig geeft. De chef kookt volgens de seizoenen en kruidt zijn gerechten met een creatieve toets af. Soms wel wat duur, maar dit mag het genoegen niet vergallen. De tot restauranthoudster omgeschoolde eigenares ontvangt haar klanten op professionele en uitermate charmante wijze. Ook een paar tafeltjes buiten, pal tegenover de kathedraal.

⊠ LE BISTROT DE PARIS (PLATTEGROND A1, 26): *Place Saint-Patrice, Rue du Dr-Guillet 3.*

☎ 02 31 92 00 82. ♿ *Gesloten op zaterdagmiddag, op zondag en maandagavond. Jaarlijks verlof: de tweede helft van februari en de tweede helft van augustus. Lunchformule voor € 12, menu's voor € 15 tot 30.* Gezellige sfeer in een lange zaal met aan de muren heel veel spiegels. Een goed aanbod van zowel vis als vlees. Ruime porties.

⊠ LE POMMIER (PLATTEGROND A2, 24): *Rue des Cuisiniers 38-40.* ☎ 02 31 21 52 10.

● *contact@restaurantlepommier.com. In de winter op zondag gesloten. Reserveren aanbevolen. Menu's voor € 22,25 tot 29,75. Reken op € 28 tot 48 à la carte.* De belangrijkste troeven van dit restaurant zijn een zeer leuk terras aan de voet van de kathedraal, twee mooie eetzalen die harmonieus en tijdloos ingericht zijn en zorgvuldig uitgekozen streekproducten. De prijskwaliteitverhouding van de menu's is uitstekend, maar wie trek heeft in een entrecote (nochtans van Normandische runderen) komt van een kale kermis thuis: te dun, dus te hard gebakken en bijgevolg te duur.

EEN GEBAKJE ETEN

▢ SALON DE THÉ LA REINE MATHILDE (PLATTEGROND B2, 30): *Rue Saint-Martin 47.*

☎ 02 31 92 00 59. *Dagelijks geopend van 8.30 tot 19.30 u. Gesloten op maandag. Jaarlijks verlof: in de krokus- en herfstvakantie.* En hier hebben we ze dan, de vermaarde banketbakkerij van Bayeux! Voor een gesuikerde rustpauze in een chique en kokette omgeving waar het geschilderde plafond, de kroonluchters en de kleine witte tafels onmiddellijk de aandacht trekken, net zoals de taarten, gebakjes en suikerwaren. De hemel op aarde voor zoetekauwen!

⊠ ▢ CAFÉ INN': zie bij 'Eten'.

IETS DRINKEN EN LUISTEREN NAAR MUZIEK

▢ ♫ LEWIS PUB (PLATTEGROND B2, 31): *Rue de Nesmond 40.* ☎ 02 31 92 05 35.
Dagelijks geopend van 17.00 tot 2.00 u. De leukste bar van Bayeux organiseert ook concerten op bepaalde avonden.

WAT IS ER TE ZIEN?

❧ ❧ ❧ **De kathedraal (plattegrond B2):** *ingang Rue du Bienvenu. Dagelijks geopend van 8.30 tot 18.00 u (in juli en augustus tot 19.00 u), behalve tijdens de kerkdiensten. Rondleidingen in juli en augustus (inlichtingen bij de Dienst voor Toerisme).* Deze kathedraal, een van de mooiste van Frankrijk, werd gebouwd in de 11de eeuw (onlangs werd er wel in deze buurt een walmuur uit de 3de eeuw blootgelegd). We danken het gebouw grotendeels aan Odon, bisschop van Bayeux en ook halfbroer van Willem de Veroveraar (die aanwezig was op de inwijdingsplechtigheid van de kathedraal, maar die later Odon zou laten opsluiten omdat die te lastig werd!). De torens, de crypte en een deel van het kerkschip zijn oorspronkelijk. Het koor werd een eeuw later heropgebouwd en de kapellen zijn toegevoegd in de 14de eeuw.

Heel mooie hoofdgevel met vijf portalen die met beeldhouwwerk zijn versierd. Bij het binnenkomen word je meteen getroffen door de omvang van het kerkschip (102 m lang!). Opmerkelijk typisch romaans beeldhouwwerk op de muren vol Angelsaksische, Scandinavische en zelfs oosterse reminiscenties. In de hoofdbeuk een mooi voorbeeld van architecturale juxtapositie met romaanse rondbogen en daarboven gotische steunbogen. Behalve de friezen zijn ook de kapitelen versierd: grijnzende gezichten, fabeldieren, klavertjesvieren ... Bisschop Odon wilde de 'tapisserie' installeren onder de grote arcaden. Zij werd daar één keer per jaar opgehangen (en dat gedurende vier eeuwen!). Gotisch koor met veel licht op drie verdiepingen. Aan het plafond schilderwerk uit de 13de eeuw. Aan de rechterkant kun je in een kapel gerestaureerde fresco's zien uit de 15de eeuw. Overal rijk meubilair. In de hoofdbeuk bevindt zich een mooi bewerkte preekstoel (18de eeuw). In het koor zie je ongeveer vijftig koorstoelen in renaissancestijl en een zwaar versierd hoofdaltaar uit de 18de eeuw. In een van de kapellen aan de linkerkant zitten nog glas-in-loodramen uit de 13de eeuw.

- De crypte: onder het koor. De drie kleine beuken zijn gescheiden door zuilen met bewerkte kapitelen (ook romaans). Fresco uit de 15de eeuw aan het plafond.

Als je deelneemt aan een georganiseerde rondleiding van de Dienst voor Toerisme, kom je ook in de schatkamer en de kapittelzaal.

🏃 🏃 🏃 ✍ **De tapisserie van Bayeux (plattegrond B2):** *Centre Guillaume-le-Conquérant, Rue de Nesmond.* ☎ *02 31 51 25 50. Van half maart tot begin november geopend van 9.00 tot 18.30 u (van mei tot juli tot 19.00 u); de rest van het jaar van 9.30 tot 12.30 u en van 14.00 tot 18.00 u. De laatste bezoekers mogen binnen tot 45 minuten voor sluitingstijd van de tapisserie en tot 70 minuten voor sluitingstijd van de tentoonstellingen. Gesloten met Kerstmis en Nieuwjaar en de tweede week van januari. Toegangsprijs: € 7,70. Kortingen. In de prijs van het kaartje zit ook een audiogids (Frans en Engels). Afhankelijk van de drukte krijg je een audiogids met of zonder pauzetoets, wat de duur van je bezoek natuurlijk wel beïnvloedt ... Er is ook een speciale audiogids voor kinderen.* Het Centre Guillaume-le-Conquérant ('centrum Willem de Veroveraar') is helemaal gewijd aan de beroemde tapisserie, die hier sinds 1983 wordt bewaard. Dit geborduurde stripverhaal is 70 m lang en werd in 2007 opgenomen in de werelderfgoedlijst van de Unesco. Op de benedenverdieping werd een speciale galerij ingericht om de belangrijkste schat van Bayeux zo goed mogelijk tot zijn recht te laten komen.

In de half verdonkerde zaal komt het grote borduurwerk, dat achter gepantserd glas zit (net als de Mona Lisa) en dat van binnenuit verlicht wordt, heel mooi naar voren. Door die lichtband te volgen lijkt het wel alsof je een tekenfilm aan het bekijken bent. Deze illusie wordt gevoed door de kleuren (nog steeds intact), het reliëf dat in de tekeningen zit dankzij de borduursteken en de beweging die van bepaalde taferelen uitgaat (vooral de gevechten). Als we kijken naar de naïviteit en de vervormde verhoudingen kunnen we heel goed begrijpen waarom dit naaiwerkje vaak vergeleken wordt met een stripverhaal. Er staan zelfs teksten op, die de cracks in Latijn zonder al te veel moeite kunnen ontcijferen! Maar toch blijft het in de eerste plaats een picturaal kunstwerk. De kracht en de originaliteit van het geheel spreken voor zich, evenals de kwaliteit van de gebruikte materialen (die al meer dan 900 jaar meegaan) en het werk dat hiervoor werd geleverd ... Indrukwekkend! De kleding is uitgewerkt tot in het kleinste detail, de kleur van de paarden kan niet echter en dan hebben we het nog niet gehad over de fabeldieren, zeker als je weet dat er maar drie kleuren draad waren! Het borduurwerk werd in de loop der eeuwen verscheidene keren versteld. Toch zal de aandachtige waarnemer honderden gaatjes ontdekken. Naar verluidt wilde men het doek tijdens de Franse Revolutie gewoon als dekzeil gaan gebruiken! De tapisserie is niet afgewerkt: aan het einde zou een stuk ontbreken over de kroning van Willem tot koning van Engeland.

Op de hogere verdiepingen wordt de historische context van dit fantastische verhaal toegelicht. Schaalmodellen, werktuigen, vaatwerk, kledingstukken en informatie over de toenmalige manier van leven brengen de bezoeker terug naar het Engeland van de tijd van Willem de Veroveraar. Op de tweede verdieping is er een zaal volledig gewijd aan Normandië en aan het leven van die beruchte Willem. Er wordt ook om de 40 minuten een filmpje van 15 minuten vertoond over de geschiedenis van de tapisserie (uitstekend trouwens). Als je alleen maar luistert naar de commentaar, mis je grote stukken van de tapisserie zelf. Jammer! Je zou bijna zeggen dat ze de bezoeker hier zo snel mogelijk willen naar buiten werken. Dus wandel gerust een tweede keer voorbij het kunstwerk om alle details in je op te nemen (je kunt ook opnieuw naar beneden nadat je de tentoonstelling hebt bezocht). Ook spijtig is dat de echte fans van de tapisserie op hun honger blijven zitten bij gebrek aan een rondleiding die deze naam waardig is. Frustratie alom!

🔍🔍 **⑧ Musée-mémorial de la Bataille de Normandie (plattegrond A2):** *Boulevard Fabian-Ware.* ☎ *02 31 51 46 90.* ♿ *Van januari tot april en van oktober tot december geopend van 10.00 tot 12.30 u en van 14.00 tot 18.00 u; van mei tot september dagelijks geopend van 9.30 tot 18.30 u (laatste bezoekers mogen binnen 1 uur voor sluitingstijd). De laatste twee weken van januari gesloten. Toegangsprijs: € 6,50. Kortingen, onder meer met de Normandie Pass. Gratis voor wie jonger is dan tien. Trek voor dit bezoek ongeveer twee uur uit.*

Het museum, ondergebracht in een groot modern gebouw, biedt een volledig en boeiend overzicht van de militaire operaties van 1944. De nadruk ligt op de tactiek, de logistiek, de strategie en het verloop van deze grote Normandische veldslag. Maar toch is dit geen 'oorlogsmuseum'. Je vindt er eveneens archieven, foto's en getuigenissen. Er wordt ook op ontroerende wijze hulde gebracht aan Charles de Gaulle, aan de leider van strijdend Frankrijk, aan de 'visionaire rebel' die op zijn beurt de stad meermaals heeft geëerd. Je leert hier dat hij naar het bevrijde Frankrijk terugkeerde aan boord van de torpedojager 'La Combattante' en dat hij vervolgens in Bayeux (op de plaats die nu zijn naam draagt) een toespraak hield die de gemoederen in beroering bracht: 'We zullen allemaal samen, diep getroffen en broederlijk, uit deze diepe afgrond klimmen ...'. Hij komt terug naar Bayeux in 1945 om de gedeporteerden te verwelkomen, maar het is vooral zijn bezoek van 16 juni 1946 dat historisch ontzettend belangrijk is.

De keuze van Bayeux als vestigingsplaats voor dit museum was evident: de eerste bevrijde stad op het vasteland werd door de Gaulle uitgekozen als 'hoofdstad van de voorlopige regering van de republiek'. Bovendien ligt hier net tegenover het museum de grootste Britse begraafplaats van Normandië.

🔍 **De Britse begraafplaats (buiten plattegrond via A2):** *aan de andere kant van de weg, tegenover het Musée de la Bataille de Normandie.* Onder sobere witte gedenkstenen liggen zowat 4700 Britse soldaten die hun leven lieten voor de bevrijding van Frankrijk. Ook een monument ter nagedachtenis van de ruim 2000 vermisten. Er liggen wel nog meer Britse begraafplaatsen langs de stranden van de ontscheping, maar dit is de grootste.

🔍🔍 **Mémorial des Reporters (buiten plattegrond via A2):** *naast de Britse begraafplaats.* Deze gedenkplaats, die is opgedragen aan de verslaggevers en aan de persvrijheid, kwam er in samenwerking met de 'Reporters sans frontières' en is uniek in Europa. Je wandelt hier langs een hele reeks witte stenen waarop de namen van de 2000 journalisten staan die sinds 1944 tijdens de uitvoering van hun job werden omgebracht.

🔍 **Conservatoire de la Dentelle de Bayeux (plattegrond A2):** *Maison Adam-et-Ève, Rue du Bienvenu.* ☎ *02 31 92 73 80.* ● *dentelledebayeux.free.fr . Tegenover de kathedraal. Geopend van 10.00 tot 12.30 u en van 14.30 tot 18.00 u. Gesloten op zon- en feestdagen. Demonstraties. Toegang gratis.* Alles over het beroemde kantwerk van Bayeux, bijna even befaamd als de tapisserie. Een kunst die haar oorsprong vindt in de tweede helft van de 17de eeuw bij de orde van de zusters van Voorzienigheid. In de jaren 1950 houden de laatste professionele kantwerksters van Bayeux het voor bekeken en bergen ze hun klossen definitief op. De kantschool zelf blijft nog bestaan tot in 1970. Vandaag kunnen gepassioneerden hier opnieuw de traditionele kunst van het klossen leren. Echt wel mooi!

DE OUDE STAD

Een kleine wandeling die we zelf hebben bedacht, met vertrekpunt aan de kathedraal. Voor liefhebbers van architectuur en alle andere nieuwsgierige wandelaars op zoek naar mooie bezienswaardigheden … We geven je ook nog even mee dat de Dienst voor Toerisme een 'tapisseriewandeling' aanbiedt: als je langs dit parcours met informatiepaaltjes wandelt, kom je heel wat te weten over het beroemde wandtapijt. Je kunt eveneens een botanische wandeling maken, langs de plantentuin met zijn heel speciale treurbeuk uit de 19de eeuw. Ook leuk: slenteren langs de oevers van de Aure die door de stad stroomt. Er ligt hier een leuk wandelpad.

❦ Tegenover de ingang van de kathedraal, een beetje naar achteren, staat een schitterend **vakwerkhuis** met bewerkte balken.

❦ Op de hoek van de Rue des Cuisiniers en de Rue Saint-Martin zie je een heel fraai **vakwerkhuis** (14de eeuw), een voormalige herberg. Dit is het zogenaamde huis van Adam en Eva waarin de kantschool is ondergebracht.

❦ **Grand hôtel d'Argouges:** *Rue Saint-Malo 4*. Aardig vakwerkhuis uit de 15de eeuw. Let op de gebeeldhouwde personages op de kapitelen. Keer terug voor het vervolg van de wandeling.

❦ ❦ **Maison du Cadran:** *Rue Saint-Martin 6*. Dateert uit het einde van de 18de eeuw. Portaal, bewerkt balkon en (zoals de naam het zegt) een merkwaardige zonnewijzer (cadran).

❦ ❦ Als je verder door de Rue Saint-Martin loopt, kom je uit op de **vishal** aan de Aure (waar de Dienst voor Toerisme is gevestigd). Op het schattige bruggetje heb je een schitterend uitzicht. Achter de hal loopt er een weg naar een aantal stenen huizen en een molen die nog werkt. Als je hier staat, zie je dat de hal in feite op de brug is gebouwd!

❦ ❦ **Hôtel du Croissant:** *Rue Saint-Jean 53 (het verlengde van de Rue Saint-Martin in oostelijke richting)*. In een mooie doorgang staat een gebouw uit het einde van de 15de eeuw.

EVENEMENTEN

- **D-Day Festival:** *op 7 juni*. Op deze dag wordt de bevrijding van de stad gevierd.
- **Fêtes Médiévales:** *middeleeuwse feesten, het eerste weekend van juli*. Activiteiten en Salon van het middeleeuwse boek. Heel leuk, heel gezellig.
- **Festival Calvadose de Rock:** *festival het eerste weekend van augustus*.
- **Prix Bayeux-Calvados des correspondants de guerre:** *de eerste week van oktober*. Prijzen die worden uitgereikt aan oorlogscorrespondenten.
- **Festival gourmand du Cochon de Bayeux:** *het tweede weekend van oktober*. Feesten rond het 'varken van Bayeux'.

CREULLY

14480 | 1440 INWONERS

Dit oude stadje dat 12 km ten oosten van Bayeux ligt, midden in het groen en ver van alle drukte van de kust en de grote steden, is vooral bekend om zijn kasteel en vormt een uitstekende uitvalsbasis om de stranden van de ontscheping , Bayeux zelf en ook Caen te gaan bezoeken.

SLAPEN EN ETEN

CAMPING

🏕 **Camping des Trois Rivières**: *Route de Tiercueille.* ☎ 02 31 80 90 17. Fax 02 31 80 12 00.

♿ *In het dorp Creully. Geopend van april tot september. Je moet voor 22.00 u aankomen. Je kunt alleen schriftelijk reserveren. Reken op € 10,10 voor twee personen in het hoogseizoen. Verhuur van fietsen (€ 17 per dag).* Leuk adres met veel bomen. Bescheiden maar goed onderhouden. Douches en wasserette. Tennis, pingpong en petanque. Het kasteel ligt 800 m verderop. Veel vaste klanten.

DOORSNEEPRIJS TOT LUXUEUS

✉✗ **Hostellerie Saint-Martin**: *Place Paillaud 6.* ☎ 02 31 80 10 11.

● *hostellerie.st.martin@wanadoo.fr* ● *hostelleriesaintmartin.com.* 🅿 *(restaurant). Gesloten van 21 december tot 10 januari. Tweepersoonskamers met badkamer voor € 51 tot 54. Menu's voor € 15 tot 42. Internet en wifi.* Gastvrije traditionele herberg met veel karakter. Schitterende eetruimte: gewelf van natuursteen van de streek, open haard, oude vloeren ... Gebouwd in de 16de eeuw. Het pand deed aanvankelijk dienst als hal. Rustieke kamers, gezellig en goed onderhouden. Wie geen budgettaire beperkingen heeft, moet in het restaurant zeker de specialiteiten à la carte proberen: bladerdeeggebakje van zeetong met prei of met 'andouille' (een soort worst) ...

SLAPEN EN ETEN IN DE OMGEVING

CAMPING

🏕 **La Ferme de Pierrepont**: *14480 Amblie.* ☎ 02 31 80 10 04.

● *elianefiquet@hotmail.com* ● *fermedepierrepont.free.fr. Neem in Creully de D22 richting Caen; de camping bevindt zich 2 km verder aan je linkerkant (let op dat je niet richting Amblie volgt!). Geopend van Pasen tot Allerheiligen. Reken op € 12 voor twee personen met tent en auto in het hoogseizoen.* Kleine camping op de boerderij. Groot terrein en een vrij ongewone omgeving: een huis en zijn domein waardoor de Mue discreet stroomt en rondom staanplaatsen voor je tent - in een hoekje, midden in het veld of onder de fruitbomen ... Heel eenvoudig, maar wel proper sanitair. Ideaal voor wie niet te veel aandacht besteed aan comfort en zijn vakantie wil doorbrengen in een rustig en landelijk kader zonder daarbij al te ver van zee te zijn verwijderd.

DOORSNEEPRIJS TOT HEEL LUXUEUS

✉✗ **Auberge de la Mue**: *Grande-Rue 1, 14610 Thaon.* ☎ 02 31 80 01 47.

● *marc.naussans@wanadoo.fr* ● *aubergedelamue.com. In het dorpscentrum, aan het grote kruispunt. Het restaurant is gesloten op zondagavond, op maandag en op woensdagmiddag; in het hoogseizoen alleen gesloten op maandagmiddag. Tweepersoonskamers voor € 68 tot 78. Lunchmenu's op weekdagen voor € 13; andere menu's voor € 24 tot 49.* In een oude U-vormige boerderij die heel mooi is gerestaureerd. De kokette kamers bevinden zich in een apart gebouw. Warme kleuren en natuursteen. In de vroegere schuur en in de stallen is een bar-restaurant ingericht, met veel balken en een open haard. Bij mooi weer kun je plaatsnemen op de kleine binnenplaats of op het prachtige, overdekte terras. Verfijnde en overvloedige streekkeuken. De borden zien er ontzettend leuk uit (vooral de desserts, je durft er nauwelijks je lepel in te steken). De prijzen zijn wel wat hoog, maar door het fantastische kader, de onberispelijke bediening en de overheerlijke gerechten ga je hier toch naar buiten met een brede glimlach en een goed gevulde buik. In de zomer ook lekkere salades.

✉✗ **Ferme de la Rançonnière**: *14480 Crépon.* ☎ 02 31 22 21 73.

● *ranconniere@wanadoo.fr* ● *ranconniere.fr.* 🅿 *(één kamer). 3 km ten noorden van Creully, in de richting van Arromanches. Het restaurant is gesloten in januari. Tweepersoonskamers voor € 55 tot 190, afhanke-*

lijk van het seizoen en het comfort. Gezinskamers voor € 107 tot 220. Halfpension gewenst in het hoogseizoen: € 65 tot 126 per persoon. Menu's voor € 21 (op weekdagen); ander menu voor € 48. Internet en wifi. In een rustig dorpje langs de weg die leidt naar de stranden van de ontscheping. Indrukwekkende versterkte hoeve waarvan de oudste delen uit de 13de eeuw dateren. Een charmant adres, helemaal niet stijf. Gezellige, rustieke en heel aardige kamers met oude balken. Van het meubilair zou je zweren dat het allemaal familiestukken zijn! Onder de stenen gewelven van de eetkamer proef je de streekkeuken die in deze regio een goede reputatie heeft.

WAT IS ER TE ZIEN?

◗◖ **Het kasteel:** *in het midden van het dorp.* ☎ 02 31 80 18 65.

● *creully.fr. In juli en augustus geopend van dinsdag tot vrijdag van 10.30 tot 12.30 u en van 14.30 tot 17.30 u en ook op de Journées du patrimoine (erfgoeddagen). Rondleidingen van 45 minuten. Toegangsprijs: € 3. Kortingen. Het park is het hele jaar gratis toegankelijk.* Het kasteel is niet uitzonderlijk mooi, maar de constructie, die het midden houdt tussen een landhuis en een versterkte burcht, is wel bijzonder origineel. Aan de achterkant een terras met uitzicht op het platteland. De architectuur is een mengeling van verschillende stijlen. Omwalling uit de 13de eeuw (afgeboord met grachten), toren uit de 16de eeuw, een tweede toren uit de 15de eeuw en een donjon die in de 14de eeuw werd gebouwd. Binnen tref je een mooie romaanse zaal aan. Een van de eigenaars van het kasteel was de Franse staatsman Colbert ... Na de landing namen de journalisten van de BBC hier hun intrek om de laatste nieuwtjes van het front door te seinen.

◗ **Église Saint-Martin de Creully:** een aardige romaanse kerk die gedeeltelijk uit de 12de eeuw stamt. Achter in de hoofdbeuk staat een stenen Maagd met Kind (vroeger polychroom). Let buiten op de modillons (uit een muur vooruitspringend deel waarop een balk kan rusten) uit de 19de eeuw, net onder de daklijst, met leuke gestileerde menselijke en dierlijke figuren. Op de zuidelijke muur: graffiti van boten (karvelen en tuigage).

◗ **Parapluies H2O:** *een grappig winkeltje niet ver van het kasteel, in de richting van Arromanches.* ☎ 02 31 80 31 35. ● *h2oparapluies.fr. Geopend van maandag tot zaterdag van 9.00 tot 12.00 u en van 14.00 tot 19.00 u. Gesloten in januari. Gratis bezoek.* Hier worden de paraplu's nog op ambachtelijke wijze gemaakt. Bewonder de nieuwste creatie van het huis: de *canapluie!*

IN DE OMGEVING VAN CREULLY

◗ **Route des Moulins:** een uitgestippelde route door het platteland ten oosten van Bayeux en een deel van het achterland van de Côte de Nacre. Deze route heeft in feite nog maar weinig te maken met molens, ook al waren er in deze streek meer dan genoeg. Maar je ontdekt wel typische dorpjes van de Bessin, fraaie huizen van natuursteen van Caen, charmante kerken en enkele mooie kastelen. Een paar voorbeelden: de prachtige dorpen Amblie, Pierrepont en Coulombs, het kasteel van Fontaine-Henry, de oude kerk van Thaon en de tuinen van het kasteel van Brécy.

◗ **Château de Fontaine-Henry:** *neem de D141 naar Pierrepont.* ☎ 02 31 80 00 42.

● *chateau-de-fontaine-henry.com. Van half juni tot half september elke middag geopend (behalve op dinsdag) van 14.30 tot 18.30 u; van Pasen tot half juni en van half september tot eind oktober op zaterdag en op zon- en feestdagen van 14.30 tot 18.30 u (in oktober van 14.00 tot 17.30 u). Toegangsprijs: € 8. Kortingen. Gratis voor wie jonger is dan acht. Van half juli tot augustus op vrijdag ook een avondbezoek om 22.30 u (prijs: € 9) en themarondleidingen.* Fier renaissancekasteel. De puntige daken worden beschouwd als de hoogste van heel Frankrijk. Let op de merkwaardige toren met z'n puntige hoed die ongelooflijk spits is. Heel origineel. Het beeldhouwwerk van de hoofdgevel is al even opmerkelijk. Binnen zijn er schilderijen en oud meubilair. In het park staat een interessante kapel die gedeeltelijk uit de 13de eeuw dateert. In de zomer zijn er rondleidingen op vrijdagavond, in de avondkoelte bij het schijnsel van de kaarsen en soms ook 'salons croustillants', naar het voorbeeld van de 13de-eeuwse vieringen met klavecimbel en ritten te paard ... In oktober wordt in het park een groot bloemenevenement georganiseerd ('Château-Flore').

¶\ ¶ **De oude kerk van Thaon:** *2 km ten zuiden van Fontaine-Henry.* De gemeente heeft niet veel te bieden (afgezien van haar herberg, zie bij Cruelly onder 'Slapen en eten in de omgeving'), behalve een merkwaardige kerk die verloren staat midden in het platteland. Het gebouw staat aangegeven langs de weg, maar de laatste 500 m moet je lopen. De kerk (uit de 11de eeuw) ligt verborgen aan de oevers van de Mue, in een charmante vallei, en heeft zonder al te grote beschadigingen de eeuwen doorstaan. Mooie klokkentoren met zuilengalerij en merkwaardige blinde ramen. Ook enkele bewerkte kapitelen. Let, onder de leien pannen, op de daklijsten met hun grijnzende maskers. De vrijwilligers die zich over de kerk hebben ontfermd, doen al het mogelijke om het gebouw toegankelijk te maken voor het publiek en het te onderhouden, wat niet altijd even gemakkelijk is.

¶\ ¶ **De tuinen van het kasteel van Brécy:** ☏ *02 31 80 11 48.*

Iets verder dan Rucqueville neem je links de D158C in de richting van Saint-Gabriel. In Saint-Gabriel volg je de D35 naar Bayeux en sla je links af naar de D158C (Rue de Brécy). Van Pasen tot Allerheiligen geopend op dinsdag, donderdag en zondag van 14.30 tot 18.30 u (in juni ook op zaterdag). Toegangsprijs: € 6. Gratis voor wie jonger is dan twaalf. Ongetwijfeld het mooiste landgoed van de streek dankzij de met beelden versierde tuinen en terrassen (aangelegd omstreeks 1660). Het kasteel dateert uit het einde van de 17de eeuw (maar je kunt het niet bezoeken) en doet denken aan de stijl van Mansart. Uitzonderlijk bewerkt portaal. Aan de zijkant staat een kapel uit de 13de en de 15de eeuw.

¶\ ¶ **De priorij van Saint-Gabriel:** *1 km van Brécy.* Voormalige priorij in een fleurige omgeving ... want de gebouwen geven nu onderdak aan een bloementeler! Gratis toegang. Rond de tuin staan fraaie stenen gebouwen die grotendeels uit de 11de eeuw dateren. Schitterende, goed bewaarde romaanse portalen, een klein landhuis en torens uit de 14de eeuw. De kerk heeft een sobere gevel. Binnen ontdek je een heel opmerkelijk koor uit de 12de eeuw. Zeer mooie booggewelven met harmonieuze lijnen.

DE STRANDEN VAN DE ONTSCHEPING (VERVOLG)

VER-SUR-MER

14114 | 1340 INWONERS

Ver-sur-Mer en de gehuchten La Rivière en Le Hamel vormen op de ochtend van 6 juni 1944 de strategische entiteit van de sector Gold Beach. De bevrijdingsoperatie wordt toevertrouwd aan de eenheden van de 50ste Britse infanteriedivisie. Doelstelling: de heuvelrug van Saint-Léger tussen Caen en Bayeux innemen. Het zwaargebombardeerde La Rivière wordt totaal verwoest als de fuseliers ontschepen. De zeeartillerie moet worden ingezet om verdekt opgestelde verdedigingswerken te ontmantelen. Dit duurt verscheidene uren en de overwinning kost heel wat mensenlevens.

De soldaten die in Ver ontschepen, hebben minder moeilijkheden. Zij maken zich zonder slag of stoot meester van de kanonnen van La Mare Fontaine: de Duitse artillerieschutters verlaten hun post om zich over te geven. Ze zijn volledig getraumatiseerd door de urenlange bombardementen.

In Le Hamel krijgt het 1st Hampshire af te rekenen met heel wat Duitse bolwerken en andere verzetshaarden. Pas omstreeks 16.00 uur is de plek definitief in handen van de bevrijders. De kerk van Asnelles doet die dag dienst als hospitaal.

Ook al stelt vandaag het strand van Ver niet veel voor, het dorpje zelf dat meer landinwaarts ligt, heeft daarentegen heel wat charme.

NUTTIG ADRES

ℹ️ Dienst voor Toerisme: *Place Amiral-Byrd 2.* 📞*02 31 22 58 58. Op hetzelfde adres als het museum, in het dorpscentrum, landinwaarts. Van mei tot oktober dagelijks geopend. Gesloten op dinsdag, behalve in juli en augustus.*

SLAPEN

DOORSNEEPRIJS TOT LUXUEUS

📧**CHAMBRES D'HÔTE CASTEL PROVENCE:** *bij mevrouw Josette Boury, Rue de la Libération 7.* 📞*02 31 22 22 19.* •*josette@castelprovence.fr* •*castelprovence.fr. In het dorp, landinwaarts, naast de kerk. Reserveren absoluut noodzakelijk (en heel vroeg!). Reken op €65 tot 70 voor twee personen.* Twee kamers, waaronder een kleine studio: bedbank, heel goed uitgeruste keukenhoek en dit alles midden in het fraaie park. De eigenares ontvangt graag mensen en zorgt voor allerlei kleine attenties voor haar gasten: zandkoekjes, allerlei soorten thee ... Je ontbijt in een mooie keuken met open haard en de jam is natuurlijk ... van eigen makelij. Vraag aan mevrouw Boury om je de geschiedenis van het huis te vertellen. Interessant!

📧**LE MAS NORMAND:** *Impasse de la Rivière 8.* 📞*02 31 21 97 75.* •*lemasnormand@wanadoo.fr* • *lemasnormand.com* •*roulotte-normandie.fr. Reken op €65 tot 85 voor twee personen, €110 tot 130 voor drie tot vier personen. Wifi.* Helemaal achteraan in een doodlopende straat, in een nogal residentiële wijk, een beetje uit het centrum (telefoneer even om de weg te vragen) en langs een beekje staan twee schattige woningen rondom een kleine binnenplaats met gazon. Provençaals getinte inrichting. Je kunt kiezen uit drie kamers en een woonwagen. Bij mooi weer kun je lekker uitblazen in de kleurrijke ligstoelen op de binnenplaats.

📧**CHAMBRES D'HÔTE LE CLOS DU BOUT DE HAUT:** *bij Eliane en Marcel Dahyot, Rue de la Libération 44.* 📞*02 31 22 22 81.* • *eliane.dahyot@wanadoo.fr* • *ver-sur-mer.com. Neem in Ver-sur-Mer de weg naar Crépon (D112); de gastenkamers liggen aan je rechterkant. Reken op €58 voor twee personen.* In een mooi huis met lichte gevelsteen vind je twee eenvoudige, maar heel propere en functionele kamers waarin drie personen kunnen logeren. Hartelijke ontvangst door de eigenaars.

WAT IS ER TE ZIEN?

🔦**Musée America Gold Beach:** *Place Amiral-Byrd 2 (in het dorp).* 📞*02 31 22 58 58.* •*goldbeachmusee.org.uk. Van april tot september geopend van 10.30 tot 17.30 u (de laatste bezoekers mogen binnen om 17.00 u). Dinsdag gesloten, behalve in juli en augustus. Toegangsprijs: €4. Kortingen, onder meer met de Normandie Pass.* Wij apprecieerden dit kleine museum vooral voor de afdeling over trans-Atlantische vluchten. Het niet erg bekende verhaal van de Fokker (met de naam America) wordt hier uitvoerig uit de doeken gedaan: schaalmodel en onderdelen van de America, de eerste postzak die van het ene continent naar het andere werd gevlogen ... Het museum behandelt ook de verdere ontwikkeling van de luchtpost aan de hand van enkele beroemde figuren (Daurat en Saint-Exupéry). Het is best nuttig om in onze tijd van supersnel internet even te blijven stilstaan bij de enorme risico's die deze mannen hebben genomen om een brief wat sneller ter plaatse te brengen ...

De afdeling 'Gold Beach' behandelt de middelen die de Britse geheime dienst heeft ingezet om de landing voor te bereiden. Ook wordt hulde gebracht aan de Engelse soldaten die in Ver-sur-Mer ontscheepten en de eerste Franse stad bevrijd hebben (Bayeux). Er is een diorama over een Engelse soldaat die voet aan wal zet op Franse bodem en een andere over de verovering van de Duitse kanonnen van Les Roquettes door de geallieerden. Modellen van amfibietanken en vlammenwerpers.

Miskende helden

Op 29 juni 1927 (kort na het eerste record van Lindbergh) stijgen in New York 4 piloten op. Zij moeten zorgen voor de eerste postverbinding tussen de Verenigde Staten en Frankrijk. Aan boord van een driemotorige Fokker met de naam America slagen ze erin de geduchte Noord-Atlantische Oceaan over te steken, maar door benzinegebrek en omdat ze in de mist verloren raken, moeten ze landen ter hoogte van Ver-sur-Mer. Een weinig roemrijke epiloog voor deze krachttoer. Buiten de mannen zelf werd ook de eerste postzak die de Oceaan overstak, gered. Deze was weliswaar een beetje nat ...

ARROMANCHES

14117 | 560 INWONERS

Heel kleine badplaats aan de Normandische kust waarvan het strand niet gebruikt werd voor de landing in de echte zin van het woord (ook al wordt dit vaak ten onrechte beweerd). Arromanches werd de avond van 6 juni immers bevrijd ... over land, maar het Duitse garnizoen bleef nog enige tijd weerstand bieden.

Arromanches blijft een van de belangrijkste mijlpalen langs het historische circuit van de bevrijding van Normandië dankzij de ongelofelijke drijvende haven die hier werd geïnstalleerd. Dit exploot wordt nog altijd beschouwd als een van de meest opmerkelijke staaltjes van technisch vernuft van de oorlog en de landing. Toch mag het uitgesproken 'oorlogskarakter' van deze haven ons niet laten vergeten hoe charmant dit stadje wel is!

DE ONGELOOFLIJKE GESCHIEDENIS VAN DE KUNSTMATIGE HAVEN

'Wie de havens in zijn macht heeft, houdt heel Europa in zijn macht', zeggen de Duitsers. Le Havre, Brest en Cherbourg zijn inderdaad van hen. Dat betekent dat elke landing in Frankrijk bij voorbaat tot mislukken is gedoemd, omdat er geen bevoorradingswegen zijn ... Maar de slimme koppen Churchill en Lord Mountbatten weten daar een mouw aan te passen. 'Als we de zwaarbewaakte havens niet kunnen innemen, nemen we er zelf eentje mee!', luidt hun leuze. In 1943 wordt in Engeland in het grootste geheim de Mulberry gebouwd, een grote drijvende prefabhaven! De omvang en de inzet van het project zijn aan elkaar gewaagd. 115 reusachtige caissons van gewapend beton (Phenix genoemd) die elk 7000 ton wegen, zullen dienstdoen als golfbreker over een lengte van 8 km. 22 metalen platforms gedragen door stutten op de zeebodem moeten de stenen kades vervangen. Immense wegen op vlotters (waarvan eentje met een lengte van 1200 m) die met de stranden door uitschuifbare elementen zijn verbonden, moeten het verkeer van materieel en troepen toelaten. Om deining af te remmen zullen 60 schepen doelbewust tot zinken worden gebracht ter hoogte van Arromanches. Op 9 juni komen de onderdelen van de haven ter plaatse aan, getrokken door 200 sleepboten.

Als alle delen in elkaar zijn gezet, hebben de geallieerden een echte haven, beschermd door 600 luchtafweertoestellen en immense bestuurbare kabelballonnen. Goed genoeg om de bevoorrading van de troepen te verzekeren tijdens de slag om Normandië! Honderd dagen lang is de haven van Arromanches bedrijviger dan welke andere ook op dat moment. Hier worden 2,5 miljoen mensen, een half miljoen voertuigen en 4 miljoen ton materieel verscheept!

NUTTIG ADRES

🛈 @ **Dienst voor Toerisme:** *Rue du Maréchal-Joffre 2.* ☎ *02 31 22 36 45.* ●*ot-arromanches.fr. Het hele jaar dagelijks geopend (behalve in januari).* Internet beschikbaar van april tot oktober met een telefoonkaart of contant geld.

SLAPEN, ETEN EN IETS DRINKEN

DOORSNEEPRIJS TOT LUXUEUS

🏨 HÔTEL MULBERRY: *Rue Maurice-Lithare 6.* ☎ *02 31 22 36 05.*

●*courrier@lemulberry.fr* ●*lemulberry.fr. Jaarlijks verlof: van 20 november tot 1 februari. Tweepersoonskamer voor € 42 tot 100, afhankelijk van het comfort en het seizoen; gezinskamers voor € 72 tot 104. Wifi.* Klein etablissement zonder ster, maar dat er zeker twee verdient. Functionele, onberispelijk propere en zeer rustige kamers. De helft ervan komt uit op de straat, maar 's avonds beslist geen lawaaihinder. Het hotel wordt gerund door een jong koppel dat zorgt voor een hartelijke en ontspannen sfeer. Ook restaurant.

🏨🍴 HÔTEL D'ARROMANCHES - RESTAURANT LE PAPPAGALL: *Rue du Colonel-René-Michel 2.* ☎ *02 31 22 36 26.* ●*hoteldarromanches@ifrance.com* ●*hoteldarromanches.fr. Gesloten op dinsdag en woensdag (buiten de schoolvakanties). Jaarlijks verlof: van januari tot half februari. Tweepersoonskamers voor € 55 tot 71, afhankelijk van het comfort en het seizoen. Menu's voor € 14,50 tot 27,90.* Een tweesterrenadres met een goede prijs-kwaliteitverhouding. De fris gekleurde kamers zijn netjes onderhouden en degelijk uitgerust. Traditionele keuken: mosselen met room, eendenfilet met pommeau ...

🏨🍴🛏 HÔTEL-RESTAURANT LA MARINE: *Quai du Canada 1.* ☎ *02 31 22 34 19.* ●*hotel.de.la.marine@wanadoo.fr* ● *hotel-de-la-marine.fr.* ♿ *Op de dijk. Dagelijks geopend. Jaarlijks verlof: van 11 november tot 6 februari. Tweepersoonskamers voor € 61 tot 90, afhankelijk van het uitzicht en het comfort (in werkelijkheid is het zo dat ze je altijd een vaste prijs voorstellen waarin het ontbijt is begrepen); ook een suite en gezinskamers. In juli en augustus halfpension gewenst: € 65 tot 120 per persoon. Menu's voor € 22 tot 35. Wifi.* Groot wit huis met een vrij voorname sfeer, gelegen op de dijk, vlak bij de zee. Een derde van de mooi vernieuwde kamers kijkt uit over het water en aan de restauranttafels bij de grote ramen zie je het strand afgebakend door de pontons van de ontscheping. Kwaliteitskeuken met kwaliteitsproducten. Op het terras heb je een schitterend uitzicht op de zee, een van de mooiste in deze streek. Dit is trouwens een van de beste adressen van de hele kuststreek met een uitstekende prijs-kwaliteitverhouding, in tegenstelling tot wat gevreesd zou kunnen worden. Kreeft en zeetong doen de rekening natuurlijk oplopen. Maar de mosselen en de krab zijn best betaalbaar en er zijn eveneens zeer aantrekkelijke menu's. Je kunt in de bar ook gewoon een glas drinken.

WAT IS ER TE ZIEN?

🚶🚶 **De artificiële haven:** of wat ervan overblijft want een gedeelte van de constructie werd gedemonteerd en de Phoenix-caissons zijn weggezonken in het zand. De resten, die al jaren door de golven worden afgesleten, geven toch nog een prima idee van de stevigheid van het bouwsel. De verste havendammen (2 km van het strand!) tonen tot waar de haven kon worden uitgebreid ... Je krijgt nog een beter beeld van hoe de drijvende haven eruitzag als je de schaalmodellen in het museum bekijkt.

🚶🚶 **Musée du Débarquement:** *tegenover de overblijfselen van de haven.* ☎ *02 31 22 34 31.* ♿ *Van februari tot december dagelijks geopend: in het hoogseizoen van 9.00 tot 19.00 u (of tot 18.00 u); buiten het seizoen gaan de deuren tussen de middag dicht. Als inleiding kun je deelnemen aan een rondleiding. Toegangsprijs: € 6,50. Kortingen, onder meer met de Normandie Pass.* Het museum telt tientallen vitrinekasten en souvenirs van toen, waaronder heel zeldzame: een enterhaakwerper en een ladder van koorden die beide werden gebruikt bij de Pointe du Hoc, een grote zeemijn, een stuk van de pijpleiding Pluto, een voorbeeld van een van de 10.000 bommen die op 6 juni bij het ochtendgloren werden gedropt, een (koperen!) duikerpak van de Royal Navy, het bericht van medeleven dat de Engelse koning richtte aan de familie van de slachtoffers ... Nog interessanter zijn de prachtige schaalmodellen van de artificiële haven. Het personeel geeft uitleg en toont hoe de drijvende miniatuurdijken functioneren. Ook een diorama van zeven minuten dat een heel heldere uiteenzetting geeft over de eerste manoeuvres van de landing. Tot slot een film van vijftien minuten over de constructie van de haven, in die tijd opgenomen door het Britse leger. Werkelijk heel boeiend. Kom vrij vroeg want het is hier vaak erg druk. Er rijdt van het museum een gratis pendeldienst naar de cirkelbioscoop Arromanches 360 waar je een vrij anekdotisch overzicht krijgt van de oorlogssituatie.

Wat een lef!

Om de landing alle slagingskansen te geven, lanceren de geallieerden een echte propagandacampagne die de Duitsers moet laten geloven dat de ontscheping zal gebeuren in Pas-de-Calais. In de maanden voorafgaand aan Dag D maken de Britten opblaasbare tanks en vrachtwagens die ze dan laten circuleren langs de kusten van Kent om zo de vijandelijke luchtmacht zand in de ogen te strooien. De bouw van de kunstmatige haven van Arromanches gaat ondertussen verder ... De Duitsers happen toe en concentreren hun divisies in Pas-de-Calais.

LONGUES-SUR-MER

14400 | 600 INWONERS

Charmant dorp gebouwd rond een oude abdij, een beetje van de zee weg (ondanks de naam). Geen strand maar hoge kliffen en een ongerept stukje natuur waar de wind vrij spel heeft. De Duitsers hadden hier een geduchte legerbatterij geïnstalleerd, een van de weinige die aan de Normandische kust op de geallieerde zeemacht schoot.

EEN KANONGESCHIEDENIS

Indien de Duitsers de batterij van Longues hadden kunnen afwerken (de bouw begon in september 1943), had die de ontscheping kunnen verhinderen. Maar de geallieerde luchtmacht kwam naar het einde van de werken toe steeds weer roet in het Duitse eten gooien ... De bombardementen verhevigden nog naarmate D-day naderde. Toch was de artillerie-eenheid van Longues de enige die op de ochtend van 6 juni de artillerie van de geallieerde zeemacht van antwoord diende. Sterker nog: ze misten de boot waarin de commandant van het geallieerde leger zat op een haar na! De batterij werd even het zwijgen opgelegd door de kanonnen van de Ajax, na een duel van 20 minuten. Maar daarna heropenden ze het vuur, tot een Franse kruiser de zaak met twee rake schoten beslechtte. Op 7 juni gaf het hele Duitse garnizoen van Longues zich over aan de Britten uit Arromanches. En de plaatselijke bevolking kon weer op twee oren slapen ...

NUTTIG ADRES

🚹 **Dienst voor Toerisme:** *op het terrein van de legerbatterij.* ☎ *02 31 21 46 87.* ● *bayeux-bessin-tourism. com. Van april tot oktober dagelijks geopend; van november tot maart alleen op vrijdag, zaterdag en zondag.*

WAT IS ER TE ZIEN?

🔫 **De legerbatterij:** *aan de rand van het dorp, in de richting van de zee.*
Vrije toegang (van april tot oktober rondleidingen mogelijk voor € 4 per persoon; korting met de Normandie Pass; inlichtingen op ☎ *02 31 21 46 87 of 02 31 51 28 28).* Vier betonnen kazematten en een commandopost. De eerste ligt in puin, maar de andere zijn nog compleet en hebben dus ook nog hun grote kanonnen. Indrukwekkend. Verderop, nog altijd in de richting van de zee, loopt een weg naar een kleine kreek met keien, aan de voet van een klif die 'de Chaos' wordt genoemd. Mooie groene omgeving.

De voormalige abdij van Sainte-Marie: *onder aan het dorp.* ☎ 02 31 21 78 41.
Privébezit. Van Pasen tot Allerheiligen geopend op donderdag van 14.00 tot 18.00 u; van 1 tot 20 juli en van 10 tot 30 september dagelijks geopend van 14.00 tot 19.00 u. Toegangsprijs: € 4. Gratis voor wie jonger is dan vijftien. De kloostergebouwen werden knap gerestaureerd. Achter in de tuin ligt de ruïne van een kapel. Je ziet nog een fraai portaal en enkele friezen. De abdij werd gesticht in de 12de eeuw en werd meer dan eens verbouwd. In de kapittelzaal zie je prachtige vloertegels uit de 13de eeuw en fresco's uit de 16de eeuw.

EVENEMENTEN

- **D-Day Festival:** *op de avond van 5 juni.* Festiviteiten voor het hele volk, om ervoor te zorgen dat 6 juni nooit wordt vergeten: concerten, spektakel, klank-en-lichtspel, dansfeesten, allerhande animatie, films ...

PORT-EN-BESSIN

14520 | 2170 INWONERS

De belangrijkste ambachtelijke vissershaven van de Calvados, de derde op de ranglijst van Normandië. Bijna de hele beroepsbevolking is met vis bezig. De ontzettend veel vissers die in de haven druk in de weer zijn met het herstellen van hun netten getuigen hiervan. De natuurlijke haven ligt tussen twee hoge geërodeerde kliffen, bedekt met groen fluweel (dat moet gras zijn) en is een bezoek meer dan waard. Heel wat neo-impressionisten hebben hier hun inspiratie gehaald. Port-en-Bessin is onder meer gespecialiseerd in sint-jakobsschelpen (Label Rouge van de baai van de Seine) en kent, voor zo'n kleine plaats, een grote economische activiteit. In de vismijn verloopt de verkoop bij opbod nu computergestuurd: een echte Wall Street van de visvangst!

DE GESCHIEDENIS VAN PORT TIJDENS DE LANDING

Port-en-Bessin wordt bevrijd op de avond van 7 juni door het 47th Royal Marine Commando. Voor ze het stadje binnentrekken, moeten de Britse soldaten harde gevechten leveren tussen Le Hamel en de oostelijke heuvels van Port. Ze kunnen uiteindelijk contact leggen met het 5de US-korps, wat betekent dat de geallieerden een ononderbroken kuststrook met een lengte van 56 km hebben veroverd. Het is nu wachten op een verbinding met de Amerikanen die op Utah Beach zijn ontscheept ... maar die zal pas tot stand komen op 12 juni, in Carentan. Na haar bevrijding wordt de haven omgebouwd tot een petroleumterminal om de geallieerde strijdkrachten van brandstof te voorzien. Totdat Pluto bedrijfsklaar is (zie kader), speelt Port-en-Bessin een belangrijke rol als militaire intendance van de geallieerden: hier worden tot oktober 1944 grote hoeveelheden petroleum gelost.

NUTTIG ADRES

ℹ️ Dienst voor Toerisme: *Quai Baron-Gérard.* ☎ 02 31 22 45 80. ● *bayeux-bessin-tourism.com. Van april tot oktober dagelijks geopend; van november tot maart enkel op vrijdag, zaterdag en zondag.*
- **Markt:** *op zondagochtend.* Veel vis uiteraard!
- **Golf:** *een schitterend golfterrein met 36 holes dat uitsteekt over de zee.* ☎ 02 31 22 12 12.
● *omahabeachgolfclub.com.*

SLAPEN

CAMPING

🅰 CAMPING PORT'LAND: *Chemin du Castel, aan de rand van Port-en-Bessin in de richting van Grandcamp-Maisy.* ☎ 02 31 51 07 06. ● *campingportland@wanadoo.fr* ● *camping-portland.com.* 🛏 *Geopend van 1 april tot 8 november. Reken op € 25 voor twee personen met tent in het hoogseizoen. Verhuur van landhuisjes en mobilhomes: € 350 tot 875 per week.* Verwarmd overdekt zwembad en ook een openluchtzwembad, restaurant, kruidenier, bar ... Deze klassecamping, die rondom drie vijvers en te midden van het groen ligt, heeft onlangs vier sterren gekregen. Extra troef: je kunt de haven van Port-en-Bessin gemakkelijk te voet bereiken, het is slechts 600 m.

DOORSNEEPRIJS

📧 KING HÔTEL: *Rue du Nord 20.* ☎ 02 31 21 44 44.

● *kinghotel@orange.fr* ● *monsite.orange.fr/kinghotel.* 🛏 *In een straat die vertrekt aan de kade (vlak naast het Hôtel La Marine). Bereikbaar met de auto. Jaarlijks verlof: in januari. Tweepersoonskamer met badkamer voor € 42.* Een hotel type motel zonder veel charme (dat is het minste wat we ervan kunnen zeggen!), maar met propere en aangename kamers. Vriendelijke ontvangst, centraal gelegen en zachte prijzen. Moet je nog meer hebben?

📧 HÔTEL LA MARINE: *Quai Letourneur.* ☎ 02 31 21 70 08.

● *hoteldelamarine14@wanadoo.fr* ● *hoteldelamarine.fr. Het hele jaar geopend. Tweepersoonskamers voor € 54 tot 69, afhankelijk van het uitzicht.* Tweesterrenhotel met comfortabele kamers. Hedendaags interieur met in de meeste gevallen een fraai uitzicht op de haven. De inrichting van het restaurant is wat overladen en de bediening kon ook wel beter.

KAMPEREN IN DE OMGEVING

Er zijn veel kampeerterreinen langs de weg naar Colleville.

📷 LA REINE MATHILDE: *in Étreham (14400).* ☎ 02 31 21 76 55.

● *camping.reine.mathilde@wanadoo.fr* ● *campingreinemathilde.com. Aangeduid aan de linkerkant van de weg. Geopend van april tot september. Reken op € 18,50 voor twee personen met voertuig in het hoogseizoen. Verhuur van mobilhomes, chalets en bungalows (€ 249 tot 585 per week).* Een aangename camping op het platteland. De staanplaatsen liggen verspreid rondom een mooie, met klimop begroeide woning. Erachter ligt een zwembad (toegankelijk voor iedereen). Comfortabel en degelijk uitgerust. Een heel goed adres!

ETEN

DOORSNEEPRIJS

🍴 FLEUR DE SEL: *Quai Félix Faure 6.* ☎ 02 31 21 73 01.

Gesloten op woensdag. Menu's voor € 16,50 tot 34,50. Aangezien het restaurant rechtstreeks uitkomt op de haven, is een plaatsje op het terras ideaal. Voor wie eraan zou twijfelen: in de keuken wordt vooral gewerkt met vis en schelpdieren. Het dagmenu is een uitstekende keuze. Een betrouwbaar adres.

🍴 LE BISTROT D'À CÔTÉ: *Rue Lefournier 12.* ☎ 02 31 51 79 12.

● *le.bistrot@barque-bleue.fr. In het centrum, 100 m van de haven. Gesloten op woensdag en donderdag, behalve in de schoolvakanties. Jaarlijks verlof: in januari. Lunchformule voor € 16,50; menu's voor € 23 tot 36.* In dit blauwgele interieur kun je genieten van een heerlijke zeekeuken. De chef geeft blijk van groot talent en meesterschap, zowel in de bereidingen als in de keuze van de producten. De menu's staan aangegeven op een lei en veranderen nagenoeg dagelijks, afhankelijk van het aanbod op de vismijn. Speciale ruimte voor kinderen.

WAT IS ER TE ZIEN, WAT IS ER TE DOEN?

🎋🎋 **De kliffen:** je kunt ze zien vanaf de havendam. Ze lijken de haven aan beide kanten te beschermen. De kalken reuzen bereiken op sommige plaatsen een hoogte van 70 m. Let op: er vallen af en toe stukken naar beneden! Een originele manier om de kliffen te ontdekken: parapente. Info: ☎ 06 31 90 38 31 (gsm). Aan de voet van de kliffen, in de buurt van Sainte-

Honorine-des-Pertes, werden Bouvard en Pécuchet, de twee 'kinderen' van Flaubert, opgepakt omdat ze ammonieten in hun bezit hadden die van deze plek afkomstig waren.

Wachten op Pluto

Om de geallieerden zo snel mogelijk en zonder onderbreking van brandstof te kunnen voorzien, hebben de Britten op de bodem van het kanaal, tussen het eiland Wight en Cherbourg, een systeem van kanalen aangelegd dat luistert naar de naam 'Pluto'. De hond van Mickey heeft hier dus niets mee te maken; het zijn de initialen van 'Pipe Line Under The Ocean'!

Tour Vauban: de toren staat op een heuvel en waakt over de haven. Hij werd op het eind van de 17de eeuw gebouwd door Descombe, de assistent van Vauban, en moest de haven helpen beschermen tegen kapers en Britse invallen. Het is aan de voet van deze toren dat Zanuck de scène filmde van de aanval op het casino van ... Ouistreham (in *The Longest Day*).

De aankomst van de vissers: *Quai de Gaulle, achteraan in de haven.*
Reservering verplicht: ☎ 02 31 21 92 33. *Info: in het cultureel centrum Senghor (bij het binnenkomen van de stad).* ● *visites.portenbessin@wanadoo.fr. Enkel op dinsdag (in juli en augustus elke dinsdag, de rest van het jaar om de twee weken) omstreeks 20.30 u. Prijs: € 3,25. Kortingen.* 's Avonds laat kun je het pittoreske spektakel bijwonen van de verkoop van vis en schaaldieren. Plezante sfeer. Elk jaar wordt hier 8000 ton vis aangevoerd! Het Centre Culturel Senghor zorgt het hele jaar voor rondleidingen: 'Au coeur du Port-en-Bessin' (in het hart van Port-en-Bessin), dagelijks; maar ook 'Itinérance sur l'estran' (wandeling op het strand), afhankelijk van de getijden (eerste kennismaking met het vissen te voet); 'Sur le chantier naval', bezoek aan de scheepswerf.

- **Boottocht met de Vedettes du Bessin**: *info en kaartjesverkoop bij de Dienst voor Toerisme of op de kade, ongeveer 15 minuten voor de afvaart.* ☎ 02 31 22 45 80. *Vertrek aan de Quai Félix Faure. Van mei tot september. Doorgaans één boottocht per dag; uurregeling afhankelijk van de getijden. Duur: 1 uur en 45 minuten. Prijs: € 16. Kortingen. Eenmaal per week ook een tocht naar Pointe du Hoc. Duur: 3 uur en 15 minuten. Prijs: € 25. Kortingen.*

- **Vissen op zee:** ☎ 06 03 02 00 42 (gsm). *Reken op € 30 voor twee uur en € 50 voor vier uur (uitrusting inbegrepen). Vertrek afhankelijk van de getijden (info beschikbaar bij de Dienst voor Toerisme).*

- **Nieuw bij het cultureel centrum:** 'Sur les pas du 4e commando' (in de sporen van het 4de commando), een wandeling van twee uur waarop je alles te weten komt over de bevrijding van Port-en-Bessin.

EVENEMENTEN

- **Bénédiction de la Mer:** *zegening van de zee om de vijf jaar op 15 augustus; de eerstvolgende viering is op 15 augustus 2013.* Een van de belangrijkste feesten (sinds 1908) in dit genre in Frankrijk, met gemiddeld zo'n 25.000 deelnemers. Huizen en straten worden voor de gelegenheid versierd met kleurrijke netten. Een processie klimt tot bij het beeld van de Maagd Notre-Dame-des-Flots en boten versierd met duizenden papieren rozen varen uit om te verzamelen rond een drijvende katafalk die de verdronken zeelui symboliseert. De bisschop van Bayeux zegent de boten en de zee.

- **Festival 'Le Goût du Large':** *het tweede weekend van november.* Het feest van de sint-jakobsschelp en andere producten van de visvangst. Ook het festival van het Europese Zeemanslied. Dit is de enige gelegenheid waarbij de vismijn zich openstelt voor verkoop aan privépersonen.

OMAHA BEACH

De legendarische codenaam Omaha omvatte de stranden van drie vredige dorpen: Vierville-sur-Mer, Colleville-sur-Mer en Saint-Laurent-sur-Mer. De Amerikanen die hier ontscheepten, deden dat in bijzonder barre omstandigheden: een woeste zee, overal dodelijke hindernissen (mijnen, prikkeldraad ...), een nagenoeg onneembare kustlijn (kliffen doorspekt met bunkers, versterkte duinen), veel meer vijanden dan verwacht ... Die tragische ogenblikken worden in detail uit de doeken gedaan in de rubriek 'De landing' van het hoofdstuk 'Mens, maatschappij, natuur en cultuur'. Omaha was het enige strand waar even de terugtocht werd overwogen (wat de hele bevrijdingsoperatie in het gedrang zou hebben gebracht). Het staat voortaan symbool voor de koppigheid van de Amerikaanse militairen, maar ook voor de zware prijs die betaald moest worden voor de bevrijding van Europa: in Omaha raakten ongeveer 3000 geallieerden gewond, gedood of vermist, dat is de meest catastrofale balans van D-day. Het is niet voor niets dat het terrein boven het strand werd gekozen voor de aanleg van een bijzondere begraafplaats. Hier liggen de stoffelijke resten van meer dan 9000 Amerikanen die werden gedood op de Normandische slagvelden ...

En het vreemdste is dat deze stranden met een tragisch verleden tot de mooiste (zo niet de allermooiste, maar we willen niemand jaloers maken) van de Calvados behoren. Fijn zand zover het oog reikt, aan de voet van groene heuvels. Zodra de zomer begonnen is, komt hier de plaatselijke bevolking pootjebaden (ook al is het water niet warmer dan 18 of 19°C).

SLAPEN EN ETEN

CAMPING

Ferme de La Folivraie: D194, 14710 Louvières. ☎ 01 41 31 08 00 (reserveringscentrale). ●info@unlitaupre.fr ●unlitaupre.com. *2 km ten zuiden van Vierville-sur-Mer via de D30 in de richting van Formigny, vervolgens de Rue de Louvières rechts en ten slotte de D194 ook naar rechts. Reken op € 255 voor zes personen voor een weekend in het laagseizoen. Table d'hôte mogelijk na afspraak.* Vijf grote en goed geïsoleerde tenten waarin zes personen kunnen logeren. Afgesloten slaapnis waarin de kleintjes vrij kunnen rondkruipen, een houtkachel om je te verwarmen en om op te koken, lantaarns en petroleumlampen, twee aparte douches in de boerderij (in de zomer waterpomp buiten ... watergevechten gegarandeerd!) en een goed gevulde provisiekast waar je gewoon alles noteert wat je meeneemt. Het leven zoals het vroeger was, zonder elektriciteit, zonder televisie en internet, gewoon gelukkig wezen te midden van de natuur. Een originele en eenvoudige formule in een kleine bioboerderij (melkkoeien en groenteteelt). Als je wilt, mag je de eigenaars steeds helpen!

Camping de La Hague: *aan de rand van Sainte-Honorine-des-Pertes (14520).* ☎ 02 31 21 77 24. ●campingdelahague@wanadoo.fr ●perso.wanadoo.fr/camping.de.la.hague. *Geopend van 1 juni tot 15 september. Reken op € 14 voor twee personen met een tent en een voertuig in het hoogseizoen. Verhuur van mobilhomes: € 450 per week.* Kleine camping. Eenvoudig uitgerust, maar wel heel netjes. Gezellige en gemoedelijke sfeer. Verhuur van fietsen op 50 m.

LUXUEUS

Hôtel-restaurant La Sapinière: *'Le Ruquet', 14710 Saint-Laurent-sur-Mer.* ☎ 02 31 92 71 72. ●sci-thierry@wanadoo.fr ●la-sapiniere.fr. ⚡ *Geopend van half maart tot Allerheiligen. Tweepersoonskamers voor € 75 tot 85, afhankelijk van de grootte; gezinskamers voor € 114 tot 124. Lunchmenu voor € 14,50. Reken op € 25 à la carte. Als je hier in het hoogseizoen 's avonds wilt komen eten, best reverseren. Wifi.* Heel verleidelijk hotel, ideaal gelegen, vlak bij het strand. De kamers zijn ondergebracht in moderne houten chaletjes. Ze zijn groot, licht, eenvoudig ingericht en hebben allemaal een terras. Het restaurant bestaat uit een aardige eetruimte met schuifpuien. Sober en met heel veel hout. Op de muren hangen werken van John

Pepper (waarschijnlijk een fan van Toy Story). Kleine kaart met eenvoudige gerechten (mosselen met friet, lekkere salades ...) en interessante dagsuggesties. Voor de strandgangers zijn er belegde broodjes of wafels (lekker!) om mee te nemen. De eigenaar is heerlijk ongedwongen en erg sympathiek. Hij loopt altijd op z'n blote voeten! Formidabele ontvangst. Terras en tuin waar het in de zomer 's middags erg druk is. Ideaal om na een ochtendje strand van een aperitiefje te nippen terwijl de kinderen ravotten in de tuin. Hartelijke familiale sfeer, maar dat had je al begrepen!

▦▨ Hôtel du Casino: *Boulevard de Cauvigny, 14710 Vierville-sur-Mer.* ☎ 02 31 22 41 02. ●*hotel-du-casino@orange.fr. Geopend van 1 april tot 11 november. Tweepersoonskamers voor € 74 tot 82. Menu's voor € 26 tot 32.* Aan de buitenkant ziet dit pand er ietwat ouderwets uit (bestaat ook al sinds 1955), maar wat een ligging! Het hotel ligt tegenover het strand waar zich een van de bloedigste episodes van de ontscheping afspeelde. Al drie generaties lang ontvangt dezelfde familie hier hotelgasten, onder wie D.W. Eisenhower, Bradley en heel wat veteranen.

<h2>SLAPEN IN DE OMGEVING</h2>

DOORSNEEPRIJS

▦ Chambres d'hôte La Ferme du Mouchel: *bij Odile en Jean-Claude Lenourichel, 14710 Formigny.* ☎ 02 31 22 53 79. ●*odile.lenourichel@orange.fr* ●*ferme-du-mouchel.com. Neem de D517 vanuit Omaha, volg daarna de bewegwijzering links voor je in Formigny aankomt. Vanuit Bayeux neem je richting Cherbourg, afrit Formigny. Reken op € 52 voor twee personen.* Vier prettige kamers (waaronder gezinskamers). Het huis van natuursteen met zijn comfortabele rustieke kamers staat in een vredige omgeving. Fantastisch ontbijt. De altijd lachende Odile kan je heel wat tips aan de hand doen om de omgeving te verkennen. Oprechte en werkelijk sympathieke ontvangst.

▦ Chambres d'hôte Ferme de Vacqueville: *bij Élisabeth d'Hérouville, 14170 Vierville-sur-Mer.* ☎ 02 31 22 13 88. ●*elisabeth.dherouville@wanadoo.fr. Vanuit Bayeux neem je richting Formigny en daarna de D30 naar Vierville. Vanuit Omaha de D30 naar Trévières tot in het gehucht Vacqueville. Reken op € 47 voor twee personen. Aan de overkant, in een voormalige bakkerij, een vakantiehuisje voor vier personen.* In een typische 18de-eeuwse boerderij vind je twee kamers waarin vijf personen kunnen overnachten. Eenvoudig, maar smaakvol ingericht met enkele oude meubels. Leuke tuin met schommel en glijbaan. Vraag Élisabeth je de interessante geschiedenis van de plaats te vertellen, meer bepaald wat er met het huis gebeurde in juni 1944. Heel vriendelijke ontvangst. Keukenhoek ter beschikking van de gasten.

▦ Chambres d'hôte Le Château de Saint-Pierre-du-Mont: *bij mevrouw en mijnheer Beck, 14450 Saint-Pierre-du-Mont.* ☎ 02 31 22 63 79. ●*chateaustpierre@orange.fr. Reken op € 67 tot 72 voor twee personen en op € 87 tot 92 voor drie personen.* Een schitterend kasteeltje met toren en ietwat strenge gevel, verscholen achter een hoge muur. De eigenaars zelf zijn allesbehalve streng. Zij ontvangen je met open armen in hun ruime en comfortabele kamers met grote vensters die uitkijken over het platteland. De dakkamer biedt zelfs aan beide zijden een weids panorama: je ziet er de velden en de zee. In een van de andere kamers ligt het sanitair in de hoektoren. Een karaktervol geheel! Mijnheer en mevrouw Beck zijn fier op hun werk en met reden.

▦ Chambres d'hôte Le Clos Saint-Jean: *Route de la Mer, 14250 Sainte-Honorine-des-Pertes.* ☎ 02 31 21 79 34. ●*guyccatherine@neuf.fr. 6 km ten oosten van Omaha Beach, via de D514; links afslaan in het centrum van het dorp (in de richting van de zee). 200 m van het strand. Reken op € 59 voor twee personen. Ook twee vakantiehuisjes voor 4 personen: € 300 tot 490 per week (je kunt deze ook voor een weekend huren). Wifi.* In een lang uitgestrekt herenhuis, rustig verscholen achter een tuin. Eenvoudige, maar leuke kamers. Goede ontvangst.

WAT IS ER TE ZIEN EN TE DOEN?

⚲⚲ De Amerikaanse begraafplaats: *in Colleville-sur-Mer, aan de rand van de kliffen.*

☎ *02 31 51 62 00. ●abmc.gov. Dagelijks geopend van 9.00 tot 17.00 u (in het hoogseizoen tot 18.00 u), behalve met Kerstmis en Nieuwjaar. Gratis. Correcte kleding vereist. Honden (uiteraard) niet toegelaten.* De begraafplaats bestaat eigenlijk uit vier delen: het vrij recente Visitor Center dat je best als eerste bezoekt, het gedenkteken als plechtige hulde aan de soldaten, het kerkhof zelf en ten slotte de kliffen waar je kunt uitkijken over het strand en de zee. Trek voldoende tijd uit voor een bezoek aan dit geheel dat een soort orgelpunt is voor het menselijke begrip van wat zich hier heeft afgespeeld.

- Het Visitor Center: bevindt zich onder de grond. De tentoonstelling is erin geslaagd leven te brengen op deze 'plaats der doden'. Als je dit centrum bezoekt voordat je naar het eigenlijke kerkhof gaat, begrijp je veel beter de betekenis van die duizenden witte kruisjes. Het is alsof het nog maar gisteren gebeurd is, echt niet langer dan gisteren. Een film die permanent draait in het grote auditorium brengt op aangrijpende wijze het verhaal van een paar jonge militairen die verstrikt raken in het landingsavontuur en die nooit meer naar huis zullen terugkeren. Gewone, goedlachse soldaten van nauwelijks 20 jaar die we leren kennen aan de hand van de brieven die ze naar hun familie sturen, door video's en foto's van hun dagelijkse leven en gesprekken met hun nabestaanden waarvan sommigen vandaag nog leven. Schokkend. Daarnaast krijg je in een grote, discreet verlichte zaal een degelijk overzicht van de opeenvolgende gebeurtenissen (organisatie, voorbereiding, strategie, logistiek ...). In een film uit de tijd van toen wordt uitgelegd hoe moeilijk Eisenhower een datum kon kiezen voor de landing (de vijfde of de zesde?). Op het einde van het bezoek ga je door een lange betonnen gang met de namen van alle jonge Amerikanen die op Franse bodem de dood vonden. Als je weer in het licht komt, zie je de witte kruisjes van het kerkhof.

- Het gedenkteken: bestaat uit een neo-Griekse zuilengalerij, een bronzen beeld van 7 m hoogte (dat de Ziel van de Amerikaanse jeugd symboliseert), een 'tuin der Vermisten' en een waterbassin. Op de muren rond de zuilengalerij staan immense gebeeldhouwde kaarten van de landingsoperaties.

- Het kerkhof: de grootste, de bekendste en de meest aangrijpende begraafplaats van de landing. Ongeveer 70 ha groot. De begraafplaats werd afgewerkt in 1956 en verenigt de stoffelijke resten van Amerikanen die in Normandië sneuvelden. De lichamen lagen aanvankelijk op verscheidene andere kerkhoven begraven. Aan de ene kant ligt de eigenlijke begraafplaats met de majesteitelijke esplanade van groen gras die toegang geeft tot de rijen witte kruisjes (9387, waarvan 307 onbekende soldaten) en davidsterren (voor de Joden). De meest voorkomende naam is Ryan, wat als inspiratiebron diende voor Steven Spielberg. Je moet echt de tijd nemen om te gaan wandelen op dit kerkhof waar ook vandaag nog steeds een vreemde rust heerst. Aan de kant van de kliffen geeft een oriëntatietafel de ligging aan van de diverse stranden die op 6 juni werden aangevallen. Trappen leiden naar het strand van Omaha.

Amerikaanse grondgebied

De aanleg en de indeling van de begraafplaats geven je een beetje de indruk dat je in Amerika bent ... En in feite is dat ook zo! Want volgens een Frans-Amerikaans akkoord kreeg deze plek het heel bijzondere statuut van 'Amerikaans grondgebied op Franse bodem'. Een rechtvaardige ommekeer van het lot!

⚲ **Musée Big-Red-One-Assault:** *in het gehucht Le Bray (langs de D514), 14710 Colleville-sur-Mer.* ☎ *02 31 21 53 81.* ♿ *In juli en augustus dagelijks geopend van 9.00 tot 19.00 u; buiten het seizoen van 10.00 tot 12.00 u en van 14.00 tot 18.00 u, gesloten op dinsdag en ook van december tot februari. Toegangsprijs: € 5.*

Kortingen. Op de leeftijd van 9 jaar is Pierre-Louis Gosselin begonnen met deze uitzonderlijke collectie. De jonge man spreekt met passie over zijn 'baby'. Hij toont hier alles wat hij heeft weten te vergaren over de 1ste divisie van de Amerikaanse infanterie die in Colleville is ontscheept en dit stadje ook heeft bevrijd. Het is een klein museum qua omvang, maar het belang van de tentoongestelde historische stukken is des te groter en dit niet in het minst door het feit dat de eigenaar steeds op zoek gaat naar de oorsprong van elk voorwerp. Verbazingwekkend: het uniform en de volledige uitrusting van de aalmoezenier, zelfs met harmonium! Ook de moeite waard zijn de zorgvuldig samengestelde archieven. Je kunt ook naar een film kijken.

❧ **Musée-mémorial d'Omaha Beach, Musée Omaha-6-Juin-1944:** *in Saint-Laurent-sur-Mer, Les Moulins, Avenue de la Libération.*

☎ *02 31 21 97 44.* ● *www.musee-memorial-omaha.com.* ♿ *Van half februari tot half maart dagelijks geopend van 10.00 tot 12.30 u en van 14.30 tot 18.00 u; van half maart tot half mei en van half september tot half november van 9.30 tot 18.30 u; van half mei tot eind juni en de eerste helft van september van 9.30 tot 19.00 u; in juli en augustus van 9.30 tot 19.30 u. Toegangsprijs: € 5,80. Kortingen, onder meer met de Normandie Pass.* Op een oppervlakte van meer dan 1200 m² staan militaire voertuigen, etalagepoppen in uniform, maar ook een heleboel zeldzame souvenirs en documenten die in sommige gevallen heel aangrijpend zijn (zoals de Duitse vlag die door de Amerikanen werd veroverd de dag van de landing) en ook wapens die toentertijd vergaard werden.

Je ziet er distributiebons, een certificaat van 'het niet behoren tot het Joodse ras' (!) en diverse krantenknipsels uit de bezettingstijd. De verklaringen van de Franse militair en staatsman Pétain, waar hij het heeft over de 'laffe aanslagen' (lees: van het Franse verzet) die 'heel Frankrijk afkeer inboezemen' laten geen enkele illusie bestaan . Een rare tijd ... Ook een belangrijke militaire afdeling: mijnen, obussen, bommen en andere dodelijke Duitse oorlogstuigen. Reconstructie van een 'strandtafereel' op 6 juni: geüniformeerde poppen tussen hindernissen. Vitrinekast met de uitrusting van een gewone Amerikaanse soldaat: een pakje met vier Chesterfields, zeep die oplosbaar is in zeewater, een instructieboekje voor als hij gevangen zou worden genomen en briefpapier (Remember the folks at home!). Op het einde zie je een film van 25 minuten waarin Amerikaanse veteranen getuigen. Op het parkeerterrein staan een kanon, een landingsvaartuig en een tank om het geheel te vervolledigen.

❧ In **Vierville-sur-Mer** en **Saint-Laurent-sur-Mer** kun je (alleen bij laagwater) de overblijfselen zien van de eerste artificiële haven. Deze zou dezelfde rol spelen als die van Arromanches, maar door de grote storm van 19 tot 21 juni 1944 kon de haven niet voltijds dienstdoen. Toch kwamen hier tot februari 1945 zo'n 600.000 mannen aan wal. In Vierville moet je ook even naar het **Musée D-Day Omaha** waar de ongunstige gevolgen van de technologische ontwikkelingen in oorlogstijd op het alledaagse leven getoond worden.

- **Strandzeilen of varen met een zwaardboot (type zeilboot):** *watersportclub Éolia in Colleville-sur-Mer.* ☎ *02 31 22 26 21.* ● *eolia-normandie.com. Het hele jaar geopend.*

POINTE DU HOC

Een van de mooiste natuurplekken van de Normandische kust. Stel je voor: steile kliffen (tot 35 m hoog) waar de wind voortdurend op inbeukt. Deze sublieme plek werd door de Duitsers uitgekozen om er een indrukwekkende legerbatterij neer te zetten met zware kanonnen die bijzonder goed werden bewaakt. De heroïsche inname van de plek door de Amerikaanse rangers maakt van de bestorming van de Pointe du Hoc een van de bekendste hoofdstukken uit de geschiedenis van de landing.

EEN AANVAL MET ENTERHAKEN

De delicate opdracht om deze onneembare vesting te veroveren, wordt toevertrouwd aan een Texaan, kolonel James Rudder, gewezen voetbaltrainer in een middelbare school. Training blijkt hierbij inderdaad van het allergrootste belang: de mannen moeten de Pointe du Hoc beklimmen die door de Duitsers is omgebouwd tot een echt versterkt kasteel. In Engeland wordt een klif gevonden, vergelijkbaar met de falaise van Le Hoc. De 225 Amerikaanse rangers simuleren wekenlang aanvallen op de rots en proberen hierbij hun uitrusting te verbeteren: enterhaakwerpers, ladders die ineenschuiven, touwen met knopen ... Op 6 juni verloopt bijna niets volgens plan. De ontscheping loopt vertraging op door de mist en een koersfout verplicht de troepen om onder de neus van de vijand te passeren! Golven van een meter hoogte doen een van de boten zinken. Om 7.10 u zetten de mannen van Rudder eindelijk voet aan wal. 5 minuten later bereikt de eerste ranger de top van het klif. Vele anderen zijn op de strandkeien geveld door het vuur van het Duitse garnizoen. En het moeilijkste komt nog: de vijand verdrijven die verschanst zit in kazematten van gewapend beton. Dit zal nog twee dagen duren. Op 7 juni wordt de centrale schietpost met vlammenwerpers ontruimd. De commandant zelf zit verborgen in een luchtafweerpost en zal nog een dag lang verzet bieden. Als de Amerikanen de plek in handen hebben, tellen de rangers nog maar 90 gezonde mannen.

En het sop blijkt de kool niet waard: de batterij waarvan gedacht werd dat ze de ontschepingen in Utah en Omaha in het gedrang kon brengen met haar zes gevaarlijke kanonnen van 150 mm ... blijkt in werkelijkheid niet één artilleriestuk in huis te hebben. De Duitsers hebben deze verstopt in de velden om ze niet te verliezen tijdens een bombardement. De ontgoochelde rangers vinden in de bunkers alleen maar planken! Eén troost toch: hun commando-operatie blijft een voorbeeld in het genre en wordt nog altijd onderwezen in militaire scholen.

NUTTIG ADRES

- **Ontvangstbalie:** *Pointe du Hoc, 14450 Cricqueville-en-Bessin.* ☎ *0231519070.*
- *cc-isigny-grandcamp-intercom.fr. Van april tot oktober dagelijks geopend, van november tot maart alleen geopend op vrijdag, zaterdag en zondag.*

WAT IS ER TE ZIEN?

♥ ♥ ♥ **Pointe du Hoc:** *5 km ten oosten van Grandcamp. Bereikbaar via de D514. Het hele jaar gratis toegang.* Deze volledig beschermde en bebakende plek is voor eeuwig eigendom van de Verenigde Staten. Een uitzonderlijk feit in de geschiedenis van de landing: de plaats ligt er nog steeds bij zoals ze door de rangers werd achtergelaten op 8 juni 1944. Met uitzondering natuurlijk van het monument dat werd opgetrokken ter nagedachtenis van deze heroïsche mannen, de wandelpaden en de ontvangstbalie. Je bezoekt het slagveld met vervallen bunkers en bomkraters, prikkeldraad en rotspuin, onkruid en beton vol kogelsporen. Sommige intacte bunkers zijn toegankelijk voor het publiek, onder meer de centrale schietpost. Je komt het best op het einde van de middag of 's avonds wanneer het hier opnieuw rustig is (en je meer konijnen dan toeristen tegenkomt); verbazingwekkend mooie zonsondergang. Schitterend uitzicht, ook al kun je niet meer helemaal tot op de 'pointe'.

GRANDCAMP-MAISY

Kleine, levendige badplaats zonder echt veel charme, maar met een leuke sfeer dankzij de haven en het grote strand. De vissers hebben het hier vooral gemunt op sint-jakobsschelpen. Langs het kustpad is het aangenaam wandelen. Een zeer goede uitvalsbasis om de omgeving te verkennen.

NUTTIGE ADRESSEN

ℹ️ **Dienst voor Toerisme:** *Rue Aristide-Briand 118.* ☎ *0231226244.* ● *cc-isigny-grandcamp-intercom.fr. Van mei tot september dagelijks geopend; van oktober tot april geopend op dinsdag- en donderdagochtend en de hele woensdag, vrijdag en zaterdag. Gesloten op feestdagen. Verhuur van fietsen.* Informatie over het bezoek aan de oesterbanken en de oude scheepswant 'La Grandcopaise'.
- **Vismarkt:** *elke ochtend in de markthal.*

SLAPEN EN ETEN

CAMPING

🏕️ Le Pont du Hable: *langs de D514 bij het binnenrijden van Grandcamp, in de richting van Pointe du Hoc.* ☎ *0231226231.* ● *bernard.pichon@wanadoo.fr. Geopend van half april tot half oktober. Reken op € 12 voor twee personen en een tent.* Kleine camping aan zee. Zeer primitief uitgerust, maar dit kan geen probleem zijn voor de liefhebbers van 'wild' kamperen. Je vindt er wel een microgolfoven, een barbecue, een haardroger en warme douches. 's Avonds een gezellige sfeer rondom het kampvuur. Het kustpad loopt vlak langs deze camping. Bij veel wind wordt je hier wel van je sokken geblazen! Kleine waterloop waar je een hengeltje kunt uitwerpen. Er zijn ook plannen voor een klein zwembad.

🏕️ Camping du Joncal: *Quai du Petit-Nice.* ☎ *0231226144.* ● *info@campingdujoncal.com* ● *campingdujoncal.com.* ♿ *Achter de haven. Geopend van april tot september. Reken op € 15 voor twee personen en een tent in het hoogseizoen. Verhuur van mobilhomes: € 400 tot 500 per week.* Vrij goed uitgeruste tweesterrencamping met 300 staanplaatsen, klein maar schaduwrijk. De meeuwen wiegen je in slaap ...

GOEDKOOP TOT DOORSNEEPRIJS

🍽️ Brasserie de la Plage: *Quai Crampon 52.* ☎ *0231221219. Gesloten op zondagavond en op maandag (niet in juni, juli en augustus). Jaarlijks verlof: van 1 oktober tot 15 januari. Formule voor € 10. Reken op € 18 à la carte.* Kleine eetruimte in marinestijl en een terras dat uitkijkt over de zee. Frédéric en Agnès, de sympathieke eigenaars, organiseren af en toe concerten. In de zomer kan het er erg druk zijn. Aangenaam adres.

🍽️ La Trinquette: *Route du Joncal 7.* ☎ *0231226490.* ● *huguette.germain@restaurant-la-trinquette.com.* ♿ *Aan de weg naar de camping, net naast de haven. Van oktober tot Pasen gesloten op maandag en dinsdag. Jaarlijks verlof: van half december tot half januari. Lunchformule op weekdagen voor € 10; menu's voor € 19,50 tot 30,50.* Klein restaurantje dat er heel vreemd uitziet, maar een uitstekende reputatie geniet: verse producten (vooral uit de zee) en lekkere gerechten. Vriendelijke ontvangst zonder veel omhaal.

🍽️ Restaurant La Belle Marinière: *Route du Petit-Maisy 9.* ☎ *0231226123. Gesloten in januari. Reserveren aanbevolen buiten het seizoen. In een klein straatje, 50 m van de haven. Dagschotel voor € 12; menu's voor € 16 tot 28.* Heel eenvoudige gelagzaal. In de zomer kun je ook tafelen op de binnenplaats waar het heel rustig is. Goede prijs-kwaliteitverhouding. Specialiteiten zoals gegratineerde oesters met pommeau of duo van vis met preiroom.

🍽️ La Marée: *Quai Henri-Chéron 5.* ☎ *0231214100.* ● *restolamaree@wanadoo.fr. Aan de haven. Gesloten van januari tot half februari. Lunchformule voor*

€ 14. Groot restaurant met een vrij chic en verzorgd interieur dat vooral bekend is om zijn verse vis (zeetong van Grandcamp met boter van Isigny) en zijn schaal- en schelpdieren. Jammer dat de kwaliteit van de keuken en van de bediening soms te wensen overlaat. Je komt hier in de eerste plaats voor het heel aangename terras in de zomer en de schitterende zonsondergang boven de haven.

LUXUEUS

🏨 Hôtel Le Du Guesclin: *Quai Crampon 4.* 📞 02 31 22 64 22.
●*duguesclin3@wanadoo.fr* ●*leduguesclin.eu. In februari drie weken gesloten. Tweepersoonskamers met badkamer voor € 45 tot 95, afhankelijk van het uitzicht.* Klein hotel met comfortabele kamers, maar vooral met een uitstekende ligging vlak bij de zee. De kamers met uitzicht op die zee zijn ruim. Minpunt is wel dat ze geen grote vensters hebben, alleen veluxramen (ga dus eerst kijken op de kamer om je ervan te vergewissen dat je de zee ook echt ziet!). De andere kamers zijn verdeeld over het hoofdgebouw, een bijgebouw op de binnenplaats en een tweede, volledig gerenoveerd bijgebouw in het centrum van de badplaats, aan het uithangbord van de Grandcopaise. Goede ontvangst. Ook restaurant met uitzicht op de zee.

WAT IS ER TE ZIEN EN WAT IS ER TE DOEN?

🏛 **Musée des Rangers:** *Quai Crampon.* 📞 02 31 92 33 51.
♿*(benedenverdieping). Aan het strand. Van half februari tot half mei dagelijks (behalve op maandag) geopend van 13.00 tot 18.00 u; van half mei tot eind oktober geopend van 9.30 tot 13.00 u en van 14.30 tot 18.30 u (gesloten op maandagochtend). Toegangsprijs: € 4. Kortingen, onder meer met de Normandie Pass.* Het museum is helemaal gewijd aan de aanval op de Pointe du Hoc, een episch gebeuren dat zich afspeelde op 6 juni 1944 (zie eerder). Informatieborden over het evenement met getuigenissen, foto's en plattegronden. In de vitrinekasten: wapens, souvenirs van rangers, bezittingen van Duitse soldaten die de plek verdedigden. Op de eerste verdieping staat een schaalmodel van de Pointe du Hoc met een reconstructie van de bestorming. Om de twintig minuten wordt een documentaire gedraaid: fragmenten uit 'The Longest Day', het bezoek van Reagan aan de Pointe du Hoc in 1984.

Je kunt immers niet alles op voorhand weten...

We weten al dat bij de verovering van de Pointe du Hoc niets volgens plan verliep. De soldaten hadden op een vergelijkbare klif heel veel geoefend om hun enterhaken juist te lanceren, maar tijdens het 'echte' gevecht bleek nu dat de touwen van die enterhaken door het zeewater zo zwaar geworden waren (en dit hadden ze dus niet kunnen voorzien) dat ze de top van de falaise niet konden bereiken. Hierdoor werd deze verschrikkelijke beklimming natuurlijk nog moeilijker.

🏛 **De rotsen van Grandcamp:** een geologische bezienswaardigheid ... in zee! De formatie van kalkrotsen die zich uitstrekt over een paar kilometer krijg je alleen bij een sterke getijdenbeweging te zien. Het is een merkwaardig schouwspel dat een beetje doet denken aan maanlandschappen. Een paradijs voor schaaldiervissers.

- **Windsurfen, catamaran, zwaardboot, stages en boottochten op zee:** *intergemeentelijke zeilschool Cap 21 in Grandcamp-Maisy.* 📞 02 31 22 14 35 of 02 31 51 62 42 *(buiten het seizoen).*

IN DE OMGEVING VAN GRANDCAMP-MAISY

❡ ❡ **Het Duitse militaire kerkhof van La Cambe:** *7 km ten zuiden van Grandcamp.*

☎ 02 31 22 70 76. *In het dorp La Cambe neem je de N13 in de richting van Isigny. Volg die weg over een afstand van 1 km. De ingang van de begraafplaats ligt aan de linkerkant van de weg. Dagelijks geopend van 8.00 (op zaterdag en zondag van 9.00 u) tot 17.00 u (in de zomer tot 19.00 u).* Een van de grootste Duitse begraafplaatsen in Frankrijk. Bijna 21.300 soldaten liggen hier begraven, afkomstig uit 1400 gemeenten in Duitsland. Een ontroerende plek, maar totaal verschillend van de begraafplaats van Colleville (zie 'Wat is er zien en te doen?' bij 'Omaha Beach'). De overheersende kleur is hier zwart, tegenover wit bij de geallieerden. Zou de kleur symbool staan voor de nederlaag? Op het perfect onderhouden grasveld liggen rijen sobere stenen, gescheiden door basalten kruisingen. In het midden is er een heuvel bedekt met gras, omringd door een haag van rozen. Op de top staat een monumentaal kruis van ruwe sombere steen dat twee droefgeestige personages lijkt te verpletteren: de ouders van de slachtoffers. Een aangrijpend effect en dat is ook de bedoeling. De sfeer van deze plek laat je niet onberoerd. In het wijze devies van de begraafplaats schuilt geenszins wraak: 'Verzoening over de graven heen' ...

Er worden nog elk jaar Duitse soldaten teruggevonden in de Manche en de Calvados: zij vinden op dit kerkhof eveneens hun laatste rustplaats. De vereniging die verantwoordelijk is voor de begraafplaats blijft zoeken naar oorlogsvermisten. Want zelfs al waren de Duitsers tijdens de oorlog onze vijanden, het waren niet allemaal verachtelijke nazi's, maar ook gewone burgers die vochten voor hun land. Ze waren het misschien helemaal niet eens met de krankzinnige politieke keuzes van hun verkozen leider, maar ze waren gedwongen hem te gehoorzamen. Iets wat sommige mensen nog altijd niet hebben begrepen als je er de aantekeningen in het gulden boek op naleest.

ISIGNY-SUR-MER

14230 | 2798 INWONERS

Een naam die onmiddellijk aan boter doet denken, en niet om het even welke boter want de gecontroleerde herkomstbenaming 'Isigny' groepeert het merendeel van de melkproducenten van de Bessin. Je oog valt hier meteen op de enorme melkfabriek van Isigny-Sainte-Mère. Het stadje ligt op de samenvloeiing van de Vire en de Aure en is erin geslaagd voordeel te trekken uit de moerassen en de polders door er de koeien te laten grazen en deze zo te laten profiteren van het vette gras dat nu juist de eigenheid van de streek uitmaakt. Maar Isigny werd in juni 1944 voor 60% platgebombardeerd en heeft dus weinig of geen getuigenissen bewaard uit het verleden, met uitzondering van het paleis dat nu dienst doet als gemeentehuis en enkele kleine visserhuisjes in de Hogueswijk. Isigny kan er ook nog trots op zijn dat het de bakermat is van de familie Disney (jawel, de geestelijke vader van Donald en Mickey). Ten tijde van Willem de Veroveraar behoorden twee gebroeders Deisigni tot de gezellen van de koning. Het is uit de Amerikaanse tak van dit geslacht dat de beroemde Walt werd geboren.

DE BEVRIJDING VAN ISIGNY

Het dorp moet in theorie op 6 juni 1944 worden bevrijd. Maar vanaf Longueville krijgen de GI's af te rekenen met hevig verzet. De Amerikanen worden verplicht Isigny hevig te bombarderen. De kopgroep van het 175ste RI trekt het brandende dorp op 9 juni binnen. De bruggen blijken intact en niet ondermijnd. Isigny doet zijn intrede in de Franse geschiedenis dankzij de toespraak van generaal de Gaulle op 14 juni, in aansluiting op zijn ontscheping in Courseulles en zijn bezoek aan Bayeux.

NUTTIG ADRESSEN

ℹ️ Dienst voor Toerisme: *Rue Émile-Demagny 16.* 📞 *02 31 21 46 00.* ●*cc-isigny-grandcamp-intercom.fr. Van 15 juni tot 15 september dagelijks geopend (behalve op zondagmiddag); van 16 september tot 31 maart geopend van woensdag tot zaterdag (behalve op feestdagen); van 1 april tot 14 juni geopend van dinsdag tot zondag (behalve op dinsdag- en zondagmiddag).* Rijke documentatie (over heel Normandië) voor zo'n klein kantoor.

- Parkeren: let op de blauwe zones in het stadscentrum. Denk erom je parkeerschijf achter je voorruit te plaatsen. De politie is streng voor wie dit vergeet!

SLAPEN EN ETEN

CAMPING

🏕️ **LE FANAL:** *Rue du Fanal.* 📞 *02 31 21 33 20.*
●*info@campinglefanal.com* ●*camping-lefanal.com. Ten noordwesten van het centrum. Geopend van 1 april tot september. Reken op € 28,30 voor twee personen in het hoogseizoen.* Een goed uitgeruste camping (zelfs een klein zwembad, dat wel niet altijd gevuld is!) in een mooie omgeving (waterpartij, waterfietsen, trimbaan ...). De nogal hoge prijzen zijn wel gerechtvaardigd.

DOORSNEEPRIJS

🏨 **HÔTEL DE FRANCE:** *Rue Émile-Demagny 13.* 📞 *02 31 22 00 33.*
●*hotels.france.isigny@wanadoo.fr.* ♿ *In het centrum. Jaarlijks verlof: van 20 december tot 10 januari. Tweepersoonskamers voor € 59; gezinskamers voor € 70 tot 77. Wifi.* De stijl van een motel. Kamers op de benedenverdieping van een bijgebouw en ook een paar in het hoofdgebouw (op de verdieping). Je kunt hier ook eten.

🍴 **RESTAURANT LA FLAMBÉE:** *Rue Émile-Demagny.* 📞 *02 31 51 70 96.*
●*la.flambee.isigny@wanadoo.fr. Vlak bij het kanaal. Buiten het seizoen gesloten op dinsdag en woensdag. Jaarlijks verlof: vijf dagen begin januari, twee weken in februari-maart en 2 weken in september-oktober. Op weekdagen lunchformule voor € 13,50 en lunchmenu voor € 18; andere menu's voor € 22,50.* Intieme rustieke ruimte met open haard waarin vlees wordt gegrild. Keuken met een uitstekende prijs-kwaliteitverhouding. Warme oesters met camembert of eendenfilet met karamel van Isigny. Vriendelijke ontvangst en een bediening die zowel aardig als doelmatig is. Een adres dat geen stormloop veroorzaakt, maar dat we je toch warm aanbevelen.

SLAPEN EN ETEN IN DE OMGEVING

DOORSNEEPRIJS

📧🍴 **CHAMBRES D'HÔTE FERME DE JARO:** *bij Jeanine en Roger Blestel, 14230 Géfosse-Fontenay.* 📞 *02 31 22 65 05. In Isigny neem je de N13 in de richting van Bayeux; na 2 km sla je links af (D200) naar Géfosse. Gesloten van eind november tot begin februari. Reken op € 45 voor twee personen. Table d'hôte voor € 23. Ook een groot vakantiehuis (met uitzicht op de zee) voor acht personen: € 420 tot 600, afhankelijk van het seizoen.* Een goede gelegenheid om te proeven van een authentieke keuken met veel vis en schaaldieren in een aangename boerderij bedekt met wilde wingerd, niet ver van de zee en van de oesterbanken. Rustiek en gastvrij interieur. Heel vriendelijke ontvangst.

📧 **CHAMBRES D'HÔTE LE CLOS MONFORT:** *bij Thérèse Fauvel, 14710 Colombières.* 📞 *02 31 22 20 53.* ●*leclosmonfort@wanadoo.fr* ●*leclosmonfort.fr. 10 km van Isigny, via de D5 in de richting van Le Molay-Littry. Sla ongeveer 1,5 km voor Colombières links af en volg de borden. Reken op € 50 tot 58 voor twee personen (minimum twee nachten en 10% korting vanaf de derde overnachting). Ook een vakantiehuisje voor twee tot vier personen.* In een oude, goed bewaarde en mooi gerestaureerde hoeve. Sommige kamers hebben gemeenschappelijk sanitair. De inrichting is sober, maar verzorgd en volledig aangepast aan de omgeving. Het is de sfeer die hier telt en die ook belangrijk is voor Thérèse. Haar huis en de nogal wilde tuin vol bloemen zijn in de eerste plaats een plek om tot rust te komen en te herbronnen. Je kunt in de buurt mooie wandelingen maken, bijvoorbeeld naar de moerassen.

LUXUEUS

📧 CHAMBRES D'HÔTE MANOIR DE L'HERMEREL: *14230 Géfosse-Fontenay.*

☎ *02 31 22 64 12.* ●*manoir-hermerel@hotmail.fr* ●*manoir-hermerel.com. 5 km van Grandcamp via de D514 naar Isigny en daarna de D199A in de richting van Géfosse. Jaarlijks verlof: van half november tot half maart. Reken op € 65 tot 70 voor twee personen.* In dit landhuis uit de 17de eeuw hebben Agnes en François Lemarié, twee vriendelijke melkproducenten, schitterende gastenkamers ingericht, elk in een andere stijl. Een dakkamer met tussenverdieping, een kleinere kamer in zachtroze tinten en met een witte stenen vloer … Op de binnenplaats staan een voormalige duiventoren en een subliem kapelletje uit de 15de eeuw (dat nu dienst doet als zomersalon)! Je hebt het al begrepen: dit is een adres met karakter en charme.

📧 CHAMBRES D'HÔTE LE CHÂTEAU: *14230 Vouilly.* ☎ *02 31 22 08 59.*

●*chateau.vouilly@wanadoo.fr* ●*chateau-vouilly.com. 6 km van Isigny, aan de weg naar Molay-Littry. Gesloten van november tot april. Reken op € 75 tot 95 voor twee personen.* In een tot de verbeelding sprekend kasteel omringd door wallen, gebouwd in 1600 en gerenoveerd in de 18de eeuw. Mooie gevel bedekt met wilde wingerd. Er zijn vijf ruime kamers die elk een andere naam dragen: Giverny, Les Jardins … Je zou het bijna een hotel kunnen noemen.

WAT IS ER TE ZIEN EN WAT IS ER TE DOEN?

🍴 **Laiterie Isigny-Sainte-Mère:** *Rue du Docteur-Bourtrois 2.* ☎ *02 31 51 33 88.*

●*isigny-ste-mere.com. Rondleiding en proeverij van maandag tot vrijdag (enkel na afspraak). Prijs: € 3. Kortingen. Je begint het bezoek met een film over de geschiedenis van de coöperatie en daarna mag je proeven (om hygiënische en veiligheidsredenen kun je de fabriek zelf niet bezoeken).* De vier producten AOC of AOP en de twee 'Label Rouge' van Isigny-Sainte-Mère zijn het resultaat van 70 jaar knowhow, Normandische koeien die echt gras grazen (er is zelfs een bioproductie) en camembert die met lepels gemouleerd wordt. Er zijn slechts een paar kazen die nog met de hand gemouleerd worden, het grootste deel van de productie is geautomatiseerd (jawel, er werd in 1985 een octrooi neergelegd om het mouleren te automatiseren). Als je alles weet over de weg afgelegd door de 500.000 liter melk, vanaf de uier van de koe tot het rijpingsproces van de kaas, mag je eindelijk proeven! Opgelet: in de zomer kan het in de winkel echt drummen zijn want de plaatselijke bevolking komt hier bij groten getale Italiaans ijs eten, bereid met de vermaarde AOC-room van Isigny.

🍴🔧 **Normandie Caramels:** *ambachtelijke zone Isypole.* ☎ *02 31 51 66 50.*

●*caramels-isigny.com. Van half april tot half september elke weekdag om 10.00 u stipt gratis bezoek aan de fabriek. De winkel is van half februari tot september geopend van maandag tot vrijdag van 8.30 tot 18.30 u en op zaterdag van 9.30 tot 12.30 u en van 14.30 tot 18.30 u; van oktober tot half februari van maandag tot vrijdag van 8.30 tot 17.30 u en op zaterdag van 9.30 tot 12.30 u en van 14.30 tot 17.30 u (een paar zaterdagen gesloten, best even informeren).* De fabriek waar de echte karamelbonbons van Isigny gemaakt worden, met volle melk en boter. Winkel ter plaatse.

- **Windsurfen, catamaran, zwaardboot, stages en boottochten op zee:** *intergemeentelijke zeilschool Cap 21 van Isigny en Grandcamp-Maisy.* ☎ *02 31 51 62 42 of 06 32 07 08 66 (gsm).*

IN DE OMGEVING VAN ISIGNY-SUR-MER

🍴 **Vergers de Romilly:** *14230 Saint-Germain-du-Pert.* ☎ *0231227177.*

● *membres.lycos.fr/vergerromilly/home-page.html. Volg de richting 'Cimetière militaire allemand'. Het is net achter het Duitse militaire kerkhof. Proeverij en verkoop dagelijks van 9.00 tot 19.00 u (niet op zondag). Gratis bezoek op woensdag om 14.30 u.* Eerst en vooral zijn er de boomgaarden. Hier groeien een dertigtal verschillende appelsoorten, zowel laagstammige als hoogstammige (onder deze laatste grazen koeien). De bekendste soorten zijn de Gros-Bois de Bayeux, de Cartigny, de Tête de Brebis of de Doux Verret de Carrouges. Tijdens de rondleiding kom je te weten dat de heilige Radegonde en de heilige Ségolène in de 5de en 7de eeuw *pommacium* (een voorloper van de appelcider) dronken om te versterven, naar verluidt was dit goedje nog erger dan *pyracium* (voorloper van de perencider).

Het bezoek gaat verder in de kelder. Je krijgt er de verschillende stadia van de appelboomteelt te zien (enting, oogst, productie …) en er wordt ook gesproken over de fabricatie van cider, pommeau en calvados (korte film). Daarna kom je in de ruimte waar je mag proeven. Onthoud dat je er naast heerlijke cider, pommeau en calvados AOC ook heel lekkere honing van de boomgaard kunt kopen, evenals een niet te versmaden cidergelei van de hand van Annelise, de dochter van mevrouw Renaud. Een leerrijk bezoek.

🍴 **Château de Colombières:** *14710 Colombières.* ☎ *0231225165.*

● *chateaudecolombieres.com. 10 km ten oosten van Isigny. In juli en augustus van maandag tot vrijdag geopend van 14.30 tot 18.30 u; in september geopend in het weekend (dezelfde openingstijden). Uitsluitend rondleidingen: € 5. Kortingen.* Een fraaie middeleeuwse versterkte burcht waarvan de bouw dateert uit het einde van de 14de eeuw, omringd door torens en grachten waarin nog altijd water staat. Je kunt niet alles bezoeken want het kasteel is nog altijd bewoond, maar daarom is de rondleiding niet minder boeiend. Je krijgt de eetkamer, de keuken, de monumentale open haard, de broodoven en vooral de heel mooie wenteltrap uit de 16de eeuw te zien. De omgeving is uitzonderlijk: het kasteel ligt in het natuurpark van de moerassen van de Cotentin. We raden je dan ook aan om na het bezoek een wandeling te maken in dat park.

🍴 **Regionaal natuurpark Les Marais du Cotentin et du Bessin:** dit natuurpark ligt voor het grootste deel in het departement Manche (zie verder), maar de omgeving van Isigny maakt integraal deel uit van het park en je kunt er enkele bijzonder interessante natuurgebieden ontdekken: de moerassen van de Aure, de baai van Les Veys (waar een kolonie zeekalveren huist) … Inlichtingen bij de Dienst voor Toerisme.

LE MOLAY-LITTRY

14330 | 2690 INWONERS

14 km ten westen van Bayeux. Een oud mijndorp dat van nostalgie is doordrongen. Behalve de (voor Normandië) bijzondere sfeer heeft het dorp zelf niet veel te bieden, maar er staat wel een heel boeiend museum.

SLAPEN IN DE OMGEVING

HEEL LUXUEUS

🏨 **HOSTELLERIE DU CHÂTEAU DE GOVILLE:** *14330 Le Breuil-en-Bessin.* ☎ *0231221928.*

● *chateaugoville@wanadoo.fr* ● *chateaugoville.com. Langs de D5, ongeveer 2 km na Le Molay-Littry, in de richting van Bayeux. Tweepersoonskamers voor € 95 tot 185, afhankelijk van het comfort. Ontbijt voor € 15.* Pure verwennerij op dit adres dat eigenlijk te luxueus is voor echte trotters. Te midden van een fraai park staat een kasteel met de charme van een gezinswoning. De antieke meubelen en de voorwerpen die de kamers sieren, hebben toebehoord aan vroegere generaties bewoners. Een echt familiemuseum. Heel aardige kamers die de namen dragen van de voorouders (!). Neem de tijd om de overal in het huis verspreide snuisterijen en poppenhuisjes te bewonderen.

WAT IS ER TE ZIEN?

❧ **Musée de la Mine:** *mijnmuseum in de Rue de la Fosse-Frandemiche.* ☎ 02 31 22 89 10.

🦽 *Van april tot september dagelijks geopend van 10.00 tot 12.00 u en van 14.00 tot 18.00 u. Gesloten op maandag, behalve wanneer dit een feestdag is. Toegangsprijs: € 5. Kortingen. Gratis voor wie jonger is dan zes. Combikaartjes mogelijk met de molen van Marcy: € 7. Bezoek met audiogids.* Bij het begin van het bezoek zie je een film over de geschiedenis van de mijn, gelegen in het enige steenkoolbekken van Normandië. De mijn functioneerde tot in het midden van de 20ste eeuw. Het museum is echt heel boeiend. Je ontdekt het dagelijkse leven van de 'gueules noires du bocage' (de kompels van het wallenlandschap) aan de hand van voorwerpen (lampen, baretten, veiligheidshelmen van gekookt leer) en oude documenten. De mijn was een echte stad met een monument voor de directeur (!) en een eigen fanfare. Daarna loop je door de heel geslaagde reconstructie van een mijngalerij waar de (belangrijke) evolutie van de ontginningstechnieken wordt getoond sinds 1740. Ook enkele uitzonderlijke stukken: een stoommachine van 1800 die werd gebruikt om steenkool te ontginnen (uniek in Frankrijk), een schaalmodel (op 1/10) van de bovengrondse installaties van schacht 5 van de mijn van Bruay-en-Artois (in het Franse departement Pas-de-Calais) dat werd gemaakt voor de wereldtentoonstelling van 1900. De maquette beweegt en toont tot in de kleinste details het bovengrondse mijnleven, tot en met de douches voorbehouden aan de opzichters.

❧ **Moulin de Marcy:** ☎ 02 31 21 42 13. *3 km van Molay, de molen is aangeduid van bij het mijnmuseum. Dezelfde openingstijden. Toegangsprijs (rondleiding): € 5. Kortingen (of combikaartje, zie bij het mijnmuseum).* De watermolen met boerderij uit de 19de eeuw ligt in de idyllische omgeving van een kleine vallei. De mechaniek functioneert nog. Op zondag wordt er brood gebakken.

BALLEROY

14490 | 840 INWONERS

Een gemeente die aan ... Versailles doet denken! Al liggen de proporties wel even anders. De plattegrond van Balleroy werd getekend in functie van het kasteel. Vandaar die vreemde indruk als je het dorp binnenkomt: de huizen lijken alleen gebouwd om de indrukwekkende laan die naar het kasteelpark leidt beter te laten uitkomen. Mooi architecturaal perspectief dat in dit genre uniek is voor Normandië. Het kasteel werd gedurende 300 jaar bewoond door de markiezen van Balleroy. Het werd gebouwd tijdens de eerste helft van de 17de eeuw voor de raadgever van de koning, Jean de Choisy, die daarvoor een beroep deed op de beste architect uit die tijd, de onvermijdelijke Mansart. En het was natuurlijk Le Nôtre die werd aangesproken om de tuinen te ontwerpen (later gereorganiseerd door Henri Duchêne).

In de jaren 1970 werd dit luxueuze landgoed verkocht aan een kleurrijk heerschap: de Amerikaanse miljardair Malcolm Forbes, uitgever van Fortune en fanatiek liefhebber van heteluchtballons. Hij richtte hier een museum op dat volledig aan zijn passie is gewijd en hij organiseerde in het immense park ballonfestivals die van Balleroy de rivaal van Albuquerque maakten!

WAT IS ER TE ZIEN?

❧ 🎈 **Het kasteel en het museum:** ☎ 02 31 21 60 61.

● *chateau-balleroy.com.* 🦽 *(museum). Het kasteel is geopend van 15 maart tot 15 oktober. Dagelijks rondleidingen (behalve op dinsdag) van 10.00 tot 12.00 u en van 14.00 tot 18.00 u (zonder onderbreking in juli en augustus). Het museum, het park en de winkel zijn in het hoogseizoen dagelijks geopend van 10.00 tot 18.00 u; buiten het sei-*

zoen op maandag, woensdag, donderdag en vrijdag van 10.00 tot 12.00 u en van 13.30 tot 17.00 u. Toegangsprijs voor het kasteel: € 6,50. Kinderen betalen € 5,50. Toegangsprijs voor het museum: € 4,50; kinderen: € 3,50.

- Het luchtballonnenmuseum: in het inkompaviljoen van het kasteel. Naar verluidt het enige museum in dit genre op de hele wereld. Op de bovenverdieping wordt de geschiedenis van de hetelucht- en gasballonnen uiteengezet, te beginnen met de eerste vlucht in 1783 tot de verschillende luchtvaartrecords, expedities en het gebruik van luchtballonnen tijdens de oorlog. Wist je dat Londen tijdens de Tweede Wereldoorlog tegen de bombardementen werd beschermd door een gordel van 444 luchtballonnen? Forbes is natuurlijk ook aanwezig in zijn eigen museum. Hij was de eerste die de Verenigde Staten doorkruiste in een luchtballon.

- Het kasteel: uitsluitend rondleidingen (45 minuten). Dit stenen gebouw met z'n harmonieuze proporties geldt als een typisch voorbeeld van de stijl van Lodewijk XIII. Het is het derde meesterwerk van architect François Mansard. Mooi bloembed in Franse stijl omringd door bijgebouwen en grachten. Belangrijke kunstcollectie met grote meesters (Baudry, Juste d'Egmont, Vignon ...). Schitterende eetkamer met houtsnijwerk dat de fabels van la Fontaine voorstelt. In de rookkamer heeft Forbes het plafond laten beschilderen met luchtballonnen. Dit vloekt wel een beetje met de antieke meubelen! Op de eerste verdieping ontdek je een heel bekoorlijk eresalon, bekend om de schilderijen van koningen en het beschilderde plafond uit de 17de eeuw. Ook een mooie Franse tuin, een Engels park en een duiventil.

IN DE OMGEVING VAN BALLEROY

❦ Vergeet niet dat het **Forêt de Cerisy** (met de schitterende abdij) slechts enkele kilometers van Balleroy ligt ... (zie het hoofdstuk gewijd aan de 'Manche').

VIRE

14500 | 13.900 INWONERS

De hoofdplaats van de Bocage Virois is een vredige subprefectuur met een fraaie ligging. De stad werd in 1944 jammer genoeg grotendeels vernield door de bombardementen. Enkele monumenten zijn bewaard gebleven, onder meer een merkwaardige klokkentoren met poort. Vire is op culinair vlak vooral bekend om de plaatselijke *andouille*, die binnen Frankrijk wordt beschouwd als de grote concurrent van die van Guémené-sur-Scorff in de Morbihan. De fabricatie van deze fameuze worst op basis van varkensingewanden gaat terug tot in de 16de eeuw en het recept is sindsdien nagenoeg ongewijzigd gebleven.

VIRE EN Z'N ANDOUILLE

De oorsprong van de andouille ligt ergens in ons duistere verleden. Wat maakt het ook uit, als de worst maar lekker is en net genoeg gerookt. Want het hele geheim van deze typische worst van varkensingewanden zoals maag, dunne darm en dikke darm zit in het roken. Ze moet minstens een maand in een schoorsteen hangen waaronder een vuurtje wordt gestookt met beukenhout. Daar verliest de andouille meer dan 50% van haar gewicht en haar volume. Gelukkig bestaan er nog heel wat vakmensen die deze specialiteit op traditionele wijze bereiden, hoewel er meer en meer industriële versies op de markt zijn die natuurlijk weinig gemeen hebben met de echte andouille. De lokale specialiteit van Vire wordt elk jaar in november gehuldigd met een groot feest. Inlichtingen bij het toeristische infopunt.

Andouille van Vire of van Guéméné?

Je mag ze in elk geval niet door elkaar halen! Een hulpmiddeltje: als je de andouille van Vire in stukken snijdt, zie je dat deze onregelmatig van vorm is. Dit komt doordat de stukken ingewanden (groot, klein, dik) in elkaar worden gepropt en dan met een draadje worden samengetrokken om ze in een grote darm te steken. Terwijl in Guéméné (Bretagne) alleen de grote ingewanden worden gebruikt, netjes op elkaar gerold. Vandaar het cirkelvormig uitzicht. Gemakkelijk toch?

NUTTIGE ADRESSEN

1 Toeristische Infopunt: *Square de la Résistance.* ☎ *02 31 66 28 50.* ●*vire-tourisme.com. Geopend van maandag tot zaterdag van 9.30 tot 12.15 u en van 13.45 tot 18.00 u (op zaterdag tot 17.00 u); van half juli tot half augustus geopend van 9.30 tot 13.00 u en van 13.45 tot 18.00 u.* Je vindt er een klein boekje met 'promenades dans la ville' (stadswandelingen) en alle nodige informatie over de 'Bocage normand' (het Normandische wallenlandschap).

🚉 Treinstation: *Rue de la Gare.* ☎ *36-35 (€ 0,34 per minuut).* Vire ligt op de lijn Parijs-Granville, ongeveer tweeënhalf uur verwijderd van de hoofdstad. Zowat 5 verbindingen per dag.

🚌 Bussen (Bus Verts): *Place du Champ-de-Foire (vlak bij het toeristische infopunt).* ☎ *0810 214 214 (tarief van een lokaal gesprek).* Bus 32 verbindt Vire, Aunay-sur-Odon, Villers-Bocage en Caen.

- **Markt:** *vrijdagochtend in het stadscentrum.* Zeer leuk!

🛏🍴 HÔTEL DE FRANCE: *Rue d'Aignaux 4.* ☎ *02 31 68 00 35.*
●*hoteldefrancevire.com. In het centrum. Gesloten op zondagavond en op maandagmiddag. Jaarlijks verlof: van half december tot half januari. Tweepersoonskamers met badkamer voor € 60 tot 70, afhankelijk van het uitzicht. Menu's voor € 16 tot 37. Wifi.* Een twintigtal comfortabele kamers, sober maar stijlvol ingericht. In de keuken wordt de andouille in alle menu's verwerkt. Streekgerechten met een geslaagde persoonlijke toets.

🍴 AU VRAI NORMAND: *Rue Armand-Gasté 14.* ☎ *02 31 67 90 99.*
●*restaurant@auvrainormand.com. Gesloten op dinsdagavond, woensdagavond en zondagavond (behalve op feestdagen). Jaarlijks verlof: tijdens de schoolvakantie in februari. Lunchformule op weekdagen voor € 15,50; menu's voor € 21,50 tot 32,50.* Mooi aangenaam huis met een elegante eetruimte zonder overbodige versieringen. Lekkere streekkeuken met enkele verrassende accenten zoals warme andouille op een bedje van gesmolten prei of appeltaart met vijgensorbet.

🍴 L'ANNEXE: *Rue Saulnerie 1.* ☎ *02 31 67 73 61.*
Naast het Grote Uurwerk. Dagelijks geopend van 8.00 tot 20.00 u (op zondag tot 18.00 u). Gesloten op maandag. Formules voor € 9 tot 12 (om ter plaatse op te eten of mee te nemen). De grote ramen en het appelgroen interieur vallen echt wel op in dit decor van grijze steen, gevormd door de omringende huizen. Je komt hier voor een snack, maar dan wel een erg lekkere (het gaat hier eigenlijk om het bijgebouw van het Hôtel de France): verse slaatjes, dagschotels (de porties zijn wel wat klein), nagerechten (panna cotta, rijstpap ...) en een groot aanbod van suikerwaar voor bij het ontbijt of als tussendoortje.

🛏 CHAMBRES D'HÔTE DU CHAMP FLEURY: *bij Simone Laiman, Le Champ Fleury, 14350 Montchamp.* ☎ *02 31 68 24 95.* ●*chambres.vire@gmail.com* ●*chambres-hotes-vire.fr.* ♿ *Ongeveer 15 km ten noordoosten van Vire, via de D577 en dan de D56. Sla rechts af in de bocht net voordat je Montchamp binnenrijdt en volg de weg zowat 1 km. Tweepersoonskamers met badkamer voor € 45.* Drie leuke en perfect onderhouden kamers in een mooie woning, te midden van de velden en omgeven door een aardige tuin. Twee ervan bevinden zich op de verdieping van het hoofdgebouw, de derde (met aparte bedden) is ingericht in het kleine bijgebouw tegenover het zwembad dat omgevormd is tot een visvijver.

☒☒ FERME-AUBERGE LA PETITE FOSSE: *La Petite-FosseSaint-Germain-de-Tallevende.*

☎ *02 31 67 22 44. Neem 2 km van het centrum van Vire, richting Rennes (D 577), de C4 en blijf deze weg 1 km volgen; daarna aangeduid. Tweepersoonskamers met badkamer voor € 37, ontbijt inbegrepen. Om te eten moet je reserveren (en in het weekend liefst heel vroeg). Menu's voor € 16 tot 26.* Dit landbouwbedrijf met tuin biedt een mooi uitzicht op de valleien van de Bocage. Twee kamers in een klein, met hout bekleed bijgebouw en nog twee (iets meer lawaai) in de woning zelf die ook dienst doet als restaurant. Ietwat ouderwets, maar perfect onderhouden. In de keuken bereidt Anne-Marie goed vullende maaltijden voor een zacht prijsje. Voor wie van rust houdt: er logeren hier vaak groepen ... Uitstekende ontvangst.

☒🗋 POPPYS TEA ROOM: *Rue de Caligny, Le Bourg, 14350 Montchamp.*

☎ *02 31 09 24 22. ● mandy@gmail.com. Ongeveer 15 km ten noordoosten van Vire, via de D577 en dan de D56. Geopend van woensdag tot zondag van 11.00 tot 18.00 u. Menu's voor € 10 tot 12; cream tea voor € 3,60.* Een op het eerste gezicht misleidend adres: in een karakterloos paviljoen weerklinken vaak Engelse stemmen, afkomstig van de Britten die in de streek van Vire wonen en die hier een kopje thee komen drinken, in combinatie met een aantal klassiekers van over het Kanaal (aardappelen in de oven, belegde broodjes, een paar warme schotels) en heerlijk vers gebak van de eigenares. Zachte prijsjes. Het ideale plekje voor een ontspannende en versterkende pauze op je wandeling langs de bochten van de Vire. Sympathieke ontvangst.

WAAR KUN JE ECHTE ANDOUILLE VAN VIRE KOPEN?

🗋 Op de markt: *vrijdagochtend in het stadscentrum. En natuurlijk ook bij de talrijke ambachtelijke varkensslagers in het centrum.*

🗋 Maison Danjou: *Rue André-Halbout 5 (de weg naar het toeristisch infopunt).*

☎ *02 31 68 04 00. Dagelijks, behalve op zondag en maandag (in de zomer wel geopend op zondagochtend).*

WINKELEN

🗋 Magasin d'usine Guy Degrenne: *handelscentrum aan de Avenue de Bischwiller.*

☎ *02 31 66 44 44. Dagelijks geopend van 10.00 tot 12.30 u en van 14.00 tot 19.00 u. Gesloten op zondag.* Een van de eerste fabrieken van Guy Degrenne. In de fabriekswinkel kun je de nieuwste collecties vaatwerk voor een normale prijs kopen. Je vindt er ook de laatste stukken van bepaalde reeksen en licht beschadigde artikelen die dan voor een interessante prijs worden verkocht.

WAT IS ER TE ZIEN?

🔦 Porte-horloge: *de klokkentoren bevindt zich tussen de Rue du Général-Leclerc en de Église Notre-Dame. Alleen geopend in de zomer voor de jaarlijkse thematentoonstellingen.* 13de-eeuwse versterkte poort. Tussen de twee grote torens met kantelen werd in de 15de eeuw een klokkentoren met een hoogte van ongeveer 30 m toegevoegd. Boven op deze toren heb je een prachtig uitzicht op de stad.

🔦🔦 Église Notre-Dame: fraai gebouw uit de 13de en 16de eeuw. Portaal uit de 14de eeuw. Binnen ontdek je een kerkschip met elegante gewelven, getooid met zuilen en kapitelen. Het grote koor is rijkelijk versierd.

🔦 De donjon: *Place du Château (achter de kerk).* In de 12de eeuw gebouwd door de Noormannen. Het versterkte kasteel dat de vallei van de Vire domineerde, werd later vernield, maar de donjon bleef langer rechtstaan. Nu blijven er nog mooie ruïnes over, typisch voor de bouw-werken van de Noormannen uit die tijd.

🎭 🎭 **Het museum van Vire:** *Place Sainte-Anne 2.* 📞 *02 31 68 10 49.*

In juli en augustus geopend van woensdag tot zondag van 10.00 tot 12.30 u en van 14.00 tot 18.00 u. In mei en juni en van september tot half november geopend van woensdag tot vrijdag van 14.00 tot 18.00 u; in het weekend van 10.00 tot 12.30 u en van 14.00 tot 18.00 u. Toegangsprijs: € 3. Kortingen. Ondergebracht in het 18de-eeuwse godshuis. Fraaie collecties die het leven in de Bocage Virois in beeld brengen. Een ideale culturele aanvulling na een bezoek aan de streek. Je vindt er onder meer reconstruc-ties van ambachtelijke ateliers, Normandisch meubilair, kleding, juwelen, traditionele hoofddeksels ... Op de laatste verdieping: kunstwerken van de schilder-karikaturist Charles Léandre, befaamd in de 19de eeuw. In de tuin staat een reconstructie van een typische boer-derij (je kunt er niet binnen).

EVENEMENTEN

- **Les Virevoltés:** *eerste helft van juli.* ●*lesvirevoltes.org.* Festival met overal in de stad straatspek-takel. Dit sympathieke en erg leuke evenement is in heel de streek gekend. Druk bezocht.

IN DE OMGEVING VAN VIRE

🎭 🎭 **Route des Gorges de la Vire:** een bewegwijzerde toeristische route van 35 km door een ongerept landschap, langs verborgen en uitermate charmante plekjes (ideaal voor een wandeling of een fietstocht). De Vire is een klein riviertje met een bedding die zich lui kron-kelend een weg baant doorheen de Bocage en die daar dan door de talrijke zijriviertjes en beekjes opzwelt om zich vervolgens in een granieten corridor te storten - de eigenlijke ri-vierengtes - en uiteindelijk uitmondt in het Kanaal. De route start net voor Campeaux, ten westen van Bény-Bocage (volg de D293, bereikbaar via de D674 of de D56).

DE SUISSE NORMANDE EN HET PAYS DE FALAISE

DE SUISSE NORMANDE (ZWITSERS NORMANDIË)

Deze toeristische streek strekt zich uit langs de Orne (de rivier), over de departementen Cal-vados en Orne. Het is een laaggebergte, vandaar de naam van het gebied. Een groen land-schap met waterloopjes en soms indrukwekkende rotsformaties, zoals het fameuze Pain de Sucre ('suikerbrood'). Een ontmoetingsplaats voor rotsklimmers, wandelaars en vissers. De Suisse Normande biedt ook charmante dorpjes, aardige weggetjes en allerhande activi-teiten voor vakantiegangers. Heel druk tijdens de zomermaanden of in het weekend want dan komen de mensen uit de streek hiernaartoe.

NUTTIGE ADRESSEN

Er zijn twee kantoren van de Dienst voor Toerisme. Je vindt er alle informatie over de sport-activiteiten en ook kaarten voor wandel- en fietstochten (mountainbikes). Wie wil klim-men, vindt hier ook de nodige documentatie.

ℹ️ **Dienst voor Toerisme van de Suisse Normande:** *Place Saint-Sauveur 2, 14220 Thury-Harcourt.* 📞 *02 31 79 70 45.* ●*ot-suisse-normande.com. In juli en augustus dagelijks geopend (behalve op zondagmid-*

dag); in mei, juni en september dezelfde openingstijden, maar gesloten op maandag; van oktober tot april geopend van maandagmiddag tot zaterdagmiddag.

🛈 Dienst voor Toerisme van de Suisse Normande: *Place du Tripot, 14570 Clécy.*

☎ *02 31 69 77 95. In juli en augustus dagelijks geopend (behalve op zondagmiddag) van 10.00 tot 12.30 u en van 14.30 tot 18.30 u; in mei en juni en van 1 tot 10 september dezelfde openingstijden, maar gesloten op maandag; van 11 tot 30 september geopend tot 17.00 u; in de paasvakantie 's ochtends geopend.*

WAT IS ER TE DOEN?

De Suisse Normande is een waar paradijs voor wandelaars en sportievelingen. Je kunt er allerhande activiteiten doen:

- **Kano-kajak:** de dorpen Thury-Harcourt en Pont-d'Ouilly zijn bekend om hun uitstekende kajak-poloteams en hun club die, zoals sommigen al lachend zeggen, de officiële leverancier is van de Franse wereldkampioen. Je kunt tussen deze twee plaatsen leuke tochten maken op de Orne. In Clécy uitspanningen en mooie landschappen (Rochers des Parcs, Pain de sucre, Éminence...) om in schoonheid te eindigen. Een paar adressen (ook verhuur van uitrusting): *Openluchtbasis van Pont-d'Ouilly,* ☎ *02 31 69 86 02; Kayak Club in Thury-Harcourt,* ☎ *02 31 79 40 10; Capaventure, in het openluchtcentrum Lionel-Terray van Clécy,* ☎ *02 31 69 11 68. Er zijn in Clécy ook verscheidene winkels die kano's en kajakken verhuren.*

- **Mountainbike:** een uitgestrekt parcours van Saint-Laurent-de-Condel tot Roche d'Oëtre. Je kunt bij de Dienst voor Toerisme van de Suisse Normande een brochure kopen met 30 tochten (FFC-label).

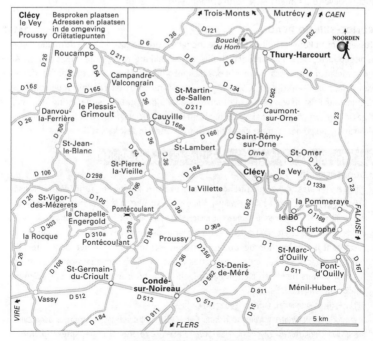

DE SUISSE NORMANDE

- **Wandeltochten:** ontzettend veel paadjes om je kuitspieren te trainen. Kaarten te koop bij de Dienst voor Toerisme (18 wandelingen van 1 tot 16 km).
- **Parapente:** wie door vliegen bezeten is, komt in de Suisse Normande volop aan zijn trekken. De vliegschool Element'air Basse-Normandie biedt luchtdopen en stages aan op de verschillende startbanen van de Suisse Normande (beheerd door Icare). ☎ *0231 21 03 31 of 06 31 90 38 31 (gsm).* ●*elementair-basse-normandie.fr. Ook nog: Plaine Altitude, Route des crêtes, 14220 Saint-Omer.* ☎ *0231 69 33 31.* ●*plaine-altitude.com.*
- **Rotsbeklimming:** de rotsformaties van Clécy lenen zich uitstekend voor deze sport. Voor een kennismaking of stages: *openluchtcentrum Lionel-Terray in Clécy.* ☎ *0231 69 72 82. Je kunt ook eerst muurklimmen proberen: openluchtbasis van Pont-d'Ouilly.* ☎ *0231 69 86 02. De ervaren klimmers kunnen voor informatie terecht bij de Dienst voor Toerisme.*

🏃 **Spoorwegfietsen:** *in het station van Pont-Érambourg, 61790 Saint-Pierre-du-Regard.* ☎ *0231 69 39 30. Neem in Condé-sur-Noireau de D511 in de richting van Pont-d'Ouilly-Pont-Érambourg. Tocht van 13 km (heen en weer). Prijs: € 19 voor 4 personen. Geopend van einde maart tot Allerheiligen. In de zomer dagelijks van 10.30 tot 18.00 u; buiten het seizoen dagelijks van 14.00 tot 16.00 u.* Een activiteit voor het hele gezin, iets minder intensief en vermoeiend dan de vorige. Je rijdt met een speciaal aangepaste gezinsfiets op de spoorlijn Caen-Flers.

EVENEMENT

- **Rando Aventure & Week-end de la randonnée en Suisse Normande:** *tweede weekend van september. Inlichtingen bij de Dienst voor Toerisme van de Suisse Normande (twee kantoren).* Een combinatie van twee evenementen: een weekend met tal van sportactiviteiten en andere mogelijkheden om de streek te verkennen en een avonturentocht (niet gratis) met verschillende openluchtproeven om samen met je gezin of vrienden af te leggen.

CONDÉ-SUR-NOIREAU   14110

Tussen Vire en Pont-d'Ouilly, een van de toegangspoorten tot de Suisse Normande. Condé is de geboorteplaats van Dumont d'Urville, de ontdekkingsreiziger die in 1840 de Terre Adélie ontdekte in Antarctica. Hij bracht ook de Aphrodite van Melos, beter bekend als de Venus van Milo, naar Frankrijk. Ook Shakespeare vond inspiratie bij een lokaal personage van Condé: John Falstolf was gouverneur van dit stadje tijdens de Engelse bezetting (Honderdjarige Oorlog). En William maakte van hem zijn Falstaff. De plaats werd tijdens de oorlog met de grond gelijkgemaakt, maar gelukkig heropgebouwd in de lokale stijl.

SLAPEN EN ETEN IN CONDÉ-SUR-NOIREAU EN OMGEVING

DOORSNEEPRIJS

🛏🍴Hôtel-restaurant Auberge Saint-Germain: *Route de Vire, 14110 Saint-Germain-du-Crioult.* ☎ *0231 69 08 10.* ●*auberge-saint-germain.com. 3 km van Condé-sur-Noireau, langs de D512 in de richting van Vire. Tweepersoonskamers met badkamer voor € 50. Lunchmenu op weekdagen voor € 16; andere menu's voor € 23 tot 42.* Een goed adresje langs de weg, eenvoudig maar degelijk. Het restaurant ligt in het hoofdgebouw. Gezellige eetruimte met op het menu streekgerechten, maar ook meer gedurfde creaties van de chef. De aangename en goed onderhouden kamers bevinden zich in een bijgebouw achteraan (rust verzekerd!). Sympathieke ontvangst.

🍴Le Fjord: *Avenue de la Gare 15.* ☎ *0231 67 53 93.*
In een bocht bij het verlaten van de stad, richting Flers. Gesloten op dinsdagavond en op woensdag. Lunchmenu's voor € 13,50 tot 16. 's Avonds kun je à la carte eten voor € 20 tot 25. Ontegensprekelijk Noorse invloeden in de keuken van dit verrassend restaurantje (assortiment van Zweedse ha-

ring, zalmschotel met bieslooksaus). Maar de chef schrikt er ook niet voor terug om de platgetreden Scandinavische paden te verlaten en meer inventieve gerechten op je bord te brengen, een samenspel van zoet en zout.

WAT IS ER TE ZIEN?

🎔 🎔 **Espace-Musée Charles-Léandre – Médiathèque municipale:** *Rue Saint-Martin 9.* ☎ *02 31 69 41 16. Van dinsdag tot vrijdag geopend van 10.00 tot 12.15 u en van 14.00 tot 19.00 u; op zaterdag van 10.00 tot 18.00 u. Op zondag is enkel het museum geopend: van 14.30 tot 18.00 u. Gratis; audiogids voor € 2.* Een uitstekend museum met drie verdiepingen gewijd aan het lokale geheugen en aan een van de plaatselijke beroemdheden, de schilder-karikaturist Charles Léandre.

- Benedenverdieping: volledig opgedragen aan Léandre (1862-1934). De mooie portretten en genretaferelen van deze veelzijdige schilder worden hier in de juiste intimistische sfeer voorgesteld. Fijne pasteltekeningen waarop de personages je met een liefdevolle blik aankijken. Het schitterende olieverfschilderij 'Je dors mais mon cœur veille' (ik slaap, maar mijn hart waakt) is doordrenkt van oprechte liefde. Sympathieke studie van het boerenleven in 'Repas de noces' (bruiloftsmaal). Ook de karikaturist Léandre komt uitgebreid aan bod. Hij maakt grapjes, maar wordt nooit cynisch.
- Eerste en tweede verdieping: tijdelijke tentoonstellingen.
- Derde verdieping: uitstekende uiteenzetting van de lokale geschiedenis. Interessant schaalmodel van de stad voor de bombardementen, gebaseerd op plannen uit het begin van de 20ste eeuw. De geschiedenis en de evolutie van de stad worden aanschouwelijk gemaakt met behulp van zorgvuldig uitgekozen archieffilmpjes en documenten. Het belang van de plaatselijke industrie wordt op vernuftige wijze onderstreept: papierfabricage, weverij, drukkerij, de grote stakingen. Archiefbeelden. Ook de grote historische figuren worden niet vergeten, bijvoorbeeld een zekere Dumont d'Urville, ontdekkingsreiziger uit de 19de eeuw.

🎔 **Église Saint-Martin:** deze kerk werd gedeeltelijk in de 12de eeuw gebouwd.

CLÉCY   14570
Het charmante dorp met granieten huizen dat in een schitterende omgeving werd gebouwd, gaat door voor de 'hoofdplaats van de Suisse Normande'. Clécy volgt gedeeltelijk de oevers van de Orne (het meest toeristische deel) en grenst aan het gehucht Le Vey. Het eigenlijke stadscentrum ligt iets verder en ook iets hoger.

NUTTIG ADRES
ℹ️ **Dienst voor Toerisme van de Suisse Normande:** *Place du Tripot. Zie de rubriek 'Nuttige adressen' bij de inleidende tekst over de Suisse Normande.* Organiseert een tocht langs het patrimonium van dit stadje en zijn verborgen schatten.

SLAPEN IN CLÉCY EN OMGEVING

CAMPING
🏕 CAMPING LES ROCHERS DES PARCS: *La Cour, 14570 Le Vey.* ☎ *02 31 69 70 36.* ● *campingclecy@ocampings.com* ● *ocampings.com/campingclecy. Geopend van april tot eind september. Reken op € 14 voor twee personen met tent en auto (in het hoogseizoen). Verhuur van chalets, mobilhomes en caravans: € 180 tot 580 per week. Wifi. Ook verhuur van fietsen en kajaks.* Leuke, kleine camping vlak bij het water en onder de appelbomen. Levendige sfeer. Ook een aantal mooie, houten chalets (wel niet allemaal met eigen sanitair).

GOEDKOOP TOT DOORSNEEPRIJS

⌨ AU SITE NORMAND: *Rue des Chatelets 2, 14570 Clécy.* ☎ 02 31 69 71 05.

● *sitenormand@voila.fr* ● *hotel-clecy.com. Tweepersoonskamers met badkamer voor € 50 tot 58, afhankelijk van de grootte.* Een vakwerkhuis in het centrum van het dorp, met smalle gangen en dito kamers. Goed onderhouden en vriendelijke ontvangst.

⌨ CHAMBRES D'HÔTE LA FERME DU MANOIR: *14570 Le Vey.* ☎ 02 31 69 73 81.

Aan de rand van Le Vey, langs de D133A uit de richting van Clécy. Tweepersoonskamers voor € 47 (€ 57 voor drie personen). Prachtig gelegen landhuis met torentje en bijgebouwen uit de 16de eeuw. Heel rustig. Ietwat verouderde, maar wel ruime kamers (waarvan eentje met een reusachtige stenen open haard die jammer genoeg niet werkt).

⌨ CHAMBRES D'HÔTE & GÎTES RURAUX LA FERME DU VEY: *14570 Clécy-Le Vey.*

☎ 02 31 69 71 02. ● *pbrisset@9online.fr* ● *ogites.com/ferme-du-vey. Tweepersoonskamers met badkamer voor € 42.* Drie kamers in een boerderij. Het interieur zal je ongetwijfeld niet bijblijven, maar het geheel is wel perfect onderhouden. Deze familie verhuurt ook zeven landelijke vakantiehuisjes en twee groepsverblijven op verscheidene boerderijen en in een landhuis!

LUXUEUS

⌨ DOMAINE DE LA POMMERAYE: *'La Couture', 14690 La Pommeraye.*

☎ 02 31 69 02 67. ● *audomainedelapommeraye@gmail.com* ● *audomainedelapommeraye.com. Verlaat Clécy via de D168 naar Pont-d'Ouilly en Le Bô; volg deze laatste richting tot aan het bord naar La Pommeraye. De hoeve ligt ongeveer 200 m verder dan het bord La Pommeraye, aan de 168B naar Pont-d'Ouilly. Gesloten op zondag en woensdag: spa geopend van 9.00 tot 18.30 u. Reserveren vereist. Tweepersoonskamer met badkamer voor € 70, ontbijt inbegrepen. Voor de spa moet je bijbetalen: € 25 per persoon.* Deze fantastisch gerestaureerde hoeve ligt midden in het groen. Vijf gastenkamers (stijlvolle cocons in een warm universum van oude steen) en een spa ... Je hoeft hier niet te overnachten om te kunnen genieten van de spa. Als gast is het natuurlijk moeilijk te weerstaan, wat de rekening dan natuurlijk doet oplopen. Maar gezien de schoonheid en de kwaliteit van deze plek, zul je je het geenszins beklagen! Een ideaal adres om te herbronnen en even afstand te nemen van de drukke buitenwereld (nauwelijks internetverbinding, helemaal geen wifi).

⌗ LA GAVOTINE: *Le Bourg, 14220 Saint-Omer.* ☎ 02 31 79 77 83.

In de zomer dagelijks geopend, de rest van het jaar van vrijdag tot zondag. Menu's voor € 7 tot 15,50. Een aardig adresje, vlak naast de startbaan voor parapente, waar de mensen uit de buurt en toevallige voorbijgangers elkaar ontmoeten bij een goed gevuld bord (streekgerechten, producten uit de zee, Scandinavische invloeden ...). Gezellige eetzaal en ook een terras.

⌗♪⯐ LE SOUBOCK: *Route de Saint-Lambert, 14770 Cauville.* ☎ 02 31 25 00 65.

● *contact@soubock.com* ● *soubock.com. Op vrijdag en zaterdag geopend van 20.00 tot 2.00 u. Formule voor € 12,80 (reserveren) of aperitief en tapasbar. Concerten (niet gratis).* Een groot, houten gebouw dat is neergezet midden in de velden en dat concerten organiseert. Gezellige sfeer en aangenaam kader.

⯐ LA DAME BLANCHE: *Le Bourg, 14690 Le Bô.* ☎ 02 31 69 67 99.

● *herve.frydman@orange.fr.* Dit stenen huisje, verborgen tussen de bomen, doet tegelijk dienst als café en antiekwinkel. Landelijke retrosfeer verzekerd!

WAT IS ER TE ZIEN EN WAT IS ER DOEN?

🦐🦐 **De oevers van de Orne:** *ongeveer 800 m van het centrum van Clécy.* Dit lijken wel de oevers van de Marne! De sfeer van weekends op het platteland met herbergen, gegrilde worsten en waterfietsen. Leuke terrassen. Heel druk bij zonnig weer.

🦐 **De dorpskerk:** groot, harmonieus gebouw van graniet. Merkwaardige klokkentoren met verdiepingen en kleine ramen.

🦐 📖 **Chemin de fer miniature:** *miniatuurtreinen tussen de oevers van de Orne en het centrum van Clécy.* ☎ 02 31 69 07 13. ● chemin-fer-miniature-clecy.com. 🎫 *Van Pasen tot september dagelijks geopend (behalve op maandag) van 10.00 tot 12.00 u en van 14.00 tot 18.00 u. In juli en augustus ook open op maandag. In oktober geopend op zondag van 14.00 tot 17.30 u; tijdens de allerheiligenvakantie dagelijks van 14.00 tot 17.30 u. Sluit na de allerheiligenvakantie tot februari. Toegangsprijs: € 5,50 voor volwassenen en € 3,50 voor kinderen.* Op een oppervlakte van meer dan 300 m² staan honderden wagons, locomotieven, huisjes en allerhande decors om kleine en grote kinderen te laten wegdromen.

- **Schitterende routes in de buurt van Clécy,** onder meer bij het gehucht Le Vey in de richting van Saint-Omer. Je volgt best de toeristische route van de Suisse Normande (een bewegwijzerd traject van 65 km). Voor meer informatie kun je terecht bij de kantoren van de Dienst voor Toerisme.

THURY-HARCOURT   14220

Een klein dorp aan de oevers van de Orne, een van de toegangspoorten tot de Suisse Normande. Je kunt er een kerk uit de 13de eeuw en overblijfselen van een kasteel bezoeken. Leuke wandelingen in de omgeving.

SLAPEN EN ETEN IN THURY-HARCOURT EN OMGEVING

🛏️❌ **LE RELAIS DE LA POSTE:** *Route de Caen 7, Thury-Harcourt.* ☎ 02 31 79 72 12. ● relaisdelaposte@gmail.com ● ohotellerie.com/relaisdelaposte. *In het centrum. Tweepersoonskamers met badkamer voor € 65 tot 105, afhankelijk van het comfort. Lunchmenu's op weekdagen voor € 18 tot 23; andere menu's voor € 27 tot 47. Internet.* Een tiental kokette, maar wel vrij kleine kamers (behalve de duurste waar plaats is voor drie personen). Bij de goedkoopste is het sanitair in tweeën opgesplitst (niet erg praktisch). Elegante eetzaal in chocoladetinten waar een gezellige sfeer heerst en waar de gasten kunnen genieten van een fijne keuken. De chef speelt met streekproducten die hij durft te combineren met meer exotische smaken. Zeer goede prijs-kwaliteitverhouding voor de lunchmenu's. Uitstekende ontvangst en bediening.

🛏️ **AUX LOGIS DE TROIS MONTS:** *bij mijnheer en mevrouw Môre, Route de l'Église, 14210 Trois-Monts.* ☎ 02 31 79 78 98. ● bernard.more@free.fr ● auxlogisdetroismonts.com. *Ongeveer 9 km ten noorden van Thury-Harcourt (bereikbaar via de D212); een beetje buiten het dorp (sla op de hoofdstraat links af bij het kruisbeeld). Tweepersoonskamers met badkamer voor € 45, ontbijt inbegrepen.* Het huis en de bijgebouwen liggen in een mooie vallei, met de kerk op de achtergrond. In het midden een binnenplaats die in het seizoen vol bloemen staat. In een van de gebouwen (verbonden met de eigenlijke woning) liggen twee eenvoudige maar leuke kamers voor twee tot vier personen.

🛏️ **MANOIR DE LA PIVARDIÈRE:** *bij mevrouw Chapirot, 14220 Mutrécy.* ☎ 02 31 79 09 48. ● chapirotbeatrice@yahoo.fr ● lapivardiere.com. *Geopend van april tot september. Ongeveer 14 km ten noorden van Thury-Harcourt (via de D562 en de D257). Tweepersoonskamers voor € 54 tot 70, afhankelijk van het comfort. Ontbijt: € 22 per persoon.* Midden in het charmante dorp Mutrécy staat aan het einde van een lange laan een prachtige woning, omring door muren en een mooie tuin. De twee grote dakkamers met gemeenschappelijke badkamer op de overloop zijn ideaal voor een gezinsvakantie of een uitstapje met een groep vrienden. Op de verdieping eronder ook nog een prachtige kamer, meer in de stijl van een echt landhuis. Heel leuke sfeer, helemaal geen hautaine bedoening. Zeer goede ontvangst.

⊠ AUBERGE DU PONT DE BRIE: *14210 Goupillières.* ☎ *02 31 79 37 84.*

Ongeveer 10 km ten noorden van Thury-Harcourt (neem de D562 en dan de D171 tot aan het bord 'Halte de Grimboscq'). Gesloten op maandag (het hele jaar) en dinsdag (buiten het seizoen). Jaarlijks verlof: twee weken begin juli, twee weken eind december en een week eind februari. Menu's voor € 19 tot 32; het menu voor € 27 is een aanrader. Dit etablissement met klassieke inrichting ligt helemaal alleen in een prachtige natuur. Zeer goede keuken met typisch Normandische gerechten, zoals entrecote met camembertsaus of zeebaarsfilet met ciderboter. Onberispelijke bediening en onzettend vriendelijke ontvangst.

FALAISE

14700 | 8800 INWONERS

Ten zuiden van de vlakte van Caen en buiten het circuit van de Suisse Normande ligt Falaise, in de verste uithoek van de Calvados. Die ligging verklaart waarom sommige toeristen het stadje overslaan. Falaise dateert uit de 9de eeuw, maar had het ongeluk om als slagveld te dienen voor het beslechten van de slag om Normandië (zoals je zult zien in het boeiende museum). Toch zijn er nog sporen uit het roemrijke verleden bewaard gebleven, zoals het kasteel waar Willem de Bastaard (de toekomstige Willem de Veroveraar!) werd geboren. In het centrum en de omgevende dorpjes wachten je ook enkele leuke verrassingen.

EEN SCHUNNIG BEETJE GESCHIEDENIS

Toen hij zeventien jaar oud was, hing de jonge hertog Robert wel vaker rond aan de voet van de donjon van het familiekasteel. Dat gelanterfanter had maar één doel: steelse blikken werpen naar de mooie Arlette, de dochter van de plaatselijke bontwerker die hier geregeld linnen kwam wassen. Gek van liefde slaagde de toekomstige Robert de Prachtlievende (ook wel Robert de Duivel genoemd) erin het meisje in zijn kasteel te lokken. Volgens de legende kreeg Arlette na afloop een vreemde droom. Zij beviel van een woud dat Normandië en Engeland overwoekerde. In werkelijkheid schonk zij met Kerstmis het leven aan een kleine bastaard, in de cel van de donjon ... De baby werd Willem genoemd. Hij groeide op in het kasteel, maar moest na de dood van zijn vader onderduiken. De jongen had duidelijk het strijdlustige, hertogelijke bloed van zijn vader geërfd. Hij slaagde er niet alleen in het kasteel met geweld te heroveren, maar liet zich ook tot hertog van Normandië uitroepen. Die veroveringsdrang bezorgde hem later nog zijn uiteindelijke naam én Engeland.

DE 'RATTENVAL' VAN FALAISE

Na de landing en de verovering van de Bocage komen de geallieerden, nu gesteund door het leger van Patton, begin augustus 1944 aan in de streek van Falaise. De Duitse pantserwagens zetten een tegenaanval in, maar enkele dagen later zijn ze omsingeld door de Engelsen en de Canadezen in het noorden, de Amerikanen in het westen en tot slot de Fransen (de troepen van Leclerc) en de Polen in het zuiden! De Duitsers zitten als ratten in de val ... maar dat verhaal vertellen we je in de paragrafen gewijd aan Chambois en aan de Mont-Ormel (zie het hoofdstuk 'Orne'). Falaise wordt pas bevrijd op 17 augustus door de Canadezen. De stad is voor 80% vernield.

NUTTIG ADRES

ⓘ @ Dienst voor Toerisme van de streek van Falaise: *Boulevard de la Libération, BP 54.* ☎ *0231901726.* ● *falaise-tourisme.com. Naast het Forum. Van mei tot september van maandag tot zaterdag geopend van 9.30 tot 12.30 u en van 13.30 tot 18.30 u; van oktober tot april geopend van 9.30 tot 12.30 u en van 13.3.0 tot 17.30 u.* Routebeschrijvingen te koop voor wandelaars en mountainbikers. De Dienst voor Toerisme organiseert rondleidingen en 'balades gourmandes' (wandelingen voor lekkerbekken; niet gratis). Je vindt er ook een plannetje om de stad op een aangename manier te ontdekken. Internetaansluiting (niet gratis).

SLAPEN EN ETEN

CAMPING

🏕 CAMPING MUNICIPAL: *gemeentelijke camping in Val d'Ante.* ☎ *0231901655.* ● *camping@falaise.fr* ● *falaise-tourisme.com.* 🕐 *Geopend van mei tot september. Reken op € 13 voor twee personen in het hoogseizoen. Wifi.* Deze camping ligt in een van de charmantste wijken van de stad, omgeven door prachtige woningen en met rechtstreeks uitzicht op het kasteel van Willem! Rustig, veel groen, veel schaduw en goed onderhouden. Binnen dezelfde ommuring, maar aan de andere kant van de weg die het terrein doorkruist, ligt de tennisclub (gunsttarief voor kampeerders).

GOEDKOOP

✕ 🛏 SERAIS GOURMAND: *Porte-du-Château 25.* ☎ *0231202988.* *In juli en augustus gesloten op maandag; de rest van het jaar op maandag en dinsdag. Formules voor € 9 tot 11,50.* Uitgebreid aanbod van lekkere broodjes; 's middags koffiesalon. Ook heerlijke zelfgemaakte zandkoekjes. Als je trek hebt in een hapje uit het vuistje, ben je hier op het goede adres.

✕ 🍴 LE GARS DE FALAISE: *Place Belle-Croix 1.* ☎ *0231901679.* *Gesloten op zondag en buiten het seizoen ook 's avonds van maandag tot vrijdag. Bar-brasserie-pizzeria in het stadscentrum, op een groot plein. Lunchformule voor € 13. Reken op € 18 à la carte.* Hier komt de jeugd van Falaise samen om te aperitieven. Hartelijke ontvangst.

DOORSNEEPRIJS TOT LUXUEUS

🛏 ✕ HÔTEL-RESTAURANT DE LA POSTE: *Rue Georges-Clemenceau 38.* ☎ *0231901314.* ● *hotel.delaposte@wanadoo.fr. Gesloten op zondagavond en op maandag. Buiten het seizoen is het restaurant ook gesloten op vrijdagavond en in het seizoen op vrijdagmiddag. Jaarlijks verlof: de eerste drie weken van januari. Tweepersoonskamers voor € 55, met badkamer en tv. Menu's op weekdagen voor € 16; andere menu's voor € 26 tot 45. Korting van 10% op de kamerprijs van januari tot einde maart en van oktober tot einde december.* Een vijftiental eenvoudige, maar comfortabele en goed onderhouden kamers. Warme tinten. In het restaurant kun je terecht voor streekgerechten die toch net iets anders zijn bereid.

🛏 LA FINE FOURCHETTE: *Rue Georges-Clemenceau 52.* ☎ *0231900859.* ● *finefourchette-falaise@orange.fr.* 🕐 *Buiten het seizoen gesloten op dinsdagavond. Jaarlijks verlof: van 19 februari tot 8 maart. Menu's voor € 16,80 tot 35. Reken op € 45 à la carte.* Hier eet je nooit tweemaal hetzelfde! Kwaliteitskeuken waarbij de gerechten voortdurend vernieuwd worden. Zelfs het goedkoopste menu (met trouwens een zeer goede prijs-kwaliteitverhouding) geeft je al een goed idee van wat hier klaargestoomd wordt. Attentvolle bediening in een zaal met heldere tinten die altijd tot in de puntjes verzorgd is.

SLAPEN IN DE OMGEVING

🛏 CHAMBRES D'HÔTE BIJ MIJNHEER EN MEVROUW MARGOT: *Les Bissons, 14700 Versainville.* ☎ *0231904076.* ● *gitesetchambresdhotesmargot@orange.fr* ● *gite-margot.fr. Ongeveer 5 km ten* *noordoosten van Falaise. Neem in Versainville de 248a in de richting van Éraines; de hoeve bevindt zich aan je linkerkant, net voordat je aankomt in Éraines. Tweepersoonskamers voor € 45. Ontbijt: € 10 per persoon.* Gastenkamers in een gerenoveerde hoeve uit de 18de eeuw (volgens sommigen iets te veel gerenoveerd), gelegen tussen twee charmante dorpjes. Geen parket, geen oude tegelvloer, wel linoleum en tapijt. Alles heel eenvoudig, in mooie kleuren en in de juiste verhoudingen.

🕮 **DOMAINE DE LA TOUR:** *14700 Saint-Pierre-Canivet.* 📞 *02 31 20 53 07.*
● *info@domainedelatour.fr* ● *domainedelatour.fr. Ongeveer 4 km ten noordwesten van Falaise, via de D6 (deze weg niet volgen tot in Saint-Pierre Canivet!). Tweepersoonskamers met badkamer voor € 60, ontbijt inbegrepen.* Deze prachtige eigendom uit de 18de eeuw ligt helemaal alleen in de velden, te midden van een prachtig landschap. Mooi gerestaureerd. Vier heldere en aangename kamers met parketvloer en eerder rustieke of antieke meubelen. Een rustgevende haven waar je met de glimlach wordt ontvangen. In de bijgebouwen ook twee mooie vakantiehuisjes en een receptiezaal.

IETS DRINKEN

📍 **LE PLAIT'I'M:** *Rue de la Trinité 27.* 📞 *02 31 20 14 92.* ● *david.dara@hotmail.fr. Dagelijks geopend; buiten het seizoen gesloten op zondag en maandag.* Sympathieke pub om een glaasje te nuttigen.

WAT IS ER TE ZIEN?

🥾 🚶 🏰 **Het kasteel:** *aan de rand van het dorp als je uit westelijke richting komt.*
📞 *02 31 41 61 44.* ● *chateau-guillaume-leconquerant.fr.* ♿ *(alleen de ontvangstruimte). Dagelijks geopend van 10.00 tot 18.00 u (in juli en augustus tot 19.00 u). Gesloten in de kerst- en de krokusvakantie. Toegangsprijs: € 7. Kortingen en gezinskaartje. De rondleiding (in de zomer twee per dag; eentje in het weekend, in de schoolvakanties en op feestdagen) en audiogids (1 uur) zijn in de prijs begrepen.* Op een rotspunt staat de indrukwekkende versterkte burcht die in de 12de eeuw door de afstammelingen van Willem de Veroveraar op de plaats van het vroegere kasteel werd gebouwd. De burcht werd verbouwd en uitgebreid in de volgende eeuw, afgewerkt onder Filips August en aan zijn lot overgelaten in de 17de eeuw. Toen het kasteel op het einde van de 19de eeuw als historisch monument geklasseerd werd, was het helemaal vervallen en wanneer het in de jaren 1990 opnieuw zijn deuren opende voor het publiek, werden de restauratiewerken van architect Bruno Decaris niet op unaniem applaus onthaald. Vooral de grote betonnen blokken op de gevel waren lange tijd een doorn in het oog (deze doen inderdaad meer denken aan de Atlantikwall dan aan middeleeuwse esthetiek). De drie donjons worden beschermd door de vijftien torens van de ringmuur, die in de meeste gevallen uit de 13de eeuw dateren. De hoge muren zijn op sommige plaatsen 4 m dik. Een immense donjon onderscheidt zich van de rest van de ommuring.

Het bezoek brengt je in de Talbottoren (die beetje bij beetje zijn uitzicht van de 13de eeuw heeft teruggekregen), gaat verder onder de elegante gewelven van de hoge zaal en loodst je door de lagere zalen die in een mooi licht baden, om dan op te klimmen naar het platform van de grote donjon waar je een prachtig uitzicht hebt op het landschap. Iets verder zie je de kleine tuin met planten uit de middeleeuwen en ook de plantaardige evocatie van een kapel uit de 12de eeuw (op de plaats waar vroeger de echte kapel stond).

🥾 **De fontein van Arlette:** *achter het kasteel, aan de voet van de donjon (net voor de camping), aan de Chemin de la Roche.* Een herdenkingsplaat herinnert aan de ontmoeting tussen Arlette en hertog Robert. Achter de fontein vind je nog een oud washuis (gesloten voor het publiek), de overblijfselen van een voormalige leerlooierij als laatste getuigenis van de leerindustrie die hier eeuwenlang de welvaart en de bekendheid van de stad uitmaakte.

🎥🎥 **De kerken:** de stad telt er vier. De belangrijkste is de Église Sainte-Trinité (in het centrum), gebouwd van de 13de tot 16de eeuw. De kerk wordt gekenmerkt door een flamboyant portaal, dat net als het koor representatief is voor het begin van de renaissance in deze streek. De Église Notre-Dame-de-Guibray, ten oosten van het centrum, staat bekend om haar schitterend orgel van Parizot uit de 18de eeuw. De Église Saint-Gervais, ten noordoosten van het centrum, illustreert de evolutie van de religieuze Normandische architectuur in de 11de en de 16de eeuw. En de Église Saint-Laurent is ten slotte een fraai voorbeeld van de romaanse Normandische kunst uit de 11de eeuw.

🎥 **Musée Août-1944:** *Chemin des Roches.* ☎02 31 90 37 19.
Net voor het kasteel (als je van Pont-d'Ouilly komt). Van de eerste zaterdag van april tot 11 november dagelijks geopend van 10.00 tot 12.00 u en van 14.00 tot 18.00 u. Gesloten op dinsdag. Toegangsprijs: € 6. Kortingen.
Dit goed opgezette museum is gewijd aan de belangrijke slag van de 'Poche de Falaise' en is ondergebracht in een voormalige kaasmakerij. De chronologie van de gebeurtenissen wordt goed gerespecteerd en informatieve borden maken je wegwijs. Reconstructies van taferelen met brokstukken, voertuigen en poppen in uniform. Boeiende objecten zoals het Duitse gasmasker voor paarden!

🎥🎥🖼 **Automates Avenue:** *Boulevard de la Libération.* ☎02 31 90 02 43.
●*automates-avenue.fr.* ♿ *Net naast de Dienst voor Toerisme. Van april tot juni en in september dagelijks geopend van 10.00 tot 12.30 u en van 13.30 tot 18.00 u; in juli en augustus dagelijks van 10.00 tot 18.00 u; van oktober tot maart alleen geopend in het weekend en op feestdagen van 10.00 tot 12.30 u en van 13.30 tot 18.00 u; in de schoolvakanties wel dagelijks geopend. Toegangsprijs: € 6; voor kinderen van vier tot twaalf jaar: € 4,50.*
Sinds een poppenfabrikant aan de supermarkt Bon Marché voorstelde om een bewegende etalage te maken ter ere van Peary, de eerste man die in 1909 de Noordpool bereikte, drukten generaties van kinderen bewonderend hun neus tegen de uitstalramen van de grote Parijse winkels. Dit ongelofelijke museum heeft er een tiental kunnen recupereren. Deze bewegende etalages werden gemaakt in de eerste helft van de 20ste eeuw. Ze waren het werk van poppenfabrikanten, maar ook grote illustratoren uit die tijd werkten eraan mee. De 'Sérénade à la fee' (Serenade voor de fee) is van Raymond Peynet (jawel, die van de Verliefden), met een krab die zijn nagels (pardon, scharen!) verzorgt. Ook nog het poëtische 'Naissance des poupées' (Geboorte van de poppen) van Jean Effel of het uitermate verfrissende lentetafereel op de verdieping. Een magisch museum voor ieder van ons die zich nog een beetje kind voelt!

🎥 **Musée Lemaître:** *Boulevard de la Libération. In hetzelfde gebouw als de 'Automates Avenue' (dezelfde openingstijden). Toegangsprijs: € 3.* Hier worden zowat 70 werken van deze in Falaise geboren Normandische schilder tentoongesteld. Talrijke landschappen en ook naaktportretten.

EVENEMENTEN

- **Festival d'orgue baroque:** *op zondagmiddag in juni-september.* Gratis orgelconcerten in de kerk Notre-Dame-de-Guibray.
- **Festival Musique et Danse en pays de Falaise:** *eerste week van juli.* Muziekstages met elke avond spektakel en gratis concerten.
- **Les Samedis musicaux:** *in juli en augustus, op de Place Belle-Croix.* Elke zaterdagavond gratis concerten. Allerlei muziekgenres (jazz, rock, blues, country, pop ...).
- **Fête des Jeux:** *de tweede zondag van augustus.* Ruiterspektakel, behendigheidsproeven en strategiespelletjes.

DE MANCHE

De Manche is ongetwijfeld een departement dat nog niet genoeg bekendheid geniet. Wie weet dat Cherbourg de belangrijkste stad van het departement is? En Saint-Lô de prefectuur... We raden je in ieder geval aan om dit niet in vraag te stellen! En dan hebben we het nog niet gehad over de Mont-Saint-Michel, stellig de drukstbezochte plaats in heel Frankrijk. Maar iedereen is er heilig van overtuigd dat deze bezienswaardigheid in Bretagne ligt... Fout! Het Franse adagio luidt trouwens als volgt: 'le Couesnon en sa folie mit le Mont en Normandie!' (in het Nederlands: de Couesnon (rivier) was grillig en zorgde ervoor dat de Mont in Normandië lag).

Tal van herinneringen duiken op als over de landing in Normandië van 6 juni 1944 gepraat wordt. Je twijfelt er geen seconde aan dat die in Normandië heeft plaatsgehad. Dat is nogal wiedes! Maar waar in Normandië? Op de kusten van de Calvados natuurlijk! Niet helemaal juist. Je vergeet het landingsstrand van de Manche. Niemand kan Utah Beach of Sainte-Mère-Église (een van de belangrijkste plaatsen van D-Day) op een plattegrond situeren. En nog erger. Voor velen beperkt Normandië zich tot Deauville, de falaisekust en kliffen van Étretat, de kerkelijke gebouwen van Rouen en Honfleur, het tapijt van Bayeux... Maar de Manche? Neen, ligt dit werkelijk ook in Normandië?

Het is waar dat de inwoners van de Manche niet zoveel te bieden hebben om grote horden toeristen aan te trekken. Hier komt de laatste jaren echter stilletjesaan verandering in. De Manche mag naar recht en rede bogen op adembenemende landschappen, bewonderenswaardige hemelzichten en een schat aan heerlijke producten.

Met 350 km kust is de Manche tevens een van de meest met de zee verbonden departementen van Frankrijk. Dit milieugezinde departement heeft bovendien enorme stukken kustgebied opgekocht om ze te behoeden voor de vernietigende werking van het beton. De stranden strekken zich uit zover het oog reikt (waarom denk je dat de generale staf besloten heeft om op 6 juni 1944 precies hier te landen?). Verder telt dit departement het grootste aantal kastelen, (versterkte) landhuizen en kasteelboerderijen van Frankrijk.

Dit met de zee nauw verbonden gebied is ook heel landelijk gebleven. Je treft er het grootste aantal landbouwbedrijven van de regio aan. Helemaal plat is het hier nooit, maar echt heuvelig is het ook weer niet. Je staat als aan de grond genageld bij zoveel natuurschoon: appelboomgaarden met levende hagen om alles netjes af te bakenen, groene weiden om de beste melkkoeien van Frankrijk te laten grazen... en overal paarden om het plaatje compleet te maken.

Wat het klimaat betreft, ook hier geen buitensporigheden. Evenwicht troef! Het vriest hier vrijwel nooit, wat ideaal is voor de groenteteelt. En de zon is werkelijk veel vaker aanwezig dan wat boze tongen soms beweren. Het is zo klaar als een klontje dat er genoeg regen is. Maar de regenbuien duren nooit erg lang. In een notendop: dit dunne schiereiland dat zich languit tot ver in de Noordzee uitstrekt, trotseert weer en wind (vooral die uit het westen), maar stopt de zwarte regenwolken nooit erg lang.

Tot slot moet je goed beseffen dat dit departement de som is van diverse microregio's met elk hun eigen charme. In het centrale deel bevindt zich een klein gebied waar de traditie hoog in het vaandel staat. Het is heerlijk leven in de vallei van de Vire en haar bijrivieren, of in de streek rond Coutances. Je voelt instinctief aan dat de Vikingen, die de Cotentin in het noorden gekoloniseerd hebben, niet tot hier wilden doordringen.

De Vikingen verkozen de primitievere streek ten noorden, vooral de punt van de Cotentin. Van La Hougue tot La Hague en van Carentan tot Cherbourg heb je het echte schiereiland. Schier eiland! Je kunt dit zo goed als letterlijk vatten, want de voet van de Cotentin is een enorm moerasgebied dat je enkel moet laten overstromen om het van de rest van het land af te zonderen. Het spektakel van deze moerassige gronden in de wintermaanden als ze helemaal blank staan, is een ervaring die je netvlies blijft beroeren. De Cotentin biedt verschillende taferelen: kleine stenen muurtjes in La Hague, uitgestrekte stranden in Barneville-Carteret, een oogverfrissend bosrijk wallenlandschap (de *bocage*), de Côte du Plain... Een enkele gemeenschappelijke factor is hierbij van tel. Naast de Mont-Saint-Michel is dit het meest toeristische en meest oorspronkelijke deel van het departement.

Tot slot is er het zuiden van het departement. Dit valt uiteen in twee gebieden. Ten westen bevindt zich de baai van de Mont-Saint-Michel en ten oosten de Mortainais, die reeds deel uitmaakt van het Armoricaanse Normandië.

Aarzel niet om al deze microregio's te voet te verkennen. Er zijn bewegwijzerde wandelwegen bij de vleet! En voor de levensgenieters is er al wat nodig is om de smaakpapillen te prikkelen. Er zijn meer dan genoeg kwaliteitsvolle streekproducten. Je mag die voor geen goud missen!

IDENTITEITSKAART VAN DE MANCHE

- **Oppervlakte:** 5938 km².
- **Prefectuur:** Saint-Lô.
- **Onderprefecturen:** Avranches, Cherbourg, Coutances.
- **Bevolking:** 504.053 inwoners.

ADRESSEN EN NUTTIGE INFORMATIE

🛈 **Manche Tourisme – Comité départemental du tourisme:** *Maison du Département, Route de Candol 98, 50008 Saint-Lô Cedex.* ☎ *0800 06 50 50 of 0800 77 993 vanuit België (gratis nummer).*
●*www.manchetourisme.com* ●*www.manchenautisme.com* ●*www.mancherandonnee.com.* Toeristische brochures op aanvraag.

- **Toegangskaarten voor de bezienswaardigheden:** ●*www.sitesetmusees.cg50.fr* voor een kaartje (de volle som) voor een van de bezienswaardigheden en musea die beheerd worden door de departementsraad van de Manche. Voor alle andere sites krijg je een korting: het Maison de Prévert, het Maison de Millet, het Fort du Cap Lévi, het eiland Tatihou, de Batterie d'Azeville, het boerderijmuseum van Cotantin, het Maritiem Museum en kalkovens, de abdij van Hambye, het Maison de la Baie, de relais de Courtils en de relais de Vains, het parkmuseum du Granit en het Regionaal Museum van Aardewerk.

Valognes	Besproken plaatsen
Lieusaint	Adressen en plaatsen in de omgeving
Cancale	Oriëntatiepunten

KANAAL

St-Germain-des-Vaux
Omonville-la-Rogue
Gréville-Hague
Omonville-la-Petite
Urville Nacqueville
Auderville
Querqueville
Cherbourg
le Becquet
D 901
Barfleur
NOORDEN

Baie de Vauville
Equeurdreville
Tourlaville
la Glacerie
Ile Tatihou
St-Vaast-la-Hougue

zie detail-kaart

Martinvast
Diélette
Tollevast
D 902
St-Germain-de-T.
Flamanville
les Pieux
Valognes
Quinéville
D 23
Yvetot-Bocage
Montebourg
Bricquebec
Fontenay-sur-Mer
Sortosville-en-B.
l'Étang-Bertrand
Lieusaint
Azeville Ravenoville
les Moitiers d'Allonne
Ecausseville
Beuzeville-au-Plain
Fresville
Saint-Martin-de-Varreville
Barneville-Carteret
Fierville
Rauville-la-P.
Utah Beach
Besneville
St-Sauveur-le-Vicomte
Ste-Mère-Église
Saint-Jean-de-la-Rivière
les Moitiers
Ste-Marie-du-Mont
Port-Bail
Canville-la-R.
St-Côme-du-Mont
Angoville-au-Plain
Saint-Georges-de-la-Rivière
Appeville
les Veys
Isigny-sur-Mer
la Haye-du-Puits
Tourbière de Baupte
Carentan
N 13
Saint-Germain-sur-Ay
Lessay
Gorges
D 971
St-Jean-de-Daye
D 15
KANAAL
Périers
Marchésiaux
Pirou
Rémilly-sur-Lozon
D 8
Cerisy-la-Forêt
Kasteel van Pirou
la Feuillie
St-Martin-d'Aubigny
D 572
St-Sauveur-Lendelin
le Mesnilbus
D 972
Hauteville-la-Guichard
St-Malon-de-la-Lande
Hébécrevon
la Barre-de-Semilly
Blainville-sur-Mer
D 53
Canisy
Rouxéville
Agon-Coutainville
D 972
Saint-Lô
D 11
Heugueville-sur-Sienne
Savigny
St-Ébremond-de-B.
Lamberville
Regnéville-sur-Mer
Coutances
Condé-sur-Vire
Pointe d'Agon
Cerisy-la-Salle
St-Samson-de-B.
Torigni-sur-Vire
Montmartin-sur-Mer
Orval
Saussey
Roncey
Roches de Ham
Hauteville-sur-Mer
Tessy-sur-Vire
Brectouville
Quettreville-sur-Sienne
D 13
D 675
Bricqueville-sur-Mer
St-Denis-le-Gast
Bréhal
la Baleine
Abdij van Hambye
Gouvets
Bréville-sur-Mer
Gavray
Percy
CALVADOS
Îles Chausey
le Mesnil-Rogues
14
Granville
Équilly
D 924
A 84
Montbray
D 52
Vire
St-Pair-sur-Mer
St-Jean-des-Champs
Champrépus
Villedieu-les-Poêles
D 524
D 512
Jullouville
St-Pierre-Langers
D 33
Carolles
Brécey
St-Pois
ORNE
St-Jean-le-Thomas
Sourdeval
61
Dragey
A 84
D 911
Genêts
Vains
Avranches
le Mesnil-Gilbert
Juvigny-le-Tertre
Ger
Cancale
St-Léonard
le Neufbourg
Mont-Saint-Michel
Céaux
St-Quentin-sur-le-Homme
Mortain
Huisnes-sur-Mer
Isigny-le-Buat
D 977
St-Georges-de-Rouelley
Beauvoir
Ardevon
Servon
Ducey
ILLE-ET-VILAINE
Juilley
Saint-Hilaire-du-Harcouët
Barenton
35
Pontorson
St-Aubin
Saint-Cyr-du-Bailleul
N 175
D 976
Montjoio
St-Martin
St-James

0   10   20 km

---- Regionaal Natuurpark Les Marais du Cotentin et du Bessin

Vinplaatsen werelderfgoedlijst Unesco

DE MANCHE

- **Relais des Gîtes de France et locations Clévacances:** *Maison du Département, Route de Can-dol 98, 50008 Saint-Lô Cedex.* Reserveren op het nummer ☎ 0233562880. ●*www.gites-de-france-manche.com* ●*www.clevacances-manche.com.* Geopend van maandag tot donderdag van 8.30 tot 18.00 u; op vrijdag van 9.00 tot 17.30 u; op zaterdag van 8.30 tot 12.00 u en van 13.00 tot 17.00 u. Brochures van 'Gîtes de France' en 'Clévacances' in het bureau zelf, telefonisch te reserveren of per post aan te vragen bij Manche Tourisme.

🚉 **SNCF-TER Basse-Normandie:** ☎ 0825 00 33 00 (€ 0,15/min.). ●*www.ter-sncf.com.*

🚌 **Manéo – VTNI (Veolia Transport Normandie Interurbain):** *Rue de la Laitière-Normande 2, Saint-Lô.* ☎ 0800 150 050 *(gratis nummer).* ●*www.mobi50.com.* Vervoersmaatschappij die bussen inlegt in het hele departement. Wordt ook vaak *STN* genoemd (zoals de maatschappij vroeger heette).

- **Normandie Pass:** ●*www.normandiepass.com. Prijs: € 1, te koop in de deelnemende musea.* Met deze kaart krijg je korting in de 26 deelnemende musea in het historische gebied van de slag om Normandië.

SAINT-LÔ EN DE VALLEI VAN DE VIRE

SAINT-LÔ

50 000 | 21.595 INWONERS

Saint-Lô is de prefectuur (de hoofdplaats) van de Manche en bevindt zich op een plateau dat wordt afgebakend door drie valleien: die van de Vire, de Dollée en de Torteron. Het is een belangrijke administratieve stad. Ze ligt in het centrale deel van de Manche, vrij ver van de grote verbindingswegen.

Deze voormalige Keltische stad (Briovère) heeft een woelig verleden gekend tot en met de godsdienstoorlogen. Dit had je wellicht al vermoed bij het zien van de indrukwekkende stadsmuren. Die versterkingen werden in eerste instantie van hout gemaakt. Vervolgens van steen. Ze werden achtereenvolgens bestormd door de Noormannen, Eduard III en de katholieken in 1574. Hoewel Saint-Lô reeds in de 13de eeuw een belangrijke textielstad was, evolueerde ze beetje bij beetje tot een belangrijk agrarisch centrum, wat op datum van vandaag nog altijd het geval is. In 1944 werd Saint-Lô bijna volledig met de grond gelijkgemaakt. De stad was voor 90 % verwoest en kreeg de twijfelachtige eer de 'hoofdstad van de ruïnes' te mogen heten. De stad had alles – of toch bijna alles – verloren (tot zelfs haar bevolkingsregisters...). Langzamerhand herrees ze na de oorlog als een feniks uit haar as om zich te verpoppen tot een plaats waar het aangenaam toeven is. In ieder geval veel hartelijker dan wat haar grijze en rechtlijnige gevels laten vermoeden.

AANKOMST EN VERTREK

Met de trein

🚉 **Station van Saint-Lô (plattegrond A1):** ☎ 36 35 (€ 0,34/min.).

- **Caen, Coutances, Pontorson (Mont-Saint-Michel), Rennes:** 3-4 treinen/dag op weekdagen en 2-3 treinen/dag tijdens het weekend. Verder nog verbindingen tussen Saint-Lô en Granville met overstap in Coutances (een deel van het traject per trein en een deel met de TER-bus).

- **Parijs, Cherbourg:** overstappen in Lison.

Met de bus

▣ **Vertrek in het centrum (plattegrond B1):** met *VTNI* (Veolia Transport Normandie Interurbain). Rue des Laitières-Normandes 2. ☎ 0800 150 050 (gratis nummer).

- **Carentan, Valognes, Cherbourg:** ongeveer 3 bussen/dag, rechtstreeks of overstappen in Sainte-Mère-Église naar Valognes en Cherbourg.

NUTTIGE ADRESSEN EN INFORMATIE

🛈 **Dienst voor Toerisme (plattegrond B2):** *Place du Général-de-Gaulle.* ☎ 02 33 77 60 35.

● *www.saint-lo-agglo.fr.* In de zomer van maandag tot vrijdag doorlopend geopend van 9.30 tot 18.30 u; op zaterdag van 10.00 tot 13.00 u. De rest van het jaar op maandag van 14.00 tot 18.00 u; van dinsdag tot vrijdag van 9.30 tot 12.30 u en van 14.00 tot 18.00 u; op zaterdag van 10.00 tot 13.00. Rondleidingen in juli en augustus op dinsdag en vrijdag om 14.30 u. Prijs: € 2.

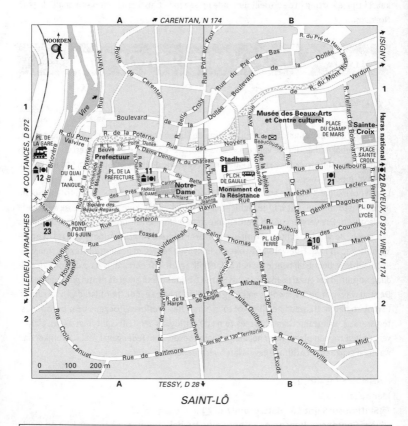

SAINT-LÔ

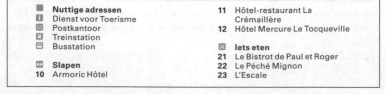

■ **Nuttige adressen**
🛈 Dienst voor Toerisme
✉ Postkantoor
🚉 Treinstation
🚌 Busstation

🛏 **Slapen**
10 Armoric Hôtel

11 Hôtel-restaurant La Crémaillère
12 Hôtel Mercure Le Tocqueville

🍴 **Iets eten**
21 Le Bistrot de Paul et Roger
22 Le Péché Mignon
23 L'Escale

ⓘ Manche Tourisme – Comité Départemental du Tourisme (buiten plattegrond via A2): zie 'Nuttige adressen en informatie' aan het begin van dit departement.

■ **Relais des Gîtes de France et locations Clévacances (buiten plattegrond via A2):** zie 'Nuttige adressen en informatie' aan het begin van dit departement.

- **Markt:** op vrijdag en zaterdag van 9.00 tot 13.00 u. Vlak bij de Dienst voor Toerisme. Streekproducten. Leuke sfeer.

SLAPEN

GOEDKOOP TOT DOORSNEEPRIJS

🛏 ARMORIC HÔTEL (PLATTEGROND B2, 10): *Rue de la Marne 15*. ☎ *02 33 05 61 32.*
Fax: 02 33 05 12 68. Reserveren aanbevolen. Tweepersoonskamers voor € 38 met wastafel; voor € 41 met douche; voor € 44 met bad (kamers 16 en 21 hebben een jacuzzi). Gratis privéparkeerterrein en wifi. Klein gebouw uit de jaren 1950, met terras en vooraan een klein tuintje. De sfeer heeft iets van een huiselijk pensionnetje uit grootmoeders tijd. De ontvangst lijkt aanvankelijk eerder nors. Prettig ingerichte en comfortabele kamers. Ietwat retro (ouderwetse luchters, klein lampje boven het bed). Sommige kamers zijn niet erg ruim, sommige badkamertjes zijn piepklein. Maar toch heel goede prijs-kwaliteitverhouding.

🛏✕ HÔTEL-RESTAURANT LA CRÉMAILLÈRE (PLATTEGROND A1, 11): *Rue de la Chancellerie 10*. ☎ *en fax: 02 33 57 14 68.* ♿ *in het restaurant. Het restaurant is gesloten op vrijdagavond, zaterdag en zondagavond. Tweepersoonskamers met badkamer en satelliettelevisie voor € 33-38. Lunchformule voor € 9,50 op weekdagen; menu voor € 14,50-22.* Klein huiselijk hotel dat onlangs werd overgenomen door een dynamisch team. Niet al te grote kamers, maar een rustige nacht gegarandeerd. Ideaal voor wie niet al te veel op een perfecte afwerking staat. In het restaurant keuze uit salades, broodjes en een kleine snack...

LUXEUZER

🛏✕ HÔTEL MERCURE (PLATTEGROND A1, 12): *Avenue de Briovère 1 (Place de la Gare).*
☎ *02 33 05 10 84.* ● *h1072@accor.com* ● *www.mercure.com.* ♿ *Het restaurant is gesloten op zaterdagmiddag en zondagavond. Tweepersoonskamer met badkamer en satelliettelevisie voor € 95-105. Ontbijt: € 14. Gratis parkeermogelijkheid voor het hotel. Voor het station, aan de oude walmuren.* Gerenoveerd gebouw. De voorgevel straalt geen charme uit, maar het interieur is kleurrijk en zacht. De prijzen van de kamers variëren naargelang de grootte en de 'ouderdom' (ze worden kamer per kamer gerenoveerd). Comfortabel. De kamers aan de kant van het (rustige) station zijn wat somber. Kies een kamer op de eerste verdieping, daar heb je een uitzicht op de Vire.

IETS ETEN

GOEDKOOP

✕ LE BISTROT DE PAUL ET ROGER (PLATTEGROND B1, 21): *Rue du Neufbourg 42.*
☎ *02 33 57 19 00.* ♿ *Gesloten op zondag, maandagavond en feestdagen. Menu's voor € 12,90-17,90.* De geruite tafelkleden voor de tafeltjes op het sympathieke terras worden bij de eerste zonnestralen tevoorschijn gehaald. Toch is het ook de moeite waard om binnen een blik te werpen. Je ontdekt dan een ongelooflijke inrichting anno 1900. Het lijkt wel een grot van Ali Baba met tal van oude rommel waar menige handelaar in curiosa en antiquiteiten hartstikke jaloers op zou zijn... Gemoedelijke sfeer. De keuken geurt naar huiselijke bistroschotels. De kwaliteit is niet altijd even goed.

✕ L'ESCALE (PLATTEGROND A2, 23): *Promenade des Alluvions.* ☎ *02 33 05 51 51. Van maandag tot donderdag geopend voor de lunch en 's avonds op vrijdag en zaterdag. Jaarlijkse vakantie in augustus en een week na Kerstmis. Lunchformule voor € 11,65-14,60.* Een lichte, ruime eetzaal met tafels en stoelen in teakhout. Groot schuifraam dat uitgeeft op straat. Een uitgebreid buffet van voorgerechten en desserts staat centraal. Lekker gegrild vlees en gemengde salades. Eenvoudig, lekker en goed.

DOORSNEEPRIJS

🗶 LE PÉCHÉ MIGNON (BUITEN PLATTEGROND VIA B1, 22): *Rue du Maréchal-Juin 84.*

📞 02 33 72 23 77. • *restaurant-le-peche-mignon@wanadoo.fr. Buiten het centrum, richting Bayeux. Gesloten op zondagavond en maandag buiten het seizoen en op zaterdagavond, zondag en maandag in het hoogseizoen. Menu voor € 12,50 's middags door de week. Overige menu's tussen € 17,50 en 39,50.* Een van de culinaire trekpleisters van de stad. Gastronomie met een grote G. Modern en gedempt interieur. De bediening is heel verzorgd (zelfs een beetje té beleefd...). Zoveel beleefdheid telkens een nieuwe schotel wordt opgediend. Je waant je heel belangrijk met zoveel eerbetoon. Op je bord worden heuse kunstwerkjes geserveerd. Door de band traditionele en streekgebonden gerechten, maar dan aangepast aan de smaak van nu en met kruiden en aroma's van ergens anders. Waarom is het leven niet elke dag zo?

WAT IS ER TE ZIEN EN TE DOEN?

🍴 **La porte de la prison (monument de la Résistance; plattegrond B1):** *recht tegenover de Dienst voor Toerisme.* De poort van de gevangenis is ongetwijfeld een van de symbolen van de stad. Dit is alles wat overblijft van de 19de-eeuwse gevangenis die in de nacht van 6 op 7 juni 1944 volledig met de grond gelijk werd gemaakt. De Duitse troepen hadden er ongeveer 150 personen opgesloten, onder wie veel mensen die in het verzet actief waren geweest... Het ligt dan ook nogal voor de hand dat dit unieke overblijfsel bewaard moest blijven en mettertijd een eerbetoon aan de slachtoffers van de nazirepressie geworden is. Aan de voet van de poort bevindt zich een urne met de as van gedeporteerden. Vlak naast de poort staat een modern belfort met bovenaan een eenhoorn. Dit is het embleem van Saint-Lô. Het staat voor de herbouw van de stad (niet te bezoeken).

🍴 **Église Notre-Dame (plattegrond A1):** *gratis rondleidingen in juli en augustus op dinsdag en vrijdag om 15.30 u; daarbuiten vrij te bezoeken.* De kerk dateert uit de 15de en 16de eeuw en werd ernstig beschadigd tijdens de Tweede Wereldoorlog. Haar zwaar toegetakelde gevel laat hiervan een aangrijpend beeld achter. De vernielzucht uit het verleden wordt nog versterkt door de moderne gevels van de reconstructie. Het nieuwe lijkt vrijwillig achter het oude te willen schuilen. Gelukkig is niet alles verwoest. Aan de buitenkant blijft nog een elegante gotische kansel zichtbaar. Binnen zijn er fraaie 15de-eeuwse glas-in-loodramen, waaronder het grote Vitrail Royal. Voorts ontdek je nog tal van andere hedendaagse glas-in-loodramen van de hand van Max Ingrand of Jean Couturat. Evenals een koperen lutrijn uit de 17de eeuw. Op een triomfbalk boven het koor bevindt zich een indrukwekkende Jezus. Dit kunstwerk ontsnapte op miraculeuze wijze aan de vernielzucht van 1944. Klein lapidair museum in de noordelijke zijbeuk: stenen, standbeelden, allerlei voorwerpen die in de ruïnes teruggevonden werden, foto's van vroeger...

🍴 **De stadswallen (plattegrond A1):** prachtig uitzicht op de stadswallen vanaf de kaaien aan de oevers van de Vire. Vanaf de Église Notre-Dame kun je verderlopen tot bij de Square des Beaux-Regards. Dit pleintje werd heel leuk ingericht en is op datum van vandaag een openbare stadstuin geworden. Je ziet er nog een oude ronde toren. Van hieruit heb je een aantrekkelijk uitzicht op de benedenstad en de vallei van de Vire.

🍴 **Musée des Beaux-Arts (plattegrond B1):** *centre culturel Jean-Lurçat, Place du Champ-de-Mars.* 📞 02 33 72 52 55. ♿ *Geopend van woensdag tot zondag van 14.00 tot 18.00 u. Gesloten op maandag, dinsdag, paaszondag en -maandag, 1 mei, Hemelvaartsdag, 1 november en 25 december. Toegangsprijs: € 2,60; kortingen; gratis tot 12 jaar.*

Modern, ruim opgezet en interessant. Je aandacht wordt op de begane grond in eerste instantie getrokken door het verrassende tapijt *Amours de Gombault et Macée*, een Brugs wandtapijt uit de 16de-17de eeuw dat als een stripverhaal met zin voor humor het verhaal van twee herders vertelt (Molière was hiervan zo onder de indruk dat hij er in zijn toneelstuk *L'Avare* naar verwees). En om binnen dezelfde sfeer te blijven: verbazingwekkende kunstwerken van de hand van Jean Lurçat (die toentertijd het tapijtwerk nieuw leven inblies). Het is een soort anachronisme in de evolutie van de hedendaagse kunst. Op het culturele menu kun je verder nog rekenen op schilderijen van de Franse school: *Académie masculine* van J.-F. Millet, *Le Havre, coucher de soleil* van Eugène Boudin, *Paysage de rivière* van Théodore Rousseau, *Homère et les bergers* en *L'Étang* van Corot, en het schitterende kleine *La Mort de Sapho* van Gustave Moreau. Er is ook een prentenkabinet met tekeningen van Géricault, Fernand Léger, Jacques Callot... Van Gustave Doré kun je het ontroerende en heel romantische *Retour d'Ophélie* bewonderen. Klein historisch luik gewijd aan de heropbouw van Saint-Lô, schenking van Octave Feuillet (19de-eeuws rariteiten- en curiositeitenkabinet met miniaturen, manuscripten...), ruimte gewijd aan de dichter Jean Follain. Ten slotte herinnert een portrettengalerij met afbeeldingen van de familie des Matignon eraan dat de prinsen Grimaldi van Monaco ook nog steeds baronnen van Saint-Lô zijn! Elk jaar worden hier verschillende tijdelijke tentoonstellingen georganiseerd.

Juni-oktober 2010: 'Sur les pas de Corot et Millet: van het impressionisme tot het hedendaagse Normandië'.

🎠🎠🎠🚻 Le Haras national (buiten plattegrond via B1): *Rue du Maréchal-Juin 437 (naast de Archives Départementales).* ☎ *02 33 55 29 09 of 02 33 77 60 35.* 🦽 *Rondleidingen van een uur: in de paasvakantie dagelijks om 14.30, 15.30 en 16.30 u; tijdens de weekends van mei op dezelfde tijdstippen; in juni en september van donderdag tot zondag op dezelfde tijdstippen; in juli en augustus heeft men een bijkomende rondleiding voorzien om 11.00_u (behalve op zondag en wanneer de paarden worden ingespannen voor de spelen). Toegangsprijs: € 5; kortingen; gratis voor kinderen jonger dan zes. Jeudi du haras: de laatste donderdag van juli tot de eerste donderdag van september om 15.00 u (kom aan rond 14.30 u); € 5,50; gratis voor kinderen jonger dan zes. Presentatie van bereden, aangespannen en aan de hand geleide paarden. Verhuur van sulky's met trappers en ritjes in de koets (juli-augustus).*

De nationale stoeterij van Saint-Lô (die tijdens de Tweede Wereldoorlog volledig werd vernield) was de eerste stoeterij in Frankrijk. Ze werd in 1806 opgericht. Het gebouw dat je zult bezoeken, is de tweede stoeterij, die in 1886 de deuren opende. Ze is beroemd vanwege het grote aantal dekhengsten (meer dan zestig fokdieren, eigendom van de stoeterij en dus van de staat) en vooral de selle-français, een paardenras dat bij uitstek geschikt is voor paardenkoersen. In de stoeterij staan zeven verschillende rassen, waaronder het hoog aangeschreven trekpaardenras cob normand, de trotteur français (Franse draver) en de percheron. In deze stoeterij wordt het grootste aantal merries in Frankrijk gedekt. De eigenaars (particulieren) tellen veel geld neer voor het zaad van een van deze beroemde dekhengsten. Tijdens de rondleiding kom je trouwens langs deze ruimte en de ruimte waar het zaad wordt verzameld (grootste bedrijvigheid van half maart tot half juli, wanneer de merries bevrucht worden). Als je aan je nageslacht het verhaal van de bloemetjes en de bijtjes nog niet uit de doeken hebt gedaan, dan is dit het moment! Tot slot is er een zaal met een heel mooie verzameling door paarden getrokken rijtuigen, een automatische manege waar de dieren worden getraind, een overdekte manege (ontworpen door Gustave Eiffel) en de materniteit (de merries wachten er om geïnsemineerd te worden of komen er op krachten met hun jong). Als je de kans hebt, zorg dan dat je de *jeudis du haras* niet mist. Dit is een bijzondere voorstelling op muziek.

¶ ¶ 🏃 **Le Musée du Bocage Normand** (buiten plattegrond via A2): *ferme de Boisjugan.* ☎ 0233562698. 🕭 *Aan de rand van de stad, in de richting van Torigny-sur-Vire, naast het watercentrum. Van juni tot september geopend van woensdag tot vrijdag van 10.00 tot 12.00 u en van 14.00 tot 18.00 u; tijdens het weekend en op feestdagen enkel in de namiddag. Van maart tot mei en in oktober in de namiddag geopend van woensdag tot zondag; van november tot februari van donderdag tot zondag in de namiddag geopend. Toegangsprijs: € 4,70. Kortingen. Gratis voor kinderen jonger dan twaalf en op de eerste zondag van elke maand.* Grote aardige boerderij uit de 17de en 19de eeuw, vlak bij een bedrijventerrein Mooi museum over de landbouw en de geschiedenis ervan sinds 1800. De aandacht gaat vooral naar het fokken van runderen en paarden. Enkele interactieve computers (over fauna en flora), films (wij hadden een zwak voor de films die oude en nieuwe machines vergeleken) en heropbouw van ruimten (stal, atelier, boterfabriek). Een mooi didactisch museum dat de plaatselijke inwoners of de mensen die beroepshalve hiermee bezig zijn, niet zoveel zal leren, maar een ideale inleiding voor stadsbewoners, klein en groot. Het vreemde taaltje dat je af en toe hoort, is het Normandische dialect.

DE VALLEI VAN DE VIRE

Rond Saint-Lô strekt zich een tot de verbeelding sprekend bosrijk coulisselandschap uit (heel typisch voor Normandië!). In dit feeërieke decor hebben leuke riviertjes pittoreske valleien uitgetekend. Bijvoorbeeld de Vire – nogal wiedes! – en de Elle, een bijrivier van de Vire. Hier en daar zijn er zelfs steile hellingen. Het is een microregio die je langs vreedzame binnenwegen moet ontdekken. Of beter nog, maak gebruik van de vroegere jaagpaden die thans op vernuftige wijze opnieuw bruikbaar gemaakt werden.

SLAPEN, IETS ETEN

GOEDKOOP TOT DOORSNEEPRIJS

📧 Chambres d'hôtes La Rhétorerie: *bij Marie-Thérèse en Roger Osmond, 50750 Saint-Ebremond-de-Bonfossé.* ☎ 0233566298. *4 km van Saint-Lô. Richting Villedieu, daarna de D38 richting Canisy. Je diept € 42 op uit je portemonnee voor een tweepersoonskamer met douche (toilet in de gang).* Sympathieke boerderij in de typische stijl van de streek, bij kleurrijke en hartelijke gepensioneerde landbouwers. Marie-Thérèse kan je meer over de regio vertellen dan eender welke Dienst voor Toerisme. Comfortabele, nostalgisch ingerichte kamers (met kleedjes en gravures met religieuze kitschafbeeldingen). Uitgebreid ontbijtbuffet. Voor de gasten staat een woonkamer met keukenhoek ter beschikking.

📧 Chambres d'hôtes Le Manoir des Arts: *bij Myriam en Michel de Aranjo, 50570 Saint-Samson-de-Bonfossé.* ☎ 0233565292. ● *www.manoirdesarts.com. 9 km van Saint-Lô, aan de rand van het dorp, in de richting van Villedieu-les-Poêles. Neem het weggetje links voorbij de apotheek; aan het eerste kruispunt sla je links af; aan het volgende opnieuw links en dan rechts naar het gehucht Bernard. Het huis ligt 100 m verder aan de rechterkant. Voor een tweepersoonskamer tel je € 50 neer, voor een suite € 78.* Een bijzondere, imposante 18de-eeuwse woning op het platteland, twee vierkante torens met rood vakwerk. Vier ruime, kleurrijke kamers, ingericht in de stijl van de jaren 1920-1930 en met een eigen badkamer. Op de eerste en op de tweede verdieping liggen twee kamers. Mooie gezinskamer in de andere vleugel. Geen table d'hôte maar wel een keukenhoek ter beschikking. Rust en kalmte verzekerd. Af en toe hoor je de leerlingen van Myriam, die zanglerares is. Hartelijke ontvangst.

📧 Chambres d'hôtes du Château: *bij Elisabeth en François de Brunville, Le Château, 50160 Lamberville.* ☎ 0233561570. ● *ef.brunville@wanadoo.fr. 17 km ten oosten van Saint-Lô via de D11 en vervolgens de D34 en de D190. Jaarlijks verlof van december tot februari. Je telt € 57 neer voor een tweepersoonskamer met badkamer.* Van het kasteel, dat in 1944 door de Duitsers werd gebombardeerd, staan enkel de stallen nog overeind. De dichtste buur, de kerk, ligt midden op het platteland. Maar je zult je prinsheerlijk voelen in de drie kamers op de eerste verdieping, want ze zijn licht, comfortabel, netjes en heel ruim. Lodewijk XVI-stijl in de Chambre bleue. De gasten kunnen beschikken over een keuken en een eetzaal. Eeuwenoud park en vijver met vissen. In een notendop: dit is het ware buitenleven.

🍴 Crêperie des Roches de Ham: *Les Roches de Ham, 50890 Brectouville.* ☎ 02 33 56 51 57. &
Wegbeschrijving: zie verder onder de rubriek 'Wat is er te zien en te doen?'. Gesloten op zon- en feestdagen. Jaarlijkse vakantie: van november tot april. Formule voor € 6,20. Reken op € 10 à la carte. Idyllisch gelegen op een klein plateau, verborgen in een zee van groenend natuurschoon, vlak bij de kliffen. Sympathieke kleine *crêperie* in een uiterst aangename en natuurlijke omgeving (en we vallen terecht in herhaling!). Specialiteit: echte *galettes du pays.* De cider is eveneens door en door Normandisch! Eenvoudig en lekker. Meer zoet dan hartig, basisinrichting, maar dat wordt door de groene omgeving meer dan goed gemaakt.

IETS LUXUEUZER

🛏🍴 Château de la Roque: *50180 Hébécrevon.* ☎ 02 33 57 33 20. ● *www.chateau-de-la-roque.fr. 5 km van Saint-Lô. Gelegen aan de weg naar Périers. Tweepersoonskamers van € 84 tot 100, ook suites. Table d'hôte voor € 25.* Bijzonder fraai 17de-eeuws landhuis omgeven door een park. Luxeuze sfeer met muzieksalon, balneotherapie, hamam... De kamers zijn verdeeld over de drie gebouwen, die allemaal heel verfijnd en verschillend zijn. Uitgezocht meubilair, heel veel schilderijen en zelfs enkele kamers met een hemelbed. Een heel luxueus hotel!

WAT IS ER TE ZIEN EN TE DOEN?

🍴⛪ **Église de La Barre-de-Semilly:** *6 km ten oosten van Saint-Lô.* Mooie romaanse kerk uit de 12de eeuw. Originele stenen bouw in visgraatmotief. Grote gedrongen toren. Binnen ontdek je een gebinte dat gebouwd is als de romp van een schip en zijn er interessante gebeeldhouwde kapitelen.

🍴⛪ **Abbaye bénédictine Saint-Vigor:** *Rue Sangle, 50680 Cerisy-la-Forêt.* ☎ 02 33 57 34 63. ● *www.abbayes-normandes.com. Ongeveer 20 km ten noordoosten van Saint-Lô.* & *(enkel de kloosterkerk). Van april tot half november dagelijks geopend van 11.00 tot 18.00 u; in juli en augustus dagelijks geopend. Vrij te bezoeken: € 4. Rondleiding door de gebouwen en het museum (ongeveer drie kwartier, geen bezoek op maandag): € 4. Kortingen.* Deze benedictijnenabdij is onmiskenbaar een van de hoogtepunten van de Normandische romaanse bouwkunst. De abdij werd in 1032 gesticht door hertog Robert le Magnifique van Normandië ter ere van Sint-Vigor. De eerste vijf traveeën werden in het begin van de 19de eeuw verwoest. Werp vanaf het uitkijkpunt een blik op de apsis. Deze straalt duurzaamheid, harmonie en evenwicht uit. Opmerkelijk koor met vijf romaanse bogen op drie niveaus die met elegante spitsbooggewelven worden afgesloten. Musicerende engelen aan de aanzet van de bogen. Koorstoelen uit het begin van de 15de eeuw. Buiten staat er nog een mooie kloosterwoning uit de 13de eeuw. Klein lapidair museum. Schitterende kloosterkapel uit de 13de eeuw (reeds gotisch) die met sierlijke 15de-eeuwse fresco's wordt opgevrolijkt.
- Vlakbij (in de Manche en de Calvados) ligt het **Forêt de Cerisy**, waarin je prachtige beenverkwikkende wandelingen kunt maken.

🍴ℹ **Parc des sources d'Elle:** *50180 Rouxeville.* ☎ 02 33 56 17 90. *12 km ten oosten van Saint-Lô via de D11. Van maart tot eind oktober dagelijks geopend van 7.30 tot 19.00 u. Toegangsprijs: € 2 per voertuig.* Prachtig privépark midden in een coulisselandschap met diverse meren die door weilanden en bossen worden omringd. Het is vooral een paradijs voor vissers die hengelen op forellen in een van de acht meren die het park rijk is. Daarnaast is het ook een heel fijne plek om met het hele gezin een wandelingetje te maken. In het 35 hectare grote domein met diverse boomsoorten en schitterende rododendronbosjes werden diverse paden uitgestippeld. Picknickplaatsen.

ꙮ Château des Matignon: *50160 Torigni-sur-Vire.* ☎ *0233567144 (gemeentehuis). 13 km ten zuidoosten van Saint-Lô via de N74. In juli en augustus dagelijks geopend van 14.30 tot 18.00 u; van 15 tot 30 juni en van 1 tot 15 september enkel in het weekend geopend van 14.30 tot 18.00 u. Toegangsprijs: € 6. Kortingen. Gratis voor kinderen jonger dan tien. In het centrum van de stad. Is tegenwoordig het gemeentehuis.* Van dit 13de-eeuse fort, dat zwaar gebombardeerd werd in juni 1944 en in de loop der jaren stevig werd verbouwd, blijft enkel nog een grote kasteelvleugel over waarin renaissance- en Lodewijk XIII-stijl kunstig met elkaar verweven zijn. In de mooie tuin liggen moestuinen en een vijver. Let vooral ook op de prachtige 16de-eeuwse eretrap. Binnen tref je wandtapijten van Aubusson en antieke meubelen aan. Tot slot vermelden we dat er een klein museum is dat gewijd is aan de gebeeldhouwde dieren van Arthur le Duc. Die werden op het moment dat het kasteel werd gebombardeerd, in Parijs gerestaureerd en werden zo gered. Er lopen ook tijdelijke tentoonstellingen rond schilder- en beeldhouwkunst.

ꙮꙮ Roches de Ham: *in Torigni-sur-Vire volg je de weg richting Tessy-sur-Vire, nadien Brectouville.* Spectaculaire, woeste rotspartijen die een honderdtal meters boven de rivierengten van de Vire uitsteken. Het uitzicht op het omliggende bosrijke coulisselandschap en de kronkelende rivier die zich door het decor meander na meander een weg baant, is echt een omweg waard. Behalve genieten van de pure schoonheid van de plek zelf, kun je er beenverjongende wandelingen maken. Voor een natje en een droogje kun je bij zonnig weer terecht in een sympathieke *crêperie.* Er is ook een oefenterrein voor liefhebbers van bergbeklimming.

ꙮ Château de Canisy: *een tiental kilometers ten westen van Saint-Lô via de D999 en verder de D38. Je kunt dit kasteel niet bezoeken, maar het is vanaf de weg heel goed zichtbaar. Het kasteelpark is vrij toegankelijk van juni tot september van 10.00 tot 18.00 u (je moet wel een bewegwijzerd pad volgen). Inlichtingen op het nummer* ☎ *0144050981.* ● *www.canisy.com.* Het kasteel dateert uit de 11de eeuw en werd op het eind van de 16de eeuw verbouwd door François Gabriel, voorvader van een bekende architectenfamilie. Tegelijkertijd solide en elegant, met muren van mooie grijze steen en bewerkte, amethistkleurige raamomlijstingen. Het kasteel is te huur!

- **Wandeling langs het jaagpad:** dit pad loopt van Carentan naar Pont-Farcy. Vanuit Tessy-sur-Vire kun je het fraaie jaagpad langs de Vire volgen tot in Saint-Lô (26 km). Een gezellig pad voor wandelaars, fietsers of paardrijders. In Saint-Lô begint het pad vanaf de voet van de Pont Merveilleux du Vigneaux (brug), op een steenworp afstand van het *SNCF*-treinstation. Je kunt het pad ook volgen vanaf het kanocentrum in Condé-sur-Vire.

- **Afvaart van de Vire in kano of kajak:** *in Condé-sur-Vire.* ☎ *0333573366. Het centrum is geopend van mei tot september.* Dynamisch centrum voor openluchtactiviteiten (Base de loisirs de l'Écluse) waar je kano's en kajaks kunt huren om de Roches de Ham vanaf de onderkant te verkennen.

DE COTENTIN

HET PARC NATUREL RÉGIONAL DES MARAIS DU COTENTIN ET DU BESSIN

Aan de kant van de Manche beslaat het Parc Naturel Régional des Marais du Cotentin et du Bessin (het regionale natuurpark van de moeraslanden van de Cotentin en de Bessin) grosso modo de driehoek Quinéville-Lessay-Pont-Hébert. Het park loopt door tot in Trévières in het departement Calvados (zie boven onder het hoofdstuk gewijd aan dat departement). Het regionale natuurpark bestaat uit een bosrijk coulisse- of wallenlandschap (bocages) met grote uitgestrekte weilanden die in het centrum worden doorsneden door een groot aantal rivieren en beken. Aan de uiteinden reikt het in het oosten en in het westen tot aan zee. De Marais du Cotentin is de laagstgelegen regio van de Manche. Als het zeeniveau een meter zou stijgen, zou de Cotentin een eiland zijn. In de winter als het vrij veel regent, ligt overigens ongeveer 14.000 ha grond volledig onder water. Dertig gemeenten rond Saint-Sauveur-le-Vicomte, Marchésieux, Remilly-sur-Lozon, Graignes en Carentan worden vrijwel constant omgeven door de marais. Schilderachtige regio met een heel gevarieerd landschap, interessante landelijke architectuur en diverse mogelijkheden voor trektochten.

EEN GROTE LAPPENDEKEN

De marais geeft de indruk van een enorme lappendeken. Bocages en veengrond zo ver het oog reikt. Een bosrijk wallen- en coulisselandschap dat doorsneden is door hagen (om de wind tegen te houden) en vooral ook door limes (sloten gevuld met water) die de percelen begrenzen en de functie van de taluds in de bocages vervullen. Hier is men gelukkig niet in de val van de ruilverkavelingen gelopen. Wat een meevaller voor het panoramische uitzicht dat je netvlies blijft beroeren! Een van de redenen waarom geen ruilverkavelingen plaatsgrepen, is de eindeloze vlakheid van een regio die bovendien vaak aan zowel wester- als oosterstormen is blootgesteld. De hagen vormen de enige afdoende manier om het vee tegen de wind te beschermen. In het park bevinden zich tientallen oorspronkelijke planten en diersoorten. Miljoenen trekvogels zoeken de Marais du Cotentin op om uit te rusten of om te overwinteren en te nestelen. Een andere interessante bezienswaardigheid in het park vormen de meer dan tienduizend lemen huizen. Het gebruik van ter plaatse gewonnen leem als bouwmateriaal is niet enkel gunstig uit economisch oogpunt, maar getuigt ook van een groot respect voor de omgeving. Fraaie tinten kleuren het landschap rood, oker, oranje en goudbruin. Rond Graignes (ten zuiden van Carentan) is meer dan 50 % van de huizen van leem. In de omgeving van Mesnilbus zijn er diverse boerderijen waarbij leem en graniet heel fraai en intelligent met elkaar zijn gecombineerd.

> **Ooievaars schuiven aan tafel aan...**
> Ongewoon, maar zeer welkom verschijnsel: naar verluidt zijn er in de moerassen geen nitraten meer. De ecologische strijd is dus toch niet zonder resultaat! Hoe het ook zij, minder nitraten heeft een verbeterde bodem tot gevolg_... en meteen ook een grote aanwas van de kikkerbevolking. En dit heeft op zijn beurt onlangs de aandacht getrokken van verschillende ooievaarskoloniën, die zich vooral tussen Marchésieux en Tribehou gevestigd hebben om de charme van het Normandische landschap te ontdekken.

NUTTIGE ADRESSEN EN INFORMATIE

ℹ️ **Maison du parc des Marais du Cotentin et du Bessin:** *50500 Saint-Côme-du-Mont, vlak bij Carentan, in het hart van de marais.* ☎ *0233716530.* ● *www.parc-cotentin-bessin.fr. Van half oktober tot Pasen dagelijks geopend van 9.30 tot 13.00 u en van 14.00 tot 17.30 u; gesloten op maandag. Van Pasen tot september dagelijks geopend van 9.30 tot 19.00 u.* De ideale plek om je verblijf te organiseren. Allerlei nuttige informatie om het park op traditionele of aparte manier te ontdekken. Je kunt er informatie over de fauna en flora, de geschiedenis van het park en de tradities in de marais inkijken (of kopen). Ook uitgebreide informatie over de wandelpaden (ruime keuze kaarten en stafkaarten in de winkel), boottochten, ontdekkingstochten, culturele plekjes en overnachtingsmogelijkheden en eetgelegenheden in het park. Er is ook een onderzoekscentrum (zie 'In de omgeving van Carentan').

- De Manche, en in het bijzonder de Cotentin, en het parc des Marais zijn uitstekend geschikt voor **voettochten, fietstochten of ritjes te paard**: GR223 (prachtig!) langs de kust, meer dan 250 km paden door het groen over de oude spoorlijnen of langs jaagpaden, begeleide themawandelingen... Inlichtingen bij de CDT, ☎0800 06 50 50 (gratis nummer). ●*www.mancherandonnee.com*. De CDT geeft een degelijke brochure uit over vrije tijd en natuursporten. Het park heeft ten slotte ook een eigen stafkaart, *Les Plus Belles Balades du Cotentin et du Bessin*.

CARENTAN

50500 | 6900 INWONERS

Deze handelsplaats vormt de toegangspoort tot de Marais du Cotentin en ligt op een belangrijk kruispunt van verbindingswegen. Er is hier vooral een grote veemarkt en een jachthaven. Carentan heeft goed en bloed gegeven voor de bevrijding van het land. Dit stadje werd op 12 juni ingenomen na een bajonetaanval van de Amerikaanse parachutisten.

AANKOMST EN VERTREK

🚉 **SNCF-station:** *Boulevard de Verdun (aan de hoofdweg)*. Carentan ligt aan de lijn Cherbourg-Bayeux-Caen: een tiental treinen per dag, enkele rijden tot Lisieux en Parijs.

🚌 **VTNI (Veolia Transport Normandie Interurbain):** ☎0825 076 027 (€ 0,15/minuut). ●*www.mobi50.com*. Bushalte aan het SNCF-station. Carentan ligt aan de lijn Cherbourg-Valognes-Sainte-Mère-Église-Carentan-Saint-Lô: 3 bussen/dag op weekdagen.

NUTTIG ADRES

🛈 **Dienst voor Toerisme:** *Boulevard de Verdun*. ☎0233 71 23 50. ●*www.ot-carentan.fr*. In juli en augustus dagelijks geopend; in juni en september van maandag tot zaterdag geopend, de rest van jaar enkel op weekdagen geopend.

SLAPEN, IETS ETEN

CAMPING

🏕 CAMPING MUNICIPAL LE HAUT DICK: *Chemin du Grand-Bas-Pays 30*. ☎0233 42 16 89. ●*lehautdick@aol.com* ●*www.camping-municipal.com*. 🚢 *Naast de jachthaven; 400 m van het centrum van de stad (bewegwijzerd). Geopend van februari tot oktober. Reken op zo'n € 10 voor een staanplaats voor twee personen met auto en tent.* Een mooie, vrij grote camping, vlak bij de stad, het platteland en de haven (het kanaal loopt net achter de camping). Je slaat je tent op onder de bomen op het grote grasveld. Campers staan op een plaats tussen hagen. Ook mobilhomes te huur (€ 260-350 per week voor vier personen). Een beetje opeengepakt, maar je hebt een eigen stukje groen. Je kunt gebruikmaken van barbecues. Vlakbij is er een zwembad.

GOEDKOOP TOT DOORSNEEPRIJS

🛏🍴 HÔTEL-RESTAURANT L'ESCAPADE: *Avenue de la Gare 34*. ☎0233 42 02 00. *Fax: 0233 42 20 01. Jaarlijks verlof van december tot februari. We raden je ten zeerste aan om van tevoren te reserveren. Tweepersoonskamers met badkamer van € 36 tot 45. Lunchformule voor € 14. Menu's van € 16 tot 22. Gratis wifi.* Achter een schilderachtige, met klimop begroeide gevel bevinden zich gerieflijke (weliswaar niet echt grote), onlangs gerenoveerde en aangename kamers. Harmonieuze en rustgevende sfeer door de combinatie van het oude geboende parket en de gekozen tinten. Leuke eetruimte. Heel lekkere keuken op basis van traditionele specialiteiten. Uitstekende ontvangst.

🛏 Hôtel Le Vauban: *Rue Sébline 7 (Place Vauban).* ☎ 02 33 71 00 20. *Fax: 02 33 71 98 17. Heel centraal gelegen recht tegenover het postkantoor. Tweepersoonskamers met badkamer voor € 46.* De kamers zijn klein en typisch Frans, maar wel comfortabel en goed onderhouden. Bovendien is de prijs heel redelijk. Dit is meteen hun belangrijkste troef.

🛏 Chambres d'hôtes – B&B: *bij Nancy Fourault. Rue 101e Airborne 26.* ☎ 02 33 71 00 43. ●*chambres.carentan@bnb-normandie.com* ●*www.bnb-normandie.com. Aan de hoofdweg D974. Het hele jaar geopend. Voor een tweepersoonskamer met badkamer tel je € 60 neer. Gratis wifi.* Het grote huis ligt dan wel aan de rand van de weg, maar dat ben je binnen meteen vergeten. Het is er hartelijk en gezellig. Je voelt je hier heel erg welkom. Gezinsfoto's aan de muur, boeken in de hal... De karaktervolle kamers hebben parketvloer en zijn traditioneel ingericht. Ruim genoeg, leuk, kleurrijk, comfortabel. Enkele kamers herinneren nog aan de vroegere bewoners (een verzameling autootjes op een rekje, knuffeldieren). Lekker ontbijt in een mooie zaal met ramen die uitgeven op een kleine binnentuin vol bloemen. Verzorgde ontvangst.

🛏❌ L'Auberge Normande: *Boulevard de Verdun 11.* ☎ 02 33 42 28 28. ●*auberge-normande@ wanadoo.fr* ●*www.auberge-normande.com. Voor een tweepersoonskamer met badkamer tel je € 45-65 neer. Lunchformule voor € 13,50; menu's van € 19,50 tot 65.* Leuke kleine gebouwen van natuur- en baksteen. De huisjes staan aangenaam gegroepeerd rond een fleurig binnenplaatsje. Schattig, intiem, romantisch en heel paars! Het restaurant dan: een alweer paarse, luxueus-romantische eetkamer met indrukwekkende luchter, kaarsen op tafel, haard... Op je bord streekgerechten met een zelfbereide saus. Een beetje prijzig, dat wel.

SLAPEN, IETS ETEN IN DE OMGEVING

🛏 Chambres d'hôtes Le Haras du Vieux Château: *bij Myriam en Denis Avenel, Rue de Beuzeville 36, 50500 Les Veys.* ☎ 02 33 71 00 38. ●*contact@haras-vieux-chateau.com* ●*www.haras-vieux-château.com. 7,5 km ten oosten van Carentan. Je rijdt ernaartoe via de N13; neemt de afrit Isigny-sur-Mer en volgt richting Les Veys. Le Haras ligt aan de D444. Voor een tweepersoonskamer met badkamer diep je € 80 op uit je portemonnee. Gîte voor 9 personen voor € 1050-1500/week.* Prachtige boerderij uit de 16de eeuw waar renpaarden (meer bepaald dravers) worden gefokt. De eigenaars hebben er vijf mooie kamers ingericht. Rustig en groen. Verwarmd overdekt zwembad, kleine keuken. Tuintafels voor zonnige dagen.

❌ L'Auberge Polonaise – Bij Hubert: *Rue Saint-Jean 9, 50620 Saint-Jean-de-Daye.* ☎ 02 33 05 64 54. *Aan de N174, tussen Carentan en Saint-Lô. Gesloten op maandag. Jaarlijkse vakantie in september. Lunch voor € 13, à la carte voor € 27.* Vergis je niet, dit is niet zomaar een wegrestaurant, waar de stamgasten een glas komen drinken. Aan de muren van de kleine eetzaal hangen koppen van everzwijnen. Een vreemde plek... Poolse poppetjes en andere snuisterijen verwijzen naar het land van herkomst van de eigenaars. Op de kleine kaart staan eenvoudige Poolse gerechten, lekker bereid en mooi opgediend. Heb je zin in goulash of *pierogi* (lekkere ravioli met vlees of kaas), afspraak dan in dit discrete en sympathieke eethuis.

WAT IS ER TE ZIEN EN TE DOEN?

- **Wandeling door het historische stadsgedeelte van Carentan:** *begin bij de Dienst voor Toerisme.* Dit gebouw is net zoals het gemeentehuis gevestigd in de gebouwen van een voormalig klooster uit de 17de en 18de eeuw. Fraai bouwwerk van rode baksteen met lichtgekleurde kalksteen voor het portaal en de raamomlijstingen. Op nummer 47 van de Rue Sébline bevindt zich het *Hôtel de Ponthergé*, een magnifiek herenhuis dat halverwege de 16de eeuw werd gebouwd. Let vooral op de vermeldenswaardige renaissancepoort. Op de Place de la République kun je negen mooie gotische arcaden zien. Dit zijn overblijfselen van een overdekte markt uit de 14de eeuw. Samen met de Ruelle Saint-Germain (die nog precies zo loopt als vroeger) is dit het hart van de middeleeuwse stad. In de Rue du Château zie je enkele stenen woningen uit de 16de eeuw. Hier werd knap restauratiewerk verricht.

Aan de oneven kant van de Rue de l'Église staat een rij chique en sobere herenhuizen. Het laatste gebouw, meer bepaald het *Hôtel de Dey* (op nummer 7, net voor de kerk), diende als inspiratiebron en entourage voor de novelle *Le Réquisitionnaire* van Honoré de Balzac in 1836. Hij logeerde er.

✹✹ **Église Notre-Dame:** de kerk is gebouwd op de plaats van een voormalig Romeins kerkhof. Er zijn nog enkele grote zuilen uit de 12de en 13de eeuw. De rest van het gotische gebouw dateert uit de 15de eeuw. Originele architectonische bouwstijl.

Aan de zuidkant (de hoofdgevel) zorgen puntgevels en pinakels voor een zeker ritme. Op de puntgevels staan musicerende engelen (je herkent een orgel, trompet, viool en harp). In het midden bevindt zich het transept met een grote flamboyante muuropening. Aan de kant van het koor zie je drie grappige waterspuwers. Voorts wordt je aandacht getrokken door de opmerkelijke klokkentoren. Hij is 60 m hoog. De vierkante toren heeft een elegante achthoekige spits. Kleine torentjes ernaast versterken het raketeffect. Aan de westkant (links als je met je rug naar de straatkant staat) kun je een fraai gebeeldhouwde poort uit de 12de eeuw bewonderen. De grote muuropening erboven werd op latere datum uitgehouwen. Rechts van de poort zie je overblijfselen van een buitenkansel (nu ommuurd).

En binnen? Drie schepen en een koor met een mooi gotisch spitsbogengewelf. Historisch waardevolle glas-in-loodramen, waarvan enkel het rood en het blauw de tand des tijds hebben doorstaan. Triomfbalk van 1816. Koorstoelen van fijn houtsnijwerk. Barokaltaar met gepatineerd verguldsel. Bizarre gebeeldhouwde figuren tussen de arcaden van het koor. Tot slot een kooromgang met veel graffiti van hedendaagse bezoekers (werk voor archeologen in een verre toekomst)...

✹ **Lavoir des Fontaines:** wandel onder de spoorlijn door, toegankelijk via de Rue Tilloloy of de Rue des Fontaines. Heel merkwaardig opgeknapte wasplaats van 1784.

IN DE OMGEVING VAN CARENTAN

✹✹ 👁 **Maison du parc des Marais du Cotentin et du Bessin:** *50500 Saint-Côme-du-Mont. 3 km ten noordwesten van Carentan, via de N13, in het hartje van de marais. Zie de inleiding bij dit hoofdstuk, gewijd aan het park.* 👁 *(film, tentoonstelling en enkele uitkijkposten). Toegangsprijs: € 5, een jaar geldig; rondleiding (na afspraak): € 6; kortingen; gratis voor kinderen jonger dan zes.* In dit onderzoekscentrum kom je aan de hand van een tentoonstelling en een video alles te weten over het natuurlijke en culturele erfgoed van het *Parc Naturel Régional des Marais du Cotentin et du Bessin*. Je kunt dit leerzame bezoek voortzetten aan de hand van de wandel- en natuurleerpaden die men over een honderdtal hectares heeft aangelegd. Er zijn tal van informatieve panelen en uitkijkposten vanwaaruit je van dichtbij de diverse vogelsoorten in de marais kunt ontdekken (witte ooievaars, zwanen, zomertalingen, kemphanen, bruine kiekendieven... in de lente en watersnippen, roerdompen, fluiteenden... in de herfst en in de winter).

PÉRIERS

50190 | 2650 INWONERS

Gemeente die vroeger op de koninklijke route van Coutances naar Carentan lag. Evenals andere plaatsen heeft dit plaatsje in 1944 zwaar geleden onder de Tweede Wereldoorlog. Werd een martelaarsplaats.

▦✖ CHAMBRES D'HÔTES LE TERTRE: *bij Chantal Nolais, Rue de la Mer 3, 50190 La Feuillie.*
☎ *0233 47 94 39.* ●*www.chambresdhotes-letertre.com. 4 km ten westen van Périers, via de D94. Aan de kerk neem je richting Pirou, het eerste huis aan de linkerkant. Voor een tweepersoonskamer tel je € 40-44 neer. Table d'hôte voor € 16.* Stenen, 18de-eeuws huis met een met klimop begroeide voorgevel, geboend parket, zachte bedden, rustiek meubilair, lichte grote ramen met lange gordijnen. Net alsof je met vakantie bent bij oma... De pittige gastvrouw is wel een stukje jonger! 's Avonds dineer je in een eetzaal met een indrukwekkende schoorsteen. Lekkere boerderijproducten. In de tuin en de boomgaard droom je lekker weg.

WAT IS ER TE ZIEN EN TE DOEN?

❦ **De kerk van Périers** dateert uit de 12de en 15de eeuw. Haar prachtige verhoudingen ontvouwen zich in de overtreffende trap, wat Victor Hugo in 1836 de volgende bewonderende woorden ontlokte: 'Ik heb gisteren twee prachtige klokkentorens in flamboyant gotische stijl gezien, die van Carentan en die van Périers... De schitterende spitsen van Coutances lijken her en der, op diverse plaatsen van deze regio, als rijzige pronkstukken opnieuw te zijn opgeschoten, met vanzelfsprekend enkele varianten... Als er plotseling zo'n fraai ogend goudgeel bouwwerk van achter een heuvel hoog opdoemt, ervaar je dat schouwspel als een prachtig avontuur in het landschap!' Adembenemend zijn de koorafsluiting met zijn hoge flamboyante muuropeningen en het bijzondere torentje van de apsis. Binnen bevindt zich een verrukkelijke Maria met kind uit de 14de eeuw en overblijfselen van een romaans fresco dat in 1945 werd ontdekt.

- **Trektochten:** vanuit Périers zijn verschillende wandelroutes vrijgemaakt over de voormalige Romeinse heerwegen.

CIRCUIT IN LUSVORM VANUIT PÉRIERS

❦ **Gorges (rivierengten):** *ten noorden van Périers (via de D24) verlaat je na een tiental kilometer de grote departementale weg en neem je de kleine weggetjes.* Bekijk in het voorbijgaan even de kerk en zijn retabel, symbool van het triomferende katholicisme in de 17de eeuw (ten tijde van de Contrareformatie). Doet denken aan de koepel van de Dôme des Invalides. Mooie piëta uit de 15de eeuw, met de geknielde schenker ernaast. Ten noorden van de Gorges ligt het **tourbière de Baupte** (veenland van Baupte), waar je witte ooievaars, reigers en andere steltlopers kunt observeren (kieviten, watersnippen...).

❦❦ **Marchésieux (50190):** de toegangspoort tot het zuiden van de marais, 8 km ten oosten van Périers. Bezienswaardigheden die je niet mag missen:
- **De kerk** behoort tot een priorij die in de 11de eeuw werd gesticht. Het huidige gebouw dateert uit de 13de eeuw. In het koor kun je een uitzonderlijke verzameling fresco's uit de 14de eeuw zien. Op een rode achtergrond wordt Christus in de tempel (Christ au temple) weergegeven. Erboven en eronder de *Vlucht naar Egypte* (Fuite en Egypte) en de *Kindermoord* (Massacre des Innocents) van Bethlehem. Opvallende kleine polychrome atlant op de onderkant van de aanzet van een gewelf.
- 🔲 **Maison des Marais:** *Rue du Port 4.* ☎ *0233 07 15 20. In juli en augustus dagelijks geopend van 14.30 tot 18.30 u; van Pasen tot Allerheiligen enkel op zon- en feestdagen geopend (zelfde openingsuren). Toegangsprijs: € 3 voor volwassenen; € 0,80 voor kinderen; kortingen. Gratis voor kinderen jonger dan zeven. Een kaartje aan vol tarief geeft recht op korting in het Maison de la Brique en het Musée Tancrède-de-Hauteville.* Gevestigd aan de rand van de Marais Saint-Clair, in een langgerekt, traditioneel gebouw van 1773. Dit is geheid een interessant uitstapje in het 'echte' leven van de marais, zoals het er tot in het begin van de 20ste eeuw werkelijk toeging. Binnen een typisch interieur voor deze regio,

een tentoonstelling over de plaatselijke vistechnieken, huishoudelijke voorwerpen, landbouwwerktuigen... Moestuin met groenten van weleer. Er zijn ook Normandische dierenrassen. In juli en augustus wordt er op donderdag en zondag brood gebakken op houtvuur, dat je vervolgens ook kunt kopen.

Voor de deur begint een leuk ontdekkingspad door de Marais Saint-Clair.

☙ **Remilly-sur-Lozon (50570):** *12 km ten zuidoosten van Périers, aan de D94.* Dit is een klein dorp dat hardnekkig vasthoudt aan een van de traditionele ambachten eigen aan het moerasleven: het vlechtwerk (maken van manden...).

- 🏛 **Château de Montfort:** ☎ 0233553011. ♿ *In juli en augustus dagelijks geopend van 14.30 tot 19.00 u; van april tot oktober enkel in het weekend van 14.30 tot 18.00 u. Het domein buiten is vrij toegankelijk. Toegangsprijs voor de tentoonstelling 'l'Art du bois' (de houtkunst): € 4; kinderen tussen 6 en 12 betalen € 2.* Het kasteel van Montfort dateert uit de 15de eeuw en werd bijgevolg opgetrokken in renaissancistische stijl. Het wordt momenteel gerestaureerd dankzij de inspanningen van de erudiete en gepassioneerde kantonnier van Remilly, Noël Potier. Thans is er een verbazingwekkende collectie houtsnijwerk te bewonderen: beelden, maquettes... Alles is hier volledig van hout vervaardigd. Horloge (opgenomen in het Guinness Book of Records), formule 1-racewagen, jeep... zelfs de kleren (ware grootte).

- **Musée et Atelier de Vannerie:** *Rue de la Vannerie 1.* ☎ 0233562101. *In het dorp. Dagelijks geopend, behalve op zon- en feestdagen, van 9.00 tot 12.00 u en van 14.00 tot 18.00 u. Bezoek aan het museum en de ateliers (na afspraak) voor groepen vanaf tien personen. Toegangsprijs: € 3,70. Kortingen. Voor individuele bezoekers is er een expositie met verkoop van artikelen (vrije toegang).* Het *Musée et Atelier de Vannerie* bestaat al sinds 1864. Hier wordt nog altijd op volledig ambachtelijke manier gewerkt, vooral met takken van teenwilgen die in de marais groeien. Naast de bekende broodmandjes en gevlochten koffers worden er eveneens objecten van rotan en hout gemaakt.

☙☙ **Musée Tancrède-de-Hauteville:** *50570 Hauteville-la-Guichard.* ☎ 0233191924 *(Dienst voor Toerisme)* of *0233478886 (in het hoogseizoen). Tussen Saint-Sauveur-Lendelin en Marigny. In juli en augustus dagelijks (behalve op maandag) geopend van 14.00 tot 18.30 u; buiten het seizoen enkel op de laatste zondag van de maand van 14.00 tot 18.00 u alsook de laatste zondag van juni en elke zondag van september (zelfde openingsuren). Gesloten in december en januari. Toegangsprijs: € 4. Kortingen. Een kaartje aan vol tarief geeft recht op korting voor het Maison des marais in Marchésieux en het Maison de la Brique in Saint-Martin-d'Aubigny.* Mooi, nieuw museumpje zonder poeha waar het fantastische epos wordt verteld van Tancrède de Hauteville en zijn talrijke nakomelingen.

Tancrède de Hauteville werd omstreeks 1000 geboren in Hauteville. Hij was een eenvoudige Normandische landheer die voor zijn vijftien kinderen vrijwel geen nalatenschap had. Enkele van zijn zonen (hij had er twaalf!) zochten daarom roem en fortuin door zich als huursoldaat aan te sluiten bij de legers van de kruistochten die zich in die tijd richting Jeruzalem begaven. De kruistochten passeerden toen allemaal via Zuid-Italië en Sicilië. Dus ook de zonen van Tancrède de Hauteville. En deze beslisten om er zich te vestigen. Binnen dertig jaar slaagden zijn zonen erin om de landheren van die Italiaanse regio te worden. Ze konden dit door op een intelligente manier om te gaan met de plaatselijke bevolking en door voordeel te halen uit de kennis van de verschillende beschavingen die zich hadden gevestigd op dit kruispunt van verbindingswegen aan de Middellandse Zee. Inderdaad. Aan hun hof settelden in een mum van tijd allerlei Arabische en Byzantijnse juristen, geografen en kunstenaars. Het gevolg hiervan was dat hun goed binnen de kortste keren uitgroeide tot het meest solide koninkrijk van het Middellandse Zeegebied. Hun macht was gebaseerd op economische rijkdom (Sicilië was een graanschuur), een intensief cultureel leven en politieke stabiliteit (de Derde Republiek (1871-1940) kon hier niet aan tippen). Het Normandische koninkrijk op Sicilië hield stand tot in 1266. Nadat ze de wapens hadden neergelegd, bleken de Normandiërs uitstekende architecten en bouwers te zijn. Hiervan getuigen nog de paleizen La Ziza en La Cuba in Palermo en de kathedraal van Cefalù, met hun prachtige samensmelting van romaanse, Byzantijnse en Arabische invloeden. Het is heerlijk struinen door de middeleeuwse tuin. Ateliers met middeleeuwse schilderkunst.

❧ **Maison de la Brique:** *La Briquetterie3, 50190 Saint-Martin-d'Aubigny.* ☎ *0233076195 of 0233077392 (gemeentehuis). 2 km ten oosten van Périers (D900). In juli en augustus dagelijks geopend van 14.30 tot 18.30 u; in juni en september op zon- en feestdagen van 14.30 tot 18.30 u. Toegangsprijs: € 3. Kortingen. Gratis voor kinderen jonger dan acht. Een kaartje aan vol tarief geeft recht op korting voor het Maison des marais in Marchésieux en het Musée Tancrède-de-Hauteville.* Deze vroegere steenfabriek uit het begin van de 20ste eeuw is volledig gerestaureerd. Een rondleiding laat je toe om de verschillende etappes van de steenvervaardiging te ontdekken (uitgraven van de klei, drogen, bakken...). Bovendien is er een tentoonstelling over het gebruik van baksteen door de eeuwen heen. Interessante en heel leerzame presentatie.

❧ **Le Mesnilbus:** *12 km ten zuidoosten van Périers.* Dit is het einde van de marais en het begin van het bosrijke wallen- en coulisselandschap (bocages). Smalle weggetjes doorkruisen het prachtige landschap met de meest schilderachtige, schortgrote gehuchten. Aan je oog ontluiken zich groepjes boerderijen met de typische bijgebouwen van de streek. De onderbouw en de raamomlijstingen zijn van steen en de muren van een mengsel van klei en stro. Het geheel baadt in een aangenaam kleurenpalet van oranje en okergele tinten.

- **Église de Mesnilbus:** bekijk in Mesnilbus de kerk die deels in de 11de en deels in de 13de eeuw werd gebouwd (interessante crypte en doopvont).
- **Markt:** op vrijdagochtend.
- **Fête de la Saint-Jean:** Sint-Jansfeesten op 24 juni.

❧ **Saint-Sauveur-Lendelin:** *6 km ten zuiden van Périers ontdek je een van de meest verleidelijke bocages van de streek.* In 1739 werd hier Charles-François Lebrun geboren. Hij werd gedeputeerde van de Generale Staten in 1789, wist het vege lijf (en vooral dan zijn hoofd!) te redden onder de *Terreur* (schrikbewind in Frankrijk van juni 1793 tot juli 1794) en werd samen met Napoleon Bonaparte en Cambacérès een van de drie consuls van het Consulaat (1799-1802).

- **Grote kerk** uit de 13de eeuw en **Manoir du Grand Taute** (landgoed) uit de 16de eeuw (klein museum van Normandische meubels).
- **Fête de la Trinité:** feest van de Drie-eenheid op de eerste zondag van juli.

LESSAY

50430 | 1760 INWONERS

Vriendelijk dorp dat gebouwd is rond de benedictijnenabdij. In september is er een grote markt, een van de oudste van Normandië.

NUTTIGE ADRESSEN

🚹 **Dienst voor Toerisme:** *Place Saint-Cloud 11.* ☎ *0233451434.* ● *www.canton-lessay.com. In juli en augustus van maandag tot vrijdag geopend van 9.00 tot 12.15 u en van 14.00 tot 18.00 u; op zaterdag van 10.00 tot 12.15 u en van 14.00 tot 18.00 u; op zondag van 10.30 tot 13.00 u.* Buiten het seizoen: vraag inlichtingen. Organiseert elke zomer evenementen rond het architecturale erfgoed en de omgeving.

◼ **Centre permanent d'Initiatives pour l'Environnement:** *Rue de l'Hippodrome 30, BP 42.* ☎ *0233463706.* ● *www.cpiecotentin.com. Van maandag tot vrijdag geopend van 9.00 tot 12.00 u en van 14.00 tot 18.00 u.* Door natuurliefhebbers die ook met hart en ziel van hun regio houden, worden diverse activiteiten en wandeltochten georganiseerd waarbij de nadruk ligt op het onderzoeken van het plaatselijke ecologische evenwicht van zowel fauna als flora.

WAT IS ER TE ZIEN?

✹✹ **Abbaye de Lessay:** ☎ 0233451434 *(Dienst voor Toerisme).* ♿ *De abdij van Lessay is dagelijks geopend van 9.00 tot 19.00 u. Vrij te bezoeken. Op woensdag (15.00 u) in juli en augustus zijn er rondleidingen: € 3. Zo kun je ook de privévertrekken van de abdij binnen (klooster, tuinen).* Een van de bekoorlijkste romaanse meesterwerken van Normandië. De abdij werd opgetrokken in 1056 door de baronnen van La Haye-du-Puits en werd ernstig beschadigd tijdens de Honderdjarige Oorlog (1337-1453) en de godsdiensttoorlogen (16de en 17de eeuw). Eeuwen later, door de bombardementen van 1944 en de Duitse mijnen, werden haar gebouwen zwaar toegetakeld. Zo erg zelfs dat restauratie bijna niet meer mogelijk leek. Maar gedreven door de vurige wens van de bevolking van Lessay en vanwege het architectonische belang van het bouwwerk werd uiteindelijk door de hogere commissie van monumentenzorg tot de wederopbouw besloten. De restauratie duurde dertien jaar (1945-1958) en vond plaats onder leiding van architect Y.-M. Froidevaux. Aan de hand van diverse vroegere foto's van het gebouw kon elk kapiteel, elk gewelf en elke *modillon* precies worden nagemaakt. De bouwers gingen zelfs zo ver dat de constructiefouten die in de 11de eeuw werden gemaakt, gewoon werden gereproduceerd. Uitzonderlijk harmonische proporties. Ga in de as van de koorafsluiting staan om deze te bewonderen. Binnen heerst een grote architectonische strengheid. Pure lijnen, evenwichtige ruimtes... een sobere schoonheid die zelfs de meest ontoegankelijke zielen niet onberoerd laat.

De gestileerde kapitelen vormen een fraai ogende eenheid met de eenvoudige bouwstijl van de benedictijnen. Toch wordt de strenge indruk verzacht door de hartelijke tinten van de kalksteen die brons kleurt als de zon in de abdij schijnt. Triforium met daarboven een galerij die zich over de hele lengte van het gebouw uitstrekt.

- Twee keer per jaar (in juli en augustus) organiseert de abdij de 'Nocturnes', een theatervoorstelling waarin acteurs in authentieke klederdracht de geschiedenis van het gebouw van 1056 tot vandaag uitbeelden; toegang tot de tuinen en het klooster. Duurtijd: anderhalf uur; € 5; kortingen.

- In de zomer wordt in de abdij het festival voor klassieke muziek 'Heures Musicales' georganiseerd door de vereniging *Heures musicales de l'abbaye de Lessay.* Inlichtingen te bekomen bij de Dienst voor Toerisme of op het nummer ☎ 02 33 45 14 34.

✹✹ **Fromagerie Réo:** *Rue des Planquettes 1. Kaasmakerij.* ☎ 0233464133. *In juli en augustus van maandag tot vrijdag (behalve op feestdagen) om het uur van 9.00 tot 13.00 u; de rest van het jaar enkel voor groepen en na afspraak. Toegangsprijs: € 2,55. Gratis voor kinderen tot veertien jaar.*

Sinds haar oprichting door Théodore Réaux in 1931 wordt in deze kleine kaasmakerij een heerlijke rauwmelkse camembert gemaakt. Een soort die met uitsterven wordt bedreigd! In een uur tijd (in werkelijkheid duurt dit veertien dagen) doorloop je alle handelingen die nodig zijn voor de vervaardiging van een camembert die deze naam waardig is, en word je omringd door de verrukkelijke geur van een sublieme kaas. Even geduld nog, op het eind is er mogelijkheid tot proeven. Je begrijpt meteen waarom de camembert Réo een historische overwinning behaalde met negen gouden medailles op de *Salons de l'Agriculture* van 1992, 1993, 1994, 1998, 1999, 2004, 2006, 2008 en 2009!

FEESTELIJKHEDEN

- **La Sainte-Croix:** *tweede weekend van september. Inlichtingen bij de Dienst voor Toerisme of op het gemeentehuis van Lessay op het nummer* ☎ 0233765880. Werd in de 12de eeuw opgericht door de benedictijnenmonniken. Een markt van bijna duizend jaar met andere woorden... en een van de grootste en populairste van West-Frankrijk... of zelfs van héél Frankrijk. Er komen jaarlijks zo'n 400.000 bezoekers! Tijdens dit enorme feest verbroederen landbouwers, marktkooplui en bezoekers gedurende drie dagen. Meer dan vijftig *rôtisseurs* (je eet er onder andere koteletten van kwelderschapen) en 1500 *déballeurs* (kramen). Paardenmarkt op vrijdag, hondenmarkt het hele weekend. Een geweldige vertoning! Je vindt er alles, maar dan ook werkelijk alles. Wil je de authentieke markt beleven, kom dan vrijdagochtend. Het is opletten geblazen voor het verkeer in de omgeving. Verkeersopstoppingen zijn eerder regel dan uitzondering. En het hoeft geen betoog dat je op dat ogenblik heel moeilijk onderdak vindt in de buurt... tenzij je werkelijk heel lang van tevoren een plaatsje gereserveerd hebt.

SAINT-SAUVEUR-LE-VICOMTE

50390 | 2410 INWONERS

Rustige plaats van enige omvang die geschiedenis begint te schrijven zodra de torens van haar middeleeuwse kasteel uit de grond rijzen. In de 11de en 12de eeuw was het stadje de zetel van het burggraafschap Cotentin. De hertogen van Normandië hadden de titel van burggraaf toegekend aan de familie Néel de Saint-Sauveur. Deze titel had in de eerste plaats tot gevolg dat de overheid thans ook in de Cotentin vertegenwoordigd was. Door deel te nemen aan een moordaanslag op Willem de Bastaard verraadde Néel II zijn feodale heer in 1047 en verloor hij daarmee tegelijk zijn titel van burggraaf en zijn invloed in Saint-Sauveur. De plaats bleef echter lange tijd een strategische plaats op de grens van de bocages en de marais. Het is dan ook niet zo verwonderlijk dat het indrukwekkende kasteel, dat in de 10de eeuw werd gebouwd, het vaak moest ontgelden. Het werd de eerste keer met de grond gelijkgemaakt door Philippe II de Valois. Nadat het weer was opgebouwd door Godefroy d'Harcourt, onderging het kasteel het beleg van 1375 door het leger van Du Guesclin, en deelde het in de brokken door het beleg van 1450, vlak voor de overgave en het definitieve vertrek van de Engelsen. In de 16de eeuw speelden zich soortgelijke taferelen af tijdens de godsdiensttoorlogen toen Hendrik IV het kasteel moest heroveren van de hugenoten... Tot slot vermelden we nog dat Saint-Sauveur de geboorteplaats is van de schrijver Jules Barbey d'Aurevilly. Hij zag er het daglicht in 1808.

NUTTIG ADRES

ℹ️ **Dienst voor Toerisme:** *in de kapel van het kasteel.* ☎️ *0233 21 50 44.* ● *www.saintsauveurlevicomte.fr.* Geopend van Pasen tot half september. In april en mei van maandag tot vrijdag; in juni en september van maandag tot zondagochtend. In de winter permanentie.

SLAPEN, IETS ETEN, IETS DRINKEN

CAMPING

🏕️ CAMPING MUNICIPAL DU VIEUX CHÂTEAU: *Avenue Division Leclerc.* ☎️ *0233 41 72 04* of *0233 21 50 44 (buiten het seizoen).* ● *ot.ssv@wandadoo.fr* ● *www.saintsauveurlevicomte.fr. Gemeentelijke camping aan de voet van het kasteel. Geopend van half mei tot half september. Reken in het hoogseizoen op € 9 voor een staanplaats voor twee personen met een auto en een tent.* Kleine camping, knus genesteld aan de voet van de heuvel met daarop het kasteel. Ideaal gelegen in een groenende omgeving.

GOEDKOOP TOT DOORSNEEPRIJS

🍽️ AUBERGE DU VIEUX-CHÂTEAU: *Avenue Division-Leclerc 9.* ☎️ *0233 41 60 15.* ● *vieux.chateau@infonie.fr* ● *www.auberge-vieux-chateau.fr. Gesloten op maandagmiddag in de zomer; op vrijdagavond, zaterdagmiddag en zondagavond tussen oktober en april. Jaarlijks verlof van 15 februari tot 9 maart. Je betaalt € 33 voor een tweepersoonskamer met wastafel. Wil je een badkamer, dan moet je met € 43 over de brug komen. Doordeweekse lunch voor € 12. Overige menu's van € 15 tot 26. Parkeerterrein.* De gevel is begroeid met klimop. Dit leuke dorpshotelletje bevindt zich recht tegenover het kasteel, midden op het platteland. Heel eenvoudige kamers in leuke kleuren. Goede keuken die in een aangename eetkamer wordt geserveerd.

🗶🛈 LE RIDEAU CRAMOISI: *Place de l'Église.* 🕿 02 33 41 62 37. *50 m van het museum Barbey-d'Aurevilly. Gesloten op woensdagavond en op zon- en feestdagen. Het restaurant is 's avonds gesloten. Jaarlijkse vakantie van 9 tot 23 augustus. Menu tussen de middag voor € 11. Gratis wifi.* Iconoclastische sfeer en inrichting in deze bistro waar je terechtkunt voor een natje en een droogje. Onmiskenbaar het clublokaal van de fanclub van Dionysus en Epicurius, wat boekdelen spreekt. Het restaurant is trouwens genoemd naar de titel van een novelle uit het beroemdste werk van Barbey d'Aurevilly, *Les Diaboliques.* Hartelijke sfeer, af en toe treedt een band live op... Op je bord eenvoudige en degelijke kost, net zoals het restaurant.

SLAPEN, IETS ETEN IN DE OMGEVING

📨 CHAMBRES D'HÔTES LA COUR: *bij Monique Tardif, La Cour, 50390 Rauville-la-Place.* 🕿 02 33 41 65 07. ●*mt.lacour@wanadoo.fr* ●*www.chambres-lacour.com. 3 km van Saint-Sauveur-le-Vicomte, aan de D2 in de richting van Valognes. Sla rechts af naar Saint-Clair. Voor een kamer voor twee tel je € 47 tot 55; de prijs varieert van kamer tot kamer.* Vijf grote en lichte kamers (die de voorgevel niet laat vermoeden) in een smaakvol gerestaureerd herenhuis uit de 15de eeuw. Maar let op, hier leid je geen prinsheerlijk leven, het is er vrij sober, maar de omgeving is heel karaktervol. Stevig bed voor een deugddoende nachtrust. Ideaal voor gezinnen. Zachte en discrete ontvangst.

🗶 AUBERGE DE L'OUVE: *in het dorp Longuérac, 50360 Les Moitiers-en-Bauptois.* 🕿 02 33 21 16 26. *14 km ten zuidoosten van Saint-Sauveur-le-Vicomte. Volg de D15 en verder de D24 (heel goed aangeduid). Geopend van april tot 10 september, enkel na afspraak. Formule voor € 10,50. Menu voor € 17,50 tot 33.* Aan de oever van de Ouve staan een paar oude stenen huisjes, grazen paarden. Aan het water staat een rij bomen, schommelen wat boten in de wind. Romantische zonsondergangen... In deze charmante herberg, weg van alle drukte, smul je heerlijk van een eerlijke streekkeuken. Mooie omgeving, hartelijke sfeer en lekker eten.

WAT IS ER TE ZIEN?

🕯 **Het oude kasteel:** *het domein buiten is het hele jaar door vrij toegankelijk. Rondleidingen in het kasteel: van half juni tot half september van dinsdag tot zondag om 15.00 en 16.30 u (15.30 u op zondag). Toegangsprijs: € 2. Kortingen. Gratis voor kinderen jonger dan zes.* Hoewel het kasteel tijdens de Tweede Wereldoorlog zwaar werd beschadigd, is het nog altijd heel indrukwekkend met zijn grote ronde toren (4 m dik aan de basis), zijn hoge schietgaten en de vierkante donjon (25 m hoog). In het midden bevindt zich een elegant toegangsportaal. Momenteel is de Dienst voor Toerisme er gehuisvest. Rechts van het kasteel loopt een weg naar een piepkleine begraafplaats met de tombe van Barbey d'Aurevilly. Voor het kasteel staat zijn buste, van de hand van Rodin.

🕯 **Musée Barbey-d'Aurevilly:** *Rue Bottin-Desylles 66.* 🕿 02 33 41 65 18. *In juli en augustus geopend van 11.00 tot 18.00 u; in april en oktober geopend vanaf 13.00 u. Toegangsprijs: € 4. Gratis voor kinderen onder de twaalf jaar.* In het ouderlijke huis van de schrijver. Je vindt er manuscripten, handgeschreven teksten, souvenirs en allerlei kleding. Veel aandacht voor de *Disjecta Membra*, een indrukwekkende compilatie van tweehonderd pagina's poëzie en diverse brieven en bepeinzingen. Tot slot zijn er ook interessante zwart-witfoto's waarmee op vernuftige wijze de passages uit zijn oeuvre worden geïllustreerd die zich in de regio afspelen. In 2008 werd het hele museum gerenoveerd ter gelegenheid van de 200ste verjaardag van de schrijver.

🕯 **De abdij:** *enkele kilometers verwijderd van het centrum (bewegwijzerd).* 🕿 02 33 21 63 20. 🔓 *De abdij is nog steeds in gebruik (als college). Dagelijks geopend voor het publiek van 10.00 tot 12.00 u en van 14.00 tot*

18.00 u. Video over de geschiedenis van de abdij (enkele dagen vooraf te reserveren). Vrij toegankelijk. De abdij werd gebouwd in de 11de eeuw en grotendeels verwoest in de 19de eeuw. Ze heeft heel wat lotgevallen ondergaan: Honderdjarige Oorlog, Franse Revolutie, vernietigende bombardementen van 1944…, maar staat er nog steeds. Je kunt jammer genoeg enkel de abdijkerk bezoeken. Ondanks de gedrongen klokkentoren kan die op evenwichtige en bekoorlijke architectonische verhoudingen bogen. Er zijn drie schepen. Romaans gewelf met blinde bogen erboven om het hoogtegevoel te versterken. In de gevel zie je een groot portaal met een modern glas-in-loodraam. Mooi 15de-eeuws altaar dat in een stuk eikenhout gesneden is en klaarblijkelijk aan de kathedraal van Coutances 'ontleend' is. In een hoek ontwaar je het graf van de heilige Marie Madeleine Postel, de stichtster van de religieuze gemeenschap die de benedictijnen in 1832 opvolgde en nog steeds in de abdij aanwezig is.

SAINTE-MÈRE-ÉGLISE

50480 | 1610 INWONERS

Sainte-Mère-Église is een van de symbolische plaatsen waarvan de naam onherroepelijk is verbonden met de landing van de geallieerden op 6 juni 1944. Bij het grote publiek vooral bekend geworden dankzij de film *The Longest Day* en het verhaal van John Steele, de Amerikaanse parachutist die de geschiedenis inging omdat hij met zijn parachute aan de kerktoren bleef hangen. Voor het gemeentehuis bevindt zich de eerste paal van de Voie de la Liberté. Paal 0… en hiermee was men de eerste paal van Utah Beach in Sainte-Marie-du-Mont eigenlijk te slim af, want die werd gereduceerd tot paal 00.

EEN BEETJE GESCHIEDENIS

Dinsdag 6 juni 1944. Het is even na middernacht (0.15 u om precies te zijn). Nadat eerst enkele verkenners zijn gedropt, springen nu alle parachutisten van de 82ste en 101ste divisie boven de Cotentin. Hun doel bestaat erin zich meester te maken van het gebied tussen de oostkust van de Cotentin en de marais van Amfreville. Ze moeten aldus het terrein klaarmaken voor de landingstroepen van Utah Beach. Hoewel die luchtlandingstroepen over een afstand van bijna 60 km uiterst versnipperd geparachuteerd zijn, slagen enkele geïsoleerde groepen er toch in om de strategisch belangrijke punten te veroveren. Het 3de bataljon van het 505de regiment komt op en rond het centrale plein van Sainte-Mère-Église neer. Om 4.30 uur wordt in dat dorpje de eerste Amerikaanse vlag op Frans grondgebied gehesen!

NUTTIGE ADRESSEN EN INFORMATIE

Dienst voor Toerisme: *Rue Eisenhower 6.* ☎ *02 33 21 00 33.* ● *www.sainte-mere-eglise.info. Van april tot september dagelijks geopend behalve op zondagmiddag en op feestdagen; buiten het seizoen enkel 's ochtends van maandag tot vrijdag.* Gesloten op 25 december en 1 januari. Visiogidsen.
- **Markt:** donderdagochtend. Traditionele markt, kalverenmarkt.

SLAPEN, IETS ETEN

CAMPING

▲ Camping municipal: *Rue Airborne 6.* ☎ *02 33 41 35 22. 500 m van het centrum. Geopend van half maart tot half november. Reken op zo'n € 10 voor een staanplaats voor twee personen met een auto en een tent.* Prettige en comfortabele camping met een mooi grasveld. Appelbomen zorgen voor de nodige schaduw. Verhuur van fietsen.

DOORSNEEPRIJS

🔲 Auberge John Steele: *Rue du Cap-de-Laine 4.* ☎ *02 33 41 41 16.* ● *auberge-lejohnsteele@ orange.fr* ● *www.aubergejohnsteele.com. Gesloten op zondagavond en op maandag buiten het seizoen.*

Jaarlijks verlof drie weken eind januari en begin februari en twee weken eind november. Een tweepersoonskamer met badkamer kost € 43-52. Dagschotel: € 11,50; menu's van € 15,50 tot 27. Gratis wifi. Heuse plattelandsherberg met een gevel die heerlijk schuilt achter een weelderige begroeiing. Binnen is alles vanzelfsprekend rustiek. De kamers boven het restaurant of in het bijgebouw zijn eenvoudig en aangenaam. Goede keuken op basis van streekproducten.

SLAPEN, IETS ETEN IN DE OMGEVING

MANOIR DE MAGNEVILLE: *bij Murielle en Philippe Bazillou-Cabras, 50310 Fresville.* 0233 01 02 24. • *murfil@wanadoo.fr* • *www.monsite.orange.fr/manoirdemagneville. 7 km van Sainte-Mère-Église. Volg de N13, neem de uitrit naar de D69 (Écausseville) en verder de D69 richting Fresville. Voor een tweepersoonskamer tel je € 60-90 neer. Table d'hôte voor € 25. Gratis wifi.* Een schitterend landhuis, levendig en warm en met een mooie tuin. Kamers voor ieders smaak: zowel een luxueuze, elegante suite (wanneer je met z'n vieren reserveert, krijg je ook de aangrenzende kamer erbij, een enorme suite dus) als heel eenvoudige kamers onder het dak of op zolder en met gemeenschappelijke badkamer. Jacuzzi en sauna maken van dit huis een uitstekende plek om te rusten en te ontspannen. Open ontvangst met de glimlach.

WAT IS ER TE ZIEN EN TE DOEN?

De kerk: gebouwd in de 12de en 15de eeuw, die natuurlijk bekend is geworden door de Amerikaanse parachutist die op D-day aan de kerktoren bleef hangen. Klokkentoren met grote gotische muuropeningen en een opengewerkte balustrade. Fraai portaal. Kapitelen met een konijn en gebeeldhouwd loofwerk. Flamboyant nisgewelf in het timpaan. Archivolten op vreemd aandoende modillons... met tamelijk obscene voorstellingen... Een van de figuren rechts heeft zijn hand in zijn kruis en links gaat er eentje met de billen bloot. Aan de ingang staat een oude doopvont die als wijwatervat wordt gebruikt. Kansel en retabel uit de 18de eeuw. Enkel het transept dateert nog uit de 12de eeuw. De 18de-eeuwse lutrijn is een van de mooiste van het departement. De kapitelen worden ook bevolkt door tamelijk eigenaardige types. Op de zuil rechts van het koor is bijvoorbeeld een man afgebeeld met in elke hand een vis en daarnaast een varkenskop. Werp zeker een blik op twee ongewone glas-in-loodramen. In het eerste zie je parachutisten met de emblemen van de Amerikaanse Airborne-troepen en Sint-Michel, de beschermheilige van de para's. In het andere herken je een eerbetoon aan de landing van de geallieerden (waarschijnlijk de enige afbeelding van een Maria met kind omgeven door vliegtuigen en parachutisten...).

Musée Airborne: *Rue Eisenhower 14, in het dorp.* 02 33 41 41 35. *Van april tot september dagelijks geopend van 9.00 tot 18.45 u; in februari, maart, oktober en november dagelijks geopend van 9.30 tot 12.00 u en van 14.00 tot 18.00 u. Gesloten in december en januari (behalve tijdens de kerstvakantie). Toegangsprijs: € 7. Kortingen. Gratis voor kinderen tot zes jaar.* Museum over het verloop van de dropping boven Sainte-Mère-Église en de bevrijding van het dorp. Diverse vitrinekasten met souvenirs, documenten, foto's, wapens en uniformen. Enkele spectaculaire stukken verdienen extra in de verf te worden gezet, bijvoorbeeld een C47 'Dakota' die gebruikt werd voor het transport van de troepen, een van de 512 Waco-zweefvliegtuigen die deelnamen aan de aanval, Shermantanks, halfrupsvoertuigen, jeeps... Videovoorstelling. Interessant en heel mooi opgevat museum.

Ah, de koe!

Wist je dat de Normandische koe in feite een koe is die in het laboratorium werd gemaakt? Ze is het resultaat van een kruising van verschillende rassen met als doel de perfecte melkkoe te creëren. Bovendien is de productie van deze melkkoeien door onderzoek en ervaring verbeterd. In 1852 gaf een koe 900 liter melk per jaar; in 1882 was dat 1500 liter en vandaag is dat maar liefst 5500 tot 6000 liter!

🕯🕯🕯 🚹 **Ferme-Musée du Cotentin:** *Chemin de Beauvais.* ☎ 02 33 95 40 20. *Tijdens de schoolvakanties (behalve in de kerstvakantie) en in april, mei, juni en september dagelijks geopend van 14.00 tot 18.00 u; in juli en augustus dagelijks geopend van 11.00 tot 19.00 u. Toegangsprijs: € 4,20. Kinderen tussen zeven en vijftien betalen € 1,75. Kortingen.*

Prachtig gerestaureerde 17de- en 18de-eeuwse boerderij. In een van de bijgebouwen loopt een mooie tentoonstelling over alle clichés waaraan je meteen denkt bij het horen van Normandië (koeien die vredig grazen in groene weiden in de schaduw van de appelbomen, vakwerkhuizen met lemen daken op de achtergrond). Je ontdekt er dat dit stukje Frankrijk tot de 19de eeuw vooral granen verbouwde en dat de koe (met haar melk en later ook de boter) haar intrede pas aan het eind van de 19de eeuw deed en dat haar komst het hele landschap grondig veranderde. Door de koeienteelt ontstonden de bocages... Een nieuwe tentoonstelling, gebaseerd op een uitzonderlijke film, vertelt over het plattelandsleven in de Manche in de jaren 1950 voor de landbouwwerktuigen gemoderniseerd werden. In de boerderijgebouwen is een heel geslaagde reconstructie te zien van het leven en het werk op de boerderij in het begin van de 20ste eeuw (keuken, melkerij, wasserij, pers, stallen...). Buiten zie je landbouwmaterialen en -werktuigen, een moestuin, een boomgaard met ongeveer 200 oude variëteiten appel- en perenbomen. Als afsluiter maak je een rustige wandeling en bewonder je de plaatselijke dieren (koeien, varkens, eenden, schapen, ganzen, ezels, kippen...). Het hele jaar door worden er allerlei activiteiten georganiseerd. Een prachtige plek, heel leerrijk en voor het hele gezin.

🚲 Vanuit Sainte-Mère-Eglise vertrekken **fietsroutes**. Uitstekende routebeschrijvingen te verkrijgen (enkele zelfs gratis) bij het *Comité Départemental du Tourisme* of de Dienst voor Toerisme.

FEESTEN EN FEESTELIJKHEDEN

- **Fête du Cheval:** tijdens het paasweekend. Traditioneel feest met een nationaal springconcours.
- **Salon du livre histoire et mémoire:** het laatste weekend van mei.
- **Verjaardag van de bevrijding:** ieder jaar rond 6 juni. Heel wat herdenkingen en feestelijkheden.
- **Marchés du Terroir et de l'Artisanat:** elke vrijdag in juli en augustus, van 16.30 tot 19.30 u, aan de Place de l'Église.

IN DE OMGEVING VAN SAINTE-MÈRE-ÉGLISE

🕯 **Pont de la Fière:** *3 km ten westen van Sainte-Mère-Église via de D15 (volg de wegwijzers naar het Mémorial des Parachutistes).* Heel eenvoudig bruggetje, godverlaten op het platteland van de Cotentin, doorgaans niet opgenomen bij de traditionele routes van de landing. En toch hebben hier honderden mannen gedurende enkele dagen een verwoede strijd op leven en dood gevoerd. Deze kleine eenvoudige brug was een van de hoofddoelen van D-Day. Hij was een van de twee verbindingen (de andere was de brug van Chef-du-Pont) om via de overstroomde marais van de oostkust naar de westkust van de Cotentin te gaan. Als je er meer over wilt weten, vraag het dan aan de landbouwer die in het huis naast de brug woont. Hij kan je het hele relaas uit de doeken doen. Dit verhaal diende in elk geval tot inspiratiebron van de wijd en zijd bekende film *Saving Private Ryan* (met Spielberg als regisseur).

Beuzeville-au-Plain: via het vriendelijke netwerk van landweggetjes ten oosten van Sainte-Mère-Église maak je een omweg naar dit minidorpje. Je bent er in een mum van tijd en het loont werkelijk de moeite. Dit dorp is een van de weinige in Frankrijk dat geen monument ter nagedachtenis van de gesneuvelde soldaten heeft. Hier staat ook het allerkleinste gemeentehuis van het land, zo schattig dat je het in je armen zou willen sluiten. De herenboerderijen van lichte steen in de buurt spreken overigens al bij de eerste oogopslag tot de verbeelding...

Batterie d'Azeville: *tussen Sainte-Mère-Église en Montebourg.* ☎ 02 33 40 63 05.
● *www.normandiememoire.com. Van juni tot augustus dagelijks geopend van 10.00 tot 19.00 u; in mei en september dagelijks geopend van 11.00 tot 18.00 u; in april en oktober en tijdens de krokusvakantie dagelijks van 14.00 tot 18.00 u. Toegangsprijs: € 4,20. Kortingen. Rondleiding (1.15 uur) of audiogids.* De batterij van Azeville ligt in een prachtige groene omgeving. Maar dat was uiteraard niet de reden waarom de Duitsers in 1941 op die plaats met de bouw van een kustbatterij begonnen. Tijdens de landing diende dit bouwwerk om de naburige batterij van Crisbecq te bombarderen! Vreemd. Een woordje uitleg. De leider van de batterij van Crisbecq had aan zijn collega van Azeville gevraagd de wapens op Crisbecq te richten om de Amerikaanse infanteristen te stoppen die zich voorbereidden op een laatste bestorming. Het garnizoen van Crisbecq ging zelfs tot een tegenaanval over en kon 90 Amerikaanse gevangenen maken... Nadat de batterij van Azeville op 5 en 8 juni door twee voltreffers (obussen van Nevada) werd geraakt, gaven de manschappen van dat garnizoen zich de volgende dag over. Naast de kazematten met de kanonnen kun je ook het indrukwekkende onderaardse labyrint bezoeken waar zich de logistieke basis van de batterij bevond: munitiedepots, apotheek, slaapzalen, putten... In één woord: ko-los-saal!

Batterie de Crisbecq: *aan de D69, tussen Ravenoville en Quinéville.* ☎ 02 33 21 28 71 of 06 68 41 09 04. ● *www.batterie-marcouf.com. In juli en augustus dagelijks geopend van 10.00 tot 19.00 u; in mei, juni en september dagelijks geopend van 10.00 tot 18.00 u; in april, oktober, november en de krokusvakantie dagelijks van 11.00 tot 18.00 u. Toegangsprijs: € 6. Kortingen.* De batterij van Crisbecq was de belangrijkste Duitse artilleriepositie in de hele sector. In een gebied van 1,6 km lengte en 900 m breedte stonden drie 210-marinekanonnen, zes 75-kanonnen en een 150-kanon en waren 300 soldaten gelegerd. Het is bijna niet te bevatten wat hier allemaal was (dat is meteen de reden waarom deze plek zo interessant is!). Van de kust van Saint-Vaast tot de baai van Les Veys en met een schietbereik tot 33 km was de batterij van Crisbecq een reële bedreiging voor de landing op Utah Beach. Om die reden bombardeerden de geallieerden deze plek onophoudelijk vanaf de lente van 1944 tot de eigenlijke landing. Ook bij de inwoners van het kleine Saint-Marcouf-les-Gougins kwamen veel mensen om (32 doden in de nacht van 5 op 6 juni). Tussen 6 en 11 juni probeerden de geallieerden herhaaldelijk Crisbecq in te nemen. Tevergeefs: ze haalden het niet van de koppige tegenstanders, die aan hun kameraden in Azeville vroegen om de Amerikanen te beschieten, die op de daken van Crisbecq zaten. In de nacht van 11 op 12 juni gaf de commandant zijn positie uiteindelijk op. Hij trok met 78 man terug naar Cherbourg en liet de gewonden achter in de handen van de Amerikanen. Vandaag kun je in de perfect bewaard gebleven bunkers binnen en zie je overblijfselen van het garnizoen. Of je geniet van het landschap rondom, je ziet zelfs de Saint-Marcouf-eilanden.

UTAH BEACH

De klok tikt: 6 juni 1944, 6.25 u. Ze zijn de eersten van de eersten die uit de zee opduiken en voet zetten op Franse bodem. Op een strand waarvan ze enkel de codenaam 'Utah' kennen. Of op een stranddeel met een codenaam als 'Uncle Red' of 'Tare Green'. In Normandië werd dit strand la Madeleine genoemd: duinen, moerassen en *tarets* (beekjes die uitkomen in zee). Twintig landingsvaartuigen vervoeren de voorhoede van het 8ste Amerikaanse infanterieregiment onder leiding van kolonel James A. Van Fleet en de 4de infanteriedivisie onder leiding van generaal Barton. Vlak daarachter volgen de compagnieën A en B van het 70ste bataljon Shermantanks. De landing is daarmee echt van start gegaan, hoewel ze 2 km bezuiden de oorspronkelijke plek aan land gingen. Ondertussen zorgen twee Amerikaanse eenheden luchtlandingstroepen en de Britse divisie van de rode baretten voor de beveiliging van het front (in totaal strekt het front zich uit over een afstand van 80 km strand). Op 6 juni 's avonds hebben 23.250 manschappen voet aan wal gezet ter hoogte van Utah Beach. Op dat ogenblik loopt de assistent van de bevelhebber van de 4de infanteriedivisie, generaal Theodore Roosevelt, een verre neef van de president van de Verenigde Staten, langs de duinen alsof hij een stuk grond zoekt dat hij wil kopen. En hij plant zijn stok in de grond met de woorden: 'Hier beginnen we!'. De generaal wist toen nog niet dat hij paal 00 van de Voie de la Liberté (weg naar de vrijheid) had geplaatst.

SLAPEN, IETS ETEN IN DE OMGEVING

CAMPINGS

🅰️❌ Camping d'Utah Beach: *La Madeleine, 50480 Sainte-Marie-du-Mont.*
☎️ *0233715369.* ●*utah.beach@wanadoo.fr* ●*www.camping-utahbeach.com. Geopend van april tot september. In het hoogseizoen kost een staanplaats voor twee personen met een auto en een tent € 20,20.* Deze camping ligt het dichtst bij Utah Beach (200 m van het strand om precies te zijn). Staanplaatsen in de duinen, weinig beschutting tegen de wind en niet echt veel schaduw. Gezellige sfeer. Verhuur van mobilhomes (4-6 personen, € 560-710 per week), sommige staan opeengepakt en dicht bij de weg. Zwembad.

🅰️ Camping de la Baie des Veys: *Le Grand Vey, 50790 Sainte-Marie-du-Mont.* ☎️ *0233715690.* ●*www.campinglabaiedesveys.com. 7 km ten zuidoosten via de D913 en vervolgens de D115. Geopend van april tot september. Reken op ongeveer € 13 voor een staanplaats en een voertuig en een tent.* Op een steenworp afstand van het zakdoekgrote gehucht, midden in het groen en toch aan zee (maar zwemmen doe je er beter niet). Huurhuisjes en kampeerterreinen liggen er vredig naast elkaar. Chalet voor 4 tot 6 personen voor € 200-500 per week met een leuk terras en een stukje groen. De mobilhomes zijn wat somber en hebben een kleiner terrein. Ook enkele caravans. Eenvoudige camping, voor een vakantie in het groen en de rust. Heel vriendelijke ontvangst. Je kunt er een fiets huren.

🅰️❌ Camping Le Cormoran: *50480 Ravenoville-plage.* ☎️ *0233413394.* ●*jy-bodin@orange.fr* ●*www.lecormoran.com.* ♿ *Een tiental kilometer ten noordwesten via de D421. Geopend van april tot eind september. Voor een staanplaats voor twee personen met een auto en een tent betaal je € 28.* Een camping, of zeggen we beter een dorpje. De huurhuisjes (op een rijtje, maar wel een gezellige omgeving) liggen niet op hetzelfde terrein als de kampeerplaatsen (in het midden van de camping of op een groot veld). Mooi zwembad met plonsbadje voor de kleintjes. Ideaal voor een gezinsvakantie. Op een steenworp van het strand (aan de overkant van de weg). Ook op de camping zelf is heel wat te beleven. Verhuur van fietsen.

GOEDKOOP

📧 Chambres d'hôtes La Bedelle: *bij Nathalie en Bertrand Leconte, 50480 Sainte-Marie-du-Mont.* ☎️ *0233715299. Vanaf Utah Beach neem je de D913. Vervolgens sla je links af in de richting van Pouppeville. Vanaf daar is La Bedelle goed bewegwijzerd. Tweepersoonskamers met douche en wc voor € 40.* Grote voormalige boerderij van natuursteen in het hartje van een adembenemend platteland. Nathalie en Bertrand bieden je twee 'uiterst huiselijke' gastenkamers aan die met snuisterijen, sierdingetjes en meubels van weleer zijn ingericht. Heel vriendelijke ontvangst. Ook ruiters met hun rijdier zijn welkom (de eigenaars zijn grote paardenliefhebbers, net zoals tal van andere mensen in de streek). Dit is ook een 'gîte Panda'. Er is bijgevolg heel wat informatie beschikbaar over het Parc Naturel Régional. Uitstekende prijs-kwaliteitverhouding.

FERME-AUBERGE DE LA GUIDONNERIE: *bij Fabienne en Maurice Léonard, 50480 Angoville-au-Plain.* ☎ *0233423351. ●famille.leonard@free.fr. Neem vanaf Utah Beach de D913 en ga vervolgens linksaf (aangeduid) voordat je in Saint-Côme-du-Mont aankomt. Gesloten tijdens de krokusvakantie en met Allerheiligen. Je graait € 42 uit je portefeuille voor een tweepersoonskamer met eigen badkamer. Formule van € 10 tot 15, menu's van € 15 tot 20.* Mooie boerderij, godverlaten midden in de velden. Drie heel gerieflijke kamers in een gebouw dat losstaat van het hoofdgebouw van de boerderij. In de herberg worden heerlijke Normandische gerechten geserveerd: ham in cider, teurgoule (heerlijk streekdessert van rijst met rauwe melk, vanille, kaneel en suiker, soms gekookt in een aarden pot).

CRÊPERIE MONTOISE: *Place de l'Église 52, 50480 Sainte-Marie-du-Mont.* ☎ *0233719028.* ♿ *Voor de kerk. Gesloten op maandag en van november tot april. Lunch voor € 10 tot 15.* Vriendelijk en aardig pannenkoekenhuisje. Heel lekkere pannenkoeken en salades. Bediening met een glimlach.

IETS LUXUEUZER TOT HEEL LUXUEUS

LE MANOIR DE JUGANVILLE: *Les Mézières 39, 50480 Saint-Martin-de-Varreville.* ☎ *0233950197. ●cp-jean@wanadoo.fr ●www.juganville.com. Jaarlijkse vakantie van eind december tot 1 februari. Je legt € 70 à 90 op tafel voor een tweepersoonskamer met douche en wc.* Chantal en Pascal Jean hebben in hun 18de-eeuwse woning midden in een park vier verrukkelijke kamers ingericht. Elke kamer straalt zo zijn eigen charme uit.

LE DOMAINE DU GRAND HARD: *La Rivière, 50480 Sainte-Marie-du-Mont.* ☎ *0233712574. ●contact@legrandhard.fr ●www.legrandhard.com.* ♿ *Je komt er via de D913 in de richting van Utah Beach. Buiten het seizoen (van 15 november tot 1 april) is het restaurant van zondagavond tot donderdag gesloten. Jaarlijks verlof in januari en februari. Reserveren is aan te bevelen. Je diept € 80 à 95 op uit je portemonnee voor een tweepersoonskamer met badkamer en € 130 voor een maisonnette voor vier personen. Menu's van € 19,50 tot 29. Gratis wifi.* Midden in het groen ligt dit magnifiek gerestaureerde landbouwdomein, omgeven door weilanden zo ver het oog reikt. Schitterende omgeving voor een tiental kamers en vijf heel comfortabele maisonnettes verspreid over de verschillende bijgebouwen. De ruime kamers zijn vol charme, stralen een eigen persoonlijkheid uit en zijn allemaal verschillend gemeubileerd met fraaie meubels uit grootmoeders tijd. Ook de maisonnettes zijn heel goed ingericht. Ideaal voor gezinnen. Inventieve en geraffineerde keuken, naar het evenbeeld van de locatie. Zitkamer, bar, biljartruimte, terras en tuin om zich te ontspannen. De actieve trotters kunnen fietsen huren, paardrijden en wandeltochten maken. De ontvangst is bovendien perfect.

CHEZ ROGER: *Le Grand Vey, 50480 Sainte-Marie-du-Mont.* ☎ *0233715765. 7 km ten zuidoosten van Utah Beach, te bereiken via de D913 en de D115. Enkel op vrijdag- en zaterdagavond en 's zondags voor de lunch geopend (en dan nog na reservering!). Een enkel menu voor € 65.* De kruidenier Roger le Poitevin heeft deze plaats een legendarische bekendheid bezorgd. Hoe? Heel eenvoudig door in zijn winkel aan een beperkte kring van kennissen, vrienden en ingewijden plateaus te bezorgen met zeevruchten en kreeft of op houtvuur geroosterde schapenbout en als dessert kaas. Intussen is Roger met pensioen. Gelukkig heeft zijn opvolger met veel enthousiasme die traditie overgenomen (de rekken met groenten en blik zijn daarentegen uit de winkel verdwenen). Niet zo goedkoop, maar je krijgt wel waar voor je geld.

WAT IS ER TE ZIEN?

🔫🔫 **Musée du Débarquement:** ☎ 02 33 71 53 35. ● *www.utah-beach.com. Van juni tot september dagelijks geopend van 9.30 tot 19.00 u; in april, mei en oktober van 10.00 tot 18.00 u; in februari, maart en november van 10.00 tot 17.30 u; gesloten in december en januari. De laatste kaartjes worden drie kwartier voor sluitingstijd verkocht. Toegangsprijs: € 6. Kortingen, inbegrepen bij de Normandie Pass. Gratis voor kinderen jonger dan zes.* In januari 2010 zal het museum uitgebreid worden, vraag inlichtingen ter plaatse. Gevestigd in de voormalige Duitse basis W5. Museum dat volledig is gewijd aan de landing van de geallieerden op Utah Beach. Wapens en foto's naast kaarten en getuigenissen uit die tijd. Archieffilms. Bij de zee staan twee indrukwekkende DUKW's (amfibievoertuigen). Buiten staan gedenkmonumenten en voertuigen. De wegen rond het museum hebben de namen van soldaten die op 6 juni zijn gestorven. Kameraden die de oorlog hebben overleefd, hebben de namen gegeven.

DE BOCAGE

Kleine overgangsregio tussen het Parc Naturel Régional des Marais (regionaal natuurpark van de moeraslanden) en de Val de Saire (vallei van de Saire). Uiteraard bestaan er in Normandië (en Bretagne) nog andere plaatsen waar bosrijke coulisselandschappen (bocages) voorkomen, maar dit hier is toch werkelijk iets heel speciaals. Bovendien heeft de naam Bocage in dit geval een historische oorsprong. Reeds in de middeleeuwen refereerde deze term aan een 'Pays des Bois' (een bosland dus). Ten tijde van de Gallo-Romeinen strekte zich in het hartje van het schiereiland Cotentin een gigantisch bos uit. Jammer dat dit gebied vanaf de 16de eeuw ernstig ontbost werd. Houtontginning was vooral belangrijk voor de scheepswerven en de glasblazerijen in de omgeving. Het Musée de la Glacerie geeft hier een uitstekend relaas van (zie verder onder de rubriek 'In de omgeving van Cherbourg').

BRICQUEBEC

50260 | 4440 INWONERS

Vredig handelsstadje dat zich niet zo snel in de kaarten laat kijken. Het trotse versterkte kasteel is een van de bestbewaarde van de Manche en is de enige getuigenis van een minder rustig verleden. De eerste heer van Bricquebec was Anslek de Bastembourg, de neef van Rollon de Viking... voorwaar geen doetje! Onder de afstammelingen vermelden we in het bijzonder Robert Bertrand I, bijgenaamd de Kromme, die aanlegde in Engeland samen met Willem de Veroveraar. Een andere afstammeling nam samen met Robert Courteheuse Jeruzalem in bij de eerste kruistocht... Een aantal jaren later veroverde een andere telg, Robert Bertrand (de zevende!), het eiland Guernesey tijdens de Honderdjarige Oorlog. In 1418 werd het kasteel ingenomen door de Engelsen en toegewezen aan de graaf van Suffolk die in 1429 gevangen werd genomen door Jeanne d'Arc! Wat een wedervaren...

NUTTIGE ADRESSEN EN INFORMATIE

🚩 **Dienst voor Toerisme:** *Place Sainte-Anne 13.* ☎ 02 33 52 21 65. Op maandagochtend geopend; van woensdag tot zondag enkel 's middags geopend.
- **Markt:** op maandag. Een van de bekendste in de streek. Bijna groter dan de stad zelf.

SLAPEN, IETS ETEN

DOORSNEEPRIJS TOT HEEL LUXUEUS

📧 Hôtel Le Donjon: *Place Sainte-Anne 2-4.* ☎ en fax: 02 33 52 23 15. ♿ *Recht tegenover het kasteel. Jaarlijks verlof: drie weken tijdens de kerstperiode. Tweepersoonskamers met badkamer voor € 45.*

Prima bar-hotel-restaurant van het dorp. De rustige kamers liggen niet vlak naast de bistro bevinden en zijn comfortabeler dan ze op het eerste gezicht lijken.

☎☒ L'Hostellerie du Château: *Cours du Château*. ☎ 0233 52 24 49.

● *lhostellerie.chateau@wanadoo.fr* ● *www.lhostellerie-bricquebec.com. Binnen de ommuringen van het kasteel. Gesloten op dinsdag tussen de middag. Jaarlijks verlof van half december tot eind januari. Voor een tweepersoonskamer betaal je € 72 à 100, afhankelijk van het type kamer met badkamer; ontbijt kost € 9. Door de week lunchmenu voor € 12. Menu's van € 21 tot 39.* Een nacht doorbrengen in een écht middeleeuws kasteel... Warme, knusse sfeer; sommige kamers zijn niet echt bijzonder, maar andere zijn echt heel charmant (vooral die met heel bijzondere gewelven en waar ooit koningin Victoria sliep). Restaurant in een schitterende eetruimte met middeleeuwse sfeer... Attente ontvangst.

SLAPEN, IETS ETEN IN DE OMGEVING

CAMPING

🛆 Aire naturelle de camping, ferme de l'Oraille: *50260 L'Étang-Bertrand.*

☎ 02 33 40 30 37. ● *agdgougeon@laposte.net. In Bricquebec volg je de D902 in de richting van Valognes en verder de D167 in de richting van L'Étang-Bertrand. Open van half april tot half oktober. In het hoogseizoen reken je op € 7,50 voor twee personen, een tent en een wagen.* Heel charmante boerderijcamping, midden in de bocage, uitgebaat door een heel hartelijke familie. Rust, een andere omgeving en ontspanning verzekerd in deze weelderige, groene omgeving.

GOEDKOOP TOT DOORSNEEPRIJS

☎☒ Auberge de la Vallée de la Douve: *Le Bourg, 50260 L'Étang-Bertrand.*

☎ 0233 94 52 70. ● *lepage.leopold@neuf.fr* ● *www.aubergelavalleedeladouve.com. In Bricquebec volg je de D900 naar Saint-Sauveur-le-Vicomte en verder de D126. Voor een tweepersoonskamer tel je € 44 neer. Lunchmenu door de week voor € 11 tot 17,50 en à la carte.* Aan het kruispunt van twee leuke landweggetjes ligt een gezellige streekherberg. Sobere kamers, eerder functioneel dan warm, maar onberispelijk. Enkel de schoorsteen in de eetzaal is nog authentiek. Streekgerechten op je bord. Een adres zonder echte verrassingen, maar in een heerlijk dorpje.

☒ Crêperie-restaurant Le Berlingot: *50270 Sortosville-en-Beaumont.* ☎ 0233 53 87 16. *Aan de D902, tussen Bricquebec en Barneville-Carteret, net voor het Maison du Biscuit. Aan de kruising met de D250. Buiten het seizoen gesloten op dinsdag en woensdag; in het hoogseizoen op dinsdagmiddag en woensdag. Jaarlijkse vakantie: van 12 november tot 11 maart. Menu voor € 10 tot 22.* Dit vrolijke, bescheiden herbergje ligt verscholen aan de rand van de weg. Eenvoudige maar lekkere streekkeuken. Een gezellige eetzaal die snel vol zit.

WAT IS ER TE ZIEN EN TE DOEN?

🐾 **Het kasteel:** van 1 juli tot 31 augustus dagelijks (behalve op dinsdag) geopend. Rondleidingen zijn mogelijk (inlichtingen bij de Dienst voor Toerisme of het gemeentehuis: ☎ 02 33 87 22 50). Toegangsprijs: € 1,80. Gratis voor kinderen jonger dan twaalf.

Het kasteel werd gebouwd in de 12de eeuw en heeft heel wat gewapende barbaren zien komen en gaan. De ommuring, acht torens en een enorme polygonale donjon hebben het niet moeten afleggen tegen het razendsnelle knaagdier tijd. Toegang via de prachtige Tour de l'Horloge. In het kasteel is ook een klein volkenkundig en archeologisch museum gevestigd.

🐾🐾🛈 **Musée 'À la recherche du temps perdu':** ☎ 0233 10 27 73. *Aan de rand van Bricquebec, aan de weg naar Saint-Sauveur-le-Vicomte. In juli en augustus dagelijks geopend van 14.00 tot 19.00 u; van Pasen tot oktober geopend in het weekend en op feestdagen (zelfde openingsuren). Toegangsprijs: € 3,50. Kortingen.* In dit museum, dat werd op- en ingericht door gepassioneerde liefhebbers, worden voorwerpen en gereedschappen tentoongesteld uit het dagelijkse leven op het Normandische platteland uit het begin van de 20ste eeuw. Een muizenval met drie plaatsen, een kruikvormig tasje om mee te nemen naar de mis, maaimachines, dorsmachines, afroommachines, gereedschap van de hoefsmid... Het verleden komt tot leven dankzij diverse spulletjes die in verschillende zalen zorgvuldig en op thematische wijze zijn ingedeeld. Speciale vermelding voor de kruideniersafdeling die uitpuilt van bekende producten uit het vooroorlogse Frankrijk (bouillonblokjes Kub, flesjes Dubonnet...).

- **Sottevast:** enkele kilometers ten noorden van Bricquebec begint de voormalige spoorweg die Cherbourg met Coutances verbond. Deze is nu buiten gebruik gesteld en staat tot in Cambernon (ten noordoosten van Coutances) volledig ter beschikking van wandelaars, fietsers en ruiters. Dit is nu met andere woorden een *voie verte* van 65 kilometer met haltes voor een natje en een droogje in Bricquebec, Saint-Sauveur, La Haye-du-Puits, Lessay en Périers.

INKOPEN DOEN

📇 **La Maison du Biscuit:** *50270 Sortosville-en-Beaumont.* ☎ 02 33 04 09 04. *Aan de D902, richting Barneville-Carteret. Dagelijks geopend van 9.00 tot 12.30 u en van 14.00 tot 18.30 u; gesloten op maandag. Gesloten in januari en een week in september.* Een opslagplaats aan de rand van de weg, zul je zeggen. Ga eens kijken, en proef de 'monsters' aan de ingang... je weet niet wat je proeft. Voor lekkerbekken is dit het paradijs. In de grote winkel worden verbazingwekkende koekjes, cakes en taarten (pure boter) gemaakt en verkocht. Daarnaast is er ook een delicatessenwinkel met producten uit de streek en verder. Moeilijk te weerstaan (kijk maar naar het aantal mandjes aan de kassa!). Toch vrij duur. Je kunt er ook het zelfgemaakte snoepgoed proeven, zoals het amandelgebakje (specialiteit van het huis) bij een kopje thee of koffie in het aanpalende theesalon.

VALOGNES

50700 | 7820 INWONERS

In het centrum van de Cotentin (niet minder dan zeven hoofdwegen kruisen elkaar hier). Mooi historisch stadje vol charme ondanks de verwoestingen van de Tweede Wereldoorlog.

EEN BEETJE GESCHIEDENIS

Voorheen was Valognes een belangrijke Romeinse vestingplaats met de naam Alauna. Van hieruit werden de strijdende volksstammen (vooral de Unelles) gecontroleerd. In de middeleeuwen verbleven hier heel wat hertogen van Normandië; in 1046 ontsnapte de overbekende jonge Willem (de Veroveraar natuurlijk!) er maar op het nippertje aan een complot van opstandige baronnen. Na de Honderdjarige Oorlog waren er, in de 16de eeuw, diverse bloeiende werkplaatsen en werden de eerste herenhuizen en de franciscanenabdij gebouwd. In de loop van de 17de en 18de eeuw werd Valognes dan een belangrijk administratief en juridisch centrum. Steeds meer en nog grotere herenhuizen en abdijen rezen als paddenstoelen uit de grond! De koninklijke bouwstijl werd toegepast en mede ook door het hoogstaande culturele leven kreeg Valognes de bijnaam het 'Versailles van Normandië'. Valognes had zwaar te lijden onder de Franse Revolutie maar werd in de 19de eeuw een 'spookstad', die bij schrijver Jules Barbey d'Aurevilly erg in de smaak viel. Tijdens het Empire (keizerrijk van Napoleon_I) verkreeg de plaats weer een zeker aanzien dankzij de porseleinfabriek. Een van de meest illustere afgevaardigden, Alexis de Tocqueville, werd naar de Assemblée Nationale gestuurd. In 1944 werd het stadje wreed gebombardeerd. Het hele centrum en diverse herenhuizen werden verwoest. Maar dankzij de wederopbouw met materiaal van de streek (de mooie pierre blanche uit Valognes) wist de plaats toch grotendeels haar glorie en aanzien van vroeger terug te winnen.

NUTTIGE ADRESSEN EN INFORMATIE

❶ Dienst voor Toerisme: *Place du Château.* ☎ *0233401155.* ● *www.otbv.fr.* Van juli tot september geopend van maandag tot zaterdag.

■ Pays d'art et d'histoire du Clos du Cotentin: *Rue du Grand-Moulin 21.* ☎ *0233950126.*

● pah.*clos.cotentin@wanadoo.fr.* Organiseert het hele jaar door rondleidingen (ongeveer € 4) met gids-sprekers.

- Prachtige, levendige **markt** op vrijdagochtend.

SLAPEN, IETS ETEN

DOORSNEEPRIJS

🏠 GRAND HÔTEL DU LOUVRE: *Rue des Religieuses 28.* ☎ *0233400007.*

● *grand.hotel.du.louvre@wanadoo.fr* ● *www.grandhoteldulouvre.com. Tweepersoonskamer met badkamer voor € 55-60, afhankelijk van het seizoen; met satelliettelevisie. Voor vier personen (twee tweepersoonsbedden) tel je € 67 neer.* Voormalig postrelais uit de 17de eeuw waar de tijd echt is blijven stilstaan. Heel authentiek. Op de binnenplaats, waar vroeger de koetsen gestald werden, parkeer je nu je auto. Je bereikt de bijzonder fraaie kamers via een prachtige wenteltrap. Enkele kamers zijn ruim, charmant en heel nostalgisch ingericht; maar ook de klassieke kamers zijn best aangenaam. Charmante ontvangst.

🏠 HÔTEL-RESTAURANT DE L'AGRICULTURE: *Rue Léopold-Delisle 16.* ☎ *0233950202.*

● *hotelrestaurant.lagriculture@wanadoo.fr* ● *www.hotel-agriculture.com. In het centrum. Jaarlijks verlof van 24 december tot 5 januari. Voor een tweepersoonskamer met badkamer diep je € 59 à 67 op uit je portemonnee; voor een kamer voor vier tel je € 76-85 neer. Menu's voor € 15 (lunch op weekdagen), en van € 18,50 tot 38.* Hotel met een tot de verbeelding sprekende, met klimop begroeide gevel. Middelmatige, kraaknette en comfortabele kamers (hoewel enkele wel klein zijn), maar echt onder de indruk zul je niet zijn. De eetruimte heeft daarentegen haar plattelandskarakter niet verloren. Traditionele keuken. Degelijke bediening.

SLAPEN, IETS ETEN IN DE OMGEVING

GOEDKOOP TOT DOORSNEEPRIJS

🏠 CHAMBRES D'HÔTES DU HAUT-PITOIS: *bij Ghislaine en André Mouchel, 50700 Lieusaint.*

☎ *0233401992. 5 km ten zuiden van Valognes. Goed bewegwijzerd vanaf de D2. Een tweepersoonskamer met badkamer kost je € 44; voor vier tel je € 66 neer.* Prachtige grote boerderij die op een sublieme architectonische bouwstijl kan bogen. Je loopt binnen door een poort uit de 16de eeuw. De boerderijen hier zijn kleine kasteeltjes. Vijf bijzonder prettige kamers, waarvan twee gezinssuites. Zitkamer en ingerichte keuken. Lekker ontbijt met zelfgemaakte jam, gebak van het huis en kaasplank. Er staan fietsen ter beschikking van de gasten. Vlakbij beginnen wandelpaden. Tja, waar wacht je eigenlijk nog op?

🍴 CRÊPERIE DU MOULIN DE LA HAULLE: *in het zakdoekgrote gehucht Le Tapotin, 50700 Yvetot-Bocage.* ☎ *0233402137.* ♿ *2 km ten westen van Valognes, te bereiken via de D902. Dagelijks geopend. Gouden raad: reserveren in het seizoen en in het weekend. Als je à la carte wilt eten, moet je op ongeveer € 15 rekenen.* In een vroegere molen aan de rand van een meertje eet je lekkere pannenkoeken voor een prikkie. Rustieke omgeving met stenen muren en houten balken, typische pannenkoekenhuissfeer. Mooi terras, bijzonder idyllische omgeving bij mooi weer. Bijzonder efficiënte bediening.

WAT IS ER TE ZIEN?

🏛 **Hôtel de Beaumont:** *Rue Barbey-d'Aurevilly 11.* ☎ *0233401230.* ● *www.hoteldebeaumont.fr. Op de hoek van de Rue Barbey-d'Aurevilly en de Rue du Petit-Versailles. Enkel rondleidingen. Van juli tot september* *dagelijks geopend van 10.30 tot 12.00 u (behalve op zondag) en van 14.30 tot 18.30 u. Ook geopend tijdens het paasweekend en met Pinksteren. De deuren sluiten om 17.30 u. Toegangsprijs: € 5; voor een bezoek aan de tuinen betaal je € 2,50 (vrij te bezoeken). Kortingen.* Dit is het fraaiste herenhuis van het stadje. Uitzonderlijk elegant. Het werd gebouwd in de 18de eeuw. Lange gevel met gedraaide zuilen langs het portaal. Sierlijk smeedijzeren balkon en driehoekig fronton met wapenschild. Binnen ontdek je een dubbele wenteltrap (dubbele omwenteling – werkelijk iets heel speciaals!). Verder zijn er nog mooie meubels en een hele resem kunstwerken. Prachtig bezoek met kaarslicht, enkele avonden in augustus. Vraag inlichtingen.

❦ **Église Saint-Malo:** *Place de Vicq-d'Azir.* Symbool van de martelaarssteden. Werd grotendeels met de grond gelijkgemaakt door de bombardementen van 1944, maar het koor bleef wonder boven wonder ongeschonden. Wat een geluk! Er werd een modern sober schip aangebouwd, dat dankzij de koepeltoren vrij harmonieus op het koor aansluit. Adembenemend lichtspel als de zon erdoorheen schijnt. Mooie gotische koorafsluiting met waterspuwers, pinakels en opengewerkte balustrade.

❦ **Musée régional du Cidre:** *Rue du Petit-Versailles.* ☎ *0233402273. Van 1 april tot 30 september en tijdens de allerheiligenvakantie geopend van 10.00 tot 12.00 u en van 14.00 tot 18.00 u. Gesloten op zondagochtend en op dinsdag (behalve in juli en augustus). Toegangsprijs: € 4. Combikaartje met het Musée de l'Eau-de-vie (zie verder).*
Het museum is gevestigd in het prachtige huis 'du Grand Quartier', recht tegenover het *Hôtel de Beaumont* (zie boven), en is een puik voorbeeld van 15de-eeuwse middeleeuwse architectuur. Het werd omstreeks 1480 aan de oever van de rivier gebouwd voor de vervaardiging van verf. Van 1733 tot 1848 deed het dienst als kazerne. Dat het gebouw daarna niet is afgebroken, is enkel te danken aan het tekort aan woonruimte na de Tweede Wereldoorlog. Momenteel is het toegevoegd aan de lijst van historische monumenten en zijn de gevel, de daken en de schoorstenen beschermd. Begin met de interessante video over de geschiedenis van het 'blonde goud van Normandië'. Zaal met draaimachines waarmee de appels werden fijngemalen, waaronder een prachtig houten exemplaar uit de 18de eeuw. Verder zijn er ook maalmachines van steen uit de Cotentin en grote appelpersen.
Op de verschillende verdiepingen zie je alle maalsystemen die tot 1950 werden gebruikt. Zaal met kleine persen en expositie over de commercialisering van de cider. Verzameling affiches en documenten over appels en cider. Er is ook een kleine afdeling gewijd aan volkskunst en tradities. Kostuums, aardewerk, gebruiksvoorwerpen van terracotta, keukenkasten, buffetkasten... Reconstructie van een Normandische kamer met de bekende alkoof. Er is een heel bijzonder, fraai gebeeldhouwd bed (croque la pomme). Verbazingwekkende gril van een zonderling buitenbeentje dat zich een bed in een ton liet maken.

Een kanon voor jou?!
De indrukwekkende distilleerkolom in het Musée de l'Eau-de-Vie et des Vieux Métiers waarin binnen 24 uur 36.000 liter cider kon worden verwerkt en niet minder dan tweeduizend liter pure alcohol, was niet bestemd voor de vervaardiging van calvados, maar... van buskruit. Omdat de bietenvelden (waarvan de suiker werd verwerkt tot alcohol) tijdens de Eerste Wereldoorlog vaak als slagveld werden gebruikt, werden cider en wijn aangewend om de alcohol te produceren die nodig was voor het vervaardigen van buskruit.

❦ **Musée de l'Eau-de-vie et des Vieux Métiers:** *Rue Pelouze.* ☎ *0233402625. Vlak bij het Musée régional du Cidre. Zelfde openingsuren (combikaartje voor de twee musea).* In het Hôtel de Thieuville uit de 17de eeuw. Dit gebouw kende in de loop der eeuwen heel wat bestemmingen, onder andere als armenhuis, kantwerkfabriek, politiekazerne en brandweerkazerne. In de voormalige stallen is een tentoonstelling van tonnen, wijnvaten en pijpen gevestigd. Zaal met li-keurstokerij en wagenmakerij. Op de eerste verdieping zijn verschillende zalen ingericht met voorwerpen die betrekking hebben op ambachten van vroeger: leerbewerkers, ijzer-smeden, hout- en steenbewerkers, klokkenmakers... Regionale volkenkundige verzame-ling van kostuums, kantwerk, Normandische hoofddeksels... en verschillende reconstruc-ties (kruidenierszaak, interieur van horlogemaker-juwelier).

❧ **Rue de Poterie:** deze straat laat je toe om je een goed beeld te vormen van hoe het welva-rende Valognes er in de 17de en 18de eeuw uitzag. Opeenvolging van elegante sobere wonin-gen, gebouwd met de mooie kalksteen van Valognes. Andere interessante huizen in de Rue de l'Hôtel-Dieu en de Rue Weleat.

❧ **Abbaye de Valognes:** *Rue des Capucins 8.* ☎ 02 33 21 62 87. *Winkel met fruitsnoepjes geopend van dinsdag tot zondag van 10.30 tot 12.30 (op zondag tot 11.30 u) en van 15.15 tot 17.45 u (op zondag tot 17.30 u). In juli, augustus en december ook geopend op maandag.* De abdij Notre-Dame-de-Protection werd oor-spronkelijk gebouwd voor een gemeenschap kapucijner monniken, maar is momenteel een oord waar benedictijnenzusters werken en bidden. Na de bombardementen van 1944 werd een deel van de abdij herbouwd in moderne stijl, waarbij wel de monastieke soberheid werd gehandhaafd. Je kunt de kerk bezoeken. Binnen zie je beeldhouwwerk, glas-in-looodra-men uit de 17de eeuw en recentere kunstwerken. Volgens de regel van de heilige Benedictus moeten alle gasten die bij het klooster aankloppen als Christus worden ontvangen. Als het je lukt om je toch wat bescheidener op te stellen, zou je deze gastvrijheid kunnen uitprobe-ren. De zusters profiteren er dan van om hun fruitsnoepjes aan te prijzen.

❧ **Romeinse thermen van Alauna:** *Rue Pierre-de-Coubertin (voorbij het gemeentelijke zwembad).* De indrukwekkende resten van de thermen van deze oude Romeinse stad, die dateren uit een eeuw voor onze tijdrekening, getuigen van het belang van Valognes in de Romeinse tijd. De thermen zijn opgetrokken volgens een symmetrische plattegrond en tellen tien zalen, waaronder een zweetbad, een zwembad met warm en een met koud water. Over een lengte van twaalf meter is nog metselwerk te zien. Het is verzorgd, er zijn vierkante stenen om op te zitten en stenen ligbedden.

❧ **Het oude Hôtel-Dieu:** *Rue de l'Hôtel-Dieu.* Het hôtel-Dieu gaat terug tot 1497 toen de op-richter, Jean Lenepveu, 'prestre, bourgeois et habitant de Vallongnes' (priester, burger en inwoners van Valognes) de steun kreeg van Jeanne de France, dame de Valognes en dochter van Lodewijk XI. De stichting, die onder voogdijschap van de Orde van de Heilige Geest werd geplaatst, was tot 1687 actief, tot een nieuw ziekenhuis werd gebouwd. Na de Franse Revo-lutie werd het gebouw een kazerne en net voor 1880 een stoeterij. De gotische kapel stond aan de zuidelijke kant tegen de ziekenboeg aan gebouwd en was met een zijdeur ermee ver-bonden. In de resten van het oude hôtel-Dieu is tegenwoordig de *Espace loisirs-culture* onder-gebracht.

❧ **De oude koninklijke benedictijnenabdij (vandaag het ziekenhuis):** *Rue du 8-Mai-1945.* De benedictijnen die in 1626 Cherbourg waren ontvlucht na een pestepidemie, werden in Valognes enthousiast onthaald. Ook financieel werden ze gesteund, ze ontvingen heel wat schenkingen. De kerk werd in 1648 ingewijd. De voorgevel is opgesmukt met een verrassend barokportaal versierd met twee pilasters. Het woongedeelte van de abdis is een mooi ge-bouw dat regelmatig is opgedeeld door een reeks kraagstenen en lange horizontale lijsten. De andere gebouwen van het klooster liggen rond een kloostergang met arcadegalerij. De oude benedictijnenabdij, die belegerd werd tijdens de Franse Revolutie, is sinds 1810 het zie-kenhuis van Valognes.

LE VAL DE SAIRE

Ten oosten van de Bocage ligt de rivaal van de Cap de La Hague: de Val de Saire. Daar waar de kaap eerder wild, ruig, heuvelachtig en bikkelhard is, straalt de vallei van de Saire juist rust en een aangename plattelandssfeer uit. Je ontdekt er het kleinste haventje van de Cotentin. Bovendien is het verrassend authentieke landschap bezaaid met kastelen en landhuizen en een verrassende kuststreek.

SAINT-VAAST-LA-HOUGUE

50550 | 2130 INWONERS

Belangrijke jacht- en vissershaven, centrum voor oesterkwekerij en heel gewaardeerde vakantiebestemming. Niet verbazingwekkend, want dankzij het plaatselijke micro-klimaat bloeien de fuchsia's en mimosa's er naar hartenlust. En palmen zijn er even-min zeldzaam. Het historische verleden van deze plaats is daarenboven ook niet zonder belang. In 1346 zette Edward III van Engeland hier voet aan wal samen met zijn legers. Hij was het die de Fransen versloeg bij de beroemde slag van Crécy. Tijdens de slag van La Hougue in 1692 vond in de baai een van de grootste rampen van de Franse scheepvaartge-schiedenis plaats. Deze catastrofe geschiedde in het bijzijn van James II, koning van Enge-land, die indertijd geallieerd was met Lodewijk XIV (de zonnekoning) in een gezamenlijke strijd tegen Willem van Oranje. Dit vormde voor Lodewijk XIV en Vauban de aanleiding om het fort van La Hougue en van Tatihou te bouwen. In 1944 was dit de eerste haven die werd bevrijd.

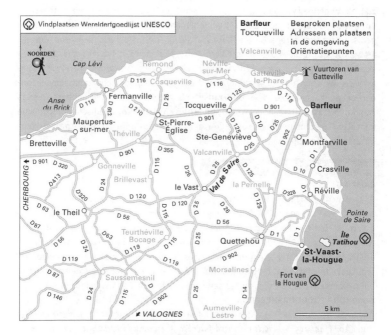

LE VAL DE SAIRE

NUTTIGE ADRESSEN

ℹ Dienst voor Toerisme: *Place du Général-de-Gaulle 1.* ☎ 02 33 23 19 32. ●*www.saint-vaast-reville.com.* *Recht tegenover de haven.* In juli en augustus dagelijks geopend; van september tot juni van maandag tot zaterdag geopend; in april, mei, juni en september ook op zondagmiddag. Organiseert uitstapjes naar de toren van La Hougue.

■ **Centre nautique de la Baie de Saint-Vaast:** *Quai du Commandant-Albert-Paris 4.* ☎ 02 33 43 44 73 *of* 06 75 74 45 10. ●*www.cnbsv.org.* Zeilcursussen van een week en korte uitstapjes. Surfen, zwaardboten, catamarans, zeewaardige kajaks... te huur.

SLAPEN, IETS ETEN

DOORSNEEPRIJS TOT HEEL LUXUEUS

▣✖ HÔTEL DE FRANCE LES FUCHSIAS: *Rue du Maréchal-Foch 20.* ☎ 02 33 54 40 41. ●*reception@france-fuchsias.com* ●*www.france-fuchsias.com. Jaarlijkse vakantie in januari en februari. Restaurant gesloten op maandag en op dinsdagmiddag (in het hoogseizoen); buiten het seizoen de hele maandag en dinsdag gesloten. Voor een tweepersoonskamer tel je je € 50-132 neer, afhankelijk van de kamer en het seizoen. Halfpension 'gewenst' in juli en augustus (van € 68 tot 101 per persoon). Menu's voor € 20 door de week tussen de middag; overige menu's tot € 62 (maar liefst 7 gangen). Gratis wifi.* Heel mooie kamers, verdeeld over drie gebouwen en met namen als *Pavillon fantaisie* en *Les Feuillantines* achter in de grote paradijselijke tuin met eeuwenoude eucalyptussen, bananenbomen, palmen, mimosa's en fuchsia's. Charme troef bijgevolg voor dit voormalige postrelais. Ook de tafels in de veranda zijn erg in trek bij de buurtbewoners. Subtiele en creatieve keuken.

▣ LA GRANITIÈRE: *Rue du Maréchal-Foch 74.* ☎ 02 33 54 58 99. ●*contact@hotel-la-granitiere.com* ●*www.hotel-la-granitiere.com. Tweepersoonskamers met badkamer van € 77 tot 83. Gratis wifi.* Adres vol charme in een robuuste traditionele woning (vanzelfsprekend van graniet) die godzijdank ver genoeg van de weg verwijderd is om in peis en vree te kunnen onthaasten. Comfortabele kamers die elk op een andere manier zijn ingericht. Een tikkeltje bourgeois, maar gezellig Frans. De goedkoopste kamer is klein. Heel vriendelijke ontvangst.

✖ LA MARINA: *Quai du Commandant-Albert-Paris 8, plezierhaven.* ☎ 02 33 54 55 38. *Gesloten op maandag. Jaarlijkse vakantie van half november tot begin december en twee weken begin februari. Lunchformule op weekdagen voor € 10,50; overige menu's voor € 16,90 à 24,90.* Klein etablissement zonder veel poeha, de place to be voor Franse en Engelse plezierbootliefhebbers. Oesters (van Saint-Vaast – dit ligt nogal voor de hand), vis en kleine Normandische gerechten. Je kunt al die lekkernij ter plaatse op het terras in de zon opsmullen terwijl je naar de voorbijvarende boten kijkt.

SLAPEN, IETS ETEN IN DE OMGEVING

CAMPING

▲ LE RIVAGE: *Route Sainte-Marie 75, 50630 Quettehou.* ☎ 02 33 54 13 76. ●*camping.lerivage@wanadoo.fr* ●*www.camping.lerivage.fr. Aan de rand van Morsalines, te bereiken via de D14, in het zakdoekgrote gehucht Le Rivage. Het hele jaar door geopend. Prijs voor een staanplaats voor twee personen met een voertuig en een tent: € 18.* Landelijke sfeer 100 m van de zee. De camping zelf is niet zo groot, de staanplaatsen daarentegen zijn ruim, afgescheiden door hoge hagen aan beide kanten. Leuke huisjes (4 tot 6 personen, € 280-620 per week) met barbecue en tuintje te huur. Bloemen vrolijken alles op. Fietsenverhuur. Zwembad, sauna en internet.

GOEDKOOP TOT DOORSNEEPRIJS

▣ CHAMBRES D'HÔTES, BIJ FRANÇOISE EN BENOÎT PASSENAUD: *La Dannevillerie, 50630 Le Vast.* ☎ 02 33 44 50 45. ●*ch.hotes.passenaud@wanadoo.fr* ●*www.ladannevillerie.com. 7 km ten noordwesten van Saint-Vaast, aan de D26. Tweepersoonskamers met badkamer voor € 49; driepersoonskamer voor € 56. Gastenverblijf voor € 252/420 per week. Gratis wifi.* Karakteristieke voormalige boerderij in de natuur. Gezellige en helemaal opgefriste kamers op de benedenverdieping. Het gastenverblijf is perfect geschikt voor gezinnen.

📷✖ LA CHAUMIÈRE: *Place du Général-de-Gaulle 6, 50630 Quettehou.* ☎ 02 33 54 14 94. *2,5 km ten westen van Saint-Vaast, aan de D1. Gesloten op dinsdagavond en woensdag (behalve van eind juni tot half september). Je diept € 35 tot 40 op uit je portemonnee voor een tweepersoonskamer met of zonder badkamer. Menu's voor € 11,50 door de week; overige menu's van € 17,50 tot 30.* Enkele eenvoudige kamers, een tikkeltje ouderwets, maar best gezellig en niet duur. Attentvolle ontvangst met de glimlach. Zeespecialiteiten in het restaurant, zoals zuurkool op de wijze van de zee. Als dessertspecialiteit is er de *quettois* (chocolade met peperkoek).

📷✖ AU MOYNE DE SAIRE: *Rue du Général-de-Gaulle 15, 50760 Réville.* ☎ 02 33 54 46 06. ● *au.moyne.de.saire@wanadoo.fr* ● *www.au-moyne-de-saire.com. Aan de D1, tussen Saint-Vaast-la-Hougue en Barfleur. Voor een tweepersoonskamer met bad of douche tel je € 50 tot 61 neer.* Heel verzorgd etablissement. Leuke, klassiek ingerichte kamers. Er is ook een restaurant.

DOORSNEEPRIJS TOT HEEL LUXUEUS

📷 LA DEMEURE DU PERRON: *Rue Flandres-Dunkerque 1, 50630 Quettehou.* ☎ 02 33 54 56 09. ● *hotel@demeureduperron.com* ● *www.demeureduperron.com.* ♿ *2,5 km ten westen van Saint-Vaast, aan de D1. In het dorp, in de richting van Saint-Vaast. Buiten het seizoen gesloten op zondagavond. Je betaalt € 66 à 86 voor een tweepersoonskamer, afhankelijk van het comfort. Voor ontbijt betaal je € 6. Wifi en internet.* Prettige tweepersoonskamers die ingericht werden door een jong, sympathiek stel dat je heel hartelijk ontvangt. Heeft iets weg van een Amerikaans motel (met Normandische saus overgoten!). Kraaknette onberispelijke kamers, op-en-top in orde, ideaal gelegen in kleine huisjes verspreid in de tuin vol bomen en bloemen en met rustige hoekjes om even te ontspannen.

📷 LA VILLA GERVAISERIE: *Route des Monts 17, 50760 Réville.* ☎ 02 33 54 54 64. ● *la.gervaiserie@wanadoo.fr* ● *www.lagervaiserie.com.* ♿ *Geopend van april tot half november. Voor een tweepersoonskamer met badkamer tel je € 85 tot 115 neer, afhankelijk van de verdieping waarop de kamer zich bevindt. Wifi.* Het huis is zo gebouwd dat je overal van de prachtigste vergezichten geniet. Modern gebouw met toch die typische stijl van de streek, dat perfect in de omgeving opgaat. Elegante kamers met een sober comfort. Grote ramen en terras met vrij uitzicht op het strand (het enige in Normandië dat zuidelijk gericht is) en in de verte Tatihou en Saint Vaast. De kamers op de benedenverdieping aan de tuin liggen prachtig in het groen. De eigenaars hebben ook een paardenhoeve waar je een paard kunt huren of het jouwe op stal kunt zetten als je niet zonder kunt.

✖ AUBERGE DE KET'HOU: *Rue du Général-de-Gaulle 17, 50630 Quettehou.* ☎ 02 33 54 40 23. ● *aubergedekethou@wanadoo.fr.* ♿ *Gesloten op zondagavond en op maandag. Middagmenu's voor € 14,50 door de week; overige menu's van € 20,50 tot 42.* Klein adres dat op basis van de overheerlijke kwaliteit van zijn keuken naar recht en rede 'gastronomisch restaurant' op zijn visitekaartje zou mogen vermelden. En toch hebben de eigenaars er de voorkeur aan gegeven om discreet te blijven. Kleine, gerieflijke en sober opgevrolijkte eetruimte. Ontvangst met een glimlach. Vriendelijke bediening. Heel lekkere specialiteiten afhankelijk van het seizoen en van wat de markt te bieden heeft. De chefkok getuigt van meesterschap en inventiviteit, precies wat nodig is om onze smaakpapillen in verrukking te brengen. Enkele interessante variaties op basis van streekproducten. Een vakkundigheid die tot en met de desserts bevestigd wordt.

WAAR KUN JE LEKKERE PRODUCTEN KOPEN?

🗐Épicerie Gosselin: *Rue de Verrüe 27.* ☎ *02 33 54 40 06.* ● *www.maison-gosselin.fr.* ♿ *Geopend van 9.00 tot 12.00 u en van 15.00 tot 19.00 u (in de zomer ook op maandag geopend). Gesloten op zondagnamiddag en op maandag.* Oef! Er bestaan nog echte kruidenierswinkeltjes in Frankrijk! Die van de familie Gosselin is er al vier generaties lang een schitterend voorbeeld van. Een degelijke familiezaak die meer dan 100 jaar geleden werd opgericht en dankzij dewelke alle oude tradities van weleer bewaard zijn gebleven. Je komt hier voor de goede raad, de uitstekende ontvangst, de beste prijs-kwaliteitverhouding en de ongelofelijke sfeer. De eigenaar brandt zelf zijn koffie, verkoopt regionale specialiteiten (calvados, karamels, cider...), selecteert zijn thee, kruiden, whisky, kwaliteitschocolade, kazen, fruit, groenten... En de Épicerie Gosselin heeft ook een uitzonderlijke wijnkelder, een plaats waar de Engelsen heel hoog van opgeven (en zij niet alleen)... en dit zowel vanwege de kwaliteit van de wijnen als om de schitterende plek zelf. Het etablissement heeft trouwens een tweede winkel geopend in Saint-Vaast (Place Belle-Isle 1). Het is er wat toeristischer, meer decoratie, geen hapjes of dingen die je dagelijks eet.

🗐Lesdos-Allaire – Oesters rechtstreeks uit de kwekerijen: *Place Belle-Isle.* ☎ 02 33 54 42 13. Degustatie en verkoop van oesters (aan echt redelijke prijzen). Voor het eiland Tatihou reikt de oceaan door de zacht glooiende zeebodem tot ver op het strand. 12 meter onder de zeebodem wordt de oesterkweek gefilterd door de snelste stromingen van Europa. Ze smaken lichtjes naar noten, wat je duidelijk proeft wanneer je de oesters bereidt. Een voedzaam en therapeutisch middeltje dat vrij te verkrijgen is!

WAT IS ER TE ZIEN?

🍴🍴De vissershaven: derde belangrijkste haven na Granville en Cherbourg. In de haven liggen een tiental traditionele boten van de baai van Saint-Vaast. Je kunt vanuit de haven over de grote pier naar de vuurtoren lopen. Kijk onderweg even naar de fraaie visserskapel, een overblijfsel van het romaanse koor van de voormalige parochiekerk.

🍴🍴Musée Paul-José-Gosselin: *Rue des Thins 1.* ☎ *02 33 54 45 22.* ♿ *Dagelijks geopend van 10.00 tot 12.00 u en van 15.00 tot 18.00 u. Toegangsprijs: € 2,50. Kortingen.* Paul-José Gosselin heeft onder zijn werkplaats dit museum (of antimuseum... zou je ook kunnen zeggen) geopend om zijn werken te presenteren. Deze begeesterde artiest maakt prachtig gebruik van licht in de streek en maakt er impressionistische werken mee. Hij vertelt over de geschiedenis aan de hand van vurige, gigantische, lyrische, humoristische en soms zelfs stuitende fresco's. Breng hem zeker een bezoekje!

Zet je bezoek verder en ga even langs de toiletten van het café-restaurant Le Perrey (aan de haven) waar Paul-José Gosselin enkele mooie en ontroerende impressies van Saint-Vaast heeft aangebracht. Dames, kijk gerust even binnen bij de herentoiletten... en omgekeerd! Ga vervolgens op ontdekking naar de **église de Rideauville.** Deze openluchtkerk (geen dak en geen ramen, volgens sommigen niet meer dan een ruïne... maar de muren staan nog allemaal rechtop) midden op het veld, badend in een heerlijke sfeer, was een bron van inspiratie voor de artiest. Elke zomer hangen zijn werken hier, telkens rond een ander thema. Te bereiken via Quettehou. Volg de D902 naar Barfleur. Rechts, tegenover de *Intermarché* en net voorbij *Catena,* neem je de D216. In juli en augustus dagelijks geopend van 10.00 tot 19.00 u. Vrij toegankelijk.

🍴🍴Het fort van La Hougue: *1,5 km van de haven van Saint-Vaast.* De toren in de vorm van een afgeknotte kegel met een kleine trappentoren staat op de lijst van werelderfgoed van de Unesco, samen met de versterkingen van Vauban. De toren is 20 m hoog en staat op 3 m dikke muren. Een mooi voorbeeld van de militaire architectuur uit de 17de eeuw. Vauban heeft het nog maar eens gedaan... Prachtige wandeling rondom (bewegwijzerd).

EVENEMENTEN

- **Festival du Livre de mer et d'aventure:** half juli. Inlichtingen bij de Dienst voor Toerisme. Tentoonstelling, signeersessies, films... in de uitzonderlijke omgeving van het Fort van La Hougue (zie hoger).

HET EILAND TATIHOU

Na de nederlaag van La Hougue in 1692 (zie hoger in de inleiding bij Saint-Vaast) werd besloten het eiland Tatihou te versterken. Uiteraard was het Vauban die zich hiermee bezighield. In de loop van de daaropvolgende eeuwen kreeg het eiland diverse bestemmingen. Eerst als garnizoensplaats. Vervolgens als quarantaineplaats voor zeelui die ervan verdacht werden besmet te zijn door allerlei besmettelijke ziektes. Tot in 1880 werden deze verdachte zeelieden geïsoleerd in een lazaret dat anno 1723 was gebouwd toen een grote pestepidemie Marseille teisterde. Tijdens de Eerste Wereldoorlog diende het als gevangenis voor Duitse krijgsgevangenen. Daarna werd het tijdens het interbellum een opvangplaats voor Parijse schoffies met een zwakke gezondheid. En tot slot werd het verbouwd tot opvoedingscentrum voor probleemjongeren en jeugddelinquenten. Tussen 1887 en 1925 was het maritiem laboratorium van het Nationaal Geschiedenismuseum er ondergebracht. Toen werd het eiland verlaten en niemand leek er nog enige interesse voor te hebben... Tot de Conseil Général van de Manche het eiland opkocht om er iets van te maken. Sinds enkele jaren wordt het eiland weer bewoond en is het omgetoverd tot een uitgestrekt en heel interessant cultureel en maritiem centrum.

AANKOMST EN VERTREK

🚢 **Met de amfibieboot:** *inlichtingen en kaartjes bij het onthaal van Tatihou, Quai Vauban.*
☎ *02 33 23 19 92. Reserveren is aanbevolen.* Er zijn slechts 500 bezoekers per dag toegelaten op het eiland, om de omgeving te beschermen. Honden mogen het eiland niet op! Van april tot september 1 afvaart om het halfuur bij vloed en om het uur bij eb. Dagelijks vertrek tussen 10.00 en 16.00 u; tot 18.00 u kun je terugkeren (in de zomer tot 19.00 u). Van oktober tot Pasen enkel tijdens het weekend en de schoolvakanties en alleen 's middags (behalve met Kerstmis). Prijs: € 7,80; kinderen tussen 4 en 11 betalen € 3,20; gratis tot 4 jaar. Met het kaartje kun je de boot heen en terug nemen, de toren en het museum bezoeken. Voor enkel de overstoek tel je € 4,60/volwassene neer. Wees niet verbaasd als je de boot naar het eiland Tatihou op zijn grote banden op de kaai ziet staan. Dit verbazingwekkende transportmiddel neemt je mee over het water en zet je met oorverdovend lawaai af aan de andere kant zonder dat je je voeten nat hoeft te maken.

- **Te voet:** vraag inlichtingen over de getijden (vertrek anderhalf uur voor eb en kom anderhalf uur na eb terug, zo heb je 2 tot 3 uur die je op het eiland kunt doorbrengen). Toegang tot het museum en de toren: € 4,60. Bij laagtij, maar dat had je al geraden natuurlijk!

SLAPEN, IETS ETEN

🛏🍴 Je kunt ook slapen op het eiland Tatihou. In het LAZARET zelf zijn een dertigtal aangename en heel comfortabele kamers ingericht. Vanwege de beperkte toegang tot het eiland uitsluitend vol- of halfpension. Reken op € 55 per persoon in halfpension en op € 76 in volpension. Personen die op het eiland overnachten, hebben recht op een gratis overtocht met de boot en hebben eveneens gratis toegang tot het *Musée maritime*. Inlichtingen: ☎ 02 33 54 33 33. ● *www.tatihou.com*.

🍴 RESTAURANT DU FORT: ☎ *02 33 54 07 20. In de voormalige kazerne aan de voet van de toren. Van juni tot september enkel tussen de middag geopend. Reserveren is absoluut noodzakelijk. Dagschotel voor ongeveer € 16*. Salades, mosselen met friet, grill, oesters... Van 10.00 tot 18.00 u doet dit etablissement ook dienst als tearoom.

HET EILAND ONTDEKKEN

✸✸✸ Wandeleiland, museumeiland, observatoriumeiland: driemaal hoera! Na lange tijd een eiland voor uitgestotenen en kluizenaars te zijn geweest, heeft Tatihou haar poorten wijd geopend. Een ervaring die je voor geen goud mag missen!

✸✸ **Het lazaret:** dit was eertijds het quarantainegebouw, gebouwd in 1723. In een prachtige omgeving, mooi aangeplant met bomen, bloemen en allerlei planten. Let op de grote openingen met bogen die een snelle luchtcirculatie mogelijk maakten. Na de mogelijke dragers van het pestvirus en de wetenschappers worden hier nu schoolklassen ontvangen. De kinderen kunnen er hun kennis bijschaven over alles wat in verband staat met de maritieme cultuur.

✸✸ **Musée maritime:** prachtig ingericht maritiem museum, dat in 1992 officieel de deuren opende ter gelegenheid van de tweehonderste verjaardag van de Slag bij La Hougue. Grote zalen met interessante tentoonstellingen die jaarlijks wisselen.

✸ **Tour Vauban:** zelfde model als die van La Hougue. Staat sinds 2008 eveneens op de lijst met werelderfgoed van de Unesco. Beklim de 84 treden van deze mysterieuze toren. Er is een verdieping voor de gewone matrozen, een verdieping voor de officieren en tot slot helemaal beneden een munitie- en proviandwinkel en oude cellen. Boven op de toren geniet je bij zonnig weer naar alle kanten toe (360°) van een schitterend uitzicht.

✸ **Jardin botanique en observatorium voor vogels:** tijdens je wandeling kom je nog langs een botanische tuin en een observatorium voor vogels. Wellicht heb je het geluk volgende vogels te zien: bruine meeuwen, bergeenden, zwarte roodstaarten, paarse strandlopers, visdiefjes, eidereenden, Europese scholeksters... De meeste hebben zich gevestigd op l'Ilet, het vierkante fort naast het eiland.

- Op Tatihou worden ook heel leuke **themaweekends** georganiseerd. Hierbij wordt de ontdekking van het eiland gecombineerd met activiteiten rond een bepaald thema, bijvoorbeeld 'Met je hoofd in de sterren', waarbij je alles te weten komt over de maan, Jupiter en een pak andere sterren (€ 78/hoofd). Ander thema: de 'zeekeuken'. Dan sta je achter het fornuis en leer je de kunst van de bereiding van vis en zeevruchten die afkomstig zijn van de Normandische kust. Aangezien deze leuke initiatieven steeds meer succes kennen en de prijzen alleszins redelijk zijn, is reserveren absoluut noodzakelijk (€ 96,60 per persoon, alles inbegrepen: transport, bezoeken, maaltijden en overnachting)! Inlichtingen op het nummer: ☎ 02 33 54 33 33.

EVENEMENTEN

- **Les Traversées Tatihou:** vier dagen lang rond 15 augustus. Inlichtingen: ☎ 02 33 05 95 88. leuk idee dat uitgegroeid is tot een jaarlijks treffen waar je niet omheen kunt... een festival van **zeemansmuziek**, een klankrijk resultaat met invloeden van de Keltische wereld, Réunion, Quebec, Scandinavië of elders op deze wereldbol. Gedurende vier dagen (omstreeks 15_augustus) steken de trouwe gasten en liefhebbers van allerlei slag de zandplaten tussen Saint-Vaast en Tatihou over om de avond op het eiland door te brengen op het ritme van zeemansliederen en melodieën die op het zeeleven zijn geïnspireerd. Dansavonden op het eiland, concerten op het vasteland.

BARFLEUR

Vanaf de 11de eeuw wordt dit al beschouwd als het mooiste haventje van de Manche. En sinds 1975 krijgt het plaatsje elk jaar officieel deze titel toegekend. Het lievelingetje van veel schilders (Paul Signac heeft er lange tijd zijn tenten opgeslagen). De prachtige kerk ligt ingebed tussen edele herenhuizen van graniet met leistenen daken. En dat alles heeft trots weerstand geboden aan woeste stormen, snijdende windvlagen en de knagende werking van de tand des tijds.

Je zou het nu niet zeggen, maar in de middeleeuwen was Barfleur een van de belangrijkste havens van de Manche. Volgens de legende vertrok Willem de Veroveraar, hertog van Normandië, vanuit dit plaatsje om Engeland te veroveren. En in Barfleur gingen later ook de Normandische ridders aan boord toen ze naar hun Engelse leengoederen vertrokken. In 1120 kreeg de reputatie van Barfleur echter zwaar te lijden doordat *la Blanche Nef* op een boogscheut van de haven tegen de Rocher de Quilleboeuf op de klippen liep en de twee kleinzonen van Willem samen met hun hele gevolg in de golven meesleurde. In 1346 nog eens een gril van Vrouwe Fortuna: Eduard III maakte Barfleur met de grond gelijk. En alsof het allemaal nog niet erg genoeg was, werd de bevolking daarna ook nog eens flink uitgedund door de zwarte pest. Een beetje veel voor een klein stadje, nietwaar?

Na deze middeleeuwse rampen verviel Barfleur gedurende meerdere eeuwen in de anonimiteit, geenszins gestoord door de geregelde bezoeken van Jules Renard of de schilder Paul Signac. De twee mannen moeten onder de indruk zijn geweest van de bij de eerste oogopslag tot de verbeelding sprekende haven met 'blauw bleekwater, alsof een hele groep wasvrouwen er juist de was had gedaan' (Journal van Jules Renard, 1890).

Barfleur is echter niet alleen een mooi plaatje voor een prentbriefkaart, maar ook een belangrijke vissershaven, weliswaar zonder visgrossiers of andere luidruchtige activiteiten. Toch moet een bijzondere bedrijvigheid in de verf worden gezet. Behalve de traditionele visserij van sint-jakobsschelpen, vis en andere schelpdieren, is Barfleur de grootste mosselhaven van Frankrijk. Er worden jaarlijks maar liefst 8000 ton wilde mosselen 'Blondes de Barfleur' uit de diepe zee gehaald door de trawlers. Een lekkere blonde die onlangs het kwaliteitslabel 'fraîcheur mer' kreeg. Loop een rondje door de haven als de boten aankomen: levendig spektakel gegarandeerd!

Net naast de Dienst voor Toerisme, op het nummer 1, ligt Le Fort, het huis waar Jules Renard L'*Écornifleur* schreef, het vervolg op *Poil de Carottes*. De personages en de omgeving zijn geïnspireerd op Barfleur.

NUTTIGE ADRESSEN

ℹ️ **Dienst voor Toerisme:** *Rond-point Guillaume-le-Conquérant 2*. ☎ 02 33 54 02 48. Gesloten op zondag van oktober tot Pasen.

SLAPEN

CAMPING

🏕️ La Blanche-Nef: *Chemin de la Masse 12*. ☎ 02 33 23 15 40. • *lablanchenef@wanadoo.fr* • *www.lablanchenef.com*. 🔑 *Het hele jaar door geopend. Reken op € 10,70 voor een staanplaats voor twee personen met een auto en een tent.* De camping ligt net hoog genoeg om de zee te kunnen zien, die aan de andere kant van de weg ligt. Je hebt er ook een mooi uitzicht op Barfleur. Heel eenvoudig, grote grasvelden waar je kunt gaan staan waar je wilt. Geen schaduw en geen beschutting tegen de wind, maar wat een uitzicht! Verhuur van bungalows voor vier personen. Heel hartelijke ontvangst. Vlak naast de camping bevindt zich een watersport-centrum.

GOEDKOOP TOT LUXUEUS

⊟✖ Hôtel Le Conquérant: *Rue Saint-Thomas-Becket 16-18.* ☎ 02 33 54 00 82. ●contact@hotelle-conquerant.com ●www.hotelleconquerant.com. *In de hoofdstraat, vlak bij de haven. Jaarlijks verlof van 15 november tot 15 maart. Tweepersoonskamers met badkamer van € 70,50 tot 108,50. Vier ontbijtformules: € 6,75-11,50. Menu's van € 16,50 tot 34.* Geen uitzicht op zee, maar toch heeft dit magnifieke huis uit de 17de eeuw ons hart veroverd. Achter de sobere granieten gevel schuilt een uitgestrekte paradijselijke Franse tuin waar bij zonnig weer het ontbijt wordt geserveerd. Aangename kamers met stijl. Crêperie ('s avonds, enkel voor hotelgasten en na reservatie) in een elegante eetkamer met typische Normandische galettes op basis van biologische bloem.

⊟✖ Le Moderne: *Place du Général-de-Gaulle 1.* ☎ 02 33 23 12 44. ●www.hotel-restaurant-mo-derne-barfleur.com. *Voor het postkantoor, 50 m van de haven. Gesloten op dinsdagavond (buiten het seizoen) en op woensdag. Tweepersoonskamers met badkamer voor ongeveer € 50, afhankelijk van hun grootte. Snacks voor € 17. Menu's voor € 20 ('s middags door de week) en vervolgens van € 28 tot 65.* Heel mooi en kleurrijk huis met veel bloemen. Het ademt de onbeschrijfelijke charme van bepaalde uitstekende plattelandsherbergen van weleer. Typisch een adres dat je graag reserveert om het verjaardagsfeest van je grootmoeder te vieren... of het eindexamen van je neef. Traditionele, eenvoudige en heel lekkere keuken op basis van onberispelijk verse producten. Pluimpje voor de zuurkool met vis en de zeevruchten. Eigengemaakt brood. De desserts smaken naar je jeugd. De bediening is echter wat traagjes. Er zijn slechts drie kamers. Een beetje lawaaierig, maar goed onderhouden.

SLAPEN IN DE OMGEVING

⊟ Chambres d'hôtes du Manoir de la Fèvrerie: *bij Marie-France Caillet, Route d'Arville 4, 50760 Sainte-Geneviève.* ☎ 02 33 54 33 53. ●lafevrerie@orange.fr ●www.lafevrerie.fr. *3 km van Barfleur via de D901, dan linksaf de D10 op en vervolgens weer de eerste weg links. Tweepersoonskamers met badkamer van € 67 tot 75. Gastenkamer voor vier personen: € 109/weekend, € 490/week.* Deze familiale woning is een mooie granieten herenboerderij uit de 16de en 17de eeuw. Zelfs de trap is van graniet! Er bevinden zich drie uiterst gerieflijke kamers die met veel zorg zijn ingericht. De duurste kamer is ronduit prinsheerlijk! Allervriendelijkste ontvangst en een heerlijk ontbijtje bij het haardvuur...

⊟ Clémasine: *bij Dominique en Patrick Gancel, Rue de la Grandville 49, 50760 Montfarville.* ☎ 02 33 22 08 63. ●patrick.gancel@clemasine.com ●www.clemasine.com. *Aan de D902 tussen Barfleur en Quettehou. Keer terug naar Montfarville, laat de kerk links liggen, rijd door het dorp en neem de tweede straat rechts (D415) en sla vervolgens af naar links (D1). Rijd door tot nummer 49. Voor een tweepersoonskamer tel je € 70 tot 75 neer, € 20 per extra persoon.* Een oude granieten boerderij die helemaal teruggaat tot de 17de eeuw. De buitenkant heeft het originele karakter behouden. De binnenkant daarentegen is licht en modern, aan de muren hangen doeken van Patrick. Vier elegante kamers met eigen badkamer. In de twee kamers met mezzanine boven is plaats voor een extra gast. Er zijn ook twee kamers voor vier personen, met rechtstreekse toegang tot de tuin en mezzanine. Dominique organiseert regelmatig workshops patchworken. Gezellige ontvangst.

IETS ETEN, IETS DRINKEN

⊟✖ Le Moderne: zie hoger bij 'Slapen'.

✖ Restaurant du Phare: *Rue Saint-Thomas-Becket 42.* ☎ 02 33 54 02 16. ●bkl@wanadoo.fr. 🅿 *Gesloten op maandag. Op weekdagen formule voor € 8-10. Verder menu's voor € 12,50-27. Wifi.* Klein tafeltje voor stamgasten en gezinnen, rommelig interieur en keuken zonder veel poeha. Geschikt voor een snelle lunch (omdat je Barfleur wilt induiken): mosselen met friet (in het seizoen) of een dagschotel.

🗙 Crêperie Chez Buck: *Rue Saint-Thomas-Becket 1.* ☎ *0233540216. Aan de haven.* < *Van half oktober tot Pasen gesloten van maandag- tot donderdagavond, behalve tijdens de schoolvakanties. Jaarlijkse vakantie van half november tot eind januari. Menu vanaf € 13,50.* Voor wie absoluut geen pannenkoeken lust, is er ook een klassiek menu (mosselen of kalfslapje op Normandische wijze, andouillette met cider, gemarineerde makreel, vis). Niet zoveel tafeltjes (en wat te dicht op elkaar gepakt). Reserveren is aangeraden.

🅿🗙 Café de France: *Quai Henri-Chardon 12.* ☎ *0233540038.* ● *cafedefrance-50@orange.fr. Gesloten op dinsdag en buiten het seizoen ook 's avonds. 's Avonds geopend tijdens de paasvakantie, het lange weekend van mei en in juli en augustus. Jaarlijkse vakantie van begin januari tot het eind van de krokusvakantie. Menu voor € 15,90-19,90.* Niet echt een in het oog springend café annex brasserie (met terras bij mooi weer), maar wel heel gezellig. Hier komen buurtbewoners, stamgasten en toeristen op doorreis. De keuken stelt niet veel voor, maar is wel rijkelijk (kleine eters kiezen beter geen menu!). Een boeiende plek, perfect om een glas te drinken. Je komt hier meer voor de sfeer (en het zicht op de haven) dan voor het lekkere eten.

WAT IS ER TE ZIEN EN TE DOEN?

🍴🍴 **Église Saint-Nicolas:** gebouwd tussen de 17de en 19de eeuw. De gedrongen samengepakte bouw van deze kerk wordt nog extra beklemtoond door het feit dat haar klokkentoren ten gevolge van een heel sterke storm op het eind van de 18de eeuw afgebroken moest worden. Prachtige daken met grote platte stenen. Binnen zie je een mooie piëta uit de 16de eeuw en een *Visitatie* van de hand van Maertens de Vos, een prachtig schilderij uit de 16de eeuw (Vlaamse school).

- **Wandeling door het dorp:** al lopend door het dorp realiseer je je dat de charme van Barfleur hoofdzakelijk ligt in zijn eenvoud, de strenge lijnen en de fraaie bouwmaterialen (leisteen en graniet). Neem de pittoreske Rue Saint-Nicolas, de straat die parallel loopt aan de haven. Het eerste huis aan je rechterhand (recht tegenover de kerk) is de plaats waar Paul Signac woonde van 1930 tot 1935. Loop vervolgens verder naar de Rue Saint-Thomas-Becket, waar je enkele van de mooiste woningen van Barfleur kunt ontdekken, bijvoorbeeld het *maison Alexandre* (nummer 3). Bekijk ter hoogte van nummer 14 van die Rue Saint-Thomas-Becket de typisch middeleeuwse Cour Sainte-Catherine. Typisch middeleeuws. Een boogscheut verder (nummer 16) zie je het bijzonder fraaie 17de-eeuwse hotel *Le Conquérant*.

🍴🍴 **La Station de la SNSM (société nationale de sauvetage en mer):** *van Pasen tot eind augustus. Voor de openingsuren bel je naar het nummer* ☎ *0233231010.* Het eerste nationale reddingscentrum van Frankrijk, opgericht in 1865. Tentoonstelling over de geschiedenis van het centrum vanaf de oprichting. Je ziet er de eerste roeiboot, de tussenkomsten die sinds anderhalve eeuw hebben plaatsgevonden... een ontroerende terugblik in de tijd. Het centrum telt 3500 vrijwilligers over heel Frankrijk.

- **Galerie Drak'arts:** *Rue Saint-Thomas-Becket 40.* ☎ *0233239140. Geopend van vrijdag tot zondag van 11.00 tot 13.00 u en van 15.00 tot 19.00 u (dagelijks gedurende de schoolvakanties).* Kunstgalerij met tal van impressionistische schilderijen uit de streek.

IN DE OMGEVING VAN BARFLEUR

🍴 **Église de Montfarville:** *2 km ten zuiden van Barfleur via de D155. 18de-eeuwse kerk.* Binnen kun je heel heldere stenen met een bijzondere glans en lichtuitstraling bewonderen. Voorts zijn er ook heel mooie schilderijen van Guillaume Fouace, die vooral bekendstaat voor zijn stillevens waarop het leven van Christus is afgebeeld. Kapel en klokkentoren uit de 13de eeuw. Tot slot vermelden we nog een bekoorlijke polychrome Maagd uit de 14de eeuw.

DE CÔTE DU PLAIN (VAN BARFLEUR TOT CHERBOURG)

Schiereiland met een granietkust die zeker minder spectaculair is dan deze van de Cap de la Hague, maar die hoe het ook zij vanaf de vuurtoren van Gatteville tot aan de Anse du Brick (inham) eveneens enkele pittoreske plaatsjes en adembenemende uitzichtpunten in petto heeft. Wat verder landinwaarts ontdek je rustige dorpjes midden in uitgestrekte grasvlaktes en groentevelden die achter stenen muurtjes schuilen.

SLAPEN, IETS ETEN

CAMPING

🏕 CAMPING DE L'ANSE DU BRICK: *Anse du Brick 18, 50330 Maupertus-sur-Mer.* 📞 0233 54 33 57. ● welcome@anse-du-brick.com ● www.anse-du-brick.com. ♿ *10 km ten oosten van Cherbourg, aan de kust. Geopend van april tot september. Prijs voor twee personen met een tent en een voertuig € 33 in het hoogseizoen.* Topcamping in het groen met uitkijk over de heerlijke Anse du Brick, uitstekend uitgerust (net een dorpje) en met een idyllische sfeer. De huurhuisjes (voor 4 tot 6 personen, € 329-980 per week, van cottage over villa tot chalet), liggen wat van de drukte af in een mooie omgeving. Enkele hebben een prachtig uitzicht. Zwembad.

DOORSNEEPRIJS

🏨 FORT DU CAP LÉVI: *Le Cap Lévi 7, 50840 Fermanville.* 📞 0233 23 68 68. ● chambre.fermanville@cg50.fr. *5 km ten noordwesten van Saint-Pierre-Église. Nadat je het kleine haventje van Lévi voorbijgereden bent, ga je rechtdoor richting noorden over een weg die je recht naar dit voormalige marinefort leidt. Jaarlijks verlof in december en januari. Reserveren is een must. Tweepersoonskamers met badkamer voor € 65 tot 70.* Je vindt er vijf moderne en uiterst schattige kamers die in zeestijl zijn ingericht en door de dikke granieten muren van het napoleontische fort worden beschermd. Opgelet: er zijn geen tweepersoonsbedden (wel tweelingbedden) en er is maar één kamer vanwaaruit je de zee ziet. Iedereen komt echter wel aan zijn trekken in de prachtige serre die over de zee uitkijkt. Weids panoramisch uitzicht op de Cap Lévi, de vuurtoren en de rede van Cherbourg.

🏨 LES PIEDS DANS L'EAU: *bij Hervé en Isabelle Pannier, Le Becquet, 50110 Digosville.* 📞 0233 22 48 92. ● isarvpannier@orange.fr ● www.lespiedsdansleau.net. *6 km ten oosten van Cherbourg, aan de D116. Voor een tweepersoonskamer met badkamer tel je € 60 neer.* De naoorlogse betonnen bunker is omgetoverd tot een uitnodigend hedendaags huis met grote ramen en een prachtig uitzicht. De zee is alomtegenwoordig: in de knusse kamertjes met een persoonlijke toets, op het heerlijke terras, in de eetzaal. Ze wiegt je zachtjes in slaap of houdt je net uit je slaap met een suizende wind. Kortom, de ideale plek om de dreigende schuimende koppen te bewonderen...

LEKKERE PRODUCTEN KOPEN

🛒 **Ferme du Moulin des Corvées:** *bij Christine en Samuel Brostin, Route de Digosville 9, 50330 Le Theil.* 📞 0233 20 05 46. *Aan de D901 tussen Saint-Pierre-Église en Cherbourg neem je eerst de D24 (linksaf) en vervolgens de D120, die je verder blijft volgens eens je voorbij Le Theil (in de richting van Digosville) bent. Het hele jaar door geopend op maandag, dinsdag, vrijdag en zaterdag van 14.00 tot 18.00 u; in juli en augustus ook nog geopend van 19.00 tot 21.00 u. Op dinsdag en vrijdag kun je het bedrijf bezoeken; prijs: € 2.* Hier wordt alles door het gezin zelf gedaan, van het melken tot de verkoop, evenals alle tussenliggende productiefases. De camembert du Theil heeft een prachtige gouden kleur en ruikt naar koeien, hooi en melk. Kortom: naar het echte boerderijleven! Christine Brostin verkoopt haar producten ook op de markt van Saint-Pierre-Église (woensdag), Valognes (vrijdag) en Beaumont-Hague (zaterdag).

WAT IS ER TE ZIEN?

🔫🔫 **Phare de Gatteville (vuurtoren):** 📞 02 33 23 17 97. *Van mei tot augustus geopend van 10.00 tot 12.00 u en van 14.00 tot 19.00 u; tot 18.00 u in april en september; tot 17.00 u in maart en oktober; en tot 16.00 u de rest van het jaar. Gesloten op 1 mei, met Kerstmis en in januari. Toegangsprijs: € 2. Gratis voor wie jonger is dan twaalf.*

Aan het uiteinde van de vallei van de Saire, aan de rand van Gatteville, op het laatste puntje van de dijk staat deze vuurtoren met zijn indrukwekkende eenzame silhouet. Jean-Jacques Beineix wist verdraaid goed waarom hij hier een scène van zijn beroemde film *Diva* wilde opnemen. De vuurtoren van Gatteville werd gebouwd tussen 1829 en 1834, telt 365 treden, 52 openingen en 12 verdiepingen. Heb je het door? Sla er anders eens een kalender op na (365, 52, 12…). Boven, 75 m boven de zeespiegel (en dat is dan wel heel letterlijk zo!), geniet je uiteraard van een adembenemend uitzicht (als je nog adem overhebt tenminste)… bij zonnig weer zelfs tot in Grandcamp. Beneden is er een kleine ontvangstruimte met een video over het werk van de wachters en een expositie van enkele modellen van oude lampen. Vóór de huidige vuurtoren staat de voormalige vuurtoren uit de 18de eeuw, die momenteel dienstdoet als semafoor voor de Franse zeemacht.

🔫 **Tocqueville:** dorp van de politicus en schrijver Alexis de Tocqueville, de auteur van twee meesterwerken: *De la Démocratie en Amérique* en *L'Ancien Régime et la Révolution*. Hij werd in 1805 in Parijs geboren, maar is een nazaat van een van de oudste Normandische families. Een van zijn voorouders heeft aan de zijde van Willem de Veroveraar deel genomen aan de slag van Hastings.

🔫 **Saint-Pierre-Église:** evenals Tocqueville heeft Saint-Pierre-Église zijn denker en dit in de persoon van de abt van Saint-Pierre. Hij is minder bekend dan andere grote filosofen uit zijn tijd, maar kan worden beschouwd als een van de grote pioniers van de eeuw van de verlichting (18de eeuw). Hij was een fervente aanhanger van een Verenigd Europa. Hij schreef een *Projet de paix perpétuelle pour l'Europe* (project voor duurzame vrede in Europa), dat nog steeds actueel is… Als wetenschapper en humanist pleitte de abt van Saint-Pierre ook als een van de eersten tegen het priestercelibaat… en voor een gelijkwaardige positie van de vrouw. Ongetwijfeld een standbeeld waard (meer bepaald op het dorpspleintje). Het straalt van eenvoud. In elk geval is dit de beste plek om de prachtige kerk met haar indrukwekkende romaanse toren en uitstekende balustrade met torentjes te bewonderen. 800 m van het dorp, aan het einde van een lange en elegante laan, staat een fraai ogend 18de-eeuws kasteel.

🔫🔫 **Le Cap Lévi:** mooie wandeling tot aan de vuurtoren bij de Cap Lévi. Je doorkruist een magnifiek landschap met op de achtergrond het lied van de zee. Als je voor de vuurtoren staat, begrijp je de angst van schippers voor een 'slecht geplaveide' kust. De rotsen en kliffen die plotseling in de stroming opdoemen of vlak onder de waterlijn schuilen, hebben heel wat scheepjes doen vergaan… Achter de Cap Lévi bevindt zich **Fermanville**, een mooi dorp met een hele resem schortgrote gehuchtjes en nog meer molens.

🔫 **De semafoor van Le Cap Lévi:** 📞 02 33 54 61 12 (Dienst voor Toerisme). *Volg de bewegwijzering: vuurtoren van Fermanville. Geopend in juli en augustus; gesloten op vrijdag en zaterdag; bezoek om het uur tussen 14.00 en 18.00 u. Tijdens de schoolvakanties bezoek om 15.00 en 17.00 u; gesloten op vrijdag en zaterdag. Het hele jaar door ook op zondag om 15.00 en 17.00 u. Toegangsprijs: € 3; kortingen.*

🔫🔫 **Anse du Brick (inham):** *aan de D116 tussen Fermanville en Bretteville.* De naam van deze inham wordt doorgaans met heel wat beelden uit de fantasiewereld geassocieerd: doodskopvlaggen, piratenvlaggen, zwarte ooglapjes, schatkisten boordevol goudstukken of sieraden... En het landschap van deze schattige baai zal je zeker niet ontgoochelen. Het water is bijna turquoiseblauw en ontrolt zich ritmisch op het zandstrand. Je vergeet de Caraïben en de schatteneilanden bij het zien van de granieten rotsen en kliffen die kriskras op het strand verspreid staan en door de deining van de zee glad gepolierd zijn. Wetenswaardigheid: de straatstenen waarop de wielrenners van Parijs-Roubaix zich in het zweet fietsen, zijn van dezelfde graniet gemaakt als hier langs dit strand.

CHERBOURG-OCTEVILLE

50100 | 44.100 INWONERS

Gelegen aan een baai en sinds mensenheugenis een haven dankzij de strategische positie aan de rand van de westerse wereld. De stad beschikt over de grootste kunstmatige rede ter wereld. De rotsheuvel Roule, die boven Cherbourg uittorent, heeft de duizenden blokken *roule* (grove zandsteen) geleverd voor de bouw van de immense dijken waarmee de haven wordt afgesloten (het duurde bijna een eeuw voordat deze klaar waren!). Vandaag is dit de Franse haven waar de meeste verschillende activiteiten plaatsvinden: militaire haven, handelshaven, vissershaven, doorreishaven, haven voor veerboten van en naar Ierland en Groot-Brittannië en jachthaven (tweede grootste van Frankrijk, na Cannes). Op het eerste gezicht heeft Cherbourg niet veel te bieden, maar er hangt een bijzondere sfeer. Ontdek het bruisende centrum en de vele charmante oude woningen. Er is een prachtige botanische tuin en een van de meest fascinerende kunstmusea van Frankrijk.

> **Paraplu's uit Cherbourg en de film wordt werkelijkheid**
>
> De opnames voor de bekende film (*Les parapluies de Cherbourg* (1964) van Jacques Demy) vonden plaats in de zomer van 1963. Veel inwoners herinneren zich nog geamuseerd de valse treilers van multiplex die de echte moesten verbergen, en vooral ook nog dat de prachtige Catherine Deneuve met behulp van brandweerslangen nat moest worden besproeid bij scènes die zich in de regen afspeelden. Het weer was dat jaar uitzonderlijk goed!

EEN BEETJE GESCHIEDENIS

Ten tijde van de inval van de Vikingen (9de eeuw) was de stad een van de belangrijkste gekoloniseerde plekken van de Northmen (Noormannen) en een strategisch belangrijke Normandische stad. In het begin van het jaar 1000 werd er een kasteel gebouwd. Vanaf die tijd was Cherbourg voor de elkaar opvolgende bewinden een verdedigingsbolwerk. Tijdens de Honderdjarige Oorlog (1337-1453) werd de stad zelden ingenomen. Zelfs Du Guesclin kon de stad na een beleg van zes maanden niet kleinkrijgen. Hetzelfde gold voor de bekende hugenotenleider Montgomery tijdens de godsdiensttoorlogen.

De bouw van de grote dijk werd gestart in 1783. Lodewijk XVI legde zelf de eerste steen. Een ingenieur had de constructie van gigantische kegelvormige houten structuren bedacht. Deze werden in zee gesleept en vervolgens met duizenden blokken steen volgestouwd. Deze structuren deden dienst als fundament voor de dijk. De haven kende daarna een voortdurend gaan en komen van belangrijke persoonlijkheden. Napoleon beval de aanleg van een oorlogshaven in Cherbourg en kwam zelf kijken in 1811. Marie-Louise volgde hem in 1813. De hertog van Berry keerde er terug uit ballingschap in het daaropvolgende jaar. Karel X maakte gebruik van de haven voor zijn eigen ballingschap in 1830. In 1840 keerde de as van Napoleon I terug via de rede van Cherbourg nadat deze tijdens zijn ballingschap op St.-Helena was gestorven.

CHERBOURG IN DE SLAG OM NORMANDIË

Bij de landing in Normandië in juni 1944 was Cherbourg een van de belangrijkste strategische punten. Bij de keuze van de landingsstranden werd logischerwijs gezocht naar een haven met diep water in de buurt. De bedoeling was immers om zo snel mogelijk de kunstmatige havens te kunnen vervangen. Na bittere gevechten werd de stad door het Amerikaanse 7de korps ingenomen op 26 en 27 juni. Met de hulp van de Royal Navy werden toen in een recordtempo direct de mijnen opgeruimd en werd de haven ontdaan van alle wrakken, zodat deze onmiddellijk weer in gebruik kon worden gesteld. Er werd een pijplijn (in de geschiedenis bekend onder de naam Pluto) aangelegd tussen het eiland Wight en Cherbourg, waardoor vanaf augustus 1944 een groot deel van de benzine werd geleverd die zo broodnodig was voor de bevrijdingslegers. De havenactiviteiten namen vanaf dat ogenblik derhalve enorm toe. Om je een idee te geven: tot op het eind van 1944 was er twee keer zoveel verkeer als in de drukste jaren in het vooroorlogse New York.

AANKOMST EN VERTREK

Met de trein

- **Inlichtingen en reserveringen:** ☎ 36 35 (€ 0,34/min.) of voor de TER: ☎ 0825 00 33 00 (€ 0,15/minuut). ● www.ter-sncf.com/basse_normandie.

🚆 **Van/naar Parijs-Saint-Lazare via Valognes, Carentan, Lison, Bayeux, Caen.**

🚆 **Van/naar Saint-Lô en Coutances:** overstappen in Lison.

Met de bus

🚌 **Van/naar Barfleur, Saint-Vaast, Valognes, Portbail, Carteret, Bricquebec, Carentan, Coutances, Saint-Lô, Les Pieux, Flamanville en Siouville:** met de maatschappij *VTNI* (Veolia Transport Normandie Interurbain). ☎ 0825 076 027 (€ 0,15/minuut).

- **Cherbourg** ligt aan het traject van de *Ze Bus*, een leuk busje dat Frankrijk doorkruist van Biarritz tot Parijs en in de verschillende streken of bij de verschillende bezienswaardigheden even halt houdt: de kastelen van de Loire, de stranden van D-day, Mont-Saint-Michel, het woud van Brocéliande, Quiberon, Carnac, Saint-Émilion... Verschillende prijzen. Je kunt op bepaalde plaatsen overnachten en de bus nemen wanneer die opnieuw langsrijdt. Inlichtingen: ☎ 05 59 85 26 60. ● www.ze-bus.com.

Met de boot

- **Van/naar Rosslare (Ierland):** met *Irish Ferries*. ☎ 02 33 23 44 44. ● www.shamrock-irlande.com. Van mei tot september 1 afvaart om de twee dagen; van oktober tot april drie keer per week.
- **Van/naar Poole (Groot-Brittannië):** met *Brittany Ferries*. ☎ 02 33 88 44 88.
● www.brittanyferries.com. Van oktober tot mei 1 tot 2 boten per dag (overtocht van 4 1/2 uur). Van juni tot september drie boten per dag waaronder 1 snelle verbinding (2 uur en een kwartier) met *Normandy Vitesse*.
- **Van/naar Portsmouth (Groot-Brittannië):** met *Brittany Ferries*. Van september tot mei 1 boot/dag. Van juni tot augustus 1 tot 2 boten/dag met *Normandy Express* (2 uur en 3 kwartier).
- **Van/naar Aurigny (Brits Normandië):** op sommige dagen van de week maken ook de motorboten de overtocht Aurigny-Cherbourg/Cherbourg-Aurigny. De mensen die Aurigny verlaten, krijgen voorrang. Je kunt maar hopen dat sommigen de boot terug niet nemen! Inlichtingen: Worms, maritieme dienst: ☎ 02 33 43 34 02.

Met het vliegtuig

✈ **Luchthaven:** 11 km ten oosten van het centrum. ☎ 02 33 88 57 60.

● *www.aeroport-cherbourg.com.*

- **Van/naar Orly en Jersey:** met *TwinJet.* ☎ 0892 70 77 37 (€ 0,34/minuut). ● *www.twinjet.net.*

NUTTIGE ADRESSEN EN INFORMATIE

ℹ **Dienst voor Toerisme (plattegrond B2):** *Quai Alexandre-III 2.* ☎ 02 33 93 52 02.
● *www.ot-cherbourg-cotentin.fr. Tegenover de draaibrug. Van september tot juni van maandag tot zaterdag geopend van 9.00 tot 12.00 u en van 14.00 tot 18.00 u (in juni tot 18.30 u); in juli en augustus van maandag tot zaterdag geopend van 9.00 tot 18.30 u en op zondag van 10.00 tot 12.30 u.* Er is ook een informatiepunt aan de haven (plattegrond A1): van mei tot september dagelijks geopend als de boten aanleggen. ☎ 02 33 44 39 92. Je krijgt tips voor interessante bezoeken in de stad, mooie wandelingen, toeristische routes...

✉ **Postkantoor (plattegrond A2):** *Rue de l'Ancien Quai 1.*

🚲 **Fietsenverhuur: Cycles-Peugeot-Kerhir,** *Boulevard Schumann 31.* ☎ 02 33 53 04 38. Je kunt van mei tot half september ook fietsen huren bij het zeevaartstation (zie verder onder de rubriek 'Wat is er te doen?'). ☎ 02 33 78 19 29.

- **Markten:** op dinsdag is er van 8.00 tot 17.15 u (tot 16.15 u van december tot februari) een grote markt voor het theater en in de omliggende straten; op zaterdag voor het theater en de Place Centrale. Op dinsdag en zaterdag kun je de hele dag een markt met bloemen, fruit en groenten en streekproducten bezoeken. Donderdag is er een grote algemene markt. Elke eerste zaterdag van de maand rommelmarkt op de Place des Moulins. Tot slot vermelden we nog de Marché d'Octeville (Avenue de Normandie, buitenwijk ten zuidwesten van Cherbourg) op zondagochtend. Die is zeker en vast een ommetje waard.

SLAPEN

GOEDKOOP

🛏 **JEUGDHERBERG (PLATTEGROND A1, 16):** *Rue de l'Abbaye 55.* ☎ 02 33 78 15 15.
● *cherbourg@fuaj.org.* 🛏 *Halverwege het arsenaal en het centrum van de stad (ongeveer vijf volle minuten te voet). Met de bus neem je lijn 3 of 5 en stop je aan halte 'Chantier'. Jaarlijks verlof van 20 december tot 31 januari. Je moet een jeugdherbergkaart hebben om hier te mogen overnachten. Maar geen enkel probleem, je kunt je die ter plaatse aanschaffen indien nodig. Overnachting met ontbijt voor € 18,30. Verhuur van lakens inbegrepen. Halfpension voor € 29. Internet (€ 0,50/halfuur).* De jeugdherberg van Cherbourg bevindt zich in de voormalige gebouwen van de nationale Franse zeemacht en is prachtig gerenoveerd. Onberispelijke kamers en gemeenschappelijke ruimtes, moderne meubels... Er ontbreekt werkelijk niets. Bovendien is de ontvangst kundig en vriendelijk. Je kunt er eten en leden van de jeugdherbergbeweging kunnen ter plaatse koken. Twee extra pluspunten: het terras waar je kunt ontbijten in de zon en de mogelijkheid om een zeilcursus te volgen bij de zeilschool van Cherbourg, enkele kabellengtes verderop.

🛏 **FOYER DES JEUNES TRAVAILLEURS (PLATTEGROND A2-3, 10):** *Rue du Maréchal-Leclerc 33.* ☎ 02 33 78 19 78. ● *fjt.chbg@wanadoo.fr. Ietwat uit het centrum van de stad. Bus 8 vanaf het treinstation. Het hele jaar door geopend (door de week na reservering). Forfait voor een overnachting met ontbijt: € 17.* Je kunt op weekdagen eten in het zelfbedieningsrestaurant voor ongeveer € 5. Twee karakterloze gebouwen. De buurt heeft bovendien ook niet zoveel te bieden. Maar voor trotters die alleen reizen, is dit het goedkoopste adres van de stad. Je vindt er een twintigtal plaatsen in slaapzalen (met drie tot vijf bedden) of afzonderlijke kamers (sommige met douche). Vanuit bepaalde kamers heb je zelfs een schitterend uitzicht op de stad en de rede

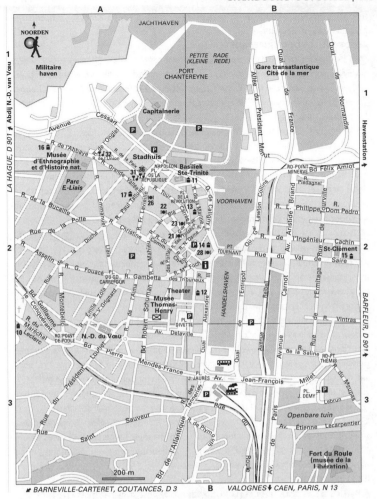

CHERBOURG-OCTEVILLE

Nuttige adressen
- **i** Dienst voor Toerisme
- Postkantoor
- Treinstation
- Busstation

Slapen
- 10 Foyer des jeunes travailleurs
- 11 Hôtel de la Renaissance
- 12 Hôtel de la Croix de Malte
- 13 Hôtel Moderna
- 14 Hôtel La Régence
- 15 Chambres d'hôtes Les Lilas
- 16 Jeugdherberg
- 17 Hôtel d'Angleterre

Iets eten
- 21 Sucre d'Orge
- 22 L'Antidote
- 23 Le Pily
- 25 Le Faitout
- 26 Brasserie Le Commerce
- 28 Café de Paris

Iets drinken, uitgaan
- 31 Au Diapason
- 32 Kaluma
- 35 Art's Café
- 36 Au Badi-Badan

(of op het kerkhof!). Ruime, prettige gemeenschappelijke ruimte met spellen, een flipperkast, boeken, open haard, tv...

GOEDKOOP TOT DOORSNEEPRIJS

▨ Hôtel Moderna (plattegrond B2, 13): *Rue de la Marine 28*. ☎ 02 33 43 05 30. ● *hotel-moderna@wanadoo.fr* ● *www.moderna-hotel.com*. *Heel centraal gelegen. Tweepersoonskamers met wastafel voor € 28; met bad of douche en wc voor € 42 à 53, afhankelijk van de grootte.* Alle kamers hebben satelliettelevisie. Gratis wifi. Klein sympathiek hotelletje. Goed onderhouden, lichte kamers. Lekker ontbijt.

▨ Hôtel de la Croix de Malte (plattegrond B2, 12): *Rue des Halles* . ☎ 02 33 43 19 16. ● *hotel.croix.malte@wanadoo.fr* ● *www.hotelcroixmalte.com*. ⚅ *Heel goed gelegen, vlak bij de haven, het theater en het casino. Jaarlijks verlof: twee weken met Kerstmis. Tweepersoonskamers met douche en wc voor € 38 à 53 (afhankelijk van grootte en comfort). Gratis parkeerterrein. Gratis wifi.* Klein modern hotel met heel comfortabele, piekfijne en uiterst rustige kamers. De goedkoopste kamers hebben een piepkleine badkamer. Je wordt persoonlijk en op een charmante manier door de eigenaars ontvangen. Uitstekende prijs-kwaliteitverhouding.

▨ Hôtel de la Renaissance (plattegrond B2, 11): *Rue de l'Église 4*. ☎ 02 33 43 23 90. ● *contact@hotel-renaissance-cherbourg.com* ● *www.hotel-renaissance-cherbourg.com*. *Voor de bekoorlijke Église de la Trinité. Tweepersoonskamers van € 54 tot 68, naargelang het comfort met bad of douche. In een gezinskamer betaal je € 12 per bijkomende gast. Voor een suite voor zes personen tel je € 116 neer. Privéparkeerterrein te betalen. Wifi.* Heel goed gelegen. Leuke en comfortabele, volledig opgeknapte kamers. Een prima prijs-kwaliteitverhouding.

▨ Hôtel d'Angleterre (plattegrond A2, 17): *Rue Paul-Talluau 8*. ☎ 02 33 53 70 06. ● *contact@hotelangleterre-fr.com* ● *www.hotelangleterre-fr.com*. *Voor een tweepersoonskamer met badkamer diep je € 43 tot 52 op uit je portemonnee, afhankelijk van de grootte. Per bijkomende persoon in een gezinskamer tel je € 5 neer. Wifi.* Rustig gelegen, ook al ben je maar op een steenworp afstand van de wijk met de bars. Gerieflijke kamers die op een moderne manier zijn ingericht. Ze zijn niet reusachtig groot, maar wel heel gezellig. Discrete maar aangename ontvangst.

▨ Chambres d'hôtes 'Les Lilas' (plattegrond B2, 15): *Rue du Val-de-Saire 163*. ☎ 02 33 43 06 93. ● *maripier@laposte.net*. *Aan de andere kant van de draaibrug. Tweepersoonskamer voor € 65.* 19de-eeuws herenhuis met ruime, comfortabele kamers met Chinees meubilair uit alle hoeken van het land. Gezellige bloementuin, omgeven met muren, in het hart van de stad. Hartelijke ontvangst.

IETS LUXUEUZER

▨✕ Hôtel La Régence (plattegrond B2, 14): *Quai de Caligny 42*. ☎ 02 33 43 05 16. ● *www.laregence.com*. *Afhankelijk van het comfort en het uitzicht tel je voor een tweepersoonskamer € 63 tot 105 neer. Lunchmenu voor € 20 (enkel op weekdagen), verdere menu's voor € 27 tot 35.* Aan de haven ligt een elegant gebouw met Britse inrichting, veel hout en knusse salons. Voornamelijk luxueuze kamers, modern comfort, een labyrint van gedempte gangetjes. Keuken met onberispelijke reputatie.

IETS ETEN

UIT HET VUISTJE

✕ Diverse snackbars, cafés en broodjeszaken *in de Rue de la Paix en de Rue de l'Union (plattegrond A1-2)*: niet duur en druk bezocht door de jeugd van Cherbourg. 's Avonds heel gezellig (zie verderop onder de rubriek 'Iets drinken en uitgaan').

✕ Sucre d'orge (plattegrond A2, 21): *Rue des Fossés 7*. ☎ 02 33 93 40 80. *Gesloten op zondag, maandag en feestdagen en in augustus. Reken op € 6-8.* Piepkleine broodjeszaak waar een klein, uiterst vriendelijk dametje salades, galettes en lekkere broodjes serveert. Overvloedig en tegen heel redelijke prijzen.

GOEDKOOP TOT DOORSNEEPRIJS

L'ANTIDOTE (PLATTEGROND A2, 22): *Rue au Blé 41*. ☎ 02 33 78 01 28.

● *restaurantantidote@gmail.com. Gesloten op zondag en maandag. Lunchformule voor € 8,50. Verder menu's voor € 18,90 tot 28,90. À la carte voor € 20 tot 23.* Op het menu staan lekkere, uitgebreide gerechten. Je drinkt er een wijntje bij dat de *patron* je in een goeie bui aanraadt. Het eethuis, dat verscholen ligt aan een van de vele pleintjes achter de Rue au Blé, is weelderig en kleurrijk ingericht, het perfecte tegengif voor de zuurheid. Op trieste dagen word je hier ongetwijfeld vrolijk van. Bij mooi weer rustig en mooi terras.

BRASSERIE LE COMMERCE (PLATTEGROND A2, 26): *Rue François-Lavieille 42*.

☎ 02 33 53 18 20. ● *lecommerce2@wanadoo.fr.* Doorlopende bediening van 11.00 u tot middernacht. Gesloten op zondag. Menu's voor € 15,60. Wifi. Grote typische brasserie waar een onverzadigbare honger kan worden gestild. Eenvoudige, maar heel overvloedige klassieke en Normandische kwaliteitsschotels. Efficiënte bediening en prettige ontspannen sfeer. Het is er bijgevolg vaak stampvol.

DOORSNEEPRIJS TOT IETS LUXUEUZER

CAFÉ DE PARIS (PLATTEGROND B2, 28): *Quai de Caligny.* ☎ 02 33 43 12 36. ● *cafedeparis.res@ wanadoo.fr.* Gesloten op zondag en op maandag tussen de middag. Jaarlijks verlof twee weken in maart en drie weken in november. Middagmenu's voor € 18,50 in de week; overige menu's van € 21,50 tot 36,50. Dit adres is wijd en zijn bekend in Cherbourg. En ook nogal chic, om niet te zeggen opgeschroefd... Door velen beschouwd als het zeevruchtenrestaurant bij uitstek van de stad... en dat is niet toevallig. De producten kunnen niet verser. Maar je kunt maar beter van roze houden...

LE PILY (PLATTEGROND A2, 23): *Rue Grande 39.* ☎ 02 33 10 19 29. *Naast de Hallen. Gesloten op woensdag, zaterdagmiddag en zondagavond. Lunchformule op weekdagen voor € 15-20. Verder menu's voor € 22-59 (kreeft).* Sobere inrichting. Inventieve, creatieve gastronomische keuken op basis van wat de markt te bieden heeft. Verfijnde en prachtig opgediende gerechten!

SLAPEN IN DE OMGEVING

CAMPING

CAMPING MUNICIPAL LE COLLIGNON (BUITEN PLATTEGROND VIA B3): *Rue des Algues, 50110 Tourlaville.* ☎ 02 33 20 16 88. ● *camping-collignon@wanadoo.fr.* Geopend van mei tot oktober. Reken op ongeveer € 17 voor een staanplaats voor twee personen met een voertuig en een tent. Een beetje een vreemde plek, aan de rand van de stad, tussen de mooie kust en een industrieterreintje. Comfortabele en gezellige camping waarin je dankzij de duinen tegen de wind wordt beschermd. Vlak ernaast bevindt zich een mooi strand en een activiteitenpark van 10 ha met overdekt zwembad (gratis voor de campinggasten) en een watersportcentrum.

IETS DRINKEN, UITGAAN

In een haven die zijn naam eer aandoet (en het ligt voor de hand dat Cherbourg zo'n haven is!), kunnen we er niet omheen een hoofdstuk te wijden aan de beste vriend van de zeeman: de kroeg, het café, de bar, de bistro, de rede, de pub, de taverne... De plaatselijke 'drogekeelstraten' verzadigen ongetwijfeld al wie op zoek is naar nachtelijk vertier en plezier van bij het vallen van de avond. We hebben het meer bepaald over de **Rue de la Paix** en de **Rue de l'Union** (vlak bij de Place de la République, plattegrond A1-2). Daar (en ook elders in stad!) hebben we speciaal voor onze trotters enkele plaatsjes getest en die zijn ons werkelijk bevallen. Er liggen ook een paar discotheken in deze straten.

🔲🎵 KALUMA (PLATTEGROND A1, 32): *Rue de l'Union 26.* ☎ 02 33 52 55 67. Blauwe voorgevel en de felle kleuren binnen springen in deze sombere maar leuke buurt in het oog! Stamgasten van alle leeftijden komen hier een glas drinken, biljarten of een van de vele concerten meepikken.

🔲🎵 AU DIAPASON (PLATTEGROND A2, 31): *Rue de la Paix 21.* ☎ 02 33 01 21 43. *Geopend van 18.00 tot 1.00 u (tot 2.00 u in de zomer); gesloten op zondag.* Kleine kroeg waar regelmatig allerlei concerten worden georganiseerd.

🔲🎵 AU BADI-BADAN (PLATTEGROND A2, 36): *Rue de la Paix 13.* ☎ 02 33 78 07 47. *Van woensdag tot zondag geopend van 21.00 tot 3.00 u.* Plaatselijk café-concert. Regelmatig concerten met kleine bands. Je treft er zowat alle hedendaagse genres aan.

WAT IS ER TE ZIEN?

🕯 **Basilique Sainte-Trinité (plattegrond A2):** Place Napoléon, recht tegenover de zee. Dagelijks geopend van 9.00 to 18.30 u. Gebouwd door Willem de Veroveraar in 1035. In 1820 werden de westgevel en de onvoltooide toren vervangen door de huidige poort met klokkentoren. Dit gebeurde in de weinig sierlijke stijl van die tijd. Gelukkig is de opmerkelijke zuidelijke gevel met de flamboyante deuropening en poort, de veelheid aan gotische pinakels, de opengewerkte balkons en de waterspuwers wel bewaard gebleven.

Binnen ontdek je een schip met ronde bewerkte zuilen uit de 19de eeuw. Op de pijlers van het transept bevinden zich stenen randen in gotische stijl. Aan weerszijden van het schip ontdek je op de bovenste galerij een reeks vermeldenswaardige bas-reliëfs. Aan de ene kant zie je voorstellingen van een dodendans, aan de andere kant scènes uit het passieverhaal. Mooie doopvonten uit de 14de eeuw. De kansel is een werk van Pierre Fréret (1758-1816) en verdient enige aandacht, evenals het retabel van het hoofdaltaar. De doop van Christus in grijstonen wordt overvloedig belicht. Aan de ingang van het koor bevinden zich tot slot schitterende bas-reliëfs van albast uit Nottingham. Ze dateren uit de 15de eeuw.

Wat een toren!

De toren van de *basilique Sainte-Trinité* werd nooit afgewerkt. Het geld dat hiervoor bestemd was, ging naar Madrid als losgeld voor de kinderen van Frans I (die in plaats van de koning gevangen werden gehouden). Kinderen zijn duur...

◼ **Wandeling door het oude Cherbourg (plattegrond A2):** in het centrum zijn onlangs verschillende charmante woningen ontdekt nadat de kalk van de schilderachtige gevels van ruwe leisteen was afgekrabd. Sinds de renovatie vertonen bepaalde straten een fraaie homogeniteit. Hieronder volgt een kleine wandeling die je in staat zal stellen om al die prachtige zaken te ontdekken.

- **Rue du Port (plattegrond B2):** op nummer 13 bevindt zich de winkel die een belangrijke rol speelde in de film *Les Parapluies de Cherbourg* (de paraplu's van Cherbourg). Vandaag vind je er een boetiek waar patchwork wordt verkocht.

- **Grande-Rue (plattegrond A-B2):** nummer 7 is een leuke binnenplaats waar een voormalige zoutkelder uit de 16de eeuw op uitkomt. Vermeldenswaardig is vooral het lage deurtje voor een pittoreske wenteltrap. Parallel aan de Grande-Rue ligt de **Rue des Fossés** met steegjes uit de 16de eeuw. Bij nummer 3 kun je een mooie wenteltrap uit diezelfde tijd bewonderen.

- **Rue des Portes (plattegrond A2):** nummer 18 komt overeen met de ingang naar de Cour Marie, een fraai ogend architecturaal geheel. Leisteengevels in verschillende muurverbanden. Op een ervan zijn enorme granieten lateien aangebracht. Uitgang naar de Impasse Aubry. Voorbij het portaal staat er een elegante woning.

- **Rue au Blé (plattegrond A2):** van nummer 41 tot nummer 65 zie je het belangrijkste middeleeuwse geheel van de stad. Knap gerestaureerd. Puik werk. De huizen hebben vaak een gevel uit de 18de eeuw, maar op de binnenplaatsen vind je oudere gebouwen terug uit de 16de en 17de eeuw. Torens en torentjes, wenteltrappen, gangen, passages en binnenplaatsjes zijn allemaal op de een of andere manier met elkaar verbonden. Op nummer 63 liggen een hele resem binnenplaatsen en pleintjes met bomen achter elkaar. Nummer 65 maakt het je mogelijk om een schitterende binnenplaats met torens te ontdekken. Nummer 31 komt overeen met de Passage Digard. Hier moet je vooral letten op de overwelfde ingang en de woonhuizen uit de 18de eeuw. Op nummer 32 van de Fue au Fourdray is er een bijzondere inscriptie van 1569 te lezen.

- **Place de la Révolution (plattegrond A-B2):** op de hoek met de Grande-Rue (op de nummers 20 en 22) staat een elegant gebouw van leisteen uit de 16de eeuw. Nummer 18 is dan weer in het wandelparcours opgenomen vanwege zijn gevel met bogen en zijn bijzondere uitbouw. Loop verder door de Rue des Moulins en de Rue d'Espagne om nog meer huizen uit de 18de eeuw te zien. Op nummer 14 in de Rue Tour-Carrée bevindt zich achter een portaal het *Hôtel de Garantot* uit de 17de eeuw. De binnenplaats is ankervormig geplaveid. Dit gebouw deed dienst als gevangenis tijdens de *Terreur*.

- **Rue de la Marine (plattegrond B2):** dit was de straat van de reders. Magnifieke herenhuizen, ook al zijn sommige bepleisterd. Bekijk de pijlen en pijlkokers van smeedijzer op de balkons van nummer 9. Interessant leistenen muurverband in diverse groene en blauwe tinten.

- **Rue Grande-Vallée:** als je er toevallig langs loopt (op weg naar de botanische tuin bijvoorbeeld), neem dan een kijkje op de nummers 40 en 44, waar Marie-Louise Giraud heeft gewoond. Tot haar arrestatie door de politie in oktober 1942 voerde deze 'engeltjesmaakster' niet minder dan zevenentwintig abortussen uit. In die tijd was daarvoor geen pardon. Ze werd door de regering van Vichy ter dood veroordeeld en op 30 juli 1943 'als voorbeeld' geëxecuteerd op de binnenplaats van de gevangenis van La Roquette. Op basis van deze gebeurtenissen maakte Claude Chabrol zijn schitterende film *Une Affaire de femmes*.

◖◗◖ Het theater (plattegrond A2-B2): *te bezoeken in juli en augustus op woensdag om 14.30 u. Volg een van de gratis rondleidingen die door de stad worden georganiseerd (inlichtingen op het nummer* ☎ *02 33 87 88 28).* Gebouwd in 1882 door Charles de Lalande, een leerling van Garnier (die van de Opéra in Parijs). Een van de weinige theaters in Frankrijk die 'op zijn Italiaans' is gebouwd. Schitterende gevel van kalksteen, uitbundig versierd met zuilen, kapitelen en kariatiden. Binnen ontdek je een indrukwekkende kristallen luchter, een door Georges Clairin beschilderd plafond, rijkversierde balkons en loges. In een notendop: een adembenemend theater.

◖◗ Musée Thomas-Henry (plattegrond A2): *cultureel centrum, Rue Vastel 4.* ☎ *02 33 23 39 30. Van mei tot september dagelijks geopend (behalve op zondag- en maandagochtend) van 10.00 tot 12.00 u en van 14.00 tot 18.00 u; de rest van het jaar enkel geopend van woensdag tot zondag van 14.00 tot 18.00 u. Gratis toegang.* De rijke collecties van dit leuk opgevatte museum zijn een bezoek waard. Van 14 juli tot 12 september 2010: 'Millet à l'aube de l'impressionisme'.

- **Eerste verdieping:** *de chemin de Jean-François Millet.* Dit is een chronologisch en artistiek parcours over het leven en het oeuvre van deze grote kunstenaar die in de streek geboren en getogen is. Zijn kunstenaarscarrière begon eigenlijk in dit museum, want hier kwam hij om kunstwerken te kopiëren om zo de knepen van het kunstenaarsvak onder de knie te krijgen.

Een voorbeeld: *Les Bergers d'Arcadie* (de schaapherders van Arcadië), een heel academische reproductie naar het voorbeeld van Taunay. En we blijven bij het uiterst academische met enkele naaktwerken en enkele schetsen die op mythologische en christelijke motieven zijn geïnspireerd. Er is ook een weinig gebruikelijke en wellicht daardoor interessantere collectie van portretten van J.-F. Millet (van wie we vooral de pastorale scènes kennen, maar weinigen weten dat hij deze kunstwerken eigenlijk slechts op het eind van zijn leven op doek heeft gebracht). Je ontdekt hier verbluffende zelfportretten (in Mozes). Je moet je veel moeite getroosten om de donkere blik van de kunstenaar te kunnen aanschouwen! Er is ook een reeks portretten van Pauline Ono, zijn eerste vrouw, die aan tuberculose is overleden. Let hier vooral op de 'sterke' uitdrukkingskracht en de weinig inschikkelijke draagkracht van de penseelstreken! Let op hun compromisloze en sterke uitstraling. Heel krachtige *Orage* (onweer), een werk waarin duidelijk te bespeuren valt hoe Millet geleidelijk aan van realisme doordrongen begint te worden. Op het ogenblik dat Millet zich in Barbizon gaat vestigen, is het voor de hand liggend dat we met een rijpere Millet te maken krijgen. Een oeuvre dat dit heel goed bewijst, is *La Charité ou le Vieux Mendiant* (de liefdadadigheid of de oude bedelaar), een kunstwerk dat in dezelfde periode werd gemaakt als het wijd en zijn bekende *Angélus*. Dan zijn er nog enkele tekeningen en etsen die om de beurt in verschillende musea tentoongesteld worden (Cherbourg bezit de tweede grootste verzameling van Frankrijk gewijd aan Millet, na het Musée d'Orsay). En om het parcours van Jean-François Millet af te sluiten, eindigen we met alle kunstenaars die door Millet beïnvloed zijn geweest: Guillaume Fouace, Pissarro...

- *Tweede verdieping:* prachtige collectie met 300 schilderijen en beeldhouwwerken uit de 15de tot 19de eeuw (waaronder Italiaanse en Vlaamse primitieven, meesters van de Franse school...). Enkele impressionistische schilderijen waaronder *Marine* van Jongking. Ook een prachtige *Gatteville* van Signac.

🎥🎥 **Parc botanique Emmanuel-Liais en serres (plattegrond A1-2):** *dagelijks geopend. Gratis toegang. In juli en augustus wordt er een rondleiding met uitleg georganiseerd op donderdag om 14.30 u.* Je kunt hier heerlijk wandelen tussen de zeldzame plantenaroma's, rododendrons, magnolia's en kiwi's (Actinidia Chinensis, om het met een moeilijk woord te zeggen, en daarmee verklappen we je meteen dat deze plant oorspronkelijk uit China afkomstig was!). Je passeert de vroegere observatietoren.

- **De serres:** *op weekdagen geopend van 10.00 tot 12.00 u en van 14.00 tot 17.00 u (op bepaalde weekends van 15.00 tot 17.00 u). Gratis toegang.* Vrij te bezoeken of met een rondleiding (na afspraak op het nummer ☎ 02 33 53 12 31). Ook hier is het aangenaam struinen te midden van boomvarens, bromelia's, cactussen en diverse nachtschadeachtigen.

🎥🎥🏛 **Musée d'Ethnographie et d'Histoire naturelle (plattegrond A1):** *Parc Emmanuel-Liais.* ☎ *02 33 53 51 61. Zelfde openingsuren als het Musée Thomas-Henry. Vrije toegang.* In het voormalige huis van de astronoom en wiskundige Emmanuel Liais, de adjunct-directeur van het observatorium van Parijs en oprichter van het observatorium van Rio de Janeiro. Het museum werd in 1910 opgericht en is sindsdien nauwelijks veranderd, waardoor het een zekere, maar prettige charme van weleer ademt. Bepaalde afdelingen doen denken aan curiositeitenkabinetten van verzamelaars. Er zijn twee hoofdafdelingen: de eerste bestaat uit zoölogische, ornithologische en mineralogische verzamelingen en de tweede (op de eerste verdieping) uit een etnografische collectie.

- Vogels uit allerlei landen: toekan van Para, kiwi, blauwe cotinga... Veel opgezette dieren, waaronder heel uitzonderlijke types: een gordeldier, een dwergspitsmuis, een springmuis, een maki uit Madagascar, een reuzenalbatros, een kasuaris, een alligatorschildpad, haaien, leguanen... Leuk voor de kinderen! Schilderachtige bloemencomposities, kleurige vogels onder stolpen.

- Voor de dromers is er een rijke etnografische collectie, met onder meer een Chinees rouwkleed, Melanesische wapens, Afrikaanse werpmessen, sieraden, juwelen, fetisjen, muziekinstrumenten. In de Aziatische afdeling: samoeraiwapens, uit wortels uitgesneden Chinese mythologische figuren, zeldzame houtsneden.

🎣 🎣 🎣 ⓘ **La Cité de la Mer (plattegrond B1):** ☎ 02 33 20 26 69. ● *www.citedelamer.com*. ♿ *Opgelet: beperkte toegang voor mindervaliden in de onderzeeër. Gratis parkeerterrein. In juli en augustus geopend van 9.30 tot 19.00 u; in mei, juni en september tot 18.00 u; de rest van het jaar raadpleeg je internet. De kassa sluit anderhalf uur van tevoren. Gesloten op 25 december, 1 januari, van 4 tot 29 januari en enkele mandagen in maart en van november tot december. Tarieven: € 18 in het hoogseizoen, verder € 15,50. Kinderen tussen 5 en 17 betalen in het hoogseizoen € 13 en in het laagseizoen € 10,50. Kortingen. Gratis voor kinderen tot vijf jaar. Belangrijk: vanwege veiligheidsredenen hebben kinderen tot vijf geen toegang tot de Redoutable (de onderzeeër). Als de ouderse de onderzeeër beurtelings bezoeken, krijgt de tweede ouder voorrang zodat die niet moet aanschuiven. Het bezoek duurt zo'n vier uur (maar je hebt een hele dag nodig om alles te zien en te lezen). Tijdelijke tentoonstellingen en avondvoorstellingen (surf naar de website).* Het gebouw was vroeger het trans-Atlantisch treinstation. In de jaren 1920 was er een enorm toenemende emigratie van Europeanen naar Noord- en Zuid-Amerika en moesten er dus steeds grotere passagiersschepen in de grote rede voor anker kunnen gaan. Treinen afkomstig uit Parijs konden nu vlak bij de grote passagiersschepen halt houden. Het gebouw werd in 1933 plechtig ingewijd en werd toentertijd beschouwd als een van de prachtigste menselijke creaties in art-decostijl in heel Frankrijk. Hier gingen tal van passagiersschepen aan wal. Het trans-Atlantische treinstation ontsnapte jammer genoeg niet aan de Duitse vernielzucht tijdens de Tweede Wereldoorlog. Na de oorlog werd het heropgebouwd en in 1952 werd het voor een tweede keer plechtig ingewijd... om opnieuw enkele gloriejaren te kennen tijdens dewelke tal van wereldberoemde Hollywoodsterren hier voet aan wal hebben gezet. Het gebouw ontsnapte echter niet aan het razendsnelle knaagdier tijd en werd in 1989 gelukkig op de lijst van historische monumenten opgenomen. Sinds de lente van 2002 vind je er ten slotte het Cité de la Mer. Dit themapark is een belangrijk toeristisch, wetenschappelijk, cultureel en recreatief centrum dat volledig is gewijd aan de diverse facetten van de onderwaterwereld en de menselijke activiteiten op dat gebied. Het hoofddoel bestaat erin het onderzeese avontuur van de mensheid te verklaren en met anderen te delen. Dit begint vanaf de mythes en legenden tot en met de modernste duikboten en oceanografische technieken. Jammer dat je met je kaartje niet nog eens terug mag komen, het is er echt boeiend. Het bezoek gebeurt van boven naar beneden, precies zoals een onderzeeër die in zee duikt. Het Cité de la Mer steunt op vier pijlers:

- **de afdeling oceaan:** hiermee begint het bezoek. Deze museumruimte is volledig gewijd aan de complexiteit van de onderzeese wereld (fauna, flora, geofysica, economie...) en de banden die de mensen sinds mensenheugenis (vanaf Leonardo da Vinci tot en met commandant Cousteau) met het universum onder het wateroppervlak hebben onderhouden. Dit wordt allemaal op heel didactische en ludieke manier geïllustreerd met tal van krachtige foto's, video's, interactieve panelen, maquettes, quizzen voor kinderen... Hoogtepunt van deze afdeling is het ongelooflijk gigantische aquarium, een groot verticaal bassin van twaalf meter hoog dat een onderzeese kloof voorstelt en waarin ongeveer drieduizend veelkleurige tropische vissen van Tahiti rondzwemmen. De meeste blijven vanzelfsprekend dicht bij het wateroppervlak (hoe dieper je gaat, hoe minder leven er te bespeuren valt!). Het bassin heeft een inhoud van 350.000 liter. Om de druk van die enorme massa zeewater te weerstaan, heeft men ramen met een dikte van drieëndertig centimeter moeten voorzien. En dan zijn er nog andere, kleinere bassins met doorzichtige kwallen, moeralen (murenes), haaien...

- **de afdeling onderzeeër:** in deze afdeling is de attractie bij uitstek uiteraard de Redoutable. Dit was de eerste atoomduikboot van Frankrijk. Voor wie alles tot in de details wil weten, preciseren we nog dat het om een SNLE gaat, een Sous-marin Nucléaire Lanceur d'Engins (een atoomduikboot vanwaaruit raketten konden worden gelanceerd). De onderzeeër werd in 1967 op bevel van Charles de Gaulle op de werf van Cherbourg gebouwd en werd in 1991 ontmanteld. Hij bevindt zich nu in een droogdok en is meteen ook de grootste duikboot ter wereld die kan worden bezocht. Je bent uitgerust met een audiogids en dankzij de commentaar van de commandant van het schip dring je gedurende ongeveer 45 minuten (en geloof ons gerust, het bezoek is voorbij voor je het goed beseft!) binnen in de uiterst geheime wereld van de nucleaire onderzeeërs en het dagelijkse leven van de bemanning aan boord van deze 128 m lange duikboot. Heel realistische weergave van het leven aan boord. Zelfs de geluiden en de geuren worden op realistische wijze gereconstrueerd. Je kunt nauwelijks geloven dat 135 manschappen gedurende zeventig dagen in zo'n beperkte ruimte samen konden leven! Bij het verlaten van de Redoutable krijg je nog een uitweiding over de geschiedenis, de fabricatietechnieken en het dagelijkse leven aan boord van onderzeeërs.

- **de mediatheek:** deze afdeling heeft als ambitie een erkend documentatiecentrum te worden met betrekking tot alle onderzoekswerkzaamheden inzake diepzee.

- **On a marché sous la mer:** een leuke visuele animatie neemt de bezoeker mee de dieperik in, naar de besturingssimulatoren. Een uur lang ontdek je de diepzee. Toegankelijk voor iedereen. Heel leerrijk.

Vlak bij de hal van de treinen (de inkomhal) bevindt zich de bathyscaaf *Archimède*, waarmee in 1962 tot 9545 m diep gedoken werd in de kloof van de Kouriles in Japan, en een maquette van de *Nautile*, een van de onderzeeërs die het wrak van de Titanic ontdekte in 1987.

🍴🚶 **Port militaire de Cherbourg (plattegrond A1):** *militaire haven van Cherbourg, toegang via de Porte du Redan.* ☎ *02 33 92 65 30/09 (communicatiedienst nationale marine).* Momenteel kun je dit niet meer bezoeken vanwege het 'plan Vigipirate'. Het bestaat uit drie bassins, diverse werkplaatsen, kantoren en gigantische scheepshallen voor de constructie en assemblage van onderzeeërs. De marinewerf van Cherbourg is echt een stad in een stad, waar ondanks de bezuinigingen bij defensie nog steeds 4000 personen werkzaam zijn. Sinds 1797 werden er meer dan 400 schepen gebouwd en te water gelaten. Sinds 1899 is de werf gespecialiseerd in het bouwen van duikboten.

🚶 **Abbaye du Vœu (buiten plattegrond via A1):** *Rue de l'Abbaye.* ☎ *02 33 87 89 13. Enkel geopend in juli en augustus voor de gratis rondleiding met gids op zondag om 14.30 u.* De abdij van Vœu werd in de 12de eeuw gesticht door Mathilde, dochter van Hendrik I, koning van Engeland. Het werd ernstig beschadigd tijdens de Tweede Wereldoorlog en wordt momenteel gerestaureerd. De abdij is opgenomen op de lijst met historisch erfgoed. Enkel een klein stukje van de tuin is toegankelijk voor het publiek. Je kunt ook de rondleiding volgen, op die manier kom je de kapittelzaal binnen en de zuidvleugel met zijn 12de-eeuwse romaanse wijnkelder (die nog intact is) en de grote 13de-eeuwse refter op de eerste verdieping.

🚶 **Musée de la Libération – Fort du Roule (plattegrond B3):** *Montée des Résistants.*
☎ *02 33 20 14 12. Helemaal boven (122 m boven de zeespiegel) aan de Montagne du Roule, toegankelijk via de rotonde Themis. Zelfde openingsuren als het Musée Thomas-Henry. Toegangsprijs: € 3,70. Kortingen, ook met de Normandie pass. Gratis voor wie jonger is dan zeven en gratis voor iedereen op zondag.* Het Fort du Roule werd tussen 1852 en 1857 gebouwd om de Engelsen bij een eventuele aanval buiten de deur te houden. Het fort heeft daar echter nauwelijks voor gediend. Eerst werd het gebruikt als gevangenis voor de Communards en vervolgens als gevangenis voor Duitse soldaten tijdens de Eerste Wereldoorlog. In 1940 was Le Roule van de laatste bastions dat door de Duitse troepen van Rommel werd ingenomen. De Duitsers bezetten het fort en brachten aanzien-

lijke versterkingen aan. Zo werd onder meer de hele 'berg' herbeschilderd in camouflage-kleuren, wat de Amerikanen in 1944 bijzonder zuur opbrak. Van helemaal boven geniet je van een panoramisch uitzicht op de stad en de haven, wat de waarheid in het gezegde: 'wie Le Roule in handen heeft, heeft Cherbourg in handen' zeker geen geweld aandoet.

Het museum vertelt over de gebeurtenissen die bij de bevrijding van de haven van Cherbourg plaatsgrepen. De haven werd door de Duitsers vernietigd toen ze moesten capituleren, maar werd binnen enkele maanden opnieuw opgebouwd door de Amerikanen en groeide in oktober-november 1944 uit tot de belangrijkste wereldhaven. Op de eerste verdieping ontdek je een tentoonstelling van affiches, foto's, kaarten en diverse voorwerpen. Er zijn ook ensceneringen met betrekking tot het reilen en zeilen tijdens de bezetting, de voorbereiding van de landing en de periode van de reconstructie, zowel aan de kant van de geallieerden als aan Duitse zijde. Interessant om te horen zijn de radio-uitzendingen van de BBC en Radio-Paris: rechtstreekse oorlogsverslaggeving via de ether! De tweede verdieping is volledig gewijd aan de landing, aan het oprukken van de Amerikaanse troepen in de noordelijke Cotentin en aan de cruciale rol van de haven van Cherbourg in de daaropvolgende periode, gebaseerd op audiovisuele archieven.

🎗🎗 **Le chalutier Jacques Louise:** *Quai de l'Entrepôt, bassin du Commerce.* 📞 02 33 93 32 29 *of 06 14 40 85 31.* 🅱 *In juli en augustus geopend van maandag tot vrijdag van 14.30 tot 17.00 u; op zaterdagochtend enkel na afspraak. Voor een bezoek in groep of op een ander moment: na afspraak. Ongeveer een uur. Prijs: € 3. Kortingen.* Rondleiding met gids in de *Jacques Louise,* een treiler voor de volle zee die geklasseerd is als historisch monument en het enige drijvende vaartuig van dit type dat in Normandië bezocht kan worden.

- Bezoek ook de **jardin public,** de **jardin botanique Montebello** en de **manufacture des parapluies de Cherbourg.** Inlichtingen bij de Dienst voor Toerisme: 📞 02 33 93 52 02.

WAT IS ER TE DOEN?

- **Tocht langs de rede van Cherbourg:** als je zeebenen hebt, kun je met de Compagnie maritime des Trois Forts (zeevaartcompagnie van de drie forten) aan boord stappen van een van hun schepen en een blik werpen op de rede. Van april tot september. Je maakt een interessante rondvaart met uitleg van ongeveer anderhalf uur. Inlichtingen en reserveren: van april tot september op het nummer 📞 06 61 88 19 76. *Tarief: € 13. Inschepen in de Cité de la Mer.*

- **Zeilen:** om binnen het thema van de oceaan te blijven (die je overigens vrijwel niet kunt ontlopen, zodanig is de zee verbonden met de cultuur van deze stad) wijzen we je erop dat Cherbourg een van de beste uitvalsbasissen is voor zeilfanaten. De haven is regelmatig het decor voor grote zeilklassiekers, zoals de Course de l'Europe (open UAP), de Tour de France met de zeilboot, de Solitaire Afflelou Le Figaro, Tall Ships' Race (vroeger de Cutty Sark)... Uit deze streek komen uitstekende zeilers zoals Halvard Mabire en Thierry Lacour. Vanaf de Grande Rade (grote rede), die perfect is beschermd tegen de deining van de oceaan, kunnen kleine zeilbootjes bij winderig weer toch altijd vertrekken. In de jachthaven van Cherbourg (Chantereyne) leggen elk jaar meer watersporters aan dan het aantal inwoners van de stad (grootste aantal aanlegplaatsen van Frankrijk). Als je dan nog geen zin krijgt om de oceaanlucht op te snuiven... Slimmeriken weten dat, als je rondhangt rond het kantoor van de havenmeester, er een dikke kans is dat je je ergens aan boord kunt gaan... Dagelijks blijven er boten in de haven bij gebrek aan voldoende bemanning (zelfs met weinig ervaring).

◼ **Centre nautique Albert-Livory:** *Port de Chantereyne.* 📞 02 33 94 99 00. Zeilschool van Cherbourg, een van de grootste van de omgeving.

◼ **Station nautique:** *Vigie de l'Onglet.* 📞 02 33 78 19 29. ● *www.cherbourg-hague-nautisme.com. Tussen het standbeeld van Napoleon en het zwembad.* Je kunt hier terecht voor een brede waaier aan sportieve activiteiten die allemaal iets te maken hebben met water en wind: zeilscherm-vliegen of parapenten, funboard, speedsail, roeien op zee, duiken… Meer dan vijftien ac-tiviteiten die vrij kunnen worden beoefend (stages, dopen, verhuur…) gedurende een uur, een dag of een week. Ideaal om kennis te maken met deze a priori vrij ontoegankelijke en onbekende sporten. Ze werken samen met de jeugdherberg en kunnen daardoor een vol-ledig pakket aanbieden met activiteiten, overnachtingen en maaltijden. Je kunt er ook fiet-sen huren.

EVENEMENTEN

- **Le Mois des Jardins:** van half april tot half mei. Rondleiding langs de parken en tuinen van de stad. Nog interessanter door het microklimaat dat hier heerst, waardoor er exotische planten groeien.
- **Presqu'île en fleurs:** om de twee jaar (even jaren), half mei. Tentoonstelling en verkoop van planten. Een veertigtal boomkwekers en plantentelers in het park van het Château des Ravalet.
- **Festival du Livre de jeunesse en de la B.D.:** in juni in de Cité de la Mer.

IN DE OMGEVING VAN CHERBOURG

🎭🎭🎭 **Château des Ravalet:** *50110 Tourlaville. Om er met de auto te geraken, rijd je in de richting van Mesnil-au-Val of Saint-Pierre-Église (oostelijke richting); daarna volg je de Rue des Alliés tot aan de Rue du Châ-teau-des-Ravalet. Het park is het hele jaar door elke dag open. De openingsuren variëren: van juni tot augustus van 8.00 tot 19.30 u. In de zomer zijn er in het kasteel en de bijgebouwen doorgaans tijdelijke tentoonstellingen (vrij te bezoeken, dagelijks van 14.00 tot 18.00 u, behalve op maandag). Het kasteel wordt gerenoveerd, maar je kunt het opnieuw bezoeken. Vraag inlichtingen naar de openingsuren op het nummer* 📞 *0233 87 88 28. Van half juni tot half september is er een gezellig cafeetje in de klokkentoren, 14.00-18.00 u.* Wat een contrast met de betonnen woonwijk die enkele honderden meters verderop ligt! Prachtig kasteel-tje in renaissancestijl dat van 1560 tot 1575 werd gebouwd door Jean II de Ravalet, heer van Tourlaville. Mooie ramen met vensterkruisen, omkaderd met Korinthische zuilen. Festi-val van schoorstenen en elegante dakkapellen. Het kasteel was van 1777 tot 1906 in handen van de familie Tocqueville. In 1935 werd het gekocht door de stad Cherbourg. Het kasteel is net als het park pas in 1995 op de monumentenlijst geplaatst. Het werd tijd, want het kasteel heeft zwaar te lijden gehad onder de verschillende bestemmingen die het kreeg (ontvangst-ruimte…). Het prachtige 17 ha grote park dat door de tuiniers wordt vertroeteld, heeft ons helemaal betoverd. Niet alleen omdat het zo mooi is, maar ook omdat er geleefd wordt. De tuinen staan open voor het publiek, mensen komen er een dutje doen, een partijtje bad-minton spelen, kinderen zetten er hun eerste stapjes…

🎭 **Maison du Littoral et de l'Environnement:** *espace loisirs-tourisme de Collignon, 50110 Tourla-ville.* 📞 *0233 22 22 16.* ● *www.marie-tourlaville.fr. Geopend van dinsdag tot vrijdag, op zaterdag- en zon-dagnamiddag (gesloten tijdens het weekend in de winter). Lezingen en conferenties: € 3,50/persoon; kortingen; gratis tot zestien jaar.* In dit kleine gebouw worden heel vaak tentoonstellingen, lezingen, con-ferenties en natuuruitstappen georganiseerd. Competent en sympathiek personeel. In juli en augustus worden ontdekkingstochten georganiseerd om het plaatselijke patrimonium te ontdekken. Beschikt ook over een algemeen documentatiecentrum over het milieu. Dit staat volledig ter beschikking van het publiek. Dit is de ideale plaats om te weten te komen wat je allemaal in je pousseux (schepnetje) hebt gevangen.

🎭 **Musée de La Glacerie:** *village de la verrerie, hameau Luce, 50470 La Glacerie.* 📞 *0233 20 33 33 of 0233 22 27 15. Van april tot oktober, op zon- en feestdagen geopend van 14.30 tot 18.00 u; van juli tot september dagelijks (behalve op maandag), zelfde openingsuren. Toegangsprijs: € 3. Gratis voor kinderen tot twaalf jaar.*

Regionaal etnografisch (volkenkundig) museum in een 19de-eeuwse hoeve. Expositie over Normandische hoeden, mutsen en kant. Tentoonstelling over de ambachtelijke beroepen van de Cotentin. Informatie en getuigenissen over de vervaardiging van ijs in de koninklijke fabriek die door Colbert en Lodewijk XIV werd opgericht. Idem dito over de gilde van dakdekkers en hun bijzondere gereedschappen. Er is elk jaar ook een tijdelijke thematische tentoonstelling.

🎭 🎭 **Église de Tollevast:** *kerk van Tollevast.* Een tiental kilometers ten zuiden van Cherbourg bevindt zich een van de mooiste romaanse kerken van de Cotentin. Gebouwd in de 12de eeuw. Klokkentoren met zadeldak en beschadigd portaal. Bekijk de details van het opmerkelijke modillonfries dat langs het hele dak loopt, en met name het gedeelte rond de apsis met fantasiedieren, bokken en draken met vleugels. Dezelfde voorstellingen komen terug op de zuilen die de gewelven van het koor dragen. Daarop worden tevens verwrongen en kleurrijke gezichten (de man met de snor) en geometrische figuren afgebeeld. Veel beelden, waaronder een fraaie Sint-Sebastiaan uit de 16de eeuw, een Sint-Hubertus uit de 17de eeuw en een Maria met kind uit de 18de eeuw.

🎭 🎭 🏰 **Park en kasteel van Martinvast:** *domein van Beaurepaire, 50690 Martinvast.*

☎ 02 33 87 20 80. 🚲 *5 km ten zuiden van Cherbourg via de D900. Dagelijks geopend van 9.00 tot 12.00 u en van 14.00 tot 18.00 u, behalve op zaterdagochtend, zondagochtend en 's ochtends op feestdagen. Toegangsprijs: € 6. Kortingen.* Van dit Normandische fort rest enkel nog de donjon uit de 11de eeuw. Het kasteel werd in de 19de eeuw schitterend gerestaureerd in een neomiddeleeuwse stijl. Het park werd op dat ogenblik in Engelse stijl heringericht en werd omgetoverd in een Engels park met meren, watervallen, bossen en tuinen die aangeplant werden met exotische bomen zoals sequoia's, moerascipressen, tulpenbomen, amberbomen, palmen en Amerikaanse eiken… dit allemaal op een oppervlakte van honderd hectare. Een streling voor het oog en de reukzintuigen! Tentoonstellingen.

🎭 🎭 **Dijken van Cherbourg:** de grootste kunstmatige rede ter wereld. Je kunt vertrekken aan de dijk van Le Homet (voorbij de jachthaven), de pas van Collignon in Tourlaville of de dijk van Querqueville. Daarvoor volg je de kustlijn in de richting van La Hague. In Querqueville sla je rechts af naar de École des Fourriers de la Marine (school voor scheepsklerken). Parkeer aan de kleine haven van Querqueville. Hoewel de dam eigendom is van de nationale marine, kun je te voet tot aan het uiteinde van het westelijke gedeelte lopen. Het lijkt een kat in het bakkie, maar het is toch niet minder dan twee kilometer goed doorstappen en dan realiseer je je pas hoe enorm groot de rede is en welke werken ermee gemoeid zijn geweest. Voorzichtigheid geboden bij stormachtig weer. Het waait er heel hard.

🎭 **Chapelle Saint-Germain de Querqueville:** *richting kaap van la Hague, enkele kilometers van Cherbourg. Jammer genoeg enkel te bezoeken tijdens de Erfgoeddagen.* ☎ 02 33 01 65 00 *(gemeentehuis van Querqueville).* Het kerkje Saint-Germain bevindt zich naast de parochiekerk en is het oudste kerkje van de Manche, gebouwd op de resten van een 12de-eeuwse tempel. Liefhebbers zullen gecharmeerd zijn door het rustieke uiterlijk en de speciale en originele apsis in de vorm van een klaverblad. Het interieur is fris en aandoenlijk. Je vindt er diverse sarcofagen en muurschilderingen die het waard zijn gerestaureerd te worden. Mooi uitzicht op de rede van Cherbourg.

HET SCHIEREILAND LA HAGUE

Dit stukje Normandië wordt wel eens vergeleken met Ierland, maar dan in het klein natuurlijk. En daar heeft het zeker ook wat van weg. In tegenstelling tot de vallei van de Saire, die vrij vlak of lichtjes heuvelachtig is, bestaat La Hague uit een lange schrale bergrug die aan weerszijden omgeven wordt door klippen. Een verscheurde aarde! Eigenlijk een stukje weg-

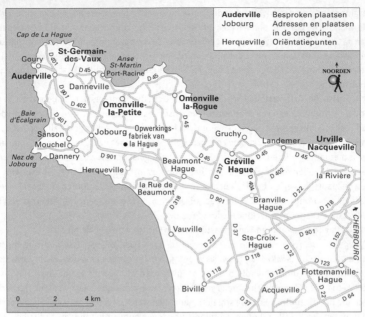

HET SCHIEREILAND LA HAGUE

gelopen Armoricaans massief. Of nog anders gezegd: het dichtst bij Parijs gelegen deel van de Finistère. Je bevindt je hier aan het einde van de wereld, net voor de sterke stroming Blanchard (de sterkste stroming van het Noordzeekanaal). Hier moet het gewoon regenen en waaien. Bij zonnig weer en bij eb gaat het dramatische effect enigszins verloren.

Misschien heeft de overheid daarom besloten tot de bouw van de kerncentrale van Flamanville en de monsterlijke opwerkingsfabriek van kernafval van Beaumont-Hague... Wonderbaarlijk genoeg is de enorme fabriek amper zichtbaar. Het netwerk van smalle wegen eromheen duikt voortdurend weg achter de heuvels, waardoor het bouwwerk uit het beeld wordt gewist. Net als de zee trouwens, die je vaker ruikt dan ziet... Ontdek de fraaie kleine valleien (zoals die van Omonville-la-Rogue) die rond het strenge plateau van La Hague liggen. De dorpjes zijn echt plaatjes en er liggen prachtige huizen langs de ruige smokkelpaadjes.

NUTTIG ADRES

🛈 **Dienst voor Toerisme van La Hague:** *Rue Jallot 45, 50440 Beaumont-Hague.* ☎ *02 33 52 74 94.* ●*www.lahague-tourisme.com. Van maandag tot zaterdagochtend geopend. Er is ook een informatie- en ontvangstkantoor in Goury (☎ 02 33 04 50 26), helemaal op het einde van het schiereiland; geopend van juni tot september en tijdens de korte schoolvakanties (met uitzondering van de kerstvakantie).*

URVILLE-NACQUEVILLE

50460 | 2290 INWONERS

Twee gemeentes die sinds het midden van de jaren 1960 maar één enkele entiteit meer vormen. Voor de inwoners van Cherbourg was dit sinds het begin van de 19de eeuw *the place to be* als je naar een badplaats wilde. De tram die de burgers naar het strand voerde, bestaat niet meer. Dit betekent weliswaar in geen geval dat Urville-Nacqueville zijn charmante uitstraling als kustdorpje zou hebben kwijtgespeeld. Mooi strand, vaak dooreengewaaid door hevige winden, erg in trek bij liefhebbers van diverse glij- en windsporten.

SLAPEN

🏠 CHAMBRES D'HÔTES LA MAISON BLANCHE: *Rue Saint-Laurent 874.* ☎ *0233034879.* • *www.blanchemaison.com. 5 km van Gréville, langs de kustweg, bij het verlaten van het dorp richting Cherbourg. Tweepersoonskamer voor € 60-62. Ook een gîte voor vijf personen (€ 410/week in het hoogseizoen).* Plantenliefhebbers vinden hier een verrassende hoeveelheid aan planten die met passie gekweekt worden door de eigenaars (verschillende thematuinen en meer dan 250 soorten hortensia's!). Midden in al deze pracht ligt een mooie kamer die prachtig is ingericht. Er is uitzicht op de zee en een eigen ingang.

WAAR KUN JE STERREN OBSERVEREN?

🔭🔭🔭 **Ludiver, Observatorium en planetarium van de Cap de La Hague:** *Rue de la Libération 1700, 50460 Flottemanville-Hague-Tonneville.* ☎ *0233781380.* Vlak bij de weg Cherbourg-Beaumont. *In juli en augustus dagelijks geopend van 11.00 tot 18.30 u. Van september tot juni in de week geopend van 14.00 tot 18.00 u; gesloten op zaterdag buiten de schoolvakanties. Jaarlijks verlof in januari. 1 à 3 voorstellingen per dag in het planetarium, afhankelijk van de periode. Museum: € 3,70. Kortingen. Gratis voor kinderen jonger dan zeven jaar. Combikaartje voor een bezoek aan het museum, het planetarium en een nachtelijke observatie van de sterren en het heelal (variabele uren afhankelijk van het seizoen): € 7,50; kinderen betalen € 5,50; een gezinskaartje kost € 16.* Mooi nagelnieuw complex dat volledig gewijd is aan alles wat betrekking heeft op het universum: planeten, sterren, tijd, het weer... De ervaren sterrenkundigen komen aan hun trekken dankzij de geavanceerde apparatuur van het centrum (twee telescopen van 600 en 300 mm voor nachtelijke observaties, een planetarium van 7000 sterren, een directe verbinding met de weersatelliet MétéoSat...). Beginnelingen ontdekken de verrassende wereld van kometen, zonsverduisteringen en de middernachtzon. Zowel voor leken als voor deskundigen is er van alles (opnieuw) te leren. Je staat er versteld van hoeveel je vergeten bent sinds je laatst op de schoolbanken zat. Wat zijn tektonische platen en tektonische verschuivingen ook alweer? Hoe worden wolken gevormd? Hoe werkt ons zonnestelsel?

GRÉVILLE-HAGUE

50440 | 730 INWONERS

Schilderachtig dorp waar de schilder Jean-François Millet werd geboren. Dit gebeurde meer bepaald in het zakdoekgrote gehucht Gruchy. Buste van de kunstenaar op het parkeerterrein van het Maison Millet. Dit is alles wat overblijft van het volledige beeld van de schilder dat tijdens de oorlog door de Duitsers werd gesmolten. Op een nacht hebben twee inwoners van La Hague die het plaatselijke historische erfgoed wilden redden, het resterende deel van Millet afgezaagd en het overblijfsel op een veilige plaats verstopt... Niet zo lang geleden hebben andere bewonderaars voldoende geld ingezameld om een volledig nieuw beeld van de dichter te laten maken door de kunstenaar Louis Debré. Sinds 1998 troont op het kerkplein opnieuw een bronzen beeld dat identiek is aan het origineel.

WAT IS ER TE ZIEN?

🔭 **Église Sainte-Colombe:** interessante kerk uit de 12de eeuw, verbouwd in de loop van de 16de eeuw. De kapel rechts is verbonden met het koor door een dubbele arcade. Spitsbogen die uitkomen op de borstbeelden van de vier evangelisten. In de linkerkapel zie je hoe de aartsengel Michaël de draak overwint. Iets ervoor ontwaar je sporen van fresco's uit de

14de eeuw. Helemaal achterin staat de doopvont waar Jean-François Millet op 5 oktober 1814 werd gedoopt. Ernaast bevindt zich een Maria met kind van kalksteen.

🔨🍴 **Maison de Jean-François Millet:** *gehucht Gruchy.* ☎ *02 33 01 81 91. Van juni tot september dagelijks geopend van 11.00 tot 18.00 u (tot 19.00 u in juli en augustus); van april tot mei en tijdens de schoolvakanties (behalve op kerstdag) dagelijks geopend van 14.00 tot 18.00 u. Toegangsprijs: € 4,20. Kortingen.* In de hoofdstraat van het schortgrote gehucht Gruchy, op een boogscheut van de zee. Mogelijkheid tot een heel aardige wandeling. Het gehucht bestaat uit stevige woningen uit de 18de eeuw, zoals op het merendeel van de lateien staat aangegeven, en is op zichzelf best al een uitstapje waard.

In dit museum ontdek je aan de hand van een themawandeling de wereld van de schilder. Je begint bij zijn kindertijd op het platteland. Via zijn werk en zijn leven kom je bij zijn twee bekendste werken: de *Angélus* en *Les Glaneuses*. Je kunt er ook enkele prachtige originele houtskooltekeningen bewonderen van de meester. In een andere ruimte liggen tafellinnen, doosjes camembert, wijnflessen en kalenders opgestapeld, wat een overduidelijke verwijzing inhoudt naar de *Angélus* en *Les Glaneuses*. Elke zomer loopt er een thematentoonstelling (schetsen, originele tekeningen). De beste manier om Millet (opnieuw) te ontdekken is door rond te lopen in de omgeving van Gruchy met een boek over de schilder onder de arm. De door Millet geschilderde landschappen van de geweldige rotsmassa Castel Vendon te Gréville zijn niet echt veel veranderd.

Als je de kustweg volgt, ligt onder Gruchy de **Trou Sainte-Colombe**, een voormalige verzamelplaats voor smokkelaars, waarover verschillende oude legendes met spoken de ronde doen...

OMONVILLE-LA-ROGUE

50440 | 520 INWONERS

Een van de meest tot de verbeelding sprekende dorpen van de Manche, genesteld in een kleine groenende vallei, goed beschermd tegen de wind. Het piepkleine dorpje bestaat uit twee delen. Het ene gedeelte van deze plaats bestaat uit vanuit architectonisch oogpunt opmerkelijke woningen van graniet en zandsteen met leistenen daken. Dit alles vormt een heel homogeen geheel. Enkele vlonderbruggen voor de huizen zorgen ervoor dat je het kleine beekje over kunt. En dan is er het tweede gedeelte, verderop beneden: de kleine haven van Hâble, een bekoorlijke plaats waar het water ondiep is. Het bestaat al sinds de tijd van de Romeinen.

SLAPEN

CAMPING

🏕 **CAMPING MUNICIPAL LE HÂBLE:** *Route de la Hague 4.* ☎ *02 33 52 86 15.* ● *campingomonvillelarogue@wanadoo.fr.* 🚲 *Te bereiken via de D45. Geopend van april tot eind september. Reken op ongeveer € 9 voor een staanplaats voor twee personen met een auto en een tent.* Goed gelegen, ongeveer 100 m van de zee. Staanplaatsen met grind voor de campers. Hier en daar grasveldjes voor de tenten. Er is weinig schaduw.

WAT IS ER TE ZIEN?

🔨 **De kerk:** gebouwd in de 13de eeuw. Binnen ontdek je een zeldzame, vreemd aandoende priestertroon met baldakijn uit de 16de eeuw. Deze is versierd met een band van polychroom houtsnijwerk in een vrolijke primitieve stijl. Daarnaast bevinden zich relikwieën van heiligen in kleine medaillons. Deze werden meegebracht van de kruistochten. Doopvont van bewerkte natuursteen met eerbiedwaardige houten stolp.

🕅🕅▣ **Le Tourp (Maison de la Hague):** *natuur- en museumkundige ruimte.* 📞 *02 33 01 85 89.* 🛗
Vlak bij Omonville-la-Rogue, aan de weg naar Gréville (D45). Dagelijks geopend van 14.00 tot 18.00 u (van 10.00 tot 19.00 u in juli en augustus). Het hele jaar door geopend. Gratis toegang. Bekoorlijk herenhuis uit de 17de eeuw, eigendom van het Conservatoire du Littoral et des Villages Lacustres (gezelschap voor de bescherming van de kust en van de paaldorpen) sinds 1994. Dit prachtig gerestaureerde, opmerkelijke complex herbergt een museologische ruimte die volledig aan het schiereiland is gewijd. Verschillende zalen schaven je kennis bij in verband met de traditionele activiteiten van het schiereiland en leren je alles over de heftige emoties en ingrijpende veranderingen die door de implantatie van een kerncentrale veroorzaakt werden. Interessante uitleg over de geologie, de toponymie, de landschappen – en over gelijkaardige gebieden in West-Europa – met een uitbreiding waarin het zuidelijke halfrond aan bod komt. Tot slot vermelden we nog dat er regelmatig tijdelijke tentoonstellingen worden georganiseerd (beeldhouwwerken, schilderijen, foto's) en dat er een mediatheek ter beschikking staat met boeken en brochures over de regio.

OMONVILLE-LA-PETITE

50440 | 130 INWONERS

Heel mooi dorpje dat bestaat uit verschillende piepkleine gehuchtjes met prachtige huizen en bekoorlijke boerderijen van leisteen. Hier woonde Alexandre Trauner, de beroemde filmdecorbouwer (*Les Enfants du Paradis*, *Les Portes de la nuit*...), overleden in 1993. Op dezelfde kleine begraafplaats ligt ook zijn grote vriend Jacques Prévert (1900-1977). Eenvoudige graftombe, met bloemen en een stukje poëzie (ligt nogal voor de hand!). Naast hem rusten zijn dochter Michèle en zijn vrouw Janine.

SLAPEN

DOORSNEEPRIJS TOT IETS LUXUEUZER

📧 HÔTEL LA ROCHE DU MARAIS: *gehucht Mesnil.* 📞 *02 33 01 87 87.* •*larochedumarais@orange.fr* •*www.larochedumarais.fr.* Voor een tweepersoonskamer ga je uit van € 60 tot 90, afhankelijk van het comfort met douche of bad. Het grote huis ligt wat van de weg af, midden in het glooiende landschap en een mooie tuin. In de verte zie je de zee. Vijf van de 22 kamers hebben trouwens uitzicht op de baai van Saint-Martin. Achter het oude huis ligt een bijgebouw in plaatselijke steen, dat dateert uit de jaren 1980. De nieuwe eigenaars hebben het hotel helemaal opgekalefaterd. Comfortabele kamers (maar niet altijd even goed geluiddicht). In het hoogseizoen theesalon.

📧 HÔTEL LA FOSSARDIÈRE: *gehucht La Fosse.* 📞 *02 33 52 19 83.* •*www.lafossardiere.fr.* ♿ *500 m van de zee, goed bewegwijzerd vanaf de D45, die langs de kust loopt. Jaarlijks verlof van half november tot half maart. Tweepersoonskamers met badkamer van € 64 tot 77. Gratis wifi.* Magnifiek gehucht vol bloemen aan weerszijden van de bedding van een beek, in een weelderig deel van de Cotentin, midden in bekoorlijk natuurschoon. Vervolgens volstaat het zich definitief te laten inpalmen door de hartelijke en ontspannen ontvangst van de heer des huizes. Geniet van de comfortabele en uiterst rustige kamers. Twee daarvan liggen in een huisje iets verderop, aan de overkant van de weg. Het ontbijt wordt in de voormalige bakkerij (meer bepaald het bakhuis) van het gehucht genuttigd. Alleszins redelijke prijzen.

WAT IS ER TE ZIEN?

🕅🕅 **La Maison de Jacques Prévert:** *huis van Jacques Prévert.* 📞 *02 33 52 72 38. In april en mei dagelijks geopend van 14.00 tot 18.00 u; van juni tot september dagelijks van 11.00 tot 18.00 u (tot 19.00 u in juli en augustus); de rest van het jaar tijdens de schoolvakanties van 14.00 tot 18.00 u (behalve op kerstdag). Toe-*

gangsprijs: € 4,20. Kortingen. Gratis voor kinderen jonger dan zeven. In 1970 kopen Janine en Jacques Prévert, die verliefd zijn op dit gebied, een schattig huis in deze paradijselijke hoek van Omonville-la-Petite. Het gebouw is begroeid met klimop en ademt een sfeer van bescheidenheid en menselijkheid, op-en-top naar het evenbeeld van de dichter. Het huis is vandaag opengesteld voor het publiek. Op de eerste verdieping proef je de sfeer van de familie Prévert. Op de begane grond zijn er wisseltentoonstellingen rond het oeuvre van Prévert. Hierbij wordt een van zijn diverse artistieke samenwerkingsverbanden uitgediept... of eenvoudigweg het thema vriendschap met een schilder...

🗝 **Église Saint-Martin:** kerk met opengewerkte klokkentoren. Boven de poort zie je een piëta uit de 16de eeuw, geflankeerd door twee volledig verweerde beelden. Binnen is er maar één enkel schip dat van romaanse oorsprong is. Transept en zijkapellen dateren uit de 16de eeuw. Het koor werd gebouwd in de 18de eeuw. Voorts zijn er stenen doopvonten op vier poten met een plantenmotief en sporen van polychromie. In het linkertransept bevindt zich een mooie houten Sint-Helena.

SAINT-GERMAIN-DES-VAUX

50440 | 460 INWONERS

Een prachtig dorpje, verscholen in het groen. Kleine huisjes staan tegen elkaar aan gebouwd in de nauwe straatjes. Tussen het dorp en de zee liggen velden. Voor wie zich niet kan losrukken van zijn gsm nog even dit. De operators vonden dit lieflijke stukje Frankrijk niet meteen de meest geschikte plek om een zendmast neer te poten. Je moet het dus doen met een Engelstalig netwerk. Heb je geen zin in een gepeperde rekening, dan bel je beter niet...

SLAPEN, IETS ETEN

🏠🍴 **CHAMBRES D'HÔTES CHEZ ISABELLE BAKHOUM:** *Rue du Bas.* ☎ 06 18 41 71 61. ● *saintgdv@yahoo.fr* ● *www.saintgdv.com. Geopend van juni tot september. Reserveren is aanbevolen (bel even voor je aankomt, de eigenares woont er niet). Voor een tweepersoonskamer reken je op € 70, per bijkomende persoon in een gezinskamer tel je € 20 neer. Table d'hôte voor € 22.* Isabelle Backhoum heeft haar oude vakantiehuisje in het centrum van het dorp omgetoverd tot een rustig plekje waar je met plezier je tassen neerzet. Het interieur van dit traditionele (en dus sobere en gedrongen) huis is verrassend: de inrichting is tot een strikt minimum beperkt maar is warm. Het grote raam op de tuin met bloemen verlicht de prachtige gemeenschappelijke ruimte met rode muren. De comfortabele kamers (waarvan enkele onder het dak) zijn ruim maar niet al te druk bemeubeld. Door het raam of klapraam geniet je van de zee in de verte. Een prachtig huis met karakter... net als de ontvangst.

🏠📶 **L'ERGUILLÈRE:** *Port Racine.* ☎ 02 33 52 75 31. ● *contact@hotel-lerguillere.com* ● *www.hotel-lerguillere.com.* ♿ *Afhankelijk van het uitzicht en het comfort betaal je voor een tweepersoonskamer met badkamer € 75 tot 140, voor een ontbijt betaal je € 11.* Discreet verstopt en wat van de weg op. Je bent het huis zo voorbijgereden als je niet oplet. Dat zou zonde zijn: dit kleine hotel (10 kamers waarvan 7 met zicht op zee) is een echt charmeadres. De sobere elegantie, de natuurlijke kleuren, de mooie materialen hebben er de bovenhand. Zelfs al verblijf je er niet (de prijzen zijn niet voor ieders beurs geschikt), houd er toch even een koffiepauze: er is een theesalon met onbetaalbaar zicht op zee... Niet te versmaden! Bovendien is er bij mooi weer plaats op het prachtige terras.

🍴 **BAR-RESTAURANT-ÉPICERIE LE RACINE:** *Rue du Haut.* ☎ 02 33 52 64 61. *Gesloten op zondagavond en maandag (buiten het seizoen ook op woensdagavond en zaterdagmiddag). Wil je 's avonds langskomen, dan reserveer je best. Menu voor € 15-24,50.* Een dorpseethuisje dat niets bijzonders uitstraalt, maar je des te meer verrast met de kwaliteit van wat er wordt opgediend. Het assortiment hapjes van het huis is een aanrader. Allerlei lekkers zoals gerookte zalm van de chef (hij doet dat trouwens zelf!). Verder stevige kost: beenham, terrines maar ook salades, rijkelijk en met de glimlach opgediend.

🎬 Le Moulin à Vent: *route de Port Racine 10.* ☎ *0233527520. Reserveren is noodzakelijk. Menu voor € 26 tot 37.* De beste keuken in de streek! Creatief en inventief op basis van streekproducten, op smaak gebracht met kruiden van elders... Het menu *autour du monde* is verbazingwekkend! Mooie wijnkaart, onberispelijke bediening en uitzicht op de woeste kust.

WAT IS ER TE ZIEN?

🎬🎬 **Port-Racine:** *aan de D46 tussen Omonville-la-Petite en Saint-Germain-des-Vaux.* De kleinste haven van Frankrijk. In de doorgang raakte ooit een zeepaling vast! De haven is genoemd naar François Médard Racine, een echte zeeschuimer (en geen familie van de schrijver) die hier onderdook voor hij op de Engelse schepen afstormde.

🎬🎬♿ **Le Jardin en hommage à Jacques Prévert:** ♿ *Van Pasen tot september dagelijks geopend van 14.00 tot 19.00 u; gesloten op vrijdag; in juli en augustus dagelijks van 11.00 tot 19.00 u. Toegangsprijs: € 5. Kortingen.* Ook hier een 'beetje Prévert', zoals Kent zong. De familie Prévert bracht hier graag tijd door of bouwden er een feestje met vrienden, onder wie Gérard Fusberti. Toen de dichter stierf, stelde Fusberti, samen met weduwe Janine en Yves Montand voor hier een tuin aan te leggen waarin elke boom geplant zou worden door een vriend van Prévert: een blauwe levensboom door Arletty, een linde door Doisneau, dennen door Montand... Die bomen staan er vandaag nog steeds en zorgen voor schaduw in de fantastierijke tuin, waar je overal citaten en kunstwerken van Prévert vindt...

AUDERVILLE

50440 | 290 INWONERS

Op het einde, bijna helemaal op het einde van het schiereiland. Prachtig dorp met veel bloemen en traditionele architectuur van La Hague. De bescheiden woningen zijn gebouwd op basis van stevige constructies van zandsteen en graniet en leunen schouder aan schouder aan weerszijden van smalle steile straatjes. Zo bieden ze beter bescherming tegen de sterke zeewind die dit deel van de Finistère soms teistert. De ramen zijn dan ook klein. De kerk en sommige huizen hebben een leien dak.

SLAPEN, IETS ETEN

DOORSNEEPRIJS TOT LUXUEUS

🏨 Hôtel du Cap: ☎ *0233527346.* ● *www.hotelducap.org.* ♿ *je diept € 52 à 65 op uit je portemonnee voor een tweepersoonskamer met badkamer.* Mooi oud huis boven in het dorp, in een ommuurde tuin. Er zijn vijftien kamers in totaal, alle met uitzicht op de zee (behalve vanuit de kamer op de benedenverdieping, die toegankelijk is voor mindervaliden). Verzorgd en comfortabel, maar mist misschien een tikkeltje warmte.

🎬 La Malle aux Épices: *in de hoofdstraat.* ☎ *0233527744.* ● *lamalleauxepices@wanadoo.fr. Gesloten op zondag- en maandagavond, op dinsdag en zaterdagmiddag. Lang vooraf reserveren is aangeraden. Menu voor € 15,10 tot 24. Verrassingsbord voor € 19.* Een vreemd adresje, deze bar-tabac-presse-restaurant. Een verrassing! Rond de bar liggen drie zalen die allemaal op een verschillende manier zijn ingericht: de chef zit in de grootste en elegantste ruimte. Voor meer intimiteit kun je een plaatsje zoeken in de salon met banken en lage tafels. Je waant je in een andere wereld, de kok neemt je mee op reis aan de hand van 'exotische' kruiden, smaken en ingrediënten (creools, Japans...). Vlees vind je er bijna niet, vis des te meer. Lichte, fijne keuken, een festijn voor de smaakpapillen! Heel eclectisch cliëntèle, alle types en generaties.

🗙 L'Auberge de Goury: *Port de Goury.* ☎ 02 33 52 77 01. ● *auberge-de-goury@hotmail.fr. 1 km van Auderville.* ♿ *Gesloten in januari. Reserveren is absoluut de gouden regel in het seizoen en tijdens het weekend. Menu's van € 18 (op zomeravonden en tijdens schoolvakanties) tot 59 (met kreeft).* Restaurant aan het einde van de wereld, op het uiterste puntje van La Hague, gerund door een bijzonder karaktervolle eigenaar (zoals we die graag hebben). De voormalige rustieke vissersherberg is een absolute must geworden in La Hague. Prachtige open haard in de kleine eetruimte. De nieuwe eetkamer heeft grote ramen aan de kant van de zee, die afhankelijk van het weer lieflijk is of onstuimig tekeergaat. Specialiteiten: op houtvuur gegrilde vis en heel gereputeerde kreeft.

IN DE OMGEVING VAN AUDERVILLE

Vanuit Auderville als uitvalsbasis kun je in elke willekeurige richting diverse wandelingen maken over het netwerk van weggetjes tussen Saint-Germain, Omonville en Jobourg. Je volgt, neus in de wind, gewoonweg je aanvoelen. Het is bijna onmogelijk om alle gehuchtjes te bezoeken. Er zullen er altijd wel een paar door de mazen van het net glippen. Hieronder geven we je een suggestie voor een leuke tocht.

🐾🐾🐾 **Goury:** maak eerst een ommetje naar Goury, met zijn vuurtoren en de wijd en zijd bekende Gros du Raz. Hier lijkt de Cotentin wel op de Ring of Kerry (Ierland). De landerijen en weilanden lopen tot vlak aan zee en worden uitsluitend beschermd door muurtjes van gestapelde stenen die met (korst)mos zijn bedekt. Dwalend tussen de lage muurtjes (gebukt om je te schuilen) kun je geheid in de huid van de gezusters Brontë kruipen (althans de vrouwelijke lezers van deze Trotter!). De liefhebbers van zeegeweld kunnen hier – vooral bij springvloed en halftij (ga na wanneer dit is) – een van de meest indrukwekkende taferelen aanschouwen die er bestaan: de stromingen van de **Raz Blanchard** veroorzaken vaak ware schuimwanden, waar veel boten niet doorheen raken. Dit is een van de punten met de sterkste stromingen ter wereld (meer dan tien knopen bij een getijde van 110). Voor de meeste zeebonken is het oversteken van de Raz Blanchard nog steeds een bewogen onderneming (hier zijn reeds honderden schepen vergaan...). Tegen de stroom in is het (voor zeilschepen in elk geval) doorgaans een ongelijke strijd die je van tevoren verloren hebt. Bij equinoctiale stormen breekt de hel helemaal los. Goury komt het inderdaad best tot zijn recht bij een stevige storm. Je zou er haast een wensen! Bij zonnig weer zou het landschap ietwat te zoetsappig kunnen lijken!

Aan het uiteinde waakt de vuurtoren over deze vervaarlijke en gemene stroming die het leven van heel wat zeelieden zuur maakt. In een achthoekig gebouw uit de jaren 1920 is een van de modernste reddingscentra van het westen gevestigd. Je ziet er een indrukwekkende boot die kan worden ingezet vanaf een van de twee platforms, afhankelijk van de stroming en het zeeniveau. Neem vanuit Goury vervolgens het minuscule weggetje rechtsaf naar het schattige zakdoekgrote gehuchtje La Roche, dat absoluut een bezoek verdient.

🐾🐾🐾 Nadat je op de fraaie D401 bent teruggekeerd, rijd je recht naar het zuiden, op naar Le Nez de Jobourg. Onderweg passeer je een van de mooiste landschappen van de omgeving: de **Baie d'Écalgrain**. Het romantische en tijdloze karakter van deze tot de verbeelding sprekende baai hangt tussen wolken en golven. Voor jou speelt zich een tafereel af in de overtreffende trap af. Je ziet toe op de verwoede en eeuwigdurende strijd tussen zee en land... zonder overwinnaar of overwonnene. Stop in Écalgrain voor een wandeling op het prachtige lagergelegen keienstrand. Je kunt een stukje doorlopen over het smokkelpad, langs heide, weilanden, muren van brem...

- En als je (nog steeds) de kriebels in je kuiten hebt, kun je contact opnemen met de vereniging *À la découverte de la Hague* (op ontdekking in La Hague), waar ze alle wandelingen in de buurt uit hun hoofd kennen (📞 02 33 53 86 12 of 06 12 42 86 97). Van half juli tot half september kun je met die vereniging de **Grottes de Jobourg** verkennen. Een vijf uur durende tocht buiten de platgetreden (smokkel)paden! Met andere woorden een avontuur dat je enkel met een ervaren gids kunt beleven. Er zijn gevaarlijke stukken bij en dit is absoluut niet de plek om onachtzaam om te springen met de getijden. Prijs: € 5, reserveren is een must.

🍴🍴 Je passeert de schilderachtige gehuchten **Mouchel, Sanson** en **Dannery** alvorens via de D202 **Le Nez de Jobourg** te bereiken. Samen met zijn buur, de Nez de Voidries, is de Nez de Jobourg (ongeveer 128 m hoog) het hoogste klif van het Europese vasteland. Bij zonnig weer zie je het eiland Aurigny. Bezoek in het dorp **Jobourg** de bezienswaardige 12de-eeuwse kerk met een typische klokkentoren van deze streek. Ze is laag en gedrongen. De bedoeling is natuurlijk om zo min mogelijk wind te vangen. Millet schreef hierover: 'On dirait que le temps s'est assis dessus' (het lijkt wel of de tijd erop is gaan zitten).

🍴 **Beaumont-Hague en de opwerkingsfabriek AREVA NC:** na diverse ontwijkende manoeuvres kunnen we er toch niet meer aan ontkomen (onvermijdelijk langs de D901 naar het zuiden toe). Enige tekst en uitleg dus over dit monsterlijke gedrocht, waarvan de economie van La Hague zo afhankelijk is. De fabriek zorgt voor maar liefst vijfduizend arbeidsplaatsen in de regio! De opwerkingsfabriek werd opgericht in het begin van de jaren 1960 en is in de loop der jaren uitgebreid tot enkele honderden hectaren. Er zijn wereldwijd slechts twee dergelijke fabrieken. Daar wordt het nog bruikbare uranium en plutonium gescheiden van hoog radioactief afval. Het behandelde afval wordt vervolgens verglaasd en op grote diepte opgeslagen. De verantwoordelijken van de fabriek steken veel energie in een goede communicatie en verstandhouding met het publiek. De bedoeling is iedereen te overtuigen van de betrouwbaarheid van de installaties. Dit kan een bepaalde ongerustheid en zelfs een zekere fataliteit bij een bepaalde groep mensen echter niet wegnemen... Vandaar dat Greenpeace zich in Cherbourg heeft gesetteld en met de regelmaat van de klok van zich laat horen. Maar anderzijds varen de hotel- en restauranthouders wel door het enorme klantenpotentieel. En voor de meeste inwoners van La Hague is het ook niet echt wenselijk dat de grootste werkgever zou vertrekken. Enigszins dubbel is het wel.

- Je kunt enkele typische installaties bezoeken (gratis). Op het eind van de rondleiding is er een korte lezing over de doelstellingen en de activiteiten van de opwerkingsfabriek, gevolgd door een film en een bezoek per bus. Van april tot september op weekdagen te bezoeken van 10.00 tot 14.00 u; op zaterdag tot 15.00 u. Reserveren doe je bij het Espace Information van april tot september op weekdagen van 10.00 tot 18.00 u; 's zaterdags van 13.30 tot 18.30 u). 📞 02 33 02 73 04.

- **Andra-opslagcentrum voor radioactief afval van de Manche:** 📞 0810 12 01 72. *Vlak naast de opwerkingsfabriek. Toegankelijk via de D901, bedrijventerrein van Digulleville. Je kunt het Andra-opslagcentrum van maandag tot vrijdag gratis bezichtigen (bezoek van ongeveer twee uur). Reserveren verplicht.* Van 1969 tot 1994 werd hier 527.000 m³ radioactief afval met een korte en middellange levensduur begraven in betonnen en stalen blokken die vervolgens zorgvuldig met meerdere lagen uiteenlopend materiaal werden bedekt. Deze gigantische afvalplaats zou over minimaal driehonderd jaar niet meer radioactief zijn... Wat is er te zien? Niets, behalve dan een gigantisch grasveld van veertien hectare, de beveiligingsinstallaties en tot slot de tijdelijke tentoonstellingen die af en toe in het ontvangstgebouw worden georganiseerd en waarvan het onderwerp meestal weinig gemeen heeft met hetgeen enkele meters verderop rust, behalve misschien een vage aanleiding tot een gesprek over het 'gemeenschappelijke industriële erfgoed'. Om de aandacht af te leiden? Je kunt erover discussiëren met de gidsen van het centrum.

DE BAAI VAN VAUVILLE

Na de deprimerende aanblik van de opwerkingsfabriek van La Hague raden we je aan je ogen te ontgiften door de aanblik van de zuidelijk gelegen landschappen, het paradijselijke natuurschoon dat zich langs deze ruime baai ontplooit van Vauville naar de Cap de Flamanville.

VAUVILLE   5044 | 0370 INWONERS

Je bereikt Vauville vanuit Beaumont-Hague via de D318. Hierbij doorkruis je een verrukkelijke vallei. De natuur groent om je heen (een streling voor het oog!), glooit lichtjes op en neer en daalt ten slotte gestadig neer naar een van de meest uitnodigende stranden van de westkust... en vooral naar dit magnifieke dorpje vlak bij de zee, een plaats die als bij wonder van het toeristische gangreen gespaard bleef.

SLAPEN

⛺ CAMPING MUNICIPAL DE LA DEVISE: ☎ 02 33 52 64 69. *Aan het strand. Geopend van juni tot half september. Ongeveer € 8 voor twee personen met een tent en een wagen.* In een kom, helemaal afgelegen, ligt een kleine camping achter heggen, beschermd tegen de striemende zeewind. Grasveld zonder schaduw, correct sanitair en zelfs een wasserij met waslijn! Aan de ene kant van de camping, net over de heg, ligt een prachtig onbewaakt strand. Aan de andere kant groene heuvels waarachter je het dak van het kasteel van Vauville ziet verschijnen. Rechts in de verte zie je jammer genoeg ook de opwerkingsfabriek van La Hague en de kerncentrale van Flamanville!

WAT IS ER TE ZIEN EN TE DOEN?
🎋🎋🎋🚶 **Le jardin botanique du château de Vauville:** ☎ 02 33 10 00 00. *Van april tot september dagelijks geopend van 14.00 tot 18.00 u; in juli en augustus tot 19.00 u; van oktober tot Allerheiligen enkel in het weekend. Toegangsprijs: € 6. Kortingen. Je kunt enkel de botanische tuin bezichtigen, niet het kasteel zelf.* Dit kleine plantenparadijs (klein is natuurlijk erg relatief, want het eigendom strekt zich toch wel uit over 40.000 m²) recht tegenover de zee werd geschapen door de ouders van de tegenwoordige eigenaars, Guillaume Pellerin en Cléophée de Turckheim. Vandaag kun je er meer dan negenhonderd soorten wintergroene bomen zien, vaak afkomstig uit het zuidelijke halfrond. Nu eens word je blij verrast door een palmentuintje (in feite het meest noordelijk gelegen palmentuintje van Europa, met dank aan de Golfstroom!), dan weer maakt een sprankelende en verrassende waterpartij zijn opwachting om je te bekoren. Alles golft vredig naar de deinende zee. Op het ontdekkingsmenu in deze tuin staan diverse amaryllidacee (narcisachtigen), bamboes, aloë, een verbazingwekkende verzameling Hydrangea (oftewel hortensia's)... Het schrille contrast met de verscheurde landschappen rondom is adembenemend en aangrijpend. Hoe zijn die mensen er in godsnaam in geslaagd om hier al die prachtige planten en bomen te doen groeien? Heel eenvoudig door plantenbarrières aan te leggen waardoor de exotische soorten 's winters tegen de stormen worden beschermd. Een bezoek aan deze botanische tuin is een absolute aanrader. Je wordt ondergedompeld in een totaal andere natuurwereld. Je mag dit voor geen goud missen, zowel vanwege de ongewone schoonheid van de plaats als voor de hartelijke ontvangst van de eigenaars, die zich met hart en ziel aan hun oeuvre toewijden en daar boeiend over kunnen praten. Ze hebben trouwens nog andere geslaagde projecten in de streek op hun actief staan, onder meer de restauratie van de tuin van het huis van Christian Dior te Granville.

❦ **Prieuré de Saint-Hermel:** *priorij ten noordoosten van Vauville, hoog opgetild helemaal hoven op de heuvel (schitterend uitzicht).* Heel bijzondere middeleeuwse priorij die eertijds bij de abdij van Cerisy-la-Forêt hoorde.

❦ **Le Grand-Thot:** *ten zuiden van Vauville. Via de D237, die parallel aan de kust loopt, rijd je omhoog naar de Grand Thot.* Uitzonderlijk uitzicht op het natuurreservaat. De weilanden liggen in smalle banden uitgerold naar de zee. Prachtige groentinten die door het immense lege strand worden omzoomd. Een sereen landschap, uniek in Normandië.

- **Zweefvliegen:** boven de Grand-Thot (in een prachtige omgeving) bij het Camp Maneyrol is er een ontmoetingsplaats voor liefhebbers van zweefvliegen. Deze uitgelezen plaats voor zweefvliegers bestaat al sinds 1923 en is meteen de oudste van Europa. Vanaf de fraaie D237 kun je zien hoe de zweefvliegtuigen als ietwat opstandige jonge honden aan hun riem omhoog worden getrokken.

BIVILLE   50440 | 420 INWONERS

Vredig dorpje dat uitkijkt over een verbluffend duinenmassief. Vrij aangrijpend uitzichtpunt van op de Calvaire des Dunes. Reken op drie kwartier te voet. Goed bewegwijzerd vanaf de straat langs de kerk.

WAT IS ER TE ZIEN?

❦❦ **De duinen:** onder aan het dorp bevindt zich een van de meest verbazingwekkende landschappen van de Manche. Je wordt aangenaam verrast door een verbluffend, uitgestrekt en verlaten duinenmassief van enkele honderden hectare, in het noorden begrensd door de kliffen van La Hague en in het zuiden door de cap de Flamanville. De duinen bieden een fascinerende aanblik, vooral op het eind van de namiddag als het strijklicht schaduwen over het zand werpt en de duinen hierdoor groter lijken te worden (op een bepaald punt maar liefst 111 m!). De hele hoek is erkend als natuurreservaat (en... militair domein). Interessante fauna en flora (beschermd). Tussenstopplaats en verblijfplaats voor diverse vogels. Er is een wandeling uitgezet waarop je de dertig verschillende soorten libellen kunt observeren die in dit gebied voorkomen (van de negentig verschillende soorten die in Frankrijk zijn waargenomen).

❦ **De kerk:** in het dorp staat een kerk die oorspronkelijk dateert uit de 13de eeuw, maar in het begin van de 20ste eeuw werd verbouwd en uitgebreid om de pelgrims te kunnen ontvangen die hierheen komen voor Thomas Hélié, die aalmoezenier van Saint-Louis was. Zijn marmeren sarcofaag rust nog altijd in de kerk.

DE HAVEN VAN DIÉLETTE

Dit is de enige haven waar de boten kunnen aanmeren tussen Goury en Carteret. Fantastisch uitzicht vanaf de D4 op deze pittoreske oude haven aan de voet van een klif. Ongelofelijk, maar waar! Je bent vrij om het al dan niet te geloven. In deze verloren uithoek van La Hague werd (met tussenpozen) van 1855 tot 1962 een ijzermijn ontgonnen. En nog ongelofelijker, maar niet minder waar, is het feit dat de galerijen van die mijn zich onder de zeespiegel bevonden! En aangezien het niet mogelijk was om het erts per trein te vervoeren, werd hiervoor een beroep gedaan op zeeschepen. Een van de enige zichtbare overblijfselen van al deze activiteiten is de laadsteiger die zich enkele honderden meters van de kust bevindt. Hier meerden de schepen aan die het erts vervoerden naar de hoogovens in Duitsland en Engeland. Het erts van Diélette was indertijd immers heel bekend om zijn hoge ijzerwaarde: 600 g puur ijzer per blok van één kilo.

WAT IS ER TE ZIEN EN TE DOEN?

- Het langeafstandswandelpad GR223 van La Hague loopt helemaal om de Cap de Flamanville heen vanuit Diélette. Onderweg kom je langs de dolmen van la Pierre-au-Roy en de onvermijdelijke kerncentrale van Flamanville...

✹**Centrale nucléaire de Flamanville:** de kerncentrale van Flamanville is gebouwd op de plaats van de voormalige onderzeese ijzermijn. De opgewekte elektriciteit komt overeen met het jaarlijkse verbruik van Bretagne en Basse-Normandie. Indertijd hebben er verhitte discussies plaatsgevonden over deze kerncentrale, zowel over de veiligheidsaspecten als over esthetische vraagstukken. In 2005 laaiden die opnieuw op naar aanleiding van het project voor de bouw van een nieuwe productie-eenheid 'Flamanville 3' met een reactor van de derde generatie EPR. Het project werd goedgekeurd, de werken werden in 2007 opgestart, het einde is voorzien in 2012. Door het plan Vigipirate kun je de site niet meer bezoeken.

- Vanuit Diélette is er een directe bootverbinding naar **Guernesey** en **Aurigny** met de maatschappij *Manche-îles Express*. Inlichtingen en reserveringen op het nummer ☎ 0825 133 050. ●*www.manche-iles-express.com*. Een oversteek van ongeveer drie kwartier met de snelle Victor-Hugo. Ongeveer 15 dagen/maand van april tot september. Verschillende formules: retour met overnachting, enkel heenrit, de eilanden, speciale gezinsformule. Prijs op basis van een retourkaartje vanaf € 38. Er is een rechtstreekse verbinding voorzien met Aurigny. Je kunt ook via Guernesey. Dagen en dienstregeling hangen af van de getijden.

WAAR KUN JE LEKKERE CIDER, CALVADOS EN POMMEAU PROEVEN EN KOPEN?

▣**Chez Théo Capelle:** Le Haut de la Lande 1, in Sotteville. ☎ 02 33 04 41 17. ♿ Te bereiken vanuit Diélette via de D23 tot in Les Pieux en van daaruit eerst de D904 volgen in de richting van Cherbourg en vervolgens de D56 richting Couville (heel goed bewegwijzerd). Geopend van 9.00 tot 12.30 u en van 14.00 tot 19.00 u, behalve op zondag. Sinds 1981 verwerkt Théo de appels van zijn zoon en zijn schoonbroers tot cider, calvados, pommeau en andere appelsappen. Je bent vanzelfsprekend welkom voor een bezoek (juli-augustus om 11.00, 15.00 en 17.00 u; € 2,50/persoon of na afspraak) en kunt de distillatie van calvados bijwonen (als de stoker er is). Aan de hand van een video kun je het werk van Théo tot in de details bekijken.

DE CÔTE DES ISLES

BARNEVILLE-CARTERET

50270 | 2340 INWONERS

Barneville-Carteret is een van de eerste badplaatsen van Frankrijk. Het dorp kan worden onderverdeeld in drie gebiedjes: Carteret (met de haven voor boten naar Jersey en Guernsey en het geboortedorp van de beroemde Mère Denis), het dorp Barneville en tot slot Barneville-Plage (het strandgedeelte). De eerste toerist (in 1820) was Jules Barbey d'Aurevilly. In 1842 gingen er al meer dan twintig gezinnen naar deze plek met vakantie en bracht Chateaubriand er een bezoek. In 1881 werd een lijn naar Jersey aangelegd en in 1889 werd Carteret met Parijs verbonden aan de hand van een spoorweglijn.

AANKOMST EN VERTREK

Met de bus

Via de maatschappij *VTNL*: ☎ 02 33 44 32 22. ●*www.mobi50.com*.

- **Van/naar Cherbourg:** 1 tot 2 bussen per dag.

- **Van/naar Portbail, Bricquebec en Valognes:** 4 tot 5 bussen per dag.

Met de boot

🔺**Van/naar Jersey en Guernsey en Sercq via Jersey:** *met Manche Îles Express.* ☎ *0825 133 050.*
●*www.manche-iles-express.com. Een oversteek van ongeveer drie kwartier. Dagelijks van april tot september, uitgebreide dienstregeling. Verschillende interessante formules: retour op dagbasis, retour met overnachting, enkel heenrit, de eilanden, speciale gezinsformule. Prijs op basis van een retourkaartje vanaf € 38.* Met de snelle boot Victor-Hugo en Tocqueville. Jersey ligt een uur van Carteret. Opgelet: er zijn geen dagelijkse verbindingen (in tegenstelling tot de lijn Granville-Jersey). Ook een verbinding met Guernsey (niet zo regelmatig als Diélette-Guernesey).

NUTTIGE ADRESSEN EN INFORMATIE

🛈 **Dienst voor Toerisme van Barneville:** *Rue des Écoles 10.* ☎ *02 33 04 90 58.*
●*www.barneville-carteret.fr.* Gesloten op zondag.
🛈 **Dienst voor Toerisme van Carteret:** *Place Flandres-Dunkerque.* ☎ *02 33 04 94 54.* Dagelijks geopend in juli en augustus.
- **Markten:** zaterdagochtend in Barneville, aan te bevelen: heel leuke sfeer. In Barneville-Plage op zondagochtend in juli en augustus. In Carteret op donderdagochtend aan de Place de la Gare.

SLAPEN

CAMPINGS

🔳 **LES BOSQUETS:** *in Barneville-Plage.* ☎ *02 33 04 73 62.* ●*lesbosquets@orange.fr*
●*www.camping-lesbosquets.com. Geopend van april tot half september. Voor twee personen met een auto en een tent tel je ongeveer € 17 neer.* Ruime, mooi gelegen camping, 400 m van de zee, in een wisselend landschap. Hier zorgen heggen voor de nodige schaduw, wat verder zijn het dennen. Goed uitgerust, mooi zwembad. Verhuur van mobilhomes (2-5 personen, € 250 tot 480 per week afhankelijk van het seizoen). Liggen niet in het mooiste deel van de camping, maar zijn ruim genoeg, er is een tuintje en er staat een picknicktafel.

🔳 **CAMPING LE BOCAGE:** *Rue du Bocage, in Carteret.* ☎ *02 33 53 86 91. Fax: 02 33 04 35 98. In het dorp, vlak bij de haven en ongeveer 1 km van de zee. Geopend van april tot september. Reken op een bedrag van € 21 voor een staanplaats voor twee personen met een auto en een tent.* Rustig, vlak, veel groen, enkele mooie bomen fleuren de camping op. Basiscomfort, maar voor deze prijs... verwacht je toch een zwembad of andere kleine extra's die er niet zijn. Op een boogscheut van het treinstation. Schaduw in overvloed dankzij diverse bomen. Voor wie rust als het hoogste goed beschouwt.

GOEDKOOP TOT DOORSNEEPRIJS

📷 **CHAMBRES D'HÔTES LA TOURELLE:** *bij Gérard Lebourgeois, Rue du Pic-Mallet 5, Barneville-Bourg.* ☎ *02 33 04 90 22. In het dorp Barneville zelf, achter de kerk. Je betaalt € 49-55 voor een tweepersoonskamer met badkamer.* Een fraai stenen huisje uit de 16de eeuw. Hier vind je al de charme van weleer: krakende parketten, meubels die van vader op zoon werden overgeërfd... Een handvol bekoorlijke kamers. De eigenaar heeft oog voor de kleinste wensen. Hij maakt heerlijke jam klaar met de vruchten uit de tuin. Hij kan ook pannenkoeken bakken en de tafel is altijd keurig gedekt, met kantwerk onder de kopjes... Een degelijk adres.

📷 **HÔTEL JERSEY:** *Rue de la Sablière 4, in Barneville-Plage.* ☎ *02 33 04 91 23.* ●*jersey.hotel@wanadoo.fr.* 🛏 *Tweepersoonskamers met douche of bad (de duurdere kamers hebben ook tv) van € 38 tot 43.* Dit kleine gebouw uit de jaren 1950 biedt geen uitzicht op de zee, maar garandeert je werkelijk een heel rustige en gezonde nachtrust. Heel kalme straat. De kamers zijn niet zo groot, maar wel schattig met lichte muren en kleurrijke dekens. Huiselijke sfeer, enthousiaste ontvangst.

▨ Hôtel-gîte d'étape Le Relais de la Gerfleur: *Avenue de la République 106.*

☎ 02 33 04 61 31. Fax: 02 33 04 08 45. *Tussen het dorpje Barneville en Carteret. Jaarlijks verlof van half oktober tot half maart. Je kunt in de gîte d'étape overnachten: € 38 voor een kamer voor twee (sanitair buiten). Overnachting in het hotel (met badkamer) voor € 48; € 12 per persoon in de gîte. Ontbijt voor € 6,50. Te betalen parkeerterrein.* Dit etablissement is niet echt goed gelegen (vlak bij een rotonde), maar gelukkig zijn de (eenvoudige) kamers van dit kleine familiehotelletje uitgerust met dubbele beglazing. Sfeer van weleer. Achteraan zijn er aan beide kanten van een binnenplaatsje slaapzalen die niet zoveel comfort te bieden hebben (douche op het binnenplaatsje). Ook drie- en vierpersoonskamers. Iets voor échte trotters, zij die het trekken in hart en nieren hebben.

IETS LUXUEUZER TOT HEEL LUXUEUS

▨✖ Les Isles: *Boulevard Maritime 9, in Barneville-Plage.* ☎ 02 33 04 90 76. ● *hotel-des-isles@wanadoo.fr* ● *www.hoteldesisles.com. Jaarlijks verlof in februari. Tweepersoonskamers voor € 75 tot 125, afhankelijk van het seizoen. Buffet met koude gerechten voor € 16 ('s middags door de week), overige menu's voor € 24 en 29.* Groot grijs gebouw met een aangename ligging langs de promenade aan zee. De knusse kamertjes op de bovenverdieping hebben een leuk strandkantje: blauw en wit, een grote witte kast die doet denken aan strandhokjes. Fris, mooi, rustgevend. Enkele kamers met uitzicht op de zee. Wie geluk heeft, krijgt een kamer met een mooi terras. Verwarmd buitenzwembad. De gezellige bar-bistro op de benedenverdieping is hip ingericht en kraaknet. Je kunt er terecht voor een snelle hap. Wat het restaurant betreft, zijn visgerechten en zeevruchtenschotels uiteraard specialiteiten. Fantastische ontvangst.

▨ Hôtel des Ormes: *Quai Barbey-d'Aurevilly, in Carteret.* ☎ 02 33 52 23 50. ● *hoteldesormes@wanadoo.fr* ● *www.hoteldesormes.fr.* ⚅ *Jaarlijks verlof in januari. VAn maart tot mei is het restaurant gesloten op zondagavond, maandag en dinsdagmiddag. Je betaalt € 75 à 175 voor een tweepersoonskamer met badkamer, afhankelijk van het seizoen.* Heel prettig en gezellig hotel in een mooi, onlangs gerestaureerd huis uit de 19de eeuw, recht tegenover de jachthaven. Heel cosy. De kamers zijn klein maar bekoorlijk en gezellig ingericht. En de ontvangst is allerhartelijkst. De kamers in het bijgebouw *Le Rivage* (een schitterend huisje) zijn uitzonderlijk mooi en ruim. De tuin en de aangename kleine salon-bar zijn uiterst verleidelijk.

▨ Hôtel de la Marine: *Rue de Paris 11, in Carteret.* ☎ 02 33 53 83 31. ● *infos@hotelmarine.com* ● *www.hotelmarine.com. Aan de haven van Carteret. Jaarlijks verlof van 11 november tot half maart. Voor een tweepersoonskamer hoest je een bedrag op van € 90 tot 260, afhankelijk van het uitzicht en het type kamer. Ontbijt voor € 15. Gratis wifi.* Groot wit gebouw dat de haven domineert. Heel typische stijl voor een badplaats, het interieur doet je denken aan een boot. Maar wees gerust, de kamers zijn ruim en prettig ingericht. Fris en elegant, heel comfortabel. De goedkoopste kamers kijken uit op de straat, de andere op de haven. Betaal je nog meer, dan krijg je wat extra ruimte en een schitterend terras. Een luxueus adres dus, dat degelijk wordt uitgebaat. De sfeer is niet bepaald uitzinnig, maar je wordt er vorstelijk behandeld. Voor het restaurant, zie verderop onder de rubriek 'Iets eten'.

IETS ETEN

✖ La Cale Marine (la Kalakiki): *Promenade Abbé-Lebouteiller, in Carteret.* ☎ 02 33 53 82 50. ⚅ *Aan de kade voor de vissershaven. Buiten het seizoen gesloten op woensdag. Gesloten van november tot januari. Reken op € 10 tot 15 als je à la carte wilt eten. Je wacht aan de bar tot er een tafeltje vrijkomt (reserveren kun je hier niet).* En je eet hetzelfde als de andere klanten: heerlijke mosselen met friet, bijzonder copieus overigens. We zouden verdraaid graag te weten komen wat ze hier in hun mosselen doen. Inrichting volledig van hout, precies zoals in het ruim van een oud schip. Hartelijke sfeer aan de toog en dit werkt aanstekelijk op de eetruimte. Voor moeilijke types die niet van mosselen met friet houden, zijn er enkele alternatieven (grillades...).

⚔ HÔTEL DE LA MARINE: *Rue de Paris 11.* ☎ *02 33 53 83 31.* ♿ *Aan de haven van Carteret. gesloten van maart tot Pasen, in oktober en november: zondagavond, maandag en donderdagmiddag. Van Pasen tot juni en in september: gesloten op maandag- en donderdagmiddag. Eerste menu voor € 34 (elke dag behalve op zaterdagavond); overige menu's van € 48,50 tot 88.* Als je geen rekening houdt met enkele heel brave schotels (voor de oudere habitués van dit familiaal etablissement dat in 1876 (gewis en zeker!) zijn deuren heeft geopend), onthullen de menu's en kaarten een uiterst hedendaagse keuken die op vernuftige manier jongleert met streekproducten, kruiden, exotische aroma's... Je zou er naartoe moeten gaan enkel en alleen al om te proeven hoe de chef-kok de oesters klaarmaakt: heerlijke oesters op geglaceerde augurk. Elegante 'trans-Atlantische' eetruimtes. Modern en met brede uitkijk over de zee. Nogal wiedes dat een dergelijk uitzonderlijk moment van prikkelend genot voor je smaakpapillen je enkele euro's lichter maakt...

⚔ RESTAURANT DES ISLES: zie hoger onder rubriek 'Slapen'.

SLAPEN, IETS ETEN IN DE OMGEVING

🛏 CHAMBRES D'HÔTES DU MANOIR DE CAILLEMONT: *50270 Saint-Georges-de-La-Rivière.* ☎ *02 33 53 25 66.* ● *info@chateaubarnevillecarteret.com* ● *www.chateaubarnevillecarteret.com. Tussen Barneville-Carteret en Port-Bail, via de D903 en de D425 (richting Saint-Maurice-en-Cotentin). Jaarlijks verlof van 20 december tot 5 februari. Tweepersoonskamers met badkamer voor € 99 tot 149, afhankelijk van het comfort.* Je vermoedt het ergste bij het zien van de strenge voorgevel. Maar niets is minder waar! De vijf kamers zijn schitterend. Je kunt ze onmogelijk beschrijven, zo verschillend zijn ze. De goedkoopste zijn de kleinste (waaronder een duplex met keukentje); er zijn hedendaagse kamers en enkele ruime kasteelkamers. Iedere kamer heeft een eigen stijl en cachet. De grootste kamers zijn echte flats. Biljart, verwarmd zwembad in een hangende tuin.

⚔ LE CLOS RUBIER: *Hameau Gaillard 10, 50270 Saint-Jean-de-la-Rivière.* ☎ *02 33 04 98 10.* ● *leclosrubier@orange.fr.* ♿ *2 km ten zuidoosten van Barneville. Gesloten op dinsdag en woensdag. Van maandag tot zaterdag een eerste lunchmenu voor € 13,50; overige menu's tot € 33,80.* Sympathieke plattelandsherberg met een met wilde wingerd begroeide gevel en een leuk bloementuintje. Gezellige eetkamer (nu begrijp je waarom de mensheid de term 'rustiek' zo nodig moest uitvinden) met een gigantische open haard die een volledige muur beslaat en waarvoor de eigenares druk in de weer is. We raden je dit adres naar ons hart graag aan. Je bevindt je hier in een waar grillparadijs. Iedereen kan genieten van het schouwspel van haantjes en lamsbouten die aan het spit worden klaargemaakt. Kom hier niet als je haast hebt, want als je gegrilde parelhoen wilt, duurt het natuurlijk een tijdje voordat deze klaar is... Neem dus de tijd en bewonder de manier waarop de eigenaar rond het houtvuur manoeuvreert.

WAT IS ER TE ZIEN?

🔫🔫 **Kerk van Barneville:** gebouwd in de 12de eeuw. Versterkte klokkentoren. Rondom een mooi fries van modillons. In het schip zie je interessante gebeeldhouwde bogen met vierkante motieven en visgraatmotieven. Mooie geciseleerde kapitelen. Aan de kant van de kansel ontdek je onder meer een schilderachtige plantenomlijsting, loofwerk, diverse personages, monsters, dieren en kapitelen die met historische figuren en taferelen versierd zijn.

WAT IS ER TE DOEN?

🏖 **De stranden:** het eerste strand is dat van Barneville. Relatief weinig bebouwing. Villa's en hotels zijn hier van bescheiden afmetingen. In de lengte uitgestrekt strand, ideaal voor gezinnen, heel druk in het seizoen (gelukkig is er plaats voor iedereen!). In Carteret is er ook een klein strandje aan de voet van een klif. Vanuit Carteret kunnen de liefhebbers van open en wildere ruimtes het smokkelpad nemen en naar het immense en bijna godverlaten Plage de la Vieille-Église wandelen (voorbij de Cap de Carteret). Hier is het weliswaar opletten geblazen: baden in zee kan uiterst gevaarlijk zijn (verraderlijke stromingen...).

MOOIE, AANGENAME WANDELINGEN

- **Wandeling over de Cap de Carteret:** vertrek vanuit de haven. Je passeert allereerst de overhangende rots met zijn tot de verbeelding sprekend uitzichtpunt. Smokkelpad. Je komt langs de oude 'batteries de 24' (de kogels wogen 24 pond). De wandeling is geel bewegwijzerd. Prachtige romaanse ruïnes van het oude kerkje van Carteret (12de eeuw). Erachter ligt de indrukwekkende duinenpartij. Als je tijd hebt, raden we je aan om een wandeling te maken door deze hoge duinen, waarvan sommige een top van zestig meter hebben. Je kunt vervolgens verder naar Hatainville (oud vissersdorp). Van daaruit vertrekt een aangename wandeling door de lage duinen. Laatste etappe: Les Moitiers-d'Allonne (klokkentoren van de Église Saint-Pierre en de Église Notre-Dame).
- **Train de la Côte des Isles:** *in juli en augustus op zondag om 15.00 u.* De rest van het jaar worden er thematische ritten georganiseerd. In de zomer kun je ook vanuit Carteret met de trein naar de markt van Port-Bail (op dinsdag om 10.00 u), of vanuit Port-Bail (heen en terug) naar de markt van Carteret (op donderdag om 10.00 u). Inlichtingen en reserveringen bij de Dienst voor Toerisme of bij de Clos Saint-Jean, 50270 Saint-Jean-de-la-Rivière. ☎ 02 33 04 70 08. Als je nostalgisch wordt van plattelandstreintjes, kun je instappen in deze kleine sympathieke boemeltrein uit de jaren 1930 die op en neer tuft tussen Carteret en Port-Bail.

UITSTAPJES OP ZEE

🚤 **Aan boord van de schoener Neire Maôve:** ☎ *02 33 04 69 77. Tochtjes op zee van een halve dag, een hele dag of zelfs een minicruise van twee dagen.* Deze voormalige vissersboot uit Carteret en de Kanaaleilanden is gereconstrueerd naar het origineel en wordt gebruikt voor uitstapjes en minicruises rond de Kanaaleilanden. Met een beetje geluk zie je in de zomer dolfijnen.

🚤 **Aan boord van de Long John Silver:** als je de westkust van de Cotentin of de zuidkust van Engeland liever met een modernere boot afschuimt, neem je de zeilboot van Jean Guérin, waarmee je uitstapjes van een of twee dagen of een week maakt. Inlichtingen en reserveringen: ☎ 02 33 04 71 51 of 06 12 26 95 11.

- **Roeien op zee:** *tochtje van Abbé-Lebouteiller naar Carteret (voor de vissershaven).* ☎ *02 33 93 13 97.* Mensen met stevige armen die met weemoed terugdenken aan de tijd van de walvissloepen, of die het gewoon eens willen proberen, kunnen terecht bij een sympathieke club in Carteret. Je kunt er cursussen van een week volgen, maar ook gedurende enkele uren verschillende soorten boten huren: skiffs, platbomers, tweezitters...
- **Zeilschool van Barneville-Carteret:** Rue de Paris. ☎ 02 33 04 83 54. Van mei tot september introductiecursussen en cursussen voor gevorderden op optimist, zwaardboten, catamarans en surfplanken.

PORT-BAIL

50580 | 1715 INWONERS

Vriendelijk dorp met op de achtergrond het heldere lied van de Souchon. De plaats strekt zich aangenaam uit langs een kleine inham waarvan de vorm precies een glimlach tevoorschijn lijkt te toveren voor de vogels in de lucht. In een notendop: hier is charme troef. Kleine jachthaven en twee zandstranden aan de zee die met een brug van 1860 verbonden zijn met het dorp.

NUTTIG ADRES

Dienst voor Toerisme: *Rue Philippe-Lebel 26.* 📞 *02 33 04 03 07.* ● *www.portbail.fr.* ♿ *Geopend in juli en augustus, behalve op zondagmiddag.* Buiten het seizoen geopend van dinsdag tot zaterdag.

SLAPEN, IETS ETEN

CHAMBRES D'HÔTES LA ROQUE DE GOUEY: *bij Bernadette Vasselin, Rue Gilles-Poërier 16.* 📞 *02 33 04 80 27.* ● *vasselin.portbail@orange.fr. Neem de D650, sla rechts af net voor de supermarkt Casino, tegenover de bar sla je opnieuw rechts af. Je telt € 50 neer voor een tweepersoonskamer met badkamer.* Grote, in de lengte uitgestrekte boerderij van natuursteen. Knap gerestaureerd. Rustig gelegen achter zijn gesloten binnenplaats. En als we je nu nog verklappen dat de kamers eenvoudig en fraai ingericht zijn en over de tuin uitkijken die reeds op het platteland lijkt, weet je dat je hier werkelijk heel rustig zult vertoeven. Charmante ontvangst. Een kwaliteitsvol adres.

CHAMBRES D'HÔTES LES COURLIS: *bij Sandrine en Jean-Marc Gaultier, Rue Lechevalier 27.* 📞 *02 33 04 14 42.* ● *gaultier.jeanmarc@neuf.fr. Aan de rand van het dorp, in de richting van Barneville, net voorbij de kerk. Je betaalt € 40 voor een tweepersoonskamer met badkamer.* In hun charmante kleine woning uit het begin van de 20ste eeuw hebben Sandrine en Jean-Marc ruime en comfortabele kamers in retrostijl ingericht. Vanuit de duurste heb je een prachtig uitzicht op de haven. Vanuit de andere kamers kijk je uit over de tuin of de veranda, waar het ontbijt wordt geserveerd. Huiselijke sfeer en vriendelijke ontvangst.

AUX 13 ARCHES: *Place Castel 9.* 📞 *02 33 04 87 90. In het centrum, net voor de brug. Van juni tot september dagelijks geopend; van oktober tot mei gesloten op maandag, donderdag- en zondagavond. Voor een tweepersoonskamer reken je op € 56 tot 75, afhankelijk van het seizoen (gezinskamer voor € 75-125) en enkele prachtige kamer-flats. Door de week lunchformule voor € 10,50. Verdere menu's voor € 20 tot 30; à la carte voor € 22.* Mosselen, slaatjes, vis of vlees... Iedereen vindt hier wel wat lekkers. Je komt hier vooral voor de gezellige sfeer en de vriendelijke bediening, de rijkelijke porties en eerlijke keuken; niet zozeer voor de zelfgemaakte slagroom of frietjes. Ook het restaurant zelf is leuk (twee zalen, een op de benedenverdieping bij de bar en een boven). Breng zeker ook een bezoekje aan de grappige toiletten... Er zijn ook enkele schitterende kamers met keuken te huur. Tweepersoonskamer boven het restaurant en drie kleine flats (2-4 personen), mooi ingericht in een leuk, afzonderlijk gebouw met een heerlijk groen, gemeenschappelijk terras vol bloemen.

SLAPEN IN DE OMGEVING

LA CHANTALIÈRE: *bij Otello en Deana Pedrini, gehucht Lucas, 50580 Fierville-les-Mines.* 📞 *02 33 03 05 74.* ● *otello.pedrini@club-internet.fr* ● *www.lanchantaliere.eu. Lucas ligt aan de D50, tussen Bricquebec en Port-Bail, 1,2 km voorbij het dorpje Fierville als je van Bricquebec komt. Voor een tweepersoonskamer tel je € 47 neer, table d'hôte die je met enkele gezinnen deelt voor € 20, wijn en koffie inbegrepen.* Midden in het dorpje, dat niet meer is dan een hoopje gebouwen waaronder een oude boerderij en een herenhuis die dateren uit de 20ste eeuw. Vier gezellige, kleurrijke kamers met eigen badkamer. Een op de benedenverdieping (onze lievelingskamer, met stenen muur), twee op de eerste verdieping en een laatste kamer op de tweede verdieping. Keuken met Italiaanse specialiteiten en vis. De passie van Otello is zijn tuin. Je ontdekt er soorten uit de hele wereld, zelfs enkele zeldzame planten. Het huis ligt aan de weg, maar 's nachts is er nagenoeg geen verkeer. Hartelijke ontvangst op z'n Italiaans, net als de eigenaars.

WAT IS ER TE ZIEN EN TE DOEN?

✖✖ **Église Notre-Dame:** 🚶 *magnifieke ligging aan de rand van de inham.* De kerk is prachtig in haar eenvoud. Ze is vooral ook een belangrijke getuigenis van de eerste opwellingen van de romaanse kunst, toen die nog in de kinderschoenen stond. Haar locatie aan de ingang van de haven is mogelijk de reden waarom ze is versterkt. Binnen ontdek je gebeeldhouwde kapitelen in primitieve stijl. In het koor bevinden zich dieren en andere motieven zoals bijvoorbeeld het ene beest dat het andere verslindt, loofwerk en slingers. In het rechtertransept staan de vier evangelisten afgebeeld. De kerk wordt vandaag niet meer gebruikt voor eucharistievieringen. In het gebouw worden van maart tot september regelmatig tentoonstellingen en concerten georganiseerd.

✖✖ **Baptistère gallo-romain:** *op een steenworp afstand van de Église Notre-Dame, achter het gemeentehuis, bevindt zich een heel oude Gallo-Romeinse doopkapel. In juli en augustus zijn er van dinsdag tot zaterdag rondleidingen van 10.30 tot 11.30 u en van 15.30 tot 18.30 u; op zon- en feestdagen enkel in de namiddag. Prijs voor de rondleiding: € 2. Gratis voor wie jonger is dan achttien.* Buiten de openingsuren kun je de overblijfselen van de doopkapel ontwaren doorheen de grote ramen van een klein modern gebouw dat speciaal opgetrokken werd om deze overblijfselen te beschermen (er gaat een licht aan wanneer je dichterbij komt). Merkwaardig aan deze doopkapel is haar hexagonaal bekken en het feit dat ze zo oud is (6de eeuw). Dit is waarschijnlijk de enige doopkapel in dat genre van heel Frankrijk.

- **Strandzeilen:** *École du Vent en Côte des Isles.* ☎ 02 33 10 10 96. *Verhuur, introductiecursussen, stages van een week.* Ideaal voor mensen die graag willen zeilen, maar niet kunnen zwemmen! Een sport waarvan je haar in de war raakt, maar die verder slechts een minimale techniek vereist. Je kunt er ook aan andere activiteiten deelnemen, onder andere leren varen met een catamaran, een surfplank, een zeekajak...

IN DE OMGEVING VAN PORT-BAIL

✖ **Canville-la-Rocque:** *vlak bij de D903 en de D15.* Bewonder in dit kleine dorpje met een appelpers vooral de schilderachtige fresco's in de kerk, die pas in 1983 werden ontdekt. De fresco's dateren uit de eerste helft van de 16de eeuw en één ervan stelt de geschiedenis voor van de *pendu dépendu* (de vrijgemaakte opgehangene), een bekende legende die zich in die tijd in diverse Europese landen afspeelde, onder andere in Santo Domingo de la Calzada in Spanje. Deze legende vertelt het verhaal van een jonge pelgrim op weg naar Santiago de Compostela. Hij wordt onderweg echter onterecht ter dood veroordeeld voor diefstal en opgehangen. Zijn vader, die overtuigd is van de onschuld van zijn zoon, laat een wonder geschieden door een gebraden haantje terug te veranderen in een triomfantelijk kraaiende haan. Zo brengt hij zijn zoon terug tot leven. De verschillende versies van de legende werden waarschijnlijk doorverteld onder het grote aantal pelgrims dat naar Santiago ging. Vermeldenswaardig hierbij is dat Canville zich bevond op het deel Barfleur–Mont-Saint-Michel van de pelgrimtocht (die werd voortgezet in de richting van Tours). In de kerk zie je eveneens mooie stenen grafbeelden (met datering 1621 en 1629). De kerk is dagelijks geopend van 9.00 tot 12.00 u en van 14.00 tot 17.00 u.

Let op, een knappe molen!

De molen van de Cotentin is intelligent gebouwd en lijkt in sommige opzichten wel op een zeilschip. Het dak kan tot 360° draaien, waardoor de wind vanuit elke hoek kan worden opgevangen. En dankzij een systeem van verstelbare houten wieken dat in 1848 door Berton werd uitgevonden, kan de molenaar het oppervlak van de wieken wijzigen naargelang de sterkte van de wind.

🦆🦆📱 **Moulin à vent du Cotentin:** *windmolen van de Cotentin, La Lande, in Fierville-les-Mines.* 📞 *02 33 53 38 04.* ● *www.moulin-du-cotentin.com. In juli en augustus dagelijks geopend van 10.00 tot 12.00 u en van 14.00 tot 19.00 u; in mei, juni en september geopend van 14.00 tot 19.00 u, behalve op maandag (in september tot 18.00 u); de rest van het jaar geopend op woensdag en in het weekend van 14.00 tot 18.00 u; tijdens schoolvakanties dagelijks (behalve op maandag) van 14.00 tot 18.00 u. Toegangsprijs: € 3,70; kinderen: € 1,10. Rondleiding van 30 tot 40 minuten. In de zomer wordt van alles georganiseerd voor de kinderen.* Op een heuvel van 120 m hoog staat deze schitterende trotse molen (toren) daterend van 1744. Hij werd in 1997 knap gerestaureerd. Binnen zijn alle machinerieën gereconstrueerd en de gids legt heel helder en duidelijk uit hoe een molen functioneert. Pluspunt: je kunt er voor een paar euro zakjes boekweit, spelt of tarwemeel kopen. Haal de pannenkoekenpan maar boven. In een nieuw gebouw zijn een winkel, een conferentiezaal en een pedagogische ruimte ingericht. Hier bevindt zich ook een museumkundige ruimte over de geschiedenis van molens.

🍴 **AUBERGE DU MOULIN:** *ter plaatse.* 📞 *02 33 93 05 05.* ● *aubergedumoulin@9business.fr.* 🅿 *Geopend van woensdag tot zondag; in het hoogseizoen van dinsdag tot zondag. Menu voor € 15-29,90.* Een prachtig gerestaureerde boerderij met een strooien dak. Heerlijk overvloedig Normandisch menu dat alleen al een ommetje tot hier waard is! Verder ook nog pannenkoeken en streekgerechten à la carte.

HET PAYS DE COUTANCES

Deze betoverende regio ligt midden in de Manche. Het ruilverkavelingsmes heeft een van de meest bezienswaardige en misschien wel meest gevarieerde bocages van Frankrijk gelukkig niet versneden. Her en der gaan de grienden over in de oceaan, zoals bij Regnéville, waar de schapen op uiterst zoute landerijen grazen. In de buurt van Cerisy-la-Salle en La Baleine zijn de rivieren Soulles en Sienne diep uitgesneden, waardoor bijna het idee van een vallei ontstaat. Het Pays de Coutances is met andere woorden vooral een landelijke regio die uitermate geschikt is voor lange bucolische zwerftochten over een bekoorlijk netwerk van kleine bewegwijzerde paden en wegen, langs kleine landhuizen, kastelen, charmante kerken en abdijen. En midden in dit prachtig gebied prijken de schitterende spitstorens van Coutances, de kleine hoofdplaats van een van onze meest geliefde uithoeken van de Manche...

HET GEBIED AAN ZEE VAN HET PAYS DE COUTANCES

Van Portbail tot Granville strekt zich een immens en schitterend zandstrand uit dat door een heel kordon van duinen wordt omzoomd. Dit duinenmassief wordt her en der onderbroken door *havres*, een soort natuurlijke haventjes die uitgegraven worden door rivieren die hun weg naar de zee zoeken. Je kunt hier schitterende hartverjongende wandelingen langs de kust maken. Hier loopt onder andere het beroemde langeafstandswandelpad

GR223, dat geurige heidevelden, bossen (zoals in Pirou) en prachtige bocages met tamarisk-hagen aandoet.

Het is opvallend dat dit uitzonderlijke landschap van stranden en duinen gespaard is geble-ven van de natuurvernietigende kustbebouwing die je zo vaak in andere regio's protserig ziet opdoemen. Hiervoor zijn twee redenen: ten eerste zijn de duinen erg broos, instabiel en moeilijk te bebouwen. Maar het behoud is vooral te danken aan het feit dat de Conser-vatoire du Littoral, een organisatie voor het behoud van het kustgebied, erg actief is in deze regio en kustgebieden aankoopt en beschermt die voor speculatiedoeleinden zouden kun-nen worden gebruikt.

PIROU

50770 | 1340 INWONERS

Leuk badplaatsje met een enorm strand (zes kilometer lang) en een verrassend kasteel.

In Pirou-Plage heb je een bekoorlijk uitzicht op de bedrijvigheid rond de vissersboten die voor het strand voor anker liggen, of op de vissers die diezelfde bootjes bij eb met tractoren weer in het water proberen te trekken. Met de meeste van deze bootjes wordt op wulken ge-vist, maar er komen ook wel andere zeevruchten mee zoals verschillende soorten krabben (zwemkrabben, noordzeekrabben, spinkrabben...), zeespinnen, kreeften, inktvis...

NUTTIG ADRES

ℹ Dienst voor Toerisme: *Place des Bocagers 4.* ☎ *0233463047.* In juli en augustus dagelijks geopend, in het laagseizoen enkel tijdens het weekend geopend.

SLAPEN, IETS ETEN

CAMPINGS

🏕 Camping à la ferme: *La Morinière.* ☎ *0233078715.* ● *marie.massu@wanadoo.fr.* 🅿 *Aan-gegeven vanaf de D650, tussen Pirou en Agon-Coutainville. Geopend van half april tot half september. Prijs voor twee personen met een auto en een tent: € 11.* Een kleine camping (25 staanplaatsen), een heel stuk van de weg af gelegen, ongeveer 800 m van de zee als je door de velden en de duinen loopt. Grasweiland met bomen naast de boerderij. Onberispelijke sanitaire faci-liteiten. Je kunt melk, eieren, groenten en cider kopen. Vriendelijke ontvangst.

🏕 Camping Le Clos Marin: ☎ *0233463036.* ● *le-clos-marin.pirou@wanadoo.fr. Geopend van april tot eind september. Ongeveer € 12 voor twee personen, een tent en een wagen.* Net naast het strand (rechtstreeks te bereiken) ligt een groot, eenvoudig terrein, met licht golvende grasvel-den. Maar vergis je niet, sla je tent stevig in de grond, de wind kan hier hard tekeergaan. Zorg voor een zonnebrandcrème of een paraplu. Er is maar een klein plekje onder de bomen, schaduw is er al helemaal niet! Onderhouden sanitair, wasserij. Zwembad. Ook enkele stacaravans te huur voor € 250 per week;

DOORSNEEPRIJS TOT IETS LUXUEUZER

🍽 Restaurant de la Mer: *Avenue Fernand-Desplanques 2, Pirou-Plage.*
☎ *0233464336. Aan het strand met uitzicht op zee. Buiten het seizoen gesloten op zondagavond, maan-dagavond, dinsdagavond, donderdagavond en op woensdag (het hele jaar door). Jaarlijks verlof van 23 de-cember tot begin februari en 10 dagen in oktober. Doordeweekse lunch voor € 20; overige menu's van € 28,50 tot 38.* Uitstekende specialiteiten met zeevruchten. Kwaliteitskeuken en verse producten. Soms wat trage bediening.

🍽 La Marée: *Avenue Fernand-Desplanques 11, Pirou-Plage.* ☎ *0233464044.* ● *lamaree2@orange.fr. In de hoofdstraat in de richting van het strand. In juli en augustus dagelijks geopend. Gesloten op maan-dag en 's avonds buiten het seizoen (behalve vrijdag en zaterdag). Mosselen of steak met frietjes voor € 16.*

Vriendelijke ontvangst, gemoedelijke sfeer. Veel grillades op houtvuur en zeevruchten in overvloed.

WAT IS ER TE ZIEN?

🎄🎄 **Château de Pirou:** *het kasteel van Pirou staat heel goed aangegeven.* 📞 02 33 46 34 71.

● *www.chateau-pirou.org.* ♿ *(behalve de weergang en de oude woongedeelten). Geopend van 10.00 tot 12.00 u en van 14.00 tot 18.30 u (tot 17.30 u van oktober tot maart). Gesloten op dinsdag (behalve in juli en augustus). Jaarlijks verlof: de eerste helft van oktober, in december en januari. Toegangsprijs: € 5. Kortingen. Gratis voor wie jonger is dan zeven.*

Dit prachtige kasteeltje op een eiland te midden van een vijver werd in de 12de eeuw gebouwd op de plek waar eerder een nederzetting van Vikingen gevestigd was (naar het schijnt!). In de loop der jaren geraakte het volledig begroeid met klimop en werd het gebruikt als landbouwschuur, totdat het veertig jaar geleden herontdekt werd. Het kasteel van Pirou is in feite een van de zeldzame middeleeuwse vestingen in de Manche die nog overeind staan. Het kasteel werd in 1370 ingenomen door de Anglo-Navarranen en van 1418 tot 1449 bezet door de Engelsen.

Het is een verrassend bouwwerk. Je passeert eerst drie versterkte poorten (vroeger waren er zelfs vijf poorten) voordat je het kleine, stevige en goed geproportioneerde kasteeltje ontwaart. De twee sponningen van de ophaalbrug zijn nog zichtbaar. Een van de torens heeft als bijzonderheid dat hij deels door een tromp wordt ondersteund. Binnen rechts bevindt zich de voormalige woonruimte uit de tijd van Hendrik IV. Links zie je het recentere gebouw uit het begin van de 18de eeuw. Mooi geheel met bewerkte dakkapellen en daarvoor een eeuwentorsende, eerbiedwaardige waterput. De kasteelruimtes hebben hoge open haarden met granieten schoorsteenmantels. Sommige zijn werkelijk gigantisch. Er is vanzelfsprekend ook een wenteltrap en de betegeling dateert van lang geleden. Van juli tot september wordt er een wandtapijt tentoongesteld dat op dat van Bayeux is geïnspireerd. Hierop wordt het epos van de familie Tancrède in Sicilië afgebeeld. Ter herinnering: deze grote familie heerste over Sicilië en was in feite afkomstig uit Hauteville-la-Guichard (in het midden van het parc naturel des Marais, zie hoger bij de Cotentin). Tegenover de ingang van het kasteel liggen de langwerpige, gemeenschappelijke stenen gebouwen. Je vindt er een bakker, een pers, een kapel, een pleitzaal en een karrenhuis met drie mooie bogen.

WAT IS ER TE DOEN?

- **Voor liefhebbers van hengelsport:** in de wateren rond Pirou kan op diverse manieren worden gevist: surfcasting (aan de rand van de riviermondingen), verschillende viswijzen vanaf een boot op zeebaars, schol, tong, harder… De echte fanaten kunnen terecht bij het hengelsportcentrum van Pirou, dat stages (voor een dag of zelfs voor een week) organiseert. Specialiteit: het vangen van zeebaars en het vissen met de werphengel. *Inlichtingen: Bertrand Gaujé, Les Miellettes 27, 50770 Pirou.* 📞 02 33 47 99 43.

🏖 **Naaktstrand:** *te Saint-Germain-sur-Ay-Plage. Een tiental kilometers ten noorden van Pirou. Heel goed bewegwijzerd vanuit Saint-Germain-sur-Ay-Plage.* Dit is een van de zeldzame naaktstranden van het departement, knus genesteld in een landschap dat heel typisch is voor de streek.

AGON-COUTAINVILLE

Een van de oudste badplaatsen van de Manche, opgericht onder Napoleon III. En op de eerste plaats hét strand voor de inwoners van Coutances. Niet te veel beton (oef!). Klassieke villa's uit de 19de eeuw en huisjes uit de jaren 1950 staan gemoedelijk naast elkaar langs een duin met uitzicht op het strand van Coutainville.

NUTTIGE ADRESSEN EN INFORMATIE

i **Dienst voor Toerisme:** *Place du 28-Juillet.* ☎ *0233766730.* ● *www.coutainville.com. Buiten het seizoen gesloten op zondag.* Ticketverkoop voor de eilanden, themabezoeken (de mosselbanken en de vuurtoren, kustarchitectuur, onderwaterwereldreis voor de kinderen...).

- ♿ gratis strandzetels voor gehandicapten. Inlichtingen bij de zwemclub op het nummer ☎ 02 33 47 14 81.
- **Markt:** woensdag en zaterdagochtend in Coutainville.

SLAPEN, IETS ETEN, IETS DRINKEN

CAMPING

🏕 Camping à la ferme Le Casrouge: *Le Casrouge 7, route de Saint-Malo-de-la-Lande.* ☎ *0233468470.* ● *fermebecsplats@wanadoo.fr* ● *www.fermebecsplats.fr.* V *Geopend van half april tot half oktober. € 11 voor een staanplaats voor twee personen met een tent en een auto.* Rustige camping (15 staanplaatsen) op een mooi grasveld met bomen. Heel aangenaam. Net sanitair, warm water. Je kunt er vissen, oesters proeven, boerderijproducten kopen (foie gras, gekonfijte producten, zelfgemaakte pastei) en er is wekelijks een marktje.

DOORSNEEPRIJS TOT IETS LUXUEUZER

🛏 Hôtel Les Fresques: *Rue de l'Amiral-Tourville 9.* ☎ *0233470577.* ● *info@hotellesfresques.fr* ● *www.hotellesfresques.com. In het hartje van Agon-Coutainville in een straat die naar zee leidt. Buiten het seizoen gesloten op maandag. Voor een tweepersoonskamer met badkamer graai je € 70 tot 80 uit je portefeuille, afhankelijk van de kamer en het seizoen. Gratis wifi.* Op de begane grond staat een prachtige bar van weleer. Veel houtwerk en stijlvol. Ademt een specifieke sfeer. In het verlengde daarvan bevindt zich de sympathieke kleine salon waar je het ontbijt nuttigt. Op de bovenverdieping ronduit hedendaagse kamers, niet zo groot, maar wel degelijk en heel gerieflijk. Klein luxe-extraatje: tv met een plat beeldscherm. De plastic badkamers zijn niet zo bijzonder, maar goed... Aan de kant van de straat ontwaar je vanaf het balkon de zee.

🍽🍷 La Plancha: *Rue Dramard 77.* ☎ *0233472677.* ♿ *Aan de promenade vlak bij de zee. Buiten het seizoen gesloten op dinsdag en woensdag. Jaarlijkse vakantie: 1 tot 15 oktober. Op weekdagen lunchformule voor € 16. Reken op € 25 à la carte. Wifi.* Trendy adres van deze badplaats. Adembenemend uitzicht op het deinende water, of je nu aan de toog op de benedenverdieping staat of in de kleine eetruimte op de eerste verdieping. Het interieur combineert op vrolijke wijze een hele resem sferen: strandbar, neobistro... het etablissement heeft zelfs iets weg van een gezinspensionnetje. In je bord krijg je eveneens iets trendy. Modieuze kleine schotels, maar niet altijd even goedkoop: tapa's, gamba's *a la plancha* (of course – met zo'n naam was dit toch zeker wel een must!)... Ook een uitgelezen plaats om een glaasje te drinken.

SLAPEN, IETS ETEN IN DE OMGEVING

GOEDKOOP TOT DOORSNEEPRIJS

📧 CHAMBRES D'HÔTES VILLAGE GROUCHY: *bij Jucimara en Robert Sebire, Rue du Vieux-Lavoir 11, 50560 Blainville-sur-Mer.* ☎ 02 33 47 20 31. ● *jr.sebire@free.fr* ● *http://jr.sebire.free.fr. Tweepersoonskamers met badkamer voor € 44.* Mooi 17de-eeuws huis van natuursteen en graniet midden in het dorp, *in* een rustig doodlopend straatje. Op de eerste verdieping werden vijf kamers ingericht, waarvan er drie uitkijken over de tuin met een golfterrein op de achtergrond. De laatste kamer, een gezinskamer, bevindt zich aan de kant van de binnenplaats. Eenvoudige en elegante inrichting. Zomerkeuken en fietsen ter beschikking van de gasten.

❌ LA CALE: *la Plage, 50560 Blain-ville-sur-Mer.* ☎ 02 33 47 22 72. 🅑 *Vlak bij de zee. In het hoogseizoen dagelijks geopend, buiten het seizoen enkel van vrijdagavond tot zondagmiddag. Jaarlijkse vakantie van december tot Pasen. Reken op € 15. Aanvaardt geen kredietkaarten.* Tussen de loods voor de boten en het entrepot Emmaüs. Wankele banken en grote elektrische inductiespoelen vormen een terras met prachtig uitzicht op de duinen. Ontvangst en bediening waarvoor je een nieuwe uitdrukking of een neologisme zou moeten uitvinden... iets dat meer kracht in zich heeft dan 'ongedwongen, losjes, relaxed of zonder complexen'. De kaart is een sigarettenblaadje. Enkele voorbeelden van wat hier geserveerd wordt: gegrild vlees, mosselen (uit de buurt) met friet, twaalf oesters (eveneens uit de buurt)... De geliefkoosde plek voor weldenkende brave burgers die hier (met vakantie in Agon) de teugels wat vieren en een vleugje couleur locale opdoen.

IETS LUXUEUZER TOT HEEL LUXUEUS

📧 CHAMBRES D'HÔTES LE CLOS DES POMMIERS: *Rue de Bas 5, 50560 Blainville-sur-Mer.* ☎ 02 33 45 03 30. ● *lesclosdespommiers@wanadoo.fr* ● *www.closdespommiers.com. Je betaalt € 130 voor een tweepersoonskamer met badkamer en satelliettelevisie. Vakantiehuisje voor vier voor € 400/weekend en € 700/week. Gratis wifi.* Architectonisch (vrij) nauw verwant met de prachtige villa Strassburger van Deauville. Magnifiek etablissement heel eigen aan een badplaats, met alles erop en eraan. Midden in een echt groot park. Het interieur spant de kroon: enorme ruimtes, fraaie hoogtes en verheven plafonds, glimmend parket, houtsnijwerk... Het jonge stel uit Parijs dat zich hier in de groenende natuur is komen vestigen, heeft het huis zeker en vast niet in de 19de eeuw laten vastroesten. Designkamers die getuigen van veel decoratieve kracht en inborst. Je kunt hier een paar ideetjes opdoen en thuis eens uitproberen! Sympathiek klein vakantiehuisje in een bijgebouw. Ontvangst die je ronduit vriendschappelijk mag noemen.

📧❌ LE MASCARET: *Rue de Bas 1-3, 50560 Blainville-sur-Mer.* ☎ 02 33 45 86 09. ● *le.mascaret@wanadoo.fr* ● *www.restaurant-lemascaret.fr.* 🅑 *Het hele jaar door gesloten op maandag; buiten het seizoen ook gesloten op woensdag- en zondagavond. Jaarlijks verlof van 3 tot 24 januari en van 25 november tot 4 december. Voor een tweepersoonskamer of een flat betaal je € 95 tot 195. Menu's van € 25 (lunch op weekdagen) tot 76. Gratis wifi.* Voormalige pastorie in het centrum van het dorp. Bestaat uit een restaurant annex theesalon en een gastenverblijf waar de liefde voor mooie dingen en ontvangst duidelijk te merken is. Alles is er in het werk gesteld om het je naar de zin te maken. De vijf kamers hebben allemaal een persoonlijke toets meegekregen. De Slavische accenten verraden de herkomst van eigenares Nadia, die vroeger sterdanseres was bij het ballet van Sofia. Tegenwoordig is soberheid troef, maar hier is dat helemaal niet het geval! Kleuren, luchters, tapijten met motieven, de badkuip in de kamer, kamers met grote ramen... Er is ook een spa met wellness. In het restaurant, in een van de mooie zalen of op het terras in de tuin, getuigt de jonge chef-kok van een heel vruchtbare verbeeldingskracht en combineert streekproducten en groenten uit eigen moestuin, aroma's, specerijen en wilde kruiden. Het eten is hier heel lekker. Heel hoffelijk.

De chef wringt zich in duizend-en-een bochten om het je naar de zin te maken... en dit vanaf het eerste menu: de bediening (je hebt de indruk dat zij er enkel en alleen voor jou zijn), heerlijke zelfgemaakte broodjes, grog op basis van planten om de vertering te vergemakkelijken, zoete lekkernijen bij de koffie... Ook kookcursussen. Een uitzonderlijk adres dus.

REGNÉVILLE-SUR-MER

50590 | 810 INWONERS

Charmant havenstadje vlak bij de monding van de Sienne, tegenover de Pointe d'Agon. Als je nu ziet hoe rustig het hier is, kun je je bijna niet voorstellen dat Regnéville in de middeleeuwen een van de belangrijkste havens van de Cotentin was en dat de kalkindustrie in de 19de en 20ste eeuw zorgde voor een heuse bloeiperiode. Dit was met name te danken aan de natuurlijke pier die door het schiereiland Agon wordt gevormd. Tijdens de Engelse bezetting in het begin van de 14de eeuw was Regnéville een strategische haven. Uit deze welvarende tijd zijn nog enkele sporen overgebleven: de muurtjes waarmee percelen van elkaar werden gescheiden (in plaats van de traditionele taluds die zo eigen zijn aan de bocages uit de streek van Coutances), overblijfselen van voormalige hotels, grote woningen en last but not least... het kasteel (dat momenteel wordt gerestaureerd, zie hieronder). Tegenwoordig kun je op de zandplaten rond dit dunbevolkte dorpje waar de klok stil is blijven staan, heerlijke wandelingen maken. In een notendop: een vredige haven in de meest letterlijke en figuurlijke zin van het woord!

SLAPEN, IETS ETEN

CAMPING

🅰 CAMING DU RUET: *Rue du Port 8.* ☎ *0233458871.* ● *camping.le.ruet@wanadoo.fr.* ♿ *Geopend van mei tot september. Reken op € 9 voor een staanplaats voor twee personen met een auto en een tent.* Fraaie ligging aan de rand van de prachtige baai van de Sienne. Staanplaatsen op een grasveld met enkele bomen. Correcte sanitaire voorzieningen (warme douche – niet gratis).

GOEDKOOP TOT DOORSNEEPRIJS

🅇 LE JULES GOMMÈS, PUB-CRÊPERIE-RESTAURANT: *Rue de Vaudredoux 34.* ☎ *0233453204. Voor de haven, aan de D49 als je Regnéville binnenrijdt. Vlak voor je bij de zee uitkomt en bijna met je voeten in het water staat (helemaal op het einde van de straat), bevindt zich aan je rechterhand de Jules Gommès. 's Avonds gesloten van zondag tot donderdag, buiten het seizoen ook voor de lunch gesloten op dinsdag en woensdag. Jaarlijks verlof in januari. Menu's van € 12 (lunch door de week) en verder van € 13 tot 28.* Etablissement dat het midden houdt tussen een restaurant, een pannenkoekenhuis en een Ierse pub. Piekfijne inrichting, meubels die onberispelijk worden onderhouden en muren die volhangen met prachtige aquarellen, waarvoor in de prachtige natuur van deze regio inspiratie is gevonden. Weelderig terras vol groen. Wat je in je bord geserveerd krijgt, is ook nog eens lekker. Uitstekende pannenkoeken, *galettes* en prima kleine menu's: rog met zeekraal, geroosterd lamsvlees...

SLAPEN, IETS ETEN IN DE OMGEVING

CAMPING

🅰 CAMPING MUNICIPAL LES GRAVELETS: *Rue du Rey 3, 50620 Montmartin-sur-Mer.* ☎ *0233477020.* ● *campgrav@chez.com* ● *www.chez.com/campgrav. Aan de rand van Montmartin als je vanuit Regnéville komt. Geopend van april tot oktober. Je betaalt ongeveer € 8 voor een staanplaats voor twee personen met een auto en een tent.* Deze gemeentelijke camping is knus genesteld in een voormalige groeve waarvan de wanden met een weelderige vegetatie zijn begroeid. Heel aangenaam. De camping lijkt wel een soort beschut amfitheater. Er zijn vijftien bungalows voor vijf personen te huur.

GOEDKOOP

🔲🔲 CHEZ MARYVONNE: *Avenue de l'Aumesle 3, 50590 Hauteville-sur-Mer.* 🔲 *02 33 47 52 11. Fax: 02 33 47 68 18.* 🔲 *Gesloten op dinsdag- en zondagavond (behalve in juli en augustus) en tijdens de kerstvakantie. Je betaalt €30 voor een tweepersoonskamer met douche en wc. Door de week 's middags een goed dagmenu voor €10; overige menu's van €16 tot 26.* Leuk restaurantje-bar-bistro, 50 m van het strand, maar zeker niet de plaats waar 'horden' toeristen neerstrijken. Met andere woorden: geen truc à touristes, maar wel een aangenaam etablissement dat je eerder in een volksbuurt van een grootstad of langs een rijksweg zou verwachten. Tafels vrij ver van de toog, waar de stamgasten knikkebollen. Een bazin die van wanten weet... bijzonder rad van tong. Klein dagmenu dat een goede prijs-kwaliteitverhouding garandeert. Visgerechten en schotels met zeevruchten voor enkele euro's meer. Er zijn ook een paar eenvoudige kamers vlak ernaast.

DOORSNEEPRIJS TOT IETS LUXEUZER

🔲🔲 HÔTELLERIE DU BON VIEUX TEMPS: *Rue Pierre-des-Touches 7, 50590 Montmartin-sur-Mer.* 🔲 *02 33 47 54 44.* ● *restaurant@hotel-du-bon-vieuxtemps.com. Ongeveer twee kilometer van de zee, recht tegenover het postkantoor van Montmartin. Gesloten op zondagavond en op maandag (behalve in juli en augustus). Jaarlijks verlof: de tweede helft van februari en de eerste helft van oktober. Je telt €52 à 65 neer voor een tweepersoonskamer met badkamer. Door de week is er een lunchmenu voor €13; overige menu's van €23 tot 43.* Een groot huis van natuursteen, opgetrokken in heel typische stijl voor de streek, het kleine tabakswinkeltje op de begane grond, betegeling in retrostijl, houtsnijwerk... in ieder geval meer dan genoeg om met recht en rede te kunnen beweren dat deze herberg zijn naam niet heeft gestolen ('herberg uit de goeie ouwe tijd!'). En als je nu nog weet dat de eigenaars niet bij de pakken zijn blijven zitten, maar mee zijn met hun... tijd, dan kan je dag werkelijk niet meer stuk. De chef-kok bereidt het resultaat van de visvangst (bijna uitsluitend vis!) op een heel actuele wijze. En de kamers zijn aangenaam. De duurste zijn zelfs ronduit om in te dansen.

🔲 CHAMBRES D'HÔTES CHEZ ODILE ET JEAN-PIERRE TORCHIO: *Routes des Salines 32, 50290 Bricqueville-sur-Mer.* 🔲 *02 33 51 77 59.* ● *odile.torchio@wanadoo.fr. Ten zuiden van Regnéville-sur-Mer. In Bricqueville volg je de weg naar Salines, tegenover het restaurant La Passerelle. Vervolgens neem je de tweede straat rechts. Geopend van juni tot september. De rest van het jaar enkel na afspraak. Voor een tweepersoonskamer tel je €53 neer; €20 per bijkomende gast.* Blauw, roze... en voor gezinnen gaan we voor roze en groen. Frisse kamers met een leuke badkamer, klein maar praktisch. Ontbijt en welkomstaperitief worden opgediend in een vreemd ingerichte (tapkast, oude flipper) maar vrolijke zaal met veel licht en grote ramen die uitgeven op de grasvelden achter de verzorgde tuin. Hartelijke ontvangst. Meneer is praatgrager dan mevrouw, dat mag ook wel eens...

WAT IS ER TE ZIEN?

🔲🔲🔲 Musée maritime (zeevaartmuseum) de Regnéville en de kalkovens van Rey: 🔲 *02 33 46 82 18. 800 m van de kerk. In juli en augustus dagelijks geopend van 11.00 tot 19.00 u; van april tot juni, in september en tijdens de schoolvakanties van november en Pasen dagelijks geopend van 14.00 tot 18.30 u. Toegangsprijs: €4,20. Kortingen.* Er worden allerlei activiteiten georganiseerd (het maken van kalk, een frescoatelier...) en allerhande spektakels begin juli. Hier kom je alles te weten over het maritieme leven van de streek in de tijd dat Regnéville nog een belangrijke haven was. Op het menu: maquettes en 'portretten' van zeilschepen (brikken en schoeners met marszeilen), navigatiehulpmiddelen, kapiteinshutten, reconstructie van de laatste touwslagerij (die in 1925 zijn deuren sloot), wrakken en overblijfselen van boten die stenen transporteerden, platbomers uit de regio, uitrusting voor de visvangst te voet (niet met een schip met andere woorden!), karren voor het halen van zeeslib om de grond te verrijken en een mooi schilderij van Charles Jourdan, *Le Brûlage du varech* (het branden van zeewier). In de wandelgangen hangen schilderijen van knopen, speciaal om je te trainen voor het matrozenwerk.

- Op de eerste verdieping: de geschiedenis van de kalk (antieke oudheid, middeleeuwen, 19de eeuw) en de bouw van de kalkovens van Rey (1852). Reconstructie van de bovenkant van een oven, kiepwagentje, gebruik van kalk...

- Buiten: aarzel niet om een blik te werpen op de kalkovens. Deze gebouwen zijn een indrukwekkend en vrij uitzonderlijk voorbeeld van de architectonische industriële bouwstijl uit de 19de eeuw. Door het imposante muurverband krijgt het geheel iets van een vestingbouw. De kalkovens van Rey zijn een zeldzaam voorbeeld van een gecombineerde kalkoven (een oven die zowel op kolen als op hout wordt gestookt). De kolen kwamen uit Engeland en de kalk uit Montmartin. De kalk die hier werd verkregen, werd gebruikt om de grond van de Bretonse kust en die van de Kanaaleilanden rijker en productiever te maken. Er zijn interessante panelen met uitleg over de verschillende aspecten van het productieproces.

- Smidse van Louis en Jean Sauvey: op het eind van het bezoek kunnen liefhebbers van mooie werktuigen achter op de binnenplaats een blik werpen op de smidse van Louis en Jean Sauvey, werktuigbouwkundigen van vader op zoon van 1910 tot 1970 in Coutances. Rond de smidse staan fraaie aambeelden, kolomboren, draaibanken en freesmachines uitgestald. In de loods ernaast ligt een indrukwekkende motor op arm gas die van 1912 tot 1978 in de zagerij Delamare in Coutances werd gebruikt. Het trouwe beestje verbruikte wel ongeveer een stère hout per dag...

✹ **De kerk:** uit de 12de eeuw, geklasseerd als historisch monument. De klokkentoren die door vier kleine torentjes wordt verfraaid, heeft zijn spits verloren. Binnen staat er een opmerkelijk ensemble van een tiental beschilderde beelden van hout of steen, waaronder een prachtige piëta uit de 15de eeuw (aan de rechterkant van het schip). Maquette van een boot als votiefbeeld. Doet dienst als barometer en vochtigheidsmeter (het touw wordt strakker of losser gespannen naargelang de vochtigheid).

✹ **Het kasteel:** werd gebouwd in de 12de eeuw, maar op last van Richelieu vernietigd na het beleg van La Rochelle (als die godsdienstfanaten zich nou eens een beetje konden inhouden in plaats van alles te vuur en te zwaard te verwoesten...). Er zijn nog resten te zien van de vierkante donjon (die oorspronkelijk uit vier overwelfde verdiepingen bestond) en de westelijke flank (met een wenteltrap en heel imposante muren met een dikte van niet minder dan drie meter!). Ondanks het sloopwerk van Richelieu heeft deze plek een zekere elegantie weten te behouden. Er zijn opgravingen aan de gang die de plaatselijke geschiedenis zeker zullen verrijken. Er vinden ook tentoonstellingen over hedendaagse kunst plaats.

COUTANCES

50200 | 11.500 INWONERS

Voormalige Gallische nederzetting en vervolgens hoofdplaats van de Cotentin onder de heerschappij van de Normandische hertogen. Pas na de Franse Revolutie verliest Coutances zijn belangrijke regionale positie aan Saint-Lô, dat dan de hoofdplaats van het departement wordt (in 1796).

Als je de stad van ver ziet liggen, ontwaar je enkel de drie kerken die de omliggende woningen totaal aan het zicht onttrekken. Ze worden er bijna letterlijk door verzwolgen. Vervolgens doemt de schitterende kathedraal op, een architectonisch pronkstukje dat hoog uittorent boven de hele stad.

Maar Coutances is meer dan alleen de kathedraal. De stad is ook een soort culturele hoofd-plaats van het departement geworden, in het bijzonder dankzij het festival *Jazz sous les pommiers* (Jazz onder de appelbomen), dat binnen de kortste keren tot een van de leukste Europese jazzfestivals (zie verderop onder de rubriek 'Wat valt er te beleven?') is uitgegroeid. Kortom, een heel aangenaam en dynamisch stadje waar van alles wordt georganiseerd om het je naar de zin te maken. Een plaats die ons na aan het hart ligt...

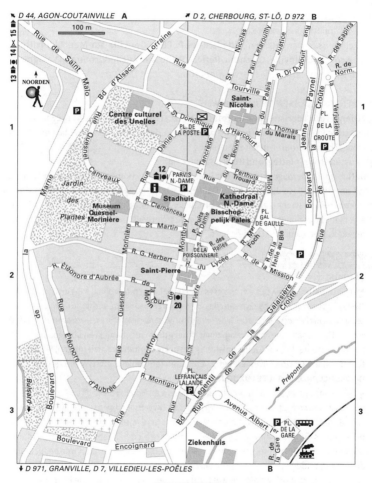

COUTANCES

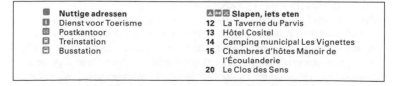

	Nuttige adressen		**Slapen, iets eten**
	Dienst voor Toerisme	12	La Taverne du Parvis
	Postkantoor	13	Hôtel Cositel
	Treinstation	14	Camping municipal Les Vignettes
	Busstation	15	Chambres d'hôtes Manoir de l'Écoulanderie
		20	Le Clos des Sens

AANKOMST EN VERTREK

Met de trein of SNCF-bus

🚉 **Treinstation (plattegrond B3):** ☎ 02 33 07 50 77 of 36 35 (nationaal nummer; € 0,34/minuut). ●*www.ter-sncf.com/basse_normandie.*

- **Van/naar Caen, Bayeux, Lison** (naar Parijs en Cherbourg), **Saint-Lô, Avranches, Pontorson** (Mont-Saint-Michel), **Rennes.**
- **Van/naar Saint-Lô, Lison, Bayeux, Caen en Granville:** met de bus.

Met de bus

🚌 **Busstation (plattegrond B3):** *Place de la Gare. Met de maatschappij VTNI.* ☎ 0825 076 027 (€ 0,15/minuut). ●*www.mobi50.com.*

- Enkele bussen per dag naar **Villedieu-les-Poêles, Gouville-sur-Mer, Blainville-sur-Mer, Agon-Coutainville, Carentan, Périers, Saint-Sauveur-le-Vicomte** en **Valognes.** Let op, tijdens het weekend rijden er weinig bussen.

NUTTIGE ADRESSEN EN INFORMATIE

🛈 **Dienst voor Toerisme(plattegrond A1-2):** *Place Georges-Leclerc.* ☎ 02 33 19 08 10. In juli en augustus dagelijks geopend (behalve op zondagmiddag); de rest van het jaar gesloten op zondag. Themabezoeken in juli en augustus.

✉ **Postkantoor (plattegrond B1):** *Rue Saint-Dominique.*

- **Markt:** op donderdagochtend in het overdekte marktgebouw en in de Rue du Maréchal-Foch en aan de Place du Général-de-Gaulle (plattegrond B2). Ontmoetingsplaats voor de inwoners van de streek. Lekkere verse producten en ook eenden en konijnen die zij aan zij staan met onder meer planten- en boomkwekers. Vergeet niet wat coutances te kopen, de streekkaas met het heerlijk romige hart.

SLAPEN, IETS ETEN

CAMPING

📷 CAMPING MUNICIPAL LES VIGNETTES (BUITEN PLATTEGROND VIA A1, 14): *Route de Saint-Malo 27.* ☎ 02 33 45 43 13. ♿ *Gemeentelijke camping aan de rand van de stad, in de richting van Agon-Coutainville. Het hele jaar door geopend. Je betaalt € 9 voor een staanplaats voor twee personen met een auto en een tent.* Kleine camping aan de weg, maar in het groen, met heggen en bomen. In een vallei. Best gezellig. In twee kleine huisjes liggen nette sanitaire voorzieningen. Sportfaciliteiten er vlak naast (onder andere een zwembad en tennisplein, gratis voor kampeerders).

DOORSNEEPRIJS TOT IETS LUXEUZER

📷 LA TAVERNE DU PARVIS (PLATTEGROND A1, 12): *Place du Parvis.* ☎ 02 33 45 13 55. ●*lataverneduparvis@orange.fr. Restaurant gesloten op zondag. Tweepersoonskamers voor € 48. Brasseriemenu van € 8,50 (lunch op weekdagen) tot 12,90; overige menu's van € 16,10 tot 19,50. Gratis wifi.* Traditionele kamers die alles welbeschouwd veel comfort te bieden hebben, maar die, ondanks het vele licht en de ruimte, niet echt veel levensvreugde uitstralen... Harde bedden. Ideale ligging midden in het historische centrum. Als je door het gebeier van de klokken van de kathedraal wilt worden gewekt, zul je geheid een kamer aan die kant vragen. Op de benedenverdieping bevindt zich een bar-brasserie met dagschotels en klassieke gerechten: zuurkool, gesmoorde schenkel, Flammeküche...

📷 LE CLOS DES SENS (PLATTEGROND A2, 20): *Rue Geoffroy-de-Montbray 55.* ☎ 02 33 47 94 78. ●*leclosdessens@orange.fr. Gesloten op zondag en maandag. Reserveren is absoluut aan te raden. Lunchformule voor € 14,80; 's avonds eet je er voor € 28 tot 40.* Op het bord staan de suggesties, elke middag staat er iets anders op het menu. Voor de lunch wordt het vrij beperkt gehouden (1 vleesgerecht, 1 visgerecht en 2 desserts), 's avonds is er wat meer keuze... Maar alles is altijd heel vers en o zo lekker. Je volgt de chef blindelings, het geurt er zo heerlijk... een waar genot voor je smaakpapillen. In de knusse zaal met lage balken staan amper tien tafeltjes, die al snel ingenomen zijn. Het adresje is in de hele stad gekend, en terecht!

IETS LUXUEUZER TOT HEEL LUXUEUS

🏨🍴 HÔTEL COSITEL (BUITEN PLATTEGROND, VIA A1, 13): *Route de Coutainville.*

☎ 02 33 19 15 00. ● *accueil@cositel.fr* ● *www.hotelcositel.com.* 🛏 *Gesloten op zaterdagavond, zondagmiddag en op kerstavond. Tweepersoonskamers met badkamer van € 61 tot 82, afhankelijk van het seizoen en het uitzicht (parking of tuin). Doordeweekse lunchformule voor € 9,90; menu's van € 21 tot 33.* Recent gerenoveerd ketenhotel dat heel functioneel is. Sommige kamers zijn werkelijk heel ruim en ontegensprekelijk uiterst gerieflijk. Hoewel de weg vlakbij ligt, is het er rustig, groen (heel aangename tuin). De heel professionele bediening voldoet aan al je wensen en zorgt voor een aangenaam verblijf. In het restaurant worden regionale gerechten opgediend. Dit etablissement mag prat gaan op het label 'Normandie Qualité Tourisme'.

🏨 CHAMBRES D'HÔTES MANOIR DE L'ÉCOULANDERIE (BUITEN PLATTEGROND VIA A1, 15): *bij Béatrice de Pontfilly.* ☎ 02 33 45 05 05. ● *contact@l-b-c.com* ● *www.l-b-c.com. Je verlaat de stad in de richting van Agon-Coutainville. Voorbij de aquaduct sla je rechts af (tegenover het stadion) en neem je de Rue de la Broche richting Écoulanderie. Het huis staat 200 m verderop aan je rechterhand. Je legt € 120 à 130 op tafel voor een tweepersoonskamer met bad en tv. Gratis wifi.* Het is hier heel rustig achter het toegangsportaal. Een beetje intimiderend op het eerste gezicht... Heel grote en mooie tuin in terrasvorm (wellicht hebben we het beter over een park op dit niveau). Magnifiek uitzicht op de stad en de kathedraal, waar je niet op uitgekeken raakt. Uiterst schattige en bekoorlijke kamers (ronduit cosy) met een landelijke inrichting in een 18de-eeuws huis dat met zijn witte gevels en blauwe luiken terecht trotsheid uitstraalt. Er zijn ook enkele kamers in de bijgebouwen. Aangenaam verwarmd overdekt zwembad. Charmante ontvangst.

WAT IS ER TE ZIEN?

🎯🎯🎯 **Cathédrale Notre-Dame (plattegrond B1-2):** *dagelijks geopend van 9.00 tot 19.00 u. Het hele jaar door zijn er rondleidingen: inlichtingen en reserveringen (verplicht) bij de Dienst voor Toerisme. Om veiligheidsredenen mogen kinderen onder de tien jaar de kathedraal niet bezoeken. Toegangsprijs: € 6,50. Kortingen.* Bekijk vooral de hogere gedeeltes (mag je voor geen goud missen!). Als bij wonder bleef dit uitzonderlijke gebouw gespaard van de menselijke vernielzucht bij de bombardementen van juni 1944. De kathedraal werd oorspronkelijk in de 11de eeuw gebouwd door bisschop Geoffroy de Montbray. Wat later, in het begin van de 13de eeuw, werd ze vervangen door een gebouw in gotische stijl. Van de romaanse kathedraal zijn enkel nog de structuur van het schip en de geveltorens overgebleven. Daaromheen werd een gotische bekleding aangebracht. Elke spits is omgeven door ranke torentjes die als raketten omhoogschieten en het geheel precies ten hemel trekt. De opmerkelijke verticale werking wordt nog versterkt door de lange blinde bogen. Midden in de gevel bevindt zich boven een grote deuropening met een spitsboog een schitterende opengewerkte galerij uit de 14de eeuw.

De adembenemende apsis is een kunstwerk van harmonie waarin de evenwichtige romaanse verhoudingen zijn gecombineerd met de verticaliteit van de gotiek. Alle lijnen komen samen in de toren die de hemel lijkt te willen bestormen. Binnen komen dezelfde harmonieuze proporties terug. Ter hoogte van de viering (of kruising) is de kruisingstoren gebouwd. Let hier vooral op het krachtige lijnenspel, de zuiltjes en ook weer de sterke verticale opgaande werking. Bekijk de glas-in-loodramen, vooral die met de afbeelding van het *Laatste Oordeel* (uit de 15de eeuw). Onder de twaalf apostelen bevindt zich de heilige Michaël. Hij is de zielen aan het wegen. Aan weerszijden nemen engel en duivel het deel dat hun toekomt. Een ander interessant raam is dat met een afbeelding van de *Drie Martelaren* (uit de 13de eeuw), dat je van rechts naar links en van onderen naar boven leest en waarop de heiligen Blasius, Gregorius en Thomas Beckett zijn afgebeeld. Rondom het koor is er een brede kooromgang. Om het probleem van het relatief lage schip (door de romaanse structuur) op te lossen, werd hier met optische effecten gespeeld. Ramen, deuropeningen en valse triforia werden opzettelijk in de lengte uitgewerkt. Het resultaat is heel geslaagd! In de kapellen zijn enkele glas-in-loodramen uit de 13de eeuw te bezichtigen.

- Achter de kathedraal bevindt zich het bisschoppelijk paleis uit de 18de eeuw.

◀ **Musée Quesnel-Morinière** (plattegrond A2): *Rue Quesnel-Morinière 2.* ☎ 02 33 07 07 88. *In juli en augustus dagelijks geopend van 10.00 tot 12.00 u en van 14.00 tot 18.00 u; de rest van het jaar geopend van 10.00 tot 12.00 u en van 14.00 tot 17.00 u. Gesloten op dinsdag en op zondagochtend. Toegangsprijs: € 2,50. Kortingen. Gratis voor wie jonger is dan achttien.* Gevestigd in het voormalige herenhuis Quesnel-Morinière. Verzameling van regionaal belang. Uiteenlopende interessante collectie: antieke voorwerpen van Normandische keramiek, kostuums, stempels, gravures, enkele schilderijen daterend uit de 17de tot de 20ste eeuw, sculpturen (vooral religieuze) uit begin 15de tot eind 20ste eeuw. De liefhebbers van regionale geschiedenis vinden er ook werken van de 'Pou qui grimpe', een bekende groep grafische kunstenaars uit Coutances uit het begin van de 20ste eeuw. Het museum organiseert ook interessante exposities waarbij hedendaagse kunstenaars aan bod komen.

◀ ◀ **Jardin des plantes** (plattegrond A1-2): *toegang via het museum of via de Rue Quesnel-Morinière. Van oktober tot maart geopend van 9.00 tot 17.00 u; van april tot september geopend van 9.00 tot 20.00 u; in juli en augustus geopend van 9.00 tot 23.00 u (met verlichting en muziek). Vrije toegang.* Schitterende terrastuin. Werd in 1850 door een telg van de aristocratische familie Quesnel-Morinière aan de stad geschonken op voorwaarde dat er medicinale planten werden gekweekt die gratis ter beschikking van de armen zouden worden gesteld. Geslaagde combinatie van de elegantie van de Engelse tuinen, de strenge symmetrie van de Franse tuinen en de charme van de Italiaanse terrassen. In het midden staat de obelisk van de gulle gever. Maak een ontdekkingstocht tussen de 47.000 zeldzame planten en aroma's, waaronder dennen uit de Himalaya, zeepbomen, reuzensequoia's, Japanse ceders, apenbomen (araucaria), ginkgo biloba's, tulpenbomen uit Virginia, boomsoorten uit Canada... In de zomer word je begeleid door de geuren van heliotropen en andere sierplanten. Zeker ook de moeite waard is de immense ciderpers uit de 18de eeuw recht tegenover het museum en het labyrint voor kinderen helemaal onderaan links.

- **Wandeling in het oude Coutances:** de Rue Quesnel-Morinière geeft een goed beeld van hoe de stad er vroeger heeft uitgezien. Knap gerestaureerd na de bombardementen van de Tweede Wereldoorlog, mede dankzij het werk van de architect Louis Arretche. Op nummer 10 is er een gebeeldhouwde latei. Nummer 18 is een heel fraaie woning. Ter hoogte van nummer 24 zie je een gewelfd portaal en eerbiedwaardige balken die leiden naar een binnenplaats met sierlijke sobere gebouwen. Er zijn ook enkele openingen met bogen in de vorm van een accolade. Nummer 40 is een voormalig herenhuis. Aan de Rue Geoffroy-Herbert bevindt zich een huis met een uitkragend torentje van baksteen. De Rue Saint-Pierre (die steil achter de kerk naar beneden loopt) biedt eveneens een interessant uitzicht op het historische Coutances: waardevolle winkelgevels, ramen met accoladebogen, poorten die toegang geven tot pittoreske geplaveide straatjes...

◀ **Église Saint-Pierre** (plattegrond A-B2): *Rue Geoffroy-de-Montbray.* Bescheidener dan de kathedraal, maar eveneens een opmerkelijk gebouw wat de architectonische bouwstijl betreft. Bekijk de heel rijk gedecoreerde vieringstoren in renaissancestijl, die een scherp contrast vormt met het sobere interieur. De vorm doet enigszins denken aan een tiara en verwijst naar de hulp van paus Alexander VI bij de bouw van de kerk. Binnen vind je mooie koorstoelen uit de 17de eeuw met gebeeldhouwd loofwerk. In de linkerdwarsbeuk zie je enkele interessante glas-in-loodramen (doopscènes). Elegante bogen met vierdubbele lijsten. Het interieur is opvallend licht.

Église Saint-Nicolas (plattegrond B1): wordt niet langer voor kerkdiensten en eucharistievieringen gebruikt, maar wel voor tijdelijke tentoonstellingen. In juli en augustus dagelijks geopend, behalve op zondag. Zelfde uurregeling als de Dienst voor Toerisme. Gebouwd in de 13de eeuw en menigmaal het doelwit van oorlogsgeweld. Werd vanaf het eind van de 16de tot en met de 18de eeuw volledig herbouwd in gotische stijl. Het koor dateert van 1620 en is bijzonder elegant.

Hôtel de ville (gemeentehuis, plattegrond A1-2): *bezichtiging aan te vragen bij de Dienst voor Toerisme (geen bezoek op zondag).* Sinds 1819 gevestigd in het voormalige Hôtel de Cussy (17de-18de eeuw). De voorgevel dateert uit het begin van de 20ste eeuw. Op de binnenplaats is er een elegant bordes met een smeedijzeren trapleuning. Bekijk binnen, in de trouwzaal, de muurschilderingen die Charles Rocher de Gérigné in de jaren 1930 maakte. Ze verhalen het leven van een stel Normandische landbouwers uit de 19de eeuw. In de inkomsthal zie je nog een vaderlandslievend schilderij.

Aquaduct (buiten plattegrond via A1): *Rue de Saint-Malo (in de richting van Agon-Coutainville).* Schilderachtige overblijfselen van een gotisch aquaduct uit de 13de eeuw. Drie eeuwen later werd het door de hugenoten verwoest en vervolgens weer opgebouwd om uiteindelijk in de 17de eeuw weer in onbruik te raken.

WAT VALT ER TE BELEVEN?

- **Centre culturel des Unelles (plattegrond A1):** *Rue Saint-Maur, BP 524.* ☎ 02 33 76 78 50. Cultureel centrum gevestigd in de indrukwekkende gebouwen van het vroegere grootseminarie. Het oorspronkelijke gebouw werd opgetrokken in 1868 en herbergde indertijd tot driehonderd seminaristen. Het geringe aantal roepingen is toch nog ergens goed voor! Sinds zijn oprichting in 1983 is het culturele centrum van Unelles het kloppende hart van het prettig bruisende, culturele leven van Coutances. Foto's, schilderijen, beeldhouwwerk, kunstnijverheid, geschiedenis... komen hier tot hun recht. En vergeet niet dat dit centrum een heel belangrijke rol speelt in het kader van het jazzfestival...

- **Festival 'Jazz sous les pommiers':** *in mei, de week van Hemelvaart (niet zo gek, er hangen dan nog geen appels aan de bomen). Voor inlichtingen kun je terecht bij de Dienst voor Toerisme (*☎ *02 33 19 08 10) of het Centre des Unelles (*☎ *02 33 76 78 50 of 60).* ● *www.jazzsouslespommiers.* Dit festival is een van de belangrijkste festivals van het land met zo'n beetje het beste publiek dat we kennen. Sinds het festival in 1982 werd opgericht, biedt 'Jazz sous les pommiers' een unieke programmering en sfeer. Op het festival kun je zowel onbekende artiesten als grote namen uit de wereld van de jazz bewonderen. Om er maar enkele te noemen: Dee Dee Bridgewater, Paco De Lucia, Henri Texier, Abdullah Ibrahim, Max Roach, Renaud Garcia-Fons, Archie Shepp... Dit is een programma zonder paardenbril waarop alle muzieksoorten en genres 'uit de buurt' welkom zijn: elektro, blues, Afrikaanse en Braziliaanse muziek en zelfs reggae. De muziek kun je uiteraard ook overal op straat en in de cafés beluisteren, de voorkeurslocatie van diverse Normandische en Bretonse groepen die bij deze gelegenheid in de belangstelling staan. Vergeet niet om plaatsen te reserveren voor de concerten en hotelkamers.

- **Les Estivales du Pays de Coutances:** in de zomer worden door de Dienst voor Toerisme speciale en ongewone verkenningstochten of spektakelrondleidingen georganiseerd op de mooiste plekjes van het Pays de Coutances.

HET ZUIDELIJKE DEEL VAN HET PAYS DE COUTANCES

Dwaal over het netwerk van kleine weggetjes in het prachtige bocagelandschap. Rijd op goed geluk in de richting van het zuiden en ontdek de schoonheid van de tuinen van het Manoir d'Argences (klein kasteeltje), het verbazingwekkende mausoleum van Auguste Letenneur, de Abbaye d'Hambye... We geven je enkele suggesties om je honger naar bezienswaardigheden nog wat aan te wakkeren. Bovendien zijn er ook enkele lekkere adresjes in de buurt.

SLAPEN, IETS ETEN

🏠 **CHAMBRES D'HÔTES LE COTTAGE DE LA VOISINIÈRE**: *La Voisinière, 50410 Percy.*

☎ *02 33 61 18 47.* ● *cottage.voisiniere@wanadoo.fr* ● *http://perso.wanadoo.fr/cottagedelavoisiniere. 7 km van de abdij van Hambye, te bereiken via de D51 in de richting van Sourdeval en vervolgens de D98 richting Percy. De woning bevindt zich aan je linkerhand vooraleer je Percy binnenrijdt. Tweepersoonskamers voor € 50.* Midden op het platteland, helemaal achter in een grote tuin vol bloemen (ongeveer 350 rozenstruiken, waaronder 70 oude variëteiten!). De uiterst charmante vrouw des huizes zou je er urenlang over kunnen vertellen. Je vindt er enkele heel aangename en fleurige kamers in een grote traditionele woning. In het huisje ernaast staat er een eetkamer met kookhoek (met koelkast) ter beschikking van de gasten. Lekker ontbijt met zelfgemaakt gebak en jam van het huis. Je kunt er calvados, cider en honing kopen.

🏠✗ **AUBERGE DE L'ABBAYE D'HAMBYE**: *Route de l'Abbaye 5 (BP 2). 50450 Hambye.*

☎ *02 33 61 42 19.* ● *auberge.abbaye@orange.fr. 100 m van de abdij, aan de D51. Gesloten op zondagavond en op maandag. Jaarlijks verlof in de krokusvakantie en drie weken in september en oktober. Tweepersoonskamers met badkamer voor € 52. Menu's van € 26 tot 65.* Grote woning van natuursteen uit de streek, aan de rand van een leuke weg, met een handjevol comfortabele kamers. De inrichting straalt een zweempje romantiek uit. Rustige herberg in een groene omgeving, uiterst zorgvuldig onderhouden. Je wordt vriendelijk ontvangen door de eigenaars en kunt er genieten van een heerlijke regionale keuken. De gerechten worden in een elegante eetkamer opgediend.

🏠 **CHAMBRES D'HÔTES CHEZ NADINE ET GUY OSOUF**: *50210 Cerisy-la-Salle.* ☎ *02 33 46 83 17.* ● *gosou@wanadoo.fr* ● *www.hotelgoffetre.fr. Aan de D972 tussen Coutances en Saint-Lô. Volg richting Cerisy-la-Salle. In het dorp neem je de D52 naar Belval-gare. Het huis ligt anderhalve kilometer verder aan de linkerkant. Voor een tweepersoonskamer tel je € 48 neer.* Je bent hier op het domein van de heer Goffêtre! In de Tweede Wereldoorlog werd zijn woonhuis door de Duitsers met de grond gelijkgemaakt, maar de aanpalende gebouwen staan er nog. Het huis van Nadine en Guy ligt in de oude perskamer. Een mooie stenen trap leidt naar twee kamers op de eerste verdieping. Gezellig en knus ingericht. De kinderen van het gastgezin hebben de muren geschilderd. Geen table d'hôte maar er is een keukenblok dat je kunt gebruiken. In de buurt liggen ook enkele eethuisjes. Nadine werkt bij de Conseil Générale en houdt zich bezig met het behoud van antiek en kunstvoorwerpen... Ze kan je dus enkele goede tips geven om de streek te ontdekken. Hartelijke ontvangst.

WAT IS ER TE ZIEN?

🏃🏃🏃ℹ **Jardins du Manoir d'Argences (tuinen van het landgoed van Argences)**: *50200 Saussey.* ☎ *02 33 07 92 04.* ● *www.jardins-argences.com. 3 kilometer ten zuiden van Coutances in de richting van Gavray. Goed aangegeven vanaf de D7. Van mei tot half oktober dagelijks geopend van 14.00 tot 18.00 u. Toegangsprijs: € 5,50. Gratis voor kinderen jonger dan twaalf. Kortingen.* Onder in een vallei, midden in de groenende natuur, ligt het 17de-eeuwse landhuis van Argences. Het bestaat uit een schitterend geheel van gebouwen rond een binnenplaats, omgeven door een slotgracht. Binnen deze adembenemende omgeving hebben de huidige eigenaars 9 tuinen (met het label 'uitzonderlijke tuin') aangelegd: bloementuin, rozentuin, bostuin, vijver, beekje... een explosie van geuren en kleuren in een idyllische en bijzonder charmante omgeving. De beste maanden om deze bezienswaardigheid een bezoek te brengen zijn juni, juli en september. Het voorlaatste weekend van juli wordt hier ook een festival van de doofstomme film georganiseerd. Dan kun je de films op de binnenplaats van het landgoed in de openlucht zien, met pianomuziek op de achtergrond.

❧ **Manoir de Saussey:** *50200 Saussey.* ☎ *02 33 45 19 65. Een paar kilometers ten zuiden van Coutances, aan de D7. Goed aangegeven. Van Pasen tot september dagelijks geopend van 14.00 tot 18.30 u; in oktober, november en maart in het weekend en op feestdagen geopend na afspraak. Toegangsprijs: € 6. Kortingen.* De eigenaar is een sympathieke antiekverzamelaar. In zijn prachtige landhuis stelt hij een heel interessante verzameling antiek glaswerk tentoon. Hij heeft ook een prachtige verzameling kerststallen. Rondom het huis liggen prachtige tuinen.

❧❧ **Kerk van Savigny:** *ten noordwesten van Cerisy-la-Salle. Dagelijks geopend van 9.00 tot 18.00 u (tot 17.00 u van november tot april).* Dit kerkje uit 1128 mag je zeker niet missen. In de apsis in de vorm van een halve koepel worden eenvoudige bogen afgewisseld met dubbele zuilen en prachtige fresco's uit de 14de eeuw. Er zijn ook enkele interessante sculpturen, onder andere een polychrome Maria met kind en links, aan de kant van de toren, een Heilige Barbara uit de 16de eeuw. Op de muur van het schip strekken grote fresco's zich voor je uit. In de cyclus van Sint-Barbara staan drie cowboyachtige booswichten klaar om de heilige te martelen. Heel speciaal! Precies een spaghettiwestern. We vermelden voorts ook nog een fresco met een opmerkelijk *Laatste Avondmaal.* Er zijn 'veertien' disgenoten! De kunstenaar heeft de vrijheid genomen om Sint-Paulus te laten aanschuiven... Rondom het schip en het koor zie je een mooi fries van modillons met vreemde figuren, monsters, dieren, kleine tafereeltjes, bladwerk...

❧❧ **Château de Cerisy-la-Salle (50210):** ☎ *02 33 46 91 66. In juli en augustus zijn er elke donderdag rondleidingen om 15.00 u en om 16.30 u. Toegangsprijs: € 4. Kortingen. Gratis voor kinderen jonger dan tien.* Als je vanuit het zuiden het dorpje binnenkomt, zie je het kasteel meteen liggen boven een zijriviertje van de Soulles. Het werd gebouwd in het begin van de 17de eeuw door de bekende hugenoot Jean Richier. Dit verklaart meteen de strenge en uiterst nauwkeurige bouwstijl van dit bouwwerk dat door hoekpaviljoens met hoge daken wordt geflankeerd. Het enige fantasie-element zijn de bewerkte dakvensters. Sommige van de hoge ramen lijken zelfs meer op middeleeuwse schietgaten dan op renaissanceramen. In deze moeilijke tijden werd in protestantse kringen een defensieve houding aangenomen. In het kasteel worden tegenwoordig symposia gehouden, meer bepaald de Colloques de Cerisy. Deze evenementen worden georganiseerd door de *Amis de Pontigny-Cerisy.* Ze vinden plaats van juni tot oktober en zijn bedoeld als uitwisselingsmogelijkheid voor intellectuelen, onderzoekers, geleerden, kunstenaars en specialisten uit alle delen van de wereld. De thema's van de symposia zijn heel gevarieerd.

Voor inlichtingen en een programma van de symposia kun je terecht bij het Centre culturel international, 50210 Cerisy-la-Salle. ☎ *02 33 46 91 66.* ● *www.ccic-cerisy.asso.fr.*

❧ **Saint-Denis-le-Gast:** in het dorp staan schitterende huizen uit de 18de en 19de eeuw. Let vooral op de fraaie raam- en deuromlijstingen van natuursteen en de daken met retroussis (kleine driehoekige frontons waarin dakvensters zijn verwerkt). In de kerk zie je een groot retabel met mooie rocaille van 1740.

❧❧ **La Baleine:** *5 km ten westen van Hambye.* Prachtig dorp, knus genesteld in de vallei van de Sienne. Bekijk de chapelle Notre-Dame uit de 17de eeuw. Binnen in de kapel wordt er een walvisbot als ex voto gebruikt!

- Bezoek zeker ook de **andouillerie de la vallée de la Sienne.** ☎ *02 33 61 44 20. In juli en augustus zijn er dagelijks rondleidingen om 11.00 u en van 15.30 tot 17.30 u (om het uur). Het winkeltje is het hele jaar* *door geopend. Toegangsprijs: € 2,30. Gratis voor kinderen jonger dan veertien.* Het is een van de laatste ambachtelijke worstenmakerijen waar de worst op traditionele wijze wordt gerookt. Het vraagt veel tijd (minstens drie weken), maar het resultaat loont beslist de moeite! Dit is een van de lekkerste *andouillettes* die we ooit hebben geproefd. Geurig, zeker niet vettig en met vacuümverpakking voor onderweg. Je kunt de hele productie volgen: schoonmaken, zouten, roken op houtvuur, koken...

> **Ik hou van je, oneindig veel!**
> De abdij van Hambye werd in 1956 aangekocht door de heer Beck, zonder medeweten van zijn vrouw. Die was razend dat hij een villa aan zee had verkocht om de abdij te kunnen kopen. Ze zwoer nooit een voet op de boerderij te zetten. Ze hield het twee jaar vol, tot architecten haar vroegen de plek te bezoeken. Het was er betoverend mooi maar het onderhoud was vreselijk. Mevrouw Beck was diep geraakt en besliste meteen om de dringendste werken aan te pakken (het dak, de voegen...). Vandaag zet ze haar strijd nog steeds verder om de abdij te restaureren.

🍷🍷🍷 **Abbaye d'Hambye:** *aan de D51, ten zuiden van Hambye.* ☎ 02 33 61 76 92. *Van april tot oktober dagelijks geopend van 10.00 tot 12.00 u en van 14.00 tot 18.00 u (in oktober sluiten de deuren een uurtje vroeger). Buiten juli en augustus gesloten op dinsdag (maar geen rondleiding). De abdij is eigendom van de Conseil Général en een privépersoon. Het privégedeelte is enkel met een rondleiding toegankelijk (45 min.). Toegangsprijs: € 4,20; € 2,70 voor een bezoek zonder rondleiding. Kortingen. Gratis voor kinderen jonger dan zeven.* Zoals gebruikelijk hebben de monniken ook hier weer een schitterende plek uitgekozen om zich te vestigen: een groenende vallei waardoor een vriendelijk riviertje stroomt. Rust verzekerd om te kunnen mediteren over al het onheil van die tijd. De abdij werd in de 12de eeuw gesticht door Guillaume Paisnel, de landsheer van Hambye. Ze werd van in het begin tot aan de Franse Revolutie bewoond door een gemeenschap van benedictijner monniken. De pausen, de koningen van Engeland en de hertogen van Normandië hebben ongetwijfeld veel bijgedragen tot de ontwikkeling en de bloei van deze abdij. In de 13de en 14de eeuw kende ze een grote welvaart, maar daarna ging het geleidelijk bergaf. In de 17de eeuw bleven er nog slechts een handjevol monniken over... en de middelen waren bijzonder schaars. Met de Franse Revolutie werd er helemaal een punt achter gezet. Dat verklaart waarom er in die periode zo weinig schade aan de gebouwen werd toegebracht. De kerk werd in 1810 verkocht als steengroeve. De abdij werd opgedeeld in twee boerderijen... We hoeven je vast niet te zeggen hoeveel schade dat heeft aangericht.

- De portierskamer: hier loopt een tentoonstelling over de kloosters.
- De abdijkerk: deze kerk heeft de storm van de Franse Revolutie doorstaan, maar werd in 1810 als steengroeve verkocht. Hierdoor gingen de gevel, het dak en het klooster verloren. De abdij werd dus behoorlijk verminkt, maar wekt met zijn romantische grootsheid nog steeds bewondering op. Het grote skelet van statige stenen geeft een indruk van verhevenheid, gratie en grenzeloze lichtheid dankzij de gewelven die geopend zijn naar de hemel.
- Het Maison des convers: dit gebouw was voorbehouden aan de mensen die in het klooster wilden dienen, maar toch leek wilden blijven. Ze hielden zich vooral bezig met handwerk. De vroegere slaapruimte heeft een fraaie houten dakconstructie. Hier loopt tegenwoordig een tentoonstelling over middeleeuwse beeldhouwkunst.

De andere gebouwen zijn privé-eigendom en enkel te bezoeken met een gids. Dit deel van het bezoek is heel boeiend, het zou jammer zijn het te moeten missen. Je ziet er de boerderijgebouwen (waar doeken van Hambey tentoongesteld zijn, typisch voor de streek uit de eerste helft van de 19de eeuw), een keuken, een verwarmde opvangruimte (of scriptorium, ook hier werd gekookt en konden de laatste monniken eten), de spreekkamer, de sacristie en tot slot ook de kapittelzaal met een harmonieuze architectuur.

✸✸ **Église Saint-Pierre van Hambye:** opnieuw opgebouwd in de loop van de 17de eeuw. Je ziet weliswaar nog steeds een mooie deur met accoladeboog (uit de 15de eeuw). Binnen is er een schitterend polychroom barokretabel waarin het triomferende christendom tot uiting komt.

DE BAAI VAN DE MONT-SAINT-MICHEL

VILLEDIEU-LES-POÊLES

50800 | 4320 INWONERS

Sinds de 13de_eeuw is Villedieu-les-Poêles, een van de oudste dorpen van Normandië, gespecialiseerd in de koper- en tinindustrie en in het gieten van klokken. Rabelais vertelt dat de kachelmakers van Villedieu hielpen bij de vervaardiging van een papketel voor Pantagruel. Het dorp ontsnapte aan de bombardementen van 1944.

Tegenwoordig maken de 'Sourdins' (inwoners van Villedieu) maar weinig kachels meer. De activiteiten van de kopergieterij zijn vandaag meer gericht op de vervaardiging van sier- en gebruiksvoorwerpen. Hoe het ook zij, het is en blijft hier zo'n beetje het Lourdes van het tin en het koper. Negeer de wansmaak van een groot deel van de productie en breng een bezoek aan de musea en ateliers van Villedieu, die beslist de moeite waard zijn. In vergelijking met soortgelijke stadjes heeft Villedieu zijn bezoekers trouwens behoorlijk wat te bieden op toeristisch vlak. Vroeger was dit een verkeersknooppunt aan de wegen naar Mont-Saint-Michel en Bretagne, maar tegenwoordig wordt de stad 'genegeerd' door de A84. Je moet op zijn minst een hele dag uittrekken als je alles (rennend) wilt bekijken...

Een ridderbastion

Al sinds de 12de eeuw heeft Villedieu-les-Poêles een nauwe band met hospitaalridders. Deze voorouders van de ridders van de Orde van Malta erfden dit domein van koning Hendrik I van Engeland, dat het voorrecht bleef van de orde. Dankzij dit voogdijschap werden de inwoners vrijgesteld van belastingen. Om de vier jaar, op Sacramentsdag (60 dagen na Pasen) ontvangt de oudste commanderij de ridders van de Orde voor de Grote Kroning (2012).

NUTTIG ADRES

🛈 **Dienst voor Toerisme:** *Place des Costils.* ☎ 02 33 61 05 69. ● *www.ot-villedieu.fr.* Het hele jaar door geopend van maandag tot zaterdag, in juli en augustus ook op zondag.

SLAPEN, IETS ETEN

CAMPING

⛺ CAMPING MUNICIPAL JEAN-LOUIS BOUGOURD: *Impasse du Pré-de-la-Rose 2.* ☎ 02 33 61 02 44. ● *camping-bougourd@wanadoo.fr* ● *www.camping-deschevaliers.com.* 🅿 Geopend van Pasen tot eind oktober. Reken op ongeveer € 13 voor een staanplaats voor twee personen met een tent en een auto. Prettig gelegen aan de oever van de Sienne, in een woonwijk. Veel bloemen en wat schaduw, net, degelijke staanplaatsen afgezoomd met heggen. Verhuur van huisjes voor vier personen, onberispelijk maar samengetroept in een hoekje. Tennisbaan en zwembad in de buurt. Fietsenverhuur ter plaatse. Je wordt er ontvangen met de glimlach.

GOEDKOOP

🍴 CRÊPERIE DU BOCAGE: *Rue du Général-Huard 10.* ☎ *02 33 51 53 93. Bovenaan in de hoofdstraat. Van oktober tot maart geopend van vrijdag tot maandag. Tijdens de vakanties in het hoogseizoen dagelijks geopend. Jaarlijkse vakantie van 5 tot 15 januari. Reken op zo'n € 15 als je à la carte wilt eten. Gratis wifi.* Klein pannenkoekenhuis annex saladbar met een hartelijke sfeer. Vriendelijke ontvangst en lekkere pannenkoeken tegen redelijke prijzen.

DOORSNEEPRIJS TOT IETS LUXEUEUZER

🛏🍴 HÔTEL SAINT-PIERRE: *Place de la République 12.* ☎ *02 33 61 00 11.* ● *st.pierre.hotel@wanadoo.fr* ● *www.st-pierre-hotel.com.* ♿ *Dagelijks geopend. Voor een tweepersoonskamer met badkamer in het hoofdgebouw tel je € 41 à 46 neer, voor een kamer in het bijgebouw wordt dat € 60 à 65. Menu's van € 12,95 tot 35. Parkeerterrein.* Sombere, nauwe gangen maar goed onderhouden kamers. Enkele klassieke kamers, maar ook enkele frissere kamers met parket en verfijnde inrichting. Het naburige huis telt enkele mooie kamers met hedendaagse inrichting. Een ervan heeft zelfs een schoorsteenmantel waarin een flatscreentelevisie zit! Lekkere keukengerechten op basis van streekproducten. Goede ontvangst.

🛏🍴 LE FRUITIER: *Place des Costils.* ☎ *02 33 90 51 00.* ● *hotel@le-fruitier.com* ● *www.le-fruitier. com.* ♿ *Midden in het centrum, recht tegenover de Dienst voor Toerisme. Het restaurant is buiten het seizoen gesloten op zondagavond en maandagmiddag. Tweepersoonskamers met badkamer van € 51,50 tot 91, afhankelijk van het comfort en het seizoen. In het restaurant kun je in de week tussen de middag een menu bestellen voor € 16; overige menu's tot € 34. Garage niet gratis. Aanvaardt geen kredietkaarten. Gratis wifi.* Modern etablissement met heel ruime en goed ingerichte kamers. Het restaurant heeft twee eetruimtes: aan de ene kant heb je de 'Romeinse' eetzaal (met pilaren en drapering), een beetje kitscherig maar best leuk, licht en comfortabel met pastelkleuren. De stoelen zijn even zacht als het tapijt. Aan de muren en op het plafond zijn schilderingen aangebracht. Verzorgde keuken. Aan de andere kant vind je een brasserie.

SLAPEN, IETS ETEN IN DE OMGEVING

DOORSNEEPRIJS

🛏 LE VAL BOREL: *bij meneer Smithson en meneer Hogg, Le Val Borel, 50410 Montbray.* ☎ *02 33 90 76 23.* ● *levalborel@mac.com* ● *www.normandy-inn.com. Ongeveer 15 km van Villedieu. Neem de D975 in de richting van Pont-Farçy, vervolgens de D58 naar Montbray. Op de D553 volg je richting Pont-Farçy. Voor een tweepersoonskamer tel je € 60 neer; per extra gast in een gezinskamer van vier personen reken je op € 10. Gratis wifi.* In een heerlijk stukje groenende vallei hebben Steve en Kevin, twee alleraardigste Engelsen, een hotelletje geopend. In de oude, gerestaureerde schuur liggen vier grote kamers die prachtig zijn ingericht. Fris, licht, geraffineerd. Gemeenschappelijke ruimte en keuken, barbecue en picknicktafels in de tuin met romantische vijvertjes. Een oase van rust en harmonie. Geiten, katten, een hond...

🍴 LES BRUYÈRES: *50420 Gouvets.* ☎ *02 33 51 69 82.* ● *contact@lesbruyeresrestaurant.com. Aan de N175 (in de richting van Caen), 12 km van Villedieu. Te bereiken via de servicehaven 'Vallée de la Vire' langs de A84 (tussen uitrit 38 en 39). Laat je wagen daar achter en ga te voet. Gesloten op maandagavond, dinsdag en 's avonds op woensdag, donderdag en zondag buiten het seizoen. In het hoogseizoen gesloten op maandag, dinsdag en zondagavond. Lunchmenu voor € 12 op weekdagen; overige menu's voor € 20 tot 28.* Aan de rijksweg, in een recent gebouw. De vriendelijke ontvangst, de vlotte sfeer en vooral de uitstekende prijskwaliteitverhouding van de heerlijke gerechten zijn echt een omweg waard. Het menu wordt elke week aangepast aan de producten die vers beschikbaar zijn op de markt. We gingen door het lint voor het dessertbuffet met gebakjes... om je vingers bij af te likken!

LEKKERE PRODUCTEN KOPEN

🁢 **La Cour du Paradis:** *Rue du Docteur-Havard 40 en 44.* ☎ *0233 50 54 66. Geopend van oktober tot mei van maandag tot zaterdag van 9.30 tot 19.30 u; op zondag van 10.00 tot 13.30 u en van 14.30 tot 19.00 u; van juni tot september dagelijks geopend van 9.00 tot 20.00 u. Gesloten op woensdag in de winter.* Oud huis waar je een interessante selectie aan streekproducten kunt kopen (dranken, etenswaren, hebbedingetjes om thuis naast je televisie te zetten...). Typische sfeer van een kruidenierswinkeltje van weleer.

WAT IS ER TE ZIEN EN TE DOEN?

🗡🗡 **Église Notre-Dame:** in 1460 gebouwd in pure flamboyante gotiek. Schitterende klokkentoren. Het lage schip wordt ondersteund door enorme zuilen. Hier heerst een sombere sfeer die overigens wel uitnodigt tot meditatie. Opmerkelijk meubilair. In het koor staat een mooi 18de-eeuws tabernakel van verguld hout. Voorts is er ook een bijzonder fraai altaarstuk waarop engelen met wierookvaten, fruitmanden en bloemen zijn afgebeeld. Links van het koor bevindt zich een granieten doopvont uit de 15de eeuw. Om het doopvont heen zie je een uitgewerkt Chinees borduurwerk van zijde. Vermeldenswaardig is ook nog de stenen Maagd met kind. Rechts van het koor een mooi beeld van 1656 en een klein altaar dat met de voorkanten van koorstoelen in elkaar werd gezet.

In het koor staat een 17de-eeuwse koorlessenaar in de vorm van een adelaar. Daarnaast bevindt zich een koorlamp van gedreven koper uit de 18de eeuw. Dit voorwerp werd gemaakt door een ambachtsman uit Villedieu. In het rechtertransept staat ook een interessant beeld. Op het altaar rechts zie je de heilige Barbara, de beschermheilige van de metaalgieters, loodgieters, brandweerlieden en andere beroepen waarin met vuur wordt gewerkt. In het linkertransept een magnifieke kansel van 1683. Daarnaast (vlak bij de zijdeur) staat een polychroom piëtabeeld (Notre Dame de la Pitié) dat uit het eind van de 15de eeuw dateert. Ze wordt door de gelovigen uit de regio aanbeden en valt op door de wanverhouding van het lichaam van Christus. Misschien niet echt een piëta dus, maar in ieder geval wel een Maagd met kind waarvan de toekomst reeds symbolisch wordt weergegeven. Let op het doodshoofd in de plooi van de jurk.

> **De kerken hebben het hart ook op de juiste plaats!**
> Het opvallende architectonisch detail van de église Notre-Dame is het naar links geplaatste koor. Dit zie je ook wel bij andere kerken en het symboliseert Christus die zijn hoofd aan het kruis laat hangen (ofwel heeft de architect de afwerking van het transept te uitbundig met wijn gevierd!).

🗡🗡🗡 **Fonderie des cloches Cornille-Havard** (klokkengieterij): *Rue du Pont-Chignon.* ☎ *0233 61 00 56.* ● *www.cornille-havard.com.* 🚌 *Vlak bij de kerk (goed aangegeven). Het atelier is toegankelijk voor bezoekers vanaf de krokusvakantie tot en met de herfstvakantie. Van dinsdag tot zaterdag geopend van 10.00 tot 12.30 u en van 14.00 tot 17.30 u; in juli en augustus dagelijks van 9.00 tot 18.00 u. De laatste rondleiding (is trouwens verplicht) vertrekt een halfuur voor sluitingstijd. Toegangsprijs: € 5. Kortingen. Gratis voor kinderen jonger dan zes.* Absolute must voor al wie de waardigheid van voormalige ambachten weet te appreciëren en in het algemeen voor alle liefhebbers van industriële archeologie. Gezien het geringe aantal klokkengieterijen in Frankrijk (er zijn er nog drie) is het een bijzondere aangelegenheid om deze te bezoeken. De klokkengieterij werd in 1981 op een briljante manier nieuw leven ingeblazen door een gepassioneerd stel. Ze waren hun kantoorleven in Parijs beu en besloten het vaarwel te zeggen om klokken te gaan gieten. De klok terugzetten? Niet echt! Na de eerste moeilijke jaren kwam de gieterij weer tot bloei en ze kan zich nu beroemen op de vervaardiging van enkele topstukken: de klok van de kathedraal van Bayonne (precies op tijd klaar om de eerste bimbam van het nieuwe millennium in te luiden), deze van het Château de Vincennes, deze van het Lycée Louis-le-Grand in Parijs (ook al zijn die wat minder indrukwekkend), of ook nog (in een totaal ander genre) deze van de kernonderzeeboot Le Triomphant en van het vliegdekschip Charles-de-Gaulle. De tijd is rijp voor een herwaardering van het erfgoed en dat is maar goed ook. Ook gemeentehuizen ontdekken het belang van een goede klok voor de verbetering van de onderlinge verstandhouding van de dorpelingen...

De klokkengieterij Cornille-Havard heeft in elk geval een voorkeur voor ambachtelijke tradities. Het atelier van 1865 is vrijwel in de oorspronkelijke staat behouden, wat aan het bezoek een zeker cachet en een bepaalde charme geeft (vloeren van gravel, een kraan van hout, traditionele koperen gereedschappen...). Het huis kan bovendien bogen op twee eeuwen ervaring en negen eeuwen traditie. Heel vriendelijke ontvangst. Probeer in de week deel te nemen aan de rondleiding, zodat je (als je op het juiste moment komt) het werk van de gieters kunt bewonderen. Je ziet ze dan enorme klokken 'sjabloongieten' op basis van klei, dierenhaar en paardenmest. Indrukwekkende reverbeeroven met een dubbele koepel van 20 ton. Pittoresk zijn eveneens de gietkuil, de enorme Romeinse weegschaal (hefboom van vier meter lang!) en het gesneden hout voor de versieringen in was. De planken van beukenhout moeten meer dan tien jaar drogen voordat ze als sjabloonprofiel kunnen worden gebruikt!

Vandaag worden hier jaarlijks een vijftiental klokken van meer dan een halve ton gemaakt. Andere producten van de werkplaats zijn bliksemafleiders, torenhaantjes, bronzen gedenkplaten, medaillons in bas-reliëf... er is zelfs een kopie van de kanonnen van de Bounty! Je vindt er ook een winkeltje met 'atelierprijzen'. Alvorens te vertrekken kunnen de kinderen (en de volwassenen ook natuurlijk!) met behulp van een hamer 'Broeder Jakob' spelen op de kleine klokken of iemand laten schrikken door een klok van meer dan een ton te luiden op de binnenplaats.

🎏🚶 **Musée du Meuble normand:** *Rue du Reculé 9.* ☎ *02 33 61 11 78.* ♿ *(enkel de benedenverdieping). Van april tot half november dagelijks geopend van 10.00 tot 12.30 u en van 14.00 tot 18.30 u. Gesloten op maandag en dinsdagochtend. De rest van het jaar 1 zondag op 2 geopend (afgewisseld met het Maison de la Dentellière). Toegangsprijs: € 4. Kortingen. Gratis voor kinderen jonger dan tien. Mogelijkheid tot het kopen van een combikaartje met het Musée de la Poeslerie en het Maison de la Dentellière: € 5.* Interessant museum over de Normandische ambachtelijke nijverheid. Je vindt er meer dan 150 meubels (15de-19de eeuw). Reconstructie van twee kamers uit de 18de eeuw: een uit de streek van Coutances en een uit Crèvecoeur-en-Auge. Mooie koffers (het enige bezit van het huispersoneel), uitgesneden klompenkast van 1829. De bewerking van het hout doet soms denken aan Indische kunst. Op de eerste verdieping bevinden er zich fraai ogende bruidskasten, onder andere deze uit Bayeux (18de eeuw). Voorts zie je er ook nog een buffet uit Vire, een plattelandsinterieur uit het Pays d'Auge, een buffet dat werd geschonken door de bruidegom (met een hart), een schitterende renaissancekist met zuiltjes, een 15de-eeuwse gotische koffer met plooiwerk, vitrinekasten voor het uitstallen van aardewerk en linnengoed. Wie de abdij van Hambye bezocht, ziet hier schilderijen die in de bedstee werden gehangen.

🎏🚶 **Musée de la Poeslerie en maison de la Dentellière:** *Cour du Foyer, Rue du Général-Huard 25.* ☎ *02 33 61 11 78 of 06 80 45 51 08. Zelfde openingsuren en toegangsprijzen als het Musée du Meuble Normand.* Heel interessant museum in de Cour du Foyer, waar eeuwenlang metaal werd bewerkt en de kachelindustrie in de loop der tijden tot ontwikkeling en tot bloei kwam. Deze binnenplaats ziet er nu nog ongeveer hetzelfde uit. De trappen zijn aan de buitenkant om plaats te winnen. Je kunt een videofilm bekijken over de technieken voor het bewerken van koper en tin en vervolgens de vroegere werkplaatsen bezoeken. Er zijn diverse houten gereedschappen (gemaakt van iep en buks) te bewonderen. Deze werden gebruikt voor het bewerken van koper. Vermeldenswaardig is de 'brisoir' (voorbehouden aan vrouwen) waarmee het koper in stukken werd geslagen alvorens het werd gesmolten. Voormalige smidse, blaasbalg, alambieken... Elke hamer gaf een ander geluid, waardoor de mensen die hier werkten, precies konden horen aan welk voorwerp men bezig was. Op den duur werden veel arbeiders overigens doof.

Op de eerste verdieping staat oud koper tentoongesteld: tarbotpannen, eigenaardig bestek met twee koppen, lepels die speciaal voor iemand persoonlijk werden gegoten (en die je je hele leven behield)... Je kunt zien dat de manier van eten na verloop van tijd de vorm van de lepel veranderde! Verder kun je er diverse voorwerpen zien zoals melkbussen (gebruikt bij het melken van koeien), beddenpannen, waterkokers, fonteintjes, windwijzers...

Er is ook een afdeling gewijd aan kantwerk, traditioneel een van de hoofdactiviteiten van Villedieu. Je herkent de uit deze plaats afkomstige producten aan de motieven met klaver, rozen en margrieten. Oude foto's van kantwerksters. Oude klosramen en klossen. De diverse toepassingen van kant worden getoond: koorhemden van misdienaars, hoofddeksels, zakdoeken, slabbetjes, corsages, beddengoed...

🍴 **Maison de l'Étain:** *Rue du Général-Huard 15.* ☎ *02 33 51 05 08. Van dinsdag tot zaterdag geopend van 9.00 tot 12.00 u en van 13.30 tot 18.00 u; in juli en augsutus ook op maandag geopend. Toegangsprijs: € 4. Kortingen. Combikaartje met het Atelier du Cuivre: € 8. Kinderen betalen enkel het kaartje van het eerste museum dat ze bezoeken (begin dus bij het Maison de l'Étain...).* Op de eerste verdieping van het oudste huis van Villedieu kun je dankzij de video je kennis bijschaven over de geschiedenis van de tinindustrie. Je ziet er hoe ze hier vroeger werkten en welke instrumenten ze gebruikten (veel mallen). Je rondt je bezoek af in het atelier waar je de mensen aan het werk ziet.

🍴🍴 **Atelier du Cuivre:** *Rue du Général-Huard 54.* ☎ *02 33 51 31 85. Dagelijks geopend van 9.00 tot 12.00 u en van 13.00 tot 18.00 u (op zaterdag van 13.30 tot 17.30 u). Gesloten op zondag. De laatste (verplichte) rondleiding vertrekt drie kwartier voor sluitingstijd. Toegangsprijs: € 5,20. Kortingen. Combikaartje met het Maison de l'Étain: € 9. Kinderen betalen enkel het kaartje van het eerste museum dat ze bezoeken.* Een van de oudste koperwerkplaatsen van Villedieu. Je begint je bezoek met een film van zo'n 20 minuten. Daarna ga je verder naar de werkplaats, waar je de vaardigheden van de plaatselijke ambachtslieden bewondert en ziet hoe ze gebruiksvoorwerpen en decoratieve voorwerpen produceren. Op zaterdag is er minder personeel en dus minder te zien.

- **Wandeling in Villedieu:** ga vroeg op pad, want in de loop van de dag kom je veel, echt heel veel toeristen tegen in de smalle straatjes en steegjes. Bekijk in het bijzonder de voormalige binnenplaatsjes en smalle passages vanuit de Rue du Docteur-Havard (de voornaamste voetgangersstraat). Op nummer 41 is er een prachtige kleine Cour de la Luzerne (binnenplaatsje) en op nummer 42 zie je een elegant aristocratisch herenhuis met accoladebogen boven de ramen met vensterkruisen. Op nummer 81 leidt een overwelfde poort naar de Cour des Hauts-Bois. Op nummer 83 ligt een huis met ramen met stenen lintelen. Op nummer 87 bevinden zich de Cour Bataille en de Cour de l'Enfer. Op nummer 17 van de Rue du Général-Huard is er een lange doorgang waarlangs je bij de Cour des Moines uitkomt. Op nummer 25 bevindt zich de Cour du Foyer (waarin het *Musée de la Poeslerie* ligt).

IN DE OMGEVING VAN VILLEDIEU-LES-POÊLES

🍴🍴🍴❄ **Parc zoologique de Champrépus (dierentuin):** *8 km ten westen van Villedieu, aan de weg naar Granville.* ☎ *02 33 61 30 74. ● www.zoo-champrepus.com. In de krokus- en de herfstvakantie dagelijks geopend van 11.00 tot 18.00 u; in maart in het weekend zelfde openingsuren; van april tot september dagelijks geopend van 10.00 tot 19.00 u; in oktober tijdens het weekend en op woensdag van 11.00 tot 18.00 u. Toegangsprijs: € 13,10. Kortingen. Reken op tweeënhalf uur om deze dierentuin op je gemak te bezoeken.*

Dit dierenpark werd in 1957 opgericht onder de bezielende leiding van de voormalige landbouwer Lucien Lebreton, de grootvader van de huidige eigenaars, en is nu een van de fraaiste attracties in zijn genre van het departement. De filosofie van de familie Lebreton is tegengesteld aan de dierentuinen waar dieren als kijkobjecten tentoon worden gesteld. Hier stelt men alles in het werk om het voor de dieren zo aangenaam mogelijk te maken en wil men bijdragen tot de bescherming van bedreigde diersoorten. In dit prachtige park van zeven hectare zijn aldus een vijftigtal inheemse en exotische soorten gehuisvest in verschillende zones. Overal zijn pedagogische en informatieve borden voorzien. Voor sommige soorten bestaat een kweekprogramma met het oog op hun behoud: grauwtjes uit Poitou, ezels uit de Cotentin, schapen uit Ouessant... en tal van andere dieren die vroeger het Franse platteland bevolkten. Dit wat de binnenlandse dierensoorten betreft. Er zijn weliswaar ook Arabische paardantilopen, tijgers van Sumatra, Perzische panters, hertzwijnen van de Celebes en maki's (ook wel lemuren of vosapen genoemd) uit Madagascar. Allemaal diersoorten die speciaal in de watten worden gelegd. Aan het aantal geboortes te zien voelen ze zich hier prima thuis! De luipaarden, tijgers, zebra's, chimpansees, jaks, lama's en andere vreemde vogels leven hier dan ook echt in een aangepaste omgeving van een zeldzame kwaliteit. In enkele delen van het park lopen de dieren zelfs vrij rond (dwerggeiten, lemuren).

Puik initiatief. Heel geslaagd! Je kunt hier heerlijke momenten doorbrengen en het aangename combineren met het nuttige. Een lust voor het oog en een goede leerschool voor je kennis van het natuurlijke erfgoed van onze planeet. De dierentuin steunt ook enkele ngo's die streven voor het behoud van de giraffen in Niger en lemuren in Madagascar. Je kunt je bezoek nog wat verlengen door ter plaatse te eten in het restaurant (geopend van Pasen tot eind september), te picknicken of mee de dieren te voeren (bijvoorbeeld de maki's en de visotters in het seizoen).

GRANVILLE

50400 | 13.500 INWONERS

Granville is de op twee na grootste stad van het departement. Met zijn vissershaven, handelshaven, jachthaven en beroemde strand is het een van de economische steunpilaren van de Manche. De bovenstad strekt zich spectaculair uit over het rotsige voorgebergte en je kunt er een schitterende wandeling maken langs de oude granieten huizen. Enkele interessante musea zorgen bovendien voor de nodige cultuur, hetgeen dan toch wel doorslaggevend moet zijn voor een bezoek aan Granville.

EEN BEETJE GESCHIEDENIS

Omdat niemand echt zeker is van het Vikingverleden van Granville, beperken we ons tot de feiten waarover geen twijfel bestaat. De stad werd in de 15de eeuw gesticht door de Engelsen, die van daar uit de nog niet veroverde Mont-Saint-Michel in het oog hielden. De economische bloei van de stad was gebaseerd op de kabeljauwvisserij, de kaapvaart en... de oestervangst. De benedenstad werd trouwens gebouwd op een berg van schelpen. Reders en kaapvaarders lieten prachtige herenhuizen bouwen. In 1793 werd de stad republikeins en bood ze weerstand aan de duizenden Vendeeërs onder leiding van La Rochejacquelein. De activiteit van de Newfoundlandvaarders eindigde in 1930. Daarna werd het toerisme de belangrijkste bron van inkomsten. In de tweede helft van de 19de eeuw waren de zeebaden van Granville gerenommeerd en er werd zelfs een spoorlijn aangelegd om de vakantiegangers erheen te brengen. En Michelet, Stendhal (zoals altijd verliefd) en Victor Hugo waren zeker niet de laatsten die van deze badplaats hebben genoten.

Tegenwoordig leeft Granville van het toerisme en enkele kleine industrieën. De maritieme roeping van de stad leeft voort in de kustvisserij. Er is ook nog een kleine handelshaven (met verbindingen naar de Kanaaleilanden en de Chausey-eilanden). Er loopt bovendien een groot project voor de heraanleg van de haven, waardoor deze activiteiten beter uitgebouwd en beheerd zullen kunnen worden. Dit zal vanaf 2010 van start gaan.

Ongelofelijk maar waar!
Granville werd op 31 juli 1944 bevrijd door Patton. Het normale leven kwam weer op gang. Maar in de nacht van 8 op 9 maart 1945 viel een stortvloed van bommen op de haven, waarbij boten en haveninstallaties zwaar werden beschadigd. Onder de burgerbevolking en de Amerikaanse militairen die in december in de stad verbleven, viel een twintigtal doden! Wat was er aan de hand? Iedereen was blijkbaar vergeten dat er op Jersey nog een sterk bewapend Duits garnizoen gelegerd was dat een eigen kleine landing had gepland met boten, commandovoertuigen, bewapende trawlers... Aan de Duitse kant vielen er slechts zes slachtoffers. De Duitsers vertrokken met een vrachtschip vol steenkool en namen verschillende GI's mee als krijgsgevangenen.

AANKOMST EN VERTREK
Met de bus
🚌**Busstation (plattegrond D2):** *Avenue de la Gare. Verbindingen worden verzekerd door VTNI,* ☎02 33 50 77 89. ●*www.mobi50.com.*
- **Naar Avranches** (via Saint-Pair, Jullouville, Carolles, Saint-Jean-le-Thomas, Genêts, Vains) **en de Mont Saint-Michel:** 4 bussen/dag naar Avranches en 1 bus/dag in juli en augustus (ook op woensdag in april en juni) naar de Mont Saint-Michel.

Met de trein of SNCF-bus
🚉**SNCF-station (plattegrond D2):** inlichtingen en reserveringen op het nummer ☎36 35 (€ 0,34/minuut). ●*www.ter-sncf.com/basse_normandie.*
- **Caen-Saint-Lô-Coutances-Pontorson (Mont Saint-Michel)-Rennes:** 3-4 afreizen/dag op weekdagen en 2-3 afreizen/dag in het weekend. Verder nog verbindingen tussen Saint-Lô en Granville met overstap in Coutances (een deel per trein en een deel met de TER-bus).
- **Naar Argentan, L'Aigle en Parijs-Montparnasse (via Villedieu, Vire, Flers, Argentan):** 5-6 afreizen/dag.

Met de boot
⛴**Naar de Chausey-eilanden:** zie de rubriek 'Hoe kom je er?' verder.
⛴**Naar de Kanaaleilanden (Jersey, Guernsey en Sercq):** met de maatschappij *Manche Îles Express.* Inlichtingen en reserveringen: ☎0825 133 050 (€ 0,15/minuut). ●*www.manche-iles-express.com.* Je kunt van april tot september dagelijks een boot nemen. Van oktober tot maart tijdens het weekend en de schoolvakanties enkel naar Jersey. De uurregeling varieert naargelang de getijden. Prijzen op basis van een retourkaartje voor een dag. Volwassenene: € 39; kortingen. Verschillende interessante formules: enkele rit, retourkaartje met verblijf, gezinskaartje... Met de snelle boten *Marin Marie* en *Tocqueville.* De overtocht duurt een uur of langer.

NUTTIGE ADRESSEN EN INFORMATIE
ℹ️**Dienst voor Toerisme (plattegrond C2):** *Cours Jonville 4 (BP 621).* ☎02 33 91 30 03. ●*www.ville-granville.fr.* Geopend van maandag tot zaterdag van 9.00 tot 12.30 u en van 14.00 tot

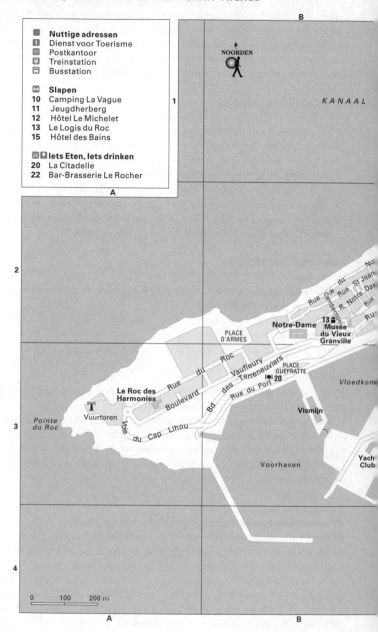

Nuttige adressen
- **i** Dienst voor Toerisme
- Postkantoor
- Treinstation
- Busstation

Slapen
- 10 Camping La Vague
- 11 Jeugdherberg
- 12 Hôtel Le Michelet
- 13 Le Logis du Roc
- 15 Hôtel des Bains

Iets Eten, Iets drinken
- 20 La Citadelle
- 22 Bar-Brasserie Le Rocher

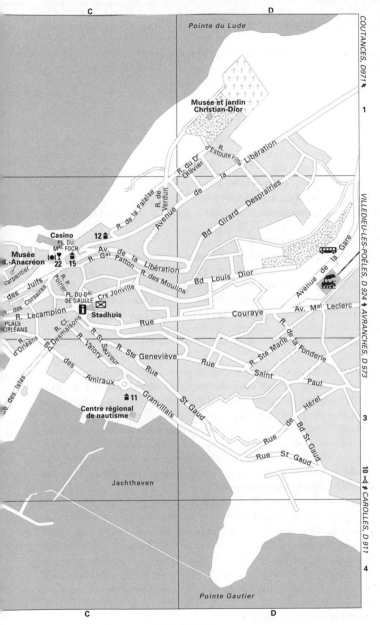

GRANVILLE

17.30 u; in juli en augustus geopend van 9.00 tot 13.00 u en van 14.00 tot 19.00 u; op zon- en feestdagen van 10.00 tot 13.00 u en van 15.00 tot 18.00 u. Veel documentatie over de stad en omgeving.

- ✉ **Postkantoor (plattegrond C2):** *Cours Jonville.* ☎ 02 33 91 12 30.
- **Markten:** kleine markt op woensdagochtend, Place du 11-Novembre-1918 (wijk Saint-Nicolas) en vooral op zaterdagochtend aan de Cours Jonville.

SLAPEN

CAMPING

🏕 CAMPING LA VAGUE (BUITEN PLATTEGROND VIA D3, 10): *Plage Saint-Nicolas.*
☎ 02 33 50 29 97. ♿ *Aan de rand van Granville Saint-Nicolas, 2 km van het centrum, richting Saint-Pair. Geopend van mei tot september. Reken op € 21,60 voor een staanplaats voor twee personen met een auto en een tent.* De camping ligt wat van de weg af. Een rustig kampeerterrein, omgeven met bomen. Rond de staanplaatsen staan hoge heggen. De weggetjes zijn verhard. Slechts een gedeelte van het hele terrein is schaduwrijk. Gezellige sfeer. Goed onderhouden camping.

GOEDKOOP TOT DOORSNEEPRIJS

🛏 JEUGDHERBERG (PLATTEGROND C3, 11): *in het Centre régional de nautisme (regionaal watersportcentrum), Boulevard des Amiraux (Port du Hérel).* ☎ 02 33 91 22 60. ● *cnrg50.valerie@wanadoo.fr* ● *www.crng.fr. Gesloten op zaterdag en zondag buiten het seizoen (in het hoogseizoen enkel op zondagavond). Jaarlijks verlof van 25 december tot 4 januari. Je betaalt € 16 à 20,80 per persoon zonder jeugdherbergkaart, afhankelijk van het kamertype. Ontbijt voor € 4. Lakens voor € 4. Je kunt er ook eten (als je reserveert) voor € 11,85.* Heel mooi gelegen in een modern gebouw. Ongeveer 160 bedden. Tweepersoonskamers of kamers met vier bedden. Diverse activiteiten zoals zeilen, surfen, zeekajak...

🛏 HÔTEL LE MICHELET (PLATTEGROND C2, 12): *Rue Jules-Michelet 5.* ☎ 02 33 50 06 55.
● *contact@hotel-michelet-granville.com* ● *www.hotel-michelet-granville.com. Gesloten op zondagmiddag. Tweepersoonskamers met wastafel en wc op de gang of met badkamer van € 32 tot 59, afhankelijk van het seizoen. Gratis privéparkeerterrein, maar de plaatsen zijn beperkt (wie eerst komt, heeft plaats). Gratis wifi.* Boven aan de stad, in een rustige straat op een boogscheut van het centrum. Klein gezinshotelletje in een voormalig herenhuis dat warmte en charme uitstraalt, zelfs al wordt een deel van de gevel ingepalmd door het naburige *Grand Large*. Eenvoudige, goed onderhouden kamers. Het comfort wisselt. Sommige hebben een balkon of een terras met uitzicht op de stad en de zee aan de einder.

🛏 LE LOGIS DU ROC (PLATTEGROND B2, 13): *Rue Saint-Michel 13.* ☎ 06 18 35 87 42.
● *eric.perotin@wanadoo.fr* ● *www.lelogisduroc.com. Voor een tweepersoonskamer met badkamer reken je op € 50 tot 60, afhankelijk van het seizoen. Flat voor 2 tot 4 personen (aan de overkant van de weg) voor € 250-420/week. Aanvaardt geen kredietkaarten.* Achter de rode gevel vol bloemen van deze oude slagerij gaat een charmant adres schuil. Zowel de ontvangst als de inrichting zijn heerlijk. Aan beide gangen van de steile, smalle trap ligt een mooie, grote kamer. Ruim en licht. Harmonieus comfort en sfeer zijn op de afspraak. Vlak bij het huis heb je een onbeschrijfelijk uitzicht...

DOORSNEEPRIJS TOT IETS LUXUEUZER

🛏 HÔTEL DES BAINS (PLATTEGROND C2, 15): *Rue Georges Clemenceau 19.* ☎ 02 33 50 17 31.
● *hoteldbains@yahoo.fr* ● *www.hoteldesbains-granville.com.* ♿ *(2 kamers). Recht tegenover het casino en het centrum voor thalassotherapie. Tweepersoonskamers met badkamer van € 44 tot 112, naargelang comfort en uitzicht. Gratis wifi.* In een groot en elegant gebouw uit het begin van de 20ste eeuw. Heel comfortabele kamers. De gemeenschappelijke ruimte is wat karak-

terloos, maar de kamers zelf zijn heel elegant (een tikkeltje verouderd, dat wel). Vanuit sommige kamers (de duurste) geniet je van een schitterend uitzicht op zee. De goedkoopste kamers zijn piepklein en kijken uit op een klein binnenpleintje (vrij somber dus). Heel vriendelijke ontvangst.

IETS ETEN, IETS DRINKEN

■⊠ LA CITADELLE (PLATTEGROND B3, 20): *Rue du Port 34.* ☎ 02 33 50 34 10. ●*citadelle@club-internet.fr.* Gesloten op woensdag (het hele jaar door) en op dinsdag (van oktober tot maart). Jaarlijks verlof van 8 december tot 13 januari. Menu's in de week voor € 16,50 tot 23; andere menu's voor € 28,50. Keukenspecialiteiten op basis van wat de zee te bieden heeft. Heel aangename inrichting... geïnspireerd op de zee vanzelfsprekend!

■⊠ ▯ BAR-BRASSERIE LE ROCHER (PLATTEGROND C2, 22): *Place du Maréchal-Foch 2.* ☎ 02 33 50 16 41. Gesloten op zondag (en buiten het seizoen ook op maandag). Lunchformule voor € 12,50. Verdere menu's voor € 25 tot 30. Als je op de voorgevel van dit eethuis afgaat, heb je niet veel zin om binnen te stappen, maar toch... Als je de verse en inventeive kaart op het bord leest, loopt het water je al in de mond! Zelfs de hamburger (met zelfgemaakte frietjes) zal je kunnen bekoren (hoewel de prijs je enthousiasme al meteen wat tempert). De chef-kok van dit hippe eethuis laat zich leiden door klassieke smaken, die hij combineert met exotische producten. Hij werkt voornamelijk met verse producten. Op de wijnkaart staan weinig bekende wijnen, die speciaal zijn uitgekozen. Voor een glas of een aperitief, of wat zeg je van de punch met citrusvruchten en peperkoek?

SLAPEN, IETS ETEN IN DE OMGEVING

▭ CHAMBRES D'HÔTES LE VIEUX PRESBYTÈRE: bij Marie-Jane en Roger Aime, 50320 Saint-Jean-des-Champs. ☎ 02 33 51 81 16. 8 km ten oosten van Granville, te bereiken via de D924 en vervolgens rechtsaf de D151. In het dorp neem je de tweede straat rechts, voorbij de bakkerij (richting stadion) en vervolgens links voorbij het stadion. Gesloten van eind oktober tot half april. Je betaalt, afhankelijk van het comfort, € 45 tot 50 voor een tweepersoonskamer (met eigen of gemeenschappelijke badkamer) en € 55 voor drie personen. Riante landelijke kamers met veel heimwee naar vroeger in het woongedeelte van een hoeve met aanpalend de voormalige pastorie. De kamers zijn ingericht in de oude stallen. De lage, oude deuren zijn trouwens behouden. Heel natuurlijke en spontane ontvangst.

⊠ L'AUBERGE DES CASSE-CROÛTES: *Rue de l'Église 2, 50290 Bréville-sur-Mer.* ☎ 02 33 91 91 83. Ten noorden van Granville, te bereiken via de D971 en de D135. Aan de tweede rotonde als je in Bréville aankomt. Gesloten op dinsdagavond en woensdag (en buiten het seizoen ook op zaterdag). Lunchmenu voor € 11; à la carte voor € 20 tot 25. Het restaurant ligt in huis dat niet veel uitstraling heeft, aan de rand van de weg. Binnen hangt een hartelijke sfeer, die het midden houdt tussen een landelijke herberg en een pub. Op het menu staan eenvoudige gerechten, traditioneel en goed bereid. Stevige kost, je let dus beter niet op de lijn.

▭⊠ LE LOGIS D'ÉQUILLY: 50320 Équilly. ☎ 02 33 61 04 71. ●lelogisdequilly@orange.fr ●www.lelogisdequilly.com. Ongeveer 15 km van Granville. Aan de D924, in de richting van Villedieu-les-Poêles. Neem de D7 naar Mesnil-Rogues en Gavray; sla meteen links af naar Équilly. Voor een tweepersoonskamer met ontbijt reken je op € 80; voor vier personen tel je € 140 neer. Een gastenhuisje voor vijf tot zes personen kost zo'n € 300-530/week, afhankelijk van het seizoen. Table d'hôte voor € 18. Deze herenwoning uit de 13de eeuw ademt nog steeds de sfeer en de elegantie van de oude, statige woningen (stenen trappen en schoorstenen, een groot park met een vijver) maar heeft toch ook het rustieke, middeleeuwse karakter behouden. De suite bestaat uit twee kamers die gescheiden zijn door een badkamer. Heel geschikt voor gezinnen. De strakke admiraalskamer met wandtapijten en houten lambrisering streelt je ego (in zo'n omgeving moet je je wel bijzonder voelen!). De derde kamer is leuker en minder intimiderend. Romantische zielen moeten hier zijn. Geen spa of televisie met plasmascherm... Je komt hier om te genieten van de karaktervolle woning die beetje bij beetje gerestaureerd wordt door de hartelijke eigenaars. In het park kun je een balletje slaan.

WAT IS ER TE ZIEN?

IN DE BOVENSTAD, DE HAUTE VILLE

🎔 **Musée du Vieux Granville (plattegrond B2):** *Rue Lecarpentier 2.* ☎ *02 33 50 44 10. Van april tot september dagelijks (behalve op dinsdag) geopend van 10.00 tot 12.00 u en van 14.00 tot 18.00 u (in de zomer tot 18.30 u); van oktober tot maart op woensdag, zaterdag en zondag geopend van 14.00 tot 18.00 u en na afspraak. Gesloten van Kerstmis tot eind januari. Toegangsprijs: € 1,70 (buiten het seizoen) en € 2,60 (in het seizoen; kaartje ook geldig voor de wisseltentoonstellingen in de Halle au Blé). Kortingen. Gratis voor kinderen jonger dan elf.* Het museum is gevestigd in het voormalige logies van de koning. Dit is waar de vertegenwoordiger van de koning, de luitenant-generaal, woonde. Tijdens de Franse Revolutie werd het omgebouwd tot gemeentehuis. In dit museum vind je tal van getuigenissen van het maritieme verleden van de stad: documenten over bewapening, zegelbrief van een kaapvaarder, arbeidscontracten voor de bemanning, zeezichten op aardewerk, maquettes van boten, oliën, scheepsboegen, koperwerk, meubels uit de regio en uit Granville.

- Eerste verdieping: weefsels en doeken uit Hambye (waarmee bedsteden werden gedecoreerd), kostuums uit Granville en Basse-Normandie, rouwkappen, kapjes voor getrouwden en verloofden, prachtige hoofddeksels uit Coutances, doopkleden, sieraden (bijzondere kruisen gemaakt van haar), kantwerk, boerenkielen en -vesten...

- Tweede verdieping: de badplaats Granville. Badpakken uit het begin van de 20ste eeuw, prentbriefkaarten, sierborden. Lees het grappige aanplakbiljet van de strandpolitie. Kleine afdeling over de activiteiten rond de visserij. In een hoekje, vlak bij het raam, een mooie chirurgenkoffer.

- Elke zomer is er in de Halle au Blé naast het museum, in de Rue du Roc, een tijdelijke expositie over een bepaald maritiem thema of een facet van de geschiedenis van Granville.

🎔 **Rue Lecarpentier (plattegrond B-C2):** Lecarpentier was de verdediger van de stad tegen de Vendeeërs in 1793. De grote plavuizen zijn afkomstig van de voormalige vestingwerken. De verdedigers konden zich snel verplaatsen via de muurtjes langs de haaks op deze weg aangelegde steegjes. Mooi uitzicht op de benedenstad. Je komt uit op de Place de l'Isthme, waar een oriëntatietafel staat. Via een trap kun je naar het casino en de benedenstad.

🎔🎔 **Musée d'Art moderne Richard-Anacréon (plattegrond C2):** *Place de l'Isthme.* ☎ *02 33 51 02 94. Van juni tot eind september dagelijks (behalve op maandag) geopend van 11.00 tot 18.00 u; buiten het seizoen van woensdag tot zondag van 14.00 tot 18.00 u. Gesloten van januari tot maart. Toegangsprijs: € 2,60. Kortingen. Gratis voor kinderen jonger dan elf.* Heel bijzonder museum voor moderne kunst. Het werd opgebouwd dankzij de verzamelingen van Richard Anacréon, een van de belangrijkste Parijse boekhandelaars uit de 20ste eeuw, geboren en getogen in Granville. Hij was goed bevriend met Colette, Paul Valéry en Claude Farrère, die hem allemaal aanmoedigden om een boekhandel te openen. In zijn winkel *L'Originale* kwam hij in aanraking met de volledige intellectuele en artistieke elite uit de eerste helft van de 20ste eeuw: Utrillo, Picasso, Léautaud, Cendrars, Cocteau, Prévert, Claudel, Dufy en diverse anderen. Intuïtief verzamelde hij werken van deze en gene en vroeg hij om originele opdrachten en tekeningen. Dit is meteen ook de reden waarom je vandaag deze verrassende verzameling kunt bekijken van kunstenaars en schrijvers die naar elkaar verwijzen en elkaars werk beoordelen. Dit museum is met andere woorden geen loutere tentoonstelling van gewone kunstwerken. Bepaalde werken worden permanent geëxposeerd, bijvoorbeeld André Derain, Marie Laurencin, Maurice de Vlaminck... om er slechts een paar op te noemen. Tekeningen, beeldhouwwerken en aquarellen van Rodin en Bourdelle. Geregeld zijn er ook tijdelijke tentoonstellingen.

Rue Saint-Jean (plattegrond B-C2): vervolg je wandeling door de bovenstad met zijn grijze en harde bouwstijl die een edele strengheid uitstraalt. Weinig uiterlijk vertoon van rijkdom bij de reders en kaapvaarders die 'het gemaakt hadden'. Hun commerciële succes is uitsluitend zichtbaar in de sobere elegantie van de gevels en enkele ondergeschikte architecturale details. Op nummer 105 zie je een opmerkelijk bewerkte latei met daarop de inscriptie *Vive Jésus, Marie, Joseph 1672* (leve Jezus, Maria en Jozef – 1672). Overal kom je oude dwarssteegjes tegen, zoals bijvoorbeeld de Rue Saint-Denis met hoekstenen ter beveiliging tegen koetsen. De Rue Étroite (smalle straat) doet haar naam alle eer aan. De Rue Marché-au-Pain, de Rue des Plâtriers... getuigen van de beroepen die hier eertijds werden uitgeoefend. Nummer 45 stemt overeen met het Hôtel Ganne-Destouches. Elegant granieten gebouw. Hier werd in 1798 Destouches gearresteerd, een beroemde hugenoot die onsterfelijk werd in een van de romans van Barbey d'Aurevilly. Op nummer 39 bevindt zich het huis van Fortuné de Boisgobey, bekend schrijver van feuilletons uit de 19de eeuw. Er vlak naast (nummer 37) tref je een van de oudste woningen van de stad aan. In de 18de eeuw was dit het eigendom van de eigenaars van de Chausey-eilanden (waar het graniet vandaan kwam dat je in alle gebouwen terugvindt). In de kelders werden onder de Witte Terreur clandestien missen opgedragen. Vandaag gaat het er rustiger en aangenamer toe. Dit is nu een pannenkoekenhuis. Op nummer 19 is er een latei waarin 1622 Poe is gegraveerd. Nummer 4 is een fraai ogend huis met granieten raamomlijstingen en een uitbouw. Op nummer 3 is er een opmerkelijk haut-reliëf van terracotta verwerkt in de gevel.

Rue Cambernon (plattegrond B2): maak een ommetje via de Rue Notre-Dame naar het huis nummer 14bis, een van de oudste woningen (16de eeuw) van de stad. In dezelfde straat, op het nummer 3, ligt het herenhuis van de graven van Matignon. Nummer 43 is het Hôtel du Val ès-Fleurs, dat dateert van 1635. Op nummer 54 ligt het Hôtel Le Mengnonnet, een bijzonder elegant gebouw dat wat van de straat af is gelegen. Het Hôtel de l'Amirauté, op het nummer 76, heeft een driehoekig fronton met een massieve granieten dakkapel. In de Rue Cambernon neem je de kleine Rue des Égouts (een naam die het straatje zeker waard is, als je goed rondkijkt) en geniet je... van het prachtige uitzicht!

Église Notre-Dame (plattegrond B2): de Engelsen begonnen met de bouw in 1441, maar de fundering was nog maar amper uitgegraven of ze werden uit Frankrijk verdreven. Daarna heeft het drie eeuwen geduurd alvorens de kerk werd afgewerkt! Geeft de indruk van een minikathedraal die in elkaar is gedoken om beter bestand te zijn tegen de stormen. Indrukwekkende gevel uit de 18de eeuw. Binnen zie je een schip met rondbogen en een kooromgang met spitsbogen. Prachtige orgelkast van 1660. Preekstoel en koorstoelen uit de 18de eeuw, evenals een verguld gebeeldhouwd tabernakel. In de apsis van het koor tref je gebeeldhouwde kapitelen aan. Aan je linkerhand bevindt zich een groot granieten wijwatervat uit de 15de eeuw (vroeger een doopvont). Pittoresk doopbekken (rooster uit de 18de eeuw).

Place d'Armes (plattegrond B2-3): *toegang tot de Place d'Armes via de Porte Saint-Jean.* Uitgestrekte esplanade keurig afgeboord door de vroegere kazernes. Deze getuigen trouwens van een heel opmerkelijke 18de-eeuwse architectuur. Thans zijn allerlei administratiediensten in die gebouwen gevestigd. Wat verderop bevindt zich de Rue du Roc en de voormalige Halle au Blé, waar 's zomers tentoonstellingen worden georganiseerd (inlichtingen te bekomen in het Musée du Vieux-Granville).

🛶 🛶 📷 **Le Roc des Harmonies – aquarium et musées (plattegrond A3):** *Le Roc*.

📞 02 33 50 19 83. ● *www.aquarium-du-roc.com. Helemaal op het einde van de bovenstad. Van april tot september dagelijks geopend van 10.00 tot 19.00 ; van oktober tot maart dagelijks geopend van 10.00 tot 12.30 u en van 14.00 tot 18.00 u. 's Ochtends gesloten op 25 december en 1 januari. Toegangsprijs: € 8. Kortingen. Theehuis: lekkerbekkenrotsjes.*

We gaan op weg met Jules Verne, aan de hand van enkele citaten uit zijn werken trekken we door deze wonderlijke plek (zo goed en zo kwaad dat gaat!). In de vijver aan de ingang zitten twee zeeleeuwen.

- Jardin des Papillons (vlindertuin): heel pedagogische ontdekkingstocht in de wereld van vlinders en insecten. Wandelende takken (die je amper kunt zien, zo goed zijn die gecamoufleerd), *Tropidacris titanicris* (Braziliaanse sprinkhaan), *Phryne grossetaiti* (spin met lange poten om vleermuizen op het verkeerde been te zetten)... worden op een originele en esthetische wijze gepresenteerd.

- Aquarium: een mooie verzameling veelkleurige tropische vissen.

- Palais des Minéraux (mineralenpaleis): getuigt allemaal van verrassend veel ernst en artistiek talent: versteend hout, gemineraliseerde sequoia's, marmer, pyrietsteen, enorme geoden (bolvormige holtes in gesteentes waarin zich kristallen bevinden) van amethist, diverse kristallen... Met veel smaak en raffinement tentoongesteld.

- Féerie des Coquillages (sprookjeswereld van schelpen): je kunt je niet voorstellen wat je allemaal met schelpen kunt doen. Tussen kitsch en kunst, maar af en toe echte juweeltjes. De moskee van Caïro, de tempel van Angkor, poppenhuizen, maskers, de *Venus* van Botticelli... in een uitgekiend lichtspel en een feeërieke, tot de verbeelding sprekende enscenering.

- **De 'balades littéraires' (literaire wandelingen):** *inlichtingen te bekomen bij de mediatheek, Rue Clément-Desmaisons* (📞 02 33 50 34 09) *of bij de organisatie Pages et Paysages* (📞 02 31 79 92 73). *In juli en augustus.* Er worden wandelingen georganiseerd waarbij je de bovenstad bezoekt in het voetspoor van Victor Hugo, Michelet of Stendhal. De organisatie *Pages et Paysages* organiseert het hele jaar door ook soortgelijke wandelingen door de Marais du Cotentin (moerassen van de Cotentin), over de smokkelpaden rond de Mont-Saint-Michel, in Carteret en in het Pays de Coutances.

IN DE BENEDENSTAD (VILLE BASSE)

📷 **Het strand (plattegrond C-D1-2):** tussen het casino en de Pointe du Lude. Wordt afgeboord door de bekende Digue-Promenade du Plat-Gousset (dijk-promenade). In de winter zijn er soms reusachtige golven.

🛶 🛶 🛶 **Musée en jardin Christian-Dior (plattegrond D1):** *villa Les Rhumbs*.

📞 02 33 61 48 21. ● *www.musee-dior-granville.com. Van half mei tot half september dagelijks geopend van 10.00 tot 18.30 u. Toegangsprijs: € 6. Kortingen. Gratis voor kinderen jonger dan twaalf. De tuin is het hele jaar door geopend.* Voor het strand, boven aan de trap aan het einde van de Promenade du Plat-Gousset. 'Les Rhumbs' is het huis waarin Christian Dior zijn jeugd doorbracht. Het ligt verborgen in een prachtige rotstuin die nu toegankelijk is voor het publiek en stilaan de pracht van weleer terugvindt. Deze roze villa aan zee (uit die kleur putte de wijd en zijd bekende modeontwerper en couturier trouwens de nodige inspiratie voor bepaalde creaties) werd op het eind van de 19de eeuw gebouwd door een reder en is sinds korte tijd een permanent museum. De verzameling van dit museum is tot stand gekomen door giften en aankopen. Bovendien worden elk jaar talrijke voorwerpen ontleend. Dit maakt het aan het museum mogelijk om in diezelfde periode steeds opnieuw innoverende thematische exposities te organiseren. Een bezoek aan dit museum is een uitgelezen kans om aan de hand van diverse accessoires, tekeningen, schilderijen, parfumflesjes en diverse haute-couturemodellen het talent van Christian Dior en zijn opvolgers te ontdekken. De geurentuin, waar je verschillende geuren kunt ontdekken, neemt je nog wat verder mee op reis in de wereld van Dior (atelier op woensdag om 15.00, 16.00 en 17.00 u, enkel na afspraak).

> ⬛ Om je bezoek in alle zachtheid af te ronden, kun je een ontbijtpauze inlassen in het **theesalon** (in juli en augustus geopend van 11.00 tot 18.30 u).

WAT IS ER TE DOEN?

Voor wie het nog niet opgevallen was, willen we er even aan herinneren dat Granville het mekka van de zeilsport is. Geregeld vinden er regatta's en surfwedstrijden plaats (onder andere met zwaardboten, surfplanken, catamarans, kruisers...). Nogal wiedes, want dit is een van de meest tot de verbeelding sprekende watergebieden op aarde. Met op de achtergrond de baai van de Mont-Saint-Michel, de Kanaaleilanden en alle stromingen en getijden die je je maar kunt wensen. Voor de echte liefhebbers, niet voor mediterraanbruine mietjes en doetjes...

⬛ **Centre régional du nautisme (regionaal centrum voor watersportactiviteiten, plattegrond C3):** Boulevard des Amiraux, Port du Herel. ☎ 02 33 91 22 60. ● www.crng.fr. Je kunt er overnachten (zie boven onder de rubriek 'Slapen'). Regionale vestiging van de Franse zeilfederatie. Prima ontvangst. Surfplanken, zwaardboten, catamarans, zeekajakken, roeiboten, strandwagens... Van introductiecursussen tot cursussen voor gevorderden, privélessen, vrij oefenen... Je kunt van al die mogelijkheden gebruikmaken binnen een niet te evenaren infrastructuur.

⬛ **Yacht Club van Granville (plattegrond B3):** Port du Herel. ☎ 02 33 50 04 25. ● www.yachtclub-granville.com. Gesticht in 1933. Een van de actiefste clubs van Frankrijk, organisator van een indrukwekkende reeks adembenemende regatta's (vrijwel elk weekend). Het nieuwe club house is een unieke ontmoetingsplaats voor alle liefhebbers van de zee: vissers, oceaanvaarders (Christophe Auguin, tweemaal winnaar van de regatta om de wereld voor solozeilers, komt hier geregeld) en eenvoudige watersporters die dromen van heroïsche overtochten...

ZEETOCHTEN AAN BOORD VAN OUDE SCHEPEN

⛴ **La Bisquine La Granvillaise:** inlichtingen: Association des Vieux Gréements Granvillais, Maison de la Bisquine, Boulevard des Amiraux 43, BP 219, 50402 Granville Cedex. ☎ 02 33 90 07 51. ● www.lagranvillaise.org. Van april tot oktober kun je een halve dag (€ 40), een hele dag (€ 60/persoon), een weekend of nog langer mee. Ook gezinsarrangementen. Legendarische vissersboot uit de 19de eeuw, typisch voor de baai van de Mont-Saint-Michel. Deze lokale ster is uitgerust met een imposant zeiltuig van 293 m² (340 m² ter gelegenheid van een regatta!).

⛴ **Le Lys Noir:** ☎ 06 78 90 67 49. ● www.lys-noir.com. Van half april tot begin oktober. Dagtochten, weekends, cruises naar de Kanaaleilanden... Neem deel aan allerlei manoeuvres. Bij voorkeur voor groepen met minder dan tien deelnemers. De charme van een vierzijdige kits (plezierjacht) van 1914. In gezelschap van een gepassioneerde liefhebber waarmee je alle verborgen eilandjes in de buurt ontdekt.

⛴ **Le Charles-Marie:** ☎ 02 33 46 69 54. ● www.espritgrandlarge.com. Schitterend zeilschip van 1968 dat in 2000 in ere werd hersteld. Het plezier van een traditionele cruise met een bemanning die de archipel van Chausey en de Kanaaleilanden bijzonder goed kent. Aan boord worden navigatiecursussen voor beginners gegeven. Je mag meehelpen aan de manoeuvres en er vinden proeverijen plaats van zeevruchten en streekproducten.

⛴ **Le Strand Hugg:** ☎ 02 33 90 69 06 of 06 75 09 94 43. ● www.strandhugg.free.fr. In 1952 gebouwd op de scheepswerf Servain in Granville. Een geslaagde ombouw van een boot die gebruikt werd voor kustvisserij. Dag- of weekenduitstapjes in de baai van Granville.

🚢 **Le Courrier des Isles:** *inlichtingen en reserveringen:* ☎ 02 33 50 49 80. Daguitstap naar de archipel. Aan boord plaats voor 15 personen.

WAT VALT ER TE BELEVEN?

- **Carnaval:** jaarlijks. Duurt vier dagen, begint op de zaterdag voor Vastenavond. Traditioneel carnaval dat historisch afstamt van de Newfoundlandvaarders. Zij hadden immers de gewoonte om zich te vermommen en hun hele soldij in een verschrikkelijke boemelpartij erdoor te jagen alvorens het ruime sop te kiezen en pas over talrijke maanden opnieuw voet aan wal te zetten. Dit carnaval wordt gekenmerkt door een defilé van praalwagens, bals en een typisch volksgebruik: de *intrigues*. De inwoners van Granville, zowel de kleine als de grote (eigenlijk vooral de grote, die niets anders dan grote kleine zijn!) verkleden zich bij deze gelegenheid met de meest gekke carnavalskostuums en gaan in die rare uitmonstering een bezoek brengen aan hun kennissen en vrienden... Het verbranden van een gigantische carnavalspop op het strand luidt het einde van de festiviteiten in.
- **Sorties de bains:** vier dagen tijdens de week volgend op 14 juli (normaal gezien). Inlichtingen: Archipel. ☎ 02 33 69 27 30. Festival van straattoneel. Meer dan 30 groepen zorgen voor een honderdtal voorstellingen.

IN DE OMGEVING VAN GRANVILLE

🍴🍴 **Ferme de l'Hermitière – Écomusée du cidre et de la ferme:** *50320 Saint-Jean-des-Champs.* ☎ 02 33 61 31 51. ● *www.ferme-hermitiere.com. 9 km ten oosten van Granville via de D924. Vanaf Pasen tot juni en in september van maandag tot vrijdag geopend van 14.00 tot 18.00 u (niet op feestdagen); in juli en augustus van maandag tot zaterdag van 10.00 tot 12.00 u en van 14.00 tot 18.00 u. Toegangsprijs: € 3,50. Gratis voor kinderen jonger dan veertien. Rondleiding van ongeveer een uur.* De eigenaar Jean-Luc Coulombier opent de deuren van zijn bedrijf en laat je alles ontdekken over de traditionele vervaardiging van cider, pommeau en calvados. In een videofilm van tien minuten wordt getoond welke werkzaamheden gedurende het jaar op de boerderij plaatsvinden. Daarna volgt een rondleiding langs de verschillende installaties zoals de pers, de bottelkamer en de kelders. Ten slotte kun je in het kleine streekmuseum een verzameling zeldzame stukken bekijken (persen, distilleerkolven, voormalige werktuigen_...). Er zijn ook knappe reconstructies van scènes uit het plattelandsleven in het begin van de 20ste eeuw. De rondleiding wordt in stijl afgesloten met een proeverij! Voordat je vertrekt, kun je nog picknicken aan een mooi meer of een tochtje door de boomgaarden maken. Heel leerrijk en echt boeiend!

DE CHAUSEY-EILANDEN

🍴🍴🍴 De enige Normandische archipel die na het verdrag van Brétigny (1360) in Franse handen is gebleven. Ongeveer 5000 ha zeegebied. Bij hoogwater zijn er 52 eilandjes die door grote vlakten van zand en modder verbonden zijn. Bij laagwater zijn dit er naar het schijnt evenveel als er dagen in het jaar zijn (waaronder ook gewone rotsen). De eilanden liggen 17 km van Granville. Door de enorme getijverschillen (meer dan veertien meter) is hun oppervlakte bij laagwater zeventig keer zo groot! De Chausey-eilanden zijn typische granietrotsen en werden gebruikt voor de bouw van de Mont-Saint-Michel, Saint-Malo en een deel van de trottoirs van Parijs en Londen. De eilandengroep is grotendeels in privéhanden, de rest is eigendom van het *Conservatoire du littoral.* Tegenwoordig leven er in de winter nog maar een tiental personen op de Chausey-eilanden. Als je van de stadsdrukte echt weg wilt, kun je hier heerlijke harmonieuze en vredige momenten beleven. Er is echter een keerzijde aan de medaille (en een gewaarschuwd trotter telt voor twee!): in juli en augustus is het bijna onmogelijk om de horden picknickende en badende toeristen te ontlopen. De meer dan

300 plantensoorten trekken een grote variëteit aan vogels aan, zoals de jan-van-gent, de bergeend, visdiefjes en de grote stern.

Het **Grande-Île** (het enige eiland dat is bewoond en dat je kunt bezoeken) is 2 km lang en 200 tot 700 m breed. Een groot deel van het eiland is privéterrein, maar het is toegankelijk voor wandelaars (die de planten met rust moeten laten en geen rotzooi mogen achterlaten!). De economische activiteit bestaat voornamelijk uit enerzijds het vissen met korven op kreeft, krab, garnaal en paling, en anderzijds het kweken van mosselen, oesters en venusschelpen.

Her en der zie je wrakken van boten op het strand liggen. Je realiseert je dan weer dat de zee hier in de winter hevig tekeergaat en weinig gemeen heeft met het beeld uit de toeristische folders. De zee laat niet met zich sollen...

EEN BEETJE GESCHIEDENIS

Megalithische monumenten duiden op de aanwezigheid van mensen op de Chausey-eilanden vanaf de prehistorie. In de 11de eeuw wordt de archipel door de hertog van Normandië, Richard II, overgedragen aan de abdij van de Mont-Saint-Michel. De monniken winnen het graniet (overvloedig aanwezig op de eilanden) dat nodig is voor de bouw van de abdij (zie verderop ook het prachtige verhaal over de Mont-Saint-Michel). In de 16de eeuw laat koning Hendrik II op het Grande-Île een burcht bouwen voordat hij de archipel toevertrouwt aan de graven van Matignon, voorvaders van het huidige vorstenhuis van Monaco. In 1756 werd de archipel ingenomen door de Engelsen en in 1804 werd hij weer bij de stad Granville gevoegd. In 1949 werden de granietgroeven weer geopend om het oude stadscentrum van Saint-Malo, dat tijdens de bombardementen was vernietigd, weer op te bouwen.

AANKOMST EN VERTREK

🚢**Motorboten 'Jolie France II' en 'Jeune France II' en de catamaran 'Jeune France':** *haven van Granville.* ☎ *02 33 50 31 81. Van april tot september vertrekt de boot een tot vijf keer per dag; in maart, oktober en november vertrekt hij slechts één enkele keer om de twee of drie dagen (in de vakantie wel dagelijks); in december, januari en februari zijn er twee afvaarten per week. Telefonisch reserveren is verplicht.* De overtocht duurt 35 tot 50 minuten, afhankelijk van de boot. Prijs: € 21,80 voor een retourtje; kinderen van drie tot veertien jaar: € 13,60; kinderen jonger dan drie betalen € 3, dieren € 6,50; te vermeerderen met de transportbelasting in juli en augustus (ongeveer € 0,80). Kaartjes een halfuur voor het vertrek afhalen.

SLAPEN, IETS ETEN

GOEDKOOP TOT DOORSNEEPRIJS

📧**Gîte rural La Ferme de Chausey:** *bij de heer en mevrouw Lair.* ☎ *02 33 90 90 53.* ● *www. ileschausey.com. Jaarlijks verlof van januari tot begin februari. Reserveren is ten zeerste aanbevolen. Van € 106 tot 317 voor een weekend (niet in juli en augustus en de eerste helft van september) en van € 490 tot 1133 per week voor zeven tot negen personen (€ 226 à 522 voor twee), afhankelijk van het seizoen.* Een twintigtal leuk en functioneel ingerichte *gîtes* in een voormalige boerderij die onlangs werd gerenoveerd. Je kunt er terecht voor het huren van een studio voor twee tot drie personen tot een appartement met vier kamers voor zeven tot negen personen.

📧**Gîtes communaux:** *inlichtingen en reserveringen bij de Dienst voor Toerisme van Granville.* ☎ *02 33 91 30 03.* ● *office-tourisme@ville-granville.fr* ● *www.ville-granville.fr. Enkel verhuur per week, van april tot september, de rest van het jaar in functie van de boten. Afhankelijk van het seizoen betaal je € 171 tot 675 per week voor vier tot zeven personen.* Vijf gîtes in de vroegere pastorie en de voormalige school van het eiland. Schitterend gelegen vlak bij een mooi strand. Niet duur, maar het comfort is dan ook minimaal (geen douche in de *gîte* in de pastorie, alleen de grootste gîte heeft een eigen badkamer)...

DOORSNEEPRIJS TOT IETS LUXUEUZER

📠✖ Hôtel du Fort et des Îles: ☎ 02 33 50 25 02. ● *hoteldufortetdesiles@orange.fr. 100 m links van de aanlegsteiger. Geeft uit op het befaamde Sound. Geopend van half april tot september. Het restaurant is gesloten op maandag, behalve op feestdagen. Reserveren is ten zeerste aanbevolen. Halfpension van € 70 per persoon in een tweepersoonskamer met douche en wc. Menu's voor € 22 tot 90.* Het enige hotel op het eiland. Eenvoudige kamers met uitzicht op het omringende landschap of op de wirwar van eilandjes. Halfpension of volpension verplicht, maar dat spreekt hier eigenlijk voor zich, want er is geen ander echt restaurant op het eiland. De meeste vissen en zeevruchten die je op je bord krijgt, komen uit de wateren rond de Chausey-eilanden... verser kan dus onmogelijk. Minder betrouwbaar wat het vlees betreft.

WAT IS ER TE ZIEN EN TE DOEN?

◼**Wandeling (waarvan je niet uitgeput raakt):** buiten het seizoen geniet je van pure rust, kalmte en authenticiteit. Tijdens de wandeling merk je volgende bezienswaardigheden op: de vuurtoren van 37 m hoog die vanaf een afstand van 43 km kan worden waargenomen; het fort (dat in 1860 werd gebouwd als bolwerk tegen de Engelsen, maar nooit als zodanig heeft gefunctioneerd); en tot slot de Chapelle des Pêcheurs (daterend van 1840).
Je kunt het eiland ook samen met Olivier Ribeyrolles, een geografische gids, ontdekken. Je bereikt hem op het nummer ☎ 06 82 67 87 19.

◖ **Les Blainvillais:** microdorp dat zijn naam ontleent aan de gemeente Blainville, waar elke zomer de arbeiders uit de sodafabrieken naartoe kwamen om zeewier te verbranden voor de soda die in de glasfabrieken werd gebruikt.

◖**De voormalige seintoren:** buiten dienst sinds 1939. Ornithologen maken vandaag dankbaar gebruik van dit gebouw.

◖**Château Renault:** niet toegankelijk voor bezoekers. Op de ruïnes van het kasteel dat in 1558 door de Matignons boven de schitterende zandplaat van Port-Homard werd gebouwd, liet Louis Renault (de autoconstructeur) in 1928 op basis van zijn eigen plannen dit verrassende kasteel naar menselijke proporties bouwen. Het is uitgehouwen uit graniet en heeft een vredige, sobere en krachtige uitstraling. Misschien denk jij er anders over, maar wij waren best wel jaloers op de nieuwe eigenaars...

▦Mooie **stranden** van **Port-Homard**, **Port-Marie** en **la Grande Grève**. Bij eb kun je naar de granieteilandjes Éléphant en Moines.

◖◖ De Chausey-eilanden vormen een indrukwekkend **vogelreservaat**. Voor de echte liefhebbers worden door de *Groupe ornithologique normand* (☎ 02 31 43 52 56) en de *Conservatoire du Littoral* (☎ 02 31 15 30 90) geregeld ontdekkingstochten georganiseerd in het reservaat op het Grande-Île (elke zaterdag in mei en juni). Scholeksters, zeemeeuwen, aalscholvers, bergeenden, sternen en andere vogels fladderen hier vredig en vrolijk rond. Loop er tijdens de nestel- en broedperiodes (in de lente dus) op het puntje van je tenen...

VAN GRANVILLE NAAR AVRANCHES VIA DE KUST

SAINT-PAIR-SUR-MER   **50380**

Aangename gezinsbadplaats. Kerk met een mooie romaanse klokkentoren (enig overblijfsel van het oorspronkelijke bouwwerk). Binnen is er een Christus van polychroom hout in het rechtertransept. In het zuiden ligt **Jullouville**. In dit dorpje heerst dezelfde sfeer als in Saint-Pair-sur-Mer. Je treft er 19de-eeuwse villa's aan en kunt op de promenade langs de zee wandelen.

CAROLLES   50740

Opnieuw een kleine badplaats waar de klok precies is teruggedraaid. Aaneenschakeling van strandcabines op het aangename zand. Overal om je heen zie je oude, maar prachtig onderhouden villa's met dichtbegroeide tuinen. Een beeld dat een beetje in onbruik is geraakt, maar toch veel charme uitstraalt. Het hogergelegen deel van het dorp biedt wat minder de aanblik van een badplaats, maar het is er toch charmant wandelen in de wijken met poppenhuisjes. In de omgeving kun je langs de steile kusten fraaie wandelingen maken.

SAINT-JEAN-LE-THOMAS   50530

Tussen het dorp en het vredige en rustige badplaatsje. De kerk van Saint-Jean-le-Thomas heeft een preromaans schip en koor. Binnen zijn er resten van fresco's. Vlak bij de deur zie je de heilige Michaël in gevecht met de draak. Er is ook een granieten doopvont uit de 17de eeuw. Links in het schip staat er een beeld van Mozes (oude lutrijn). Voorts vermelden we nog de volgende details: een Maria met kind, een Heilige Anne uit de 15de eeuw, een heel oude grafsteen (zoon van Jehan du Bé – 1589), een piëta uit de 15de eeuw (onder het portaal)... Net zoals andere naburige dorpen (waaronder Dragey) heeft Saint-Jean-le-Thomas een enorme reputatie opgebouwd voor het fokken van renpaarden. Hier werd immers het wijd en zijd bekende *Idéal du Gazeau* getraind. In Dragey vind je dan weer meer paarden dan inwoners! Je kunt er de dierlijke atleten zien trainen op de banen midden in de velden of op het strand. De uitgestrekte zandvlaktes die bij eb verschijnen, bieden schitterende trainingsmogelijkheden. Als je graag iets langer van deze sfeer wilt proeven, kun je een nachtje doorbrengen in de Chambres d'hôtes de Belleville (zie hieronder).

SLAPEN, IETS ETEN

DOORSNEEPRIJS TOT HEEL LUXUEUS

☒☒ **Hôtel des Bains:** *Allée Clemenceau 8.* ☎ *02 33 48 84 20.* ● *hdbains@orange.fr* ● *www.hdesbains.fr. In het centrum van het dorp. Buiten het seizoen gesloten op woensdag- en donderdagmiddag; gesloten op woensdag in oktober. Jaarlijks verlof van 2 november tot 26 maart. Tweepersoonskamers met badkamer van € 60 tot 67 (supplement te betalen voor een tv). Menu's van € 16 (niet op feestdagen) tot 35. Gratis parkeerterrein.* Etablissement waar we ons hart aan verpand hebben. Het hotel wordt al vier generaties lang door dezelfde familie gerund! Vriendelijke ontvangst. Rustieke en bekoorlijke kamers vol charme, die allemaal anders zijn ingericht in een voor een badplaats heel typische villa. Je bevindt je met andere woorden bijna met je voeten in het water. Groot restaurant met prettige door en door Franse sfeer vol heimwee naar het verleden. Heel sympathiek allemaal. Stoffen tafelkleden en servetten, bloemen op de tafels, zachte achtergrondmuziek... In deze zacht gonzende sfeer doet een gemengd publiek van lekkerbekken en vaste klanten zich te goed aan allerlei heerlijkheden. Efficiënte en doortastende bediening. Tuin en zwembad.

SLAPEN IN DE OMGEVING

☒ **Chambres d'hôtes de Belleville:** *bij Florence en Olivier Brasme, Route de Saint-Marc 12. 50530 Dragey-L'Église.* ☎ *02 33 48 93 96.* ● *belleville@mt-st-michel.net* ● *www.mt-st-michel.net. Ongeveer 1 km van Dragey. Volg richting Ronthon. In Dragey-L'Église neem je de D484 in de richting van Genêts. Je diept € 76 op uit je portemonnee voor een tweepersoonskamer met badkamer. Voor een gîte voor twee tot vier personen tel je € 200 voor een weekend en € 400 tot 590 voor een week neer.* In een prachtig herenhuis uit de 17de eeuw zorgt de sympathieke Florence voor een heel vriendelijke ontvangst terwijl meneer zich bezighoudt met zijn renpaarden. Twee uiterst ruime, elegante en stijlvolle kamers met mooie eigen badkamers. Alles heeft hier precies de nodige dosis raffinement. Het ontbijt wordt geserveerd in een aangename eetruimte.

GENÊTS   50530

Groot dorp met een heel bijzondere architectuur. In de smalle straatjes zijn de huizen met een verdieping dicht tegen elkaar aangedrukt. Voorts zijn de muren opgetrokken uit leisteen of aardewerk en merk je overal de heel typische granieten raamomlijstingen. In een notendop: ietwat streng, maar harmonieus. Je kunt in ieder geval bijna niet geloven dat Genêts, dat tegenwoordig helemaal is verzand en overwoekerd door onkruid, in de middeleeuwen de belangrijkste haven voor de Mont-Saint-Michel was. De pelgrims vertrokken van hier uit ook bij eb, te voet of met een *maringotte* (paardenwagen), begeleid door plaatselijke gidsen om te voorkomen dat ze vast zouden komen te zitten. Tegenwoordig worden er ook weer oversteken georganiseerd (zie verderop).

DE 'PETITES SALINES'

Omdat de zoutzieders uit Normandië het zout niet konden opvangen aan de hand van de technieken die aan de Atlantische Oceaan en in het Middellandse Zeegebied werden gebruikt (opvangen van zout door verdamping door de zon), moesten ze zich noodgedwongen behelpen met de techniek van de 'petites salines'. Dit was een moeilijke, vrij dure en dus ook weinig rendabele techniek waarbij gebruik werd gemaakt van houtvuren. Toch wisten enkele honderden gezinnen op deze wijze te overleven (ook al was dit niet altijd voor de poes) en vooral onafhankelijk te blijven van andere regio's. Men zocht vlakke zandplaten uit die door de grote getijden van de wintermaanden en de maand maart met zoutlagen werden bedekt en schraapte het strandoppervlak glad. Enorme hopen slijpzand (zand met zout) werden derhalve opgeladen en opgeslagen bij de zoutziederijen, waarna deze werden bedekt met klei om ze tegen de regen te beschermen. In de winter werd het slijpzand in grote houten bakken gereinigd en bekwam men een waterige zoutoplossing (pekelwater).

Het pekelwater werd vervolgens in tonnen verzameld, in loden kuipen gedaan en tot slot verwarmd om zout te verkrijgen door verdamping. Het werk in de 'petites salines' was aan strenge regels onderhevig. Elk zoutziedersgezin mocht slechts drie loden kuipen bezitten en de totale bewerking mocht niet langer duren dan tachtig dagen. Elke verdamping duurde ongeveer twee uur en het zout werd te drogen gelegd in kegelvormige korven van wilgentakken.

Deze uitputtende procedure was gedurende lange tijd de enige techniek die aan de Noord-Europese kusten werd toegepast. De bijzonder ambachtelijke activiteit bleef in bepaalde hoeken slechts bestaan omdat men te ver verwijderd was van de grote zouthandelsroutes of omdat van bepaalde privileges kon worden genoten. Een poging van Richelieu om de activiteit af te schaffen leidde tot de bekende opstand van de 'Nu-pieds' (blote voeten). De techniek van de 'petite saline' werd in de baai van Mont-Saint-Michel tot in 1865 toegepast.

NUTTIGE ADRESSEN EN INFORMATIE

La Maison de la baie: *achter het gemeentehuis, in een voormalige kapel.* ☎ 02 33 89 64 00. Van Pasen tot eind september dagelijks geopend van 9.30 (in het weekend en op feestdagen van 10.00 u) tot 13.00 u en van 14.00 tot 18.00 u; de rest van het jaar op maandag, dinsdag en vrijdag geopend van 9.45 tot 12.45 u en van 14.00 tot 17.30 u. Voor alle nuttige informatie (verblijf, activiteiten…) en documentatie over de baai (boeken, gidsen).

Découverte de la Baie: *La Maison du Guide, Rue Montoise 1.* ☎ 02 33 70 83 49. ● *www.decouverte-baie.com*. Van april tot oktober dagelijks geopend van 9.00 tot 12.30 u en van 13.30 tot 18.00 u;

van november tot maart geopend op weekdagen. In de hoofdstraat, vlak bij de brug. Een van de belangrijkste stichtingen die diverse wandeltochten in de baai organiseert.

■ **Les Chemins de la Baie:** *Rue de l'Ortillon 34.* ☎ 02 33 89 80 88. ● *www.cheminsdelabaie.com.* Je kunt met de gidsen traditionele wandeltochten of oversteken maken, maar er zijn ook specifieke ontdekkingstochten (fauna, flora) in de baai of in het achterland.

■ **Zelfstandige gidsen voor de oversteek van de baai, vertrek aan de punt van Andaine:** Didier Lavadoux (☎ 06 75 08 84 69), Jacky Gromberg (☎ 06 83 29 78 10); Stéphane Guéno (*Sports Évasion* in Avranches, ☎ 06 14 70 55 14); Olivier Ribeyrolles (☎ 06 82 67 87 19). Wil je vertrekken aan de Mont Saint-Michel, kijk dan bij de' Nuttige adressen' daar.

SLAPEN, IETS ETEN

CAMPING

▲ CAMPING LES COQUES D'OR: *Route du Bec-d'Andaine 14.* ☎ 02 33 70 82 57. ● *contact@campinglescoquesdor.com* ● *www.campinglescoquesdor.com.* ☒ *Wanneer je de stad vanuit noordelijke richting binnenrijdt, in de richting van de punt van Andaine. Geopend van april tot eind september. Reken op ongeveer € 15,50 voor een staanplaats voor twee personen met een auto en een tent.* Een trieste aanblik, camping op een groot veld. Maar wees gerust, de grote ruimte in het midden, omzoomd met heggen en bomen, is heel wat leuker. Je kunt er ontspannen (tafeltennis onder afdak, zwembad). Genoeg om van de camping een gezellige plek te maken. Verhuur van enkele mobilhomes. Goede ontvangst, maar het onderhoud kan wel wat beter.

GOEDKOOP

▲ ⊞ AUBERGE DE JEUNESSE (JEUGDHERBERG): *Rue de l'Ortillon 28.* ☎ 02 33 58 40 16. ● *genets@fuaj.org* ● *www.fuaj.org.* ☒ *In het voormalige station annex school. Te bereiken met bus nummer 12 vanuit Avranches en Granville. Telefoneer naar de jeugdherberg, ze hebben de dienstregeling. Geopend van half maart tot half oktober. Receptie geopend van 8.00 tot 11.30 u en van 17.00 tot 20.00 u. Je betaalt € 16,70 voor een overnachting met ontbijt en lakens (jeugdherbergkaart verplicht en ter plaatse te verkrijgen mocht je er nog geen hebben). Een staanplaats voor je tent kost € 6,50/persoon.* Recente, nette jeugdherberg met een vijftigtal bedden verdeeld over vijftien kamers van twee tot zes personen. Je kunt zelfs opteren om onder een stormzeil te overnachten.

⊞ ✗ CHEZ FRANÇOIS: *Rue Jérémie 2.* ☎ 02 33 70 83 98. ● *resto@chezfrancois.fr* ● *www.chezfrancois.fr.* *Vlak bij het gemeentehuis. Gesloten op woensdag en donderdag. Jaarlijks verlof: de tweede helft van februari, eind september en van Kerstmis tot Nieuwjaar. Reserveren is verplicht. Tweepersoonskamers met douche voor € 32 (wc op de gang). Reken op zo'n € 18 voor een volledige maaltijd à la carte.* Heel sympathiek adres dat door een dynamisch team wordt gerund. Kleine landelijke eetruimte (genre bistro) die vol staat met grote rustieke tafels en een open haard. François bereidt het op houtvuur gebakken vlees in de eetruimte! Intelligente eenvoudige keukengerechten. Voorgerechten die variëren in functie van het seizoen. Veel op houtvuur gebakken vlees, met een overduidelijke voorkeur voor varkensvlees (vandaar hun uithangbord): varkenspoten, varkenssnuit met bloedworst... En om alles af te ronden toetjes uit grootmoeders tijd. Op de verdieping bevinden zich vijf kamers die niet zo groot zijn (dat zeggen de eigenaars zelf!), maar wel aardig gerenoveerd werden. Douche op de kamer.

WAT IS ER TE ZIEN EN TE DOEN?

◣◣◣ **Oversteek van de baai:** let op, ga nooit op pad zonder ervaren gids! Vertrek vanaf de Bec d'Andaine naar Genêts, de Mont-Saint-Michel of het Maison de la Baie in Courtils. Twee verenigingen organiseren de meeste overtochten (het *Maison du Guide* en *Les Maisons de la Baie*), maar je kunt ook bij enkele zelfstandige gidsen terecht (die meestal ook voor de bovenstaande verenigingen werken). De gegevens van deze mensen vind je in de rubriek 'Nuttige informatie' bij de stad waar je wilt vertrekken. Er zijn verschillende soorten wandelingen langs verschillende wegen (soms met terugtocht met pendeldienst), van een dag of langer (met overnachting) of themawandelingen. De uren hangen af van de getijden. In het hoogseizoen lijkt het alsof je met een hele groep op pad bent (de twee verenigingen werken bijvoorbeeld met groepen van minstens vier, maar er staat geen maximum aantal personen op een vertrek zonder gids, voor een vertrek met uitleg is dat 50 personen...). Wil je er met een kleine groep op uit trekken, vraag dan inlichtingen bij een zelfstandige gids en vraag naar de grootte van de groepen. Reken op 4 1/2 uur voor een tocht heen en terug (met een bezoek van een uur aan de Mont-Saint-Michel) zonder uitleg, voor een oversteek met commentaar van een gids reken je al snel op vijf tot zesenhalf uur. Prijs: € 6 voor een tocht en ongeveer € 10 voor een oversteek met uitleg van een ervaren gids. Vertrek aan de Bec d'Andaine: 13 km heen en terug (met tussenstop in Tombelaine). Wandeling door het zeeslib (soort modder) waarbij je de rivieren oversteekt (precies zoals de pelgrims dit vroeger plachten te doen). Je loopt op blote voeten (vergeet evenwel niet om schoenen mee te nemen voor op de Mont-Saint-Michel!). Zorg voor warme kleren en een windjak.

✹✹ De kerk: gebouwd in de 12de eeuw. Klokkentoren die in de loop van de 16de eeuw werd gerenoveerd met paarsgewijze vensteropeningen, opengewerkte balkons en waterspuwers. In het koor is het begin van een spitsboog zichtbaar. Altaar met baldakijn uit de 18de eeuw. Achter dit baldakijn verschuilt zich een glas-in-loodraam dat grotendeels uit de 13de eeuw dateert. Originele kruising die op vier stevige pijlers rust, omringd door zuilen met kapitelen die van een primitieve bouwstijl getuigen. Aan weerskanten van het schip een Heilige Sebastiaan uit de 16de eeuw en een stenen Maria uit de 14de eeuw. Tot slot vermelden we nog een heel oude doopvont en wijwatervat van graniet.

✹✹ Le Bec d'Andaine: *te bereiken via de D35E. Goed bewegwijzerd vanuit Genêts.* Heerlijk bad van zuivere schoonheid op deze onmetelijke stranden van fijn zand recht tegenover het onophoudelijke natuurspektakel dat de baai en de Mont-Saint-Michel je gratis aanbieden! Je bevindt je hier ongeveer 800 m van het vertrekpunt vanwaar je te voet kunt oversteken naar de Mont-Saint-Michel. Het hoeft geen betoog dat de Bec d'Andaine de laatste jaren heel zwaar onder het toerisme te lijden kreeg (300.000 bezoekers per jaar, 80.000 oversteken...). Meteen dus ook de reden waarom dit stukje natuurlijke erfgoed een van de eerste plaatsen was om voordeel te halen uit het initiatief Opération Grand Site (OGS). Er zijn thans geen auto's meer te bespeuren in de duinen, want je kunt die nu kwijt in een speciaal aangelegd parkeerterrein een beetje verderop. Rond de Bec d'Andaine herovert de natuur nu beetje bij beetje haar oeroude bestaansrechten...

VAINS   50300

Klein vredig dorpje dat in de loop der tijden vrijwel niet is veranderd, met uitzondering van de rieten daken. Bescheiden woningen met leistenen muren. Hier woonden vroeger veel zoutzieders die in de 'petites salines' werkten. Bekijk zeker ook de kleine priorij van 1087 die door Willem de Veroveraar werd gesticht (een gedeelte is bewoond, maar in de kapel zijn er 's zomers vaak tentoonstellingen). Mooie toren met zadeldak. Het was in de buurt van Saint-Léonard dat Willem de Veroveraar strijd leverde tegen Conan de Breton (niets te maken natuurlijk met Conan de Barbaar...). Absoluut de moeite waard is ook het nieuwe *Maison de la Baie*, een schitterende tentoonstellingsruimte waarin je alle aspecten van het leven in de baai van de Mont-Saint-Michel ontdekt. Hier vlakbij ligt de *Grouin du Sud*, vanwaar je een adembenemend uitzicht hebt op de Mont-Saint-Michel, de Chausey-eilanden (bij zonnig weer) en de Normandische kust.

▣**CHAMBRES D'HÔTES LE COIN À LA CARELLE**: *bij Évelyne Bourée.* ☎*0233485034 of 0678292044. Rijd in de richting van het Maison de la Baie (D591). Na dit voorbijgereden te zijn blijf je de kustweg volgen.* De chambres d'hôtes is werkelijk niet zo moeilijk te vinden. Het huis staat immers gewoon aan de rechterkant van de weg. Het hele jaar door geopend. Je betaalt € 54 voor een tweepersoonskamer. Gezinskamer (met aanpalende kamer met twee bedden) voor € 90 (vier personen). Mooie en vrolijke woning in een leuke, netjes onderhouden tuin waar kamperfoelie en salie een verrukkelijk aroma vrijgeven... Je treft er twee onberispelijke kamers aan die met veel smaak op persoonlijke wijze werden ingericht. Vanuit een van die kamers geniet je van een uitgestrekt uitzicht op de baai van de Mont-Saint-Michel. Zelfde panorama vanuit de veranda, waar een onvergetelijk ontbijt wordt geserveerd: bioproducten, brood van het huis, eigengemaakte jams en tal van andere heerlijke lekkernijen. Ontvangst met duizend-en-een kleine attenties. Fietsenverhuur voor een trektocht langs de baai.

WAT IS ER TE ZIEN EN TE DOEN?

❋❋▣ **La Maison de la Baie – Relais de Vains-Saint-Léonard:** *Route du Grouin-du-Sud.* ☎*0233890606.* ♿ *Van juni tot september dagelijks geopend van 10.00 tot 18.00 u (tot 19.00 u in juli en augustus); van april tot juni en tijdens de schoolvakanties (behalve de kerstvakantie) dagelijks geopend van 14.00 tot 17.00 u (laatste toegang). Toegangsprijs: € 4,20; kinderen betalen € 1,75.* Gevestigd in een schitterend gelegen, prachtig gerestaureerd lang uitgestrekt gebouw (voormalige longère) met een uitzonderlijk uitzicht op de Mont-Saint-Michel en Tombelaine. Heel mooie, moderne en ludiek ingerichte tentoonstellingsruimte met een permanente expositie over het leven in de baai en dit in de ruimste zin van het woord: het ecosysteem, de dieren- en plantenwereld (fauna en flora), de menselijke activiteiten in het heden en in het verleden... Interessante documentatie, in het bijzonder over de 'petites salines', een activiteit die zijn stempel heeft gedrukt op de geschiedenis van de baai tot in het midden van de 19de eeuw (zie ook het voorgaande stukje over de 'petites salines'). De verschillende aspecten komen aan de orde in verschillende thematische ruimtes die voorzien zijn van geluids- en video-installaties, maquettes en interactieve informatiesystemen.

- **Observeren van de getijden:** een van de beste plekken hiervoor is de *Grouin du Sud*, een kleine rotsachtige uitloper enkele honderden meters van het *Maison de la Baie*. De opkomst van de getijden in de beddingen van de Sée en de Sélune is bijzonder spectaculair (vooral bij springtij of springvloed). Je bent misschien wel getuige van de overbekende *mascaret*, een soort vloedgolf die bij springtij door de kracht van de getijden wordt veroorzaakt. In de zomer vindt dit fenomeen een tiental keren plaats. Exacte datums en tijden kun je opvragen bij het *Maison de la Baie*. Vanaf de *Grouin du Sud* heb je overigens een meer dan schitterend uitzicht op de baai van de Mont-Saint-Michel.

- **Wandeltochten:** in de Manche kun je tal van prachtige wandeltochten maken, vooral in deze streek. In de Diensten voor Toerisme of het *Maison de la Baie* in Genêts kun je degelijke wandelkaarten kopen.

AVRANCHES

50300 | 9230 INWONERS

De namen Avranches en Mont-Saint-Michel zijn onlosmakelijk met elkaar verbonden. De bisschop van Avranches was immers betrokken bij de stichting van de eerste kapel op de Mont Tombe (die later tot de Mont-Saint-Michel werd omgedoopt). Deze levendige en prettige administratieve hoofdplaats van het zuidelijke deel van de Manche (de Sud-Manche) is een heus handelsstadje met landbouwbedrijven en enkele kleine industrieën. Sinds de opening van het museum Le Scriptoral, met manuscripten van de Mont-Saint-Michel, is de stad een absolute must bij een bezoek aan de Mont (of erna).

EEN BEETJE GESCHIEDENIS

Gedurende drie eeuwen was dit een belangrijke Romeinse vestingplaats. Vanaf de 4de eeuw na Christus vond de kerstening van de regio plaats. Saint-Aubert, de eerste stuwende kracht van de Mont-Saint-Michel was in de 8ste eeuw bisschop van Avranches.

In de 11de eeuw sprong Avranches op een heel bijzondere wijze in het oog. De hertogen van Normandië lieten er een versterkte vesting bouwen aan de grens tussen hun domein en

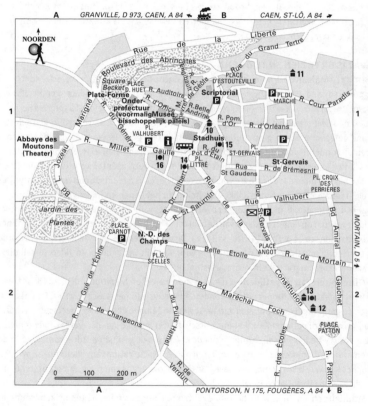

AVRANCHES

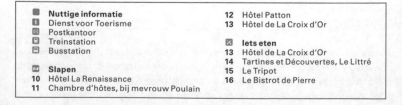

	Nuttige informatie	**12**	Hôtel Patton
	Dienst voor Toerisme	**13**	Hôtel de La Croix d'Or
	Postkantoor		
	Treinstation		**Iets eten**
	Busstation	**13**	Hôtel de La Croix d'Or
		14	Tartines et Découvertes, Le Littré
	Slapen	**15**	Le Tripot
10	Hôtel La Renaissance	**16**	Le Bistrot de Pierre
11	Chambre d'hôtes, bij mevrouw Poulain		

dat van de Bretons. Na de verovering van Engeland in 1066 door Willem de Veroveraar werden diverse bezittingen aan de andere kant van het Kanaal buitgemaakt. De plaats werd in de 13de eeuw door de heilige Lodewijk herbouwd na de verwoestingen die plaatsvonden bij de hereniging van Normandië bij Frankrijk in 1204. Tijdens de Honderdjarige Oorlog (1337-1453) werd de stad herhaaldelijk door de Engelsen belegerd en logischerwijze ook meerdere malen bevrijd. Louis de Bourbon, die omstreeks 1500 bisschop was, liet een bisschoppelijk paleis bouwen (het huidige paleis van justitie) en gaf ook het bevel om de kathedraal Saint-André te restaureren.

In 1639 kwamen de 'Nu-pieds', de zoutzieders uit de baai van de Mont-Saint-Michel, in opstand tegen het edict van Richelieu waardoor de privileges van de 'petites salines' werden opgeheven en de zoutbelasting werd ingevoerd. De opstand werd hardhandig onderdrukt, maar het edict werd niet doorgevoerd. Tijdens de Franse Revolutie (1789) passeerde het leger uit de Vendée via Avranches in de richting van Granville. Het omliggende platteland werd bezet door de royalisten. Barbey d'Aurevilly zette hier zijn ridder Destouches gevangen. In 1794 ging de kathedraal verloren. De 19de eeuw verliep vredig en het oude erfgoed werd in ere hersteld. In 1944 luidde de doorbraak bij Avranches de vrijheid voor Europa in. De stad had veel te lijden van de bombardementen, maar werd niet met de grond gelijkgemaakt. Tegenwoordig zijn er nog veel sporen van haar prestigieuze verleden zichtbaar.

NUTTIGE ADRESSEN EN INFORMATIE

🛈 **Dienst voor Toerisme (plattegrond A1):** *Rue du Général-de-Gaulle 2.* 📞 *02 33 58 00 22.*
● *www.ot-avranches.com.* In juli en augustus dagelijks geopend. Buiten het seizoen gesloten op zondag.

✉ **Postkantoor (plattegrond B2):** Rue Saint-Gervais.

🚌 **Busstation (plattegrond A-B1):** Place Valhubert. 📞 02 33 58 03 07.

■ **Fiets- en wandeltochten: Sports Évasion** *(Stéphane Guéno), Rue de Tombelaine 1, 50300 Le Val-Saint-Père.* 📞 *02 33 68 10 00 of 06 14 70 55 14. 1 km ten westen van Avranches. Eenvoudige fietsenverhuur (€ 12) of met circuit (€ 20).* Organiseert ook interessante trektochten met de mountainbike in de baai van de Mont-Saint-Michel (en vanzelfsprekend ook de klassieke oversteken van de baai, maar dit keer dan wel te voet). Als je dit vraagt, komen ze je fiets zelfs naar de gewenste plek brengen!
- **Markt:** zaterdagochtend, Place des Halles (of Place du Marché).

SLAPEN

GOEDKOOP TOT DOORSNEEPRIJS

🛏 **HÔTEL LA RENAISSANCE (PLATTEGROND B1, 10):** *Rue des Fossés 15-17.* 📞 *02 33 58 03 71 of 06 18 29 80 13.* ● *larenaissance@wanadoo.fr* ● *www.hotel-renaissance-avranches.fr. Tegenover Le Scriptoral. Tweepersoonskamers met wastafel (douche en wc op de gang) van € 30 tot 35.* Heel centraal gelegen hotelletje met brasserie op de benedenverdieping en eenvoudige, maar correcte en goed onderhouden kamers. Perfect voor wie wat krap bij kas zit. Let echter wel op, er is maar 1 douche voor 8 kamers. Aangename ontvangst.

🛏 **CHAMBRE D'HÔTES, BIJ MEVROUW POULAIN (PLATTEGROND B1, 11):** *Rue des Halles 19.* 📞 *02 33 48 69 73. Reserveren is aangeraden. Tweepersoonskamer voor € 45. Op wandelafstand van de markt, aan de rand van het centrum. Schattig huisje met houten dak. Dit gezellige stulpje heeft slechts 1 kamer (een grote kamer plus een kleine waar een kindje kan slapen).* Schoorsteenmantel, balken. Parket, mooie meubelen en prachtig uitzicht op de vallei (en de A84, maar dat merken enkel de pessimisten). De kleine tuin vol bloemen maakt het geheel compleet. Overal liggen kleine attenties: een verse bloem, een mand fruit. Zachte maar degelijke ontvangst.

⊞ Hôtel Patton (plattegrond B2, 12): *Rue de la Constitution 93.* ☎ 0233 48 52 52.
● *hotelpatton@orange.fr* ● *www.citotel.com. Het hele jaar door geopend. Op de hoek met de Place Patton. Je diept € 45 op uit je broekzak voor een tweepersoonskamer met badkamer; € 60 voor een kamer met bad; € 70 voor een vierpersoonskamer. Gratis privéparkeerterrein. Wifi.* Klein gebouw dat na de Tweede Wereldoorlog werd opgetrokken. Gezinshotelletje met retro-inrichting (voor wie houdt van de jaren 1970) maar heel goed onderhouden. De kamers zijn gerieflijk en rustig (aan de achterkant van het gebouw). Goede prijs-kwaliteitverhouding voor de gezinskamer. Onberispelijke ontvangst.

LUXUEUZER

⊞✗ Hôtel de La Croix d'Or (plattegrond B2, 13): *Rue de la Constitution 83.*
☎ 0233 58 04 88. ● *hotelcroixdor@wanadoo.fr* ● *www.hoteldelacroixdor.fr. Gesloten op zondagavond van half oktober tot april en in januari. Tweepersoonskamers met badkamer van € 74 tot 105, afhankelijk van de grootte. Doordeweeks lunchmenu voor € 17,50; andere menu's van € 26 tot 51,50. Gratis afgesloten parkeerterrein. Gratis wifi.* Dit is zonneklaar het chique adres van Avranches. Ook opgenomen in de Logis de France. Voormalig postrelais uit de 17de eeuw met een inrichting als van een typisch Normandisch museum: gepatineerde natuursteen, balkenzoldering, monumentale open haard, koperwerk, aardewerk aan de muren... Heel aantrekkelijk. Onberispelijke en gerieflijke kamers van verschillende grootte, met alle comfort, waarvan sommige ideaal gelegen in bekoorlijke huisjes in vakwerkstijl, verspreid in een heel mooie tuin vol bloemen, of in een gebouw naast het restaurant. De inrichting is dan weer klassiek of absoluut hedendaags, met kleine excentrieke toetsen of origineel meubilair. De tafels in de heel mooie eetkamer worden met tal van bloemen opgevrolijkt. Hedendaagse keukenspecialiteiten.

IETS ETEN

GOEDKOOP TOT DOORSNEEPRIJS

✗ Tartines et Découvertes (plattegrond A-B1, 14): *Rue du Dr-Gilbert 4.*
☎ 0233 79 35 80. ● *tartines@tradimac.com. Dagelijks geopend tot 19.00 u. Maaltijden voor € 10 tot 15. Weggestopt tussen Le Royal en Le Littré.* Gezellig plekje om wat te knabbelen: warme boterhammen met camembert en worst, zalmsalade... Informeel en leuk, voor wie graag rondsnuffelt: op de tafels staan snuisterijen en plaatselijke producten. Mooi terras.

✗ Le Tripot (plattegrond B1, 15): *Rue du Tripot 11.* ☎ 0233 60 59 23. ♿ *Dagelijks geopend. Reserveren is aangeraden. Doordeweekse lunchformule voor € 10 tot 12; verder menu's voor € 16 tot 33.* De ietwat mysterieuze gevel trekt je naar binnen. Daar ontdek je een eetzal met laag plafond, een salon en bar in het midden. Achterin een kleine veranda met planken vol aromatische planten en een open keuken. Ook op de bovenverdieping is er een eetzaal (waar tijdelijk kunst aan de muren hangt). Op je bord recreatieve gerechten, heel verrassend, met smaken uit de hele wereld. Verfijnde gerechten die mooi worden opgediend. Er is ook oog voor de grootte van de porties. We vermelden graag nog eens hoe goed het duurste menu is (beperkte keuze, wisselt om de twee weken, afhankelijk van het aanbod op de markt). Attentvolle bediening met de glimlach. Organiseert ook thema-avonden.

✗ Le Bistrot de Pierre (plattegrond A-B1, 16): *Rue du Général-de-Gaulle 5.*
☎ 0233 58 07 66. *Gesloten op zondag. Menu's voor € 11 en 13 tussen de middag; menu's voor € 15 tot 15,50 's avonds.* De gerechten staan op een bordje geschreven... en dit is meteen ook het enige in dit etablissement dat echt aan een bistro doet denken. Mooie en comfortabele eet-

ruimte die volledig modern werd ingericht. Hedendaags design. Degelijke en lekkere gerechten die geïnspireerd zijn op wat de markt te bieden heeft.

⊠ LE LITTRÉ (PLATTEGROND A1, 14): *Rue du Dr.-Gilbert 8.* ☎ 02 33 58 01 66.

● *man@lelittre.com. Gesloten op zondag en op maandag. Jaarlijks verlof: twee weken in juni en juli. Menu's van € 16 tot 25.* Restaurant dat charme uitstraalt. Drie ruimtes. Ten eerste de aangename kleine salon die het midden houdt tussen English style en Italiaans design, vervolgens de grote burgerlijke eetruimte met tal van sierlijsten en huiselijke meubels, en tot slot een laatste ruimte die aan een wintertuin doet denken. Wat je in je bord krijgt, hoeven we niet zo te detailleren. Alles is van het huis (tot en met de desserts). In een notendop: eenvoudig, lekker en misschien ietwat aan de dure kant.

DOORSNEEPRIJS TOT IETS LUXUEUZER

⊞⊠ HÔTEL DE LA CROIX D'OR (PLATTEGROND B2, 13): zie 'Slapen'.

SLAPEN, IETS ETEN IN DE OMGEVING

⊞⊠ CHAMBRES D'HÔTES JARDIN SECRET: *Rue de Granville 42, 50300 Marcey-les-Grèves.* ☎ 02 33 51 92 47. ● *www.jardin-secret-manche.fr. Voor een tweepersoonskamer tel je € 65 tot 70 neer. Table d'hôte voor € 18.* Bij het buitenrijden van Avranches neem je de weg naar Granville. Verscholen achter een hoge muur en een discreet hek ligt een prachtige verborgen tuin van maar liefst 1 ha met heel wat afgeschermde hoekjes en plekjes. Je voelt je goed in dit 19de-eeuwse huis. Verfijnd ingericht met veel hout, etsen en schilderijen waaronder enkele van de zoon van de dame des huizes. Onberispelijke kamers. De gechineerde meubels zijn van de hand van Martine, die de kamers met hart en ziel heeft ingericht.

WAT IS ER TE ZIEN?

🔍 **Musée d'Arts et d'histoire (plattegrond A1):** *Place Jean-de-Saint-Avit.* ☎ 02 33 58 25 15. *Het museum is gevestigd in het gebouw van de rechtbank van het officialaat, een bijgebouw van het voormalige bisschoppelijk paleis. Van juni tot september dagelijks geopend van 10.00 tot 12.30 u en van 14.00 tot 18.00 u. Toegangsprijs: € 1,50. Kortingen.* Vrij streng maar mooi middeleeuws bouwwerk. Kleine archeologische afdeling in een overwelfde zaal, met een deel van wat gevonden werd tijdens opgravingen in Avranches en omgeving. Er is ook een etnografische collectie te zien: Normandische hoofddeksels, bruidskast, traditioneel meubilair, spinnewiel, kast met vlechtwerk om boter en melk te koelen, etsen. Er is zelfs een reconstructie van een typische plattelandswoning uit de streek van Avranches. Werken van impressionistische schilders: *Nu* van Jean de la Hougue, *Campagne près d'Avranches* en *Coup de Vent* van Jacques Simon; enkele uitzonderlijke werken van Albert Bergevin. Tot slot ook nog reconstructies van werkplaatsen van een mandenmaker, pottenbakker, kuiper, koperbewerker...

🔍🔍🔍 📖 **Le Scriptoral d'Avranches (plattegrond B1):** *Place d'Estouteville.* ☎ 02 33 79 57 00. 📖 *Van mei tot september geopend van dinsdag tot zondag van 10.00 tot 18.00 u (in juli en augustus dagelijks tot 19.00 u); van oktober tot april geopend van dinsdag tot zondag van 10.00 tot 12.30 u en van 14.00 tot 17.00 u (in het weekend tot 18.00 u). De laatste kaartjes worden een uur voor sluitingstijd verkocht. Gesloten in januari, op 1 mei, 1 november en 25 december. Toegangsprijs: € 7, gratis voor kinderen tot tien jaar. Gezinskaartje: € 15. Audiogids: € 3.* Het driehoekige gebouw (dat naar verluidt gebaseerd is op de Mont-Saint-Michel) is ondergebracht in de ruïnes van de middeleeuwse walmuren en is het nieuwe onderkomen van de manuscripten van de Mont-Saint-Michel. Een kleine anekdote tussenin: in 1791 kreeg Avranches, als literaire opslagplaats, 4000 werken uit het klooster van de Mont-Saint-Michel. Daaronder waren 203 manuscripten die dateerden uit de 9de tot de 15de eeuw. 70 daarvan waren van de hand van monniken uit het klooster. In de *Trésor* (de manuscriptzaal) krijg je slechts een vijftiental van deze manuscripten te zien. Om de drie maanden worden de tentoongestelde werken gewisseld (dit om ze te beschermen).

Je begint je bezoek bij de geschiedenis van Avranches, de Mont-Saint-Michel en de verbanden tussen beide. Geniet in het voorbijgaan van de bronzen figuurtjes uit de 2de en 3de eeuw (bijvoorbeeld het prachtige beeldje van Cupido die op een dolfijn danst). Ze werden gevonden in Avranches. Bekijk ook even de mooie films over de evolutie die de Mont-Saint-Michel tot vandaag heeft doorgemaakt. Als inleiding bij de afdeling manuscripten krijg je uitstekende filmpjes te zien (vol passie en zachtheid) over de restauratie van de werken, de kunst van het kalligraferen, de verluchting, het boekbinden, de papier- en drukkunst... Wie weet krijg je de smaak wel te pakken... Vervolgens ontdek je de rijkdom van de manuscripten zelf, je zult versteld staan van de verfijndheid en het raffinement ervan. Aan het eind krijg je in het kort de geschiedenis van het boek te horen, van de revolutie binnen de boekdrukkunst tot de informatica van vandaag... Tot slot een degelijke tijdelijke tentoonstelling. Een boeiend museum dus dat de moderne technologieën van de museumkunde perfect weet te gebruiken zonder in stereotypen te vervallen. De ideale afronding van een bezoek aan de Mont-Saint-Michel. Voor wie nieuw is in het vak (en voor kinderen, die hun eigen circuit kunnen volgen), gaat een hele wereld open. Mensen die al wat voorkennis hebben, lopen meteen door naar de Trésor. Regelmatig worden conferenties, workshops kalligrafie en verluchting georganiseerd. Het hele jaar door lopen ook tijdelijke tentoonstellingen.

■**Wandeling door de oude stad (plattegrond A-B1):** *neem de gratis folder bij de Dienst voor Toerisme.* Vertrek vanaf het *plate-forme* (naast het voormalig bisschoppelijk paleis), de plaats waar vroeger de kathedraal stond voordat deze tijdens de Franse Revolutie werd verwoest. Hier vroeg Hendrik II Plantagenet op 22 mei 1172 vergiffenis voor de moord op Thomas Becket, aartsbisschop van Canterbury. Vandaar gaat de wandeling verder naar het middeleeuwse straatje Engibeault, met een goot in het midden, grote stenen en verborgen tuinen achter de hoge muren. Helemaal onder aan dit straatje bevindt zich een piepklein huisje met een uitbouw tegenover een elegant hoekhuis.

Toegang tot de donjon met zijn fraaie bloementuin en het *maison Bergevin* (een mooi voorbeeld van een 18de-eeuws burgerhuis) via de binnenplaats van nummer 15 van de Rue Geôle. Bemerk ook het hedendaagse *Le Scriptoral.* Op nummer 32 staat een huis met houten panden en uitbouw. Vervolgens bereik je het historische middeleeuwse handelscentrum waar de straten nog steeds de namen van vroeger dragen: Rue Pomme-d'Or, Rue Pot-d'Étain en Rue Chapeliers. In deze laatste tref je enkele boetieks aan met kroonwerk uit die periode. Op het marktplein staat een schitterende 15de-eeuwse woning in vakwerkstijl. Op nummer 12 op het plein staat een elegant gebouw uit de 18de eeuw. Je gaat terug naar de Place Littré (via de Place Saint-Gervais) waar het nachtleven van Avranches zich afspeelt (leuke cafés).

❦ **Basilique Saint-Gervais (plattegrond B1):** *bezoek de kerkschat. Dagelijks geopend van 8.30 tot 19.00 u (behalve tijdens de kerkdiensten).* Gebouwd in 1843, met een 74_meter hoge elegante klokkentoren van graniet in neorenaissancistische stijl. Hier kun je de wijd en zijd bekende schedel (met een gaatje erin!) van Saint Aubert bekijken. Dit gaatje is te wijten aan de heilige Michaël, veroorzaakt toen deze Saint Aubert opdroeg om op de Mont een kapel te bouwen. Religieuze edelsmeedkunst, monstransen, pyxissen, kledingstukken, mooie beelden, indrukwekkende lutrijn, Normandische kast met koormantels... Prachtige monstrans uit het *Second Empire* (keizerrijk van Napoleon III) van verguld zilver, email en lazuursteen. Vaandel van Saint-Gervais-Saint-Protais.

❦ **Place Patton (plattegrond B2):** als je te voet door de (lange) Rue de la Constitution loopt, kom je automatisch uit op de Place Patton, met zijn monument waarmee de doorbraak van Avranches op 31 juli 1944 wordt herdacht. Zowel de aarde als de bomen werden ingevoerd uit de Verenigde Staten.

❦ **Jardin des plantes (plattegrond A1-2):** *vlak voor de Église Notre-Dame-des-Champs (neogotische kerk die op zich niet zo interessant is, maar met een polychrome kansel uit de 18de eeuw). Het hele jaar door geopend vanaf 8.00 u tot bij zonsondergang.* Mooie groene zone, ingedeeld in verschillende thema's. Aan het einde van de tuin is er een opmerkelijk panoramisch uitzicht op de baai van de Mont-Saint-Michel. Vergeet ook niet om een blik te werpen op het romaanse portaal dat behoorde bij een kapel uit de 11de eeuw.

DE MONT-SAINT-MICHEL

50170 | 42 INWONERS

Vanaf de Mont-Saint-Michel heb je een betoverend uitzicht, op eender welk uur kleurt de hemel prachtig. Om je enkele 'ontgoochelingen' te besparen, moet je weten dat dit pareltje massa's toeristen lokt. In het hoogseizoen is het hier haast onleefbaar. Je kunt de nacht op de Mont doorbrengen en 's ochtends genieten van de verlatenheid en de rust... maar dat is natuurlijk nagenoeg onbetaalbaar. De Mont is het mooist wanneer je de berg in zijn geheel bekijkt, van ver. Geniet van het zicht op de Mont en de omliggende kust.

Wanneer je met de wagen komt, is het uitzicht minder indrukwekkend (tenzij je houdt van rijen hotels en motels, snackbars, kraampjes...). We raden je aan te voet te komen, door de baai... maar dan wel met een gids!

EEN BEETJE GESCHIEDENIS

Zoals in elke goede legende is de geschiedenis van de Mont ontstaan na een verschijning. De aartsengel Michaël vroeg namelijk aan de bisschop van Avranches (monseigneur Aubert) om een kapel te bouwen op de Mont Tombe, die toen midden in en bos lag (dat is weliswaar niet helemaal zeker). Monseigneur Aubert gaf in eerste instantie geen gehoor aan die verschijning, want hij kon zijn ogen niet geloven. Geërgerd verscheen Sint-Michaël een tweede keer tijdens de slaap van monseigneur Aubert en droeg hij deze opnieuw op om op de Mont Tombe een kapel te bouwen, maar ditmaal drukte hij zijn vinger tegen diens voorhoofd om zijn opdracht kracht bij te zetten. Niet zachtzinnig blijkbaar als je het resultaat bekijkt (zie hiervoor de beschrijving van de schatkamer van de Église Saint-Gervais in Avranches – gaatje in de schedel van Saint Aubert). De aartsengel wees hem ook een bron aan waar de eerste monniken zich konden vestigen. De eerste erkenning kwam in 710, toen koning Childebert zijn kroon aan de voet van de kapel plaatste die aan Sint-Michaël werd opgedragen. In 713 deed de paus enkele relikwieën cadeau. Zo kon monseigneur Aubert in pais en vree sterven in 725. Zijn taak was volbracht.

Ten gevolge van een vloedgolf liep de omgeving rond de Mont onder, waardoor deze door het zeewater werd geïsoleerd. De pelgrims bleven echter toestromen en de bescheiden kapel die voortdurend werd uitgebreid, werd na de Honderdjarige Oorlog (1337-1453) vervangen door een schitterende abdij. De bouw vond plaats onder leiding van een handvol benedictijner monniken uit Saint-Wandrille, die uitstekende bouwheren en technisch ingenieurs bleken. De granieten blokken die vanuit de veertig kilometer verder gelegen Chausey-eilanden met schepen werden aangevoerd, werden naar de top van de Mont gehesen na eerst op maat te zijn gehouwen.

Met meer dan drie miljoen bezoekers per jaar is deze bescheiden rots een van de meest bezochte plekken van Frankrijk, die zowel de Bretons als de Normandiërs als de hunne beschouwen. Administratief gezien valt de gemeente Mont-Saint-Michel onder de Manche... en dus bevindt de Mont zich in Normandië. Oorspronkelijk was de Mont weliswaar van Bretagne en dus Bretons. De Mont werd pas in 933 aan Normandië overgedragen. De grens tussen de twee departementen wordt gevormd door de Couesnon, een wispelturige rivier (inmiddels gekanaliseerd) die langs de voet van de rots loopt.

DE MONT EN ZIJN GEVAREN

De baai dringt tot 23 km landinwaarts binnen. De opkomende vloed is er naar verluidt net zo snel als een galopperend paard (laten we dit evenwel toch met een korreltje zout nemen, in feite is het eerder de snelheid van een mens in galop... en bovendien enkel bij halftij en uitsluitend met de jaarlijkse springvloeden). Daarom kun je het best twee uur vóór vloed terug op de Mont zijn. Wees ook voorzichtig voor drijfzand en voor snel opkomende mist. Gouden raad: eigenlijk kun je beter niet alleen te voet de baai in gaan. Elk jaar zijn er ongelukken, waarvan sommige fataal! Voor de goede gang van zaken... gids verplicht (zie boven onze rubriek 'Nuttige adressen en informatie' onder Genêts)! En een gewaarschuwd trotter telt voor twee...

Tegenwoordig ligt het gevaar van de Mont niet meer zozeer bij de zee, maar wel bij de verzanding van de baai. Om landbouwgrond te winnen, werden steeds verder zee-inwaarts dijken gebouwd. De Couesnon werd gekanaliseerd en zijn debiet is nu dankzij een dam vrij gestadig. Dit betekent echter ook dat de stroming van de rivier daardoor niet meer krachtig genoeg is om alle afzettingen en bezinksels rond de Mont af te voeren. Sinds 1972 zoeken wetenschappers en politici naar een oplossing en er wordt een radicale uitweg overwogen: de Mont teruggeven aan de zee. Dit titanenproject houdt vanzelfsprekend enorme investeringen in: 164 miljoen euro (uit Europese fondsen, van de staat, de departementen en de Normandische en Bretoense gemeenschap) hetzij het equivalent van 30 km autosnelweg! De werken zijn begin juni 2006 van start gegaan met de bouw van een nieuwe stuwdam op de Couesnon. Het einde is voorzien voor 2015. Door de stuwdam zal het mogelijk zijn om het debiet van de rivier te verhogen, wat op zijn beurt moet leiden enerzijds tot minder bezinksel en afzettingen (de grondoorzaak van de verzanding van de Mont) en anderzijds een doeltreffend spuien van het bestaande sedimentaire slib. Door een parkeerterrein aan te leggen op 2,5 km van de polders en een pendeldienst ter beschikking te stellen, moet een ander dreigend gevaar voor de Mont worden ingedijkt: het massatoerisme... Tot slot heeft de laatste fase van dit titanenproject (2009-2012) betrekking op de toegangsweg tot de Mont. De dijkweg die de rots met het vasteland verbindt, is op datum van vandaag meer dan een eeuw oud en moet mettertijd verdwijnen... en door een loopbrug worden vervangen. Voor meer inlichtingen daaromtrent kun je terecht op het informatiepunt in La Caserne (zie verder bij 'Nuttige adressen'). Aan de hand van interactieve informatieborden, films en maquettes worden het project, de uitdagingen, de voorziene infrastructuur en de voortgang van de werf uit de doeken gedaan. Heel duidelijk, zowel voor groot als voor klein. Je kunt de werkzaamheden ook volgen vanaf observatiepunten aan de rand.

Het meest verbazende is dat midden in deze drukte en deze luidruchtige en consumerende mensenmassa een kleine gemeenschap monniken leeft. De benedictijnen werden tijdens de Franse Revolutie (1789) verjaagd van de Mont, maar keerden terug naar de abdij in 1966. Uiteindelijk heeft de mensenstroom die de Mont gedurende elk seizoen overspoelt, de zoekers naar rust toch teruggedreven. De benedictijnen hebben zich teruggetrokken in rustiger oorden en hebben vanaf juni 2001 plaatsgemaakt voor een kleine gemeenschap kloosterbroeders uit Jeruzalem.

OVER DE BEKENDE GETIJDEN VAN DE MONT...

De getijden bij de Mont-Saint-Michel zijn het sterkst van heel Europa. Tijdens een spring-vloed bedraagt het verschil ongeveer vijftien meter. Om je een idee te geven van het belang van die getijden vertellen we je dat de hoogste springvloed ter wereld in de baai van Fundy in Nouveau-Brunswick (Canada) op te meten valt. En deze springvloed bereikt dan hoogten tot achttien meter (amper drie meter meer dan bij de Mont-Saint-Michel!). Als de zee zich rond de Mont-Saint-Michel terugtrekt, komt 25.000 ha zeeslib, zand, grasland en rivieren vrij. Hiervan waren Nederlandse ingenieurs in 1609 zo onder de indruk dat ze Sully voorstel-den een dijk te bouwen van Cancale tot in Carolles. De zee kan zich tijdens een springvloed tot achttien kilometer uitstrekken in de baai. Het is pas in de 18de eeuw dat er een weten-schappelijke verklaring voor dit fenomeen werd gevonden. Voorheen sprak men van een soort koortsaanvallen, het dierlijke hijgen van de zee, over goddelijke tussenkomst of over voorzienigheid als de boten erin slaagden de havens te bereiken. Toch had Plinius al in de gaten dat de zeeën zich tijdens vollemaan 'vrijmaakten'.

Dankzij de zwaartekrachttheorie van Newton kon het fenomeen uiteindelijk worden ver-klaard. De watermassa's van de oceanen rijzen ten gevolge van de gecombineerde aantrek-kingskracht van de zon en de maan en dalen weer als deze aantrekkingskracht vermindert. Bij nieuwemaan (als de Mont-Saint-Michel, de aarde, de maan en de zon zich op dezelfde aantrekkingsas bevinden) is er sprake van springvloed of springtij. Als de zon en de maan het dichtst bij de aarde staan (in maart en in september bij dag-en-nachtevening/equinox) zijn deze het meest fenomenaal. In juni en december (bij de zonnewende/solstitium) zijn deze het zwakst. Het verschil tussen eb en vloed kan op dat ogenblik beperkt blijven tot vijf meter. Als bij vollemaan de zon, aarde, Mont en maan in dezelfde aantrekkingsas liggen (maar met de aarde tussen de zon en de maan) is er ook sprake van een springvloed en krijg je de getijden met het fameuze verschil van vijftien meter.

We proberen onze uitleg (nog) wat technischer te onderbouwen. In de baai stijgt en daalt de zee (net als aan de andere kusten van de Manche) tweemaal per dag (zes uur om op te komen en zesenhalf uur om te dalen). Ten gevolge van de veranderende positie van de maan en de aarde die om haar eigen as draait, verschilt het tijdstip van de getijden vijftig minuten per dag. Door de veranderende afstand van de aarde ten opzichte van de maan (van 356.000 km tot 407.000 km) varieert de kracht van de getijden ook van maand tot maand. Bovendien worden de getijden in de Manche ook nog eens beïnvloed (behalve door de aantrekkings-kracht van de zon en de maan) door de krachtige getijden van de Atlantische Oceaan en dit in de vorm van een golfstroom die van Brest tot Duinkerken loopt. Omdat deze golfstroom loodrecht ten opzichte van de Cotentin loopt, zorgt deze golfstroom dus voor een hogere stijging van het water in de baai van de Mont-Saint-Michel.

Vandaar dus de uitdrukking 'getijde dat opkomt met de snelheid van een galopperend paard'. Als de zeegolven de baai met zijn heel vlakke ondergrond bij springtij binnendrin-gen, verzamelen de opeenvolgende golven zich snel tot één enorme vloedgolf in de buurt van de Rocher de Tombelaine. En deze vloedgolf kan een snelheid van zo'n 10 km per uur be-reiken...

NUTTIGE ADRESSEN EN INFORMATIE

ⅰ Dienst voor Toerisme: *in het wachthuis (Corps de Garde des Bourgeois) aan de rand van de Mont, links achter de eerste poort.* ☎ 02 33 60 14 30. ● *www.ot-montsaintmichel.com.* Dagelijks geopend, gesloten op 25 december en 1 januari.

ⅰ Pavillon d'information dédié au projet du rétablissement du caractère maritime du Mont-Saint-Michel: *La Caserne.* ● *www.projetmontsaintmichel.fr.* ♿ *Net voor de dijkweg, tegen-*

over hotel-restaurant de la Digue. Een rode brandweerpost. Geopend van februari tot 11 november; van april tot september dagelijks van 10.00 tot 12.30 u en van 14.00 tot 18.00 u (in juli en augustus van 10.00 tot 19.00 u); in de kerstvakantie, in maart, oktober en november van woensdag tot zondag van 14.00 tot 18.00 u (in de herfstvakantie dagelijks). Voor meer info lees je hierboven onder rubriek 'De Mont en zijn gevaren'.

■ **Oversteek te voet:** naast de verenigingen *Chemins de la Baie* en *Découverte de la Baie* (zie 'Nuttige adressen en informatie' bij Genêts) is er nog een organisatie die te voet de oversteek waagt vanaf de Mont.

■ **La Baie c'est...:** *Pont Landais, 50710 Ardevon.* ☎ *0674289541.* ● *www.labaiederomain.fr.* Twee keer per dag, het hele jaar door maar enkel na afspraak. Vertrek te voet aan de Mont. *La Baie c'est...* dat is een mooi verhaal met heel wat emoties dat met passie, authenticiteit en professionalisme wordt verteld door Romain Pilon. Hij is een zelfstandige gids die hier opgroeide. Niet te missen, een aanrader met kinderen.

- **Parkeerterreinen (niet gratis; € 5):** *aan de dijk naar de Mont.* Controleer de borden waarop aangegeven is of het parkeerterrein bij hoogwater al dan niet onder water staat. Laat je wagen, als je kunt, achter aan het begin van de dijk en doe het traject te voet: leuker en ecologisch verantwoord bovendien.

SLAPEN, IETS ETEN

Er zijn twee mogelijkheden: slapen op de Mont-Saint-Michel of aan het begin van de dijk, of (beter nog) in de omgeving. De eerste mogelijkheid is het meest verleidelijk, maar de etablissementen op de rots zijn doorgaans volgeboekt, slechts matig van kwaliteit en vrij duur. De uitbaters zijn zeker dat alle kamers bezet zijn en hanteren bijgevolg peperdure prijzen maar investeren niet in de kwaliteit van de kamers (wat een prijs van € 90 tot 100 per kamer wel zou rechtvaardigen). Ook geen enkel restaurant kon ons bekoren; het enige dat we wel konden smaken, was het uitzicht (en dat helemaal gratis, in tegenstelling tot wat je op je bord krijgt)! Buiten de Mont is de keuze ruimer, de kwaliteit en de ontvangst zijn stukken beter en de prijzen lager (in verhouding natuurlijk). We herhalen het dus nog een keer: als je langs de zandbanken bij de Mont-Saint-Michel aankomt, geniet je van een prachtervaring. De weg van Beauvoir naar de dijk is niet meer dan een opeenvolging van borden en hotels, restaurants, motels die goed zijn voor een nachtje, maar door de omgeving (en de prijs) heb je niet veel zin om hier halt te houden. De Mont, genesteld in de baai, op een mooie ochtend tegemoet treden... is een droom. De omgeving kun je al in Carolles zien. Je kunt dus gerust overnachten in Genêts of omgeving en toch van deze prachtige aanblik genieten zonder alle nadelen die we hierboven vermeldden.

OP DE MONT-SAINT-MICHEL

DOORSNEEPRIJS TOT IETS LUXUEUZER

▣ LE MOUTON BLANC: *Grande-Rue.* ☎ *0233601408.* ● *contact@lemoutonblanc.fr* ● *www.lemontsaintmichel.info. Voor een tweepersoonskamer met badkamer tel je € 95, voor een kamer voor vier personen betaal je € 125.* De kamers in dit vakwerkhuis (en in een iets minder authentiek bijgebouw) zijn nauw (vooral dan de badkamer), maar elegant en comfortabel.

▣ HÔTEL DU GUESCLIN: *Grande-Rue.* ☎ *0233601410.* ● *hotel.duguesclin@wanadoo.fr* ● *www.hotelduguesclin.com. Gesloten op dinsdagavond, op woensdag (buiten het seizoen) en op vrijdag (in het hoogseizoen). Jaarlijks verlof van 11 november tot 20 maart. Je graait € 60 à 85 uit je portefeuille voor een tweepersoonskamer met badkamer, afhankelijk van het seizoen en het comfort. Halfpension voor € 60 à 84 per persoon.* Gratis wifi. Degelijk en goed onderhouden, met een prijs-kwaliteitverhouding die in vergelijking met de plaatselijke concurrentie nog heel redelijk is. Enkele best comfortabele kamers met uitzicht op zee.

HEEL LUXUEUS

⌨ L'AUBERGE SAINT-PIERRE: *Grande-Rue.* ☎ 02 33 60 14 03. ● aubergesaintpierre@wanadoo.fr ● *www.auberge-saint-pierre.fr. Voor een tweepersoonskamer met badkamer leg je € 99 à 146 op tafel, afhankelijk van het uitzicht (op de zee is duurder natuurlijk!). Ontbijt voor € 14.* Een twintigtal aangename en comfortabele kamers die hetzij over de Grande-Rue, hetzij in het dorp zijn verspreid. Comfortabel hotel, maar de kamers kunnen een opknapbeurtje wel gebruiken. Heel vriendelijke ontvangst.

⌨ TERRASSES POULARD: *Grande-Rue, BP 18.* ☎ 02 33 89 02 02 of 02 33 89 68 68. ● contact@terrasses-poulard.fr ● *www.terrasses-poulard.fr. Het hele jaar door geopend. Je diept € 70 à 245 op uit je portemonnee voor een tweepersoonskamer, afhankelijk van het comfort en het seizoen.* Het meest luxueuze adres van de Mont. Comfortabele en knusse kamers. Er zijn eigenlijk slechts twee kamers met iets 'lagere' prijzen, maar die zijn dan ook piepklein en lawaaierig (want ze liggen vlak bij de receptie). Professionele ontvangst.

VAN HET BEGIN VAN DE DIJK TOT IN BEAUVOIR (50170; 2 KM VAN DE MONT)

CAMPINGS

⛺ CAMPING DU MONT-SAINT-MICHEL: *50170 Beauvoir. Wend je tot de receptie van Hôtel Vert (zie verder). Geopend van februari tot november. Reken in het seizoen op zo'n € 15 per overnachting voor twee personen met een auto en een tent. Voor een nacht in een bungalow tel je € 40-49 neer voor twee personen.* Dit is de camping die het dichtst bij de Mont-Saint-Michel gelegen is. Ligt wat van de weg af, in de schaduw van *Hôtel Vert.* Groene omgeving, veel bomen, goed onderhouden, maar midden tussen heel wat hotels en motels. Ideaal voor een nachtje, maar langer blijf je hier echt niet. Geen reservering mogelijk: wie eerst komt, krijgt plaats. Heel goede ontvangst.

⛺ CAMPING DU GUÉ DE BEAUVOIR: *Route du Mont-Saint-Michel 5, 50170 Beauvoir.*
☎ 02 33 60 09 23. ● gue-de-beauvoir@orange.fr ● *www.hotel-gue-de-beauvoir.fr. Geopend van Pasen tot eind september. Je betaalt € 14 voor een staanplaats voor twee personen met een auto en een tent.* Camping in het fraaie kleine park van het hotel met dezelfde naam als de camping, aan de Route du Mont-Saint-Michel. Rustieke camping in iets dat op een stukje platteland lijkt (wat in de regio eerder de uitzondering dan de regel is). Goede ontvangst.

⛺ CAMPING AUX POMMIERS: *Route du Mont Saint-Michel 28, 50170 Beauvoir.* ☎ 02 33 60 11 36. ● pommiers@aol.com ● *www.camping-auxpommiers.com. Als je vanuit Pontorson komt, is dit de eerste camping rechts aan de rand van Beauvoir. Geopend van maart tot oktober. Forfait voor twee personen met een voertuig en een tent van € 15.* De camping is in de lengte uitgebouw en ligt gedeeltelijk in de schaduw. Tussen de tenten en de campers liggen houten chalets en stacaravans een beetje te dicht bij elkaar. Handig, vrij goed uitgerust en goed voor een kort verblijf... Maar je vakantie breng je hier niet door.

GOEDKOOP TOT DOORSNEEPRIJS

⌨ CHAMBRES D'HÔTES LA BOURDATIÈRE: *bij Monique en Gilbert Hennecart, Rue Maurice Desfeux 8, 50170 Beauvoir.* ☎ 02 33 68 11 17. ● labourdatiere@wanadoo.fr ● *www.la-bourdatiere.com. In het dorpje Beauvoir, tussen het gemeentehuis en de kerk. Gesloten van half november tot begin april. Tweepersoonskamers met badkamer voor € 37. Studio voor € 41, € 10 per bijkomende gast.* Monique en Gilbert bieden hun gasten vier ruime en comfortabele kamers aan in een charmant en rustig gelegen huis (en dit voor alleszins redelijke prijzen!). De grootste kamer heeft een zithoek. Heel sympathieke ontvangst en vriendschappelijke sfeer.

⌨ CHAMBRES D'HÔTES DES POLDERS SAINT-JOSEPH: *bij Brigitte en Michel Faguais, 50170 Beauvoir.* ☎ 02 33 60 09 04. ● mbfaguais@wanadoo.fr ● *http://chez.com/fermesaintjoseph. Rijd van-*

uit Beauvoir in de richting van de polders. Steek de brug over de Couesnon over en neem de eerste weg rechts. Volg de bewegwijzering. Een tweepersoonskamer met badkamer kost je € 50, per bijkomende gast tel je € 10 neer. Gîte voor € 2 tot 8 personen voor € 150 tot 500/ weekend, afhankelijk van het seizoen. Midden in de polders, recht tegenover de Mont-Saint-Michel, ligt een grote boerderij waaromheen groenten worden geteeld. Hierin hebben Brigitte en Michel vier eenvoudige, maar prettige en comfortabele kamers ingericht. Er is een kamer met keukenhoek op de begane grond, de andere drie kamers (waaronder een gezinssuite) bevinden zich op de eerste verdieping. Het orgelpunt: vanuit alle kamers heb je vanuit je bed een schitterend uitzicht op de Mont-Saint-Michel! Bovendien word je er vriendelijk ontvangen.

Hôtel Le Gué de Beauvoir: *Route du Mont-Saint-Michel 5, 50170 Beauvoir.* 02 33 60 09 23. ● *nolleauyves@yahoo.fr* ● *www.hotel-gue-de-beauvoir.fr. Aan de hoofdweg. Tot begin april 2010 zijn renovatiewerken aan de gang. Tweepersoonskamers voor € 55 tot 65, afhankelijk van het comfort en het seizoen. Gezinskamer voor 3 tot 4 personen voor ongeveer € 75 tot 85. Je kunt er fietsen huren.* Aardig ingericht in een pittoresk herenhuis , achter in een fraaie tuin. Naast de camping met dezelfde naam. Eenvoudige kamers. Enkele kamers zijn gerenoveerd. Het onderhoud mag wat grondiger gebeuren, maar het groene park is dan weer heel aantrekkelijk. Ontbijten doe je in een gezellige veranda.

Hôtel Vert: *La Caserne, BP 8.* 02 33 60 09 33. ● *www.hotelvert-montsaintmichel.com* ● *www. le-mont-saint-michel.com.* Jaarlijks verlof van 11 november tot begin februari. Tweepersoonskamer in het hotel, met badkamer, van € 59,20 tot 74,50, afhankelijk van het seizoen. Tweepersoonskamer in de bungalow voor € 40 tot 49. Voor een vierpersoonskamer tel je € 65 tot 74 neer.* De kleine kamertjes in pasteltinten, in het hotel, zijn heel comfortabel en goed onderhouden. De kamers in de bungalows, achter het hoofdgebouw, midden in het groen, zijn dan weer rustieker te noemen. Je betaalt een tikkeltje minder. Je kunt er fietsen huren en er worden uitstapjes naar alle uithoeken georganiseerd.

IETS LUXUEUZER TOT HEEL LUXUEUS

Hôtel Le Relais du Roy: *Route du Mont-Saint-Michel, BP 8, La Caserne.* 02 33 60 14 25. ● *reservation@le-relais-du-roy.com* ● *www.le-relais-du-roy.com. Vlak bij de dijk. Jaarlijks verlof van 6 februari tot 12 maart. Tweepersoonskamers met badkamer van € 75 tot 110. Doordeweeks lunchmenu voor € 14; verder menu's van € 18,50 tot 38. Wifi (te betalen).* De eigenaars hebben moderne gebouwen opgetrokken naast een klein huis waarvan bepaalde delen uit de 15de eeuw dateren. De kamers zijn ietwat somber en klein, de inrichting een tikkeltje ouderwets, maar al bij al best comfortabel. Op het bed ligt een donzig deken. Goede ontvangst.

Le Relais Saint-Michel: 02 33 89 32 00. ● *contact@relais-st-michel.fr* ● *www.lemont-saintmichel.info.* Aan de dijk, in een van de eerste gebouwen vlak voor de Mont-Saint-Michel ligt deze nieuwe aanwinst van het universum Poulard. Tweepersoonskamers met badkamer vanaf € 180.* Toegegeven, de kamers zijn luxueus en weelderig en het uitzicht op de polders en de Mont is bijzonder indrukwekkend, er is een groot raam en een privéterras, maar het zijn en blijven toch surrealistische prijzen. De goedkopere kamers liggen op de benedenverdieping en bieden binnen hun prijscategorie een correcte prijs-kwaliteitverhouding. Elegant en licht kader. Voor een glaasje aan de bar op het eind van de dag als de ondergaande zon de contouren van dit achtste wereldwonder nog eens extra benadrukt.

Hôtel de la Digue: *Route du Mont-Saint-Michel.* 02 33 60 14 02. ● *hotel@la-digue.eu* ● *www.ladigue.fr. Vlak bij de dijk, aan de linkerkant. Jaarlijks verlof van november tot maart. Je telt € 95 à 120 neer voor een tweepersoonskamer met badkamer. Diverse menu's van € 18 tot 24. Parkeerterrein. Behoort tot de groep Poulard (je ontkomt er nauwelijks aan). Wifi.* Hedendaagse kamers met alle comfort. Straalt niet speciaal een heel bijzonder cachet of charme uit, maar je geniet vanuit de eetruimte en sommige kamers wel van een fraai uitzicht op de Mont-Saint-Michel.

IN DE OMGEVING
GOEDKOOP

▣ LE GÎTE DU GRAND MANOIR: *bij de heer en mevrouw Éric Sauvage, rue du Pont-Houël 1, 50170 Servon.* ☎ 0233683015. • *sauvage.tripied@wanadoo.fr* • *www.legitedugrandmanoir.sup.fr. In het dorp rij je in de richting van Céaux en Courtils. Voor een tweepersoonskamer ga je uit van € 30; voor een kamer voor vier of vijf personen wordt dat € 50. Ontbijt is niet inbegrepen. De gîte (14 personen) is te huur voor € 1150 per week. In juli en augustus huur je een kamer per week.* Net naast een prachtig, 13de-eeuws herenhuis. De voorgevel van deze oude schuur is opgetrokken in hout en steen. De kamers houden het midden tussen een trekkershut en een chambre d'hôtes. Op de benedenverdieping bevindt zich een grote ruimte met ingerichte keuken. Frisse kamers met fleurige wandbekleding (een tweepersoonskamer op de benedenverdieping en twee tweepersoonskamers, een kamer voor drie en een kamer voor vijf op de bovenverdieping). Er staat een wasmachine die je kunt gebruiken. Er zijn ligbedden om wat van de zon te genieten in het kleine tuintje, een barbecue... Kortom, een verrassende prijs-kwaliteitverhouding en de ideale plek voor een langer verblijf.

▣ GÎTE D'ÉTAPE: *bij Élie en Marie-Joseph Lemoine, Route du Mont-Saint-Michel 79, La Guintre, 50220 Courtils.* ☎ 0233601316. 🚲 *Voordat je in Courtils aankomt, aan de weg van de baai (de D275 als je van de Mont-Saint-Michel komt). Het hele jaar door geopend (toch raden we je ten stelligste aan om op voorhand een telefoontje te plegen...). € 10 per overnachting. Ontbijt betaal je bij. Je kunt ook de hele gîte huren (totale capaciteit van achttien personen) voor € 150 per overnachting.* Klein huisje dat paalt aan een typische boerderij van deze kwelderstreek. Basiscomfort, geen charme, maar wel net.

▣✕ AUBERGE DE LA BAIE: *La Rive, 50170 Ardevon.* ☎ 0233682670. • *www.aubergedelabaie.fr.* 🚲 *4 km van de dijk, te bereiken via de Route de la Baie (D275). Dagelijks geopend. Jaarlijks verlof: drie dagen met Kerst en Nieuwjaar. Tweepersoonskamers voor € 40 tot 45. Menu voor € 10 tussen de middag in de week; overige menu's van € 15 tot 26,50. Gratis wifi.* Klein etablissement dat langzamerhand bekendheid verwerft. Vlak bij de Mont-Saint-Michel. Het ligt dan wel aan een drukke weg en de omgeving (op de Mont na) is niet uitzonderlijk, maar de ontvangst is heel goed en de prijzen zijn betaalbaar. De kamers zijn smaakvol opgefrist (sommige zelfs met uitzicht op de Mont; jammer genoeg ook naast de rijksweg). Eenvoudige keukengerechten die je probleemloos binnenspeelt.

▣ CHAMBRES D'HÔTES LE PETIT MANOIR: *bij Annick en Jean Gédouin, Rue de la Pierre-du-Tertre 21, 50170 Servon.* ☎ 0233600344. • *agedouinmanoir@laposte.net* • *www.chambresgedouin.com. 500 m van de kerk, in de richting van Céaux en Courtils. Tweepersoonskamers met badkamer voor € 38. Gîte voor acht tot tien personen voor € 500 tot 800 per week.* Mooie boerderij met twee kamers, een met uitzicht op de baai en de andere op de tuin. Er is ook een mooie gîte te huur (die vaak al verhuurd is) waar tevens plaats is voor enkele gastenkamers (iets duurder).

▣ CHAMBRES D'HÔTES BIJ DAMIEN EN SYLVIE LEMOINE: *Rue du Mont-Saint-Michel 82, 50220 Courtils.* ☎ 0233600602. • *lemoine.osack@club-internet.fr.* 🚲 *Tegenover de gîte d'étape die we hierboven al vermeldden (de uitbater is bovendien de zoon van de eigenaars van de gîte). Tweepersoonskamers met badkamer voor € 35.* De eenvoudige kamers doen wat ouderwets aan maar zijn goed onderhouden. Bovendien geniet je er van een weergaloos uitzicht op de zoutvlakten en de Mont! Er is geen restaurant maar je hebt wel een keukenhoekje. Aangename ontvangst.

DOORSNEEPRIJS

▣✕ LA CASSEROLE DE LA BAIE: *Rue de la Grange-à-Dîme 8, 50170 Huisnes-sur-Mer.* ☎ 0233603340. • *lacasseroledlb@aol.com* • *www.lacasseroledelabaie.com.* 🚲 *(de benedenverdieping). Gesloten op zondagavond, woensdagavond en donderdag buiten het seizoen (behalve tijdens het weekend en op feestdagen). Jaarlijkse vakantie van 15 november tot 15 december. Tweepersoonskamers met douche (wc op de gang) voor € 42,50 tot 43,50; met bad voor € 52,50 tot 53,50. Doordeweekse lunchmenu's voor € 17,50; verder menu's voo € 23,80 tot 33,50. Gratis wifi.* Klein etablissement dat zowel hotel, restaurant, bar als pub is. In een klein rustig dorpje. Hier heb je afspraak met welgemeende gastvrijheid, oprecht respect voor traditie (rustieke eetkamer, vermelding van de gerechten op zwarte borden...) en een heerlijke royale keuken die varieert in functie van de seizoenen. Kamers met basiscomfort maar licht en goed onderhouden, met een fantastisch uitzicht op de Mont-Saint-Michel in de verte. De goedkopere kamers hebben een douche op de kamer zelf (een beetje vervelend als je je reisgezel niet zo goed kent...).

🛏 CHAMBRES D'HÔTES AU JARDIN FLEURI: *bij Michel Guesdon, La Mottaiserie 2, 50220 Céaux.* ☎ *02 33 70 97 29.* ● *aujardin@club-internet.fr* ● *http://site.voila.fr/aujardin. Neem vanuit Mont-Saint-Michel de Route de la Baie (D43). Tegenover het hotel Au P'tit Quinquin neem je de Route de Servon. Het is het eerste huis aan je rechterhand. Gesloten van 1 tot 20 oktober. Tweepersoonskamers met badkamer voor € 50.* Vijf prettige en comfortabele kamers in een huis dat aardig is opgeknapt. Ervoor ligt een prachtige tuin met bomen en bloemen. Er is een keukenhoek die je kunt gebruiken.

🛏✕ AUBERGE DU TERROIR: *Le Bourg, 50170 Servon.* ☎ *02 33 60 17 92.* ● *aubergeduterroir@wanadoo.fr.* 🚘 *Tussen Pontaubault en Pontorson, rechts aan de D107. Gesloten op woensdag, donderdagmiddag en zaterdagmiddag. Jaarlijks verlof in de krokusvakantie en van half november tot 10 december. Je betaalt € 64 voor een tweepersoonskamer met badkamer en € 125 voor een suite voor vier personen. Het restaurant is gesloten op woensdag, donderdagmiddag en zaterdagmiddag. Reserveren is op de andere dagen wel verplicht. Menu's van € 19 tot 45. Wifi.* Charmant hotelletje met bekoorlijke, landelijke en behaaglijke kamers in de voormalige gemeenteschool en de vroegere pastorie. Heel vredige sfeer en ideaal gelegen in een leuke tuin. Tennis. Lekkere keukengerechten die met hun tijd mee zijn, geserveerd in een aangename eetruimte. De chef bereidt met overgave specialiteiten uit de Périgord en tal van visschotels.

IN PONTORSON (50170; 9 KM TEN ZUIDEN VAN DE MONT)

Vredig en rustig ('s avonds dan wel, want overdag is er vrij veel doorgaand verkeer vanwege de nabijheid van de Mont-Saint-Michel) dorp op de grens van Normandië en Bretagne. Pontorson is een strategisch gelegen plaats voor degenen die een aanloop willen nemen alvorens het 'achtste wereldwonder' te beklimmen. Hier maak je ook nog een kans om een slaapplaats te vinden als het elders niet meer lukt.

ℹ@ **Dienst voor Toerisme:** *Place de l'Hôtel-de-Ville.* ☎ *02 33 60 20 65.* ● *www.mont-saint-michel-baie.com. In juli en augustus op weekdagen geopend van 9.00 tot 12.30 u en van 14.00 tot 18.30 u; op zaterdag geopend van 10.00 tot 12.30 u en van 15.00 tot 18.30 u; op zondag geopend van 10.00 tot 12.00 u. Van september tot juni geopend op weekdagen van 9.00 tot 12.00 u en van 14.00 tot 18.00 u; op zaterdag geopend van 10.00 tot 12.00 u en van 15.00 tot 18.00 u.* Handig informatiepunt over de dienstregeling van trein en bus in de Manche en Ille-et-Vilaine. Internet (te betalen). Hier vind je ook een van de zelfstandige gidsen, Nicolas Perrin, voor een oversteek van de baai (te vertrekken aan de Mont-Saint-Michel).

- **Markt** op woensdagochtend.
- **Plaatselijke kermis:** in la Saint-Michel (laatste weekend van september of eerste van oktober).

CAMPING

🏕 CAMPING HALIOTIS: *Chemin des Soupirs.* ☎ *02 33 68 11 59.* ● *camping.haliotis@wanadoo.fr* ● *www.camping-haliotis-mont-saint-michel.com.* 🚘 *Aan de oevers van de Couesnon. Geopend van april tot begin november. Reken op € 19 voor een staanplaats voor twee personen met een auto en een tent. Er zijn stacaravans te huur (2-8 personen). Eenvoudige staanplaatsen.* Heel aangename, landelijke omgeving. Goed onderhouden, zelfs als zorgen de jonge bomen niet voor heel veel schaduw. Degelijke infrastructuur, heel leuk zwembad. De chalets liggen in het midden van de camping; de stacaravans liggen wat meer afgelegen, hebben een houten terras en een eigen tuintje. Voor de kleinsten is er een leuke groenzone met pony's Café en Caramel, geitjes en konijnen. Er is zelfs een moestuintje. Kortom, een leuke plek om je gezinsvakantie door te brengen.

GOEDKOOP TOT DOORSNEEPRIJS

🛏 AUBERGE DE JEUNESSE (JEUGDHERBERG): *Centre Du-Guesclin, Boulevart Patton 21.*

☎ 0233 60 18 65. ●*aj.pontorson@wanadoo.fr.* 🛏 *Jaarlijks verlof van oktober tot april. Heb je een jeugdherbergkaart, dan betaal je € 11,70 per overnachting in een slaapzaal, zonder kaart betaal je € 14 per nacht (voorzie een kleine stijging).* In een groot, niet bijzonder vrolijk gebouw uit het begin van de 20ste eeuw, stijl afgedankt ziekenhuis. De jeugdherberg wordt echter heel goed onderhouden en je wordt er werkelijk oprecht vriendelijk ontvangen. Kamers of slaapzaal met 4 tot 6 bedden, met of zonder badkamer. Mogelijkheid om ter plaatse te koken. Lekker ontbijt.

🛏✗ HÔTEL-RESTAURANT LA TOUR BRETTE: *Rue Couesnon 8.* ☎ 0233 60 10 69. ●*latourbrette@wanadoo.fr* ●*www.latourbrette.com.* 🛏 *(enkel het restaurant). In de hoofdstraat. Het restaurant is gesloten op woensdag (behalve in juli en augustus). Jaarlijks verlof van 5 tot 28 januari en van 10 tot 18 maart. Tweepersoonskamers met badkamer van € 37 tot 46, afhankelijk van het seizoen. Menu's van € 12 tot 34.* Eenvoudig hotelletje met tien kamertjes zonder enige pretentie, maar in ieder geval comfortabel en heel goed onderhouden. Zoals reeds vermeld in de hoofdstraat, maar gelukkig bestaat er dubbele beglazing. Een topper voor krappe beurzen en geheid een uitstekende prijs-kwaliteitverhouding. Traditionele keukenspecialiteiten in dezelfde geest.

🛏✗ HÔTEL-RESTAURANT AU JARDIN SAINT MICHEL: *Rue de la Libération 37.*

☎ 0233 60 11 35. ●*aujardinstmichel@orange.fr* ●*www.aujardinstmichel.fr.* 🛏 *(restaurant en toilet). het restaurant is gesloten op maandagmiddag en zondagavond buiten het seizoen. Voor een tweepersoonskamer met wastafel of bad tel je vanaf € 47 neer. Menu voor € 11,80 tot 18,50.* Een hotel dat door een familie wordt uitgebaat. De kamers zijn telkens op een andere manier ingericht, alles is heel harmonieus aangepakt. De rustigste kamers liggen achterin en geven uit op het terras of het parkeerterrein. 's Zomers staan ligzetels in de tuin. Traditionele streekgerechten in het restaurant.

✗ LA TOSCANELLA: *Rue de Tanis 9.* ☎ 0233 60 09 59. ●*la.toscanella@wanadoo.fr. In een straatje loodrecht op de hoofdstraat. Dagelijks geopend. Je betaalt zo'n € 20.* De uitbater van deze *trattoria* is een echte Italiaan. In de zomer staat een klein terras aan de straatkant. Binnen zijn twee kleine eetruimtes: eentje (de rustigste) in het roze, het andere heeft wat meer weg van een kantine. Hier komen de stadsbewoners hun gerechten ophalen, die ze thuis opeten. In deze ruimte staat de kok aan het vuur. Als een echte Italiaan roert hij in de potten! Eenvoudig, aangenaam en lekker Italiaans. Ruime porties pasta, enkele pizza's, wat vlees en lekkere *antipasti.*

🛏✗ LE GRILLON: *Rue du Couesnon 37.* ☎ 0233 60 17 80. ●*philippe.gasnier405@orange.fr* ●*www.le-grillon-pontorson.com. Gesloten op woensdagavond (buiten het seizoen) en donderdag. Jaarlijkse verlof: tijdens de krokusvakantie en de laatste helft van november. Voor een tweepersoonskamer betaal je € 31 (met toilet op de gang) tot 34. Menu voor € 9 tot 16.* Leuk, gezellig pannenkoekenhuisje (waar je ook andere gerechten en lekkere salades kunt eten). Charmante ontvangst. Er zijn enkele eenvoudige kamers te huur tegen een zacht prijsje.

DOORSNEEPRIJS TOT HEEL LUXUEUS

🛏 HÔTEL BEST WESTERN MONTGOMERY: *Rue Couesnon 13.* ☎ 0233 60 00 09.

●*info@hotel-montgomery.com* ●*www.hotel-montgomery.com. In de hoofdstraat. Voor een tweepersoonskamer met alle nodige comfort reken je op € 65 tot 180, afhankelijk van het seizoen en de inrichting van de kamer. Er zijn ook luxekamers, daarvoor tel je € 129 tot 225 neer, maar voor die prijs krijg je dan ook bal-*

neotherapie. Voor het ontbijt reken je dan weer op € 11. Wifi. Mooie kamers waarvan enkele met uitzonderlijk meubilair. In de stijl van de 16de-eeuwse graven van Montgomery. Een echt prachtige omgeving met een rustige tuin vol bloemen. Garage (te betalen) ter beschikking van de gasten.

WAT IS ER TE ZIEN?
Het dorp zelf

❦ **Grande-Rue (hoofdstraat):** de dijk van 2 km die de Mont-Saint-Michel sinds 1879 met het vasteland verbindt, komt uit op de Porte du Roy, die gebruikt werd bij springvloed. Via een houten bruggetje geraak je bij de Porte de l'Avancée, de enige doorgang in de omwalling. De Grande-Rue, waarlangs de pelgrims naar de top van de rots klommen, ligt nu tussen twee hagen van hotels, restaurants en souvenirwinkeltjes. Probeer alle uitgestalde rommel en pruts *made in Hong Kong* even weg te denken om terug te gaan naar het verleden. Deze straat was altijd al een winkelstraat, maar waar het nu toeristen zijn die elkaar verdringen, waren het vroeger de pelgrims op zoek naar een plek om te overnachten en wat te eten. Enkele oude huizen met een karakteristieke middeleeuwse bouwstijl helpen je bij de reconstructie van het oorspronkelijke decor.

Moeder Poulard en de kip met de gouden eieren...

Een eeuw geleden trokken lekkerbekken op bedevaart naar de plek waar de befaamde omeletten van 'Moeder Poulard' goudbruin werden gebakken. Een prachtig schouwspel was het... De keuken gonsde op het ritme van mixers en koks in witte schorten. Er is al heel wat geschreven over het geheim van de overheerlijke omeletten van Annette Poulard (1851-1931). Clemenceau, Pagnol, Maurice Chevalier, Rita Hayworth en François Mitterand hebben het zich al laten smaken. Tegenwoordig is niks meer authentiek aan de bereiding van de omeletten en aan de prijs te zien, zou je denken dat de eieren die gebruikt worden, van goud zijn...

❦❦ **De omwalling:** een wandeling over de wallen is een absolute must vanwege het schitterende uitzicht op de baai en de Rocher de Tombelaine 3 km verderop. Deze tweelingbroer werd tijdens de Honderdjarige Oorlog (1337-1453) bezet door de Engelsen. De Mont bleef daarentegen altijd in Franse handen dankzij de bescherming van de aartsengel Michaël, die om het koninkrijk te redden een herderinnetje ging halen in Domrémy. Dat verhaal eindigt op een brandstapel op het marktplein van Rouen.

❦ **Musea:** er zijn vier privémusea, waarvan geen enkele werkelijk héél interessant is. Maar als je tijd overhebt... Met één toegangskaart (€ 15; kortingen) kun je zowel de **Archéoscope** (de heilige geschiedenis van de abdij, haar legendes...) bezoeken alsook het **Musée de la Mer et de l'Écologie** (de grootste getijdenverschillen van Europa, de baai, maquettes van boten...), het **Musée historique** (wassen beelden, periscoop, diorama's... voor trotters die amateur van dat genre museums zijn) en de **Logis de Tiphaine de Raguenel** (de vrouw van Bertrand Duguesclin). Je kunt de musea ook elk afzonderlijk (€ 7) bezoeken.

❦ **Église paroissiale Saint-Pierre:** wordt geflankeerd door een begraafplaats waar de stichter van de Mont-Saint-Michel, Saint Aubert, is begraven. Houd hier even halt voordat je de trappen op klimt die naar de voorburcht en de ingang van de abdij leiden. Op de Mont blijf je trouwens voortdurend trappen op (of af!) lopen. De trap die le Gouffre (de afgrond) wordt genoemd, komt uit op de Salle des Gardes (kaartjesverkoop). Klim verder omhoog tussen de abdijverblijven en de steunmuren om het westelijke terras (Terrasse de l'Ouest) te bereiken, waar je enkel op kunt als je een kaartje voor de abdij in handen hebt. Bij zonnig weer kun je in de verte de Chausey-eilanden (40 km verderop) zien liggen.

- Sluit je bezoek aan de Mont Saint-Michel af met een **avondwandeling** als de wallen verlaten zijn en de winkeliers een ijzeren gordijn voor hun koopwaar omlaag hebben laten zakken. De muren van de abdij zijn verlicht en doemen op in de nacht als een stenen harnas. De aartsengel met de gouden vleugels (werd gerestaureerd en per helikopter teruggeplaatst in november 1987) richt zich op tussen de sterren. Een magische aanblik...

De abdij

- **Openingsuren:** *van mei tot augustus dagelijks geopend van 9.00 tot 19.00 u; van september tot april geopend van 9.30 tot 18.00 u; laatste toegang een uur voor sluitingstijd. Gesloten op 1 januari, 1 mei en 25 december. Voor degenen die het interesseert (en die een religieuze plechtigheid ernstig nemen en dus niet beschouwen als een Euro Disney-parade): de eucharistieviering vindt dagelijks (behalve op maandag) plaats om 12.15 u. Afspraak om 12.00 u aan het toegangshek van de abdij. Op zondag is er een misviering om 11.30 u, afspraak om 11.15 u aan het hek.* De puristen doen er goed aan de Mont te bezoeken in de winter als de horden toeristen zijn verdwenen. De gidsen leggen je dan in de watten en je kunt in alle rust de ware magie en soberheid van deze plek ontdekken. Het graniet komt goed tot zijn recht in een winterse omgeving, maar een dikke trui is in dit jaargetijde zeker geen overbodige luxe!

- **Overdag:** er zijn drie bezoekmogelijkheden. Hieronder staat steeds de prijs voor volwassenen aangegeven en kunnen nog duurder uitvallen. Er zijn kortingen voor onderwijzend personeel en voor jongeren onder de vijfentwintig. Gratis tot achttien jaar en voor iedereen op de eerste zondag van de maand (enkel geldig van november tot maart).

- **Vrij bezoek of bezoek met gids:** € 8,50. Voor wie daarvoor interesse heeft, is er ook de verhelderende uitleg van een gids. Duur van het bezoek: ongeveer een uur. Opgelet, het laatste bezoek met gids vertrekt twee uur voor sluitingstijd.

- **Bezoek 'met bespreking' (enkel tijdens het weekend, tijdens schoolvakanties ook dagelijks):** € 13. Een gepassioneerde gids neemt je mee voor een uitgebreide en boeiende ontdekkingstocht naar de kleinste hoekjes in deze wijd en zijd bekende abdij (de rondleiding duurt ongeveer twee uur).

- **Audiogids:** de derde mogelijkheid is het huren van een audiogids, € 4,50 meer dan een vrij bezoek voor 1 koptelefoon. Wil je twee koptelefoons huren, dan betaal je € 6 meer dan een vrij bezoek.

- **'s Avonds:** dagelijks in juli en augustus, behalve op zondag. Van 19.00 tot 23.30 u (laatste toegang om 22.30 u). Vrij bezoek met tal van activiteiten; toegangsprijs: € 8,50. Inlichtingen: ☎ 02 33 89 80 00.

❝❝❝ **Bezoek aan de abdij:** dankzij de interessante en levendige uitleg van de gidsen kun je de betekenis van de Mont-Saint-Michel in de loop der tijden beter begrijpen. Het gebouw zelf is verbluffend mooi, niet alleen omwille van de strakke schoonheid maar ook omdat het moeilijk is om juist te weten waar je je in het labyrint bevindt. Opgelet, de rondleiding zelf kan ook wisselen, net als de openingsuren.

Om esthetische en symbolische redenen wilden de bouwheren van destijds de kerk dezelfde lengte geven als de hoogte van de rots, te weten tachtig meter. Hiervoor dienden heel ingewikkelde infrastructuren te worden geconstrueerd en deze zijn om de preromaanse kerk uit de 10de eeuw heen gebouwd. In Chausey, dat toen eigendom was van de abdij, werden granietblokken gedolven die dan gebruikt werden voor de bouw van de abdij. De platte boten, die de blokken naar de Mont moesten brengen, moesten voor ze aankwamen, nog een gevecht met de getijden aangaan!

De hele constructie getuigt van een knap staaltje bouwtechniek. Dit is een heus huzarenstukje, want het gebouw rust voor een groot gedeelte op een kunstmatig platform op de top van de rots.

- **De abdij:** de centrale plek in het leven van de monniken. Zeven keer per dag woonden ze een kerkdienst bij (en daarnaast brachten ze nog acht uur per dag door in gebed). Moeilijk om geen schok door je heen te voelen bij het zien van het **middenschip**. De stenen bogen, badend in licht, rijzen ten hemel op net als het gebed... Het **koor** is een van de mooiste voorbeelden van flamboyante gotiek. De mens is er na eeuwen zoeken eindelijk in geslaagd de druk van de gewelven op te vangen, waardoor muren kunnen worden geopend om de zon binnen te laten stromen. Het romaanse koor stortte in 1421 in.
- Via het klooster kom je in de **Merveille**, een geheel van zes zalen die over drie verdiepingen zijn verdeeld en die na zeventien jaar in 1228 werden voltooid (begin van de werkzaamheden in 1211!). Het **klooster** lijkt tussen hemel en zee te zijn opgehangen als een balkon naar het oneindige. Omdat alle muren overhangen, moest een lichte constructie worden gebouwd. Daarom werd gewerkt met in groepjes van vijf naast elkaar geplaatste zuiltjes (in totaal 137). Deze plaats van meditatie en gebed heeft een buxustuin en een dak van leisteen uit de Cotentin. Dit gedeelte is gebouwd naar menselijke afmetingen, in tegenstelling tot de andere delen van het klooster.
- **Réfectoire:** de refter heeft buitensporige maten en lijkt met zijn tongewelf meer op een kerk. De monniken aten hier in stilte een sober maal terwijl een religieuze tekst werd voorgelezen. Let op de uitzonderlijke techniek die door de architect werd toegepast om een maximum aan licht binnen te laten zonder afbreuk te doen aan de stevigheid van de muren. Er ligt ook een symboliek aan ten grondslag. Men sluit zich op, maar laat wel het licht binnendringen. Schitterende ruimte waarin de volledige spiritualiteit van de Mont-Saint-Michel perfect tot uitdrukking komt.
- **Salle des Hôtes:** deze ontvangstzaal was voorbehouden aan hoge gasten die hier op pelgrimstocht waren gekomen. De ruimte heeft zijn kleuren verloren, maar blijft nog altijd even majestueus en elegant, met een openheid die overeenkomt met de functie van de zaal. De rij zuilen in het midden dragen het gewelf. Royaumont kopieerde deze ruimte en de techniek van de steunberen werd eveneens gebruikt in Sainte-Chapelle. Er zijn twee gigantische open haarden waarin verschillende kwelderlammeren konden worden gegrild. Het zal hier vast en zeker rumoerig toe zijn gegaan... in tegenstelling tot het **scriptorium**, ook wel de Salle des Chevaliers (ridderzaal) genoemd, waar manuscripten werden gekopieerd en verlucht. Hoewel deze ruimte dezelfde hoogte heeft als de vorige zaal, lijkt deze meer overweldigend.
- Indrukwekkende, bijna beklemmende **crypte** met grote zuilen. De crypte ligt onder het koor van de abdij en werd gebouwd als steun. De romaanse zuilen met een omtrek van vijf meter werden bekleed om ze te versterken.
- **Crypte Saint-Martin:** onder de zuidelijke vleugel van het transept. Heel mooi tongewelf van acht meter. Technische topprestatie waarmee het gewicht van de hele kerk erboven wordt gedragen.
- **Chapelle Saint-Étienne:** hier rustten de overledenen voor ze werden begraven op het naburige kerkhof.
- **Promenoir des moines:** onder de wandelgang van de monniken bevond zich de zaal van de pelgrims (Salle des Pèlerins) en erboven had je de **dortoir** (slaapruimte). Er is een eenvoudige refter uit de 11de en 12de eeuw. Dikke romaanse muren. De oorspronkelijke gewelven werden in 1103 vervangen door spitse kruisgewelven. Begin van deze techniek. Voegen met specie (fout die in de vroege gotiek werd gemaakt).
- **Infirmerie (ziekenzaal):** de enige plek waar de monniken rood vlees mochten eten om weer op krachten te komen na ziek te zijn geweest. Ze mochten hier ook opstaan wanneer ze dit wilden. Het moest in die tijd toch wel heel verleidelijk zijn geweest om je een beetje

ziekjes voor te doen... Minder lollig om te zien is de put gevuld met kalk (desinfecterend middel) waarin de dode monniken werden gedeponeerd om te voorkomen dat er epidemieën zouden uitbreken.

- Je eindigt je bezoek in de **kelder** en het **aalmoezeniersverblijf**. Hier konden de minder gegoede pelgrims verblijven. Vandaag vind je hier de balie van de boekwinkel.

IN DE OMGEVING VAN DE MONT-SAINT-MICHEL

♥♥♥ **Église Notre-Dame: in Pontorson (50170):** *dagelijks geopend van 10.00 tot 18.00 u.* De oudste delen dateren uit de 11de eeuw. De toren met zadeldak en zuilengang zorgt voor een geblokt effect. Krachtige steunberen. Aan het plein zie je een versleten romaanse poort. Op het timpaan een raadselachtige afbeelding. Op de voorgevel driedubbele boogrondingen met kapbalken. Het grijze graniet geeft het interieur een ernstig karakter. Op de vloer bevinden zich grafstenen uit de 17de eeuw. Bekijk de *retable des Saints cassés* (retabel van de heiligen in trance), waarop in 22 delen het leven van Christus wordt weergegeven. Dit werk werd gemaakt in de 15de eeuw en heeft behoorlijk geleden tijdens de godsdiensttoorlogen en de Franse Revolutie, maar heeft toch een grote waardigheid weten te behouden. Naast dit kunstwerk hangt *L'Ascension*, een retabel dat de Hemelvaart voorstelt (twaalf apostelen rond Maria). Er is ook een grote Christus uit de 18de eeuw. Lutrijn uit dezelfde periode. Aan je linkerhand zie je een mooie houten Maria uit de 17de eeuw. De doopvont heeft een opmerkelijk deksel in houtsnijwerk uit de 18de eeuw.

- **Vlucht over de Mont-Saint-Michel met een ulv:** *je kunt hiervoor terecht bij drie personen: Didier Hulin* (☎ 0233486748 *of* 0607549192. •*www.ulm-mont-saint-michel.com*); *Régis Mao* (☎ 0681992479. •*www.normandie-ulm.com*); *Laurent Papillon* (☎ 0233605929 *of* 0668280283. •*www.manche-ulm-evasion.com*). Vliegen op aanvraag het hele jaar door. Vertrek vanaf het vliegveld Val-Saint-Père in Avranches. Originele manier om de baai te ontdekken. Reken op ongeveer € 70 voor een vlucht van dertig minuten die je je nog lang zult herinneren. Heel uitzonderlijke ervaring, vooral als je beslist om 's ochtends vroeg omstreeks 7.00 u te vertrekken. Bij zonsopgang is dit een magische belevenis... Je zult ons over vijftig jaar nog dankbaar zijn voor deze gouden tip (als je geen last hebt van hoogtevrees tenminste).

WAT VALT ER TE BELEVEN?

- **Les Oeufs de Pâques:** in het paasweekend. Inlichtingen in de abdij: ☎ 0233898000. •*www.monuments-nationaux.fr.* Voor kinderen.

- **Randonnée bleue et verte:** in mei. Inlichtingen op het nummer ☎ 0233518056. •*www.amirando.com.* Groot parcours van 44 km en klein parcours van 30 km.

- **Marathon de la baie du Mont-Saint-Michel:** eind mei, begin juni. Inlichtingen op het nummer ☎ 0299895454. •*www.montsaintmichel-marathon.com.* Zo'n 5000 lopers uit een dertigtal landen zullen van 7 tot 9 mei 2010 deelnemen aan de marathon van Cancale naar de Mont.

- **Zomerpelgrimstocht:** over de zandplaten, in juli. Inlichtingen: pastorie van Sartilly op het nummer ☎ 0233488037; Maison de la Baie de Genêts op het nummer ☎ 0233896400. Afspraak om 8.00 u bij de Pont de Genêts. Pelgrimstocht in de zuiverste traditie van de grote middeleeuwse bedevaarten. Jaarlijks komen hier meer dan duizend mensen naartoe.

- **Saint-Michel in de herfst:** eind september.

- **Monuments, jeux d'enfants:** het eerste weekend van oktober. Inlichtingen bij de abdij: ☎ 0233898000. •*www.monuments-nationaux.fr.* Speels parcours voor kinderen om de abdij op een andere manier te ontdekken.

HET PAYS DU SUD-MANCHE EN DE MORTAINAIS

Ten oosten van de Mont-Saint-Michel strekt zich een minder bekende en dus ook minder toeristische, maar des te landelijker streek uit die bij uitstek geschikt is voor wandeltochten. De regio omvat vooral de vallei van de Sélune en van de Mortainais en bestaat overwegend uit het typische Normandische bocagelandschap. Je vindt er diverse getuigenissen van het plattelandsleven uit het verleden. In de bouw worden plaatselijke materialen gebruikt die perfect in het landschap passen: graniet uit de buurt van Avranches, leisteen uit Sourdeval, witte steen uit de Mortainais... Her en der wordt het landschap doorbroken door lange rotskammen en elders, zoals in de vredige pastorale vallei van de Sélune, kun je rustige wandelingen maken met het heldere lied van het water als achtergrondmuziek...

DE MORTAINAIS

MORTAIN

50140 | 2450 INWONERS

Belangrijke tussenschakel voor Bretagne, de Maine en Normandië. Laatste stuiptrekking van de Suisse Normande, en nog wel een heel mooie ook! De omgeving is heuvelachtig en Mortain zelf is gebouwd op de flank van een heuvel met een top op 327 m. Schitterende abdij en collegiale kerk. Prachtige landschappen die je voor geen goud mag missen. Géricault, Courbet en Corot hebben de verleiding niet kunnen weerstaan om deze omgeving op doek te zetten, hetgeen toch al heel wat wil zeggen... Nietwaar?

De plaats stamt oorspronkelijk uit het laat-Romeinse Rijk, maar het is pas vanaf de 10de eeuw dat Mortain werkelijk zijn intrede doet in de geschiedenis. De Normandiërs richtten hier een fort op dat tegen Bretagne en de Maine was gericht. Robert de Mortain, graaf van Mortain en halfbroer van Willem de Veroveraar (die op een scène van het tapijtwerk van Bayeux naast Willem staat), gaf het graafschap een politieke en artistieke status.

Een kleine duizend jaar later (excuses voor de abrupte overgang) vervulde het dorp een heldenrol in een van de meest dramatische episoden van de slag om Normandië.

'OPERATIE LUTTICH' IN MORTAIN

In Mortain vond een beslissend Duits offensief plaats dat de overwinning van de gealllieerden aanzienlijk had kunnen vertragen. Hitler gaf zijn maarschalk Von Kluge de opdracht om het Amerikaanse leger in het westen aan te vallen en in twee delen te splitsen ter hoogte van het knelpunt van Avranches (operatie Luttïch). Per toeval werd zijn bericht op 2 augustus 1944 onderschept en gedecodeerd met behulp van een eenvoudige radio van het Amerikaanse leger in het geallieerde kampement. Het Duitse offensief was gepland op 6 augustus. De informatie werd belangrijk genoeg bevonden om doorgegeven te worden aan Churchill op Downing Street 10 evenals het hoofdkwartier van generaal Eisenhower. Ironisch genoeg konden vanaf dat ogenblik alle gesprekken tussen Von Kluge en Hitler over het offensief, waarin Von Kluge zijn bedenkingen uitsprak over de efficiëntie van het offensief, door de geallieerden worden onderschept. De geallieerden konden rechtstreeks volgen welke problemen de vijandelijke état-major voorzag!

De Duitse tegenaanval was uitzonderlijk hevig en Mortain werd ingenomen. De vooruitgeschoven pantsereenheden kwamen tot minder dan 2 km van de commandopost van generaal Hobbs, commandant van de 30ste Amerikaanse infanteriedivisie. Het Duitse offensief was op een haar na geslaagd. Twee elementen konden dit voorkomen: ten eerste konden de geallieerde vliegtuigen na het optrekken van de ochtendmist de Duitse colonnes opnieuw bombarderen en ten tweede weigerde de Duitse generaal Gerhardt, chef van de 116de Pantsereenheid, verrassend genoeg mee te doen aan de aanval. Deze laatste, die ook betrokken was bij het complot van 20 juli tegen Hitler, geloofde niet langer in de Duitse overwinning! Von Kluge gaf het bevel de operatie stop te zetten. De Führer gaf vervolgens het bevel om deze weer te hervatten, maar het Duitse leger was toen volledig uit elkaar getrokken tot een lus die ver doordrong in de geallieerde linies. Bovendien werd het in de loop der uren door een handige strategische tangbeweging van de geallieerden volledig ingesloten. Tot slot beval Hitler zijn troepen om zich terug te trekken, maar het was te laat. De Duitsers zaten als ratten in de val. De tang was volledig gesloten. De valstrik die de geallieerden hadden gespannen, was gelukt. De gevechten van de 'Poche de Mortain' worden ook wel eens het Duitse 'Stalingrad' in Normandië genoemd (vervolg in de hoofdstukken 'Orne' en 'Calvados'). Heuvel 314 (tegenover het kapelletje Saint-Michel) dat onlangs werd ingericht, laat de belangrijkste elementen van deze episode in de slag om Mortain zien.

NUTTIG ADRES

ℹ️ Dienst voor Toerisme: *Rue du Bourglopin.* ☎ *02 33 59 19 74.* ● *www.ville-mortain.fr.* Van april tot oktober geopend van maandag tot zaterdag (in oktober ook gesloten op maandag); in juli en augustus dagelijks geopend; van november tot maart geopend van dinsdag tot zaterdag.

SLAPEN

CAMPING

🏕️ CAMPING MUNICIPAL LES CASCADES: *Place du Château.* ☎ *02 33 79 30 30.*
● *mairie.de.mortain@wanadoo.fr* ● *www.ville-mortain.fr.* 🅿️ *In het centrum van het dorp. Geopend van Pasen tot Allerheiligen. Reken op € 5 voor een staanplaats voor twee personen met een auto en een tent.* Piepkleine camping. Er zijn amper zestien staanplaatsen. Op een boogscheut van het dorpscentrum en helemaal niet duur.

SLAPEN, IETS ETEN IN DE OMGEVING

GOEDKOOP TOT DOORSNEEPRIJS

📧 GÎTE D'ÉTAPE DU NEUFBOURG: *50140 Le Neufbourg.* ☎ *02 33 59 18 55 (gemeentehuis).* ● *marie. le-neufbourg@wanadoo.fr* ● *www.le-neufbourg.fr.st.* 🅿️ *Vlak voor Mortain, in het dorpje. Staat goed bewegwijzerd. Na reservering. Je betaalt € 12 per overnachting.* Gîte in een voormalige priorij die gedeeltelijk in de 12de eeuw werd opgetrokken en tot zevenentwintig personen kan herbergen in kamers voor twee tot vier personen. Sommige kamers hebben een eigen douche en wc. Andere faciliteiten: uitgeruste keuken, eetruimte... Alles is werkelijk piekfijn in orde.

📧 CHAMBRES D'HÔTES LE LOGIS DE JUVIGNY: *50520 Juvigny-le-Tertre.* ☎ *02 33 59 38 20.*
● *gitefillatre@hotmail.com* ● *http://gitefillatre.free.fr. Je betaalt van € 40 tot 45 voor een tweepersoonskamer met badkamer. Ook twee gîtes (4 en 9 personen).* In een mooie, prachtig gerestaureerde boerderij uit de 17de eeuw hebben de eigenaars eenvoudige maar prettig ingerichte kamers ingericht in een duiventoren. Boomgaard met fruitbomen en verkoop van boerderijproducten (cider, calvados, pommeau, jam...).

📧 CHAMBRES D'HÔTES: *bij mevrouw Boscher, Route de Clérisson 9, 50150 Sourdeval.*
☎ *02 33 59 64 57.* ● *http://manoirdeclerisson.e-monsite.com. 10 km van Mortain. Aan het gemeentehuis van Sourdeval sla je links af, naar Avranches. Daarna sla je nog twee keer af naar links. Voor een tweeper-*

soonskamer mag je rekenen op € 65, voor een loft met badkamer tel je € 100 neer. De kamers zijn ondergebracht in een schitterend herenhuis uit de 15de eeuw. De gezellige kamer op de bovenverdieping bereik je langs de oude stenen trap. De weelderige loft heeft een eigen ingang, schoorsteenmantel en heel moderne badkamer. Een charmant adres!

🞖 LE RELAIS DU PARC: *Rue Pierre-Crestey 46, 50720 Barenton.* ☎ *02 33 59 51 38.* ● *lerelaisduparc@wanadoo.fr. 9 km ten zuiden van Mortain. Dagelijks geopend voor de lunch, ook op zaterdagavond na afspraak geopend. Jaarlijks verlof in de eindejaarsperiode. Menu's voor € 13 à 34.* Klein dorpsrestaurantje met een inrichting die een beetje aan de 'années folles' (vlak na de Eerste Wereldoorlog) doet denken. Als je vroeg aankomt, hoor je geheid de chef, een Viking met levendige ogen, op joviaal dreigende toon orders uitdelen. Donders! Het eerste menu bestaat uit streekproducten die met fantasie zijn klaargemaakt, zoals gepocheerde eieren met camembert. Lekker eten tussen de open haard en een uurwerk uit grootmoeders tijd.

🞖 LA VIEILLE AUBERGE: *la Fosse Arthour, 50720 Saint-Georges-de-Rouelley.* ☎ *02 33 59 44 14.* ♿ *Van Pasen tot september 's middags en 's avonds geopend (na reservering); de rest van het jaar uitsluitend na reservering. Menu's van € 16,70 tot 23,90.* Prima pannenkoekenhuis-bar die door Guy Lesellier, de sympathieke en dynamische motor van la Fosse Arthour (zie onder), wordt gerund. Diverse salades en specialiteit van geflambeerde kikkerbillen met cognac. Elke eerste zaterdag van de maand diner dansant met orkest.

WAT IS ER TE ZIEN EN TE DOEN?

🞀🞀 **Collégiale Saint-Évroult:** *dagelijks geopend van 9.00 tot 19.00 u. De schatkamer zelf is enkel toegankelijk na reservering bij de Dienst voor Toerisme. Het hele jaar door kunnen groepen een bezoek brengen, in juli en augustus kunnen ook individuelen de Collégiale bezoeken op de daartoe voorziene uren (gratis rondleiding met gids).* De collegiale kerk dateert van 1082 en werd in de loop van de 13de eeuw herbouwd na door Filips August te zijn vernietigd. Van de laatste periode stamt onder andere het weelderige portaal met visgraatmotief aan de zuidkant. Wat de buitenkant betreft, wijzen we voorts op de indrukwekkende massieve toren en de uitzonderlijk hoge en smalle vensteropeningen die aan schietgaten doen denken. Binnen ontdek je de mooie koorstoelen uit de 15de eeuw (met de werken van barmhartigheid) en de orgelkast uit de 18de eeuw.

In de schatkamer van de kerk (in de toren) kun je twee meesterwerken bewonderen. Ten eerste een Ierse chrismale van verguld beukenhout uit de 7de eeuw (werd gebruikt om hosties in te bergen). Het is voorzien van achtendertig oude Angelsaksische runentekens en primitieve voorstellingen van Christus en de aartsengel Michaël. Hij zou als model hebben gediend voor de wijd en zijd bekende graal van het epos van Chrétien de Troyes. Het andere kunstwerk is een verlucht evangelieboek uit de 11de eeuw van de school van Winchester.

🞀🞀 **Abbaye Blanche:** *aan de rand van het dorp, in de richting van Villedieu-Sourdeval.* ☎ *02 33 79 47 47. Dagelijks (behalve op dinsdag en op zondagochtend) geopend van 10.00 tot 12.00 u en van 14.30 tot 18.00 u. Gratis toegang.* De naam van de abdij is afgeleid van de witte pijen die door de leden van de orde van Cîteaux worden gedragen. Deze kleur werd voorgeschreven door de heilige Bernardus (de zusters van Mortain voegen zich in 1147 bij Cîteaux). De bouw van de abdij duurde van 1150 tot 1205 en werd rijkelijk gesteund door de graven van Mortain, onder wie Hendrik II Plantagenet. Bijzonder goed voorbeeld van architectuur van de cisterciënzers: klokkentoren van hout, abdijkerk in de vorm van een Latijns kruis, tongewelven, koorstoelen in flamboyante gotische stijl... Mooie resten van het romaanse klooster. Er zijn nog elf zuilen uit het eind van de 12de eeuw blijven staan. Jammer dat het merendeel ervan tijdens de Franse Revolutie werd vernietigd. Voorts wijzen we nog op de bijzonder gestileerde sobere kapitelen die allemaal van elkaar verschillen en van een enorme soberheid getuigen, de refter voor lekenzusters, de overwelfde zaal met oude putten en de kapittelzaal met spitsbogen op vier granieten zuilen. Er vinden hier ook regelmatig kunsttentoonstellingen plaats.

🏃🏃 **Grote waterval:** *vlak bij de Abbaye Blanche.* Ze valt van twintig meter hoogte in een rotsachtige nauwe doorgang. Het is de grootste waterval van het westen. Courbet heeft haar geschilderd. Hij moest hier ongetwijfeld iets terugvinden of aanvoelen van de Franche-Comte, het departement vanwaar hij afkomstig is. Prettige en frisse omgeving met bloeiende rododendrons en oleanders in mei en begin juni. Ga ook een kijkje nemen bij de romantische, verscholen **kleine waterval.** Die vind je midden in de stad. Het water van de Cançon stroomt hier in kleine watervalletjes naar beneden naar de Cance, die aan de voet van de Rocher de l'Aiguille loopt.

🏃 **Chapelle Saint-Michel:** *in mei en juni geopend in het weekend en op feestdagen van 14.30 tot 18.30 u; in juli en augustus dagelijks geopend.* Op een heuvel van 314 m hoog, vanwaar je bij zonnig weer tot 40 km ver om je heen kunt kijken en zelfs de Mont-Saint-Michel in de verte waarneemt. Gedenkmonument van de slag van Mortain ter nagedachtenis aan de zevenhonderd mannen die de volledig omsingelde heuvel gedurende zeven dagen bezet wisten te houden (de bekende heuvel 314). Slechts driehonderd soldaten overleefden de slag. Tegenover de kapel zijn wandelpaden aangelegd die je meenemen door de geschiedenis (borden met uitleg). Bij de Dienst voor Toerisme kun je gratis een boekje halen over dit bezoek.

- **Wandeling langs de voormalige spoorweg:** al wie in de geschiedenis van het openbaar vervoer is geïnteresseerd of er veel over weet, zal wellicht ooit nog hebben gehoord over Fulgence Bienvenüe, de bouwer van de Parijse metro (inderdaad, dit is niemand minder dan de Bienvenüe van het metrostation Montparnasse-Bienvenüe – geen paniek als je dit niet wist; dit is de reden waarom we het je nu vertellen!). Deze ingenieur leidde ook de constructiewerken van de spoorweg die tot 1939 via Mortain Vire met Fougères en Domfront verbond. De rails en spoorbielzen zijn verwijderd, maar de weg en de treinstations staan er nog. Het is nu een weg die toegankelijk is voor wandelaars, mountainbikers en ruiters. Ideaal voor een rustige en aangename wandeling. De absolute must: de koeien hoeven nu niet langer meer naar de treinen te kijken en hebben dus alle tijd om een babbeltje te slaan met de passerende trekkers. Omdat het op het kruispunt ligt van de wegen uit Vire, Fougères en Domfront, is Mortain het ideale vertrekpunt voor een wandeling. Gratis gids te krijgen of kaart aan te kopen bij de Dienst voor Toerisme. Je vindt er alle wandelpaden op terug.

IN DE OMGEVING VAN MORTAIN

TEN ZUIDEN VAN MORTAIN

🏃 **Maison de la Pomme et de la Poire:** *in Barenton (50720).* ☎ 02 33 59 56 22. 🚗 *(gedeeltelijk). Een tiental kilometers ten zuidoosten van Mortain, in de richting van Domfront. Van april tot half oktober dagelijks geopend van 10.00 tot 12.00 u (in juli en augustus tot 12.30 u) en van 14.00 tot 18.00 u (in juli en augustus tot 18.30 u). Gratis toegang. Rondleidingen, vraag inlichtingen.*

In een voormalige streekboerderij wordt deze typische activiteit van de Basse-Normandie volledig uit de doeken gedaan. Alle technieken voor de vervaardiging van cider, poiré en calvados. Leuke introductie in de 'pomologie' (sic!) en de cidercultuur, in het begin van de 20ste eeuw een van de eerste economische bronnen van het westen van Frankrijk. Voor degenen die graag aan een glaasje nippen: gratis proeven van poiré, cider, appelsap en perensap. Interessante rondleiding door een peren- en appelboomgaard, gevolgd door een bezoek aan de werkplaats waar de vruchten voorheen werden geperst en de drank werd gebrouwen. Dit gebeurde met een oude pers die volgens de technieken van de klassieke oudheid werkt. Tot slot is er een winkel met ciderproducten.

❧🚶❚ **La Fosse Arthour:** *in Saint-Georges-de-Rouelley (50720; goed aangeduid vanaf de D907).* Heel fraaie plek waarbij een mooie legende hoort. Het gaat weer eens om de onvermijdelijke koning Arthur, held van de cyclus der verhalen van de Ronde Tafel, koning van de Bretons (niet de Franse, maar die uit het zuiden van Schotland). De plaatselijke geest had koning Arthur opgedragen zijn echtgenote niet eerder te bezoeken dan na zonsondergang. Aangezien onze held vanzelfsprekend geen zin had om zolang te wachten, verdronk hij in de beek. En het ligt voor de hand dat zijn geliefde en teerbeminde wederhelft bij het zien van dit droevige lot zich even snel in de beek stortte (uit wanhoop naar verluidt). Maar er bestaat enige twijfel over deze legende: is het nu Arthur of Merlijn de tovenaar die hier zijn laatste adem uitblies? Hoe het ook zij, de vriendelijke combinatie van de ruisende rivier (die haar heldere lied zingt), de heuvelachtige omgeving en het golvende bos maken van La Fosse Arthour een prachtige en bucolische plek.

En deze plek is niet alleen voorbehouden aan dichters. Er zijn er ook die hier komen voor het rotsklimmen (180 geïnventariseerde klimparcours!), de rijtochten te paard, de wandelingen en mountainbiketochten. Je kunt hier zelfs waterfietsen huren en kamperen. Inlichtingen te bekomen bij **La Vieille Auberge** (zie boven onder de rubriek 'Slapen en eten in de omgeving van Mortain').

TEN NOORDEN VAN MORTAIN

❧🚶❚ **Musée régional de la Poterie:** *in Ger (50850).* ☎ 0233793536. *Tussen Sourdeval en Mortain, 4 km van Ger. In juli en augustus dagelijks geopend van 11.00 tot 19.00 u; van april tot juni, in september en tijdens de schoolvakanties (behalve met Kerstmis) dagelijks geopend tot 18.00 u (niet op dinsdag). Toegangsprijs: € 4,20. Kortingen. Gratis voor kinderen jonger dan zeven.* Vanaf de 15de eeuw komt de pottenbakkerij tot bloei in Ger. Met klei uit de buurt van Demfront en hout van het bos van Mortain werd aardewerk vervaardigd dat bekend was om zijn kwaliteit en zijn elegantie. In de 19de eeuw werkten zevenhonderd pottenbakkers in Ger. In de reconstructie van de etalage van een pottenbakker zie je diverse aardewerken voorwerpen zoals een zuigfles voor kalveren, drinknappen voor zieken (voor de infusies), schudders (voor snuiftabak) en 'trompe-couillons' (kopjes voor het drinken van calvados aan het eind van goed overgoten banketten). Vooraleer gebruik werd gemaakt van blik en plastic, vormde aardewerk het belangrijkste materiaal waarin voedingswaren werden bewaard. Reconstructie van werkplaatsen en woningen, gerestaureerde ovens, mooi verlichte etalages, interactieve panelen en demonstraties met draaischijven staan hier op het kijkmenu. In dit museum worden traditie en moderne middelen op doeltreffende wijze gecombineerd. Elke zomer wordt een tijdelijke tentoonstelling georganiseerd en het laatste weekend van augustus is er een pottenbakkersmarkt.

DE ORNE

Ver van alle tumult van de kust ligt de achtertuin van Normandië, een departement als een mozaïek, miskend en verborgen achter heuvels en uitgestrekte bossen. Een vreemde, maar o zo fraaie puzzel van uiteenlopende landschappen. Een stukje Armorica in het westen rond Flers en Domfront, een puntje Pays d'Auge in het noordwesten, een hoek van het Pays d'Ouche rond L'Aigle... Voeg daarbij de heuvels en landhuizen van de Perche (in het oosten) en de granieten, grijzige vakwerkhuizen en snelstromende visrijke rivieren van de Suisse Normande en je bekomt de basiselementen aan de hand waarvan je je een idee kunt vormen van de grote diversiteit van het landschap, de tradities en de mensen in de Orne. Het hart van de Orne bevindt zich in de Merlerault, een gebied met een van de rijkste graslanden van Frankrijk. Zo rijk dat generaties renpaarden er al op gedijden. Een van de mooiste stoeterijen is die van de Pin.

IDENTITEITSKAART VAN DE ORNE
- **Oppervlakte:** 6103 km².
- **Prefectuur:** Alençon.
- **Onderprefecturen:** Mortagne-au-Perche, Argentan.
- **Bevolking:** 292.300 inwoners.
- **Appelbomen:** 845.000, dat is bijna drie appelbomen per inwoner van de Orne!
- **Perenbomen:** 205.000, waardoor de Orne het belangrijkste Franse departement is op gebied van perenproductie.
- **Bocagehagen:** 36.000 km in totaal, bijna de wereld rond dus en toch blijf je in de Orne...
- De Orne is de op twee na grootste producent van Franse foie gras.
- Bijna de helft van de Franse dravers komt uit stoeterijen van de Orne.

DE NATIONALE PARKEN
In dit ordelijke landschap dat door een ringetje kan worden gehaald, vind je nog rustig verkeer, zelden wordt het landschap verstoord door ongepast modernisme. Het departement kan bogen op heel wat tuinen die opengesteld zijn voor het publiek en twee grote natuurparken: het Parc de Normandie-Maine en het onlangs geopende Parc du Perche, dat een groot deel van het departement beslaat. Een waar paradijs voor wandelaars (er zijn meer dan vijfhonderd circuits), ruiters of mountainbikers, maar eveneens voor mycologen en vissers. Ook lekkerbekken komen aan hun trekken in het land van de camembert en de bloedworst van Mortagne. De gerechten worden er overgoten met calvados, cider of perenwijn. Dit landschap is precies een kantkloswerk. Het is ons bijzonder goed bevallen! Rustiek maar elegant, koppig maar gemoedelijk, vredig in de juiste zin van het woord... een soort Engelse tuin op zijn Normandisch...

EEN LAND VAN WANDELINGEN
De Orne geeft zich bloot op een eigen manier en een eigen ritme. Geschiedenisfanaten, meer bepaald geïnteresseerden in de Tweede Wereldoorlog, volgen de routes van de Slag om Normandië. Verder zijn er ook wandelingen bewegwijzerd, zoals die door de Perche, op

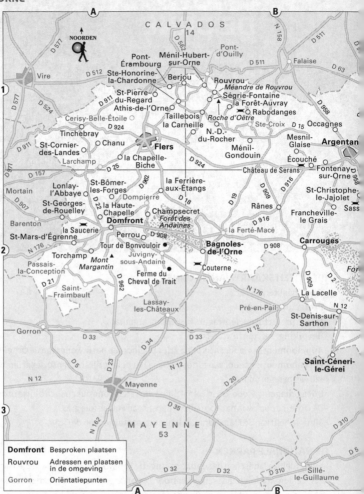

Domfront	Besproken plaatsen
Rouvrou	Adressen en plaatsen in de omgeving
Gorron	Oriëntatiepunten

ontdekkingtocht langs herenboerderijen, abdijen, oude dorpjes... Je kunt het departement ook ontdekken in de voetsporen van Lancelot van het Meer of de Dame met de Camelia's.

DE ORNE, EEN LAND VAN PAARDEN

Onmogelijk om in de Orne naast het paard te kijken. Weinig departementen bezitten zoveel stoeterijen en maneges. In dit land van trekpaarden kun je naar hartenlust paardrijden, mogelijkheden bij de vleet... Er zijn kwekerijen, je kunt er stages volgen...
Inlichtingen: Comité départemental de tourisme équestre, ☎ 02 33 29 19 92.

NUTTIGE ADRESSEN EN INFORMATIE

❶ Comité départemental du tourisme de l'Orne (plattegrond van Alençon, B1): *Rue Saint-Blaise 86, 61002 Alençon-Cédex.* ☎ 02 33 28 88 71. ● www.orne.tourisme.com. *Vlak bij het huis van de*

DE ORNE

heilige Theresia. Van maandag tot vrijdag geopend van 8.30 tot 12.00 u en van 13.30 tot 17.00 u. Heel wat informatie over het departement en reserveringen voor de *Gîtes de France*: chambres d'hôtes, boerderijherbergen, kamperen op de boerderij, trekkershutten en groepsaccommodaties… Veel brochures over verschillende thema's: tuinen, paarden, perencider… Reserveringen op het nummer: ☎ 02 33 28 07 00. ● www.normandie-weekend.com.

■ **Savoir-Faire et Découverte:** *La Caillère, 61100 La Carneille.* ☎ *0820 820 186 (€ 0,12 per minuut).* ● *www.lesavoirfaire.fr.* Speciale vermelding voor dit mooie initiatief. Er worden stages georganiseerd: 'les gestes de la campagne'. Je leert er het leven van de ambachtslui en de landbouwers kennen: cider maken, weven met wol, lemen muren bouwen, brood bakken in een houtoven… Ook heel wat ateliers voor kinderen. Inschrijven verplicht. Niet gratis.

- Het landbouwschap van de Orne stelt elk jaar een kleine gids op: **Orne Terroirs**, beschikbaar bij de Diensten voor Toerisme. Je vindt er een lijst met ambachtslui die authentieke producten fabriceren volgens de landelijke tradities. Die worden jaarlijks geselecteerd en per product geklasseerd. Een aanrader! ●*www.orne-terroirs.fr.*

- **Normandie Pass:** ●*www.normandiepass.fr.* Prijs: €1, te koop in de deelnemende musea. De kaart geeft recht op korting in de 26 deelnemende musea van het *Espace historique de la Bataille de Normandie.*

WAT VALT ER TE BELEVEN?

- **Septembre musical de l'Orne:** vier weekends lang, van eind augustus tot eind september. Inlichtingen op het nummer ☎ 02 33 26 99 99. ●*www.septembre-musical.com.* De Orne zich over aan de muziek (klassieke muziek, opera, piano, recitals, kwartet…) op de meest tot de verbeelding sprekende plaatsen van het departement. Al meer dan vijfentwintig jaar een waar succes! Best op voorhand reserveren.

DE STREEK VAN ALENÇON

De titel van hertog of hertogin van Alençon werd vroeger voortdurend toegekend aan de kinderen van de kroon. Vroeger was de streek rond Alençon de voortrekker van de kant, vandaag is de prefectuur, met de verwerking van kunststoffen, nog steeds een van de belangrijkste economische polen van het departement. In de buurt vind je nog steeds pareltjes van kastelen van hertogen en romaanse en gotische kerken.

- Voor meer informatie: ●*www.paysdalencontourisme.com.*

ALENÇON

61000 | 30.400 INWONERS

Als we Alençon ergens in ons recordboek moeten zetten, komt het erin vanwege het kantwerk van Alençon, de heilige Theresia van Lisieux en de gezonde en prettige levenskwaliteit. Het kantwerk omdat het zes weken minutieuze arbeid kost om met de hand een kantwerk te maken ter grootte van een pocketboek. De heilige Theresia omdat ze er in vierentwintig jaar in slaagde een van de belangrijkste mystici van de 20ste eeuw te worden. En de heilzame levenskwaliteit omdat deze stad, de derde grootste van de Basse-Normandie, heel wat evenementen organiseert, zijn universitaire uitstraling vergroot, zijn groene ruimtes uitbreidt, de restauratie van zijn wijken blijft bijvijlen en geniet van een uitstekende geografische ligging één uur rijden van de zee en op een boogscheut van prachtige bossen waar het heerlijk is om de natuur in te ademen. Hoe ziet Alençon er vandaag uit? Een kleine provinciestad die iets minder Normandisch is dan verwacht. In deze hoek van de Orne geen vakwerk of kaas. Wel graniet en leiendaken om je eraan te herinneren dat je de voormalige weg van Parijs naar Bretagne volgt, waarover vroeger de diligences reden. Balzac situeerde er twee romans! (*La Vieille Fille* en *Le Cabinet des Antiques*). Je wandelt door het gerenoveerde en geplaveide centrum op… muziek. Laat je bezoek beginnen!

EEN BEETJE GESCHIEDENIS

Kantwerk, uniek op de wereld

Alençon zonder kantwerk is als Reims zonder champagne. Men spreekt over 'architecturaal' kantwerk. Janine Montupet heeft er zelfs een roman over geschreven (*La Dentellière d'Alençon*, uitg. Robert Laffont). De Grand Siècle (17de eeuw) was de gouden eeuw voor het kantwerk van Alençon: het meest elegante en meest verfijnde kantwerk van heel Europa. De extreem dunne linnen draden worden verwerkt met een naald. Vandaar het verpletterende succes vanaf het moment dat het rond 1650 op de markt werd gebracht door een dame met de naam De La Perrière, oorspronkelijk afkomstig van Alençon. Zij slaagde erin de enige bestaande techniek tot dan toe, de 'point de Venise', te perfectioneren. Haar geheim: kopiëren, maar meteen ook verbeteren! Haar naaldkant maakte school en in het kleine provinciestadje werkten op een gegeven moment achtduizend personen in de kant. Een waanzinnig aantal voor die tijd.

In 1655 koos Colbert de stad uit om er de Manufacture Royale te vestigen, waar kant werd gemaakt met de 'point de France' (hetzelfde als de 'point d'Alençon'), dat kon concurreren met de buitenlandse kantcentra. Tussen 1670 en 1675 ontwikkelden de kantwerksters van Alençon hun stijl tot de specifieke techniek van het maaswerk. Het kant uit Alençon werd de absolute maatstaf voor elegantie en het was de meest gewilde kant van heel Europa. De kledij die opgesmukt werd met het kantwerk, was meer dan zomaar kledij, het was telkens weer een kunstwerk dat de adel droeg met veel uiterlijk vertoon.

Tijdens de Wereldtentoonstelling in Londen in 1851 werd de kant van Alençon onderscheiden als de 'koningin van de kant'. Tegenwoordig zijn de activiteiten rond het kantwerk beperkt tot het Atelier National du Point d'Alençon, een soort technisch museum waar deze prachtige traditie wordt voortgezet.

BEVRIJDING VAN ALENÇON DOOR DE 2DE PANTSERDIVISIE ONDER LEIDING VAN GENERAAL LECLERC

12 augustus 1944: bevrijding van de stad, de eerste voor de 2de pantserdivisie. In feite het vertrekpunt van een lang en later beroemd geworden offensief voor de bevrijding van Frankrijk. Het begint allemaal op 1 augustus. Generaal Leclerc en zijn tweede pantserdivisie landen in Saint-Martin-de-Varreville (Manche) op de dag na de beroemde doorbraak van Avranches. Generaal Patton heeft hem een duidelijke opdracht gegeven: bijdragen aan de omsingeling van het zevende Duitse leger via het zuiden van Normandië. Hierbij moeten de Maine (Sarthe) en de Perche (oosten van de Orne) worden overgestoken.

De 2de pantserdivisie bestaat uit 15.000 manschappen, onder wie veel vrijwilligers van het eerste uur. Ze hebben daarvoor al gevochten in Douala, Libreville, Fort-Lamy, Koufra, Mourzouk en Tripoli. Ze zijn uitgerust met 4000 voertuigen en 242 tanks. De divisie van Leclerc gaat op weg. Ze bestormen Avranches via La Haye-du-Puits en Coutances. Vervolgens door naar het zuiden, waar ze op 8 augustus door Le Mans trekken. Van daaruit gaat het verder naar het noorden richting Alençon. Generaal Leclerc en zijn mannen komen aan in Alençon bij een stille brug waarvoor de infanterie postvat. De plek is onbezet. Het is de brug van de rue du Pont-Neuf. Generaal Leclerc gaat op de leuning zitten, geeft enkele orders om andere doorgangen te bezetten, denkt nog even na en vertrekt op zijn gemak.

Alençon wordt op 12 augustus 1944 bevrijd wakker, zonder dat er een kogel is afgeschoten of een druppel bloed heeft gevloeid.

Op de brug van Alençon

Weet jij waarom de tweede divisie besloot om door Alençon te trekken en de stad zo te bevrijden? Omwille van de bruggen natuurlijk! Bruggen, die waren de strategische obsessie van Leclerc. Hij wilde de bruggen 'zo intact mogelijk in handen krijgen, want die waren nodig om de Duitsers terug te dringen en om zelf vooruitgang te boeken. Degene die ze in handen had, had meteen ook de sleutel tot de overwinning in handen.'

NUTTIGE ADRESSEN EN INFORMATIE

Dienst voor Toerisme van Alençon (plattegrond B2): *maison d'Ozé, Place de la Magdelaine. 02 33 80 66 33. • www.paysdalencontourisme.com. Van juli tot 19 september dagelijks geopend. De rest van het jaar geopend van maandag tot zaterdag. In het hart van de stad, in een historisch huis in de*

Nuttige adressen
- Dienst voor Toerisme
- Postkantoor
- Treinstation
- Busstation
- @ Internetcafé

Slapen
1. Hôtel de Paris
3. Hôtel Le Chapeau Rouge
5. Camping de Guéramé
6. Chambres d'hôtes La Hulotte

Iets eten
7. Château de Saint-Paterne
11. Restaurant Le Chapeau Rouge
12. Restaurant Chez Fano
13. Le Bistrot
14. Le Carnet de Routes
15. Restaurant Le Hangar
16. Au petit Vatel

Iets drinken, muziek beluisteren
14. Le Carnet de Routes
23. La Luciole

Wat is er te zien?
30. Maison d'Ozé
31. Église Notre-Dame
32. Maison natale de sainte Thérèse de l'Enfant-Jésus
33. Musée des Beaux-Arts et de la Dentelle
34. Halle au Blé

Kant kopen
40. Auguste

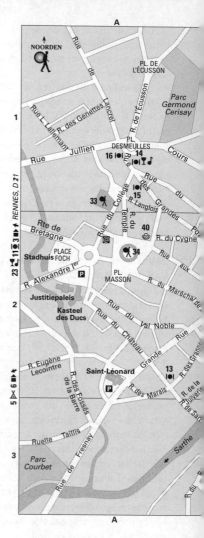

schaduw van de kerk Notre-Dame. Vriendelijke ontvangst door een dynamisch team, efficiënte hulp. Documentatie over Alençon en over de Orne in het algemeen. Van mei tot oktober worden rondleidingen met gids of audiogids (het hele jaar door) door het oude Alençon georganiseerd (ongeveer anderhalf uur tijdens het weekend).

Bureau Information Jeunesse (plattegrond B1): *Place Poulet-Malassis 4-6.*
02 33 80 48 90. • *www.bijbus.com.* Geopend van maandagmiddag tot zaterdagochtend. Hartelijke en vriendelijke ontvangst. Heel goede documentatie over transport, activiteiten, overnachtingsmogelijkheden…

@ Espace Internet de la ville d'Alençon (plattegrond A2): *Rue des Filles-Notre-Dame 6-8.*
02 33 32 40 33. Van maandag tot zaterdag van 8.30 tot 19.00 u. Acht computers die aangesloten zijn op ADSL.

ALENÇON

Treinstation (plattegrond C1): *Rue Denis-Papin.* ☎36-35 (€ 0,34 per minuut). Rechtstreekse treinen naar Caen, Le Mans, Tours en Parijs via Le Mans (TGV) of Argentan.

Autoverhuur: Hertz, ZA du Londeau (afgelegen, 10 min. rijden van het centrum van de stad). ☎ 02 33 31 08 00. **Europcar**, Rue Demées 3-5. ☎ 02 33 28 91 11.

- **Markt:** donderdagochtend (centrum) en zaterdagochtend (Place de la Magdeleine).

SLAPEN

CAMPING

CAMPING DE GUÉRAMÉ (BUITEN PLATTEGROND VIA A2, 5): *Rue de Guéramé 65.* ☎ en fax: 02 33 26 34 95. ♿ *1 km van Alençon, via de Avenue de Koutoubia (een soort ringweg). Geopend van april* *tot oktober. Reken op € 10 voor twee personen met een tent.* Rustige camping in het groen. Afgebakende staanplaatsen in de schaduw, vlak bij de rivier.

GOEDKOOP

📧 **HÔTEL DE PARIS** (PLATTEGROND C1, 1): *Rue Denis-Papin 26.* ☎ 02 33 29 01 64.
● *hoteldeparis.alencon@orange.fr* ● *www.hoteldeparis-alencon.fr. Tegenover het treinstation. Sluit een week in augustus. Van € 28 tot 39 voor een tweepersoonskamer met wastafel of douche, wc en tv.* Bescheiden, nette kamers voor een zacht prijsje. Ondanks de nabijheid van het (niet erg drukke) treinstation is het in de kamers rustig dankzij de dubbele beglazing. Je kunt natuurlijk ook een kamer aan de kant van het binnenpleintje vragen. Comfortabel beddengoed. Wifi. Salon op de benedenverdieping, naast een kleine bar met vaste klanten. Een van de goedkoopste adressen van de stad, uitgebaat door een sympathiek koppel.

DOORSNEEPRIJS

📧 **CHAMBRES D'HÔTES LA HULOTTE** (BUITEN PLATTEGROND VIA A2, 6): *bij Jocelyne en Jean-Pierre Guihaire Quoniam. Rue Albert I 45-47.* ☎ 02 33 32 28 11. ● *lesmamours-61@hotmail.fr. Tegenover het Parc des Promenades. Voor een tweepersoonskamer tel je € 51 neer (per bijkomende gast komt daar € 21 bij).* Zoek naar een uithangbord in de vorm van een sleutel aan de muur: vroeger was dit een slotenmakerij, de oude ateliers in de bijgebouwen zijn omgevormd tot kamers. De gasten logeren in een vrijstaand huisje dat uitgeeft op een schattige moestuin. Twee kamers met gemeenschappelijke badkamer. Je hebt de keuze tussen een kamer met scheepsjongetjes in marineblauw pakje of de plattelandskamer in gelige tinten. Keukenhoek, kleine salon met een haard en een eigen klein terras. Heel nette, origineel ingerichte kamers met een persoonlijke toets. Perfect geschikt voor gezinnen. Je voelt je er meteen thuis dankzij de uitstekende ontvangst door de eigenaars!

📧 **HÔTEL LE CHAPEAU ROUGE** (BUITEN PLATTEGROND VIA A2, 3): *Boulevard Duchamp 3.* ☎ 02 33 26 20 23. ● *hotellechapeaurouge@wanadoo.fr* ● *www.lechapeaurouge.fr. 3 minuten van het centrum via de Rue de Bretagne (links aan de verkeerslichten), aan de rand van de stad in de richting van Rennes. Tweepersoonskamer voor € 42 tot 60, afhankelijk van het comfort. Gratis parkeerterrein.* Goed onderhouden, eenvoudig hotelletje met vriendelijke eigenaars die je graag in de watten leggen. Bescheiden prijzen. De persoonlijke inrichting is in Lodewijk XVI-stijl met dik tapijt, rustiek meubilair en een klein schilderij. Al bij al heel geschikte kamers. En de rode hoed? Die is een souvenir aan de rode hoofddeksels van de koetsiers die hier vroeger halt hielden. Op wandelafstand van *La Luciole*, een zaal waar muziekvoorstellingen gegeven worden.

IETS ETEN

GOEDKOOP

📧 **LE CARNET DE ROUTES** (PLATTEGROND A1, 14): *Rue Marcel-Palmier 6.* ☎ 02 33 27 06 23. ● *lecarnetderoutes@free.fr. Gesloten op zaterdagmiddag, zondag en feestdagen. Menu voor € 12.* Op wandelafstand van het Musée des Beaux-Arts et de la Dentelle. Een heel gezellig adresje dat vooral bekendstaat om de eenvoudige, lekkere gerechten en de concerten. Zak lekker onderuit in de fauteuils. Salades, broodjes, fondue... Je kunt er ook een klein hapje eten bij een aperitief. De muziek gaat trouwens perfect samen met het eten! Zie verder bij 'Iets drinken, muziek beluisteren'. Uitstekende ontvangst.

📧 **RESTAURANT LE HANGAR** (PLATTEGROND A1, 15): *Place à l'Avoine 12.* ☎ 02 33 82 04 27. 📧 *Dit eethuis ligt aan een gezellig pleintje op wandelafstand van het Musée des Beaux-Arts et de la Dentelle. Gesloten tijdens het weekend. Sluit een week in februari, een week met Pasen en drie weken in augustus. Formule voor € 13,80 (niet tijdens het weekend). Je kunt à la carte eten voor € 20.* Je hebt het vast al geraden. Dit is een restaurant dat is ingericht in een... opslagplaats! Maar die is wel prachtig aangepakt: licht, met een groot raam, groene planten. Er hangt een ontspannen 'kantoorsfeer'. Gezellige ontvangst. Traditionele, eenvoudige keuken. Mooie borden (eendenborstfilet met een sausje van camembert, een mooi stuk vlees...). Een gezellig plekje vol vaste gasten.

🍴 **RESTAURANT CHEZ FANO** (PLATTEGROND B1, 12): *Rue Saint-Blaise 22*. ☎ 06 33 07 42 99. ● *chezfano@orange.fr. Van dinsdag tot zaterdag doorlopend geopend van 12.00 tot 23.00 u; op zondag geopend van 18.00 tot 23.00 u. Formules en menu's voor € 14 tot 27.* De grote troef van *Chez Fano* zijn de openingsuren. Uniek genoeg om vermeld te worden! Bovendien is het er gezellig tafelen (drie piepkleine zaaltjes met heel kleurrijk meubilair) en eenvoudige maar lekkere schotels. Grappige kaart: op z'n zomers, Normandisch (zoals de boekweitpannenkoeken met camembert!). Voor elk wat wils... Jonge, vriendelijke ontvangst.

🍴 **LE BISTROT** (PLATTEGROND A2, 13): *Rue de Sarthe 21*. ☎ 02 33 26 51 69. ● *lebistrotalencon@orange.fr. Gesloten op zondag, maandag en feestdagen. Sluit ook een week tijdens de eindejaarsperiode, een week in mei en drie weken in augustus. Menu voor € 13 tot 20, à la carte voor ongeveer € 25.* Heel gezellige bistro. De gerechten staan op een schoolbord geschreven, er liggen geruite tafelkleedjes, de chef-kok prijst zijn 'coups de coeur' aan (die we zelf ook aanbevelen), wijnkaart met aardige wijntjes en een prima bediening! Op de kaart staan klassieke gerechten die regelmatig veranderen. Copieus, snel en gastvrij. Op warme dagen kun je op het terras van de zon genieten.

🍴 **RESTAURANT LE CHAPEAU ROUGE** (BUITEN PLATTEGROND VIA A2, 11): *Rue de Bretagne 117*. ☎ 02 33 26 57 53. *Naast het hotel met dezelfde naam, maar niet van dezelfde eigenaars. Gesloten op zaterdagmiddag, zon- en feestdagen. Sluit tien dagen in mei, de eerste helft van september en een week in de eindejaarsperiode. Lunchformule voor € 13,50; verdere menu's van € 17 tot 35.* Aangenaam adres met geel interieur, waar je graag even halt houdt. De traditionele keuken (die niettemin heel creatief is) wekken je eetlust op en zijn niet overdreven duur. De ontvangst is van hetzelfde niveau, uitstekend dus.

🍴 **AU PETIT VATEL** (PLATTEGROND A1, 16): *Place du Commandant-Desmeulles 72*. ☎ 02 33 26 23 78. *Vlak bij het Musée des Beaux-Arts et de la Dentelle. Gesloten op zondag- en dinsdagavond en op woensdag. Jaarlijks verlof eind februari en van 21 juli tot 11 augustus. Formule voor € 17 (op weekdagen voor de lunch). Menu's van € 20 tot 38,50.* Het gastronomische adres bij uitstek van de stad! Al jaren verwent chef Jean-Pierre Fulep zijn tafelgasten met een authentieke traditionele keuken, zonder valse noten. Gezellige eetzaal die opgefleurd wordt met enkele schilderijen.

SLAPEN, IETS ETEN IN DE OMGEVING

HEEL LUXUEUS

🛏️🍴 **CHÂTEAU DE SAINT-PATERNE** (BUITEN PLATTEGROND VIA C3, 7): *72610 Saint-Paterne*. ☎ 02 33 27 54 71. ● *contact@chateau-saintpaterne.com* ● *www.chateau-saintpaterne.com. 2 km ten zuiden van Alençon. Jaarlijks verlof van januari tot half maart. Tweepersoonskamers van € 135 tot 240. Table d'hôte na reservering, € 47. Wifi en internet.* Midden in een schitterend park van 10 ha staat dit trotse herenhuis van graniet uit de 15de eeuw. Rijd binnen door de monumentale poort met grote duiventil. Toen Hendrik IV er op doortocht verbleef, profiteerde hij ervan om de vrouw des huizes te verleiden. Een prachtige plek dus voor een romantisch uitje. Een tiental luxeuze kamers die allemaal verschillend maar met heel veel smaak zijn ingericht (de Orangerie doet denken aan het theater van Barcelona). Schitterend! Heerlijke maaltijden op basis van producten uit de moestuin. Aperitief en koffie inbegrepen. Kaarslicht maakt het geheel compleet. Geraffineerde sfeer, spontane ontvangst met de glimlach. Verwarmd zwembad (van mei tot september).

IETS DRINKEN, MUZIEK BELUISTEREN

📞🎵 Le Carnet de Routes (plattegrond A1, 14): *zie hoger bij 'Iets eten'.* ☎ 02 33 27 06 23. *Wekelijks concerten (meestal op donderdag), vrij jazzy. Telefoneer vooraf om het programma te weten te komen.* Leuke sfeer, een beetje de politiek van het huis: geen toegangsprijs, 1 consumptie is verplicht (niet duur). Gezellig.

📞🎵 La Luciole (buiten plattegrond via A2, 23): *Route de Bretagne 171.* ☎ 02 33 32 83 33. ● *www.laluciole.org.* 🔎 *In het centrum volg je de bewegwijzering naar het 'Parc des Expositions'. Gesloten in juli en augustus.* Dé concertzaal van Alençon die bekendstaat om de kwaliteit van de groepen die er optreden (gevestigde waarden en nieuw talent, jazz, rock, reggae, electro...). Dit podium voor hedendaagse muziek organiseert een tweetal concerten per week. Moderne zaal waar plaats is voor 650 mensen. Club met plaats voor 300 mensen.

KANT KOPEN

🔲 **Auguste (plattegrond A2, 40):** *Place Halle-au-Blé 14.* ☎ 02 33 26 54 68. Op de bovenverdieping van dit winkeltje ligt een echte schat verborgen: een unieke verzameling kant uit Alençon die de gepassioneerde eigenares jarenlang overal heeft uitgezocht en die ze nu in een kadertje heeft gestopt en te koop aanbiedt aan liefhebbers.

WAT IS ER TE ZIEN?

🌂 **Maison d'Ozé (plattegrond B2, 30):** in dit huis is de Dienst voor Toerisme gevestigd. Het werd in 1449 gebouwd door de gouverneur van de stad, Jehan du Mesnil. Het huis werd ook bewoond door Charles de Valois, hertog van Alençon. Achter in de tuin heb je toegang tot de vroegere vestingmuur, vanwaar je een mooi uitzicht hebt op de stad.

🌂🌂 **Église Notre-Dame (plattegrond B2, 31):** je gaat binnen door een bijzonder opmerkelijk flamboyant gotisch portaal. Weer kantwerk, maar ditmaal heel fijn uitgehouwen uit steen, daterend uit de 15de en 16de eeuw. Boven de centrale boog zie je zeven beelden (Bijbels getal voor de perfectie) die de transfiguratie voorstellen.

De bouw van deze kerk werd gestart op initiatief van Marguerite de Lorraine tijdens de bezetting van de Engelsen gedurende de Honderdjarige Oorlog (1337-1457). Maar halverwege de 18de eeuw werd een deel van het gebouw verwoest door een brand ten gevolge van blikseminslag. Met een nogal uit de toon vallende hoge koepel werden de resten van de oorspronkelijke kerk samengevoegd met de gereconstrueerde delen. De klok dateert uit een andere periode. Verder is er een heel fraai orgelbuffet en kun je 16de-eeuwse glas-in-loodramen zien. Hier werd bovendien de heilige Theresia gedoopt.

🌂🌂 **Geboortehuis van de heilige Theresia van Lisieux (plattegrond B1, 32):** *Rue Saint-Blaise 50 (tegenover de prefectuur).* ☎ 02 33 26 09 87. *Dagelijks geopend van 9.00 tot 12.00 u; van november tot april gesloten op maandag. Jaarlijks verlof van 3 januari tot 3 februari.* Er is slechts een klein aantal geboortehuizen van 'recente' heiligen. Dat van Thérèse Martin (1873-1897), beter bekend onder de naam Theresia van Lisieux (heilig verklaard in 1925), schittert door zijn bescheidenheid. Als de kapel met koepel er niet naast stond, zou je het huis waar Thérèse de eerste vier jaren van haar leven doorbracht, dan ook straal voorbijlopen. Voor de rest van de bedevaart maken we afspraak in de Rue du Pont Neuf, waar haar vader juwelier was en haar moeder kant kloste.

Naaldkant

Het nationale atelier voor kant uit Alençon is het laatste ter wereld waar nog naaldkant gemaakt wordt. Dit soort kant is uniek omwille van de verfijndheid ervan. Er werken nog een tiental vrouwen die per jaar zo'n twintig stukken kant klossen. Die worden dan enkel en alleen verkocht in het Musée des Beaux-Arts et de la Dentelle.

❦ ❦ **Musée des Beaux-Arts et de la Dentelle (plattegrond A1, 33):** *Cour Carrée de la Dentelle.* ☎ *02 33 32 40 07.* ♿ *Ingang via de Rue du Collège en de Rue Jullien (gratis parkeergelegenheid). Dagelijks geopend van 10.00 tot 12.00 u en van 14.00 tot 18.00 u; van september tot juni gesloten op maandag. Toegangsprijs: € 3,60. Kortingen. Gratis voor jongeren onder de achttien, voor studenten op woensdag. De eerste zondag van de maand gratis voor iedereen. In de zomer zijn er elke namiddag individuele rondleidingen (duur: anderhalf uur; € 4,50). Op maandag, woensdag en vrijdag van 14.30 tot 16.30 u zijn er demonstraties door kantwerksters.* Elke zomer worden tijdelijke tentoonstellingen georganiseerd. Het museum is gevestigd in het voormalige jezuïetencollege (1620) dat onlangs in ere werd hersteld. Bij het binnengaan passeer je aan de ingang (in de voormalige kapel) de schitterende gemeentebibliotheek met een dak in de vorm van een omgekeerde scheepsromp en 18de-eeuws houtwerk. Uitgebreide verzameling oude manuscripten en incunabels (werken die werden gemaakt tussen de uitvinding van de boekdrukkunst in 1438 en het begin van de 16de eeuw). Neem zeker ook een kijkje in de prachtig gerestaureerde leeszalen (waarvan sommige toegankelijk zijn voor het publiek). Bemerk het contrast tussen het houtwerk uit Chartreux du Val-Dieu en het moderne meubilair, de acanthusbladeren en de medaillons die gewijd zijn aan een Conté, die uit deze streek afkomstig was (zie de inleiding bij Sées). Prachtig origineel meubel dat ontworpen werd voor de Expeditie naar Egypte.

In het museum vind je doeken van Franse, Italiaanse, Vlaamse en Nederlandse schilders uit de 17de, 18de, 19de en begin 20ste eeuw: Jouvenet, Philippe de Champaigne, Courbet, Fantin-Latour, maar ook werken van schilders uit de Orne zoals Monanteuil, Léandre, Landon of Lacombe, een onafhankelijke jonge schilder die woonde en werkte in het Forêt d'Écouves, terwijl René Brô er dan weer de voorkeur aan gaf vlakke landschappen te schilderen (*Paysages de Courgeron dans l'Orne*). Later beïnvloedde hij de werken van Hundertwasser himself. We mogen ook André Mare niet vergeten, die de art deco uitvond en zijn kindertijd in dit departement doorbracht. Ook hij beïnvloedde de schilderkunst: mooi zicht op de *Haras du Pin* (1924). Wat de impressionisten betreft kunnen we twee belangrijke werken vernoemen van Eugène Boudin, *Boeufs au marais* en *Rochers de l'Islette à Antibes*. Er zijn ook enkele postimpressionistische werken te bewonderen van Paul Saïn en Mary Renard (voormalig conservator van het museum).

Formidabele collectie kantwerk (de voorraad is zo uitgebreid dat er regelmatig nieuwe stukken tentoongesteld kunnen worden). In de zaal met kantwerk alles over kant in Frankrijk en Europa en de drie technieken die door de kantwerksters worden toegepast: mechanische kant, kloskant en naaldkant. Je vindt er ongelooflijke trouwjurken die gedeeltelijk met kant werden gemaakt en enkele unieke stukken die beurtelings uitgestald worden (zoals het koorhemd van Bossuet of een halsdoek die naar verluidt van Marie-Antoinette is geweest). Ten slotte zie je een audiovisuele voorstelling van 20 minuten over de geschiedenis en de techniek van de Point d'Alençon. Dit werk was zo minutieus en moeilijk dat er in rijen werd gewerkt. Elke kantwerkster had haar eigen specialiteit en enkel de bazin van de kantwerksters kon de verschillende delen aan elkaar zetten!

Je eindigt dit eclectisch parcours met een Cambodjaanse zaal, een geschenk van Adhémar Leclère, specialist in de Cambodjaanse cultuur, voormalig burgemeester van Phnom Penh in 1908, geboortig uit Alençon. Deze erfenis breng je naar de andere kant van de wereld in de 19de eeuw en dit aan de hand van sieraden, beelden, hoofddeksels, wapens van de Khmer en enkele verrassende zwart-witfoto's.

❦ **Halle au Blé (plattegrond A2, 34):** voormalige graanhal in een gebouw dat zo rond is als een O en door een glazendak wordt verlicht. Knap gerestaureerd. Ga in het midden staan en laat je overweldigen door de schoonheid. Er worden regelmatig tijdelijke tentoonstellingen georganiseerd.

❧ Château des Ducs (plattegrond A2): *Rue du Château. Vlak bij de Place Foch.* Het kasteel is niet te bezichtigen, en terecht! Dit fraaie 15de-eeuwse gebouw met twee torens met machicoulis is een huis van bewaring!

WAT VALT ER TE BELEVEN?

- **Alençon-Médavy:** op een zondag eind maart of begin april. Wandeltocht tussen Alençon en het kruispunt van la Croix-de-Médavy (een kleine 15 km).
- **Les Échappées Belles:** van half juli tot half augustus. Inlichtingen: ☎ 02 33 29 16 96. Heel wat evenementen in de openlucht: circus, theater, dans… In Alençon en in de omgeving.
- **Les folklores du monde:** een week begin juli.

FORÊT D'ÉCOUVES

❧ ❧ 🗈 *Gelegen in de driehoek Alençon-Sées-Carrouges.* 8.175 ha, een van de grote bossen van de Orne, samen met die van Andaines, Perche en Bellême. Met haar beuken, eiken en grove dennen heeft ze veel weg van de Bretonse bossen. Niet toevallig overigens, want het bos ligt op een van de laatste uitlopers van het Armoricaans massief. Hier bevindt zich het hoogste punt van het westen van Frankrijk, de Signal d'Écouves, een heuvel met een top van 417 meter.

❧ De 'Valois'-tank van de 2de pantserdivisie van generaal Leclerc: 14,5 km ten noorden van Alençon, op het kruispunt van la Croix-de-Médavy, langs de D26 staat deze tank die sinds 13 augustus 1944 niet meer van plaats veranderd is. Je kunt hem niet missen. Hij werd geneutraliseerd door granaten uit een Duitse tank.

SAINT-CÉNÉRI-LE-GÉREI

61250 | 140 INWONERS

Nadat de rustige Sarthe een tijdje heeft voortgekabbeld door de Alpes Mancelles en het fraaie golvende landschap op de grens van de Orne en de Mayenne, maakt het riviertje hier een grote bocht aan de voet van een groene heuvel. Op de top staan enkele huizen in Armoricaanse stijl en een fraai hooggelegen kerkje, een Romeinse brug, een heuvelachtig landschap, een romantische plek. Dat is Saint-Cénéri! Het is niet zo vreemd dat deze romantische plek de vorige eeuw schilders als Courbet en Corot wist te verleiden. Enkele van hen hebben een uniek souvenir achtergelaten in de Auberge des Soeurs Moisy. Het dorp is erkend als een van de mooiste dorpen van Frankrijk. De plaats is een ommetje waard, zeker voor het uitzicht van op de brug onder in het dorp.

ETEN, IETS DRINKEN

⊠ 🚰 Auberge des Peintres – Le Lion d'Or: *in het dorp.* ☎ 02 33 26 49 18. *Gesloten op dinsdag en woensdag. Jaarlijks verlof van december tot februari.* De schotels staan op een leien bord: € 13 tot 19. De perfecte plaats om de sfeer van het dorp op te snuiven. Traditionele, eerlijke keuken met producten van de markt. In de retrozaal hangen werken van Mary Renard. Schilders uit de streek stellen er tentoon, je kunt de werken ook aankopen. Ga zeker ook eens piepen in het zaaltje op de eerste verdieping. Daar zijn 24 impressionistische werken op de muur geschilderd. Enkele daarvan zijn van de hand van Henri-Joseph Harpignies, een vriend van Van Gogh.

SLAPEN, IETS ETEN IN DE OMGEVING

📧 ⊠ Chambres d'hôtes La Louvière: *Le Fault, 61420 Saint-Denis-sur-Sarthon.*
☎ 02 33 29 25 61. ● *www.louviere.fr.* 10 km ten noorden van Saint-Cénéri-le-Gérei. In het centrum rijd je in de richting van La Roche Mabile, volg de D350. Geopend van Pasen tot oktober. Voor een tweepersoonskamer

gaje uit van € 95 tot 135. Table d'hôte voor € 32, zondagse brunch voor € 12. Landhuis uit de 18de eeuw waar comfort en elegantie harmonieus hand in hand gaan. Het kasteeltje ligt in een park van 3 ha. Prachtige bloembedden, een romantisch vijvertje, tennis, verwarmd zwembad... De ruime kamers zijn allemaal verschillend ingericht, heel verfijnd en voorzien van uitzonderlijk comfort.

LEKKERE PRODUCTEN KOPEN

🗋 **Fournier Frères:** *La Lentillère, 61320 La Lacelle.* ☎*0233274000.* ●*cidrespommeraie@wanadoo.fr. Op weekdagen geopend van 8.30 tot 12.00 u en van 13.30 tot 18.00 u; op vrijdag tot 17.00 u. Van februari tot september ook op zaterdag geopend.* Uitstekende producten, een overheerlijke poiré, pommeau en calvados.

WAT IS ER TE ZIEN?

🍴🍴🍴**Auberge des soeurs Moisy:** *in het centrum van het dorp. Enkel te bezoeken na reservering. Inlichtingen op het nummer* 📞*0233266000 (gemeentehuis).* Deze unieke plek is echt het pareltje van Saint-Cénéri te noemen, zowel omwille van de historische als om de artistieke waarde. Heel wat schilders op doorreis brachten de nacht in dit dorp door en dus ook in deze herberg. Tot dusver niks bijzonders. Maar op een dag kreeg een van hen het leuke idee om zijn profiel op de muur van de eetzaal te schetsen. Het groeide uit tot een spel, een gewoonte. Van 1880 tot ongeveer 1920 werd de schildering uitgebreid met maar liefst 60 portretten (waaronder ook enkele van dorpsbewoners). Een van de tekeningen is van Eugène Boudin. Maar welke?

🍴🍴**Romaanse kerk:** *iets buiten het dorp.* Romaans meesterwerk met een mooie klokkentoren met paarsgewijze muuropeningen. Schitterende fresco's uit de 12de (Christus Majesteit van geschilderd hout boven het altaar), tot de tweede helft van de 14de eeuw (de stichter en kluizenaar Sint-Cénéri die de Sarthe oversteekt).

🍴🍴🍴lets onder de kerk ligt een licht aflopend weiland omzoomd door essen. Via een pad kom je bij een bescheiden **kapelletje** uit de 15de eeuw vlak bij de Sarthe. Heerlijke plek waar je zo kluizenaar zou willen worden (de kapel is trouwens gebouwd op de plek waar Sint-Cénéri zijn kluizenaarswoning had)! Vlakbij ligt een groot stuk grond waar je kunt picknicken met het hele gezin. Een inspiratiebron voor Bernard Buffet, van wie je in het Musée des Beaux-Arts et de la Dentelle in Alençon werken terugvindt.

🍴🍴Vanuit het dorp loop je naar beneden naar de **oevers van de Sarthe en de oude romaanse brug** voor een uitzicht op het dorp. Net een prentbriefkaart.

🍴🍴**Jardins de la Mansonière:** *in het hogergelegen deel van de stad, in de richting van Saint-Denis-sur-Sarthon.* 📞*0233267324.* ●*www.mansoniere.fr. Van half april tot 1 juni van vrijdag tot zondag geopend van 14.30 tot 18.30 u; van juni tot half september dagelijks geopend, behalve op dinsdag, zelfde openingstijden. Toegangsprijs: € 6. Kortingen.* Deze tuin is onderverdeeld in verschillende ruimtes, volgens thema. Veel bloemen, van de roos 'Fantin-Latour' tot de oosterse 'Belle Sultane' in de Japanse tuin, de rozentuin, een romantische patio... Activiteiten (avondwandeling, tuin wordt verlicht met 800 kaarsen) en avondconcerten op de laatste zaterdag van de maand, van mei tot augustus. Ook tentoonstellingen en conferenties over de kunst van het tuinieren.

- In de vele straatjes van het dorp ontdek je ateliers van artiesten. Tijdens het pinksterweekend stellen de dorpsbewoners hun deuren open en stellen ze werken van schilders uit de streek tentoon (ongeveer 40 plaatsen in het dorp).

CARROUGES

De meest tot de verbeelding sprekende weg naar dit dorp is de D908. De weg loopt dwars door het groen, er valt veel wild te bespeuren en er zijn champignons bij de vleet. Carrouges is om twee redenen een bezoekje waard: het kasteel en het Maison du Parc Naturel Régional de Normandie-Maine. Carrouges is een doorgangsplaats ('Carrouges' betekent eigenlijk 'Carrefour' = kruispunt) op weg naar de Mont-Saint-Michel en een goede uitvalsbasis om de Orne te verkennen.

NUTTIGE ADRESSEN EN INFORMATIE

■ **La maison du Parc naturel régional Normandie-Maine:** ☎ 0233817575.

● *www.parc-naturel-normandie-maine.fr. 200 meter voor het kasteel, aan de linkerkant van de weg. Van juni tot september dagelijks geopend van 10.30 tot 18.30 u, behalve op maandag. Van oktober tot mei in principe geopend op weekdagen van 10.30 tot 12.30 u en van 14.00 tot 17.00 u. op bepaalde weekends ook geopend bij evenementen.* In de fraaie gebouwen van het voormalige klooster (15de eeuw) van het kasteel. Je vindt er uitgebreide documentatie over de diverse activiteiten in het park (er bestaat een nuttige gids met de evenementen en activiteiten van het jaar). Ook brochures en kaarten voor kleine en grotere tochten. Gedetailleerde informatie over de fauna en flora, rivieren en bossen in de Orne, de Mayenne, de Sarthe en de Manche. Kleine gratis gids *Animations et sorties nature* (Activiteiten en uitstapjes in de natuur). Vraag ook de brochures *À la découverte des champignons des forêts du parc* (Op zoek naar champignons in het park), *Poires, pommes, fruits de pressoir* (Peren, appelen en vruchten om te persen) en *Contes et légendes* (Verhalen en legendes). Redelijke prijzen. We vestigen je aandacht op het winkeltje er net naast waar je streekproducten kunt kopen. Midden oktober is er een pomologische (over de vruchtenkunde) tentoonstelling. Op het binnenplein bevindt zich een klein museum met informatie over thema's als water, bossen, gebouwen en mensen in het park. Mooie collegiale kerk.
- **Markt** op woensdagochtend.

WAT IS ER TE ZIEN EN TE DOEN?

🎯🚶🎯🏛 **Château de Carrouges:** ☎ 0233272032. ● *www.carrouges.monuments-nationaux.fr.* ♿ *Dagelijks geopend (behalve op enkele feestdagen): van half juni tot eind augustus geopend van 9.30 tot 12.00 u en van 14.00 tot 18.30 u; van april tot 15 juni en in september van 10.00 tot 12.00 u en van 14.00 tot 18.00 u; van 1 oktober tot 31 maart van 10.00 tot 12.00 u en van 14.00 tot 17.00 u. Laatste rondleiding begint 45 minuten voor sluitingstijd. Toegangsprijs: € 7. Kortingen. Gratis tot achttien jaar. De tuinen kun je gratis bezoeken.*
Een van de meest imposante kastelen van de Basse-Normandie en ongetwijfeld het indrukwekkendste van de Orne. Spectaculaire aankomst vanuit het centrum van Carrouges. Prachtige combinaties van steen, graniet en lei. Het werd gebouwd in de 14de en 15de eeuw en heeft het defensieve karakter van een fort, omgeven door een diepe slotgracht. Waarom een dergelijk bouwwerk op die plek? Een van de redenen is de nabijheid van de historische grens tussen Normandië en de Maine, die tot voor kort met elkaar in conflict waren. Bewonder voordat je naar het hoofdgebouw gaat het elegante paviljoen aan de ingang, een 16de-eeuws bakstenen kasteeltje met punttorens en leiendaken. Schitterend!
Het interieur van het kasteel getuigt van de opeenvolgende stappen in de bouw ervan: van het centrum van het voorplein zie je de donjon uit de 14 de eeuw, de 15de-eeuwse vleugel van de familie Bosset en de twee recentste vleugels die dateren uit de 16de eeuw. Boeiend! Het kasteel is zodanig ingericht dat het lijkt of het nog bewoond wordt. In de meeste vertrekken staat meubilair uit de renaissance of de Restauratie. Naast de Lodewijk XI-kamer, waar hij naar het schijnt de nacht heeft doorgebracht, de grote salon en de eetkamer zie je ook

de keukens met hun mooie koperen pannen en de vertrekken met portretten, waaronder een reeks schilderijen waarop de familie Le Veneur staat afgebeeld. Hun wapenschilden zie je nog boven de open haard hangen. Het kasteel was (houd je vast!) van 1450 tot 1936 in het bezit van deze familie. Bijna een half millennium dus. Een record. Nu is het eigendom van de staat geworden.

- **Rondleiding bij kaarslicht (met muziek):** een of twee avonden per maand, in de zomer (2 uur). Inlichtingen aan het onthaal.
- Het team dat in het kasteel werkt, doet heel wat inspanningen om de plaats te doen leven en organiseert het hele jaar door diverse **activiteiten**. Speciale rondleidingen voor minder-validen (na reservering), thema-avonden, concerten, kinderanimatie (zoals een chocolade-bezoek!), filmvoorstellingen... Programma op aanvraag.
- **Het park van het kasteel:** gratis toegang (doorlopend). Je kunt er heerlijk wandelen, vooral in de lente. Geniet van de eeuwenoude bomen en de fraaie rozentuinen met slot-grachten waarin het kasteel van baksteen, leisteen en graniet weerspiegeld wordt.
- **Fête de la Chasse et de la Pêche:** het eerste weekend van augustus. Inlichtingen: ☎ 02 33 27 23 78. ● *www.fetedecarrouges.com*. Het feest van de jacht en de visvangst is een van de belangrijkste bijeenkomsten van de regio. In het park van het kasteel. De traditie wordt geëerbiedigd: mis, jacht, wedstrijden, jachthoornkampioenschap, groot avondfeest met vuurwerk en voorstelling van beroepen die te maken hebben met het bos.

🎋🎋 **Parc naturel régional Normandie-Maine:** maar liefst 235.000 ha natuurgebied, ap-pelbomen en perelaars bij de vleet. Van Alençon tot Sées, van de Saosnois tot de Passais, valleien, riviertjes en paddenstoelen in de herfst... Maak je op voor een mooie wandeling! Voor meer info kun je terecht bij het *Maison du Parc*, zie rubriek 'Nuttige adressen'.

SÉES

461500 | 970 INWONERS

Net als bij Chartres ontwaar je de ranke spitsen van de kathedraal van Sées al van kilometers ver. Als je door de straatjes van het oude centrum van deze (vooral in de zomer) levendige winkelstad loopt, sta je versteld van het aantal religieuze gebouwen (oude kloosters, semi-naries, scholen). De reden hiervoor? Vanaf het moment dat Sées in de 5de eeuw werd geker-stend door Sint-Latuin (de eerste bisschop van het stadje), is het stadje altijd een bisschops-zetel gebleven. Gezien de omvang van de plaats behoorlijk verbazingwekkend.

Kinderen van de streek

Kennen jullie Louis Forton? De tekenaar van *Pieds Nickelés* was afkomstig van Sées. Net zoals Nicolas-Jacques Conté, een wetenschapper die deelnam aan de napoleontische expeditie in Egypte, de eerste man die de Grote Piramide heeft gemeten (139 m) en die onder andere het potlood uitvond. Een bekend merk draagt trouwens nog steeds zijn naam.

NUTTIGE ADRESSEN EN INFORMATIE

ℹ️ **Dienst voor Toerisme:** *Place du Général-de-Gaulle (naast het gemeentehuis).* ☎ 02 33 28 74 79. ● *tourisme@sees.fr*. *In het hoogseizoen van maandag tot zaterdag geopend. Gesloten op zondag. Buiten het sei-zoen gesloten op zaterdagmiddag, zondag en maandagochtend. Stadsbezoek met audiogids: € 3.* In de zomer kun je hier reserveren voor de *Musilumières*. Dynamische en efficiënte ontvangst. Heel wat documentatie, waaronder een gedetailleerde gids om het stadje te bezoeken, ideeën voor wandelingen...

- **Markt:** Cours Mazeline, op zaterdagochtend.

SLAPEN

CAMPING

🅰 CAMPING LE CLOS NORMAND: *Avenue du 8-Mai-1945.* ☎ *0233288737 of 0233287479.* ● *sees.tourisme@wanadoo.fr.* 🅱 *500 meter van het centrum. Geopend van mei tot september. Ongeveer € 10,10 voor twee personen met een auto. Verhuur van stacaravans: € 145 tot 220 per week.* Een vijftigtal degelijke staanplaatsen, waarvan sommige zelfs met schaduw. Een gezellig kampeerterrein vol bloemen. Eenvoudig, pretentieloos. Gratis warme douches.

GOEDKOOP TOT DOORSNEEPRIJS

🔲 THE GARDEN HOTEL: *Rue des Ardrillers 12bis.* ☎ *0233279827.* ● *contact@thegardenhotel.fr* ● *www.thegardenhotel.fr.* 🅱 *400 meter van de kathedraal, verborgen achter een binnenplaats. Het hele jaar door geopend (van oktober tot maart gesloten op zondag). Van € 31 tot 47 voor een tweepersoonskamer met wastafel of bad, wc en televisie. Ontbijt voor € 6. Internet.* Een van onze vaste adresjes, en met reden! Karakteristiek huis met een gevel die begroeid is met klimop. Vroeger was het een weeshuis. Gelegen in een heel rustige hoek. De zusters van de Heilige Familie van het ernaast gelegen klooster vieren zelden feest! Vanuit de met zorg ingerichte kamers heb je een uitzicht op een fleurige tuin met bloemen en bomen. Leuk! Uitstekende prijs-kwaliteitverhouding en charmante ontvangst. Amusante verzameling religieuze kitschbeelden in de ontbijt-ruimte, niet te missen.

SLAPEN, IETS ETEN IN DE OMGEVING

DOORSNEEPRIJS

🔲 CHAMBRES D'HÔTES LA FOLÈTERIE: *61390 Trémont.* ☎ *0233287215.* ● *yl.ledemay@orange.fr* ● *www.pagesperso-orange.fr/lafoleterie. 9 km ten oosten van Sées. Volg de richting van Mortagne. Aan het bord La Folèterie sla je af (voorbij de wegwijzer naar Trémont). Voor een tweepersoonskamer kun je rekenen op € 43. Table d'hôte voor € 18.* Een uiterst charmant adres. Eerst het huis: schattig, met leuke kamers. De sympathieke eigenares zorgde zelf voor de schilderingen op de muren. En dan de omgeving: op het platteland, rustig, met uitzicht op een grote tuin met prachtige bloemen en bijzondere pauwstaartduiven. We mogen de rest van het kippenhok zeker niet vergeten! De ontvangst tot slot is discreet maar hartelijk. De met zorg bereide maaltijden met producten uit de tuin en de flensjes bij het ontbijt zijn om duimen en vingers af te likken. Hier blijft niet vaak een plaatsje onbezet.

🔲 CHAMBRES D'HÔTES LA DOUCINE: *La Noise, 61390 Trémont.* ☎ *0233273912.* ● *framboise48@aol.com* ● *http://bocage-doucine.com.* 🅱 *Ongeveer 7 km ten oosten van Sées. Volg de D8 naar Mortagne (wegwijzer naar het huis aan de rechterkant, voor Trémont). Gesloten op maandag. Voor een tweepersoonskamer tel je € 53 neer. Table d'hôte voor € 22, aperitief en koffie na zijn inbegrepen.* Midden op het platteland ligt een stenen huis met een bijgebouw dat voorbehouden is voor de gasten: een mooie gemeenschappelijke ruimte op de benedenverdieping (eetzaal en knusse tv-hoek). Drie schattige kamers met verzorgde inrichting (zachte kleuren, mooie stoffen). Een goede plek om even tot rust te komen, vooral dankzij de kleine extra's: zwembad en baan waar je kunt jeu-de-boulen.

🔲 TABLE ET CHAMBRES D'HÔTES, FERME ÉQUESTRE DES TERTRES: *bij Odile en Jean-Claude Besniard, 61500 La Chapelle-près-Sées.* ☎ *0233277467.* ● *jc.besniard@wanadoo.fr* ● *www.fedestertres.com. Vanuit Sées neem je de Route d'Alençon (D438), aan de wegwijzers sla je af naar rechts. Gesloten met Allerheiligen. Tweepersoonskamers voor € 44. Table d'hôte na reservering voor € 15.* Een echte boerderij waar je hartelijk ontvangen wordt, met een goed humeur en nog vakkundig ook. Gezellige nette kamers. Comfortabel. Ze dragen allemaal de naam van een paardenras. Huiselijke, overvloedige keuken bereid door Odile. Paardenliefhebbers zullen in de wolken zijn. Jean-Claude organiseert namelijk heel wat originele uitjes (themaweekend, met paard of koets of een trektocht) om de streek te ontdekken. Heel gezellig (op zonnige dagen wordt er soms buiten gegeten). Ideaal voor gezinnen of groepjes vrienden. Best reserveren.

IETS LUXUEUZER TOT HEEL LUXUEUS

📧**CHAMBRES D'HÔTES DU CHÂTEAU DE VILLIERS:** *bij Franck en Fabienne Rollo, 61500 Essay.* 📞*0233311649 of 0684378986.* ●*info@chateau-normandie.com* ●*www.chateau-normandie.com.* *Vanuit Sées rijd je naar Neauphe-sous-Essai; rijd het dorp binnen, het staat rechts aangegeven aan de tweesprong. Het kasteel staat 1 km verderop. Gesloten tijdens de krokusvakantie. Tweepersoonskamers van € 60 tot 130. Table d'hôte voor € 35. Gîtes te huur voor zes tot achter personen, € 345 tot 480 per week. Gratis wifi.* Vlak bij het prettige dorpje Essay vind je nu de chambres d'hôtes die ontbraken in de regio. Heel rustig en te midden van de natuur. De charmante eigenares is altijd in de weer in de moestuin terwijl haar man klust in de schuur en de kinderen achter kikkers aan hollen. Er zijn vijf kamers die getuigen van een uitgelezen smaak, heel verfijnd maar toch trouw aan de 16de-eeuwse stijl van dit fraaie herenhuis omgeven door water. Schilderijen van weleer, hoge houten bedden, origineel parket en onberispelijke badkamers (die niet uit de 16de eeuw stammen…). Knusse salons in dezelfde stijl, met uitgezocht meubilair. Liefhebbers worden zonder twijfel meteen verliefd op de oude stenen draaitrap. Kortom, een topadres… je vindt er zelfs een wellnessruimte (sauna, fitnesstoestellen…)! In de gemeenschappelijke ruimten bevindt zich een gîte (drie kamers, eigen tuin, terras).

WAT IS ER TE ZIEN?

🔺🔺🔺**De kathedraal:** een van de parels van de gotische architectuur in Normandië. Dateert uit de 13de en 14de eeuw. De twee spitsen van de klokkentorens hebben een hoogte van 70 meter (middeleeuwse wolkenkrabbers!). Groot centraal portaal met verweerde sculpturen op het timpaan. Binnen zijn met name het koor en het transept interessant. Heel mooie glas-in-loodramen en prachtige rozetramen uit de 13de eeuw. Het mooiste, in goud en rood, zie je aan de zuidkant, met Christus in het midden, omringd door de apostelen. Schitterend! Sommige kapitelen zijn ook opmerkelijk. Het is hier dat Luc Besson voor de film *Jeanne d'Arc* de kroning van Karel VII draaide. Een andere opmerkelijkheid is dat deze kathedraal het enige gebouw is dat geniet van hetzelfde verlichtingssysteem als dat van de… Eiffeltoren! Kom dus zeker eens langs als het donker is!

🔺🔺**Musée départemental d'Art religieux:** *Place du Général-de-Gaulle 7.* 📞*0233812302. Vlak bij de kathedraal in een van de zeldzame overblijfselen van de wijk van de kanunniken. Van juli tot september geopend van 10.00 tot 18.00 u. Gesloten op dinsdag. Toegangsprijs: € 2. Kortingen. Gratis voor kinderen tot twaalf jaar. Reken op een bezoek van ongeveer een uur.* In dit 14de-eeuwse gebouw (dat in de 18de eeuw heringericht werd) worden regelmatig tijdelijke tentoonstellingen gehouden. Er is ook een interessante collectie te zien van liturgische voorwerpen die chronologisch zijn opgesteld (de middeleeuwse zaal, de Reformatiezaal, een zaal gewijd aan de 19de en de 20ste eeuw). Enkele zeldzame stukken (17de-eeuwse kazuifel van geborduurde zijde, liturgische kam van Thomas Becket, processiekruis uit de 12de en 15de eeuw met een wel heel Byzantijnse Christus of een verrassend kerkspel geschonken door ouders die hun kinderen wilden voorbereiden op het priesterambt…). Meubels en beelden uit kleine dorpskerkjes uit de Orne. Het museum is uniek in zijn soort.

🔺**Voormalig bisschoppelijk paleis:** in de straat die rechts van de Place de la Cathédrale vertrekt. Luxueus gebouw uit de 18de eeuw waarin monseigneur Argentré, de bisschop van Sées, woonde. Het gebouw kan momenteel niet bezocht worden vanwege restauratiewerkzaamheden.

- **Aan de oevers van de Orne:** korte (maar dan echt wel heel korte) wandeling. Loop naar beneden via de Rue du Vivier. De Orne is hier nog vlak bij haar bron en is niet veel meer dan een grote beek (wasplaats uit de 18de eeuw).

WAT VALT ER TE BELEVEN?

- **Les Musilumières:** van juli tot september. Inlichtingen: ☎ 02 33 28 74 79.
- *www.musilumieres.org.* Voorstellingen, zang, muziek en lichtspel in de kathedraal.
- **Gratis concerten:** aan de oever van de Orne. Elke zondagavond van augustus om 21.00 u. Jazz, folk of klassieke muziek.
- **Foire aux Dindes en de kerstmarkt:** kalkoenfeesten half december ter ere van Sainte-Lucie. Grote markt, uniek in West-Frankrijk. De kerstmarkt wordt op dezelfde dag gehouden, maar dan in de kanunnikkapel.

DE DOMFRONTAIS

Poiré 'domfrontais', calvados 'domfrontais': deze streek is terecht trots op haar producten! Onderweg naar Bretagne zie je dolmens, het prachtige middeleeuwse Domfront boven op een heuvel, een laatste klif van het Armoricaans Massief omgeven door bossen vol wild, rivieren, paddenstoelen. Een paradijs voor wandelaars en lekkerbekken!
- Haal de brochure 'Pays du Bocage', daarin vind je tien schitterende wandelingen in de hele streek. Thema's zijn ijzer, water, rivierengten, bergen en andere pareltjes.

BAGNOLES-DE-L'ORNE

61140 | 2470 INWONERS

Verrassend oud kuuroord dat nog steeds druk wordt bezocht. Het is gelegen in een streek met glooiende heuvels, diepe wouden, bocagelandschappen en appelbomen. Dit was het eerste kuuroord van West-Frankrijk. De plaats is ons uitermate goed bevallen: ouderwets-kitscherige huizen en hotels, bijzonder zuivere lucht, uitstekende keuken die menig trotter niet zal versmaden, heel wat evenementen en activiteiten en een heel menselijke, bijna intimistische integratie met de omliggende natuur. Naar het schijnt zou Lancelot van het Meer hier zelfs hebben rondgehangen... De stad bestaat uit twee wijken: Bagnoles-Lac, het deel uit de belle époque met prachtige villa's, en Bagnoles-Château, de wijk met het kasteel annex stadhuis en een bomentuin met 154 (welgeteld!) boomsoorten.

NUTTIGE ADRESSEN EN INFORMATIE

🔲 @ **Dienst voor Toerisme:** *Place du Marché.* ☎ 02 33 37 85 66. ● *www.bagnolesdelorne.com. Van juni tot september dagelijks geopend; de rest van het jaar gesloten op zondag. Organiseert gratis rondleidingen (van half maart tot eind oktober elke woensdag en vrijdag om 15.00 u).* Dynamisch en deskundig personeel. Heel wat informatie over Bagnoles (historische informatie) en de omgeving (zoals de ongelofelijke wandeling Lancelot van het Meer). Internet (te betalen).

🚲 **Fietsenverhuur: Résidence des Thermes,** *Rue du Professeur-Louvel.* ☎ 02 33 30 38 18, of in de garage **Automobile d'Andaine,** Avenue Robert-Cousin 8, ☎ 02 33 37 83 11. Het ideale vervoermiddel om de omringende bossen te verkennen. Je kunt terreinfietsen huren voor een halve dag, een dag of een week.
- **Markt:** dinsdag- en zaterdagochtend (Place du Marché), woensdag- en vrijdagochtend (Allée des Anciens-Combattants).

SLAPEN, IETS ETEN IN BAGNOLES EN OMGEVING

Er zijn wel een dertigtal hotels in Bagnoles! Verrassend genoeg zijn de prijzen in dit deftige en toeristische stadje nog steeds redelijk. Je vindt er voor elk wat wils en dit het hele jaar door.

CAMPING

🏕 CAMPING DE LA VÉE: *Rue du Président-Coty 5.* ☎ 02 33 37 87 45. ● camping-de-la-vee@wanadoo.fr. 🏇 *Ten zuiden van Bagnoles. Neem de weg naar Couterne en ga rechtsaf nadat je de Vée bent overgestoken. De camping staat aangegeven. Geopend van april tot eind oktober. Reken op € 10,50 voor een staanplaats voor twee personen. Ook stacaravans te huur: € 280 tot 385 per week, afhankelijk van het seizoen.* Op een oppervlakte van 3 ha vind je 250 goed uitgeruste staanplaatsen, afgescheiden met heggetjes (soms met wat weinig tussenruimte). Veel schaduw. Snackbar, petanque, wasmachine, tafeltennis.

GOEDKOOP TOT DOORSNEEPRIJS

🍽 CHEZ MARRAINE: *Rue du Square 6 (achter het postkantoor).* ☎ 02 33 37 82 91. ● chezmarraine@wanadoo.fr. *Gesloten op maandag en dinsdag (buiten het seizoen ook op zondagavond). Jaarlijks verlof van half februari tot half maart. Menu's van € 12,50 (lunch op weekdagen) tot 28. In het centrum van Bagnoles-Lac.* Goedkoop adres met een specialiteit die steeds zeldzamer wordt: hoofdkaas met *sauce gribiche* (een saus met kappertjes). Lekkerbekken kunnen dit gerecht zelfs afhalen! Voor de rest een traditionele keuken, rijkelijke porties, opgediend in enkele eenvoudige en gezellige zalen.

DOORSNEEPRIJS TOT IETS LUXUEUZER

🛏🍽 Ô GAYOT: *Avenue de la Ferté Macé 2.* ☎ 02 33 38 44 01. ● contact@ogayot.com ● www.ogayot.com. *Vlak bij de Dienst voor Toerisme. Gesloten op donderdag (buiten het seizoen ook op zondagavond en maandagmiddag). Voor een tweepersoonskamer tel je € 45 tot 70 neer, afhankelijk van het comfort en het seizoen. Lunchformule voor € 15; verder menu's voor € 19 tot 27; à la carte eet je voor ongeveer € 27. Gratis wifi.* Dit adres zorgt voor levendigheid in Bagnoles, door de hedendaagse en verzorgde inrichting en door het concept. Heel hip hotel (sobere kamers in blauwe, groene en bruine tinten) dat ook een (trendy) restaurant en een delicatessenwinkel is. Het huis combineert verschillende genres, maar ook jij kunt hier kiezen: aan een tafeltje zitten en een lekkere schotel verorberen (de betere bistro) of wat knabbelen, met andere woorden zelf een bord samenstellen op basis van wat in de toonbank ligt. Valt in de smaak

🛏🍽 LA POTINIÈRE DU LAC: *Rue des Casinos 2.* ☎ 02 33 30 65 00. ● lapotinieredu-lac2@wanadoo.fr. *Gesloten van december tot half februari. Tweepersoonskamers van € 46 tot 54, afhankelijk van het comfort. Gratis wifi.* Je kunt het niet missen, het is een van de fraaiste gevels van Bagnoles. Jammer genoeg kan de binneninrichting meer dan een stevige opknapbeurt gebruiken. De kamers zijn bijgevolg gedateerd, maar nog vrij degelijk voor de prijs die wordt aangerekend. Vooral omwille van het prachtige uitzicht op het meer. Heel vriendelijke ontvangst.

🛏🍽 NOUVEL HÔTEL: *Avenue du Docteur-Noël 8 (Bagnoles-Château).* ☎ 02 33 30 75 00. ● nouvel-hotel@wanadoo.fr ● www.nouvel-hotel-bagnoles.fr. *Vlak bij de kerk. Jaarlijks verlof van november tot eind maart. Tweepersoonskamers van € 62 tot 77,50, afhankelijk van het comfort en het seizoen. Menu's van € 18,50 tot 32,50. Gratis wifi.* De mooie witte gevel herinnert aan de belle époque. Achteraan een leuke tuin waar het lekker wat lezen is in alle rust. Veel karakter dus, in tegenstelling tot de klassieke, functionele maar onberispelijke en comfortabele kamers. Traditionele streekkeuken.

IETS LUXUEUZER TOT HEEL LUXUEUS

🛏🍽 MANOIR DU LYS: *la Croix-Gauthier, Route de Juvigny-sous-Andaine.* ☎ 02 33 37 80 69. ● manoir-du-lys@wanadoo.fr ● www.manoir-du-lys.fr. 🏇 *3 km van Bagnoles, via de D235. Gesloten op maandag en dinsdagmiddag (buiten het seizoen ook op zondagavond). Jaarlijks verlof van 3 januari tot 4 februari. Tweepersoonskamers van € 85 tot 140, afhankelijk van het comfort en het seizoen. Menu's van € 40 tot 95. Gratis wifi.* Prachtig landhuis (voormalig jachthuis) in het bos van Andaines. Je hoort de koekoek zingen en ziet de herten door de tuin lopen... Aardige, lichte en moderne kamers, sommige met een balkon aan de kant van de tuin. Andere hebben dan weer een glazen wand tussen de kamer en de badkamer, trendy! Zwembad. De ontvangst en de keuken zijn even heerlijk als de omgeving. Prachtige schilderijen van Aldo Paolucci, piano in de knusse salon. Verse streekproducten met de smaak van weleer... Ideale plek voor een romantisch verblijf, vooral in een van de paalhutjes. Paddenstoelen bij de vleet. Kookcursus.

IETS DRINKEN

⊡⊠**La terrasse du casino:** ☎ 02 33 37 84 00. & *Gesloten op maandagmiddag.* Duidelijk het mooiste terras en het enige aan het water. Schitterend uitzicht gegarandeerd! Lekkere cocktailkaart. Ook restaurant.

BITTERKOEKJES KOPEN

⬜**Casati du Lac:** *Rue des Casinos 4bis.* ☎ 02 33 37 82 74. *Dagelijks geopend van 9.30 tot 12.30 u en van 14.30 tot 19.30 u. Jaarlijks verlof van half januari tot eind februari.* Leuk winkeltje waar vooral liefhebbers van *Lenoir* bitterkoekjes langskomen. Echt heerlijk! Elke ochtend worden ze aangeleverd uit de fabriek. Supervers dus.

WAT IS ER TE ZIEN?

🏹🏹**Het park van het kasteel van Bagnoles-Château:** het neorenaissancegebouw behoorde eeuwenlang toe aan de familie Goupil. In de jaren 1920 werd het overgekocht door een excentrieke Parijse dame die er alleen leefde, omringd door paspoppen die ze in kostuums uit de periode van Lodewijk XVI en het Keizerrijk van Napoleon I stak! Sinds 2000 is het kasteel het stadhuis van Bagnoles-de-l'Orne en kun je het niet meer bezoeken. Je kunt tijdens de openingsuren echter wel een kijkje nemen in de hal.

🏹🏹**Het casino en het meer:** *een must!* ☎ 02 33 37 84 00. & *Dagelijks geopend.* Nog een retrotoets in het Bagnolse landschap. Het volledig gerenoveerde gebouw dateert van 1927 en werd gebouwd dankzij de geldinbreng van een Amerikaanse miljardair, een fanatiek gokker aan wie men het kasteel niet wilde verkopen. Heel provinciaal, maar soms ziet het er in het weekend zwart van de mensen (400.000 bezoekers per jaar!). Rond het meer is het aangenaam wandelen. Je vindt in het casino gokautomaten en roulettes, je kunt er ook films en spektakels meepikken, en zelfs dansen in de dancing-club met thé dansant op zondagnamiddag.

🏹🏹**De kuurinrichting:** ☎ 08 11 90 22 33. & In een kleine vallei die wordt gedomineerd door steile rotsen, zoals de Roc au Chien, vanwaar je een fraai uitzicht hebt op de kuurinrichting. Het thermengebouw uit het begin van de 20ste eeuw met zijn typische 'kuur'-architectuur valt meteen op. Kort geleden was dit nog het chique *Hôtel des Thermes*, nu is het opgedeeld in 140 appartementen. De entreehal met zijn bijzonder hoge plafond is zeker een bezoekje waard, evenals het *Restaurant des Thermes*, dat een prettig terras heeft waar je ook wat kunt eten.

🏹🏹**Oude huizen in een bijzondere bouwstijl:** wat is er heerlijker dan een wandeling langs ouderwetse gevels van hotels en villa's? De torentjes in de vorm van een peperbus, lantaarnvormige dakkapellen, houten balkons en veranda's met poppenhuisachtige markiezen zijn niet te tellen. Dat is nou Bagnoles! Een stijl waarin de uitbundigheid van de jaren 1920 wordt gecombineerd met de stijl uit de films van Jacques Tati. Bekijk in het centrum het hotel *La Potinière*, voorzien van nepvakwerk en een vreemd wit-bruin dambordpatroon. In het bijzonder kitscherige torentje worden naar verluidt driehoekige kamers verhuurd... altijd aan dezelfde kuurgasten. Een ander hotel met een absurde bouwstijl is *Le Roc au Chien*, rechts aan de weg naar de kuurinrichting, net onder de gelijknamige rots. In de belle-époquewijk waar de kerk op een verhevenheid troont, zijn ook een paar staaltjes van architectuur te bewonderen. Tegenover de kerk staat bijvoorbeeld het *Chalet Suédois*, een voormalig Zweeds paviljoen van de grote wereldtentoonstelling in Parijs in 1889. Verder nog heel wat andere stijlvolle villa's in bijzondere kleuren.

- De Dienst voor Toerisme organiseert rondleidingen: neem contact met hen op.

⚔🏛 **Musée départemental des Sapeurs-pompiers de l'Orne:** *Boulevard Christophle 16.* 📞 02 33 38 10 34. 🏛 *(enkel de benedenverdieping). Van april tot oktober dagelijks geopend van 14.00 tot 18.00 u (na afspraak buiten het seizoen). Toegangsprijs: € 3,80. Kortingen.* Geweldige plek die uitsluitend gewijd is aan de kunst van het blussen. Het museum is gevestigd in de vroegere kerk van Bagnoles. Je vindt er een uitgebreide verzameling bijzondere objecten (zoals een rekenliniaal voor het meten van de waterdruk in de blusapparatuur) en een schitterende collectie van dertig pompen die door paarden, mensen en brandstof (benzinemotor) werden aangedreven. En ze doen het allemaal nog! Het mooiste stuk is een handpomp uit de 18de eeuw met de naam La Distinguée.

⚔ **Golf de Bagnoles-de-l'Orne:** golfterrein met negen holes in het bos van Andaine, aan de rand van Bagnoles in de richting van Domfront. 📞 02 33 37 81 42.

WAT VALT ER TE BELEVEN?

Voor meer inlichtingen neem je contact op met de Dienst voor Toerisme.

- **Les vendredis de l'Été:** elke vrijdagavond om 21.00 u (juli en augustus) straatactiviteiten, straattoneel, muziek, circusacts... Gratis. Inlichtingen: 📞 02 33 30 72 70.
- **Les clés de Bagnoles:** concert elke zondag in juli en augustus om 17.00 u. Gratis.
- **Spectacle pyromusical sur le lac:** op 14 juli en 15 augustus. In het weekend van Sainte-Madeleine in Bagnoles-Château. Gratis.
- **Automne gourmand:** begin september. Gastronomisch festival, markt voor lekkerbekken met streekproducten, kookdemonstraties... Gezellige sfeer.

IN DE OMGEVING VAN BAGNOLES

⚔🏛 **Musée du Château de Couterne:** *2 km van Bagnoles, aan de Route de Couterne.* 📞 02 33 37 97 97. *In juli en augustus en tijdens de Journées de la patrimoine dagelijks geopend van 10.00 tot 12.00 u en van 14.00 tot 18.00 u; gesloten op zondag, maandag en feestdagen. Toegangsprijs: € 3. Gratis voor kinderen.* Groot, perfect onderhouden gebouw van rode baksteen en graniet. De gevels weerspiegelen in het water van de slotgrachten. Park van 20 ha met een kleine tentoonstellingsruimte.

- **Forêt des Andaines:** een van de drie grootste bossen van de Orne, met een oppervlakte van 7000 ha. De resten van een immens primitief bos dat de overgang vormde tussen Bretagne en Gallië. Het ligt om Bagnoles-de-l'Orne heen als een groene sjaal en functioneert als een long voor dit gebied. Het is een sprookjesbos van kluizenaars en feeën, beekjes en varens, bosbessen en eiken, rovers en ridders, van chouans en verzetsstrijders. Tegenwoordig is het de schuilplaats voor een behoorlijke wildpopulatie en de eik Hyppolyte, met een omtrek van maar liefst 5 m en dat amper 1 m boven de grond! De boom is genoemd naar een oude boswachter.

De meest interessante delen van het bos zijn de Gorges de Villiers (die toegankelijk zijn via het langeafstandswandelpad GR22) en de Chapelle Sainte-Geneviève (2 km ten zuiden van het kruispunt van l'Étoile-des-Andaines) aan de rand van het bos, vanwaar je een schitterend uitzicht hebt op het bocagelandschap en de Sint-Antoniuskapel.

🎿🎿 **Tour de Bonvouloir:** ☎ 02 33 38 40 06 of 02 33 37 93 71. *De toren staat ongeveer 8 km ten zuidwesten van Bagnoles via de weg naar Juvigny-sous-Andaine. Het staat aangegeven. Neem 2 km voorbij de Manoir du Lys een kleine weg naar rechts. Van Pasen tot eind oktober dagelijks geopend van 15.00 tot 19.00 u. Gratis toegang.* Heel opmerkelijke, bijzonder smalle hoge toren van steen uit de 15de eeuw boven op een gedrongen toren. Het is het laatste overblijfsel van een middeleeuws kasteel waarvan verder enkel nog de duiventoren zichtbaar is.

🎿🎿🎿 **Ferme du Cheval de trait:** *in La Michaudière.* ☎ 02 33 38 27 78 of 06 81 49 66 46. ● *www.chevaldetrait.com.* 🚲 *Rijd vanuit Juvigny-sous-Andaine richting La Chapelle-d'Andaine. Iets ervoor neem je een weg naar rechts. Het staat aangegeven. Geopend van april tot oktober. Voorstelling in principe om 15.30 u op woensdag, donderdag, zaterdag en zondag van half juli tot eind augustus. Buiten deze periode worden ook op regelmatige tijdstippen voorstellingen georganiseerd maar dan bel je best even vooraf. Prijs: € 10. Kortingen. Gratis voor kinderen jonger dan vijf. Bezoek aan de boerderij op dagen waarop geen voorstelling is: € 2.* Deze gezinsboerderij is na verloop van tijd uitgegroeid tot een belangrijke toeristische trekpleister. In de eerste plaats voor de boerderij zelf. In de bijgebouwen lopen kleine tentoonstellingen, is een film te zien, er is een zadelmakerij en een rustige herberg waar je (na reservering) een traditionele maaltijd kunt nuttigen. In de tweede plaats is de boerderij ook in trek voor de schilderachtige voorstellingen: karrenwedstrijd, voltigeren, inspannen.... Je kunt de 30 percherons van de boerderij (trekpaarden) en het grootste paard ter wereld, de Shire, bewonderen. Heel spannend allemaal! Na afloop van de voorstelling krijg je een lekker glas om de emoties weg te spoelen!

DOMFRONT

61700 | 4390 INWONERS

Het middeleeuwse stadje ligt op een voorgebergte en domineert de hele regio met haar torens en huizen die lijken te zweven. Aan de rand van de berg liggen de overblijfselen van een 11de-eeuws fort waarin eertijds een van de meest briljante hoven van Europa was gevestigd, namelijk dat van Eleonora van Aquitanië (echtgenote van Hendrik II van Engeland). De reizigers die rond het jaar 1150 op deze plaats ontscheepten, waren eigenlijk niet in Frankrijk, maar in Engeland, of tenminste in een strategische post van het immense gebied dat halverwege de 12de eeuw was veroverd door de Plantagenets. Het strekte zich uit van Schotland tot de Pyreneeën!

Als je naar het zuiden gaat, in de richtin van La Ferté-Macé, heb je net voor het bos van Andaines een prachtig uitzicht op het bocagelandschap. Het middeleeuwse centrum met de kleine pleintjes en de nauwe steegjes is echt de moeite waard (bezoek dit te voet). Je vindt er nog een paar huizen in vakwerkstijl met houten dakpannen en op de hoek van de straten werden borden met historische uitleg aangebracht. Domfront kwam recentelijk in de belangstelling dankzij de productie van de bekende poiré, ook wel 'Normandische champagne' genoemd. Deze drank op basis van peren behaalde een A.O.C. De feestdrank is geel, fruitig en sprankelend. Uitstekend bij een pannenkock of een zwarte pens. Er werd te midden van de hoogstammige boomgaarden, midden tussen perelaars die tot drie eeuwen oud zijn (een eeuw om te groeien, een eeuw om te bloeien en een eeuw om te sterven) zelfs een Route du Poiré uitgestippeld van de ene producent naar de andere (kaart bij de Dienst voor Toerisme in de omgeving). In april staan de bomen in bloei, een mooi zicht!

NUTTIGE ADRESSEN EN INFORMATIE

ℹ️ Dienst voor Toerisme: *Place de la Roirie 12.* 📞*0233385397.* ●*ot.bocagedomfrontais@wanadoo.fr.* *Van maandag tot zaterdag geopend van 10.00 tot 12.30 u en van 14.00 tot 18.00 u (buiten het seizoen gesloten op maandag). Rondleidingen in de stad en naar het kasteel, van half juni tot half september (€ 2,50).* Informatie over het stadje en de streek: Route du Poiré, Route des Châteaus, paardrijden, wandelroutes, mountainbikeroutes, rotsklimmen, kanovaren, kajakken, stafkaarten... en zelfs een kleine expositie met maquettes van de monumenten van de regio in hun glorietijd.

- **Markt** op vrijdagochtend.
- **Les Médiévales:** 📞 02 33 38 56 66. Eerste weekend van augustus (om de twee jaar, de volgende keer in 2011). Twee dagen lang leeft Domfront op het ritme van de middeleeuwen.

SLAPEN, IETS ETEN

CAMPING

🏕️ CAMPING MUNICIPAL: *Rue du Champ-Passais 4.* 📞 *0233373766.* ●*mairie@domfront.com* ●*www.domfront.com.* ♿ *Beneden in het middeleeuwse stadje. Bewegwijzerd. Geopend van april tot half oktober. Reken op ongeveer € 8,50 voor twee personen met een auto.* Eenvoudige camping tegen een heuvelrug. Degelijk uitgerust, met tennisbaan, wasmachine en speeltuintje. Goed afgebakende staanplaatsen maar weinig schaduw. Net sanitair.

DOORSNEEPRIJS TOT IETS LUXUEUZER

🏨 HÔTEL LA CAMPAGNETTE: *Route du Mont-Saint-Michel 19.* 📞 *0233378249 of 0686741621. Fax: 0233378132. Beneden in het stadje, vlak bij de Église Notre-Dame-sur-l'Eau. Van € 47 tot 57 voor een tweepersoonskamer.* Vreemd, dit piepkleine hotelletje dat achter in een tuin ligt. Net alsof je bij vrienden aankomt... Ook de ontvangst is vriendelijk en ongecompliceerd! Er zijn slechts zes kamers. Eenvoudig, niet al te groot maar onberispelijk (tv, dubbele beglazing, douche en wc...).

🏨❌ HÔTEL DE FRANCE: *Route du Mont-Saint-Michel 7.* 📞 *0233385144.* ●*reservation@hoteldefrance-fr.com* ●*www.hoteldefrance-fr.com. In de buurt van het treinstation, aan de voet van het stadje. Het restaurant is gesloten op zondagavond, maandag en dinsdag (grill dagelijks open). Tweepersoonskamers van € 50 tot 68, afhankelijk van het comfort. Lunchmenu voor € 8,40 (grill); verdere menu's in het restaurant van € 13,50 (weekdagen) tot 34,50. Wifi (niet gratis).* Dit klassieke, efficiënte hotel ligt aan de hoofdweg. De grootste en best ingerichte kamers zijn vreemd genoeg die kamers die aan de straatkant liggen. Lichte slapers gaan dus eerder voor een kamer die uitgeeft op de tuin achteraan. Functioneel en rustig. Grill opgediend in het bijgebouw. Lekkere traditionele Normandische gerechten in de prettige eetruimte uit grootmoeders tijd.

🏨 CHAMBRES D'HÔTES BELLE VALLÉE: *bij Richard en Victoria Hobson-Cossey, Belle-Vallée.* 📞 *0233370571.* ●*info@belle-vallee.net* ●*www.belle-vallee.net. Aan de rand van Domfront. Neem de D21 in de richting van La Ferté Macé. Het huis ligt 500 m verder aan de linkerkant van de weg. Voor een tweepersoonskamer ga je uit van € 60 tot 80.* Reuzenontbijt met fruit uit de tuin! Diep in een vredige vallei ligt een mooie 19de-eeuwse herenwoning. Ideaal om lekker te cocoonen. Vier heel comfortabele kamers, waarvan 1 suite. Charmante, Britse stijl, met telkens een of twee knuffelberen (de lievelingen van de vrouw des huizes). De badkamer is heerlijk retro met een badkuip op pootjes. Relaxen doe je in de knusse salon (schoorsteenmantel en boekjes) of in de goed onderhouden tuin waar je al snel de lange ligzetels opmerkt. Prachteigenaren. Er is ook een gîte met alle comfort en en een privé-ingang.

❌ L'AUBERGE DU GRANDGOUSIER: *Place de la Liberté 1.* 📞 *0233389717.* ●*poupart. sebastien@9business.fr. Gesloten op donderdag (buiten het seizoen ook op maandag- en woensdagavond). Jaarlijks verlof in februari en oktober. Menu voor € 13,50 (doordeweekse lunch); verdere menu's voor € 18,50 tot 57.* Pal in het oude stadscentrum. Mooie, rustieke herberg, uitermate geschikt voor een knabbelpauze. Verwen er je smaakpapillen met de streekproducten die met veel ernst worden bereid: foie gras, parelhoen, bloedworst... Je dorst wordt gelest, met wijn als je de vele verwijzingen hier mag geloven. Een heel goed adres.

SLAPEN, IETS ETEN IN DE OMGEVING

▲ CAMPING À LA FERME: *bij Patrick en Isabelle Chopin, La Bonelière, 61350 Saint-Mars-d'Égrenne.* ☎ *02 33 38 60 29.* ● *www.laboneliere.com. 6 km ten zuiden van Domfront, in de richting van Passais, aan de linkerkant van de weg. Reken op ongeveer € 9 voor twee personen en een tent.* Sla je tent op onder de perelaars en appelbomen, op het erf van een bioboerderij. Een heel andere camping dan je gewoon bent: pizzaoven, prieel, zelfs een schuur waar je terechtkunt wanneer het regent (tafeltennis...). Heel toffe sfeer, heel familiaal ook. Als een koe melken je wat zegt, schrijf je dan bij op de lijst! Je kunt er ook een tochtje met een koets maken. Er is ook een gîte in een van de typische huisjes.

GOEDKOOP TOT DOORSNEEPRIJS

🏠 GÎTE D'ÉTAPE COMMUNAL DE LA-HAUTE-CHAPELLE, LA GRANGE DU BOURG: *61700 La Haute-Chapelle.* ☎ *02 33 38 55 01 (gemeentehuis).* ● *lahautechapelle@wanadoo.fr. 2 km ten noorden van Domfront, via de D22. Tussen de kerk en het tennisplein. Voor acht tot tien personen: € 12 per nacht (lakens en dekens breng je zelf mee). Voor een week reken je op € 470.* De voormalige schuur werd zorgvuldig gerestaureerd met een grote salon, een ingerichte keuken en prettige kamers onder het dak. Ideaal om te wandelen, te mountainbiken, te vissen of de omgeving te doorkruisen.

🏠✖ AUBERGE EN GÎTE D'ÉTAPE LA NOCHERIE: *61700 Saint-Bômer-les-Forges.* ☎ *02 33 37 60 36. Fax: 02 33 38 16 08. 6 km ten noorden van Domfront. Neem de D962 richting Flers; aan de rechterkant van de weg staat de wegwijzer; daarna nog zo'n 4 km tot La Nocherie. Gesloten op zondagavond en op maandag. Jaarlijks verlof in februari. Tweepersoonskamer voor € 40. Gîte voor € 18 tot 22 per persoon. Menu voor € 17,70 tot 35 (na reservering). Aanvaardt geen kredietkaarten.* In de bijgebouwen van de boerderij zijn twee eenvoudige, gezellige gastenkamers met douche en wc ingericht. Verder zijn er nog 6 kamers in de gîte d'étape met eigen sanitaire voorzieningen (neem een donsdeken mee). Rondom liggen kampeerplaatsen her en der op een groenig terrein. De herberg bevindt zich in de voormalige bakkerij van het 16de-eeuwse landgoed. Vriendelijke plattelandssfeer. De maaltijden worden bereid in de voormalige broodovens. Specialiteiten zoals zelfgemaakte terrines, grillades op houtvuur en taarten. Sommige routes van korte en middellange wandelpaden komen langs deze herberg. De eigenaars kennen de streek goed en geven graag wat advies.

✖ Zie ook de uitstekende herberg AUBERGE DE LA MINE in Ferrière-aux-Étangs (zie verder onder de rubriek 'Iets eten in de omgeving' in het hoofdstuk over Flers).

LEKKERE SABLÉS KOPEN

🏪 **Boulangerie Marie:** *Rue Barrabé 56.* ☎ *02 33 38 51 18. Gesloten op zondagmiddag en maandag. Jaarlijks verlof tijdens de paasvakantie en de tweede helft van september.* Hier worden de overheerlijke 'sablés du Domfrontais' gebakken, die je nergens anders vindt (je krijgt het recept alleen als je de zaak overneemt). De koekjes zitten in een wit blik, heel retro. Als je wat krachten nodig hebt voor je wandeling door het dorp langs de ruïnes van het kasteel.

WAT IS ER TE ZIEN?

Zet je auto op een parkeerterrein en loop vervolgens door het historische middeleeuwse deel: het is heerlijk slenteren door de aardige straatjes. Vergeet de Place Saint-Julien met de oude huizen niet.

❦❦ **Place du Panorama:** tussen de **Église Saint-Julien** (neo-Byzantijnse kerk van 1924) en de place de la Mairie met het torentje. Zoals de naam al aangeeft, heb je vanaf dit plein een prachtig uitzicht op de vallei van de Varenne en het omliggende platteland. Let op de hoek van de straten ook op de informatieborden met geschiedkundige uitleg over de gebeurtenissen in Domfront, zoals bijvoorbeeld in de Rue du 14-Juin-1944, waar je kunt lezen hoe het stadje op deze datum gebombardeerd werd door de Amerikanen om te verhinderen dat het Duitse front zich zou versterken. Balans: 37 slachtoffers, een vijfhonderdtal vernielde gebouwen en meer dan negenhonderd gebouwen beschadigd.

❦ **Musée Charles-Léandre:** *in het gemeentehuis.* ☎ 02 33 30 60 60. ♿ *Van maandag tot vrijdag geopend van 9.00 tot 12.00 u en van 13.30 tot 16.45 u van maandag tot vrijdag. Gratis.* Portretten en tekeningen van Charles Léandre, schilder, lithograaf, karikaturist en illustrator, oorspronkelijk afkomstig uit Champsecret. Er staat ook aardewerk en porselein van de Indische Compagnie. Het meest opmerkelijke stuk van het museum is zonder twijfel de Annamitische (in het huidige Vietnam) prinselijke troon die samen met andere souvenirs werd meegenomen door een voormalige generaal uit Hanoi.

❦ **De kasteelruïnes:** aan het uiterste westen van de kaap van Domfront. Je ziet de ruïnes al van ver liggen. Het was een heel belangrijk fort vanwaaruit de hele regio kon worden overschouwd. In dit voor Normandië unieke arendsnest dat in 1011 werd gebouwd door Guillaume de Bellême, bevond zich in de 12de eeuw een van de machtigste donjons van Frankrijk. De huidige donjon werd aan het eind van de 11de eeuw opgetrokken door Hendrik I Beauclerc. Je komt bij de ruïnes via een stenen brug over de voormalige gracht. Daal af naar het netwerk van de kazematten die in de 13de eeuw werden aangelegd ter verdediging van dit hoge fort. Ernaast vind je een klein speeltuintje en wat hogerop een fraai uitzichtpunt met oriëntatietafel.

In de wallen van het kasteel werd de Chapelle Saint-Symphorien teruggevonden. Dit is de kapel waar Eleonora van Aquitanië in september 1161 vast en zeker haar dochter, Eleonora van Castillië, heeft laten dopen, de toekomstige grootmoeder van Lodewijk de Heilige.

❦❦ **Église Notre-Dame-sur-l'Eau:** helemaal onder aan de heuvel van Domfront. Dit is de mooiste romaanse kerk van de Orne. Ze werd gebouwd op het eind van de 11de en in het begin van de 12de eeuw en onderscheidt zich door het koor en de apsis, schitterende getuigen van de Normandische romaanse kunst. In het transept bevindt zich een liggende figuur (uniek voor de Orne), rustend in zijn wapenuitrusting onder een gotisch baldakijn. Het is de gisant van de gouverneur van Domfront uit het eind van de 14de eeuw, genaamd Pierre Ledin de la Châlerie. Langs de muren zijn er 37 grafstenen uit de 17de en 18de eeuw die eraan herinneren dat deze kerk de dodenakker van de heren van Passais was.

IN DE OMGEVING VAN DOMFRONT
WAT IS ER TE ZIEN EN TE DOEN?

- Volg de **Route du Poiré**. Routebeschrijving verkrijgbaar bij de Dienst voor Toerisme. De route eindigt bij het *Maison de la Pomme et de la Poire* in Barenton (zie boven onder de rubriek 'In de omgeving van Mortain' in de Manche).

❦❦ **Manoir de la Saucerie:** *5 km ten westen van Domfront, richting Mortain. Neem een weggetje links van de D907.* Het is het bewegwijzerd (maar je moet goed uit je doppen kijken!). Gratis. De moeite waard, ook al is het landgoed zelf volledig verdwenen. Midden in de natuur ligt omringd door wallen een heel bijzonder paviljoen, geflankeerd door twee ronde torens met gekunstelde dakconstructies. Prachtig gerenoveerd. Hier hebben ze in de 15de eeuw hun fantasie de vrije loop gelaten! Dit bouwwerk is zo bijzonder dat een afbeelding ervan door vier gemeentes in het departement wordt gebruikt als poststempel.

- ⬛ **Centre de pleine nature 'La Richerie':** *61330 Torchamp.* ☎ *02 33 38 70 41.*
- *www.pleinenature-normandie.com.* 9 km ten zuidoosten van Domfront. In het hart van het Parc Naturel Régional Normandie-Maine en de 300 km wandelpaden ligt een centrum vanwaaruit je kunt vertrekken voor een- of meerdaagse avonturentochten: mountainbike, kano en kajak, klimmen, vliegvissen, wandelingen, fietstochten… Onder begeleiding van een sympathiek professioneel team. Moderne gîtes op een rustig, heuvelachtig terrein.

❦ **Forges de Varenne:** *in Champsecret (61700).* ☎ *02 33 37 76 88.* In Domfront neem je richting Flers. *4 km verder, net voor Les Forges, een echte beproeving trouwens, neem je de weg naar rechts en volg je de bewegwijzering. Van mei tot september dagelijks geopend van 9.00 tot 12.00 u en van 14.00 tot 18.00 u. Vrij te bezoeken. Voor een rondleiding betaal je zo'n € 3,50 (na reservering).* Verspreid in de schilderachtige vallei liggen de resten van een van de laatste (en mooiste) ijzer- en staalcomplexen van de streek, helemaal opgetrokken in steen. De bodem hier was heel rijk aan ijzer, maar er was ook voldoende water en hout, de onontbeerlijke grondstoffen om een ijzersmederij uit de grond te stampen. De smederij werd gebouwd in de 16de eeuw en moest 200 jaar later haar deuren alweer sluiten. Er werd gietijzer geproduceerd en er werkten ongeveer 150 arbeiders en een honderdtal paarden. Vandaag kun je de granieten kuip, de hoogovens en de schoorstenen uit de 16de eeuw bezichtigen. Vlakbij stroomt een beekje, waardoor enkele van de mooiste ijzerwerken in de streek geproduceerd konden worden. Mooie kapel en standbeeld van de Heilige Maagd.

❦ **Fosse Arthour:** in Saint-Georges-de-Rouelley (zie verder onder de rubriek 'In de omgeving van Mortain' in het hoofdstuk over de Manche).

❦ **Lonlay-L'Abbaye:** 8 km ten noorden van Domfront via de D22, te midden van het platteland, tref je een klein dorpje aan met een benedictijnenabdij die gesticht werd in de 11de eeuw. Aardige omgeving. De abdij kende een belangrijke uitstraling, zelfs tot in Engeland, waar ze drie priorijen bezat. Door allerlei tegenslagen (branden, plunderingen, Franse Revolutie…) raakte ze in de vergetelheid. Nu is de abdij gerestaureerd. Gotisch koor met drie verdiepingen, romaans transept met 11de-eeuwse kapitelen en een prachtig retabel uit de 18de eeuw.

FLERS

61100 | 17.600 INWONERS

Flers was een etappeplaats halverwege het Forêt des Andaines en de Suisse Normande en werd op 17 augustus 1944 bevrijd door de Britse 11de pantserdivisie na de doortocht van Rommel. De prijs moest duur worden betaald: 70 % van de stad werd verwoest door Amerikaanse bombardementen. Een halve eeuw later is dit architecturale litteken nog steeds duidelijk zichtbaar in diverse naoorlogse straten, zoals je die ook terugvindt in Lorient of Le Havre. Gelukkig zijn sommige wijken er toch in geslaagd een zekere charme te bewaren met fraaie 19de-eeuwse huizen. Het is niet echt een toeristische plaats, maar in eerste instantie de derde grootste economische pool van Basse-Normandie, met een centrum voor automobielindustrie en agrovoedingswaren. Het stadje verdient een halte vanwege het park en het kasteel, waar je trouwens een verrassend museum aantreft. Lekkerbekken kunnen terecht in een van de bakkerijen om er een heerlijke 'Bec de Flers' te kopen (een croissant op basis van rabarber met calvados).

NUTTIGE ADRESSEN EN INFORMATIE

ℹ️ **Dienst voor Toerisme:** *Place du Docteur-Vayssières 2.* ☎ *02 33 65 06 75.* • *www.flerstourisme.com. Midden in het centrum.* Van maandag tot zaterdag geopend. Gevarieerde documentatie over de omgeving van Flers en de Suisse Normande (routebeschrijvingen voor wandelingen, mountainbikes, circuits intra muros...). Organiseert interessante stadsrondleidingen. Uitstekende ontvangst.

@**Oxy-jeunes:** *Rue du Commandant-Charcot 31.* ☎ 02 33 65 48 61. *Geopend van maandag tot vrijdag van 10.00 tot 19.00 u.* Of **Cap Web Informatique:** Rue Abbé-Lecornu 27. ☎ 02 33 96 37 68. Geopend van maandag tot zaterdag van 10.30 tot 19.00 u en op zondagnamiddag.

🚉 **Treinstation:** ☎ 36 35 (€ 0,34 per minuut). Lijn Parijs-Granville.

- **Markt** op woensdag- en zaterdagochtend.

SLAPEN

CAMPING

🏕 CAMPING DU PAYS DE FLERS: *in het gehucht La Fouquerie.* ☎ 02 33 65 35 00.

● *camping.paysdeflers@wanadoo.fr.* 🚲 *Aan de rand van Flers, richting Argentan. Geopend van april tot half oktober. Reken op ongeveer € 9 voor twee personen. Verhuur van stacaravans voor zes personen, het hele jaar door: € 51 per nacht en € 255 tot 360 voor een week, afhankelijk van het seizoen.* Rustig gelegen, veel schaduw onder de populieren. 50 goed onderhouden staanplaatsen. De sympathieke uitbater heet François. Hij stelt gratis fietsen ter beschikking en haalt 's ochtends verse croissants en brood in het dorp.

DOORSNEEPRIJS

🏨 HÔTEL SAINT-GERMAIN: *Place du Docteur-Vayssières 10.* ☎ 02 33 65 25 59.

● *st.germain12@wanadoo.fr* ● *www.le-saint-germain.fr. Voor een tweepersoonskamer tel je € 45 tot 48 neer.* Pretentieloze kamertjes boven een brasserie waar heel wat stamgasten komen. Handig voor het ontbijt! Heel net, kabeltelevisie, in het centrum en bovendien is de uitbater uiterst charmant en vriendelijk. Daar zeg je geen neen tegen!

🏨 HÔTEL LE GALION: *Rue Victor-Hugo 5.* ☎ 02 33 64 47 47. ● *le.galion.hotel@wanadoo.fr* ● *www.hotellegalion.fr.* 🚲 *Tweepersoonskamers voor € 57. Heerlijk ontbijt voor € 6.* Modern, functioneel, middelgroot hotel dat je niet ontgoochelt: degelijk comfort (handige kamers met wifi), goed onderhouden, goede ontvangst. De succesformule! Goede prijs-kwaliteitverhouding voor een driesterrenhotel. Gratis parkeerterrein.

SLAPEN IN DE OMGEVING

🏨 LES HUTTEREAUX: *bij de heer en mevrouw Halbout, 61800 Chanu.* ☎ 02 33 66 83 32.

● *es.halbout@orange.fr, 8 km ten zuiden van Flers, via de D25. Volg de richting La Chapelle-Biche, voorbij het dorp, 1 km verder aan de rechterkant. Voor een tweepersoonskamer reken je op € 50. Table d'hôte ongeveer € 13 tot 16.* Een plekje waarvan we de naam al fluisterend uitspreken, zo rustig en sereen is het hier. De heer en mevrouw Halbout ontvangen je heel discreet en hartelijk in hun knusse nestje, een voormalige melkerij die ze omgebouwd hebben tot een poppenhuisje: keukenhoek, kamer op de loggia en salon bij het haardvuur. Echt genieten. Het is er kleurrijk, hartelijk en vol leuke details, zoals de verzameling nestjes uit de hele wereld.

IETS ETEN

DOORSNEEPRIJS

🍽 AU BOUT DE LA RUE: *Rue de la Gare 60.* ☎ 02 33 65 31 53. *Gesloten op woensdagavond, op zaterdagmiddag en zondag. Jaarlijks verlof: een week in januari en in mei, drie weken eind augustus. Doordeweekse formule voor € 17; verdere menu's van € 22 tot 32.* Je steekt hier met plezier de voetjes onder tafel. Achter de charmante retrogevel zit een jonge ploeg die je absoluut een geslaagde avond wil bezorgen. En daar slagen ze wonderwel in: degelijke gerechten, tussen een luxebistro (heerlijke, stevige tartaar met een scheutje wodka) en smultafel (cappuccino met artisjok, hazelnoot en lekkere escargot) in. Kortom, goede tafel.

⚔ Le Relais Fleuri: *Rue Schnetz 115.* ☎ 02 33 65 23 89. ● *aubergelerelaisfleuri@orange.fr.* ♿
Vrijwel aan de rand van het stadje, aan de weg naar Mortain. Gesloten op vrijdag- en zondagavond, op maandag en 's avonds op feestdagen. Dagschotel voor € 16,50; verdere menu's voor € 24,50 tot 28,50; à la carte voor € 38. Laat je niet leiden door de doorsneegevel van het gebouw. De chef van dit restaurant heeft voortreffelijke ideeën. Je zult je de weg naar hier niet betreuren. Inventieve keuken met seizoensproducten, een streling voor de tong én het oog! Bediening met de glimlach, klassieke maar gezellige eetruimte.

IETS ETEN IN DE OMGEVING

DOORSNEEPRIJS TOT HEEL LUXUEUS

⚔ Auberge des Vieilles Pierres: *Le Buisson-Corblin.* ☎ 02 33 65 06 96.
● *aubergedesvieillespierres@wanadoo.fr. Aan de rand van het stadje, aan de weg naar Argentan, 2 km van het centrum van Flers. Gesloten op zondagavond, maandag en dinsdagavond. Jaarlijks verlof: twee weken tijdens de krokusvakantie en drie weken in augustus. In de week menu voor € 17; verder reken je op € 25 tot 44.* Een van de beste adresjes in dit deel van de Suisse Normande. Fraaie eetruimte met leuke tafeltjes, er is voldoende ruimte om volop te genieten van al het lekkers dat in de keuken wordt bereid. De chef heeft een zwak voor vis en schaaldieren (vandaar de grote visvijver). Het zou jammer zijn als je niet eens proeft van het heerlijke duo van foie gras als voorgerecht.

⚔ Auberge de la Mine: *Le Gué-Plat, 61450 La Ferrière-aux-Étangs.* ☎ 02 33 66 91 10.
● *nobis.hubert@wanadoo.fr.* ♿ *In een groot dorp halverwege Flers en La Ferté-Macé, in het uiterste noordwesten van het Forêt des Andaines. Ga vanuit Flers naar La Ferrière; neem vervolgens de weg naar Domfront en sla ongeveer 1,5 km verderop links af. Goed bewegwijzerd. Gesloten op zondagavond, op maandag en op dinsdag. Jaarlijks verlof van 4 tot 26 januari en van 15 juli tot 5 augustus. Menu's van € 27 tot 65.* Overal in deze regio zijn nog souvenirs van de mijnen zichtbaar. Dit grote, met klimop begroeide huis van baksteen was vroeger de kantine van de mijnwerkers. De tijden zijn veranderd. De verfijnde en fleurige inrichting maakt van dit chique adres een van de beste in de buurt. De kwaliteitvolle streekproducten worden met zorg en een grote dosis creativiteit verwerkt. Hier is de chef een artiest en de schotels zijn zowel een lust voor het oog als voor het gehemelte. Piekfijne ontvangst.

WAT IS ER TE ZIEN EN TE DOEN?

🐾🐾 **Het kasteel:** oef! Het kasteel is gespaard gebleven van de Amerikaanse bombardementen in juni 1944. Een overlevende van het voormalige Flers. Fraai kasteel met een meer en een park waarin mooie beuken staan. Je kunt er leuke wandelingen maken en er is een speelpleintje. Het kasteel werd gebouwd in de 16de eeuw en vergroot in de 18de eeuw. Tijdens de Franse Revolutie was dit het hoofdkwartier van de plaatselijke chouans.

🐾🐾 **Musée-château de Flers:** *in het kasteel.* ☎ 02 33 64 66 49. *Van april tot eind oktober dagelijks geopend (behalve op zaterdag- en zondagochtend) van 10.00 tot 12.00 u en van 14.00 tot 18.00 u. Gesloten op 1 mei en 13 juli. Toegangsprijs: € 2,50. Kortingen. Gratis voor wie jonger is dan achttien.* In de eerste plaats een mogelijkheid om het kasteel te bezoeken: lambriseringen en 18de-eeuwse houten vloeren, een prachtig gebinte... Daarnaast is dit een van de fraaiste musea van het departement. Een deel van het museum is gewijd aan schilderkunst van de Italiaanse en Nederlandse school. Hier hangt het beroemde *Boulevard Haussman* van Caillebotte naast een Courbet, een Boudin, een Corot, een lithografie van Miró, meerdere doeken van Charles Léandre, die afkomstig was van Champsecret, en verrassend aardewerk van... Jean Cocteau. Mooie naaktportretten. In de torens een zaal ter herinnering aan het verzet en de deportatie en een hulde aan het Britse 11de pantserregiment dat de stad in augustus 1944 bevrijdde.

De jonge dynamische ploeg denkt aan alles, zelfs aan de kinderen met de 'coin des petits' (kinderhoek). Ze organiseren heel wat activiteiten: van april tot oktober wordt 1 zondag per maand een atelier gegeven, er worden concerten georganiseerd, spelen, ontmoetingen, tijdelijke tentoonstellingen.

WAT VALT ER TE BELEVEN?

- **Les Vibrations:** een week lang, half juni en tijdens de *Fête de la Musique*. Inlichtingen: ☎ 02 33 31 90 90. ●culture61@wanadoo.fr. Een leuk festival van Franse liedjes (en andere), jazz, rock...
- **Septembre musical de l'Orne:** ☎ 02 33 26 99 99. ●*www.septembre-musical.com*. Ongeveer een maand, in september, ook enkele data in oktober. Jaarlijks festival van klassieke muziek.
- **Muzic Azimut:** ☎ 02 33 65 40 73. ●*www.muzicazimut.fr*. Een week eind oktober. Intercommunaal festival van hedendaagse muziek.

IN DE OMGEVING VAN FLERS

🍴🍴 **Tinchebray:** *14 km ten westen van Flers. Folders bij het Maison du Pays de Tinchebray, Place du Général-Leclerc 1.* ☎ 02 33 64 23 55. Tinchebray is het geboortedorp van André Breton, de vader van het surrealisme, maar ook van Guy Degrenne. Maar bovenal is Tinchebray de 'hoofdstad van de ijzerwaren'. Je komt hier vooral om een bezoek te brengen aan het **museum** (Grande Rue 34; geopend in juli en augustus van woensdag tot zondag van 14.30 tot 18.30 u; € 4). Het museum is ondergebracht in een groot stenen huis aan de hoek van de straat, vooral bekend omdat hier vroeger het revolutionaire gerecht zetelde: cellen maar ook oude hoofddeksels en een korte uitleg over de ijzerwaren. Een andere eigenaardigheid is de chocoladegeur die overal in de stad hangt. Die geur komt van de Cemoi-fabrieken die in de oude abdij gevestigd zijn. Ook het vertrekpunt van verschillende ontdekkingstochten.

🍴 **Musée du Clou:** *in Saint-Cornier-des-Landes, ongeveer 15 km ten westen van Flers.* ☎ 02 33 66 82 88. *Normaal enkel een demonstratie op donderdag van 14.00 tot 17.00 u, van mei tot september.* Dit is geen museum maar een piepkleine smederij. Naast het raam hangt een tijdschakelaar, daarmee kun je de blaasbalg en de instrumenten van buitenaf zien. Ongewoon! Het wordt nog interessant wanneer de smid een demonstratie geeft.

DE SUISSE NORMANDE VAN DE ORNE

Een Britse journalist die op het eind van de vorige eeuw dit vrij onbekende deel van Normandië verkende, verbaasde zich over het heuvelachtige aspect van deze fraaie groene uithoek net voorbij het relatief vlakke bocagelandschap. Dat bracht hem op het idee dit gebied de Suisse Normande te noemen. Maar er is weinig bergachtigs aan de harmonieuze opeenvolging van de donzige groenende heuvels en dalen waarin boerderijen (waar doorgaans koeien gefokt worden en cider wordt gemaakt) zich discreet achter traditionele hagen verschuilen. De toppen en rotsige bergkammen van de vallei van de Orne schommelen tussen de tweehonderd en driehonderd meter hoogte. Niet echt concurrentie voor de Mont Blanc en de gletsjervalleien van de Alpen met andere woorden! De natuur is hier wel ongerept, zelfs bijna intact op sommige plekken. Sprankelende riviertjes (bijvoorbeeld de prachtige meanderende Rouvre) werpen zich in de Orne, de waterweg die voorheen vooral door molenaars werd gebruikt en vandaag de lievelingsplek is van veel wandelaars, kajakkers en al wie graag een hengel uitwerpt. Dit oord staat borg voor een formidabele zuurstofkuur voor je longen. Als je goed zoekt, vind je hier de Turkse lelie (eigenlijk een alpenbloem) en zeldzame libellen die door de Europese Unie als beschermde diersoort zijn aangeduid. Land van bronnen, beken, stromen en rivieren. De Suisse Normande van de Orne onderscheidt zich van het gedeelte in de Calvados door een grotere ongereptheid.

Twee natuurmonumenten zijn ons in het bijzonder bijgebleven: de Méandre de Rouvrou (meander) en de Roche d'Oëtre (rots met uitzonderlijk uitzicht).

- Zie het desbetreffende gedeelte in het hoofdstuk gewijd aan de Calvados voor een beschrijving van de Suisse Normande in het departement Calvados (Clécy, Thury-Harcourt).

ATHIS-DE-L'ORNE   61430 | 2500 INWONERS

9 km ten noordoosten van Flers. 'Jusqu'au dernier sanglot, dégustez le bourdelot!' (vrij vertaald: bourdelot eten totdat je erbij neervalt) is de lijfspreuk van de inwoners van Athis-de-l'Orne en meer bepaald van de leden van de *Confrérie des Goustes Bourdelots du Bocage Athisien* (broederschap van de fijnproevers van de bourdelot van de bocagestreek in Athis-de-l'Orne). Dit is geen sekte, maar een gastronomenclub met het doel de bourdelot te promoten. Het is een typisch Normandisch dessert dat wordt gemaakt van brooddeeg, suiker, boter en een specifieke soort appels: de calville. Bourdelot werd vroeger geserveerd tijdens de dorpsfeesten, waarmee het eind van de oogstperiode werd gevierd. Nostalgie! Als je er meer over wilt weten, kom dan op de eerste vrijdag van oktober naar Athis-de-l'Orne voor het *Concours des Bourdelots*.

Voor de rest is dit dorpje ongetwijfeld een goede uitvalsbasis om de Suisse Normande te verkennen.

NUTTIGE ADRESSEN EN INFORMATIE

ℹ **Dienst voor Toerisme van de Bocage Athisien:** *Place Saint-Vigor 9*. ☎ 02 33 66 14 26.

● *www.athis-bocage.com. In het hoogseizoen geopend op dinsdag, donderdag en vrijdag; op woensdag en zaterdag enkel 'sochtends geopend. Buiten het seizoen gesloten op maandag en zaterdagochtend.* Uitstekende Dienst voor Toerisme met veel goede documentatie. Veel suggesties. Charmante en competente ontvangst. Je vindt er plattegronden, kaarten, ideeën voor circuits in de streek, tal van routebeschrijvingen voor uitstapjes met de mountainbike of te voet.

SLAPEN

▲🏕 Ferme-camping La Ribardière: *4 km na het verlaten van het dorp, midden op het platteland.* ☎ 02 33 66 40 91 of 02 33 66 41 93. ● *davy_ch@club-internet.fr. In het dorp neem je de D20 naar Condé. Neem het kleine weggetje links voor je Athis buitenrijdt (wegwijzer). Geopend van half april tot half oktober. Reken op ongeveer € 8 voor twee personen.* Eenvoudige maar uitgestrekte camping op de boerderij. Schilderachtige omgeving met appelbomen en melkkoeien. Ter plaatse is er ook een vakantiehuis en worden er boerderijproducten verkocht (cider en poiré). Toegang tot tal van wandelwegen vanuit de camping. Landelijke sfeer.

▲🏕 Accueil paysan La Boderie (camping, gîte, dortoir): *La Petite-Boderie, 61430 Sainte-Honorine-la-Chardonne.* ☎ 02 33 65 90 46 of 06 13 82 37 21. ● *laboderie@wanadoo.fr*

● *www.laboderie.fr. Aan de rotonde van Sainte-Honorine sla je rechts af, als je van Athis komt, naar de D15 richting Taillebois. Links staat een bord. Reken op € 14 voor twee personen.* Er zijn ook twee gîtes te huur. Interessant adres midden in de groenende natuur. Voormalig heerlijk leengoed uit de 16de eeuw. Puik restauratiewerk. Je kunt er niet alleen logeren, maar ook stages volgen: theater, aikido, dansen... en je kunt er een tochtje maken op de rug van een ezel! De talrijke activiteiten verlopen onder leiding van erkende monitoren. Spektakelruimte. Er is zelfs een zaal gewijd aan vechtsporten (dojo = judoschool).

WAT IS ER TE ZIEN EN TE DOEN?

🗶🗶🗶 **Dorpjes in de omgeving van Athis-de-l'Orne:** de Dienst voor Toerisme geeft je gedetailleerde fiches met ideeën voor het bezoeken van tal van dorpjes met tot de verbeelding sprekende namen: **La Carneille** (kleine steegjes), **Notre-Dame du Rocher** (met een voormalige molen die nu in een gîte werd omgetoverd), **Berjou** (en de slag bij Berjou), **Taillebois** (landhuis) of ook nog **Ménil-Hubert-sur-Orne**.

- 🗶 **Afvaart in kano of kajak:** 14690 *Pont d'Ouilly. Foyer rural van Pont-d'Ouilly, openluchtcentrum vlak bij de camping aan de Orne.* ☎ 02 31 69 86 02. ● *www.pontdouilly-loisirs.com.* Het hele jaar door geopend. Aan de grens tussen de Calvados en de Orne. Je vaart de rivier af en komt terug met een busje. Trektochten van een halve dag. Je kunt er ook mountainbikes huren en er worden wandelingen met gids georganiseerd.

DE VALLEI VAN DE VÈRE

Neem vanuit Flers de D962 (in de richting van Condé-sur-Noireau) en ga rechtsaf via de D17, die de meanderende rivier volgt. Kleine schilderachtige en verzonken vallei die na enkele kilometers verandert in een echte 'fabrieksstraat', getuigenis van het belang van de textielindustrie in de 19de eeuw in de omgeving van Flers, waar katoen werd verwerkt dat uit de Verenigde Staten en Martinique werd geïmporteerd.

SAINT-PIERRE-DU-REGARD – PONT-ÉRAMBOURG   61790 | 1270 INWONERS

Hooggelegen dorpje 1 km ten zuiden van Condé-sur-Noireau (in de Calvados). Als we het over Pont Érambourg hebben, dan beperken we ons eigenlijk tot de wijk waar het treinstation is gelegen. De brug (Pont) verbindt de Orne en de Calvados.

WAT IS ER TE DOEN?

🗶 **Vélorails van de Suisse Normande (amicale van de voormalige spoorweglijn Caen-Flers):** *treinstation van Pont- Érambourg.* ☎ 02 31 69 39 30. ● *www.rails-suissenormande.fr. Als je vanuit Athis-de-l'Orne komt, rijd je (eens je in Pont- Érambourg bent) voorbij de brug in de richting van Saint-Pierre. Vanaf daar is de railbike aangeduid. In juli en augustus kun je dagelijks vertrekken tussen 10.30 en 18.00 u; van eind maart tot begin november gelden in het weekend en op feestdagen dezelfde uren; op weekdagen is dat van 14.00 tot 16.00 u. Voor vertrek tijdens de rest van het jaar bel je hen op. Prijs voor een railbike: € 15 als je met vier volwassenen bent. Reken op anderhalf uur heen en terug fietsen.* Hervé heeft dit treinstation gekocht om de voormalige spoorweg over een afstand van 6,2 km opnieuw in gebruik te kunnen nemen. Vandaag wordt deze activiteit op rails mogelijk gemaakt door een vijftiental vrijwilligers en vijf loontrekkenden. En wat is de vrucht van zijn inspanningen? Een leuke en makkelijke railbiketocht die bij groot en klein erg in de smaak valt. En wat meer is... je railbiket langs de Noireau en ontmoet onderweg kliffen, een vallei, bruggen, viaducten en zelfs een van de laatste verplaatsbare Amerikaanse pontons die uit de Tweede Wereldoorlog dateert en thans in de rivier is vastgemaakt. Het is trouwens in deze omgeving dat in 1951 de film *Le Plaisir* (met de Franse acteur Jean Gabin) werd gedraaid. Je kunt ter plaatse picknicken, dan krijg je een uurtje extra tijd. In de voormalige postsorteerwagons worden oude foto's tentoongesteld.

ROUVROU   61430

Klein dorpje in een steile en groene omgeving, ongeveer 10 km ten noordoosten van Athis-de-l'Orne. In het dorp zelf is niets bijzonders te zien, maar de Méandre de Rouvrou (meander) is zeker de moeite waard. Hier baant de Orne zich een weg tussen een heuvel en een verzonken bosrijke oever, waarbij ze een prachtige bocht in de vorm van een S maakt. Schitterend landschap, in het bijzonder in de lente.

WAT IS ER TE ZIEN?

❦ **Méandre de Rouvrou (meander):** *de weg ernaartoe staat aangegeven.* Klein weggetje dat afdaalt naar het diepste punt van de vallei, waar zich de camping en de gîte d'étape bevinden.

❦ **Site Saint-Jean:** aan het begin van de weg naar de camping gaat een weggetje naar rechts dat naar een superromantische plek leidt, een kleine afgelegen begraafplaats te midden van de weilanden met een prachtig uitzicht op de verzonken meander van de Orne.

❦ 🔲 **Maison de la Rivière et du Paysage:** *Huis van de Rivier en het Landschap; 61100 Ségrie-Fontaine.* ☎ 02 33 62 34 65. ● *www.cpie-collinesnormandes.org. Je komt er via de D43. Goede bewegwijzering vanuit Ségrie-Fontaine. Het hele jaar door geopend op weekdagen van 9.30 tot 12.30 u en van 14.00 tot 17.30 u (in juli en augustus tot 18.00 u). In april en september enkel geopend tijdens het weekend van 14.00 tot 19.00 u.* Heel interessante thema-uitstapjes die een ommetje meer dan rechtvaardigen. Een van die uitstappen is de twee uur durende wandeling met gids van de Roche d'Oëtre naar de gorges de la Rouvre (€ 2,50/volwassene, gratis voor kinderen tot twaalf jaar). Je kunt ook even halt houden bij het *Maison de la Rivière (et de l'Eau),* gevestigd in de voormalige molen van Ségrie, aan de oever van de Rouvre. Je vindt er een telcentrum van trekvissen en een permanente tentoonstelling over de rivier en het landschap van de Suisse Normande (gratis). Heel pedagogisch uitgedacht. Iets verderop ligt het *Maison du Paysage (Huis van het Landschap).* Dit centrum is gevestigd in de voormalige molen van Bréel en biedt onderdak aan een tentoonstelling die jaarlijks van thema wisselt. Mogelijkheid om je dorst te lessen in het natuurcafé (dat ook de ontvangstruimte is). Buiten is er een pedagogisch wandelleerpad over de natuur en de visvangst. Reken op een half uur lopen. Fantastische ontvangst.

LA ROCHE D'OËTRE

De Roche d'Oëtre bevindt zich ongeveer 5 km ten westen van het **Forêt-Auvray** en torent hoog uit boven de omgeving. Te bereiken vanuit Rouvrou via de D21 in de richting van Briouze. De rots staat goed aangeduid. Dit is geheid de meest bijzondere en bekoorlijkste natuurplek van de hele Suisse Normande. Evenals de Clairière de Brésolettes (open plek in het bos) in het Forêt du Perche en de opmerkelijke bomen van het Forêt de Réno-Valdieu (nog steeds in de Perche) is het het derde beschermde landschap in de Orne. Een absolute must met andere woorden. De rots op zich is niet zo bijzonder, maar wel het indrukwekkende uitzicht dat je vanaf de top hebt. Je staat er meer dan 400 m hoog! Het is een soort diep bekken dat zover het oog kan reiken, verdronken ligt in een zee van bomen waardoor de Rouvre, een kleine zijrivier van de Orne, zich een weg heeft weten te banen. De rivier zelf is voortaan ook beschermd. De zalm zwemt de rivier op en blijkbaar verschuilen zich weer otters aan de oevers. Via een pad bereik je het rotsige voorgebergte. Je kunt ook afdalen naar een lager terrasvormig gedeelte dat wordt gedragen door een rots die veel weg heeft van een menselijk profiel. Let bij regenachtig weer goed op. De rotsen kunnen dan heel glad zijn en een hoogteverschil van 118 meter gaat je niet in de koude kleren zitten...

- Ter plaatse kun je een parcours accrobranches volgen. Inlichtingen bij **Roche d'Oëtre Orne Aventures**: ● *www.roche-doetre.fr*. Je vindt er ook een informatiepunt. In juli en augustus dagelijks geopend van 10.00 tot 19.00 u; van april tot juni en in september dagelijks geopend van 10.00 tot 18.00 u; in oktober geopend tot 17.00 u en buiten het seizoen enkel geopend van 14.00 tot 17.00 u. In dit centrum is een museografische ruimte ondergebracht, À la découverte des montagnes de Normandie; ☎ 02 31 59 13 13. Dezelfde openingsuren als het informatiepunt meer sluit een uur vroeger. Toegangsprijs: € 4; kortingen. Er loopt een film van 45 minuten waarin je alles te weten komt over het Armoricaans Massief, 'de laagste en oudste berg van Europa'.

HET PAYS D'AUGE ORNAIS

De Orne is de grootste kweker van dravers in Frankrijk. Midden in het hart van deze streek worden ze gefokt, vertroeteld, getraind en voorbereid op een beloftevolle toekomst... Maar ook hier wordt een van de belangrijkste producten van Normandië gemaakt: camembert. In verschillende musea in de streek kun je de geschiedenis volgen van deze kaas.

ARGENTAN

61200 | 17.400 INWONERS

Je kunt je bijna niet meer voorstellen hoe Argentan er vroeger heeft uitgezien, toen de stad nog volledig met versterkte omwallingen was uitgerust en van de kantnijverheid leefde... Argentan is ook de voormalige residentieplaats van de koningen van Engeland en de hertogen van Normandië (in de 12de en 13de eeuw). Van juni tot augustus 1944 werd de stad ononderbroken gebombardeerd. Ze werd bijna volledig met de grond gelijkgemaakt (voor 87 % vernield). Na de Tweede Wereldoorlog werd ze, net zoals veel andere Normandische steden, opnieuw opgebouwd. Gelukkig is niet alles verwoest van Argentan. Je vindt in het goed gerenoveerde historische centrum nog enkele resten van het roemrijke verleden, onder andere de Église Saint-Germain en de talrijke privéherenhuizen. Al deze gebouwen zijn wonder boven wonder gespaard gebleven in deze afschuwelijke oorlogstragedie.

Tot slot vermelden we nog dat Argentan ook de geboortestad van de schilder Fernand Léger (1881-1955) is.

NUTTIGE ADRESSEN EN INFORMATIE

🖈 **Dienst voor Toerisme:** *chapelle Saint-Nicolas, Place du Marché, vlak bij het kasteel en de Église Saint-Germain.* ☎ *02 33 67 12 48.* ● *www.argentan.fr. In juli en augustus dagelijks geopend van 9.00 tot 18.30 u, behalve op zondag. Op maandag gesloten van 12.30 tot 14.00 u. Van september tot juni geopend op weekdagen van 9.30 tot 12.30 u en van 14.00 tot 18.00 u; op zaterdag van 9.30 tot 12.30 u en van 13.30 tot 17.30 u.* Dynamische ontvangst. Veel documentatie. Van juni tot september organiseert de dienst rondleidingen in de stad. In de zomer en tijdens de schoolvakanties ritjes met een koets. Vraag naar de brochure *Pas à pas*, die is gratis: een wandeling van anderhalf uur.

@**Cyberbase:** *Rue Fontaine.* 📞 *02 33 12 52 11. Dagelijks geopend van 13.00 tot 17.30 u (behalve op donder-dag); op zaterdag geopend van 14.00 tot 17.00 u.*

- **Markt:** Place Saint-Germain, dinsdagochtend, vrijdagochtend, zondagochtend.

SLAPEN, IETS ETEN

CAMPING

🔺 CAMPING DE LA NOË: *Rue de la Noë 34.* 📞 *02 33 36 05 69.* ● *tourisme@argentan.fr* ● *www.ar-gentan.fr. 800 m van het centrum van de stad (naar het zuiden toe), naast het Maison des dentelles. Geopend van april tot eind september. Reken op € 8,50 voor twee personen. Aanvaardt geen kredietkaarten.* Een intieme, gezellige camping: amper een twintigtal staanplaatsen rond een meertje, in een verzorgd park met weelderige bloembedden en idyllische wandelpaadjes. Speelterrein voor de kinderen, verkoop van visvergunningen.

GOEDKOOP

❌ BISTROT DE L'ABBAYE: *Rue Saint-Martin 25.* 📞 *02 33 39 37 42.* ♿ *In het woongedeelte van een abdij van benedictijner zusters; ingang via de Rue de la République. Gesloten op zon- en feestdagen, maan-dagavond en dinsdagavond. Jaarlijks verlof: eerste helft van maart, drie weken in augustus. Lunchfor-mule voor € 13 op weekdagen; menu voor € 15; à la carte voor ongeveer € 22.* Een superleuk eethuisje, schattig ingericht, veel kleuren. Voor de lunch heel wat stamgasten. Proef er eenvou-dige maar lekkere traditionele klassiekers, die efficiënt worden opgediend. Hartelijk.

DOORSNEEPRIJS TOT IETS LUXUEUZER

🛏 LE MANOIR DE COULANDON: *in Coulandon.* 📞 *02 33 39 18 22.* ● *info@manoir-de-coulandon.com* <@ *www.manoir-de-coulandon.com. In het centrum van Argentan volg je de weg naar Alençon. Aan de rand van het dorp sla je links af (wegwijzer naar het gehucht Coulandon). Voor een tweepersoonskamer tel je € 75 neer, voor de tweede en de derde nacht betaal je € 60, de vierde nacht mag je gratis logeren.* Op wandelafstand van het dorp, maar zonder de ongemakken ervan. De ideale plek voor wie graag in Argentan wil overnachten. Aan het eind van de straat zit je al midden op het platteland. Het mooie herenhuis uit de 15de eeuw met een draaitrap, grote schoor-steenmantels en een oude pers ademt charme! De kamers zijn al even prachtig, vol ca-chet en heel knus (zelfs de stoffen zijn volledig in dezelfde lijn!). Een van de kamers heeft een privéterras dat uitgeeft op de tuin. Heel vriendelijke ontvangst.

🛏❌ HOSTELLERIE DE LA RENAISSANCE: *Avenue de la 2e-Division-Blindée 20.* 📞 *02 33 36 14 20.* ● *larenaissance.viel@wanadoo.fr* ● *www.hotel-larenaissance.com.* ♿ *Het restaurant is gesloten op zon-dagavond en op maandag; in juli en augustus ook op dinsdagmiddag. Jaarlijks verlof een week in februari en een maand vanaf half juli. Tweepersoonskamers met douche of bad voor € 64 tot 85. Menu voor € 27 tot 62.* Smaken, kleuren, gedurfde combinaties: Arnaud Viel is een meester. In deze heden-daagse Normandische herberg geniet je van een smakelijke lamsbout of zelfgemaakte foie gras. Een streling voor de smaakpapillen. Van de bocage tot de kust, de chef kent alle kneepjes! Kamers met alle comfort en geluidsisolatie. Hedendaagse inrichting. Achter op het binnenhof nog een handvol kamers met kleine terrasjes in een bijge-bouw. Rijkelijk ontbijt.

SLAPEN, IETS ETEN IN DE OMGEVING

GOEDKOOP

❌ CRÊPERIE DU GRAIS: *61570 Francheville-Le-Grais.* 📞 *02 33 36 55 02.* ♿ *15 km ten zuiden van Ar-gentan, via de Route de Carrouges. In Boucé sla je links af. Vanaf daar staat dit etablissement goed beweg-wijzerd. Gesloten op dinsdag en op woensdag (behalve feestdagen). Doordeweekse lunchformule voor € 11; verder menu's voor € 13 tot 15 à la carte.* Oud stenen huisje midden in het dorp Le Grais. Gemoe-delijk adres, ideaal om je voor een heel redelijke prijs een pleziertje te gunnen. Reusachtige broodjes en lekkere pannenkoeken die je verorbert op het terras of in de gezellige eetruimte. Persoonlijke, artistieke inrichting met tal van mooie foto's. Logisch ook, de vriendelijke uitbater was vroeger fotograaf-journalist!

DOORSNEEPRIJS TOT IETS LUXUEUZER

☒☒ LA FERME DE L'ISLE AUX OISEAUX: 61200 Fontenai-sur-Orne. ☎ 02 33 67 05 47.

● lafermedelisleauxoiseaux@orange.fr ● www.lafermedelisleauxoiseaux.fr. Ongeveer 4 km ten westen van Argentan via de D924. Voor een tweepersoonskamer reken je op een bedrag van € 60 tot 100. Table d'hôte voor € 33. Aanvaardt geen kredietkaarten. Vogeltjes kunnen hun dorst lessen in de naburige bron, hotelgasten zakken onderuit in een van de kamers met een pesoonlijke toets in deze prachtige boerderij. Een echte haven van rust! Je zet er met plezier je koffers neer. De ontvangst is beminnelijk. En aan de charme van deze plek raak je snel gewend (met name dankzij de werken van de eigenares, die schildert, of een van de vele attenties die het verschil maken, zoals de sterrenhemel in de romantische kamer).

☒☒ HÔTEL SAINT-PIERRE: Rue de la Libération 6, 61150 Rânes. ☎ 02 33 39 75 14.

● info@hotelsaintpierreranes.com ● www.hotelsaintpierreranes.com. 9 km ten zuidwesten van Argentan, via de D924 en vervolgens de D916. Het restaurant is gesloten op vrijdagavond. Voor een kamer met alle comfort tel je € 60 tot 78 neer. Lunchmenu op weekdagen voor € 15; het goedkoopste menu op weekdagen kost je € 18; verdere menu's voor € 28; à la carte eet je voor € 35. Gratis wifi. Een typisch tijdloos adresje, zoals we ze graag hebben: heel goede ontvangst, uitstekende keuken, en dat alles voor een zachte prijs. Het grote stenen huis ligt in een landelijk dorp. Diepe zetels, een klassieke eetruimte, streekgerechten zoals runderreepjes met camembertroom of de overheerlijke pens op de wijze van Caen (die je zelfs in bokalen mee kunt nemen naar huis). Attentvolle, vriendelijke gastvrouw die altijd in is voor een babbeltje met haar gasten. Knusse kamers, waarvan enkele met een grote Normandische kast die nog lekker naar boenwas ruikt. Vraag een kamer aan het binnenplein, daar geniet je van absolute rust. Draagt het label 'Normandie Qualité Tourisme'.

☒ CHAMBRES D'HÔTES: mevrouw Laignel, Le Mesnil, 61200 Occagnes. ☎ 02 33 67 11 12. 6 km ten noordwesten van Argentan, aan de weg naar Falaise. Neem een klein weggetje naar links (het staat aangegeven) langs de weg in de richting van Occagnes. Twee tweepersoonskamers voor € 45. Opnieuw een goed adres midden op het platteland, eenvoudig en pretentieloos. Het huis gaat bedolven onder de klimop. Badkamer, wc en een heel klein keukenhoekje in elke kamer, ideaal om bijvoorbeeld thee te zetten. Ferlijke en sympathieke ontvangst. Goede prijs-kwaliteitverhouding.

WAT IS ER TE ZIEN EN TE DOEN?

❧ **Église Saint-Germain:** slechts geopend van juni tot half september. De kerk werd heel zwaar beschadigd door de bombardementen van 1944. De bouw van dit gebouw werd gestart rond 1410 en duurde tot in het midden van de 17de eeuw. Het zijportaal dateert uit de 15de eeuw. De 53 meter hoge vieringstoren staat lichtjes scheef. Bekijk binnen de bewerkte gewelven in de kooromgang. Prachtig verlicht 's nachts. De kerk heeft twee torens, wat in die tijd nochtans enkel voor kathedralen was voorbehouden.

❧ **Chapelle Saint-Nicolas:** kapel op de Place du Marché. Gebouwd in 1373. De Dienst voor Toerisme is er gevestigd. In 1944 bleven enkel nog de muren van deze kapel over. Anno 1952 gingen de restauratiewerken van start. Binnen zie je een mooi eiken retabel uit de 18de eeuw. Het werd er in 1966 geplaatst en is afkomstig uit een naburige kerk. Ieder jaar worden er tijdelijke tentoonstellingen georganiseerd.

❧ **Maison des dentelles:** Rue de la Noë 34. ☎ 02 33 67 50 78. 🎟 Van april tot half oktober dagelijks geopend, behalve op maandag, van 9.00 tot 11.30 u en van 14.00 tot 17.30 u (op zondag van mei tot septem-

ber van 15.00 tot 17.30 u). Toegangsprijs: € 3,20; kortingen. Rondleiding. Aan het meer van La Noë ligt een charmant burgerhuis uit de 19de eeuw met een rijke verzameling kantwerk (naaldkant, kloskant, mechanische kant...). Je ontdekt er het verleden van Argentan, dat onder Lodewijk XIV een van de grote kantcentra van het land was. Eerst ontdek je de beroemde Point d'Argentan (dat vandaag enkel nog door de benedicijnter monniken wordt gemaakt). Vervolgens kom je langs enkele recentere werken en kom je meer te weten over de evolutie van het kantwerk. Ter afronding krijg je een kleine ronde van Frankrijk over kant. Er is een film van een kwartier te zien, er zijn demonstraties (vraag inlichtingen over de data) en er worden tijdelijke tentoonstellingen georganiseerd.

❦❦ **Het voormalige kasteel:** aan de Place du Marché. Heeft nog drie torens. Is tegenwoordig het gerecht. Niet toegankelijk voor het publiek.

❦ **De donjon:** dagelijks geopend van juni tot september. Een van de laatste resten van de versterking. Opgetrokken in 1120 door Hendrik I Beauclerc. Boven aan de donjon staat een oriëntatietafel. Zo raak je de weg zeker niet kwijt.

❦❦ **Église Saint-Martin:** Rue Saint-Martin. Kerk die vooral opvalt vanwege haar afmetingen en de afwerking van het metselwerk. De bouw begon rond 1450 en werd pas in het begin van de 16de eeuw afgerond. Binnen tref je in de koorafsluiting een fraai ogend glas-in-loodraam aan met een voorstelling van de dood van Sint-Maarten, die in de 4de eeuw het evangelie in de regio verkondigde.

- **Tour Marguerite:** Rue de la Vicomté. Dagelijks geopend in de zomer. Heel aangename wandeling langs de borstwering.

❦❦ **Ville basse (benedenstad):** rond de kerk strekt zich de benedenstad uit, een kleine wijk die de bombardementen heeft overleefd. Je ziet er tal van herenhuizen (Rue Pierre-Ozenne, Rue Saint-Martin...) en de mooie Place des Vieilles-Halles.

- **De paardenrenbaan van Argentan:** buiten de stad. Ga in de richting van Aigle en sla voorbij het stadion en de tennisbaan links af richting Crennes. Je kunt de trainingen bijwonen. Ze vinden normaal gesproken plaats op dinsdag- en donderdagochtend. Heel actieve renbaan.

IN DE OMGEVING VAN ARGENTAN

❦❦ **Kasteel van Bourg Saint-Léonard:** ☎ 02 33 36 68 68. *Buiten Bourg, in de richting van Trun. Van mei tot septembe geopend tijdens het weekend en op feestdagen van 14.30 tot 16.30; in juli en augustus dagelijks geopend van 14.30 tot 17.30 u. Toegangsprijs: € 3; kortingen.* Om het kasteel ligt een prachtig park met een vijver, een oranjerie en stallen. Het kasteel zelf is een mooi bouwwerk uit de 18de eeuw. In het kasteel zelf, dat dateert uit het ancien régime, is een klein museum voor decoratie uit de tijd van de verlichting ondergebracht. Daarnaast is er ook een interessante collectie meubels en houtwerk uit die tijd te bewonderen. Voorts zijn er nog tal van voorwerpen over de kunst van het tafelen en wandtapijten uit Aubusson.

❦❦❦ **Écouché en het Château de Serans:** *7 km ten westen van Argentan.* Klein stadje met een indrukwekkende kerk, enkele interessante steegjes, een vredig platteland en tot slot een kasteel waar de hedendaagse kunst tot zijn rechten komt. De Dienst voor Toerisme (open tijdens het hoogseizoen) biedt plattegronden aan voor wandelingen rond het stadje. ☎ 02 33 36 88 82.

- **Atelier Balias** – *château de Serans: aan de rand van de stad, in de richting van Écouché;* ☎ 02 33 36 69 42. ● *www.atelierbalias.com. Geopend van 14.00 tot 18.00 u; in de zomer dagelijks geopend, buiten het seizoen enkel tijdens het weekend (of na afspraak). Toegangsprijs: € 4; kortingen.* De kunstenaar Balias stelt zijn kasteel open voor het publiek. In de galerijen organiseert hij tijdelijke tentoonstellingen; in de salon en de eetruimte hangen zijn eigen werken. In het park staan tientallen hedendaagse beeldhouwwerken in een unieke omgeving. Verrassend en heel geslaagd. Er worden ook festivals georganiseerd, tentoonstellingen, ateliers... alles in het teken van de kunst. Van juni tot september.

▣⊠ **CHAMBRES D'HÔTES DU CHÂTEAU DE SERANS:** *info hierboven. Voor een tweepersoonskamer tel je € 70 neer. Table d'hôte voor € 30.* De kamers zijn comfortabel maar het klassieke meubilair geeft ze iets gewoontjes. Maar de omgeving is dan weer echt de moeite waard: kuier tussen de kunstwerken door of ontbijt in de eetruimte die door de meester zelf is versierd. Een unieke ervaring! Mooi uitzicht vanuit de kamer op het platteland. Ontvangst met de glimlach.

◗◗ **Dorpje Mesnil-Glaise:** een twaalftal kilometers ten westen van Argentan. Je bereikt dit dorpje door eerst naar Écouché te rijden en vervolgens van daaruit richting Mesnil-Glaise te nemen. In het volledig geïsoleerde dorpje verloopt het leven in een ander tijdperk. Mesnil-Glaise is als het ware een doodlopend dorp, de weg stopt er, je kunt niet meer verder rijden. Het dorp is hoog opgetild, kijkt uit over een meander van de Orne en mag bogen op een kasteel.

▣ **FERME SAINT-ROCH:** *Mesnil-Glaise, 61150 Batilly.* ☎ *0233362822.* ●*info@ferme-saint-roch.com* ●*www.ferme-saint-roch.com. Voor een tweepersoonskamer met wc en bad tel je € 100 neer. Er is een gîte voor tien personen, te huur voor € 400 per weekend en € 1100 voor een week.* Aan het eind van een landweggetje, heel afgelegen op het platteland, ligt een prachtige versterkte boerderij die dateert uit de 16de en 17de eeuw. Laat je charmeren door de gebouwen vol karakter rond het schilderachtige pleintje. Wanneer je de kamers binnenstapt, ga je pas helemaal overstag. De grote ruimtes hebben allemaal een persoonlijke toets meegekregen en zijn met veel smaak ingericht. Verliefde koppeltjes genieten van privacy in het torenkamertje. Heel rustgevend.

▣ **Église de Saint-Mesnil-Gondouin:** *een twintigtal kilometers ten westen van Argentan, via de D15.* In het rustige platteland van de streek om de Orne valt de kleurrijke gevel van deze kerk meteen op. Die hebben we te danken aan de ietwat vreemde abt Paysant, die de gewoonte had allerlei inscripties en religieuze tekeningen op de muren van de kerk te krabbelen, als her innering aan zijn bedevaarten. Toen hij in 1921 stierf, besliste de bisschop om alles te laten weghalen. Vandaag is het gebouw gerestaureerd en is het een soort strip geworden. Dat was namelijk de wens van de abt, een 'levende, pratende kerk' die openstond voor iedereen. Enkele citaten zouden uit de mond van de goede man zelf gekomen zijn. Ontdek jij welke?

◗◗◗ **De kastelenroute van de Orne:** vanuit Argentan kun je een aangename tocht in de vorm van een lus maken om enkele architectonische en historische juweeltjes te ontdekken. Tal van bezienswaardigheden zijn jammer genoeg privé-eigendom en bijgevolg hetzij niet toegankelijk voor het publiek, hetzij niet eens te zien vanaf de weg.

- **Château d'O:** *in Mortrée, een dorp aan de D958, tussen Sées en Argentan.* ☎ *0233395579. Telefoneer even voor de openingsuren; in principe dagelijks geopend, behalve op zonadg, van 12 juli tot 31 augustus. Gratis. Rondleiding van ongeveer drie kwartier.* Een van de bekendste en elegantste kastelen van Normandië. De hoge smalle torens weerspiegelen in het water van de slotgrachten, ideaal gelegen midden in een prachtig bosrijk park.

Opvallend aan het kasteel zijn de verschillende bouwstijlen. Als je het kasteel met het hoofd van een mens vergeleek, zou je kunnen zeggen dat het aan de voorkant bijzonder knap is, in profielaanzicht eerder matig en van aan de achterkant eigenlijk niet eens het bekijken waard is... De voorkant is inderdaad een uitzonderlijk staaltje laatgotische architectuur: overvloedig, fantasierijk en verfijnd. Dit kasteel werd op het eind van de 15de eeuw gebouwd en vergroot in de loop van de 17de en 18de eeuw. Het behoorde lange tijd toe aan de familie d'O. De laatste afstammeling, François d'O, was een 'vriendje' van Hendrik III en een rampzalige minister van Financiën onder Hendrik IV. In 1594 heeft hij het tijdelijke met het eeuwige gewisseld. Hij was volledig geruïneerd, 'ten onder gegaan aan losbandigheid'.

Na de Tweede Wereldoorlog bood het kasteel onderdak aan een vakantiekolonie van de nationale marine. Sommige muren en spiegels werden roze geverfd en de wachtersruimte op de begane grond diende als gemeenschappelijke doucheruimte! Een ramp! Dankzij de inspanningen van Jacques de Lacretelle (lid van de Académie française, letterkundige en een man met smaak) heeft het kasteel van O weer enige glans van weleer herwonnen.

Met de wagen!

Het dorpje Saint-Christophe-le-Jajolet is een van de weinige plekjes in Frankrijk waar ieder jaar op de laatste zondag van juli en de eerste zondag van oktober een grote bedevaart voor automobilisten wordt georganiseerd. Sint-Christoffel was de patroonheilige van de reizigers (de trotters dus!). Wie van mooie wagens houdt, laat zijn wagen zegenen op het plein voor de kerk.

- **Château en Franse tuin van Sassy:** *in Saint-Christophe-le-Jajolet.* ☎ *02 33 35 32 66. 6 km van het Château d'O, aan de D958 linksaf richting Argentan en vervolgens nog eens linksaf; het kasteel staat goed aangegeven. Van half juni tot half september dagelijks geopend van 10.30 tot 12.30 u en van 14.30 tot 18.00 u; van Pasen tot half juni en van half september tot begn oktober enkel tijdens het weekend geopend van 14.30 tot 18.00 u. Toegangsprijs: € 7,50. Kortingen.* Dit kasteel uit het eind van de 18de eeuw torent hoog uit boven prachtige terrassen die trapsgewijs aflopen tot aan een Franse tuin. Binnen hangen enkele bijzondere wandtapijten en kun je souvenirs en de bibliotheek van de kanselier Pasquier bezichtigen. In de kapel, die verborgen zit onder een pak hortensia's, moet je beslist een blik werpen op het prachtige houten retabel uit de 15de eeuw, vooral opmerkenswaardig vanwege het aantal gebeeldhouwde personages.

- **Château de Médavy:** *vlak bij Almenêches, 12 km ten zuidoosten van Argentan, via de D420.* ☎ *02 33 35 05 09. Rondleidingen in juli en augustus; dagelijks van 14.30 tot 19.00 u.* Het kasteel werd gebouwd tussen de 15de en de 18de eeuw. De twee torentjes boven op de koepel en de slotgrachten herinneren aan een verleden als versterkt kasteel. Binnen mooie parketvloer, wandtapijten, houtwerk, draagstoelen, een verzameling atlassen.

LE HARAS DU PIN (LE PIN-AU-HARAS)

61310 | 390 INWONERS

Na een bocht doemt plotseling dit gebouw op dat eruitziet als een koninklijk paleis, maar dat geheel gewijd is aan 'de meest nobele verovering van de mens'. Het paard heeft hier zijn Versailles gevonden. Dit zijn in ieder geval de woorden van de schrijver Jean de La Varende op het eind van de 19de eeuw, auteur van onder andere *Nez de cuir* (leren neus). Colbert gaf opdracht tot de bouw, Mansart maakte de bouwtekeningen en Le Nôtre ontwierp de tuin. Dat was tot voor kort althans de officiële versie van de geschiedenis van de stoeterij. Maar nu weten we dat in 1715, toen het land voor de stoeterij werd aangekocht, die drie beroemdheden al dood waren! Bij gebrek aan de meesters heeft de stoeterij daarom maar de leerlingen Robert de Cotte en Pierre le Mousseux onder de arm genomen. Eén ding staat echter als een paal boven water: ze hebben niet beknibbeld op de middelen. De gebouwen werden opgetrokken in de stijl van 17de-eeuwse kastelen (Grand Siècle) en in het park zijn afwisselend bospaden en grazige weiden aangelegd die wel op schitterende matjes en hoogpolige tapijten lijken. We bevinden ons hier in het hartje van het Pays du Merlerault, een gebied waar het gras als een van de beste in Frankrijk (zo niet van Europa) wordt beschouwd. Geen wonder dus dat het als voedsel voor duizenden paarden mag dienen. Bijna 20 % van de fokkerijen van Franse dravers concentreert zich in de magische driehoek tussen Argentan, Gacé en het dorpje Merlerault. Alleen al tussen Nonant-le-Pin en Argentan zijn er meer dan twintig stoeterijen.

HET KONINKRIJK VAN DE MOOISTE PAARDJES

Om kapitaalvlucht naar het buitenland en de aankoop van Duitse paarden voor oorlogsdoeleinden te voorkomen droeg Lodewijk XIV Colbert op om een dringende maatregel te nemen ten gunste van de Franse paarden. Hiertoe werd in 1665 een eerste stoeterij opgericht in Saint-Léger-en-Yvelines. Het initiatief werd een fiasco. In 1715 besloot de koning, die zoveel had gehoord over de kwaliteit van het gras in de Orne, om de landerijen van de heerlijkheid van Pin aan te kopen. De bouw van de stoeterij van Le Pin werd pas in 1730 voltooid. Na de Franse Revolutie werd het een nationale stoeterij, wat het nu trouwens nog steeds is. De stoeterij wordt omgeven door een gigantisch domein van 1112 ha (waarvan 300 ha bos en 680 ha weilanden). De onderneming heeft een dubbele bestemming: enerzijds stalling van dekhengsten voor de fokkerij en anderzijds wedstrijdcentrum met het Parc du Haut-Bois als grootste hippische activiteitencentrum van heel Frankrijk. In de stoeterij is er tevens een opleidingsinstituut voor beroepen die op de een of andere manier betrekking hebben op paarden.

In de stallen (te bezoeken) staan zo'n dertig dekhengsten van tien verschillende rassen. Je vindt er Franse rijpaarden, dravers, trekpaarden en Engelse volbloeden. Van in de lente tot half juli verlaten deze bekoorlijke viervoeters hun behaaglijke stallen om in speciale veewagens naar een van de drieëntwintig fokkerijen in Normandië te worden gebracht om de merries te 'bestijgen'. Bronsttijd!

SLAPEN, IETS ETEN IN DE OMGEVING

⊞✕ **LE PAVILLON DE GOUFFERN:** *Orée du Bois, 61310 Silly-en-Gouffern.* ☎ 0233366426. ●*pavillondegouffern@wanadoo.fr* ●*www.pavillondegouffern.com.* 🚗 *9 km ten oosten van Argentan, aan de weg naar Gacé (goed bewegwijzerd aan je rechterhand). Andere troef: slechts 3 km van de Haras du Pin. Het hele jaar door geopend, behalve met Kerstmis. Je diept € 75 à 200 op uit je portemonnee voor een tweepersoonskamer. Menu's van € 25 tot 55. Gratis wifi.* Voormalig jachtpaviljoen dat heel mooi is gerenoveerd; de chesterfields en de schoorsteenmantels zorgen voor een tikkeltje Engelse sfeer. De designkamers zijn uiterst comfortabel met zachte bedden, parketvloer en marmeren badkamer. Heel rustig. Gezinnen kiezen dan weer voor de 'poppenkamer', een leuke vrijstaande cottage. Het restaurant is ondergebracht in een schitterende panoramische zaal in rode en zwarte tinten. De chef leeft zich uit in de keuken, hij steekt oude gerechten in een nieuw jasje en beleeft daar veel plezier aan. Reeën uit het naburige bos kijken goedkeurend toe. Een heel goed adres. Golfterrein in de buurt.

⊞✕ **CHAMBRES D'HÔTES BIJ DHR. EN MEVR. PLASSAIS:** *la Grande-Ferme, Sainte-Eugénie, 61160 Aubry-en-Exmes.* ☎ 0233368236. ●*ste-eugenie@free.fr* ●*www.chambres-hotes-ste-eugenie.com. Halverwege de Haras du Pin en Argentan. Je rijdt in de richting van Silly-en-Gouffern, volg de bewegwijzering naar het schortgrote gehuchtje Sainte-Eugénie. Je betaalt € 47 voor een tweepersoonskamer. Table d'hôte voor € 18. Gratis wifi.* Vier goed ingerichte kamers in een boerderij waar nog steeds gewerkt wordt. De typische voorgevel zit verstopt onder klimop. Rustiek, degelijk comfort: douche, wc, Normandische kast voor iedereen! Leuk uitzicht op een rustige, groene vlakte. Huiselijke sfeer.

BEZOEK AAN DE STOETERIJ

- **Inlichtingen:** ☎02 33 36 68 68. ●*www.haras-national-du-pin.com*. Ontvangstruimte aan de parkeerterreinen, ticketverkoop, winkel en snackbar. het hele jaar door wordt er van alles georganiseerd.

- **Openingsuren:** van begin april tot eind september dagelijks geopend van 10.00 tot 18.00 u; van oktober tot half november dagelijks geopend van 14.00 tot 17.00 u; van half december tot eind december dagelijks geopend van 10.30 tot 12.00 u en van 14.00 tot 17.00 u. Gesloten van half november tot half december en in januari. Reken op anderhalf uur. Toegangsprijs volgens de gekozen optie: voor enkel de rondleiding (een historisch overzicht, de eretuigkamer en de verzameling open koetsen) tel je € 5 neer. Een bezoek aan het museum alleen kost je € 7. Het geheel komt op € 9. Kortingen. In de zomer kun je ook de hoefsmederij en het atelier van de zadelmakerij bezoeken (bij te betalen). In juli en augustus kun je een rondje rijden in een kales. Enkele activiteiten voor kinderen.

🐎🐎 **De stallen:** tijdens de rondleiding door de stoeterij krijg je toegang tot de bijstallen (die gebouwd werden tijdens de tweede helft van de 18de eeuw). Heel mooi en heel nostalgisch. In de gebouwen is vrolijk gespeeld met het contrast van rode bakstenen en witte kalksteen. En de paarden geven de indruk er dolgelukkig te zijn. Behalve misschien de zogenaamde souffleurs, pony's die alleen bij de merries mogen komen om na te gaan of deze hengstig zijn. De bevruchting blijft het voorrecht van de dekhengst die door de stoeterij wordt gekozen! Er zijn niet minder dan 30 hengsten van 10 verschillende rassen die gebruikt worden voor het dekken van de merries. Die periode loopt van eind februari tot half juli.

🐎🐎 **Het museum:** stal 1 dateert van 1715. Je ontdekt er een moderne en goed opgezette museumkundige ruimte over het paard. Je komt er alles te weten over de anatomie en de snelheid van de verschillende rassen, maar ook over de verschillende beroepen die hier worden uitgeoefend. Op de eerste verdieping een interessante geschiedenis van de stoeterij. Films, interactieve panelen, optisch toneel...

🐎🐎 **De collectie kalessen (open koetsen):** pure nostalgie als je het ons vraagt! Dit zijn écht de voorouders van onze huidige auto's. Deze koetsen werden in de 19de eeuw trouwens al (paarden)wagens genoemd. Er staat ook een (paarden)bus.

🐎🐎 **Eretuigkamer en het atelier van de tuigkamer-zadelmakerij:** het atelier kun je in de zomer op vrijdag bezoeken van 15.00 tot 17.00 u. Toegangsprijs: € 2. De uiterst mooie eretuigkamer kun je het hele jaar door bezoeken. Je ziet alles wat nodig was om paarden aan te spannen. Bemerk het zadel van Giscard d'Estaing.

🐎🐎 **Smidse:** bezoek aan de smidse mogelijk in juli en augustus op maandag of dinsdag. Toegangsprijs: € 2.

🐎🐎 **Het kasteel:** bezoek enkel tijdens de schoolvakanties. Van september tot mei 1 middag per week van 14.00 tot 17.00 u. Toegangsprijs: € 5 (combikaartje met de stoeterij: € 8). Wandtapijten, meubilering, kunstvoorwerpen, schilderijen...

🐎🐎 **Salle Géricault:** kleine manege van 1881, zo gedoopt sinds Bartabas (van circus Zingaro) er zijn film *Mazeppa* over het leven van de schilder Géricault heeft opgenomen.

WAT VALT ER TE BELEVEN?

- **Speciale voorstelling 'Les Mardis et Jeudis du Pin':** van begin juni tot eind september elke donderdag en sommige dinsdagen om 15.00 u (probeer er om 14.30 u te zijn). Toegangsprijs: € 5 (combikaartje met de stoeterij en het museum: € 12). Leuke presentatie van dekhengsten en ingespannen paarden op het voorplein van de stoeterij, begeleid met muziek. Voorafgaand kun je de gebouwen rond het voorplein met het kasteel bezoeken, vanwaar je een mooi uitzicht hebt op het Parc du Haut-Bois.

- **Internationaal concours voor ingespannen paarden:** een weekend half juli.
- **Paardenraces op de renbaan van de Haras du Pin:** een zondag in september en twee zondagen in oktober. Toegangsprijs: € 5.
- **Nationaal concours voor trekpaarden:** vrijdag en zaterdag tijdens het laatste weekend van september.
- **Defilé van de spannen van de Haras du Pin:** een zondagmiddag half oktober tijdens de paardenraces op de stoeterij.

KLEIN CIRCUIT VAN DE POCHE DE CHAMBOIS EN MONTORMEL

Tussen de hagen in de bocages van het zuidwestelijke deel van het Pays d'Auge heeft zich de slotscène van de slag om Normandië afgespeeld. Dit gebeurde tussen 16 en 22 augustus 1944. Een beslissende fase voor de bevrijding van Frankrijk. De Poche de Falaise wordt vaker herdacht, maar het was in de Orne dat het Duitse leger werd omsingeld. Hier is het dat de Duitse bezetters in de tang werden genomen door de geallieerde troepen. De ontknoping van de veldslag vond plaats in een heel klein gebied (ongeveer 5 bij 5 km) binnen de driehoek Chambois (aan de zuidelijke kant), Trun (aan de westelijke kant) en de heuvel van Mont-Ormel (aan de noordelijke kant). Daar werd de meest bloedige strijd uitgevochten. Voor generaal Dwight Eisenhower, opperbevelhebber van de geallieerden, werd dit 'het grootste bloedbad dat ooit in een oorlog had plaatsgevonden'. En voor zijn vijand Blumentritt, chef-staf van de Duitse strijdmacht in het Westen, was de stoomketel van Falaise-Chambois het 'Duitse Stalingrad in het Westen'. Meer dan vijftigduizend gedemoraliseerde Duitsers werden gedood of gevangengenomen in deze hinderlaag ter grootte van een zakdoek... Tijdens deze slag werden de soldaten van het 7de Duitse regiment gedwongen tot terugtrekking en werden ze ingesloten in de bekende 'Couloir de la Mort' (dodengang, lees verder meer), waar het merendeel sneuvelde. Tegenover hen stonden de vastbesloten Amerikanen, Canadezen, Britten, Fransen, maar ook (en dat wordt te weinig vermeld) Polen die tot op het eind de strategische plaats Mont-Ormel behielden.

'Alhoewel de strijd van de Poche de Falaise niet tot de totale vernietiging van het Duitse leger in Normandië heeft geleid, waren de nuttige strijdkrachten van de Duitsers gebroken en lag onze weg door Frankrijk open', aldus Eisenhower.

🐎🐎 **Mont-Ormel:** *ongeveer twaalf kilometer ten zuiden van Vimoutiers, te bereiken via de D16.* Rechts van de weg richting Chambois leidt een klein pad naar het gedenkteken van Coudchard-Mont-Ormel. Het staat op de top van een heuvel van 262 m vanwaar je een bijzonder wijd uitzicht hebt op de kom van de Dive, die in de slag om Normandië het graf van het Duitse leger werd. Er staat een grote stenen muur met Franse, Engelse en Poolse opschriften.

🐎🐎🐎🅸 **Het gedenkteken van Mont-Ormel:** ☎ 0233673861. ● *www.memorial-montormel.org.* ♿ *In april dagelijks geopend van 10.00 tot 17.00 u; van mei tot september dagelijks geopend van 9.30 tot 18.00 u; van oktober tot maart geopend op woensdag, zaterdag en zondag van 10.00 tot 17.00 u. Jaarlijks verlof van half december tot half januari. Toegangsprijs: € 5. Kortingen.* Dit is een niet te missen bezoek! Reken op een uur (heel boeiend). Bezichtiging van een kleine film, audiogids en uitleg vlak voor de gedenkplaats zelf (glazen afscherming). Heel deskundige uitleg door ervaren gidsen die alles over het onderwerp kennen. Veel anekdotes, jammer genoeg niet altijd erg opbeurend. Er zijn ook tentoonstellingen, thematische ontmoetingen, films, theatervoorstellingen, bezoeken op de gedenkplaats zelf, voorlezingen van gedichten om de tragische gebeurtenissen nooit te vergeten...

Hier speelden zich de laatste gevechten af van de slag van Normandië. Aan het 2de Canadese legerkorps werd de opdracht toevertrouwd het 7de Duitse strijdmacht vanuit het noorden en het noordoosten te omsluiten. De stoottroepen van het korps werden gevormd door zestienduizend Poolse soldaten van de 1ste pantserdivisie van generaal Maczek, die vast-besloten waren het nazisme tot de laatste nazi te verslaan. Op 19 augustus 1944 namen ze Mont-Ormel in, waarmee ze de weg van Chambois naar Vimoutiers (die langs de voet van de heuvel loopt) in handen kregen, een onvermijdelijke doorgang voor de Duitse terug-trekking. Er volgden drie dagen van verwoede gevechten. Op de avond van 21 augustus 1944 namen de Duitse aanvallen af en werden ze zwakker. Elf uitgebrande Poolse tanks stonden verspreid over het terrein. De slag van Normandië was voorbij. De colonnes geallieerde sol-daten konden nu voorbijtrekken over de weg van Chambois naar Vimoutiers. Anekdote: ge-durende lange tijd zagen de aan de voet van de heuvel Mont-Ormel voorbijtrekkende geal-lieerde troepenmachten een enorm bord op de plek waar het huidige gedenkteken van Mont-Ormel staat. Hierop stonden de volgende woorden geschreven: 'A Polish Battlefield' (Een Pools slagveld). Met behulp van koptelefoons en maquettes passeren de gebeurtenis-sen opnieuw de revue.Je krijgt foto's te zien van deze vreselijke gebeurtenissen. 'Onvoor-stelbaar,' schrijft majoor Currie, 'welke verwoesting daar heeft plaatsgevonden in zo weinig tijd. Welke gruwelijkheden heeft dit nu zo vredige platteland allemaal gezien?'... Een van de vreselijke gevolgen van deze slag hier was het grote aantal burgerslachtoffers. In Trun werd een groot vluchtelingenkamp opgericht voor iedereen wie in de nasleep van D-day zijn thuis ontvluchtte. Jammer genoeg waren al deze gezinnen een menselijk schild! Maanden-lang hing een zwarte wolk boven het slagveld, een grote wolk vliegen boven de lichamen in ontbinding. Verschrikkelijk...

❧**Chambois:** niets bijzonders te zien, behalve de schitterende, 12de-eeuwse vierkante donjon met drie verdiepingen en op het plein de gedenksteen van de slag om Chambois. Op de avond van 19 augustus 1944 verenigden de Amerikaanse en Poolse soldaten zich in Cham-bois terwijl de Duitse troepen hun laatste krachten in de strijd wierpen. Voor het eerst sinds de Amerikaanse landing in juni gingen de mannen elkaar met bajonetten en dolken te lijf.

📧CHAMBRES D'HÔTES BIJ MEVR. CLAPEAU: Le Château, Rue des Polonais 4, 61160 Chambois. ☎0977033711. ●chambois@wanadoo.fr ●www.clapeau.com. Tweepersoonskamers met douche en wc voor€54. Aan de voet van de donjon, in een klein kasteeltje in empirestijl, omgeven door een park. Comfortabele, gezellige kamers, niet al te luxueus. Goede prijs-kwaliteitver-houding.

❧❧❧**De Couloir de la Mort (dodengang):** *tussen Chambois en Saint-Lambert-sur-Dives, aan de D13 richting Trun rechtsaf een klein weggetje nemen naar het plaatsje Gué-de-Moissy.* Daar ligt de beruchte dodengang, de historische plek van de Poche de Chambois-Mont-Ormel, waar meer dan honderdduizend soldaten van het terugtrekkende Duitse leger in de val liepen en werden ingesloten door de geallieerde troepenmacht (ongeveer tienduizend doden en dertig- tot vijftigduizend gevangenen). Tussen 16 en 22 augustus 1944 werden de Duitse troepen in dit piepkleine gebied onophoudelijk gebombardeerd door de geallieerde artillerie en lucht-macht. Lange tijd hing er een doodse stilte over de kom van de Dive. Gedurende vier maan-den werd de zone onbegaanbaar verklaard. Er was een volledig jaar nodig om alle lichamen te begraven. Vijftien jaar na de slachting vond een landbouwer in zijn weiland het kadaver van een Duitse soldaat, nog gekleed in zijn uniform en met zijn helm op...

DE ROUTE DU CAMEMBERT

Heel aangename wandeling, vooral in de lente als de appelbomen bloeien en het landschap fris groen kleurt. Via fraaie kleine weggetjes ontdek je het Pays d'Auge in de Orne, een ver-fijnd bocagelandschap waar zachte heuvels en weelderige valleien elkaar gezapig afwisselen. Een landschap dat gezegend is door de goden der aarde, met een rijke bodem waar gelukkige koeien in de weilanden staan te doezelen, met popperige dorpjes en schattige huisjes in vakwerkstijl.

CAMEMBERT   61120

Minuscuul dorpje dat tegen de helling van een heuvel aanleunt, maar met een naam die meermaals de reis om de wereld heeft gemaakt. De inwoners van dit Normandische gat (de Camembertois) hebben een god, de camembert, en een godin, Marie Harel. Ten tijde van de Franse Revolutie liet deze jonge boerin een priester onderduiken in haar boerderij in Beaumoncel. Bij wijze van dank zou de beste man haar het geheim van de vervaardiging van de beroemde kaas hebben gegeven. In 1791 maakte ze dus een nieuw kaasje op basis van de bestaande camembert (waarvan het bestaan al in 1702 werd vermeld door Thomas Corneille, de broer van de grote dichter) en de kaas van Brie (nog een kaas die door geestelijken werd bereid). Later gaf zij het recept door aan haar dochter. Toen Napoleon III op een dag de spoorweg Parijs-Granville (in Surdon) officieel kwam inwijden, liet men hem het kaasje proeven. De keizer was meteen verkocht. Op 9 augustus 1863 bepaalde Zijne Keizerlijke Majesteit dat de kleinzoon van Marie Harel, Victor Paynel, het voorrecht zou verkrijgen om de keizerlijke tafel van camembert te voorzien. Daarmee ging ook het avontuur van start.

Maar wie kwam er op het idee de camembert te verpakken in een doosje van dun hout? Als je bij benadering de datum van zijn oorsprong nagaat (eind 19de eeuw), blijft de herkomst van het camembertdoosje vrij controversieel. Volgens sommigen kwam het idee van Georges Leroy, werknemer bij een zagerij in Breuil-en-Auge, die de kaas voor een van zijn klanten, die zich beklaagde over de slappe verpakking van de camembert, met dunne linten van populierenhout omringde. Een ingenieur uit Vimoutiers, de heer Ridel, zou het mogelijk hebben gemaakt zijn uitvinding op de markt te brengen. Volgens andere bronnen is Auguste Lepetit, oprichter van de gelijknamige kaasfabriek, de geestelijk vader van het camembertdoosje. Nog anderen beweren bij hoog en bij laag dat het Rousset is, de exporteur van camembert uit Le Havre. Deze laatste had zich voor dit geniale idee laten inspireren op medicijnendoosjes van vurenhout die in de Jura werden vervaardigd. En dan zijn er nog twee andere potentiële uitvinders, meer bepaald de heren Ledru en Lefèvre (ook directeurs van een zagerij). Ze hadden naar verluidt een nieuwe bestemming bedacht voor de vaselinedoosjes die de Zwitserse landbouwers gebruikten om koeienuiers in te vetten! Verwarrend! Het resultaat is dat er geen naam met het doosje voortleeft (in tegenstelling tot Marie Harel). Toch is het dankzij deze grote onbekende dat camembert zo makkelijk te vervoeren is en zo ver kan worden geëxporteerd.

WAAR KOOP JE LEKKERE CAMEMBERT?

🔲 **Ferme de la Héronnière:** *bij de heer en mevrouw Durand. In het centrum van Camembert volg je de weg richting Trun, de D246. De boerderij ligt 3 km verder aan de linkerkant van de weg.* ☎ *0233390808. Bezoek met degustatie mogelijk van april tot oktober van 10.00 tot 12.30 u en van 15.00 tot 18.00 u; behalve op zondag (het bezoek is gratis; voor de degustatie betaal je € 4).* De laatste fabrikant van boerderijkazen met een A.O.C. pakt de dingen niet half aan: hij laat een film zien over de verschillende stappen in het productieproces en hij geeft een korte rondleiding op de boerderij zelf. Door grote ramen zie je de verschillende ruimten waar de kaas wordt gemaakt. De prima ontvangst krijg je erbovenop!

WAT IS ER TE ZIEN?

❧ ❧ 🔳 **La Ferme 'Président':** *in het dorp (je kunt er niet naast kijken!).* ☎ 02 33 36 06 60.
● *www.fermepresident.com.* 🕹 *Van juni tot augustus dagelijks geopend van 10.00 tot 12.00 u en van 14.00 tot 18.00 u. Laatste rondleiding een halfuur voor sluitingstijd. Toegangsprijs: €5. Kortingen. Gratis voor kinderen tot 11 jaar.* Het dorpje Camembert had ongetwijfeld een moderne plaats nodig als uithangbord voor zijn heerlijke kaas. De groep Lactalis, eigenaar van het overbekende merk 'Président', heeft die kans niet onbenut gelaten... Dit is geen echte productieplek maar een pedagogisch centrum dat goed is opgevat. Er wordt uitleg gegeven bij de productie van de camembert en de geschiedenis van de beroemde kaas. Heel levendig en erg origineel! Je ontdekt er oude technieken, werktuigen van vroeger en alle stappen die nodig waren om deze heerlijke kaas te maken (koeien melken, het ophalen van de melk...). Je kijkt, je leert, je ruikt, je voelt en je proeft! Leuke rondleiding (40 min.), video en proeverij.

🔲 LA MAISON DU CAMEMBERT: *tegenover de Ferme 'Président'.* ☎ 02 33 12 10 37.
● *www.maisonducamembert.com. Van juni tot augustus dagelijks doorlopend geopend van 10.00 tot 19.00 u; in mei dagelijks doorlopend geopend van 9.00 tot 18.00 u; van februari tot april van woensdag tot zondag geopend van 9.30 tot 12.30 u en van 14.00 tot 17.30 u (enkel van vrijdag tot zondag in februari en van donderdag tot zondag in maart).* Een 'kaasbar' met alle kazen die machinaal of op artisanale manier worden bereid en de vier Normandische kazen met een A.O.C.: pont-l'évêque, livarot, neufchâtel en natuurlijk camembert. Proefbordjes en 'Normandische broodjes'.

❧ **De kerk:** wellicht een van de Franse kerken die het meest staat afgebeeld (op elk deksel van een camembertdoosje). De spitse klokkentoren is typisch Normandisch. Binnen ontdek je een groot schilderij en een vaandel met afbeeldingen van een bedevaart naar de Mont-Saint-Michel van de inwoners van Camembert in 1772. Bekijk op het **kerkhof** het graf van de in 1915 overleden mevr. Dornois. Haar echtgenoot, destijds burgemeester van het dorp, was zo ondersteboven van het overlijden van zijn geliefde en tedere wederhelft dat hij besloot haar doodskist met zijn beste calvados te laten vullen.
❧ **Gedenksteen voor Marie Harel:** onder in het dorp, aan het kruispunt met de D246. Prachtig uitzicht op het dorpje Camembert.

VIMOUTIERS   61120
Hét dorpje van de camembert en Marie Harel. Mis het kleine museum niet.
🔳 **Musée du Camembert:** Avenue du Général-de-Gaulle 10. ☎ 02 33 39 30 29. 🕹 Begin 2010 is een reorganisatie gepland. Vraag inlichtingen. Geluidsband van een halfuur en film van 20 minuten. Piepklein museum, geheel gewijd aan de bekendste aller kazen, die al sinds mensenheugenis wordt vervaardigd in de boerderijen rond Vimoutiers. De verschillende stadia van de vervaardiging van camembert worden uitgelegd... van het ophalen van de melk tot de verkoop. Hierbij wordt stilgestaan bij het stremmen, het afgieten, het drogen en laten rijpen...
We vermelden nog dat er in de streek amper nog zeven kaasproducenten overblijven die camembert vervaardigen met het kwaliteitslabel A.O.C. (appellation d'origine contrôlée) en dus tegemoetkomen aan de bijzonder strikte eisen van de *Association des Fabricants de Camembert*. Tot slot nog dit: naar verluidt wordt camembert een eerder zeldzaam product...
Op de verdieping loopt een korte tentoonstelling over Charlotte Corday, een plaatselijke bekendheid.
- **Standbeeld ter ere en ter meerdere glorie van de Normandische koe:** vlak voor het gemeentehuis. Onze favoriet. Eindelijk een vereeuwigde koe gemaakt door een bekende kunstenaar. Zonder de koe geen kaas, en Frankrijk zonder kazen...

- **De standbeelden van Marie Harel:** de geniale uitvindster van de camembert verdiende vast en zeker ook een standbeeld... ze kreeg er zelfs twee. Het standbeeld op de Square Bosworth dicht bij de hallen werd in 1956 aangeboden door een belangrijk kaascentrum in Ohio (Verenigde Staten). Het andere op de Boulevard Dentu (naast de Église Notre-Dame) werd in 1928 onthuld door president Millerand, maar spijtig genoeg beschadigd tijdens het bombardement van juni 1944. De datums op de standbeelden zijn niet de juiste. De exacte overlijdensdatum van de bekende uitvindster van de camembert heeft men pas in 1991 achterhaald... en dit was in 1844.

Wat een kaas!

De trots van het *Musée de Camembert* is ongetwijfeld de unieke collectie etiketten van de camembertdoosjes! Die telt maar liefst 1600 stuks, prachtig! Er zijn er zelfs van een Noorse, een Deense en een Chileense camembert en eentje van een camembert uit Réunion. Het is nog wachten op de eerste Chinese camembert... Deze uitgebreide verzameling is echt wel bijzonder. Elk jaar komen zakken van tyrosemiofielen (of verzamelaars van etiketten van kaasdoosjes) eind augustus af naar het museum om hun kostbare etiketten uit te wisselen.

CROUTTES   61120

Klein dorp 6 km ten westen van Vimoutiers (via de D916). Een naam die perfect past in deze streek! Je hebt er enkele holwoningen en een fantastische priorij.

SLAPEN

HEEL LUXUEUS

📷 CHAMBRES D'HÔTES LE PRIEURÉ SAINT-MICHEL: *bij Vivianne en Jean-Pierre Ulrich.*

☎ *0233391515.* ● *leprieuresaintmichel@wanadoo.fr* ● *www.prieure-saint-michel.com. Je legt € 105 à 135 op tafel voor een tweepersoonskamer, afhankelijk van het comfort. Voor het vakantiehuis voor vijf tot zes personen betaal je € 420 à 650 per week.* Midden op het platteland, in een prachtig gerestaureerde middeleeuwse priorij die als historisch monument wordt beschermd. Een tuin van Eden voor romantische en verliefde estheten. In de bijgebouwen (stallen, melkerij...) van de priorij werden enkele kamers ingericht in de stijl van de 18de eeuw. Het middeleeuwse kantje geeft de kamers een ontzettende aantrekkingskracht (grote stenen en grote bedden). Aangename theesalon in een indrukwekkende perskamer uit de 15de eeuw. En je hebt natuurlijk vrij toegang tot de tuin (zie verder onder de rubriek 'Wat is er te zien?'). Heel hartelijke ontvangst.

WAT IS ER TE ZIEN?

🦆🦆 **Prieuré Saint-Michel:** ☎ *0233391515.* ● *www.prieure-saint-michel.com. Staat goed aangegeven vanaf het dorpje Crouttes. Van begin mei tot eind september dagelijks geopend van 14.00 tot 18.00 u, behalve op maandag en op dinsdag. Toegangsprijs: € 6. Kortingen.* Reken op 45_minuten voor een bezoek. Heerlijke plek midden in de groenende natuur. Ideaal voor een aangename wandeling of om naar een concert te luisteren. Voormalige plattelandspriorij uit de 12de en 13de eeuw die vroeger aan de abdij van Jumièges toebehoorde. Alle middeleeuwse gebouwen zijn zorgvuldig gerestaureerd, onder andere de schitterende 13de-eeuwse kapel waarin af en toe schilderijtentoonstellingen worden voorgesteld, de tiendschuur waarin de oogst werd opgeslagen en de houten perskamer uit de 15de eeuw die in het verlengde ligt van de gastenverblijven uit de 14de eeuw. Prachtige tuinen: een rozentuin, een boomgaard, een medicinale kruidentuin, een omheining van haagbeuken waarachter eenvoudige tuinen of tuinen met irissen verscholen liggen, een bron die door de monniken werd gekanaliseerd en vrolijk leidt naar een vijver met lotussen en waterlelies waar kikkers kwaken en schildpadden rondzwemmen... Je kunt er ook slapen (zie boven onder de rubriek 'Slapen').

LEKKERE PRODUCTEN KOPEN

🏠**La Galotière:** *in het gelijknamige dorpje, bij de familie Olivier. In Vimoutiers volg je de weg richting Argentan. Volg de bewegwijzering naar de boerderij.* ☎ *02 33 39 05 98.* ●*www.lagalotiere.fr.* 🅿 *Van juli tot september worden op dinsdag en donderdag om 16.30 u rondleidingen georganiseerd. Ook vrij te bezoeken (redelijke bezoekuren).* Een echt postkaartje! Bekoorlijke Normandische boerderij, diep in de vallei genesteld, tussen de boomgaarden waar koeien vredig grazen. Prachtig, dat wel, maar wat het uitstapje naar hier echt de moeite waard maakt, is het bezoek aan de boerderij. De sympathieke eigenaar legt alles uit, van het plukken van de appels tot de uiteindelijke distillatie. Intussen krijg je een rondleiding door het bedrijf (kelders, distilleerkolf...). Je kunt er cider, poiré, pommeau en calvados proeven en kopen.

LES CHAMPEAUX-EN-AUGE   61120

Dorpje 9 km ten zuidwesten van Vimoutiers, aan de linkerkant van de weg naar Trun (D916). De mooie Charlotte Corday, in werkelijkheid Marie d'Armont genaamd, achterachterkleindochter van Pierre Corneille, werd op 27 juli 1768 geboren op de boerderij van Ronceray (privé), een bescheiden woning in vakwerkstijl te midden van een boomgaard. Ze ging de geschiedenis in vanwege het feit dat ze Marat, redacteur van *L'Ami du Peuple* en meer bepaald een van de verantwoordelijken voor de Septembermoorden, in zijn badkuip heeft vermoord. 'Ik was al een republikein lang voor de Franse Revolutie', verklaarde zij de rechters vooraleer ze op het schavot stierf.

IETS ETEN

🍴La Camembertière: *Hôtellerie-Faroult, in Champeaux-en-Auge.* ☎ *02 33 39 31 87.* ●*lacambertiere@wanadoo.fr.* 🅿 *4 km van Camembert (het staat goed aangegeven), aan de weg naar Trun (D916). Gesloten op woensdag (buiten het seizoen ook op dinsdag). Jaarlijks verlof gedurende twee weken in februari. Lunchformule voor € 12,50 (weekdagen); verdere menu's van € 17 tot 55.* Dit moderne huis dat op Normandische manier is ingericht, staat bekend om de proefborden met verschillende soorten camembert en gerechten bereid op basis van camembert. Voor wie echt geen camembert lust (jammer voor hen), is er ook eendenlever met pommeau, gerookte zalm... Enkele klassiekers van het huis: camemberttaart, Normandisch rundvlees...

LE SAP   61470
NUTTIGE ADRESSEN EN INFORMATIE

ℹ**Dienst voor Toerisme van het Plateau du Sap:** *Place du Marché 1.* ☎ *02 33 36 93 31.* ●*www.cdc-camembert.fr. Van juni tot augustus dagelijks geopend van maandag tot zaterdag; op zondag 's ochtends geopend.* Stelt ook rondleidingen in het stadje voor met als thema geschiedenis en architectuur.
- **Markt** op dinsdagmiddag en zaterdagochtend.

SLAPEN, IETS ETEN IN DE OMGEVING

🛏Chambres d'hôtes Le Pressoir: *la Thibaudière, 61470 Heugon.* ☎ *02 33 36 68 99 of 06 26 03 02 96.* ●*robert.hind@orange.fr. Ongeveer 4 km van Heugon via de D663 in de richting van Le Sap (het huis ligt links, iets voorbij het kruispunt met de D438). Voor een tweepersoonskamer tel je € 55 neer.* Midden in een verzorgde tuin ligt een oud pershuis dat helemaal is opgeknapt. Er is een handvol functionele, kleurrijke en comfortabele kamers ingericht. Twee daarvan (duplex) zijn bijzonder geschikt voor gezinnen. En de pers zelf? Die staat gezellig naast een houten draaitrap in de gemeenschappelijke salon. Uitstekende ontvangst. Je kunt altijd bij de eigenaars terecht voor tips over bezoekjes in de omgeving.

🟦 LE RENARD SE MARRE: *Place de l'Église, 61470 Heugon.* ☎ 02 33 35 49 51.

● *lerenardsemarre@orange.fr. Dagelijks geopend. Jaarlijkse vakantie in januari. Lunchmenu op weekdagen voor € 11,50; verdere menu's voor € 15,50 tot 18,50.* De *Renard* zit steeds vol leuke ideetjes: dit oude dorpscafé is helemaal in een nieuw kleedje gestopt; het is er tegenwoordig jong en hip, ga maar eens kijken in de knalrode zaal waar enkele doeken hangen. Het eethuis is bekend omwille van de eerlijke schotels, pizza's en gezellige thema-avonden (bluesconcerten, karaoke...). Er is zelfs wifi... en een klein kruidenierswinkeltje voor als je nog wat nodig hebt. Heel afgewerkt.

WAT IS ER TE ZIEN?

🚶📷 **Écomusée 'de la Pomme au Calvados':** *Rue du Grand-Jardin.* ☎ 02 33 39 42 39.

● *www.le-grand-jardin.asso.fr. Van juni tot eind september dagelijks (behalve op maandag) geopend van 10.30 tot 12.30 u en van 14.00 tot 18.30 u; van oktober tot december van woensdag tot zondag geopend van 10.00 tot 12.00 u en van 14.00 tot 18.00 (op zondag enkel in de namiddag geopend); van maart tot mei enkel geopend op zondag van 14.00 tot 18.00 u. Toegangsprijs: € 3 (vrij bezoek) en € 3,50 (met rondleiding). Kortingen. Gratis voor kinderen jonger dan tien.* Trek een uur uit voor een bezoek aan het museum. Dit kleine ecomuseum is ideaal gelegen... in een oude ciderfabriek! Aan de ingang staan mooie kuipen in cement en glas (oorspronkelijk voor wijn, vandaar barsten die je ziet wanneer de druk van de cider ontstaat). Je ziet alles wat nodig is en was voor het vervaardigen van cider: van het plukken van de appels over het persen (pers met een lange greep uit de 18de eeuw) en buiten een distilleerkolf voor de dubbele distillatie van de calvados.

🚶 Vlak bij de kerk, tegenover het ecomuseum, aan de hoek van de Rue Raoul-Heurgault en het plein, is een oorspronkelijk stuk muur te zien met enkele kleurrijke keramieken vierkantjes uit de streek van de Auge en enkele al even uit de toon vallende lambrekijnen. Geen historische duiding, enkel een lust voor het oog!

WAT VALT ER TE BELEVEN?

- **Fête du Cidre à l'ancienne:** tweede weekend van november.

GACÉ

Groot dorp op de grens van het Pays d'Auge en het Pays d'Ouche, waar je een bekoorlijk uitzicht hebt vanaf de weg naar Chambois (de D13). Hier valt niets bijzonders te zien behalve dan wellicht het kasteel. Hierin is een geweldig museum gevestigd dat gewijd is aan de heldin van het land: de Dame aux camélias (dame met de camelia's).

HET ONGELOFELIJKE, MAAR WARE VERHAAL VAN DE DAME MET DE CAMELIA'S

Uitzonderlijk en tragisch was het lot van Alphonsine Plessis, bijgenaamd Marie Duplessis, een kleine ongeletterde Normandische die in 1824 in Nonant-le-Pin het daglicht zag en op haar eenentwintigste een bekende courtisane werd, verleidelijk en verafgood door de mannen van haar tijd. Ze was een echte diva, verslindster van mannen in het rijke en elegante Parijs midden 19de eeuw. Er wordt zelfs gezegd dat ze er meer dan duizend in vijf jaar zou hebben gehad! Op een dag ontmoette ze de schrijver Alexandre Dumas (de zoon), die smoorverliefd op haar werd. Een onmogelijke liefde. Met een gebroken hart gingen ze uit elkaar. Betoverd als hij was, besloot hij een roman over haar te schrijven: *La Dame aux camélias.*

Het boek had onmiddellijk succes. Er werd meteen ook een toneelstuk van gemaakt. Heel Parijs verdrong zich om het stuk te zien. De musicus Verdi liet zich erdoor inspireren bij het schrijven van *La Traviata*. Zo beroert het levensverhaal van dit onbekende meisje nog steeds grote menigten, van Aurillac tot Tokio en van Groot-Brittannië tot Brazilië... Mythe? Mysterie?

Laten we even teruggaan naar haar afkomst. Haar vader was een soort marskramer, bijzonder knap om te zien, maar een drinkebroer met een behoorlijk gewelddadig karakter (hij was eigenlijk de erkende zoon van een priester uit een dorpje in de omgeving). Haar moeder was ook heel mooi. In haar kinderjaren zwierf Alphonsine Plessis aanvankelijk wat rond over de wegen van haar geboortestreek. Heel jong nog viel ze ten prooi aan de losbandigheid van een zeventigjarige... Toen stierf haar moeder. Alphonsine Plessis verkocht vervolgens een tijdje paraplu's in Gacé en later in Parijs. Ze was op dat ogenblik veertien en kon noch lezen noch schrijven. Maar ze was bloedmooi: 1,67 m groot, kastanjebruin haar, zwarte ogen, middelhoog voorhoofd, bruine wenkbrauwen, welgevormde neus, klein mondje, ronde kin, ovaalrond gezicht, bleke huid... Binnen een tijdsbestek van twee jaar onderging ze een gedaanteverandering onder invloed van de ontelbare aanbidders en minnaars die haar het hof maakten, onder wie ook de musicus Franz Liszt. Alle (rijke) mannen vielen voor haar, jong en oud! Haar leven was echter heel kort. Ze overleed op drieëntwintigjarige leeftijd aan een hevige tuberculose in een soort verlossende doodstrijd die veel indruk maakte op Alexandre Dumas. Haar graf, op het kerkhof van Montmartre in Parijs, ligt altijd vol bloemen van anonieme en hartstochtelijke bewonderaars.

Zeg het met bloemen...

Waar komt eigenlijk die mysterieuze bijnaam *Dame met de camelia's* van de jonge courtisane Alphonsine Plessis vandaan? Doodeenvoudig omdat Marie Duplessis nooit in Parijs uitging zonder een boeket witte camelia's (behalve dan enkele dagen per maand... dan was het een boeket rode bloemen... om iedereen te laten weten dat ze op dat ogenblik niet beschikbaar was. O, onvermijdelijke wetten der natuur...).

NUTTIGE ADRESSEN EN INFORMATIE

ℹ️ **Dienst voor Toerisme:** *in het kasteel.* ☎02 33 35 50 24. ●*www.gace.fr.* Enkel in juli en augustus geopend; gesloten op maandag en zondagochtend.

SLAPEN EN ETEN

🛏️✖️ L'ÉTOILE D'OR: *Grande-Rue 60.* ☎02 33 35 50 03. Fax: 02 33 67 53 94. *In het hartje van het dorp. Gesloten op zondagavond en op maandag. Tweepersoonskamer met wastafel en douche of een volledige badkamer voor €45 tot 49. Menu's van €22,80 tot 29,80.* Eenvoudig adres in een schattig dorpshuis met heel redelijke prijzen en bovendien héél praktisch en aangenaam. De nieuwe eigenaars hebben de inrichting helemaal omgegooid en de kamers hebben een nieuw jasje aangemeten gekregen. Bij mooi weer klein terras met bloemen.

🛏️ MANOIR DES CAMÉLIAS: *Les Champs, aan de weg naar Alençon.* ☎02 33 35 67 43. ●*delisletraiteur@aol.com* ●*www.manoirdescamelias.com. Aan de rand van het dorp, in de richting van Alençon. Tweepersoonskamer voor €50 tot 90. Gratis wifi.* Groot gebouw van rode baksteen met enorm veel charme, verfijnde tuin vooraan en een park achteraan, perfect voor een wandelingetje. De kamers dan. Er zijn er maar een handvol, maar zo geniet je gegarandeerd van intimiteit. Bovendien zijn ze voorzien van alle comfort en mooi ingericht in sobere, moderne stijl. Heel aangenaam. Knus salon. Tennisbaan.

WAT IS ER TE ZIEN?

🕯 **Musée de la Dame aux camélias:** ☎ 02 33 35 50 24 *(gemeentehuis). In het kasteel. Van juni tot eind augustus dagelijks (behalve op maandag) geopend van 14.00 tot 18.00 u (de laatste bezoekers mogen om 17.00 u binnen). Rondleiding, vertrek om de 45 minuten. Toegangsprijs: € 3. Kortingen. Gratis voor kinderen tot twaalf jaar.* Voorzie ongeveer een uur voor een bezoek aan dit museum. Er is een hele verdieping gewijd aan het leven van de dame met de camelia's. Veel objecten die hebben toebehoord aan Alphonsine Plessis: twee paspoorten met uiteenlopende informatie (ze verandert haar leeftijd en verklaart onder andere dat ze rentenierster is...), juwelen, een kleine hagedis als geluksbrenger... Eigenlijk allemaal niet zo veel als je bedenkt dat ze zo wordt bewonderd, zelfs door de Japanners en dit vanwege haar donkere diepliggende en lichtjes gespleten ogen en haar camelia's. Knap ingerichte ruimte over de bewerkingen van de roman van Dumas. Alle sterren van onze tijd (of bijna alle) hebben deze schitterende en aangrijpende rol gespeeld op het grote witte doek of op de planken als theaterstuk of opera: Greta Garbo, Sarah Bernhardt, la Callas, Edwige Feuillère, Isabelle Huppert, Isabelle Adjani en zelfs Elisabeth Platel.

HET PAYS D'OUCHE

Het Pays d'Ouche is de geboortestreek van de gravin de Ségur. Deze adellijke dame heeft lange tijd in een kasteel vlak bij L'Aigle gewoond. Het is er romantisch, er stromen vrolijk klaterende beekjes. Je vindt er de ruïnes van de abdij van Saint-Évroult-Notre-Dame-des-Bois.
- Voor meer info: ● *www.pays-d-ouche.com.*

L'AIGLE

61300 | 9290 INWONERS

De stad is genoemd naar een adelaarsnest dat in de bijgebouwen van het kasteel is gevonden. Wat is de grootste gemene deler voor naalden, silex, cervelaatworst en de gravin van Ségur? Op het eerste gezicht lijkt dit een vrij vreemde vraag. En nochtans... Dit surrealistische samenraapsel maakt wel degelijk deel uit van de realiteit van L'Aigle. Naalden? De laatste naaldenfabrikant in Frankrijk (établissements Bohin) ligt in dit dorp en kun je bezoeken. Silex? Veel huizen zijn gebouwd met deze vreemde steensoort. Cervelaatworst? Is al sinds jaar en dag de specialiteit van L'Aigle. En tot slot de gravin van Ségur? Deze adellijke dame heeft lange tijd vlak bij L'Aigle gewoond in een kasteel waar ze het gros van haar verhalen heeft geschreven. En dan nog even melden dat je hier ook een van de belangrijkste veemarkten van Frankrijk vindt, dat er veel kleine restaurants zijn waar het lekker eten is en dat het aangename centrum van het stadje een voetgangersgebied is. We wensen je alvast een fijne wandeling in dit mooie stadje in het Pays d'Ouche.

NUTTIGE ADRESSEN EN INFORMATIE

ℹ️ **Dienst voor Toerisme van het Pays de L'Aigle:** *Place Fulbert-de-Beina.* ☎ 02 33 24 12 40. ● *www.paysdelaigle.com. Het hele jaar door van maandag tot zaterdag geopend.* Gevestigd in de bijgebouwen van het door Mansart ontworpen kasteel uit de 17de eeuw. Gratis brochure voor een stasbezoek en een toeristische wandeling in de streek rond L'Aigle. Jong en sympathiek team van medewerkers die graag tot je beschikking staan.
- **Club Canoë-Kayak:** kajakclubbasis van Saint-Sulpice-sur-Risle. ☎ 06 82 68 14 79. In de richting van Rugles. Ieder weekend geopend van 14.00 tot 17.30 u, enkel na reservering. Trektochten en introductie in het kanovaren en kajakken op de Risle.
- **De markt:** op dinsdagochtend. Grote traditionele markt.

GOEDKOOP TOT IETS LUXUEUZER

▣✕ CHAMBRES D'HÔTES EN BRASSERIE O'CHÂTEAU: *Place Saint-Martin 11.*

☎ 02 33 24 00 97. ● info@chambre-hoet-laigle.com ● www.chambre-hote-laigle.com. *Het restaurant is dagelijks geopend, behalve op zondag. Verder gesloten op vrijdag en zaterdagavond. Voor een tweepersoonskamer reken je op € 55 tot 65. Op weekdagen is er een lunchformule voor € 10.* Pal in het centrum van het dorp. Een heel charmant adres. In een en hetzelfde huis vind je een Engelse pub (met een maquette van een vliegtuig boven de bar en een oude motor in de hoek), een bistro, vijf ruime en lichte kamers (allemaal gerenoveerd en voorzien van een retro-chique of meer exotische inrichting). Parketvloer, oude schoorsteenmantels, toile de Jouy-dekens, fauteuils in empirestijl en een badkamer die naadloos aansluit bij de oude kranen. Natuurlijk ook enkele moderne toetsen (flatscreentelevisie bijvoorbeeld). In de keuken dan: traditionele, eenvoudige, smaakvolle gerechten. Veel stamgasten die al snel een plaatsje bemachtigen op het terras of in de knusse achterzaal.

✕ TOQUE ET VINS: *Rue Louis-Pasteur 35.* ☎ 02 33 24 05 27. *Gesloten op zon- en feestdagen, op maandagavond en op dinsdagavond. Jaarlijks verlof: de eerste helft van augustus en tijdens de eindejaarsperiode. Best op voorhand reserveren. Menu voor € 11,60 tot 32.* Dit eethuisje op wandelafstand van het centrum is een ommetje zeker waard. Je kunt er een overheerlijk lekkerbekkenmenu eten! Eenvoudige, gezellige inrichting en smaakvolle, traditionele keuken. En vanzelfsprekend is er ook een mooie wijnkaart. Bijzonder aardige bediening. Een heel goed adres.

✕ L'ÉPI D'OR: *Avenue du Général-de-Gaulle 22.* ☎ 02 33 84 83 72. ● contact@creperie-lepidor.com. *Op een boogscheut van het treinstation. Gesloten op zondag en op maandag. Jaarlijks verlof twee weken begin augustus en een week in december. Doordeweeks lunchmenu voor € 9,20. Je kunt ook à la carte eten als je dit wilt, daarvoor tel je € 15 neer.* We bevinden ons hier nog altijd in het land van de cider. Waarom zouden we dan samen geen lekkere pannenkoek binnenspelen! Royale pannenkoeken... er is er zelfs een met camembert... De heerlijke pannenkoek met karamel en gesmolten boter is het perfecte dessert. Klein terrasje achteraan. Snelle service. Adres dat een maritiem tintje heeft gekregen (zeesterren en voorwerpen uit de zee hangen overal op). We raden je warm aan van tevoren te reserveren.

▣✕ HÔTEL-RESTAURANT EN BRASSERIE DU DAUPHIN: *Place de la Halle.* ☎ 02 33 84 18 00. ● regis.ligot@free.fr ● www.hoteldudauphin.free.fr. *Restaurant gesloten op zondagavond. Tweepersoonskamers van € 62 tot 85. Brasserieformule vanaf € 12. Menu's van € 35 tot 40. Er is wifi, maar dat is niet gratis.* Dit hotel annex restaurant is een waar instituut en combineert verschillende zaken. In een 17de-eeuws voormalig relais voor postkoetsen, een tijdlang heel druk bezocht door reizigers die van Parijs naar Granville reisden. In het hoofdgebouw zijn enkele gezellige kamers ingericht, voorzien van alle comfort. De kamers in het bijgebouw zijn modern en functioneel. Hetzelfde geldt voor de keuken. Je kunt dagelijks tot 22.00 u in de brasserie terecht voor een lekkere schotel. Het restaurant heeft anderzijds enkele mooie verrassingen in petto voor de lekkerbekken onder jullie (streekgerechten die aan de moderne smaken zijn aangepast). Onberispelijke ontvangst.

CAMPING

▣ Zie verder bij Saint-Évroult-Notre-Dame-des-Bois, 'In de omgeving van L'Aigle'.

DOORSNEEPRIJS TOT IETS LUXUEUZER

▣ CHAMBRES D'HÔTES DE LA BOURDINIÈRE: *bij Cécile Talpe, 61300 Crulai.* ☎ 02 33 24 70 91. ● talpe.labourdiniere@orange.fr. *Establissement 9 km ten zuiden van L'Aigle (in de richting van Longny-*

au-Perche). Te bereiken: in het dorpje Crulai sla je links af naar Beaulieu. Het hotel staat 1 km verderop (na het verlaten van Crulai) bewegwijzerd aan de rechterkant. Reken op € 50 voor een tweepersoonskamer. Gratis wifi. Midden in de velden in een verzorgde tuin bevindt zich dit grote huis. Boven zijn twee eenvoudige maar gezellige kamers met warme kleuren ingericht. Heel propere ruime badkamer met houten parket en uitzicht op het platteland. Aardig gezin, oprecht en heel bereid om je op weg te helpen. Wandelfiches ter beschikking van de liefhebbers van trektochten.

📧 LE PARADIS: *Grande-Rue 10, 61550 La Ferté-Frênel.* ☎ *0233348133.* ● *isa.dansonville@wanadoo.fr* ● *www.hotelduparadis.com. In een dorp 14 km ten noordwesten van L'Aigle aan de weg naar Vimoutiers. Het restaurant is gesloten op zondagavond en maandag. Tweepersoonskamers met wastafel, douche of bad voor € 45 tot 51.* Dit is nu echt zo'n goede kleine dorpsherberg met een huiselijke sfeer, uitgebaat door een jong koppel. Het ziet er een beetje ouderwets uit maar er worden plannen gemaakt voor een renovatie. Interessante prijs-kwaliteitverhouding (tv, wifi). Onze lievelingskamer is die onder het dak, de balken zorgen voor een knus gevoel.

🏇 LE MANOIR DE VILLERS: *61550 Villers-en-Ouche.* ☎ *0233349800.* ● *alexandra.cappellini@wanadoo.fr* ● *http://perso.orange.fr/le.manoir/. 19 km ten noordwesten van L'Aigle, aan de weg naar Vimoutiers. Net vóór het kasteel als je vanuit het stadje komt. Het restaurant is van dinsdag tot donderdag enkel geopend na afspraak. Jaarlijks verlof in januari. Formule voor € 15. Menu voor € 26. Kaart voor € 32. Gratis wifi.* Dit prachtige ruitercentrum is een familiebedrijf dat met passie wordt gerund door een Italiaanse familie. Echte Italiaanse keuken (van Emilie-Romagne om precies te zijn), specialiteit is de verse pasta. Leuke eetruimte. En als je er zin in hebt, kun je paardrijlessen volgen.

🍴 AUBERGE L'ÉCUYER NORMAND: *aan de D926, Route de Paris 23, 61300 Chandai.*

☎ *0233240854.* ● *ecuyer-normand@wanadoo.fr. 8,5 km van L'Aigle, aan de weg naar Verneuil (D926). Aan het kruispunt sla je rechts af en 50 m verderop kun je parkeren. Gesloten op zondagavond, maandag en woensdagavond. Lunchmenu voor € 14 tot 19 (enkel op weekdagen); overige menu's voor € 26 tot 39.* Verscholen achter de klimop vind je een rustige en prettige eetruimte met een oude donkere balkenzoldering. Heel talentvolle chef-kok die een persoonlijke en moderne keuken voorschotelt, verankerd in de traditie. Vooral de vis en de producten eigen aan de Normandische kust zijn om je vingers bij af te likken. Bijzonder vriendelijke en attente ontvangst.

🍴 AUBERGE SAINT-JAMES: *Route de Paris 62, 61270 Aube.* ☎ *0233240140. Gesloten op zondagavond, dinsdagavond, woensdag en 's avonds op feestdagen. Jaarlijks verlof: twee weken in augustus. Middagmenu voor € 12,50; verder eet je er voor € 17 tot 30.* Wie in de voetsporen van de gravin de Ségur wil reizen, moet hier absoluut even halt houden. De ontvangst in deze kleine plattelandsherberg is discreet maar heel vriendelijk. Klassiek en gezellig ingericht. Traditionele keuken (overal uit Frankrijk), lekker bereid en heel smaakvol. Goede prijs-kwaliteitverhouding.

WAT IS ER TE ZIEN EN TE DOEN?

🏛 **Église Saint-Martin:** het eerste wat opvalt, is de schitterende 15de-eeuwse flamboyante klokkentoren die boven het historische stadsdeel uitsteekt. De buitenmuur van de apsis is romaans (12de-eeuws), net zoals de zuidelijke toren aan de voorkant met zijn carillon en zijn spits met het houten gebinte. De rest van de kerk dateert uit de renaissance. Tegenover de kerk, aan de Place Saint-Martin, vind je het grappige *Maison des Poulies*, bijgenaamd Maison de Marie Stuart. Dit is het oudste huis van het stadje.

- Wandelingetje over de **Quai Catel**: langs de Risle (rivier). Via bruggetjes heb je toegang tot de winkeltjes. Vergeet niet even stil te staan bij het fraaie huis net voorbij de Bar des Archers.

🎥**Musée Juin-1944:** *Place Fulbert-de-Beina.* ☎*0233841616 (gemeentehuis) of 0233241944. Van april tot september geopend op dinsdag, woensdag en tijdens het weekend van 14.00 tot 18.00 u. Toegangsprijs: € 3,60. Kortingen.* Dit was het eerste 'sprekende' museum van Frankrijk. Officieel geopend in 1953 door niemand minder dan generaal Leclerc. Hier wordt aan de hand van twaalf schilderijen het verhaal verteld van de belangrijkste hoofdrolspelers (oproep van 18 juni, de aankomst van Leclerc op de brug van Alençon...). Natuurlijk draait het allemaal om de slag om Normandië, van de landing van de geallieerden tot en met de Duitse capitulatie in de Poche de Chambois. Je kunt de operaties volgen op een reusachtige strategische kaart.

🎥**Musée de la Météorite en Musée archéologique:** *in een bijgebouw van het Musée Juin-1944, zelfde openingsuren. Gratis.* Stukjes meteoriet, naar aanleiding van de meteoriet die in 1803 op L'Aigle viel. Tevens een kleine verzameling prehistorische voorwerpen.

🎥**Musée des Instruments de musique:** *in het gemeentehuis. Van maandag tot vrijdag geopend van 8.30 tot 12.00 u en van 13.30 tot 17.30 u (op vrijdag tot 16.45 u). Gratis.* In een kleine zaal op de eerste verdieping zijn de instrumenten die door Marcel Angot werden geschonken, uitgestald: 92 oude muziekinstrumenten, waaronder enkele bizarre en exotische instrumenten en ook enkele heel zeldzame (van de hand van beroemde vioolbouwers).

🎥🎥**Naaldenfabriek van Bohin:** *Saint-Sulpice-sur-Risle. Niet gemakkelijk te vinden want de fabriek ligt op het platteland. Vraag de weg. Rondleiding na reservering bij de Dienst voor Toerisme of op het nummer* ☎*0233842531.* ●*www.bohin.fr. Toegangsprijs: € 5.* Dit is de laatste fabriek in Frankrijk waar nog naalden worden gemaakt. Zo eenvoudig is het. Dit erfgoed is een ommetje dus meer dan waard! Je staat versteld van hoe moeilijk het werk er is: het is in de ateliers zo druk als in een bijenkorf. Voor één naald zijn maar liefst 23 opeenvolgende handelingen nodig, gespreid over drie maanden. Dat wil de rondleiding duidelijk maken. Elke stap in het productieproces wordt er uitgelegd; sommige van deze stappen verlopen nog net zo als in de 19de eeuw (bijvoorbeeld de techniek om de naalden horizontaal te rangschikken!). Verrassend.

IN DE OMGEVING VAN L'AIGLE

🎥🎥**Saint-Ouen-sur-Iton:** *vreemd klein dorp 6 km ten zuidoosten van L'Aigle.* Alle schoorstenen (nou ja bijna allemaal) hebben de vorm van een spiraal. Op het marktplein vertelt een zuil van veertien meter de wonderbaarlijke geschiedenis van Désiré Guillemare, die zevenenvijftig jaar lang burgemeester van Saint-Ouen was. Een lange tekst legt uit 'hoe de gemeente veranderde' door deze politicus die ook een echte filantroop was. Een van zijn vele goede daden was de schenking van een klok van 47,5 kilo op voorwaarde dat die bij elke begrafenis zou worden geluid, zowel voor rijk als voor arm. Bewegwijzerd visparcours vanuit het dorpje.

🎥🎥**Aube:** 7 km van L'Aigle, aan de Route d'Argentan. Let op, het *Château de Nouettes*, de vroegere woning van de gravin de Ségur, kun je niet bezoeken.

- 🈯**Musée de la Comtesse de Ségur:** *Rue de l'Abbé-Roger-Derry 3.* ☎*0233246009.* ●*www.musee-comtessedesegur.com.* 🈯 *Van half juni tot eind september dagelijks (behalve op dinsdag) geopend van 14.00 tot 18.00 u; op woensdag in juni en september gaan de deuren pas om 16.00 u open; buiten het seizoen even een telefoontje plegen voor de exacte openingsuren. Toegangsprijs: € 4; kortingen. Combikaartje met het Musée de la Grosse Forge: € 6.* Sophie Rostopchine werd geboren in het Rusland van de tsaren en behoorde tot een heel oude familie die pretendeerde direct af te stammen van de vreselijke Mongoolse keizer Djenghis Khan. Toen ze achttien jaar was (meer bepaald in 1817), emigreerde Sophie Rostopchine naar Frankrijk en ontving ze door de banden van het huwelijk de titel van gravin van Ségur. Pas op 57-jarige leeftijd begon ze kinderverhalen te schrijven. De meeste van haar boeken schreef ze in het kasteel van Nouettes in Aube met haar hele kinderschare om zich heen. Het waren stuk voor stuk succesuitgaven tijdens het

Seconde Empire (keizerrijk van Napoleon III). Dit kleine museum met zijn aardig tuintje (waar de roos 'Comtesse de Ségur' bloeit) vertelt aan de hand van audiobanden, wassen poppen in klederdracht van toen, portretten en familiekiekjes het leven en de verbazingwekkende carrière van deze geweldige gravin, die zich voor haar verhalen vooral liet inspireren door het Pays d'Ouche en de alledaagse gebeurtenissen: de markt van L'Aigle, de naaldenfabriek van Boisthorel, het bos van Saint-Évroult... Ze is gestorven in Bretagne, meer bepaald in Pluneret (dicht bij Auray). Lang leve Gribouille en generaal Dourakine!

- **Musée de la Grosse Forge:** *Rue de Vieille-Forge.* ☎ *02 33 34 14 93.* ● *www.forgeaube.fr.st. Goed aangegeven aan de rand van het stadje als je vanuit L'Aigle komt. Zelfde openingsuren en toegangsprijs als het Musée de la Comtesse de Ségur (zie boven).* In een prachtig oud huis aan de oever van de rivier werd een museum ondergebracht over de metaalactiviteiten in het Pays d'Ouche (klein audiovisueel parcours van 45 minuten) van in de 16de eeuw tot halfweg de 20ste eeuw: schoepenraderen, reuzenblaasbalg, werkplaatsen, aanpuntingsovens en een indrukwekkende hydraulische hamer afkomstig van de Forges de la Varenne in Champsecret. Er lopen ook twee kleine tentoonstellingen over het werken met ijzer (maquettes).

👫 **Saint-Évroult-Notre-Dame-des-Bois:** *14 km ten westen van L'Aigle.* Dorp in een rustige hoek, omgeven door een mooi bos. Prachtige ruïnes van een 12de-eeuwse abdij die uitstekend tot hun recht komen. Daarnaast bevindt zich een meer waar je een lekker fris duikje kunt nemen. Tenzij je liever op het terras van de *Bar du Lac des Cygnes* zit. Bij helder weer heb je een fraai uitzicht op de ruïnes.

> 🏕 **CAMPING DES SAINTS-PÈRES:** *aan het meer.* ☎ *02 33 34 93 12 (gemeentehuis) of 06 32 72 08 55. Geopend van april tot september. Ga uit van ongeveer € 6 tot 8 voor twee personen.* Een twintigtal staanplaatsen in de schaduw en aan het meer. Het sanitair is vrij net. Ideaal voor gezinnen omdat vlakbij een speelterrein ligt: waterfietsen, een stukje strand, spelen...

- **Paardrijden in het Manoir de Villers:** zie boven onder de rubriek 'Slapen, Iets eten in de omgeving'.

DE PERCHE ORNAIS

In dit gebied in het zuidoosten van het departement hangt een heel bijzondere sfeer. 's Ochtens gaan de grassige heuvels verborgen achter een dichte nevel. Schattige kapelletjes verbergen kleurige fresco's, holle wandelpaden doorkruisen het befaamde natuurpark, zwarte ooievaars en kraanvogels vliegen over de knusse dorpjes waar de bewoners in alle rust wat rondhangen. Her en der staan oude herenboerderijen met witgekalkte muren... zoveel moois binnen handbereik.

NUTTIG ADRES

- **Maison du parc naturel régional du Perche:** manoir de Courboyer, 61340 Nocé. Zie verder bij 'Wat is er te zien?'. Haal de handige en degelijk opgevatte ontdekkingsgids.

MORTAGNE-AU-PERCHE

61400 | 4880 INWONERS

Dit kleine uiterst provinciaalse stadje van net geen vijfduizend inwoners (behalve in het weekend als de Parijzenaars naar hun buitenverblijven komen!) ligt boven op een heuvel en kijkt uit over de streek. Het heeft een schat aan straten en steegjes uit de tijd van het ancien régime en telt tal van gebouwen en voorname herenhuizen die de stempel van het razendsnelle knaagdier tijd dragen en in stilte getuigen van een tijdperk waarin Mortagne-au-Perche nog de hoofdzetel van de graven van de Perche was. In dit middeleeuwse plaatsje zag de filosoof Émile-Auguste Chartier (pseudoniem Alain) het daglicht. Maar het staat als een paal boven water dat dit stadje eerst en vooral bekendstaat om zijn percherons, de sterke trekpaarden die eertijds de glorietijd van de Parijse trams uitmaakten en tot in Canada werden uitgevoerd.

- In Mortagne-au-Perche wordt het eerste weekend van september de percheron gevierd. De andere schat van dit dorp is de bloedworst, die je op de plattelandsmarkt vindt. Deze worst is vers en helemaal niet machinaal bereid!

De allerlekkerste bloedworst

Om het voortbestaan van de traditie en de kwaliteitsgarantie van dit landelijke gerecht op basis van varkensbloed (oorspronkelijk werd het bloed van everzwijnen gebruikt), ui en spek te garanderen organiseert het broederschap van de Chevaliers du Goûte-Boudin van Mortagne elk jaar in maart een wedstrijd en een jaarmarkt. Daar wordt de bloedworst per kilometer verkocht (doorgaans vier tot vijf kilometer). Als je er weg van bent, let je niet op een kilometertje meer of minder! Een ander bewijs van deze passie uit Mortagne is dat elke gildebroeder plechtig moet zweren dat hij een keer per week bloedworst zal eten.

NUTTIG ADRES EN INFORMATIE

🛈 Dienst voor Toerisme: *halle aux grains, Place du Général-de-Gaulle.* ☎ *02 33 85 11 18.* ● *www.otmortagneauperche.fr. Van half juni tot half september dagelijks geopend (behalve op zondagmiddag). Buiten het seizoen gesloten op zondag en maandag.* Sympathieke bediening en goed gedocumenteerd. Rondleidingen en informatie over de evenementen (rondritjes op een percheron, georganiseerd door de paardenboerderijen), kerstmarkt.

- **Plattelandsmarkt:** op zaterdagochtend.

SLAPEN, IETS ETEN IN MORTAGNE EN OMGEVING

GOEDKOOP TOT IETS LUXUEUZER

🛏🍴 HÔTEL DU TRIBUNAL: *Place du Palais 4.* ☎ *02 33 25 04 77.* ● *hotel.du.tribunal@wanadoo.fr* ● *www.hotel-tribunal.fr.* 🅿 *In het centrum van het stadje. Gesloten met Kerstmis en Nieuwjaar. Tweepersoonskamers van € 60 tot 110, afhankelijk van het comfort. Lunchformule voor € 16 (niet tijdens het weekend en op feestdagen); verdere menu's van € 25 tot 50.* Het is quasi onmogelijk om niet te vallen voor de charme van dit mooie 16de-eeuwse huis in de stijl van de Perche, dicht bij een klein pleintje dat er zo provinciaals uitziet dat je je in de 19de eeuw waant. De voorgevel lijkt onveranderd sinds het eind van de 19de eeuw... toen in deze herberg veel werd gehuild en gelachen aangezien het naast de uitgang van de rechtbank lag. Maar vergis je niet, de kamers zijn heel hedendaags en heel geslaagd modern ingericht. Aardig bijgebouw aan de achterkant, met kamers die uitkomen op een klein binnenplaatsje met veel bloemen. Bepaalde kamers zijn uitgerust met jacuzzi en hebben een terras met prachtig uitzicht op de binnentuin en het oude Mortagne. In de gezellige eetruimte die onlangs gerenoveerd werd, kun je heel goed eten: degelijke streekkeuken met natuurlijk de onvergetelijke bloedworst.

🛏 HÔTEL DES TAILLES: *Rue des Tailles 9.* ☎ *02 33 73 69 09 of 06 14 46 22 29. Voor een tweepersoonskamer tel je, afhankelijk van het comfort, € 80 tot 115 neer. Ontbijt is inbegrepen. Internet.* Achter de monumentale poort gaat een pareltje schuil: door een kier ontdek je een charmante herenwoning uit de 18de eeuw die in die tijd het eigendom was van een belastinginner. Wees gerust, de nieuwe eigenaars zijn heel wat vriendelijker. Bewijs daarvan is de *bar des copains* (met een echte tapkast!) waar heel gezellige feestjes georganiseerd worden. De kamers zijn sober maar elegant, werkelijk heel charmant. Het vrijstaande huisje verdient een extra vermelding. Dit is perfect voor gezinnen, telt twee kamers en een gemeenschappelijke badkamer.

CHAMBRES D'HÔTES LE GROS CHÊNE: *in Saint-Germain-de-Loisé.* ☎ 02 33 25 02 72 *of 06 30 69 53 42.* ● *brigitte.pasquert@wanadoo.fr* ● *www.fermedugroschene.com.* *De gastenkamers van Le Gros Chêne liggen in een dorpje in de buurt van Mortagne. Neem de D8 in de richting van Longny-au-Perche. Voor een kamer voor twee reken je op € 55. Table d'hôte voor € 18 maar enkel na reservering.* De naam zegt het al, je bent hier echt op het platteland. Deze boerderij is zelfs nog actief! Maar de stallen zijn helemaal niet meer wat ze ooit waren, op de inrichting na dan. De eigenaars hebben de gebouwen in een nieuw kleedje gestoken en ontvangen er nu hun gasten. Er is een mooie leefruimte (salon met tv, keuken), een paar gezellige kamers die mooi zijn ingericht volgens het thema bloemen. Een mooie plek om even je koffers neer te zetten. Uitgebreid ontbijt: zelfgemaakte broodjes, yoghurt...

LES PIEDS DANS L'EAU: *Chemin de la Folle-Entreprise 28, 61400 Saint-Langis-lès-Mortagne.* ☎ 02 33 25 31 44. ● *lespiedsdansleau61@orange.fr. Het eethuis ligt ongeveer tegenover het politiekantoor van Mortagne. In de zomer dagelijks geopend voor de lunch en het avondeten. Lunchmenu voor € 15, 's avonds eet je à la carte voor ongeveer € 30 tot 40.* De weg hierheen is al een avontuur op zich! Maar eens je er bent, word je met zwier onthaald door een jong en dynamisch team. Hier wordt enkel met de allerbeste verse producten gewerkt. Hun enige doel is hun gasten een leuke avond bezorgen, de schotels zijn dan ook uitermate smakelijk en worden verzorgd opgediend. Het succes liet dan ook niet lang op zich wachten... Reserveren is noodzakelijk, vooral voor de lunch. Op het terras zit je ook echt met de voeten in het water, of toch bijna. 's Avonds is de sfeer wat intiemer. In de rustiek-chique eetruimte kom je heerlijk tot rust. Wanneer de drukte wat over is, zitten gasten en eigenaars gezellig samen een glas te drinken!

LA VIE EN ROUGE: *Rue Sainte-Croix 31.* ☎ 09 66 13 88 20. ● *lavieenrouge0450@orange.fr.* *Van donderdag tot zaterdag geopend van 10.00 tot 20.00 u. 's Avonds enkel na reservering. Op zondag geopend van 10.00 tot 13.00 u. Een schotel kost je zo'n € 12.* Je hoeft nog geen rode wangen te hebben wanneer je hier aankomt... maar als je buitengaat, heb je ze gegarandeerd wel! De gezellige eigenaar van dit kruidenierszaakje kent zijn stiel: de kelder staat vol mooie flessen, enkele zijn zelfs heel zeldzaam. Proeven is een waar genot, intussen doe je je te goed aan lekkere streekproducten (fijne vleeswaren, kaas...). Een halte voor echte lekkerbekken.

SLAPEN, IETS ETEN IN DE OMGEVING

DOORSNEEPRIJS

CHAMBRES D'HÔTES LA MAISON PERVENCHE: *61560 Boëcé.* ☎ 02 33 83 05 16. ● *maisonpervenche@hotmail.com* ● *http://perso.orange.fr/maisonpervenche. Volg de weg naar Alençon, neem afrit Boëcé-La Mesnière en rijd in de richting van Boëcé. Sla het weggetje tegenover het stopbord in. Voor een tweepersoonskamer tel je € 50 neer. Table d'hôte (na reservering) voor € 18.* De oprijlaan omzoomd met appelbomen leidt naar een haven van rust. De karaktervolle gebouwen liggen in een mooie landschapstuin. Meneer Colard was vroeger bloemist, in de tuin liggen een vijver, een terras en een pak bloemen! Achteraan ligt een groene weide. Een echt plaatje! In een van de huizen zijn vijf kamers ingericht onder het dak, waarvan een kamer voor een gezin gebruikt kan worden. Allemaal zijn ze even mooi ingericht. Grote gemeenschappelijke ruimte waar je kunt ontbijten. De glimlach, de ontvangst en de vriendelijkheid hebben ons helemaal verleid.

WAT IS ER TE ZIEN?

Dit stadje heeft iets weg van een groot provincieplaatsje. Het meest karakteristieke van deze plaats is het grote aantal mooie huizen uit de periode dat het de hoofdplaats van de Perche was. Te voet kun je het stadje makkelijk bekijken.

❧❧ **Halle aux grains (voormalige graanopslagplaats):** *aan de Place du Général-de-Gaulle, het drukke centrum van het stadje.* Dateert van 1825 en biedt tegenwoordig onderdak aan de Dienst voor Toerisme. Er vlak naast staat een huis met een hoektoren met een zonnewijzer (nummer 9, aan het plein) en op het plein is er een moderne fontein in de vorm van een... Egyptische sarcofaag! 's Nachts, als er rook uit komt, krijg je het gevoel dat je voor het graf van een vampier staat... of dat je in een slechte griezelfilm verzeild bent geraakt. Bizar...

❧❧ **Église Notre-Dame:** flamboyante gotiek. De kerk werd op het eind van de 15de eeuw opnieuw opgebouwd en heeft lambriseringen uit de 18de eeuw (in het koor). In een glas-in-loodraam wordt de rol herdacht van de inwoners van Mortange bij de verovering van Canada in de 17de eeuw (bijzonder eerbetoon aan Pierre Boucher de Boucherville). De Rue du Portail-Saint-Denis is bijzonder goed bewaard gebleven. Gotische boog uit de 15de eeuw en torentje met fijnbewerkt fronton erbovenop.

❧❧ **Het kloppende hart van het oude Mortagne:** *Place du Palais-de-Justice, net achter de kerk.* Pittoreske wijk die niet door de tand des tijds werd aangetast.

❧❧ **Musée Alain:** *rue du Portail-Saint-Denis 8.* ☎ 0233252587. *In het Maison des Comtes du Perche (gravenhuis van de Perche). Van dinsdag tot vrijdag geopend van 14.00 tot 18.00 u; op woensdag ook geopend van 9.30 tot 12.00 u; op zaterdag van 10.00 tot 12.00 u en van 14.00 tot 17.00 u. Jaarlijks verlof tijdens de eindejaarsperiode. Gratis toegang.* Herdenkingsdag van Alain, eerste weekend van oktober. Velen onder jullie kennen waarschijnlijk nog enkele filosofische paragrafen van Alain uit het hoofd. Émile-Auguste Chartier (dat was zijn echte naam) werd in 1868 geboren in Mortagne, meer bepaald in de Rue de la Comédie 3. Chartier was eerst en vooral een inwoner van de Perche. 'Ik ben Percheron, geen Normandiër dus'. In dit kleine museum waar de klok precies is blijven stilstaan, leer je de andere kant van Alain kennen. Hij was ook een scherpzinnige en verlichte journalist, een subtiele en soms venijnige dichter en in ieder geval de uitvinder van de *Propos*, een uitdrukkingsvorm die hem het best lag en waarin hij heel sterk was. Je kunt er zijn bureau zien. Het werd speciaal overgebracht van zijn woonplaats in Vésinet, waar hij in 1951 is overleden.

❧ **Openbare tuin:** achter het gemeentehuis (in een herenhuis uit de 18de eeuw). Prachtig uitgestrekt uitzicht op het platteland en in de verte het Forêt de Bellême en het Forêt de Perseigne (Sarthe).

IN DE OMGEVING VAN MORTAGNE-AU-PERCHE

❧❧❧ **Parc naturel régional du Perche:** met zijn afwisseling van bossen en bocages is het landschap van de Perche zeldzaam verleidelijk, charmant en rustiek. In dit gebied zijn er veel wandelpaden en bewegwijzerde routes die je met stafkaarten of routebeschrijvingen (niet gratis) kunt ontdekken. Er zijn ook tal van langeafstandswandelpaden. Zo wordt dit park van meer dan 182.000 ha doorkruist door de GR22, de GR35 en tot slot de GR351. Er werden ook speciale paden voor mountainbikes uitgestippeld. Of je kunt de gelegenheid aangrijpen om de omgeving van op de rug van een ezel of van in een koets te ontdekken (zie verderop bij Nocé onder de rubriek gewijd aan de Manoir de Courboyer, waar het Maison du parc naturel régional is gevestigd). Op de hiernavolgende pagina's worden verschillende wandeltochten beschreven.

PARCOURS DOOR HET HEUVELLANDSCHAP VAN DE PERCHE

🍷🍷 **Forêt de Réno-Valdieu:** samen met het Forêt de Bellême en het Forêt de Perche ongetwijfeld een van de mooiste bossen van Normandië. Deze groene vlakte werd ternauwernood gered door Colbert, die dacht dat Frankrijk te gronde zou gaan bij gebrek aan hout. Hij vergat Canada, waarin hij niet meer geloofde, maar verdedigde vurig het bos van Réno-Valdieu. 70 % van de bomen in dit bos zijn eiken. De meest statige zijn de eiken van de Gautrie. Drie van deze bomen zijn driehonderd jaar oud en meer dan veertig meter hoog. Monumenten van schors en chlorofyl!

🍷🍷🍷 **Chapelle-Montligeon:** aan de zuidwestelijke rand van het Forêt de Réno en 11 km van Mortagne. Hier vind je het 'Lourdes van de Perche': een immense basiliek. Gigantisch in verhouding tot het dorpje. Het indrukwekkende gebouw doorklieft de lucht met zijn twee spitsen. De bouw van deze kapel in neogotische stijl duurde niet minder dan zeventien jaar (1894-1911). Indrukwekkend Mariabeeld dat meer dan dertien ton weegt! Aanvankelijk (in 1884) werd de kapel door eerwaarde heer Buguet, de priester van het dorp, opgericht met liefdadigheidsdoeleinden voor ogen. De oorspronkelijke zingeving van de kapel was tweevoudig: enerzijds een bidplaats creëren ter nagedachtenis aan de overledenen en anderzijds vorm geven aan een project waarmee aan de inwoners van het leeggelopen dorp werk werd gegarandeerd. Het idee kende zo'n succes dat er in plaats van een kapel een bedevaartplaats uit ontstond die op datum van vandaag nog steeds druk wordt bezocht (Hemelvaart, 1 mei, 15 augustus en de tweede zondag van november). In La Chapelle-Montligeon worden ook de Ravirées georganiseerd, een muzikaal en cultureel evenement op de derde donderdag van elke maand vanaf 21.00 u (niet in augustus) in het hotel-restaurant (zie verder) of op het dorpsplein. Op het programma staan muzieksessies en traditionele dansen uit de Perche.

🛏✕ *HÔTEL-RESTAURANT LE MONTLIGEON: Rue Principale 14, 61400 La Chapelle-Montligeon.* 📞*02 33 83 81 19. ●info@hotelmontligeon.fr ●www.hotelmontligeon.com. In het centrum van het dorp, recht tegenover de kerk. Gesloten op zondagavond, op maandag en op dinsdag. Jaarlijks verlof van 20 december tot 10 januari en van 1 tot 15 juli. Je telt een bedrag van € 33 tot 75 neer voor een tweepersoonskamer, afhankelijk van het comfort. Lunchformule voor € 11,75; menu's van € 15,50 (niet in het weekend) tot 36. Internet.* Een leuk plattelandshotelletje, met pretentieloze kamers met goede prijs-kwaliteitverhouding. Grote provinciaalse eetkamer die op bekoorlijke en hartelijke manier is ingericht. Lekkere streekgebonden keukengerechten die met royale porties worden geserveerd. De plaatselijke producenten komen hier bijzonder goed tot hun recht.

HET FORÊT DU PERCHE EN HET FORÊT DE LA TRAPPE

Eindelijk een echt Gallisch bos! In het Forêt du Perche overheersen vooral de zomereik en de beukenboom. Samen zijn ze goed voor meer dan 80 % van het totale aantal bomen. Ter hoogte van het Carrefour de l'Étoile (sterkruispunt) beginnen lange, schaduwrijke en uiterst groenende bospaden. Ze lopen uit naar de vier hoeken van het bosmassief. In het Forêt du Perche ontspringt ook de Avre. Ze stroomt er diagonaal door het bos. Bovendien is er ook nog het langeafstandswandelpad GR22, dat voor de wandelaars de beste manier blijft om deze 'kleine groene oase' te verkennen. Wat is het hier aangenaam ronddolen, zowel in de lente als in de herfst. Je bevindt je hier in het hart van het natuurpark.

Het Forêt de la Trappe is ietwat anders. Dit bos telt 60 % naaldbomen. Het heeft lange tijd toebehoord aan het klooster en cisterciënzer monniken die er de noodzakelijke eenzaamheid en stilte voor hun gebed kwamen zoeken. Terwijl deze mannen hier een toevluchtsoord vonden, zijn veel andere hier juist weggetrokken. Duizenden inwoners van de dorpen rond het bos zijn in de 17de eeuw naar Canada geëmigreerd.

NUTTIG ADRES

- **Maison du parc naturel régional du Perche:** manoir de Courboyer, 61340 Nocé. Zie 'Nocé'.

TOUROUVRE   61190 | 1630 INWONERS

Groot dorp 2 km van de rand van het Forêt du Perche. De oorsprong van zijn naam bewijst dat er altijd eiken hebben gestaan: Tourouvre is immers afgeleid van het Latijnse *tortum robur*, hetgeen 'verdraaide kracht' betekent en refereert aan een enorme en bijzonder harde zomereik waarvan de fraaie takken helemaal krom waren gegroeid door de kracht van de natuur en de ouderdom. Het dorp is op 13 augustus 1944 bijna helemaal met de grond gelijkgemaakt door een brand en heeft jammer genoeg niet meer de charme van vroeger.

De geschiedenis van dit dorp is nauw verbonden met die van Canada, want tachtig gezinnen uit dit dorp hebben in de jaren 1650 hun geluk gezocht in de nieuwe kolonies. Het is ook vanuit dit deel van de Perche dat de eerste percherons naar Nieuw-Frankrijk zijn vertrokken. Een klein museum is aan dit onderwerp gewijd.

- **Markt** op vrijdagochtend.

IJzer... uit Tourouvre!

De bodem in Tourouvre is bijzonder rijk aan ijzererts. Het is dan ook niet zo vreemd dat de metaalnijverheid zich in de streek vlot ontwikkelde. In het dorpje La Fonte (het gietijzer, wat een toepasselijke naam) werden in 1803 de brugbogen gegoten voor de Pont des Arts in Parijs, de eerste ijzeren brug van het land.

SLAPEN

GÎTE D'ÉTAPE: *Place Saint-Laurent. Inlichtingen te bekomen op het gemeentehuis:* ☎ *02 33 25 74 55.* ● *mairiedetourouvre@wanadoo.fr. Voor een overnachting reken je op € 13 per persoon, de lakens zijn inbegrepen.* In een eenvoudig dorpshuis in het centrum. Eethoekje en kitchenette. De kamers en slaapzalen zijn erg eenvoudig. Netjes en goed onderhouden.

SLAPEN, IETS ETEN IN DE OMGEVING

LE BOIS GERBOUX: *bij de heer en mevrouw Buxtorf, 61190 Lignerolles.* ☎ *02 33 83 68 43.* ● *buxtorf@normandnet.fr* ● *www.leboisgerboux.com. Midden in de natuur, 250 m van het dorpje, aan de D273. Voor een tweepersoonskamer tel je € 55 neer. Aanvaardt geen kredietkaarten. Gratis wifi.* Het kleine weggetje leidt naar een mooie, typische hoeve voor deze streek. De schuur is helemaal omgebouwd en telt nu enkele charmante kamers voorzien van alle comfort. Heerlijke ontvangst, vol kleine attenties (rijkelijk ontbijt met zelfgemaakte jam, er is ook een keukentje dat je kunt gebruiken). Vertrekpunt voor tal van wandelingen in het bos.

LE RELAIS DE LA TOUR: *61190 Bubertré.* ☎ *02 33 25 78 06. In Tourouvre neem je de D32 in de richting van de abdij van La Trappe. Gesloten op zondagavond, dinsdag, woensdag en 's avonds op feestdagen. Jaarlijks verlof de laatste week van juni, de eerste helft van juli en de kerstvakantie. Lunchformule op weekdagen voor € 11; verder menu's voor € 18 tot 35.* Een gezellig dorpsherbergje, eenvoudig en hartelijk. Aan de ingang salon met haardvuur, zak er gezellig even onderuit. De eetzaal staat vol landelijke snuisterijtjes. Streek- en seizoenskeuken (forel gevuld met spek en camembert, parelhoen met room...). Voordelige prijs-kwaliteitverhouding. Stamgasten.

WAT IS ER TE ZIEN?

Musée de l'émigration française au Canada en het Musée du commerce et des marques: *Rue Mondrel 15.* ☎ *02 33 25 55 55.* ● *www.musealesdetourouvre.com. Van half maart tot eind de-*

cember geopend van woensdag tot zondag van 11.00 tot 18.00 u. Gesloten op maandag (van mei tot september)
en op dinsdag. Jaarlijks verlof de eerste helft van december en op 25 en 26 december. Vraag inlichtingen vooraf,
de openingsuren kunnen wisselen. Toegangsprijs: € 4 voor het Musée du Canada, € 2 voor het Musée du commerce
en € 5 voor beide. Een mooie hedendaagse ruimte waarin twee interessante musea zijn ondergebracht. Het eerste museum is modern en interactief en is opgedeeld in vijf thema-afde-
lingen, allemaal rond het avontuur van de eerste pioniers op weg naar Canada. Je komt er te
weten waarom 30.000 Fransen in de 17de en de 18de eeuw wegtrokken naar de Nieuwe Wereld. Sommigen gingen op zoek naar een beter leven, anderen hoopten op succes en roem.
Je ontdekt er de moeilijke omstandigheden waarin de overtocht verliep (storm, ziekte...) en
de dagelijkse realiteit in het nieuwe land (vreselijk klimaat, conflicten met de Engelsen...)
en de bondgenootschappen die de kolonisten smeedden. In de afdeling rond stambomen
kun je de afstamming achterhalen.

Het tweede museum is kleiner maar een stuk speelser. Je wordt ondergedompeld in de
kleurrijke wereld van de handel tussen de jaren 1900 en 1960: oude pubs (komisch, zoals het
huis Dubonnet) en legendarische voorwerpen zijn voortaan deel van het erfgoed!

✎ ✎ **Église Saint-Aubin:** op de twee laatste glas-in-loodramen aan de rechterkant van het
middenschip zie je een afbeelding van de emigratie van de Tourouvrains naar Nieuw-Frankrijk. Heel merkwaardig en mooi! Je ontdekt er in het bijzonder de geschiedenis van Julien
Mercier, de bekendste emigrant van het dorp. Dit is zonder twijfel te danken aan het feit dat
zijn achterkleinzoon Honoré Mercier, de toenmalige minister-president van Quebec, in
1891 een bezoek bracht aan Tourouvre.

AUTHEUIL   61190

2 km ten zuiden van Tourouvre, in de richting van Malétable. De op een groene heuvel gelegen Église Notre-Dame d'Autheuil is een van de weinige kerken die in de Honderdjarige
Oorlog (1337-1453) niet werd beschadigd. Massief bouwwerk in quasi zuivere romaanse stijl.
Binnen ontdek je enkele bezienswaardigheden: een fresco, gebeeldhouwde kapitelen en
een gedenksteen ter nagedachtenis aan Robert Giffard, leider van de 17de-eeuwse emigratie van de inwoners van de Perche naar Canada. Hij nam het initiatief en organiseerde deze
beweging samen met de hulp van de gebroeders Juchereau.

SLAPEN, IETS ETEN IN DE OMGEVING

▣ GÎTE DE SAUVELOUP: *bij Jeanne en Claude Lévèque, 61400 Feings.* ☎ 02 33 25 08 92.
● *claude.jeanne.sauveloup@orange.fr* ● *www.sauveloup.free.fr. Halverwege tussen Feings en Autheuil.*
Goed bewegwijzerd. Verhuur van vakantiehuis voor zes tot acht personen van € 150 tot 185 voor een weekend
en van € 222 tot 370 voor een week. In het hartje van de Perche in het departement Orne. Een adres waar
je kunt rekenen op absolute rust en een hartelijke ontvangst door een koppel landbouwers die sinds kort met pensioen zijn. De riante woongebouwen van de boerderij dateren uit de 17de eeuw. De eigenaars hebben er drie goed uitgeruste, kleurige gastenkamers ingericht waar in totaal tot acht personen kunnen logeren. Terras, grasperk, tuin
en speelweide voor de kinderen. Veel wandeltips.

MALÉTABLE   61290

Halverwege tussen Longny-au-Perche en Tourouvre. Bekoorlijke weg door een groene vallei als
je van Brochard en het Forêt de Réno-Valdieu komt. Eén enkele bezienswaardigheid: de Vigie de
l'abbé Migorel. Dit betreft een vreemde kerktoren van baksteen en beton, opgeluisterd op de
vier hoeken met aartsengelen die als een soort bakens uitstaan. Van juni tot september kan deze
vreemde plek telkens op de derde zondag van maand gratis worden om 15.00 u.

LUXUEUS SLAPEN IN DE OMGEVING

Chambres d'hôtes Le Moulin de Sévoux: *61290 Malétable.* 0233253796.

• moulindesevoux@orange.fr • www.moulindesevoux.pagesperso-orange.fr. *Voor een tweepersoonskamer ga je uit van € 75 tot 80. Table d'hôte voor € 16, tijdens het weekend betaal je € 28. Gratis wifi.* In het midden van een bos, afgelegen aan een kruispunt van enkele weggetjes ligt een oude molen. De ideale plek waar de trotter, die gesteld is op luxe, zijn toevlucht kan nemen. Het moet gezegd, de vriendelijke eigenaars laten niks aan het toeval over. Bij de renovatie van de molen is voldoende rekening gehouden met de charme van vroeger. De inrichting is bijzonder knus; in de mooie eetruimte staat een piano; de kamers zijn uiterst verzorgd (zowel rustiek als hedendaags ingericht). Alle comfort is er. Een vaste waarde.

Château de la Grande Noë: *61290 Moulicent.* 0233736330. • contact@chateaudelagrandenoe.com • www.chateaudelagrandenoe.com. *Op het platteland, 1 km van het dorp. Jaarlijks verlof van 15 november tot 1 maart. Voor een tweepersoonskamer kun je uitgaan van € 100 tot 120. Aanvaardt geen kredietkaarten. Gratis wifi.* In een uitgestrekt park ligt een prachtig familiekasteeltje dat dateert uit de 14de eeuw. De renovatie in de 19de eeuw werd uitgevoerd door de Schot Robert Adam, hij koos voor een interessante neoklassieke stijl. Veel uitstraling; een eetzaal vol houtwerk; kamers vol familievoorwerpen en allemaal op een andere manier ingericht. Wij hadden het vooral te pakken voor de ovale kamer met een geheime deur. Mooi uitzicht op het plateau van Moulicent. Sereniteit verzekerd.

LONGNY-AU-PERCHE   61290

Dorp dat verborgen ligt in de groene vallei van de Jambée. De Église Saint-Martin heeft een klokkentoren uit de 16de eeuw. De Chapelle Notre-Dame-de-Pitié (kapel) op de begraafplaats aan de rand van het plaatsje (in de richting van Mortagne) heeft een fraai ogend portaal daterend uit de renaissance (1549).

- De Confrérie des Fins Gourmets (broederschap van de lekkerbekken) van Longny organiseert in april het **Championnat de France du meilleur plat de tripes** (kampioenschap van Frankrijk van de beste schotel ingewandsvlees). Op de tweede zondag van oktober is er dan weer een **Concours de terrines forestières** (wedstrijd voor de beste bosterrines). Dit evenement heeft eveneens plaats onder de hoede van de Confrérie des Fins Gourmets. Meer inlichtingen kun je verkrijgen bij de Dienst voor Toerisme op het nummer 02 33 73 66 23 of bij de slager aan de andere kant van de Place de la Mairie (02 33 73 62 51).

- **Markt** op woensdagochtend.

BRÉSOLETTES   61110

Verstopt achter een zee van bomen ligt dit piepkleine en schattige dorpje met slechts vijfentwintig inwoners. Brésolettes is het kleinste dorp van Normandië. De plaats telt amper enkele kleine huisjes rond een kerk die uit de 16de eeuw dateert. Echt een dorp dat uit een sprookjesboek lijkt weggelopen. Het water uit het bos (van de Avre onder andere) stroomt naar de vele vijvers die aan het Brésolettes (dat meer weg heeft van een open plek in het bos) een onmiskenbare ecologisch-romantische uitstraling geven, een betoverend gevoel voor wandelaars en rondtrekkende dichters. Deze plek is trouwens een van de drie beschermde landschappen van de Orne (samen met de bomen van het Forêt de Réno-Valdieu en de Roche d'Oëtre in de Suisse Normande). Er liggen enkele mooie wandelingen in het verschiet.

SOLIGNY-LA-TRAPPE   61380

Abbaye de la Trappe: abdij 1 km ten westen van de weg L'Aigle-Mortagne, in een tot de verbeelding sprekende streek met vijvers en bossen. In het klooster woont een gemeenschap van een dertigtal paters trappisten. De gemeenschap maakt deel uit van de cistercienzer orde en leeft heel strikt volgens de regels van de orde. De monniken moeten hier aan de heel oude geboden van de heilige Benedictus (6de eeuw) gehoorzamen. Je kunt de abdij niet bezoeken, wat vrij logisch is aangezien de monniken zich juist van het wereldse leven hebben teruggetrokken om zich beter aan het gebed en de meditatie te kunnen wijden. Je kunt wel een audiovisuele presentatie bekijken om een indruk te krijgen van de geschiedenis van de abdij en de manier waarop de trappisten tegenwoordig leven. Duur van deze voorstelling: 25 minuten.

- **Fontaine Saint-Bernard:** gelegen bij de winkel van de abdij. Sinds jaar en dag komen de streekbewoners hier bronwater halen dat langzaam wordt gefilterd door de dikke lagen fijn zand van de Perche. Hier staat men zelfs in de file met een jerrycan in de hand.

- **Het klooster:** de gebouwen die je ziet, zijn opgetrokken in neogotische en neoromaanse stijl en dateren uit het eind van de 19de eeuw. Behalve het gebouw uit de 13de eeuw doen ze op geen enkele wijze meer denken aan de abdij die in 1140 door een graaf uit de Perche werd opgericht ter nagedachtenis aan een geliefde echtgenote (verdronken na een schipbreuk). Na een periode van welvaart en overvloed beleefde La Trappe (zo heet het schortgrote gehucht waar je je nu bevindt – La Trappe verwijst oorspronkelijk naar een 'val voor vissen') een periode van rampspoed en verval. Dit leek zo te blijven duren tot de komst van de abt van Rancé, een voormalige wereldse priester die bekeerd was tot de ascetische levenswijze van het klooster. Hij bracht een rigoureuze verandering in het leven van de monniken door de regel van 'strikte naleving' in te stellen, wat op datum van vandaag trouwens nog steeds van kracht is. Hij predikte met andere woorden een soort terugkeer naar de oorspronkelijke zuiverheid. Dankzij hem werd het gehucht La Trappe binnen enkele jaren een heel belangrijk spiritueel centrum. Het klooster werd bezocht door bekende figuren als de heilige Simon, Bossuet en James II van Engeland. Chateaubriand heeft zich door deze bijzondere monnik laten inspireren voor zijn boek *Vie de Rancé*, een werk dat absoluut niet in de smaak valt van de trappisten. Maar de bewogen geschiedenis van La Trappe ging nog verder: verdrijving van de monniken ten tijde van de Franse Revolutie (1789), ballingschap in Zwitserland, Rusland en zelfs de Verenigde Staten, waar de orde ook nederzettingen heeft gesticht. Tot slot de terugkeer naar de Perche in 1815.

- Bezinningen zijn mogelijk, vaak voor een week. Absolute stilte! Neem contact op met de gastenpater op het nummer ☎ 02 33 84 17 00. • *www.latrappe.fr.*

☐Winkel: van maandag tot vrijdag geopend voor het publiek van 10.30 tot 12.00 u en van 14.45 tot 17.45 u (van 15.00 tot 18.30 u in de zomer); op zondag van 11.45 (na de eucharistieviering!) tot 13.00 u en van 14.45 tot 18.30 u. ☎ 02 33 84 17 00. Je kunt er zowel religieuze boeken en souvenirs (iconen) kopen als producten die door de monniken van verschillende abdijen zijn vervaardigd: fruitsnoepjes, kazen, houtsnijwerk en zelfs jam van melk.

BELLÊME

61130 | 1800 INWONERS

De etymologische oorsprong van de plaatsnaam Bellême zou komen van Belisama, een Keltische godin, of van het Latijnse Bellissima (de mooiste). Hoe het ook zij, Bellême staat eerst en vooral bekend om het geweldige bos, het laatste overblijfsel van de Gallische wereld, een plaats waar je de machtige schoonheid van de eiken nog kunt bewonderen. Wat het kleine dorpje betreft, hoeft het geen betoog dat je hier te maken hebt met een typisch provinciaalse plaats... het is om zo te zeggen een duik in het oude historische Frankrijk. Al eeuwenlang torent het dorp uit boven de onmetelijke groene vlakte.

Het is een meerwaarde om dit aantrekkelijke kleine dorpje te leren kennen, net zoals dit ook het geval is voor dit zuidelijke deel van de Perche... een streek met heuvels, beekjes, oude landhuizen en kleine kasteeltjes die onder de magische bomenzee schuilen.

NUTTIGE ADRESSEN EN INFORMATIE

🛈 **Maison du tourisme du Pays bellêmois:** *Boulevard Bansard-des-Bois.* ☎ *0233730969.*

● *www.lepaysbellemois.com. Tegenover de overblijfselen van de vestingmuren van het kasteel. In juli en augustus dagelijks geopend van 9.30 tot 12.30 u en van 14.00 tot 18.00 u. Van april tot juni en in september geopend op dinsdag van 14.00 tot 18.00 u en van woensdag tot zondag van 10.00 tot 12.30 u en van 14.00 tot 18.00 u. Van oktober tot maart geopend op dinsdag-, donderdag- en zaterdagochtend en op vrijdag- en zaterdagmiddag.* Informatie over alle mogelijke wandelingen en mountainbikeparcours in de streek, landelijke vakantiehuizen... In de zomer zijn er rondleidingen in het dorp. Je kunt er ook golfsticks huren om vlak ernaast minigolf te spelen. Gratis een kwartier internet.

- **Markt** op donderdagochtend.

SLAPEN, IETS ETEN

CAMPING

🏕 CAMPING MUNICIPAL DU VAL: *gemeentelijke camping aan de Route de Mamers.* ☎ *0233853100 (gemeentehuis) of 0607112739.* ● *mairie.belleme@wanadoo.fr.* 🅿 *Voor Le Nouveau Monde (een wijk van Bellême), aan de linkerkant voorbij de verkaveling, goed aangeduid. Geopend van half april tot half oktober. Reken op € 5,50 per overnachting voor twee personen.* Aan de rand van het dorp, in een rustig hoekje in een mooie, heuvelachtige omgeving. Eenvoudige, goed onderhouden camping met gezellige staanplaatsen. Enkele daarvan zijn omzoomd met heggetjes; andere zijn wat hoger gelegen en genieten van een aangenaam uitzicht. Gemeentelijk zwembad vlakbij.

GOEDKOOP

🛏 GÎTE COMMUNAL: *gemeentelijke gîte, Rue Ville-Close 19.* ☎ *0233853100 (gemeentehuis).* ● *mairie.belleme@wanadoo.fr. Het hele jaar door geopend. Reken op € 12 per overnachting en € 80 per persoon voor een hele week.* Met zorg gerestaureerd gebouw met twee verdiepingen in een van de oudste straatjes van het dorp. Men biedt er een twaalftal kamers aan waar zeker een dertigtal personen kunnen logeren. Gemeenschappelijke keuken, salon met open haard, pleintje en tuintje dat uitkomt op een platteland dat heel typisch is voor de Perche. Verhuur van lakens.

DOORSNEEPRIJS TOT IETS LUXUEUZER

🛏🍴 LE RELAIS SAINT-LOUIS: *Boulevard Bansard-des-Bois 1.* ☎ *0233731221.* ● *relais.st-louis@wanadoo.fr* ● *www.relais-st-louis.com.* 🅿 *Gesloten op zondagavond en op maandag (buiten het seizoen ook op vrijdagavond). Jaarlijks verlof een week in februari en eind november. Je diept € 65 à 70 op uit je portemonnee voor een tweepersoonskamer. Doordeweeks lunchmenu voor € 13; overige menu's van € 16 (lunch) tot 44. Gratis wifi.* Typische goede herberg waar de klok is blijven stilstaan, ingericht in een oud poststation op de vroegere vestingmuren. Grote eetruimte met open haard. Middeleeuwse snuisterijen en wapenuitrusting. Leuk om hier gerechten te proeven die hun inspiratie vinden in lokale tradities, bijvoorbeeld omelette percheronne (overheerlijk) of andouille in een jasje op de wijze van de Vire. Wat de overnachtingen betreft, zijn er smaakvol ingerichte kamers, waarvan sommige met uitzicht op de achtertuin.

WAT IS ER TE ZIEN EN TE DOEN?

❦ **Le Porche:** 15de eeuw. Dit portaal markeert het begin van de Rue de la Ville-Close, welke naar de Église Saint-Sauveur leidt. Een gedenkplaat herinnert aan het beleg van Bellême en geeft aan dat Lodewijk de Heilige de plaats van de Bretonse graaf Mauclerc veroverde. Maar wat kwam Lodewijk de Heilige, deze mistige oceaanridder, eigenlijk in Bellême uitspoken?

❦ **Rue de la Ville-Close:** aan weerszijden afgeboord met grote herenhuizen uit de 17de en 18de eeuw. Neem de tijd om het herenhuis van Bansard-des-Bois (nummer 26) te bewonderen. De eigenaar van dit kasteeltje midden in het dorp was afgevaardigde en burgemeester van Bellême. Het doet allemaal erg denken aan het ancien régime!

❦❦ **Église Saint-Sauveur:** oorspronkelijk uit de 10de tot de 15de eeuw, maar werd van 1675 tot 1710 in een puur klassieke stijl herbouwd. De chapelle du Rosaire was een gift van Aristide Boucicaut, hier in de streek geboren en getogen en stichter van de *Bon Marché* in Parijs.

❦ Heel mooi **uitzicht** op het bos van Bellême vanaf de ringweg die het dorp omsluit vanuit het zuiden en uitkomt op de D955 in de richting van Mamers.

❦ **Zonnewijzer op de Place Liégard:** tussen twee vensters. Geschilderd in de 19de eeuw. Een restje van het ambachtsleven in de Perche. Symbool van de vergankelijkheid van de tijd, poëtisch maar geen ontkomen aan!

- **Golf de Bellême:** *Les Sablons.* ☎ 02 33 73 12 79. ● *www.belleme.com. Aan de rand van het dorp (bewegwijzerd). Het hele jaar door geopend.* Ideaal gelegen in het regionale natuurpark van de Perche. Dit is in dit departement een van de weinige golflinks met achttien holes. Onder aan het dorpje. Je swingt er tussen bossen en vijvers. Aangenaam groen heuvellandschap. Doet denken aan sommige golfbanen in Groot-Brittannië.

WAT VALT ER TE BELEVEN?

- **Les Journées mycologiques de Bellême (Mycologiades Internationales):** de mycologiedagen van Bellême (mocht je het niet weten: paddenstoeldagen). Grijpt jaarlijks plaats het eerste weekend van oktober. Inlichtingen en inschrijvingen: ☎ 02 33 73 34 16.

● *www.mycologiades.com.* Wijd en zijd bekend evenement. In het bos van Bellême staan 360 verschillende soorten paddenstoelen en zwammen. Ter gelegenheid van de mycologiades komen befaamde paddenstoel- en zwamspecialisten uit heel Europa bij elkaar om deze schatten aan de voet van eikenbomen te zoeken, te bestuderen en te presenteren. Heel belangrijk: je mag niets opeten, dat verbiedt het reglement. Uitstapjes naar het bos, seminars... Er wordt zelfs een Cèpe d'Or (gouden boleet) uitgereikt aan de beste snuffelaar. Tentoonstelling met de mooiste exemplaren die gedurende deze vier dagen werden gevonden.

- **Nocturne vivant 'Le trésor maudit':** achter het Maison du Tourisme. Van half juli tot half augustus iedere vrijdag- en zaterdagavond om 22.30 u. ● *www.perche-passion.com.* Ongeveer € 11 per persoon; kortingen. Alle legendes uit de Perche, gevechtsscènes, dansen...

IN DE OMGEVING VAN BELLÊME

LA FORÊT DE BELLÊME

Het bos van Bellême begint aan de noordkant van het dorpje Bellême en vormt een prachtige bomenzee van achttien bij negen kilometer in het glooiende heuvellandschap van de Perche. Helaas heeft een storm er nogal wat schade aangericht. Tot op de dag van die storm was dit zonder twijfel het mooiste bos van de Perche. Het is beplant met statige eiken. De ziel van het vroegere Gallië leeft hier nog een beetje voort in de schaduw van dit bladerdak. Dit gebied van 2400 ha is streng beschermd. Je kunt de regio te voet of per fiets ontdekken, bijvoorbeeld door het langeafstandswandelpad GR22 (Parijs – Mont-Saint-Michel) te volgen. Bij het Maison du Tourisme kun je alles verkrijgen om verschillende wandelpaden te ontdekken.

✹✹ **Le Chêne de l'École:** de meest majestueuze eik van allemaal. Staat in het westelijk deel van het Forêt de Bellême. Die moet je heus zien.

LA PERRIÈRE   61360 | 290 INWONERS

Een van de charmantste dorpen van de Perche, dat in de zomer onder de voet gelopen wordt. Verblijfplaats van artiesten en *people*... De mooiste route vanuit Bellême is via Le Gué-de-la-Chaîne. Van daaruit sla je rechts af en neem je een fraai landweggetje dat boven langs de helling van een heuvel in het bos van Bellême loopt. Voor je ogen ontvouwen zich dichte hagen, hellingen met eindeloos veel bloemen, holle wegen, stiekeme doorgangen naar het donkere bos, verspreide schortgrote gehuchten, kleine bergen en dalen...

Daarna kom je aan in La Perrière, een middeleeuws dorpje dat op de top van een heuvel boven de omgeving uittorent en zijn gloriedagen in de 19de eeuw beleefde dankzij borduur-werk en parelgaren. Aan het pleintje in het centrum van dit dorp zie je een mooi met wilde wingerd begroeid huis, een oude paardenweegschaal en een beetje verderop de kruidenier van het dorp. Maar het interessantste deel van dit dorp bevindt zich tussen het dorpsplein-tje en de kerk. Daar vind je verscheidene steegjes (waaronder de Ruelle Puante = het stink-steegje!) waar de met blauweregen bedekte muren kleine schattige tuintjes verbergen. Iets hogerop heb je vanaf de kerk een fantastisch uitzicht op de bocage en de zeventien klokken-torens die deze regio rijk is. Met zijn pijnbomen heeft het kerkhof een mediterrane uitstra-ling. Veel karakteristieke huizen uit de 16de en 17de eeuw.

NUTTIG ADRES

🛈 **Dienst voor Toerisme van het Pays de Pervenchères:** *Grande-Place.* ☎ 0233733549. ● *si-pays-pervencheres@wanadoo.fr. In het seizoen dagelijks geopend van dinsdag tot zaterdag. Rondleiding op zaterdag om 15.30 u (in de zomer; een tweede rondleiding kan na afspraak).* Je vindt er tal van brochures en folders over de mooie dorpshuizen, de legendes uit de streek en de Butte de Montgaudry (motte), die op een steenworp afstand ligt. Efficiënte ontvangst met de glimlach.

SLAPEN, IETS ETEN IN DE OMGEVING

Zoals het hoort in een kunstenaarsdorp, heeft La Perrière een **gîte rural**... vol kunst-werken die te koop zijn! Meer info bij Loisirs Accueil Tourisme op het nummer ☎ 0233280700.

DOORSNEEPRIJS TOT IETS LUXUEUZER

📷 CHAMBRES D'HÔTES LE TERTRE: *bij Anne Morgan, 61360 Montgaudry.* ☎ 0222255998. ● *annemorgan@nordnet.fr* ● *www.french-country-retreat.com. In Montgaudry volg je de richting Con-tilly. Sla rechts af op deze hobbelige weg en verder nog eens rechts af. Gesloten in januari. Voor een tweeper-soonskamer reken je, naargelang het comfort, op € 72 tot 130. Aanvaardt geen kredietkaarten.* Anne Mor-gan heet je welkom in een prachtige karaktervolle boerderij die ze helemaal opnieuw heeft ingericht. De verschillende gebouwen liggen rond een groot binnenplein dat aan een kant open is zodat je ten volle van het uitzicht kunt genieten. Oud en nieuw gaan harmonieus samen (oude stenen, grote ramen, hier en daar beeldhouwwerken). De ka-mers zijn voorzien van alle comfort en hebben een persoonlijke toets meegekregen. Een ontspannend adres, waar zelfs cursussen yoga gegeven worden!

📷🍴@ LE RELAIS D'HORBÉ: *aan het dorpsplein.* ☎ 0233259544. ● *horbe98@wanadoo.fr* ● *www.relaisdhorbe.com. Buiten het seizoen gesloten op woensdag. Voor een tweepersoonskamer ga je uit van € 55. Op weekdagen lunchformule voor € 10; 's avonds en in het weekend eet je er voor € 18 tot 20.*

Gratis wifi. Het herbergje van Martin heeft een gezellig terras onder de blauweregen, er staat een oude tapkast en een fantastische verzameling koffiezetapparaten. In het aanpalende gebouw is een brocantewinkeltje gevestigd, dat verklaart het een en ander... Eenvoudige keuken, helemaal niet duur en met plezier opgediend door de gastheer, die gezellig aanschuift voor een babbeltje. Zijn leuze is 'net als thuis, zonder ongemakken'. Het klopt, je voelt je hier net als bij vrienden. Het is er gezellig, met dank aan de vele stamgasten. Zoals elke herberg die zichzelf respecteert, heeft ook de *Relais d'Horbé* enkele gezellige kamers op de verdieping: persoonlijke inrichting, charme te over en geen gebrek aan kleine details, er staan zelfs een paar slofjes klaar! Cybercafé.

⊠▢ LA MAISON D'HORBÉ: *aan het dorpsplein (niet te verwarren met Le Relais d'Horbé)*.

☎ 02 33 73 18 41. ● *lamaisondhorbe@wanadoo.fr. Gesloten op maandag; na reservering ook na 20.00 u. Gesloten in januari. Schotels voor € 5 tot 28. À la carte kun je er eten voor € 25 tot 35. Hedendaags adres.* Wanneer je de deur van deze gezellige brocantewinkel openduwt, word je meteen ondergedompeld in heerlijke geuren die uit de keuken komen. 's Middags kun je hier namelijk ook lekker eten; de rest van de dag is het hier een verzorgd theesalon (uitstekende producten). Om het helemaal perfect te doen, organiseert het huis een keer per maand een thema-avond: de chef bereidt een menu voor en verwent zijn gasten terwijl een pianist zorgt voor een intieme sfeer. Heel romantisch.

WAT IS ER TE ZIEN EN TE DOEN?

🦐 **Musée du Filet et des Modes-d'Antan:** *in de school.* ☎ 02 33 25 94 55 *(gemeentehuis). Vraag inlichtingen over de openingsuren en de toegangsprijzen.* Tot in het begin van de 20ste eeuw was het borduren van ondergoed en meubelstoffen een belangrijke bezigheid voor de vrouwen uit het dorp. In 1926 telde La Perrière nog drie fabrieken. Deze tentoonstelling, opgezet door een liefhebber, presenteert enkele prachtige werken en draagt de technieken van deze voorouderlijke vakkennis over. Een goede manier om het tweede thema van dit museum aan te snijden, dat zich richt op huishoudlinnen en de mode van vroeger (jurken, hoofddeksels).

🦐 **Label Friche:** *Rue de la Juiverie.* ☎ 02 33 25 07 78. ● *www.label-friche.com. Programma van de evenementen op het internet. Aan de rand van het dorp, in een voormalige fabriek.* Deze vereniging van een veertigtal artiesten ontvangt beeldhouwers en beeldende kunstenaars en organiseert tal van evenementen.

🦐🦐 **Ferme de la Grande Suardière:** aan de weg tussen La Perrière en Montgaudry (bewegwijzerd). ☎ 02 33 83 53 29. *Bioboerderij waar het brood nog op de aloude manier wordt gebakken. Stages en lessen.* Het hele jaar door rondleiding binnen het bedrijf op donderdag en zondag. Verkoop van verse boerderijproducten (enkel op donderdag en zondag van 10.00 tot 19.00 u).

🦐 **Manoir de Soisay:** *aan de D931 in de richting van Mamers, 2 km voor Suré, aan de rechterkant van de weg (bewegwijzerd).* ☎ 06 61 42 51 87. ● *www.soisay.fr.* Dit schitterende herenhuis uit de 16de en 17de eeuw, midden op het platteland, aan het eind van een weggetje, is een prachtige plek in het teken van het culturele leven: in de zomer openen de artiesten die er wonen, hun deuren en laten ze hun werken zien. Je kunt hun huizen ook bezoeken. Origineel! De rest van het jaar worden allerlei evenementen en concerten georganiseerd in de minimalistisch ingerichte ruimten van het herenhuis (programma te vinden op het internet).

WAT VALT ER TE BELEVEN?

- **Marché d'Art:** tijdens het pinksterweekend. ☎ 02 33 73 35 49. ● *www.marchedart.com.* Twee dagen lang ontvangt het dorp een honderdtal beeldende kunstenaars. Alle ateliers staan voor deze gelegenheid open voor het publiek.

- **Weekend des métiers d'Art:** het tweede weekend van september. Info bij de Dienst voor Toerisme. Alle kunstberoepen, behalve de schilderkunst, gaan de straat op om hun kunst voor te stellen. Tientallen tentoonstellingen.

LA ROUTE DES MANOIRS DU PERCHE

Het kan niet vaak genoeg gezegd worden hoe bekoorlijk en schilderachtig een kasteeltje in de Perche is, doorgaans verborgen achter een groepje bomen of genesteld in de plooi van een reliëf, precies op de plaats waar het thuishoort. Deze met dakpannen en leistenen bedekte oude gebouwen hebben waarachtig weinig kapsones. De kasteelheren in de 16de eeuw leidden er een tamelijk rustiek bestaan, een gemoedelijk leven dat het midden hield tussen de weelde van een landsheer en de soberheid van de landbouwer. Sommige van deze landhuizen zijn gerestaureerd en bieden hotelgasten een charmeverblijf aan. In andere is dan weer een museum over het plaatselijke leven ingericht.
- Let op: sommige landhuizen en kleine kasteeltjes langs deze route zijn privé-eigendom en kunnen bijgevolg niet worden bezocht. Maar vaak kun je ze vanaf de weg zien liggen en kun je ze rustig bewonderen.
- Onze reisweg kruist onvermijdelijk de uitstekende routes uit de kleine brochure *Routes tranquilles du Perche* (echt heel rustig!), die je bij de Diensten voor Toerisme kunt kopen. Dit zijn negen circuits om te onthaasten, koopjes te zoeken of even te pauzeren voor een natje en een droogje.

RÉMALARD   61110 | 1350 INWONERS

18 km ten noordoosten van Bellême ligt dit grote dorp waar Octave Mirbeau, auteur van het *Journal d'une femme de chambre* (dagboek van een kamermeisje), werd geboren. Buñuel heeft van deze roman trouwens een film gemaakt. In het kasteeltje waar hij zijn jonge jaren doorbracht, is nu het gemeentehuis gevestigd. Op een groen heuveltje vind je de mooie Église Saint-Germain-d'Auxerre (kerkportaal en apsis zijn romaans).
- **Markt** op maandagochtend (het hele jaar door) en plattelandsmarkt op zondagochtend van Pasen tot december.

IETS ETEN, KOOPJES ZOEKEN, THEE DRINKEN IN DE OMGEVING

⊠🏠🛏️ANTIQUAIRES ET SALON DE THÉ SCHERER ET FILS: *in het klooster, 61110 Saint-Maurice-sur-Huisne.* ☎ 02 33 73 05 99. ● *scherer.olivier@wanadoo.fr.* 🛏️ *In Boissy-Maugis rijd je in de richting van Nocé. Volg de weg verder naar rechts. Geopend van vrijdag tot zondag en op feestdagen van 10.00 tot 20.00 u; in juli en augustus en tijdens de schoolvakanties dagelijks geopend. Je kunt er voor € 50 per persoon iets eten, maar dan moet je wel de avond voordien reserveren.* Een leuk idee! De heer en mevrouw Scherer, antiquairs van vader op zoon, vonden dit klooster de perfecte plek voor hun vroeg-antiek meubilair. Je kunt er tijdens het rondsnuisteren wat knabbelen... of tijdens het knabbelen wat rondsnuisteren... Er is altijd wel iets dat in de smaak valt. De landelijke omgeving is opgedeeld in terrassen en ligt in de schaduw van een klokkentoren. De keuken is geïnspireerd op streekgerechten en de geschiedenis: lamsbout à la ficelle, zelfgemaakte foie gras of een op lei gebakken broodje met warme geitenkaas... Ook lekker is een kopje thee met een stuk zelfgemaakte taart natuurlijk.

WAT IS ER TE ZIEN?

✦✦🏠 **Les Jardins de la Petite Rochelle:** *tegenover de kerk, Rue du Prieuré 22.* ☎ 02 33 73 85 38. ● *ldebonneval@hotmail.com. Van juli tot half augustus dagelijks geopend van 13.00 tot 19.00 u. Toegangsprijs: € 5.* Op een terrein van 1 ha zijn zeven tuinen ingericht met vijvers, die door de eigenaars al enkele tientallen jaren met liefde verzorgd worden.

Hôtel des Arts: *Place des Arts 4.* • *reflect@wanadoo.fr.* Het hotel ligt in het lagergelegen deel van het dorp en is omgetoverd tot een wereld volledig in het teken van de kunst. Tijdelijke tentoonstellingen en concerten ter gelegenheid van vernissages.

In Rémalard neem je de weg naar Moutiers-au-Perche. Rechts van deze weg, op een afstand van zo'n 2,5 km, kun je in de vallei de **manoir de Voré** (privé) zien liggen, een mooi kasteel in de prachtige stijl van de 18de eeuw. Het is wel het minst typische herenhuis van de Perche. Hier woonde ooit Helvetius, een briljant denker uit de tijd van de verlichting en schrijver van het essay *De l'esprit*, waarin hij het misbruik aanklaagt van de hovelingen en de excessen van de monarchie en oproept tot sociale hervormingen.

MOUTIERS-AU-PERCHE   61110 | 515 INWONERS

In het hart van het dorp ontdek je de huizen die tegen de zijkant van een heuvel aan leunen, langs een hellende straat die naar de Église du Mont-Harou (12de-16de eeuw) leidt. Let hier vooral op de buitensporig grote waterspuwers van deze kerk. Binnen word je verwelkomd door zachte aangename muziek. Je ontdekt er een magnifieke oude vloerbetegeling, een breed kerkschip, houten gewelven en een gelambriseerd gebinte met gewelfbogen. Fresco's die door de tijd zijn aangetast. Vanaf de kerk heb je een prachtig uitzicht op de vallei.

SLAPEN, IETS ETEN

LUXUEUS TOT HEEL LUXUEUS

VILLA FOL AVRIL: *Rue des Fers-Chauds 2.* 📞 02 33 83 22 67. • *contact@villafolavril.fr* • *www.villafolavril.fr. Het restaurant is geopend van woensdag- tot zondagmiddag. Voor een kamer voor twee ga je uit van € 65 tot 130. Lunchmenu voor € 20; verdere menu's tot € 33. Wifi.* De retro-chique kamers in dit oude poststation dat prachtig is gerenoveerd, zijn in warme tinten ingericht. De badkamer met crèmekleurige tegels en de flatscreen gaan perfect samen met de meubeltjes die bij antiquairs op de kop getikt zijn. Zachte bedden. Het restaurant is sober en elegant ingericht en heeft een mooi haardvuur. De kaart verandert in functie van het seizoen en heeft een lichte voorkeur voor vis en streekproducten (ah, bloedworst uit Moutiers!). Zwembad. Heel vriendelijke ontvangst.

DOMAINE DE LA LOUVETERIE: 📞 02 33 73 11 63. • *domainedelalouveterie@wanadoo.fr* • *www.domainedelalouveterie.com. In Moutiers neem je de richting Rémalard. Het domein ligt 1,3 km verder aan de rechterkant. Het hele jaar door geopend. Tweepersoonskamer (waaronder twee gîtes voor twee tot drie personen) voor € 95 tot 160. Table d'hôte (na reservering) voor € 38 en 68 per persoon. Aanvaardt geen kredietkaarten.* In een prachtig, 17de-eeuws langwerpig gebouw dat afgelegen ligt in een vallei waar vroeger wolven zwierven. Warm ingerichte kamers (Aziatisch, jaren 1950, Moors...) met badkamer en flatscreen. Wij vielen voor de romantische gîte met een knus nestje op de verdieping en een mooie badkamer. Zwembad voor op zonnige dagen. Mooi uitzicht op Moutiers in de verte... Fantastische gastheren, met oog voor kleine attenties. Ook de maaltijden zijn volgens de regels van de kunst bereid: de tafels zijn gedekt zoals het hoort, er is een haardvuur in de eetruimte die wat sfeer geeft. Er worden bovendien ook kookcursussen en cursussen aquarelschilderen gegeven.

NOCÉ   61340 | 770 INWONERS

8 km ten oosten van Bellême. Vanaf de weg zie je twee mooie landgoederen. Ten eerste de **Manoir de Courboyer**. Dit landgoed bevindt zich 3 km naar het noorden toe en is een van de meest opmerkelijke kasteeltjes die eind 15de eeuw in de Perche zijn gebouwd. Vervolgens heb je aan de rand van het dorpje Nocé, langs de weg in de richting van Berd'huis, het **Manoir de Lormarin** (16de eeuw) met zijn drie ronde torens. Volg de weg tot in Préaux-

du-Perche. Daar staat het **Manoir de la Lubinière**, een elegant verblijf uit de 16de eeuw met prachtige open haarden uit de renaissance en grote overwelfde kelders.

IETS ETEN

⊠ AUBERGE DES 3 J: *Place du Docteur-Gireaux 1.* ☎ *02 33 73 41 03. Het hele jaar door gesloten op zondagavond en op maandag; buiten het seizoen ook gesloten op dinsdag. Formule voor € 21. Menu voor € 26 tot 36.* In het hartje van het charmante dorpje Nocé. Voormalig mooi gerenoveerd postrelais. Stéphan Joly (die zijn leerschool heeft gehad in de Tour d'Argent, een heel bekend restaurant in Parijs) en zijn trouwe helpers drijven wis en waarachtig de spot met de culinaire gewoontes en gebruiken van Normandië... hieraan ontsnappen ze om sprongen in tijd en ruimte te maken en zich naar hartenlust uit te leven bij het bereiden van allerlei gerechten van eigen uitvindsel. En dit geeft tal van heerlijke resultaten. Fantastisch gepresenteerde gerechten vol smakelijke verrassingen. Hoedje af voor de desserts. De chocolademousse is een streling voor je tongpapillen... en we zouden ook graag enkele pagina's schrijven over de tompoes, maar... Er worden ook kookcursussen gegeven.

WAT IS ER TE ZIEN?

🎭🎨 **Manoir de Courboyer:** *3 km ten noorden van Nocé.* ☎ *02 33 85 36 36.* ● *www.parc-naturel-perche.fr.* ♿ *(in het domein). Dagelijks geopend behalve op 25 december en op nieuwjaarsdag. In juli en augustus geopend van 10.30 tot 18.30 u; van april tot juni en in september en oktober geopend van 10.30 tot 18.00 u; buiten het seizoen geopend van 10.30 tot 17.30 u. Vrij bezoek aan het kasteel: € 2. Rondleiding: € 3. Gratis voor jongeren onder de zestien. Vrije toegang tot het domein.* Magnifiek klein kasteeltje dat uit de 15de eeuw dateert en waar op datum van vandaag op een eigendom van 65 ha het *Maison du Parc naturel régional du Perche* (vereniging van het regionale natuurpark van de Perche) is gevestigd. Jong en sympathiek team dat leuke rondleidingen voorstelt om het domein te ontdekken. Voorts is er ook een diavertoning en een expositie over de Perche en de geschiedenis van de streek. Zo kom je er te weten dat de kastelen in de 15de eeuw de macht voorstelden en altijd in de buurt van water werden opgetrokken (gemakkelijker om te onderhandelen over doorgangsrechten en om zich te verrijken!). Deze landhuizen, in de Perche vaak in renaissancestijl, zijn versierd met mooie ramen met vensterkruisen en laten vaak leuke verrassingen zien: in dit kasteel is dat een man die zijn blote billen laat zien op de cul-de-lampe van het hoektorentje. Er lopen ook tijdelijke tentoonstellingen. Na een bezoek aan het kasteel kun je het domein verder verkennen. Deze bezienswaardigheid is echt een uniek stuk Frans erfgoed. Tal van activiteiten, tentoonstellingen, conferenties, boerenmarkt in de openlucht in de zomer... Je kunt je onmogelijk vervelen. Eetmogelijkheid ter plaatse op basis van streek- en boerderijproducten.

SAINT-GAUBURGE   61130 | 250 INWONERS

Dorp in de gemeente Saint-Cyr-la-Rosière dat in wonderbaarlijk goede staat bewaard is gebleven en prachtig werd gerestaureerd. Een favoriet. Je moet er beslist een bezoekje brengen.

SLAPEN, IETS DRINKEN IN DE OMGEVING

⊠🍴 LIBRE-COURS: *La Roche, 61130 Saint-Cyr-la-Rosière.* ☎ *02 33 25 73 95.* ● *contact@libre-cours.org* ● *www.libre-cours.org.* ♿ *Anderhalve kilometer van Saint-Cyr in de richting van het Ecomuseum. Op weekdagen geopend van 10.30 tot 12.30 u en van 14.00 tot 19.00 u; tijdens de schoolvakanties dagelijks geopend van 10.30 tot 19.00 u. Jaarlijks verlof in februari. 's Avonds table d'hôte na reservering, voor € 20. Gratis wifi.* Een ding is zeker, de schattige eigenares laat haar ideeën de vrije loop. En wat voor ideeën! Het huis ligt ideaal tegen een heuvelflank en combineert verschillende genres: theesalon (overheerlijke taart met drie soorten chocolade) op het terras (prachtig uitzicht) of op de verdieping (ook een prachtig uitzicht), winkeltje met snuisterijen, kunstgalerij en table d'hôte (leuke gerechtjes op basis van lekkere producten). Wat een heerlijkheid!

🗙 CRÊPERIE DE GRIPE-DENIER: 61130 *Saint-Cyr-la-Rosière*. 🖥 0233830633. ● *creperiegripe-denier@wanadoo.fr*. 🖮 *In Saint-Cyr ga je in de richting van het Ecomuseum. 500 m verder in de bocht voor de kust neem je het weggetje naar rechts, tussen twee huizen in. Het restaurant ligt 1 km verderop. Gesloten op maandag. Reken op ongeveer € 12 tot 15 als je à la carte eet. Gratis wifi*. Heel afgelegen maar je zult niet ontgoocheld zijn (en de weg erheen is bovendien erg mooi!): schattig langwerpig gebouw, heerlijke pannenkoeken en allervriendelijkste ontvangst. Een leuke tussenstop.

WAT IS ER TE ZIEN?

🚶 🚶 🛝 **Écomusée du Perche:** *midden in het dorp*. 🖥 0233734806. ● *www.ecomuseeduperche.fr*. 🖮 *(benedenverdieping). Ongeveer 2 km van Saint-Cyr-la-Rosière. Behalve op dinsdag dagelijks geopend van 10.30 tot 18.30 u (van oktober tot maart gesloten om 18.00 u). Toegangsprijs: € 4,30. Je kunt ook een combikaartje kopen voor het museum en de priorij. Dit kost je € 5,40. De bibliotheek is elke woensdagmiddag en na afspraak geopend.* Goed ingericht ecomuseum over twee verdiepingen. Etnografische informatie over de Perche aan de hand van voorwerpen die deel uitmaken van de voormalige traditionele ambachten, bijvoorbeeld de zadelmakerij, de weverij... maar ook de paardenfokkerij, de hennepteelt en de appelteelt. Aan de hand van de kleine reconstructies en de vele anekdotes ontdek je beetje bij beetje een verrassende wereld. Zo leefden en werkten de klompenmakers blijkbaar midden in het bos en werden ze vaak aangezien als randfiguren of zelfs als mensen die aan hekserij deden. De jenever- en brandewijnstokers schenen niet altijd even nauwkeurig te werken... Indrukwekkende pers en alambiek. Het hele jaar door veel informatie over het werken met riet, de bijenteelt, het bakken in een voormalige broodoven... Winkeltje met cider, appelsap en honing, geproduceerd binnen het Ecomuseum.

Op de binnenplaats is er een landelijke moestuin waar groenten van vroeger en traditionele planten van de Perche worden gekweekt. Ook worden er tijdelijke tentoonstellingen en verkenningstochten georganiseerd. Het is ook hier dat de *Journée de l'Arbre et du Cidre* (dag van de boom en de cider) vorm krijgt. Dit evenement grijpt plaats begin november in Saint-Cyr-la-Rosière. Op 14 augustus kun je er deelnemen aan het feest van de landbouw, op 15 augustus aan het feest van het percheronpaard en in september aan het feest van de bij.

🚶 🚶 **De priorij:** *naast het Écomusée du Perche*. 🖮 *Combikaartje voor rondleiding in de priorij + toegang tot het museum: € 5,40. Rondleidingen (45 minuten) in het weekend, op feestdagen en tijdens de schoolvakanties.* Deze priorij werd in de 11de eeuw gesticht en diende de laatste jaren nog als boerderij en woonhuis. Momenteel vinden restauratiewerkzaamheden plaats. In de kerk, waar tijdelijke tentoonstellingen worden georganiseerd, enkele bekoorlijke overblijfselen: gewelfde ruimtes met spitsbooggewelven, gotische en renaissancewastafels, prachtig verlicht houten schip, kapitelen versierd met bladwerk. In het woongedeelte kapittelzaal (in de 18de eeuw omgevormd tot keuken), kapel van de prior en Annunciatiezaal. Let vooral op de gebeeldhouwde schoorsteen waarop Adam en Eva in het paradijs worden voorgesteld. Hun hoofd is verdwenen. Ook hier is de Revolutie langs getrokken. Tot slot melden we nog dat je vanuit de priorij tal van wandelingen en trektochten in de omgeving kunt maken.

PRÉAUX-DU-PERCHE   61340

Snuffel rond in de bocage, er wachten je tal van mooie verrassingen!

SLAPEN

📧**CHAMBRES D'HÔTES DU JARDIN FRANÇOIS:** *bij Gérard François, 61340 Préaux-du-Perche.* ☎02 37 49 64 19. •*gfrancois@jardin-francois.com* •*www.jardin-francois.com. 7 km ten noorden van Saint-Cyr-la-Rosière, aan de weg naar Theil, bewegwijzerd aan de linkerkant. Voor een tweepersoonskamer ga je uit van € 45 tot 120, afhankelijk van het comfort en het seizoen.* In een bekoorlijk gebouw (dat de naam La Guénière draagt) weg van de tuin vol toeristen, liggen een handvol smaakvol gerenoveerde kamers voorzien van alle comfort. Verzorgd interieur met veel respect voor de traditionele stijl van weleer: broodoven, naakte stenen, antieke meubilering, collectie faience... En helemaal in lijn met het huis ontdek je een prachtige Provençaalse tuin (olijfbomen, vijgenbomen, rommelige beplanting met tijm...). Er is zelfs een moestuin waar je lekkere aardbeien en sla kunt plukken.

WAT IS ER TE DOEN EN TE ZIEN?

🧍🚶🧒**Les Escargots du Perche:** *La Huberdière, 61340 Préaux-du-Perche.* •*www.escargots-du-per-che.com.* ♿ *Aan het Ecomuseum van Sainte-Gauburge (zie hoger) volg je de richting naar Préaux via de D227, rechts aangegeven.* ☎02 33 25 91 79. *Bezoek enkel na reservering van half april tot half oktober. Nocture op woensdag in juli en augustus, ook na afspraak. Prijs: € 3,50. Kortingen.* Wist je dat Frankrijk nog amper 120 slakkenkwekers telt die in 10 % van de nationale consumptie moeten voorzien? Dit is vooral te wijten aan de stadsplanning, waardoor 80 % van de slakken verdween. Dankzij de heer Couvreur, die een passie heeft voor escargots, kom je hier alles over deze slakken te weten, van de *helix pomatia* of wijngaardslak over de grote Libische slak tot de *helix aspersa* of segrijnslak. Parken vol slakken, borden met interessante uitleg, films en een winkeltje.

🧍🚶🧒**Le Jardin François:** ☎02 37 49 64 19. •*www.jardin-francois.com.* ♿ *Vlak bij de chambres d'hôtes, zie hoger. Het hele jaar door geopend van zonsopgang tot zonsondergang. Toegangsprijs: € 5. Kortingen. Gratis voor kinderen jonger dan twaalf. Reken op anderhalf uur voor een bezoek aan de tuin.* Deze tuinen zijn de vrucht van meer dan tien jaren werk, geduld en passie. Over een oppervlakte van 3 ha heeft Gérard, tuin- en landschapsarchitect van beroep, in de streek waar hij geboren en getogen is een bezienswaardigheid willen scheppen die als een reisboek in elkaar leest: Japanse tuin, Ierse fontein, exotische planten, bamboebrug, rietvelden... En het grote voordeel van deze tuinen is dat je die op elk ogenblik van het jaar kunt bezoeken: diverse soorten winterheide, tal van loofbomen, collecties camelia's, voormalige rozensoorten, rododendrons, azalea's, hortensia's... De architectuur van de plaats is modern en van natuur doordrongen. Vergeet vooral niet om een blik te werpen op de gekke waterspuwers van het huis. Op het einde van het pad ontdek je onder het lover van de kersen- en pruimenbomen een andere 'verbazingwekkende' tuin. Er worden concerten georganiseerd. Tot slot nog even vermelden dat in deze omgeving van peis en vree ook boerderijproducten worden aangeboden en dat je er kunt overnachten (chambres d'hôtes) en iets drinken.

L'HERMITIÈRE   61260

Schattig klein dorp in de typische stijl van de Perche. Mag prat gaan op een (privé)-kasteel en een ciderfabriek die voor het publiek toegankelijk is (interessant voor wie graag cider proeft). Er is ook een boerderij waar je het plattelandsleven kunt ontdekken: **l'Hermitière** (☎02 37 49 67 30, •*www.cidrerie-traditionnelle-du-perche.fr*). Van april tot oktober geopend van 10.00 tot 12.00 u en van 15.00 tot 20.00 u. Van 1 november tot 31 maart kun je best van tevoren een telefoontje plegen. Je kunt er een film van een twintigtal minuten bekijken en een rondleiding volgen (alambiek en ketels). Je ziet er alle stappen van de ciderproductie maar ook van de calva of gewoon appelsap. In de zomer lopen er tijdelijke tentoonstellingen en is er een interessant **theaterfestival** te bezoeken. De laatste zondag van oktober staat in het teken van het **Fête du Cidre**. Wist je trouwens dat er zes maanden nodig zijn om cider te fabriceren?

SLAPEN, IETS ETEN IN DE OMGEVING

GÎTE, CHAMBRES EN TABLE D'HÔTES DU MOULIN DE GÉMAGES: *bij Anna Iannaccone, Le Moulin, 61130 Gémages.* ☎ 0233251572. ● *info@lemoulindegemages.com* ● *www.lemoulindegemages.com. Goed bewegwijzerd aan de weg tussen Le Theil en Bellême. Gîte met een totale capaciteit van zes personen. Hiervoor betaal je € 240 à 275 voor een weekend en € 310 à 450 voor een week, afhankelijk van het seizoen. Tweepersoonskamers van € 80 tot 90. Table d'hôte voor € 35, enkel 's avonds en na reservering. Wifi.* Een familiebedrijfje dat goed draait. En daar zijn genoeg redenen voor: de oude molen staat bol van de charme; het terrein is 15 ha groot, er liggen vijvers en visparcours voor liefhebbers van vliegvissen. Natuurlijk kun je er ook stevige wandelingen maken. En de kamers? Die liggen allemaal op de benedenverdieping, op enkele kamers onder het dak na. Bekoorlijk en vol bloemen. Voorts is er nog een gîte in het oude woongedeelte van de meelhandelaar, dat zijn charme van weleer heeft weten te behouden. Lekkere streekproducten en seizoensgerechten (quiche met geitenkaas, gevulde en geflambeerde kwartel...).

SAINT-GERMAIN-DE-LA-COUDRE   61130 | 811 INWONERS

Mooie crypte in de Église Saint-Germain, in het hogergelegen gedeelte van de stad en een van de oudste huizen van de streek, het manoir de la Fresnaye, indrukwekkend met een donjon en twee torens! Het huis dateert uit de Honderdjarige Oorlog!

SLAPEN, IETS ETEN IN DE OMGEVING

CHAMBRES D'HÔTES LE HAUT BUAT: *bij Isabelle en Laurent Thiéblin.* ☎ 0233833600. ● *lthieblin@wanadoo.fr* ● *www.haut-buat.free.fr. In Saint-Germain neem je de weg richting Bellou-le-Trichard, via de D211. Voor een tweepersoonskamer tel je € 70 neer.* Midden in de natuur ligt een mooi oud gebouw met woongedeelte, stallen en een schuur, opgesteld in een driehoek. Van charme gesproken! De kamers hebben elk een eigen ingang en liggen in het hoofdgebouw: twee kamers op de benedenverdieping met elk een eigen badkamer; twee kamers op de bovenverdieping onder het dak en met een gemeenschappelijke badkamer (pas op voor je hoofd!), ideaal voor gezinnen. Alle comfort is aanwezig. De kamers zijn heel gezellig ingericht. Prachtig uitzicht op de vallei van de Même. Vriendelijke ontvangst (er is zelfs een bibliotheek met heel wat boeken).

MAISONS D'HÔTES, BIJ DE HEER EN MEVROUW WEBER: *receptie in de boerderij van La Haute Blatrie, 2 km in de richting van Igé, vanuit Bellou-le-Trichard.* ☎ 0233832598. ● *bellou61@free.fr* ● *www.bellou61.free.fr. Voor een gîte voor zes tot acht personen tel je € 350 tot 650 per week neer. Voor een tweepersoonskamer met bio-ontbijt tel je € 60 tot 70 neer. Voor een suite reken je op € 150. Table paysanne bio na reservering, € 20 tot 25 per persoon.* De charmante eigenaars bieden twee overnachtingsmogelijkheden aan: je kunt kiezen voor het kleine boerderijgebouw midden in de natuur of je kiest voor het grote gele huis met blauwe luiken dat ingericht is in een oude klompenfabriek midden in de stad. De sfeer is niet echt dezelfde, maar de keuken en de eetruimte zijn gezamenlijk. De inrichting de moeite waard: gerestaureerde meubels die van een nieuw likje verf zijn voorzien.

LA CABANE PERCHÉE: *La Renardière, 61130 Bellou-le-Trichard.* ☎ 0233255796. ● *perchedansleperche@gmail.com* ● *www.perchedansleperche.com. 2 km van Bellou, te bereiken via een weggetje naast de watertoren. Voor twee personen reken je op € 150; voor twee overnachtingen tel je € 250 neer (tijdens het weekend en de schoolvakanties minstens twee nachten).* De droom bij uitstek voor romantische zielen of grote kinderen, of beide zelfs! Dit hutje in de hoogte laat niemand onberoerd: leuke herinneringen en een onvergetelijke uitstap in de natuur. De hut is gebouwd rond een eeuwenoude kastanjeboom en straalt charme uit. Prachtig uitzicht op het platteland vanaf het terras. Alle moderne comfort is er (badkamer, keuken, hifiketen). De smaak van avontuur, maar dan zonder de ongemakken!

WAT IS ER TE ZIEN IN DE OMGEVING?

De zonnewijzer: aan de rand van Bellou-le-Trichard (aangeduid). Ga op de maand staan waarin je de zonnewijzer bezoekt. Afhankelijk van de intensiteit van de zon krijg je het uur te zien. Het werkt echt!

VERKLARING VAN DE SYMBOLEN

◉	Bezienswaardigheid in de omgeving	🍳	Ontbijten
🚌	Busstation	🅿	Parking
❗	Café, bar	👜	Patisserie
⛺	Camping	✉	Postkantoor
@	Cybercafé	🍴	Restaurant
🚶	Dansen	📷	Shoppen, inkopen doen
ℹ	Dienst voor Toerisme	🎿	Skistation
■	Diverse	🍟	Snackbar
🤿	Duiklocatie	🏖	Strand
🚲	Fietsen te huur	🚕	Taxi
🎁	Geschenk, souvenir	☎	Telefoonnummer
🧒	Geschikt voor kinderen	🎭	Theater, evenement
⚓	Haven	🚆	Treinstation
🐕	Honden toegelaten	🚭	Verboden te roken
🏨	Hotel, jeugdherberg, B&B	♿	Voorzieningen voor mensen met een handicap
🍦	IJssalon	🚶	Wandelen
☕	Koffie- of theehuis	●	Website, e-mailadres
🎵	Livemuziek, concert	💡	Wist je dat?
✈	Luchthaven	◎	Unesco-Werelderfgoed
🚇	Metrostation		

AANDUIDING TROTTERTIPS	🎬 trottertip	🎬🎬 interessant	🎬🎬🎬 niet te missen

LIJST VAN KAARTEN EN PLATTEGRONDEN